LUQIAO SHIGONG JISUAN SHOUCE

路桥施工计算手册

周水兴　何兆益　邹毅松　等　编著

人民交通出版社
China Communications Press

内 容 提 要

本手册紧密结合路桥施工计算的特点，本着科学、规范、系统、实用和可操作的指导思想来安排各章的内容。全书主要包括施工放样与土方计算、道路工程、桥涵与隧道工程、施工组织设计与计算四大部分共23章的内容，主要是以图表的形式，结合工程技术特点，力求给工程技术人员提供一套简明实用的施工计算参考资料，以达到技术先进、经济合理、安全可靠和推动科技进步的目的。本手册还附有常用数学基本公式、结构静力计算用表和常用施工结构计算用表。

本手册具有较强的可操作性和实用性，适合于路桥施工单位工程技术人员和管理人员阅读，也可作为高等学校路桥专业师生的参考书。

图书在版编目(CIP)数据

路桥施工计算手册/周水兴，何兆益，邹毅松等编著. 北京：人民交通出版社，2001.5

ISBN 978-7-114-03855-6

Ⅰ. 路…　Ⅱ. ①周…②何…③邹…　Ⅲ. ①道路工程－计算方法－手册②桥涵工程－计算方法－手册③隧道工程－计算方法－手册　Ⅳ. U412-62

中国版本图书馆 CIP 数据核字(2001)第 14737 号

书　　名：路桥施工计算手册
著 作 者：周水兴　何兆益　邹毅松　等
责任编辑：卢　珊
出版发行：人民交通出版社股份有限公司
地　　址：(100011)北京市朝阳区安定门外外馆斜街 3 号
网　　址：http://www.ccpcl.com.cn
销售电话：(010)59757973
总 经 销：人民交通出版社股份有限公司发行部
经　　销：各地新华书店
印　　刷：北京市密东印刷有限公司
开　　本：787×1092　1/16
印　　张：51.75
字　　数：1297 千
版　　次：2001 年 10 月　第 1 版
印　　次：2024 年 5 月　第 26 次印刷
书　　号：ISBN 978-7-114-03855-6
定　　价：120.00 元

路桥施工计算手册

编写人员

第一篇　施工放样与土方计算

第1章　施工放样与测量　　高建平　周水兴
第2章　土方工程　　高建平
第3章　爆破工程　　何兆益　佘　健

第二篇　道路工程

第4章　一般路基工程　　杨　斌
第5章　特殊路基工程　　杨　斌
第6章　挡土墙计算　　杨　斌
第7章　路面工程　　何兆益

第三篇　桥涵与隧道工程

第8章　模板工程　　邹毅松
第9章　圬工及混凝土工程　　王银辉
第10章　钢筋工程　　王银辉
第11章　地基基础与下部结构施工计算　　王　成
第12章　钢木结构计算　　周水兴
第13章　支架计算　　周水兴
第14章　缆索吊装施工计算　　胡免溢　周水兴
第15章　桥梁架设安装计算　　邹毅松
第16章　预应力混凝土连续梁的顶推施工计算　　王银辉
第17章　转体施工计算　　巫祖烈
第18章　劲性骨架拱桥施工计算　　周水兴
第19章　悬索桥施工计算　　包立新
第20章　涵洞工程　　周水兴
第21章　隧道工程　　佘　健

第四篇　施工组织设计

第 22 章　施工组织设计的基本内容与方法　　魏建明
第 23 章　网络计划技术　　魏建明

附录一　常用数学基本公式　　周水兴　胡免溢
附录二　结构静力计算用表　　周水兴
附录三　常用施工结构计算用表　　周水兴

前　言

在公路、桥梁、隧道、涵洞等施工中，为确保工程质量和施工安全，合理选择施工方案，常需要在施工过程中进行必要的计算，这种计算与设计计算不同，是施工阶段的计算，主要包括施工放样与测量计算、土石方开挖量计算、爆破计算、路基路面计算、桥梁模板与圬工量计算、钢筋与预应力筋计算、施工阶段基础与下部结构验算、临时支架、塔架或构件的强度与稳定性验算、桥梁主要施工方法的计算、涵洞工程量与顶力计算、围岩衬砌等，以验算是否满足设计或施工规范要求。此外，本手册还介绍了施工组织设计、施工概预算计算等。

改革开放以来，我国公路建设取得了前所未有的发展，随着技术的进步，新技术、新工艺层出不穷，极大地提高了工程建设的整体水平。对于从事工程施工的技术人员，经常要涉及工程当中的计算问题，但有关公路、桥梁的施工计算方法大都分散在各种书籍和杂志，不便于工程技术人员的查阅使用，本手册编写的目的在于为他们提供一个简明实用的施工计算参考资料，以达到技术先进、经济合理、安全可靠和推动科技进步的目的。

本手册主要介绍公路、桥梁施工中常用施工技术的计算方法，并给出典型示例。由于桥梁的施工计算与桥梁体系、施工方法密切相关，不同的桥梁体系有不同的施工方法，即使同一种体系，也存在多种施工方法，限于篇幅，在此主要列出常用施工方法的计算，且侧重于手算，对其中一些计算，也给出计算源程序，以减轻计算工作量。

本手册可作为施工单位工程技术人员以及大专院校有关师生的参考书。

由于作者学识浅薄，水平有限，时间仓促，手册中可以商讨和完善的地方一定很多，对手册中存在的缺点和错误，恳请读者给予批评指正。

编　者

2001 年 2 月

目　录

第一篇　施工放样与土方计算

第1章　施工放样与测量 ······ 1
1　施工测量的基本内容和要求 ······ 1
2　公路路线施工测量与放样 ······ 2
2.1　施工测量与放样基本方法 ······ 2
2.2　平面计算 ······ 2
2.3　纵面计算 ······ 19
3　桥梁施工测量计算 ······ 22
3.1　控制测量计算 ······ 22
3.2　常用桥梁三角网计算 ······ 27
3.3　曲线桥施工放样计算 ······ 32
4　锥坡测量放样计算 ······ 32
4.1　椭圆曲线内侧量距法 ······ 32
4.2　椭圆曲线外侧量距法 ······ 33
4.3　对角线上量椭圆曲线坐标法 ······ 34
第2章　土方工程 ······ 35
1　路基土方工程 ······ 35
1.1　横断面填挖面积计算 ······ 35
1.2　土石方数量计算 ······ 36
2　土石方调配与平衡 ······ 36
2.1　土石方调配的目的及原则 ······ 36
2.2　土石方调配方法 ······ 37
第3章　爆破工程 ······ 40
1　爆破作用原理 ······ 40
1.1　爆破作用圈 ······ 40
1.2　爆破漏斗及爆破作用指数 ······ 40
1.3　爆破药包的分类 ······ 41
1.4　药包用量计算 ······ 42
1.5　抛掷率 E 与爆破作用指数 n ······ 44
1.6　药包间距计算 ······ 44
2　浅孔爆破计算 ······ 45
3　深孔爆破计算 ······ 46

4　药壶爆破计算…… 47
5　猫洞爆破计算…… 48
6　光面爆破和预裂爆破计算…… 49
7　定向爆破计算…… 49
8　微差爆破计算…… 50
8.1　爆破地震效应计算…… 50
8.2　微差爆破计算…… 51
9　控制爆破计算…… 52
9.1　控制爆破…… 52
9.2　隧道控制爆破…… 54
9.3　隧道钻爆方法…… 55
10　冻土爆破 …… 63
11　爆破安全计算 …… 64
11.1　爆破震速与爆破坍落震速对建筑物影响计算 …… 64
11.2　爆破安全距离计算 …… 65

第二篇　道 路 工 程

第4章　一般路基工程 …… 69
1　路基稳定性计算…… 69
1.1　荷载当量高度及多层土体的计算参数…… 69
1.2　高路堤稳定性计算…… 70
1.3　陡坡路堤稳定性计算…… 73
1.4　深路堑边坡稳定性计算…… 75
2　路基排水计算…… 76
2.1　地面排水计算…… 76
2.2　地下排水计算…… 79
2.3　渗沟埋置深度计算…… 83
3　路基防护工程冲刷计算…… 84
3.1　防护工程的一般冲刷计算…… 84
3.2　防护工程的局部冲刷(斜冲刷)计算 …… 85
第5章　特殊路基工程 …… 86
1　软土路基…… 86
1.1　路堤极限高度计算…… 86
1.2　路堤稳定性分析…… 87
1.3　路堤沉降计算…… 88
2　滑坡地段路基滑坡推力计算…… 91
3　浸水路基…… 93
3.1　路基(防护)高度计算 …… 93
3.2　边坡稳定性计算…… 95

第6章　挡土墙计算 …… 97
1　土压力计算 …… 97
1.1　土压力的分类 …… 97
1.2　朗金理论主动土压力计算 …… 98
1.3　库仑理论主动土压力计算 …… 99
1.4　特殊条件下的土压力计算 …… 100
1.5　车辆荷载换算及计算参数 …… 106
2　重力式挡土墙计算 …… 109
2.1　计算要求 …… 109
2.2　墙身稳定性计算 …… 110
2.3　地基承载力验算 …… 111
2.4　墙身截面强度计算 …… 111
第7章　路面工程 …… 119
1　路拱计算 …… 119
1.1　路拱坡度 …… 119
1.2　路拱计算 …… 119
2　碎(砾)石类路面与基层计算 …… 120
2.1　碎(砾)石类路面与基层级配组成 …… 120
2.2　碎(砾)石类路面、基层摊铺与压实 …… 122
3　无机结合料稳定类基层 …… 122
3.1　石灰稳定土基层施工计算 …… 122
3.2　水泥稳定土基层施工计算 …… 123
3.3　石灰工业废渣稳定土基层施工计算 …… 126
4　沥青类路面施工计算 …… 130
4.1　沥青类路面沥青的选择 …… 130
4.2　沥青表面处治施工计算 …… 130
4.3　沥青贯入式路面施工计算 …… 131
4.4　沥青混凝土路面施工计算 …… 134
5　沥青路面厚度计算 …… 138
5.1　标准轴载及轴载换算 …… 138
5.2　新建沥青路面厚度计算 …… 140
5.3　改建沥青路面厚度计算 …… 143
6　水泥混凝土路面板厚计算 …… 153
6.1　水泥混凝土路面设计参数计算 …… 153
6.2　水泥混凝土路面板厚计算 …… 161
6.3　其他几种混凝土路面计算 …… 163
7　水泥混凝土路面施工计算 …… 166
7.1　水泥混凝土路面对原材料及混凝土的要求 …… 166
7.2　小型机具铺筑水泥混凝土路面施工计算 …… 167
7.3　滑模式摊铺水泥混凝土路面施工计算 …… 170

第三篇　桥涵与隧道工程

第8章　模板工程 …… 172
1　模板、拱架、支架与脚手架计算的一般要求 …… 172
1.1　设计荷载 …… 172
1.2　容许应力 …… 176
1.3　容许挠度和杆件长细比 …… 178
1.4　模板的弯矩和挠度计算 …… 178
1.5　混凝土与模板的黏结力 …… 179
2　模板计算 …… 179
2.1　模板用量计算 …… 179
2.2　组合钢模板连接件、支撑件计算 …… 182
2.3　现浇混凝土模板简易计算 …… 192
2.4　大模板计算 …… 214
2.5　滑动模板计算 …… 221
2.6　地脚螺栓锚固强度和锚板锚固深度计算 …… 227
2.7　预埋铁件计算 …… 230
第9章　圬工及混凝土工程 …… 231
1　砂浆及砖石砌体施工计算 …… 231
1.1　砌筑用砂浆的配合比计算 …… 231
1.2　各龄期水泥砂浆强度增长关系 …… 233
1.3　圬工砌体工程量的计算 …… 234
2　圬工砌体冬期施工计算 …… 247
2.1　保温法砌筑 …… 247
2.2　砂浆组成材料加热温度的计算 …… 248
2.3　抗冻外加剂用量和浓度配制的计算 …… 249
3　混凝土配合比的计算 …… 253
3.1　砂细度模数计算 …… 253
3.2　普通混凝土配合比计算 …… 254
3.3　掺粉煤灰普通混凝土配合比计算 …… 260
3.4　掺外加剂的普通混凝土的配合比计算 …… 262
3.5　抗渗混凝土配合比计算 …… 267
3.6　轻集料混凝土配合比计算 …… 270
4　混凝土浇筑强度及变形控制计算 …… 275
4.1　混凝土浇筑强度及时间计算 …… 275
4.2　混凝土搅拌机需要台数计算 …… 276
4.3　混凝土投料量及掺外加剂用量计算 …… 277
4.4　泵送混凝土浇筑施工计算 …… 277
4.5　补偿收缩混凝土计算 …… 280

4.6 混凝土强度的换算与推算 …… 281
4.7 混凝土热工性能计算 …… 282
4.8 混凝土温度变形值计算 …… 284
4.9 混凝土与钢筋混凝土极限拉伸计算 …… 284
5 混凝土裂缝控制施工计算 …… 284
5.1 混凝土浇筑前裂缝控制施工计算 …… 284
5.2 混凝土浇筑后裂缝控制的施工计算 …… 288
6 预应力混凝土配制浇筑一般要求 …… 293
7 混凝土冬期施工 …… 293
7.1 混凝土配制、运输和浇筑时的温度计算 …… 293
7.2 混凝土平均温度计算 …… 297
7.3 混凝土当量时间和当量温度计算 …… 299
7.4 用成熟度法计算混凝土早期强度 …… 300
7.5 蓄热法计算 …… 304
7.6 暖棚法计算 …… 309
第10章 钢筋工程 …… 310
1 普通钢筋 …… 310
1.1 普通钢筋的弯配加工与下料长度计算 …… 310
1.2 钢筋接头 …… 316
1.3 钢筋骨架(网)的组成和安装 …… 319
1.4 钢筋代换计算 …… 321
1.5 钢筋截面面积质量计算 …… 323
1.6 钢筋吊环选用计算 …… 323
1.7 钢筋冷拉与冷拔施工计算 …… 324
2 预应力钢筋 …… 327
2.1 预应力混凝土先张法台座计算 …… 327
2.2 预应力混凝土台面计算 …… 342
2.3 预应力筋的张拉 …… 343
2.4 预应力张拉设备的选用计算 …… 346
2.5 预应力筋下料长度计算 …… 347
2.6 斜拉索下料长度的计算 …… 349
2.7 预应力筋电热张拉施工计算 …… 350
第11章 地基基础与下部结构施工计算 …… 353
1 地基土的物理性质指标计算 …… 353
1.1 地基土的物理性质指标 …… 353
1.2 土的基本物理性质指标换算 …… 354
1.3 黏性土可塑性指标计算 …… 356
1.4 土的压缩系数计算 …… 357
1.5 土的压缩模量计算 …… 357
1.6 土的变形模量计算 …… 358

2　地基与基础的计算 …… 359
2.1　地基承载力的确定 …… 359
2.2　基础埋置深度 …… 365
2.3　基底应力计算 …… 366
2.4　基础沉降计算 …… 368
2.5　基础稳定性计算 …… 369
2.6　基坑开挖支护计算 …… 370
2.7　基坑渗水与排水计算 …… 375
3　桥台施工计算 …… 380
3.1　重力式U型桥台计算 …… 380
3.2　框架式桥台计算 …… 383
3.3　轻型桥台计算 …… 384
4　钻(挖)孔桩施工计算 …… 390
4.1　桩入土深度计算 …… 390
4.2　单桩容许承载力计算 …… 391
4.3　人工挖孔桩护壁厚度计算 …… 395
5　群桩及承台施工计算 …… 396
5.1　群桩承载力计算 …… 396
5.2　承台板弯矩计算 …… 398
6　桥墩计算 …… 398
6.1　重力式桥墩计算 …… 398
6.2　柱式桥墩的计算 …… 404
6.3　柔性墩的计算 …… 404
6.4　空心墩计算 …… 406
第12章　钢木结构计算 …… 411
1　钢结构基本构件的计算 …… 411
1.1　结构构件强度计算 …… 411
1.2　结构构件总稳定性计算 …… 413
1.3　构件的自由长度、长细比计算 …… 414
2　钢结构连接计算 …… 417
2.1　对接焊缝和贴角焊缝连接计算 …… 417
2.2　普通螺栓和铆钉连接的计算 …… 423
2.3　高强螺栓连接计算 …… 426
3　木结构计算 …… 427
3.1　木材容许斜纹承压应力$[\sigma_{a\alpha}]$计算 …… 427
3.2　受压构件计算长度l_0、计算面积A_0、长细比λ及纵向弯曲系数φ的计算 …… 428
3.3　木结构基本构件计算 …… 429
3.4　木结构齿联计算 …… 430
第13章　支架计算 …… 432
1　现浇梁式上部构造模板与支架计算 …… 432

1.1 满布式木支架计算 …… 432
1.2 万能杆件支架计算 …… 435
1.3 扣件式钢管支架计算 …… 436
1.4 预拱度计算与设置 …… 439
2 拱架计算 …… 440
2.1 木拱架计算 …… 440
2.2 钢拱架计算 …… 445
2.3 扣件式钢管支拱架计算 …… 447
2.4 预拱度计算 …… 448
2.5 拱架卸落计算 …… 452
第 14 章 缆索吊装施工计算 …… 454
1 缆索吊装系统计算 …… 454
1.1 主索(承重索)计算 …… 454
1.2 起重索计算 …… 458
1.3 牵引索计算 …… 459
1.4 扣索计算 …… 460
1.5 横移索计算 …… 461
1.6 塔架缆风索计算 …… 462
2 塔架计算 …… 465
2.1 塔架高度计算 …… 465
2.2 塔架外力计算 …… 465
2.3 人字型木塔架计算 …… 466
2.4 桅杆式钢塔架计算 …… 468
2.5 万能杆件塔架计算 …… 469
3 锚碇计算 …… 470
3.1 立式地龙计算 …… 470
3.2 卧式地龙计算 …… 471
3.3 卧式地龙强度计算 …… 472
3.4 重力式锚碇稳定性验算 …… 473
4 构件移运、安装计算 …… 473
4.1 构件移运计算 …… 473
4.2 吊点计算 …… 474
4.3 安装计算 …… 475
5 拱肋吊装过程中的稳定性与强度验算 …… 476
5.1 裸拱强度验算 …… 476
5.2 裸拱稳定性验算 …… 476
第 15 章 桥梁架设安装计算 …… 480
1 架设工具设备验算 …… 480
1.1 吊索计算 …… 480
1.2 拴吊用具计算 …… 486

1.3 滑车与滑车组计算 …… 491
1.4 横吊梁(起重梁、扁担梁)计算 …… 494
1.5 卷扬机牵引力及压重计算 …… 498
1.6 锚碇计算 …… 501
1.7 千斤顶计算 …… 508
1.8 桅杆(扒杆)吊装计算 …… 511
1.9 走板(拖履)与滚筒计算 …… 532
1.10 起重机计算 …… 535
2 安装架设方法计算 …… 541
2.1 千斤顶落梁计算 …… 541
2.2 扒杆纵向“钓鱼”架设梁、板计算 …… 542
2.3 跨墩门式吊机计算 …… 544
2.4 门式浮吊计算 …… 545
2.5 窄穿巷吊机计算 …… 546
2.6 架梁设备的行走轮和轨道的选择计算 …… 550
2.7 柱、梁、板绑扎吊装位置计算 …… 550
2.8 塔类构件整体吊装计算 …… 564
第16章 预应力混凝土连续梁的顶推施工计算 …… 570
1 施工方法及其特点 …… 570
2 导梁的设计计算 …… 570
3 顶推力的控制 …… 571
4 滑动装置及落梁就位 …… 571
5 梁段预制台座及顶推安装容许偏差 …… 572
第17章 转体施工计算 …… 573
1 有平衡重平面转体施工计算 …… 573
1.1 转体装置计算 …… 573
1.2 转体牵引设计计算 …… 574
1.3 示例 …… 574
2 无平衡重转体施工计算 …… 578
2.1 平面转体施工计算 …… 578
2.2 竖向转体施工计算 …… 579
第18章 劲性骨架拱桥施工计算 …… 580
1 千斤顶斜拉扣挂扣索索力与预抬高量计算 …… 580
1.1 静力平衡法 …… 580
1.2 积分查表法 …… 584
1.3 预抬高量计算 …… 587
2 程序设计与计算 …… 596
2.1 静力平衡法 …… 596
2.2 积分查表法 …… 604
第19章 悬索桥施工计算 …… 618

1　锚碇施工计算 …… 618
2　猫道架设施工计算 …… 619
2.1　等高支点的自由索分析 …… 619
2.2　不等高支点的自由索分析 …… 619
3　主缆架设中的施工计算 …… 621
3.1　温度对主缆线形的影响 …… 621
3.2　跨径的变化对各跨中点高度的影响 …… 622
3.3　锚跨张拉力计算 …… 623
4　索道吊装的验算与设计 …… 624
4.1　索道的验算 …… 624
4.2　索道设计 …… 625
5　主塔的施工计算 …… 628
第 20 章　涵洞工程 …… 629
1　涵洞长度计算 …… 629
2　常用涵洞工程数量计算 …… 631
3　涵管顶入法顶力计算 …… 634
3.1　工作坑基底尺寸计算 …… 634
3.2　顶力计算 …… 635
3.3　卸力拱内部分土压力计算 …… 636
3.4　涵洞两侧土压力计算 …… 637
3.5　后背(梁)计算 …… 641
第 21 章　隧道工程 …… 642
1　隧道风、水、电作业及通风 …… 642
1.1　压缩空气供应 …… 642
1.2　施工供水 …… 643
1.3　供电及照明 …… 645
1.4　通风 …… 649
2　隧道衬砌 …… 654
2.1　临时支撑 …… 654
2.2　喷射混凝土配合比设计 …… 656
2.3　开挖面的辅助稳定措施 …… 658
2.4　模筑衬砌混凝土配合比计算 …… 660
3　隧道围岩分类 …… 674

第四篇　施工组织设计

第 22 章　施工组织设计的基本内容与方法 …… 679
1　基本内容 …… 679
2　基本组织方法 …… 682
2.1　顺序作业法 …… 682

2.2 平行作业法 ………………………………………………………………………… 683
2.3 流水作业法 ………………………………………………………………………… 684
2.4 全等节拍流水 ……………………………………………………………………… 689
2.5 成倍节拍流水 ……………………………………………………………………… 691
2.6 分别流水与无节拍流水 …………………………………………………………… 693
第23章 网络计划技术 ……………………………………………………………… 697
1 网络基本知识 ……………………………………………………………………… 697
2 网络计划及计算 …………………………………………………………………… 702
3 公路施工组织设计文件编制 ……………………………………………………… 707
3.1 编制依据、程序及注意事项 ………………………………………………………… 707
3.2 工程进度图的作用、内容及编制步骤 ……………………………………………… 708
3.3 资源需要量计算 …………………………………………………………………… 709
3.4 临时设施组织 ……………………………………………………………………… 709
4 施工平面布置图 …………………………………………………………………… 710
4.1 施工总平面图 ……………………………………………………………………… 710
4.2 施工场地布置图 …………………………………………………………………… 710
4.3 其他局部平面图 …………………………………………………………………… 711

附录一 常用数学基本公式 ………………………………………………………… 712
附录二 结构静力计算用表 ………………………………………………………… 724
附录三 常用施工结构计算用表 …………………………………………………… 778
参考文献 ……………………………………………………………………………… 809

第一篇　施工放样与土方计算

第1章　施工放样与测量

1　施工测量的基本内容和要求

施工测量的基本内容和要求　表1-1

项　　目	基　本　工　作　内　容　和　要　求
导线复测	当原测的中线主要控制桩由导线控制时,施工单位必须根据设计资料认真做好导线复测工作。 导线复测应优先采用光电、电子类仪具,如红外仪、全站仪等,或其他能满足测量精度的仪器,仪器使用前应进行检验和校正。 原有导线点不能满足施工要求时,应进行加密,保证在道路施工的全过程相邻导线点间能互相通视。 导线起讫点应与设计单位测定结果比较,测量精度除设计有特殊要求者外应满足以下要求(JTJ 033—95):角度闭合差(″) $\pm 16\sqrt{n}$,n为测点数;坐标相对闭合差 $\pm\frac{1}{10000}$。 复测导线时,必须与相邻施工段的导线闭合。 对于有碍施工的导线点,施工前应加以固定
中线复测	路基开工前应全面检查恢复道路中心桩,并固定路线主要控制桩,如交点、转点、圆曲线和缓和曲线的起、讫点等。对于高速公路、一级公路应采用坐标法恢复主要控制桩。 恢复中线时应注意与结构物(如桥涵等)中心、相邻施工段的中线闭合,发现问题应及时查明原因,并报现场监理工程师或建设单位。 如发现设计中线长度丈量错误或需局部改线时,应作断链处理,相应调整纵坡,并在设计图表的相应部位注明断链距离和桩号
查对复测及增设水准点	查对复核建设单位所交付的水准点,并尽可能地与国家水准点闭合,超出容许误差范围时应查明原因并及时报有关部门。公路大桥附近的水准点闭合差应按《公路桥涵施工技术规范》(JTJ 041—2000)的规定办理。高速公路、一级公路闭合差为 $\pm 20\sqrt{L}$mm;二级及以下公路为 $\pm 30\sqrt{L}$mm,L为水准路线长度,以km计。 水准点间距不宜大于1km。临时水准点的距离应以测高不加转点为原则,平原区不大于200m,山区或丘陵区宜为100m。临时设置的水准点必须符合精度要求,坚固稳定并与相邻路段水准点闭合。对跨年度工程或怀疑被移动的水准点应复测校核后方可使用。受施工影响转移后的水准点,其标高应与原水准点闭合

续上表

项　目	基 本 工 作 内 容 和 要 求
路基放样定位	路基施工前,应详细检查、核对纵、横断面图,发现问题应进行复测。若设计单位未提供横断面图,应全部补测。 路基施工前,应根据设计图表和有关规定进行放样。包括路基用地桩和路堤坡脚、路堑堑顶、边沟、取土坑、护坡道、弃土堆等具体位置桩。在距路中心一定安全距离处设置控制桩,其间隔不宜大于50m,桩上标明桩号与路中心填(+)或挖(-)高度。 在边桩放样后,应进行边坡放样。对高填深挖地段,每挖填5cm应复测中线桩,测定其标高及宽度,以控制边坡的大小。在填筑一定高度后,也可采用放样定位样板、边坡架等方法进行。 机械施工中,应在边桩处设置明显填、挖标志,并在不大于200m间距段落内,距中心桩一定距离设置控制桩。 施工过程中,应保护所有标志,特别是一些原始控制点

2　公路路线施工测量与放样

2.1　施工测量与放样基本方法

表1-2

放样,即采用一定的方法,在满足一定精度要求的前提下,将设计图纸上的点或线在实地测设出来。实际工作中,可行的放样方法有很多,如切线支距法、偏角法、极坐标法,圆曲线的弦线支距法、中央纵距法,回头曲线的辐射法、推磨法等。随着公路勘测技术的不断发展,光电、电子测绘仪器的大量使用,使得公路施工测量放样方法也逐步由传统人工、光学的方法向现代化的光电、电子方法转变,极坐标法将成为主要的放线方法

2.2　平面计算

2.2.1　曲线半径选择

曲线半径选择　　表1-3

<table>
<tr><th colspan="2">类　型</th><th>图　示</th><th>计　算</th></tr>
<tr><td rowspan="2">单交点对称基本型</td><td>切线长控制</td><td>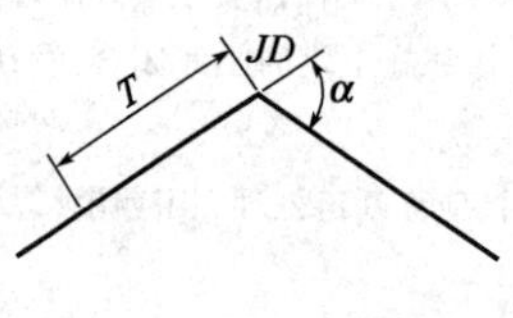
</td><td>已知路线转角 α,切线长 T,求曲线半径 R。
假定缓和曲线长为 l_s,则可建立如下一元二次方程:
$$\tan\frac{\alpha}{2}\cdot R^2+\left(\frac{l_s}{2}-T\right)\cdot R+\frac{l_s^2}{24}\cdot\tan\frac{\alpha}{2}=0 \quad (1\text{-}1)$$
计算结果取较大者。
该方程为 p、q 均取第一项时表达式,如精度要求较高,此半径可作为曲线半径的初始值,代入切线长详细计算公式,计算下一次半径值,直到满足要求为止。
计算出曲线半径后,应结合标准和规范及线形协调等对结果进行检查,直到满足要求为止</td></tr>
<tr><td>外距控制</td><td>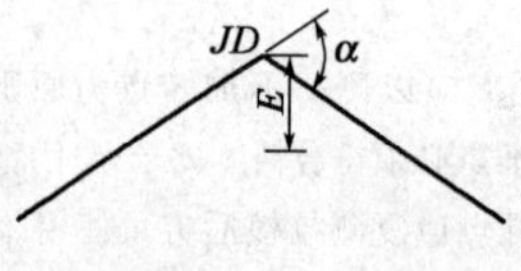
</td><td>已知路线转角 α,外距 E,求曲线半径和缓和曲线长。
假定缓和曲线长为 l_s,则可建立如下一元二次方程:
$$\left(\sec\frac{\alpha}{2}-1\right)\cdot R^2-E\cdot R+\frac{l_s^2}{24}\cdot\sec\frac{\alpha}{2}=0 \quad (1\text{-}2)$$
计算结果取较大者。
计算出曲线半径后,应结合标准和规范及线形协调等方面进行检查,直到满足要求为止</td></tr>
</table>

续上表

类型		图示	计算
单交点对称基本型	曲线长控制	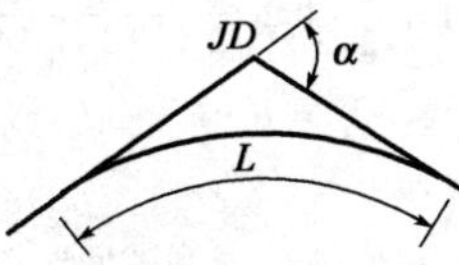	已知路线转角 α,曲线长 L,计算曲线半径和缓和曲线长。 假定缓和曲线长为 l_s,则: $$2l_s + \left(\frac{\pi}{180}\cdot\alpha - \frac{l_s}{R}\right)\cdot R = L$$ $$R = \frac{L - l_s}{\frac{\pi}{180}\cdot\alpha} \quad (1\text{-}3)$$ 计算出曲线半径后,应结合标准和规范及线形协调等方面进行检查,直到满足要求为止。 一般是在小转角的情况下采用
	任意点控制	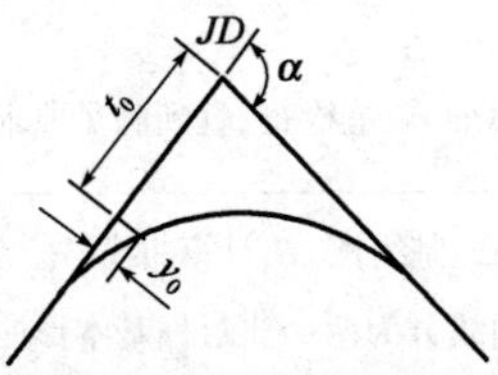	已知路线转角 α,控制点到导线的距离 y_0,垂足到交点的距离 t_0,确定曲线半径和缓和曲线长。 半径初始值 R_0 按不设缓和曲线的情况计算,此时有一元二次方程: $$\tan^2\frac{\alpha}{2}\cdot R_0^2 - 2\left(\tan\frac{\alpha}{2}\cdot t_0 + y_0\right)\cdot R_0 + t_0^2 + y_0^2 = 0 \quad (1\text{-}4)$$ 当 R_0 小于不设超高的最小半径时,需设缓和曲线。设缓和曲线后,圆曲线内移,使该点支距 y 变大,为使 y 满足 y_0 要求,此时应减小半径。通过迭代的方法确定满足要求的半径值。 有特殊点要求时采用
	合成坡度控制		根据将来纵断面设计时可能采用的纵坡度、标准规定的最大合成坡度,求算该曲线的超高横坡 $i_{超} = \sqrt{i_{合}^2 - i_{纵}^2}$,再根据《公路路线设计规范》确定合适的半径
单交点非对称基本型两端切线长控制	已知半径	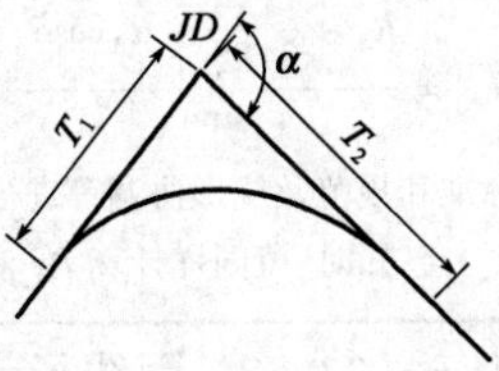	已知路线转角 α,曲线半径 R,切线长 T_1、T_2,求缓和曲线长 l_{s1}、l_{s2}。 根据公式: $$T_1 = \frac{R + p_2 - (R + p_1)\cos\alpha}{\sin\alpha} + q_1 \quad (1\text{-}5)$$ $$T_2 = \frac{R + p_1 - (R + p_2)\cos\alpha}{\sin\alpha} + q_2 \quad (1\text{-}6)$$ 通过迭代确定 l_{s1}、l_{s2}。 p_1、p_2、q_1、q_2 分别为圆曲线两端的内移值和切线增值。 计算结果需对照标准、规范检查,直到满足要求为止
	已知缓和曲线长		已知路线转角 α,缓和曲线长 l_{s1}、l_{s2},切线长 T_1(或 T_2),求曲线半径 R。 根据式(1-5)或式(1-6),建立一元二次方程: $$24(1-\cos\alpha)R^2 + 12(l_{s1} - 2T_1)\sin\alpha\cdot R + l_{s2}^2 - l_{s1}^2\cos\alpha = 0$$ 或 $$24(1-\cos\alpha)R^2 + 12(l_{s2} - 2T_2)\sin\alpha\cdot R + l_{s1}^2 - l_{s2}^2\cos\alpha = 0$$ 计算结果需对照标准、规范检查,直到满足要求为止

续上表

<table>
<tr><th colspan="2">类　型</th><th>图　示</th><th>计　算</th></tr>
<tr><td rowspan="2">凸形曲线</td><td>切线长控制</td><td rowspan="2">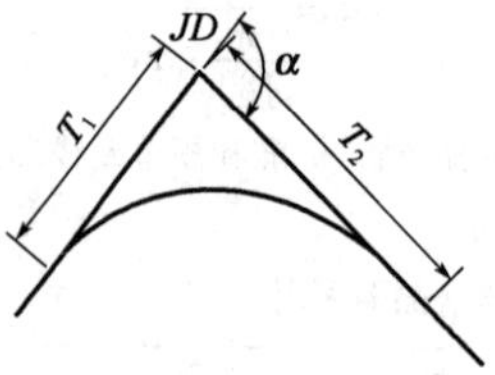
</td><td>已知路线转角 α，切线长 T，求曲线半径 R 和缓和曲线长 l_s。
$$R=\frac{T}{\left(1+\frac{\alpha^2}{24}\right)\tan\frac{\alpha}{2}+\frac{\alpha}{2}-\frac{\alpha^3}{240}} \quad (1\text{-}7)$$
$$l_s=\alpha\cdot R \quad (1\text{-}8)$$
α 的单位为弧度。
计算结果需对照标准、规范检查，直到满足要求为止</td></tr>
<tr><td>外距控制</td><td>已知路线转角 α，切线长 E，求曲线半径 R 和缓和曲线长 l_s。
$$R=\frac{E}{\left(1+\frac{\alpha^2}{24}\right)\cos\frac{\alpha}{2}-1} \quad (1\text{-}9)$$
$$l_s=\alpha\cdot R \quad (1\text{-}10)$$
α 的单位为弧度。
计算结果需对照标准、规范检查，直到满足要求为止</td></tr>
<tr><td colspan="2">双交点切基线</td><td>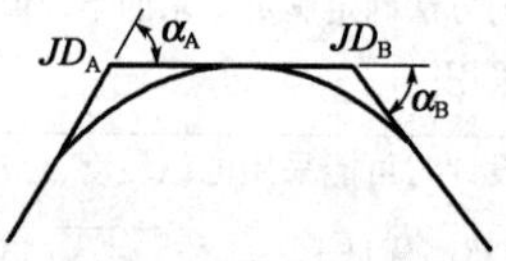
</td><td>已知路线转角 α_A、α_B，基线长 AB，计算曲线半径 R 和缓和曲线长 l_s。
从公切点把整个曲线分为两个非对称基本形曲线。
设缓和曲线长为 l_s，则可建立如下一元二次方程：
$$\left(\frac{1-\cos\alpha_A}{\sin\alpha_A}+\frac{1-\cos\alpha_A}{\sin\alpha_A}\right)R^2-AB\cdot R+\frac{l_s^2}{24}\left(\frac{1}{\sin\alpha_A}+\frac{1}{\sin\alpha_B}\right)=0 \quad (1\text{-}11)$$
计算结果应结合标准和规范及线形协调等进行检查，直到满足要求为止</td></tr>
<tr><td colspan="2">复曲线</td><td>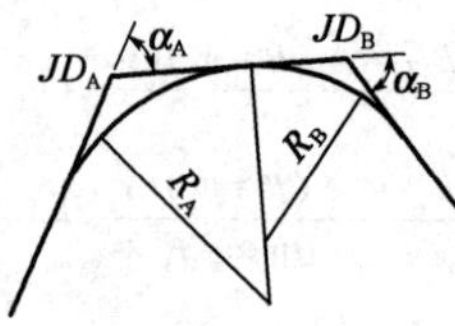
</td><td>已知路线转角 α_A、α_B，基线长 AB，曲线半径 R_A，缓和曲线长 l_{sA}，计算曲线半径 R_B 和缓和曲线长 l_{sB}。
设缓和曲线长 l_{sB}，则可建立如下一元二次方程：
$$\left(\frac{1-\cos\alpha_B}{\sin\alpha_B}\right)R_B^2-(AB-T_A)R_B+\frac{l_{sB}^2}{24}\cdot\frac{1}{\sin\alpha_B}=0 \quad (1\text{-}12)$$
其中：$$T_A=\frac{R_A+\frac{l_{sA}^2}{24R_A}-R_A\cos\alpha_A}{\sin\alpha_A} \quad (1\text{-}13)$$
计算结果应结合标准和规范及线形协调等进行检查，直到满足要求为止。当 R_B 和 l_{sB} 为已知时，可同样计算 R_A 和 l_{sA}</td></tr>
</table>

例 1-1　某山岭重丘区二级公路一弯道，路线转角为 $\alpha=23°58'$，因线形设计需要，按切线长 $T=69.76\text{m}$ 控制确定半径。设缓和曲线长 $l_s=45\text{m}$。

解　根据已知条件，可以按式(1-1)，构造一元二次方程，则有：

$$0.2122531R^2-47.26R+17.90885=0$$

解得：$R=222.31\text{m}$

满足标准和规范要求，可以采用。

例 1-2　某山岭重丘区二级公路一弯道，路线转角为 $\alpha=28°46'$，因线形设计需要，按外距 $E=5.89\text{m}$ 控制，确定曲线半径。设缓和曲线长 $l_s=40\text{m}$。

解 根据已知条件,可以按式(1-2),构造一元二次方程则有:

$$0.03236R^2 - 5.89R + 68.82393 = 0$$

解得 $R = 169.47\text{m}$

满足标准和规范要求,可以采用。

例 1-3 已知某山岭重丘区三级公路其中一弯道,路线转角为 $\alpha = 32°16'$,因线形设计需要,按曲线长 $L = 165\text{m}$ 控制,确定曲线半径。设缓和曲线长 $l_s = 50\text{m}$。

解 将已知数据代入式(1-3)得:

$$R = \frac{L - l_s}{\frac{\pi}{180} \cdot \alpha} = \frac{165 - 50}{\frac{\pi}{180} \times 32°16'} = 204.20\text{m}$$

满足标准和规范要求,可以采用。

例 1-4 某山岭重丘区二级公路其中一弯道,已知路线转角 $\alpha = 31°02'24''$,控制点到导线的距离 $y_0 = 7.58\text{m}$,垂足到交点的距离 $t_0 = 20.35\text{m}$,确定曲线半径。设缓和曲线长 $l_s = 60\text{m}$。

解 不设缓和曲线时,根据式(1-4),可构造一元二次方程,则有:

$$0.0771176R_0^2 - 26.46241R_0 + 471.5789 = 0$$

解得 $R_0 = 324.29\text{m}$

设缓和曲线曲线后,圆曲线内移,使得 y 增大,此时,应减小半径,经过多次迭代运算,$R = 310.73\text{m}$。

满足标准和规范要求,可以采用。

例 1-5 某山岭重丘区二级公路,其中一弯道位于陡坡急弯处,合成坡度为 10%,拟采用路线纵坡 6.8%,试确定曲线半径。

解 此时曲线的最大超高为:

$$i_{超} = \sqrt{i_{合}^2 - i_{纵}^2} = \sqrt{(10\%)^2 - (6.8\%)^2} = 7.3\%$$

取 $i_{超} = 7\%$,查公路路线设计规范,此时该超高值对应的曲线半径为:$120\text{m} < R \leqslant 90\text{m}$,可取 $R = 110\text{m}$。

满足标准和规范要求,可以采用。

例 1-6 某山岭重丘区二级公路,因受地物限制,需设非对称平曲线,已知路线转角 $\alpha = 24°42'$,切线长 $T_1 = 79.68\text{m}$,设缓和曲线长 $l_{s1} = 50\text{m}$,$l_{s2} = 40\text{m}$,试确定曲线半径。

解 将已知数据代入计算式 $24(1 - \cos\alpha)R^2 + 12(l_{s1} - 2T_1)\sin\alpha \cdot R + l_{s2}^2 - l_{s1}^2\cos\alpha = 0$ 得:

$$2.195804R^2 - 548.3753183R - 671.27044 = 0$$

解得 $R = 250.96\text{m}$

满足标准和规范要求,可以采用。

例 1-7 已知:某山岭重丘区三级公路,一曲线绕山嘴,已测定路线转角 $\alpha = 42°49'$,要求控制切线长 $T = 65\text{m}$,试按凸形曲线确定曲线半径和缓和曲线长。

解 将路线转角化为弧度,得

$$\alpha = 42°49' = \frac{\pi}{180} \cdot 42°49' = 0.74729181$$

已知条件代入式(1-7)有:

$$R = \frac{T}{\left(1 + \frac{\alpha^2}{24}\right)\tan\frac{\alpha}{2} + \frac{\alpha}{2} - \frac{\alpha^3}{240}}$$

$$R = \frac{65}{\left(1 + \frac{0.74729181^2}{24}\right)\tan\frac{0.74729181}{2} + \frac{0.74729181}{2} - \frac{0.74729181^3}{240}} = 84.08\text{m}$$

$$l_s = \alpha \cdot R = 0.74729181 \times 84.08 = 62.83\text{m}$$

曲线半径满足一般最小半径要求，缓和曲线长也满足标准要求，可以采用。

例1-8 已知：某山岭重丘区三级公路，一弯道绕山嘴，已测定路线转角 $\alpha = 38°45'$，要求控制外距 $E = 6.00\text{m}$，试按凸形曲线确定曲线半径 R 和缓和曲线长 l_s。

解 将路线转角化为弧度，得

$$\alpha = 38°45' = \frac{\pi}{180} \cdot 38°45' = 0.6763151\text{rad}$$

已知条件代入式(1-9)有：

$$R = \frac{E}{\left(1 + \frac{\alpha^2}{24}\right)\cos\frac{\alpha}{2} - 1}$$

$$R = \frac{6}{\left(1 + \frac{0.6763151^2}{24}\right)\cos\frac{0.6763151}{2} - 1} = 74.75\text{m}$$

$$l_s = \alpha \cdot R = 0.6763151 \times 74.75 = 50.55\text{m}$$

曲线半径满足一般最小半径要求，缓和曲线长也满足标准要求，可以采用。

例1-9 双交点切基线确定曲线半径。已知：山区某公路，其中一弯道因受地物限制，无法钉设单交点，此时设两个辅助交点 A 和 B 构成虚交，已测得 $\alpha_A = 20°58'06''$、$\alpha_B = 18°59'40''$，基线长 $AB = 104.32\text{m}$，假定缓和曲线长 $l_s = 60\text{m}$，试按切基线确定曲线半径。

解 将已知条件代入式(1-11)有：

$$\left(\frac{1 - \cos\alpha_A}{\sin\alpha_A} + \frac{1 - \cos\alpha_A}{\sin\alpha_A}\right)R^2 - AB \cdot R + \frac{l_s^2}{24}\left(\frac{1}{\sin\alpha_A} + \frac{1}{\sin\alpha_B}\right) = 0$$

$$0.35234599R^2 - 104.32R + 880.0306028 = 0$$

解得 $R = 287.38\text{m}$

经计算，曲线总长260.44m，其中圆曲线长140.44m，满足标准和规范要求，可以采用。

例1-10 复曲线设计。已知某山岭重丘区二级公路，其中一路段受地形限制，需设置复曲线，已测得路线转角 $\alpha_A = 22°37'20''$、$\alpha_B = 27°20'50''$，基线长 $AB = 189.16\text{m}$，已拟定曲线半径 $R_A = 374.90\text{m}$，缓和曲线长 $l_{sA} = 55\text{m}$、$l_{sB} = 80\text{m}$，计算曲线半径 R_B。

解 根据式(1-13)及已知条件得：

$$T_A = \frac{R_A + \frac{l_{sA}^2}{24R_A} - R_A\cos\alpha_A}{\sin\alpha_A} = \frac{374.90 + \frac{55^2}{24 \times 374.90} - 374.90 \times \cos 22°37'20''}{\sin 22°37'20''} = 75.86\text{m}$$

将已知条件及 T_A 代入有：

$$\left(\frac{1 - \cos\alpha_B}{\sin\alpha_B}\right)R_B^2 - (AB - T_A)R_B + \frac{l_{sB}^2}{24} \cdot \frac{1}{\sin\alpha_B} = 0$$

$$0.243285835R_B^2 - 111.30R_B + 580.4902961 = 0$$

解得 $R_B = 460.53\text{m}$

符合标准和规范的有关规定，结果可以采用。

2.2.2 曲线要素及主点桩号计算

曲线要素计算的一般公式　　表 1-4

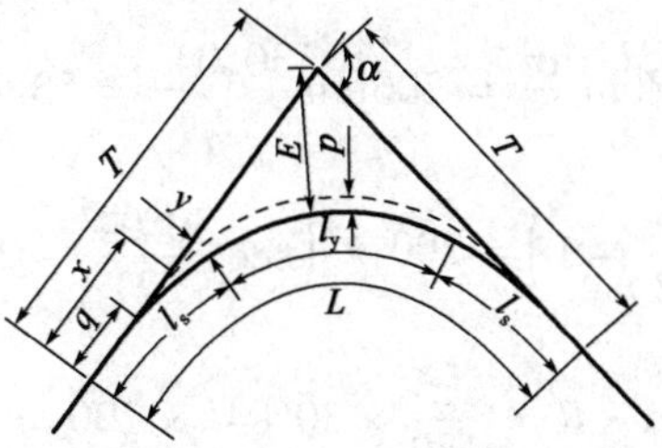

要素名称	计算公式	备注
缓和曲线长度及回旋线参数	$l_s \geqslant L_C$　(1-14) $A^2 = R \cdot l_s$　(1-15)	l_s——缓和曲线长； L_C——超高过渡段长； A——回旋线参数； R——曲线半径
切线长	$T = (R+p)\tan\frac{\alpha}{2} + q$　(1-16)	p——设缓和曲线后圆曲线内移值，其值为： $p = \frac{l_s^2}{24R} - \frac{l_s^4}{2384R^3}$； q——设缓和曲线后曲线切线长的增长值，其值为 $q = \frac{l_s}{2} - \frac{l_s^3}{240R^2}$； α——路线转角
曲线长	$L = 2l_s + l_y$　(1-17)	l_y——圆曲线长，$l_y = (\alpha - 2\beta_0)R$； β_0——缓和曲线总偏角
外距	$E = (R+p)\sec\frac{\alpha}{2} - R$　(1-18)	
校正数	$J = 2T - L$　(1-19)	也称切曲差或超距
缓和曲线上任一点的支距坐标	$x = l - \frac{l^5}{40R^2 l_s^2}$　(1-20a) $y = \frac{l^3}{6Rl_s} - \frac{l^7}{336R^3 l_s^3}$　(1-20b)	l——计算点位到缓和曲线起点的曲线长
$HY(YH)$的支距坐标	$x = l_s - \frac{l_s^3}{40R^2}$　(1-21a) $y = \frac{l_s^2}{6R} - \frac{l_s^4}{336R^3}$　(1-21b)	
缓和曲线角	$\beta = \frac{l}{2\rho} = \frac{l^2}{2A^2}$　(1-22)	ρ——该点曲率半径； A——回旋线参数，$A^2 = R \cdot l_s = \rho \cdot l$
主点桩号	$ZH = JD - T$ $HY = ZH + l_s$ $QZ = HY + l_y/2$ $YH = HY + l_y$ $HZ = YH + l_s$ $QZ = HY + l_y/2$	

例 1-11 不设缓和曲线基本型计算。已知某弯道,交点桩号为 $JD = \text{K}23 + 546.87$,曲线半径 $R = 200\text{m}$,路线转角 $\alpha = 30°04'$,试计算曲线要素和主点桩号。

解 (1)计算曲线要素

切线长:
$$T = R\tan\frac{\alpha}{2} = 200\tan\frac{30°04'}{2} = 53.71\text{m}$$

外距:
$$E = R\left(\sec\frac{\alpha}{2} - 1\right) = 200 \times \left(\sec\frac{30°04'}{2} - 1\right) = 7.09\text{m}$$

曲线长:
$$L = \frac{\pi}{180}\cdot\alpha\cdot R = \frac{\pi}{180}\times 30°04' \times 200 = 104.95\text{m}$$

校正数:
$$J = 2T - L = 2\cdot 53.71 - 104.95 = 2.48\text{m}$$

(2)计算主点桩号

$$ZY = JD - T = \text{K}23 + 546.87 - 53.71 = \text{K}23 + 493.16$$

$$QZ = ZY + L/2 = \text{K}23 + 493.16 + 104.95/2 = \text{K}23 + 545.63$$

$$YZ = ZY + L = \text{K}23 + 493.16 + 104.95 = \text{K}23 + 598.11$$

$$JD = QZ + J/2 = \text{K}23 + 545.63 + 2.48/2 = \text{K}23 + 546.87\text{(校核无误)}$$

例 1-12 对称基本型计算。已知某弯道,交点桩号 $JD = \text{K}4 + 326.48$,曲线半径 $R = 260\text{m}$,缓和曲线长 $l_s = 45\text{m}$,路线转角 $\alpha = 23°46'$,试计算曲线要素和主点桩号。

解 (1)计算曲线要素

内移值:
$$p = \frac{l_s^2}{24R} - \frac{l_s^4}{2384R^3} = \frac{45^2}{24\times 260} - \frac{45^4}{2384\times 260^3} = 0.32\text{m}$$

切线增值:
$$q = \frac{l_s}{2} - \frac{l_s^3}{240R^2} = \frac{45}{2} - \frac{45^3}{240\times 260^2} = 22.49\text{m}$$

缓和曲线角:
$$\beta = \frac{l_s}{2R} = \frac{45}{2\times 260} = 0.086538\text{rad}$$

切线长:$T = (R + p)\tan\dfrac{\alpha}{2} + q = (260 + 0.32)\tan\dfrac{23°46'}{2} + 22.49 = 77.27\text{m}$

外距:$E = (R + p)\sec\dfrac{\alpha}{2} - R = (260 + 0.32)\sec\dfrac{23°46'}{2} - 260 = 6.03\text{m}$

曲线总长:$L = 2l_s + \left(\dfrac{\pi}{180}\alpha - 2\beta\right)R = 2\times 45 + \left(\dfrac{\pi}{180}\times 23°46' - 2\times 0.086538\right)\times 260$

$= 152.85\text{m}$

圆曲线长:
$$l_y = L - 2l_s = 152.85 - 2\cdot 45 = 62.85\text{m}$$

校正数:
$$J = 2T - L = 2\times 77.27 - 152.85 = 1.69\text{m}$$

(2)计算主点桩号

$$ZH = JD - T = \text{K4} + 326.48 - 77.27 = \text{K4} + 249.21$$

$$HY = ZH - l_s = \text{K4} + 249.21 + 45 = \text{K4} + 294.21$$

$$YH = HY + l_y = \text{K4} + 294.21 + 62.85 = \text{K4} + 357.06$$

$$HZ = YH + l_s = \text{K4} + 357.06 + 45 = \text{K4} + 402.06$$

$$QZ = HZ - L/2 = \text{K4} + 402.06 - 152.85/2 = \text{K4} + 325.63$$

$$JD = QZ + J/2 = \text{K4} + 325.63 + 1.69/2 = \text{K4} + 326.48\text{(校核无误)}$$

值得指出的是，当路线转角不大，曲线半径较大时，内移值 p、切线增值 q 的计算有时只取第一项即可。但当路线转角较大、曲线半径较小且缓和曲线较长时，第一项计算值与精确计算公式差值较大，因此，计算时必须取至第二项，甚至更多项，这是应特别引起注意的。

若圆曲线两端缓和曲线长不相等，则构成非对称基本型。

例 1-13 非对称基本型计算。设第一缓和曲线长 $l_{s1}=40\text{m}$，$l_{s2}=60\text{m}$，其他资料同上例，试计算曲线元素和主点桩号。

解 (1)计算曲线元素

内移值：
$$p_1 = \frac{l_{s1}^2}{24R} - \frac{l_{s1}^4}{2384R^3} = \frac{40^2}{24 \times 260} - \frac{40^4}{2384 \times 260^3} = 0.26\text{m}$$

$$p_2 = \frac{l_{s2}^2}{24R} - \frac{l_{s2}^4}{2384R^3} = \frac{60^2}{24 \times 260} - \frac{60^4}{2384 \times 260^3} = 0.58\text{m}$$

切线增值：
$$q_1 = \frac{l_{s1}}{2} - \frac{l_{s1}^3}{240R^2} = \frac{40}{2} - \frac{40^3}{240 \times 260^2} = 20.00\text{m}$$

$$q_2 = \frac{l_{s2}}{2} - \frac{l_{s2}^3}{240R^2} = \frac{60}{2} - \frac{60^3}{240 \times 260^2} = 29.99\text{m}$$

缓和曲线角：
$$\beta_1 = \frac{l_{s1}}{2R} = \frac{40}{2 \times 260} = 0.07692307692\text{rad}$$

$$\beta_2 = \frac{l_{s2}}{2R} = \frac{60}{2 \times 260} = 0.1153846154\text{rad}$$

切线长：

$$T_1 = \frac{R + p_2 - (R + p_1)\cos\alpha}{\sin\alpha} + q_1 = \frac{260 + 0.58 - (260 + 0.26)\cos23°46'}{\sin23°46'} + 20.00 = 75.56\text{m}$$

$$T_2 = \frac{R + p_1 - (R + p_2)\cos\alpha}{\sin\alpha} + q_2 = \frac{260 + 0.26 - (260 + 0.58)\cos23°46'}{\sin23°46'} + 29.99 = 84.03\text{m}$$

曲线长：

$$L = l_{s1} + l_{s2} + \left(\frac{\pi}{180} \cdot \alpha - \beta_1 - \beta_2\right)R = 40 + 60 + \left(\frac{\pi}{180} \times 23°46' - 0.07692307692 - 0.1153846154\right) \times$$

$$260 = 157.85\text{m}$$

圆曲线长： $l_y = L - L_{s1} - L_{s2} = 157.85 - 40 - 60 = 57.85\text{m}$

(2)计算主点桩号 $ZH = JD - T_1 = \text{K}4 + 326.48 - 75.56 = \text{K}4 + 250.92$

$$HY = ZH + l_{s1} = \text{K}4 + 250.92 + 40 = \text{K}4 + 290.92$$

$$YH = HY + l_y = \text{K}4 + 290.92 + 57.85 = \text{K}4 + 348.77$$

$$HZ = HY + l_{s2} = \text{K}4 + 348.77 + 60 = \text{K}4 + 408.77$$

实际上,我们可以把对称基本型看作是非对称基本型的特例,只不过此时圆曲线两端的缓和曲线长相等而已。

例 1-14 虚交计算。某弯道因受地物限制,需设辅助交点,已知 $\alpha_A = 28°56'$, $\alpha_B = 17°32'$,基线长 $AB = 63.54\text{m}$, $JD_A = \text{K}12 + 237.69$, $R = 150\text{m}$, $l_s = 50\text{m}$,试计算曲线要素与主点桩号。

解 (1)计算曲线元素

解算虚交三角形,则有

路线总转角： $\alpha = \alpha_A + \alpha_B = 28°56' + 17°32' = 46°28'$

$$a = AB \cdot \frac{\sin\alpha_A}{\sin\alpha} = 63.54 \cdot \frac{\sin 28°56'}{\sin 46°28'} = 42.40\text{m}$$

$$b = AB \cdot \frac{\sin\alpha_B}{\sin\alpha} = 63.54 \times \frac{\sin 17°32'}{\sin 46°28'} = 26.40\text{m}$$

内移值： $p = \dfrac{l_s^2}{24R} - \dfrac{l_s^4}{2384R^3} = \dfrac{50^2}{24 \times 150} - \dfrac{50^4}{2384 \times 150^3} = 0.69\text{m}$

切线增值： $q = \dfrac{l_s}{2} - \dfrac{l_s^3}{240R^2} = \dfrac{50}{2} - \dfrac{50^3}{240 \times 150^2} = 24.98\text{m}$

切线总长： $T = (R + p)\tan\dfrac{\alpha}{2} + q = (150 + 0.69)\tan\dfrac{46°28'}{2} + 24.98 = 89.67\text{m}$

A 端切线长： $T_A = T - b = 89.67 - 26.40 = 63.27\text{m}$

B 端切线长： $T_B = T - a = 89.67 - 42.40 = 47.27\text{m}$

曲线长：

$$L = 2l_s + \left(\frac{\pi}{180} \times \alpha - 2 \times \beta\right)R = 2 \times 50 + \left(\frac{\pi}{180} \times 46°28' - 2 \times \frac{50}{2 \times 150}\right) \times 150 = 171.65\text{m}$$

圆曲线长： $l_y = L - 2l_s = 171.65 - 2 \times 50 = 71.65\text{m}$

(2)计算主点桩号

$$ZH = JD_A - T_A = \text{K}12 + 237.69 - 63.27 = \text{K}12 + 174.42$$

$$HY = JD_A + l_s = \text{K}12 + 174.42 + 50 = \text{K}12 + 224.42$$

$$YH = HY + l_y = \text{K}12 + 224.42 + 71.65 = \text{K}12 + 296.07$$

$$HZ = YH + l_s = \text{K}12 + 296.07 + 50 = \text{K}12 + 346.07$$

$$QZ = ZH + L/2 = \text{K}12 + 174.42 + 171.65/2 = \text{K}12 + 260.25$$

例 1-15 卵形曲线计算。已知 $\alpha_1 = 50°30'$, $\alpha_2 = 42°02'$, $AB = 70.78\text{m}$, $R_1 = 60\text{m}$, $l_{s1} = 40\text{m}$, $R_2 = 108.87\text{m}$, $l_{s2} = 30\text{m}$, $l_F = 49.60\text{m}$, $JD_1 = \text{K}5 + 300$,,试计算卵形曲线曲线要素和主点桩号。

解 (1)计算曲线要素

曲线 1 计算：

$$p_1=\frac{l_{s1}^2}{24R_1}-\frac{l_{s1}^4}{2384R_1^3}=\frac{40^2}{24\times60}-\frac{40^4}{2384\times60^3}=1.11\text{m}$$

$$q_1=\frac{l_{s1}}{2}-\frac{l_{s1}^3}{240R_1^2}=\frac{40}{2}-\frac{40^3}{240\times60^2}=19.93\text{m}$$

切线长：$T_1=(R_1+p_1)\tan\frac{\alpha_1}{2}+q_1=(60+1.11)\tan\frac{50°30'}{2}+19.93=48.75\text{m}$

$$T_A=T_1-q_1=48.75-19.93=28.82\text{m}$$

曲线总长：$L_1=l_{s1}+\left(\frac{\pi}{180}\alpha_1-\beta\right)R_1=40+\left(\frac{\pi}{180}\times50°30'-\frac{40}{2\times60}\right)\times60=72.88\text{m}$

圆曲线长：$l_{y1}=L_1-l_{s1}-\frac{L_F}{2}=72.88-40-\frac{49.60}{2}=8.08\text{m}$

外距：$E_1=(R_1+p_1)\sec\frac{\alpha_1}{2}-R_1=(60+1.11)\sec\frac{50°30'}{2}-60=7.57\text{m}$

曲线 2 计算：

$$p_2=\frac{l_{s2}^2}{24R_2}-\frac{l_{s2}^4}{2384R_2^3}=\frac{30^2}{24\times108.87}-\frac{30^4}{2384\times108.87^3}=0.34\text{m}$$

$$q_2=\frac{l_{s2}}{2}-\frac{l_{s2}^3}{240R_2^2}=\frac{30}{2}-\frac{30^3}{240\times108.87^2}=14.99\text{m}$$

切线长：$T_2=(R_2+p_2)\tan\frac{\alpha_2}{2}+q_2=(108.87+0.34)\tan\frac{42°02'}{2}+14.99=56.95\text{m}$

$$T_B=T_2-q_2=56.95-14.99=41.96\text{m}$$

曲线总长：

$$L_2=l_{s2}+\left(\frac{\pi}{180}\alpha_2-\beta\right)R_2=30+\left(\frac{\pi}{180}\times42°02'-\frac{30}{2\times108.87}\right)\times108.87=94.87\text{m}$$

圆曲线长：$l_{y2}=L_2-l_{s2}-\frac{l_F}{2}=94.87-30-\frac{49.60}{2}=40.07\text{m}$

外距：$E_2=(R_2+p_2)\sec\frac{\alpha_2}{2}-R_2=(108.87+0.34)\sec\frac{42°02'}{2}-108.87=8.13\text{m}$

(2)计算主点桩号

$$ZH=JD_1-T_1=\text{K}5+300-48.75=\text{K}5+251.25$$

$$HY_1=ZH+l_{s1}=\text{K}5+251.25+40=\text{K}5+291.25$$

$$Y_1H=HY_1+l_{y1}=\text{K}5+291.25+8.08=\text{K}5+299.33$$

$$GQ=Y_1H+\frac{l_F}{2}=\text{K}5+299.33+\frac{49.60}{2}=\text{K}5+324.13$$

$$HY_2=Y_1H+l_F=\text{K}5+299.33+49.60=\text{K}5+348.92$$

$$Y_2H=HY_2+l_{y2}=\text{K}5+348.92+40.07=\text{K}5+388.99$$

$$HZ=Y_2H+l_{s2}=\text{K}5+388.99+30=\text{K}5+418.99$$

2.2.3 中桩大地坐标计算

中桩大地坐标计算 表 1-5

类 型	图 示	计 算 式
直线的方位角	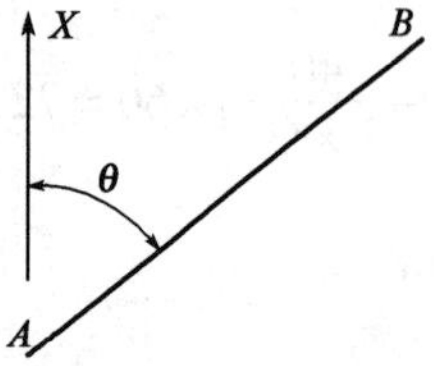	已知直线两端点的坐标 $A(X_A,Y_A)$、$B(X_B,Y_B)$，则直线 AB 的方位角： $$\theta=\begin{cases}\alpha & (\Delta X\geqslant 0,\Delta Y\geqslant 0)\\ \pi-\alpha & (\Delta X<0)\\ 2\pi+\alpha & (\Delta X>0,\Delta Y<0)\end{cases} \qquad (1\text{-}23)$$ 其中： $$\alpha=\arcsin\frac{\Delta Y}{S}$$ $$\Delta X=X_B-X_A$$ $$\Delta Y=Y_B-Y_A$$ $$S=\sqrt{\Delta X^2+\Delta Y^2}$$ 当 α 用反正切计算时，应注意 $\Delta X=0$ 即 $\theta=\pm\frac{\pi}{2}$ 的特殊情况。 方位角是有方向的，当一条直线的起终点互易时，其方位角相差 180°
直线上点的坐标计算	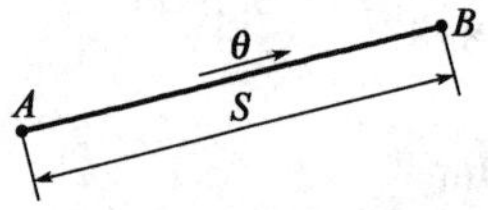	已知直线一端点的坐标 $A(X_A,Y_A)$ 及方位角 θ，求直线上距 A 点距离为 S 的点 B 的大地坐标。 $$\begin{cases}X_B=X_A+S\cos\theta\\ Y_B=Y_A+S\sin\theta\end{cases} \qquad (1\text{-}24)$$
单交点基本型曲线逐桩坐标计算	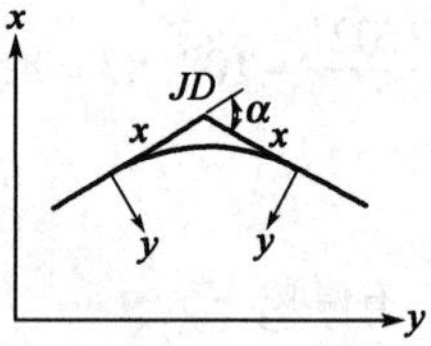	已知：交点前后两导线边沿路线前进方向的方位角分别为 θ_1 和 θ_2，交点大地坐标为 $JD(X_0,Y_0)$，曲线半径为 R，缓和曲线长分别为 l_{s1} 和 l_{s2}，曲线要素 T_1、T_2、E、L 和主点 ZH、HY、QZ、YH、HZ 的桩号。 1. 计算 ZH 及 HZ 大地坐标 ZH 点：$$\begin{cases}X_{ZH}=X_0+T_1\cdot\cos(\theta_1+\pi)\\ Y_{ZH}=Y_0+T_1\cdot\sin(\theta_1+\pi)\end{cases} \qquad (1\text{-}25)$$ HZ 点：$$\begin{cases}X_{HZ}=X_0+T_2\cdot\cos\theta_2\\ Y_{HZ}=Y_0+T_2\cdot\sin\theta_2\end{cases} \qquad (1\text{-}26)$$ 2. ZH 到 QZ 段 $$\begin{cases}X=X_{ZH}+x\cdot\cos\theta_1+y\cdot\cos(\theta_1+I\cdot\pi/2)\\ Y=Y_{ZH}+x\cdot\sin\theta_1+y\cdot\sin(\theta_1+I\cdot\pi/2)\\ \theta'=\theta_1+I\cdot\frac{l^2}{2l_sR}\end{cases} \qquad (1\text{-}27)$$ 3. QZ 到 HZ 段 $$\begin{cases}X=X_{HZ}+x\cdot\cos(\theta_2+\pi)+y\cdot\cos(\theta_2+I\cdot\pi/2)\\ Y=Y_{HZ}+x\cdot\sin(\theta_2+\pi)+y\cdot\sin(\theta_2+I\cdot\pi/2)\\ \theta'=\theta_2-I\cdot\frac{l^2}{2l_sR}\end{cases} \qquad (1\text{-}28)$$ 上述式中：x、y——待求点支距坐标； X_{ZH}、Y_{ZH}——ZH 点大地坐标； X_{HZ}、Y_{HZ}——HZ 点大地坐标； I——表示曲线转向的符号，右偏时取 $I=1$，左偏时取 $I=-1$； θ'——待求点的切线方位角； 其他符号意义同前

类　型	图　　示	计　算　式
虚交型曲线上各中桩大地坐标计算	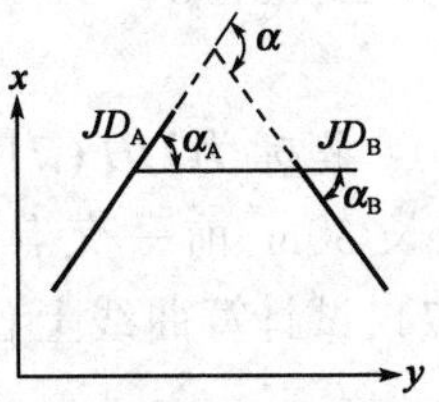	已知辅助交点的大地坐标 $JD_A(X_A,Y_A)$、$JD_B(X_B,Y_B)$，前后两导线边沿路线前进方向的方位角分别为 θ_A 和 θ_B，曲线半径为 R，缓和曲线长分别为 l_{s1} 和 l_{s2}，切线长 T_A、T_B 和主点 ZH、HY、QZ、YH、和 HZ 的桩号。 ZH 及 HZ 大地坐标按下式计算： ZH 点：$\begin{cases} X_{ZH} = X_A + T_A \cdot \cos(\theta_A + \pi) \\ Y_{ZH} = Y_A + T_A \cdot \sin(\theta_A + \pi) \end{cases}$ (1-29) HZ 点：$\begin{cases} X_{HZ} = X_B + T_B \cdot \cos\theta_B \\ Y_{HZ} = Y_B + T_B \cdot \sin\theta_B \end{cases}$ (1-30) 曲线上其他各点坐标按单交点基本型计算
复曲线上各中桩大地坐标计算		按两段非对称基本形曲线进行计算
卵形曲线	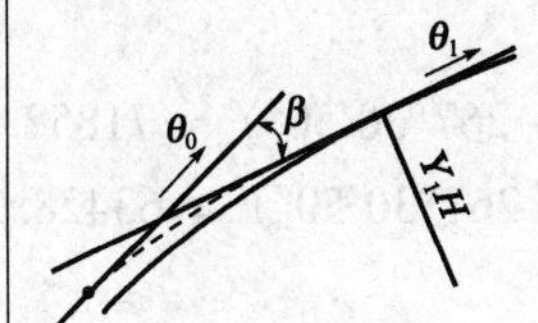	曲线中 ZH 到 Y_1H、HY_2 到 HZ 两段，按单交点基本型进行计算。中间段缓和曲线可按下述方法计算： 经计算已得到 Y_1H、HY_2 的大地坐标，分别为 (X_1,Y_1)、(X_2,Y_2)，方位角分别为 θ_1 和 θ_2，则中间段缓和曲线的起点坐标 (X_0,Y_0) 和切线方位角 θ_0 分别为： 当 $R_1 > R_2$ 时： $\theta_0 = \theta_1 + I \cdot \beta_1$　或　$\theta_0 = \theta_2 + I \cdot \beta_2$ 当 $R_1 < R_2$ 时： $\theta_0 = \theta_1 + \pi + I \cdot \beta_1$　或　$\theta_0 = \theta_2 + \pi + I \cdot \beta_2$ $\begin{cases} X_0 = X_1 - x_1\cos\theta_0 + y_1\sin\theta_0 \\ Y_0 = Y_1 - x_1\sin\theta_0 - y_1\cos\theta_0 \end{cases}$ (1-31) 或 $\begin{cases} X_0 = X_2 - x_2\cos\theta_0 + y_2\sin\theta_0 \\ Y_0 = Y_2 - x_2\sin\theta_0 - y_2\cos\theta_0 \end{cases}$ (1-32) 式中：β_i——Y_1H、HY_2 的缓和曲线角； I——符号，当 $R_1 > R_2$，左偏取“+”，右偏取“-”，当 $R_1 < R_2$ 时，左偏取“-”，右偏取“+”； x_i、y_i——Y_1H、HY_2 在完整缓和曲线中的支距坐标

例 1-16　求直线的方位角。已知：直线起点 A 的坐标(10145.869,40694.586)，直线终点 B 的坐标(10584.364,40535.321)，求直线 AB 的方位角。

解　坐标增量：$\Delta X = 10584.364 - 10145.869 = 438.495\text{m}$

$$\Delta Y = 40535.321 - 40694.586 = -159.265\text{m}$$

直线长度：$S = \sqrt{\Delta X^2 + \Delta Y^2} = \sqrt{438.495^2 + (-159.265)^2} = 466.52\text{m}$

锐角：$\alpha = \arcsin\dfrac{\Delta Y}{S} = \arcsin\dfrac{-159.265}{466.522} = -19°57'41''$

由于 $\Delta X = 438.495 > 0$ 而 $\Delta Y = -159.265 < 0$，故直线 AB 的方位角：

$\theta = 2\pi + \alpha = 360° + (-19°57'41'') = 340°02'19''$

例 1-17 求直线终点坐标。已知直线 AB 起点坐标 A 大地坐标(410164.365,14169.860),直线长度为 726.318m,方位角为 $\theta = 237°43'26''$,试计算 B 点大地坐标。

解 $X_B = X_A + S \cdot \cos\theta = 410164.365 + 726.318 \times \cos237°43'26'' = 409776.511$

$Y_B = Y_A + S \cdot \sin\theta = 14169.860 + 726.318 \times \sin237°43'26'' = 13555.769$

故 B 点的大地坐标为(409776.511,13555.769)

例 1-18 单交点中桩大地坐标计算。已知某曲线,交点坐标为 JD(71847.497,63310.275),桩号为 K13 + 195.63,曲线半径为 110m,缓和曲线长 50m,前一交点的坐标为(71855.983,63505.719),下一交点坐标为(71482.172,63262.037),试计算曲线上各点(每隔 20m)的大地坐标。

解 经计算,交点前后两导线边的方位角为 267°30′50″和 187°31′19″,路线转角为 79°59′31″,为左转。

由此计算得曲线要素和主点桩号分别为:

$$T = 118.04\text{m}$$

$$E = 34.82\text{m}$$

$$L = 203.57\text{m}$$

$$ZH = \text{K13} + 077.59$$

$$HY = \text{K13} + 127.59$$

$$QZ = \text{K13} + 179.38$$

$$YH = \text{K13} + 231.16$$

$$HZ = \text{K13} + 281.16$$

ZH 点坐标为:

$$X_{ZH} = X_{JD} + T\cos(\pi + \theta_1) = 71847.497 + 118.04 \times \cos(\pi + 267°30'50'') = 71852.617$$

$$Y_{ZH} = Y_{JD} + T\sin(\pi + \theta_1) = 63310.275 + 118.04 \times \sin(\pi + 267°30'50'') = 63428.203$$

HZ 点坐标为:

$$X_{HZ} = X_{JD} + T\cos\theta_2 = 71847.497 + 118.04 \times \cos187°31'19'' = 71730.474$$

$$Y_{HZ} = Y_{JD} + T\sin\theta_2 = 63310.275 + 118.04 \times \sin187°31'19'' = 63294.823$$

中桩的大地坐标按式(1-27)计算:

$$\begin{cases} X = X_{ZH} + x \cdot \cos\theta_1 + y \cdot \cos(\theta_1 + I \cdot \pi/2) \\ Y = Y_{ZH} + x \cdot \sin\theta_1 + y \cdot \sin(\theta_1 + I \cdot \pi/2) \end{cases}$$

计算结果如表 1-6 所示。

曲线上各点(每隔 20m)的大地坐标 表 1-6

中桩桩号	支距坐标 x	支距坐标 y	I	X	Y	θ_1 (° ′ ″)
K13 +077.59	0	0	−1	71852.617	63428.184	267 30 50
+080	2.415	0.005	−1	71852.512	63425.794	267 29 01
+100	22.410	0.346	−1	71851.305	63405.833	264 53 53
+120	42.302	2.312	−1	71848.478	63386.045	258 08 44
HY +127.59	49.747	3.779	−1	71846.684	63378.668	254 29 32

续上表

中 桩 桩 号	支距坐标 x	支距坐标 y	I	X	Y	θ_1 (° ′ ″)
+140	61.655	7.252	-1	71842.703	63366.924	248 01 42
+160	79.801	15.596	-1	71833.579	63349.158	237 36 39
QZ+179.38	95.660	26.684	-1	71821.814	63333.789	227 31 04
+200	78.714	14.979	-1	71806.548	63319.973	216 46 34
+220	60.474	6.842	-1	71789.531	63309.517	206 21 31
YH+231.16	49.747	3.779	-1	71779.306	63305.081	200 32 37
+240	41.067	2.114	-1	71770.911	63302.291	196 20 52
+260	21.161	0.292	-1	71751.416	63297.878	189 51 18
HZ+281.16	0	0	-1	71730.489	63294.825	187 31 19

例 1-19 卵形曲线中间缓和曲线坐标计算。已知:某曲线受地形限制,需设置卵形曲线。曲线之前交点的大地坐标为(29529.890,399745.571),曲线之后交点的大地坐标为(29547.343,400240.756),卵形曲线两交点的大地坐标分别为 JD_A(29793.357,399928.139),JD_B(29825.834,400066.157),$R_1=250$m,$l_{s1}=50$m,$R_2=62.02$m,$l_{s2}=50$m,$l_F=50$m,JD_A 的桩号为 K8+478.64,试计算中间缓和曲线上每隔 10m 中桩的大地坐标。

解 根据各交点的大地坐标,计算得到三条导线边的方位角分别为:

$$\theta_1 = 34°43'11'' \quad \theta_2 = 76°45'31'' \quad \theta_3 = 147°54'52''$$

并由此得到路线转角 $\alpha_A=42°02'20''$,$\alpha_B=71°09'21''$,路线右偏。

根据上述计算结果和已知条件计算曲线元素和主点桩号分别为:

$$T_A = 121.22\text{m} \quad T_B = 70.43\text{m} \quad l_{y1} = 133.43\text{m} \quad l_{y2} = 27.02\text{m}$$

$$L = 310.45\text{m} \quad E_1 = 18.27\text{m} \quad E_2 = 16.30\text{m}$$

$$ZH = \text{K8}+357.42 \quad HY_1 = \text{K8}+407.42 \quad Y_1H = \text{K8}+540.85$$

$$HY_2 = \text{K8}+590.85 \quad Y_2H = \text{K8}+617.87 \quad HZ = \text{K8}+667.87$$

按单交点法计算得 Y_1H 大地坐标为(29808.059,399997.891),方位角为 71°01′36″,HY_2 大地坐标为(29814.497,400047.013),切线方位角为 99°01′36″。

由于 $R_1>R_2$,故中间缓和曲线的起点位于第一段圆曲线一侧,设其起点到 Y_1H 的长度为 l_0,则根据回旋线特性,有 $250\times l_0=62.02\times(l_0+50)$,得 $l_0=16.50$m。Y_1H 的缓和曲线角 $\beta_1=\dfrac{16.5}{2\times250}\times\dfrac{180}{\pi}=1°53'27''$。

设中间缓和曲线起点的大地坐标为(X_0,Y_0),切线方位角为 θ_0,则:

$$\theta_0=71°01'36''-1°53'27''=69°08'09''$$

Y_1H 在完整缓和曲线内支距坐标为(16.498,0.187)。

将以上结果代入

$$\begin{cases}X = X_0 + x\cos\theta_0 + y\cos(\theta_0+\pi/2)\\ Y = Y_0 + x\sin\theta_0 + y\sin(\theta_0+\pi/2)\end{cases}$$

得

$$\begin{cases}X_0 = 29802.358\\ Y_0 = 399982.408\end{cases}$$

中间缓和曲线上其他各点坐标按下列公式计算：

$$\begin{cases}X = X_0 + x\cos\theta_0 + y\cos(\theta_0 + \pi/2)\\Y = Y_0 + x\sin\theta_0 + y\sin(\theta_0 + \pi/2)\end{cases}$$

计算如下表1-7。

中桩的大地坐标 表1-7

桩　号	x	y	X	Y
K8 +550	25.639	0.687	29810.845	400006.611
+560	35.565	1.833	29813.312	400016.294
+570	45.364	3.832	29814.934	400026.162
+580	54.866	6.894	29815.457	400036.132
+590.85	64.594	11.645	29814.482	400046.914

2.2.4 边桩大地坐标计算

表1-8

计算内容	计算公式	符号意义
边桩大地坐标计算	$\begin{cases}X_Z = X_0 + b_1\cos\left(\theta_0 - \dfrac{\pi}{2}\right)\\Y_Z = Y_0 + b_1\sin\left(\theta_0 - \dfrac{\pi}{2}\right)\end{cases}$ (1-33) $\begin{cases}X_Y = X_0 + b_2\cos\left(\theta_0 + \dfrac{\pi}{2}\right)\\Y_Y = Y_0 + b_2\sin\left(\theta_0 + \dfrac{\pi}{2}\right)\end{cases}$ (1-34)	$(X_0、Y_0)$——中桩大地坐标； θ_0——切线方位角； $b_1、b_2$——路基左、右占地宽度； $(X_Z、Y_Z)、(X_Y、Y_Y)$——左、右两侧边桩的大地坐标

2.2.5 施工放样计算

放样方法 表1-9

测设方法及公式	图　示	符号意义
[切线支距法] 坐标原点位于 $ZH(ZY)$（前半个曲线）、$HZ(YZ)$（后半个曲线）上。 当中桩位于缓和曲线上时： $\begin{cases}x = l - \dfrac{l^5}{40R^2l_s^2}\\y = \dfrac{l^3}{6Rl_s} - \dfrac{l^7}{336R^3l_s^3}\end{cases}$ (1-35) 当中桩位于圆曲线上时： $\begin{cases}x = q + R\sin\varphi\\y = p + R(1 - \cos\varphi)\end{cases}$ (1-36) 其中：$\varphi = \dfrac{l_s}{2R} + \dfrac{l - l_s}{R}$ 当为虚交时，曲线中的一部分可能无法按单交点的方法进行敷设，此时需要做坐标变换，使基线成为新的 X 轴，指向曲线内侧的法线方向作为 Y 轴。顺序是先将坐标原点由 ZH 点（或 HZ 点）平移到 JD_A（或 JD_B），再将坐标系统 JD_A（或 JD_B）旋转，使 X 轴的方向与基线的方向一致。坐标变换后计算公式为：	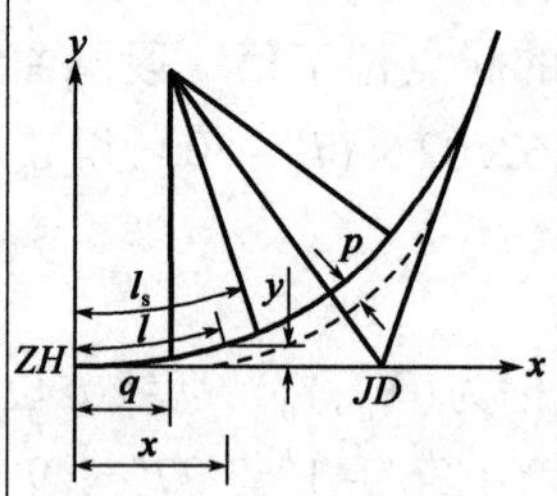 单交点切线支距法	$x、y$——待求点的支距坐标； R——曲线半径； l_s——缓和曲线长； l——待求点到坐标原点的曲线长； p——曲线内移值； q——切线增值； φ——待求点位于圆曲线上时包含缓和曲线角在内的圆心角；

续上表

测设方法及公式	图示	符号意义
$$\begin{cases} x_{JA} = (x - T_A)\cos\alpha_A + y\sin\alpha_A \\ y_{JA} = -(x - T_A)\sin\alpha_A + y\cos\alpha_A \end{cases}$$ (1-37) 或 $$\begin{cases} x_{JB} = (x - T_B)\cos\alpha_B + y\sin\alpha_B \\ y_{JB} = -(x - T_B)\sin\alpha_B + y\cos\alpha_B \end{cases}$$ (1-38) 为使曲线测设方便，也将按 JD_B 为坐标原点计算的后半个曲线各点的 x_{JB}、y_{JB} 转换成 x_{JA}、y_{JA}，此时，有计算式： $$\begin{cases} x_{JA} = AB - x_{JB} \\ y_{JB} = y_{JB} \end{cases}$$ (1-40)	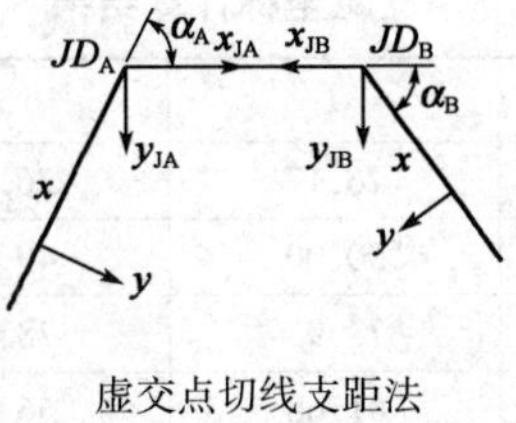 虚交点切线支距法	x_{JA}、y_{JA}——虚交时坐标原点在 JD_A，基线方向为 X 轴所计算的支距坐标； x_{JB}、y_{JB}——虚交时坐标原点在 JD_B，基线方向为 X 轴所计算的支距坐标； T_A、T_B——A 端及 B 端的切线长； α_A、α_B——路线转角； AB——基线长
［偏角法］ 缓和曲线上 $$\delta = \arctan\frac{y}{x}$$ (1-40) $$s = \sqrt{x^2 + y^2}$$ (1-41) $$c = \sqrt{(x - x_0)^2 + (y - y_0)^2}$$ (1-42) 圆曲线上 $$\delta = \frac{l}{2R}\cdot\frac{180}{\pi}$$ (1-43) $$s = 2R\sin\delta$$ (1-44) $$c = 2R\sin\gamma$$ (1-45) 其中：$\gamma = \frac{l - l_0}{2R}\cdot\frac{180}{\pi}$	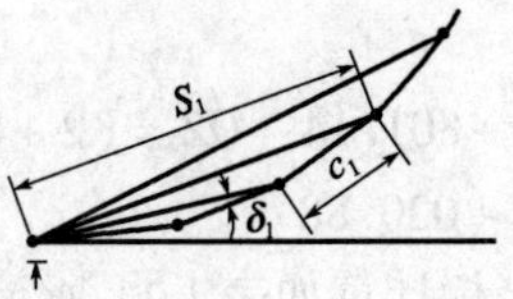 偏角法放线	δ——待求点的偏角； s——待求点到测站的弦长； c——待求点与其前一点的弦长； x、y——待求点支距坐标； x_0、y_0——待求点前一点的支距坐标； l——待求点位于圆曲线上时该点到测站的曲线长； l_0——待求点位于圆曲线上时该点到前一点（位于圆曲线上）的曲线长。 当测设缓和曲线时，测站设在 ZH 或 HZ 上；当测设圆曲线时，测站设于 HY 及 YH 上。 测设时，也可以将前半个曲线的测站设于 ZH 点上而后半个曲线的测站设于 HZ 点上，曲线上各点的偏角和弦长全部按支距坐标计算，此时应注意加强复核
［极坐标法］ 测站和待求点的大地坐标需提前算好。 测站与待求点连线的方位角： $$\theta = \begin{cases} \alpha, (\Delta X \geqslant 0, \Delta Y \geqslant 0) \\ \pi - \alpha, (\Delta X < 0) \\ 2\pi + \alpha, (\Delta X > 0, \Delta Y < 0) \end{cases}$$ (1-46) 其中： $$\alpha = \arcsin\frac{\Delta Y}{\sqrt{\Delta X^2 + \Delta Y^2}}$$ 极距： $$s = \sqrt{\Delta X^2 + \Delta Y^2}$$	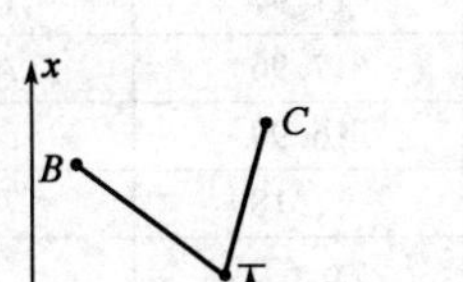 极坐标法放线	图中 A、B 为两已知导线点，其中 A 为测站，B 为后视，C 为测点。 ΔX、ΔY——待求点与测站的坐标增量； θ——测站与待求点连线的方位角； s——极距，即待求点到测站的距离

例 1-20 切线支距法。已知某弯道，曲线半径 $R=250m$，缓和曲线长 $l_s=50m$，直缓点(ZH)桩号为 K10 + 373.83，缓直点(HZ)桩号为 K10 + 531.68，试计算曲线上 K10 + 400、K10 + 423.83、K10 + 452.76、K10 + 475、K10 + 481.68、K10 + 500、K10 + 520 各点的支距坐标。

解 根据各中桩所在位置，分别按缓和曲线和圆曲线上中桩坐标计算公式进行计算，计算结果如表 1-10 所示。

支距坐标计算结果 表 1-10

中桩桩号	中桩位置	l	x	y	坐标原点
K10 + 400	缓和曲线上	26.17	26.17	0.24	ZH
K10 + 423.83	HY 点	50.00	49.95	1.67	ZH
K10 + 452.76	QZ 点	78.93	78.50	6.21	ZH 或 HZ
K10 + 475	圆曲线上	61.68	56.59	2.42	HZ
K10 + 481.68	YH 点	50.00	49.95	1.67	HZ
K10 + 500	缓和曲线上	31.68	31.67	0.42	HZ
K10 + 520	缓和曲线上	11.68	11.68	0.02	HZ

例 1-21 虚交的切线支距法。某虚交型平曲线，已知偏角 $\alpha_A=23°15'$，$\alpha_B=18°43'$，交点间距 $AB=85.67m$，交点 A 的桩号 JD_A = K2 + 832.95，曲线半径 $R=300m$，缓和曲线长 $l_s=85m$，试计算曲线上每隔 20m 中桩的支距坐标。

解 根据已知条件求得：

曲线要素：

$$T_A=116.81m \quad T_B=107.34m \quad L=304.74m \quad l_y=134.74m \quad E=22.38m$$

主点桩号：

ZH = K2 + 716.14 HY = K2 + 801.14 QZ = K2 + 868.51

YH = K2 + 935.88 HZ = K3 + 020.88

曲线上每隔 20m 中桩的支距坐标计算如表 1-11 所示。

中桩的支距坐标计算 表 1-11

中桩桩号	x	y	x_{JA}	y_{JA}	x_{JB}
K2 + 716.14	0	0			
+ 720	3.86	0.00			
+ 740	23.86	0.09			
+ 760	43.85	0.55			
+ 780	63.82	1.70			
+ 800	83.70	3.85			
+ 820	103.40	7.26			
+ 840	122.84	11.97	10.27	8.62	
+ 860	141.91	17.96	30.16	6.59	
+ 880	139.10	16.99	50.14	5.90	35.53
+ 900	119.96	11.18	70.13	6.54	15.54
+ 920	100.48	6.67			
+ 940	80.75	3.45			
+ 960	60.85	1.47			
+ 980	40.88	0.45			
K3 + 000	20.88	0.06			
+ 020.88	0	0			

例 1-22 偏角法。已知某弯道，曲线半径 $R=500\text{m}$，缓和曲线长 $l_s=60\text{m}$，直缓点（*ZH*）桩号为 K10 + 399.05，缓直点（*HZ*）桩号为 K10 + 459.05，试计算曲线上 K10 + 400、K10 + 420、K10 + 459.05、K10 + 480、K10 + 497.12、K10 + 500、K10 + 560、K10 + 535.19、K10 + 595.19 各点的偏角及弦长。

解 计算结果如表 1-12 所示。

偏角及弦长 表 1-12

中桩桩号	x	y	偏角	弦长	分弦长	备注
ZH K10 + 399.05	0	0	0°00′00″	0.00	0.00	测站
+400	0.95	0.00	0°00′01″	0.95	0.95	
+420	20.95	0.05	0°08′23″	20.95	20.00	
+440	40.95	0.38	0°32′01″	40.95	20.00	
HY +459.05	59.98	1.20	1°08′45″	59.99	19.05	测站
+480	80.86	2.89	1°12′01″	20.95	20.95	
QZ +497.12	97.86	4.93	2°10′53″	38.06	17.12	
+500	95.00	4.54	1°25′17″	35.18	35.18	
YH +535.19	59.98	1.20	1°08′45″	59.99	24.81	测站
+560	35.19	0.24	0°23′39″	35.19	35.19	
HZ +595.19	0.00	0.00	0°00′00″	0.00	0.00	测站

例 1-23 极坐标法。已知导线点 *A*（71462.891，63451.078）和 *B*（71776.814，63136.856），试按极坐标方法测设表中各中桩（各中桩大地坐标见计算表）。

解 以导线点 *A* 为测站，另一导线点 *B* 为后视点，后视读数为 *A*、*B* 两导线点连线的方位角，为 314°58′22″，其他计算结果如下：

各中桩计算结果 表 1-13

中桩桩号	X	Y	ΔX	ΔY	弦长 S	锐角 α	方位角 θ
K3 + 100	71514.106	63475.948	51.215	24.870	56.934	25°54′04″	25°54′04″
+120	71531.809	63466.642	68.918	15.564	70.654	12°43′33″	12°43′33″
+140	71549.512	63457.335	86.621	6.257	86.847	4°07′54″	4°07′54″
+160	71567.215	63448.028	104.324	−3.050	104.369	−1°40′29″	358°19′31″
+180	71584.917	63438.722	122.026	−12.356	122.650	−5°46′54″	354°13′05″
+200	71602.620	63429.415	139.729	−21.663	141.398	−8°48′46″	351°11′14″
+220	71620.323	63420.108	157.432	−30.970	160.449	−11°07′55″	348°52′15″
+240	71638.025	63410.802	175.134	−40.276	179.706	−12°57′05″	347°02′55″

2.3 纵面计算

2.3.1 坡长、坡度计算

坡长、坡度计算 表 1-14

项目	图示	符号意义
坡长： $S=l_2-l_1$ (1-47)	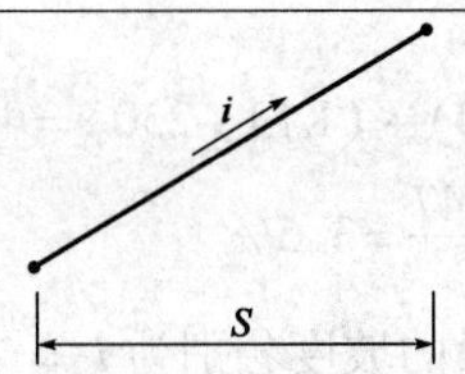	l_1、l_2——相邻两变坡点的桩号($l_2>l_1$)，m； h_1、h_2——相邻两变坡点的高程，m
坡度： $i=\frac{h_2-h_1}{S}\times 100(\%)$ (1-48)		

2.3.2 竖曲线半径选择

竖曲线半径选择 表1-15

类　型	图　示	符号意义
切线长控制： $R=\frac{2T}{\omega}$　(1-49)	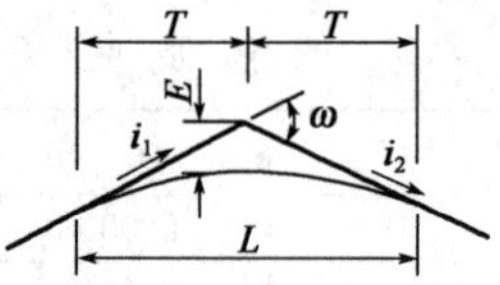	R——竖曲线半径； T——竖曲线切线长； L——竖曲线长度； E——竖曲线外距； ω——竖曲线处前后坡段坡度差
外距控制： $R=\frac{8E}{\omega^2}$　(1-50)		
曲线长控制： $R=\frac{L}{\omega}$　(1-51)		

2.3.3 竖曲线的设计与计算

竖曲线要素计算及起终点桩号 表1-16

曲线要素与起终点桩号	图　示	符号意义
坡度差：$\omega=i_2-i_1$　(1-52) 曲线长：$L=R\omega$　(1-53) 切线长：$T=\frac{L}{2}=\frac{R\omega}{2}$　(1-54) 外距：$E=\frac{T^2}{2R}$　(1-55) 起点桩号 = 变坡点桩号 $-T$ 终点桩号 = 变坡点桩号 $+T$	同表1-15	i_1、i_2——变坡点前后两坡段的坡度； R——竖曲线半径

2.3.4 设计标高计算

设计标高计算 表1-17

类　型	图　示	符号意义
直坡段上： $h=h_1+(l-l_1)\cdot i_1$　(1-56) 或　$h=h_2-(l_2-l)\cdot i_2$　(1-57) 当中桩在竖曲线上时，按该式计算的高程又叫切线高程	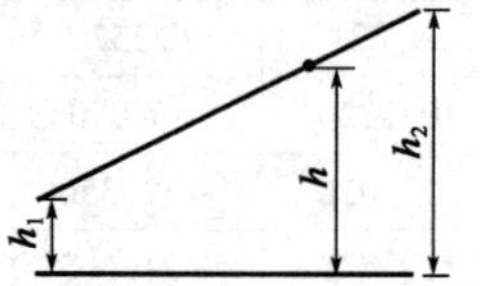 切线高程计算	l——待求点桩号； l_1、h_1——前一变坡点桩号和高程； l_2、h_2——竖曲线对应变坡点桩号和高程； i_1、i_2——坡段坡度； x——待求点与竖曲线起点的桩号差； h——设计标高； "±"——表示竖曲线类型的符号，凹形竖曲线取"+"，凸形竖曲线取"-"
竖曲线上： 设计高程 = 切线高程 ± 纵距 其中： 纵距：$y=\frac{x^2}{2R}$　(1-58)	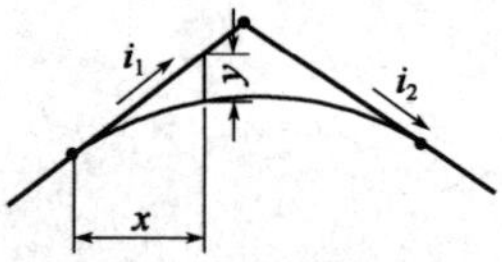 竖曲线上设计高程计算	

例1-24 已知某坡段两端变坡点桩号和标高分别为A(K13+250,386.47),B(K13+730,403.27),试计算该坡段的坡长和坡度。

解 坡长：$S=l_2-l_1=(\text{K}13+730)-(\text{K}13+250)=480\text{m}$

坡度：$i=\frac{\Delta h}{S}=\frac{403.27-386.47}{480}=3.5\%$

例1-25 某变坡点处前后两坡段的坡度分别为$i_1=+2.8\%$,$i_2=+4.4\%$,试分别按竖曲

线长 $L=80\text{m}$、切线长 $T=42\text{m}$、外距 $E=0.20\text{m}$ 计算竖曲线半径。

解 坡度差：$\omega=i_2-i_1=4.4\%-2.8\%=1.6\%$

(1)曲线长控制：$R=L/\omega=80/1.6\%=5000\text{m}$

(2)切线长控制：$R=\dfrac{2T}{\omega}=\dfrac{2\times42}{1.6\%}=5250\text{m}$

(3)外距控制：$R=\dfrac{8E}{\omega^2}=\dfrac{8\times0.20}{1.6\%^2}=6250\text{m}$

例 1-26 已知相邻两坡段，变坡点桩号为 K43+364.78，$i_1=-3\%$，$i_2=+5\%$，竖曲线半径 $R=1200\text{m}$，试计算竖曲线要素和起终点的桩号。

解 (1)计算竖曲线要素

坡度差：$\omega=i_2-i_1=5\%-(-3\%)=8\%$

竖曲线长：$L=R\omega=1200\times8\%=96\text{m}$

切线长：$T=L/2=96/2=48\text{m}$

外距：$E=\dfrac{T^2}{2R}=\dfrac{48^2}{2\times1200}=0.96\text{m}$

(2)计算起终点桩号

竖曲线起点桩号 = 变坡点桩号 − T = K43+364.78 − 48.00 = K43+316.78

竖曲线终点桩号 = 变坡点桩号 + T = K43+364.78 + 48.00 = K43+412.78

例 1-27 已知某变坡点桩号为 K40+520，标高为 48.24m，前后坡段的坡度分别为 $i_1=-5\%$，$i_2=+2\%$，竖曲线半径 $R=3000\text{m}$，试计算 K40+400、K40+460、K40+520、K40+580 及 K40+625 处的设计标高。

解 1.计算竖曲线要素

坡度差：$\omega=i_2-i_1=2\%-(-5\%)=7\%$

竖曲线长：$L=R\omega=3000\times7\%=210\text{m}$

切线长：$T=L/2=210/2=105\text{m}$

外距：$E=\dfrac{T^2}{2R}=\dfrac{105^2}{2\times3000}=1.84\text{m}$

由于 $\omega=7\%>0$，该竖曲线为凹形竖曲线。

2.确定竖曲线的范围

竖曲线起点桩号 = K40+520 − 105 = K40+415

竖曲线终点桩号 = K40+520 + 105 = K40+625

3.各中桩设计标高计算

(1)K40+400

由于 K40+400 < K40+415，故该中桩在直坡段上。

$h=h_2-(l_2-l)\cdot i_1=48.24-[(\text{K40}+520)-(\text{K40}+400)]\times(-5\%)=54.24\text{m}$

(2)K40+460

由于 K40+415 < K40+460 < K40+625，故该点在竖曲线上。

$x=(\text{K40}+460)-(\text{K40}+415)=45\text{m}$

$y=\dfrac{x^2}{2R}=\dfrac{45^2}{2\times3000}=0.34\text{m}$

切线高程 $=h_2-(l_2-l)\cdot i_1=48.24-[(\text{K40}+520)-(\text{K40}+460)]\times(-5\%)=51.24\text{m}$

$h=$ 切线高程 $+y=51.24+0.34=51.58\text{m}$

(3) K40 + 520

该点为竖曲线中点。

h = 变坡点高程 + E = 48.24 + 1.83 = 50.07m

(4) K40 + 580

由于 K40 + 415 < K40 + 580 < K40 + 625,故该点在竖曲线上。

$x = (K40 + 580) - (K40 + 415) = 165\text{m}$

$$y = \frac{x^2}{2R} = \frac{165^2}{2 \times 3000} = 4.54\text{m}$$

切线高程 $= h_2 - (l_2 - l) \cdot i_1 = 48.24 - [(K40 + 520) - (K40 + 580)] \times (-5\%) = 45.24\text{m}$

h = 切线高程 + y = 45.24 + 4.54 = 49.78m

(5) K40 + 625

该点为竖曲线终点。

$h = h_2 + (l - l_2) \cdot i_2 = 48.24 + (K40 + 625) - (K40 + 520) \times 2\% = 50.34\text{m}$

或:$x = (K40 + 625) - (K40 + 415) = 210\text{m}$

$$y = \frac{x^2}{2R} = \frac{210^2}{2 \times 3000} = 7.35\text{m}$$

切线高程 $= h_2 - (l_2 - l) \cdot i_1 = 48.24 - [(K40 + 520) - (K40 + 625)] \times (-5\%) = 42.99\text{m}$

h = 切线高程 + y = 42.99 + 7.35 = 50.34m

3 桥梁施工测量计算

3.1 控制测量计算

3.1.1 距离测量计算

1. 钢尺量距

当基线精度要求不超过 1/25000 ~ 1/5000 时,可采用普通钢尺进行丈量,使用普通钢尺每一尺段各项改正按表 1-18 计算。

距离测量改正计算公式 表 1-18

序号	项目	改正数	计算公式	符号意义
1	尺寸改正	Δl	$\Delta l = \frac{L' \cdot l}{L}$ (1-59) $L' = L - L_0$ (1-60)	L——钢尺总长(名义尺长); L'——全(总)长改正值; L_0——钢尺检定时的标准长度; l——实测尺段长度
2	温度改正	Δt	$\Delta t = l \cdot \alpha(t - t_0)$ (1-61)	t_0——钢尺标准长度时的温度; t——测量时的实际平均温度; α——经检定的钢尺线膨胀系数,如不确定时可取 0.0000117/1℃; 其余符号同上

续上表

序号	项　　目	改正数	计 算 公 式	符 号 意 义
3	拉力改正	ΔP	$$\Delta P=\frac{l(P-P_0)}{A\cdot E} \quad (1\text{-}62)$$	P——测量时的实际拉力,N; P_0——检定时的标准拉力,N; A——钢尺的断面积; E——钢尺材料的弹性模量,一般可采用 2.1×10^5MPa
4	垂度改正	Δf	$$\Delta f=\frac{d}{24}\left(\frac{w\cdot d}{P}\right)^2 \quad (1\text{-}63)$$	d——量距时钢尺两端支点间距离,m; w——钢尺每单位长度的质量,N/m; P——测量时的实际拉力,N
5	倾斜度改正	Δh	$$\Delta h=\left(\frac{h^2}{2L_1}+\frac{h^4}{8L_1^3}\right)=2L_1\sin^2\frac{\alpha}{2} \quad (1\text{-}64)$$	α——倾斜角; L_1——倾斜距离,m; h——两端高差,m
6	每一尺段的实际长	d_n	$$d_n=l-\Delta l+\Delta t+\Delta P-\Delta f-\Delta h \quad (1\text{-}65)$$	符号同上
7	距离全长	d	$$d=\Sigma d_n=\Sigma(l-\Delta l+\Delta t+\Delta P-\Delta f-\Delta h) \quad (1\text{-}66)$$	符号同上

2. 量距精度计算

量距精度计算公式　　表 1-19

序 号	项　　目	计 算 公 式	符 号 意 义
1	各尺段观测值的中误差 m'	$$m'=\pm\sqrt{\frac{\Sigma V^2}{n-1}} \quad (1\text{-}67)$$	ΣV^2——各次丈量值与平均值之差的平方和; n——丈量次数
2	各尺段算术平均值的中误差 m	$$m=\frac{m'}{\sqrt{n}}=\pm\sqrt{\frac{\Sigma V^2}{n(n-1)}} \quad (1\text{-}68)$$	
3	量测段全长的中误差 M	$$M=\pm\sqrt{m_1^2+m_2^2+\cdots+m_n^2} \quad (1\text{-}69)$$	m_n——各尺段算术平均值的中误差
4	量测段的精度 M_D	$$M_D=\frac{M}{D} \quad (1\text{-}70)$$	M——量测段全长的中误差; D——量测段全长的算术平均值

例 1-28 某 AB 两点距离采用钢尺丈量，各尺段的长度、观测值、高差、温度等如表 1-20 所示，已知 $t_0=20℃$，标准长度 $L_0=50m$，试进行总长改正计算。

表 1-20

尺段号	观测值 l_i（m）	高差 h（m）	温度（℃）	倾斜改正（mm）	温度改正（mm）	尺长改正（mm）	改正后长度 d（m）
$A-1$	48.115	0.10	17	-0.1			
1-2	49.672	0.05	21	0			
2-3	47.176	0.52	22	-2.9			
3-4	48.962	0.40	22	-1.6			
4-5	49.076	0.15	21	-0.2			
5-6	49.283	0.29	18	-0.9			
6-7	48.314	0.51	20	-2.7			
$7-B$	47.722	0.28	21	-0.8			
$A-B$	388.320		平均 20.25	-9.2	+1.1	+119.2	388.4311

解 （1）$A-B$ 之间观测值总和

$$l=\Sigma l_i=48.115+49.672+\cdots+47.722=388.320m$$

（2）各尺段倾斜改正

由 $\Delta h=-\dfrac{h^2}{2l_i}$，得

对 $A-1$ 段，$\Delta h=-\dfrac{h^2}{2l_i}=-\dfrac{0.1^2}{2\times48.115}=-0.1\times10^{-3}m=-0.1mm$

对 1-2 段，$\Delta h=-\dfrac{h^2}{2l_i}=-\dfrac{0.05^2}{2\times49.672}=-0.025\times10^{-3}m\approx0mm$

同理可计算其他各尺段的倾斜改正值。

（3）温度改正

由 $\Delta t=l\alpha(t-t_0)$，t 取各尺段温度的平均值，$t=(17+21+\cdots+21)/8=20.25℃$

$$\Delta t=l\alpha(t-t_0)=0.0000117\times388.320\times(20.25-20)=1.1\times10^{-3}m=1.1mm$$

（4）改正后长度 d

$$d=388.320-9.2\times10^{-3}+1.1\times10^{-3}+119.2\times10^{-3}=388.4311m$$

3. 视差法测距

当量距精度要求高于 1/25000 时，可采用视差法提高其精度，采用 2m 横基尺为定长基线尺进行测距时，其方法及精度见表 1-21。

表 1-21

测距方法	图　示	计 算 公 式	精度评定公式	符 号 意 义
横尺端点法	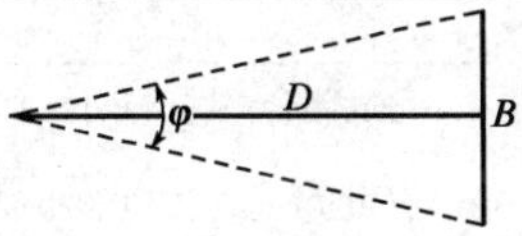	$D=\frac{B}{2}\cot\varphi$　(1-71)	$m_s=\frac{D^2}{2}\cdot\frac{m''_\varphi}{\rho''}$　(1-75)	m_s——横基尺尺长检定中误差所引起的中误差； m''_φ——视差角测角的中误差； $\rho''=206265''$
横尺中点法	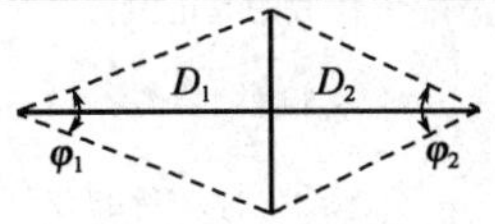	$D=D_1+D_2=\frac{B}{2}(\cot\varphi_1+\cot\varphi_2)$　(1-72)	$m_s=\frac{D^2}{2\sqrt{8}}\cdot\frac{m''_\varphi}{\rho''}$　(1-76)	
辅助基线端点法	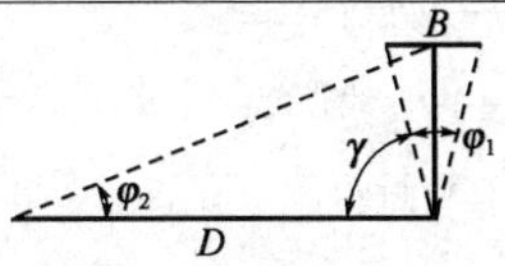	$D=\frac{B}{2}\cot\varphi_1\frac{\sin(\varphi_2+\gamma)}{\sin\varphi_2}$　(1-73)	$m_s=D\sqrt{D}\cdot\frac{m''_\varphi}{\rho''}$　(1-77)	
辅助基线中点法	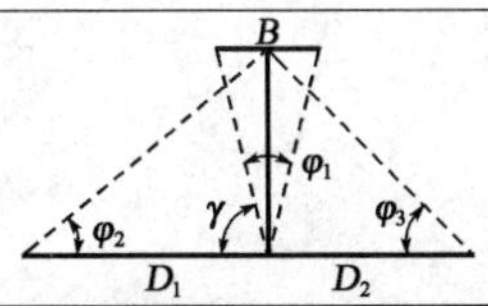	$D=D_1+D_2=\frac{B}{2}\cot\frac{\varphi_1}{2}\cdot\sin\gamma(\cot\varphi_2+\cot\varphi_3)$　(1-74)	$m_s=0.6D\sqrt{D}\cdot\frac{m''_\varphi}{\rho''}$　(1-78)	

例 1-29　某距离测量采用横尺端点法，已知 $m''_\varphi=\pm2''$，$B=2\text{m}$，$\rho''=206265''$，求当 $D=50\text{m}$、100m、200m 的精度。

解

由 $m_s=\frac{D^2}{2}\cdot\frac{m''_\varphi}{\rho''}$，得 $\frac{m_s}{D}=\frac{D}{2}\cdot\frac{m''_\varphi}{\rho''}$，当 $D=50\text{m}$ 时，代入后得 $\frac{m_s}{D}=\frac{1}{4000}$，

同理，对 $D=100\text{m}$、200m，$\frac{m_s}{D}=\frac{1}{2000}$ 和 $\frac{1}{1000}$。

由此可见，距离愈长，测距精度愈低。

3.1.2　角度测量精度评定计算

角度测量精度评定计算公式　　表 1-22

序 号	项　目	精度评定公式	符 号 意 义
1	一个角度经多次观测后的算术平均值的中误差	$m''_\beta=\pm\sqrt{\frac{[vv]}{n(n-1)}}$　(1-79)	m''_β——算术平均值的测角中误差； $[vv]$——算术平均值与各测回观测值之差的平方和； n——测回数
2	三角形允许闭合差的限值及测角中误差	$\omega=+2m''\sqrt{3}$　(1-80) $m''_\beta=\pm\sqrt{\frac{[ww]}{3n}}$　(1-81)	ω——三角形允许闭合差，见表 1-25； $[ww]$——各三角形闭合差的平方和； m''——三角形允许的测角中误差，见表 1-25； m''_β——实测之测角中误差； n——三角形个数
3	多边形角度允许闭合差及测角中误差	$f_\beta=+2m''\sqrt{n}$　(1-82) $m''_\beta=\pm\sqrt{\frac{f_\beta^2}{n}}$　(1-83)	f_β——多边形角度允许闭合差； f——实测多边形角度闭合差，$f=180°(n-2)-\Sigma\beta$； $\Sigma\beta$——多边形内角之和； n——多边形内角个数； 其余符号意义同上

3.1.3 导线闭合差调整与坐标计算

导线闭合差调整与坐标计算公式 表 1-23

序 号	导线布设方法	平差计算公式	符 号 意 义
1	闭合导线	(1)角度闭合差f的计算与调整 当$f=180°(n-2)-\Sigma\beta<f_\beta$时,按下式计算角度闭合差的改正值: $$V_\beta=-\frac{f}{n} \quad (1\text{-}84)$$ (2)导线全长闭合差f_s计算 $$f_s=\sqrt{f_x^2+f_y^2} \quad (1\text{-}85)$$ (3)当相对闭合差$K=\frac{f_s}{\Sigma D}$在容许值内时,就可以进行坐标增量闭合差的计算与调整: $$v_{xi}=\frac{f_x}{\Sigma D}\cdot D_i \quad (1\text{-}86a)$$ $$v_{yi}=\frac{f_y}{\Sigma D}\cdot D_i \quad (1\text{-}86b)$$ (4)导线点的坐标计算 当导线各边坐标增量调整后,按下式计算各点的坐标, $$x_{i+1}=x_i+\Delta x_i \quad (1\text{-}87a)$$ $$y_{i+1}=y_i+\Delta y_i \quad (1\text{-}87b)$$	V_β——角度闭合差的改正值,如导线中有短边,可在该边的相邻角上给予较大的改正值; f_x、f_y——坐标增量闭合差; v_{xi}、v_{yi}——分配给坐标增量的改正值; ΣD——导线全长; D_i——导线长度; 其余符号同上
2	附合导线	(1)角度闭合差及其调整 $$f=(\alpha_0-\alpha)+n\cdot180°-\Sigma\beta_{右}$$ 或$f=(\alpha_0-\alpha)-n\cdot180°+\Sigma\beta_{左}$ (1-88) (2)坐标增量闭合差计算: $$f_x=\Sigma\Delta x_{测}-(x_{终}-x_{始}) \quad (1\text{-}89a)$$ $$f_y=\Sigma\Delta y_{测}-(y_{终}-y_{始}) \quad (1\text{-}89b)$$ (3)全长闭合差与相对闭合差K计算同闭合导线。 (4)坐标计算 与闭合导线计算相同,根据高级控制点已知坐标和调整后的坐标增量计算,最后应将计算的终点坐标与相联系的高级控制点的已知坐标相比较,以校核计算是否正确	α_0——起始方位角; α——终止方位角; f——角度闭合差; $\beta_{左}$——β为左角; $\beta_{右}$——β为右角; $x_{始}$、$y_{始}$——起始点坐标; $x_{终}$、$y_{终}$——终止点坐标; 其余符号意义同上

例 1-30 闭合导线坐标计算。

闭合导线坐标计算　　　　表 1-24

点号	观测角（右角）	改正后的角值	坐标方位角	边长（m）	坐标增量计算值（m）		改正后的坐标增量（m）		坐标（m）		图示
1	2	3	4	5	6	7	8	9	10	11	12
a									500.0	500.0	
			40°48′0	78.16	+0.02 +59.17	-0.01 +51.07	+59.19	+51.06			
b	+0′3 89°33′8	89°34′1							559.19	551.06	
			131°13′9	129.34	+0.03 -85.25	-0.02 +97.27	-85.22	+97.25			
c	+0′2 73°00′2	73°00′4							473.97	648.31	
			238°13′5	80.18	+0.02 -42.22	-0.02 -68.16	-42.20	-68.18			
d	+0′2 107°48′5	107°48′7							431.77	580.13	
			310°24′8	105.22	+0.02 +68.21	-0.02 -80.11	+68.23	-80.13			
a	+0′3 89°36′5	89°36′8							500.0	500.0	
			40°48′0								
b											

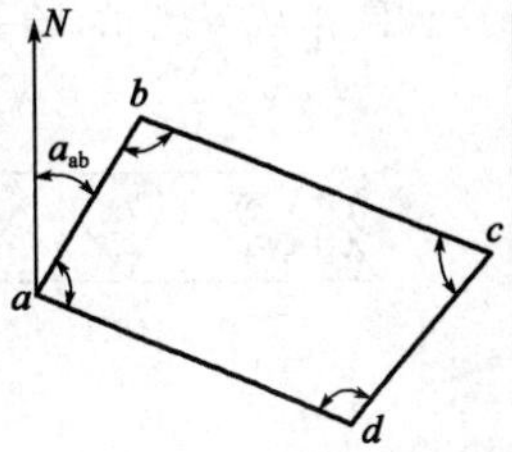

起点坐标为假定值

辅助计算：

$\Sigma\beta_{测} = 359°59'$　　$\Sigma D = 392.9$

$f = \Sigma\beta_{测} - (n-2)\cdot 180° = -1'$　　$f_x = -0.09$　　$f_y = +0.07$　　$f_s = \sqrt{f_x^2 + f_y^2} = 0.11$

$f_\beta = \pm 40''\sqrt{n} = \pm 80''$　　$K = \dfrac{0.11}{392.9} \approx \dfrac{1}{3500} < \dfrac{1}{2000}$

3.2 常用桥梁三角网计算

3.2.1 桥位三角网精度

桥位三角网精度　　　　表 1-25

等级	桥轴线桩间距离（m）	测角中误差（″）	桥轴线相对中误差	基线相对中误差	三角形最大闭合差（″）
二	>5000	±1.0	1/130000	1/260000	±3.5
三	2001～5000	±1.8	1/70000	1/140000	±7.0
四	1001～2000	±2.5	1/40000	1/80000	±9.0
五	501～1000	±5.0	1/20000	1/40000	±15.0
六	201～500	±10.0	1/10000	1/20000	±30.0
七	≤200	±20.0	1/5000	1/10000	±60.0

注：①相对中误差（即精度计算方法）见表 1-19；

②对精度有特殊要求的桥梁，其桥轴线和基线精度应按设计要求进行或另行规定；

③本表摘自《公路桥涵施工技术规范》（JTJ 041—89）之规定。

3.2.2 三角网平差计算

(1)三角锁的近似平差

表 1-26

项　目	平差计算公式
角度闭合差的调整 如图所示,设 a'_i,b'_i,c'_i 为三角锁中各角的观测值,f_i 为三角形的闭合差 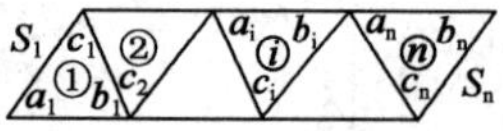	第一次调整后的同一三角形三个角改正值为: $$(a_i)=(b_i)=(c_i)=-\frac{f_i}{3} \quad (1\text{-}90)$$ $$f_i=a'_i+b'_i+c'_i-180°$$ 改正后的内角: $$a_i=a'_i+(a_i)=a'_i-\frac{f_i}{3} \quad (1\text{-}91a)$$ $$b_i=b'_i+(b_i)=b'_i-\frac{f_i}{3} \quad (1\text{-}91b)$$ $$c_i=c'_i+(c_i)=c'_i-\frac{f_i}{3} \quad (1\text{-}91c)$$
边长闭合差的调整	由第一条基线 S_1 及经过第一次改正后的内角 a_i、b_i,应用正弦定理,可推算出最后边的长度 S_n 为: $$S_n=S_1\frac{\sin a_1\cdot\sin a_2\cdots\sin a_n}{\sin b_1\cdot\sin b_2\cdots\sin b_n} \quad (1\text{-}92)$$ 则边长闭合差 w_d 为: $$w_d=\Sigma\lg\sin a_i-\Sigma\lg\sin b_i+(\lg S_1-\lg S_2) \quad (1\text{-}93)$$ 设 α_i、β_i 为正弦对数 1″的变化值,经两次调整后的角度值为: $$a_i=a'_i-\frac{f_i}{3}-\frac{w_d}{\Sigma\alpha_i+\Sigma\beta_i} \quad (1\text{-}94a)$$ $$b_i=b'_i-\frac{f_i}{3}+\frac{w_d}{\Sigma\alpha_i+\Sigma\beta_i} \quad (1\text{-}94b)$$ $$c_i=c'_i-\frac{f_i}{3} \quad (1\text{-}94c)$$

例 1-31　图 1-1 为测定桥梁 AB 的长度,在轴线的两侧布置两个三角形 ABC 和 ABD,丈量 AC 和 AD 的边长(基线)为 $AC=S_1=232.340\text{m}$ 和 $AD=S_2=293.671\text{m}$,角度观测成果及近似平差计算如表 1-27。

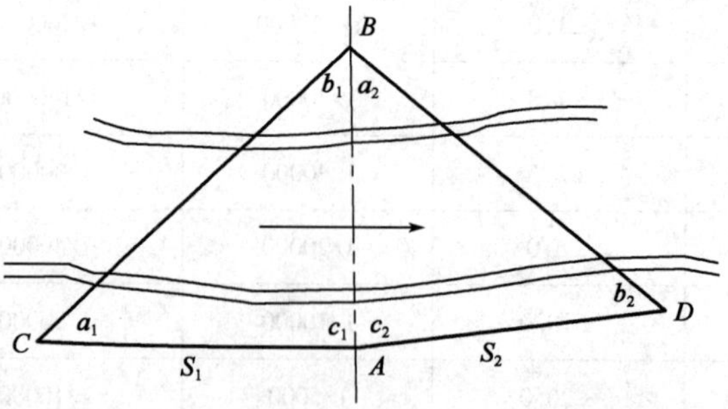

图　1-1

三角锁近似平差计算表 表 1-27

号数	角度观测值		第一次改正	第一次改正后的角度	正弦对数	正弦1″的变化	第二次改正	对数改正	改正后的角度	改正后的正弦对数	边长对数
1	2		3	4	5	6	7	8	9	10	11
I	a_1	57°20′00″	+7″	57°20′07″	9.925231	+1.35	−1″.4	−2	57°20′05″.6	(2.545746)	2.470975
	b_1	41°23′40″	+7″	41°23′47″	9.820375	+2.38	+1″.4	+3	41°23′48″.4	9.925229	2.366124
	c_1	81°16′00″	+6″	81°16′06″	9.994937				81°16′06″.0	9.820378	
									180°00′00″	9.994937	
	Σ	179°59′40″ $f_1=-20''$		180°00′00″							
II	a_2	45°35′40″	+14″	45°35′54″	9.853974	+2.07	−1″.4	−3	45°35′52″.6	(2.613890)	2.467861
	b_2	46°01′00″	+13″	46°01′13″	9.850782	+2.03	+1″.4	+3	46°01′14″.4	9.853971	2.470975
	c_2	88°22′40″	+13″	88°22′53″	9.999827				88°22′53″.0	9.857085	
									180°00′00″	9.999827	
	Σ	179°59′20″ $f_2=-40''$		180°00′00″		+7.83					

$$\begin{array}{rl} & \Sigma \lg\sin a_i = 9.779205 \\ -) & \Sigma \lg\sin b_i = 9.677457 \\ \hline & 0.101748 \\ -) & \lg S_2 - \lg S_1 = 0.101737 \\ \hline & w_d = +11 \end{array}$$

$$a'_i = -\frac{w_d}{\Sigma\alpha_i + \Sigma\beta_i} = -\frac{11}{7.83} = -1''.4$$

$$b'_i = +\frac{w_d}{\Sigma\alpha_i + \Sigma\beta_i} = +\frac{11}{7.83} = +1''.4$$

$\lg AB = 2.470975$

桥梁轴线长度 $AB = 295.784\text{m}$

(2)大地四边形的近似平差

大地四边形的近似平差计算公式 表 1-28

项　目	平差计算公式
角度闭合差的调整 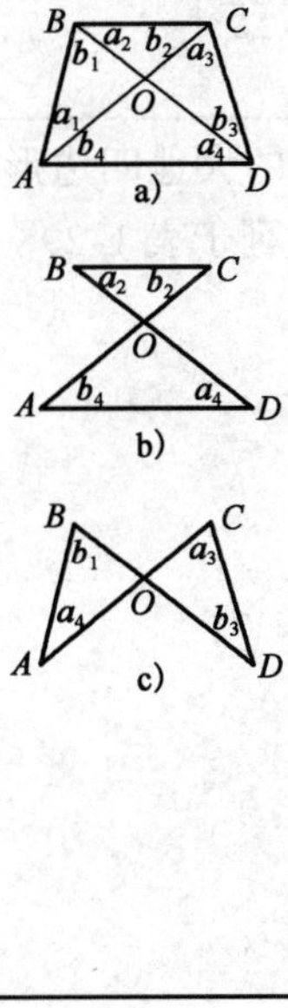	设 w、f_1、f_2 分别为左边图中 a)、b)、c) 的闭合差,角度第一次改正值用 (a_i)、(b_i) 表示,则其改正值方程式为: $\left.\begin{array}{l}\Sigma(a)+\Sigma(b)+w=0\\(a_2)+(b_2)-(a_4)-(b_4)+f_1=0\\(a_1)+(b_1)-(a_3)-(b_3)+f_2=0\end{array}\right\}$ (1-95) 由上述第一式得各角的改正值为: $(a_i)=(b_i)=-\frac{w}{8}$ (1-96) 由第二式得 $(a_2)=(b_2)=-(a_4)=-(b_4)=-\frac{f_1}{4}$ (1-97) 由第三式得 $(a_1)=(b_1)=-(a_3)=-(b_3)=-\frac{f_2}{4}$ (1-98) 各观测值由于角度闭合差产生的改正值为: $(a_1)=(b_1)=-\frac{w}{8}-\frac{f_2}{4}$ (1-99a) $(a_2)=(b_2)=-\frac{w}{8}-\frac{f_1}{4}$ (1-99b) $(a_3)=(b_3)=-\frac{w}{8}+\frac{f_2}{4}$ (1-99c) $(a_4)=(b_4)=-\frac{w}{8}+\frac{f_1}{4}$ (1-99d)

续上表

<table>
<tr><th>项　目</th><th>平差计算公式</th></tr>
<tr><td>边长闭合差的调整</td><td>

假设大地四边形各内角经过第一次调整后完全正确，则用第一次调整后得各角代入边长公式，以图中的 O 为极由 OA 开始经过 AOB、BOC、COD、DOA 四个三角形又回到 OA，即必须满足：

$$\frac{\sin a_1 \cdot \sin a_2 \cdot \sin a_3 \cdot \sin a_4}{\sin b_1 \cdot \sin b_2 \cdot \sin b_3 \cdot \sin b_4} = 1$$

但实际上大地四边形的各角经第一次调整后仍不能完全正确，必然存在一个边长闭合差 w_d，则

$$w_d = \Sigma \lg\sin a_i - \Sigma \lg\sin b_i$$

设 a_i 角的第二次改正值为 $(a_i)'$，正弦对数 1″的变化为 α_i；b_i 角的第二次改正值为 $(b_i)'$，正弦对数 1″的变化为 β_i，则 a_i、b_i 角第二次调整值为：

$$\left.\begin{aligned}(a_i)' &= -\frac{w_d}{\Sigma\alpha_i + \Sigma\beta_i}\\ (b_i)' &= +\frac{w_d}{\Sigma\alpha_i + \Sigma\beta_i}\end{aligned}\right\} \quad (1\text{-}100)$$

经两次调整后，各角的改正值总和为：

$$\left.\begin{aligned}(a_1)+(a_1)' &= -\frac{w}{8} - \frac{f_2}{4} - \frac{w_d}{\Sigma\alpha_i + \Sigma\beta_i}\\ (a_2)+(a_2)' &= -\frac{w}{8} - \frac{f_1}{4} - \frac{w_d}{\Sigma\alpha_i + \Sigma\beta_i}\\ (a_3)+(a_3)' &= -\frac{w}{8} + \frac{f_2}{4} - \frac{w_d}{\Sigma\alpha_i + \Sigma\beta_i}\\ (a_4)+(a_4)' &= -\frac{w}{8} + \frac{f_1}{4} - \frac{w_d}{\Sigma\alpha_i + \Sigma\beta_i}\\ (b_1)+(b_1)' &= -\frac{w}{8} - \frac{f_2}{4} + \frac{w_d}{\Sigma\alpha_i + \Sigma\beta_i}\\ (b_2)+(b_2)' &= -\frac{w}{8} - \frac{f_1}{4} + \frac{w_d}{\Sigma\alpha_i + \Sigma\beta_i}\\ (b_3)+(b_3)' &= -\frac{w}{8} + \frac{f_2}{4} + \frac{w_d}{\Sigma\alpha_i + \Sigma\beta_i}\\ (b_4)+(b_4)' &= -\frac{w}{8} + \frac{f_1}{4} + \frac{w_d}{\Sigma\alpha_i + \Sigma\beta_i}\end{aligned}\right\} \quad (1\text{-}101)$$

</td></tr>
</table>

例 1-32　测定桥轴线 AB 的长度。在桥轴线的一侧布置图 1-2 所示的大地四边形 $ABCD$，基线 $AD = S_1 = 249.040\text{m}$，$BC = S_2 = 211.004\text{m}$，角度观测成果及近似平差列于表 1-29。

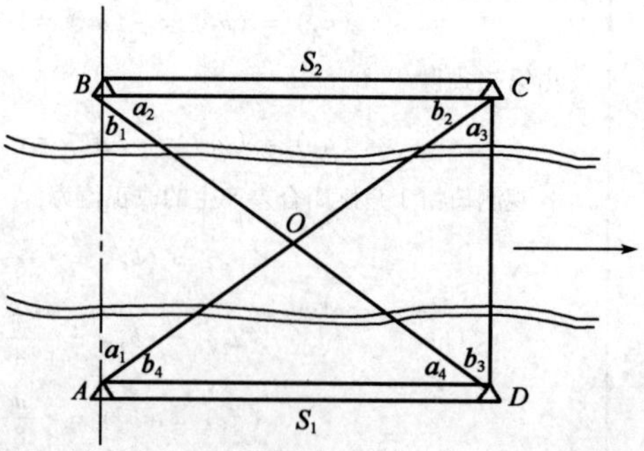

图　1-2

大地四边形近似平差计算表 表 1-29

角号	角度观测值 (° ′ ″)	第一次改正(″)	第一次改正后的角度值 (° ′ ″)	正弦对数	正弦对数 1″的变化	第二次改正(″)	对数改正	平差的角度 (° ′ ″)	平差后的正弦对数
1	2	3	4	5	6	7	8	9	10
a_1	64 22 00	−7	64 21 53	9.954998	+1.02	−11.4	−12	64 21 41.6	9.954986
b_1	37 57 06	−7	37 56 59	9.788853	+2.70	+11.4	+31	37 57 10.4	9.788884
a_2	28 45 24	−17	28 45 07	9.682162	+3.83	−11.4	−44	28 44 55.6	9.682118
b_2	48 56 18	−17	48 56 01	9.877342	+1.83	+11.4	+21	48 56 12.4	9.877363
a_3	72 40 06	+5	72 40 11	9.979823	+0.67	−11.4	−8	72 39 59.6	9.979815
b_3	29 38 36	+5	29 38 41	9.694272	+3.70	+11.4	+42	29 38 52.4	9.694314
a_4	25 50 06	+15	25 50 21	9.639333	+4.35	−11.4	−50	25 50 09.6	9.639283
b_4	51 50 32	+15	51 50 47	9.895620	+1.65	+11.4	+19	51 50 58.4	9.895639
Σ	360 00 08	−8	360 00 00		19.75			360 00 00.0	

$w = +8''$　　$\Sigma \lg\sin a = 9.256316$　　$(a') = -\dfrac{w_d}{\Sigma\alpha_i + \Sigma\beta_i} = -\dfrac{229}{19.75} = -11.''4$

$f_1 = +64''$　　$-)\ \ \Sigma \lg\sin b = 9.256087$　　$(b') = +\dfrac{w_d}{\Sigma\alpha_i + \Sigma\beta_i} = +\dfrac{229}{19.75} = +11.''4$

$f_2 = +24''$　　$w_d = +229$

$\lg AB = \lg S_1 + \lg\sin 25°50'09''.6 - \lg\sin 37°57'10''.4 = 2.246668$　　$AB = 176.469\text{m}$

$\lg AB = \lg S_2 + \lg\sin 48°56'12''.4 - \lg\sin 64°21'41''.6 = 2.246667$　　$AB = 176.468\text{m}$

取平均值 $AB = 176.468\text{m}$

3.2.3　正弦对数秒差表

正弦对数的秒差(以对数第六位为单位) 表 1-30

角 度	0	1	2	3	4	5	6	7	8	9	10	角度
0−0		120.60	60.30	40.15	30.1	24.1	20.03	17.15	14.98	13.30	11.94	170
10	11.94	10.84	9.91	9.12	8.45	7.86	7.35	6.89	6.48	6.12	5.79	160
20	5.79	5.49	5.21	4.96	4.73	4.52	4.32	4.14	3.96	3.80	3.65	150
30	3.65	3.51	3.37	3.25	3.13	3.01	2.90	2.80	2.70	2.60	2.51	140
40	2.51	2.42	2.34	2.26	2.18	2.11	2.03	1.97	1.90	1.83	1.77	130
50	1.77	1.71	1.65	1.59	1.53	1.48	1.42	1.37	1.32	1.27	1.22	120
60	1.22	1.17	1.12	1.07	1.03	0.98	0.94	0.90	0.85	0.81	0.77	110
70	0.77	0.73	0.69	0.65	0.61	0.57	0.53	0.49	0.45	0.41	0.38	100
80	0.38	0.34	0.30	0.26	0.23	0.20	0.15	0.10	0.05	0.05		90
(+)	10	9	8	7	6	5	4	3	2	1	0	(−)

3.3 曲线桥施工放样计算

3.3.1 曲线桥桥墩中心距(*L*)计算

曲线桥桥墩中心距(*L*)计算公式　　表 1-31

计 算 公 式	符 号 意 义
$L = l + 2F$ $F = b + 0.0087265 \cdot W \cdot \alpha$	l——梁在直线上的预制长度,m; F——预制梁端至桥墩中心的距离,m; b——两跨简支梁间,最小空隙之半,m; W——桥面宽度(包括弯道加宽),m; α——相邻两梁中线的交角,(°)

3.3.2 拱桥主拱圈施工放样计算

拱桥主拱圈施工放样计算公式　　表 1-32

施 工 放 样 方 法	计 算 公 式	符 号 意 义
拱圈(肋)的放样方法有圆心推磨法、直角坐标法和多圆心法,以直角坐标法应用最广,如图所示。 放样时,先根据拱轴线方程,计入预拱度值,根据跨径的大小、精度和预拱度设置方法,在半跨内划分为 12、24 或 48 点,拱腹、拱背采用同一横坐标 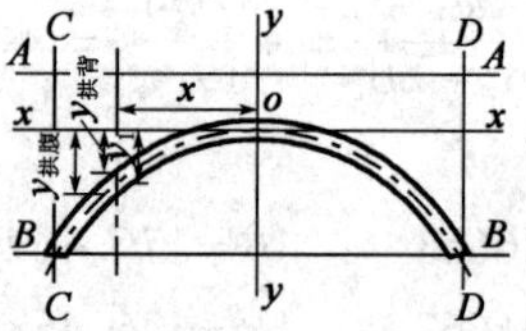	$y_{拱背} = y_1 - h_{上}/\cos\varphi$　(1-102) $y_{拱腹} = y_1 + h_{下}/\cos\varphi$　(1-103)	y_1——计入预拱度后的拱轴坐标; $h_{上}$、$h_{下}$——拱圈上、下缘距截面形心的距离; φ——水平倾角

4 锥坡测量放样计算

4.1 椭圆曲线内侧量距法

椭圆曲线内侧量距法　　表 1-33

计 算 方 法	计 算 公 式
设锥形护坡的高度为 H,锥坡与路堤接头处的坡度(椭圆形的长轴方向)为 M,锥坡迎水面的坡度(短轴方向)为 N,则长轴 $a = MH$,短轴 $b = NH$,沿长轴 a 方向 n 等分,计算出相应于 n 等分的短轴坐标 y,见表1-34,从椭圆内侧量距,即可放样出椭圆形曲线,如图所示 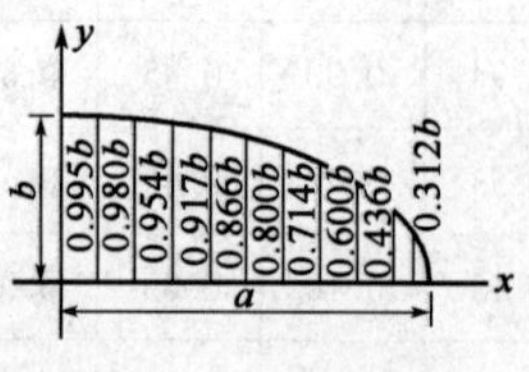	$y = b\sqrt{1 - n^2}$　(1-104)

椭圆形内侧纵坐标值 表 1-34

等 分 n 值	横 坐 标 x 值	纵 坐 标 y 值
0.1	0.1a	0.995b
0.2	0.2a	0.980b
0.3	0.3a	0.954b
0.4	0.4a	0.917b
0.5	0.5a	0.866b
0.6	0.6a	0.800b
0.7	0.7a	0.714b
0.8	0.8a	0.600b
0.9	0.9a	0.436b
0.95	0.95a	0.312b
1.0	1.0a	0.0

4.2 椭圆曲线外侧量距法

椭圆曲线外侧量距法 表 1-35

计 算 方 法	计 算 公 式
如图所示，在椭圆形曲线的外侧，过 E 作 Ox 轴的平行线 ED，按表 1-36 所列的坐标值，用钢尺在 ED 上量出 0.1a、0.2a、0.3a…点，再用直尺沿平行于椭圆短轴 b 的方向，量出各点相应的 y 值，用连续曲线联结各点 p_1、p_2、p_3…，即可得到椭圆曲线 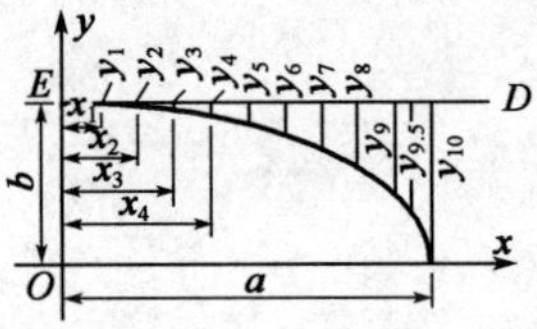	$y = b(1 - \sqrt{1 - n^2})$ (1-105)

椭圆形外侧纵坐标值 表 1-36

等 分 n 值	横 坐 标 x 值	纵 坐 标 y 值
0.1	0.1a	0.005b
0.2	0.2a	0.020b
0.3	0.3a	0.046b
0.4	0.4a	0.083b
0.5	0.5a	0.134b
0.6	0.6a	0.200b
0.7	0.7a	0.286b
0.8	0.8a	0.400b
0.9	0.9a	0.564b
0.95	0.95a	0.688b
1.0	1.0a	1.0b

4.3 对角线上量椭圆曲线坐标法

椭圆曲线外侧量距法 表 1-37

计 算 方 法	计 算 公 式
当采用上述两种方法放样遇到障碍物不能量距时，可采用如下图所示的方法，即以 EF 连线为基线进行 10 等分，由 E 点量出 nc 距离（$n=0.1$、0.2、$0.3\cdots$，c 为 EF 的长度），在平行于 y 轴方向上量出 y_i 值，得出点 P_i，用连续曲线联结各点 p_1、p_2、$p_3\cdots$，即可得到椭圆曲线 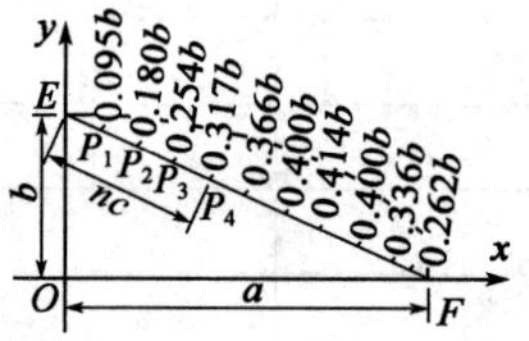 	$y_i=b(\sqrt{1-n^2}+n-1)$ (1-106)

第2章　土 方 工 程

1　路基土方工程

1.1　横断面填挖面积计算

横断面填挖面积计算　　　　表 2-1

计算方法	图　　示	公 式 及 说 明
积距法	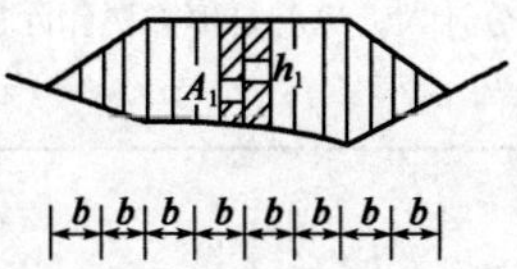	将断面按单位横宽划分为若干个梯形与三角形条块，每个小条块的近似面积为： $A_i = bh_i$　　(2-1) 整个断面的断面积： $A = bh_1 + bh_2 + \cdots + bh_n$　　(2-2) 当 $b = 1$m 时，则断面积 A 在数值上就等于各小条块平均高度之和 $\sum_{i=1}^{n} h_i$。 h_i 可以用卡规逐一量取。当面积较大卡规开度不够用时，也可用米厘方格纸折成窄条代替卡规量取积距。 用积距法计算面积简单、迅速。若地面线较顺直，也可以增大 b 的数值。若要提高计量精度，可减小 b 值
坐标法	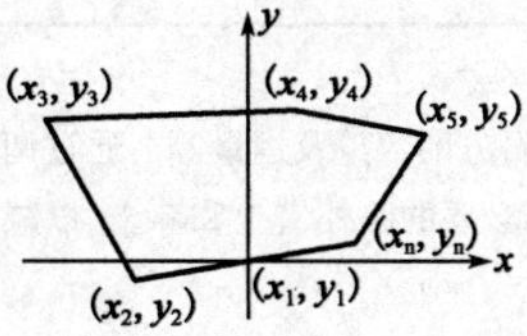	已知断面图上各转折点坐标(x_i, y_i)，则断面面积为： $A = \frac{1}{2}\sum_{i=1}^{n}(x_i y_{i+1} - x_{i+1} y_i)$　　(2-3) 坐标法的精度较高，适宜于用计算机计算
几何图形法	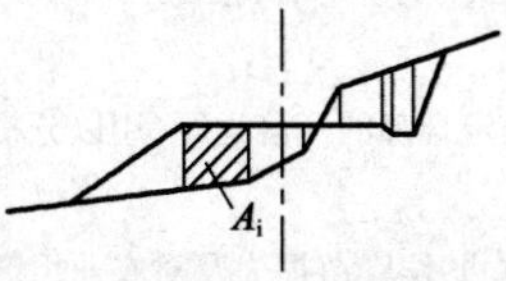	从设计线的各折点向地面线引竖直线，同时从地面线上的各折点向设计线引竖直线，则这些竖直线将地面线和设计线所围成的横断面分成了若干个三角形和梯形，计算时可以把三角形看成是特殊的梯形，按梯形面积计算公式计算各相应梯形面积并累加即可计算出填挖方的面积： $A = \sum_{i=1}^{n} A_i$　　(2-4) 该方法主要在公路 CAD 横断面设计中采用，填挖面积可以根据竖直线长度的符号来确定

1.2 土石方数量计算

土 石 方 数 量 计 算 表2-2

方　法	图　示	公式及说明
平均断面法	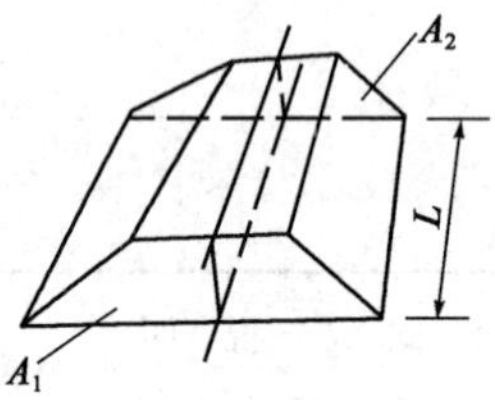 	相邻两断面同为填方或挖方的面积大小相近，则可假定两断面之间为一棱柱体，其体积的计算公式为： $$V = \frac{1}{2}(A_1 + A_2) \cdot L \qquad (2\text{-}5)$$ 式中：V——体积，即土石方数量，m^3； A_1、A_2——相邻两断面的填方或挖方面积，m^3； L——相邻断面之间的距离，m
棱台体法		若 A_1 和 A_2 相差甚大，则与棱台体更为接近。其计算公式为： $$V = \frac{1}{3}(A_1 + A_2) \cdot L \cdot \left(1 + \frac{\sqrt{m}}{1+m}\right) \qquad (2\text{-}6)$$ 式中：$m = A_1/A_2$，其中 $A_1 > A_2$。 同平均断面法相比，棱台体法的计算精度较高
若路基是以填方为主或以挖方为主，则最好是在计算断面面积时将路面部分计入。也就是填方要扣除、挖方要增加路面所占的那一部分面积，特别是路面厚度较大时更不能忽略		

2　土石方调配与平衡

2.1 土石方调配的目的及原则

土石方调配的目的及原则 表2-3

1. 土石方调配的目的 土石方调配的目的是为确定填方用土的来源、挖方弃土的去向以及计价土石方的数量及运量等。通过调配合理地解决各路段土石方平衡与利用问题，达到填方有所“取”，挖方有所“用”，避免不必要的路外借土和弃土，以减少占用耕地和降低公路造价
2. 土石方调配的原则 (1)在半填半挖断面中，应首先考虑在本路段内移挖作填进行横向平衡，然后再作纵向调配，以减少总的运输量。 (2)纵向调运应考虑施工经济性，一般情况下应满足经济运距的要求。 (3)土石方调配应考虑桥涵位置对施工运输的影响，一般大沟不作跨越调运，同时应考虑施工的可能与方便，尽可能避免和减少上坡运土。 (4)为使调配合理，必须根据地形情况和施工条件，选择适当的运输方式，确定合理的经济运距，用以分析工程用土是纵向调运还是路外借土。 (5)土石方调配移挖作填除考虑经济运距外，还要综合考虑弃方或借方占地、赔偿青苗损失及对农业生产影响等。 (6)不同的土方和石方应根据工程需要分别进行调配，以保证路基稳定和人工构造物的材料供应。 (7)位于山坡上的回头曲线路段，要优先考虑上下线的土石方竖向调运。 (8)土石方调配对于借土和弃土应事先同地方商量，争取与借土还田、整地造田相结合

2.2 土石方调配方法

土 石 方 调 配 方 法 表2-4

调 配 方 法	步 骤 及 说 明
调配表法	1. 方法步骤 (1)土石方调配是在土石方数量计算与复核完毕的基础上进行的，调配前应将可能影响运输调配的桥涵位置、陡坡、大沟等注在表旁，供调配时参考。 (2)弄清各桩号间路基填挖方情况并作横向平衡，确定利用、填缺与挖余数量。 (3)在作纵向调配前，应根据施工方法及可能采取的运输方式定出合理的经济运距，供土石方调配时参考。 (4)根据填缺挖余分布情况，结合路线纵坡和自然条件，本着技术经济和支农的原则，具体拟定调配方案。方法是逐桩逐段地将毗邻路段的挖余就近纵向调运到填缺内加以利用，并把具体调运方向和数量用箭头标明在纵向利用调配栏中。 (5)经过纵向调配，如果仍有填缺或挖余，则应会同当地政府协商确定借土或弃土地点，然后将借土或弃土的数量和运距分别填注到借方或废方栏内。 (6)土石方调配后，应按下式进行复核检查： $\left.\begin{aligned}&\text{横向调运}+\text{纵向调运}+\text{借方}=\text{填方}\\&\text{横向调运}+\text{纵向调运}+\text{弃方}=\text{挖方}\\&\text{挖方}+\text{借方}=\text{填方}+\text{弃方}\end{aligned}\right\}$ (2-7) 以上检查一般是逐页进行复核的，如有跨页调配，须将其数量考虑在内，通过复核可以发现调配与计算过程有无错误。经核证无误后，即可分别计算计价土石方数量、运量和运距等，为编制施工预算提供土石方工程数量。 2. 调配中的几个问题 (1)经济运距 纵向调运的最大距离，应满足经济运距的要求，其值按下式计算： $L_{经}=\dfrac{B}{T}+L_{免}$ (2-8) 式中：B——借土单价，元/m^3； T——远运运费单价，元/$m^3\cdot km$； $L_{免}$——免费运距，km。 由此可知，经济运距是确定借土或调运的限界，当调运距离小于经济运距时，采取纵向调运是经济的，反之，则可考虑就近借土。 (2)平均运距 土方调配的运距，是指从挖方体积的重心到填方体积的重心之间的距离。在路线工程中为简化计算起见，这个距离可简单地按挖方断面间距中心至填方断面间距中心的距离计算，称为平均运距。 在纵向调配时，当其平均运距超过定额规定的免费运距，应按其超运运距计算土石方运量

续上表

调配方法	步骤及说明
调配表法	(3)运量 土石方运量为平均运距与土石方调配数量的乘积。 在生产中,工程定额是将平均运距每10m划为一个运输单位,称之为“级”,20m为两个运输单位,称为二级,余类推。在土石方计算表内可用符号①、②表示,不足10m时,仍按一级计算或四舍五入。则有: $$总运量 = 调配(土石方)方数 \times n \quad (2\text{-}9)$$ 式中:n——平均运距单位(级),其值为: $$n = \frac{L - L_{免}}{10} \quad (2\text{-}10)$$ 其中:L——平均运距; $L_{免}$——免费运距。 (4)计价土石方 在土石方调配中,所有挖方无论是“弃”或“调”,都应予以计价。但对于填方则不然,要根据用土来源来决定是否计价。如果是路外借土,那当然要计价,倘若是移挖作填调配利用,则不应再计价,否则形成双重计价。因此计价土石方必须通过土石方调配表来确定其数量: 计价土石方数量 = 挖方数量 + 借方数量 一般工程上所说的土石方总量,实际上是指计价土石方数量
调配曲线法	1. 土石方累计曲线 土石方累计曲线,是根据各桩号间土石方横向利用后的净土石方(填缺与挖余)累加并绘制而成的。横坐标表示路线里程(桩号),纵坐标表示土石方累计量,如下图所示,土石方累计曲线具有如下性质: 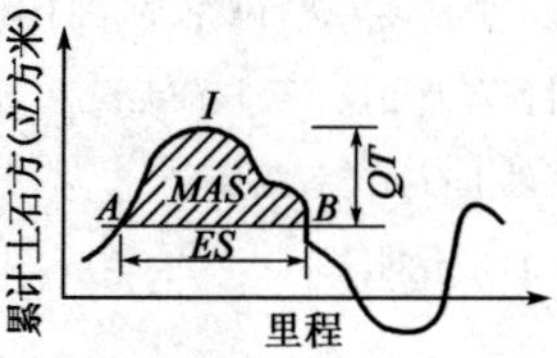 土石方调配曲线 (1)曲线上升段 AI 以填方为主,各桩号间均有挖余,曲线下降段 IB 以挖方为主,各桩号间均为填缺。极值点 I 即为填、挖分界点; (2)曲线上两桩号间纵坐标之差表示两桩间的土石方数量; (3)曲线与任何一条水平线相交的两点间的填方与挖方相等,这条水平线称为调配基线; (4)曲线极值点的纵坐标与调配基线纵坐标之差为该调配段的调运方量 QT,曲线与调配基线所包围的面积为该调运段的全运量 MAS; (5)曲线与调配基线的交点之间的距离为该调运段的最大运距 ES; (6)曲线在调配基线上方,土石方向后运送;曲线在调配基线下方,土石方向前运送。 2. 土石方调配基线最佳位置的确定 用累计曲线进行土石方调配,一般来说,所有曲线的极值点处均可以调配,最优的调配基线位置一般应符合经济运距的要求,通常有以下做法: (1)如图所示,使 $AB = CD = EF = L_{经}$,若各线互不重叠时,AB、CD 及 EF 即为最优调配线。 (2)如图所示,使 $AB = BC$,$DE = EF$ 即为调配线最佳位置。 (3)如图所示,使 $GH + KL = HK + LM$ 即为调配线最佳位置。

续上表

<table>
<tr><th>调 配 方 法</th><th>步　骤　及　说　明</th></tr>
<tr><td>调配曲线法</td><td>
(4)如图所示,使 $AB+CD-BC=L_{经}$ 即为调配线最佳位置。
根据上述图式,可概括为:
(1)对于单独波形的土方累积曲线,以调配线长度等于经济运距时为最经济,如图所示;
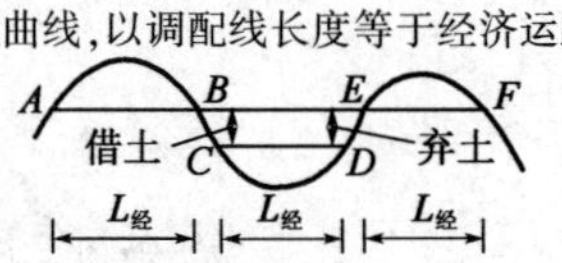

确定调配线位置之一
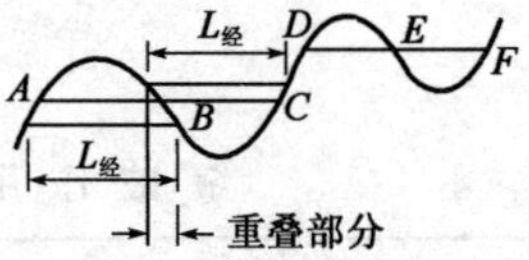

确定调配线位置之二
(2)对于连续波形数为偶数的,如2或4个波形者以单号波形内调配线长度之和等于双号波形内调配线长度之和为最经济,如图所示;
(3)对于连续波形数为奇数的,如3或5个波形者,以其中单号波形调配线长度之和减去双号波形调配线长度之和等于经济运距时为最经济,如图所示。
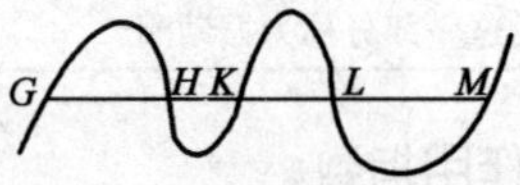

确定调配线位置之三
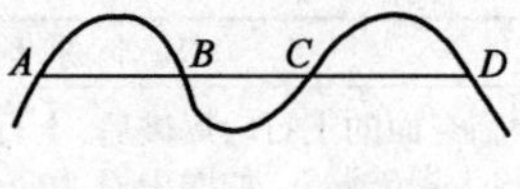

确定调配线位置之四
最佳调配基线确定的原则是尽可能使土石方的总运量最少。
3. 调配的步骤
(1)进行调配分段,确定纵向调运时不作跨越调运的大沟、河流等桩号;
(2)计算本桩利用和各桩的填缺与挖余;
(3)将各桩的净土石方累加,形成土石方累计曲线;
(4)根据不同的施工方法和各种运输方式的经济运距确定一个最远调运距离;
(5)根据土石方累计曲线的波形、波数以及和经济运距、最大运距的关系,逐段确定并调整调配基线、计算各段的调运方、运量以及借方、弃方数量及位置,直至全线或调配路段(分段调配时)土石方调配完成;
(6)进行闭合核算;
(7)合计公里运量,并计算全线调配的平均运距;
(8)若平均运距不理想,则调整允许最大运距,返回(5),重新进行土石方调配;通过这种调配方案的反复调整,以求得理想的平均运距,使全线的土石方利用尽可能合理;
(9)调配完毕,打印土石方调配表、每公里土石方及运量表以及绘制土石方调配曲线图
</td></tr>
<tr><td>调配图法</td><td>将每公里土石方合计后进行统一调配。该方法较粗糙,已较少采用</td></tr>
</table>

第3章 爆破工程

1 爆破作用原理

1.1 爆破作用圈

爆 破 作 用 圈 表 3-1

名称	图示代号	说 明	示 意 图
压缩圈	R_1	直接与药包接触的一层介质所承受的爆炸力最大,介质受爆炸力作用挤压而粉碎的部分称为压缩圈	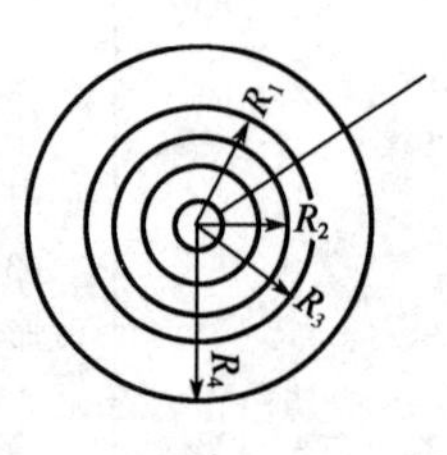
抛掷圈	R_2	压缩圈之外的一层介质,在爆炸力作用下被分裂成碎块,在临空自由面条件下,会产生介质碎块抛掷现象,这一部分称为抛掷圈	
松动圈	R_3	抛掷圈之外的一层介质,爆炸力减弱,仅能使介质结构受到不同程度的破坏,这一部分称为松动圈或破坏圈	
振动圈	R_4	松动圈以外,微弱的爆炸力甚至不能使介质产生破坏,介质仅发生振动现象,这一部分称为振动圈	

1.2 爆破漏斗及爆破作用指数

爆破漏斗及爆破作用指数 表 3-2

项次	项目	基本原理类型及分类
1	爆破漏斗	当药包在具有一个临空面的土石内爆破后,土石被炸成碎块,并抛散在其周围地面上,形成一个倒立圆锥体形状的爆破坑,称为爆破漏斗,如图中 O 为药包中心,ON 为最小抵抗线,r 为爆破漏斗上口半径;R 为抛掷半径;mOl 部分称抛掷漏斗(一般称爆破漏斗);mOl 与 MOL 所包围部分称破坏漏斗 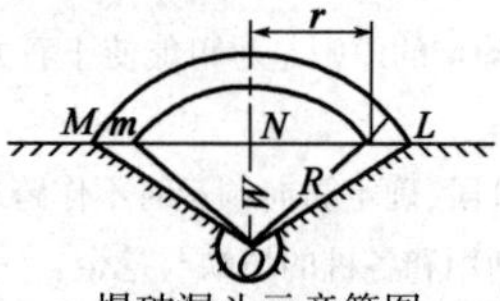 爆破漏斗示意简图
2	爆破作用指数	爆破漏斗形状依岩土性质、炸药品种性能、药包大小及药包埋置深度等不同而变化,爆破作用的性质通常用爆破作用指数 n 来表示: $$爆破作用指数(n) = \frac{漏斗口半径(r)}{最小抵抗线(W)} \quad (3\text{-}1)$$ 一般用 n 来区分不同爆破漏斗,划分不同爆破类型。当 $n=1$ 时(图 a)称为标准抛掷爆破漏斗;当 $0.75<n<1$ 时(图 b)称为减弱抛掷爆破漏斗;当 $n>1$(图 c)时,称加强抛掷爆破漏斗;当 $n \leq 1$ 时(图 d),称松动爆破漏斗,其中 $n=0.75$ 称标准松动爆破;$n<0.75$ 称减弱松动爆破;当 $n \leq 0.2$ 时,称裸露爆破漏斗。 n 是计算药包量,决定漏斗大小和药包距离的重要参数。 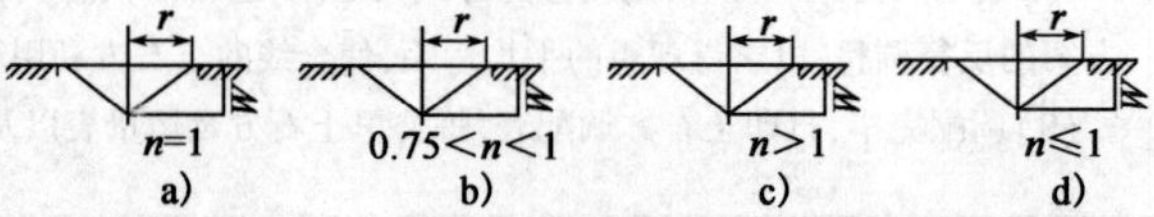 爆破漏斗类型简图

1.3 爆破药包的分类

爆 破 药 包 的 分 类 表 3-3

分类	名 称	图 示	一 般 特 性
按形状分类	集中药包	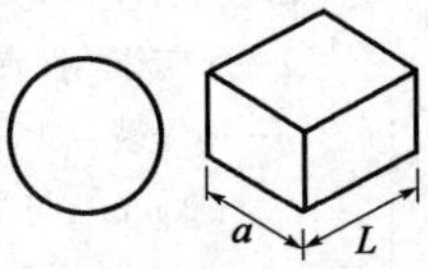	高度不超过直径 4 倍的圆柱形或长边不超过短边 4 倍的直角六面体
	延长药包	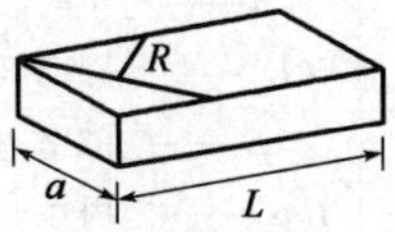	高度超过直径 4 倍的圆柱形或长边超过短边 4 倍的直角六面体
	分集药包	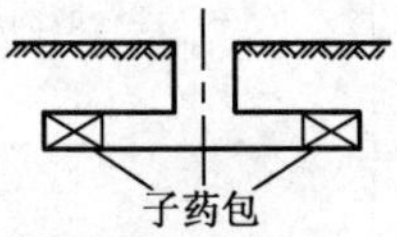	将集中药包按一定的距离和药量分成两个子药包
按爆破作用分类	内部作用药包	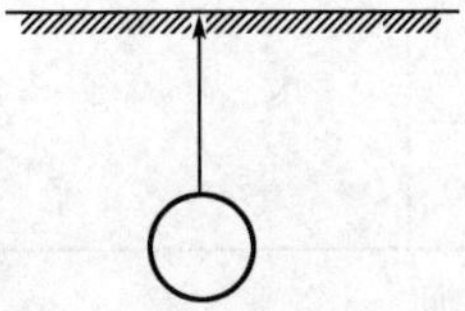	药包在被爆破体内部,爆破作用形成药壶,如破坏范围刚好达到临空面,称最大内部作用药包
	松动药包	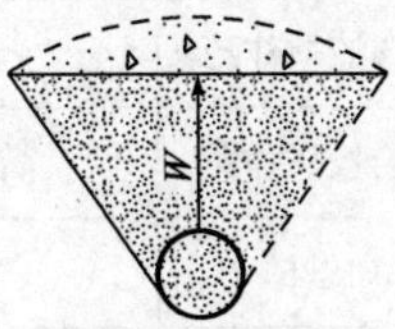	爆破后,介质不会被抛出,仅使介质表面隆起,当 $n=1$ 时,为标准松动药包,即爆破作用使破碎部分成直角倒正圆锥体
	抛掷药包	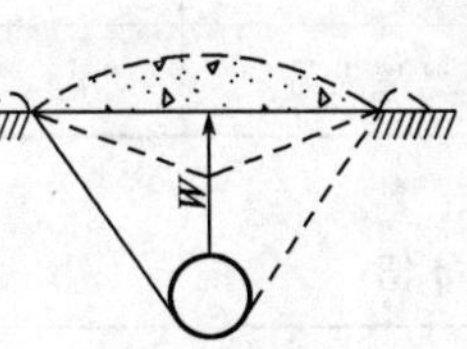	药包在被爆破体内部,爆破时,在土石表面形成漏斗形破坏坑,当 $n=1$ 时,为标准抛掷爆破药包;当 $n<1$ 时,为减弱抛掷爆破药包;当 $n>1$ 时,为加强抛掷爆破药包
	裸露药包	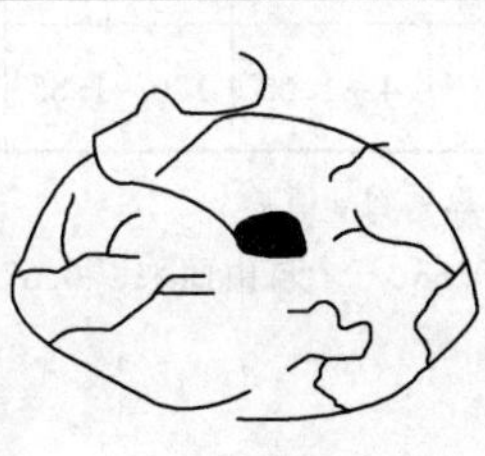	药包放置在爆破体表面或裂隙部位或浅穴处

1.4 药包用量计算

各类爆破药包量计算公式 表 3-4

药包名称	计算公式	符号意义
标准抛掷爆破药包	$Q=eqW^3$ (3-2)	Q——药包质量,kg; e——与炸药性质有关的换算系数,见表3-5; q——爆破岩土单位体积的炸药消耗量,kg/m^3,与岩土性质及炸药种类有关,见表3-6; W——药包的最小抵抗线,m; F(E)——抛掷率函数,抛坍爆破中,F(E)=1; E——抛掷率,%; f(α)——抛坍系数,随自然地面坡度α而变化; α——自然地面坡度,(°)
抛掷爆破药包与抛坍爆破药包	$Q=eqW^3\cdot F(E)\cdot f(\alpha)$ (3-3) $F(E)=0.45\times10^{0.0129E}$ 抛掷爆破中 当 $\alpha=0\sim30°$ 时 $f(\alpha)=1-\dfrac{\alpha^2}{7000}$ (3-4) 当 $\alpha=31°\sim90°$ 时 $f(\alpha)=\dfrac{26}{\alpha}$ (3-5) 抛坍爆破中($\alpha>30°$) $f(\alpha)=\dfrac{26}{\alpha}$ (3-6)	
松动爆破药包	水平地形或拉槽路堑中 $Q=0.45qW^3$ (3-7) 斜坡地形或阶梯式地形 $Q=0.33qW^3$ (3-8)	
内部作用爆破药包	$Q=0.2eqW^3$ (3-9)	

炸药换算系数 *e* 值 表 3-5

炸药名称	型号	换算系数	炸药名称	型号	换算系数
岩石硝铵	1号	0.9	35%胶质炸药	普通	1.06
	2号	1.0	混合胶质炸药	普通	1.0
露天硝铵	2号、3号	1.14	梯恩梯		1.05~1.14
62%胶质炸药	普通	0.89	铵油炸药		1.14~1.36
	耐冻	0.89	黑火药		1.14~1.42

炸药单位消耗量 *q* 值 表 3-6

土的类别	一	二	三	四	五	六	七	八
$q(kg/m^3)$	0.5~1.0	0.6~1.1	0.9~1.3	1.2~1.5	1.4~1.65	1.6~1.85	1.8~2.6	2.1~3.25

注:①本表以2号岩石硝铵炸药为准,当用其他炸药时,需乘以换算系数 e 值;

②表中所列 q 值为一个自由面情况,如为两个自由面应乘以0.83,三个自由面乘以0.67,四个自由面乘以0.50,五个自由面乘以0.33,六个自由面乘以0.17;

③表中土的工程分类见表3-7;

④表中 q 值是在药孔堵塞良好,即堵塞系数为1时定出。若堵塞不良,则应乘以相应堵塞系数 d,见表3-8。

土的工程分类 表 3-7

土的分类	土的级别	土的名称	坚实系数 (f)	密度 (kg/m^3)	开挖方法及工具
一类土（松软土）	I	砂；砂质粉土；冲积砂土层；种植土、淤泥	0.5～0.6	600～1500	能用锹、锄头挖掘
二类土（普通土）	II	粉质黏土；潮湿的黄土；夹有碎石、卵石的砂；种植土、填筑土及砂质粉土	0.6～0.8	1100～1600	用锹、锄头挖掘，少许用镐翻松
三类土（坚土）	III	软及中等密实黏土；重粉质黏土；粗砾石；干黄土及含碎石、卵石的黄土、粉质黏土；压实的填筑土	0.8～1.0	1800～1900	主要用镐，少许用锹、锄头挖掘，部分用撬棍
四类土（砂砾坚土）	IV	重黏土及含碎石、卵石的黏土；粗卵石；密实的黄土；天然级配砂石；软泥灰岩及蛋白石	1.0～1.5	1900	整个用镐、撬棍，然后用锹挖掘，部分用楔子及大锤
五类土（软石）	V～VI	硬石炭纪黏土；中等密实的页岩、泥灰岩、白垩土；胶结不紧的砾岩；软的石灰岩	1.5～4.0	1100～2700	用镐或撬棍、大锤挖掘，部分使用爆破方法
六类土（次坚石）	VII～IX	泥岩；砂岩；砾岩；坚实的页岩、泥灰岩；密实的石灰岩；风化的花岗岩、片麻岩	4.0～10	2200～2900	用爆破方法开挖，部分用风镐
七类土（坚石）	X～XIII	大理岩；辉绿岩；玢岩；粗、中粒花岗岩；坚实的白云岩、砂岩、砾岩、片麻岩、石灰岩；风化痕迹的安山岩、玄武岩	10～18	2300～3100	用爆破方法开挖
八类土（特坚石）	XIV～XVI	安山岩；玄武岩；花岗片麻岩；坚实的细粒花岗岩、闪长岩、石英岩、辉长岩、辉绿岩、玢岩	18～25 以上	2700～3300	用爆破方法开挖

注：①土的级别相当于一般 16 级土石分类级别；

②坚实系数 f 相当于普氏岩石强度系数。

堵塞系数 d 的取值 表 3-8

实际堵塞长度 B' 与计算堵塞长度 B 的比值		1.00	0.75	0.50	0.25	0
对土	烈性炸药	1.0	1.2	1.4	1.7	2.0
	黑火药	1	2	4	6	12
对岩石和混凝土	烈性炸药	1.0	1.2	1.4	1.7	2.0
	黑火药	1	2	4	6	—

1.5 抛掷率 E 与爆破作用指数 n

抛掷率 E 与爆破作用指数 n 计算表 表 3-9

地形条件	平坦地形	土的最佳抛掷率	$E=80\% \sim 95\%$
		岩石的最佳抛掷率	$E=70\% \sim 85\%$
	斜坡地形多面临空地形	最佳抛掷率	$E=60\% \sim 70\%$
	斜坡地形半路堑	最佳抛掷率	$E_{塌}=0.014(\alpha-30)^2+48$
抛掷率 E 与爆破作用指数 n 关系式			$E=77.52\lg\frac{Q}{0.45e\cdot qW^3\cdot f(\alpha)}$ (3-10) $E=\frac{55n}{\sqrt[3]{f(\alpha)}}-28.05$ (3-11) $n=\left(\frac{E}{55}+0.51\right)\sqrt[3]{f(\alpha)}$ (斜坡地形) (3-12a) $n=\left(\frac{E}{55}+0.51\right)$ (水平地形) (3-12b)

1.6 药包间距计算

药包间距计算 表 3-10

类型		计算公式	符号意义
同层药包	抛掷爆破	$a=(0.1\overline{E}+0.8)\overline{W}\sqrt[3]{f(\alpha)}$ (3-13)	a——药包间距; $\overline{W}$、$\overline{E}$——分别为相邻两药包的最小抵抗线和抛掷率的平均值; $f(\alpha)$——抛坍系数; b——分层药包的间距,m; $W_{下}$——倾斜地形布置上下层药包,下层药包的最小抵抗线; $\overline{n}$——相邻两层药包爆破作用指数的平均值; C——子药包间距,m; Z——1.0~1.3
	抛坍、松动爆破	$a=(1.0\sim1.3)\overline{W}$ (3-14)	
分层药包	一般情况	$b\leqslant 2W_{下}$ (3-15)	
	加大药包抛距	$b=\overline{n}\cdot\overline{W}$ (3-16)	
分集药包	子药包间距	$C=0.5\overline{n}\ \overline{W}\sqrt[3]{\sin\alpha+1}$ (3-17)	
	分集药包间距	抛坍爆破、纵向分集 $a_{分}=(Z+0.25\sqrt[3]{\sin\alpha+1})\cdot\overline{W}$ (3-18) 抛掷爆破 $a_{分}\leqslant 1.2\overline{n}\cdot\overline{W}$ (3-19)	
	横向分集药包间距	$a_{分}=a_{集}$ (3-20)	
	分集药包与集中药包间距	$a'=\frac{a_{分}+a_{集}}{2}$ (3-21)	

例 3-1 斜坡地形一路堑(如图 3-1 所示),已知岩石为砂岩,$\rho=2500\text{kg/m}^3$,经药包布置知:$W=5\text{m}$,$\alpha=45°$,拟采用 2 号岩石炸药,工地要求抛掷率 $E=60\%$,求正常堵塞情况下药包质量。若 $\alpha=0°$(水平地形)则其他条件相同情况下药包质量又为多少?

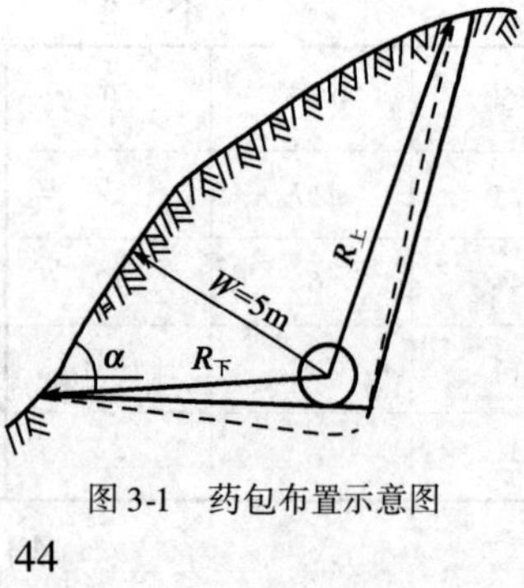

图 3-1 药包布置示意图

解 (1)由表 3-7 知砂岩为七类土,参考表 3-6 取 $q=2.2\text{kg/m}^3$,采用 2 号岩石炸药,故 $e=1.0$,正常堵塞 $d=1.0$。

(2)由 $E=60\%$,$\alpha=45°$可得

$$F(E)=0.45\times10^{0.0129E}=2.674, f(\alpha)=\frac{26}{\alpha}=\frac{26}{45}=0.5778$$

(3)将 q、W、$F(E)$、$f(\alpha)$代入药包用量计算公式(3-3)中有：

$$Q = eq \cdot W^3 \cdot F(E) \cdot f(\alpha)$$
$$= 2.2 \times 5^3 \times 2.674 \times 0.5778 = 424.89\text{kg}$$

(4)若为水平地形($\alpha = 0°$)，则此时 $f(\alpha) = 1$，而 $F(E)$不变，仍为2.674，因此在水平地形情况下，药包用量为：

$$Q = eqW^3F(E,\alpha) = 2.2 \times 5^3 \times 2.674 = 735.35\text{kg}$$

说明达到相同的抛掷率，水平地形比斜坡地形需要更多的炸药量，可见斜坡地形对爆破是很有利的。

例 3-2 在密实的石灰岩上开一深1.6m、直径42mm的炮孔，采用2号岩石硝铵炸药(装药密度为0.9g/cm³)进行松动爆破，求在堵塞良好情况下的药包质量。

解 由表3-7查得密实的石灰岩为六类土，参考表3-6取 $q = 1.75\text{kg/m}^3$，采用2号岩石硝铵炸药 $e = 1$，炮孔装药长度 L 一般为炮孔深度的1/3～1/2，现假定药包长 $L = \frac{h}{2} = \frac{1600}{2} = 800\text{mm}$，则堵塞物长 $L = 1.6 - 0.8 = 0.8\text{m}$，$W = 1.6 - 0.4 = 1.2\text{m}$。

由公式(3-8)得：

$$Q = 0.33eq \cdot W^3 = 0.33 \times 1 \times 1.75 \times 1.2^3 = 0.998\text{kg}$$

800mm长药包重为 $\frac{\pi \times 4.2^2}{4} \times 80 \times 0.9 = 997\text{g} = 0.997\text{kg}$，与假定相符，堵塞长度有800mm已充足，故所需药量定为1kg。

例 3-3 在软的石灰岩上打一个1.6m深的炮孔，孔径35mm，采用62%胶质炸药(装药密度为1.01g/cm³)进行松动爆破，求堵塞良好情况下的药包质量。

解 由表3-7查得软石灰岩属五类土，参考表3-6取 $q = 1.53\text{kg/m}^3$，因采用62%胶质炸药，由表3-5知 $e = 0.89$。计算时先假定药包长度 $L = 800\text{mm}$，则 $W = 1.6 - \frac{0.8}{2} = 1.2\text{m}$。由公式(3-8)得：

$$Q = 0.33eq \cdot W^3 = 0.33 \times 0.89 \times 1.53 \times 1.2^3 = 0.78\text{kg}$$

800mm长药包质量为 $\frac{1}{4} \times 3.14 \times 3.5^2 \times 80 \times 1.01 = 777\text{g} = 0.78\text{kg}$ 与计算假定相符，堵塞长度800mm已足够，因此所需药量为0.78kg。

2 浅孔爆破计算

浅孔爆破用药量计算 表3-11

项目	特点、计算方法及公式	符号意义
爆破特征	浅孔爆破是指直径为25～75mm，孔深在5m以下，利用延长药包进行爆破的方法。多用于建筑物、构筑物基坑及碎石骨料场开挖，多采用台阶式布置	h——炮孔深度，m； W——最小抵抗线，m； a——炮孔间距，m； b——炮孔排距，m；
计算简图	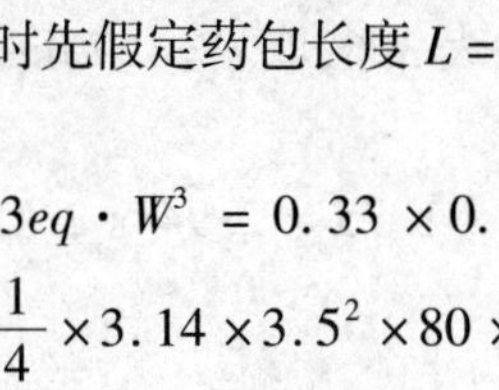 	

续上表

项　　目	特点、计算方法及公式	符　号　意　义
计算参数	浅孔爆破常用参数为： 钻孔深度为 h，对于坚硬岩石 $h=(1.1\sim1.15)H$；对于硬岩石 $h=H$；对于松软岩石 $h=(0.85\sim0.95)H$；最小抵抗线 $W=(0.5\sim0.9)H$；炮孔间距 a；用火雷管起爆 $a=(1.4\sim2.0)W$；电雷管起爆 $a=(0.8\sim2.0)W$；排距 $b=(0.8\sim1.2)W$，成梅花形交错布置	Q——每个炮孔爆破用药量 kg，可查表 3-12； q——炸药单位消耗量，查表 3-6； e——炸药换算系数，查表 3-5； H——阶梯高度
爆破药量计算	浅孔爆破多排布置炮孔时，每个炮孔爆破药量，按下式计算： 抛掷爆破：　$Q=e\cdot q\cdot a\cdot b\cdot h$　(3-22) 松动爆破：　$Q=0.33e\cdot q\cdot a\cdot b\cdot h$　(3-23) 每个炮孔的装药量大致为炮孔深度 1/3～1/2 左右	

一般炮孔法爆破用药量 Q(kg) 计算表　　表 3-12

地形条件	土的类别	炸药消耗系数 k	最小抵抗线 W(m)												
			1.0	1.2	1.4	1.6	1.8	2.0	2.2	2.4	2.6	2.8	3.0	3.2	3.4
多面临空	五	0.30	0.3	0.5	0.8	1.2	1.7	2.4	3.2	4.1	5.3	6.6	8.1	9.8	11.8
	六	0.33	0.3	0.6	0.9	1.4	1.9	2.6	3.5	4.6	5.8	7.2	8.9	10.8	13.0
	七	0.40	0.4	0.7	1.1	1.6	2.3	3.2	4.3	5.5	7.0	8.9	10.8	13.1	15.7
一般地形	五	0.45	0.5	0.8	1.2	1.8	2.6	3.6	4.8	6.2	7.9	9.9	12.2	14.7	17.7
	六	0.51	0.5	0.9	1.4	2.1	3.0	4.1	5.4	7.1	9.0	11.2	13.8	16.7	20.0
	七	0.62	0.6	1.1	1.7	2.5	3.6	5.0	6.6	8.6	10.9	13.6	16.7	20.3	24.4

注：本表用药量系数按 $Q=kW^3$ 计算，以 2 号岩石硝铵炸药为准，使用其他炸药时应进行换算。

例 3-4　某台阶高 $H=3.0$m，采用多排炮孔松动爆破，岩质为坚实的页岩，采用 2 号岩石硝铵炸药 $e=1$，试求每一炮孔所需用药量。

解　取 $h=1.0H=3.0$m，$W=0.7H=0.7\times3.0=2.1$m，$a=1.4W=1.4\times2.1=2.94$m，$b=W=2.1$m，查表 3-7 坚实的页岩属六类土，参考表 3-6，取 $q=1.75\text{kg/m}^3$，由式(3-23)得每一炮孔松动爆破所需用药量：

$$Q=0.33e\cdot q\cdot a\cdot b\cdot h=0.33\times1\times1.75\times2.94\times2.1\times3.0=10.70\text{kg}$$

因此，每一炮孔需用 10.70kg 炸药。

3　深孔爆破计算

深孔爆破用药量计算　　表 3-13

项目	特点、计算方法及公式	符　号　意　义
爆破特点	深孔爆破是指炮眼孔径大于 75mm，炮眼深度大于 5m 以上（一般深度为 8～12m），使用延长药包爆破，多用于深基坑、料场的松爆、场地平整以及高阶梯爆破各种岩石，依炮孔位置不同，分垂直深孔、倾斜深孔和水平深孔	D——炮孔直径，m； Δ——装药密度，kg/m^3，一般取 900； H——阶梯高度，m； h——钻根长度，m； l——预计炮孔深度，m，$l=H+h$； τ——装药长度系数，当 $H<10$m 时，$\tau=0.6$；$H=10\sim15$m 时，$\tau=0.5$；当 $H>15$m 时，$\tau=0.4$； e——炸药换算系数，查表 3-5；
计算简图	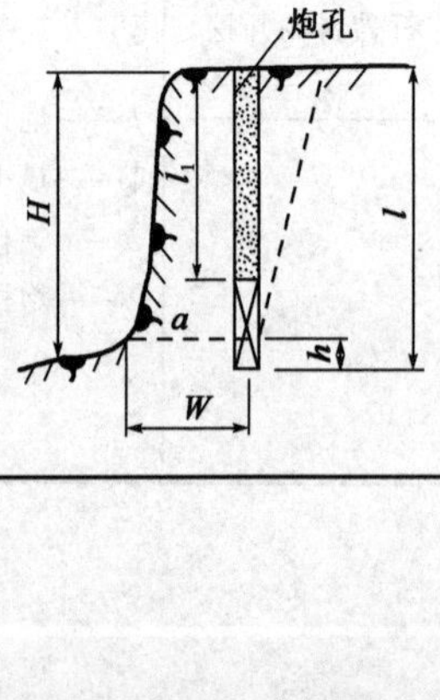 	

续上表

项目	特点、计算方法及公式	符号意义
计算参数	深孔爆破常用参数为： 孔径大于75mm，一般为100~200mm，阶梯高度 H 一般为5~15m；阶梯倾角应大于55°，一般以60°~75°为宜；钻根长度 h 对于岩石取(0.15~0.35) W，对土取(0.1~0.2) W，岩石较硬时取上限；炮孔深 $l=H+h$；堵塞长度 l_1 应大于最小抵抗线长度 W，炮孔间距 $a=(0.7\sim1.4)W$；排距 $b=0.87a$，多采用多排或等边三角形布孔。深孔爆破最小抵抗线长度 W，一般按下式计算： $W=D\cdot\sqrt{\dfrac{0.785\cdot\Delta\cdot l\cdot\tau}{e\cdot q\cdot m\cdot H}}$　(3-24)	q——炸药单位消耗量，kg/m^3，查表3-6； m——炮孔密度系数，一般为0.8~1.2； v——每一深孔药包所爆破的岩石体积，m^3； Q——每一炮孔的装药量，kg
爆破用药量	每一炮孔的用药量按下式计算： 抛掷爆破： $Q=e\cdot q\cdot v=e\cdot q\cdot a\cdot H\cdot W$　(3-25) 松动爆破： $Q=0.33\cdot e\cdot q\cdot v=0.33\cdot e\cdot q\cdot a\cdot H\cdot W$　(3-26)	

例3-5　高边坡场地平整，拟采用直径 $D=175$mm 的垂直深孔松动爆破，台阶高 $H=13$m，岩层为泥灰岩，用2号岩石硝铵炸药，求每孔用药量。

解　假定钻根长 $h=0.5$m，预计炮孔深度 $l=13+0.5=13.5$m，取 $\Delta=900kg/m^3$，$\tau=0.5$，$m=1$，$e=1$，泥灰岩为六类土，参考表3-6，q 取 $1.7kg/m^3$，则由公式(3-24)得：

$$W=0.175\sqrt{\frac{0.785\times900\times13.5\times0.5}{1\times1.7\times1\times13}}=2.57\text{m}$$

钻根长：$h=0.2W=0.2\times2.57\approx0.5$m

炮孔深：$l=13+0.5=13.5$m，与计算假设相符

炮孔间距：$a=W=2.57$m

由式(3-26)可得：$Q=0.33\cdot e\cdot q\cdot a\cdot H\cdot W=0.33\times1\times1.7\times2.57\times13\times2.57=48.17$kg

故每孔需用药量48.17kg。

4　药壶爆破计算

药壶爆破用药量计算　表3-14

项目	特点、计算方法及公式	符号意义
爆破特点	药壶爆破是在爆孔底部放入少量炸药，经过一次或多次爆破扩大成圆球的形状，将炸药集中装入药壶中而进行爆破的一种方法。多用于硬土及软石爆破，爆破层高度不大于10~12m，孔深不小于2.5~3.0m，炮孔可采用直孔、平孔和斜孔形式	B——药壶与欲开边坡之间距离，m； d——炮孔至台阶边缘距离，m； S_c——坡比系数，可查表3-15采用； L——炮孔垂直深度，m； S_p——坡比； Q——药壶爆破用药量，kg； Q_k——炸药壶所需药量，kg
计算简图	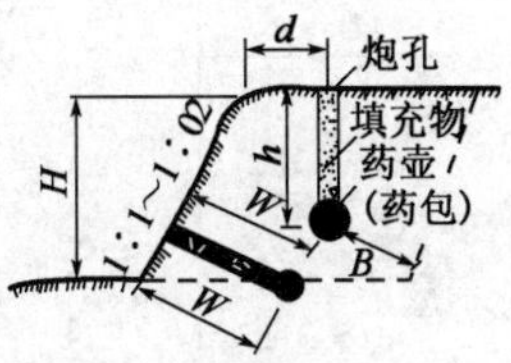	

续上表

项目	特点、计算方法及公式	符 号 意 义
计算参数	药壶爆破常用参数为： 最小抵抗线 $W=(0.5\sim0.8)H$；其中 H 为 2～4m，$W=0.8H$；H 为 4～6m，$W=0.7H$；H 为 6～8m，$W=0.6H$；H 为 8～9m，$W=0.5H$；炮孔间距 $a=(0.8\sim1.2)W$；排距 $b=(0.8\sim2.0)W$；堵塞长度 $l_1=(0.5\sim0.9)H$；药壶与欲开边坡间最小距离 B：坚石或次坚石 $(0.15\sim0.2)W$；软石 $(0.2\sim0.25)W$；土质 $(0.3\sim0.35)W$。 炮孔至台阶边缘距离 d 计算式： $d=\dfrac{W}{S_c}-L\times S_p$　　(3-27)	
药壶爆破用药量	当横坡度 $\alpha\geqslant70°$ 时，采用松动爆破： $Q=(0.2\sim0.35)q\cdot W^3$　　(3-28) 当横坡度 $\alpha<70°$ 时：　$Q=e\cdot q\cdot W^3f(\alpha)$　　(3-29)	
炸药壶用药量	烘膛药壶用药量： $Q_k=(0.05\sim0.4)Q$　　(3-30) 对五类土，系数取 0.05～0.1；对六类土，取 0.1～0.2；对七类土、八类土，取 0.2～0.4； 烘膛药壶次数：对于软石为 2 次；次坚石为 3 次；坚石为 4 次。二次扩孔装药比例为 1∶2；三次为 2∶3∶5；四次为 1∶2∶4∶7	

坡比系数 S_c 值　　表 3-15

坡比 S_p	坡比系数 S_c	坡比 S_p	坡比系数 S_c	坡比 S_p	坡比系数 S_c
1∶1	0.71	1∶0.7	0.82	1∶0.4	0.93
1∶0.9	0.75	1∶0.6	0.86	1∶0.3	0.96
1∶0.8	0.78	1∶0.5	0.89	1∶0.2	0.98

5　猫洞爆破计算

猫 洞 炮 药 量 计 算　　表 3-16

项目	特点、计算方法及公式	符 号 意 义
爆破特点	猫洞炮是指炮眼直径 20～50cm，深度 2～6m，炮眼成水平或略有倾斜，采用集中药包进行爆破的方法。最佳使用条件为软石或次坚石，阶梯高度 H 大于两倍炮眼深度，自然地面坡度为 70°左右，猫洞炮梯段高度一般应大于 4m，小于 12m	
计算简图	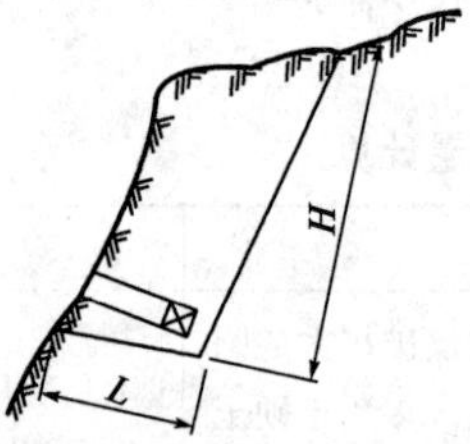	H——阶梯高度，m； L——炮孔深度，m； W——最小抵抗线（一般等于炮孔的深度 L），m； q——炸药单位消耗量； $f(\alpha)$——抛坍系数； α——地面坡度，(°)； Q——爆破用药量，kg； d——堵塞系数，当孔深 <3m 时，$d=3/L$；孔深 >3m 时，$d=1$
计算参数	猫洞炮常用参数为： 最小抵抗线 $W=(0.3\sim0.6)H$：当岩石为软石，最小可取 0.3；次坚石最小可取 0.4；坚石最小可取 0.5～0.6；炮孔间距 $a=(1\sim1.3)W$：一般采用 1～1.2；当地面坡度 $\alpha>70°$，采用 1.2～1.3；若阶梯高度过高时，可布置多层药包	
猫洞炮药量计算	抛坍爆破（被爆松岩块能坍滑出路基时）： $Q=e\cdot d\cdot q\cdot W^3\cdot f(\alpha)\quad f(\alpha)=\dfrac{26}{\alpha}$　　(3-31a) 适用于 $50°<\alpha<70°$ 松动爆破（被爆松岩体不能坍滑出路基时）： $Q=0.33\cdot e\cdot d\cdot q\cdot W^3$　　(3-31b) 适用于 $\alpha>70°$	

6 光面爆破和预裂爆破计算

光面爆破和预裂爆破计算　　表 3-17

项目	特点、计算方法及公式	符号意义
爆破特点	光面爆破是在开挖限界的周边，适当排列一定间隔的炮孔，在有侧向临空面情况下，用控制抵抗线和药量的方法进行爆破，使之形成一个光滑平整的边坡； 预裂爆破是指在开挖限界处，适当间隔排列炮孔，在无侧向临空面情况下，用控制药量方法预先炸出一条裂缝，以保护开挖限界以外山体不受破坏	a——炮孔间距，m； W——最小抵抗线，m； d——炮孔直径，m； K——每米深炮孔装药量，kg/m
计算参数	炮孔应保持在同一平面内，光面爆破孔间距 $a \leqslant 0.8W$；或 $a = 16d$(m)；最小抵抗线 $W = 21.5d$；预裂爆破孔距 $a = (8 \sim 12)d$； 光面爆破在主药包爆破后起爆，预裂爆破是在主药包爆破前起爆，间隔时间 25 ~ 50ms，同一排炮孔光面爆破和预裂爆破需同时起爆	
药量计算	光面爆破和预裂爆破每米孔深装药量： $K = 9d^2$　(kg/m)　(3-32)	

光面爆破和预裂爆破参数　　表 3-18

炮孔直径 d(mm)	光面爆破		预裂爆破孔距 a (m)	装药量 K (kg/m)
	孔径 a(m)	抵抗线 W(m)		
50	0.8	1.1	0.45 ~ 0.7	0.25
62	1.0	1.3	0.55 ~ 0.8	0.35
75	1.2	1.6	0.6 ~ 0.9	0.5
87	1.4	1.9	0.7 ~ 1.0	0.7
100	1.6	2.1	0.8 ~ 1.2	0.9
125	2.0	2.7	1.0 ~ 1.5	1.4
150	2.4	3.2	1.2 ~ 1.8	2.0
200	3.0	4.0	1.5 ~ 2.1	3.0

7 定向爆破计算

定向爆破药量计算　　表 3-19

项目	特点、计算方法及公式	符号意义
爆破特点	定向爆破是一种加强抛掷爆破，它是人为利用辅助药包先爆，造成定向坑，隔 2 ~ 3s 后再起爆主药包。道路工程中，采用定向爆破可用于以借为填或移挖作填	Q——药包用量，kg； e——与炸药性质有关的换算系数，见表 3-5； q——爆破岩土单位体积炸药消耗量，见表 3-6，kg/m³； W——药包最小抵抗线，m； α——自然地面坡度，(°)； n——爆破作用指数，当抛掷率为 60% 时，不同 α 情况下，可查表 3-20 采用，对于其他抛掷率，可按前述公式(3-12)计算 n 值
药量计算	定向爆破用药量计算： 当 $W < 25$m 时，$Q = (0.4 + 0.6n^3)e \cdot q \cdot W^3$　(3-33) 当 $W > 25$m 时，考虑重力修正系数 $\sqrt{\frac{W}{25}}$，则有： $Q = (0.4 + 0.6n^3)e \cdot q \cdot W^3 \cdot \sqrt{\frac{W}{25}}$　(3-34) 在斜坡地形，考虑坡度影响，应乘以修正系数 $\sqrt{\cos\alpha}$，即： $W < 25$m 时：$Q = (0.4 + 0.6n^3)e \cdot q \cdot W^3 \cdot \sqrt{\cos\alpha}$　(3-35) $W > 25$m 时：$Q = (0.4 + 0.6n^3)e \cdot q \cdot W^3 \cdot \sqrt{\frac{W\cos\alpha}{25}}$　(3-36)	

自然坡度 α 与 n 值关系（$E=60\%$） 表 3-20

α 值	20°～30°	30°～45°	45°～70°	>70°
n 值	1.5～1.75	1.25～1.50	1.00～1.25	0.75～1.00

例 3-6 某山坡开挖路堑，采用定向加强抛掷爆破，山坡自然坡度 $\alpha=45°$，土质为软石，最小抵抗线长度 $W=7.5\text{m}$，用 2 号岩石硝铵炸药，求抛掷率为 60% 时的药包重量。若抛掷率为 67%，药包质量又是多少？

解 采用 2 号岩石硝铵炸药 $e=1$，软石属五类土，取 $q=1.5\text{kg/m}^3$，爆破作用指数 n 由表 3-20得 1.25。

由式(3-35)得：

$$Q=(0.4+0.6n^3)e\cdot q\cdot W^3\cdot\sqrt{\cos\alpha}$$

$$=(0.4+0.6\times1.25^3)\times1\times1.5\times7.5^3\times\sqrt{\cos45°}=703.4\text{kg}$$

抛掷率为 60% 时的药包质量为 703.4kg。

若抛掷率为 67%，此时爆破作用指数按式(3-12)计算：

$$n=\left(\frac{E}{55}+0.51\right)\sqrt[3]{f(\alpha)}$$

$$=\left(\frac{67}{55}+0.51\right)\sqrt[3]{\frac{26}{45}}=1.44$$

由式(3-35)可得用药量：

$$Q=(0.4+0.6n^3)e\cdot q\cdot W^3\cdot\sqrt{\cos\alpha}$$

$$=(0.4+0.6\times1.44^3)\times1\times1.5\times7.5^3\times\sqrt{\cos45°}=980.7\text{kg}$$

8 微差爆破计算

8.1 爆破地震效应计算

爆破地震效应计算 表 3-21

项目	特点、计算方法及公式	符号意义
爆破地震效应及强度	爆破地震效应指爆破对建筑物的影响程度，工程上估算爆破地震效应的危害范围，常用建筑物离爆源的安全距离 R_d 来进行验算。我国现行爆破安全规程规定对建筑物的 R_d 值应大于下式计算值： $R_d=K_c\cdot\alpha\cdot\sqrt{Q}$ (3-37) 在爆破地震时，表示地震强度的主要参数有速度峰值、加速度峰值、位移峰值以及频谱和震动持续时间等，它与爆破药量、爆源距离、爆破方式、炸药性能、岩石特性及传播介质、地形条件等因素有关。一般都以震速峰值来衡量爆破地震强度，并作为划分破坏程度的指标，常用以下公式计算： $v=K\left(\frac{\sqrt[3]{Q_0}}{R}\right)^\alpha$ (3-38) 其爆破震速控制限值和允许界限参见表 3-45 和表 3-46	R_d——爆破点距建筑物的距离，m； K_c——依所保护的建筑物地基土而定的系数，见表 3-22； α——依爆破作用而定的系数，当 $n\leqslant0.5$ 时为 1.2，$n=1$ 时为 1.0，$n=2$ 时为 0.8，$n\geqslant3$ 时为 0.7； Q——一次起爆的炸药总重量，kg； v——建筑物质点垂直震动速度，mm/s； Q_0——炸药质量，kg，齐发爆破按总装药量计算；分段爆破按最大一段药量计算； K——与岩石性质、地势高低、爆破方法和爆破条件有关的系数，岩石取 300～700，土取 1500～2500； R——自爆源到被保护建筑物或构筑物的距离，m。爆破中心一般按药量分布几何中心计算。如果被保护建筑物与各爆源点的距离大于药量分布几何中心至被保护建筑物距离的 10% 时，则 R 值按下式计算： $R=\frac{r_1+r_2+r_3+\cdots+r_n}{n}$ 式中：r_1、r_2、r_3、…、r_n——被保护建筑物或构筑物距各爆源点的距离，m； n——药包总数

K_c 值 表3-22

被保护建筑物地基土	K_c 值
坚硬致密的岩石	3.0
坚硬有裂隙的岩石	5.0
砾石、碎石土	7.0
砂土	8.0
黏土	9.0
回填土	15.0

注:药包布置在水中或含水土中时,K_c 值应增加0.5~1.0倍。

8.2 微差爆破计算

微 差 爆 破 计 算 表3-23

<table>
<tr><th>项目</th><th>特点、计算方法及公式</th><th>符 号 意 义</th></tr>
<tr><td>爆破特点</td><td>微差爆破是一种应用特制的毫秒延期雷管、毫秒继爆管或微差起爆器,以毫秒(ms)级时差顺序起爆各个(组)药包的爆破技术。它能有效地控制冲击波、震动和噪声在最小限度内</td><td rowspan="3">Δt——最佳微差间隔时间,ms;
W——最小抵抗线,m;
K_1——由岩石特性决定的系数,对坚硬岩石 $K_1=3$;对松软岩石 $K_1=6$;
C_p——岩石纵波速度,m/s;
ρ——岩石密度,kg/m^3;
N——微差爆破的段数;
Q_1——允许齐发爆破的最大药量,当已知爆源距 R_d 和场地系数 K_c 时,$Q_1=Q$ 可由式(3-37)计算</td></tr>
<tr><td>计算参数</td><td>微差间隔时间是微差爆破成败的关键因素。微差爆破最佳间隔时间通常用下式计算:
$$\Delta t = K_1 W \quad (3\text{-}39)$$
在实际应用中,当岩层变化比较大时,可用以下公式计算确定最佳微差间隔时间:
$$\Delta t = \frac{10^3}{5.5 + \frac{2.3 C_p \rho}{10^6}} \quad (3\text{-}40)$$
根据地震波干扰降震理论计算表明,微差爆破降震效果最佳时间的间隔应为岩石自震周期值 T 的一半,即:
$$\Delta t = \frac{T}{2} \quad (3\text{-}41)$$
一般微差间隔时间为25~75ms</td></tr>
<tr><td>最大用药量</td><td>微差爆破最大允许药量 Q_m 可用下式计算:
$$Q_m = 0.65 N Q_1 \quad (3\text{-}42)$$</td></tr>
</table>

例3-7 某岩石挖方边坡,拟采用微差爆破,分五段进行,已知最小抵抗线 $W=4.2\text{m}$,岩石为坚硬岩石,$K_1=K_c=3$,要求离建筑物的安全距离 $R_d=60\text{m}$,试计算最佳微差间隔时间和爆破允许最大药量。

解 (1)计算最佳微差间隔时间

已知 $K_1=3$,$W=4.2\text{m}$,由公式(3-39)可得:

$$\Delta t = K_1 \cdot W = 3 \times 4.2 = 12.6\text{ms}$$

(2)计算爆破允许最大用药量

已知 $K_c=3$,$R_d=60\text{m}$,取 $\alpha=1.2$,由公式(3-37)得:

$$Q_1 = \left(\frac{R_d}{K_c \cdot \alpha}\right)^2 = \left(\frac{60}{3 \times 1.2}\right)^2 = 277.8\text{kg}$$

由公式(3-42)得：$Q_m = 0.65NQ_1 = 0.65 \times 5 \times 277.8\text{kg} = 902.8\text{kg}$

9 控制爆破计算

9.1 控制爆破

控制爆破计算 表 3-24

项目	特点、计算方法及公式	符号意义
爆破特点	控制爆破是指通过一定的技术措施，合理地确定炮孔位置、距离，严格控制爆炸能量和爆破规模(亦即一次起爆的最大装药量)，使爆破的声响、振动、破坏区域以及破碎物的散落范围、倾倒方向，控制在规定限度以内。它的基本点就是钻孔较多、较密、装药较少，群炮齐爆，使爆破体达到"破散不抛"、"就近坍落"，爆破时的声响减弱到允许的程度，爆破后的大块率在10%以下	W——最小抵抗线，m； a——炮孔间距，m； b——炮孔排距，m； L——炮孔深度，m； H——爆除部分的高度或厚度，m； K——临空系数，查表 3-25 求得； P——爆破系数，与最小抵抗线 W、材质有关；当 W 为 0.1～0.2m 时，P 值为 0.3；W 为 0.3～0.4m 时，P 值为 0.4；W 为 0.5～0.6m 时，P 为 0.6～0.7；W 为 0.7～0.8m 时，P 为 0.9～1.2；W 为 1.0m 时，P 为 1.8；P 值可视材质好坏作 10% 左右的增减； Q——一次爆破控制炸药量，kg； R——自爆源中心至被保护物的距离，m； v——质点振动速度的安全值，要求 $v < 10\text{m/s}$； K_1——介质系数，取决于传播爆炸地质波的介质性质，岩石为 30～70；土为 200； α——衰减系数，与传播距离有关，近距离为 2.0，较远距离为 1.5
计算参数	控制爆破一般采用人工清查，取最小抵抗线长度 $W = 350 \sim 500\text{mm}$ 的范围，采取多排布孔时，相邻两排爆孔的间距 b 可近似采用与第一排炮孔的 W 相等，即 $b = W$，但 b 不应小于 200mm；炮孔间距 a：对混凝土及毛石混凝土 $a = (1.0 \sim 1.5)W$；对钢筋混凝土 $a = (1.3 \sim 1.8)W$，但 $a \geqslant 200\text{mm}$；对板式结构(如地坪、路面、楼板等)采取分割式爆破时，$a_{板} = (1.5 \sim 2.0)l$，计算装药量时，取 $W = a_{板}$。 炮孔深度 l 按以下确定： 爆破体底部为临空面：$l = (0.6 \sim 0.7)H$ 爆裂面位于衔接不够紧密的面上：$l = (0.7 \sim 0.8)H$ 爆裂面位于变截面上：$l = (0.9 \sim 1.0)H$ 爆裂面位于强度均匀、等截面的爆破体之间部位：$l = H$	
单个炮孔的装药量	1. 爆破混凝土结构时，单个炮孔的装药量 q_1(g) 按下式计算： $q_1 = KPL$ (3-43) 2. 钢筋混凝土结构单个炮孔的装药量 q_2(g)，按下式计算： 布筋粗密时： $q_2(\text{g}) = (1.6 \sim 2.0)q_1$ (3-44) 布筋稀少时： $q_2(\text{g}) = (1.2 \sim 1.5)q_1$ (3-45) 3. 毛石混凝土结构单个炮孔的装药量 q_3(g)，按下式计算： $q_3 = (0.60 \sim 1.00)q_1$ (3-46) 根据以上各式算得炮孔装药量，进而可推算出每立方米结构的耗药量，可与表 3-25 所列单位耗药量经验值进行对比，如数值相近，可不再复核，如两者差值较大，则应检查计算内容有无差误，必要时进行调整	
一次爆破药量	控制爆破除控制单个炮孔的装药量外，还要控制一次爆破的规模，以保证由于爆破产生的质点震动速度，不致引起周围建筑物等产生破坏。一次爆破的控制炸药量 Q(kg) 可按下式计算： $Q = R^3 \left(\frac{v}{K_1}\right)^{3/\alpha}$ (3-47)	

临空系数 K 值 表 3-25

临空面（个）	爆体类型		
	Ⅰ、Ⅱ、Ⅲ	Ⅳ	Ⅴ
1	1.10 ~ 1.20	—	—
2	1.00	—	1.15 ~ 1.20
3	0.85 ~ 0.90	1.00	1.05 ~ 1.10
4	0.70 ~ 0.80	0.85 ~ 0.90	1.00
5	—	0.70 ~ 0.80	0.85 ~ 0.90
6	—	—	0.60 ~ 0.75

注：①爆破类型Ⅰ、Ⅱ、Ⅲ、Ⅳ、Ⅴ简图见图 3-2。

②第Ⅳ类型指单排布孔。

各种结构控制爆破单位体积炸药消耗量 表 3-26

结构名称	结构材质、布筋、密实情况	炸药消耗量（g/m^3）
混凝土结构	材质较差（无空洞）	110 ~ 150
	材质较好：单排切割式爆破	170 ~ 180
	非切割式爆破	160 ~ 220
钢筋混凝土结构	布筋粗且密	350 ~ 400
	布筋稀少或梁柱等多面临空的截面构件	270 ~ 340
毛石混凝土结构	较密实	170 ~ 210
	有空隙	120 ~ 160

例 3-8 某扩建工程需爆除一钢筋混凝土墙，墙高 1.5m、宽 0.5m、长 9.0m（图 3-3），布筋较粗密，要求严格控制爆破能量和规模，采用控制爆破进行破碎，试进行炮孔布置和计算用药量。

解 因墙厚不大于 500mm，采用单排垂直炮孔劈裂爆破方法，炮孔布置在中间，最小抵抗线：$W = \frac{500}{2} = 250mm$，炮孔间距：$a = 1.3W = 1.3 \times 250 = 325mm$，用 300mm，并取 $b = W = 250mm$，炮孔深度：$L = (0.7 \sim 0.8)H = (0.7 \sim 0.8) \times 1500 = 1050 \sim 1200mm$。因要求炮孔底到临空面距离不小于 W，则允许炮孔深度为 $1500 - 300 = 1200mm$，在计算的 L 值范围内，故取 $L = 1200mm$，墙的炮孔布置见图 3-3 所示。

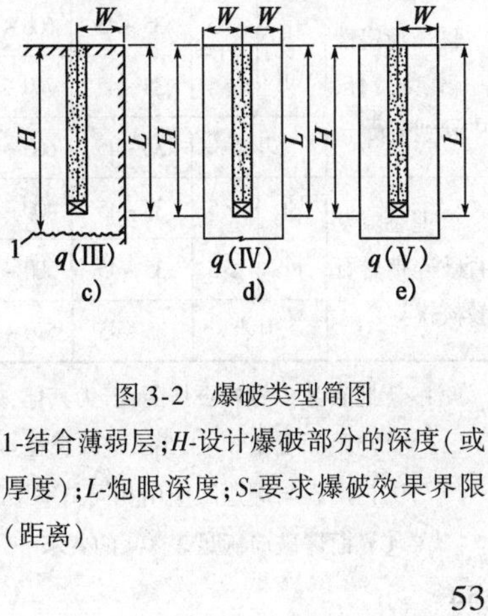

图 3-2 爆破类型简图

1-结合薄弱层；H-设计爆破部分的深度（或厚度）；L-炮眼深度；S-要求爆破效果界限（距离）

墙为三面临空，由表 3-25 取 $K = 1.0$，又考虑材质情况，取 $P = 0.35$，则由式（3-44），每孔装药量为：

$$q_2 = 1.8q_1 = 1.8K \cdot P \cdot L$$
$$= 1.8 \times 1.0 \times 0.35 \times 120 = 75.6g \quad 用 76g$$

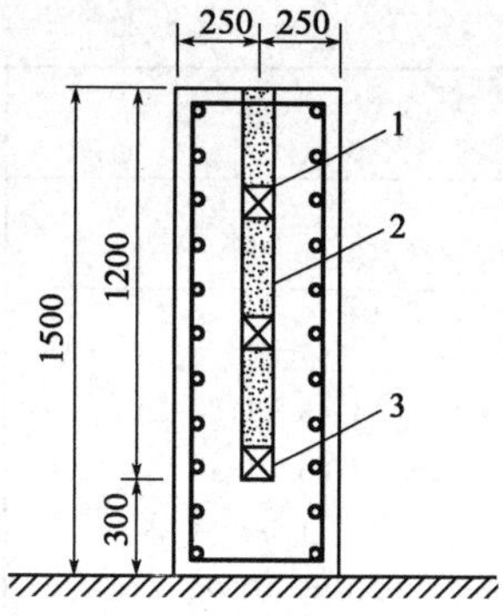

图3-3 钢筋混凝土墙尺寸及布置
1-墙;2-炮孔;3-药包

采用三层装药,上层、中层为25g,下层为26g,共布孔35个,全部墙总装药量为:

$Q = 76 \times 35 = 2660\text{g}$,每立方米墙体爆破耗药量为:$q = \dfrac{2660}{0.5 \times 1.5 \times 9.0} \approx 394\text{g/m}^3$,表3-26中爆破钢筋混凝土墙的耗药量为350~400g/m³,计算数值在此范围内,符合要求。

9.2 隧道控制爆破

9.2.1 控制爆破原理

控制爆破分类及爆破原理　　表3-27

项次	项　目	控制爆破分类及爆破原理
1	光面爆破	利用岩石抗劈能力低,通过正确地选择爆破参数和合理的施工方法,使爆破面沿周边眼劈裂开来。对隧道周围围岩不产生或产生轻微破坏,获得接近开挖轮廓线的一种爆破方法,分为缓冲爆破和密排炮眼法
	预裂爆破	先爆破周边炮眼,沿设计轮廓线先炸出一个平整的预裂面,从而不但获得了光面爆破的效果,并且可使坑道断面内各部分的爆破破坏作用被该预裂面所阻断,使轮廓线外的围岩受到的扰动较小
2	爆破原理	爆炸应力波由炮眼向四周传播,从眼壁开始沿炮眼连线产生裂缝,随后在爆生气体作用下,使裂缝逐渐扩大,最后切断岩石或形成裂缝

9.2.2 爆破主要参数的确定

控制爆破常用参数　　表3-28

岩体情况	开挖部位工程跨度(m)		周边炮眼爆破参数								
			炮眼直径(mm)	炮眼间距(mm)		最小抵抗线(m)	岩石环厚度(m)	炮眼密度系数		装药集中度(kg/m)	
				光面眼	预裂眼			光面爆破	预裂爆破	光面爆破	预裂爆破
整体稳定性好,中等硬度到坚硬	拱部	<5	35~45	600~700	450~550	0.5~0.7	0.5~0.6	1.0~1.1	0.9~0.92	0.20~0.30	0.20~0.25
		>5	35~45	700~800	450~550	0.7~0.9	0.5~0.6	0.9~1.0	0.9~0.92	0.20~0.25	0.20~0.25
	边墙		35~45	600~700	500~600	0.6~0.7	0.55~0.65	0.9~1.0	0.9~0.92	0.20~0.25	0.20~0.25
整体稳定性一般或欠佳,中硬到坚硬	拱部	<5	35~45	600~700	400~500	0.6~0.8	0.5~0.55	0.9~1.0	0.8~0.9	0.20~0.25	0.15~0.20
		>5	35~45	700~800	450~550	0.8~1.0	0.5~0.6	0.8~0.9	0.9~0.92	0.15~0.20	0.15~0.20
	边墙		35~45	600~700	500~600	0.7~0.8	0.5~0.6	0.8~0.9	1.0	0.20~0.25	0.15~0.20
节理裂隙发育破碎带岩石较松软	拱部	<5	35~45	400~600	400~450	0.7~0.9	0.5~0.55	0.6~0.8	0.8~0.82	0.12~0.18	0.10~0.15
		>5	35~45	500~700	450~550	0.8~1.0	0.5~0.6	0.5~0.7	0.9~0.92	0.12~0.18	0.10~0.15
	边墙		35~45	500~700	500~600	0.7~0.9	0.5~0.65	0.7~0.8	0.92~1.0	0.15~0.20	0.10~0.15

注:①此表为2号岩石炸药,若为其他,则按表3-5进行换算;
②炮眼深度1.0~3.5m,炮眼直径40~50mm;
③内圈眼与周边眼应用相同斜率钻眼,且周边眼堵塞长度≥20cm;
④光面爆破应满足表3-9的要求。

光面爆破质量要求　　表 3-29

顺　序	项　　目	硬　　岩	中　硬　岩	软　　岩
1	平均线性超挖量(cm)	10	15	15
2	最大线性超挖量(cm)	20	25	25
3	两炮衔接台阶的最大尺寸(cm)	15	15	15
4	炮眼痕迹保存率(%)	≥80	≥70	≥50
5	局部欠挖量(cm)	5	5	5

注:①超欠挖的测量以爆破设计开挖线为准;

②平均线性超挖量 $=\dfrac{\text{超挖面积}}{\text{爆破设计开挖断面周长(不包括隧道底宽度)}}$;

③最大线性超挖量系指最大超挖处至爆破设计开挖轮廓切线的垂直线;

④炮眼痕迹保存率 $=\dfrac{\text{残留有痕迹的炮眼数}}{\text{周边炮眼总眼数}}$,应在开挖轮廓面上均匀分布;

⑤欠挖范围每平方米内不大于 0.1m^2。

9.3　隧道钻爆方法

9.3.1　炮眼种类及掏槽方式

炮眼种类及掏槽方式　　表 3-30

项　目	名　称	布　置　及　作　用
炮眼分类	掏槽眼	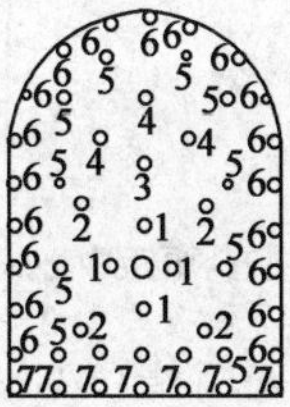 其作用是先在开挖面上爆出一个槽穴,为以后爆破的炮眼开辟临空面以创造良好的爆破条件,如图中 1 号掏槽眼
	辅助眼	位于掏槽眼和周边眼之间的炮眼,如图中 2 ~ 5 号眼,其作用是扩大槽穴,为周边眼的爆破创造临空面
	周边眼	沿隧道开挖断面周边布置的炮眼称周边眼,如图中 6 ~ 7 号眼,其作用是爆破后,呈现光滑而整齐的隧道开挖断面
掏槽方式	斜眼掏槽	斜眼掏槽的形式很多,如垂直楔形掏槽、水平楔形掏槽、锥形掏槽、单向掏槽等。但用得较多的是垂直楔形掏槽和锥形掏槽。 1. 垂直楔形掏槽 掏槽眼呈水平成对布置,爆破后好像从岩层中拔出一个楔子一样,从而为其他炮眼的爆破创造临空面。爆破参数见表 3-31 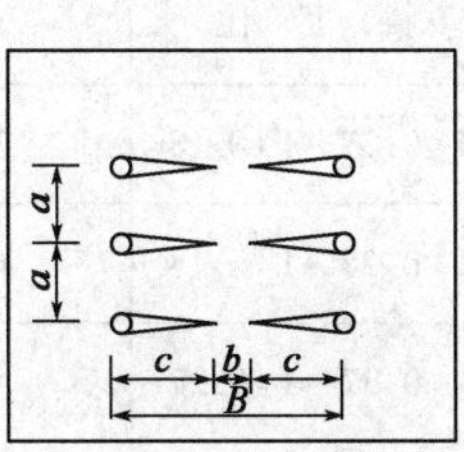

续上表

项　目	名　称	布　置　及　作　用
掏槽方式	斜眼掏槽	2. 锥形掏槽 爆破后槽呈角锥，常用于坚硬或中硬整体岩石，当开挖断面较小时用三角锥，开挖断面较大时采用四角锥形，设计参数见表 3-32 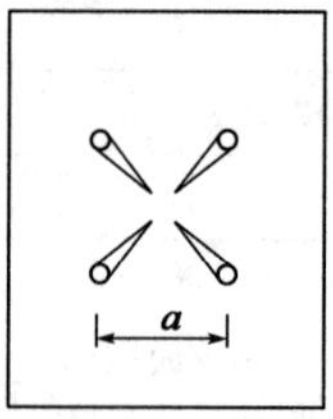
	直眼掏槽	所有掏槽眼均垂直于开挖面，以不装药的空眼起临空面的作用。主要有： 1. 五眼掏槽法 中心眼不装药，四周的装药眼呈对称布置并同时起爆。a、b 值根据岩石的性质而定，当强度高、韧性强时其值应小些；当岩石强度低、质又脆时，其值可大些。一般在 20 ~ 40cm 范围内选用。 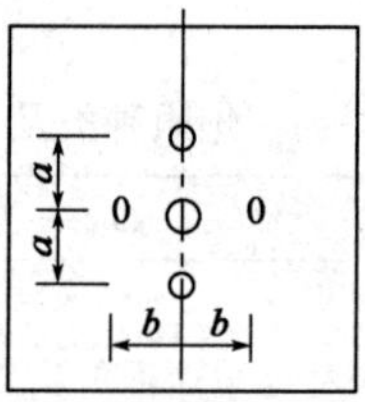 2. 螺旋形掏槽 中心眼不装药，四周各装药眼距中心眼的距离逐渐加大，顺序起爆。 $a=(1.0\sim1.5)D$，　$b=(1.2\sim1.5)D$ $c=(3.0\sim4.0)D$，　$d=(4.0\sim5.0)D$ 式中：D——空眼直径，一般为 100 ~ 200mm 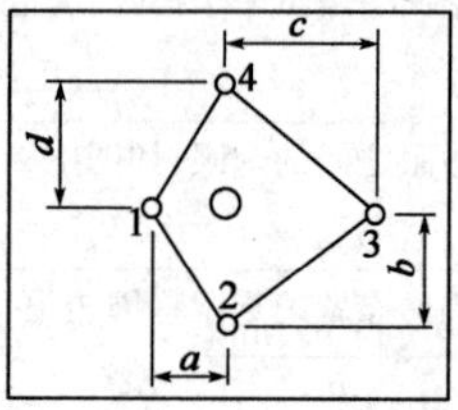

垂直楔形掏槽 α、a、b 等值炮眼数量表　　表 3-31

围岩类别	α(°)	斜　度　比	a(cm)	b(cm)	炮眼数量(个)
III 类以下	70 ~ 80	1:0.27 ~ 1:0.18	70 ~ 80	30	4
IV 类	75 ~ 80	1:0.27 ~ 1:0.18	60 ~ 70	30	4 ~ 6
V 类	70 ~ 75	1:0.37 ~ 1:0.27	50 ~ 60	25	6
VI 类	55 ~ 70	1:0.47 ~ 1:0.37	30 ~ 50	20	6

锥形掏槽眼角度和距离表 表 3-32

围 岩 类 别	α(°)	a(cm)	炮眼数量(个)
III 类以下	70	100	3
IV 类	68	90	4
V 类	65	80	5
VI 类	60	70	6

9.3.2 炮眼计算

炮眼参数的计算公式 表 3-33

<table>
<tr><th>项目</th><th>计 算 方 法 及 公 式</th><th>符 号 意 义</th></tr>
<tr><td>炮眼数量</td><td>炮眼数量根据岩石强度、地质构造、自由面数、坑道断面尺寸、炸药性质、炮眼布量、炮眼直径、炮眼长度等因素确定。先按下式计算，然后经过多次试爆进行调整：
1. 全断面开挖时
$$N = k \cdot \sqrt{f \cdot s} \quad (3\text{-}48)$$
2. 台阶或分部开挖时
$$N = \frac{q \cdot s}{\alpha \cdot \gamma} \quad (3\text{-}49)$$</td><td rowspan="2">N——炮眼数目(此处不包括未装药的空眼数)；
k——系数，一般取 2 ~2.5；
f——岩石坚固系数，见表 3-34；
s——坑道断面积，m^2；
q——单位炸药消耗量，见表 3-35；
α——炮眼装填系数，见表 3-36；
γ——炸药每米长度的质量，见表 3-37；
l——周边眼及辅助眼深度；
B——导坑高或宽，取其中小者；
m——同时使用的凿岩机台数；
v——钻眼速度，m/min，可先根据 L 的大致值近似决定；
L——平均炮眼长度，m；
t'——一个炮眼的装药时间，min；
n——同时装药的放炮工数目；
ρ——按实方计算的实际装碴生产率，m^3/min；
η——炮眼利用系数，可估计为 0.75 ~0.95；
θ——炮眼与开挖面所成的平均角度；</td></tr>
<tr><td>炮眼深度</td><td>炮眼长度决定着每一掘进循环的钻眼工作量、出碴工作量、循环时间和次数以及施工组织。对掘进速度、围岩的稳定性和断面超欠挖有重大影响，一般有以下两种方法：
1. 按导坑开挖断面确定
$$l = (0.5 \sim 0.8)B \quad (3\text{-}50)$$
系数(0.5 ~0.8)取值视围岩条件好坏，若对爆破的夹制作用大，取小值；否则，取大值。
2. 全断面开挖按规定循环时间计算
(1)钻眼时间 t_1
$$t_1 = \frac{NL}{mv} \quad (3\text{-}51)$$
(2)装药时间 t_2
$$t_2 = \frac{Nt'}{n} \quad (3\text{-}52)$$
在有自动装药机工地，装药时间实测确定。
(3)起爆及通风时间 t_3
$$t_3 = 15 \sim 30\text{min}$$
(4)装渣时间 t_4
$$t_4 = \frac{\eta \cdot L \cdot s \cdot \sin\theta}{\rho} \quad (3\text{-}53)$$
(5)其他时间 t_5
包括在开挖面设置钻眼和装渣机械与清除危石的时间，以及其他时间损失。
总时间为：$T = t_1 + t_2 + t_3 + t_4 + t_5$
炮眼长度为：$$L = \frac{T - \left(\frac{Nt'}{n} + t_3 + t_5\right)}{\frac{N}{mv} + \frac{\eta \cdot s \cdot \sin\theta}{\rho}} \quad (\text{m}) \quad (3\text{-}54)$$
采用喷锚支护施工时，还应考虑施工时喷锚(t_6)和位移量测(t_7)两项作用时间，此炮眼长度为：
$$L = \frac{T - \left(\frac{Nt'}{n} + t_3 + t_5 + t_6 + t_7\right)}{\frac{N}{mv} + \frac{\eta \cdot s \cdot \sin\theta}{\rho}} \quad (\text{m}) \quad (3\text{-}55)$$
所以炮眼深度为：$l = L \cdot \sin\theta$ (3-56)
一般炮眼深为 1.2 ~1.5m</td></tr>
</table>

续上表

项目	计算方法及公式	符号意义
炮眼直径	炮眼直径应是在相同条件下，掘进速度快，爆破质量好的孔径，同时需考虑经济因素，在施工中可由试验而得，目前38mm及40mm孔径钻孔的效率较高，采用较多	Q——每一循环装药量； V——岩石体积，m^3
炮眼装药量	每一循环计算爆破装药量 Q 为： $$Q = q \cdot V \quad (3\text{-}57)$$ 周边眼装药量可根据表3-28的装药装中度 q 进行计算	

注：①计算出的炮眼数量，必须均匀分布于隧道开挖面上；

②掏槽眼的深度应比掘进眼深15～20cm，掘进眼底部应在同一平面上；

③在断面各拐角处，因受较大的岩石夹制作用，故必须布置一个周边眼；

④周边眼一般应以0.03(大于3m深的炮眼)～0.05(小于3m深的炮眼)的斜率外插打眼，以保证钻机钻眼所需的必要空间。眼深超过2.5m时，应使内圈眼与周边眼有相同的斜率倾角。

普氏岩石坚固性系数分类表 表3-34

围岩类别	坚硬程度	地层	f_{kp}	$r(t/m^3)$	ϕ
Ⅰ	极度坚硬	最坚硬、致密的石英和玄武岩，在强度方面为其他岩层所不及者	20	2.8～3.0	87°
Ⅱ	很硬	很坚硬的花岗岩，石英质斑岩，很硬的花岗岩。硅质片岩比上述石英略弱的石英，最硬的砂岩及石灰岩	15	2.6～2.7	85°
Ⅲ	坚硬	致密的花岗岩，很硬的砂岩和石灰岩，石英质矿脉，硬的砾岩，很硬的铁矿	10	2.5～2.6	82°30′
$Ⅲ_a$	坚硬	坚硬的石灰岩，稍硬的花岗岩，硬的砂岩，硬大理石，黄铁矿，白云石	8	2.5	80°
Ⅳ	相当坚硬	普通砂岩，铁矿	6	2.4	75°
$Ⅳ_a$	相当坚硬	砂质页岩，砂岩	5	2.5	72°30′
Ⅴ	普通	硬的黏土质页岩，不硬的砂岩和石灰岩，软的砾石	4	2.4～2.8	70°
$Ⅴ_a$	普通	各种页岩，致密的泥灰岩	3	2.4～2.6	70°
Ⅵ	相当软	软页岩，软石灰岩，白垩，岩盐，石膏，冻结土，无烟煤，普通的泥灰岩，破碎的砂岩，胶结的卵石和砂砾，掺石土	2	2.2～2.6	65°
$Ⅵ_a$	相当软	碎石土，破碎的页岩，松散的卵石和碎石，硬煤(f=1.4～1.8)，硬化黏土	1.5	2.2～2.4	60°
Ⅶ	软地层	黏土(致密的)，普通煤(f=1.0～1.4)，硬冲积土，黏土质土壤	1	2.0～2.2	60°
$Ⅶ_a$	软地层	略带砂性黏土，黄土，砂砾，软煤(f=0.6～1)	0.8	1.8～2.0	40°
Ⅷ	土质地层	种植土，泥炭，略带砂性沃土，湿砂	0.6	1.6～1.8	30°
Ⅸ	散粒地层	沙，漂砾，小砂砾，松散土，开采出的煤	0.5	1.4～1.6	27°
Ⅹ	流砂地层	流砂，沼泽土，含水黄土和其他含水土壤(f=0.1～0.3)	0.3	—	9°

爆破每立方米岩石需炸药量表(单位:kg/m^3)　　表 3-35

开挖部位和开挖面积(m^2)		炸药种类	围岩类别			
			II ~ III 类	III ~ IV 类	IV ~ V 类	VI 类
一个自由面的水平和倾斜坑道	4 ~ 6	硝铵炸药	1.5	1.8	2.3	2.9
		62% 硝化甘油炸药	1.1	1.3	1.7	2.1
	7 ~ 9	硝铵炸药	1.3	1.6	2.0	2.5
		62% 硝化甘油炸药	1.0	1.25	1.6	2.0
	10 ~ 12	硝铵炸药	1.2	1.5	1.8	2.25
		62% 硝化甘油炸药	0.9	1.10	1.35	1.7
	13 ~ 15	硝铵炸药	1.2	1.4	1.7	2.1
		62% 硝化甘油炸药				
	16 ~ 20	硝铵炸药	1.1	1.3	1.6	2.0
		62% 硝化甘油炸药				
	40 ~ 43	硝铵炸药			1.1	1.4
		62% 硝化甘油炸药				
多个自由面部位	扩大	硝铵炸药	0.6	0.74	0.95	1.2
	挖底	硝铵炸药	0.52	0.62	0.79	1.0

装药系数 α 值　　表 3-36

炮眼名称 \ 围岩类别	II、III	IV	V	VI
掏槽眼	0.5	0.55	0.60	0.65 ~ 0.80
辅助眼	0.4	0.45	0.50	0.55 ~ 0.70
周边眼	0.4	0.45	0.55	0.6 ~ 0.75

注:α 是指装药深度与炮眼长度的比值。

2 号岩石炸药每米长度的质量 γ 值　　表 3-37

药卷直径(mm)	32	35	38	40	45	50
γ(kg/m)	0.78	0.96	1.10	1.25	1.59	1.90

9.3.3 电爆网路计算

电爆网路联结方法、形式及适用条件　　表 3-38

名称	联结形式	联结方法、优缺点及适用条件
串联法	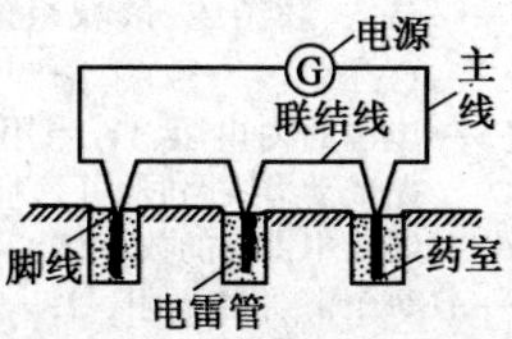	系将电雷管的脚线一个接一个地在一起,并将两端的两根脚线接至主线通向电源。 优点:线路简单,计算和检查线路较易,导线消耗较少,需准爆电流小。 缺点:整个网路可靠性较差,如 1 个雷管发生故障或敏感度有差别时,易发生拒爆现象。 适用于爆破数量不多,炮孔分散并相距较远,电源、电流不大的小规模爆破,隧道中常用于小断面坑道和较少雷管起爆开挖处

续上表

名　称	联　结　形　式	联结方法、优缺点及适用条件
并联法	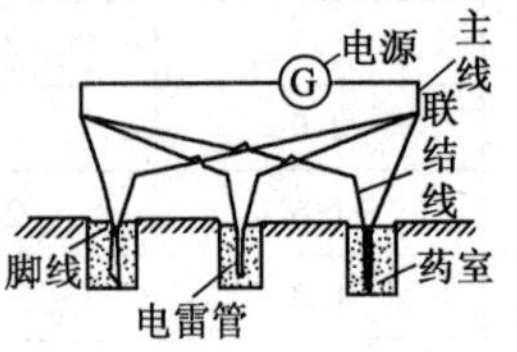	系将所有雷管的两根脚线分别接至两根主线上，或将所有雷管的其中1根脚线集合在一起，然后接在1根主线上，把另1根脚线也集合在一起，接在另1根主线上。 优点：各雷管的电流互不干扰，不易发生拒爆现象，当1个雷管有故障，不影响整个起爆。 缺点：导线电流消耗大，需较大截面的主线，联结较复杂，检查不便；若分支线电阻相差较大时，可能产生不同时爆炸或拒爆。 适用于炮孔集中，电源容量较大及起爆少量雷管
串并联法	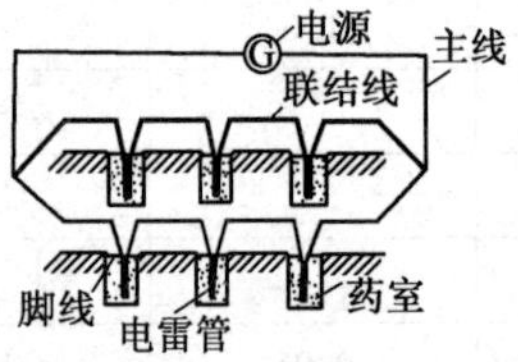	系将所有雷管分成几组，同一组的电雷管串联在一起，然后组与组之间再并联在一起。 优点：需要的电流容量比并联小；同组中的电流互不干扰，药室中使用成对的雷管，可增加起爆的可靠性。 缺点：线路计算和敷设复杂，导线消耗量大。 适用于每次爆破的炮孔、药包组很多且距离较远，或全部并联电流不足时，或采取分层迟发布置药室时使用，在隧道全断面和大断面开挖中常用
并串联法	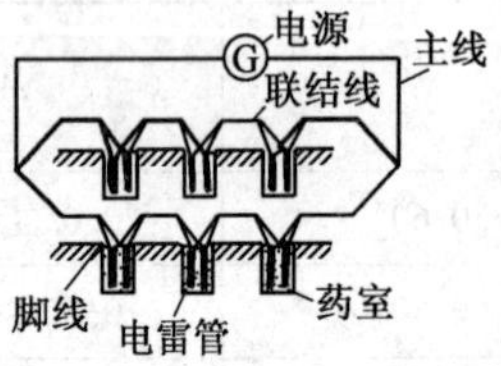	系将所有雷管分成几组，同一组的电雷管并联在一起，然后组与组之间串联在一起。 优点：可采用较小的电容量和较低的电压，可靠性比串联强。 缺点：线路计算和敷设较复杂，有1个雷管拒爆时，仍将切断1个分组的线路。 适用于一次起爆多个药包且药室距离很长时，或每个药室设2个以上的电雷管而又要求进行迟发起爆时，或无足够的电源电压时使用

常用电爆网路联结计算　　表3-39

名　称	网　路　计　算　公　式	符　号　意　义
串联法	$R = R_{主} + R_{支} + nr + R'$ (3-58) $I_{准} = i$ (3-59) $E = RI = (R_{主} + R_{支} + nr + R')i$ (3-60) $I = \dfrac{E}{R_{主} + R_{支} + nr + R'} \geqslant i$ (3-61)	R——电爆网路中的总电阻，Ω； $I_{准}$——电爆网路分支线路的准爆电流，A； I——电爆网路中所需总的准爆电流，A； E——电源电压或所需电源的电压，V； $R_{主}$——主线的电阻，Ω； $R_{支}$——端线、联结线、区域组的电阻，Ω； R'——电源的内电阻，Ω，当用照明线路或动力线路时，可忽略不计； n——线路中雷管的数目，个； r——每个雷管的电阻，Ω，一般常用 $r = 1.5\Omega$ 计算； m——并联分支线路的组数；
并联法	$R = R_{主} + \dfrac{1}{m}(R_{支} + r) + R'$ (3-62) $I_{准} = mi$ (3-63) $E = RI = mi\left[R_{主} + \dfrac{1}{m}(R_{支} + r)\right]$ (3-64) $I = \dfrac{E}{R_{主} + \dfrac{1}{m}(R_{支} + r) + R'} \geqslant mi$ (3-65)	

续上表

<table>
<tr><th>名称</th><th>网路计算公式</th><th>符号意义</th></tr>
<tr><td>串并联法</td><td>$$R = R_{主} + \frac{1}{m}(R_{支} + nr) + R' \quad (3\text{-}66)$$
$$I_{准} = mi \quad (3\text{-}67)$$
$$E = RI = mi\left[\left(R_{主} + \frac{1}{m}(R_{支} + nr) + R'\right)\right] \quad (3\text{-}68)$$
$$I = \frac{E}{R_{主} + \frac{1}{m}(R_{支} + nr) + R'} \geqslant mi \quad (3\text{-}69)$$</td><td rowspan="2">i——通过每个电雷管所需的准爆电流,A,交流电为 2.5A,直流电为 2.0A;
R_{max}——电阻平衡后各分支线路中最大的电阻,Ω;
R_i——第 i 分支线路的电阻,Ω;
N——每药室并联雷管数目,个;
R_{2i}——第 i 个分支线路上端线、联结线、区域线的电阻,Ω</td></tr>
<tr><td>并串联法</td><td>先算出每一分支线路的电阻:
$$R_i = \frac{nr}{N} + R_{2i} \quad (3\text{-}70)$$
然后以其中最大的分支线路电阻(R_{max})为标准,则电爆网路计算:
$$R = R_{主} + \frac{1}{N}R_{max} + R' \quad (3\text{-}71)$$
$$I = mNi \quad (3\text{-}72)$$
$$E = RI = mNi\left[\left(R_{主} + \frac{1}{m}R_{max} + R'\right)\right] \quad (3\text{-}73)$$
$$I = \frac{E}{R_{主} + \frac{1}{m}R_{max} + R'} \geqslant mNi \quad (3\text{-}74)$$</td></tr>
</table>

注:①串并联法和并串联法电爆网路均要求各分支线路的电阻基本相同,否则要进行电阻平衡;
②常用的电线电阻值如表 3-40,供计算时参考。

常用电线电阻值 表 3-40

截面积(mm^2)	股数/单股直径(mm)	铝芯线电阻(Ω/km)	铜芯线电阻(Ω/km)
0.75	1/0.98	38.1	23.3
1.00	1/1.13	28.6	17.5
1.50	1/1.37	19.0	11.7
2.50	1/1.76	11.4	7.0
8.00	7/1.20	3.51	2.19
14.00	7/1.60	2.00	1.25
16.00	7/1.68	1.84	1.09
25.00	7/2.11	1.17	0.70

例 3-9 放炮主线用 7 股直径为 1.68mm 胶皮绝缘铜芯线 2500m,网路中的端线、联结线用 1 股直径为 1.37mm 的塑料铝芯线,总长共 150m,试计算电爆网络上主线及支线上的电阻值。

解 查表 3-40,得主线电阻为 1.09Ω/km,支线电阻为 19Ω/km,那么有:

主线电阻:
$$R_{主} = 1.09 \times \frac{2500}{1000} = 2.73\Omega$$

支线电阻:
$$R_{支} = 19 \times \frac{150}{1000} = 2.85\Omega$$

例 3-10 隧道导坑采用电爆网路爆破,共钻孔 24 个,每孔设一个雷管,电爆网路采用串联法,试计算:(1)用直流电源所需电源电压;(2)如用复式串联电路,用 220V 照明线路为电源,

主线电阻 $R_{主}=6\Omega$，端线、联结线的电阻为 $R_{支}=1.2\Omega$，直流电源内电阻 $R'=0$，试计算电流强度能否满足准爆要求。

解 (1)每个电雷管的电阻按 1.5Ω 计，通过每个电雷管所需的准爆电流 i 值由表3-39查得，当使用直流电时为2.0A。

所需的直流电源电压根据公式(3-60)得：

$$E=(R_{主}+R_{支}+nr+R')i=(6+1.2+24\times1.5+0)\times2=86.4\text{V}$$

故所需直流电源电压应大于87V

(2)采用复式串联电路，则实际通过每个雷管的电流强度由公式(3-68)得：

$$E=IR=2i\left[R_{主}+\frac{1}{2}(R_{支}+nr)+R'\right]$$

$$i=\frac{E}{2\left[R_{主}+\frac{1}{2}(R_{支}+nr)+R'\right]}=\frac{220}{2\left[6+\frac{1}{2}(1.2+24\times1.5)+0\right]}=4.47\text{A}>2.5\text{A}$$

故电流能达到准爆的要求。

例3-11 隧道开挖采用浅孔爆破，钻孔72个，在每孔内装电雷管1个，共设6组分支线路，采用串并联网路。电源电压为220V照明线路，试计算能否达到电爆网路的准爆电流。

解 电源主线电阻估计为 3.5Ω，每一组支线路电阻为 2Ω，电源内电阻忽略不计，由串并联电爆网路计算公式(3-68)得：

$$i=\frac{E}{m\left[R_{主}+\frac{1}{m}(R_{支}+nr)+R'\right]}=\frac{220}{6\left[3.5+\frac{1}{6}(2+12\times1.5)+0\right]}=5.37\text{A}>2.5\text{A}$$

故电流强度能达到准爆要求。

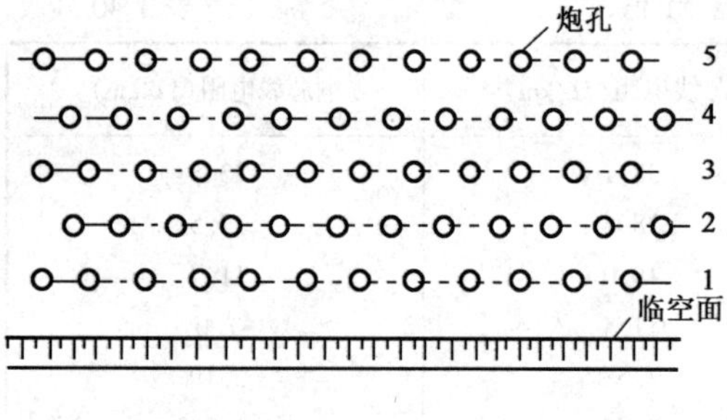

图3-4 高阶炮孔平面布置；1、2、3、4、5为爆破顺序

例3-12 场地平整的高阶采用多段延期深孔爆破，共60个孔，每孔分段装药包2个，每药包内装电雷管1个。炮孔布置和爆破顺序如图3-4所示。试计算用380V动力线路为电源，通过每个雷管的电流强度。

解 根据爆破要求采用并串联网络，共5组支线路，每组支线路有药孔12个，每药孔设雷管2个，选用即发电雷管的电阻均为 1.5Ω；一段电雷管的电阻为 1.5Ω；二段电雷管的电阻为 1.6Ω；三段电雷管的电阻为 1.4Ω；四段电雷管的电阻为 1.55Ω。主线电阻 $R_{主}$ 估计为 4.5Ω，每一支线电阻 $R_{支}$ 为 1.2Ω，则各支线的电阻分别为：

$$R_1=\frac{n_1r_1}{N}+R_{2.1}=\frac{12\times1.5}{2}+1.2=10.2\Omega$$

$$R_2=\frac{n_2r_2}{N}+R_{2.2}=\frac{12\times1.6}{2}+1.2=10.8\Omega$$

$$R_3=\frac{n_3r_3}{N}+R_{2.3}=\frac{12\times1.4}{2}+1.2=9.6\Omega$$

$$R_4=\frac{n_4r_4}{N}+R_{2.4}=\frac{12\times1.55}{2}+1.2=10.5\Omega$$

$$R_5=R_3=9.6\Omega$$

进行电阻平衡，选用每支线电阻以 10.8Ω 为准，则第一支线路(即发)应增附加电阻 0.6Ω，第三、四、五支线应分别加入附加电阻为 1.2Ω、0.3Ω、1.2Ω。

因此，$R_{max}=10.8\Omega$，由公式(3-73)得：

$$i=\frac{E}{nN\left(R_{主}+\frac{1}{N}R_{max}+R'\right)}=\frac{380}{2\times5\left(4.5+\frac{1}{5}\times10.8+0\right)}=5.71\text{A}>2.5\text{A}$$

故通过每一电雷管电流强度为 5.71A。

导爆管非电起爆网路联结方法、形式及适用条件　　表 3-41

名　称	联　结　形　式	联结方法、优缺点及适用条件
集束联结法	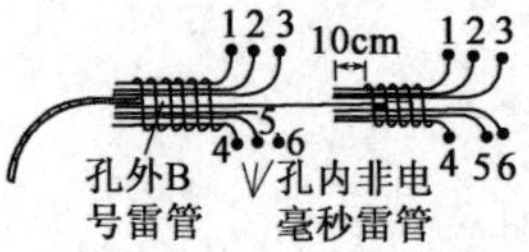 炮眼旁数字为非电毫秒雷管段别	在隧道爆破中，当炮眼比较密集，把各炮眼塑料导爆管联结在一起的方法
并联网路	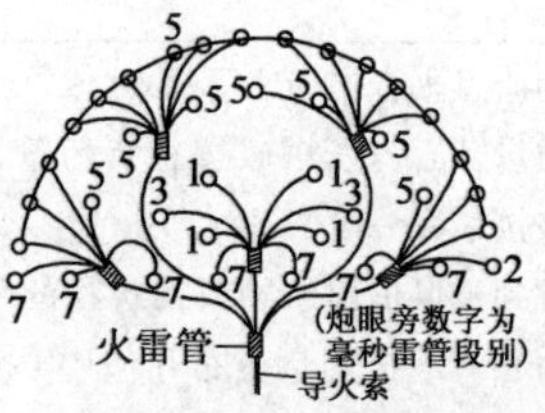 炮眼旁数字为毫秒雷管段别	网路联结由里向外，防止起爆雷管附近有其他联线交错，此法可以实现网路孔外控制微差爆破，对于全断面爆破，可以进行孔内外延期相结合的控制微差爆破，以增加起爆段数，此法联结简单，操作方便，安全可靠，技术先进。 缺点：不能像电爆网路那样用仪表来检查网路。 适用于无瓦斯的隧道爆破施工中

10　冻 土 爆 破

冻 土 爆 破 计 算　　表 3-42

项　目	特点、计算方法及公式	符　号　意　义
爆破特点	适用于冻结土壤、厚度不大于 2.0m 的地区，炮孔直径 30～75mm 之间，孔深不应超过冻土厚度，以免爆炸力量消耗在炸软土而影响爆炸效果	L——炮孔深度，m； H——冻土层厚度，m； W——最小抵抗线，m； a——两相邻炮孔间距，m； Q——每个炮孔装药量，kg； N_B——与炸药品种、土壤类别有关的系数。采用硝铵炸药炮孔法，黏土取 0.8～1.0；砂砾土 0.6～0.8；腐殖土、砂土 0.4～0.6；若炸药品种改变应对 N_B 值修正：梯恩梯、苦味酸 0.68；硝化甘油炸药 1.25；黑火药 2.10
炮孔布置	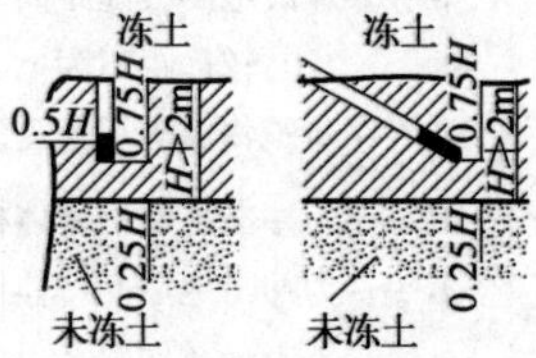	
计算参数	冻土爆破主要参数： 孔深 $L=(0.6\sim0.8)H$；炮孔间距 $a=1.3H$，或 $a=1.4W$	
药量计算	标准用药量计算： $Q=N_B\cdot W^3$　(3-75) 松动爆破： $Q=0.33N_B\cdot W^3$　(3-76)	

冻土爆破用药量参考值　　表 3-43

冻土类型	冻土层厚度(m)			
	0.5	1.0	1.5	
黏土	67	60	58	爆破 $100m^3$ 硝铵炸药用量(kg)
有石子的土壤	50	48	47	
腐殖土、砂土	39	34	32	

11　爆破安全计算

11.1　爆破震速与爆破坍落震速对建筑物影响计算

爆破震速与爆破坍落震速对建筑物影响计算　　表 3-44

项目	计算方法及公式	符号意义
爆破震速对建筑物的影响	在爆破工程中，一般多以震速来衡量爆破震动强度，并作为划分破坏程度的指标，我国也用质点垂直振动速度值作为判断、评价爆破点周围建筑物安全程度的标准，其计算公式如下： $$v = K_k\left(\frac{\sqrt[3]{Q}}{R}\right)^{\alpha} \quad (3\text{-}77)$$ 当已知被保护建筑物、构筑物的允许临界爆破质点震动速度和距离时，也可以由上式推算一次允许的爆破最大装药量。 对应各种影响程度的爆破震速限值参考资料见表 3-45。 根据大量实测资料统计，不同建筑物、构筑物地面质点爆破震动速度允许临界值见表 3-46。 对普通砖石建筑，当震速大于 100m/s，将产生轻微破坏，抹灰脱落，墙上出现裂缝，因此对一般房屋通常按震速不大于 100m/s 进行安全校核；对重要工业建筑，如精密仪器车间、水塔、厂区住宅等，应按震速小于或等于 50m/s 进行安全校核。当按式(3-77)求得的爆破震动速度大于地面振动速度临界限值时，应控制或减小一次齐爆的最大药量，或采用分段微差控制爆破予以减振	v——建筑物质点垂直振动速度，mm/s； Q——炸药质量，kg，齐发爆破按总装药量计算；分段爆破按最大一段药量计算； R——自爆源到被保护建筑物或构筑物的距离，m。爆破中心一般按药量分布几何中心计算，如果被保护建筑物与各爆源点的距离大于药量分布几何中心至被保护建筑物距离的 10% 时，则 R 值按下式计算： $$R = \frac{r_1 + r_2 + r_3 + \cdots + r_n}{n}$$ 式中：$r_1, r_2, r_3, \cdots, r_n$——被保护建筑物或构筑物的距离，m； n——药包总数； K_k——与岩石性质、地势高低、爆破方法和爆破条件有关的系数。岩石取 300 ~ 700，土取 1500 ~ 2500； α——爆破地震波随距离衰减的系数，一般为 1.5 ~ 2.0，较远距离为 1.5，近距离为2.0； v_p——建筑物爆破坍落震动速度，m/s； M——为冲击地面的解体构件的质量，$kg \cdot s^2/m$； G——为冲击地面的解体构件的质量，kg； g——重力加速度，m/s^2； h——落高，m； R_1——距下落地点的距离，m； K_p——常数，一般取 300 ~ 400
爆破坍落震速对建筑物的影响	对于建筑物爆破坍落震动速度可用下式计算： $$v_p = K_p\left[\frac{(M\sqrt{2gh})^{\frac{1}{3}}}{R_1}\right]^2 \quad (3\text{-}78)$$ $$M = G/g \quad (3\text{-}79)$$ 坍落震动速度对建筑物的影响与爆破震动速度的影响相同，见表 3-45	

各种影响程度的爆破震速限值参考表 表 3-45

级别	建筑物和岩土破坏状况	震速(mm/s)
6	建筑物安全	≤50
7	房屋墙壁抹灰有开裂、掉落	60 ~ 120
8	一般房屋受到破坏；斜坡陡岩上的大石滚落，地表面出现细小裂缝	120 ~ 200
9	建筑物受到严重破坏；松软的岩石表面出现裂缝，干砌片石移动	200 ~ 500
10 ~ 12	建筑物全部破坏；岩石崩裂，地形有明显的变化	1500

建筑物、构筑物爆破震动速度允许界限 表 3-46

建筑物和构筑物类别	震速临界值(mm/s)
安装有电子仪器设备的建筑物	≤35
质量差的古、旧房屋	50 ~ 70
质量较好的砖石建筑物	100 ~ 120
坚固的混凝土建筑物、构筑物	≤200
土质边坡	≤50

例 3-13 某路基土方爆破，离最近一砖石住宅楼为 50m，已知一次爆破用药量为 1200kg，试问爆破震动对该建筑物有无影响？

解 对于土方取 K_k 为 1900，α 取 2.0，由式(3-77)可求得震速为：

$$v = K_k \cdot \left(\frac{\sqrt[3]{Q}}{R}\right)^{\alpha} = 1900 \times \left(\frac{\sqrt[3]{1200}}{50}\right)^2 = 85.8\text{mm/s}$$

由表 3-46 知，砖石建筑物爆破震动速度临界值为 100 ~ 120mm/s，故安全。

11.2 爆破安全距离计算

爆破安全距离计算 表 3-47

项目	计算公式及方法	符号意义
飞石安全距离	一般抛掷爆破个别飞石安全距离可按公式计算： $R_F = K_F \cdot 20n^2 W$ (3-80) 由上式计算出的最小安全距离不得小于表 3-48 所列数值	R_F——个别飞石的安全距离，m； K_F——与地形、地质、气候及药包埋置深度有关的安全系数，一般采用 1.0 ~ 1.5；定向或抛掷爆破正对最小抵抗线方向时采用 1.5；风速大且顺风时，或山间、垭口地形时，采用 1.5 ~ 2.0； n——爆破作用指数； W——最小抵抗线长度，m； R_c——爆破点距建筑物的距离，m； K_c——依所保护的建筑物地基土而定的系数，见表 3-22； α——依爆破作用而定的系数，当 $n \leq 0.5$ 时为 1.2；$n=1$ 时为 1.0；$n=2$ 时为 0.8；$n \geq 3.0$ 时为 0.7； Q_T——一次起爆的炸药总质量，kg； R_s——殉爆安全距离，m； K_s——由炸药种类及爆破条件所决定的系数，可由表 3-49 查得； Q——炸药质量，kg； Q_1、Q_2、…、Q_n——不同品种炸药的质量，kg；
爆破地震安全距离	建筑物防爆破地震波影响的安全距离可按下式计算： $R_c = K_c \cdot \alpha \sqrt[3]{Q_T}$ (3-81)	
殉爆安全距离	为保证不使仓库内一处储存的炸药爆炸而引起仓库内另一处储存的炸药发生爆炸的殉爆安全距离一般按下式计算： $R_s = K_s \cdot \sqrt{Q}$ (3-82) 如在仓库内储存有数种不同种类的炸药，则殉爆安全距离，一般按下式计算： $R_s = \sqrt{Q_1 K_{s1}^2 + Q_2 K_{s2}^2 + \cdots + Q_n K_{sn}^2}$ (3-83) 在药库中，雷管与炸药必须分开储存，雷管仓库到炸药仓库的安全距离可按下式计算： $R = 0.06\sqrt{n_0}$ (3-84) 也可由表 3-50 直接查出不同数目的雷管仓库到炸药仓库的安全距离	

项目	计算公式及方法	符号意义
爆破防冲击波安全距离	爆破防空气冲击波的安全距离可按下式计算： $$R_B = K_B \cdot \sqrt{Q_0} \quad (3\text{-}85)$$ 考虑建筑物允许的冲击波极限超压 ΔP_B 值，计算爆破空气冲击波的安全距离 R_B，可按下式计算： 当 $n>1$ $$R_B = \frac{2(1+n^2)}{\sqrt{\Delta P_B}}\sqrt{Q_0} \quad (3\text{-}86)$$ 当 $n \leqslant 1$ $$R_B = \frac{4n^2}{\sqrt{\Delta P_B}}\sqrt{Q_0} \quad (3\text{-}87)$$ 空气冲击波的危害范围受地形因素的影响，在峡谷地形进行爆破，沿沟的纵深或沟的出口方向应增大50%～100%；在山坡一侧进行爆破对山后影响较小，可减少30%～70%。冲击波对建筑物的影响见表3-52，冲击波对人员的影响见表3-53	K_{s1}、K_{s2}、…、K_{sn}——由炸药种类及爆破条件所决定的系数，由表3-49查得； R——雷管库到炸药库的安全距离，m； n_0——储存雷管数目； R_B——空气冲击波的安全距离，m； K_B——与装药条件和破坏程度有关的系数，其值可由表3-51查得； Q_0——药包总质量，kg； ΔP_B——建筑物允许冲击波极限超压值，对建筑物小于0.002MPa，对人员小于0.001MPa； R_g——爆破毒气的安全距离，m； K_g——系数，根据有关实验资料统计，一般取 K_g 的平均值为160；下风时，K_g 值乘2； Q_g——爆破总炸药量，t
爆破防毒气安全距离	爆破时有毒气体的影响范围，一般按下式计算： $$R_g = K_g \cdot \sqrt[3]{Q_g} \quad (3\text{-}88)$$	

不受飞石击伤的安全距离(R_F) 表3-48

爆破方法	最小安全距离(m)
露天爆破：	
裸露爆破法	300
浅孔爆破法及深孔爆破法	200
药室法或大孔径松动爆破	200
药壶法、小峒室法(抛掷爆破)	400
扩大药壶	50
扩大炮孔或深孔	100
炸倒建筑物或破碎设备基础	100
导洞与隧道中爆破：	
一般情况	100

系数 K_s 的数值 表3-49

主动药包		被动药包			
		硝铵类炸药		40%以上胶质炸药	
		裸露	埋藏	裸露	埋藏
硝铵类炸药	裸露	0.25	0.15	0.35	0.25
	埋藏	0.15	0.10	0.25	0.15
40%以上胶质炸药	裸露	0.50	0.30	0.70	0.50
	埋藏	0.30	0.20	0.50	0.30

注：①裸露安置在表面的药包，适用于储藏炸药的轻型建筑及裸露堆积于空台的炸药；

②埋藏的药包适用于爆炸材料在防护墙内储存的情况；

③当殉爆炸药由不同种类炸药所组成，则计算安全距离时，应根据炸药中对殉爆具有最大敏感的炸药来选择 K_s 的数值。

雷管仓库到炸药仓库间的殉爆安全距离 表 3-50

仓库内的雷管数目(个)	到炸药仓库的安全距离(m)	仓库内的雷管数目(个)	到炸药仓库的安全距离(m)
1000	2.0	75000	16.5
5000	4.5	100000	19.0
10000	6.0	150000	24.0
15000	7.5	200000	27.0
20000	8.5	300000	33.0
30000	10.0	400000	38.0
50000	13.5	500000	43.0

注:如条件许可时,一般安全距离不小于25m。

系 数 K_B 的 数 值 表 3-51

爆破破坏程度	安全级别	K_B 值	
		裸露药包	全埋入药包
完全无损	1	50~150	10~50
偶然破坏玻璃	2	10~50	5~10
玻璃全坏,门窗局部破坏	3	5~10	2~5
隔板、门窗、板棚破坏	4	2~5	1~2
砖石和木结构破坏	5	1.5~2	0.5~1.0
全部破坏	6	1.5	—

注:①防止空气冲击波对人身危害时,K_B 值采用15,一般最少用5~10;

②对露天松动爆破可不考虑空气冲击波的影响;对露天加强松动爆破,K_B 值可取0.5~1.0进行计算。

空气冲击波对建筑物的影响 表 3-52

破坏等级	建筑物破坏程度	冲击波超压 ΔP_B(MPa)
1	砖木结构完全破坏	>0.20
2	砖墙部分倒塌或缺裂,土房倒塌,木结构建筑物破坏	0.10~0.20
3	木结构梁柱倾斜,部分折断,砖木结构屋顶掀掉,墙部分移动或裂缝,土墙裂开或局部倒塌	0.05~0.10
4	木隔板墙破坏,木屋架折断,顶棚部分破坏	0.03~0.05
5	门窗破坏,屋面瓦大部分掀掉,顶棚部分破坏	0.015~0.03
6	门窗部分破坏,玻璃破碎,屋面瓦部分破坏,顶棚抹灰脱落	0.007~0.015
7	玻璃部分破坏,屋面瓦部分翻动,顶棚抹灰部分脱落	0.002~0.007

空气冲击波对人员的影响 表 3-53

损伤等级	损伤程度	冲击波超压 ΔP_B(MPa)
轻微	轻微的挫伤	0.02~0.03
中等	听觉器官损伤,中等挫伤骨折等	0.03~0.05
严重	内脏严重挫伤,可引起死亡	0.05~0.10
极严重	可大部分死亡	>0.10

例 3-14 某路堑边坡采用定向抛掷爆破,爆破作用指数 $n=1.30$,最小抵抗线长度 $W=3.4\text{m}$,试求个别飞石的安全距离。

解 取 $K_F=1.5$,由式(3-80)得:

$$R_F = K_F \cdot 20n^2 \cdot W = 1.5\times 20\times 1.30\times 3.4 = 172.4\text{m}$$

个别飞石的安全距离为172.4m。

例 3-15 基岩爆破一次爆破用药量为 30kg，采用全埋入药包，要求对冲击波完整无损。试求防空气冲击波的安全距离为多少？

解 由表 3-51 取平均值 $K_B = 30$，由式(3-85)得：

$$R_B = K_B\sqrt{Q_0} = 30\ \sqrt{30} = 164.3\text{m}$$

故防空气冲击波的安全距离为 164.3m。

例 3-16 场地整平爆破一次爆破总炸药量 $Q_g = 2.5\text{t}$，求防毒气的安全距离是多少？

解 取 $K_g = 160$，由式(3-88)得：

$$R_g = K_g \cdot \sqrt[3]{Q_g} = 160\sqrt[3]{2.5} = 217.2\text{m}$$

故防毒气的安全距离为 217.2m。

第二篇 道路工程

第4章 一般路基工程

1 路基稳定性计算

1.1 荷载当量高度及多层土体的计算参数

荷载当量高度及多层土体的计算参数　　表4-1

名称	计算方法及计算公式	符号意义
荷载当量高度	在稳定性验算时,需先将车辆荷载换算为土柱高度 h_0,即当量高度,可按式(4-1)计算: $$h_0 = \frac{NG}{rBL} \quad (4\text{-}1)$$ 如横向分布不止两列车队,则 B 可按式(4-2)计算: $$B = NB + (N - L)m + \Delta \quad (4\text{-}2)$$	N——横向分布的车辆数; G——一辆汽车的重力,kN,可按设计汽车的重车计算; B——横向分布车辆最外轮中心之间的宽度加轮胎着地宽度,依照《公路工程技术标准》(JTJ 01—88),当横向分布为两列车队时,对汽车—10级、汽车—15级主车为5.4m,对汽车—20级及汽车—超20级主车、重车为5.5m; L——前后轴距加轮胎着地长度,m,对汽车—10级、汽车—15级、汽车—20级主车为4.2m;对汽车—20级重车为5.6m;对汽车—超20级重车为13.0m; m——左右两车相邻车轮之间的距离,1.3m; Δ——轮胎着地宽度,对汽车—10级,汽车—15级主车为0.5m;对汽车—20级及汽车—超20级主车、重车为0.6m
多层土体的计算参数	在稳定性验算时,如边坡由多层土体所构成,所采用的参数 c、φ、r 的数值,可采用加权平均法求得,如式(4-3): $$c = \frac{c_1h_1 + c_2h_2 + \cdots + c_nh_n}{h_1 + h_2 + \cdots h_n} = \frac{\sum_{i=1}^{n} c_ih_i}{H}$$ $$\tan\varphi = \frac{h_1\tan\varphi_1 + h_2\tan\varphi_2 + \cdots + h_n\tan\varphi_n}{h_1 + h_2 + \cdots + h_n} = \frac{\sum_{i=1}^{n} h_i\tan\varphi_i}{H} \quad (4\text{-}3)$$ $$r = \frac{r_1h_1 + r_2h_2 + \cdots + r_nh_n}{h_1 + h_2 + \cdots + h_n} = \frac{\sum_{i=1}^{n} r_ih_i}{H}$$	c_i——各土层的单位黏聚力,kPa; φ_i——各土层的内摩擦角,(°); r_i——各土层的重度,kN/m³; h_i——各土层的厚度,m; H——土层总厚度,m 当破裂面为平面时,式(4-3)是适用的;但当破裂面为圆弧形时,如后述之条分法,因已经绘出了圆弧形,可采用较精确的算法。对于 c 及 $\tan\varphi$,取每一土层上下分界线之间的弧段长度来代替 h,以总弧长 L 代替 H;对于弧段以上土重,则等于每一土层面积 F 乘以 r,即: $$W_i = r_1F_1 + r_2F_2 + \cdots + r_nF_n = \sum_{i=1}^{n} r_iF_i$$

1.2 高路堤稳定性计算

高路堤稳定性计算 表 4-2

计算方法	计算方法及计算公式	符号意义
直线滑动面法	由渗水材料(如砂、砾石、卵石、碎石、片石等)填筑的路堤,边坡坍塌时的破裂面的形状近似于平面,可按直线滑动面法验算边坡的稳定性,如右图所示。计算式为: $$K=\frac{抗滑力}{下滑力}=\frac{W\cos\alpha\tan\varphi+cL}{W\sin\alpha} \quad (4\text{-}4)$$ 当 $K_{min} \geqslant 1.25$ 时,此路堤边坡稳定	W——作用在滑动 B 上的土体重和车辆荷载,kN; α——滑动面的倾角,(°); c——填料的黏聚力,kPa; φ——填料的内摩擦角,(°); L——滑动圆弧长,m; b_i——各土条宽度,m; h_i——各土条高度,包括堤顶车辆荷载换算土柱高度,m 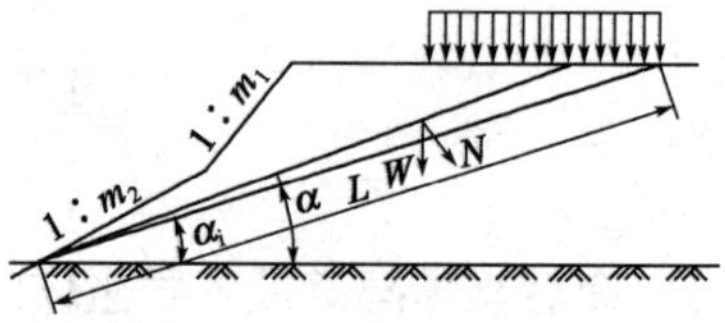 直线滑动面法
条分法	此法略去了各土条间侧向力的作用(或假定每一土条两侧的侧向力与土条底部切线平行并相互抵消)。由总滑动力矩与总抗滑力矩相平衡可得土体下滑的稳定系数为: $$K=\frac{\sum(N_i\tan\varphi+cl_i)}{\sum W_i\sin a_i}=\frac{r\tan\varphi\sum b_ih_i\cos a_i+cL}{r\sum b_ih_i\sin a_i} \quad (4\text{-}5)$$ 当路堤由不同填料分层填筑而成时,第 i 土条重为: $$W_i=b_i\sum_{i=1}^{n}r_ih_i=b_i\sum_{i=1}^{n}(r_1h_1+r_2h_2+\cdots+r_nh_n)$$	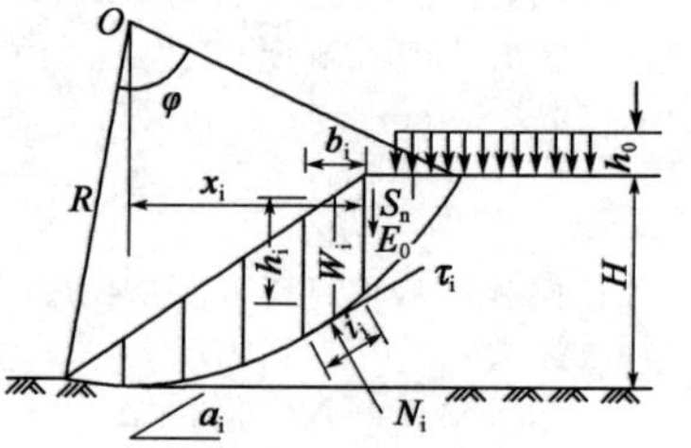 条分法
简化的毕肖普法	此法考虑土条面的侧向力,但为了简化计算,可认为土条两侧的侧向力的作用相互抵消(即假定 S_n 和 E_n 的合力等于 S_{n+1} 和 E_{n+1} 的合力,即作用线重合)。土体沿圆弧滑动面下滑的稳定系数为: $$K=\frac{\sum\left[(W_i\tan\varphi+cb_i)\frac{1}{m_a}\right]}{\sum W_i\sin a_i}=\frac{\sum\left[(rb_ih_i\tan\varphi+cb_i)\frac{1}{m_a}\right]}{\sum b_ih_i\sin a_i} \quad (4\text{-}6)$$ $$m_a=\cos a_i\left(1+\frac{\tan a_i\tan\varphi}{K}\right) \quad (4\text{-}7)$$	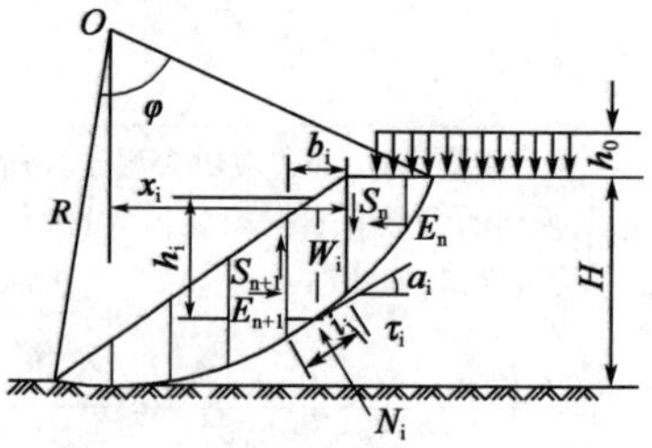 简化的毕肖普法

最危险滑弧圆心位置的确定 表 4-3

确定方法	基本原理	示意图
4.5H 法	由坡脚 A 点向下作垂线，量取路堤高 H 得 C 点；由 C 点引水平线，量取 4.5H，得 D 点，在 A 点作一与边坡夹角为 α_1 的直线 AO。在堤顶 B 点作与堤顶水平线成夹角 α_2 的直线 BO，并与 AO 直线相交于 O 点（α_1 及 α_2 的数值见表 4-4）。联结 OD 点，并向外延伸。可在此延长线上定 3～5 个圆心位置，计算相应的稳定分数，由此求得最小值。有时为可靠起见，在此最小值位置附近，沿垂直 DO 延长线的方向，再设几个圆心，求算有更小的稳定系数值	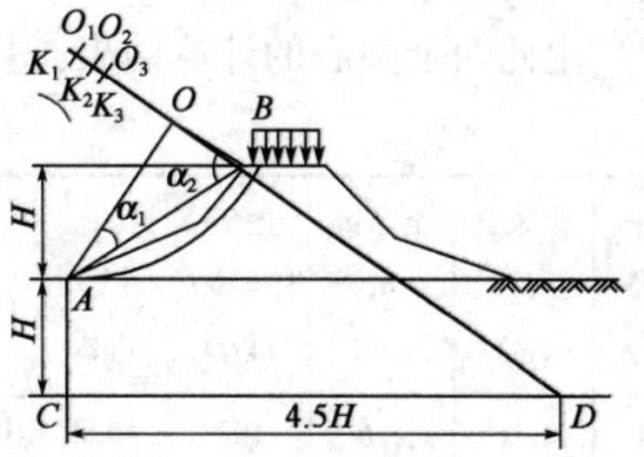
36°法	在堤顶 B 处作与堤顶水平线成夹角 36°的直线 BE，最危险圆弧的圆心位置，可在此直线上寻找。在找到最危险的圆心位置后，还须沿垂直此直线方向，再补找几个圆心位置，验算有无更小的稳定系数值。 36°法较简便，但精度不如 4.5H 法。对重要的边坡，宜采用 4.5H 法。这两种方法均较适用于边坡坡顶水平、滑动圆弧通过边坡坡脚的情况	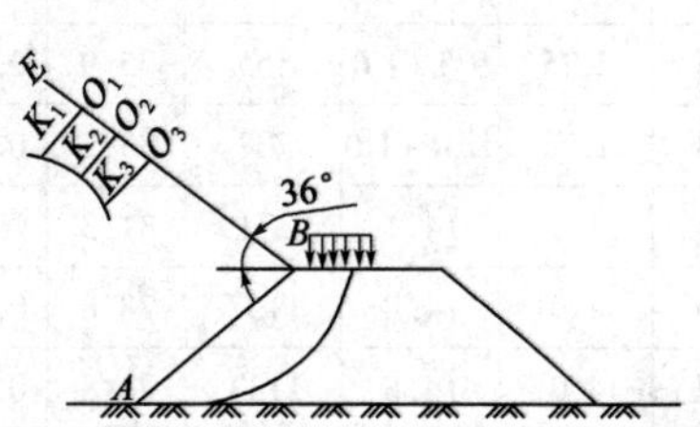

α_1 及 α_2 的数值 表 4-4

边坡坡度	1∶0.5	1∶0.75	1∶1.0	1∶1.25	1∶1.5	1∶1.75	1∶2.0	1∶1.25	1∶2.5	1∶3.0	1∶4.0	1∶5.0
边坡倾角	63°26′	53°08′	45°	48°50′	33°41′	29°45′	26°34′	23°58′	21°48′	18°26′	14°03′	11°19′
α_1	29°30′	29°	28°	27°	26°	26°	25°	25°	25°	25°	25°	25°
α_2	40°	39°	37°	35°30′	35°	35°	35°	35°	35°	35°	36°	37°

例 4-1 现有一高路堤，顶宽 8.5m，高 25m，填料的重度 $r = 19.2\text{kN/m}^3$，单位黏聚力 $c = 42.5\text{kPa}$，内摩擦角 $\varphi = 15°$。试设计其边坡。

解 先假设路堤上部 8m 边坡坡率为 1∶1.5，下部 17m 边坡坡率为 1∶1.75。

自堤顶至坡脚连一直线 AB（虚线），依此线坡率由表 4-4 得：$\alpha_1 = 26°$，$\alpha_2 = 35°$，据此作 AO、BO 线交于 O 点，再在坡脚下 H(25m) 深度处得 C 点及沿水平线 4.5H 处得 D 点，连 DO 线得最危滑弧圆心位置的辅助线（如图 4-1 所示）。

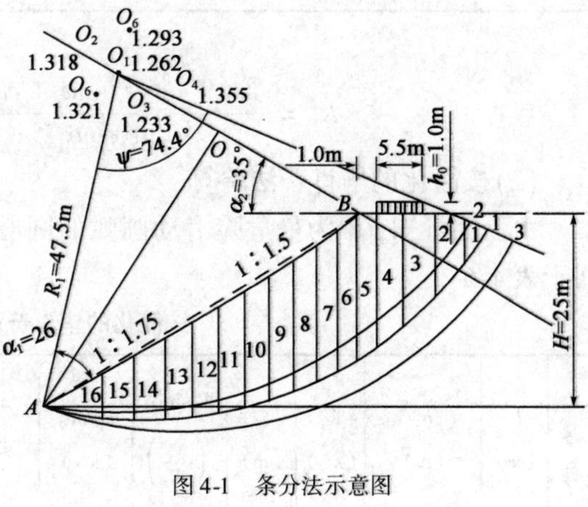

图 4-1 条分法示意图

行车荷载（汽车—20 级重车为 300kN）换算土柱高 h_0 为：

$$h_0 = \frac{\Sigma G}{rBL} = \frac{2 \times 300}{19.2 \times 5.5 \times 5.6} = 10.1\text{m}$$

（1）按条分法验算

在辅助线上先定出圆心 O_1，作通过坡脚的圆弧，得半径 $R_1 = 47.5\text{m}$，滑动圆弧中心角 $\Psi = 74.4°$。按填土横断面的形状，把整个路堤分为 16 个土条，检算其稳定性，结果见表 4-5。

在辅助线上另找 O_2、O_3、O_4 三个圆心，按同法算得（具体计算略）$K_2 = 1.318$，$K_3 = 1.283$，

$K_4 = 1.335$，比较此四个圆心位置，知 O_1 点的 K 值最小。

在通过 O_1 点的垂直辅助线上再找两个圆心 O_5、O_6，算得 $K_5 = 1.293$，$K_6 = 1.321$。仍以 O_1 点处的稳定系数为最小。

由此六个圆心的计算结果，得知最小稳定系数 $K_{min} = 1.262 > 1.25$，所定边坡属于稳定。

按条分法边坡稳定性计算表 表 4-5

土条号	土条宽 b_i (m)	土条高 h_i (m)	土条重 $W_i = rb_ih_i$ (kN)	x_i (m)	$\sin\alpha_i$ $\left(\frac{x_i}{R}\right)$	$\cos\alpha_i$	$W_i\sin\alpha_i$ (kN)	$W_i\cos\alpha_i$ (kN)	$W_i\cos\alpha_i \tan\varphi$ (kN)	l_i (m)	cl_i (kN)
1	2.16	2.6	108	40.0	0.843	0.539	91	58	16		
2	2.0	6.4	246	38.3	0.806	0.592	198	145	39		
3	2.75	9.5 + 1.0	555	35.9	0.757	0.653	420	362	97		
4	2.75	12.4 + 1.0	707	33.2	0.699	0.716	494	504	135		
5	1.0	14.1	271	31.3	0.659	0.752	179	204	55		
6	4.0	14.8	1137	28.8	0.606	0.795	689	903	242		
7	4.0	14.8	1137	24.8	0.522	0.853	593	968	259		
8	4.0	14.4	1106	20.8	0.438	0.899	484	993	266	$\Sigma l_i = 0.01745 \times 74.4 \times 47.5 = 61.7$	$\Sigma l_i = 42.5 \times 61.7 = 2620$
9	4.0	13.6	1045	16.8	0.354	0.935	370	976	262		
10	4.0	12.6	971	12.8	0.269	0.963	262	935	251		
11	4.0	11.4	879	8.8	0.185	0.983	163	863	231		
12	4.0	9.8	755	4.8	0.101	0.995	76	749	201		
13	2.8	8.1	437	1.4	0.030	0.9996	13	436	117		
14	3.2	6.4	393	−1.6	−0.034	0.9994	−13	392	105		
15	4.0	4.3	329	−5.2	−0.110	0.994	−36	326	87		
16	3.6	1.5	105	−8.4	−0.177	0.984	−19	103	28		

$\Sigma = 3964$　　$\Sigma = 2391$　　$\Sigma = 2620$

$$K_i = \frac{\Sigma(W_i\cos\alpha_i\tan\varphi + cl_i)}{\Sigma W_i\sin\alpha_i} = \frac{2391 + 2620}{3964} = 1.262$$

(2)按简化的毕肖普法验算

由上例可知，O_1 为最危险滑动圆弧的圆心位置。按简化的毕肖普法，对 O_1 验算的结果，列于表 4-6。

按简化的毕肖普法计算边坡稳定性 表 4-6

土条号	b_i (m)	h_i (m)	W_i (kN)	x_i (m)	$W_i\sin\alpha_i$ $\left(\frac{x_i}{R}\right)$	$W_i\sin\alpha_i$ (kN)	$\cos\alpha_i$	cb_i (kN)	$W_i\tan\varphi$ (kN)	$m_i = \cos\alpha_i + \frac{\sin\alpha_i\tan\varphi}{K}$		$\frac{W_i\tan\varphi + cb_i}{m_i}$ (kN)	
										$K = 1.30$	$K = 1.32$	$K = 1.30$	$K = 1.32$
1	2.16	2.6	108	40.0	0.843	91	0.539	91.8	2.9	0.71	0.71	169	170
2	2.0	6.4	246	38.3	0.806	198	0.592	85	6.6	0.76	0.76	199	200
3	2.75	9.5 + 1.0	555	35.9	0.757	420	0.653	117	14.9	0.81	0.81	328	330
4	2.75	12.4 + 1.0	707	33.2	0.699	494	0.716	117	18.9	0.86	0.86	356	357
5	1.00	14.1	271	31.3	0.659	179	0.752	43	7.3	0.89	0.89	130	130

续上表

土条号	b_i (m)	h_i (m)	W_i (kN)	x_i (m)	$W_i\sin\alpha_i$ $\left(\frac{x_i}{R}\right)$	$W_i\sin\alpha_i$ (kN)	$\cos\alpha_i$	cb_i (kN)	$W_i\tan\varphi$ (kN)	$m_i=\cos\alpha_i+\frac{\sin\alpha_i\tan\varphi}{K}$		$\frac{W_i\tan\varphi+cb_i}{m_i}$ (kN)	
										$K=1.30$	$K=1.32$	$K=1.30$	$K=1.32$
6	4.0	14.8	1137	28.8	0.606	689	0.795	170	30.5	0.92	0.92	516	517
7	4.0	14.8	1137	24.8	0.522	593	0.853	170	30.5	0.96	0.96	494	494
8	4.0	14.4	1106	20.8	0.433	484	0.899	170	19.6	0.99	0.99	472	473
9	4.0	13.6	1045	16.8	0.354	370	0.935	170	28.0	1.01	1.01	446	448
10	4.0	12.6	971	12.8	0.289	262	0.963	170	26.0	1.02	1.02	423	423
11	4.0	11.4	879	8.8	0.185	163	0.983	170	23.5	1.02	1.02	397	397
12	4.0	9.8	755	4.8	0.101	76	0.995	170	10.2	1.02	1.02	366	367
13	2.8	8.1	437	1.4	0.030	13	0.9996	119	11.7	1.01	1.01	235	235
14	3.2	6.4	393	-1.6	-0.034	-13	0.9994	136	10.5	0.99	0.99	243	243
15	4.0	4.3	329	-5.2	-0.110	-36	0.994	170	8.8	0.97	0.97	266	266
16	3.6	1.5	105	-8.4	-0.177	-19	0.984	153	2.8	0.95	0.95	191	191

$\Sigma=3964$　　$\Sigma=5231$　　$\Sigma=5238$

$$K=\frac{5231}{3964}=1.32029 \qquad K=\frac{5238}{3964}=1.321$$

表4-6中，先设$K=1.30$，算得$K=1.320$，再设$K=1.32$，算得$K=1.322\approx1.32$，两者相符。故最小稳定系数$K_{min}=1.32>1.25$，边坡属于稳定。

1.3 陡坡路堤稳定性计算

陡坡路堤稳定性计算　　表4-7

计算类型	计算方法及计算公式	符号意义
直线滑动面	地面横坡陡于1:2.5时，除应保证路堤边坡的稳定外，还要预防路堤沿地面陡坡下滑。 整个路堤（包括车辆荷载）沿斜坡面滑动的下滑力E为： $E=T-\tau=T-\frac{1}{K}(N\tan\varphi+cL)$ $=W\sin\alpha-\frac{1}{K}(W\cos\alpha\tan\varphi+cL)$　(4-8) 当验算所得之下滑力E为零或负值时，此路堤即可认为是稳定的	W——分别为路堤重及车辆荷载，kN； T、N——分别为W沿滑动面的切向及法向分力，kN； c、φ——分别为路堤基底接触面间的单位黏聚力（kPa）及内摩擦角（°）； L——滑动面长度，m； K——稳定系数，一般取1.25； α——地面斜坡的倾角，（°）； 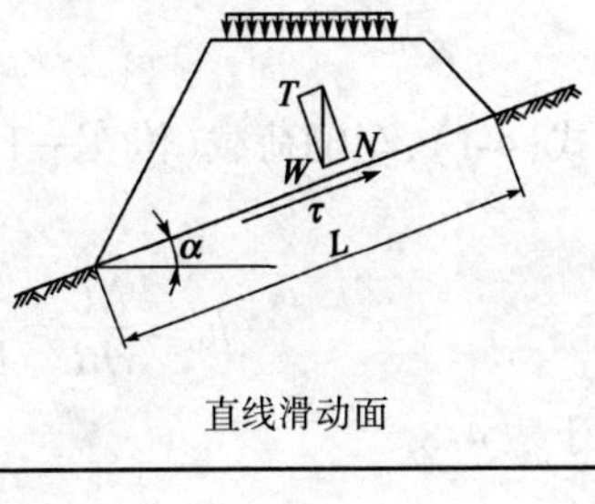 直线滑动面

续上表

<table>
<tr><th>计算类型</th><th>计算方法及计算公式</th><th>符号意义及图示</th></tr>
<tr><td>折线滑动面</td><td>
第一块土体的下滑力为：

$$E_1 = W_1\sin\alpha_1 - \frac{1}{K}(W_1\cos\alpha_1\tan\varphi + cl_1)$$

随后各块土体的下滑力可按式(4-9)计算：

$$E_n = W_n\sin\alpha_n + E_{n-1}\cos(\alpha_{n-1}-\alpha_n) - \frac{1}{K}[W_n\cos\alpha\tan\varphi + E_{n-1}\sin(\alpha_{n-1}-\alpha_n)\tan\varphi + cl_n] \quad (4\text{-}9)$$

若算得第 n 块土体的下滑力 E_n 为负值时，则可不列入下一块土体的计算。

E_n 平行于各相应土块的滑动面。最后一块土体的下滑力为正值时，路堤即不稳定，需采取相应的稳定措施
</td><td>
角标$(n-1)$表示上一块土体。
其余符号同上

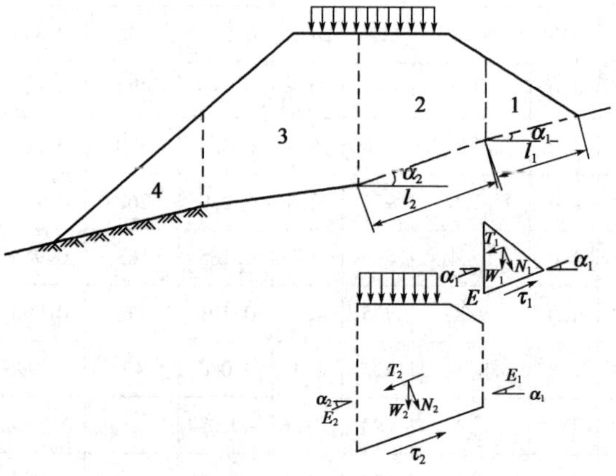

折线滑动面
</td></tr>
</table>

例 4-2　路堤横断面如图 4-2 所示。已知 $r = 18.7\text{kN/m}^3$，$\varphi = 20°52'$（$f = \tan\varphi = 0.381$），$K = 1.25$，试验算路堤是否稳定。

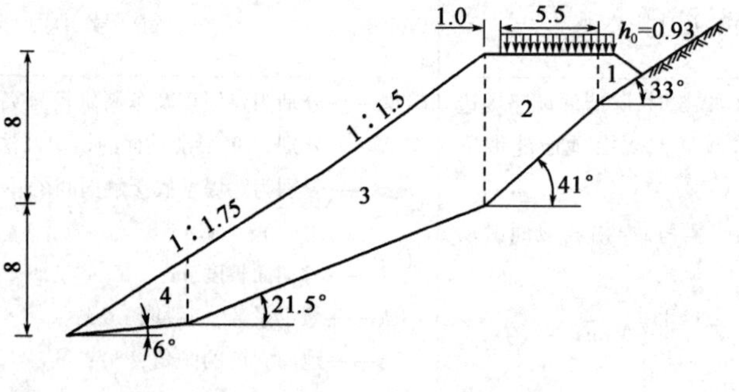

图 4-2　陡坡路堤示例(尺寸单位：m)

解　按式(4-1)，车辆荷载（汽车—15 级的重车为汽车—20 级，重力为 200kN）换算土柱高为：

$$h_0 = \frac{NG}{rRL} = \frac{2\times 200}{18.7\times 5.5\times 4.2} = 0.93\text{m}$$

验算列于表 4-8。

陡坡路堤稳定性计算表 表 4-8

土块号	土体面积 A (m^2)	$W_n = \lambda A$ (kN)	α_n	$\alpha_{n-1} - \alpha_n$	$W_n \sin\alpha_n$ (kN)	$\frac{W_n \sin\alpha_n}{K}$ (kN)	$E_{n-1}\cos(\alpha_{n-1}-\alpha_n)\cdot$	$\tan\varphi - \frac{1}{K}$	E_n (kN)
1	3.18	59.4	33°	—	32.3	15.2	—	—	17.1
2	31.9 + 5.09	692.2	41°	−8°	454	159	16.9	−0.7	312.6
3	105.58	1973	21.5°	19.5°	722	559	294.5	31.8	425.7
4	14.82	277	6°	15.5°	28.9	83.8	410	34.6	320.5

剩余下滑力 $E = 320.5$kN，路堤不稳定，需加以处理。

1.4 深路堑边坡稳定性计算

深路堑边坡稳定性计算 表 4-9

<table>
<tr><th>边坡组成</th><th>计算方法及计算公式</th><th>符号意义</th></tr>
<tr><td>具有不利倾斜岩面路堑</td><td>由边坡上力的平衡条件，可得边坡稳定系数 K、边坡高度、边坡坡率及变形体高度的计算式：

$$K = \frac{\tan\varphi}{\tan\alpha} + \frac{4c}{\gamma \times h \times \sin 2\alpha} \quad (4\text{-}10)$$

$$h = \frac{2c}{r\cos^2\alpha(K\tan\alpha - \tan\varphi)} \quad (4\text{-}11)$$

$$H = h \times \frac{1}{1 - m\tan\alpha} \quad (4\text{-}12)$$

$$\tan\beta = \frac{H}{H-h} \times \tan\alpha \quad (4\text{-}13)$$</td><td rowspan="2">W——变形岩体重力，kN；
h——滑动面上变形岩体的高度（简称“变形体高度”），m；
α——滑动面的倾角，(°)；
r——岩体重度，kN/m^3；
φ、c——滑动面的内摩擦角，(°)；单位黏聚力，kPa；
H——边坡高度，m；
m——边坡坡率，$m = \cot\beta$；
β——边坡坡角，(°)

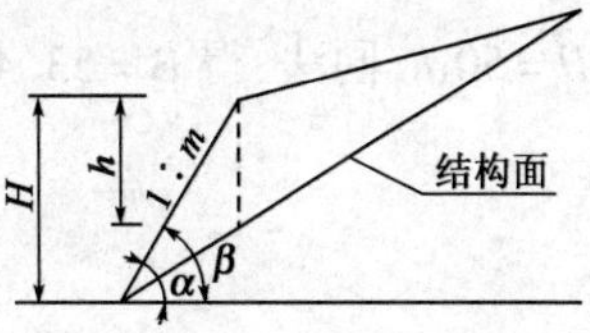

受结构面控制的路堑边坡</td></tr>
<tr><td>碎石土或土质路堑</td><td>在有剪切试验结果或有较可靠的经验数据时，可用圆弧或直线滑动面法计算边坡的稳定系数；对于一般疏松的碎石土路堑边坡，宜用直线滑动面法；具体计算详见本章前面部分计算公式

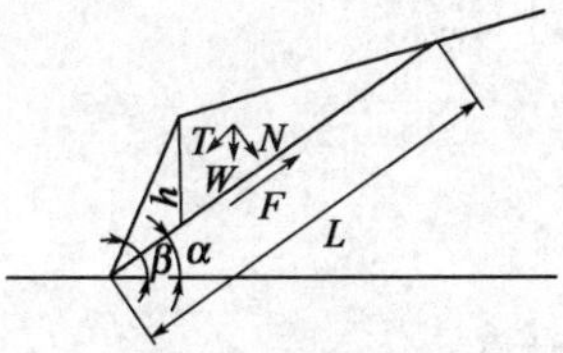

边坡上力的平衡示意图</td></tr>
</table>

各类软弱面与抗剪强度有关的参数一般变化范围 表 4-10

软弱面类型	摩擦角 φ (°)	摩擦系数 f	单位黏聚力 c (kPa)
各种泥化的软弱面、滑石片岩片理面、云母片岩片理面等	9 ~ 20	0.16 ~ 0.36	0 ~ 50
黏土岩层面、泥灰岩层面、凝灰岩层面、夹泥断层、页岩层面、炭质夹层、千枚岩片理面、绿泥石片岩片理面等	20 ~ 30	0.36 ~ 0.58	50 ~ 100
砂岩层面、石灰岩层面、部分页岩层理面等	30 ~ 40	0.58 ~ 0.84	50 ~ 100 有时至 400
各种坚硬岩体的构造节理、砾岩层面、部分砂岩层面、部分石灰岩层面等	40 ~ 43.5 有时至 49	0.84 ~ 0.95 有时至 1.15	80 ~ 220 有时至 500

注：本表是根据相当数量的现场试验，沿软弱面施加剪力所得的岩体软弱面峰值抗剪强度资料而综合的，可供参考。

软弱夹层与抗剪强度有关的参考值　　表 4-11

软弱夹层性质	f	c(kPa)	软弱夹层性质	f	c(kPa)
含阳起石的构造挤压破碎带	0.48	27	节理中充填 30% 的黏土	1.0	100
黏土页岩夹层	0.40	15	节理中充填 40% 的黏土	0.51	0
断层破裂带	0.35	0	碎石充填的节理	0.4 ~ 0.5	100 ~ 300
膨润土薄层充填的页岩状石灰岩	0.13	15	有黏土覆盖的节理	0.2 ~ 0.3	0 ~ 100
膨润土薄层	0.21 ~ 0.30	93 ~ 119	含角砾的泥岩	0.42	10

例 4-3　设岩石软弱面的抗剪强度为 $\varphi = 30°$、$c = 50\text{kPa}$，软弱面的倾角为 45°，岩石重度为 23kN/m^3。验算边坡稳定。

解　取 $K = 1.25$，由式(4-11)，变形体高度为：

$$h = \frac{2 \times 50}{23 \times \cos^2 45°(1.25 \times \tan 45° - \tan 30°)} = 12.93\text{m}$$

(1)按设定的边坡坡率 m 求坡高 H

如 $m = 0.2$，由式(4-12)得：

$$H = h \times \frac{1}{1 - m\tan\alpha} = 12.93 \times \frac{1}{1 - 0.2\tan 45°} = 16.16\text{m}$$

如 $m = 0.4$，同法，得 $H = 21.55\text{m}$

(2)按边坡高度 H 求边坡坡率 m

如 $H = 40\text{m}$，由式(4-13)得边坡坡率为：

$$\tan\beta = \frac{H}{H - h} \times \tan\alpha = \frac{40}{40 - 12.93} \times 1 = 1.478\text{，则}\ \beta = 55.91°$$

$$m = \cot\beta = \frac{1}{1.478} = 0.677\text{，可取 } 0.7$$

如 $H = 50\text{m}$，同法，得 $\beta = 53.45°$，$m = 0.74$，可取 0.75。

2　路基排水计算

2.1　地面排水计算

地面排水设计流量计算　　表 4-12

公式类别	计算公式	符号意义
推理公式	我国公路桥涵水文计算中，小流域的流量计算，多采用原交通部交通科学研究院的径流简化公式： $Q_S = \varphi(h - Z)^{\frac{2}{3}} F^{\frac{4}{5}} \alpha$　(4-14)	Q_S——设计流量，m^3/s； φ——地貌系数，其值按地形、主河沟的平均坡度、汇水面积可查表 4-13； h——径流厚度，mm，其质按当地土质、暴雨分区、设计洪水频率及汇流时间可查手册而得； Z——植物截流或洼地滞流的拦蓄厚度，mm，可查表 4-14； α——综合系数。对路基排水，因汇水面积较小($F < 10.0\text{km}^2$)可近似取 $\alpha = 1.0$

续上表

公式类别	计算公式	符号意义
经验公式	经验公式都是根据某一地区的实测资料建立的，与所依据的资料情况和地区特征有直接关系，下面介绍两种较常用的公式。 如果汇水面积不大于（$F<10km^2$），可按下式估算： $Q_S=AF^n$ (4-15) 如果有当地降雨资料，Q_S 值亦可按下述经验公式估算： $Q_S=CSF^{2/3}$ (4-16)	F——汇水面积，km^2； A——径流模量，其值与设计洪水频率及地区有关，为5~20之间； n——地区指数，当 $F<1.0km^2$ 时，$n=1$；当 $1.0km^2<F<10km^2$ 时，其值因地区而异，$n=0.75\sim0.85$； S——相应于设计洪水频率的小时降雨量，mm； C——地貌有关系数，山岭区为0.55，一般丘陵区为0.4~0.5，黄土丘陵区为0.37~0.47，平原区为0.30~0.40。 各级公路路基排水的设计洪水频率，如表4-15所列。汇水面积可在地形图上勾绘量取，必要时现场量测

地貌系数 φ 值表 表4-13

地形	按主河沟平均坡度 i(%)	系数 φ
平地	1~2	0.05
平原	3~6	0.07
丘陵	10~20	0.09
山地	27~45	0.10
山岭	60~100	0.13
	100~200	0.14
	200~400	0.15
	400~800	0.16

注：当汇水面积小于$10km^2$，汇流时间等于30s时。

径流厚度Z值 表4-14

地面特征	Z(mm)
密草高>1.5m，稀灌木丛，幼林高<1.5m，根浅茎细的旱田农作物	5
幼林高>1.5m，灌木丛	10
稀林（郁密度40%）	15
中等稠密林（郁密度60%左右）	25
密林（郁密度80%以上）	35
山地水稻田（梯田）、根深茎粗旱田作物（如高粱等）	10
平地水稻田	20

路基设计洪水频率 表4-15

公路等级	高速公路	一	二	三	四
洪水频率	1/100	1/100	1/50	1/25	视具体情况而定

地面排水水力计算 表 4-16

计算项目及计算公式	符 号 意 义
沟渠流速： $V=C\sqrt{Ri}$ (4-17) 输水能力： $Q=\omega\cdot v=\omega\cdot C\sqrt{Ri}$ (4-18) 其中： $C=\frac{1}{n}R^{y}$ (4-19) $y=2.5\sqrt{n}-0.13-0.75\sqrt{R}(\sqrt{n}-0.10)$ (4-20) 指数 y 的近似公式为：当 $R\leqslant1.0$ 时，用 $1.5\sqrt{n}$；当 $R>1.0$ 时，用 $1.3\sqrt{n}$。为计算方便起见，对于加固的沟渠，可取 $y=\frac{1}{6}=0.167$；无加固的沟渠，可取 $y=\frac{1}{4}=0.25$ 左右。 为了使沟渠不产生泥沙淤积，沟渠的容许最小流速可用下列经验公式计算： $V_{min}=\alpha R^{1/2}$ (4-21) 为使沟渠不致冲刷，应限制设计流速。各种明渠的允许最大设计流速可参见表 4-19 所列。表 4-19 所列数值（以 m/s 计）适用于水流深度 $h=0.4\sim1.0$m，超过此值时应乘以修正系数：$h<0.4$m，0.85；$h>1.0$m，1.25；$h\geqslant2.0$m，1.40。 常用沟渠横断面有矩形和梯形（区分为对称与不对称两种）。梯形沟渠如右图所示，各水力要素的计算式为： $\omega=bh+mh^2$ (4-22) $x=b+Kh$ (4-23) 矩形（$m=0$）：$K=2$ 对称梯形： $K=2\cdot\sqrt{1+m^2}$ 不对称梯形：$K=\sqrt{1+m_1^2}+\sqrt{1+m_2^2}$	v——水流通过横断面的流速，m/s； Q——水流通过横断面的流量，m^3/s； ω——水流横断面的面积，m^2； R——水力半径，$R=\omega/x$，m； i——水力坡降。在等速流的情况下，可以认为水力坡降（水力坡度）与沟底纵坡相等； C——谢才系数； n——沟渠表面的粗糙系数，与沟渠表层材料有关，常用数值如表 4-17 所列； α——与水中含土粒径有关的系数，参见表 4-18 所列； m——平均边坡率； b——梯形断面底宽，m； x——湿周，指水流与沟底及两侧在横断面上的接触长度，m。 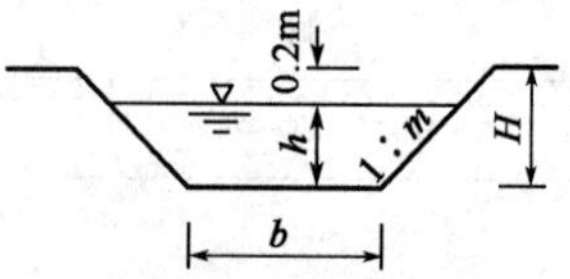 梯形横断面示意图

粗 糙 系 数 表 表 4-17

沟渠表面铺砌种类	n	$1/n$
不整齐土方边沟、整齐石方边沟	0.0275	36.5
整齐土方边沟、草皮铺砌	0.025	40
不整齐石方边沟	0.030	33.2
干砌块石铺砌	0.020	50
浆砌块石铺砌、粗糙混凝土铺砌	0.017	59
整齐混凝土铺砌	0.014	71

淤 积 系 数 表 表 4-18

土 的 类 别	α
粗 砂	0.65～0.77
中 砂	0.58～0.64
细 砂	0.41～0.45
极 细 砂	0.37～0.41

明渠容许最大流速 表 4-19

明 渠 类 别	v_{max}(m/s)
粗砂及亚砂土	0.8
亚黏土	1.0
黏 土	1.2
草皮护面	1.6
干砌片石	2.0
浆砌片石及浆砌砖	3.0
石灰岩、砂岩及混凝土	4.0

例 4-4 有一个不整齐石方梯形断面路基排水边沟，长 1.0km，底宽 3.0m，设计水深为 0.8m，边坡系数 $m=1.5$，底部落差为 0.5m，试验算该渠道的输水能力和流速。

解 由表 4-17 查得 $n=0.03$，底坡 $i=0.5/1000=0.0005$

过水面积：$\omega=bh+mh^2=3\times0.8+1.5\times0.8^2=3.36\text{m}^2$

湿周：$x=b+Kh=3+2\times0.8\sqrt{1+1.5^2}=5.88\text{m}$

水力半径：$R=\omega/x=3.36/5.88=0.57\text{m}$

因 $R\leqslant1.0$ 时，所以 $y=1.5\sqrt{n}=1.5\sqrt{0.03}=0.2598$

$C=\dfrac{1}{n}R^y=1/0.03\times0.57^{0.2589}=28.80$

渠道输水能力：$Q=3.36\times28.80\times\sqrt{0.57\times0.0005}=1.63\text{m}^3/\text{s}$

渠道流速：$v=Q/\omega=1.63/3.36=0.485\text{m/s}$

2.2 地下排水计算

地下排水流量计算 表 4-20

计算条件、计算情况及计算公式	符号意义及图示
计算条件：本手册的计算仅限于均质含水层中的潜水（无压）和平坡渗流（$I=0$），即假定在建筑排水设施之前，潜水底面及顶面是水平的，平常的流速等于零。 （1）渗水井 圆形渗水井的流量是根据流向沟渠的地面水流量，作为反向排水井来计算的，井中的水位高于附近土中的水位（如右图）。当 $r=R$ 和 $y=H$ 时，则有： $$Q=13.6\frac{K(h_0^2-H^2)}{\lg(R/r_0)} \quad (4\text{-}24)$$ 圆形渗水井的降落曲线为： $$y=\sqrt{h_0^2-\frac{Q}{1.36K}\lg\frac{r}{r_0}} \quad (4\text{-}25)$$ （2）完整渗沟 根据下图，每米长的沟壁上自一侧流入沟中的流量 q 按下式计算： $$q=\frac{K}{2}\cdot\frac{H^2-h_0^2}{L} \quad (4\text{-}26)$$ 如水自两侧同时流入沟内，则式(4-26)应乘以 2，即流入沟中的流量为： $$q=K\cdot\frac{H^2-h_0^2}{L} \quad (4\text{-}27)$$	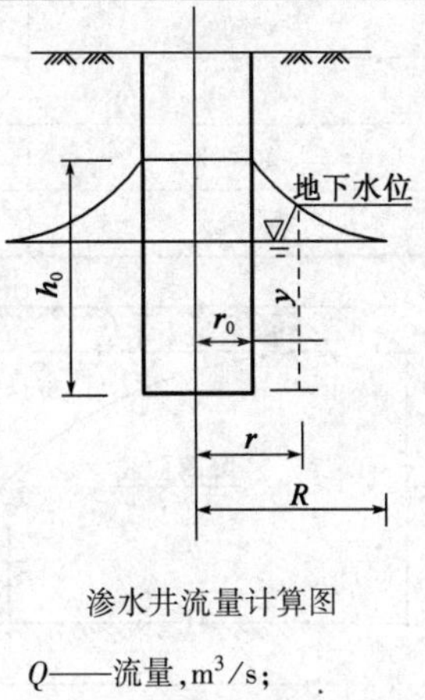 渗水井流量计算图 Q——流量，m^3/s； K——含水层土体的渗透系数，m/s，见表 4-21； h_0——渗水井内水深，或渗沟内的水流深度，m；

续上表

<table>
<tr><th>计算条件、计算情况及计算公式</th><th>符号意义及图示</th></tr>
<tr><td>

完整渗沟的降落曲线为：

$$\left.\begin{array}{l} x=\dfrac{K}{2q}(y^2-h_0^2) \quad 或 \quad x=L\cdot\dfrac{y^2-h_0^2}{H^2-h_0^2} \\ y=\sqrt{h_0^2+\dfrac{x}{L}(H^2-h_0^2)} \end{array}\right\} \qquad (4\text{-}28)$$

降落曲线的平均坡度可查表 4-21 或由下面两式进行计算：

$$I_0=\frac{1}{3000\sqrt{K}} \qquad (4\text{-}29)$$

$$I_0=\frac{H-h_0}{L} \quad 或 \quad I_0=\frac{H-h_0}{R} \qquad (4\text{-}30)$$

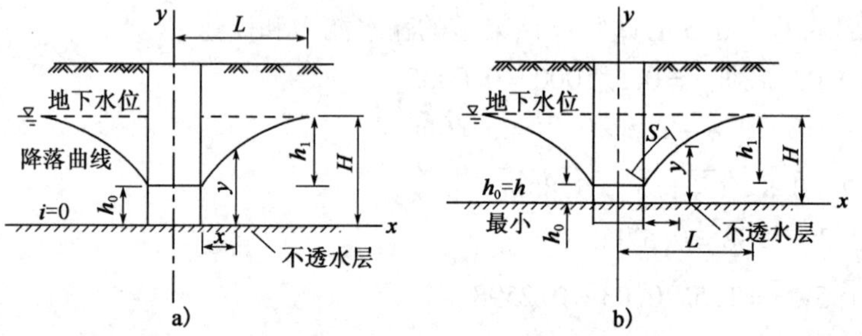

完整渗沟流量计算图

</td><td>

H——地下水位高于井底的高度(渗水井)，或含水层的储水厚度(完整渗沟)，m；

r_0——渗水井半径，m；

R——影响半径，m，可根据抽水试验确定，或用下列近似的经验公式计算：$R=3000S\sqrt{K}$；对于中等颗粒的砂子 $R=250\sim500$m；对于大颗粒砂子 $R=700\sim1000$m；

S——抽水降深，m，即地下水位与井内水位的高差，对于渗水井 $S=h_0-H$

r——降落曲线的任一半径，m；

y——降落曲线上任一点的水位(纵距)，m；

L——水力影响距离，m；

x——从渗沟边缘到降落曲线上某点断面的距离，m；

I_0——降落曲线的平均坡度

</td></tr>
</table>

土体渗透系数、降落曲线平均坡度 I_0 和 a 值 表 4-21

含 水 层 土 质	渗透系数 K 参考值 (cm/s)	平 均 坡 度 I_0	$a=\dfrac{I_0}{2-I_0}$
粗 砂	$1\times10^{-2}\sim1\times10^{-1}$	0.003 ~ 0.006	0.0015 ~ 0.003
砂类土	$1\times10^{-4}\sim1\times10^{-2}$	0.006 ~ 0.020	0.003 ~ 0.010
亚砂土	$1\times10^{-5}\sim1\times10^{-3}$	0.050 ~ 0.100	0.010 ~ 0.026
亚黏土	$1\times10^{-6}\sim1\times10^{-5}$	0.050 ~ 0.100	0.026 ~ 0.053
黏 土	$1\times10^{-7}\sim1\times10^{-6}$	0.100 ~ 0.150	0.053 ~ 0.081
重黏土	$\leqslant1\times10^{-7}$	0.150 ~ 0.200	0.081 ~ 0.111
泥 炭	$1\times10^{-7}\sim1\times10^{-2}$	0.020 ~ 0.120	0.010 ~ 0.061

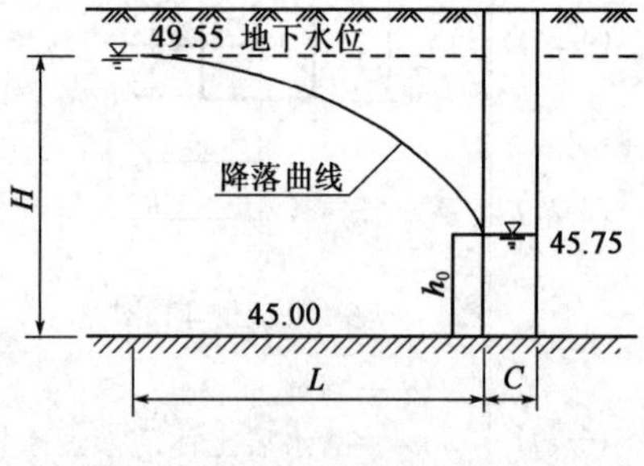

图 4-3 某渗沟的流量计算图

例 4-5 水平砂层中的潜水流，经开挖排水沟后由渗沟排除。砂层渗透系数经试验为 11m/d。渗沟开挖前经调查地下水位高为 49.55m。渗沟开挖后资料如图 4-3 所示。求每米沟长潜水流的单侧流量和降落曲线平均坡度。

解 渗透系数 $K=11\text{m/d}=0.000127\text{m/s}$，由式(4-29)，砂层中降落曲线平均坡度为：

$$I_0=\frac{1}{3000\sqrt{K}}=\frac{1}{3000\sqrt{0.000127}}=0.03$$

代入式(4-30)，求得影响距离为：

$$L=\frac{H-h_0}{I_0}=\frac{(49.55-45.00)-(45.75-45.00)}{0.03}$$

$$=\frac{4.55-0.75}{0.03}=127\text{m}$$

代入式(4-26),求得沟中单侧流量为:

$$q=\frac{K(H^2-h_0^2)}{2L}=\frac{11\times(4.55^2-0.75^2)}{2\times127}=0.87\ \text{m}^3/\text{s}$$

地下排水水力计算 表4-22

项目	计算公式	符号意义
盲沟	盲沟通过流量可由下式计算: $Q=\omega K_m\sqrt{i}$ (4-31)	Q——通过流量,m^3/s; K_m——排水层岩块的渗透系数,m/s,见表4-23; ω——渗透面积,m^2,$\omega=bh$; b——底宽,m; h——高,m
渗沟	(1)对于底部为石砌方形涵洞的渗沟 通过流量 $Q_0=\omega_0C_0\sqrt{R_0i_0}=K_0\sqrt{i_0}$ (4-32) 其中: $K_0=C_0\omega_0\sqrt{R_0}=\frac{Q_0}{\sqrt{i_0}}$ (4-33) 其水力计算的方法与前述地面排水计算方法相同。 对于石砌沟洞,当粗糙系数 $n=0.020$,$y=1.5\sqrt{n}=0.212$,$C_0=\frac{1}{n}R^y=50R^{0.212}$时,若 $b_0\times h_0$(渗沟满水时)分别取为0.2×0.2、0.3×0.3、0.4×0.4,各水力计算单元的值列于表4-24。 沟洞内的实际水深 h、泄水能力模数 K 和流速 v,与其满水时的 h_0、K_0 和 v_0 的比值列于表4-25,供设计时参考。 (2)对于底部为圆形水管的渗沟 $Q=K\sqrt{i}$ (4-34) $v=S\sqrt{i}$ (4-35)	K_0——方形涵洞的泄水能力模数(或流量特性),m^3/s 或 1/s; K——圆管的泄水能力模数(流量特性),m^3/s 或 l/s; S——圆管的流速特性,m/s。 混凝土管、光滑砖管、水泥砂浆抹面等管壁的粗糙系数,一般可采用 $n=0.013$。表4-26列出了 $n=0.013$ 时圆形沟管的水力计算表

排水层岩块渗透系数 表4-23

换算成球形的颗粒直径 d (cm)	岩块排水层孔隙度(n)			换算成球形的颗粒直径 d (cm)	岩块排水层孔隙度(n)		
	0.40	0.45	0.50		0.40	0.45	0.50
	渗透系数 K(m/s)				渗透系数 K(m/s)		
5	0.15	0.17	0.19	20	0.35	0.39	0.43
10	0.23	0.26	0.29	25	0.39	0.44	0.49
15	0.30	0.33	0.37	30	0.43	0.48	0.53

满孔水时水力单元计算表 表4-24

$b_0\times h_0$ (m)	ω_0 (m^2)	$R=\frac{b_0h_0}{2b_0+2h_0}$	$R_0^{0.5}$	$R^{0.212}$	$C_0=50R_0^{0.212}$	$v_0=C_0\sqrt{R_0i_0}$	$K_0=\frac{Q_0}{\sqrt{i_0}}=C_0W_0\sqrt{R_0}$
0.2×0.2	0.04	0.050	0.2236	0.5299	26.495	$5.9243\sqrt{i}$	0.2370
0.3×0.3	0.09	0.075	0.2739	0.5774	28.870	$7.9075\sqrt{i}$	0.7117
0.4×0.4	0.16	0.100	0.3162	0.6138	30.690	$9.7042\sqrt{i}$	1.5527

各种水深的流量及流速与满孔水时的比值表 表 4-25

h/h_0	0.10	0.20	0.30	0.40	0.50	0.60	0.70	0.80	0.90	0.95	0.99	1.00
K/K_0	0.046	0.134	0.244	0.368	0.500	0.638	0.781	0.927	1.076	1.151	1.212	1.000
v/v_0	0.458	0.672	0.815	0.919	1.000	1.064	1.116	1.159	1.196	1.212	1.224	1.000

注：表中数值系当沟底宽 b_0 不变时求得。

圆形沟管水力计算表（$n=0.013$） 表 4-26

充水度 h/D	$D=125$mm		$D=150$mm		$D=200$mm		$D=250$mm		$D=300$mm	
	S (m/s)	K (l/s)	S (m/s)	K (l/s)	S (m/s)	K (l/s)	S (m/s)	K (l/s)	S (m/s)	K (l/s)
0.05	1.927	0.44	2.177	0.72	2.64	1.5	3.07	2.8	3.46	4.6
0.10	3.015	1.92	3.406	3.13	4.13	6.7	4.80	12.2	5.42	19.9
0.15	3.890	4.48	4.396	7.31	5.33	15.7	6.19	28.6	6.99	46.5
0.20	4.626	8.04	5.227	13.08	6.34	28.2	7.36	51.2	8.32	83.3
0.25	5.281	12.67	5.967	20.61	7.24	44.4	8.40	80.6	9.49	131.2
0.30	5.854	18.13	6.614	29.48	8.02	63.6	9.32	115.4	10.53	187.8
0.35	6.361	24.34	7.187	29.61	8.72	85.4	10.12	154.9	11.43	252.0
0.40	6.807	31.09	7.691	50.58	9.32	109.0	10.83	197.9	12.24	322.1
0.45	7.206	38.59	8.139	62.77	9.87	135.3	11.47	245.7	12.95	399.5
0.50	7.551	46.33	8.532	75.38	10.35	168.8	12.01	294.8	13.58	477.9
0.55	7.850	54.29	8.870	88.34	10.76	190.5	12.09	345.5	14.11	562.1
0.60	8.100	62.40	9.155	101.6	11.10	218.9	12.95	399.1	14.56	646.1
0.65	8.308	70.15	9.386	114.1	11.38	246.0	13.21	446.2	14.93	726.2
0.70	8.462	77.64	9.563	126.3	11.60	272.5	13.46	454.0	15.22	804.4
0.75	8.562	84.53	9.679	137.6	11.73	296.5	13.63	538.3	15.40	875.7
0.80	8.009	90.68	9.733	147.6	11.80	318.2	13.70	577.2	15.48	939.2
0.85	8.593	95.53	9.710	155.4	11.77	334.9	13.68	608.4	15.45	989.4
0.90	8.493	98.80	9.602	160.8	11.64	346.6	13.51	628.7	15.28	1024.0
0.95	8.270	99.59	9.348	162.1	11.33	349.3	13.16	633.9	14.87	1031.4
1.00	8.351	99.66	9.532	150.8	10.35	325.2	13.01	589.5	13.58	959.9

例 4-6 已知设计流量为 $0.019m^3/s$，要求流速不小于最小流速 0.6m/s，拟在边沟下面设置石砌沟洞式的排水孔，试求沟底纵坡及沟洞断面尺寸。

解 (1)选拟定沟定纵坡 $i=0.008$，则渗沟的泄水能力模数为 $K=\frac{Q}{\sqrt{i}}=\frac{0.019}{\sqrt{0.008}}=0.213m^3/s$

(2)根据表 4-24，按 K_0 接近于 K 的条件，得知若采用断面 0.2m×0.2m 时，$K_0=0.237$ 则：

$$\frac{K}{K_0}=\frac{0.213}{0.237}=0.899$$

也由表 4-24 得知 $v_0=5.9243\sqrt{i}$，则 $v_0=5.9243\sqrt{0.008}=0.53m/s$

(3)根据表 4-25，用插入法得出与 K/K_0 相对应的比值：$h/h_0=0.781$ 及 $v/v_0=1.151$

(4)对于断面0.2m×0.2m，充满时 $h_0=0.2\text{m}$，所以沟洞内实际水深和流速为：

$$h=0.78h_0=0.78\times0.2=0.16\text{m}$$

$$v=1.151v_0=1.151\times0.53=0.61\text{m/s}$$

(5)验算

$v=0.61\text{m/s}$ 大于最小流速0.6m/s，所以拟定 $i=0.008$ 符合要求，决定采用 $h\times b=0.2\text{m}\times0.2\text{m}$。

如果流速小于规定的最小值，应重新假定 i 值进行计算，直到符合要求为止。

例4-7 设置混凝土排水管的渗沟，已知设计流量 $Q=0.019\text{m}^3/\text{s}$，要求管内流速 $v>0.6\text{m/s}$，但不大于1.0m/s，取沟底纵坡 $i=0.008$，试求管径。

解 (1)按式(4-34)试定 K 值(有时 Q 可取稍大于设计流量来计算)：

$$K=\frac{Q}{\sqrt{i}}=\frac{0.019}{\sqrt{0.008}}=0.2125\text{m}^3/\text{s}=212.5\text{l/s}$$

(2)由表4-26取接近于上述计算值的 K 值及与其相应的 S、D、$\frac{h}{D}$之值。

取 $K=218.9\text{l/s}$(应比上述计算值稍大)，则相应的 $S=11.10\text{m/s}$，$D=200\text{mm}=20\text{cm}$

(3)按式(4-34)核算通过流量

$$Q=K\sqrt{i}=0.2189\sqrt{0.008}=0.0195\text{m}^2/\text{s}>0.019\text{m}^2/\text{s}$$

(4)按式(4-35)核算通过流速

$$v=S\sqrt{i}=11.1\times\sqrt{0.008}=0.99\text{m/s}>0.6\text{m/s}<1.00\text{m/s}$$

(5)选择孔径

由于 Q 与 v 均符合要求，决定采用 $D=20\text{cm}$ 的混凝土管，如不符合规定，则应重算。

2.3 渗沟埋置深度计算

渗沟埋置深度的计算 表4-27

项目	计算公式	符号意义
埋置深度及最大矢距	为降低地下水及有关的毛细水，渗沟埋置深度可按下式计算： $h=Z+P+\varepsilon+d+h_0-h_1$ (4-36) 对于双面渗沟，降落曲线的最大矢距为： $d=I_0m_1$ (4-37) 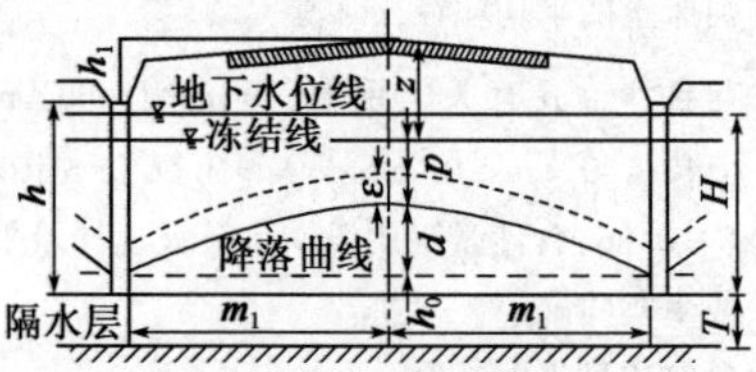 双面渗沟降落曲线计算图	h——渗沟埋置深度，m； P——沿路基中线由路基冻结线至排水后毛细管水升高曲线的距离，m，采用近年内地下水波动的平均数值(近似值为0.25m)； Z——沿路基中线上的冻结深度，m； ε——毛细管水上升高度，m，以实验数值为准。初步估计时，下列数值可供参考：砂土0.2～0.3，砂性土0.3～0.8，粉性土0.8～2.0，黏性土1.0～2.0； h_0——渗沟内水深，m，通常采用0.3～0.4m； h_1——路中心至边沟底的高差，m； d——路基范围内降落曲线的最大距，m； I_0——降落曲线平均坡度值，见表4-21； m_1——渗沟边缘至路基中线的距离，m

例 4-8 已知某地土的冻结深度 $Z=0.6\text{m}$，路基边缘标高 55.50m，路基宽度 $B=8.0\text{m}$，黑色路面宽 $b=6.0\text{m}$，路面拱度 $i_1=1.5\%$，路肩横坡度 $i_2=3\%$，地下水位标高 54.50m，当土质为亚黏土、边沟深度 $h_T=0.50\text{m}$ 时，试求路基边沟下双面渗沟的埋置深度。

解 (1)由表 4-21 查得亚黏土降落曲线平均坡度 $I_0=0.10$，取亚黏土毛细水上升高度 $\varepsilon=1.0\text{m}$。

(2)双面渗沟降落曲线的最大矢距，由式(4-37)求得：

$$d=I_0m_1=0.1\times\frac{8.0}{2}=0.4\text{m}$$

(3)路中心至边沟底的高差(边沟底低于路拱顶高度)：

$$h_1=\frac{b}{2}i_1+\frac{B-b}{2}i_2+h_T=3\times0.015+1\times0.03+0.5=0.58\text{m}$$

(4)按公式(4-36)计算渗沟埋置深度为：

$$\begin{aligned}h&=Z+P+\varepsilon+d+h_0-h_1\\&=0.6+0.25+1+0.4+0.3-0.58=1.97\text{m}\end{aligned}$$

(5)渗沟底的设计标高 = 路基边缘标高 $-h_T-h=55.50-0.5-1.97=53.03\text{m}$

同原来地下水位的高差：$H=54.50-53.03=1.47\text{m}$

3 路基防护工程冲刷计算

3.1 防护工程的一般冲刷计算

防护工程的一般冲刷计算 表 4-28

公式名称	计 算 公 式	符 号 意 义
(64-1)公式	在该表中三个一般冲刷计算公式，宜根据河段类型及河滩有无泥沙运动，选用其中的一种；必要时，也可用两种公式试算，最后选用一种冲刷深度。 (64-1)公式适用于平原次稳定河段、平原游荡性河段、半山区山前区变迁性河段和山区稳定性河段。基本形式为： $$h_p=\left[\frac{A\dfrac{Q_S}{b}\left(\dfrac{h_{max}}{h_j}\right)^{5/3}}{Ed_j^{1/6}}\right]^{3/5} \quad (4\text{-}38)$$ 式中： $$A=\left(\frac{\sqrt{B}}{H}\right)^{0.15}$$	h_p——河道断面一般冲刷后的最大水深，m； b——修建防护构造后，在设计洪水位时的水面宽度，m； Q_S——在 b 宽度范围内的流量，m^3/s，如为压缩河道则不是设计流量； h_{max}——设计断面冲刷前的最大水深，m； h_j——设计断面冲刷前的平均水深，m； d_j——河床土的平均粒径，m； E——与含沙量 ρ 有关的系数，当 $\rho<1.0\text{kg/m}^3$，$E=0.46$；$1.0<\rho<10\text{kg/m}^3$，$E=0.66$；$\rho>10\text{kg/m}^3$，$E=0.86$；含沙量采用汛期月最大含沙量平均值，或由实验确定； A——单宽流量集中系数； B——造床流量时河段的平均水面宽，m； H——造床流量时的平均水深，m

续上表

公式名称	计算公式	符号意义
包尔达柯夫公式	该公式适用于平原稳定及山区稳定性河段，基本形式为： $$h_p = p \cdot h = \frac{\Omega}{\Omega'} \cdot h \quad (4\text{-}39)$$ 公式假定有推移质的天然河道，当压缩断面的流速恢复到压缩前的天然流速时，冲刷即停止	h——河道压缩前护坡脚附近的天然水深，m； p——冲刷系数； Ω——未压缩的河道过水面积，m^2； Ω'——压缩后冲刷前的河道过水面积，m^2
安德烈也夫公式	该式适用于无泥沙运动的河滩，基本形式为： $$h_p = \left[\frac{\frac{Q_n}{B_n}\left(\frac{h_{max}}{h_j}\right)^{5/3}}{v_1} \right]^{5/6} \quad (4\text{-}40)$$ 式中：$Q_n = Q'_n \cdot \frac{Q}{Q_m}$	v_1——当水深为1m时，裸露出来的河滩土的容许不冲刷流速，m/s，见表4-29； B_n——河道压缩后河滩部分宽度，m； Q_n——河道压缩后河滩部分通过的流量，m^3/s； Q'_n——河道未压缩前河滩部分通过的流量，m^3/s； Q——设计总流量，m^3/s； Q_m——压缩宽度范围内天然通过的流量，m^3/s； 其余符号意义同上

河床土的容许不冲刷流速 表4-29

河床土质	淤泥	细砂	砂黏土	粗砂	黏土	砾石	卵石	漂石
v_1(m/s)	0.2	0.4	0.6	0.8	1.0	1.2	1.5	2.0

3.2 防护工程的局部冲刷（斜冲刷）计算

防护工程的局部冲刷计算 表4-30

计算条件及公式	符号意义
与水流流向交角大于20°的直接防护构造物或丁坝等间接防护构造物均需计算斜向冲刷所引起的局部冲刷。 对于非黏性土河床： $$h_b = \frac{23\tan\frac{\alpha}{2}}{\sqrt{1+m^2}} \cdot \frac{v^2}{g} - 30d \quad (4\text{-}41)$$ 对于黏性土河床： $$h_b = \frac{23\tan\frac{\alpha}{2}}{\sqrt{1+m^2}} \cdot \frac{v^2}{g} - \frac{6v_n^2}{g} \quad (4\text{-}42)$$	h_b——建筑物前局部冲刷坑深度，m； α——水流方向与构造物迎水面之间切线的交角，对于丁坝一般用90°，在变迁性河段要考虑水位变化时的最大交角，当$\alpha < 20°$时，一般可不计算局部冲刷； v——行进水流的平均流速，m/s，对于导流堤可用压缩断面冲刷前的平均流速；对于河滩上的防护构造物宜用河滩上的平均流速，但不小于河滩土的容许不冲刷流速；对于河槽边的防护构造物，可用河槽中的平均流速； m——边坡系数，等于构造物边坡角的余切； d——冲刷过程中裸露出来的冲刷坑底河床土的最大粒径，m； v_n——裸露出来的冲刷坑内土的容许不冲刷流速，m/s，详见有关手册； g——重力加速度，m/s^2

第5章　特殊路基工程

1　软 土 路 基

1.1　路堤极限高度计算

路堤极限高度计算　　表 5-1

<table>
<tr><th>计算情况</th><th>定义及计算公式</th><th>符 号 意 义</th></tr>
<tr><td>软土层较薄</td><td>在天然的软土地基上,基底不作特殊加固处理,用快速施工方法(即不控制填土速度)修筑路堤所能填筑的最大高度,称为极限高度。
软土层较薄时,滑动圆弧与软土层底面相切,极限高度可按式(5-1)估算:
$$H_c = N_s \frac{C_k}{\gamma} \quad (5\text{-}1)$$
由于 n_d 与 H 有关,所以需要用试算法。计算时要先假设 H 值,计算 n_d 值,由此查右图得 N_s,再按式(5-1)算得 H_c。若算得的 H_c 与假定的 H 相符即可,否则需重新假设 H 值,再行计算</td><td rowspan="3">H_c——极限高度,m;
C_k——软土的快剪黏聚力,kPa;
γ——填土的重度,kN/m^3;
N_s——稳定因数,与边坡角 β 和深度因数 n_d($n_d = \frac{H+d}{H}$,其中 H 为填土高度,d 为软土厚度)有关,可由下图查得;
H_0——硬壳层厚度,m

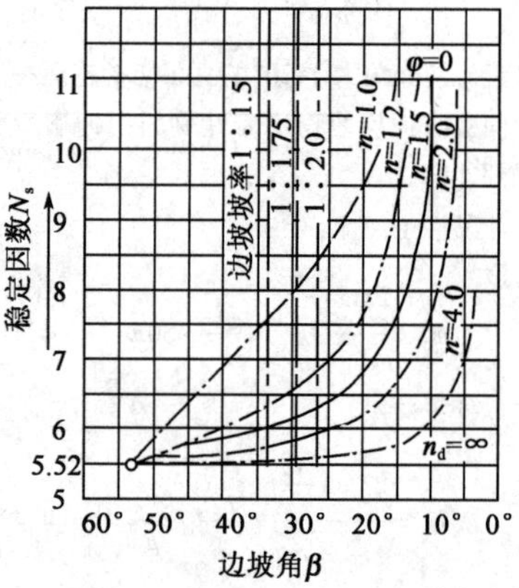

路堤极限高度计算图</td></tr>
<tr><td>软土层很厚</td><td>软土层很厚(即 n_d 很大)时,滑动面不通过基底,则按式(5-2)估算极限高度:
$$H_c = 5.25 \frac{C_k}{\gamma} \quad (5\text{-}2)$$
由于填土的重度一般为 17.5 ~ 19.5kN/m^3,所以可近似取 $H_c = 0.3C_k$</td></tr>
<tr><td>有硬壳层</td><td>覆盖在软土层上强度稍高的表层土称为硬壳层。当硬壳层厚度大于1.5m时,可考虑其应力扩散、提高承载力、减少地基沉降的效应。此时,路堤极限高度可按式(5-3)估算:
$$H_c = N_s \frac{C_k}{\gamma} + 0.5H_0 \quad (5\text{-}3)$$</td></tr>
</table>

1.2 路堤稳定性分析

路堤稳定性分析 表5-2

<table>
<tr><th>分析方法</th><th>计算公式</th><th>计算目的、公式符号意义</th></tr>
<tr><td>条分法</td><td>具体计算方法和计算公式，见第4章。
计算中所采用的抗剪强度指标黏聚力 c 和内摩擦角 φ 值，对于路堤填土部分应用快剪试验的数值。对于地基土，在路堤快速填筑而软土来不及固结时，应采用快剪试验的数值；在路堤填筑速度非常缓慢和地基的排水条件良好时，则宜采用固结快剪的数值；当填土速度介于两者之间时，地基土得到部分固结，其强度处于快剪和固结快剪的数值之间，验算时应按地基的固结程度来确定其数值</td><td rowspan="2">软土地基上的路堤稳定性分析，目的是通过计算路堤在修筑过程中和完工后的稳定情况，选择合理的填筑速度和稳定加固措施，从而保证路堤在施工过程中和完工后的稳定。
公式中各符号意义如下：
w_{I}、w_{II}——分别为土条在地基部分及填土部分的重力；
α_i——土条底面中心与水面交角；
η_m——路堤部分抗滑力矩折减系数，可采用0.6~0.8；
η——强度指标折减系数，可采用0.5；
c_{I}、φ_{I}——路堤土坑剪强度指标，由固结不排水剪试验测定；
c_u、φ_u——地基土不排水剪求得的强度指标；
φ_{cu}——地基土固结不排水剪求得的内摩擦角；
$\overline{U}$——地基土在验算时刻的平均固结度
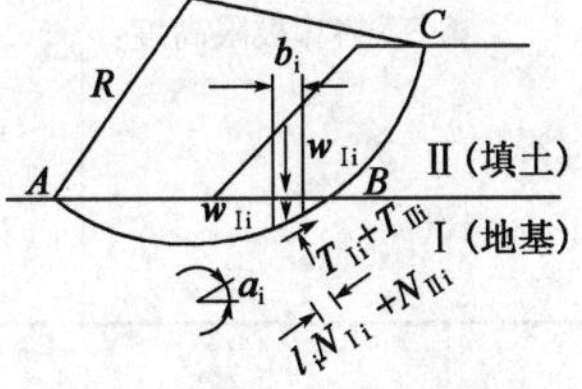

固结有效应力法计算示意图</td></tr>
<tr><td>固结有效应力法</td><td>固结有效应力法考虑了软土地基在路堤填土过程中的固结作用，如右图所示。
通过分析填土和地基土的滑动力矩和抗滑力矩，可得到抗滑稳定安全系数如式(5-4)所示。
$$K=\frac{\sum_{A}^{B}(c_u l_i+w_{\mathrm{I}i}\cos\alpha_i\tan\varphi_u+w_{\mathrm{II}i}\overline{U}\cos\alpha_i\tan\varphi_{cu})}{\sum_{A}^{B}(w_{\mathrm{I}}+w_{\mathrm{I}}\mathrm{I})_i\sin\alpha_i+\sum_{B}^{c}w_{\mathrm{II}i}\sin\alpha_i}+\frac{\eta_m\sum_{B}^{c}(c_{\mathrm{I}}\mathrm{I}l_i+\eta w_{\mathrm{II}i}\cdot\cos\alpha_i\tan\varphi_{\mathrm{I}}I)}{\sum_{A}^{B}(w_{\mathrm{I}}+w_{\mathrm{I}}I)_i\sin\alpha_i+\sum_{B}^{c}w_{\mathrm{II}i}\sin\alpha_i} \quad (5\text{-}4)$$
从上式可看出，安全系数 K 和路堤填筑重力和 $w_{\mathrm{I}}I$ 和地基固结度 $\overline{U}$ 有关。如不考虑地基的固结，即式中 $\sum w_{\mathrm{II}i}\overline{U}\cos\alpha_i\tan\varphi_{cu}$ 为零，当 K 值要求不变时，则可反求 $w_{\mathrm{I}}I$，此即为第一级不考虑地基固结仅利用其天然强度所能快速填的最大荷载。第一级加荷结束，经过一段时间地基固结强度提高，便可将 $\sum w_{\mathrm{II}i}\overline{U}\cos\alpha_i\tan\varphi_{cu}$ 一项计算进去，如再把此时的情况作为开始，重复上述计算过程，又可求出第二级的填土重力，依此类推即可求得最大的填筑高度和施工进度</td></tr>
</table>

1.3 路堤沉降计算

地基中的应力计算 表 5-3

<table>
<tr><th>计算公式及符号意义</th><th>计 算 图 形</th></tr>
<tr><td>
在路堤的重力作用下，地基内任一深度 Z 处的垂直应力 σ_z 是由地基土的自重应力和由路堤荷载引起的附加应力两部分组成，即：
$$\sigma_z = \gamma Z + \sigma'_z \quad (5\text{-}5)$$
路堤填土为梯形分布荷载。在梯形分布荷载作用下，在荷载中心线下，任一深度 Z 处的垂直应力为：
$$\sigma'_z = 2Kq \quad (5\text{-}6)$$
式中：γ——软土的有效重度，kN/m^3；
σ'_z——路堤填土荷载在深度 Z 处产生的附加应力，kPa；
K——应力系数，可由右图查得；
q——填土的最大荷载，等于填土的重度与填土的最大高度之积
</td><td>
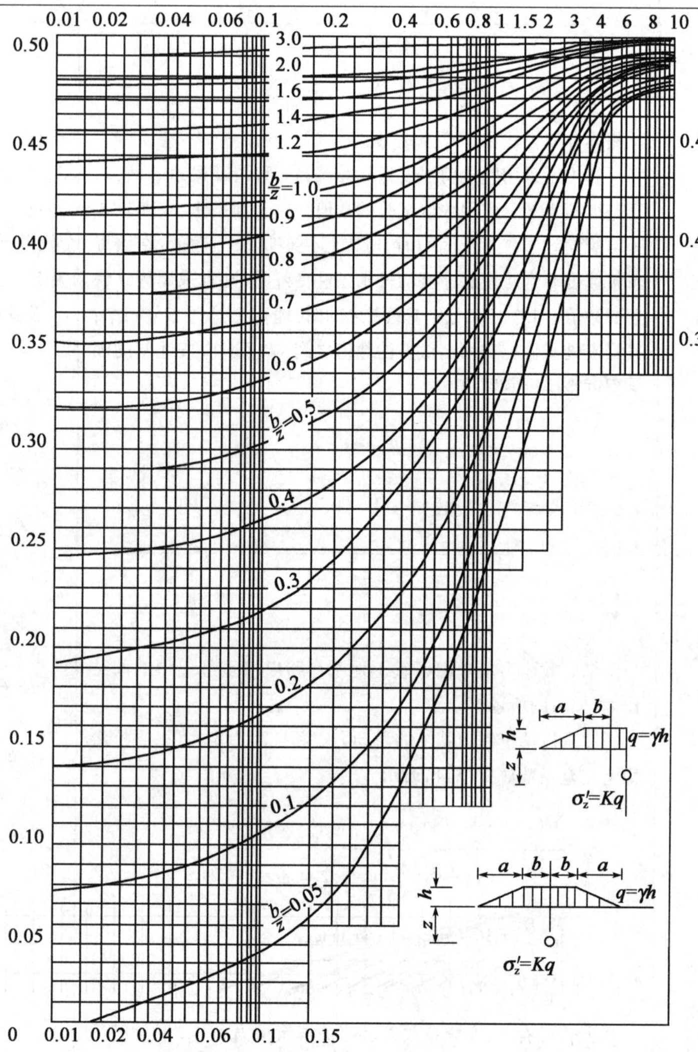

地基中垂直应力 σ_z 的计算曲线图
</td></tr>
</table>

路 堤 沉 降 量 计 算 表 5-4

项目	计 算 公 式	符 号 意 义
主固结沉降	1. 若采用 $e-p$ 曲线，主固结沉降应按下式计算： $$S_c = \sum_{i=1}^{n} \frac{e_{0i} - e_{1i}}{1 + e_{0i}} h_i \quad (5\text{-}7)$$ 计算深度（即压缩层）可以用压缩层底部 1m 的压缩量不超过整个压缩量的 2.5% 来控制，或取附加应力与自重应力之比为 0.1 来确定。后者因使用简便，目前被广泛采用	e_{0i}——第 i 层中点的土自重应力所对应的孔隙比； S_c——因地基固结而产生的沉降量； S_d——荷载作用下地基因侧向变形而产生的沉降量，又称瞬时沉降量； e_{1i}——第 i 层中点的土自重应力和附加应力之和相对应的孔隙比；

续上表

项目	计 算 公 式	符 号 意 义
主固结沉降	2. 若采用 $e-\lg p$ 曲线时，主固结沉降按地基分正常固结、欠固结及超固结三种情况计算。 (1)正常固结、欠固结条件下 $$S_c=\sum_{i=1}^{n}\frac{h_i}{1+e_{0i}}C_{ci}\lg\left(\frac{P_{0i}+\Delta p_i}{P_{ci}}\right) \quad (5\text{-}8)$$ (2)超固结条件下 ①$\Delta p>p_c-p_0$ 时 $$S_c=\sum_{i=1}^{n}\frac{h_i}{1+e_{0i}}\left[C_{si}\lg\left(\frac{p_{ci}}{p_{0i}}\right)+C_{ci}\left(\frac{p_{0i}+\Delta p_i}{p_{ci}}\right)\right] \quad (5\text{-}9)$$ ②$\Delta p<p_c-p_0$ 时 $$S_c=\sum_{i=1}^{n}\frac{h_i}{1+e_{0i}}\left[C_{si}\lg\left(\frac{p_{0i}+\Delta p_i}{p_{ci}}\right)\right] \quad (5\text{-}10)$$	h_i——地基沉降计算分层第 i 层分层厚度； C_{ci}——土层的压缩指数； P_{0i}——地基中各分层中点的自重应力； P_{ci}——前期固结压力，正常固结时 $P_{ci}=P_{oi}$； C_{si}——回弹指数； F——沉陷系数，由下图查得； P——地基面中心线上的梯形荷载强度； B——换算荷载宽度，$B=b+\frac{a}{2}$，b、d 意义如下图所示； E——地基土的弹性模量； S_∞——地基最终沉降量； m——考虑地基剪切变形及其他影响因素的综合性经验系数，它与地基土的变形特性、荷载条件、加荷速率因素有关。对于正常固结或稍超固结土，通常取 $m=1.1\sim1.4$
瞬时沉降	软粘土地基由于其侧向变形而引起的瞬时沉降在总沉降中占相当大的比例，特别是当荷载比较大、加荷速率比较快的情况下。 准确计算瞬时沉降量的方法尚未成熟，目前是采用弹性理论公式计算。在梯形条状荷载下，弹性变形阶段因瞬时变形产生的沉降量： $$S_d=F\frac{PB}{E} \quad (5\text{-}11)$$	
最终沉降量	软土地基上路堤的沉降由固结沉降和瞬时沉降两部分组成，最终沉降量 S_∞ 可用式(5-12)计算： $$S_\infty=S_c+S_d \quad (5\text{-}12)$$ 用公式计算 S_d 时，由于其中的弹性模量和泊松比不易准确地确定，因此影响其计算结果的精确度。根据国内外实测沉降资料分析结果，可按式(5-13)计算： $$S_\infty=mS_c \quad (5\text{-}13)$$	

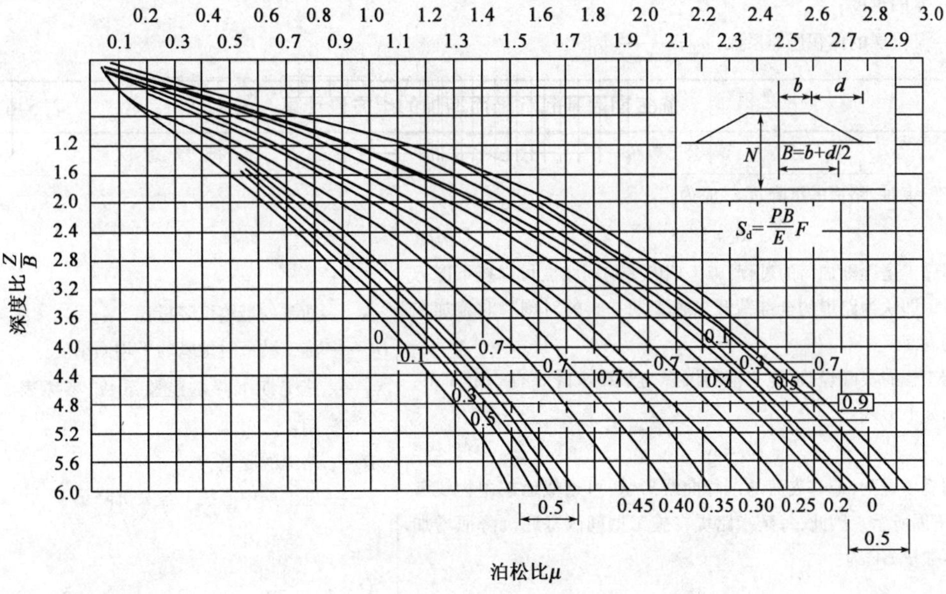

瞬时沉降 S_d 的计算图

地基沉降与时间关系 表 5-5

计算情况、计算公式及符号意义	计 算 图 形
路堤荷载作用下，饱和软土地基的沉降与时间关系取决于软土地基的固结。不同时间的沉降量 S_t 应为： $S_t = U_t S$ (5-14) $U_t = 1 - \frac{8}{\pi^2}e - \frac{\pi^2}{4}T_V$ (5-15) $T_V = \frac{C_V t}{H^2}, C_V = \frac{(1+e_0)k_V}{\gamma_w \alpha}$ (5-16) 若固结土层成层状时，各层的性质不一致，则上述竖向时间因数 T_V 应取加权平均值计算，即 $T_V = \frac{t}{\sum_1^n m_i h_i \sum_1^n \frac{h_i}{C_{Vi} m_i}}$ (5-17) 根据地基的固结类型以及计算的时间因数 T_V，查右图曲线，可以求得地基的平均固结度；或根据固结度求得相应的时间因数 T_V，从而计算达到某固结度所需要的时间。 S——地基的最终沉降量； U_t——某一时刻地基的平均固结度； T_V——竖向时间因数； t——固结时间； H——软土层的最大排水距离，当土层为单面排水时，H 即为土层的厚度，双面排水时，H 为土层厚度的一半； C_V——软土层的竖向固结系数，可由室内土工试验测定； e_0——软土固结前的初始孔隙比； k_V——软土的竖向渗透系数； α——软土的压缩系数； γ_w——水的重度； m_i——某土层的体积压缩系数，$m_i = \frac{a_i}{1+e_{0i}}$	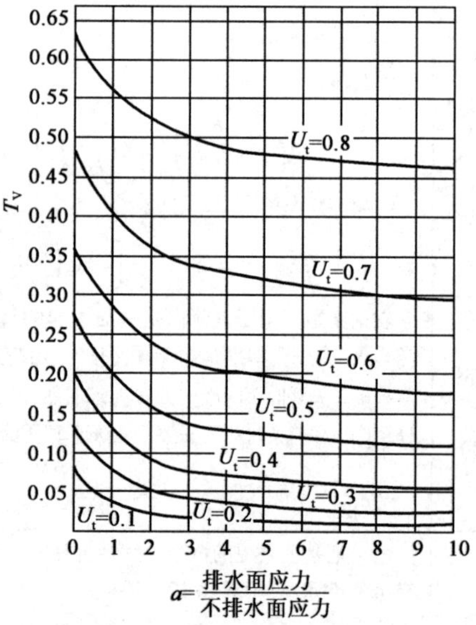 竖向固结度与时间因数的关系图

施工期因基底沉降而增加的土方量计算 表 5-6

计 算 公 式	符 号 意 义
施工结束时，路堤的沉降量 S_t 应为： $S_t = U'_t S$ (5-18) 路堤施工是逐渐加荷的过程，施工期的平均固结度可以按下图方法估计。即认为路堤的全部荷载在施工期一半的时刻瞬时施加在地基的表面。 根据工程的实际经验，施工期的沉降与最终沉降 S 有一定关系，可写出如下形式： $S_t = K_B \cdot S$ (5-19) 根据现场观测，地基表面的沉降曲线形状，可近似地按抛物线考虑，如下图所示。因此，每延米路堤在施工期间因基底沉降而增加的填土数量 ΔV 为： $\Delta V = \frac{2}{3}S_t B$ (5-20)	S——地基的最终沉降量； U'_t——施工结束时地基的平均固结度； K_B——施工期沉降的经验系数，参考表 5-7 选用； B——路堤的底宽； S_t——施工期中心线下最大沉降量

续上表

图　示	
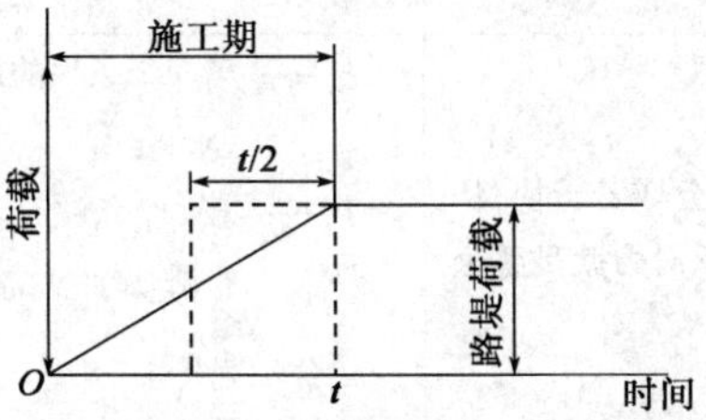 施工期平均固结度计算	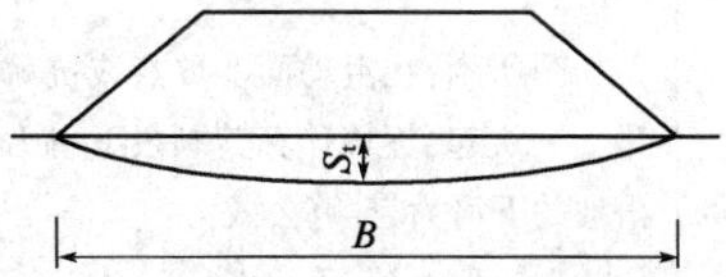 地基表面沉降曲线

施工期沉降经验系数 K_B　　表 5-7

最终沉降量(cm)	4	6	8	10	15	≥20
K_B(%)	55~75	45~65	35~60	25~45	20~40	15~35

2　滑坡地段路基滑坡推力计算

抗滑安全系数及强度指标的选取　　表 5-8

抗滑安全系数 k 值	滑面(带)上抗剪强度指标
(1)对于一般工程宜取 $K=1.0\sim1.25$； (2)对于重要工程可取 $K=1.25\sim1.30$； (3)若计算中考虑了地震作用等各种不利条件，则 K 值可采用较小值，甚至可取 $K=1.05\sim1.10$	(1)用试验方法取得 c、φ 值； (2)对于整个滑带刚刚形成的滑坡，可利用极限平衡条件(即令 $K=1$)用计算法取得 c、φ 值； (3)经验数据法：当滑带岩土的性质及所在部位与已有可靠的经验数据的滑坡近似时，可经过对比，将经验数据分析调整后用于计算

滑 坡 推 力 的 计 算　　表 5-9

滑面形状	计 算 公 式	符 号 意 义
滑面为单一平面	如图所示，滑坡推力计算式为： $$E=KG\sin\alpha-G\cos\alpha\tan\varphi-cL \quad (5\text{-}21)$$ 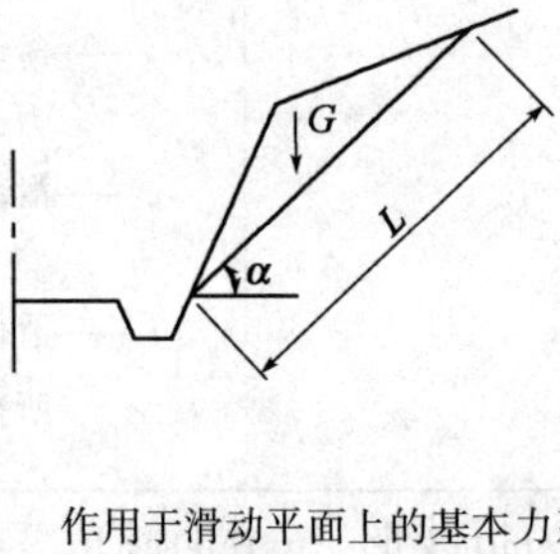 作用于滑动平面上的基本力系	G——滑体总重，kN/m； α——滑面与水平面间的夹角，(°)； L——滑面长度，m； c——滑面上的单位黏聚力，kPa； φ——滑体的内摩擦角，(°)； K——安全系数； E——滑体下滑力，kN/m

续上表

滑面形状	计 算 公 式	符 号 意 义
滑面为折面	如图所示,在滑动面变坡点或抗剪强度变化点将滑体分成若干块,从最上一块起,逐块计算其剩余下滑力,最后一块的剩余下滑力就是整个滑坡的下滑力,计算公式为: $$E_n = K \cdot T_n + E_{n-1}\cos(\alpha_{n-1} - \alpha_n) - [N_n + E_{n-1} - \sin(\alpha_{n-1} - \alpha_n)]\tan\varphi_n - c_n l_n \quad (5\text{-}22)$$ 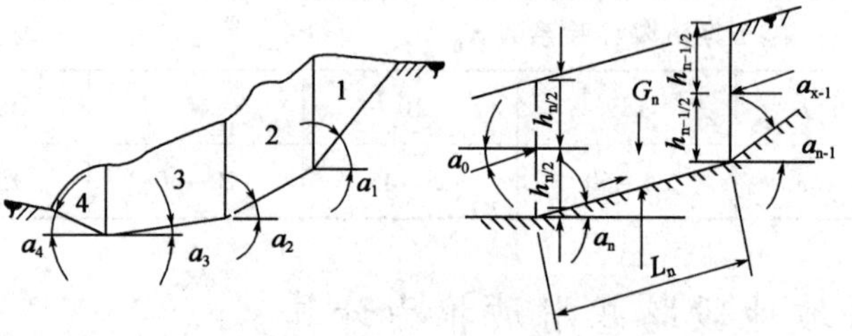 作用于滑体分块的基本力系	E_n——第 n 个条块的剩余下滑力,kN/m; T_n——第 n 个条块自重 G_n 的切线下滑力,kN/m,$T_n = G_n \cdot \sin\alpha_n$; N_n——第 n 个条块自重 G_n 的法线分力,kN/m,$N_n = G_n\cos\alpha_n$; α_n——第 n 个条块所在折线段滑面的倾角,(°); φ_n——第 n 个条块滑面上的内摩擦角,(°) c_n——第 n 个条块滑面上的单位黏聚力,kPa; l_n——第 n 个条块分段的长度,m; E_{n-1}——第($n-1$)个条块传递下来的剩余下滑力,kN/m; α_{n-1}——第($n-1$)个条块所在折线段滑面的倾角,(°)
滑面为圆柱面	如图所示,滑体下滑力可采用式(5-23)进行计算: $$E = K\sum G_{1i}\sin\alpha_i - \tan\varphi(\sum G_{1i}\cos\alpha_j + \sum G_{2j}\cos\alpha_j) - c(\sum l_i + \sum l_j) - G_{2j}\sin\alpha_j \quad (5\text{-}23)$$ 另外,在计算滑坡体的稳定时,还应根据滑坡体的实际情况(如地形、地质条件),分析滑体上有无外加荷载、是否受到水的作用(水压力、扬压力等)以及地震力等,具体计算可参见有关手册 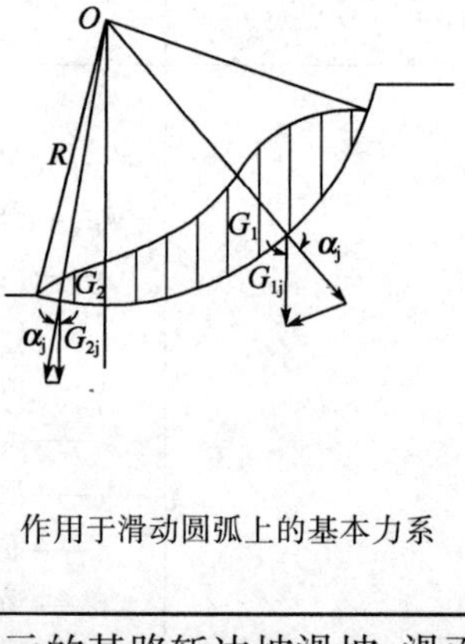 作用于滑动圆弧上的基本力系	G_{1i}——滑体下滑部分第 i 个条块的重力,kN/m; G_{1j}——滑体阻滑部分第 j 个条块的重力,kN/m; α_i——滑体下滑部分第 i 个条块所在圆弧段中心点的半径线与通过圆心的竖线之间的夹角,(°); α_j——滑体阻滑部分第 j 条块所在圆弧段中心点的半径线与通过圆心的竖线之间的夹角,(°); c——滑动圆弧面上的单位黏聚力,kPa; φ——滑动圆弧面上的内摩擦角,(°); l_i——滑体下滑部分第 i 个条块所在圆弧段滑面的长度,m

例 5-1 图 5-1 所示的某路堑边坡滑坡,滑面为折线形,按滑面倾角变化情况滑体可分成 5 段,各段滑面的内摩擦角 $\varphi = 19°$,黏聚力 $C = 6\text{kPa}$,拟采取修建重力式抗滑挡墙,试计算滑坡体的下滑力。

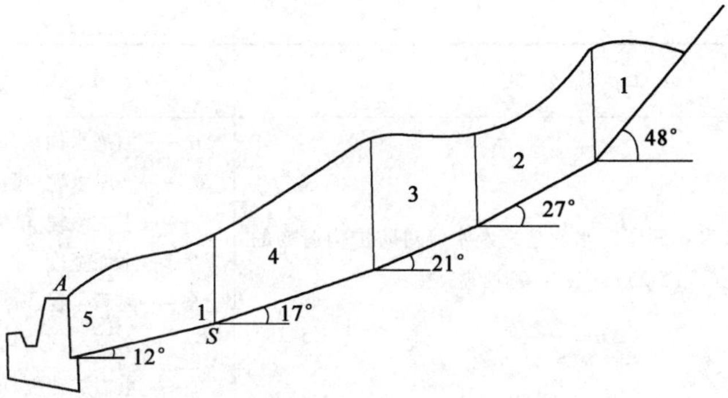

图 5-1　某路堑边坡滑坡计算简图

解　考虑到各种不利因素，决定采用安全系数 $K=1.20$。

根据式(5-22)，将划分的滑体条块自后向前逐一求出每个条块的剩余下滑力，列于表 5-10。

滑坡推力计算表($K=1.20$)　　表 5-10

条块号	条块重量 G_i (kN/m)	滑面倾角 α_i	$G_i\sin\alpha_i$ (kN/m)	$G_i\cos\alpha_i$ (kN/m)	$E_{n-1}\sin(\alpha_{n-1}-\alpha_n)$ (kN/m)	$[(4)+(5)]\cdot\tan\varphi_n$ (kN/m)	C_nL_n (kN/m)	$[(6)+(7)]\frac{1}{k}$ (kN/m)	$E_{n-1}\cos(\alpha_{n-1}-\alpha_n)$ (kN/m)	$E_n=(3)+(9)-(8)$ (kN/m)
	(1)	(2)	(3)	(4)	(5)	(6)	(7)	(8)	(9)	(10)
1	760	48°	564.8	508.5	—	—	82.8	72	—	492.8
2	2080	27°	944.3	1853	176.6	690.0	88.8	677.2	460.1	727.2
3	2760	21°	989.1	2576.7	78.4	914.2	87.0	834.3	746.3	901.1
4	3760	17°	1099.3	3595.7	62.9	1259.8	105.6	1137.8	898.9	860.4
5	1820	12°	378.4	1780	75.0	638.8	80.4	599.3	857.1	636.2

根据计算，第 5 个条块的剩余下滑力为 636.2kN/m，即整个滑坡体的滑坡推力为 636.2kN/m。

3　浸水路基

3.1　路基(防护)高度计算

路基(防护)高度计算　　表 5-11

项目	计算公式	符号意义
路基高度	浸水路基的边坡防护工程应根据河床特征、水流强弱、施工条件等综合考虑确定。路基(防护)高度的计算式为： $$H=h_1+h_2+h_z+\Delta \quad (5\text{-}24)$$	H——路基(防护)高度，m； h_1——路基设计洪水位，m； h_2——壅水高，m； h_z——波浪侵袭高，m； Δ——安全高，一般取 0.5m

续上表

项目	计算公式	符号意义
壅水高度	壅水高度主要考虑凹岸的水面超高及水流对防护构造物的冲高值，分别可按式(5-25)、式(5-26)计算： $\Delta H=\frac{v^2\cdot B}{g\cdot R}$ (5-25) $\Delta h=\frac{v^2\sin^2\alpha}{g\sqrt{1+m^2}}$ (5-26)	ΔH——河湾水面超高，m； Δh——凹岸水流对防护构造物的冲高值，m； v——平均流速，m/s； B——水面宽度，m； R——河湾半径，m； α——水流与河湾切线所成的交角，(°)； g——重力加速度，m/s^2； m——河岸边坡或防护工程边坡的边坡系数
波浪侵袭高度	在水面宽阔、路堤边坡受到波浪侵袭时，应计算波浪侵袭高度。波浪在路堤边坡上的侵袭高 h_z，可按式(5-27)计算。 $h_z=3.20K_0(2h)\tan\alpha$ (5-27) 波浪总高度 $2h$ 和长度 $2L$ 与水面宽度或吹程 D、风速 W 和堤前水深 H 等因素有关，可按下列经验公式确定。 (1)根据某水库公路观测资料整理的经验公式： $2h=0.0166W^{5/4}D^{5/4}$ (5-28) $2L=10.8(2h)^{0.8}$ (5-29) (2)河谷形水库地区，对于水面宽度 $D<100$km、水较深、风速大、浪较高的情况，则可按下式计算： $2h=0.073KW\sqrt{D\varepsilon}$ (5-30) $2L=0.304WD^{1/2}$ (5-31) 式(5-27)适用于边坡坡角为14°~45°(即1:4~1:1)及波浪总高 $2h$ 小于1.5m的情况。 当路堤设有护坡道或下边坡坡度不同时，式(5-27)中的 $\tan\alpha$ 应改用式(5-32)计算： $\tan\alpha=\frac{1-0.2\sqrt{\frac{b}{2h}}}{m_2}+2\frac{t}{2L}\left[\frac{1}{m_1}-\frac{1-0.2\sqrt{\frac{b}{2h}}}{m_2}\right]$ (5-32) 以下几种情况可不考虑波浪侵袭高：①水面宽度(吹程 D)小于0.2km者；②水深在1.0m以下者；③计算波浪高度在0.15m以下者；④河滩附近有不被波浪淹没的树林者	α——路堤边坡与水平面的夹角，(°)； K_0——与边坡坡面粗糙度和透水性有关的综合系数，见表5-12； $2h$——波浪的总高度，m； D——波浪推进方向的水面宽度，或称吹程，m，一般可采用与边坡坡面相垂直方向的最大水面宽度； W——风速，m/s，可采用汛期沿吹程方向的最大风速，一般应不低于15m/s； ε——波浪陡度，$\varepsilon=\frac{1}{0.9(100+W^2)^{1/2}}$； K——波浪特性系数，$K=1+e\frac{-0.4D}{W}$； b——护坡道宽度，m； t——静水位距护坡道的高度，m； m_1、m_2——上、下边坡的坡率； $2L$——波浪长度，m 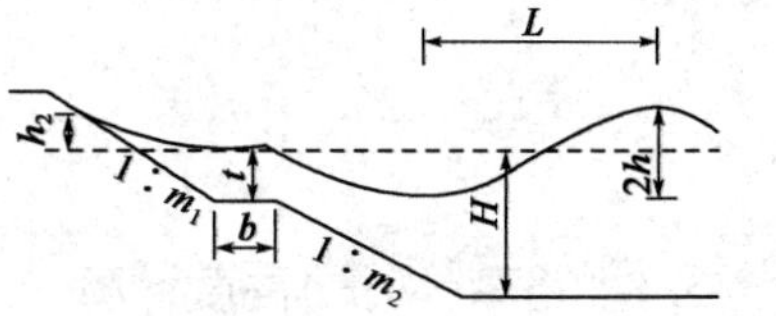 计算图示

K_0 系数表　　表5-12

护坡种类	K_0	护坡种类	K_0
草皮及干砌片石	0.90	植树或设有大块石料的边坡	0.77
一层或两层片石加固的护坡	0.75	抛石	0.60

3.2 边坡稳定性计算

边坡稳定性计算　　　　表5-13

项目	计算公式	符号意义
渗透动水压力	当路堤两侧水位不同时,水将由水位高的一侧向低的一侧渗透,并产生动水压力,动水压力可按式(5-33)计算: $$D = \gamma_w \cdot I \cdot A \qquad (5\text{-}33)$$ 其中,$I = \frac{1}{3000\sqrt{K}}$　　(5-34)	γ_w——水的重度,取10kN/m^3; A——浸润线与滑动面之间的土体面积,m^2; I——渗流的平均水力比降,计算时可近似地假定浸润线为一直线,其坡度即为渗流的平均水力坡降,在无试验资料时,I值可参考表5-14选用或按式(5-34)作近似计算; K——渗透系数,见表4-21
边坡稳定性计算及计算参数选取	通常采用圆弧法(条分法)验算,其计算公式如下: $$K = \frac{f\sum N_c + Cl_c + f_b\sum N_b + C_b l_b}{\sum T_c + \sum T_b + D} = \frac{\tan\varphi\sum b_c \cdot \gamma \cdot h_c\cos\alpha_c + \tan\varphi_b\sum(b_i \cdot \gamma \cdot h_1 + b_i \cdot \gamma_b \cdot h_b)\cos\alpha_i + C_b l_b}{\sum b_c \cdot \gamma \cdot h_c\sin\alpha_c + \sum(b_i \cdot \gamma \cdot h_1 + b_i \cdot \gamma_b \cdot h_b)\sin\alpha_i + D} \qquad (5\text{-}35)$$ (1)一般黏性土及均质的粉、细砂,通常采用标准夯实土样的快剪值,浸润线以上部分采用不浸水条件下的试验数值,浸润线以下部分采用浸水饱和条件下的试验数值。如无此数值时,则可用如下近似经验公式计算: ①内摩擦系数$f_b = 0.75f$,f为标准夯实土的内摩擦系数。 ②黏聚力$C_b = 0.5C$,C为标准夯实土的黏聚力。 ③土的浮密度$\gamma_b = \frac{\Delta - 10}{1+e}$,$\Delta$为土的相对密度,$e$为土的孔隙比。 (2)用砂砾、片石等无黏性($C=0$)的透水材料填筑的路堤,当水位变化时,堤身不发生动水压力($D=0$)。因此在作边坡稳定性验算时,式(5-35)中相应的参数应取为$D=0$、$C=0$、$C_b=0$。 (3)用不透水或透水性极小的黏性土填筑的路堤,当水位变化时,堤身也不发生动水压力。因此在作边坡稳定性验算时,式(5-35)中的$D=0$。 (4)用几种不同土填筑的路堤,验算时,按照破裂面所穿过的不同土层,分别采用各层土的γ、φ、C值。 (5)河滩路堤的安全系数,一般规定不小于1.25,按最大洪水位进行验算时,其安全系数可采用$K \geqslant 1.15$。 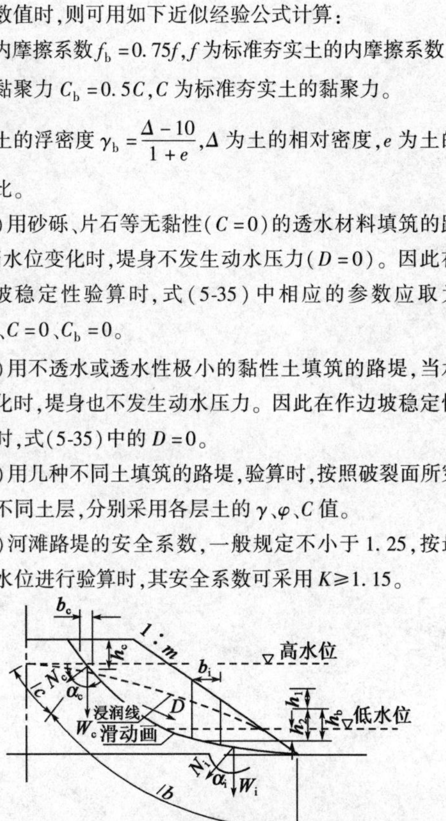 圆弧法验算图	K——稳定安全系数,一般要求$K>1.25$; $f\sum N_c$——浸润线以上部分沿滑动面l_c的摩擦力总和,$f=\tan\varphi$(φ为浸润线以上部分填土的内摩擦角); $f_b\sum N_b$——浸润线以下部分沿滑动面l_b的摩擦力总和,$f_b=\tan\varphi_b$(φ_b为浸润线以下部分填土的内摩擦角); C、C_b——浸润线以上部分与以下部分填土的黏聚力,kPa; l_c、l_b——浸润线以上部分与以下部分填土的滑弧长度,m; $\sum T_c$——浸润线以上部分沿滑动面l_c的下滑力的总和,kN; $\sum T_b$——浸润线以下部分沿滑动面l_b的下滑力总和,kN; γ、γ_b——填土的天然重度及浮重度或浸水重度,kN/m^3,$\gamma_b=\gamma-\gamma_w$(γ_w为水的重度,取10kN/m^3); b_c、h_c——浸润线以上部分填土沿滑动面l_c滑动的土条宽度与高度,m; α_c——浸润线以上部分土条重W_c在滑动面l_c上与其法向分为N_c的夹角,(°); h_1、h_b——沿滑动面l_b滑动的土条在浸润线以上及以下部分的高度,m; b_i——沿滑动面l_b滑动的土条宽度,m; α_i——沿滑动面l_b滑动的土条重W_i与其在滑动面上的法向分为N_i的夹角,(°); D——动水压力,用式(5-33)计算而得

平 均 *I* 值 参 考 表　　表 5-14

土 类	粗 砂	中 砂	细 砂	粉 砂	亚砂土	亚黏土	黏 土	重黏土
I	0.003 ~ 0.006	0.006 ~ 0.015	0.015 ~ 0.020	0.015 ~ 0.05	0.02 ~ 0.05	0.05 ~ 0.10	0.10 ~ 0.15	0.15 ~ 0.20

第6章　挡土墙计算

1　土压力计算

1.1　土压力的分类

土 压 力 的 分 类　　表6-1

<table>
<tr><td>静止土压力</td><td>如果挡土墙的刚度很大,在土压力作用下,墙体不发生变形和任何位移(如下图所示),墙后土体处于弹性平衡状态,此时墙后所受的土压力称为静止土压力</td></tr>
<tr><td>主动土压力</td><td>如果挡土墙在土压力作用下向前(离开土体)产生一微小的移动或转动(如下图所示),从而使墙对土体的侧向应力逐渐减小,土体便出现向下滑动的趋势,这时土中逐渐增大的抗剪力抵抗着这一滑动的产生。当墙的侧向应力减小到某一数值;且土的抗剪强度充分发挥时,土压力减到最小值,土体便处于极限平衡状态,即主动极限平衡状态。与此相应的土压力称为主动土压力</td></tr>
<tr><td>被动土压力</td><td>如果挡土墙在外力作用下,移动或转动方向是推挤土体(如下图所示),从而逐渐增加挡土墙对土体的侧向应力,土体出现向上滑动的趋势。当墙对土体的侧向应力增大到某一数值,使土的抗剪强度充分发挥时,土压力增大到最大值,土体便处于另一种极限平衡状态,即被动极限平衡条件,与此相应的土压力称为被动土压力</td></tr>
<tr><td colspan="2">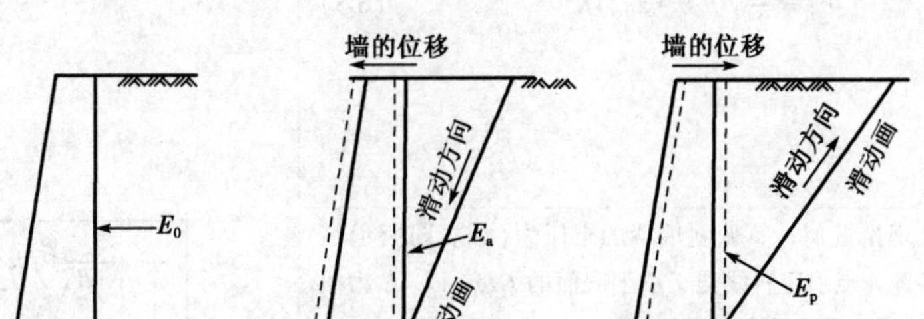

土压力类型
a)静止土压力;b)主动土压力;c)被动土压力

在挡土墙设计中,应根据它在外力作用下可能的位移方向,判断是主动土压力还是被动土压力。对于一般的路基挡土墙,墙身有被土体向外挤动的可能,墙背承受的是主动土压力。按主动土压力设计挡土墙,是考虑到挡土墙失稳或基底破坏前墙身必定会产生相应的位移,于是墙后土体的应力状态趋近主动极限状态。因此,以主动土压力作为挡土墙的设计荷载是合理的</td></tr>
</table>

1.2 朗金理论主动土压力计算

朗金理论主动土压力计算 表 6-2

计算情况	计 算 公 式	符号意义及特点
填土表面为水平	(1)填土为砂性土时，单位墙长的主动土压力按下式计算： $$E_a = \frac{1}{2}\gamma H^2 K_a \quad (6\text{-}1)$$ (2)填土为黏性土时，单位墙长的主动土压力可按下式计算： $$E_a = \frac{1}{2}\gamma H^2 K_a - 2H\sqrt{K_a} + \frac{2^2}{\gamma} \quad (6\text{-}2)$$ 式中：$$K_a = \tan^2\left(45° - \frac{\varphi}{2}\right) \quad (6\text{-}3)$$ 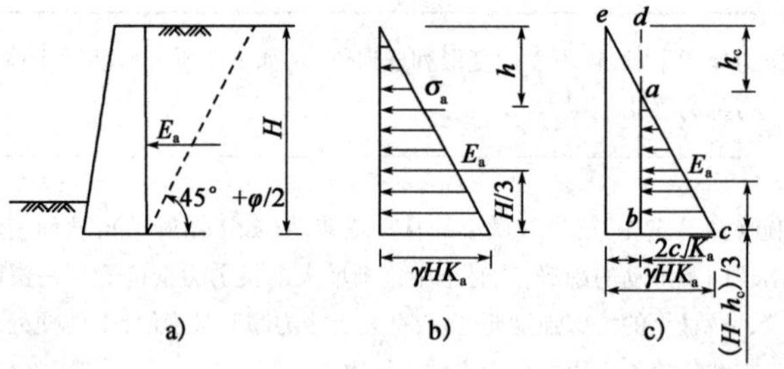 郎金主动土压力	K_a——朗金主动土压力系数； γ——填土的重度，kN/m^3； H——挡土墙高度，m； φ——填土的内摩擦角，(°)； c——填土的黏聚力，kPa； h_0——均布荷载换算高度，m； β——填土表面与水平面的倾斜角，(°)。 朗金理论不能用于填土表面为折线形或仰斜墙背的墙后土压力计算。由于假定墙背垂直、光滑、填土表面为单一平面，使计算条件和适用范围受到限制，计算结果与实际有出入，所得主动土压力值偏大，被动土压力值偏小
填土表面为倾斜平面	(1)如右图所示，当倾斜角 $\beta \leqslant \varphi$ 时，可用式(6-1)计算填土主动土压力，主动土压力系数按式(6-4)计算： $$K_a = \cos\beta\frac{\cos\beta - \sqrt{\cos^2\beta - \cos^2\varphi}}{\cos\beta + \sqrt{\cos^2\beta - \cos^2\varphi}} \quad (6\text{-}4)$$ (2)若填土表面具有均布荷载(如右图所示)，则可按式(6-4)计算土压力系数，式(6-5)计算主动土压力： $$E_a = \frac{1}{2}\gamma H(H + 2h_0)K_a \quad (6\text{-}5)$$	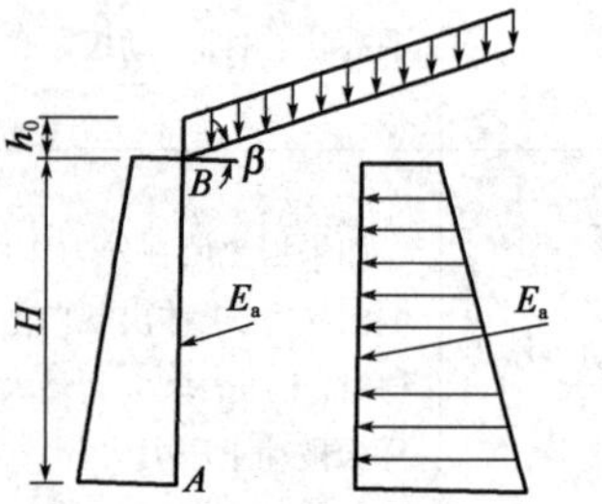 倾斜表面主动土压力
墙背(或假想墙背)为俯斜	可利用朗金理论近似计算俯斜墙背的土压力(如右图所示)。其方法是从墙踵 A 点引竖直线交于填土表面的 C 点，以 AC 为假想墙背，假想墙背的计算墙高 H' 为： $$H' = H(1 + \tan\alpha\tan\beta) \quad (6\text{-}6)$$ 用式(6-1)或式(6-4)求出假想墙背 AC 上的主动土压力 E_a，然后计算 $\triangle ABC$ 的填土重 W，作为该土体对实际墙背的竖直压力，则 E_a 与 W 的矢量和可近似认为是 AB 墙背上的土压力	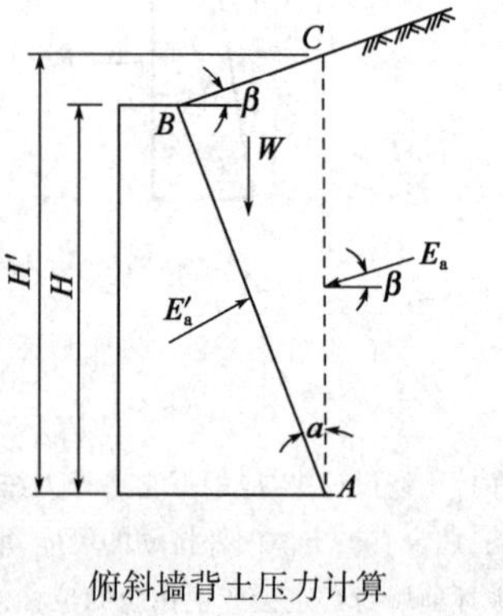 俯斜墙背土压力计算

1.3 库仑理论主动土压力计算

库仑理论主动土压力计算 表 6-3

计算情况	计 算 公 式	符号意义及特点
简单边界条件	当填土表面为倾斜平面时,如右图所示,主动土压力计算表达式为: $E_a=\frac{1}{2}\gamma H^2K_a$ (6-7) $K_a=\frac{\cos^2(\varphi-\alpha)}{\cos^2\alpha\cos(\delta+\alpha)\left[1+\sqrt{\frac{\sin(\varphi+\delta)\sin(\varphi+\beta)}{\cos(\delta+\alpha)\cos(\alpha+\beta)}}\right]^2}$ (6-8)	K_a——库仑主动土压力系数; γ——填土的重度,kN/m^3; H——墙背高度,m; φ——填土的内摩擦角,(°); δ——墙背摩擦角,(°); β——填土表面的倾角,(°); α——墙背倾角,(°),当墙背俯斜时 α 值为正,仰斜时为负; θ——BC 与竖直向的夹角,即破裂角; A_0、B_0——与破裂角 Q 无关的边界条件系数,按表 6-4 中的公式计算。 库仑理论虽有不够严谨之处,但概念清晰,计算简单,适应范围较广,可适用于不同墙背坡度和粗糙度、不同墙后填土表面形状和荷载作用情况下的主动土压力计算。而且一般情况下,计算结果均能满足工作要求
复杂边界条件	实际工程中,挡土墙后的填土表面有时不是平面,而且在路基表面有车辆荷载作用,因而边界条件较为复杂。挡土墙面交于路基面的位置不同,可分为下列几种图式,如下图所示:破裂面 BC_1 交会于内边坡、破裂面 BC_2 交会于荷载内侧、破裂面 BC_3 交会于荷载中部、破裂面 BC_4 交会于荷载外侧、破裂面 BC_5 交会于外边坡等。破裂棱体的自重可统一表示为: $W=\gamma(A_0\tan\theta-B_0)$ (6-9) 根据库仑土压力理论建立的各种边界条件的主动土压力计算公式,详见《公路设计手册·路基》 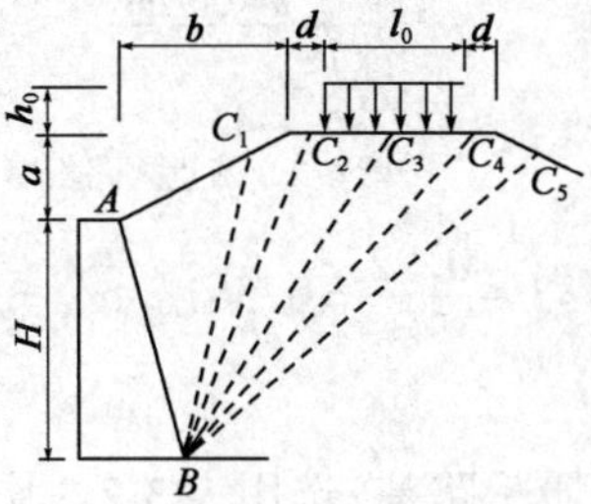 库仑主动土压力计算图示	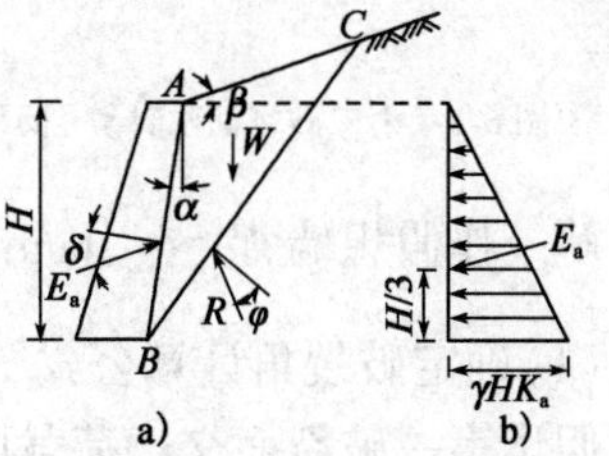 倾斜表面库仑主动土压力

边界条件系数 A_0、B_0 表 6-4

边 界 条 件	A_0	B_0
破裂面交于荷载内侧	$A_0=\frac{1}{2}(\alpha+H)^2$	$B_0=\frac{1}{2}ab-\frac{1}{2}H(H+2a)\tan\alpha$
破裂面交于荷载中部	$A_0=\frac{1}{2}(\alpha+H+2h_0)(a+H)$	$B_0=\frac{1}{2}ab+(b+d)h_0-\frac{1}{2}H(H+2a+2h_0)\tan\alpha$
破裂面交于荷载外侧	$A_0=\frac{1}{2}(a+H)^2$	$B_0=\frac{1}{2}ab-l_0h_0-\frac{1}{2}H(H+2a)\tan\alpha$

1.4 特殊条件下的土压力计算

1.4.1 第二破裂面的土压力计算

第二破裂面的土压力计算　　　　表 6-5

产生的条件	(1)墙背或假想墙背的倾角 α_1 或 α'_i 必须大于第二破裂角 α_i(如图 6-1 所示),即墙背或假想墙背不妨碍第二破裂面的出现。 (2)作用于墙背或假想墙背上的土压力对墙背法线的倾角 δ'应小于或等于墙背摩擦角 δ,也就是不会发生土楔沿墙背或假想墙背的滑动
土压力的计算	各种边界条件的第二破裂面主动土压力计算公式详见《公路设计手册 · 路基》。计算基本步骤如下: (1)判别第一破裂面出现的位置,即试算破裂角的大小; (2)计算第二破裂角,判断是否发生第二破裂面; (3)选择主动土压力的计算公式,计算土压力

例 6-1　某衡重式路堤墙,断面尺寸如图 6-2 所示。填料 $\gamma = 19\text{kN/m}^3$,$\varphi = 45°$,求上墙主动土压力。

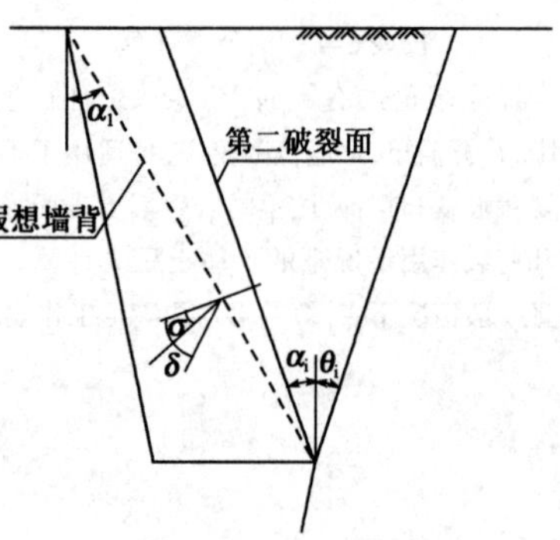

图 6-1　第二破裂面法计算图示

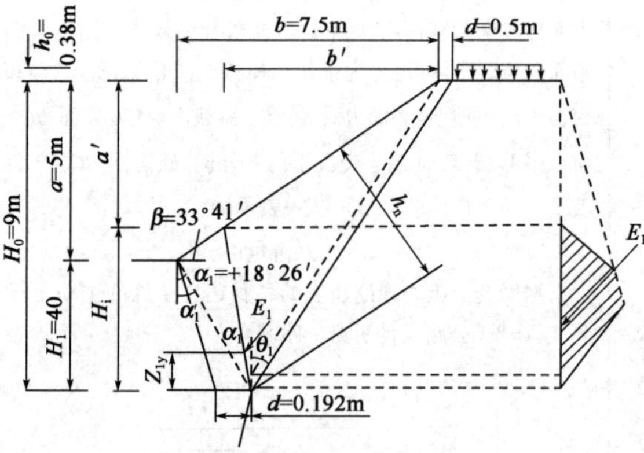

图 6-2　衡重式路堤墙

解　作假想墙背:　　$\tan\alpha'_1 = \tan\alpha_1 + \dfrac{d_1}{H_1} = 0.33 + \dfrac{0.92}{4} = 0.56$,　$\alpha'_1 = 29°15'$

(1)确定破裂角计算公式

假设第一破裂面交于荷载内,查《公路设计手册 · 路基》选用表 3-2-2 中的第六类公式:

$$h'' = H_1\sin\beta(\cot\beta + \tan\alpha'_1) = 4\sin33°41' \times (1.5 + 0.56) = 4.57\text{m}$$

$$p = \sqrt{1 + \frac{2h_0}{H_0}} = \sqrt{1 + \frac{2 \times 0.38}{9}} = 1.041$$

$$Q = \frac{h''}{pH_0}\csc(2\varphi + \beta) - \cot(2\varphi + \beta) = \frac{4.57}{1.041 \times 9} \times \csc(2 \times 45° + 33°41') - \cot(2 \times 45° + 33°41') = 1.253$$

$$R = \cot\varphi\cot(2\varphi + \beta) + \frac{(h'')^2}{p^2H_0^2}\frac{\cos(\varphi + \beta)}{\sin\varphi\sin(2\varphi + \beta)}\left\{1 + \frac{H_0^2}{(h'')^2}\tan(\varphi + \beta)\left[\frac{2h''}{H_0\sin\beta} - \cot\beta - \frac{(h'')^2}{H_0^2}\cot\beta - \frac{2h_0}{H_0}\left(\cot\beta - \frac{h''}{H_0\sin\beta} + \frac{d}{H_0}\right)\right] - \frac{2pH_0\cos\varphi}{h''\cos(\varphi + \beta)}\right\}$$

$$= \cot45°\cot(2 \times 45° + 33°41') + \frac{4.75^2}{1.041^2 \times 9^2}\frac{\cos(45° + 33°41')}{\sin45°\sin(2 \times 45° + 33°41')}$$

$$\left\{1+\frac{9^2}{4.57^2}\tan(45^\circ+33^\circ41')\left[\frac{2\times4.57}{9\sin33^\circ41'}-1.5-\frac{4.57}{9^2}\times1.5-\right.\right.$$

$$\left.\left.\frac{2\times0.38}{9}\left(1.5-\frac{4.57}{9\sin33^\circ41'}+\frac{0.5}{9}\right)\right]+\frac{2\times1.041\times9\cos45^\circ}{4.57\times\cos(45^\circ+33^\circ41')}\right\}=-1.927$$

$$\tan\theta_i=-Q+\sqrt{Q^2-R}=-1.253+\sqrt{1.253^2+1.927}=0.617$$

验核破裂面位置：

堤顶破裂面距墙顶内缘　$H_1\tan\alpha'_1+H_0\tan\theta_i=4\times0.56+9\times0.617=7.79\text{m}$

荷载内缘距墙顶内缘　$b+d=7.50+0.50=8.00\text{m}$

路基边缘距墙顶内缘　$b=7.50\text{m}$

7.50 < 7.79 < 8.00，故破裂面交于路肩上，与假设不符。

重设第一破裂面交于路肩上，查《公路设计手册・路基》选用表3-2-2中第五类公式计算。

$$Q=\frac{h''}{H_0}\csc(2\varphi+\beta)-\cot(2\varphi+\beta)$$

$$=\frac{4.57}{9}\csc(2\times45^\circ+33^\circ41')-\cot(2\times45^\circ+33^\circ41')=1.277$$

$$R=\cot\varphi\cot(2\varphi+\beta)+\frac{(h'')^2}{H_0^2}\frac{\cos(\varphi+\beta)}{\sin\varphi\sin(2\varphi+\beta)}$$

$$\left\{1+\frac{H_0^2}{(h'')^2}\tan(\varphi+\beta)\left[\frac{2h''}{H_0\sin\beta}-\cot\beta-\frac{(h'')^2}{H_0^2}\cot\beta\right]-\frac{2H_0}{h''}\frac{\cos\varphi}{\cos(\varphi+\beta)}\right\}$$

$$=1\times\cot(2\times45^\circ+33^\circ41')+\frac{4.57^2}{9^2}\frac{\cos(45^\circ+33^\circ41')}{\sin45^\circ\sin(2\times45^\circ+33^\circ41')}$$

$$\left\{1+\frac{9^2}{4.57^2}\tan(45^\circ+33^\circ41')\left[\frac{2\times4.57}{9\sin33^\circ41'}-1.5-\frac{4.57^2}{9^2}\times1.5\right]-\right.$$

$$\left.\frac{2\times9}{4.57}\frac{\cos45^\circ}{\cos(45^\circ+33^\circ41')}\right\}=1.892$$

$$\tan\theta_i=-Q+\sqrt{Q^2-R}=-1.277+\sqrt{1.277^2+1.892}=0.600,\ \theta_i=30^\circ58'$$

验核破裂面位置：

堤顶破裂面距墙顶内缘　$H_1\tan\alpha'_1+H_0\tan\theta_i=4\times0.56+9\times0.60=7.64\text{m}$

因 7.50 < 7.64 < 8.00，故破裂面交于路肩，与假设相符。

(2)判断第二破裂角 α_i

由《公路设计手册・路基》表中3-2-2第五类公式知：

$$\tan(\alpha_i-\beta)=\cot(\varphi+\beta)-\frac{H_0}{h''}\frac{\cos\varphi}{\sin(\varphi+\beta)}[1-\tan\varphi\tan\theta_i]$$

$$=\cot(45^\circ+33^\circ41')-\frac{9}{4.57}\frac{\cos45^\circ}{\sin(45^\circ+33^\circ41')}[1-\tan45^\circ\times0.600]=-0.368$$

$\alpha_i-\beta=-20^\circ11'$，$\alpha_i=33^\circ41'-20^\circ11'=13^\circ30'$，$\tan\alpha_i=0.240$

$\alpha_i<\alpha'_1(29^\circ15')$，故出现第二破裂面。

(3)计算上墙主动土压力 E_1(作用于第二破裂面)

按《公路设计手册・路基》表中3-2-2第五类公式知：

$$H'_1=H_1\times\frac{1+\tan\alpha'_1\tan\beta}{1+\tan\alpha_1\tan\beta}=4\times\frac{1+0.56\times0.667}{1+0.24\times0.667}=4.74\text{m}$$

$$a'=H_0-H'_1=9-4.74=4.26\text{m},\ b'=a'\cot\beta=4.26\times1.5=6.39\text{m}$$

$$h_3=\frac{b'-a'\tan\theta_i}{\tan\theta_i+\tan\alpha_i}=\frac{6.39-4.26\times0.600}{0.600+0.240}=4.57\text{m}$$

$$K=\frac{\cos(\theta_i+\varphi)}{\sin(\theta_i+\alpha_i+2\varphi)}(\tan\theta_i+\tan\alpha_i)=\frac{\cos(30°58'+45°)}{\sin(30°58'+13°30'+2\times45°)}\times$$

$$(0.600+0.240)=0.285$$

$$K_1=1+\frac{2a'}{H'_1}\left(1-\frac{h_3}{2H'_1}\right)=1+\frac{2\times4.26}{4.74}\left(1-\frac{4.57}{2\times4.74}\right)=1.932$$

$$E_1=\frac{1}{2}\gamma(H'_1)^2KK_1=\frac{1}{2}\times19\times4.74^2\times0.285\times1.932=117.53\text{kN}$$

$$Z_{1y}=\frac{H'_1}{3}+\frac{a'(H'_1-h_3)^2}{3(H'_1)^2K_1}=\frac{4.74}{3}+\frac{4.26(4.74-4.57)^2}{3\times4.74^2\times1.932}=1.58\text{m}$$

1.4.2 折线形墙背的土压力计算

折线形墙背的土压力计算(延长墙背法)　　表6-6

计算方法	计算图示
库仑理论仅适用于直线墙背。当墙背为折线时,不能直接用库伦理论计算全墙的土压力,应将上墙与下墙看作独立的墙背,分别按库仑理论计算主动土压力,然后取两者的矢量和作为全墙的土压力。 延长墙背法是一种简化的近似方法,由于计算简便,该方法至今在工程界得到广泛的应用。然而,由于忽略了延长墙背和实际墙背之间的土楔重和土楔上部可能有的荷载重,以及延长墙背和实际墙背上的土压力方向不同而引起的垂直分力差,存在着一定的误差	如下图所示,AB为上墙墙背,BC为下墙墙背。先将上墙视为独立的墙背,用一般的方法求出主动土压力E_1,土压应力分布图形为abc。计算下墙土压力时,首先延长下墙墙背CB,交填土表面于D点;以DC为假想墙背,用一般库仑土压力理论求算假想墙背的土压力,其土压应力分布图形为def;截取其中与下墙相应的部分,即$hefg$,其合力即为下墙主动土压力E_2 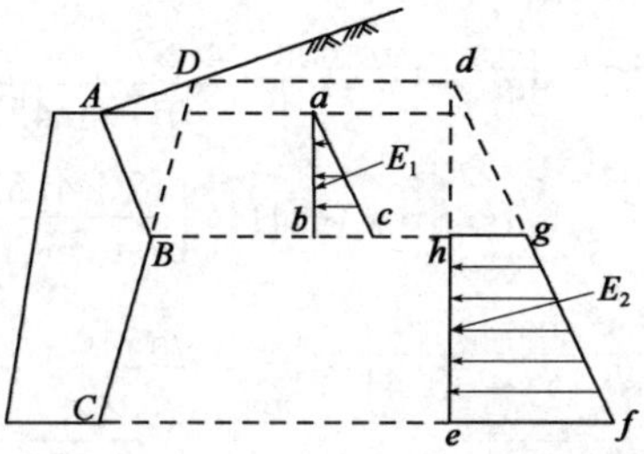 延长墙背法求下墙的土压力

黏性土的土压力计算　　表6-7

计算方法	计算公式	符号意义
等效内摩擦角法	由于库仑理论仅限于计算砂性土的土压力,故最简单的办法就是增大内摩擦角的计算数值,把黏聚力的影响考虑在内摩擦角这一参数内,然后按砂性土的公式计算其主动土压力。这就是所谓的等效内摩擦角法。 通常把黏性土的内摩擦角值增大5°~10°,作为等效内摩擦角φ_D。按土体抗剪强度相等的原则,φ_D的计算式为: $\tan\varphi_D=\tan\varphi+\frac{C}{\gamma H}$　　(6-10) 按土压力相等的原理计算,φ_D(如右图所示)的计算式为: $\tan\left(45°-\frac{\varphi_D}{2}\right)=\tan\left(45°-\frac{\varphi}{2}\right)-\frac{2C}{\gamma H}$　(6-11)	φ——填土的内摩擦角,(°); C——填土的黏聚力,kPa; φ_D——等效内摩擦角,(°); H——墙背高度,m; γ——填土的重度,kN/m³ 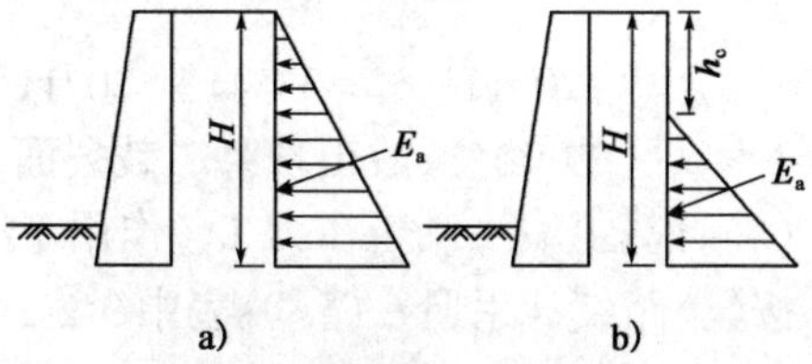 按土压力相等原理计算φ_D

续上表

计算方法	计算公式	符号意义
力多边形法	按静力平衡条件,由力多边形可求得土压力 E_a(如右图所示): $$E_a=G\frac{\cos(\theta+\varphi)}{\sin(\theta+\psi)}-\frac{CL\cdot\cos\varphi}{\sin(\theta+\psi)} \quad (6\text{-}12)$$ 式中:$\psi=\varphi+\delta+\alpha$,$L=\overline{BC}$,即为考虑了裂缝后的破裂面长度。 令$\frac{dE_a}{d\theta}=0$,即可得到最不利破裂角和最大主动土压力 E_a,各种情况下的黏性土土压力计算公式,详见《公路设计手册·路基》。 其中,垂直裂缝长度可按下式确定: $$h_c=\frac{2C}{\gamma}\tan\left(45°+\frac{\varphi}{2}\right) \quad (6\text{-}13)$$ 墙后填料有均布荷载时,裂缝深度将减小,实际裂缝区深度为: $$h'_c=h_c-h_0 \quad (6\text{-}14)$$	G——滑动土体的自重,kN; θ——破裂角,(°); δ——墙背摩擦角,(°); α——墙背倾角,(°); h_0——荷载换算厚度,m; 其余符号同上 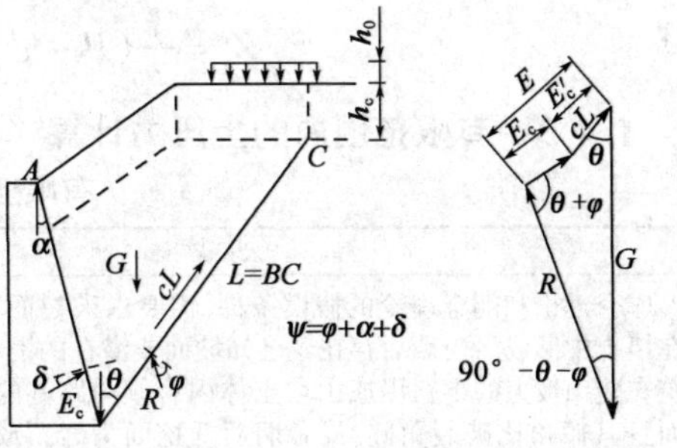 黏性土土压力计算图示

例 6-2 某路肩墙,$H=8.0$m,填料为亚砂土,$\gamma=18$kN/m^3,$C=5$kPa,$\varphi=25°$。选用仰斜墙 1:0.20($\alpha=-11°19'$),$\delta=\frac{1}{2}\varphi$,汽车—15 级荷载,$h_0=0.42$m,求土压力 E_a。

解 (1)裂缝区深 h_c

$$h_c=\frac{2C}{\gamma}\tan\left(45°+\frac{\varphi}{2}\right)=\frac{2\times5}{18}\tan\left(45°+\frac{25°}{2}\right)=0.87\text{m}$$

裂缝区实际深度 h'_c 为:

$$h'_c=h_c-h_0=0.87-0.42=0.45\text{m}$$

(2)计算破裂角

查《公路设计手册·路基》选用表 3-2-4 中第一类公式得:

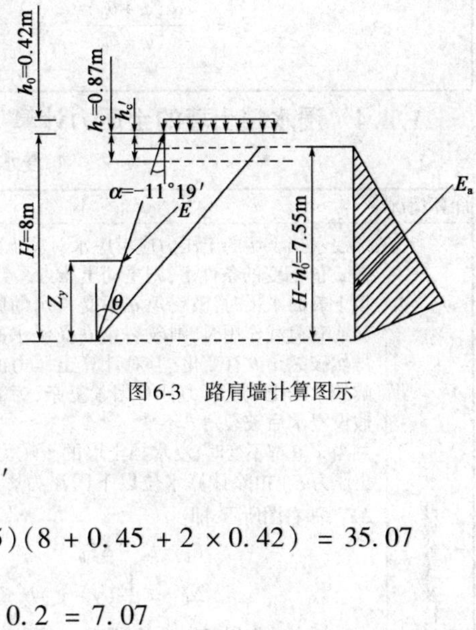

图 6-3 路肩墙计算图示

$$\psi=\varphi+\alpha+\delta=25°-11°19'+12°30'=26°11'$$

$$A=\frac{1}{2}(H-h'_c)(H+h'_c+2h_0)=\frac{1}{2}(8-0.45)(8+0.45+2\times0.42)=35.07$$

$$B=-\frac{1}{2}H(H+2h_0)\tan\alpha=\frac{8}{2}(8+2\times0.42)\times0.2=7.07$$

$$D=\frac{A\sin(\varphi-\psi)-B\cos(\varphi-\psi)}{\cos\psi\left[A\sin\varphi+\frac{C}{\gamma}(H-h'_c)\cos\varphi\right]}$$

$$=\frac{35.07\sin(25°-26°11')-7.07\cos(25°-26°11')}{\cos26°11'\left[35.07\sin25°+\frac{0.5}{1.8}(8-0.45)\cos25°\right]}=-0.520$$

$$\tan\theta=-\tan\psi+\sqrt{\sec^2\psi-D}=-\tan26°11'+\sqrt{\sec^2 26°11'+0.520}=0.8357,\theta=39°53'$$

(3)计算主动土压力 E_a

$$E_a=\gamma(A\tan\theta-B)\frac{\cos(\theta+\varphi)}{\sin(\theta+\varphi)}-\frac{C(H-h'_c)\cos\varphi}{\cos\theta\sin(\theta+\psi)}$$

$$=18\times(35.07\times\tan39°53'-7.07)\frac{\cos(39°53'+25°)}{\sin(39°53'+26°11')}-$$

$$\frac{-5\times(8-0.45)\cos25°}{\cos39°53'\sin(39°53'+26°11')}=137.09\text{kN}$$

(4)土压力作用点位置 Z_y

$$Z_y=\frac{1}{3}(H-h'_c)=\frac{1}{3}(8-0.45)=2.52\text{m}$$

1.4.3 有限范围内的土压力计算

有限范围内的土压力计算 表 6-8

计 算 公 式	符 号 意 义
库仑理论和朗金理论的假设条件,均要求破裂面不受阻,能在填土中形成。当墙后存在着已知坡面或潜在的滑动面(如修筑在陡山坡上的半路堤或山坡土体内有倾向路基的层面等),而且其倾角比破裂角陡;或者墙后开挖面为岩石或坚硬土质时,为减小开挖和回填工程量,开挖边坡较陡,其倾角也较破裂角小。这种情况下,墙后填土不是沿着计算破裂面滑动,而是沿着这些已知滑动面滑动。这属于有限范围填土土压力计算问题。 有限范围填土土压力计算图式如右图所示。根据棱体极限平衡条件,作用于墙背上的主动土压力为: $E_a=G\dfrac{\cos(\varphi+\theta_0)}{\sin(\varphi+\theta_0)}$ (6-15)	G——滑动土体的自重(包括土体上的荷载);kN; θ_0——滑动面与竖直方向的夹角,(°); φ——填土与滑动面间的摩擦角,(°) 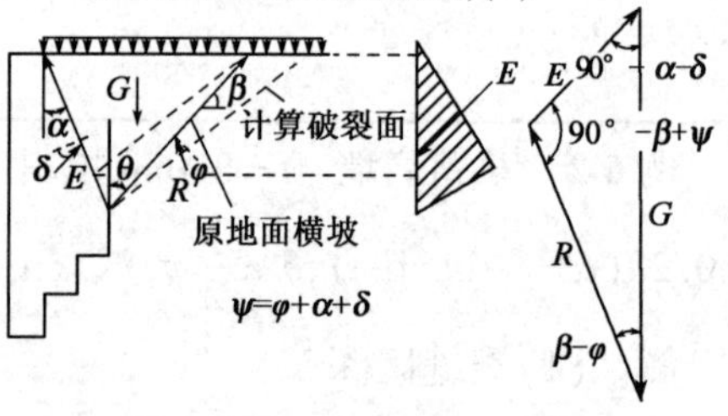 有限范围填土的土压力计算图式

1.4.4 浸水挡土墙的土压力计算

浸水挡土墙的土压力计算 表 6-9

计算情况	φ 值 不 变	φ 值 变 化
计算公式及符号意义	浸水挡土墙的土压力应考虑水对填土的影响,在假设填土的 φ 值不变的条件下,则主动土压力系数 K 也不变。当墙后填土表面水平时,破裂角 θ 不受浸水的影响;当填土表面倾斜或有荷载作用时,则破裂角 θ 受浸水的影响而略有变化。虽然破裂角 θ 有变化,但对计算土压力的影响不大,而且影响浸水挡土墙土压力计算因素复杂,为简化计算,可进一步假设浸水后破裂角 θ 不变。 当 φ、θ 都不变时,浸水挡土墙的土压力可采用不浸水时的土压力 E_a 扣除计算水位以下因浮力影响而减小的土压力 ΔE_b,如右图所示,即: $\left.\begin{aligned}E_b&=E_a-\Delta E_b\\ \Delta E_b&=\frac{1}{2}(\gamma-\gamma')H_b^2K\end{aligned}\right\}$ (6-16) 土压力的作用点位置 Z_{bx} 为: $Z_{bx}=\dfrac{E_a\cdot Z_x-\Delta E_b\left(\dfrac{H_b}{3}\right)}{E-\Delta E_b}$ (6-17) 式中:H_b——计算水位以下的墙高,m; γ'——填料的浮重度,kN/m³;其值为: $\gamma'=\gamma_d-(1-n)\gamma_w=\dfrac{\gamma_g-\gamma_w}{1-\varepsilon}$ γ_g、γ_d——填料干重度和固体土粒的重度,kN/m³; γ_w——水的重度,kN/m³; n、ε——填料的孔隙率和孔隙比	考虑浸水后填料的计算内摩擦角 φ 值降低时,可采用下列方法计算土压力。 (1)先求计算水位以上部分的土压力 E_1。 (2)将计算水位以上部分的土层当作超载,按浮重度 γ' 换算为厚 h_b 的均布土层: $h_b=\dfrac{\gamma}{\gamma'}(H+h_0-H_b)$ (6-18) (3)计算浸水部分(其上部作用有 h_b 厚的均布土层)的土压力 E_2。 (4)上述两部分土压力 E_1 和 E_2 的矢量和,即为全墙的土压力 E_b 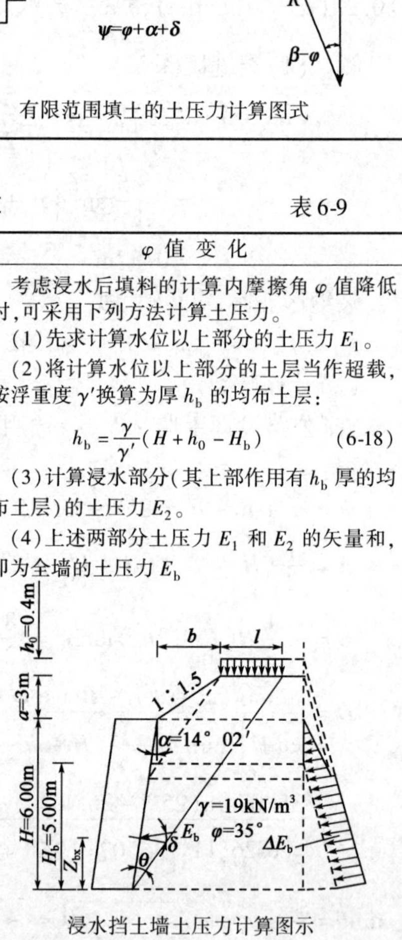 浸水挡土墙土压力计算图示

例 6-3 浸水路堤墙，计算水位 $H_b=5m$，填料的重度 $\gamma_g=26.5kN/m^3$，孔隙比 $\varepsilon=0.43$，其余条件如表 6-9 中图所示，求算土压力。

解 未浸水时的计算结果为（计算从略）：

$$K=0.155 \qquad E_a=89.64kN \qquad Z_x=2.09m$$

浸水部分填料的浮重度为：

$$\gamma'=\frac{\gamma_g-\gamma_w}{1-\varepsilon}=\frac{26.5-10}{1+0.43}=11.54kN/m^3$$

因浮力影响而减小的土压力为：

$$\Delta E_b=\frac{1}{2}(\gamma-\gamma')H_b^2K=\frac{1}{2}(18-11.54)\times5^2\times0.155=12.54kN$$

浸水后的土压力变为：

$$E_b=E_a-\Delta E_b=89.64-12.54=77.1kN$$

土压力作用点位置：

$$Z_{bx}=\frac{E_a-\Delta E_b\left(\frac{H_b}{3}\right)}{E-\Delta E_b}=\frac{89.64\times2.09-12.54\left(\frac{5}{3}\right)}{89.64-12.54}=2.16m$$

1.4.5 地震作用下的土压力计算

地震作用下的土压力计算 表 6-10

计算公式	符号意义
地震时作用于挡土墙上的主动土压力，可按下列公式计算： $E_s=\frac{1}{2}\cdot\frac{\gamma}{\cos\theta_s}\cdot H^2\cdot K_s$ (6-19) $K_s=\frac{\cos^2(\varphi+\theta_s+\alpha)}{\cos^2\alpha\cdot\cos(\alpha+\delta+\theta_s)\left[1+\sqrt{\frac{\sin(\varphi+\delta)\sin(\varphi-\theta_s-\beta)}{\cos(\alpha+\delta+\theta_s)\cos(\alpha+\beta)}}\right]^2}$ (6-20) 对于路肩墙可按下列简化公式计算： $E_s=\frac{1}{2}\cdot\gamma\cdot H^2K_a(1+3C_i\cdot C_z\cdot K_n\cdot\tan\varphi)$ (6-21) $E_{sx}=E_s\cos(\alpha+\delta)$ (6-22) $E_{sy}=E_s\sin(\alpha+\delta)$ (6-23) K_a 为非地震条件下作用于墙背的主动土压力系数，按下式计算： $K_a=\frac{\cos^2\varphi}{(1+\sin\varphi)^2}$ (6-24) 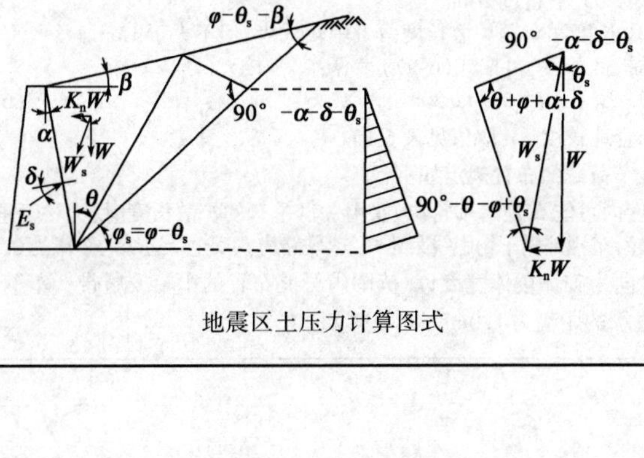 地震区土压力计算图式	E_s——地震时作用于墙背每延米长度上的主动土压力，kN/m，其作用点高度为距墙底 0.4H 处； γ——土的重度，kN/m^3； H——墙高，m； K_s——地震区主动土压力系数； φ——土的内摩擦角； θ_s——地震角，按表 6-11 采用； α——墙背与垂直线的夹角，墙背俯斜时采用负值； δ——墙背与填土之间的摩擦角； β——墙背填土与水平面的夹角； C_i——重要性修正系数，按表 6-12 采用； C_z——综合影响系数，取 $C_z=0.25$（对于路基、挡土墙）； K_n——水平地震系数，按表 6-13 采用； E_{sx}——地震时主动土压力的水平分力，kN； E_{sy}——地震时主动土压力的垂直分力，kN

地 震 角　　　表 6-11

基本烈度(度) / 地震角		7	8	9
θ_s	水上	1°30′	3°	6°
	水下	2°30′	5°	10°

重要性修正系数 C_i　　　表 6-12

公路等级及工程类别	重要性修正系数 C_i
高速公路和一级公路上的抗震重点工程	1.7
高速公路和一级公路的一般工程、二级公路上的抗震重点工程	1.3
二级公路的一般工程、三级公路上的抗震重点工程、四级公路上的梁端支座	1.0
三级公路的一般工程、四级公路上的抗震重点工程	0.6

注:位于基本烈度为 9 度地区的高速公路和一级公路上的抗震重点工程,其重要性修正系数也可用 1.5。

水 平 地 震 系 数　　　表 6-13

基本烈度(度)	7	8	9
水平地震系数 K_n	0.1	0.2	0.4

1.5　车辆荷载换算及计算参数

车 辆 荷 载 换 算　　　表 6-14

换算方法	计算公式及符号意义
公路桥涵设计规范中的方法	把作用在破坏棱体上的车辆荷载换算为均布土层,其厚度 h_0 按式(6-25)计算(如下图所示): $$h_0 = \frac{\sum Q}{\gamma B_0 L} \tag{6-25}$$ 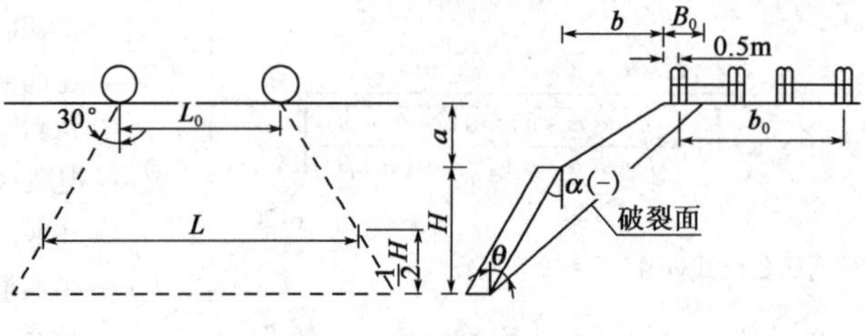 车辆荷载换算计算图示 破坏棱体的宽度 B_0,对于路堤墙边坡部分的宽度 b 不计入内,即为: $$B_0 = (H + \alpha)\tan\theta + H\tan\alpha - b \tag{6-26}$$ 挡土墙的计算长度 L,可按以下四种情况取值: (1)汽车—10 级或汽车—15 级作用时,取挡土墙的分段长度,但不大于 15m。 (2)汽车—20 级作用时,取重车的扩散长度。当挡土墙分段长度在 10m 及以下时,扩散长度不超过 10m;当挡土墙分段长度在 10m 以上时,扩散长度不超过 15m。 (3)汽车—超 20 级作用时,取重车的扩散长度,但不超过 20m。 (4)平板挂车或履带车作用时,取挡土墙分段长度和车辆扩散长度两者中较大者,但不大于 15m。 各级汽车荷载的重车、平板挂车或履带车的扩散长度,可按式(6-27)计算: $$L = L_0 + (H + 2\alpha)\tan 30° \tag{6-27}$$ 式中:L_0——前后轴距加轮胎着地长度或履带着地长度,m,取值见表 6-15。 $\sum Q$ 为布置在 $B_0 \times L$ 面积内的车轮总重,汽车荷载的布置规定如下: 纵向:当取用挡土墙分段长度时,为分段长度内可能布置的车轮;当取用一辆重车的扩散长度时,为一辆重车。 横向:破坏棱体宽度 B_0 范围内可能布置的车轮,车辆外侧车轮中线距路面(或硬路肩)、安全带边缘的距离为 0.5m。 平板挂车或履带车荷载纵向只考虑一辆,横向为破坏棱体宽度 B_0 范围内可能布置的车轮或履带。车辆外侧车轮或履带中线距路边(或硬路肩)、安全带边缘的距离为 1.0m

续上表

换算方法	计算公式及符号意义
按车带宽均摊的方法	按路面上车辆所占的宽度,把车辆荷载换算为条状均布土层,其厚度 h_0 为: $$h_0=\frac{Q}{\gamma b_0 L} \quad (6\text{-}28)$$ 式中:Q——两辆重车(单车道时为一辆重车)的质量或一辆平板挂车或一辆履带车的质量,kN; b_0——两辆重车(单车道时为一辆重车),或一辆平板挂车或一辆履带车在挡土墙横向的分布宽度,m; L——考虑一辆重车,或一辆平板挂车或一辆履带车在挡土墙纵向的分布长度,m。 $$L=L_0+(H+2a)\tan30° \quad (6\text{-}29)$$ 按式(6-29)所得的 L 大于墙的分段长度时,取分段长。各级汽车荷载及验算荷载的 h_0 计算式,列于表 6-16

L_0 的取值大小(m) 表 6-15

汽车—20 级	5.6	挂车—80 级	6.6
汽车—超 20 级	13.0	挂车—100 级	6.6
履带—50 级	4.5	挂车—120 级	6.6

各级荷载换算土柱高计算公式 表 6-16

荷载等级	b_0(m)	h_0 式(m)
汽车—10 级(单车道)	2.30	$h_0=\frac{65.22}{\gamma[4.2+0.577(H+2a)]}$
汽车—10 级(双车道)	5.40	$h_0=\frac{55.56}{\gamma[4.2+0.577(H+2a)]}$
汽车—15 级	5.50	$h_0=\frac{72.72}{\gamma[4.2+0.577(H+2a)]}$
汽车—20 级	5.50	$h_0=\frac{109.09}{\gamma[4.2+0.577(H+2a)]}$
汽车—超 20 级	5.50	$h_0=\frac{200.00}{\gamma[4.2+0.577(H+2a)]}$
履带—50	3.20	$h_0=\frac{156.25}{\gamma[4.2+0.577(H+2a)]}$
挂车—80	3.20	$h_0=\frac{250.00}{\gamma[4.2+0.577(H+2a)]}$
挂车—100	3.20	$h_0=\frac{312.50}{\gamma[4.2+0.577(H+2a)]}$
挂车—120	3.20	$h_0=\frac{375.00}{\gamma[4.2+0.577(H+2a)]}$

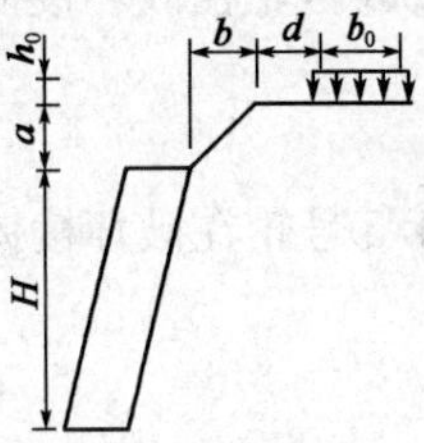

注:式中[ ]内数值,大于墙身分段长度时均取分段长度。条状均匀土层在挡土墙横向的分布为:

汽车荷载:对于路肩墙,可以从墙顶内侧边缘开始;对于路堤墙,则离开路基边缘 0.5m 处。

验算荷载:从距墙顶内侧边缘 1.0m(路肩墙)或距路基边缘 1.0m(路堤墙)处开始。

例 6-4 某路堤墙,$H=6$m,$a=2$m,$b=3$m,$\gamma=19$kN/m^3,$\varphi=45°$,仰斜墙背,$\alpha=-14°02'$,$\delta=\frac{1}{2}\varphi=22°30'$,墙身分段长度为 10m,荷载为汽车—超 20 级,求换算土层厚 h_0。

解 (1)求不计车辆荷载作用时的破坏棱体宽 B_0

查《公路设计手册·路基》中的表 3-2-1 中第五类公式知:

$$A=\frac{ab-H(H+2a)\tan\alpha}{(H+a)^2}=\frac{2\times3-6(6+2\times2)\tan(-14°02')}{(6+2)^2}=0.328$$

$$\psi = \varphi + \alpha + \delta = 45° + (-14°02') + 22°30' = 53°28'$$

$$\tan\theta = -\tan\varphi + \sqrt{(\cot\alpha + \tan\psi)(\tan\psi + A)}$$

$$= -\tan 53°28' + \sqrt{(\cot 45° + \tan 53°28')(\tan 53°28' + 0.328)} = 0.636, \theta = 32°26'49''$$

$$B_0 = (H + \alpha)\tan Q + H\tan\alpha - b = (6 + 2) \times 0.636 + 6 \times \tan(-14°02') - 3 = 0.59\text{m}$$

(2)求纵向分布长度 L

$$L = L_0 + (H + 2a)\tan 30° = 13.0 + (6 + 2 \times 2)\tan 30° = 18.77\text{m} < 20\text{m}$$

挡土墙的计算长度 L 取 18.77m。

(3)计算车辆荷载总重 $\sum Q$(如图 6-4 所示)

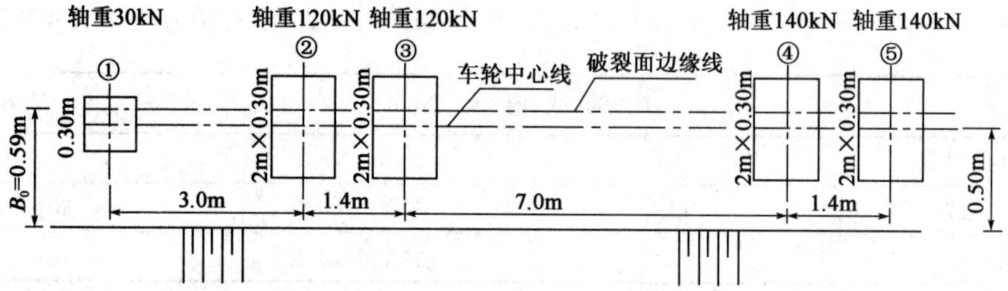

图 6-4 车辆荷载布置图

车轮中心距路基边缘 0.50m,$B_0 = 0.59$m,

①号轮在破坏棱体内的宽度为(0.59 − 0.50) + 0.15 = 0.24m;其轮重为:

$$Q_1 = \frac{1}{2} \times 30 \times \frac{0.24}{0.30} = 12.0\text{kN}$$

②③号轮在破坏棱体内的宽度为(0.59 − 0.50) + 0.30 = 0.39m;其轮重为:

$$Q_2 = Q_3 = \frac{1}{2} \times 120 \times \frac{0.39}{0.60} = 39.50\text{kN}$$

④⑤号轮在破坏棱体内的宽度为(0.59 − 0.50) + 0.30 = 0.39m;其轮重为:

$$Q_4 = Q_5 = \frac{1}{2} \times 140 \times \frac{0.39}{0.60} = 45.50\text{kN}$$

由此,$\sum Q = Q_1 + Q_2 + Q_3 + Q_4 + Q_5 = 12.00 + 39.00 + 39.00 + 45.50 + 45.50 = 181.00\text{kN}$

(4)计算换算土层厚 h_0

换算土层厚 h_0 为: $h_0 = \dfrac{\sum Q}{\gamma B_0 L} = \dfrac{181.00}{19 \times 0.59 \times 18.77} = 0.86\text{m}$

例 6-5 已知条件与上例相同,求换算土层厚 h_0。

解 由上例知 $L = 18.77$m,大于墙的分段长度,则荷载纵向分段长度 $L = 10$m。

按表 6-16,汽车—超 20 级的 h_0 式为:

$$h_0 = \frac{200.00}{\gamma[13.0 + 0.577(H + 2a)]} = \frac{200.00}{19 \times 10} = 1.05\text{m}$$

填土内摩擦角参考值 表 6-17

土的种类	开山石、不易风化的块石	大卵石、碎石类土	小卵石、砾石、粗砂、石屑	中、细砂、砂质土	粉砂	黏土
内摩擦角(φ)	45°	40°	35°	30°	26°	14° ~21°

填土标准重度参考值 表 6-18

墙背填土种类	砾石、碎石、砾质土	砂、砂质土	粉土、黏性土(ω_L < 50%)	石灰土(石灰 10%)	粉煤灰
重度(kN/m^3)	20.0	19.0	18.0	18.0	15.0

路堑边坡物理力学指标参考值 表 6-19

路堑边坡	内摩擦角	重度(kN/m^3)
1:0.50	65°~70°	25
1:0.75	55°~60°	23~24
1:1.00	50°	20
1:1.25	40°~45°	19
1:1.50	35°~40°	17~18

墙背摩擦角参考值 表 6-20

挡土墙情况	墙背摩擦角
混凝土墙,光滑,排水不良	$(0\sim1/3)\varphi$
片、块石砌体,粗糙,排水良好	$(1/3\sim1/2)\varphi$
干砌片、块石,很粗糙,排水良好	$(1/2\sim2/3)\varphi$
第二破裂面土体,墙背与土间不滑动	φ

基底摩擦系数参考值 表 6-21

地基土的分类	摩擦系数
软塑黏土	0.25
硬塑黏土	0.30
砂性土、黏性土、半干硬的黏土	0.30~0.40
砂类土	0.40
碎石类土	0.50
软质岩石	0.40~0.60
硬质岩石	0.60~0.70

地基土的内摩擦系数参考值 表 6-22

地基土名称	摩擦系数	地基土名称	摩擦系数
松散的干砂性土	0.58~0.70	湿的黏性土	0.36~0.58
湿的砂性土	0.62~0.84	干的砾石(小卵石)	0.70~0.84
饱和的砂性土	0.35~0.47	湿的砾石(小卵石)	0.58
干的黏性土	0.84~1.00		

2 重力式挡土墙计算

2.1 计算要求

重力式挡土墙计算的要求 表 6-23

要求	指标
(1)不产生墙身沿基底的滑移破坏	滑动稳定系数 $K_c \geqslant 1.3$
(2)不产生墙身绕墙趾倾覆	倾覆稳定系数 $K_o \geqslant 1.5$

续上表

要　求	指　标
(3)不出现因基底过度的不均匀沉陷而引起墙身倾斜	作用于基底的合力的偏心距 $e \leqslant \frac{1}{6}B$(土质地基)； $e \leqslant \frac{1}{5}B$(岩质地基)
(4)地基不出现过大的下沉	基底的最大压应力 σ 小于地基的容许承载力 $\sigma \leqslant [\sigma]$
(5)墙身截面不产生开裂、破坏	墙身截面上的压应力 σ_{max} 及剪应力 τ_1、拉应力 σ_{min} 小于材料的容许应力，$\sigma_{max} \leqslant [\sigma_a]$，$\tau_1 \leqslant [\sigma_j]$，$\sigma_{min} < [\sigma_{ml}]$，作用于截面上的合力偏心距 $e_1 \leqslant 0.25B_1$

注：①表中所列指标，不适用于地震区挡土墙；

②坚硬岩质地基上的偏心距 e，可考虑放宽至 $e \leqslant 0.25B$。

2.2 墙身稳定性计算

墙身稳定性计算 表6-24

项目	计算公式	符号意义
滑动稳定性	重力式挡土墙沿基底的滑动稳定系数 K_c，按式(6-30)求算： $$K_c = \frac{(W+E_y)f}{E_x} \quad (6\text{-}30)$$ 墙趾前土体的被动土压力，在计算中一般忽略不计	W——挡土墙重力，悬臂式或扶壁式墙时，包括墙踵板上的土重，kN； E_x、E_y——主动土压力的水平和垂直分力，kN； f——基底摩擦系数，可参见表6-21； Z_x——E_y 对墙趾 O 点的力臂，m； Z_y——E_x 对 O 点的力臂，m； Z_W——W 对 O 点的力臂，m
倾覆稳定性	挡土墙趾的倾覆稳定系数，按式(6-31)计算： $$K_o = \frac{WZ_W + E_yZ_y}{E_xZ_x} \quad (6\text{-}31)$$	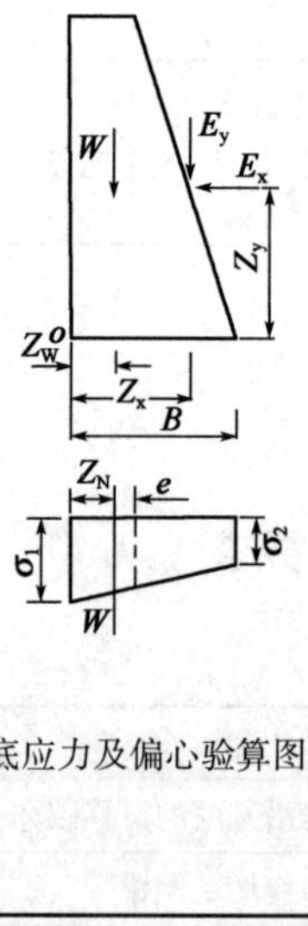 基底应力及偏心验算图示

2.3 地基承载力验算

地 基 承 载 力 验 算 表6-25

计 算 公 式	符 号 意 义
作用于基底的合力的偏心距 e 为： $$e=\frac{B}{2}-Z_N=\frac{B}{2}-\frac{WZ_w+E_yZ_y-E_xZ_x}{W+E_y} \quad (6\text{-}32)$$ (1)当 $e\leqslant B/6$ 时，墙趾或墙踵处的压应力按式(6-33)计算： $$\sigma_{1,2}=\frac{W+E_y}{B}\left(1\pm\frac{6e}{B}\right)\leqslant[\sigma] \quad (6\text{-}33)$$ (2)当 $e>B/6$ 时，基底出现拉应力，一般均不考虑地基能承受此拉力，则基底应力重分布，此时按式(6-34)确定最大压应力： $$\sigma_1=\frac{2(W+E_y)}{3Z_N}\leqslant[\sigma] \quad (6\text{-}34)$$ 其中： $$[\sigma]=[\sigma_0]+K_1\gamma_1(B-2) \quad (6\text{-}35)$$ 若出现负偏心，则上式中的 Z_N 应改为 $(B-Z_N)$。 台阶基础，按投影面的宽度计算基底应力及偏心距	$[\sigma]$——地基土修正后的容许承载力，kPa； $[\sigma_0]$——地基土的容许承载力，kPa； K_1——地基土容许承载力随基础宽度的修正系数，按持力层土决定； γ_1——地基土的天然重度，kN/m^3； Z_N——作用于基底合力的法向分为 N 对 O 点的力臂，m 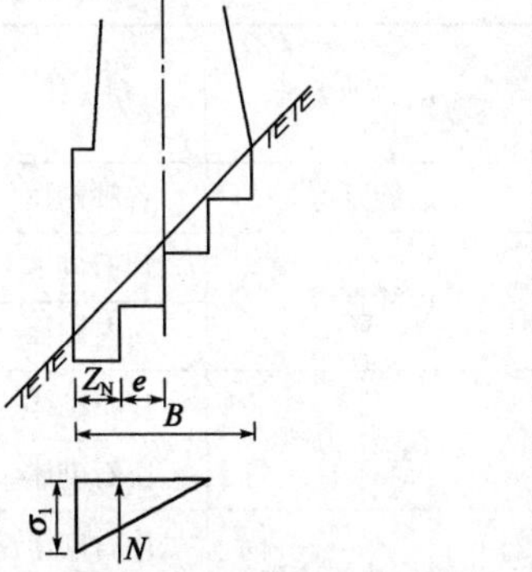 墙身稳定及基底应力验算图示

2.4 墙身截面强度计算

墙身截面强度计算 表6-26

项目	计算方法及计算公式	符 号 意 义
法向应力验算	计算方法：容许应力法 如右图所示，偏心距 e_1 计算式为： $$e_1=\frac{B}{2}-Z_{1N}=\frac{B_1}{2}-\frac{W_1Z_{1w}+E_{1y}Z_{1y}-E_{1x}Z_{1x}}{W_1+E_{1y}} \quad (6\text{-}36)$$ (1)当 $e_1\leqslant B_1/6$ 时，截面上的法向应力为： $$\sigma_{1,2}=\frac{W_1+E_{1y}}{B_1}\left(1\pm\frac{6e_1}{B_1}\right)\leqslant[\sigma_a] \quad (6\text{-}37)$$ (2)当 $e_1>B_1/6$ 时，截面上出现拉应力。 $$\sigma_{拉}=\frac{W_1+E_{1y}}{B_1}\left(1-\frac{6e_1}{B_1}\right)\leqslant[\sigma_L] \quad (6\text{-}38)$$ 干砌挡土墙不能承受拉应力，浆砌挡土墙拉应力超过砌体的容许拉应力时，需修改截面尺寸。 通常，仅选取一、两个墙身截面进行强度验算，如基底、基础顶面、1/2墙高处、上下墙（凸形及衡重式墙）交界处等截面	B_1——计算截面的宽度，m； Z_{1N}——作用于截面上的合力的法向分力 N_1 对 O_1 点的力臂，m； $[\sigma_a]$——砌体的容许轴心承压应力，kPa，见表6-27； $[\sigma_L]$——砌体的容许拉应力，kPa，见表6-28； f——圬工与圬工间的摩擦系数，一般采用0.4（主要组合）~0.5（附加组合）； $[\sigma_j]$——墙身圬工砌体的容许剪应力，kPa，见表6-28； B——上墙底宽，m； E_{1x}、E_{1y}——作用于截面上主动土压力的水平和垂直分力，kN 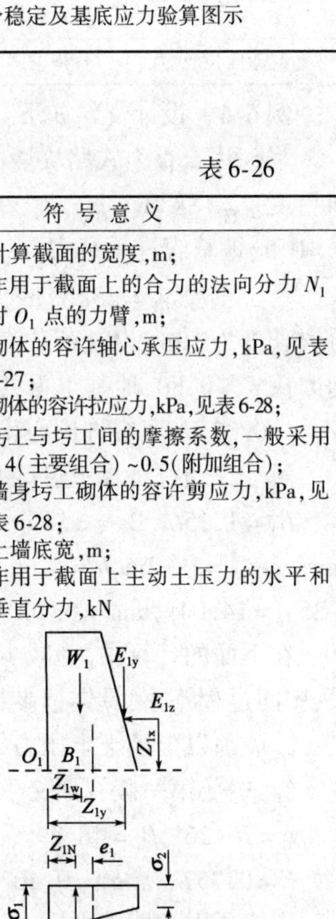 容许应力法验算法向应力和剪应力
剪应力验算	截面上的剪应力为： $$\tau_1=\frac{E_{1x}-(W_1+E_{1y})f}{B_1}\leqslant[\sigma_j] \quad (6\text{-}39)$$ 按式(6-39)算得的剪应力均很小，故一般可不作验算	

圬工砌体的容许轴心承压应力[σ_a] 表 6-27

砌体种类	石料强度（MPa）	砂浆标号 10	7.5	5	2.5	1.5	砌体种类	石料强度（MPa）	砂浆标号 10	7.5	5	2.5	1.5
片石砌体	50	1.5	1.3	1.1	0.8	0.7	块石砌体	50	3.1	2.8	2.5	2.2	2.0
	40	1.3	1.2	1.0	0.7	0.6		40	2.6	2.4	2.1	1.8	1.7
	30	1.1	1.0	0.8	0.6	0.5		30	2.1	1.9	1.7	1.4	1.3
	25	1.0	0.9	0.7	0.6	0.5		25	1.8	1.6	1.5	1.2	1.1

注：干砌的容许压应力为表中 2.5 号砂浆砌体的容许应力的一半。

圬工砌体的容许直接剪应力[σ_j]、拉应力[σ_L]及弯曲拉应力[σ_{wL}] 表 6-28

应力种类	砌体	砂浆标号 10	7.5	5	2.5	1.5
通缝直剪	各种砌体	0.11	0.09	0.08	0.05	0.04
齿缝直剪	片石砌体	0.22	0.18	0.16	0.10	0.08
	块石砌体	0.56	0.48	0.36		
拉应力	片石砌体	0.11	0.09	0.08	0.06	0.06
	块石砌体	0.15	0.13	0.12	0.08	0.08
齿缝弯曲拉应力	片石砌体	0.20	0.18	0.15	0.12	0.11
	块石砌体	0.28	0.25	0.22	0.17	0.15
通缝弯曲拉应力	各种砌体	0.16	0.14	0.11	0.08	0.06

例 6-6 设计资料如下：

浆砌片石重力式路堤墙（如图 6-5 所示），墙高 $H=4\text{m}$，填土高 $a=2\text{m}$，填土边坡 1∶1.5，填料重度 $\gamma=18\text{k/m}^3$，$\varphi=35°$。墙背选用仰斜 1∶0.25（$\alpha_2=-14°02'$），$\delta=1/2\varphi$，基底摩擦系数 $f_1=0.5$，地基容许承载力[σ_0]$=800\text{kPa}$。2.5 号砂浆砌 25 号石墙身。

圬工重度 $\gamma_k=23\text{kN/m}^3$，[σ_a]$=600\text{kPa}$，[σ_j]$=50\text{kPa}$，[σ_L]$=60\text{kPa}$，[σ_{wL}]$=80\text{kPa}$，墙身分段长度为 10m，设计荷载汽车—20 级，挂车—100 级，路基宽度 8.5m，路肩 0.75m，基底土的内摩擦 $f_2=0.80$，地基土重度 $\gamma_1=19\text{kN/m}^3$，墙身容许偏心率：主要组合[ρ_1]$=0.25$，附加组合[ρ_1]$=0.30$，基底容许偏心率[ρ_2]$=0.2$。

解 1. 通过试算，选择断面尺寸

$B_1=1.15\text{m}$，$B_2=1.15\text{m}$，$B_{21}=0.20\text{m}$，$B_3=1.35\text{m}$，$H=4.0\text{m}$，$H_3=0.50\text{m}$，$B_4=B_3/(1-\tan\alpha_2\tan i)=1.32\text{m}$，$h=B_4\tan i=0.132\text{m}$，$B_{41}=B_4/\cos i=1.33\text{m}$，$\cot\beta=1.50$，$\beta=33.69°$，$\tan j=0.25$，$j=14.04°$，$\tan i=0.1$，$i=5.71°$，$a=2\text{m}$，$b=a\cdot\cot\beta=3.0\text{m}$。

在下面的计算中，为减少篇幅，凡涉及土压力（包括破裂角等参数）的计算，仅给出计算结果，中间过程略去，具体请参见本章前一节的内容。

2. 墙顶以上填土土压力的计算

经试算，第一破裂面交于路堤边坡上（如图 6-6 所示）。

$\varepsilon=75.26°$，$\beta_i=48.29°$，$\alpha_i=6.72°$

$K=0.757$ $h_1=0.402\text{m}$

则墙顶以上填土土压力为：

$E_1=1/2\gamma h_1^2K=1/2\times18\times0.402^2\times0.757=1.10\text{kN}$

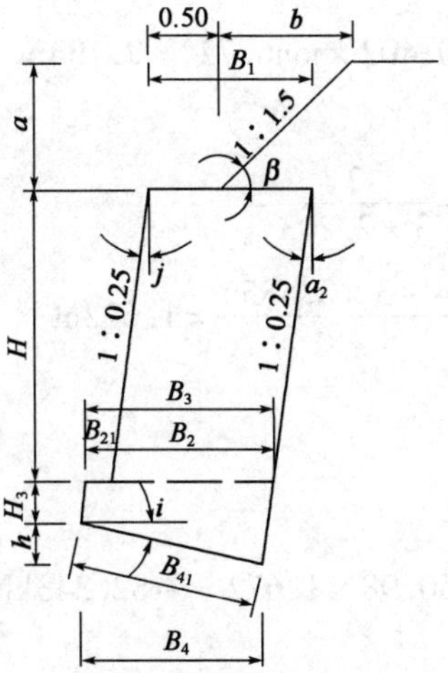

图 6-5　墙体尺寸及计算图示

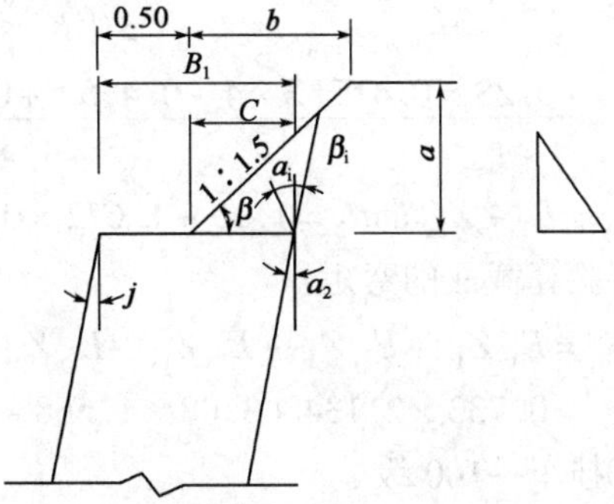

图 6-6　墙顶以上填土压力计算图示

$$E_{1x}=E_1\cos(\alpha_i+\varphi)=1.101\times\cos(6.72^\circ+35^\circ)=0.822\text{kN}$$

$$E_{1y}=E_1\cos(\alpha_i+\varphi)=1.101\times\sin(6.72^\circ+35^\circ)=0.733\text{kN}$$

$$E_{1H}=E_1\cos(\alpha_i+\varphi+i)=1.101\times\cos(6.72^\circ+35^\circ+5.71^\circ)=0.745\text{kN}$$

$$E_{1V}=E_1\sin(\alpha_i+\varphi+i)=1.101\times\sin(6.72^\circ+35^\circ+5.71^\circ)=0.811\text{kN}$$

3. 墙身断面(基顶)强度验算

(1)土压力计算

①汽—20 级车辆荷载

如图 6-7,经计算,汽—20 级等代均布土层厚 $h_0=0.47$m,系数 $A=0.284$,破裂面交于路基宽度内,破裂角 $\beta_2=37.007^\circ$,土压力系数 $K=0.161$,$K_1=2.203$,则汽车—20 级作用下墙身(基顶以上)的土压力为:

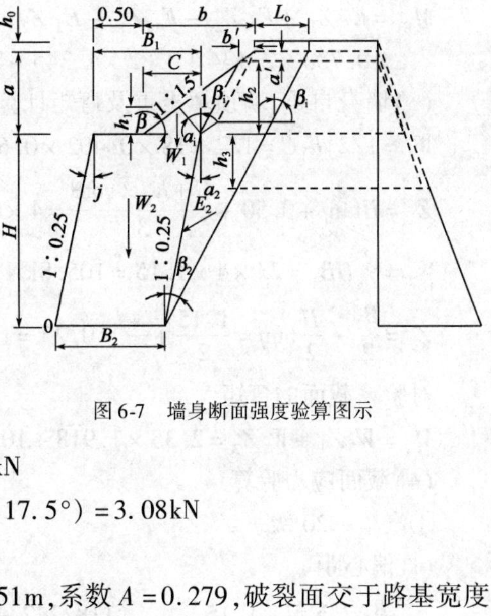

图 6-7　墙身断面强度验算图示

$$E_2=1/2\gamma H^2KK_1=1/2\times18\times4^2\times0.161\times2.203=51.07\text{kN}$$

$$E_{2x}=E_2\cos(\alpha_2+\delta_2)=51.07\times\cos(-14.04^\circ+17.5^\circ)=50.98\text{kN}$$

$$E_{2y}=E_2\sin(\alpha_2+\delta_2)=51.07\times\sin(-14.04^\circ+17.5^\circ)=3.08\text{kN}$$

②挂车—100 级车辆荷载

经计算,挂车—100 级等代均布土层厚 $h_0=0.051$m,系数 $A=0.279$,破裂面交于路基宽度内,破裂角 $\beta_2=36.876^\circ$。

土压力系数 $K=0.161$,$K_1=2.015$,则挂车—100 级作用下墙身(基顶上)的土压力为:

$$E_2=1/2\gamma H^2KK_1=1/2\times18\times4^2\times0.161\times2.015=46.72\text{kN}$$

$$E_{2x}=E_2\cos(\alpha_2+\delta_2)=46.72\times\cos(-14.04^\circ+17.5^\circ)=46.63\text{kN}$$

$$E_{2y}=E_2\sin(\alpha_2+\delta_2)=46.72\times\sin(-14.04^\circ+17.5^\circ)=2.28\text{kN}$$

(2)土压力对验算断面产生的弯矩

①墙顶填土

$Z_{1x}=1/3h_1+H=1/3\times0.402+4=4.134\text{m}$

$Z_{1y}=B_1+H\tan j-1/3h_1\tan\alpha_i=1.15+4\times0.25-1/3\times0.402\times\tan6.72°=2.134\text{m}$

②汽车—20 级

$$Z_{2x}=\frac{H}{3}+\frac{a}{3K_1}-\frac{a'h_3(2H-h_3)+h_0h_4(2H-3h_4)}{3H^2K_1}=\frac{4}{3}+\frac{2}{3\times2.203}-$$

$$\frac{0.28\times0.415(2\times4-0.415)+0.47\times3.585(2\times4-3\times3.585)}{3\times4^2\times2.203}=1.672\text{m}$$

$Z_{2y}=B_2-Z_{2x}\tan\alpha_2=1.15+1.672\times0.25=1.568\text{m}$

对验算截面的弯矩：

$$M_E=E_{1y}Z_{1y}+E_{2y}Z_{2y}-E_{1x}Z_{1x}-E_{2x}Z_{2x}$$

$$=0.733\times2.134+3.08\times1.568-0.822\times4.134-50.98\times1.672=-82.343\text{kN}\cdot\text{m}$$

③挂车—100 级

$$Z_{2x}=\frac{H}{3}+\frac{a}{3K_1}-\frac{a'h_3(2H-h_3)+h_0h_4(2H-3h_4)}{3H^2K_1}=\frac{4}{3}+\frac{2}{3\times2.015}-$$

$$\frac{0.28\times0.42(2\times4-0.42)+0.051\times3.584(2\times4-3\times3.58)}{3\times4^2\times2.015}=0.778\text{m}$$

$Z_{2y}=B_2-Z_{2x}\tan\alpha_2=1.15+0.778\times0.25=1.345\text{m}$

对验算截面的弯矩：

$$M_E=E_{1y}Z_{1y}+E_{2y}Z_{2y}-E_{1x}Z_{1x}-E_{2x}Z_{2x}$$

$$=0.733\times2.134+2.82\times1.345-0.822\times4.134-46.63\times0.778=-34.32\text{kN}\cdot\text{m}$$

(3)墙身自重、墙顶填土重及弯矩计算

$W_1=1/2\gamma h_1C=1/2\times18\times0.402\times0.65=2.35\text{kN}$

$$Z_1=H\tan j+0.50+\frac{C+h_1\times\cot\beta}{3}=4\times0.25+0.50+\frac{0.65+0.402\times1.5}{3}=1.918\text{m}$$

$W_2=\gamma_k HB_1=23\times4\times1.15=105.8\text{kN}$

$$Z_2=\frac{B_2}{2}+\frac{H}{2}\tan j=\frac{1.15}{2}+\frac{4}{2}\times0.25=1.075\text{m}$$

对验算截面的弯矩：

$M_w=W_1Z_1+W_2Z_2=2.35\times1.918+105.8\times1.075=118.242\text{kN}\cdot\text{m}$

(4)截面应力验算

①汽车—20 级

(i)偏心距

$$e_1=\frac{B_2}{2}-\frac{\sum M}{\sum N}=\frac{1.15}{2}-\frac{118.242-82.243}{2.35+105.8+0.733+3.08}=0.253\text{m}$$

$e_1<0.25B_2=0.2875\text{m}$

(ii)应力验算

$$\sigma_{1,2}=\frac{\sum N}{B_2}\left(1\pm\frac{6e_1}{B_2}\right)=\frac{111.963}{1.15}\left(1\pm\frac{6\times0.253}{1.15}\right)=\begin{cases}225.87\text{kPa}<600\text{kPa}\\-31.15\text{kPa}>-60\text{kPa}\end{cases}$$

②挂车—100 级

(i)偏心距

$$e_1=\frac{B_2}{2}-\frac{\sum M}{\sum N}=\frac{1.15}{2}-\frac{118.242-34.32}{2.35+105.8+0.733+2.82}=-0.176<0.3B_2$$

(ii)应力验算

$$\sigma_{1,2}=\frac{\sum N}{1.25B_2}\left(1\pm\frac{6e_1}{B_2}\right)=\frac{111.703}{1.25\times1.15}\left[1\pm\frac{6\times(-0.176)}{1.15}\right]=\begin{cases}6.35\text{kPa}<600\text{kPa}\\149.06\text{kPa}<600\text{kPa}\end{cases}$$

断面尺寸符合要求。

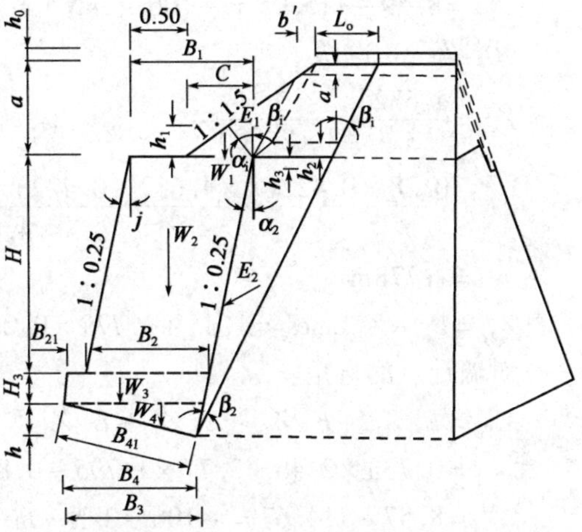

图6-8　基础底面强度及稳定验算图示

4. 基础底面强度(应力)验算

(1)土压力计算(图6-8)

①汽车—20级车辆荷载

等代均布土层厚 $h_0=0.40\text{m}$,系数 $A=0.277$,破裂面交于路基宽度内,破裂角 $\beta_2=36.82°$,土压力系数 $K=0.161$,$K_1=2.015$,则墙身(基底以上)所受的土压力为:

$$E_2=1/2\gamma(H+H_3+h)^2\cdot K\cdot K_1$$
$$=1/2\times18\times4.632^2\times0.161\times2.015$$
$$=62.64\text{kN}$$

$$E_{2x}=E_2\cos(\alpha_2+\delta_2)=62.64\times\cos(17.5°-14.04°)=62.53\text{kN}$$

$$E_{2y}=E_2\sin(\alpha_2+\delta_2)=62.64\times\sin(17.5°-14.04°)=3.78\text{kN}$$

$$E_{2H}=E_2\cos(\alpha_2+\delta_2+i)=62.64\times\cos(17.5°-14.04°+5.71°)=61.84\text{kN}$$

$$E_{2V}=E_2\sin(\alpha_2+\delta_2+i)=62.64\times\sin(17.5°-14.04°+5.71°)=9.98\text{kN}$$

②挂车—100级车辆荷载

等代均布土层厚 $h_0=0.385\text{m}$,系数 $A=0.277$;破裂面交于路基宽度内,破裂角 $\beta_2=36.82°$,土压力系数 $K=0.161$,$K_1=2.009$,则墙身(基底以上)所受的土压力为:

$$E_2=1/2\gamma(H+H_3+h)^2\cdot K\cdot K_1=1/2\times18\times4.632^2\times0.161\times2.009=62.46\text{kN}$$

$$E_{2x}=E_2\cos(\alpha_2+\delta_2)=62.64\times\cos(-14.04°+17.5°)=62.35\text{kN}$$

$$E_{2y}=E_2\sin(\alpha_2+\delta_2)=62.64\times\sin(-14.04°+17.5°)=3.77\text{kN}$$

$$E_{2H}=E_2\cos(\alpha_2+\delta_2+i)=62.64\times\cos(-14.04°+17.5°+5.71°)=61.66\text{kN}$$

$$E_{2V}=E_2\sin(\alpha_2+\delta_2+i)=62.64\times\sin(-14.04°+17.5°+5.71°)=9.95\text{kN}$$

(2)土压力对验算截面产生的弯矩

$$Z_{1x}=\frac{h_1}{3}+H+H_3=1/3\times0.402+4+0.50=4.634\text{m}$$

$$Z_{1y}=B_1+(H+H_3)\tan j-1/3h_1\tan\alpha_i+B_{21}$$
$$=1.15+4.5\times0.25-1/3\times0.402\times\tan6.72°+0.20=2.46\text{m}$$

①汽车—20级

$$Z_{2x}=\frac{H+H_3+h}{3}+\frac{\alpha}{3K_1}-\frac{a'h_3[2(H+H_3+h)-h_3]+h_0h_4[2(H+H_3+h)-3h_4]}{3(H+H_3+h)^2K_1}$$
$$=\frac{4.632}{3}+\frac{2}{3\times2.015}-$$
$$\frac{0.28\times0.422(2\times4.632-0.422)+0.4\times4.21(2\times4.632-3\times4.21)}{3\times4.632^2\times2.015}-0.132$$

$= 1.779\text{m}$

$Z_{2y} = B_3 - Z_{2x}\tan\alpha_2 = 1.35 + 1.779 \times 0.25 = 1.795\text{m}$

对墙趾点的弯矩：

$M_{E2} = E_{1y}Z_{1y} + E_{2y}Z_{2y} - E_{2x}Z_{2x} - E_{2x}Z_{2x}$

$= 0.733 \times 2.46 + 3.78 \times 1.795 - 0.822 \times 4.634 - 62.53 \times 1.779$

$= 8.59 - 115.05 = -106.46\text{kN} \cdot \text{m}$

②挂车—100 级

$$Z_{2x} = \frac{4.632}{3} + \frac{2}{3 \times 2.009} - \frac{0.28 \times 0.422(2 \times 4.632 - 0.422) + 0.385 \times 4.21 \times (2 \times 4.632 - 3 \times 4.212)}{3 \times 4.632^2 \times 2.009} - 0.132$$

$= 1.778\text{m}$

$Z_{2y} = B_3 - Z_{2x}\tan\alpha_2 = 1.35 + 1.779 \times 0.25 = 1.795\text{m}$

对墙趾点的弯矩：

$M_{E2} = E_{1y}Z_{1y} + E_{2y}Z_{2y} - E_{2x}Z_{2x} - E_{2x}Z_{2x}$

$= 0.733 \times 2.46 + 3.77 \times 1.795 - 0.822 \times 4.634 - 62.53 \times 1.778$

$= 8.57 - 114.67 = -106.10\text{kN} \cdot \text{m}$

(3)墙身自重、墙顶填土重、基础自重及弯矩计算

$W_1 = 2.35\text{kN}$

$$Z_1 = (H + H_3)\tan j + 0.5 + B_{21} + \frac{C + h_1\cot\beta}{3}$$

$$= 4.5 \times 0.25 + 0.5 + 0.2 + \frac{0.65 + 0.402 \times 1.5}{3} = 2.243\text{m}$$

$W_2 = 105.8\text{kN}$

$$Z_2 = \frac{B_2}{2} + \left(\frac{H}{2} + H_3\right)\tan j + B_{21} = \frac{1.15}{2} + \left(\frac{4}{2} + 0.5\right) \times 0.25 + 0.20 = 1.40\text{m}$$

$W_3 = \gamma_k B_3 H_3 = 23 \times 1.35 \times 0.5 = 15.525\text{kN}$

$$Z_3 = \frac{B_3}{2} + H_3\tan j = \frac{1.35}{2} + 0.5 \times 0.25 = 0.80\text{m}$$

$W_4 = 1/2\gamma_k B_3 h = 1/2 \times 23 \times 1.35 \times 0.132 = 2.049\text{kN}$

$Z_4 = 1/3(B_3 + B_4) = 1/3 \times (1.35 + 1.32) = 0.89\text{m}$

对墙址点的弯矩：

$M_{w1} = W_1Z_1 = 2.35 \times 2.243 = 5.27\text{kN} \cdot \text{m}$

$M_{w2} = W_2Z_2 = 105.8 \times 1.40 = 148.12\text{kN} \cdot \text{m}$

$M_{w3} = W_3Z_3 = 15.525 \times 0.80 = 12.42\text{kN} \cdot \text{m}$

$M_{w4} = W_4Z_4 = 2.049 \times 0.89 = 1.82\text{kN} \cdot \text{m}$

(4)基底应力验算

①汽车—20 级

(i)偏心距验算

$\sum N_2 = E_{1v} + E_{2v} + (W_1 + W_2 + W_3 + W_4)\cos i$

$= 0.811 + 9.98 + (2.35 + 105.8 + 15.525 + 2.049)\cos 5.71° = 135.89\text{kN}$

$$\sum M_2 = M_{E2} + M_{w1} + M_{w2} + M_{w3} + M_{w4} - 106.46 + 5.27 + 148.12 + 12.42 + 1.82 = 61.17\text{kN}\cdot\text{m}$$

$$e_2 = \frac{B_{41}}{2} - \frac{\sum M_2}{\sum N_2} = \frac{1.33}{2} - \frac{61.17}{135.89} = 0.215\text{m} < \frac{B_{41}}{5} = 0.266\text{m}$$

(ii)应力验算

圬工容许应力为：$[\sigma_a] = 600\text{kPa}$

因为 $B_{41} < 2\text{m}$，所以地基土修正系数 $K = 1$，$[\sigma_0] = 800\text{kPa}$。

采用圬工容许应力 $[\sigma_a] = 600\text{kPa}$ 控制。

$$e_2 < \frac{B_{41}}{5}$$

$$\sigma_{1,2} = \frac{\sum N_2}{KB_{41}}\left(1 \pm \frac{6e_2}{B_{41}}\right) = \frac{135.89}{1.33}\left(1 \pm \frac{6\times 0.215}{1.33}\right) = \begin{cases}201.27\text{kPa} < 600\text{kPa}\\ 3.07\text{kPa}\end{cases}$$

②挂车—100 级

(i)偏心距验算

$$\sum N_2 = E_{1v} + E_{2v} + (W_1 + W_2 + W_3 + W_4)\cos i$$
$$= 0.811 + 9.95 + (2.35 + 105.8 + 15.525 + 2.049)\cos 5.71^\circ = 135.86\text{kN}$$

$$\sum M_2 = M_{E2} + M_{w1} + M_{w2} + M_{w3} + M_{w4}$$
$$= -106.10 + 5.27 + 148.12 + 12.42 + 1.82 = 61.53\text{kN}\cdot\text{m}$$

$$e_2 = \frac{B_{41}}{2} - \frac{\sum M_2}{\sum N_2} = \frac{1.33}{2} - \frac{61.53}{135.86} = 0.212\text{m} < \frac{B_{41}}{5} = 0.266\text{m}$$

(ii)应力验算

仍按圬工容许应力 $[\sigma_a] = 600\text{kPa}$ 控制。

$$e < \frac{B_{41}}{6}$$

$$\sigma_{1,2} = \frac{\sum N_2}{1.25B_{41}}\left(1 \pm \frac{6e_2}{B_{41}}\right) = \frac{135.86}{1.25\times 1.33}\left(1 \pm \frac{6\times 0.212}{1.33}\right)$$
$$= \begin{cases}159.88\text{kPa} < 600\text{kPa}\\ 3.56\text{kPa}\end{cases}$$

5. 墙体稳定验算

(1)滑移稳定

①汽车—20 级

$$K_{c1} = \frac{\sum N_2 \cdot f_1}{E_{1H} + E_{2H} - (W_1 + W_2 + W_3 + W_4)\sin i}$$
$$= \frac{135.89\times 0.50}{0.745 + 61.84 - (2.35 + 105.8 + 15.525 + 2.049)\times \sin 5.71^\circ} = 1.36 > 1.30$$

$$K_{c2} = \frac{(E_{1y} + E_{2y} + W_1 + W_2 + W_3 + W_4 + 1/2\gamma_1 B_4 h)\cdot f_2}{E_{1x} + E_{2x}}$$
$$= \frac{(0.733 + 3.08 + 2.35 + 105.8 + 15.525 + 2.049 + 1/2\times 19\times 1.32\times 0.132)\times 0.80}{0.822 + 62.53}$$
$$= 1.66 > 1.30$$

②挂车—100 级

$$K_{c1}=\frac{\sum N_2\cdot f_1}{E_{1H}+E_{2H}-(W_1+W_2+W_3+W_4)\sin i}$$

$$=\frac{135.86\times 0.5}{0.745+61.66-(2.35+105.8+15.525+2.049)\times \sin 5.71^\circ}=1.35>1.30$$

$$K_{c2}=\frac{(E_{1y}+E_{2y}+W_1+W_2+W_3+W_4+1/2\gamma_1 B_4 h)\cdot f_2}{E_{1x}+E_{2x}}$$

$$=\frac{(0.733+3.77+2.35+105.8+15.525+2.049+1/2\times 19\times 1.32\times 0.132)\times 0.80}{0.822+62.35}$$

$$=1.67>1.30$$

(2)倾覆稳定

①汽车—20 级

$$K_0=\frac{\sum M_2}{E_{1x}Z_{1x}+E_{2x}Z_{2x}}+1$$

$$=\frac{21.18}{0.822\times 4.634+62.53\times 1.779}+1=1.53>1.50$$

②挂车—100 级

$$K_0=\frac{\sum M_2}{E_{1x}Z_{1x}+E_{2x}Z_{2x}}+1$$

$$=\frac{61.53}{0.822\times 4.634+62.35\times 1.778}+1=1.54>1.50$$

通过验算,墙体尺寸符合强度、稳定要求。

第7章 路面工程

1 路拱计算

1.1 路拱坡度

路拱坡度 表7-1

路面等级	面 层 类 型	路拱坡度(%)	说 明
高级路面	沥青混凝土,水泥混凝土	1~2	路拱坡度应根据路面类型和当地自然条件,按表列规定采用,路肩横坡一般较路面横坡大1%~2%,六车道、八车道高速公路宜采用较大路面横坡
次高级路面	沥青表处,沥青贯入式,沥青碎石	1.5~2.5	
中级路面	半整齐石块	2.0~3.0	
	碎(砾)石路面	2.5~3.5	
低级路面	粒料加固土,其他当地材料改善土	3~4	

1.2 路拱计算

路拱计算 表7-2

路 拱 形 式	计 算 简 图	计 算 公 式
直线型路拱	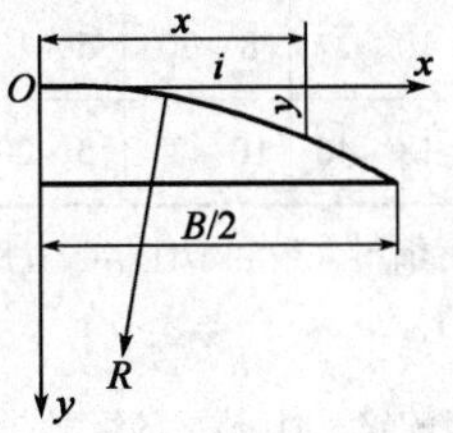	当路面横坡较小时,宜采用直线型路拱。 计算公式: $$y = x \cdot i \quad (7\text{-}1)$$ 式中:x——横距,cm; i——路拱横坡,%; y——纵距,cm
抛物线型路拱	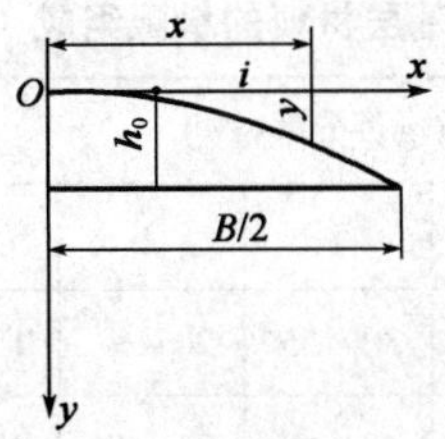	对中低级路面,路面横坡较大时,宜采用一次半抛物线路拱。计算公式: $$y = h_0 \cdot \left(\frac{x}{B/2}\right)^{3/2} \quad (7\text{-}2)$$ 式中:x——横距,cm; y——路中心与x处的高差,cm; h_0——路面中心与边缘的高差,cm

2　碎(砾)石类路面与基层计算

2.1　碎(砾)石类路面与基层级配组成

泥结碎石材料级配表　　表 7-3

编号	通过下列筛孔(mm)质量百分比(%)						层位
	75	50	40	20	10	5	
1	100		0~15	0~5			下层或基层
2		100		0~15	0~5		
3			100	0~15	0~5		上层或面层
4				85~100		0~5	
5					85~100	0~5	嵌缝

级配碎石面层、基层的矿料级配组成　　表 7-4

层位	通过下列筛孔(mm)的质量百分率(%)									液限	塑性指数
	50	40	30	20	10	5	2	0.5	0.075	(%)	(%)
面层	100	90~100		68~85	45~70	30~55	20~37	15~25	7~12	<43	12~21
		100	85~100	70~90	50~70	40~60	25~40	20~32	8~15	<43	12~18
上基层			100	85~100	60~80	30~50	15~30	10~20	2~8	<28	<9
基层		100	90~100	75~90	50~70	30~55	15~35	10~20	4~10	<28	<9
底基层	100	85~100	65~85	42~67	20~40	10~27	8~20	5~18	0~15	<28	<9
		100	80~100	56~87	30~60	18~46	10~33	5~20	0~15	<28	<9

注：①面层上可不设磨耗层，若加铺磨耗层，0.5mm 以下细料含量和塑性指数宜用低限；用圆孔筛时，采用 1~2 号级配；用方孔筛时，只用 2 号级配；

②潮湿多雨地区的基层塑性指数不大于 6；

③上基层是指沥青面层下与半刚性基层之间设置级配碎石时，该层的级配宜符合此规定；

④级配碎石压碎值，对高速、一级公路基层，不大于 26%；高速、一级公路底基层、二级公路基层，不大于 30%；二级公路底基层、二级路以下基层，不大于 35%；二级以下公路底基层，不大于 40%。

级配砾石面层、基层材料的级配组成　　表 7-5

层位	编号	通过下列筛孔(mm)的质量百分率(%)									液限	塑性指数
		50	40	30	20	10	5	2	0.5	0.075	%	%
面层	1	100	90~100		65~85	45~70	30~55	20~37	15~25	7~12	<43	12~21
	2		100	85~100	70~90	50~70	40~60	25~40	20~32	8~15	<43	12~21
	3		100		85~100	60~80	45~65	30~50	20~32	8~15	<43	12~18

续上表

层位	编号	通过下列筛孔(mm)的质量百分率(%)									液限	塑性指数
		50	40	30	20	10	5	2	0.5	0.075	%	%
基层	1	100	90~100		65~85	45~70	30~55	15~35	10~20	4~10	<28	<9
	2		100	90~100	75~90	50~70	30~55	15~35	10~20	4~10	<28	<9
	3			100	85~100	60~80	30~50	15~30	10~20	2~8	<28	<9

注:①面层上可不设磨耗层,若加铺磨耗层,0.5mm 以下细料含量和塑性指数宜用低限;用圆孔筛时,采用1~3号级配;用方孔筛时,只用2、3号级配;

②潮湿多雨地区的基层塑性指数不大于6;

③级配碎(砾)石所用石料压碎值,对于高速和一级公路底基层、二级公路基层,不大于30%;二级公路底基层和二级以下公路基层,不大于35%,二级以下公路底基层,不大于40%。

磨耗层厚度与级配组成 表7-6

编号	通过下列筛孔(mm)的质量百分率(%)						<0.5mm 塑性指数	厚度(cm)	适用地区
	30	20	10	5	2	0.5			
1	100	80~100	55~75	40~60	25~50	18~30	15~21	3~4	南方潮湿地区
2		100	75~90	50~70	38~56	18~35	15~21	2~3	南方潮湿地区
3		100	75~90	50~75	38~56	25~40	15~21	2~3	北方半干旱地区
4		100	70~85	55~70	45~55	30~45	>12	3~4	西北干旱地区
5			100	75~100	45~75	20~45	15~21	1~2	南方潮湿地区
6			100	80~95	60~80	35~50	15~21	2~3	北方半干旱地区
7				90~100	60~80	35~55	15~18	1~2	北方半干旱地区

填隙碎石粗碎石的颗粒组成 表7-7

序号	标准尺寸	通过下列筛孔(mm)的质量百分率(%)								
		100	80	60	50	40	30	25	20	10
1	40~80	100	90~100	25~60		0~15		0~15		
2	30~60		100	90~100		25~50	0~15		0~5	
3	25~50			100	90~100	35~70		0~15		0~5

填隙料的颗粒组成 表7-8

筛孔尺寸(mm)	10	5	2.0	0.5	0.074	塑性指数
通过百分率(%)	100	85~100	60~80	30~50	0~10	<6

填隙碎石压碎值 表7-9

基层种类	作基层用	作底基层用
压碎值	≤26%	≤30%

2.2 碎(砾)石类路面、基层摊铺与压实

级配碎(砾)石松铺厚度 表 7-10

项　目	公　式	说　明
摊铺	松铺厚度 = 压实厚度 × 松铺系数	一般通过试验确定松铺系数,人工摊铺,松铺系数为 1.4 ~ 1.50;平地机摊铺,松铺系数为 1.25 ~ 1.35

级配碎(砾)石压实度 表 7-11

层　次	压　实　度
基层和中间层	98%
底基层	96%

填隙碎石压实度 表 7-12

层　次	压实度(固体体积率)	说　明
基层	≥85%	填隙碎石的一层压实厚度,通常为碎石最大粒径的 1.5 ~ 2.0倍,即 10 ~ 12cm
底基层	≥83%	

3　无机结合料稳定类基层

3.1 石灰稳定土基层施工计算

石灰稳定土路拌法施工工艺 表 7-13

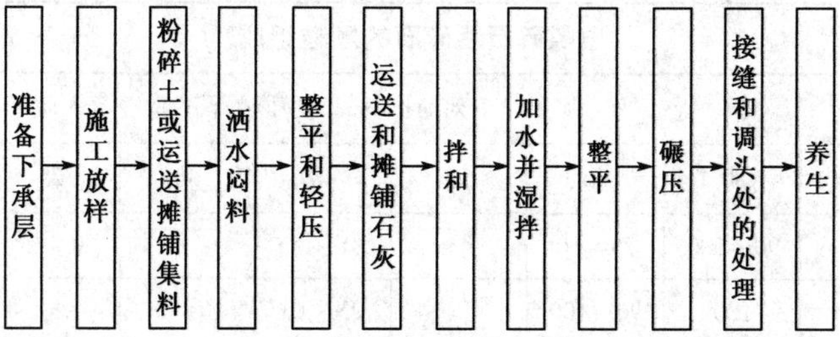

石灰稳定土强度标准(MPa) 表 7-14

公路等级 / 层次	高速和一级公路	二级及以下公路
基层	—	≥0.8
底基层	≥0.8	0.5 ~ 0.7

注:①在低塑性土(塑性指数小于 7)地区,石灰稳定砂砾和碎石土的 7d 浸水抗压强度应大于 0.5MPa;

②低限用于塑性指数小于 7 的黏性土,高限用于塑性指数大于 7 的黏性土。

配制石灰土混合料石灰剂量建议值(%) 表 7-15

结构层次	稳定砂砾土、碎石土	稳定塑性指数 $I_p<12$ 的黏性土	稳定塑性指数 $I_p>12$ 的黏性土
基层	3、4、5、6、7	10、12、13、14、16	5、7、9、11、13
底基层	—	8、10、11、12、14	5、7、8、9、11

注：工地实用石灰剂量应比室内试验确定剂量多0.5%～1%。集中厂拌施工，增加0.5%；路拌施工，增加1%。

试配所需最少试件数 表 7-16

稳定土类型	下列偏差系数时试验数量		
	<10%	10%～15%	<20%
细粒土	6		
中粒土	6	9	
粗粒土		9	13

石灰稳定土混合料松铺系数参考值 表 7-17

材料名称	松铺系数	说明
石灰土	1.53～1.58	现场人工摊铺土和石灰，机械拌和，人工整平
	1.65～1.70	路外集中拌和，运至现场人工摊铺
石灰土砂砾	1.52～1.56	路外集中拌和，运至现场人工摊铺

石灰稳定土基层压实度(重型击实法) 表 7-18

结构层次	公路等级	稳定土类型	压实度(%)
基层	二级和二级以下公路	石灰稳定中粒土和粗粒土	97
		石灰稳定细粒土	93
底基层	高速公路、一级公路	石灰稳定中粒土和粗粒土	96
		石灰稳定细粒土	95
	二级和二级以下公路	石灰稳定中粒土和粗粒土	95
		石灰稳定细粒土	93

3.2 水泥稳定土基层施工计算

水泥稳定土路拌法施工工艺 表 7-19

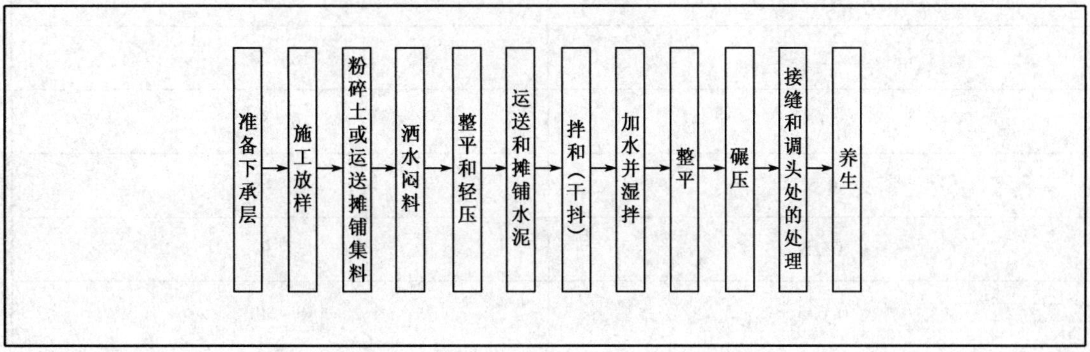

水泥稳定土7d浸水抗压强度标准(MPa) 表7-20

公路等级 层位	高速公路和一级公路	二级和二级以下公路
基层	3~4	2~3
底基层	≥1.5	≥1.5

适用水泥稳定集料的颗粒级配组成 表7-21

级配组成						规定
筛孔尺寸(mm)	50	5	0.5	0.074	0.002	(1)颗粒最大粒径不应超过50mm; (2)土的均匀系数应大于5,细粒土液限不应超过40,塑性指数不应超过17; (3)宜采用均匀系数大于10,塑性指数小于12的土,塑性指数大于17的土,宜采用石灰稳定,或水泥和石灰综合稳定
通过百分率(质量)	100	50~100	15~100	0~50	0~30	

注:①本表中尺寸是指方孔筛,如为圆孔筛,则最大粒径可为所列数值的1.2~1.25倍,下同;

②通过量为60%的筛孔尺寸与通过量为10%的筛孔尺寸的比值,称为土的均匀系数;

③本规定(2)中是针对细粒土而言,对中、粗粒土,如土中小于0.5mm颗粒含量<30%,塑性指数可以稍大些。

适用于二级及二级以下公路基层颗粒级配 表7-22

筛孔尺寸(mm)	通过百分率(%)
40	100
20	55~100
10	40~100
5	30~90
2	18~68
1	10~55
0.5	6~45
0.25	3~36
0.075	0~30

适用于一级公路和高速公路底基层颗粒级配　　表 7-23

编号		1	2	说明
通过下列筛孔(mm)的质量百分率(%)	40	100		(1)集料中0.5mm以下细土有塑性指数时,小于0.075mm的颗粒含量不应超过5%;细土无塑性指数时,小于0.075mm的颗粒含量不应超过7%; (2)表列编号1(1号级配)适用于一级公路或高速公路的底基层; (3)表列编号2(2号级配)适用于一级公路或高速公路的基层; (4)对于一级公路和高速公路,集料压碎值不大于30%;二级和二级以下公路基层应不大于35%;二级以下公路底基层不大于40%
	30	90~100	100	
	20	75~90	90~100	
	10	50~70	60~80	
	5	30~55	30~50	
	2	15~35	15~30	
	0.5	10~20	10~20	
	0.075	0~7	0~7	
液限(%)		<25	<25	
塑性指数		<6	<6	

试验配制水泥稳定土混合料水泥剂量(%)　　表 7-24

结构层次	中粒土和粗粒土	塑性指数 $I_p<12$ 的土	其他细粒土
基层	3、4、5、6、7	5、7、8、9、11	8、10、12、14、16
底基层	3、4、5、6、7	4、5、6、7、9	6、8、9、10、12

注:在能估计合适剂量的情况下,可将剂量减少到三个或四个。

配制水泥土混合料最少试验数量　　表 7-25

稳定土类型	下列偏差系数时的试验数量		
	<10%	10%~15%	<20%
细粒土	6		
中粒土	6	9	
粗粒土		9	13

水泥稳定土最小水泥剂量　　表 7-26

土类 \ 拌和方法	路拌法	集中(厂)拌和法
中粒土和粗粒土	4%	3%
细粒土	5%	4%

注:工地实用水泥剂量应比试验确定剂量多0.5%~1%,集中厂拌施工增加0.5%,路拌施工增加1%。

水泥稳定土混合料松铺系数参考值　　表7-27

材料名称	松铺系数	说明
水泥土	1.53～1.58	现场人工摊铺土和水泥,机械拌和,人工整平
水泥稳定砂砾	1.30～1.35	

水泥土稳定基层压实度(重型击实法)　　表7-28

结构层次	公路等级	稳定土类型	压实度(%)
基层	高速公路和一级公路	稳定中、粗粒土	98
	二级和二级以下公路	稳定中、粗粒土	97
		稳定细粒土	93
底基层	高速公路、一级公路	稳定中、粗粒土	96
		稳定细粒土	95
	二级和二级以下公路	稳定中、粗粒土	95
		稳定细粒土	93

3.3 石灰工业废渣稳定土基层施工计算

石灰工业废渣稳定基层路拌法施工工艺　　表7-29

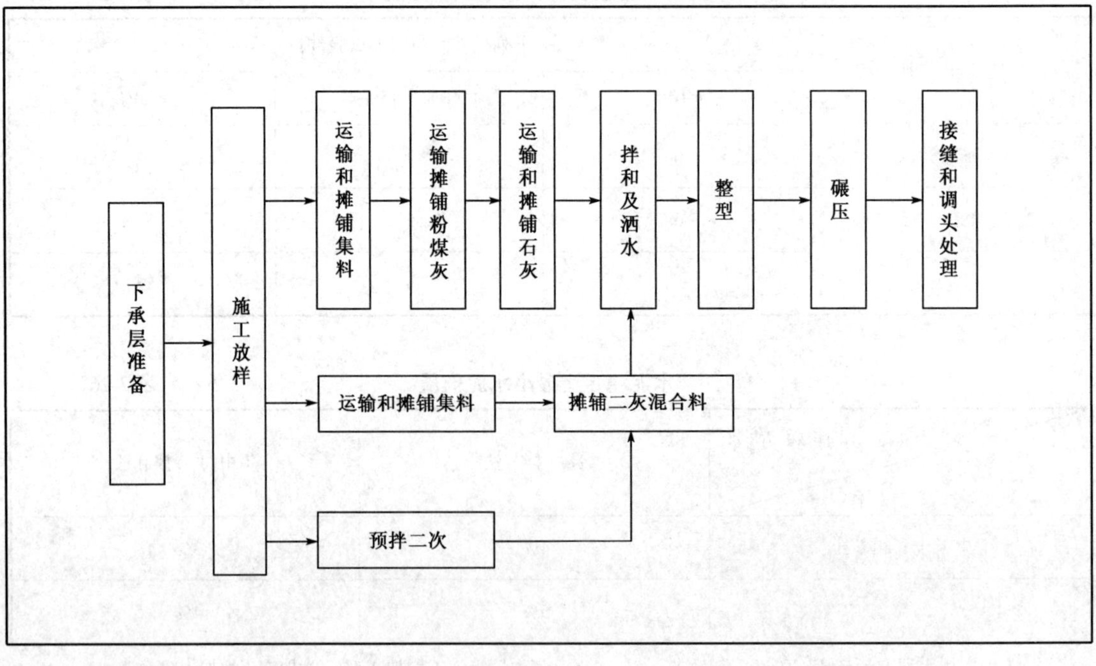

石灰工业废渣基层集中拌和工艺流程　表 7-30

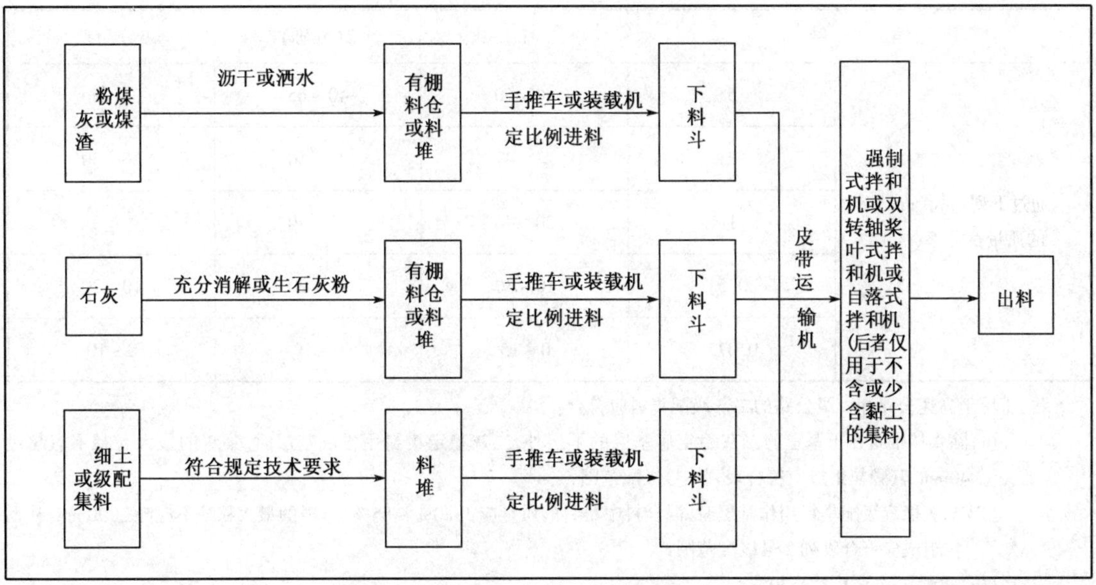

二灰混合料强度标准(MPa)　表 7-31

层次 \ 公路等级	高速和一级公路	二级和二级以下公路
基层	≥0.8	≥0.6
底基层	≥0.5	≥0.5

配制二灰混合料最小试验数量　表 7-32

稳定土类型	下列偏差系数时的试验数量		
	<10%	10% ~15%	<20%
细粒土	6		
中粒土	6	9	
粗粒土		9	13

二灰混合料中集料的组成范围(JTJ 034—93)　表 7-33

编号		1	2(砂砾)	3(碎石)
通过下列筛孔(mm)的质量百分率(%)	40	100		
	30	90 ~100	100	100
	20	60 ~85	90 ~100	85 ~100
	10	50 ~70	55 ~80	60 ~80

续上表

编　　号		1	2(砂砾)	3(碎石)
通过下列筛孔(mm)的质量百分率(%)	5	40~60	40~65	30~50
	2	27~47	28~50	15~30
	1	20~40	20~40	
	0.5	10~30	10~20	10~20
	0.075	0~15	0~10	0~10

注:①用于高速公路和一级公路的二灰级配集料应符合:

(i)除直接铺筑在土基上的二灰稳定底基层的下层外,二灰稳定集料用作底基层时,集料的最大粒径不应超过40mm,其颗粒组成应符合表列1号级配范围;

(ii)二灰稳定级配集料用作基层时,混合料中集料的质量应占80%~85%,集料的最大粒径不应超过30mm,其颗粒组成应符合表列2号级配范围;

(iii)集料压碎值不大于30%。

②用于二级及二级以下公路的二灰稳定土应符合:

(i)用作底基层时,集料的最大粒径不应超过50mm;

(ii)用作基层时,集料的最大粒径不应超过40mm,集料质量宜占80%以上,并符合表列所要求的级配;

(iii)集料用作基层压碎值不大于35%,底基层不大于40%。

石灰工业废渣混合料试验配合比(质量比,%)　　表7-34

序号	混合料种类	试验配合比		说　明
		材　料	配合比	
1	石灰粉煤灰	石灰与粉煤灰	1:2~1:9	用于硅铝粉煤灰、作基层或底基层时
2	石灰粉煤灰土	石灰与粉煤灰	1:2~1:4	作基层或底基层,对于粉土以1:2为宜
		石灰粉煤灰与细粒土	30:70~90:10	作基层或底基层,采用30:70比例时,石灰与粉煤灰以1:2~1:3为宜
3	石灰粉煤灰集料	石灰与粉煤灰	1:2~1:4	作基层,级配集料选用中粒土和粗粒土
		石灰粉煤灰与级配集料	20:80~15:85	
4	石灰煤渣	石灰与煤渣	20:80~15:85	作基层或底基层
5	石灰煤渣土	石灰与煤渣	1:1~1:4	作基层或底基层,混合料中石灰的比例不应小于10%
		石灰煤渣与细粒土	1:1~1:4	
6	石灰煤渣粒料	石灰、煤渣及粒料	(7~9):(26~33):(67~58)	作基层或底基层

石灰工业废渣混合料松铺系数　　表 7-35

名称	松铺系数	名称	松铺系数	说明
二灰土	1.5 ~ 1.7	石灰煤渣土	1.6 ~ 1.8	人工摊铺
			1.2 ~ 1.3	机械拌和与整形
二灰集料	1.3 ~ 1.5	石灰煤渣集料	1.4	人工摊铺
			1.2 ~ 1.3	机械拌和与整形

石灰工业废渣稳定土压实度(重型击实)　　表 7-36

结构层次	公路等级	稳定土类型	压实度(%)
基层	高速公路、一级公路	稳定中粒土和粗粒土	98
	二级及二级以下公路	稳定中粒土和粗粒土	97
		稳定细粒土	93
底基层	高速公路、一级公路	稳定中粒土和粗粒土	96
		稳定细粒土	95
	二级及二级以下公路	稳定中粒土和粗粒土	95
		稳定细粒土	93

石灰工业废渣混合料配料、加(减)水及松铺计算　　表 7-37

项目		计算公式	符号意义
配料时各种原材料用量	质量法	$A = Q \cdot p \cdot (1+\omega)$　(7-3)	A——原材料湿重,kg; Q——一次拌和混合料计算干重,kg; p——原材料干重与混合料总干重之比,%; ω——原材料含水率,%; P_1、P_2、P_3——各种原材料干质量与混合料总干质量之比,%; ω_1、ω_2、ω_3——各种原材料含水率,%; ρ_1、ρ_2、ρ_3——各种原材料的湿松密度,kg/m^3; H——原材料松铺厚度,cm; ρ_0——混合料最大干密度,kg/m^3; P——原材料干质量与混合料总干质量之比,%; ρ——原材料湿松密度,kg/m^3; h——混合料基层每层压实厚度,cm; k——混合料基层压实度,%; B——加(减)水量,"+"号为加水质量,"-"号为减水质量,t; Q'——混合料湿重,t; W_0——混合料最佳含水量; W'——混合料实际含水量; q_1、q_2…——各种原材料湿质量,kg; K'——压实系数,$K' = \rho_c/\rho_d$; ρ_c——混合料压实干密度,kg/m^3; ρ_d——某种方式摊铺下,混合料干松密度,kg/m^3
	体积法	$\dfrac{P_1 \cdot (1+\omega_1)}{\rho_1} : \dfrac{P_2 \cdot (1+\omega_2)}{\rho_2} : \dfrac{P_3 \cdot (1+\omega_3)}{\rho_3}$　(7-4)	
	层铺法	$H = \dfrac{\rho_0 \cdot P \cdot h \cdot (1+\omega)}{\rho} \cdot k$　(7-5)	
加(减)水量		$B = \dfrac{Q'}{1+W'}(W_0 - W')$　(7-6) $Q' = q_1 + q_2 + \cdots$ $W' = \dfrac{Q'}{\left(\dfrac{q_1}{1+\omega_1} + \dfrac{q_2}{1+\omega_2} + \cdots\right)} - 1$　(7-7)	
松铺厚度		$H = k \cdot K'$　(7-8)	

注:本表摘自《粉煤灰石灰类道路基层施工及验收规程》(CJJ 4—97)。

例 7-1 某石灰粉煤灰稳定碎石基层,已知石灰: 粉煤灰: 碎石质量比为4: 11: 85,现场测得石灰湿松密度为 450kg/m³,含水率 3%;粉煤灰湿松密度为 400 kg/m³,含水率 8%;碎石1940kg/m³,含水率3%;试求体积比。

解 已知石灰 $\rho_1 = 450\text{kg/m}^3$, $\omega_1 = 3\%$;粉煤灰 $\rho_2 = 400\ \text{kg/m}^3$,含水率 $\omega_2 = 8\%$;碎石 $\rho_3 = 1940\text{kg/m}^3$, $\omega_3 = 3\%$;根据公式(7-4)得:

$$各原材料用量体积比\ V_1 : V_2 : V_3 = \frac{P_1 \cdot (1+\omega_1)}{\rho_1} : \frac{P_2 \cdot (1+\omega_2)}{\rho_2} : \frac{P_3 \cdot (1+\omega_3)}{\rho_3}$$

$$= \frac{4 \times (1+0.03)}{450} : \frac{11 \times (1+0.08)}{400} : \frac{85 \times (1+0.03)}{1940}$$

$$= 1 : 3.25 : 4.93$$

因此,施工时若按体积比配料,则石灰: 粉煤灰: 碎石应为1: 3.25: 4.93。

4 沥青类路面施工计算

4.1 沥青类路面沥青的选择

沥青类路面沥青的选择 表7-38

气候分区	沥青种类 \ 路面类型 / 沥青标号	沥青表面处治	沥青贯入及上拌下贯式	沥青碎石	沥青混凝土
寒区	石油沥青	A—140 A—180	A—140 A—180	AH—90 AH—110 AH—130 A—100	AH—90 AH—110 A—100
湿区	石油沥青	A—100 A—140 A—180	A—140 A—180	AH—90 AH—110 A—100	AH—70 AH—90 A—60 A—100
热区	石油沥青	A—60 A—100 A—140	A—60 A—100 A—140	AH—50 AH—70 AH—90 A—60 A—100	AH—50 AH—70 A—60 A—70

注:气候分区应根据工程所在地年最低月平均气温划分。年最低月平均气温为 -10℃以下属寒区;年最低月平均气温为0℃ ~ -10℃属温区;年最低月平均气温为0℃以上属热区。

4.2 沥青表面处治施工计算

沥青表面处治适用条件与施工方法 表7-39

项目		说明
适用条件		适用于三级及三级以下各级公路、施工便道以及在旧沥青面层上加铺罩面或磨耗层
施工类型	层铺法	单层式 浇洒一次沥青,撒铺一次石料 1~1.5cm 厚 双层式 浇洒二次沥青,撒铺二次石料 1.5~2.5cm 厚 三层式 浇洒三次沥青,撒铺三次石料 2.5~3.0cm 厚
	拌和法	以不同粒径的矿料按一定比例混合后与沥青一起拌和而成。可采用单层式,也可采用双层式,并可采用热拌热铺或冷拌冷铺法施工

沥青表面处治材料规格与用量(方孔筛) 表 7-40

沥青种类	类型	厚度(cm)	集料($m^3/1000m^2$)						沥青或乳液用量(kg/m^2)			
			第一层		第二层		第三层		第一次	第二次	第三次	合计用量
			粒径规格	用量	粒径规格	用量	粒径规格	用量				
石油沥青	单层	1.0	S12	7~9					1.0~1.2			1.0~1.2
		1.5	S10	12~14					1.4~1.6			1.4~1.6
	双层	1.5	S10	12~14	S12	7~8			1.4~1.6	1.0~1.2		2.4~2.8
		2.0	S9	16~18	S12	7~8			1.6~1.8	1.0~1.2		2.6~3.0
		2.5	S8	18~20	S12	7~8			1.8~2.0	1.0~1.2		2.8~3.2
	三层	2.5	S8	18~20	S10	12~14	S12	7~8	1.6~1.8	1.2~1.4	1.0~1.2	3.8~4.4
		3.0	S6	20~22	S10	12~14	S12	7~8	1.2~1.4	1.0~1.2	1.8~2.0	4.0~4.6
乳化沥青	单层	0.5	S14	7~9					0.9~1.0			0.9~1.0
	双层	1.0	S12	9~11	S14	4~6			1.8~2.0	1.0~1.2		2.8~3.2
	三层	3.0	S6	20~22	S10	9~11	S12	4~6	2.0~2.2	1.8~2.0		4.8~5.4
							S14	3.5~4.5	1.0~1.2			

注:①煤沥青表面处治的沥青用量可较石油沥青用量增加 15% ~20%;

②表中乳化沥青的乳液用量适用于乳液中沥青用量约为 60% 的情况;

③在高寒地区及干旱、风沙大的地区,可超出高限,再增加 5% ~10%。

4.3 沥青贯入式路面施工计算

沥青贯入式路面适用条件及施工方法 表 7-41

项 目	说 明
适用条件	适用于二级及二级以下公路面层,也可作沥青混凝土路面联结层
结构组成	(1)厚度宜为 4~8cm,但乳化沥青贯入式路面厚度不宜超过 5cm。若为上拌下贯式路面,总厚度宜为 6~10cm,其中拌和层厚度宜为 2~4cm。 (2)作面层时应撒布封层料或加铺拌和层,用作联结层时,不撒布封层料。乳化沥青贯入式路面铺筑在半刚性基层上时,应作下封层
施工方法	(1)采用层铺法施工。 (2)宜选择在干燥和较热季节施工,并宜在雨季前及日最高温度低于 15℃到来前半个月结束,使贯入式结构层通过开放交通碾压成型

沥青贯入式路面材料规格与用量(方孔筛)

(用量单位:集料:$m^3/1000m^2$,沥青及沥青乳液:kg/m^2)　　表7-42

沥青品种	石油沥青										乳化沥青			
厚度(cm)	4		5		6		7		8		4		5	
规格和用量	规格	用量	规格	用量	规格	用量	规格	用量	规格	用量	规格	用量	规格	用量
封层料	S14	3~5	S14	3~5	S13(S14)	4~6	S13(S14)	4~6	S13(S14)	4~6	S14	4~6	S14	4~6
第五遍沥青														0.8~1.0
第四遍嵌缝料													S14	5~6
第四遍沥青												0.8~1.0		1.2~1.4
第三遍嵌缝料											S14	5~6	S12	7~9
第三遍沥青		1.0~1.2		1.0~1.2		1.0~1.2		1.0~1.2		1.0~1.2		1.4~1.6		1.5~1.7
第二遍嵌缝料	S12	6~7	S11(S10)	10~12	S11(S10)	10~12	S10(S11)	11~13	S10(S11)	11~13	S12	7~8	S10	9~11
第二遍沥青		1.6~1.8		1.8~2.0		2.0~2.2		2.4~2.6		2.6~2.8		1.6~1.8		1.6~1.8
第一遍嵌缝料	S10(S9)	12~14	S8	16~18	S8(S6)	16~18	S6(S8)	18~20	S6(S8)	20~22	S9	12~14	S8	10~12
第一遍沥青		1.8~2.1		2.4~2.6		2.8~3.0		3.3~3.5		4.0~4.2		2.2~2.4		2.6~2.8
主层石料	S5	45~50	S4	55~60	S3(S2)	66~76	S3	80~90	S1(S2)	95~100	S5	40~45	S4	50~55
沥青总用量		4.4~5.1		5.2~5.8		5.8~6.4		6.7~7.3		7.6~8.2		6.0~6.8		7.5~8.5

注:①煤沥青贯入的沥青用量可较石油沥青用量增加15%~20%;

②表中乳化沥青用量是指乳液的用量,适用于乳液浓度约为60%的情况;

③在高寒地区及干旱风沙大的地区,材料用量可超出高限,再增加5%~10%。

表面加铺拌和层时贯入层部分的材料规格和用量(方孔筛)

(用量单位:集料:$m^3/1000m^2$,沥青及沥青乳液:kg/m^2)　　表7-43

沥青品种	石油沥青								乳化沥青			
厚度(cm)	4		5		6		7		5		6	
规格和用量	规格	用量	规格	用量	规格	用量	规格	用量	规格	用量	规格	用量
第四遍嵌缝料											S14	4~6
第四遍沥青												1.3~1.5
第三遍嵌缝料									S14	4~6	S12	8~10

续上表

沥青品种	石油沥青								乳化沥青			
厚度(cm)	4		5		6		7		5		6	
规格和用量	规格	用量	规格	用量	规格	用量	规格	用量	规格	用量	规格	用量
第三遍沥青										1.4~1.6		1.4~1.6
第二遍嵌缝料	S12	5~6	S12(S11)	7~9	S12(S11)	7~9	S10(S11)	8~10	S12	9~10	S9	8~12
第二遍沥青		1.4~1.6		1.6~1.8		1.6~1.8		1.7~1.9		1.8~2.0		1.5~1.7
第一遍嵌缝料	S10(S9)	12~14	S8	16~18	S8(S7)	16~18	S6(S8)	18~20	S8	15~17	S6	24~26
第一遍沥青		2.0~2.3		2.6~2.8		3.2~3.4		4.0~4.2		2.5~2.7		2.4~2.6
主层石料	S5	45~50	S4	55~60	S3(S2)	66~76	S2(S3)	80~90	S4	50~55	S3	50~55
沥青总用量		3.4~3.9		4.2~4.6		4.8~5.2		5.7~6.1		5.9~6.2		6.7~7.2

注:①同表7-42注。

②表面加铺拌和层部分的材料规格及沥青(或乳化沥青)用量应符合热拌沥青混合料(或乳化沥青碎石混合料路面)的有关规定。

洒布法(沥青表处、贯入式)沥青乳液洒布量计算 表7-44

序号	项目	计算公式	符号意义
1	洒布车工作速度 v (m/min)	$v=\frac{W}{M\cdot\omega}$ (7-9)	W——喷油管的喷油量,kg/min; M——洒布宽度,m; ω——乳液洒布率,kg/m^2; Q——油罐装油量,kg
2	乳液洒布长度 L (m)	$L=\frac{Q}{M\cdot\omega}$ (7-10)	
3	修正后洒布率 ω' (kg/m^2)	$\omega'=\omega\frac{P}{P'}$ (7-11)	当乳液中的实有含油率与设计含油率不同时,可用该公式将乳液洒布率进行修正。 ω——设计洒布率,kg/m^2; P——设计含油率,%; P'——实有含油率,%

例 7-2 某乳化沥青表处施工，已知路面宽 7m，乳液设计含油率为 60%，所选沥青洒布车排油量为 55kg/min，沥青洒布率为 0.9kg/m^2；油罐装油量 3000kg，求沥青洒布车工作速度和一罐油洒布长度。

解 已知 $W = 55\text{kg/min}$，$M = 7.0\text{m}$，$\omega = 0.9\text{kg/m}^2$，$Q = 3000\text{kg}$，由式(7-9)和式(7-10)有：

沥青洒布车工作速度：$v = \dfrac{W}{M \cdot \omega} = \dfrac{55}{7 \times 0.9} = 8.7\text{m/min}$

一罐油洒布长度：$L = \dfrac{Q}{M \cdot \omega} = \dfrac{3000}{7 \times 0.9} = 476\text{m}$

若乳液中实有含油率 $P' = 50\%$，则修正后洒布率为：

$$\omega' = \omega \frac{P}{P'} = 0.9 \times \frac{60}{50} = 1.08\text{kg/m}^2$$

4.4 沥青混凝土路面施工计算

沥青混合料类型的选择 表 7-45

层位	沥青层厚度(cm)	混合料类型	高速公路、一级公路		二级及二级以下公路
			三层式	双层式	
表面层	2.5～4 4～5	细粒式 中粒式	AC—13 AC—16	AC—13 AC—16	AC—13　AM—13 AC—16
中面层	4～6 5～6	中粒式 粗粒式	AC—20 AC—25		
下面层	4～5 5～6 6～8	中粒式 粗粒式 粗粒式	 AC—25 AC—30	AC—20 AC—25 AC—30	AC—20　AM—25 AC—25 AC—30　AM—30
上基层 调平层	5～6 6～8 8～10	粗粒式 粗粒式 特粗粒式	AM—25 AM—30 AM—40	AM—25 AM—30 AM—40	AM—25 AM—30
抗滑表层	2.5～4	细粒式 中粒式	AK—13A AK—13B AK—16A AK—16B	AK—13A AK—13B AK—16A AK—16B	AK—13A AK—16A

注：AC 为沥青混凝土；AM 为沥青碎石；AK 为抗滑面层。

热拌沥青混合料马歇尔试验技术标准(JTJ 032—94)　　表 7-46

试 验 项 目	沥青混合料类型	高速公路 一级公路	其他等级公路	行人道路
击实次数 (次)	沥青混凝土 沥青碎石、抗滑表层	两面各 75 两面各 50	两面各 50 两面各 50	两面各 35 两面各 35
稳定度 (kN)	I 型沥青混凝土 II 型沥青混凝土、抗滑表层	>7.5 >5.0	>5.0 >4.0	>3.0
流值 (0.1mm)	I 型沥青混凝土 II 型沥青混凝土、抗滑表层	20～40 20～40	20～45 20～45	20～50
空隙率 (%)	I 型沥青混凝土 II 型沥青混凝土、抗滑表层 沥青碎石	3～6 4～10 >10	3～6 4～10 >10	2～5
沥青饱和度 (%)	I 型沥青混凝土 II 型沥青混凝土、抗滑表层 沥青碎石	70～85 60～75 40～60	70～85 60～75 40～60	75～90
残留稳定度 (%)	I 型沥青混凝土 II 型沥青混凝土、抗滑表层	>75 >70	>75 >70	>75

试 验 项 目									
最大集料粒径 (mm)	方孔筛	37.5	31.5	26.5	19.0	16.0	13.2	9.5	4.75
	圆孔筛	50	35 或 40	30	25	20	15	10	5
VMA 不小于(%)		12	12.5	13	14	14.5	15	16	18

注:①粗粒式沥青混凝土稳定度可降低 1kN;

②I 型细粒式及砂粒式沥青混凝土的空隙率为 2%～6%;

③沥青混凝土混合料的矿料间隙率(VMA)宜符合上表要求;

④当沥青碎石混合料试件在 60℃水浴中浸泡即发生松散时,可不进行马歇尔试验,但应测定密度、空隙率、沥青饱和度等;

⑤残留稳定度可根据需要采用浸水马歇尔试验或真空饱水后浸水马歇尔试验。

沥青混合料矿料级配及沥青用量(方孔筛)

表 7-47

级配类型			通过下列筛孔(mm)的质量百分率(%)															沥青用量(%)
			40.0	37.5	31.5	26.5	19.0	16.0	13.2	9.5	4.75	2.36	1.18	0.6	0.3	0.15	0.075	
沥青混凝土	粗粒	AC—30 I		100	90~100	79~92	66~82	59~77	52~72	43~63	32~52	25~42	18~32	13~25	8~18	5~13	3~7	4.0~6.0
		II		100	90~100	65~85	52~70	45~65	38~58	30~50	18~38	12~28	8~20	4~14	3~11	2~7	1~5	3.0~5.0
		AC—25 I			100	95~100	75~90	62~80	53~73	43~63	32~52	25~42	18~32	13~25	8~18	5~13	3~7	4.0~6.0
		II			100	90~100	65~85	52~70	42~62	32~52	20~40	13~30	9~23	6~16	4~12	3~8	2~5	3.0~5.0
	中粒	AC—20 I				100	95~100	75~90	62~80	52~72	38~58	28~46	20~34	15~27	10~20	6~14	4~8	4.0~6.0
		II				100	90~100	65~85	52~70	40~60	26~45	16~33	11~25	7~18	4~13	3~9	2~5	3.5~5.5
		AC—16 I					100	95~100	75~90	58~78	42~63	32~50	22~37	16~28	11~21	7~15	4~8	4.0~6.0
		II					100	90~100	65~85	50~70	30~50	18~35	12~26	7~19	4~14	3~9	2~5	3.5~5.5
	细粒	AC—13 I						100	95~100	70~88	48~68	36~53	24~41	18~30	12~22	8~16	4~8	4.5~6.5
		II						100	90~100	60~80	34~52	22~38	14~28	8~20	5~14	3~10	2~6	4.0~6.0
		AC—10 I							100	95~100	55~75	38~58	26~43	17~33	10~24	6~16	4~9	5.0~7.0
		II							100	90~100	40~60	24~42	15~30	9~22	6~15	4~10	2~6	4.5~6.5
	砂粒	AC—5 I								100	95~100	55~75	35~55	20~40	12~28	7~18	5~10	6.0~8.0
沥青碎石	特粗	AM—40	100	90~100	50~80	40~65	30~54	25~30	20~45	13~38	5~25	2~15	0~10	0~8	0~6	0~5	0~4	2.5~4.0
	粗粒	AM—30		100	90~100	50~80	38~65	32~57	25~50	17~42	8~30	2~20	0~15	0~10	0~9	0~5	0~4	2.5~4.0
		AM—25			100	90~100	50~80	43~73	38~65	25~55	10~32	2~20	0~14	0~10	0~8	0~6	0~5	3.0~4.5
	中粒	AM—20				100	90~100	60~85	50~75	40~65	15~40	5~22	2~16	1~12	0~10	0~8	0~5	3.0~4.5
		AM—16					100	90~100	60~85	45~68	18~42	6~25	3~18	1~14	1~10	0~8	0~5	3.0~4.5
	细粒	AM—13						100	95~100	50~80	30~45	8~38	4~30	2~16	0~10	0~8	0~6	3.0~4.5
		AM—10							100	85~100	35~65	10~35	5~22	2~16	0~12	0~9	0~6	3.0~4.5
抗滑表层		AK—13A						100	90~100	60~80	30~53	20~40	15~30	10~23	7~18	5~12	4~8	3.5~5.5
		AK—13B						100	85~100	50~70	18~40	10~30	8~22	5~15	3~12	3~9	2~6	3.5~5.5
		AK—16A						90~100	70~90	50~70	30~50	22~37	16~28	12~23	8~18	6~13	4~9	4.0~6.0
		AK—16B					100	90~100	60~82	45~70	25~45	15~35	10~25	8~18	6~13	4~10	3~7	3.5~5.5

热拌沥青混合料施工计算 表 7-48

<table>
<tr><th>项　目</th><th>计 算 公 式</th><th>符 号 意 义</th></tr>
<tr><td>混合料运输车辆数</td><td>$n=\alpha\frac{t_1+t_2+t_3}{T}$ (7-12)
$T=60\cdot\frac{G_0}{G}$ (7-13)</td><td rowspan="3">n——所需车辆数;
t_1、t_2、t_3——分别为重载运输时间、空载运输时间及工地卸料和等待时间,min;
T——拌制一车混合料所需时间,min;
G——拌和设备生产能力,t/h;
G_0——运输车辆载重,t;
α——储备系数,一般取 $\alpha=1.1\sim1.2$;
v——摊铺机摊铺速度,m/min;
ρ——压实成型后沥青混合料密度,t/m³;
Q——拌和机产量,t/h;
w——摊铺宽度,m;
t——摊铺层压实成型后平均厚度,cm;
C——效率系数,根据材料供应,运输能力等配套情况确定,宜为 0.6~0.8;
L——摊铺段长度,m;
M——摊铺的沥青混合料总质量,t</td></tr>
<tr><td>摊铺机摊铺速度</td><td>$v=\frac{100Q}{60\rho\cdot w\cdot t}\cdot C$ (7-14)</td></tr>
<tr><td>摊铺压实成型后平均厚度</td><td>$t=\frac{100M}{\rho\cdot L\cdot w}$ (7-15)</td></tr>
</table>

热拌沥青混合料松铺系数 表 7-49

<table>
<tr><th>混 合 料 种 类</th><th>机 械 摊 铺</th><th>人 工 摊 铺</th><th>说　明</th></tr>
<tr><td>沥青混凝土混合料</td><td>1.15~1.35</td><td>1.25~1.50</td><td rowspan="2">应根据实际混合料类型、施工机械及施工工艺等,由试验确定</td></tr>
<tr><td>沥青碎石混合料</td><td>1.15~1.30</td><td>1.20~1.45</td></tr>
</table>

例 7-3 某沥青混凝土混合料路面施工,已知沥青混合料拌和设备生产能力为 400t/h,摊铺宽度 6m,摊铺层压实成型后平均厚度 12cm,压实后沥青混凝土密度为 2.35t/m³,求摊铺机摊铺速度。

解 已知 $G=400\text{t/m}^3$,$\rho=2.35\text{t/m}^3$,$w=6.0\text{m}$,$t=12\text{cm}$,取效率系数 $C=0.7$;则根据公式(7-14)有:

$$v=\frac{100\cdot G}{60\rho\cdot w\cdot t}\cdot C=\frac{100\times400}{60\times2.35\times6.0\times12}\times0.7$$

$$=2.76\text{m/min}$$

即摊铺机摊铺速度为 2.76m/min。

例 7-4 上例中,假设运输车辆载质量为 15t,并已知混合料运到摊铺现场时间为 12min,

由摊铺现场返回拌和场时间为 9min，在现场卸料及其他等待时间为 3min，求所需沥青混合料运输车辆数。

解 已知 $G=400t/h$，$G_0=10t$，$t_1=12min$，$t_2=9min$，$t_3=3min$，并取储备系数 $\alpha=1.15$，则根据公式(7-13)有：

拌制一车混合料所需时间： $T=60\cdot\frac{G_0}{G}=60\times\frac{15}{400}=2.25min$

所需混合料运输车辆数： $n=\alpha\cdot\frac{t_1+t_2+t_3}{T}=1.15\times\frac{12+9+3}{2.25}=12.26$

故所需混合料运输车辆数为 13 辆。

5 沥青路面厚度计算

5.1 标准轴载及轴载换算

标准轴载计算参数　　表 7-50

标 准 轴 载	BZZ - 100	标 准 轴 载	BZZ - 100
标准轴载 P(kN)	100	单轮传压面当量圆直径 d(cm)	21.30
轮胎接地压力 p(MPa)	0.70	两轮中心距(cm)	1.5d

轴载换算及累计当量轴次计算　　表 7-51

项 目	计算公式	说 明
标准轴载当量作用次数 N（次/日）	$N=\sum_{i=1}^{k}C_1\cdot C_2\cdot N_i\cdot\left(\frac{P_i}{P}\right)^{4.35}$ (7-16) 式中：N——标准轴载当量轴次，次/日； N_i——被换算车型各级轴载作用次数，次/日； C_2——轮组系数，单轮组为 6.4，双轮组为 1，四轮组为 0.38； P_i——被换算车型各级轴载，kN； P——标准轴载，kN； C_1——轴数系数，当轴间距大于 3m 时，轴数系数为 m；轴间距小于 3m 时，按下式计算： $C_1=1+1.2(m-1)$ 其中：m——轴数。	以设计弯沉值为指标及沥青层底拉应力验算时，凡轴载大于 25kN、小于 130kN 的各级轴载（包括前、后轴）P_i 的作用次数 N_i，均应按式(7-16)换算成标准轴载当量作用次数 N

续上表

项　　目	计算公式	说　　明
标准轴载的当量作用次数 N_d	$$N_d=\sum_{i=1}^{k}C_1'\cdot C_2'\cdot N_i'\cdot\left(\frac{P_i}{P}\right)^8 \quad (7\text{-}17)$$ 式中：N_d、P_i、P——意义同前； C_2'——轮组系数，单轮组为18.5，双轮组为1.0，四轮组为0.09； C_1'——轴数系数；当轴间距小于3m时，双轴或多轴轴数系数按下式计算： $$C_1'=1+2(m-1)$$ 其中：m——轴数。	当进行半刚性基层层底拉应力验算时，凡轴载大于50kN、小于130kN的各级轴载（包括前、后轴）P_i的作用次数N_i'，均应按式（7-17）换算成标准轴载当量作用次数N_d
累计当量轴次 N_e（次）	$$N_e=\frac{[(1+\gamma)^t-1]\times365}{\gamma}N_1\cdot\eta \quad (7\text{-}18a)$$ $$N_e=\frac{[(1+\gamma)^t-1]\times365}{\gamma(1+\gamma)^{t-1}}N_t\cdot\eta \quad (7\text{-}18b)$$ 式中：N_e——设计年限内一个车道上的累计当量轴次，次； t——设计年限，年； N_1——路面竣工后第一年双向日平均当量轴次，次/日； γ——设计年限内交通量的年增长率，%； η——车道系数，根据调查分析结果或参照表7-52确定	

车道系数 η　　表7-52

车道特征		车道系数	车道特征	车道系数
单车道		1.0	四车道	0.4~0.5
双车道	有分隔	0.5	六车道	0.3~0.4
	无分隔	0.6~0.7		

5.2 新建沥青路面厚度计算

路面设计弯沉值确定 表 7-53

路面设计弯沉值应根据公路等级、设计年限内累计标准当量轴次、面层和基层类型按下式计算确定：

$$L_d = 600N_e^{-0.2} \cdot A_c \cdot A_s \cdot A_b \quad (7\text{-}19)$$

式中：L_d——路面设计弯沉值(0.01mm)；

N_e——设计年限内一个车道上累计当量轴次；

A_c——公路等级系数，高速公路、一级公路为1.0，二级公路为1.1，三、四级公路为1.2；

A_s——面层类型系数，沥青混凝土面层为1.0；热拌沥青碎石、乳化沥青碎石、上拌下贯或贯入式路面为1.1；沥青表处为1.2；中、低级路面为1.3；

A_b——基层类型系数，对半刚性基层、底基层总厚度等于或大于20cm时，取1.0；若面层与半刚性基层间设置等于或小于15cm级配碎石层、沥青贯入碎石、沥青碎石的半刚性基层结构时，A_b取1.0；柔性基层、底基层取1.6；当柔性基层厚度大于15cm、底基层为半刚性下卧层时，取1.6

容许拉应力计算 表 7-54

高速公路、一级公路、二级公路沥青混凝土面层或半刚性基层、底基层，结构层底面计算点的拉应力σ_m应小于或等于该层材料的容许拉应力σ_R，即

$$\sigma_m \leqslant \sigma_R \quad (7\text{-}20)$$

容许拉应力σ_R按下式计算

$$\sigma_R = \frac{\sigma_{sp}}{K_s} \quad (7\text{-}21)$$

式中：σ_R——路面结构层材料的容许拉应力，MPa；

σ_{sp}——沥青混凝土或半刚性材料的劈裂强度，MPa；沥青混凝土指15℃时劈裂强度，MPa；水泥稳定类材料为90d龄期劈裂强度MPa；二灰稳定类、石灰稳定类材料为180d龄期劈裂强度，MPa；

K_s——抗拉强度结构系数，其中

对沥青混凝土面层：

$$K_s = 0.09A_a \cdot N_e^{0.22}/A_c \quad (7\text{-}22a)$$

其中：A_a为沥青混凝土级配类型系数，细、中粒式沥青混凝土为1.0，粗粒式沥青混凝土为1.1。

对无机结合料稳定类：

$$K_s = 0.35 \cdot N_e^{0.11}/A_c \quad (\text{稳定集料}) \quad (7\text{-}22b)$$

$$K_s = 0.45N_e^{0.11}/A_c \quad (\text{稳定土}) \quad (7\text{-}22c)$$

路面材料设计参数 表 7-55

1. 高速公路、一级公路在初步设计阶段应选用沿线筑路材料和外购材料进行混合料配合比设计。在选定配合比的基础上,按有关规定实测材料设计参数,并论证确定各层材料回弹模量和抗拉强度的设计值。 2. 以设计弯沉值计算路面厚度并对结构层进行层底抗拉应力验算时,各层材料的模量均采用抗压回弹模量,沥青混凝土和半刚性材料的抗拉强度采用劈裂试验测得劈裂强度。 (1)半刚性材料的抗压回弹模量,按《公路工程无机结合料稳定材料试验规程》(JTJ 057—94)中 T0801—94 规定的顶面法测定。沥青混合料的抗压回弹模量测试方法可参照 T0801—94 方法或按(JTJ 052—93)增补规定的方法进行。但试验温度为 20℃和 15℃,不浸水,在加载板上采用逐级加载卸载法测试各级压强与相应的回弹变形,施加的压强为 0.5 ~ 0.7MPa,并取压强为 0.7MPa 时的回弹变形计算回弹模量。 (2)沥青混合料的劈裂强度按现行《公路工程沥青及沥青混合料试验规程》规定进行,试验温度为 15℃。半刚性材料的劈裂强度按《公路工程无机结合料稳定材料试验规程》(JTJ 057—94)中 T0806—94 有加载压条的方法进行。 3. 各单位可建立半刚性材料的抗压回弹模量、抗压强度与龄期的相关关系、劈裂强度与龄期相关关系以及快速养生方法等预估规定龄期的材料模量或强度,经充分论证后作为设计使用。 4. 在工程可行性研究或二级、三级公路的初步设计阶段,可参考表 7-56 和 7-57 论证地选用各种材料回弹模量及抗拉强度

沥青混合料设计参数 表 7-56

材料名称	沥青针入度	抗压模量 E_1(MPa)		劈裂强度 15℃(MPa)	备注
		20℃	15℃		
细粒式密级配沥青混凝土	≤90	1200 ~ 1600	1800 ~ 2200	1.2 ~ 1.6	
中粒式密级配沥青混凝土	≤90	1000 ~ 1400	1600 ~ 2000	0.8 ~ 1.2	
中粒式开级配沥青混凝土	≤90	800 ~ 1200	1200 ~ 1600	0.6 ~ 1.0	
粗粒式密级配沥青混凝土	≤90	800 ~ 1200	1200 ~ 1600	0.6 ~ 1.0	
沥青碎石混合料		600 ~ 800			
沥青贯入式		400 ~ 600	400 ~ 600		

注:①沥青碎石混合料不验算层底拉应力。

②细粒式和粗粒式开级配沥青混凝土,选用同类密级配的低值。

③符合重交通沥青技术要求时,可用较高值,沥青针入度大于 100 时,或符合轻交通沥青技术要求时,采用低值。

基层材料设计参数 表 7-57

材料名称	配合比或规格要求	抗压模量 E (MPa)	劈裂强度 σ (MPa)	备注
二灰砂砾	7∶13∶80	1300 ~ 1700	0.6 ~ 0.8	
二灰碎石	8∶17∶75	1300 ~ 1700	0.5 ~ 0.8	
水泥砂砾	5% ~ 6%	1300 ~ 1700	0.4 ~ 0.6	
水泥碎石	5% ~ 6%	1300 ~ 1700	0.4 ~ 0.6	
石灰水泥粉煤灰砂砾	6∶3∶16∶75	1200 ~ 1600	0.4 ~ 0.6	
石灰水泥碎石	5∶3∶92	1000 ~ 1400	0.35 ~ 0.5	

续上表

材料名称	配合比或规格要求	抗压模量 E (MPa)	劈裂强度 σ (MPa)	备注
石灰土碎石	粒料占60%以上	700~1100	0.3~0.4	
碎石灰土	粒料占40%~50%	600~900	0.25~0.35	
水泥石灰砂砾土	4:3:25:68	800~1200	0.3~0.4	
二灰土	10:30:60	600~900	0.2~0.3	
石灰土	8%~12%	400~700	0.2~0.25	
石灰土	4%~7%	200~350		处理路基用
级配碎石	符合级配要求	300~350 250~300 200~250		作上基层用 作基层用 作底基层用
填隙碎石	填隙密实	200~280		作底基层用
未筛分碎石 天然砂砾	具有一定级配符合规范要求	180~220 150~200		作底基层用
中、粗砂		80~100		作垫层用

路面厚度计算 表7-58

项目	计算原理和公式	说明
设计原理	$L_S = L_d$ (7-23)	(1)路面厚度根据多层弹性理论,层间接触条件为完全连续时,在双圆均布荷载作用下,轮隙中心处实测弯沉值 L_S 等于设计弯沉值 L_d 进行设计。 (2)当已知某车道累计轴次或设计弯沉值,根据各结构层回弹模量与劈裂强度、土基回弹模量及已知结构层厚度,利用专用设计程序可求得某一结构层厚度。 (3)设计中,对于半刚性基层沥青路面和柔性基层沥青路面,通常以基层作为厚度计算层,拟定面层及其他各层厚度
设计简图	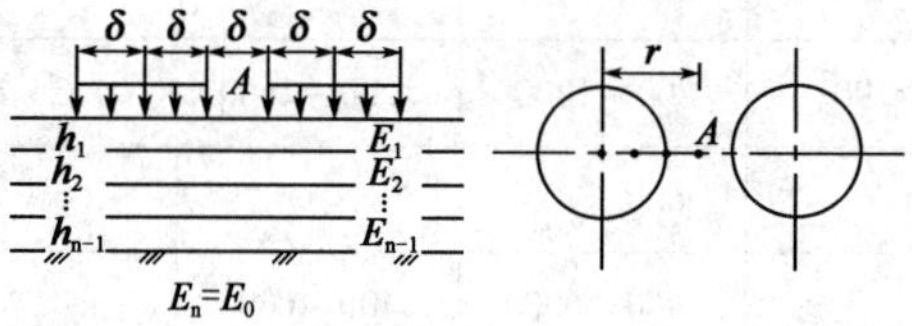	
弯沉计算	$L_S = 1000 \cdot \frac{2P\delta}{E_0} \cdot \alpha_c \cdot F$ (7-24) $\begin{cases} \alpha_c = f\left(\frac{h_1}{\delta}, \frac{h_2}{\delta}, \cdots \frac{h_{n-1}}{\delta}, \frac{E_2}{E_1}, \frac{E_3}{E_2}, \cdots \frac{E_0}{E_{n-1}}\right) \\ F = 1.63\left(\frac{L_s}{2000\delta}\right)^{0.38} \cdot \left(\frac{E_0}{P}\right)^{0.36} \end{cases}$ 式中: L_S——路面实测弯沉值,0.01mm; P、δ——标准车轮胎接地压力,MPa;当量圆半径,cm; F——弯沉综合修正系数; E_0、E_n——土基回弹模量,MPa; E_1、E_2、…、E_{n-1}——各层材料回弹模量,MPa; h_1、h_2、…、h_{n-1}——各结构层厚度,cm	

层底拉应力验算　　　　表 7-59

项　　目	计算原理及公式	说　　明
计算原理	验算层底拉应力时，应满足下式： $$\sigma_m \leqslant \sigma_R \quad (7\text{-}25)$$ 式中：σ_m——计算层底最大拉应力，MPa； σ_R——结构层材料容许拉应力，MPa	
计算简图	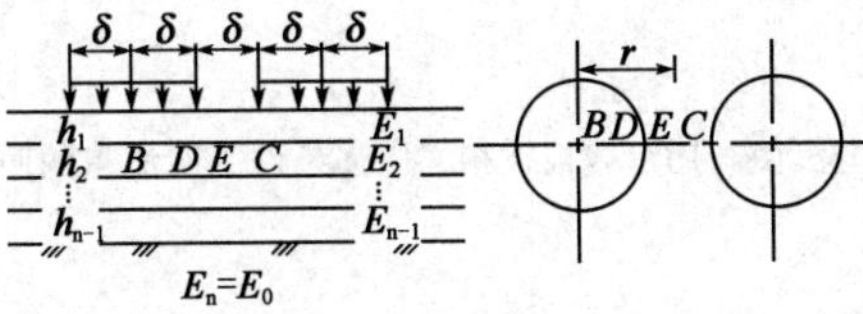	验算沥青混凝土面层及半刚性材料基层、底基层拉应力时，根据多层弹性理论，层间完全连续，计算点为单圆中心 B、单圆半径 1/2 处 D 点、单圆内侧边缘 E 点、双圆轮隙中心 C 点，取 4 点中最大值作为层底最大拉应力
计算公式	$$\sigma_m = p \cdot \bar{\sigma}_m \quad (7\text{-}26)$$ $$\bar{\sigma}_m = f\left(\frac{h_1}{\delta}, \frac{h_2}{\delta}, \cdots \frac{h_{n-1}}{\delta}, \frac{E_2}{E_1}, \frac{E_3}{E_2}, \cdots \frac{E_0}{E_{n-1}}\right)$$ 式中：$\bar{\sigma}_m$——理论最大拉应力系数	

5.3　改建沥青路面厚度计算

原路面弯沉计算　　　　表 7-60

项　　目	计算方法与公式	说　　明
不同轴载弯沉值换算	非标准轴载所测弯沉按下式换算为标准轴载弯沉： $$\frac{L_{100}}{L_i} = \left(\frac{P_{100}}{P_i}\right)^{0.87} \quad (7\text{-}27)$$ 式中：P_{100}、L_{100}——标准轴载及相应弯沉值； P_i、L_i——非标准轴载及对应弯沉值。	(1)原路面应采用标准轴载汽车测定，每一车道、每一路段测点数不少于 20 点，若非标准轴载（轴载 60 ~ 130kN）测定，应按式(7-27)进行换算。
原路面计算弯沉值	各路段计算弯沉值 L_0 按下式计算： $$L_0 = (\bar{L}_0 + Z_a \cdot S) \cdot k_1 \cdot k_2 \cdot k_3 \quad (7\text{-}28)$$ 式中：L_0——代表路段计算弯沉值，0.01mm； $\bar{L}_0$——代表路段内原路面实测弯沉平均值，0.01mm； S——代表路段内原路面实测弯沉的标准差，0.01mm； Z_a——保证率系数，补强二级及二级以上公路路面，Z_a 取 1.5，补强三、四级公路，取 1.3； k_1、k_2——季节影响系数和湿度影响系数，可按表 7-63、表 7-64 确定； k_3——温度修正系数	(2)若弯沉在非不利季节测定，应根据当地经验，考虑季节影响系数的修正，对冰冻地区的潮湿或过湿路基，宜考虑路面强度逐渐衰减的影响，乘以湿度影响系数。 (3)路面弯沉是以 20℃ 为测定沥青路面弯沉值标准状态，当沥青路面厚度小于或等于 5cm 时，不需温度修正；当路面温度为 20℃ ±2℃，也不进行温度修正；其他情况下测定应进行温度修正

原路面当量回弹模量计算 表 7-61

(1)确定原路面的当量回弹模量时,应根据路段的划分,分别计算各路段的当量回弹模量。

(2)各路段的当量回弹模量应根据各路段的计算弯沉值,按下式计算:

$$E_t = 1000 \cdot \frac{2p\delta}{l_0} \cdot m_1 \cdot m_2 \tag{7-29}$$

式中:E_t——原路面的当量回弹模量,MPa;

δ——标准轴载单轮传压面当量圆半径,cm;

l_0——原路面的计算弯沉,0.001cm;

p——标准轴车型轮胎接地压强,MPa;

m_1——用标准轴载的汽车在原路面上测得的弯沉值与用承载板在相同压强条件下所测得的回弹变形值之比,即轮板对比值;

m_2——原路面当量回弹模量扩大系数。

(3)比值 m_1 应根据各地的对比试验结果论证地确定,在没有对比试验资料的情况下,可取 $m_1 = 1.1$ 进行计算。

(4)计算与原有路面接触的补强层层底拉应力时,m_2 按下式计算;计算其他补强层层低拉应力及弯沉值时,$m_2 = 1.0$。

$$m_2 = e^{0.037\frac{h'}{\delta}} \cdot \left(\frac{E_{n-1}}{p}\right)^{0.25} \tag{7-30}$$

式中:E_{n-1}——与原路接触层材料的抗压模量,MPa;

h'——各补强层等效为与原路面接触层 E_{n-1} 相当的等效总厚度,cm。

(5)等效总厚度 h' 按下式计算:

$$h' = \sum_{i=1}^{n-1} h_i (E_i / E_{n-1})^{0.25} \tag{7-31}$$

式中:E_i——第 i 层补强层材料的抗压回弹模量,MPa;

h_i——第 i 层补强层的厚度,cm;

$n-1$——补强层层数

补 强 厚 度 计 算 表 7-62

(1)补强设计时,首先按上述方法计算原路面的当量回弹模量,若补强单层时,以双层弹性体系为设计计算的力学模型,补强 $n-1$ 层时以 n 层弹性体系为力学模型计算。

(2)补强设计时,仍以设计弯沉值作为路面整体刚度的控制指标;对于二级和二级以上的公路,还应验算补强层层底拉应力。设计弯沉值、各补强层层底拉应力和容许拉应力的计算方法、弯沉综合修正系数及补强层材料参数的确定,与新建路面相同。

(3)设计层的厚度采用弹性层状体系理论编制的专用设计程序进行计算

季节影响系数 K_1　　表 7-63

自然区划	省市名称	路面类型	路基干湿类型	K_1 建议值				附注
				春融	干季	雨季	冻前	
II_1	辽宁 吉林 黑龙江	砂石	干	1.0	1.2~1.4	1.1~1.2	1.05~1.15	东北片区春融一般指4月中旬~5月中旬,干季指5月中旬~7月中旬,或9月~10月,雨季指7月中旬~9月末,冻前指11月,辽宁比黑龙江晚冻半个月,早化冻半个月
			中	1.0	1.5~1.6	1.3~1.4	1.2~1.3	
			湿	1.0	1.8~1.9	1.7~1.8	1.6~1.7	
		沥青	干	1.0	1.2~1.3	1.1~1.2	1.05~1.15	
			中	1.0	1.3~1.4	1.2~1.3	1.1~1.2	
			湿	1.0	1.5~1.6	1.3~1.4	1.2~1.3	
II_{1a}	黑龙江	砂石		1.0	1.55~1.65			
		沥青		1.0	1.25			
II_2	黑龙江	砂石		1.0	1.5~1.65			
		沥青		1.0	1.4~1.5			
	吉林	砂石		1.0	1.3			
		沥青		1.0	1.54			
II_{2a}	辽宁	砂石	干	1.0	1.3~1.4	1.2~1.3	1.1~1.2	
			中	1.0	1.5~1.6	1.4~1.5	1.3~1.4	
			湿	1.0	1.9~2.0	1.8~1.9	1.6~1.7	
		沥青	干	1.0	1.2~1.3	1.1~1.2	1.05~1.15	
			中	1.0	1.4~1.5	1.3~1.4	1.2~1.3	
			湿	1.0	1.8~1.9	1.7~1.8	1.5~1.6	
II_3	辽宁	砂石	干中湿	1.0	1.3~1.4	1.2~1.3	1.1~1.2	
		沥青	干	1.0	1.2~1.3	1.1~1.2	1.05~1.15	
			中	1.0	1.3~1.4	1.2~1.3	1.15~1.2	
			湿	1.0	1.7~1.8	1.6~1.7	1.5~1.6	
II_{3a}	吉林	砂石		1.0				
		沥青		1.0	1.25~1.5			
	黑龙江	砂石						
		沥青		1.0	1.4(黄土) 1.2~1.4 (碱土)			
II_{4b}	辽宁	砂石	干	1.0	1.3~1.4	1.2~1.3	1.1~1.2	
			中	1.0	1.4~1.5	1.3~1.4	1.2~1.3	
			湿	1.0	1.5~1.6	1.4~1.5	1.3~1.4	

续上表

自然区划	省市名称	路面类型	路基干湿类型	K_1 建议值				附注
				春融	干季	雨季	冻前	
II_{4b}	辽宁	沥青	干	1.0	1.2~1.3	1.1~1.2	1.0~1.15	
			中	1.0	1.3~1.4	1.2~1.3	1.1~1.2	
			湿	1.0	1.4~1.6	1.3~1.4	1.2~1.3	
II_{4}	天津	沥青	中	1.0	1.15	1.10	1.05	
			湿	1.0	1.25	1.15	1.10	
	山东	砂石	干	1.0	1.3~1.5	1.2~1.4	1.1~1.3	
			中	1.0	1.6~1.9	1.3~1.5	1.2~1.4	
			湿	1.0	1.2~1.4	1.1~1.3	1.0~1.1	
		沥青	干	1.0	1.2~1.4	1.1~1.3	1.0~1.2	
			中	1.0	1.3~1.5	1.2~1.4	1.1~1.3	
			湿	1.0	1.1~1.4	1.1~1.3	1.0~1.1	
	河北	砂石	干	1.0	1.1~1.25		1.0~1.15	
			中	1.0	1.25~1.5		1.2~1.35	
			湿	1.0	1.15~1.35		1.15~1.3	
		沥青	干	1.0	1.1~1.4		1.05~1.15	
II_{5}	河南	沥青	中	1.0	1.3~1.5	1.2~1.3	1.1~1.2	
II_{5a}	山东	砂石	干	1.0	1.2~1.4	1.0~1.2	1.0~1.1	
			中	1.0	1.5~2.0	1.2~1.3	1.1~1.2	
			湿	1.0	1.2~1.5	1.0~1.2	1.0~1.1	
		沥青	干	1.0	1.1~1.3	1.0~1.2	1.0~1.1	
			中	1.0	1.4~1.7	1.2~1.5	1.1~1.2	
			湿	1.0	1.1~1.4	1.1~1.3	1.0~1.1	
III_{1}	山西	砂石	干	1.0	1.1~1.2	1.05~1.15	1.0~1.1	
			中	1.0	1.2~1.3	1.1~1.2	1.05~1.15	
			湿	1.0	1.1~1.2	1.05~1.15	1.0~1.1	
		沥青	干	1.0	1.0~1.3	1.1~1.4	1.1~1.2	
			中	1.0	1.0~1.5	1.2~1.8	1.1~1.4	
			湿	1.0	1.1~1.4	1.2~1.5	1.1~1.3	
III_{2}	甘肃	砂石	干	1.0~1.1	1.1~1.3	1.3~1.5	1.2~1.3	
			中	1.0~1.2	1.2~1.5	1.5~1.7	1.2~1.4	
		沥青	干	1.0~1.1	1.1~1.2	1.2~1.4	1.1~1.2	
			中	1.0~1.2	1.2~1.3	1.3~1.5	1.1~1.3	
III_{3}	甘肃	砂石	干	1.0~1.2	1.2~1.4	1.4~1.7	1.2~1.4	
			中	1.0~1.2	1.2~1.4	1.4~2.0	1.2~1.5	
		沥青	干	1.0~1.1	1.1~1.3	1.3~1.5	1.1~1.3	
			中	1.0~1.1	1.1~1.3	1.3~1.7	1.2~1.4	
III_{4}	陕西	沥青	干	1.0	1.1~1.15	1.0~1.1	1.0~1.1	
	河南		中	1.0	1.3~1.5	1.2~1.3	1.2~1.3	
	山西		湿	1.0	1.2~1.4	1.1~1.2	1.1~1.2	

续上表

自然区划	省市名称	路面类型	路基干湿类型	K_1 建议值				附注
				春融	干季	雨季	冻前	
VI$_1$	内蒙古	砂石	干	1.0	1.2~1.35	1.1~1.2	1.05~1.1	*
			中	1.0	1.3~1.6	1.3~1.4	1.2~1.3	*
			湿	1.0	1.3~1.45	1.2~1.3	1.1~1.2	
		沥青	干	1.0	1.4~1.6	1.7~1.9	1.1~1.2	*
			中	1.0	1.6~1.8	1.7~1.9	1.2~1.4	*
			湿	1.0	1.4~1.7	1.6~1.8	1.2~1.3	
VI$_1$	宁夏	砂石	干	1.0~1.2	1.1~1.2	1.2~1.3	1.1~1.2	
			中	(1.0~1.3)	(1.3~1.5)	(1.2~1.4)	(1.2~1.3)	
			湿	(1.0~1.2)	(1.1~1.2)	(1.2~1.4)	(1.1~1.3)	
		沥青	干	1.0~1.2	1.5~1.7	(1.7~1.9)	1.5~1.7	
			中	(1.0~1.4)	(1.4~1.8)	(1.8~2.0)	(1.4~1.8)	
			湿	(1.0~1.2)	(1.5~1.7)	(1.7~1.9)	(1.5~1.7)	
VI$_2$	宁夏	砂石	干	1.0~1.2	1.2~1.5	1.2~1.4	1.1~1.3	
			中	(1.0~1.3)	(1.3~1.6)	(1.2~1.5)	(1.2~1.4)	
			湿	(1.0~1.3)	(1.3~1.6)	(1.2~1.5)	(1.2~1.4)	
		沥青	干	(1.0~1.1)	(1.1~1.2)	(1.2~1.3)	(1.1~1.2)	
			中	1.0~1.2	1.3~1.6	1.2~1.5	1.1~1.3	
			湿	(1.0~1.2)	(1.2~1.5)	(1.1~1.3)	(1.1~1.3)	
VI$_{1a}$	宁夏	砂石	干	1.0~1.1	1.1~1.3	1.1~1.2	1.0~1.1	
			中	1.0~1.3	1.3~1.6	1.2~1.5	1.1~1.3	
			湿	1.0~1.2	1.2~1.4	1.1~1.3	1.0~1.2	
		沥青	干	1.0~1.1	1.1~1.45	1.8~1.9	1.5~1.6	*
			中	1.0~1.3	1.3~1.6	1.2~1.5	1.1~1.3	
			湿	1.0~1.1	1.1~1.2	1.4~1.7	1.4~1.5	*
VI$_2$	甘肃	砂石	干	1.0~1.3	1.3~1.5	1.2~1.8	1.2~1.4	
			中	1.0~1.4	1.4~1.6	1.5~2.3	1.7~2.1	
			湿	1.0~1.4	1.4~1.6	1.6~2.0	1.5~1.8	农灌区
				1.4~1.8	1.0~1.4	1.8~2.6	1.6~1.9	盐渍区
			过湿	1.4~2.0	1.0~1.4	2.5~5.0	1.5~3.0	农灌区
				1.6~2.5	1.0~1.6	3.0~5.5	2.0~4.0	盐渍区
		沥青	干	1.0~1.1	1.1~1.2	1.2~1.3	1.1~1.2	
			中	1.0~1.2	1.2~1.4	1.4~1.8	1.2~1.5	
			湿	1.0~1.2	1.2~1.3	1.3~1.7	1.2~1.4	农灌区
				1.2~1.3	1.0~1.2	1.2~1.4	1.1~1.2	盐渍区

续上表

自然区划	省市名称	路面类型	路基干湿类型	K_1 建议值				附注
				春融	干季	雨季	冻前	
VI_2	新疆	砂石	干	1.0	1.1～1.3	1.3～1.5	1.2～1.4	
			中	1.0～1.3	1.2～1.4	1.2～1.3	1.1～1.2	*
			湿	1.0～1.2	1.2～1.4	1.2～1.4	1.2～1.3	*
		沥青	干	1.0～1.1	1.1～1.2	1.2～1.4	1.2～1.3	*
			中	1.0～1.2	1.2～1.4	1.1～1.2	1.1～1.2	*
			湿	1.0～1.1	1.1～1.3	1.2～1.3	1.2～1.3	*
VI_4	新疆	砂石	干	1.0	1.1～1.2	1.05～1.2	1.1～1.2	*
			中	1.0	1.1～1.2	1.05～1.15	1.2～1.3	
			湿	1.0	1.05～1.2	1.1～1.2	1.1～1.25	*
		沥青	干	1.0	1.1～1.2	1.1～1.2	1.2～1.3	*
			中	1.0	1.25～1.3	1.1～1.2	1.2～1.25	
			湿	1.0	1.2～1.25	1.05～1.15	1.1～1.2	*
VI_{4a}	新疆	砂石	干	1.0	1.5～1.7	1.3～1.4	1.8	
			中	1.0	1.65～1.9	1.5～1.7	1.7～1.9	*
			湿	1.0	1.6～1.8	1.4～1.5	1.6～1.8	*
		沥青	干	1.0	1.4～1.6	1.2～1.3	1.4～1.7	*
			中	1.0	1.5～1.8	1.4～1.6	1.6～1.8	*
			湿	1.0	1.4～1.7	1.3～1.4	1.5～1.7	*
VI_{4b}	新疆	砂石	干	1.0	1.1～1.3	1.2～1.4	1.0～1.2	*
			中	1.0	1.4～1.5	1.3～1.4	1.0～1.2	
			湿	1.0	1.3～1.4	1.2～1.3	1.0～1.1	*
		沥青	干	1.0	1.1～1.2	1.05～1.1	1.0～1.1	*
			中	1.0	1.3～1.4	1.2～1.3	1.0～1.1	
			湿	1.0	1.2～1.3	1.1～1.2	1.0～1.1	*
VII_1	青海	砂石	干	1.0～1.2	1.0～1.1	1.0～1.2	1.2～1.4	
			中	1.0～1.5	1.0～1.2	1.2～1.5	1.5～2.0	
			湿	1.0～1.2	1.0～1.1	1.0～1.1	1.1～1.3	
		沥青	干	1.0～1.2	1.0～1.1	1.1～1.2	1.2～1.4	
			中	1.0～1.4	1.1～1.2	1.2～1.4	1.4～1.8	
			湿	1.0～1.2	1.1～1.2	1.1～1.3	1.3～1.5	
VII_6	西藏	砂石	干	1.1～1.4	1.2～1.5	1.0～1.2	1.1～1.2	*
			中	1.2～1.65	1.4～1.7	1.0～1.33	1.17～1.23	
			湿	1.2～1.5	1.3～1.6	1.0～1.25	1.1～1.2	*
		沥青	干	1.1～1.3	1.1～1.4	1.0～1.1	1.1～1.2	*
			中	1.2～1.5	1.3～1.6	1.0～1.2	1.1～1.2	*
			湿	1.1～1.4	1.2～1.5	1.0～1.15	1.1～1.3	*

续上表

自然区划	省市名称	路面类型	路基干湿类型	K_1 建议值				附注
				春融	干季	雨季	冻前	
VII_{6a}	西藏	砂石	干	1.15~1.2	1.05~1.1	1.0~1.2	1.0~1.1	
			中	1.25~1.35	1.2~1.25	1.0~1.3	1.0~1.25	*
			湿	1.2~1.3	1.1~1.2	1.0~1.25	1.0~1.2	*
		沥青	干	1.28	1.23	1.0~1.33	1.17	
			中	1.2~1.3	1.15~1.2	1.1~1.3	1.0~1.05	
			湿	1.2~1.3	1.1~1.2	1.0~1.3	1.0~1.05	*
VII_2	青海	砂石	干	1.0~1.2	1.0~1.1	1.1~1.2	1.2~1.4	
			中	1.0~1.4	1.0~1.2	1.2~1.4	1.4~1.8	
			湿	1.0~1.3	1.0~1.1	1.1~1.3	1.3~1.5	
		沥青	干	1.0~1.1	1.0~1.1	1.1~1.2	1.2~1.4	
			中	1.0~1.2	1.0~1.1	1.1~1.3	1.3~1.5	
			湿	1.0~1.1	1.0~1.1	1.1~1.2	1.2~1.4	
VII_3	青海	砂石	干	1.0~1.2	1.0~1.1	1.0~1.2	1.2~1.4	
			中	1.0~1.5	1.0	1.0~1.4	1.4~1.6	
			湿	1.0~1.2	1.0~1.1	1.0~1.1	1.1~1.3	
		沥青	干	1.0~1.1	1.1~1.2	1.1~1.1	1.1~1.2	
			中	1.0~1.5	1.1~1.3	1.2~1.4	1.2~1.5	
			湿	1.0~1.3	1.1~1.2	1.0~1.2	1.2~1.3	
VII_4	青海	砂石	干	1.05~1.2	1.0~1.1	1.0~1.3	1.1~1.8	
			中	1.0~1.45	1.0	1.0~1.6	1.2~2.0	*
			湿	1.05~1.16	1.13	1.0~1.22	1.11	
		沥青	干	1.05~1.1	1.2~1.4	1.0~1.1	1.74	
			中	1.0	1.1~1.3	1.0~1.05	1.32	*
			湿	1.05~1.15	1.2~1.3	1.0~1.1	1.2~1.3	
IV_1 IV_{1a}	江苏	砂石		$K_1 = 1.65 - 0.78\overline{\omega}_x$				粉性土
				$K_1 = 2.04 - 1.24\overline{\omega}_x$				黏性土
IV_3	江西	砂石	干	$K_1 = 1.284 - 0.065k_w$				
			中	$K_1 = 1.326 - 0.082k_w$				
			湿	$K_1 = 1.212 - 0.04k_w$				

自然区划	省市名称	路面类型	路基干湿类型	K_1 计算值	附注
IV_4 IV_{6a}	福建	砂石		$K_1=1.96-1.15\overline{\omega}_x$ $K_1=2.16-1.30\overline{\omega}_x$	填土高 >1.5m 填土高 <1.5m
IV_5	江西	砂石	干 中 湿	$K_1=1.269-0.025k_w$ 或 $K_1=2.057-0.0191\overline{\omega}_x$ $K_1=1.34-0.028k_w$ 或 $K_1=3.814-0.0386\overline{\omega}_x$ $K_1=1.418-0.046k_w$ 或 $K_1=3.504-0.0387\overline{\omega}_x$	
IV_6	江西	砂石	中 湿	$K_1=1.342-0.061k_w$ $K_1=1.609-0.105k_w$	

自然区划	省市名称	路面类型	路基干湿类型	K_1 建议值			附注
				不利	过渡	干燥	
IV_3	湖南	砂石	干 中 湿	1.0 1.0 1.0	1.3 1.5 1.3	1.4 1.6 1.4	用于黏性土土基
IV_5	湖南	砂石	干 中 湿	1.0 1.0 1.0	1.4 1.6 1.4	1.5 1.8 1.5	用于粉性土土基
IV_5	湖南	沥青	干 中 湿	1.0 1.0 1.0	1.10 1.20 1.15	1.20 1.30 1.25	用于黏性土土基
			干 中 湿	1.0 1.0 1.0	1.20 1.30 1.25	1.30 1.40 1.35	用于粉性土土基
IV_4	浙江	砂石	干 中 湿	1.0 1.0 1.0	1.05~1.15 1.0~1.10 —	1.2~1.4 1.15~1.35 —	
		沥青	干 中 湿	1.0 1.0 1.0	1.1~1.35 1.0~1.1 —	1.15~1.60 1.1~1.2 —	

续上表

自然区划	省市名称	路面类型	路基干湿类型	K_1 建议值			附注
				不利	过渡	干燥	
IV_2	安徽	砂石	干	1.0~1.05	1.1~1.2	1.2~1.3	
			中	1.0~1.05	1.15~1.25	1.25~1.35	
			湿	1.0~1.05	1.1~1.2	1.2~1.3	
		沥青	干	1.0~1.05	1.1~1.2	1.2~1.3	
			中	1.0~1.05	1.25~1.35	1.35~1.45	
			湿	1.0~1.05	1.15~1.25	1.25~1.35	
IV_7	广东	砂石	干	1.0	1.1~1.3	1.25~1.45	用于粉性土
			中	1.0	1.2~1.4	1.4~1.6	
			湿	1.0	1.2~1.4	1.3~1.5	
$IV_{6,7}$	广东	沥青	干	1.0	1.1*	1.2	砂性土
			中	1.0	1.1*	1.2*	
			湿	1.0	1.1*	1.2*	
			干	1.0	1.1~1.2	1.1~1.3	粉性土
			中	1.0	1.1~1.2	1.1~1.3	
			湿	1.0	1.1~1.2	1.1~1.3	
			干	1.0	1.1~1.2	1.1~1.3	黏性土
			中	1.0	1.1~1.3	1.2~1.4	
			湿	1.0	1.1~1.3	1.2~1.4	
V_2	四川	砂石	干	1.0	1.05~1.15	1.3~1.4	粉性土
			中	1.0	1.05~1.15	1.5~1.6	
			湿	1.0	1.05~1.15	1.6~1.75	
			干	1.0	1.05~1.55	1.15~1.25	黏性土
			中	1.0	1.05~1.55	1.3~1.4	
			湿	1.0	1.05~1.55	1.2~1.3	
V_3	贵州	砂石		1.0~1.10	1.10~1.30	1.20~1.40	稻田地带
				1.0~1.05	1.05~1.15	1.15~1.30	非稻田地带
		沥青		1.0~1.10	1.10~1.30	1.20~1.40	稻田地带
				1.0~1.15	1.1~1.25	1.15~1.30	非稻田地带
V_4	四川	砂石	干	1.0	1.05~1.15	1.3~1.4	黏性土
			中	1.0	1.05~1.15	1.5~1.6	
			湿	1.0	1.05~1.15	1.4~1.5	

续上表

自然区划	省市名称	路面类型	路基干湿类型	K_1 建议值			附注
				不利	过渡	干燥	
V_4	云南	砂石	干 中 湿	1.0 1.0 1.0	1.1 1.1~1.3 1.1~1.2	1.2~1.3 1.4~1.6 1.1~1.2	黏性土
V_5	云南	砂石	干 中 湿	1.0 1.0 1.0	1.1 1.1~1.2 1.1~1.2	1.2~1.3 1.3~1.6 1.1~1.2	粉性土
		沥青	干 中 湿	1.0 1.0 1.0	1.1 1.1 1.1~1.2	1.2~1.3 1.2~1.4 1.1~1.2	粉性土
V_{5a}	云南	砂石	干 中 湿	1.0 1.0 1.0	1.1 1.1~1.2 1.1~1.2	1.2~1.3 1.3~1.4 1.1~1.2	黏性土
		沥青	干 中 湿	1.0 1.0 1.0	1.1 1.1 1.1~1.2	1.2~1.3 1.2~1.4 1.1~1.2	黏性土

注：* 为推算值。

湿度影响系数 K_2 建议值 表 7-64

自然区划	路基干湿类型	路面材料水稳性		附注
		好	差	
III_1	干	1.00	1.00~1.10	
	中	1.10~1.20	1.10~1.30	
	湿	1.20~1.40	1.35~1.50	
III_2	干	(1.00~1.10)	1.10~1.15	
	中	1.10~1.30	1.15~1.35	
	湿	1.30~1.50	1.35~1.55	
III_3	干	(1.00~1.15)	1.10~1.20	
	中	(1.15~1.35)	1.20~1.40	
	湿	1.35~1.55	1.40~1.60	
VI_1 VI_{1a}	干	1.00~1.10	1.10~1.20	在内蒙古建议值和宁夏实测值基础上调整
	中	1.10~1.20	1.20~1.30	
	湿	1.20~1.40	1.30~1.50	

续上表

自 然 区 划	路基干湿类型	路面材料水稳性		附　　注
		好	差	
VI_2	干	(1.00～1.20)	1.10～1.25	
	中	1.20～1.40	1.25～1.50	
	湿	1.40～1.60	1.50～1.70	
VII_4	干	1.00～1.10	1.10～1.20	根据西藏实测值及青藏公路科研组建议值综合提出
	中	1.10～1.20	1.20～1.30	
	湿	1.20～1.30	1.30～1.40	

注：括号内数值为推算值。

6　水泥混凝土路面板厚计算

6.1　水泥混凝土路面设计参数计算

轴 载 计 算　　表 7-65

项　　目	计　算　公　式
标准轴载与轴载换算	水泥混凝土路面设计以100kN单轴荷载为标准轴载。各级轴载 P_i 的作用次数 n_i 按下式换算为标准轴载 P_s 的作用次数： $$N_s=\sum_{i=1}^{n}\alpha_i\cdot N_i\cdot\left(\frac{P_i}{100}\right)^{16} \quad (7\text{-}32)$$ 式中：P_i——各级轴载单轴重或双轴总重，kN； α_i——轴数系数，单轴时，$\alpha_i=1$；双轴时，$\alpha_i=1.46\times10^{-5}\cdot P_i^{-0.3767}$； N_i——各级轴载的作用次数，次/日。 小于或等于40kN(单轴)和80kN(双轴)的轴载，可忽略不计
标准轴载累计次数 N_e	设计使用年限内设计车道的标准轴载累计作用次数 N_e 按下式确定： $$N_e=\frac{N_s[(1+\gamma)^t-1]\times365}{\gamma}\cdot\eta \quad (7\text{-}33)$$ 式中：N_s——使用初期设计车道的标准轴载累计作用次数，次/日； γ——交通量年平均增长率，%，由调查确定； t——设计使用年限； η——车轮轮迹横向分布系数。当以纵缝边缘处为临界荷位时，高速公路、一级公路取0.17～0.22；二级、三级、四级公路，行车道宽>7m时，取0.34～0.39；行车道宽度<7m时，取0.54～0.62

交 通 量 分 级 表 7-66

交通等级	使用初年设计车道标准轴载作用次数 N_s (N/d)	设计使用年限(a)	交通等级	使用初年设计车道标准轴载作用次数 N_s (N/d)	设计使用年限(a)
特重	>1500	30	中等	5 ~ 200	20
重	200 ~ 1500	30	轻	≤5	20

基层顶面当量回弹模量 E_t 和计算回弹模量 E_{tc} 计算 表 7-67

<table>
<tr><th>项　　目</th><th>计算方法和公式</th><th>符号意义和计算图式</th></tr>
<tr><td>计算原理</td><td>(1)设计新建公路时,可根据土基和基(垫)层材料回弹模量值 E_0、E_1 及基(垫)层厚度 h_b,查右图确定 E_t;
(2)旧柔性路面上加铺水泥混凝土路面时,可通过承载板确定旧路面顶面当量回弹模量 E_t 或实测路段回弹弯沉,并按式(7-34)确定 E_t</td><td>E_t——基层顶面当量回弹模量,MPa;
E_0——土基回弹模量,MPa;
E_1——基(垫)层材料回弹模量,MPa;
h_b——基(垫)层厚度,cm;
L_0——后轴重 100kN 车辆测得的计算回弹弯沉值,0.01mm;
E_{tc}——基层顶面计算回弹模量,MPa;
n——模量修正系数;
h——混凝土面板厚度,cm;
E_c——混凝土抗弯拉弹性模量,MPa</td></tr>
<tr><td>E_t计算公式</td><td>旧柔性路面顶面当量回弹模量按下式计算:
$$E_t = \frac{13739}{L_0^{1.04}} \quad (7\text{-}34)$$</td><td rowspan="2">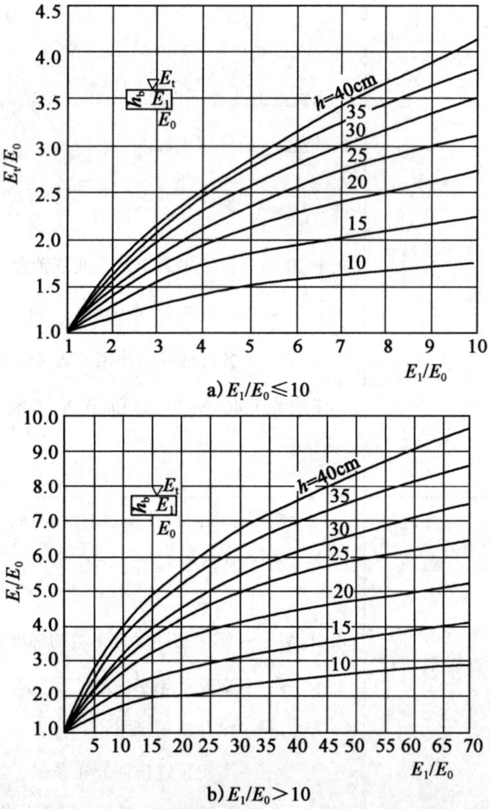

a) $E_1/E_0 \leqslant 10$
b) $E_1/E_0 > 10$
当量回弹模量E_t计算图</td></tr>
<tr><td>基层顶面计算回弹模量</td><td>基层顶面计算回弹模量 E_{tc} 计算公式为:
$$E_{tc} = n \cdot E_t \quad (7\text{-}35)$$
计算荷载应力时:
$$n = 1.718 \times 10^{-3} \cdot \left(\frac{h \cdot E_c}{E_t}\right)^{0.8} \quad (7\text{-}36)$$
计算温度应力时:
$$n = 0.35$$</td></tr>
</table>

基层顶面当量回弹模量 表 7-68

交通等级	特重	重	中等	轻
当量回弹模量 E_t(MPa)	120	100	80	60

注:①新建公路混凝土路面基层最小厚度为 15cm,岩石路基铺筑混凝土面板时,应根据需要设置整平层,整平层厚度一般为 6~10cm;

②在原有公路上铺筑混凝土面板时,原路面顶面当量回弹模量应满足上述 E_t 要求,否则应设置补强层或整平层,且补强层最小厚度应满足:级配碎、砾石不小于 8cm,填隙碎石不小于 8cm,石灰(水泥)稳定土不小于 10cm,石灰稳定工业废渣不小于 10cm。

混 凝 土 设 计 强 度 表 7-69

项 目 \ 交通等级	特 重	重	中 等	轻
设计弯拉强度(MPa)	5.0	5.0	4.5	4.0
弯拉弹性模量 E_c($\times 10^3$ MPa)	30	30	28	27

各自然区划不同土类的土基回弹模量参考值(MPa) 表 7-70

区 划	土 组 \ 稠 度 w_c	0.80	0.90	1.00	1.05	1.10	1.15	1.20	1.30	1.40	1.70	2.00
II_1	黏质土	19.0	22.0	25.0	26.5	28.0	29.5	31.0				
	粉质土	18.5	22.5	27.0	29.0	31.5	33.5					
II_2	黏质土	19.5	22.5	26.0	28.0	29.5	31.5	33.5				
	粉质土	20.0	24.5	29.0	31.5	34.0	36.5					
II_{2a}	粉质土	19.0	22.5	26.0	27.5	29.5	31.0					
II_3	土质砂	21.0	23.5	26.0	27.5	29.0	30.0	31.5	34.5	37.0	45.5	
	黏质土	23.5	27.5	32.0	34.5	36.5	39.0	41.5				
	粉质土	22.5	27.0	32.0	34.5	37.0	40.0					
II_4	黏质土	23.5	30.0	35.5	39.0	42.0	45.5	50.5	57.0	65.0		
	粉质土	24.5	31.5	39.0	43.0	47.0	51.5	56.0	66.0			
II_5	土质砂	29.0	32.5	36.0	37.5	39.0	41.0	42.5	46.0	49.5	59.0	69.0
	黏质土	26.5	32.0	38.5	41.5	45.0	48.5	52.0				
	粉质土	27.0	34.5	42.5	46.5	51.0	56.0					
II_{5a}	粉质土	33.5	37.5	42.5	44.5	46.5	49.0					
III_1	粉质土	27.0	36.5	48.0	54.0	61.0	68.5	76.5				
III_2	土质砂	35.0	38.0	41.5	43.0	44.5	46.0	47.5	50.5	53.5	62.0	70.0
	黏质土	27.0	31.5	36.5	39.0	41.5	44.0	46.5	52.0	57.5		
	粉质土	27.0	32.5	38.5	42.0	45.0	48.5	51.5	59.0			

续上表

区划	稠度 w_c 土组	0.80	0.90	1.00	1.05	1.10	1.15	1.20	1.30	1.40	1.70	2.00
III_{2a}	土质砂	37.0	40.0	43.0	44.5	46.0	47.5	49.0	52.0	54.5	62.5	70.0
III_3	土质砂	36.0	39.0	42.5	44.0	45.5	47.0	48.5	51.5	54.5	63.0	71.0
	黏质土	26.0	30.0	34.5	36.5	38.5	41.0	46.0	47.5	52.0		
	粉质土	26.5	32.0	37.0	40.0	43.0	46.0	49.0	55.0			
III_4	粉质土	25.0	34.0	45.0	51.5	58.5	66.0	74.0				
IV_1	黏质土	21.5	25.5	30.0	32.5	35.0	37.5	40.5				
IV_{1a}	粉质土	22.0	26.5	32.0	35.0	37.5	40.5					
IV_2	黏质土	19.5	23.0	27.0	29.0	31.0	33.0	35.0				
	粉质土	31.0	36.5	42.5	45.5	48.5	51.5					
IV_3	黏质土	24.0	28.0	32.5	35.0	37.5	39.5	42.0				
	粉质土	24.0	29.5	36.0	39.0	42.5	46.0					
IV_4	土质砂	28.0	30.5	33.5	35.0	36.5	38.0	39.5	42.0	45.0	53.0	61.0
	黏质土	25.0	29.5	34.0	36.5	38.5	41.0	43.5				
	粉质土	23.0	28.0	33.5	36.0	39.0	42.0					
IV_5	土质砂	24.0	26.0	28.0	29.0	30.0	30.5	31.5	33.5	35.0	40.0	44.5
	黏质土	22.0	27.0	32.5	33.5	38.5	41.5	44.5				皖、浙、
	黏质土	28.5	34.0	39.5	42.5	45.5	48.5	51.5				江西
	粉质土	26.5	31.0	36.5	39.0	42.0	45.0					
IV_6	土质砂	33.5	37.0	41.0	43.0	44.5	46.5	48.5	52.0	55.5	66.5	77.0
	黏质土	27.5	33.0	38.0	41.0	44.0	46.5	50.5				
	粉质土	26.5	31.5	36.5	39.0	42.0	45.0					
IV_{6a}	土质砂	31.5	35.0	38.5	40.0	42.0	43.5	45.0	48.5	52.0	62.0	72.0
	黏质土	26.0	31.0	35.5	38.0	40.5	43.5	46.0				
	粉质土	28.0	34.5	41.0	44.5	48.5	52.0					
IV_7	土质砂	35.0	39.0	43.0	45.0	47.0	49.0	51.0	55.0	59.0	70.5	82.0
	黏质土	24.5	29.5	34.5	37.0	40.0	42.5	44.5				
	粉质土	27.5	33.5	40.0	43.5	47.5	51.0					
V_7	土质砂	27.5	31.5	35.5	37.5	39.5	41.5	43.5	58.0	52.0	65.0	78.5
	黏质土	27.0	32.0	37.0	39.0	42.5	45.5	48.0	54.0	60.0		
	粉质土	28.5	34.0	40.0	43.0	46.0	49.5	52.5	59.5			
V_1	紫色黏质土	22.5	26.0	30.0	32.0	34.0	36.0	38.0				
V_2	紫色粉质土	22.5	27.5	33.5	36.5	40.0	43.0					
V_{2a}	黄壤黏质土	25.0	29.0	33.0	35.5	37.5	40.0	42.0				
	黄壤粉质土	24.5	30.5	37.5	41.0	45.0	49.0					

续上表

区划	稠度 w_c 土组	0.80	0.90	1.00	1.05	1.10	1.15	1.20	1.30	1.40	1.70	2.00
V_3	黏质土	25.0	29.0	33.0	35.5	37.5	39.5	42.0				
	粉质土	24.5	30.5	37.5	41.0	45.0	48.5					
V_4（四川）	红壤黏质土	27.0	32.0	38.0	41.0	44.0	47.0	50.5				
	红壤粉质土	22.0	27.0	32.5	35.5	38.5	41.5					
VI	土质砂	51.0	54.0	57.0	58.5	60.0	61.0	62.0	64.5	67.0	73.5	80.0
	黏质土	33.5	37.0	41.0	42.5	44.0	45.5	47.2	50.5			
	粉质土	34.0	38.0	42.0	44.0	46.0	48.0	50.0				
VI_{1a}	土质砂	52.5	55.0	58.0	59.0	60.5	61.5	62.5	65.0	67.0	73.0	79.0
	黏质土	27.0	31.0	34.5	36.0	38.0	40.0	42.0	45.5			
	粉质土	31.5	36.5	41.5	44.0	46.5	49.0	51.5				
VI_2	土质砂	42.0	45.5	49.0	50.5	52.0	53.5	55.5	58.5	61.5	69.0	78.0
	黏质土	27.0	30.5	33.5	35.0	37.0	38.0	40.0	43.0	46.5		
	粉质土	25.5	30.5	35.5	38.0	41.0	43.5	46.0	52.0			
VI_3	土质砂	46.0	50.0	53.5	55.0	56.5	58.5	60.0	63.0	66.0	75.0	83.0
	黏质土	29.5	33.5	37.5	39.5	44.0	44.0	46.8	50.0			
	粉质土	29.5	35.0	41.0	43.5	49.5	49.5	52.5				
VI_4	土质砂	51.0	53.5	56.5	57.5	59.0	60.0	61.0	63.5	65.5	72.0	77.5
	黏质土	28.5	32.0	36.0	37.5	39.5	41.5	43.5	47.5			
	粉质土	30.5	34.5	39.0	41.0	43.5	45.5	48.0				
VI_{4a}	土质砂	45.5	49.0	52.5	54.0	56.0	57.5	59.0	62.0	65.0	73.5	81.5
	黏质土	31.0	34.5	38.0	40.0	42.0	44.0	45.5	49.5			
	粉质土	33.0	38.5	44.0	47.0	50.0	52.0	56.0				
VI_{4b}	土质砂	49.5	52.5	55.5	57.0	58.5	59.5	61.0	63.5	65.5	72.5	78.5
	黏质土	30.0	33.0	36.5	38.0	39.5	41.0	42.5	45.5			
	粉质土	31.0	35.5	40.5	43.0	45.5	48.5	51.0				
VII_1	土质砂	52.0	55.0	58.0	59.5	61.0	62.0	63.5	66.0	69.0	76.0	82.5
	黏质土	26.5	31.5	36.5	39.5	42.0	45.0	48.0	54.0			
	粉质土	30.5	37.0	44.0	47.5	51.5	55.0	59.0				
VII_2	土质砂	48.0	51.0	54.0	55.0	56.5	58.0	59.0	61.5	64.0	71.0	77.0
	黏质土	25.5	29.5	33.0	35.0	37.0	39.0	41.5	45.5			
	粉质土	28.0	33.5	39.0	42.0	45.0	48.5	51.5				

续上表

区划	土组 \ 稠度 w_c	0.80	0.90	1.00	1.05	1.10	1.15	1.20	1.30	1.40	1.70	2.00
VII_3	土质砂	42.5	45.5	49.0	50.5	52.5	53.5	55.0	58.0	60.5	68.5	76.5
	黏质土	20.5	24.5	28.5	30.5	32.5	35.0	37.0	41.5			
	粉质土	23.5	28.0	33.0	36.0	38.5	41.0	44.0				
VII_4	土质砂	47.0	50.0	53.0	54.5	56.0	57.0	58.5	61.0	63.5	70.5	77.0
VII_{6a}	黏质土	22.0	25.5	29.0	30.5	32.5	34.5	36.0	40.0			
	粉质土	27.5	32.5	37.5	40.5	43.0	46.0	49.0				
VII_5	土质砂	45.5	49.0	52.0	53.0	54.5	56.0	57.5	60.0	62.5	70.0	76.5
	黏质土	30.0	33.0	37.5	39.5	41.5	43.5	45.0	49.0			
	粉质土	32.5	38.0	43.5	46.0	49.0	51.5	54.5				

路面材料回弹模量建议值(MPa) 表 7-71

材料名称	公路自然区划					
	$II_{1,2,3}$ (东北)	$II_{4,5}$ (华北)	III (黄土)	IV (华东、中南)	V (西南、中南)	VI、VII (西北)
沥青碎石	700~900	700~900	700~900	700~900	700~900	700~900
沥青贯入碎石	500~700	500~700	500~700	500~700	500~700	500~700
级配碎(砾)石	160~180	180~260	150~200	170~250	170~250	160~260
填隙碎石	200~300			200~300 (上海)		200~280
天然砂砾	110~140	110~170	100~150			150~250
石灰土	250~320	300~400	270~370	400~500		260~340
石灰煤渣土	350~450			420~520		260~360
石灰碎(砾)石土	300~400		280~380	350~450		260~360
石灰土碎(砾)石	280~380		260~380	300~400		280~380
水泥砂砾	400~500		300~400			
二灰碎(砾)石	400~600	400~600	400~600	500~700	500~700	400~600
二灰、二灰土	300~500	300~500	300~500	250~300 (上海)		300~500

路面设计用汽车参数

表 7-72

序号	汽车型号	总重（kN）	载重（kN）	前轴重（kN）	后轴重（kN）	后轴数	轮组数	轮距（cm）	出产国
1	解放 CA10B	80.25	40.00	19.40	60.85	1	双		中国
2	解放 CA15	91.35	50.00	20.97	70.38	1	双		中国
3	解放 CA30A	99.90	46.50	26.50	2×36.70	2	双		中国
4	解放 CA30A	103.00	46.50	29.50	2×36.70	2	双		中国
5	解放 CA50	92.90	50.00	28.70	68.20	1	双		中国
6	解放 CA340	78.70	36.60	22.10	56.60	1	双		中国
7	解放 CA390	105.15	60.15	35.00	70.15	1	双		中国
8	东风 EQ140	92.90	50.00	23.70	69.20	1	双		中国
9	黄河 JN150	150.60	82.60	49.00	101.60	1	双		中国
10	黄河 JN162	174.50	100.00	59.50	115.00	1	双		中国
11	黄河 JN162A	178.50	100.00	62.28	116.22	1	双		中国
12	黄河 JN253	187.00	100.00	55.00	2×66.00	2	双		中国
13	黄河 JN360	270.00	150.00	50.00	2×110.0	2	双		中国
14	黄河 QD351	145.65	70.00	48.50	97.15	1	双		中国
15	延安 SX161	237.10	135.00	54.64	2×91.25	2	双	135.0	中国
16	长征 XD160	213.00	120.00	42.60	2×85.20	2	双		中国
17	长征 XD250	189.00	100.00	37.80	2×72.60	2	双		中国
18	长征 XD980	182.40	100.00	37.10	2×72.65	2	双	122.0	中国
19	长征 CZ361	229.00	120.00	47.60	2×90.70	2	双	132.0	中国
20	交通 SH141	80.65	43.25	25.55	55.10	1	双		中国
21	交通 SH361	280.00	150.00	60.00	2×110.0	2	双	130.0	中国
22	南阳 351	146.00	70.00	48.70	97.30	1	双		中国
23	齐齐哈尔 QQ560	177.00	100.00	56.00	121.00	1	双		中国

续上表

序号	汽 车 型 号	总重（kN）	载重（kN）	前轴重（kN）	后轴重（kN）	后轴数	轮组数	轮距（cm）	出产国
24	太脱拉 111	186.70	102.40	38.70	2×74.00	2	双	120.0	捷克
25	太脱拉 111R	188.40	102.40	37.40	2×75.50	2	双	122.0	捷克
26	太脱拉 111S	194.90	102.40	38.50	2×78.20	2	双	122.0	捷克
27	太脱拉 138	211.40	120.00	51.40	2×80.00	2	双	132.0	捷克
28	太脱拉 130S	218.40	120.00	50.60	2×88.90	2	双	132.0	捷克
29	太脱拉 138S	225.40	120.00	45.40	2×90.00	2	双	132.0	捷克
30	吉尔 130	85.25	40.00	25.75	59.50	1	双		前苏联
31	斯柯达 706R	140.00	73.00	50.00	90.00	1	双		捷克
32	斯柯达 706RTS	138.00	65.50	45.00	93.00	1	双		捷克
33	日野 KB222	154.50	80.00	50.20	104.30	1	双		日本
34	日野 KF300D	198.75	106.65	40.75	2×79.00	2	双	127.0	日本
35	日野 ZM440	260.00	152.00	60.00	2×100.0	2	双	127.0	日本
36	尼桑 CK10G	115.25	66.65	39.25	76.00	1	双		日本
37	尼桑 CK20L	149.85	85.25	49.85	100.00	1	双		日本
38	尼桑 6TW(1)13SD	219.85	121.95	44.35	2×87.75	2	双		日本
39	尼桑 CW(L)40HD	237.60	141.75	50.00	2×93.80	2	双		日本
40	扶桑 FP101	154.00	94.10	54.00	100.00	1	双		日本
41	扶桑 FU102N	214.00	133.80	44.00	2×85.00	2	双		日本
42	扶桑 FV102N	254.00	164.95	54.00	2×100.00	2	双		日本
43	菲亚特 682N3	140.00	75.50	10.00	100.00	1	双		意大利
44	菲亚特 650E	105.00	67.00	33.00	72.00	1	双		意大利
45	依士兹 TD50D	142.95	76.65	46.55	96.40	1	双		日本
46	依士兹 TD50	132.20	76.65	42.20	80.00	1	双		日本

续上表

序号	汽 车 型 号	总重（kN）	载重（kN）	前轴重（kN）	后轴重（kN）	后轴数	轮组数	轮距（cm）	出产国
47	依发 H6	132.00	65.50	45.50	86.50	1	双		德国
48	布切奇 5BR2N	92.50	50.00	24.55	67.95	1	双		罗马尼亚
49	喀什布阡 131	68.25	35.00	18.00	50.25	1	双		罗马尼亚
50	切贝尔 D350	72.00	35.00	24.00	48.00	1	双		匈牙利
51	切贝尔 D420	83.00	45.00	28.20	54.80	1	双		匈牙利
52	切贝尔 D45.01	101.00	55.00	32.00	69.00	1	双		匈牙利
53	切贝尔 D750.0	160.00	93.60	60.00	180.00	1	双		匈牙利
54	沃洛沃 N8648	175.00	100.00	55.00	120.00	1	双		瑞典
55	斯堪尼亚 L760	180.00	100.00	70.00	120.00	1	双		瑞典
56	玛斯 200	137.00	72.00	36.00	101.00	1	双		前苏联

6.2 水泥混凝土路面板厚计算

板的平面尺寸及临界荷位 表 7-73

项 目	设计要求与计算简图
面板平面尺寸	(1)混凝土面板一般采用矩形,其纵向和横向接缝应垂直相交,纵缝两侧的横缝不得相互错位。 (2)纵向缩缝间距(板宽)可按路面宽度和每个车道宽度而定,其最大间距不得大于 4.5m。 (3)横缝间距(板长)应根据当地气候条件、板厚和已有经验确定。一般采用 4 ~5m,最大不得超过 6m
临界荷位	产生最大综合疲劳损坏的临界荷位,选用板的纵缝边缘中部,如图所示 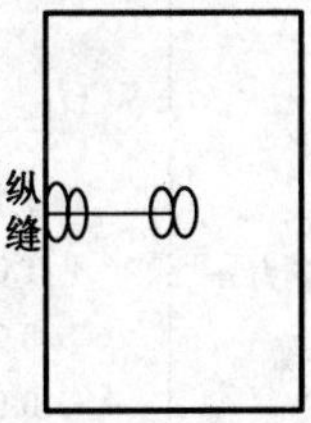

混凝土面板初估厚度 表 7-74

交 通 等 级	特重	重	中等	轻
初估板厚度 h（cm）	>25	23 ~25	21 ~23	<21

注：混凝土面板的最小厚度为 18cm。

混凝土板厚度计算　　　　表 7-75

<table>
<tr><th>项　目</th><th>计算公式及图示</th><th>符　号　意　义</th></tr>
<tr><td>计算原理</td><td>按路面所承受的交通量，初估板厚，计算荷载疲劳应力 σ_p 和温度疲劳应力 σ_t，当满足：
$$95\% f_{cm} < \sigma_p + \sigma_t < 103\% f_{cm} \qquad (7\text{-}37)$$
初估板厚即为设计板厚，否则重新拟定板厚计算，直至满足要求</td><td rowspan="2">σ_p——标准轴载 P_s 在临界荷位处产生的荷载疲劳应力，MPa；
σ_t——温度梯度作用下板边缘中点温度疲劳应力，MPa；
f_{cm}——混凝土设计弯拉强度，MPa；
σ_{ps}——标准轴载 P_S 在临界荷位处产生的未考虑接缝传荷能力的荷载应力，MPa，可按初估板厚 h_i 和混凝土弹性模量与基层顶面计算回弹模量比 E_c/E_{tc}，由图左确定；
k_r——考虑接缝传荷能力的应力折减系数。纵缝为设拉杆的平缝或缩缝时，k_r 取 0.87～0.92（刚性和半刚性基层取低值，柔性基层取高值）；不设拉杆的平缝或自由边时，k_r 取 1.0；
k_f——考虑设计使用年限内荷载应力累计疲劳作用的疲劳应力系数，按式(7-39)确定；
k_c——考虑超载和动载等因素对路面疲劳损坏的综合影响系数，特重交通取 1.45；重交通取 1.35；中等交通取 1.20；轻交通取 1.05</td></tr>
<tr><td>荷载应力 σ_p 计算</td><td>标准轴载在临界荷位处产生的荷载疲劳应力由下式确定：
$$\sigma_p = k_r \cdot k_f \cdot k_c \cdot \sigma_{ps} \qquad (7\text{-}38)$$
$$k_f = N_e^{0.0516} \qquad (7\text{-}39)$$
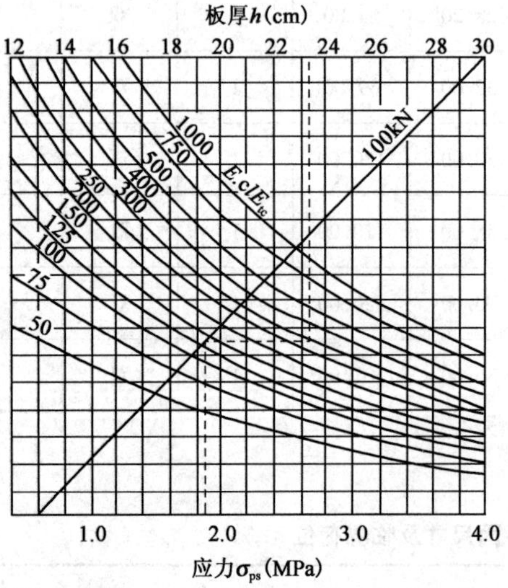

单轴轴载作用于纵缝边缘中部应力计算图</td></tr>
<tr><td>温度应力 σ_t 计算</td><td>温度梯度作用在板边缘中点处产生的温度疲劳应力 σ_t 由下式确定：
$$\sigma_t = k_t \cdot \sigma_{tm} \qquad (7\text{-}40)$$
$$\sigma_{tm} = \frac{\alpha_c \cdot E_c \cdot h \cdot T_g}{2} \cdot k_x \qquad (7\text{-}41)$$
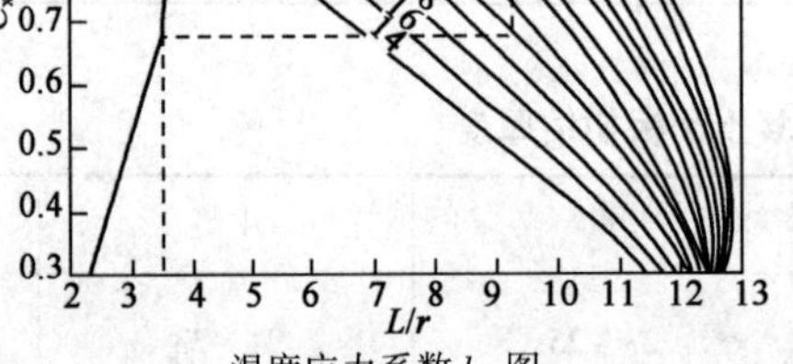

温度应力系数 k_x 图</td><td>σ_{tm}——最大温度梯度时混凝土板的温度应力，MPa，按式(7-40)确定；
α_c——混凝土温度线膨胀系数，1/℃，通常可取 1×10^{-5}1/℃；
E_c——混凝土弯拉弹性模量，MPa；
h——混凝土板厚度，cm；
T_g——所在地混凝土面板最大温度梯度，℃/cm，按表 7-76 取用；
k_x——考虑温度沿板厚非线性分布的温度应力系数，按板长 L 与板相对刚度半径 r 的比值 L/r 和板厚 h，查左图确定，其中：
$$r = 0.537h(E_c/E_{tc})^{1/3}$$
k_t——为考虑温度应力累计疲劳作用的疲劳应力系数，按所在地区公路自然区划和最大温度应力与混凝土设计弯拉强度比 σ_{tm}/f_{cm}，由表 7-77 确定</td></tr>
</table>

最大温度梯度取值 表 7-76

混凝土面板内最大温度梯度	最大温度梯度计算值 T_g(℃/cm)				
	公路自然区划	II、V	III	IV、VI	VII
	T_g(℃/cm)	0.83～0.88	0.90～0.95	0.86～0.92	0.93～0.98

温度应力疲劳作用系数 K_t 表 7-77

K_t / σ_{tm}/f_{cm}	温度应力疲劳作用系数 k_t					
	公路自然区划					
	II	III	IV	V	VI	VII
0.20	0.350	0.358	0.287	0.273	0.338	0.354
0.25	0.427	0.439	0.378	0.374	0.415	0.436
0.30	0.485	0.502	0.447	0.449	0.476	0.497
0.35	0.533	0.554	0.502	0.508	0.527	0.546
0.40	0.574	0.598	0.548	0.556	0.570	0.587
0.45	0.609	0.637	0.588	0.598	0.608	0.621
0.50	0.641	0.672	0.622	0.634	0.643	0.652
0.55	0.669	0.703	0.654	0.665	0.674	0.679
0.60	0.695	0.732	0.682	0.694	0.704	0.703
0.65	0.719	0.758	0.708	0.720	0.731	0.726
0.70	0.741	0.783	0.732	0.744	0.756	0.746

6.3 其他几种混凝土路面计算

钢筋混凝土路面计算 表 7-78

项 目	构 造 要 求 与 计 算 公 式
适用场合	面板的平面尺寸较大或形状不规则、土质不均匀或板下埋有地下设施等,预计路基和基(垫)层有可能产生不均匀沉陷时,宜采用钢筋混凝土路面
厚度设计	可按普通混凝土路面厚度设计的各项规定进行设计。其基(垫)层和面板厚度分别取普通混凝土路面基(垫)层和面板的厚度

续上表

<table>
<tr><th>项　目</th><th colspan="3">构 造 要 求 与 计 算 公 式</th></tr>
<tr><td rowspan="9">钢筋量与钢筋布置</td><td colspan="3">(1)每延米板的配筋量计算</td></tr>
<tr><td>计算公式</td><td colspan="2">说　明</td></tr>
<tr><td>$$A=\frac{3.2L_s h}{f_{sy}} \qquad (7\text{-}42)$$</td><td colspan="2">式中：A——每延米板所需的钢筋面积,cm^2；
L_s——计算纵向钢筋时,为横向间距,m；计算横向钢筋时,为纵缝之间或纵缝与自由边之间的距离,m；
h——面板厚度,cm；
f_{sy}——钢筋的屈服强度,MPa,根据表7-79选用</td></tr>
<tr><td colspan="3">(2)钢筋直径、间距、搭接长度</td></tr>
<tr><td colspan="3">纵、横向钢筋采用相同的直径。钢筋网的最小间距应为集料最大粒径的2倍。钢筋的搭接长度宜大于其直径的25倍。钢筋应设在板面下1/3～1/2板厚范围内。外侧钢筋中心距接缝或自由边的距离为10～15cm,钢筋保护层的最小厚度不应小于5cm。钢筋的最大间距和最小直径,一般按下表规定采用</td></tr>
<tr><td colspan="3">钢筋最小直径和最大间距</td></tr>
<tr><td>钢筋类型</td><td>光面钢筋</td><td>螺纹钢筋</td></tr>
<tr><td>最小直径(mm)</td><td>8</td><td>12</td></tr>
<tr><td>纵向最大间距(cm)</td><td>15</td><td>35</td></tr>
<tr><td></td><td>横向最大间距(cm)</td><td>30</td><td>75</td></tr>
<tr><td>接缝设置</td><td colspan="3">横向缩缝间距应根据当地具体条件论证确定。其间距一般为10～20m,最大不得超过30m,并应设置传力杆。纵缝、胀缝和施工缝的设置及构造与普通混凝土路面相同</td></tr>
</table>

钢筋的强度及弹性模量　　表7-79

钢 筋 种 类		屈服强度 f_{sy} (MPa)	弹性模量 E_s (MPa)
Ⅰ级(Q235)		235	210000
Ⅱ级[20MnSi、20MnNb(b)]	$d<25$mm	335	200000
	$d>28$mm	315	
Ⅲ级(25MnSi)		370	200000
Ⅳ级(40SiMnV、45 SiMnV、45 SiMnTi)		540	200000

例7-5　某钢筋混凝土路面,已知设计板厚为24cm,横向缩缝间距为15m,拟采用Ⅰ级钢

筋,求每延米板所需钢筋面积。

解 已知 $h=24\text{cm}$,$L_s=15\text{cm}$,Ⅰ级钢筋,查表7-79知 $f_{sy}=235\text{MPa}$,根据式(7-42)有:

$$A=\frac{3.2L_s\cdot h}{f_{sy}}=\frac{3.2\times15\times24}{235}=4.9\text{cm}^2$$

即每延米板所需钢筋面积为 4.9cm^2。

连续配筋混凝土路面 表7-80

<table>
<tr><th>项 目</th><th colspan="2">构造要求与计算公式</th></tr>
<tr><td>适用范围</td><td colspan="2">适用于高速公路和一级公路</td></tr>
<tr><td>厚度设计</td><td colspan="2">可按普通混凝土路面厚度设计的各项设计参数及规定进行设计。其基(垫)层取普通混凝土路面基(垫)层的厚度;面板厚度:对高速公路,取普通混凝土路面的面板厚度;对一级公路,取普通混凝土路面面板厚度的0.9倍</td></tr>
<tr><td rowspan="4">配筋的计算与布置</td><td colspan="2">(1)纵向、横向钢筋配置规定及纵向钢筋率计算
纵向、横向钢筋应采用螺纹钢筋。纵向钢筋率按下表公式计算确定,一般控制在0.5%~0.7%范围内。最小配筋率:一般地区为0.5%,冰冻地区为0.6%。横向钢筋用量可取纵向钢筋用量的1/8~1/5</td></tr>
<tr><td>计 算 公 式</td><td>符 号 意 义</td></tr>
<tr><td>$\beta=\frac{E_c f_{cm}}{2E_c f_{sy}-E_S f_{cm}}\cdot(1.3-0.2\mu)\times100$ (7-43)</td><td>式中:β——纵向钢筋配筋率,%;
f_{cm}——混凝土设计弯拉强度,MPa;
f_{sy}——钢筋屈服强度,MPa;
μ——面板与基层之间的摩擦系数,一般取1.5</td></tr>
<tr><td colspan="2">(2)钢筋的布置要求
①纵向钢筋间距不小于10cm,不大于25cm;
②横向钢筋间距不大于80cm;
③纵向钢筋焊接长度不小于50cm或钢筋直径的30倍。焊接位置相互错开,不应在一个断面上重叠;
④纵向钢筋应设在面板厚度的1/2处,横向钢筋位于纵向钢筋之下;
⑤边缘钢筋至板边的距离一般为10~15cm</td></tr>
<tr><td>端部处理</td><td colspan="2">连续配筋混凝土路面必须进行端部处理。处理方法可根据实际情况选用矩形地梁锚固、混凝土灌注桩锚固、宽翼缘工字梁接缝、连续设置胀缝等</td></tr>
<tr><td>接缝设置</td><td colspan="2">纵缝间距和构造可按普通混凝土路面的规定进行,但纵缝不另设拉杆,由一侧面板的横向钢筋延伸穿过纵缝代替拉杆;
横向施工缝宜尽量少设。施工中断设计施工缝时可采用平缝,纵向钢筋应保持连续,穿过接缝;膨胀构造同普通混凝土路面</td></tr>
</table>

7 水泥混凝土路面施工计算

7.1 水泥混凝土路面对原材料及混凝土的要求

各级交通路面适用水泥标号　　表 7-81

交通等级	水泥标号	说明
特重	525	可采用硅酸盐水泥、普通硅酸盐水泥和道路硅酸盐水泥。中等及轻交通也采用矿渣硅酸盐水泥。水泥的物理性能及化学成分应符合现行国家标准《硅酸盐、普通硅酸盐水泥》、《矿渣、火山灰、粉煤灰硅酸盐水泥》、《道路硅酸盐水泥》规定
重、中等、轻	425	

粗集料标准级配范围　　表 7-82

级配类型	粒径(mm)	筛孔尺寸(圆孔)(mm)							
		40	30	25	20	15	10	5	2.5
		通过百分率(以质量计)(%)							
连续	5~40	95~100	55~69	39~54	25~40	14~27	5~15	0~5	
	5~30		95~100	67~77	44~59	25~40	11~24	3~11	0~5
	5~20				95~100	55~69	25~40	5~15	0~5
间断	5~40	95~100	55~69	39~54	25~40	14~27	14~27	0~5	
	5~30		95~100	67~77	44~59	25~40	25~40	3~11	0~5
	5~20				95~100	25~40	25~40	5~15	0~5

细集料标准级配范围　　表 7-83

级配分区	筛孔尺寸(mm)						
	圆孔			方孔			
	10	5	2.5	1.25	0.60	0.30	0.15
	通过百分率(以质量计)(%)						
I区	100	90~100	65~95	35~65	15~29	5~20	0~10
II区	100	90~100	75~100	50~90	30~59	8~30	0~10
III区	100	90~100	85~100	75~90	60~84	15~45	0~10

注：I区，基本属于粗砂；II区，属于中砂和部分偏粗的细砂；III区，属于细砂和部分偏细的中砂。

混凝土主要技术指标 表 7-84

项　目	水泥用量 (kg/m^3)	用水量 (kg/m^3)	水灰比	砂率(%)	坍落度(cm)
指　标	300~330	130~150	0.43~0.50	20~33	1~5

混凝土搅拌出料至浇筑完毕时间 表 7-85

施工气温(℃)	允许最长时间	施工气温(℃)	允许最长时间
5~10	2h	20~30	1h
10~20	1.5h	30~35	45min

混凝土板拆模时间 表 7-86

昼夜平均气温(℃)	最早拆模时间(h)	昼夜平均气温(℃)	最早拆模时间(h)
5	72	20	30
10	48	25	24
15	36	30 以上	18

7.2 小型机具铺筑水泥混凝土路面施工计算

小型机具铺筑水泥混凝土路面施工计算 表 7-87

序号	施工工序	主要机具设备	功　能
1	搅拌	鼓筒式拌和机、强制式拌和机、可倾式拌和机	混凝土拌和物搅拌,提高搅拌的质量和产量
2	运输	坍落度≤5cm 时,自卸式汽车;坍落度>5cm 时,混凝土拌和车	不使材料离析,输送混凝土材料,并能快速铺筑
3	摊铺	人工、铁锹	铺料、找平、均匀
4	振捣	振动梁、插入式振捣器、平板式振捣器、真空吸水机组	振实、抬平、边角振实、脱水、降低混凝土水灰比
5	整面	混凝土磨光机、提浆滚筒、双头路面磨光机、人工	提浆、抹光 引浆 抹光、磨面
6	粗面整修	路面压纹机、扫刷	表面压纹 表面纹理处理
7	初期养生	薄膜或喷洒机或洒水车或人工、切缝机	养生 切缝
		人工灌缝机	填缝

常用机具配套计算及有关技术参数 表 7-88

机具名称	项目	计算公式及有关技术参数
搅拌机	所需搅拌机数量的计算	$$n_1 = \frac{Q_1}{g_1} \quad (7\text{-}44)$$ 式中：n_1——搅拌机台数； Q_1——总的搅拌能力，m^3/h； g_1——每台搅拌机生产能力，m^3/h
	总的搅拌能力的计算	$$Q = \frac{Q_d}{h} \quad (7\text{-}45)$$ 式中：Q_d——混凝土日计算产量，m^3/d； h——日工作小时数，h
	每台搅拌机生产能力的计算	$$g_1 = 3600 \times \frac{V}{t_1 + t_2 + t_3} \quad (7\text{-}46)$$ 式中：t_1——装料时间，s； t_2——混凝土搅拌时间，s； t_3——搅拌机卸料时间，s； V——搅拌机出料量，m^3
运输车辆	运输车辆数量计算	$$n_2 = \frac{Q_2}{g_2} \quad (7\text{-}47)$$ 式中：n_2——运输车辆； Q_2——运输工作量，$Q_2 = 1.1 \times n_1 \times g_1$，$m^3/h$； g_2——每辆运输车能力，m^3/h
	运输车能力计算	$$g_2 = \frac{W \cdot v}{2l} + \frac{W}{t_1 + t_2} \times 3600 \quad (7\text{-}48)$$ 式中：W——每台运输车辆容积，m^3； v——车速，km/h； l——运距，km； t_1——运输车装料时间，s； t_2——运输车卸料时间，s
振动机械	平板振捣器数量计算	$$n_3 = 2U \quad (7\text{-}49a)$$ 式中：n_3——振捣器数量，台； U——施工作业点数
	插入式振捣器数量计算	$$n_3 = 2U \quad (7\text{-}49b)$$ 式中：n_3——插入式振捣器数量，只； U——施工作业点数

搅拌机时间参数 t_1、t_2、t_3 表 7-89

<table>
<tr><td rowspan="2">装料时间(t_1)</td><td colspan="2">上料形式</td><td colspan="2">人工上料</td><td>自动上料</td></tr>
<tr><td colspan="2">时间(s)</td><td colspan="2">30～60</td><td>20～30</td></tr>
<tr><td rowspan="4">搅拌时间(t_2)</td><td rowspan="2">搅拌机形式</td><td colspan="4">混凝土坍落度(cm)</td></tr>
<tr><td>0</td><td>0～1</td><td>1～2</td><td>2～3</td></tr>
<tr><td>立轴式</td><td>120～140</td><td>100～120</td><td>90～110</td><td>80～100</td></tr>
<tr><td>卧轴式</td><td>80～100</td><td>70～90</td><td>60～80</td><td>50～70</td></tr>
<tr><td rowspan="4">混凝土卸料时间(t_3)</td><td colspan="2">搅拌机形式</td><td colspan="3">卸料时间(s)</td></tr>
<tr><td rowspan="2">立轴式</td><td>350L</td><td colspan="3">25</td></tr>
<tr><td>350L 以上</td><td colspan="3">30</td></tr>
<tr><td colspan="2">卧轴式</td><td colspan="3">18～30</td></tr>
</table>

运输车辆速度、装卸时间 t_1、t_2 表 7-90

设备类型	车速(km/h)	装料时间(s)	卸料时间(s)
单双轮手推车	2～4	25～35	20～30
机动翻斗车	6～20	25～35	30～40
自卸汽车	20～50	500～600	60～90
搅拌输送车	20～50	2000～3000	120～180

例 7-6 某卧轴式水泥混凝土搅拌机,已知其额定出料容量为 $0.5m^3$,采用自动上料,所拌混凝土坍落度为 2.5cm,求搅拌机生产能力。

解 已知 $V=0.5m^3$,自动上料,查表 7-89 知装料时间 $t_1=25s$,搅拌时间 $t_2=60s$,卸料时间 $t_3=24s$,根据公式(7-46)得:

$$g_1 = 3\,600 \times \frac{V}{t_1 + t_2 + t_3} = 3\,600 \times \frac{0.5}{25 + 60 + 24} = 16.5m^3/h$$

该搅拌机生产能力为 $16.5\ m^3/h$。

7.3 滑模式摊铺水泥混凝土路面施工计算

滑模式摊铺施工机械配备计算　　表 7-91

项　目	公式及说明	符号意义
滑模式摊铺机	滑模式摊铺机通常根据水泥混凝土路面的施工宽度 B、水泥混凝土路面厚度 h 确定。基本要求是摊铺机最大摊铺宽度应大于路面施工宽度 B，摊铺机最大摊铺厚度应大于路面施工厚度 h。可参照表 7-92 选用	M——水泥混凝土搅拌设备的拌和能力，m^3/h； c——水泥混凝土搅拌设备的系统可靠性系数，c = 1.2 ~ 1.5（国产设备选大值，进口设备选小值）； B——水泥混凝土路面施工的一次摊铺宽度，m； h——水泥混凝土路面厚度，m； v——滑模摊铺机摊铺速度，m/min； n——运输车辆数； b——具有相同拌和能力的搅拌机台数，如果采用不同拌和能力的水泥混凝土拌和机，应分别计算； S——施工地点与拌和场的单程距离，km，最大不超过 10 ~ 15km； γ_c——新拌水泥混凝土的重度，kg/m^3； V——运输车辆的平均运输速度，km/h； A——每台运输车辆的运输吨位，t/辆
水泥混凝土搅拌机	水泥混凝土搅拌机应选配双卧轴、高精度、自动供料、计量设备的搅拌设备，拌和能力通常应大于摊铺机需要量的 10% ~ 15%，水泥混凝土搅拌设备拌和能力按下式计算： $M = 60c \cdot B \cdot h \cdot v$　　(7-50)	
水泥混凝土运输车辆	通常选配(10 ~ 20)t 自卸卡车或运输搅拌车，所需要的运输车辆数可按下式计算： $n = 2b(1 + S \cdot \gamma_c \cdot M/1000V \cdot A)$　　(7-51)	

滑模式路面摊铺机主要性能参数　　表 7-92

国别	生产公司	型　号	最大摊铺宽度 (m)	最大摊铺厚度 (mm)	最大摊铺能力 (m^3/min)	功率 (kW)	整机质量 (t)
美国	CMI	SF75	0.9 ~ 1.5	132	3.7	102	10
		SF175	2.2 ~ 3.7	254	1.7 ~ 2.8	105	12
		SF250	3.7 ~ 9.8	356	4.0	153	
		SF350	9.8	610	10.6 21.5	155 216	20 43
		SF450	11.6	610	13.6 14.2	218	51
		SF550	15.2	610	10 ~ 28	298	50

续上表

国别	生产公司	型号	最大摊铺宽度（m）	最大摊铺厚度（mm）	最大摊铺能力（m^3/min）	功率（kW）	整机质量（t）
美国	COMACO	GP1500	4.9	355	3.5	107	12.7
		GP2000	7.6	355	4.6	145	15.4
		GP2500	9.7	508	6.0	216	22.6
		GP3500	12.8	508	7.8	325	33.6
		GP5000	15.2	508	9.2	430	59.7
	GUNTERT & ZIMMERMAN（G&Z）	MSP30	3.00	300	2.0	56	6 ~ 12
		MSP50	5.00	400	5.0	60	13 ~ 18
		MSP75	7.50	400	7.5	100	20
		MSP85	8.50	450	12.0	125 160	25 ~ 32
		MSP110	11.60	450	17.0	125 205	25 ~ 34
德国	Wirtanen	SP500	6.00	300		123	13 ~ 20
		SP850	9.00	400		149	21 ~ 44
比利时	SGME	M550	5.00	300	5.0	90	10 ~ 12
		M850	8.50	450	17.0	160/220	20 ~ 30
		M1500	15.00	500	35.0	220/300	40 ~ 52
中国	西安红旗机械厂	HTH7500	9.70	400		180	35
	镇江路面机械总厂	1220MAXIPAL	9.70	610		123	19

例 7-7 滑模摊铺施工水泥混凝土路面，已知水泥混凝土拌和设备拌和能力为 100m^3/h，施工现场距拌和场 5km，运输车辆为 10t/辆自卸卡车，设运输车辆平均运输速度为 25km/h，求当采用 1 台水泥混凝土拌和设备时，需配备多少运料车辆？

解 已知 $b=1$，$M=100m^3/h$，$S=5km$，$V=25km/h$，$A=10$ t/辆，新拌水泥混凝土重度 γ_c 取 2400kg/m^3，根据公式(7-51) 得：

$$
\begin{aligned}
n &= 2b(1+S\cdot\gamma_c\cdot M/1000\cdot V\cdot A)\\
&= 2\times1\times(1+5\times2400\times100/1000\times25\times10)\\
&= 11.6
\end{aligned}
$$

需配备 12 辆载质量为 10t/辆的运料车。

第三篇　桥涵与隧道工程

第8章　模板工程

1　模板、拱架、支架与脚手架计算的一般要求

1.1　设计荷载

1.1.1　竖向荷载

竖向荷载　　表8-1

<table>
<tr><td>序号</td><td>项目</td><td colspan="7">材料重度或荷载大小</td></tr>
<tr><td rowspan="3">1</td><td rowspan="3">模板、支架、拱架、脚手架重度</td><td colspan="4">木材(kN/m³)</td><td>钢材(kN/m²)</td><td colspan="2">定型钢模(kN/m²)</td></tr>
<tr><td>松木</td><td>阔叶树</td><td>橡木、落叶松</td><td>杉木、枞木</td><td>钢材</td><td>组合钢模及连接件</td><td>组合钢模、连接件及钢楞</td></tr>
<tr><td>6</td><td>8</td><td>7.5</td><td>5</td><td>78.5</td><td>0.5</td><td>0.75</td></tr>
<tr><td rowspan="3">2</td><td rowspan="3">新浇混凝土、钢筋混凝土或砌体的重度</td><td colspan="4" rowspan="2">混凝土、砌体(kN/m³)</td><td colspan="3">钢筋混凝土(以体积计算的含筋率)(kN/m³)</td></tr>
<tr><td colspan="2">≤2%</td><td>>2%</td></tr>
<tr><td colspan="4">24</td><td colspan="2">25</td><td>26</td></tr>
<tr><td>3</td><td>施工人员、施工料具运输、堆放荷载</td><td colspan="7">(1)计算模板及直接支承模板的小棱时,均布荷载可取2.5kPa,另以集中荷载2.5kN进行验算;
(2)计算直接支承小棱的梁或拱架时,均布荷载可取1.5kPa;
(3)计算支架立柱及支承拱架的其他结构构件时,均布荷载可取1.0kPa</td></tr>
<tr><td rowspan="5">4</td><td rowspan="5">倾倒混凝土时产生的冲击荷载</td><td>序号</td><td colspan="5">向模板中供料方式</td><td>荷载大小(kPa)</td></tr>
<tr><td>1</td><td colspan="5">用小于及等于0.2m³容积的容器或用溜槽、串筒或导管倾倒时</td><td>2.0</td></tr>
<tr><td>2</td><td colspan="5">用大于0.2~0.8m³容器倾倒时</td><td>4.0</td></tr>
<tr><td>3</td><td colspan="5">用大于0.8m³容器倾倒</td><td>6.0</td></tr>
<tr><td>4</td><td colspan="5">混凝土层厚度大于1.0m时</td><td>不计</td></tr>
<tr><td>5</td><td>振捣混凝土产生的荷载</td><td colspan="7">2.0kPa</td></tr>
<tr><td>6</td><td>其他可能产生的荷载</td><td colspan="7">雪荷载、冬季保暖设施荷载等,按实际情况考虑</td></tr>
</table>

1.1.2 水平荷载

水 平 荷 载

表 8-2

<table>
<tr><th>序号</th><th colspan="2">项目</th><th>荷载计算</th></tr>
<tr><td rowspan="3">1</td><td rowspan="3">新浇混凝土对模板侧面压力</td><td>采用内部振捣器时</td><td>对竖直模板来说，新浇筑的混凝土的侧压力是它的主要荷载。当混凝土浇筑速度在 6m/h 以下时，作用于侧面模板的最大压力可按下式计算：
$$p_m = K \cdot \gamma \cdot h \quad (8\text{-}1)$$
当 $v/T \leqslant 0.035$ 时：
$$h = 0.22 + 24.9v/T \quad (8\text{-}2)$$
当 $v/T > 0.035$ 时：
$$h = 1.53 + 3.8v/T \quad (8\text{-}3)$$
式中：p_m——新浇筑混凝土对侧面模板的最大压力，kPa；
h——有效压头高度，m；
T——混凝土入模时的温度，℃；
K——外加剂影响修正系数，不加时，$K=1$；掺缓凝外加剂时，$K=1.2$；
v——混凝土的浇筑速度，m/h；
H——混凝土浇筑层（在水泥初凝时间以内）的高度，m；
γ——混凝土的重度，kN/m³
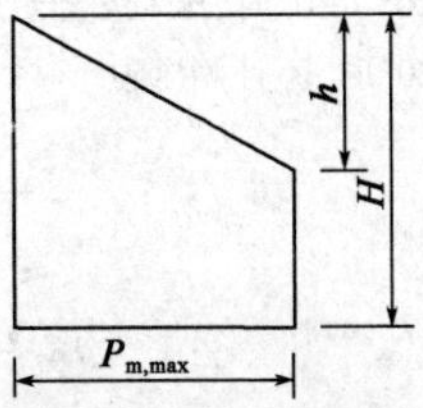

混凝土侧压力计算分布图</td></tr>
<tr><td>泵送混凝土浇筑施工时</td><td>混凝土入模温度在 10℃以上时，按《公路桥涵施工技术规范》（JTJ 041—2000）推荐模板侧压力采用下式计算：
$$p_m = 4.6v^{\frac{1}{4}} \quad (8\text{-}4)$$
式中：v——混凝土的浇筑速度，m/h</td></tr>
<tr><td>采用外部振捣器时</td><td>采用外部振捣时，模板侧压力采用下式计算：
当 $v<4.5$，$H \leqslant 2R$ 时， $p_m = \gamma H$ （8-5）
当 $v \geqslant 4.5$，$H \leqslant 2R$ 时， $p_m = \gamma(0.27v + 0.78)K_1K_2$ （8-6）
式中：R——外部振捣器作用半径，m，$R=1$；
H——对模板产生压力的混凝土浇筑层高度，m；
K_1——混凝土拌和物的稠密度影响系数，坍落度 0～2cm 时，$K_1=0.8$；4～6cm 时，$K_1=1.0$；5～7cm 时，$K_1=1.2$；
K_2——混凝土拌和物的温度系数，5～7℃时，$K_2=1.15$；12～17℃时，$K_2=1.0$；28～32℃时，$K_2=0.85$；
其余符号含义同上</td></tr>
</table>

续上表

序号	项目		荷载计算
2	倾倒混凝土时对侧面模板产生的水平荷载	竖直模板	同表 8-1 中倾倒混凝土时产生的冲击荷载，它与倾倒方法和容器大小有关
		外倾模板	h 为混凝土浇筑高度，α 为模板倾斜角； $\alpha \geqslant 55°$时，沿竖直面 AB 按式(8-1)计算； $\alpha < 55°$时，将$\triangle ABC$ 部分作为竖直荷载 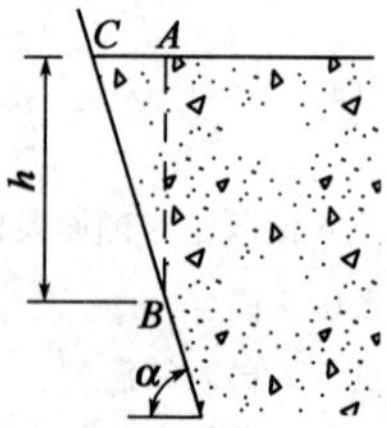 模板向外侧倾斜
		内倾模板	$\alpha = 30° \sim 40°$时，$H = 3h$ 浇筑层高； $\alpha = 20° \sim 30°$时，$H = 2h$ 浇筑层高； $\alpha < 20°$时，不计侧压力 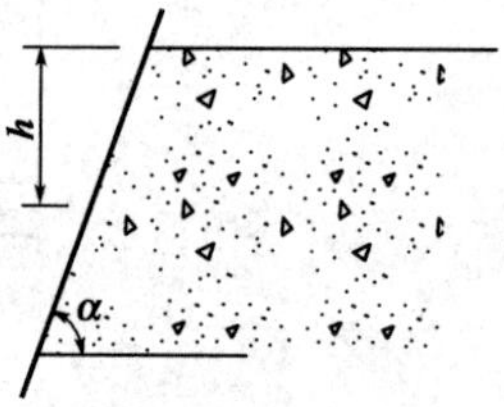 模板向内侧倾斜
3	振捣混凝土时对侧面模板的压力		按 4.0kPa 计

1.1.3 其他荷载

其他荷载 表 8-3

序号	项目			荷载计算
1	风荷载	横桥向		横向风力 = 横向风压 × 迎风面积 横向风压按《公路桥涵设计通用规范》(JTJ 021—89)第 2.3.8 条规定计算。作概略计算时，风压可取 0.5 ~ 1.0kPa，支架高于 20m 或处于沿海、海岛、峡谷口地区时，取大值，其他情况可取中值或小值；当支架高度小于 6.0m，可不计风载
		顺桥向	支架	按横向风压的 70% × 迎风面积
			拱架、桁架上部	按横向风压的 40% × 迎风面积

续上表

序号	项目	荷载计算		
2	流水压力、流冰压力、船只、漂浮物撞击力	流水压力	作用于支架桩上的流水压力 p 可按下式计算： $p = 0.8A\frac{\gamma v^2}{2g}$ (8-7) 式中：γ——水的重度，kN/m^3； v——水的流速，m/s； A——支架桩阻水面积，m^2； g——重力加速度，$9.81m/s^2$。 流水压力合力的着力点假定在施工水位线以下1/3水深处	
		船只横桥向撞击力	内河航道等级	撞击力(kN)
			五级	300
			六级	110~160
			设置临时防护结构	不计
		漂流物撞击力	$p = \frac{Wv}{gT}$ (8-8) 式中：W——漂流物重力，kN，根据河流中漂流物情况，按实际调查确定； T——撞击时间，一般用1s； 其余符号同上	

1.1.4 计算模板、拱架及支架的荷载效应组合

参与模板、支架和拱架荷载效应组合的各项荷载应符合表8-4的规定。计算模板、支架和拱架的荷载设计值，应采用荷载标准值乘以相应荷载分项系数，荷载分项系数应按表8-5采用。

计算模板、拱架和支架的荷载组合 表8-4

序号	模板类别	参与组合的荷载项	
		计算承载力	验算刚度
1	梁、板和拱的底模板以及支承板、拱架、支架等	1、2、3、4、5、6	1、2、6
2	缘石、人行道、栏杆、柱、梁、板、拱等的侧模板	7、9	7
3	基础、墩、台等厚大建筑物的侧模板	7、8	7

注：①第1项中3、4、5、6类如不发生时，可不计入计算。

②其他荷载只有发生时才考虑计算。

③脚手架的荷载按实际情况考虑。

荷载分项系数 表8-5

序号	荷载类别	γ_i
1	模板、拱架、支架、脚手架等自重	1.2
2	新浇混凝土、钢筋混凝土或新砌体等自重	1.2
3	施工人员及施工机具运输或堆放的荷载	1.4
4	倾倒混凝土时产生的竖向荷载	1.4
5	振捣混凝土时产生的竖向荷载	1.4
6	冬季施工时保温设施荷载和雪荷载	

续上表

序号	荷　载　类　别	γ_i
7	新浇混凝土时对侧面模板的压力	1.2
8	倾倒混凝土时产生的水平荷载	1.4
9	振捣混凝土时产生的水平荷载	1.4
10	风荷载	
11	流水压力、流冰压力或船只、漂浮物撞击力	

注：模板结构设计，属于临时性结构设计，目前我国还没有这类规范，因此只能遵守我国现行的有关设计、施工规范的有关规定执行。其强度、稳定性应符合有关规定的要求，其构造除应遵照执行有关规定外，还要考虑施工的特殊要求。当按极限状态设计时，应考虑本表所列荷载分项系数及有关规定所列荷载系数和调整系数；当按容许应力设计时，则不考虑荷载分项系数，但应按有关规定考虑容许应力提高系数。

1.2　容许应力

模板、拱架、支架和脚手架属于临时结构，其强度设计采用容许应力法。

1.2.1　木材容许应力

当采用木材时，其树种可按各地区实际情况选用，材质不宜低于 III 等材。木材容许应力见表 8-6。

各种常用木材的容许应力和弹性模量(MPa)　　表 8-6

木材种类		树种名称	顺纹拉应力(σ_1)	顺纹承压应力(σ_a)	顺纹弯应力(σ_w)	顺纹剪应力(σ_j)	弯曲剪应力(τ)	横纹承压应力(σ_{ah})			弹性模量$E(\times10^3)$
								全面积	局部表面及齿面	螺栓垫板下	
针叶材	A—1	东北落叶松、陆均松	9.0	14.5	14.5	1.5	2.3	2.3	3.5	4.6	11
针叶材	A—2	鱼鳞云杉、西南云杉、铁杉、红杉、赤杉、新疆落叶杉	8.5	13.0	13.0	1.4	2.0	2.0	2.9	4.1	10
针叶材	A—3	红松、樟子松、华山松、马尾松、云南松、广东松、油松、红皮云杉	8.0	12.0	12.0	1.3	1.9	1.8	2.6	3.6	9
针叶材	A—4	杉木、华北落叶杉、秦岭落叶杉	7.0	11.0	11.0	1.2	1.7	1.8	2.6	3.6	9
针叶材	A—5	冷杉、西北云杉、山西云杉、山西油杉	6.5	9.5	9.5	1.2	1.7	1.6	2.3	3.1	8.5

续上表

木材种类		树种名称	顺纹拉应力(σ_l)	顺纹承压应力(σ_a)	顺纹弯应力(σ_w)	顺纹剪应力(σ_j)	弯曲剪应力(τ)	横纹承压应力(σ_{ah})			弹性模量$E(\times 10^3)$
								全面积	局部表面及齿面	螺栓垫板下	
阔叶材	B—1	栎木(柞木)、青冈	12.0	19.0	19.0	2.6	3.8	4.1	6.1	8.2	12
	B—2	水曲柳	11.0	16.5	16.5	2.3	3.2	3.7	5.5	7.4	11
	B—3	锥栗(栲木)、桦木	9.5	14.5	14.5	1.9	2.8	3.0	4.4	6.0	10

注:①弯曲剪应力τ仅用于整体梁的弯曲受剪验算;

②对于柱(桩)式墩盖梁、柱式座架墩底梁等在局部长度上的容许横纹承压应力为全面积容许承压应力的2倍;

③木材湿度超过30%或在水中的结构,木材横纹承压容许应力和弹性模量减低10%;

④原木顺纹受压和受弯的容许应力及弹性模量可提高15%;

⑤截面短边尺寸大于15cm的方木受弯容许应力可提高15%;

⑥本表摘自《公路桥涵钢结构及木结构设计规范》(JTJ 025—86)。

1.2.2 钢材容许应力

用于制造钢模板、钢管支架、拱架的钢材一般为A3号普通碳素钢,其容许应力见表8-7。

钢模板、钢管支架、拱架及配件的容许应力(MPa) 表8-7

材种	应力种类	符号	规范规定	新钢模板及配件	
				提高系数	计算采用
A3钢材	抗拉、抗压轴向力	$[\sigma]$	140	1.25	175
	弯曲应力	$[\sigma_W]$	145	1.25	181
	剪应力	$[\tau]$	85	1.25	106
A3粗制螺栓	拉应力		110	1.25	138
	剪应力		80	1.25	100
	承压应力		170	–	170

注:①钢材的弹性模量E取2.1×10^5MPa;

②当钢模板等构件及配件较旧时,提高系数应降低,但不小于1.0。

木结构所用的钢材,其容许应力见表8-8。

钢材容许应力(MPa) 表8-8

钢材 / 应力类别	3号钢	2号钢
拉应力、压应力、弯应力	165	140
两根或两根以上拉杆共同受力时的拉应力	140	120

钢材和各种木材的容许应力提高系数见表8-9和表8-10。

钢材容许应力提高系数 表8-9

构造物性质	荷载组合	K
永久性结构	组合Ⅰ	1.0
	组合Ⅱ、Ⅲ、Ⅳ	1.25
	组合Ⅴ	1.30~1.40
临时性结构	组合Ⅰ	1.30
	组合Ⅱ、Ⅲ、Ⅳ、Ⅴ	1.40

木材容许应力和弹性模量提高或降低系数 表 8-10

使用条件或荷载组合	提高或降低系数	
	容许应力	弹性模量
原木顺纹受压和受弯的容许应力及弹性模量	1.15	1.15
截面短边尺寸不小于 15cm 的方木受弯容许应力	1.15	1.00
简支梁上部构造及其他梁桥的桥面系简单构造	1.20	1.00
当采用湿材时，木材横纹承压容许应力和弹性模量	0.90	0.90
荷载组合 I	1.00	1.00
荷载组合 II、III、IV、V	1.20	1.00

注：①上述各项条件同时出现时，容许应力提高或降低系数可连乘叠加，但叠加后的提高系数不得大于 1.25；

②荷载组合的规定见《公路桥涵设计通用规范》(JTJ 021—89)的规定。

1.3 容许挠度和杆件长细比

1.3.1 容许挠度

验算模板、拱架及支架的刚度时，其容许挠度不得超过表 8-11 的规定值。

模板、拱架及支架容许挠度值 表 8-11

序号	模板、拱架、支架类型	容许挠度值	符号意义
1	结构表面外露的模板	$L/400$	L——模板构件计算跨度
2	结构表面隐蔽的模板	$L/250$	
3	拱架、支架受载后挠曲的杆件(盖梁、纵梁)	$L/400$	L——相应结构跨度
4	支架的压缩变形值或弹性挠度	$L/1000$	L——相应结构计算跨度
5	钢模板的面板或单块钢模板	1.5mm	
6	钢模板的钢棱、柱箍	3mm	

1.3.2 容许长细比

[λ] 值表 表 8-12

构件性质	[λ]
主要的受压构件(立柱)	150
次要受压构件	200

1.4 模板的弯矩和挠度计算

考虑到模板的连续性，在均布荷载下可近似按表 8-13 所列公式计算。

模板弯矩及挠度计算 表 8-13

名称	均布荷载	跨中的集中荷载	符号意义
弯矩	$\frac{qL^2}{10}$	$\frac{PL}{6}$	q——沿模板长度的均布荷载； P——集中荷载； L——计算跨径；
挠度	$\frac{qL^4}{128EI}$	$\frac{PL^3}{77EI}$	I——模板截面的惯性矩； E——模板弹性模量

注：均布荷载作用下挠度的近似计算公式除表中所列的公式外，根据实际的模板构造，还可有其他的近似计算公式表达式，详见模板计算部分内容。

1.5 混凝土与模板的黏结力

混凝土与模板的法向黏结力(kPa)　　表 8-14

混凝土强度(MPa)	钢模板				木模板			
	废机油		隔离剂		废机油		隔离剂	
	平均值	最大值	平均值	最大值	平均值	最大值	平均值	最大值
50	10.6	21.9	6.6	10.7	11.9	22.1	7.4	15.6
35	10.0	18.2	4.1	9.6	10.2	18.8	5.7	11.7
20	7.8	15.1	3.2	8.1	8.7	16.7	4.5	10.2
2.5	3.6	5.7	2.4	6.0	2.7	4.7	2.9	6.3

混凝土与模板的切向黏结力(kPa)　　表 8-15

混凝土强度(MPa)	钢模板				木模板			
	废机油		隔离剂		废机油		隔离剂	
	平均值	最大值	平均值	最大值	平均值	最大值	平均值	最大值
50	15.1	27.5	5.9	18.0	17.6	29.7	8.2	24.2
35	9.5	23.9	3.4	4.9	10.0	22.6	3.8	7.3
20	7.5	15.6	2.9	4.6	8.2	19.6	3.3	6.4
2.5	1.2	2.6	2.7	4.1	2.2	5.4	1.9	3.4

2 模板计算

2.1 模板用量计算

2.1.1 混凝土模板用量计算

混凝土和钢筋混凝土模板用量计算　　表 8-16

项目	计算方法及公式	符号意义
展开面积	在现浇钢筋混凝土结构施工中，常需估算模板的耗用量，即计算每 $1m^3$ 混凝土结构的展开面积用量，其计算如下： $$U = \frac{A}{V} \quad (8\text{-}9)$$	U——每 $1m^3$ 混凝土结构的模板(展开面积)用量，m^2/m^3； A——模板的展开面积，m^2； V——混凝土的体积，m^3； U_1——正方形截面柱每 $1m^3$ 混凝土的模板用量，m^2/m^3； a、b——柱长、短边长度，m； U_2——圆形截面柱每 $1m^3$ 混凝土的模板用量，m^2/m^3； d——柱直径，m； U_3——矩形截面柱每 $1m^3$ 混凝土的模板用量，m^2/m^3
各种截面柱模板	正方形截面柱，其边长为 $a \times a$ 时，模板用量按下式计算： $$U_1 = \frac{4}{a} \quad (8\text{-}10)$$ 圆形截面柱，其直径为 d 时，模板用量按下式计算： $$U_2 = \frac{4}{d} \quad (8\text{-}11)$$ 矩形截面柱，其边长为 $a \times b$ 时，模板用量按下式计算： $$U_3 = \frac{2(a+b)}{ab} \quad (8\text{-}12)$$ 正方形或圆形截面柱，边长为 a 或直径为 d，由 0.3～2.0m 时的 U 值见表 8-17；各种尺寸矩形截面柱的 U 值见表 8-18	

续上表

<table>
<tr><th>项目</th><th>计算方法及公式</th><th>符号意义</th></tr>
<tr><td>主梁和次梁模板</td><td>钢筋混凝土主梁和次梁，每 $1m^3$ 混凝土的模板用量按下式计算：
$$U_4 = \frac{2h + b_1}{b_1 \cdot h} \quad (8\text{-}13)$$
无底模预制：
$$U_4 = \frac{2}{b_1} + 4b_1 h \quad (8\text{-}14)$$
有底模预制：$$U_4 = \frac{2}{b_1} + \frac{1}{h} + 4b_1 h \quad (8\text{-}15)$$
常用矩形截面主梁及次梁的 U 值见表 8-19</td><td rowspan="4">U_4——主梁或次梁每 $1m^3$ 混凝土的模板用量，m^2/m^3；
b_1——主梁或次梁宽度，m；
h——主梁或次梁高度，m；
U_5——楼板每 $1m^3$ 混凝土的模板用量，m^2/m^3；
d_1——楼板的厚度，m；
U_6——墙每 $1m^3$ 混凝土的模板用量，m^2/m^3；
d_2——墙厚度，m；
U_7——T 形梁每 $1m^3$ 混凝土的模板用量，m^2/m^3；
b_2——T 形梁宽度，m；
b_3——腹板宽度，m；
h_1——翼板厚度，m；
h_2——腹板高度，m</td></tr>
<tr><td>楼板模板</td><td>钢筋混凝土楼板，每 $1m^3$ 混凝土的模板用量按下式计算：
$$U_5 = \frac{1}{d_1} \quad (8\text{-}16)$$
肋形楼板的厚度，一般为 0.06～0.14m，无梁楼板的厚度为 0.17～0.22m，其模板用量 U 值见表 8-20</td></tr>
<tr><td>墙模板</td><td>混凝土或钢筋混凝土墙，每 $1m^3$ 混凝土的模板用量按下式计算：
$$U_6 = \frac{2}{d_2} \quad (8\text{-}17)$$
常用的墙厚与相应的模板用量 U 值见表 8-21</td></tr>
<tr><td>T 形梁模板</td><td>钢筋混凝土 T 形梁，每 $1m^3$ 混凝土的模板用量按下式计算：
$$U_7 = \frac{2(h_1 + h_2)}{b_2 h_1 + b_3 h_2} \quad (8\text{-}18)$$</td></tr>
</table>

正方形或圆形截面柱每 $1m^3$ 混凝土的模板用量 U 值 表 8-17

柱横截面尺寸 $a \times b$ (m)	模板用量 $U = 4/a$ (m^2/m^3)	柱横截面尺寸 $a \times b$ (m)	模板用量 $U = 4/a$ (m^2/m^3)
0.3×0.3	13.33	0.9×0.9	4.44
0.4×0.4	10.00	1.0×1.0	4.00
0.5×0.5	8.00	1.1×1.1	3.64
0.6×0.6	6.67	1.3×1.3	3.08
0.7×0.7	5.71	1.5×1.5	2.67
0.8×0.8	5.00	2.0×2.0	2.00

矩形截面柱每 $1m^3$ 混凝土的模板用量 U 值 表 8-18

柱横截面尺寸 $a \times b$ (m)	模板用量 $U=\frac{2(a+b)}{ab}$ (m^2/m^3)	柱横截面尺寸 $a \times b$ (m)	模板用量 $U=\frac{2(a+b)}{ab}$ (m^2/m^3)
0.4×0.3	11.67	0.8×0.6	5.83
0.5×0.3	10.67	0.9×0.45	6.67
0.6×0.3	10.00	0.9×0.60	6.56
0.7×0.35	8.57	1.0×0.5	6.00
0.8×0.40	7.50	1.0×0.70	4.86

矩形截面主梁及次梁每 $1m^3$ 混凝土的模板用量 U 值 表 8-19

梁横截面尺寸 $h \times b$ (m)	模板用量 $U=\frac{2h+b}{hb}$ (m^2/m^3)	梁横截面尺寸 $h \times b$ (m)	模板用量 $U=\frac{2h+b}{hb}$ (m^2/m^3)
0.30×0.2	13.33	0.80×0.40	6.25
0.40×0.2	12.50	1.00×0.50	5.00
0.50×0.25	10.00	1.20×0.60	4.17
0.60×0.30	8.33	1.40×0.70	3.57

肋形楼板和无梁楼板每 $1m^3$ 混凝土的模板用量 U 值 表 8-20

板　厚 (m)	模板用量 $U=1/d$ (m^2/m^3)	板　厚 (m)	模板用量 $U=1/d$ (m^2/m^3)
0.06	16.67	0.14	7.14
0.08	12.50	0.17	5.88
0.10	10.00	0.19	5.26
0.12	8.33	0.22	4.55

墙每 $1m^3$ 混凝土的模板用量 U 值 表 8-21

墙　厚 (m)	模板用量 $U=2/d$ (m^2/m^3)	墙　厚 (m)	模板用量 $U=2/d$ (m^2/m^3)
0.06	33.33	0.18	11.11
0.08	25.00	0.20	10.00
0.10	20.00	0.25	8.00
0.12	16.67	0.30	6.67
0.14	14.29	0.35	5.71
0.16	12.50	0.40	5.00

2.1.2 构件预制钢模板需用量估算

构件预制钢模板需用量估算　　表 8-22

<table>
<tr><th>项目</th><th>计算方法及公式</th><th>符号意义</th></tr>
<tr><td>车间内组织生产</td><td>$$N = \left(\frac{Q_0 \cdot t}{T} + m\right) \cdot \frac{1}{n} \cdot K \qquad (8\text{-}19)$$</td><td rowspan="2">N——模板需用量,套;
Q_0——一个班完成的制品数,件;
T——一个班作业时间,取 8h;
t——模板的周期,包括成型、养护、辅助操作时间等,h;
m——流水传送带工艺中钢模在生产线上的数目,即传送带的台位数,对机组流水法,$m=0$;
K——钢模检修备用系数,取 1.05 ~ 1.1;
n——一个钢模内一次成型的制品数量;
Q_1——每天完成的制品数,件/d;
T_1——拆模周期,d,包括修整模板、成型、养护、拆模等时间在内;
K_1——备用系数,取 1.05 ~ 1.1</td></tr>
<tr><td>露天台座法生产</td><td>$$N = Q_1 \cdot T_1 \cdot K_1 \qquad (8\text{-}20)$$</td></tr>
</table>

2.1.3 模板使用周转率

模板使用周转率参考表　　表 8-23

项目	种　类	周转次数
模板使用周转率	木模板	30 ~ 40
	钢模板	1000 ~ 1200
	混凝土模板	500
	橡胶软模	100 ~ 300
	翻转模板(木)	500

2.2 组合钢模板连接件、支撑件计算

组合钢模板连接件、支撑件计算　　表 8-24

<table>
<tr><th>项目</th><th>计算方法及公式</th><th>符号意义</th></tr>
<tr><td>模板拉杆</td><td>模板拉杆用于连接内、外两组模板,保持内、外模板的间距,承受混凝土侧压力对模板的荷载,使模板有足够的刚度和强度。拉杆形式多采用圆杆式(通称对拉螺栓或穿墙螺栓),分组合式和整体式两种。前者由内、外拉杆和顶帽组成;后者为自制的通长螺栓,通常采用 Q235 圆钢制作。
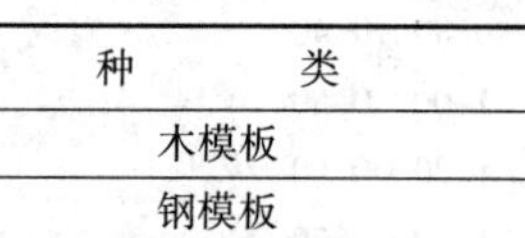

对拉螺栓形式
a)组合式;b)整体式
模板拉杆的计算公式如下:
$$F = P \cdot A \qquad (8\text{-}21)$$
表 8-25、表 8-26、表 8-27 为按公式(8-21)编制的对拉螺栓拉力计算表,已知 P、a、b 可直接查出 F 值。
表 8-28 为常用对拉螺栓力学性能表,可根据计算或查出的 F 值选用螺栓直径</td><td>F——模板拉杆承受的拉力,N;
P——混凝土的侧压力,Pa;
A——模板拉杆分担的受荷面积,m^2,其值为 $A = a \times b$;
a——模板拉杆的横向间距,m;
b——模板拉杆的纵向间距,m</td></tr>
</table>

续上表

项目	计算方法及公式	符号意义
支承钢楞	钢楞用于支撑钢模板，加强其整体刚度。钢楞材料有钢管、矩形钢管、内卷边槽钢和槽钢等多种形式。钢楞常用各种型钢力学性能见表8-29。 钢楞系直接支承在钢模板上，承受模板传递的多点集中荷载，为简化计算，通常按均布荷载计算。其计算原则是：(1)连续钢楞跨度不同时，按不同跨数有关公式进行计算。钢楞带悬臂时，应另行验算悬臂端的弯矩和挠度，取最大值；(2)每块钢模板上宜有两处支承，每个支承上有两根钢楞；(3)长度1500mm、1200mm和900mm的钢模板内楞间距 a，一般分别取750mm、600mm和450mm。外钢楞最大间距取决于抗弯强度及挠度的控制值，但不宜超过2000mm；(4)热轧钢楞的强度设计值 $f=215\text{MPa}$，冷弯型钢钢楞的容许应力 $[\sigma]=160\text{MPa}$，钢楞的容许挠度 $[w]=0.3\text{cm}$。 1. 单跨及两跨连续的内钢楞计算 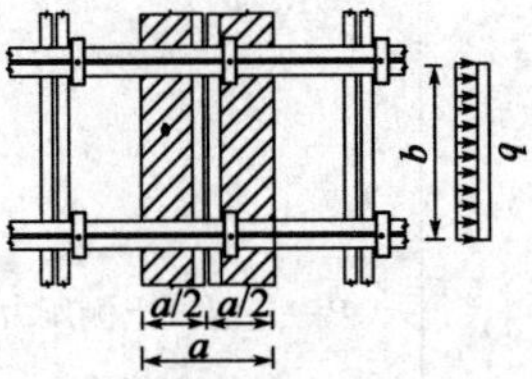 内钢楞计算简图 (1)按抗弯强度计算内钢楞的跨度 b $q=P\cdot a$ $M_{\max}=\dfrac{qb^2}{8}=\dfrac{P\cdot a\cdot b^2}{8}$ $\sigma_{\max}=\dfrac{M_{\max}}{W}=\dfrac{P\cdot a\cdot b}{8W}\leqslant f$ 即得： $b\leqslant\sqrt{\dfrac{8fW}{P\cdot a}}$ (8-22) (2)按挠度计算内钢楞的跨度 b $w_{\max}=\dfrac{5qb^4}{384EI}=\dfrac{5P\cdot a\cdot b^4}{384EI}\leqslant[w]$ 即得： $b\leqslant\sqrt[4]{\dfrac{384[w]EI}{5P\cdot a}}$ (8-23) 同样，根据以上计算公式，可以计算出在不同混凝土侧压力作用下，外钢楞(或模板拉杆)的最大间距(即内钢楞的最大跨度)。 2. 三跨及三跨以上连续的内钢楞计算 (1)按抗弯强度计算内钢楞的跨度 b $q=p\cdot a$ $M_{\max}=\dfrac{qb^2}{10}=\dfrac{P\cdot a\cdot b^2}{10}$ $\sigma_{\max}=\dfrac{M_{\max}}{W}=\dfrac{P\cdot a\cdot b^2}{10W}\leqslant f$ 即得： $b\leqslant\sqrt{\dfrac{10fW}{P\cdot a}}$ (8-24) (2)按挠度计算内钢楞的跨度 b $w_{\max}=\dfrac{qb^4}{150EI}=\dfrac{P\cdot a\cdot b^4}{150EI}\leqslant[w]$ $b\leqslant\sqrt[4]{\dfrac{150[w]EI}{P\cdot a}}$ (8-25) 同样，根据以上计算公式，可以计算出在不同混凝土侧压力作用下，外钢楞(或模板拉杆)的最大间距	P——混凝土侧压力，MPa； q——均布荷载，N/mm； a——内钢楞间距，mm； b——外钢楞间距(或内钢楞跨度)，mm； $\sigma_{\max}$——支撑钢楞应力，MPa； f——钢材抗拉、抗弯强度设计值，MPa； W——双根内钢楞的截面最小抵抗矩，mm^3； $w_{\max}$——内钢楞最大挠度，mm； $[w]$——内钢楞容许挠度值，mm； EI——双根内钢楞的抗弯刚度，$N\cdot mm^2$

续上表

项目	计算方法及公式	符号意义
柱箍	柱箍又称柱夹箍，用于直接支承柱模板并保证其刚度。柱箍可用扁钢、角钢、钢管和槽钢等数种。材质多用 Q235 钢，常用柱箍规格及适用范围见表 8-30，其材料的力学性能见表 8-29。 柱箍直接支承在钢模板上，承受钢模板传递的均布荷载，同时还承受其他两侧钢模板上混凝土侧压力引起的轴向拉力。计算如下图所示，柱箍间距按以下公式计算： 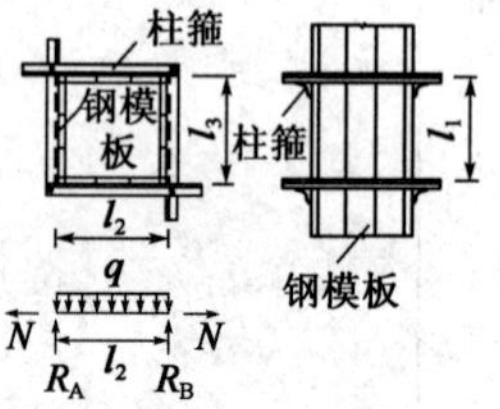 柱箍计算简图 1. 按抗弯强度计算柱箍间距 $q = P \cdot l_1$ $M_{\max} = \frac{ql_2^2}{8} = \frac{P \cdot l_1 \cdot l_2^2}{8}$ $\sigma_1 = \frac{M_{\max}}{W} = \frac{P \cdot l_1 \cdot l_2^2}{8W}$ $N = q \cdot \frac{l_3}{2} = \frac{P \cdot l_1 \cdot l_3}{2}$ $\sigma_2 = \frac{N}{A} = \frac{P \cdot l_1 \cdot l_3}{2A}$ $\sigma_{\max} = \sigma_1 + \sigma_2 \leqslant f$ 即得： $l_1 \leqslant \frac{8fWA}{P(l_2^2 A + 4l_3 W)}$ (8-26) 2. 按挠度计算柱箍间距 $w_{\max} = \frac{5q \cdot l_2^4}{384EI} = \frac{5P \cdot l_1 \cdot l_2^4}{384EI} \leqslant [w]$ 即得： $l_1 \leqslant \sqrt{\frac{384[w]EI}{5Pl_2^4}}$ (8-27) 根据以上计算结果，取最小值，即为柱箍间距。根据以上计算公式，可以计算出在不同混凝土侧压力作用下、不同柱宽时的柱箍最大间距。矩形柱的柱箍按长边计算	P——混凝土侧压力，MPa； q——均布荷载，N/mm； l_1——柱箍间距，mm； l_2——长边柱箍跨距（等于长边柱宽与两侧钢模板肋高之和），mm； l_3——短边柱箍跨距（等于短边柱宽与两侧钢模板肋高之和），mm； σ_1——柱箍受弯曲应力，MPa； N——柱箍受轴向拉力，N； A——柱箍面积，mm^2； σ_2——柱箍受轴向应力，MPa； $\sigma_{\max}$——柱箍受总应力，MPa； EI——柱箍抗弯刚度，$N \cdot mm^2$

续上表

项目	计算方法及公式	符号意义
钢管支撑	钢管支撑又称钢支撑，用于梁、板等水平模板的支撑。钢管支撑的规格形式较多，使用较普遍的为 CH 和 YJ 两种形式，如下图所示，由顶板、底板、套管、插管、调节螺管、转盘和插销等组成，其规格和力学性能见表 8-31 和表 8-32。 钢支撑可按两端铰接的轴心受压构件进行计算，在插管拉伸至最大使用长度时，钢支撑的受力情况最不利，其计算如下： 1. 钢支撑受压稳定计算 $$[N]=\varphi\cdot A_2\cdot f \quad (8\text{-}28)$$ 2. 钢管壁受压强度计算 $$[N]_1=f_{ce}\cdot A \quad (8\text{-}29)$$ 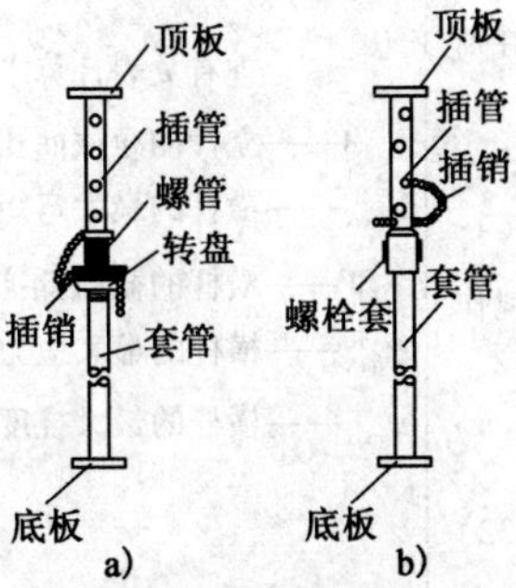 钢管支撑形式 a) CH 型；b) YJ 型 3. 插销受剪力计算 $$[N]_2=f_v\times 2A_0 \quad (8\text{-}30)$$	$[N]$——钢支撑的容许荷载，N； φ——轴心受压构件的稳定系数； A_2——套管截面面积，mm^2； f——钢材承压强度设计值，取 215MPa； $[N]_1$——管壁承受的容许荷载，N； f_{ce}——管壁端面承压强度设计值，取 320MPa； A——两个插销孔的管壁受压面积，mm^2；$A=2a\cdot\frac{d}{2}\pi$ a——插管壁厚，mm； d——插销直径，mm； $[N]_2$——插销承受容许荷载，N； f_v——钢材抗剪强度设计值，取 125MPa； A_0——插销截面面积，mm^2
钢管脚手支架	钢管脚手支架多用于高度较大的梁、板和框架结构的模板支架。它由钢管、扣件、底座和调节杆等组成。钢管一般用外径 48mm、壁厚 3～3.5mm 的焊接钢管，长度有 2m、3m、4m、5m 等几种。扣件按用途有直角扣件、回转扣件和对接扣件三种；按使用材质分有玛钢扣件和钢板扣件两种，其容许荷载见表 8-33。底座安在立杆的下部，有可调螺栓式和固定套管式两种。 钢管脚手支架连接方式有用扣件对接和扣件搭接两种，如下图所示。前者由立杆直接传力；后者荷载直接支承在横杆上。其计算如下： 1. 立杆的稳定验算 钢管脚手支架主要验算立杆的稳定性，可按两端铰接的受压构件来简化计算。 (1) 用对接扣件连接的钢管支架，考虑到立杆本身存在弯曲，对接扣件的偏差和荷重的不均匀，可按受压构件来计算 长细比 $\lambda=\frac{L}{i}=\frac{L}{1.59}$	q——均布荷载，N/mm； P——集中荷载，N； l——立杆的间距，mm； f——钢材强度设计值，取 215MPa； $[w]$——容许挠度，为 3mm； L——计算长度，取横杆的步距，mm； λ——立杆长细比； $[N]$——立杆容许荷载，N

续上表

项目	计算方法及公式	符号意义
钢管脚手支架	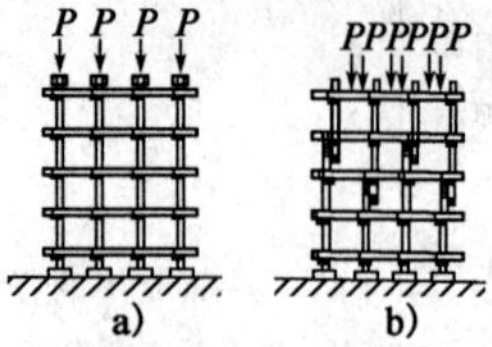 钢管脚手支架计算简图 a)对接连接;b)搭接连接 $[N]=\varphi Af$　　(8-31) 按上式计算出不同步距的$[N]$值,见表8-34。 (2)用回转扣件搭接的钢管支架可按式(8-31)算出立杆的容许荷载$[N]$。 2. 横杆的强度和刚度验算 当模板直接放在顶端横杆上时,横杆承受均布荷载。当顶端横杆上先放两根檩条,再放模板时,则横杆承受集中荷载。横杆可视作连续梁,其抗弯强度和挠度的近似计算公式如下: 在均布荷载作用下: $\sigma_{max}=\frac{M_{max}}{W}=\frac{ql^2}{10W}\leqslant f$　　(8-32) $w_{max}=\frac{ql^4}{150EI}\leqslant[w]$　　(8-33) 在两点集中荷载作用下: $\sigma_{max}=\frac{M_{max}}{W}=\frac{Pl}{3.5W}\leqslant f$　　(8-34) $w_{max}=\frac{Pl^3}{55EI}\leqslant[w]$　　(8-35)	φ——轴心受压杆件稳定系数,由$\lambda=\frac{L}{i}$查有关表计算求得; A——立杆的净截面积,mm^2; M_{max}——横杆的最大弯矩,N·mm; W——横杆的截面抵抗矩,mm^3; σ_{max}——横杆的最大应力,MPa; w_{max}——横杆的最大挠度,mm

对拉螺栓拉力(单位:N)计算表($P=30$kPa)　　表8-25

b (m) \ a (m)	0.45	0.50	0.55	0.60	0.65	0.70	0.75
0.45	6075						
0.50	6750	7500					
0.55	7425	8250	9075				
0.60	8100	9000	9900	10800			
0.65	8775	9750	10725	11700	12675		
0.70	9450	10 500	11550	12600	13650	14700	
0.75	10125	11250	12375	13500	14625	15750	16875
0.80	10800	12000	13200	14400	15600	16800	18000
0.85	11475	12750	14025	15300	16 575	17850	19125
0.90	12150	13500	14850	16200	17550	18900	20250

注:当混凝土侧压力$P\neq30$kPa时,对拉螺栓的拉力$F'=\frac{F\cdot P'}{P}$,P'为实际的混凝土侧压力;F为表8-25中查出之值。当$P=40$kPa和60kPa时,可查表8-26和表8-27。

对拉螺栓拉力(单位:N)计算表($P=40$kPa) 表 8-26

b(m) \ a(m)	0.45	0.50	0.55	0.60	0.65	0.70	0.75
0.45	8100						
0.50	9000	10000					
0.55	9900	11000	12100				
0.60	10800	12000	13200	14400			
0.65	11700	13000	14300	15600	16900		
0.70	12600	14000	15400	16800	18200	19600	
0.75	13500	15000	16500	18000	19500	21000	22500
0.80	14400	16000	17600	19200	20800	22400	24000
0.85	15300	17000	18700	20400	22100	23800	22500
0.90	16200	18000	19800	21600	23400	25200	27000

注:同表 8-25。

对拉螺栓拉力(单位:N)计算表($P=60$kPa) 表 8-27

b(m) \ a(m)	0.45	0.50	0.55	0.60	0.65	0.70	0.75
0.45	12150						
0.50	13500	15000					
0.55	14850	16500	18150				
0.60	16200	18000	19800	21600			
0.65	17550	19500	21450	23400	25350		
0.70	18900	21000	23100	25200	27300	29400	
0.75	20250	22500	24750	27000	29250	31500	33750
0.80	21600	24000	26400	28800	31200	33600	36000
0.85	22950	25500	28050	30600	33150	35700	38250
0.90	24300	27000	29700	32400	35100	37800	40500

注:同表 8-25。当 $P=50$kPa 时,取表 8-26 和表 8-27 平均值。

对拉螺栓力学性能表 表 8-28

螺栓直径(mm)	螺纹内径(mm)	净面积(mm^2)	质量(kg/m)	容许拉力(N)
12	9.85	75	0.89	12900
14	11.55	105	1.21	17800
16	13.55	144	1.58	24500
18	14.93	174	2.00	29600
20	16.93	225	2.46	38200
22	18.93	282	2.98	47900

各种型钢力学性能表 表 8-29

规格（mm）		截面积 A（mm^2）	质量（kg/m）	截面惯性矩 I_X（$\times 10^4 mm^4$）	截面最小抵抗矩 W_X（$\times 10^3 mm^3$）
扁钢	-70×5	350	2.75	14.29	4.08
角钢	L75×25×3.0	291	2.28	17.17	3.76
	L80×35×3.0	330	2.59	22.49	4.17
钢管	ϕ48×3.0	424	3.33	10.78	4.49
	ϕ48×3.5	489	3.84	12.19	5.08
	ϕ51×3.5	522	4.10	14.81	5.81
矩形钢管	□60×40×2.5	457	3.59	21.88	7.29
	□80×40×2.0	452	3.55	37.13	9.28
	□100×50×3.0	864	6.78	112.12	22.42
冷弯槽钢	[80×40×3.0	450	3.53	43.92	10.98
	[100×50×3.0	570	4.47	88.52	12.20
内卷边槽钢	[80×40×15×3.0	508	3.99	48.92	12.23
	[100×50×20×3.0	658	5.16	100.28	20.06
槽钢	[80×43×5.0	1024	8.04	101.30	25.30

柱箍规格及适用范围 表 8-30

规格（mm）		夹板长度（mm）	质量（kg/根）	适用柱宽范围（mm）
扁钢	-70×5	1100	3.02	300~700
角钢	L75×25×3.0	1000	2.28	300~600
	L80×35×3.0	1150	2.98	300~700
钢管	ϕ48×3.5	1200	4.61	300~700
	ϕ51×3.5	1200	4.92	300~700
冷弯槽钢	[80×40×3.0	1500	5.30	500~1000
	[100×50×3.0	1650	7.38	500~1200
内卷边槽钢	[80×40×15×3.0	1800	7.18	500~1000
	[100×50×20×3.0	1800	9.29	600~1200

钢管支撑规格表 表 8-31

项目		型号					
		CH-65	CH-75	CH-90	YJ-18	YJ-22	YJ-27
最小使用长度(mm)		1812	2212	2712	1820	2220	2720
最大使用长度(mm)		3062	3462	3962	3090	3490	3990
调节范围(mm)		1250	1250	1250	1270	1270	1270
螺栓调节范围(mm)		170	170	170	70	70	70
容许荷重(N)	最小长度时	20000	20000	20000	20000	20000	20000
	最大长度时	15000	15000	15000	15000	15000	15000
质量(kg)		12.4	13.2	14.8	13.87	14.99	16.39

钢管支撑力学性能表 表 8-32

项目		直径(mm) 外径	内径	壁厚(mm)	截面积 A (mm^2)	惯性矩 I (mm^4)	回转半径 i (mm)
CH 型	插管	48.6	43.8	2.4	348	9.32×10^4	16.4
	套管	60.5	55.7	2.4	438	18.51×10^4	20.6
YJ 型	插管	48	43	2.5	357	9.28×10^4	16.1
	套管	60	55.4	2.3	417	17.38×10^4	20.4

扣件质量和容许荷载表 表 8-33

项目		直角扣件	回转扣件	对接扣件
玛钢扣件	质量(kg)	1.25	1.50	1.6
	容许荷载(N)	6000	5000	2500
钢板扣件	质量(kg)	0.69	0.70	1.00
	容许荷载(N)	6000	5000	2500

立杆容许荷载[N](kN) 表 8-34

横杆步距 L (mm)	$\phi48\times3$ 钢管		$\phi48\times3.5$ 钢管	
	对接立杆	搭接立杆	对接立杆	搭接立杆
1000	31.7	12.2	35.7	13.9
1250	29.2	11.6	33.1	13.0
1500	26.78	11.0	30.3	12.4
1800	24.0	10.2	27.2	11.6

例 8-1 已知混凝土对模板的侧压力为 26kPa，拉杆横向间距为 0.75m，纵向间距为 0.85m，试选用对拉螺栓直径。

解 按公式(8-21)计算拉杆承受的拉力：$F=26000\times0.75\times0.85=16575N$

也可查表 8-25 得 $F=19125N$。

故
$$F'=\frac{19125\times26}{30}=16575N$$

查表 8-28 选用 M14 螺栓，其容许拉力为 17800N > 16575N。

例 8-2 混凝土内墙尺寸为 3950mm×2900mm(长×高)，施工气温为 15℃，混凝土浇筑速度为 5m/h，采用组合式钢模板，试选用内、外钢楞。

解 已知施工气温为 15℃，混凝土浇筑速度为 5m/h，按公式(8-1)及公式(8-3)得混凝土最大侧压力为：

$$V/T=\frac{5}{15}=0.333>0.035$$

$$h=1.53+\frac{3.8V}{T}=1.53+3.8\times\frac{5}{15}=2.797m$$

$$P_m=K\gamma h=1\times25\times2.797=69.9kPa$$

选用 2[100mm×50mm×3.0mm 冷弯槽钢作内、外钢楞，内钢楞竖向布置，间距 a 取 900mm。根据墙高，内钢楞的最大跨度(即外钢楞或模板拉杆的最大间距)按三跨以上连续梁计算。

按抗弯强度计算内钢楞的容许跨度 b[按公式(8-24)]：

已知 $I=2\times88.52\times10^4=177.04\times10^4\text{mm}^4$，$W=2\times12.2\times10^3=24.4\times10^3\text{mm}^3$，$E=2.1\times10^5\text{MPa}$；$f=215\text{MPa}$，那么有：

$$b=\sqrt{\frac{10fW}{P\cdot a}}=\sqrt{\frac{10\times215\times24.4\times10^3}{69.9\times10^{-3}\times900}}=913\text{mm}$$

取 $b=750\text{mm}$。

按挠度计算公式(8-25)，内钢楞的容许跨度 b 为：

$$b=\sqrt[4]{\frac{150[w]EI}{P\cdot a}}=\sqrt[4]{\frac{150\times3\times2.1\times10^5\times177.04\times10^4}{69.9\times10^{-3}\times900}}=1277\text{mm}$$

按以上计算，内钢楞跨度取750mm(间距为900mm)，外钢楞采用内钢楞同一规格，间距为750mm。

例8-3 框架柱截面为400mm×600mm，净高为3.3m，施工气温为20℃，混凝土浇筑速度为4m/h，混凝土塌落度为5.0cm，采用组合钢模板，试选用柱箍。

解 按混凝土浇筑速度 $v=4\text{m/h}$，施工气温 $T=20℃$，根据公式(8-1)及公式(8-3)得混凝土最大侧压力 P_m 为：

$$v/T=\frac{4}{20}=0.2>0.035$$

$$h=1.53+\frac{3.8v}{T}=1.53+3.8\times0.2=2.29\text{m}$$

$$P_m=K\gamma h=1\times25\times2.29=57.3\text{kPa}$$

选用□80mm×40mm×2mm 矩形钢管作柱箍，查表8-29得：$A=452\text{mm}^2$，$I=37.13\times10^4\text{mm}^4$，$W=9.28\times10^3\text{mm}^3$。

按抗弯强度计算柱箍间距[公式(8-26)]：

$$l_1=\frac{8fWA}{P(l_2^2A+4l_3W)}=\frac{8\times210\times9.28\times10^3\times4.52\times10^2}{57.3\times10^{-3}(700^2\times4.52\times10^2+4\times500\times9.28\times10^3)}$$
$$=512\text{mm}$$

按挠度计算柱箍间距[公式(8-27)]：

$$l_1\leqslant\frac{384[w]EI}{5Pl_2^4}=\frac{384\times3\times2.1\times10^5\times37.13\times10^4}{5\times57.3\times10^{-3}\times700^4}=1306\text{mm}$$

按上述计算，柱箍间距取450mm，共用6道。

例8-4 CH-65型钢支撑，其最大使用长度为3.06m，钢支撑中间无水平拉杆，插管与套管之间因松动产生的偏心为半个钢管直径，求钢支撑的容许荷载。

解 插管偏心值为 $e=\frac{D}{2}=\frac{48.6}{2}=24.3\text{mm}$，则偏心率为：

$$\varepsilon=e\cdot\frac{A_2}{W_2}=24.3\times\frac{438}{\frac{18.51\times10^4}{32.5}}=1.87$$

长细比： $\lambda=\frac{l_0}{i}=\frac{\mu l}{i}$

钢管支撑的使用长度： $l=3060\text{mm}$

钢管支撑的计算长度： $l_0=\mu l$

$$\mu=\sqrt{\frac{1+n}{2}}$$

$$n = \frac{I_2}{I_1} = \frac{18.51}{9.32} = 1.99$$

$$\mu = \sqrt{\frac{1 + 1.99}{2}} = 1.22$$

$$\lambda = \frac{\mu l}{i} = \frac{1.22 \times 3036}{20.6} = 181.2$$

(1)钢管受压稳定验算

根据《钢结构设计规范》(GBJ 17—88)附录一得:$\varphi = 0.241$

由公式(8-28)得:

$$[N] = 0.241 \times 438 \times 215 = 22695\text{N}$$

(2)钢管壁受压强度验算

插销直径 $d = 12\text{mm}$,插销壁厚 $a = 2.5\text{mm}$,管壁的端承面承压强度设计值 $f_{ce} = 320\text{MPa}$。

两个插销孔的管壁受压面积:

$$A = 2a \cdot \frac{d}{2}\pi = 2 \times 2.5 \times \frac{12}{2} \times 3.14 = 94.2\text{mm}^2$$

由公式(8-29),管壁承受容许荷载:

$$[N] = f_{ce} \cdot A = 320 \times 94.2 = 30144\text{N}$$

(3)插销受剪力验算

插销截面积 $A_0 = 113\text{mm}^2$,两处受剪力,由公式(8-30),则插销受容许荷载:

$$[N] = f_v \times 2A_0 = 125 \times 2 \times 113 = 28250\text{N}$$

根据验算,取三项验算的最小容许荷载,故 CH-65 钢支撑的最大使用长度时的容许荷载为22695N。

例 8-5 现浇钢筋混凝土楼板,平面尺寸为 3300mm × 4900mm,楼板厚 100mm,楼层净高 4.475m,用组合钢模板支模,内、外钢楞承托,用钢管作楼板模板支架,试计算钢管支架。

解 模板支架的荷载:

钢模板及连接件钢楞自重力:	750Pa
钢管支架自重力:	250Pa
新浇混凝土重力:	2500Pa
施工荷载:	2500Pa
合计	6000Pa

钢管立于内、外钢楞十字交叉处(图 8-1),每区格面积为 $1.4 \times 1.5 = 2.1\text{m}^2$

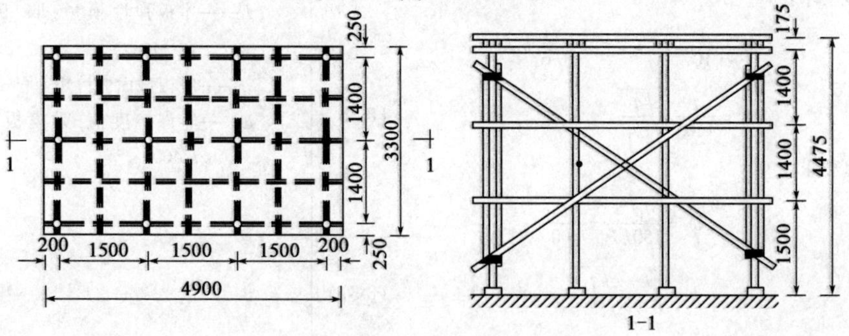

图 8-1 用钢管脚手架作楼板模板支架(尺寸单位:mm)

每根立杆承受的荷载： $2.1\times6000=12600\ \mathrm{N}$

设用 $\phi48\times3\mathrm{mm}$ 钢管，$A=424\mathrm{mm}^2$，则钢管回转半径为：

$$i=\frac{\sqrt{d^2+d_1^2}}{4}=\frac{\sqrt{48^2+42^2}}{4}=15.9\mathrm{mm}$$

采用立柱 12 根，各立柱间布置双向水平撑，上下共两道，并适当布置垂直剪力撑。

按强度计算，支柱的受压应力为：

$$\sigma=\frac{N}{A}=\frac{12600}{424}=29.7\mathrm{MPa}$$

长细比
$$\lambda=\frac{L}{i}=\frac{1500}{15.9}=94.3$$

查《钢结构设计规范》（GBJ 17—88）附录一，得 $\varphi=0.681$，由式（8-31），则支柱的受压应力为：

$$\sigma=\frac{N}{\varphi A}=\frac{12600}{0.681\times424}=44\mathrm{MPa}<f=215\mathrm{MPa}$$

2.3 现浇混凝土模板简易计算

2.3.1 梁模板计算

梁模板简易计算 表 8-35

名称	计算方法及公式	符号意义
木模底板	梁木模底板多支承在顶撑或楞木上（顶撑或楞木的间距为 1.0m 左右），一般按连续梁计算，底模上所受荷载按均布荷载考虑，底板按强度和刚度计算需要的厚度，可按下式计算： 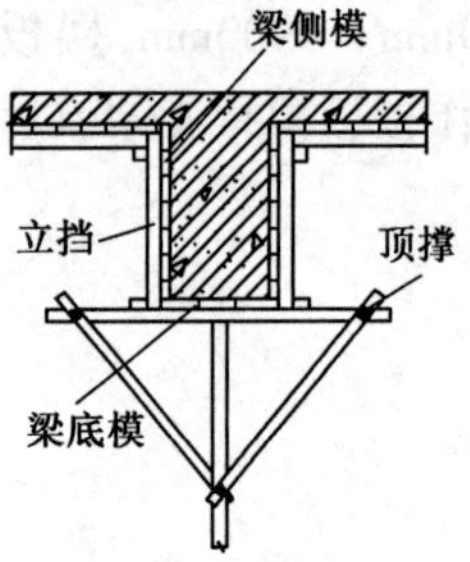 梁木底模 按强度要求： $M=\frac{1}{10}q_1l^2=[f_m]\cdot\frac{1}{6}b_1h^2$ $h=\frac{l}{4.65}\sqrt{\frac{q_1}{b_1}}$ (8-36) 按刚度要求： $\omega=\frac{q_1l^4}{150EI}=\frac{l}{400}$ $h=\frac{l}{6.7}\sqrt[3]{\frac{q_1}{b_1}}$ (8-37) h 取两式中的较大值	M——计算最大弯矩； $[f_m]$——木材抗弯强度设计值，采用松木模板取 13MPa； q_1——作用在梁底模板上的均布荷载，N/cm； l——计算跨度，对底板为顶撑间距； h——底板厚度，mm； b_1——梁底板宽度，mm； E——木板弹性模量，取（9 ~ 10）× 10^3MPa； I——底板截面惯性矩； ω——容许挠度值，梁模板不得超过 $l/400$

续上表

名称	计算方法及公式	符号意义
木模侧板	梁侧模板受到浇筑混凝土时侧压力的作用，侧压力的计算见表8-2。 梁侧模支承在竖向立挡上，其支承条件由立挡的间距所决定，一般按三至四跨连续梁计算，求出最大弯矩和挠度，然后用底板同样方法，按强度和刚度要求确定其侧板厚度	
木模顶支撑	木顶撑（立柱）主要承受梁底板或楞木传来竖向荷载的作用，一般按两端铰接的轴心受压杆件进行设计或验算。当顶撑中部无拉条，其计算长度 $l_0=l$；当顶撑中间两个方向设水平拉条时，计算长度 $l_0=\frac{l}{2}$。 木顶撑间距一般取 1.0mm 左右，顶撑头截面为 50mm × 100mm，顶撑立柱截面为 100mm × 100mm。顶撑承受两根顶撑之间的梁荷载，按下式进行强度和稳定性验算： 按强度要求：$\frac{N}{A_n}\leqslant f_c$ (8-38) 稳定性要求：$\frac{N}{\varphi A_0}\leqslant f_c$ (8-39) 根据经验，顶撑截面尺寸的选定一般以稳定性来控制	N——轴向压力，即两根顶撑之间承受的荷载； A_n——木顶撑的净截面面积； f_c——木材顺纹抗压强度的设计值，MPa； A_0——木顶撑截面的计算面积，当木材无缺口时，$A_0=A$； A——木顶撑的毛截面面积； φ——轴心受压构件稳定系数，根据木顶撑木的长细比 λ 求得，$\lambda=l_0/i$，由 λ 可查出 l、施工常用计算数据或有关公式求得 φ 值； l_0——受压杆件的计算长度； i——构件截面的回转半径，对于圆木，$i=d/4$；对于方木，$i=\frac{b}{\sqrt{2}}$； d——圆形截面的直径，mm； b——方形截面的短边
组合钢模底模	梁模采用组合钢模板时，多用钢管脚手支模，由梁模、小楞、大楞和立柱组成，梁底模按简支梁计算，按强度和刚度的要求，允许的跨度按下式计算： 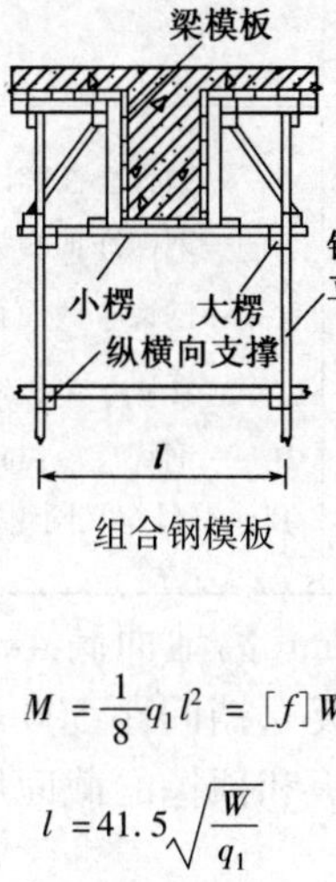 组合钢模板 按强度要求： $M=\frac{1}{8}q_1l^2=[f]W$ (8-40) $l=41.5\sqrt{\frac{W}{q_1}}$ (8-41) 按刚度要求： $\omega=\frac{5q_1l^4}{384E_1I}=\frac{l}{400}$ (8-42) $l=36.8\sqrt[3]{\frac{I}{q_1}}$ (8-43)	M——计算最大弯矩，N · mm； q_1——作用在梁底模上的均布荷载，N/mm； l——计算跨距，对底板为顶撑立柱纵向间距，mm； $[f]$——钢材的抗拉、抗压、抗弯设计强度，Q235 钢取 215MPa； W——钢管截面抵抗矩，$W=\frac{\pi}{32}\times\left(\frac{d^4-d_1^4}{d}\right)$，$\phi48\times3.5$mm 钢管，$W=5\,078mm^3$； d——钢管外径，mm； d_1——钢管内径，mm； ω——容许挠度值，梁模板挠度不允许超过 $l/400$； I——钢管截面惯性矩 $I=\frac{\pi}{64}(d^4-d_1^4)$，$\phi48\times3.5$mm 钢管，$I=121867mm^4$； E——钢材弹性摩量，取 2.6×10^5MPa；

续上表

名称	计算方法及公式	符号意义
组合钢模钢管小楞	小楞间距一般取30cm、40cm、50cm、60cm，小楞按简支梁计算。在计算刚度时，梁作用在小楞上的荷载，可简化为一个集中荷载，按强度和刚度要求，容许的跨度按下式计算： 按强度要求： $M=\frac{1}{8}Pl(2-\frac{b}{l})=[f]\cdot W$ (8-44) $l=860\frac{W}{P}+\frac{b}{2}$ (8-45) 按刚度要求： $\omega=\frac{Pl^3}{48EI}=\frac{l}{500}$ (8-46) $l=158\sqrt{\frac{I}{P}}$ (8-47)	M——计算最大弯矩，N·mm； P——作用在小楞上的集中荷载，N； l——计算跨距，对小楞为顶撑立柱横向间距，mm； b——梁宽度，mm； ω——容许挠度值，小楞挠度值不得超过 $l/500$，见《组合钢模板技术规范》（GBJ 214—89）； 其他符号意义同组合钢模底模
组合钢模钢管大楞	大楞用 $\phi48\times3.5$mm 钢管，按连续梁计算，承受小楞传来的集中荷载，为简化计算，转换为均布荷载，精度满足要求，大楞按强度和刚度要求，容许的跨度按下式计算： 按强度要求： $M=\frac{1}{10}q_2l^2=[f]W$ (8-48) $l=3304\sqrt{\frac{I}{q_2}}$ (8-49) 按刚度要求： $\omega=\frac{q_2l^4}{150EI}=\frac{l}{500}$ (8-50) $l=2118\sqrt[3]{\frac{I}{q_2}}$ (8-51)	M——计算最大弯矩，N·mm； q_2——小楞作用在大楞上的均布荷载，N/mm； l——大楞计算跨距，mm； 其他符号意义同组合钢模底模
钢管立柱	立柱多用 $\phi48\times3.5$mm 钢管，其连接有对接和搭接两种，前者的偏心假定为1D，即为48mm，后者的偏心假定为2D，即为96mm，立柱一般由稳定性控制，按下式计算： $N=\varphi_1A_1[f]$ (8-52) $N=105135\varphi_1$ (8-53)	N——钢管立柱容许荷载，N； φ_1——钢构件轴心受压稳定系数； A_1——钢管净截面积，mm^2，$\phi48\times3.5$mm 钢管 $A_1=489mm^2$； D——钢管直径，mm； 其他符号意义同组合钢模底模

例8-6 矩形梁长6.8m，截面尺寸为250mm×600mm，离地面高4m，混凝土的重力密度 $\gamma_c=25kN/m^3$。模板底楞木和顶撑间距为0.85m，侧模板立挡间距500mm，木材用红松，$f_c=10MPa$，$f_m=13MPa$，$f_v=1.4MPa$。试计算确定底板、侧模板和顶撑的截面尺寸。

解 1.底板计算

底板自重力　　$0.3\times0.25=0.075kN/m$

钢筋混凝土重力　　$25\times0.25\times0.6=3.75kN/m$

振动荷载　　$2.0\times0.25=0.500kN/m$

总竖向荷载　　$0.075+3.75+0.500=4.33kN/m$

由式(8-36)按强度要求底板需要厚度为：

$$h = \frac{l}{4.65}\sqrt{\frac{q_1}{b_1}} = \frac{850}{4.65}\sqrt{\frac{4.33}{0.25 \times 10^3}} = 24.1\text{mm}$$

由式(8-37)按刚度要求底板需要厚度，并参考表8-4有：

$$h = \frac{l}{6.7}\sqrt[3]{\frac{q_1}{b_1}} = \frac{850}{6.7}\sqrt[3]{\frac{4.33 - 0.5}{0.25 \times 10^3}} = 31.5\text{mm}$$

取二者最大值31.5mm，底板厚度用32mm。

2. 侧模板计算

(1)侧压力计算

按公式(8-5)计算侧压力P值，设已知$T = 30℃$，$v = 2\text{m/h}$，则

$v = 2\text{m/h} < 4.5\text{m/h}$

$H = 0.6\text{m} < 2R = 2\text{m}$

$\therefore P_m = \gamma H = 25 \times 0.6 = 15\text{kPa}$

考虑振动荷载4kPa，则

$P = 15 + 4 = 19\text{kPa}$

(2)按强度要求计算

立挡间距为500mm，设模板按连续梁计算，将侧压力化为线布荷载$q = 19 \times 0.6 = 11.4\text{kN/m}$，弯矩系数与底板相同。

$$M_{max} = \frac{1}{10}ql^2 = \frac{1}{10} \times 11.4 \times 0.5^2 = 0.285\text{kN} \cdot \text{m}$$

需要 $$W_n = \frac{0.285 \times 10^6}{13} = 21923\text{mm}^3$$

选用侧模板的截面尺寸为20mm×600mm。

截面抵抗矩 $$W = \frac{1}{6} \times 600 \times 20^2 = 40000\text{mm}^3 > W_n$$

可满足要求。

(3)按刚度要求计算，并由表8-4可知：

$$\omega = \frac{ql^4}{150EI} = \frac{15 \times 0.6 \times 500^4}{150 \times 9 \times 10^3 \times \frac{1}{12} \times 600 \times 20^3}$$

$$= 1.04\text{mm} < [\omega] = \frac{500}{400} = 1.25\text{mm}$$ 符合要求。

3. 顶撑计算

假设顶撑截面为80mm×80mm，间距0.85m，在中间纵横各设一道水平拉条，$l_0 = \frac{l}{2} = \frac{4000}{2} = 2000\text{mm}$，$d = \frac{80}{\sqrt{2}} = 56.57\text{mm}$，$i = \frac{56.57}{4} = 14.14$，$\lambda = \frac{l_0}{i} = \frac{2000}{14.14} = 141.4$

(1)强度验算

已知 $N = 4.33 \times 0.85 = 3.6805\text{kN}$

$$\frac{N}{A_n} = \frac{3.6805 \times 10^3}{80 \times 80} = 0.575\text{MPa} < 10\text{MPa}$$

符合要求。

(2)稳定性验算

因为 $$\lambda > 91,\varphi = \frac{2800}{\lambda^2} = \frac{2800}{141.4^2} = 0.14$$

所以 $$\frac{N}{\varphi A_0} = \frac{3.6805 \times 10^3}{0.14 \times 80 \times 80}$$

$$=4.11\text{MPa} < 10\text{MPa}$$ 符合要求。

例 8-7 某桥 30m 预应力 T 型梁钢模(侧模)计算。

1. 结构与材料

侧模每侧由 14 个独立模扇组成(30m 预应力 T 型梁有横隔板 7 道,6 个间隔,每个间隔又分为 2 扇,加上两个端头模扇一共 14 扇)。每一独立模扇都由侧面板、横肋、竖肋三个主要构件组成。模扇的基本长度 2.43m,横面板为 5mm 的钢板,支撑模面板的横肋、竖肋均为(100 + 63) ×8mm 的不等肢角钢,横肋设 7 道(马蹄处 2 道,腹板处 3 道,翼缘处 2 道)、竖肋 3 道(不包括端肋)间距为 833 ~876mm,见图 8-2。

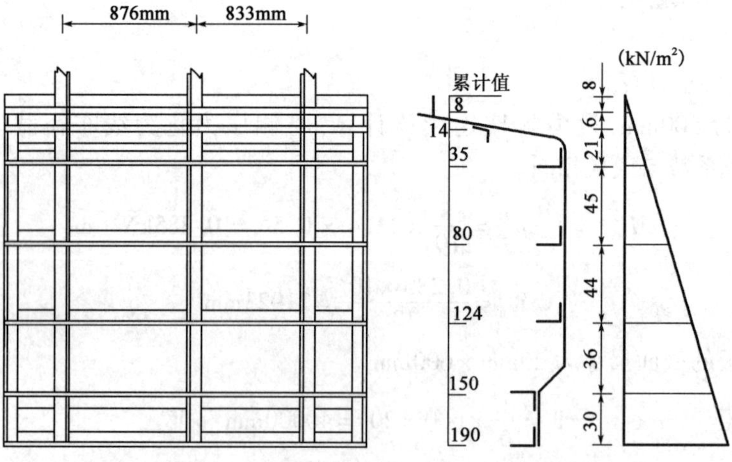

图 8-2 模扇的构造及侧压力(尺寸单位:cm)

2. 计算图式

侧面板:侧面板的计算图式为支承于相邻两横肋和竖肋之上受均布荷载的板,见图 8-3a)。

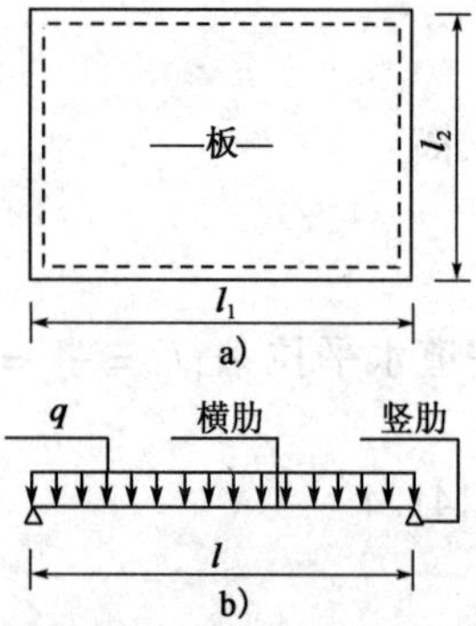

图 8-3 板和横肋的计算简图

当$\frac{l_1}{l_2}>2$ 时为单向板(简支板);

当$\frac{l_1}{l_2}<2$ 时为双向板(四边简支)。

横肋:横肋简化为支承于相邻竖肋上的受均布荷载的简支梁,见图 8-3b)。

竖肋:竖肋的计算图式可简化为支承于竖肋顶、底两支点承受各横肋传来的集中力的梁,如图 8-4 所示。

3. 基本数据的假定

混凝土侧压力:混凝土的坍落度为 0 ~3cm;灌注时间 3 ~4h;

采用外部振捣(底、侧振),其振捣半径 $R_1 = 1.0$m;

由于 3 ~4h 可浇完全梁混凝土,所以混凝土灌注高度等于梁体高度 $H = 1.9$m,$\gamma = 2500\text{kg/m}^3 = 25\text{kN/m}^3$;

参照表 8-2，当 $H<2R_1$ 时，最大侧压力可按式(8-5)计算：

$$P = \gamma \cdot H = 2.5 \times 1.9 = 47.5\text{kPa}$$

混凝土黏着力：在无实际测定资料的情况下，按一般假定：黏着力为 20kPa；黏着剪力为 10kPa。

容许应力的确定：本钢模均用 3 号钢(A3)，其容许应力见表 8-7。

4. 面板计算

(1)面板厚度的选定

钢结构对钢模板的要求，一般厚度为其跨径的 $\frac{1}{100}$ 且不小于 6～8mm；本钢模竖肋的最大间距，即模面板的跨径 $l=876\text{mm}$。

故 $$\delta = \frac{l}{100} = 876/100 = 8.76\text{mm}$$

由于受工地实有钢材规格的限制，考虑钢模为临时结构，所以采用厚度为 5mm 的钢板作模面板。

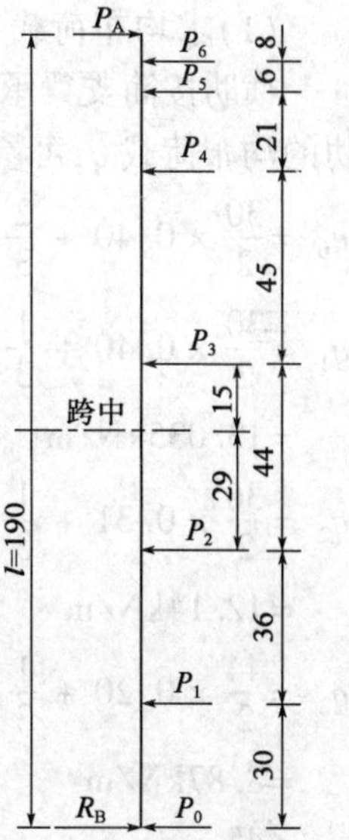

图 8-4 竖肋计算图式

(尺寸单位：cm)

(2)模面板上的荷载

取具有最大竖肋的模扇，按其结构绘制侧压力图，如图 8-2 所示。

各点侧压力值：

$$P_6 = 2500 \times 0.08 \times 10^{-2} = 2\text{kPa}$$

$$P_5 = 2500 \times 0.14 \times 10^{-2} = 3.5\text{kPa}$$

$$P_4 = 2500 \times 0.35 \times 10^{-2} = 8.75\text{kPa}$$

$$P_3 = 2500 \times 0.80 \times 10^{-2} = 20\text{kPa}$$

$$P_2 = 2500 \times 1.24 \times 10^{-2} = 31\text{kPa}$$

$$P_1 = 2500 \times 1.60 \times 10^{-2} = 40\text{kPa}$$

$$P_0 = 2500 \times 1.90 \times 10^{-2} = 47.5\text{kPa}$$

(3)模面板强度和刚度的验算

由压力图分析，在竖肋间距为 876mm、横肋间距为 360mm 之间即(1～2 区间)的面板，它所承受的侧压力较大，再考虑刚度因素，故取此区间验算：

模面板厚度：　$\delta = 5\text{mm}$

竖肋间距：　$l_1 = 876\text{mm}$

横肋间距：　$l_2 = 360\text{mm}$

$\frac{l_1}{l_2} = \frac{876}{360} = 2.43 > 2$(按单向板计算)，那么有：

计算跨径：$l = l_2 = 360\text{mm} = 36\text{cm}$

板宽 b 取 1m 计，即：

$$q = \frac{P_1 + P_2}{2} \times b = \frac{4000 + 3100}{2} \times 1 = 35.5\text{kN/m}$$

考虑振动荷载 4kN/m^2，则：

$$q = 35.5 + 4 \times 1 = 39.5\text{kN/m}$$

考虑到板的连续性，其强度和刚度可按下式计算(参见表 8-13)：

$$M_{max} = \frac{1}{10} \cdot q \cdot L^2 = \frac{1}{10} \times 39.5 \times 36^2 \times 10^{-4} = 0.51192 \text{ kN} \cdot \text{m}$$

$$W = \frac{1}{6} \cdot b \cdot h^2 = \frac{1}{6} \times 100 \times 0.5^2 = 4.17 \text{cm}^3$$

$$\sigma_{max} = \frac{M_{max}}{W} = \frac{0.51192}{4.17 \times 10^{-3}} = 122.8 \text{MPa} < [\sigma_w] = 181 \text{MPa}$$

$$f_{max} = \frac{ql^4}{128EI} = \frac{(39.5 - 4) \times 36^4}{128 \times 2.1 \times 10^6 \times \frac{100 \times 0.5^3}{12}} = 0.21 \text{cm} > 0.15 \text{cm}(\text{容许})$$

模面板显得较薄,但考虑到利用工地实有钢材,仍采用厚度为5mm的钢板作模面板。

5. 横肋的计算

(1)求均布荷载 q

横肋按简支梁承受均布荷载计算,计算跨径 l 取最大竖肋间距 $l=87.6$cm,作用于梁体各肋的均布荷载 q,可参照图8-2计算:

$$q_0 = \frac{30}{2} \times 0.40 + \frac{2}{3} \times \frac{30}{2} \times (0.475 - 0.4) = 6.75 \text{kN/m}$$

$$q_1 = \frac{30}{2} \times 0.40 + \frac{1}{3} \times \frac{30}{2} \times (0.475 - 0.4) + \frac{36}{2} \times 0.31 + \frac{2}{3} \times \frac{36}{2} \times (0.40 - 0.31)$$
$$= 13.035 \text{kN/m}$$

$$q_2 = \frac{36}{2} \times 0.31 + \frac{1}{3} \times \frac{36}{2} \times (0.40 - 0.31) + \frac{44}{2} \times 0.20 + \frac{2}{3} \times \frac{44}{2} \times (0.31 - 0.20)$$
$$= 12.14 \text{kN/m}$$

$$q_3 = \frac{44}{2} \times 0.20 + \frac{1}{3} \times \frac{44}{2} \times (0.31 - 0.20) + \frac{45}{2} \times 0.0875 + \frac{2}{3} \times \frac{45}{2} \times (0.2 - 0.0875)$$
$$= 8.87 \text{kN/m}$$

$$q_4 = \frac{45}{2} \times 0.0875 + \frac{1}{3} \times \frac{45}{2} \times (0.2 - 0.0875) + \frac{21}{2} \times 0.035 + \frac{2}{3} \times \frac{21}{2} \times (0.0875 - 0.035)$$
$$= 3.55 \text{kN/m}$$

$$q_5 = \frac{21}{2} \times 0.035 + \frac{1}{3} \times \frac{21}{2} \times (0.0875 - 0.035) + \frac{6}{2} \times 0.020 + \frac{2}{3} \times \frac{6}{2} \times (0.035 - 0.020)$$
$$= 0.64 \text{kN/m}$$

$$q_6 = \frac{6}{2} \times 0.020 + \frac{1}{3} \times \frac{6}{2} \times (0.035 - 0.020) + \frac{2}{3} \times \frac{8}{2} \times 0.020 = 0.13 \text{kN/m}$$

由以上计算可看出 q_1 最大,故取肋1进行强度和刚度验算,并考虑4kPa的振动荷载,则:

$$4 \times \frac{0.3 + 0.36}{2} = 1.32 \text{kN/m};$$

(2)强度验算

跨中最大弯矩,按简支梁近似计算:

$$M_{max} = \frac{1}{8} \times (13.035 + 1.32) \times 87.6^2 \times 10^{-4} = 1.377 \text{kN} \cdot \text{m}$$

横肋采用(100+63)×8不等肢角钢,其截面惯矩 $I = 127.37\text{cm}^4$;截面抵抗矩 $W = 19.08\text{cm}^3$;故最大应力为:

$$\sigma_{max} = \frac{M_{max}}{W} = \frac{1.377}{19.08 \times 10^{-3}} = 72.2 \text{MPa} < [\sigma_w] = 181 \text{MPa}$$

(3)刚度验算

$$f_{\max} = \frac{5 \times 13.035 \times 87.6^4}{384 \times 2.1 \times 10^6 \times 127.37} = 0.037\text{cm} = 0.37\text{mm} < 3\text{mm}$$

6．竖肋的计算

按前假定竖肋按简支梁计算，计算图式如图 8-4。

竖肋的计算跨径 $l=190$cm，竖肋承受的荷载 P 为横肋的支点反力，模扇中肋承受荷载最大，故取模扇中肋进行计算。

(1)求荷载 P

荷载 P 是由横肋支承在竖肋上传递的反力。简化为横肋简支于竖肋上计算，则有：

$$P_i = q_i \frac{l_1 + l_2}{2}$$

式中：P_i——作用于竖肋各点的外荷载；

q_i——作用于横肋上的均布荷载；

l_1、l_2——竖肋两侧的横肋跨度。

$$P_0 = 6.75 \times \frac{87.6 + 83.3}{2} \times 10^{-2} = 5.768\text{kN}$$

$$P_1 = 13.035 \times \frac{87.6 + 83.3}{2} \times 10^{-2} = 11.138\text{kN}$$

$$P_2 = 12.14 \times \frac{87.6 + 83.3}{2} \times 10^{-2} = 10.374\text{kN}$$

$$P_3 = 8.87 \times \frac{87.6 + 83.3}{2} \times 10^{-2} = 7.579\text{kN}$$

$$P_4 = 3.55 \times \frac{87.6 + 83.3}{2} \times 10^{-2} = 3.033\text{kN}$$

$$P_5 = 0.64 \times \frac{87.6 + 83.3}{2} \times 10^{-2} = 0.547\text{kN}$$

$$P_6 = 0.13 \times \frac{87.6 + 83.3}{2} \times 10^{-2} = 0.111\text{kN}$$

再考虑振动荷载 4kPa，则有：

$$P'_0 = 4 \times \frac{0.3}{2} \times \frac{0.876 + 0.833}{2} = 4 \times \frac{0.3}{2} \times 0.8545 = 0.513\text{kN}$$

$$P'_1 = 4 \times \frac{0.3 + 0.36}{2} \times 0.8545 = 1.128\text{kN}$$

$$P'_2 = 4 \times \frac{0.36 + 0.44}{2} \times 0.8545 = 1.367\text{kN}$$

$$P'_3 = 4 \times \frac{0.44 + 0.45}{2} \times 0.8545 = 1.521\text{kN}$$

$$P'_4 = 4 \times \frac{0.45 + 0.21}{2} \times 0.8545 = 1.128\text{kN}$$

$$P'_5 = 4 \times \frac{0.21 + 0.06}{2} \times 0.8545 = 0.461\text{kN}$$

$$P'_6 = 4 \times \left(\frac{0.06}{2} + 0.08\right) \times 0.8545 = 0.376\text{kN}$$

(2)强度验算

按图 8-4 竖肋受力情况计算竖肋反力 R_A、R_B，其中竖肋上各点由横肋传递来的力为 $P_i + P'_i$，由力矩平衡及力的平衡得：

$$R_B = \frac{1}{190}[190 \times (P_0 + P'_0) + 160 \times (P_1 + P'_1) + 124 \times (P_2 + P'_2) + 80 \times (P_3 + P'_3) + 35 \times (P_4 + P'_4) + 14 \times (P_5 + P'_5) + 8 \times (P_6 + P'_6)]$$

$$= \frac{1}{190}[190 \times 628.1 + 160 \times 12.266 + 124 \times 11.741 + 80 \times 9.10 + 35 \times 4.161 + 14 \times 1.008 + 8 \times 0.487]$$

$$= 28.966\text{kN}$$

$$R_A = 6.281 + 12.266 + 11.741 + 9.10 + 4.161 + 1.008 + 0.487 - 28.966 = 16.078\text{kN}$$

由图 8-4 可以看出最大弯矩在 P_2 或 P_3 作用点。那么有：

$$M_2 = 66(R_B - P_0) - 36P_1 = 66 \times (28.966 - 6.281) - 36 \times 12.266 = 10.55634\text{kN}\cdot\text{m}$$

$$M_3 = 80 \times R_A - 45 \times (P_4 + P'_4) - 66 \times (P_5 + P'_5) - 72 \times (P_6 + P'_6)$$

$$= 80 \times 16.078 - 45 \times 4.161 - 66 \times 1.008 - 72 \times 0.487 = 9.97403\text{kN}\cdot\text{m}$$

故 $$M_{max} = M_2 = 10.55634\text{kN}\cdot\text{m}$$

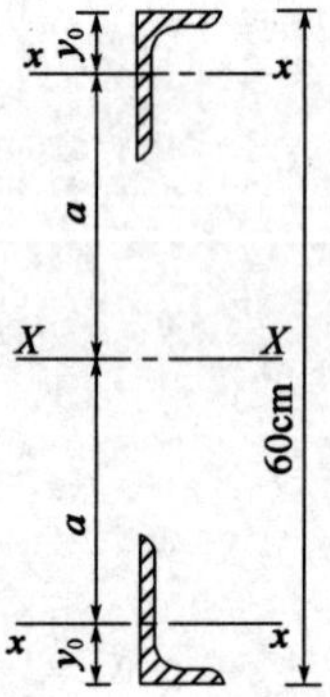

图 8-5 竖肋截面

竖肋采用两根(100 +63) ×8 角钢通过平撑、斜撑焊接而成，其计算截面简化如图 8-5 所示。查常用型钢截面特性表，单根角钢的截面特性为：

截面面积： $A = 12.584\text{cm}^2$

截面惯矩： $I_{x-x} = 127.37\text{cm}^4$

重心距离： $y_0 = 3.28\text{cm}$

组合截面的惯性矩计算：

$$a = \frac{60}{2} - y_0 = 30 - 3.28 = 26.72\text{cm}$$

$$I_{x-x} = 2(127.37 + 12.584 \times 26.72^2) = 18223.65\text{cm}^4$$

截面抵抗矩：

$$W = \frac{18223.65}{30} = 607.45\text{cm}^3$$

最大应力：

$$\sigma_{max} = \frac{M_{max}}{W} = \frac{105563.4}{607.45} \times 10^{-1} = 17.38\text{MPa} < [\sigma_w] = 181\text{MPa}$$

(3)刚度验算

为简化挠度计算作如下两个假定：

①只按跨中挠度计算，误差不超过 2.5%；

②按等截面计算。

采用面矩法计算跨中挠度，计算图式如图 8-6 所示。

跨中挠度：

$$f_{中} = \frac{Pb}{2} \cdot \frac{l}{2} \cdot \frac{1}{2} \cdot \frac{2}{3} \cdot \frac{l}{2} \cdot \frac{1}{EI} = \frac{Pbl^2}{24EI}$$

按图 8-4 竖肋受力情况，刚度验算不计 P'_i，则有：

$P_1 \cdot b_1 = 1113.8 \times 30 \times 10^{-4} = 3.3414\text{kN} \cdot \text{m}$

$P_2 \cdot b_2 = 1037.4 \times 66 \times 10^{-4} = 6.8468\text{kN} \cdot \text{m}$

$P_3 \cdot b_3 = 757.9 \times 80 \times 10^{-4} = 6.0632\text{kN} \cdot \text{m}$

$P_4 \cdot b_4 = 303.3 \times 35 \times 10^{-4} = 1.0616\text{kN} \cdot \text{m}$

$P_5 \cdot b_5 = 54.7 \times 14 \times 10^{-4} = 0.0766\text{kN} \cdot \text{m}$

$P_6 \cdot b_6 = 11.1 \times 8 \times 10^{-4} = 0.0089\text{kN} \cdot \text{m}$

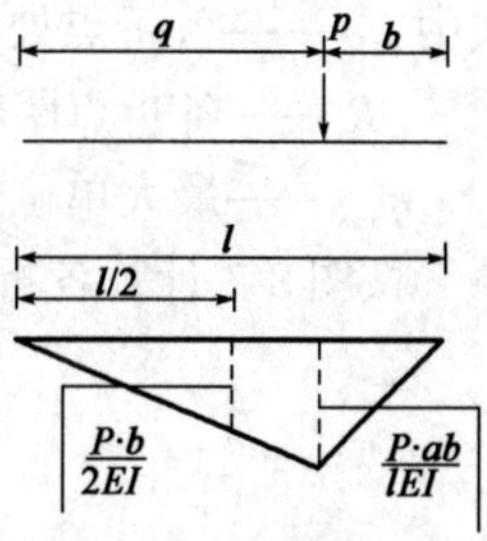

图 8-6　面矩法计算图式

$$\Sigma P \cdot b = 17.3985\text{kN} \cdot \text{m}$$

$E = 2.1 \times 10^5\text{MPa}$

$I_{x-x} = 18223.65\text{cm}^4 = 1.822365 \times 10^{-4}\text{m}^4$

$$f_{中} = \frac{17.3985 \times 1.92}{24 \times 2.1 \times 10^8 \times 1.822365 \times 10^{-4}} = 0.000068\text{m} = 0.07\text{mm} < 3\text{mm}$$

7. 克服模板与梁体之间黏着力所需的脱模力

(1)各折点处的单位黏着力 q_i

按拆模方式,本钢模是设置“拆模顶门”进行脱模的。

千斤顶通过设在梁体下部马蹄处的顶门,顶住梁体对钢模施力。模扇依顶部 a 点旋转而脱离梁体。模板与梁体混凝土的最大黏着力 $q_{max} = 20\text{kPa}$。模板各折点(从上至下 b、c、d、e、f)处的单位黏着力 q_i 按其旋转半径 R 的大小按比例分配,如图 8-7 所示。

$$q_i = \frac{q_{max} \cdot R_i}{R_{max}}$$

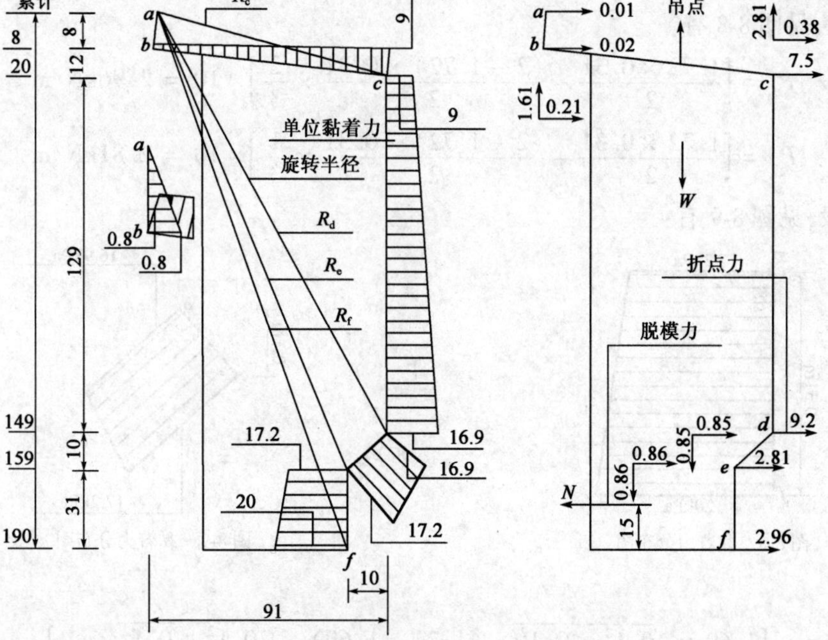

图 8-7　脱模力计算图式

式中：q_i——各折点处的单位黏着力，kPa；

R_i——各折点距转点的旋转半径，m；

q_{max}——最大单位黏着力，kPa。

按图 8-7 计算各折点的旋转半径为：

$$R_{max} = R_f = \sqrt{(1.9)^2 + (0.91 - 0.1)^2} = 2.07\text{m}$$

$$R_e = \sqrt{(1.59)^2 + (0.91 - 0.1)^2} = 1.78\text{m}$$

$$R_d = \sqrt{(1.49)^2 + (0.91)^2} = 1.75\text{m}$$

$$R_c = \sqrt{(0.2)^2 + (0.91)^2} = 0.93\text{m}$$

$$R_b = 0.08\text{m}$$

各折点处的单位黏着力：

$$q_f = q_{max} = 20\text{kPa}$$

$$q_e = \frac{2 \times 1.78 \times 10}{2.07} = 17.2\text{kPa}$$

$$q_d = \frac{2 \times 1.75 \times 10}{2.07} = 16.9\text{kPa}$$

$$q_c = \frac{2 \times 0.93 \times 10}{2.07} = 9\text{kPa}$$

$$q_b = \frac{2 \times 0.08 \times 10}{2.07} = 0.8\text{kPa}$$

(2)各折点处的折点力

将模面板上的黏着力简化为作用于模面板各折点处的折点力，计算如下：

$f \sim e$ 段，见图 8-8 有：

$$P_f = \left[\frac{1.72 \times 0.31}{2} + \frac{(2 - 1.72) \times 0.31}{2} \times \frac{2}{3}\right] \times 10 = 2.96\text{kN/m}$$

$$P_e = \left[\frac{1.72 \times 0.31}{2} + \frac{(2 - 1.72) \times 0.31}{2} \times \frac{1}{3}\right] \times 10 = 2.81\text{kN/m}$$

$e \sim d$ 段，见图 8-9 有：

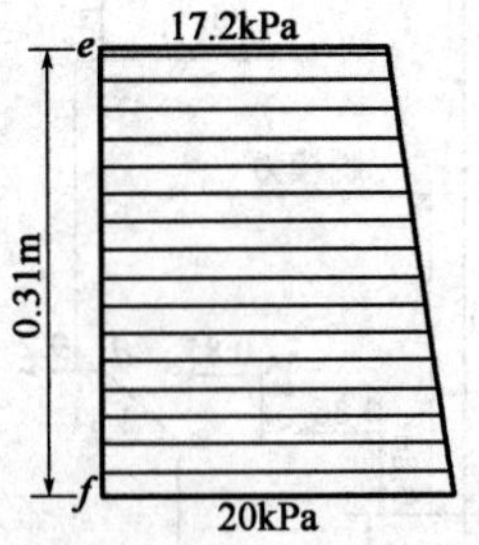

图 8-8　黏着力分布图

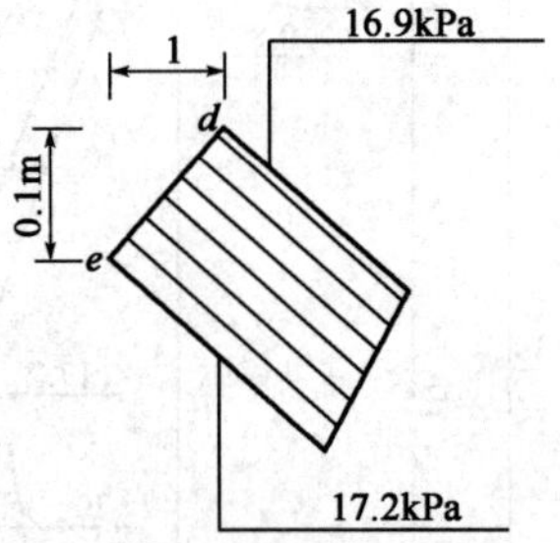

图 8-9　黏着力分布图

$$P'_e = \left[\frac{1.69 \times \sqrt{0.1^2 + 0.1^2}}{2} + \frac{(1.72 - 1.69) \times \sqrt{0.1^2 + 0.1^2}}{2} \times \frac{2}{3}\right] \times 10$$

$$= 1.21\text{kN/m}$$

$$H_e = P'_e\cos\alpha = 1.21 \times \cos45° = 0.86\text{kN/m}$$

$$V_e = P'_e\sin\alpha = 1.21 \times \sin45° = 0.86\text{kN/m}$$

$$P'_d = \left[\frac{1.69 \times \sqrt{0.1^2 + 0.1^2}}{2} + \frac{(1.72 - 1.69) \times \sqrt{0.1^2 + 0.1^2}}{2} \times \frac{1}{3}\right] \times 10$$

$$= 1.20\text{kN/m}$$

$$H_d = P'_d\cos\alpha = 1.20 \times \cos45° = 0.85\text{kN/m}$$

$$V_d = P'_d\sin\alpha = 1.20 \times \sin45° = 0.85\text{kN/m}$$

$d \sim c$ 段，如图 8-10 有：

$$P_d = \left[\frac{0.9 \times 1.29}{2} + \frac{(1.69 - 0.9) \times 1.29}{2} \times \frac{2}{3}\right] \times 10 = 9.20\text{kN/m}$$

$$P_c = \left[\frac{0.9 \times 1.29}{2} + \frac{(1.69 - 0.9) \times 1.29}{2} \times \frac{1}{3}\right] \times 10 = 7.50\text{kN/m}$$

$c \sim b$ 段，如图 8-11 有：

$$P'_e = \left[\frac{0.08 \times \sqrt{0.12^2 + 0.91^2}}{2} + \frac{(0.9 - 0.08) \times \sqrt{0.12^2 + 0.91^2}}{2} \times \frac{2}{3}\right] \times 10$$

$$= 2.88\text{kN/m}$$

$$H_c = P'_c\sin\alpha = 2.88 \times \frac{0.12}{0.918} = 0.38\text{kN/m}$$

$$V_c = P'_c\cos\alpha = 2.88 \times \frac{0.91}{0.918} = 2.85\text{kN/m}$$

$$P'_b = \left[\frac{0.88 \times \sqrt{0.12^2 + 0.91^2}}{2} + \frac{(0.9 - 0.08) \times \sqrt{0.12^2 + 0.91^2}}{2} \times \frac{1}{3}\right] \times 10$$

$$= 1.62\text{kN/m}$$

$$H_b = P'_b\sin\alpha = 1.62 \times \frac{0.12}{0.918} = 0.21\text{kN/m}$$

$$V_b = P'_b\cos\alpha = 1.62 \times \frac{0.91}{0.918} = 1.61\text{kN/m}$$

$b \sim a$ 段，见图 8-12 有：

$$P_b = \frac{0.08 \times 0.08}{2} \times \frac{2}{3} \times 10 = 0.02\text{kN/m}$$

$$P_a = \frac{0.08 \times 0.08}{2} \times \frac{1}{3} \times 10 = 0.01\text{kN/m}$$

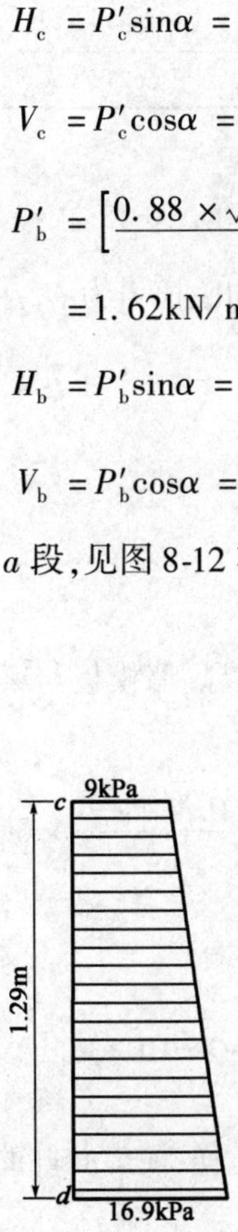

图 8-10　黏着力分布图

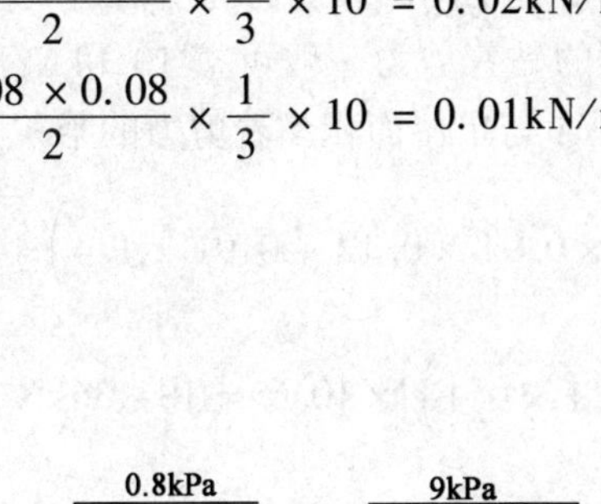

图 8-11　黏着力分布图

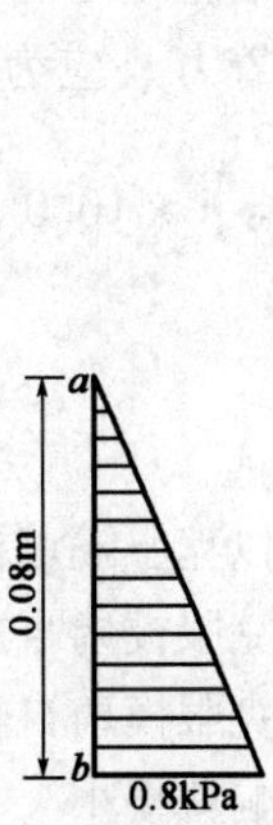

图 8-12　黏着力分布图

(3)各折点对 a 点的力矩

按照图 8-7 取 1m 宽模扇计算各折点力对 a 点的力矩 M_a 如表 8-36 所列。

拆模折点力矩计算表 表 8-36

折点力(N)	力 臂(m)	力矩(N·m)
P_a 10	0	0
P_b 20	0.08	2
V_b 1610	0	0
H_b 210	0.08	17
P_c 7500	0.20	1500
V_c 2850	0.91	2594
H_c 380	0.21	80
P_d 9200	1.49	13700
V_d 850	−0.91	−774
H_d 850	1.49	1267
P_e 2810	1.59	4468
V_e 860	−0.81	−697
H_e 860	1.59	1367
P_f 2960	1.90	5624

$$\sum M_a = 29\,156\text{N}\cdot\text{m} = 29.156\text{kN}\cdot\text{m}$$

脱模施力点在梁的底部距梁底 15cm 处,设克服黏着力所需施加的脱模力为 N_1,由图 8-7 可见:

设
$$\sum M = 0$$
则
$$N_1 \cdot (1.90 - 0.15) = M_a$$
$$N_1 = \frac{M_a}{1.75} = \frac{29.156}{1.75} = 16.66\text{kN}$$

8. 克服隔墙模板与梁体混凝土间的黏着剪力所需的脱模力

隔墙模板与混凝土表面的黏着剪力一般可按 10.0kN/m^2 计。所以隔墙模板与梁体混凝土的黏着力 Q 应为隔墙面积 A 与单位面积黏着剪力的乘积,即:

$$Q = A \times 10.0 = \left[\left(\frac{1}{2} \times 0.91 \times 0.12 + 0.91 \times 1.4\right) - \left(0.1 \times 1 + \frac{0.4 + 1.0}{2} \times 0.3 + \frac{1}{2} \times 0.1 \times 0.1\right)\right] \times 10.0 = 10.136\text{kN}$$

所以克服隔墙模板与梁体混凝土间的黏着剪力所需的脱模力 $N_2 = Q = 10.136\text{kN}$。

9. 克服模扇自重所需的脱模力

为克服模扇自重对脱模力的影响,在脱模过程中可将模扇吊着。这样,模扇的自重对脱模力的影响就很小了,在计算时可以不计。

10. 克服隔墙对模扇的挤压力所需的脱模力

由于T型梁外型尺寸的限制,隔墙平面无旋转余地,所以在拆模时,隔墙必将对模扇产生挤压力。影响挤压力的因素很多,例如模扇加工精度、接缝的构造、脱模时施力的均匀程度和同步程度等都会影响到挤压力的大小。根据一些桥梁的施工经验,挤压力有时可占脱模力的55%以上。因此,消除或减小挤压力是改进模板构造的一个重要方面。本钢模在两隔墙间的模扇上采用压板拼缝的模扇接缝构造。当压板取下后,模扇间有20mm左右的间隙,从而使模扇有左右移动的余地。因此消除了隔墙对模扇的挤压力,大大减小了脱模力。

11. 脱模力计算

模扇长2.43m,每扇设两个施力点,因此每个施力点所需施加的脱模力 N 为(注意前面所求的 N_1 为单位宽度上的脱模力):

$$N = (N_1 \times 2.43 + N_2) \times \frac{1}{2} = (16.66 \times 2.43 + 10.136) \times \frac{1}{2} = 25.31\text{kN}$$

所以脱模时,每扇模扇使用两只3吨的千斤顶对称施力即可。

12. 脱模时竖肋的强度验算

由于每扇模板使用两只千斤顶并通过两根钢短梁对模扇的竖肋对称施力而脱离梁体混凝土,每扇模板有竖肋3根,钢短梁支撑在竖肋上,所以中肋受力最大,为每扇总脱模力的一半,因此,取中肋进行验算。

(1)计算图式

竖肋是由两根(100+63)×8的不等肢的角钢和平撑、斜撑焊接成的一框架式结构,其刚度很大。脱模时整个框架依 a 点旋转,因此可将竖肋简化为在 a 点铰接的刚性悬臂梁,如图8-7所示。

(2)作用于悬臂梁上的荷载

作用于竖肋上的荷载为各折点力,其值如下,见图8-13。

$$P_a = 0.001 \times \frac{2.43}{2} \times 10 = 0.01\text{kN}$$

$$P_b = (0.002 + 0.021) \times \frac{2.43}{2} \times 10 = 0.28\text{kN}$$

$$P_c = (0.75 + 0.038) \times \frac{2.43}{2} \times 10 = 9.57\text{kN}$$

$$P_d = (0.92 + 0.085) \times \frac{2.43}{2} \times 10 = 12.21\text{kN}$$

$$P_e = (0.281 + 0.086) \times \frac{2.43}{2} \times 10 = 4.46\text{kN}$$

$$P_f = 0.296 \times \frac{2.43}{2} \times 10 = 3.6\text{kN}$$

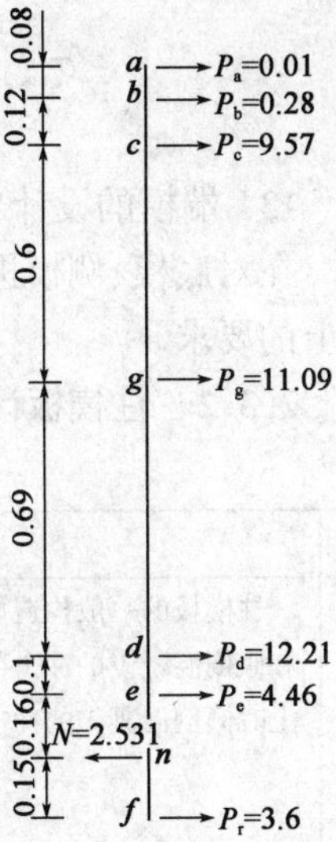

图8-13 作用于竖肋上的荷载(单位:m)

隔墙的黏着剪力可简化为作用于竖肋之上、距上翼缘顶面0.8m处的集中力 P_g,那么有:

$$P_g = \frac{(1.9 - 0.15) \times 1.0136}{0.8} \times \frac{1}{2} \times 10 = 11.09\text{kN}$$

(3)作用于竖肋—悬臂梁上的各点弯矩

按照图8-13,忽略垂直力简化计算如下:

$$M_f = 0$$

$$M_n = -0.15P_f = -0.15 \times 0.360 \times 10 = -0.54\text{kN}\cdot\text{m}$$

$M_e = -0.31P_f + 0.16N = -0.31 \times 0.360 + 0.16 \times 2.531 \times 10 = 2.94\text{kN} \cdot \text{m}$

$M_d = -0.41P_f + 0.26N - 0.1P_e = (-0.41 \times 0.360 + 0.26 \times 2.531 - 0.1 \times 0.446) \times 10$
$= 4.66\text{kN} \cdot \text{m}$

$M_g = -1.1P_f + 0.95N - 0.79P_e - 0.69P_d = (-1.1 \times 0.360 + 0.95 \times 2.531 - 0.79 \times 0.446 -$
$0.69 \times 1.221) \times 10 = 8.14\text{kN} \cdot \text{m}$

$M_c = -1.7P_f + 1.55N - 1.39P_e - 1.29P_d - 0.6P_g = (-1.7 \times 0.360 + 1.55 \times 2.531 -$
$1.39 \times 0.446 - 1.29 \times 1.221 - 0.6 \times 1.109) \times 10 = 4.51\text{kN} \cdot \text{m}$

$M_b = -1.82P_f + 1.67N - 1.51P_e - 1.41P_d - 0.72P_g - 0.12P_c = (-1.82 \times 0.360 +$
$1.67 \times 2.531 - 1.51 \times 0.446 - 1.41 \times 1.221 - 0.72 \times 1.109 - 0.12 \times 0.957) \times 10$
$= 2.63\text{kN} \cdot \text{m}$

$M_a = -1.9P_f + 1.75N - 1.59P_e - 1.49P_d - 0.8P_g - 0.20P_c - 0.008P_b \approx 0$

由以上计算可见最大弯矩在 g 点,即:

$$M_{max} = M_g = 8.14\text{kN} \cdot \text{m}$$

(4)竖肋强度验算

$$\sigma_{max} = \frac{M_{max}}{W} = \frac{81400 \times 10^2}{607.5 \times 10^3} = 13.4\text{MPa} < [\sigma_W] = 181\text{MPa}$$

13. 端模的设计

在对底模、侧模进行设计计算后,端模就无需再进行设计计算。端模断面的选用应满足构造上的要求。

2.3.2 柱模板计算

柱模板的简易计算 表 8-37

项目	计算方法及公式	符号意义
构造与荷载	柱模板的一般构造如下图所示,柱模板主要承受混凝土的侧压力和倾倒混凝土的冲击荷载,荷载计算与梁的侧模板相同。浇筑混凝土时倾倒混凝土的冲击荷载按 2kPa 采用 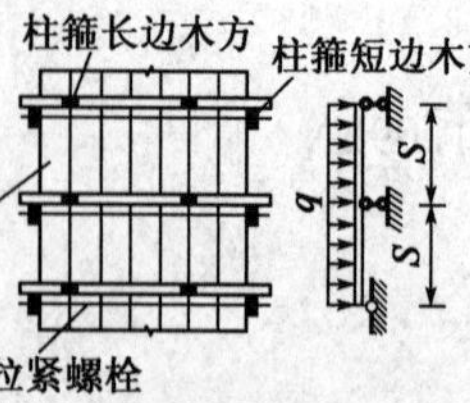 柱模板计算简图	S——柱箍间距; ω——柱模的挠度; $[\omega]$——柱模的容许挠度值; E_t——木材的弹性模量,$E_t = (9 \sim 12) \times 10^3\text{MPa}$; I——柱模板截面的惯性矩,$I = \frac{1}{12}bh^3$, mm^4; K_f——系数,两跨连续梁 $K_f = 0.521$; q——侧压力线荷载,如模板每块拼板宽为 100mm,则 $q = 0.1p$; p——柱模受到的混凝土侧压力;

续上表

项目	计算方法及公式	符号意义
柱箍及拉紧螺栓	柱箍为模板的支撑和支承，其间距 S 由柱的侧模板刚度来控制。按两跨连续梁计算其挠度，按下式计算，并应满足以下条件： $\omega=\frac{K_f qS^4}{100E_t I}\leqslant[\omega]=\frac{S}{400}$ 整理得 $S=\sqrt[3]{\frac{E_t I}{4K_f q}}$ (8-54) 柱箍的截面选择：如下图所示，对于长边，假定设置钢拉杆，则按悬臂简支梁计算；不设钢拉杆，则按简支梁计算。其最大弯矩按下式计算： 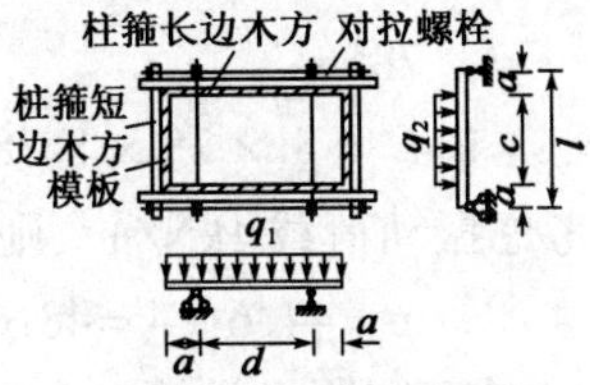 柱箍长、短边计算简图 $M_{max}=(1-4\lambda^2)\frac{q_1 d^2}{8}$ (8-55) 柱箍长边需要的截面抵抗矩： $W_1=\frac{M_{max}}{f_m}$ (8-56) 对于短边按简支梁计算，其最大弯矩由下式计算： $M_{max}=(2-\eta)\frac{q_2 d}{8}$ (8-57) 柱箍短边需要的截面抵抗矩： $W_2=\frac{M_{max}}{f_m}$ (8-58) 柱箍的做法有两种：(1)单根方木用矩形钢箍加楔块夹紧；(2)两根方木中间用螺栓夹紧。螺栓受到的拉力 N，等于箍柱处的反力，拉紧螺栓的拉力和需要的截面积按下式计算： $N=\frac{1}{2}q_3 l_1$ (8-59) $A_0=\frac{N}{f}$ (8-60)	M_{max}——柱箍长、短边最大弯矩； d——长边跨中长度； λ——悬臂部分长度 a 与跨中长度 d 的比值，即 a/d； q_1——作用于长边上的线荷载； q_2——作用于短边上的线荷载； c——短边线荷载分布长度； l——短边计算长度； η——c 与 l 的比值，即 $\eta=\frac{c}{l}$； W_1、W_2——柱箍长、短边截面抵抗矩； f_m——木材抗弯强度设计值，可提高15%，采用松木取 13×1.15 = 14.95MPa； q_3——作用于柱箍上的线荷载； l_1——柱箍的计算长度； A_0——螺栓需要的截面面积； f——钢材抗拉强度设计值，采用Ⅰ级钢筋，f=215MPa； M——模板承受的弯矩； W——模板的截面抵抗矩； ω_A——模板的挠度
模板截面尺寸	模板按简支梁考虑，模板承受的弯矩 M_1 需要的截面惯性矩、挠度控制值分别按以下公式计算： 弯矩：$M=\frac{1}{8}ql^2$ (8-61) 截面抵抗矩：$W=\frac{M}{f_m}$ (8-62) 挠度：$\omega_A=\frac{5l^4}{384EI}\leqslant[\omega]=\frac{l}{400}$ (8-63)	

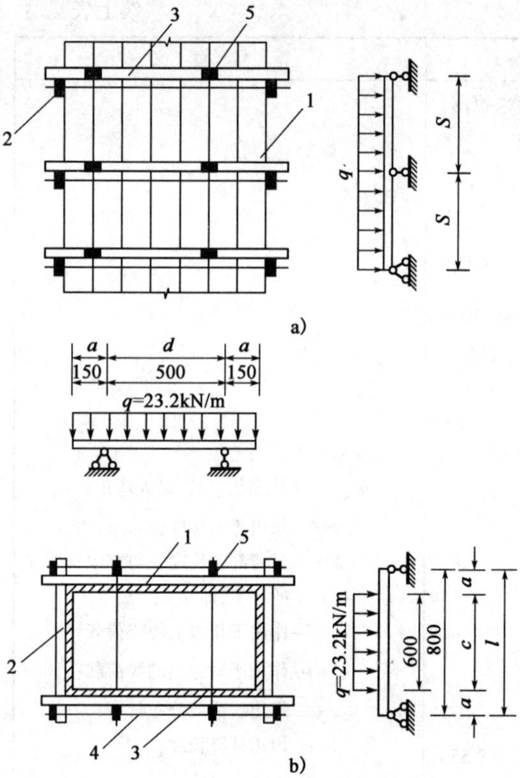

图 8-14　柱模板计算简图

a)柱模板计算简图;b)柱箍长、短边计算简图

1-模板;2-柱箍短边木方;3-柱箍长边木方;4-钢筋拉条;5-拉紧螺栓

例 8-8　柱构造如图 8-14,截面尺寸为 600mm×800mm,柱高 4m,每节模板高 2m,采取分节浇筑混凝土,每节浇筑高度为 2m,浇筑速度 $v=2\text{m/h}$,浇筑时气温 $T=30℃$,试计算确定柱箍尺寸、间距和模板截面。

解　柱模板计算简图如图 8-14a)。

1. 柱模受到的混凝土侧压力

$$v/T=\frac{2}{30}=0.067>0.035$$

$$\begin{aligned}h&=1.53+3.8v/T\\&=1.53+3.8\times0.067\\&=1.785\text{m}\end{aligned}$$

$$p_m=k\gamma h=1\times25\times1.785=44.6\text{kPa}$$

考虑振动荷载 4kN/m^2,则总侧压力:

$$p=44.6+4=48.6\text{kPa}$$

2. 柱箍间距 S 计算

假定模板厚度为 35mm,每块拼板宽 100mm,则侧压力的线布荷载 $q=48.6\times0.1\text{kN/m}=4.86\text{kN/m}$,又两跨连续梁的挠度系数 $K_f=0.521$,由式(8-54)得:

$$S=\sqrt[3]{\frac{E_tI}{4K_fq}}=\sqrt[3]{\frac{9\times10^3\times\frac{1}{12}\times100\times35^3}{4\times0.521\times4.86}}$$
$$=682\text{mm}$$

据计算选用柱箍间距 $S=600\text{mm}<682\text{mm}$,满足要求。

3. 柱箍截面计算

柱箍受到的侧压力 $p=44.6+4.0=48.6\text{kPa}$,现柱箍间距 $S=600\text{mm}$,线布荷载 $q=48.6\times0.6=29.2\text{kN/m}$。

对于长边(图 8-14b),假定设二根拉杆,两边悬臂 150mm,则最大弯矩为:

$$\begin{aligned}M_{max}&=(1-4\lambda^2)\frac{qd^2}{8}\\&=\left[1-4\times\left(\frac{0.15}{0.50}\right)^2\right]\times\frac{29.2\times0.5^2}{8}\\&=0.584\text{kN}\cdot\text{m}\end{aligned}$$

长边柱箍需截面抗矩为:

$$W_1=\frac{M_{max}}{f_m}=\frac{584000}{13}=44923\text{mm}^3$$

选用 80mm×60mm($b\times h$)截面 $W_1=48000\text{mm}^3$,符合要求。

对于短边(图 8-14b),按简支梁计算,其最大弯矩为:

$$M_{max}=(2-\eta)\frac{qcl}{8}$$

$$=\left(2-\frac{600}{800}\right)\times\frac{29.2\times0.6\times0.8}{8}$$

$$=2.19\text{kN}\cdot\text{m}$$

短边柱箍需要截面抵抗矩为：

$$W_2=\frac{M_{max}}{f_m}=\frac{2190000}{13}=168462\text{mm}^3$$

选用 80mm×115mm($b\times h$)截面 $W=176333\text{mm}^3$,符合要求。

长边柱箍用二根螺栓固定,每根受到的拉力为:$N=\frac{1}{2}ql=\frac{1}{2}\times29.2\times0.8=11.68\text{kN}$

螺栓需要截面积:$A_0=\frac{N}{f}=\frac{11680}{215}=54\text{mm}^2$

选用 ϕ10mm 螺栓 $A_0=78.5\text{mm}^2$,满足要求。

4. 模板计算

按简支梁计算

$$M=\frac{1}{8}ql^2=\frac{1}{8}\times4.86\times0.6^2=0.2187\text{kN}\cdot\text{m}$$

模板需要截面抵抗矩为:

$$W=\frac{M}{f_m}=\frac{218700}{13}=16823\text{mm}^3$$

假定模板截面为 100mm×35mm,$W_n=\frac{1}{6}\times100\times35^2=20417\text{mm}^3$,符合要求。

挠度验算

$$\omega=\frac{5l^4}{384EI}=\frac{5\times600^4}{384\times9\times10^3\times\frac{1}{12}\times100\times35^3}=0.52\text{mm}<[\omega]=\frac{600}{400}=1.5\text{mm},$$

符合刚度要求。

2.3.3 墙模板计算

墙模板的简易计算 表 8-38

名称	计算方法及公式	符号意义
墙木(钢模板)	墙模板构件包括模板(钢模或木模)、内楞(钢或木)、外楞(钢或木)及对拉螺栓等。 墙侧模板受到浇筑混凝土时侧压力的作用,侧压力的计算见表 8-2。 当墙侧采用木模板时,支承在内楞上一般按三跨连续梁计算,按强度和刚度要求,容许的跨度按下式计算: 按强度要求: $M=\frac{1}{10}q_1l^2=[f_m]\cdot\frac{1}{6}bh^2$ $l=4.65h\sqrt{\frac{b}{q_1}}$ (8-64) 按刚度要求: $\omega=\frac{q_1l^4}{150EI}=\frac{l}{400}$ $l=6.67h\sqrt[3]{\frac{b}{q_1}}$ (8-65)	M——计算最大弯矩,N·mm; q_1——作用在模板上的侧压力,N/mm; l——计算跨度,mm; b——侧板宽度,mm; h——侧板厚度,mm; ω——容许挠度值,墙模板不得超过 $l/400$; E——弹性模量,木材取(9~10)×10^3MPa,钢材取 2.6×10^5MPa; I——墙模板截面惯性矩,mm^4; $[f_m]$——木材抗弯强度设计值,采用松木模板时取 13MPa

续上表

名称	计算方法及公式	符号意义
墙木（钢模板）	当墙侧模采用组合钢板时，板长为120cm或150cm，端头用U形卡连接，板的跨度不宜大于板长，一般取600～1050mm，可不进行计算	
墙模板内外木（钢楞）	内楞承受模板、墙模板作用的荷载，按多跨连续梁计算，其容许跨度按下式计算： (1)对木楞 按强度要求 $M=\frac{1}{10}q_2l^2=[f_m]\cdot W$ $l=11.4\sqrt{\frac{W}{q_2}}$ (8-66) 按刚度要求 $\omega=\frac{q_2l^4}{150EI}=\frac{l}{400}$ $l=15.3\sqrt[3]{\frac{I}{q_2}}$ (8-67) (2)对钢楞 按强度要求 $M=\frac{1}{10}q_2l^2=[f]\cdot W$ $l=46.4\sqrt{\frac{W}{q_2}}$ (8-68) 按刚度要求 $\omega=\frac{q_2l^4}{150EI}=\frac{l}{400}$ $l=46\sqrt[3]{\frac{I}{q_2}}$ (8-69) 外钢楞的作用主要是加强各部分的连接及模板的整体刚度，不是一种受力构件，可不进行计算	M——内楞计算最大弯矩，N·mm； q_2——作用在内楞上的荷载，N/mm； l——内楞计算跨度，mm； W——内楞截面抵抗矩，mm^3； ω——容许挠度值，对内楞不得超过$l/400$； I——内楞截面惯性矩，mm^4； $[f]$——钢材的抗拉、抗压、抗弯强度设计值，采用Q235钢，取215MPa； 其他符号意义同墙模板
对拉螺栓	对拉螺栓一般设在外钢楞相交处，直接承受内、外楞传来的集中荷载，其允许拉力按下式计算： $N=A_1[f]$ (8-70) 或 $N=215A_1$ (8-71)	N——对拉螺栓允许拉力，N； A_1——对拉螺栓净截面积，mm^2； $[f]$——钢材的抗拉强度设计值，取215MPa；

例8-9 墙厚为400mm，高5m，每节模板高2.5m，采取分节浇筑混凝土，每节浇筑高度为2.5m，浇筑速度为$v=2m/h$，混凝土重力密度$\gamma_c=25kN/m^3$，浇筑温度$T=20℃$，采用厚25mm木模板，试计算确定内楞的间距。

解 由式(8-1)及式(8-3)知墙模受到的侧压力为：

$$v/T=2/20=0.1>0.035$$

$$h=1.53+3.8v/T=1.53+3.8\times0.1=1.91m$$

$$P_m=k\gamma_ch=1\times25\times1.91=47.8kPa$$

考虑振动荷载 $4kN/m^2$，则总侧压力：

$$P = 47.8 + 4.0 = 51.8kN/m^2$$

作用于模板的线荷载：　　$q = 51.8 \times 1.0 = 51.8kN/m$

按强度要求需要内楞的间距，由式(8-64)确定：

$$l = 4.65h\sqrt{\frac{b}{q_1}} = 4.65 \times 25\sqrt{\frac{1000}{51.8}} = 511mm$$

按刚度要求需要内楞的间距，由式(8-65)确定：

$$l = 6.67h\sqrt[3]{\frac{b}{q_1}} = 6.67 \times 25\sqrt[3]{\frac{1000}{51.8 - 4}} = 459mm$$

取二者中较小值，$l = 459mm$，用 450mm。

例 8-10　圆端形墩身宽 2m，面积 $18.1m^2$。由一台 800L 拌和机供应混凝土，拌和机产量为每小时 12 盘，每盘 $0.75m^3$。混凝土盛在 $0.8m^3$ 吊斗内，短距离车运到墩旁，再以吊机吊到墩顶，通过串筒注入模内。用插入式振动器在模内振捣。混凝土灌注速度由拌和机生产控制（运输、起吊、灌注均不控制）。浇筑温度 $T = 23℃$，$\gamma_c = 25kN/m^3$。模板用红松木料制造，并须利用库存 4cm 厚（单面刨光）木板。钢材用三号钢。

墩身平直段模板结构如图 8-15。

解　1. 灌注速度 v

$$v = 12\text{盘}/h \times 0.75m^3/\text{盘} \div 18.1m^2 = 0.5m/h$$

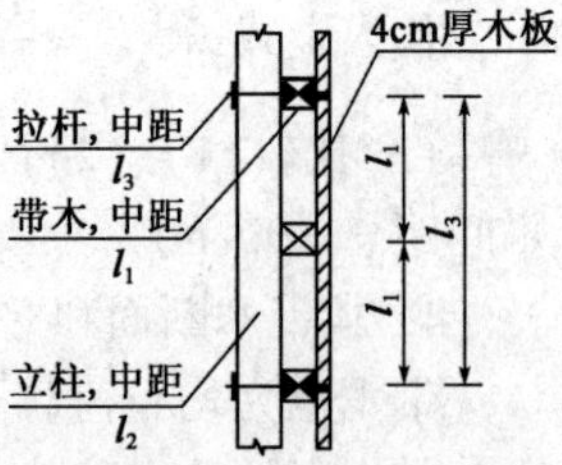

图 8-15　模板平直段竖截面

2. 水平荷载 P

查表 8-2，由式(8-1)及式(8-2)，$T = 23℃$，$v = 0.5m/h$ 时，有：

$$v/T = \frac{0.5}{23} = 0.022 < 0.035$$

$$h = 0.22 + 24.9v/T = 0.22 + 24.9 \times 0.022 = 0.7678m$$

$$P_1 = k\gamma_c h = 1 \times 25 \times 0.7678 = 19.2kPa$$

查表 8-3 及表 8-2，用溜槽、串筒或自混凝土导管直接流出时，有：

$$P_2 = 2.0kPa$$

$$P = P_1 + P_2 = 19.2 + 2.0 = 21.2kPa$$

如是考虑振动荷载 4kPa，则有：

$$P'_2 = 4kPa$$

$$P = P_1 + P'_2 = 19.2 + 4 = 23.2kPa$$

采用 $P = 23.2kPa$。

3. 带木间距 l_1

(1) 木板挠度控制时

木板结构为均布荷载下的连续梁，其挠度近似计算公式为 $f = ql^4/128EI$。根据表 8-11，表面外露结构的挠度不得大于杆件跨度的 1/400。

故　$$f = \frac{ql^4}{128EI} = \frac{l}{400} \qquad l^3 = \frac{128EI}{400q}$$

查表 8-6，红松的弹性模量为 9×10^3 MPa。按 4cm 厚木板，1m 宽计算，并参考表 8-4 得：

$$I = bd^3/12 = 100 \times 4^3/12 = 533\text{cm}^4$$

$$q = P_1 b = 19.2\text{kN/m}^2 \times 1\text{m} = 19.2\text{kN/m}$$

代入上式，得 $l^3 = \dfrac{128 \times 9 \times 10^4 \times 533}{400 \times 19.2} = 7.995 \times 10^5$，即有：

$$l = 93\text{cm}$$

(2) 木板强度控制时

均布荷载下连续梁的近似强度计算公式为：

$$M = \frac{ql^2}{10}$$

将 $[\sigma] = \dfrac{M}{W}$ 代入，得 $l^2 = \dfrac{10W[\sigma]}{q}$，按 1m 宽、4cm 厚木板计算，有：

$$W = \frac{bd^2}{6} = \frac{100 \times 4^2}{6} = 267\text{cm}^3$$

$$q = Pb = 23.2 \times 1 = 23.2\text{kN/m}$$

查表 8-6，可知红松模板受弯时的容许应力 $[\sigma] = 12$MPa。

代入上式，得 $l^2 = \dfrac{10 \times 267 \times 120}{23.2} = 13810$，$l = 117.5$cm。

(3) 比较 (1)、(2) 计算结果，可知木板跨度由挠度控制，其最大容许跨度为 93cm，故取带木间距 $l_1 = 90$cm。

4. 求带木断面和立柱间距 l_2

带木也为均布荷载下连续梁结构，其计算公式同上。

带木上的均布荷载与混凝土液化高度和带木间距有关。当带木间距大于混凝土液化高度时，均布荷载取混凝土液化高度范围内的荷载；当带木间距小于混凝土液化高度时，均布荷载取带木间距范围内的荷载。

所谓混凝土液化高度，指混凝土初凝以前的灌注高度，等于混凝土灌注速度乘以初凝时间。设计模板时，初凝时间一般采用 4h。

液化高度：$H = 0.5\text{m/h} \times 4\text{h} = 2\text{m} > 0.90\text{m}$ (带木间距)

带木上的均布荷载：$q = Pl_1 = 23.2\text{kN/m} \times 0.9 = 20.88\text{kN/m}$

假定采用较常用的 10cm × 12cm 带木立放，那么有：

$$I = \frac{1}{12} \times 10 \times 12^2 = 1440\text{cm}^4$$

按最大容许挠度 $l_2/400$ 计算，有：

$$f = \frac{ql_2^4}{128EI} = \frac{l_2}{400}$$

$$l_2 = \sqrt[3]{\frac{128EI}{400q}} = \sqrt[3]{\frac{128 \times 9 \times 10^4 \times 1440}{400 \times (0.232 - 0.04) \times 90}} = 134\text{cm}$$

计算弯矩为：

$$M = \frac{ql_2^2}{10} = \frac{1}{10} \times 20.88 \times 134^2 \times 10^{-4} = 3.7492\text{kN} \cdot \text{m}$$

$$W = \frac{1}{6} \times 10 \times 12^2 = 240\text{cm}^3$$

$$\sigma = 3.7492/(240 \times 10^{-6}) = 15.6\text{MPa} > 12\text{MPa} \quad 不满足$$

取 l_2 为 115cm,则有:

$$M = \frac{ql_2^2}{10} = \frac{1}{10} \times 20.88 \times 115^2 = 2.7614\text{kN} \cdot \text{m}$$

$$W = 240\text{cm}^3$$

$$\sigma = 2.7619/(240 \times 10^{-6}) = 11.5\text{MPa} < 12\text{MPa} \quad 满足$$

5. 求立柱断面和拉杆中距 l_3

立柱为集中荷载下的连续梁,其近似计算公式为:

$$M = \frac{Ql}{6}, \quad f = \frac{Ql^3}{77EI}$$

假定拉杆布置为:水平方向每排立柱均设,间距 115cm,竖直方向每隔一根带木设一根,间距 $l_3 = 180$cm。

假定采用 14cm×16cm 立柱立放,则有:

$$W = \frac{1}{6} \times 14 \times 16^2 = 597.33\text{cm}^3$$

$$I = \frac{1}{12} \times 14 \times 16^3 = 4778.67\text{cm}^4$$

立柱上集中荷载 Q 等于带木上的均布荷载乘以拉杆的水平间距,即

$$Q = 20.88 \times 1.15 = 24.01\text{kN}$$

计算弯矩为:

$$M = \frac{Ql}{6} = \frac{1}{6} \times 24.01 \times 1.8 = 7.203\text{kN} \cdot \text{m}$$

$$\sigma = \frac{M}{W} = \frac{7.203}{597.33 \times 10^{-6}} = 12.06\text{MPa} \approx 12\text{MPa} \quad 满足$$

计算挠度为:

$$Q = (23.2 - 4) \times 0.9 \times 1.15 = 19.87\text{kN}$$

$$f = \frac{Ql^3}{77EI} = \frac{19.87 \times 180^3 \times 10^2}{77 \times 9 \times 10^4 \times 4778.67} = 0.35\text{cm}$$

$$f/l = 0.35/180 = 1/514 < 1/400 \quad 满足$$

6. 求平直段拉杆直径

每根拉杆承受两根带木所传集中力 Q,拉杆拉力 $N = 2Q = 2 \times 24.01 = 48.02$kN。

如用两端带螺纹的三号圆钢作拉杆,可按表 8-39 选用 $\phi24$ 拉杆,其容许拉力为 48.71kN,$N = 48.02\text{kN} < [N] = 48.71\text{kN}$ 可用。

桥墩圆端与平直段交界处的拉杆拉力小于平直段拉杆拉力,但可采用同一直径的拉杆。

7. 求拉箍直径

拉箍的受力图形如图 8-18,其拉力为:

$$T = qD/2 = 20.88 \times \frac{200}{2} \times 10^{-2} = 20.88\text{kN}$$

平直段拉箍的两端有螺纹,查表 8-39,采用 $\phi16$。

圆弧段拉箍直接焊在连接器上,无须扣除螺纹面积,但可偏安全地采用 $\phi16$。

三号钢普通螺栓容许拉应力 138MPa 计算的容许拉力表　　表 8-39

公称直径 d(mm)	10	12	14	16	18	20	22
螺纹间距 t(mm)	1.5	1.75	2	2	2.5	2.5	2.5
计算面积 A_s(cm^2)	0.58	0.84	1.15	1.57	1.92	2.45	3.03
容许拉力[N](kN)	8	11.59	15.87	21.67	26.50	33.81	41.81
公称直径 d(mm)	24	27					
螺纹间距 t(mm)	3	3					
计算面积 A_s(cm^2)	3.53	4.59	$A_s = \frac{\pi}{16}(2d - 1.8763t)^2$				
容许拉力[N](kN)	48.71	63.34	$[N] = A_s[\sigma_1^1]$				

墩身两头圆端部分的模板如图 8-16。作用于模板的混凝土侧压力由拉箍承受,弧形肋木仅供模板拼装用,不考虑其受力。一般弧形肋木以两层 5cm 厚弧形板交错重叠钉合而成,拉箍则用圆钢围绕墩身安装。拉箍一般在长度上分成两圆弧段和两平直段,计四段,以图 8-17 所示连接器拼接,以便于将箍收紧。弧形肋木间距与平直段的带木间距相同。模板安装时,将两者上下叠合以螺栓连接之。每弧形肋木处安装拉箍一道,故木板的计算跨度与平直段计算相同。拉箍受力见图 8-18。

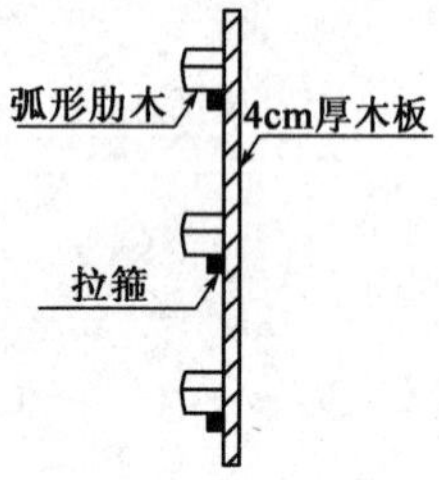

图 8-16　模板弧形段

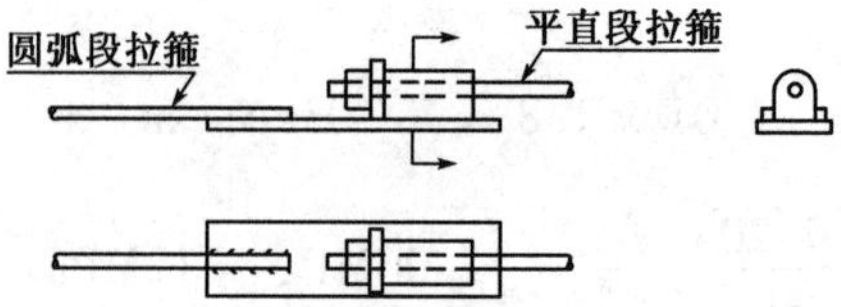

图 8-17　圆钢连接器

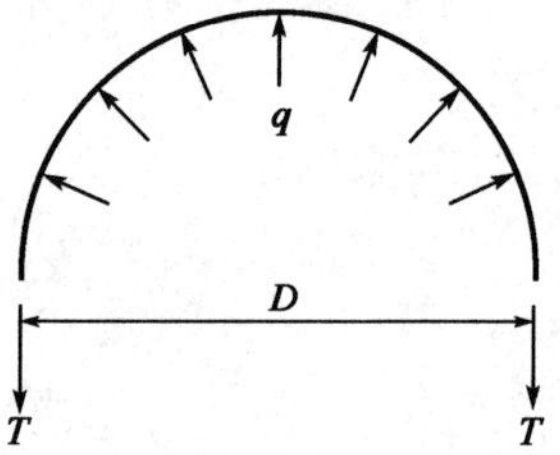

图 8-18　拉箍受力图

2.4　大模板计算

现浇混凝土墙大模板计算　　表 8-40

项目	计 算 方 法 及 公 式	符 号 意 义
构造与荷载	大模板的构造如图 8-19,由 5mm 厚钢面板、槽钢或角钢横肋、小扁钢或型钢小纵肋、两根槽钢组合的大纵肋和穿墙螺栓等组成。计算包括以下各项: 大模板主要承受混凝土的侧压力,根据大量试验研究,当大模板的高度 H=2.5~3.0m 时,侧压力的分布图形可用下图表示。当最大侧压力 P=50kN/m^2 时,在 2.1m 以上按三角形分布,2.1m 以下按矩形分布。 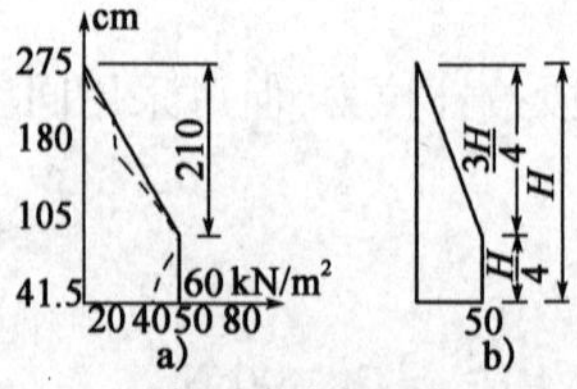 侧压力分布图形 a)侧压力试验分布规律;b)简化侧压力分布规律	

续上表

项目	计算方法及公式	符号意义
钢面板	大模板的面板被纵横肋分成多个小方格或长方格，根据方格长宽尺寸的比例，可把面板当作单向板或双向板考虑。当作为单向板考虑时，可将板视作三跨或四跨连续梁计算；当作为四边支承在纵横肋上的双向板计算时，计算简图视荷载分布、周边的嵌固程度而有所不同，如下图所示，可根据小方格的两边长度 l_x、l_y，查附录二中有关表即可求得它的内力。 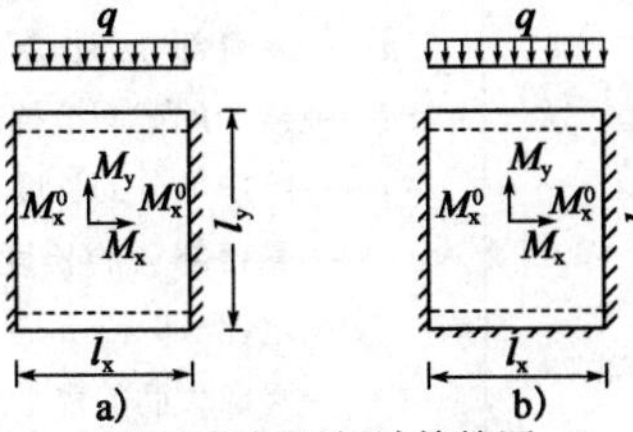 双向板钢面板计算简图 a）两边嵌固、两边简支；b）三边嵌固、一边简支 （1）最大正应力 σ_{max} 应用附录二中的计算表格，由 l_x/l_y 的比值可分别查出板的跨中和支座的弯矩。跨中两个方向的弯矩分别为： $$M_x = K_x q l_x^2; M_y = K_y q l_y^2 \quad (8\text{-}72)$$ 支座边上的弯矩分别为： $$M_x^0 = K_x^0 q l_x^2; M_y^0 = K_y^0 q l_y^0 \quad (8\text{-}73)$$ 查表时应注意泊松系数 v 取值的不同，若按 $v=0$ 的情况查取，而实际 $v \neq 0$（一般钢材的 v 值为 0.3），求跨中弯矩时需进行修正。即： $$M_x^{(v)} = M_x + vM_y \quad M_y^{(v)} = M_y + vM_x \quad (8\text{-}74)$$ 板的正应力按下式验算： $$\sigma = \frac{M_{max}}{W} \leqslant f \quad (8\text{-}75)$$ （2）最大挠度验算 $$\omega_{max} = K_f \frac{Pl^4}{B_0} \quad (8\text{-}76)$$ 计算得到的 $\omega_{max} \leqslant [\omega] = \frac{l}{500}$，则满足要求，否则，需要调整钢板厚度或肋的间距	M_x、M_y——分别为 x 和 y 轴方向的弯矩； K_x、K_y、K_x^0、K_y^0——内力计算系数，由附录二中有关表格查得； q——从侧压力图形中得到的线布侧压力； l_x、l_y——分别为板的两边边长； W——板的截面抵抗矩，$W = \frac{bh^2}{6}$； b——板单位宽度，取 $b = 1\text{m}$； h——钢板厚度； ω_{max}——板的最大挠度； P——混凝土的最大侧压力，$P = 50\text{kN/m}^2$； l——面板的短边长； B_0——构件的刚度，其中： $B_0 = \frac{Eh^3}{12(1-v^2)}$； v——钢板的泊松系数，$v = 0.3$； K_f——从附录二中查得的挠度计算系数
钢横肋	横肋支承在竖向大肋上，可作为支承在竖向大肋上的连续梁计算，如下图所示，其跨距等于竖向大肋的间距。 横肋上的荷载：　　$q = P \cdot h_1$ 横肋的弯矩、剪力可用一般的结构力学分析方法，如弯矩分配法、三弯矩方程或查表法直接求得，以其最大弯矩和剪力值进行强度和挠度验算	P——混凝土的最大侧压力，$P = 50\text{kN/m}^2$； h_1——横肋之间的水平距离

续上表

项目	计算方法及公式	符号意义
钢横肋	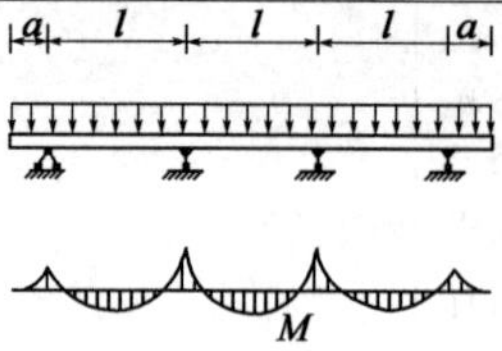 横肋计算简图 (1)强度验算 $\sigma = \frac{M_{max}}{W_f} \leqslant f$ (8-77) (2) 挠度验算 悬臂部分挠度 $\omega = \frac{qa^4}{8EI} \leqslant [\omega] = \frac{a}{500}$ (8-78) 跨中部分挠度 $\omega = \frac{ql^4}{384EI}(5 - 24\lambda^2) \leqslant \frac{l}{500}$ (8-79)	M_{max}——由计算或查表求得的横肋最大弯矩值; W_f——横肋的截面抵抗矩; q——横肋上的荷载,$q = P \cdot h_1$; a——悬臂部分的长度; I——横肋的截面抵抗矩; l——跨中部分的长度; λ——悬臂部分的长度与跨中部分长度之比,即 $\lambda = a/l$; l_1——竖向大肋的水平距离; l_2——上部穿墙螺栓的竖向间距; 2100——侧压力分布图中距顶部 2.1m 处的三角形分布侧压力的距离; E——钢材的弹性模量,取 2.1×10^5 MPa; l_3——悬臂部分长度
钢竖向横肋	竖向大肋通常用2根槽钢制成。为将内外模板连成整体,在大肋上每隔一段距离穿上螺栓固定,因此计算时,可把竖向大肋视作支承在穿墙螺栓上的两跨连续梁。大肋承受横肋传来的集中荷载。为简化计算,常把集中荷载化为均布荷载,如下图所示。 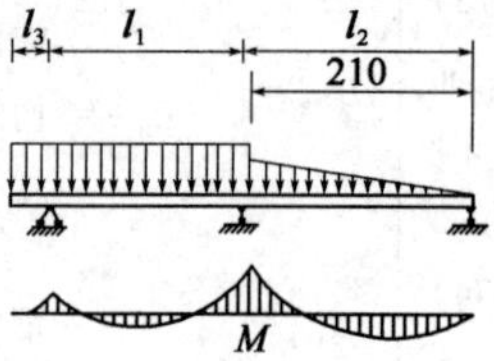 竖向大肋计算简图 大肋下部荷载 $q_1 = Pl_1$ (8-80) 大肋上部荷载 $q_2 = \frac{q_1 l_2}{2100}$ (8-81) 已知荷载分布、支承情况后,可按一般力学分析方法求出最大弯矩值,再进行截面验算。 对挠度的验算,与横肋验算方法相同,可按下式验算: 悬臂部分挠度 $\omega_A = \frac{q_1 l_3^4}{8EI} \leqslant \frac{l_3}{500}$ (8-82) 跨中部分挠度 $\omega_A = \frac{ql^4}{384EI}(5 - 24\lambda) \leqslant \frac{l}{500}$ (8-83) 式中的符号意义与横肋计算相同,式中的 l 分别表示 l_1 或 l_2。 为保证大模板在使用期间变形不致太大,应将面板的计算挠度与横肋(或竖向大肋)的计算挠度值进行组合叠加,要求组合的挠度值小于模板制作允许偏差,板面平整度 $\omega \leqslant 3$mm 的质量要求	

续上表

<table>
<tr><th>项目</th><th>计算方法及公式</th><th>符号意义</th></tr>
<tr><td>模板自稳角</td><td>

大模板的面积较大，在现场堆放时，在风载的作用下，应保证其稳定性。大模板的稳定性是以自稳角 α 来衡量。即对有一定自重的大模板在某一高度风压力作用下，能保持其稳定的倾斜角。

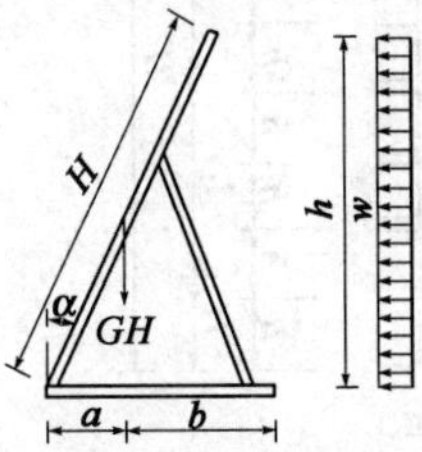

大模板的自稳验算简图

设大模板的自重力 G(kPa)，风压 ω(kPa)。

取1m宽的板面分析，其自稳条件应为：

$$GHa \geqslant \omega h \cdot \frac{h}{2} \quad (8\text{-}84)$$

因为 $h = H\cos\alpha, a = \frac{H\sin\alpha}{2}$

将 h、a 代入式(8-84)得：

$$GH \cdot \frac{H}{2}\sin\alpha \geqslant \frac{\omega H^2 \cos^2\alpha}{2}$$

整理得：

$$G\sin\alpha = \omega\cos^2\alpha$$

$$\omega\sin^2\alpha + G\sin\alpha - \omega = 0$$

解之得：

$$\sin\alpha = \frac{-G \pm \sqrt{G^2 - 4\omega^2}}{2\omega}$$

所以自稳角为：

$$\alpha = \arcsin\frac{-G \pm \sqrt{G^2 - 4\omega^2}}{2\omega} \quad (8\text{-}85)$$

大模板实际支设时，如面板与垂直线间的夹角大于(8-85)计算的自稳角，大模板将不会向左或向右倾覆，将是稳定的，否则将是不稳定的

</td><td>

G——大模板的自重力，kPa；

ω——作用于模板的风压，kPa；

α——大模板的自稳角

</td></tr>
</table>

例 8-11 双向面板的大模板，已知模板构造尺寸如图 8-19。面板采用 5mm 厚钢板，尺寸为 $H \times l = 2750\text{mm} \times 4900\text{mm}$，竖向小肋采用扁钢 $-60\text{mm} \times 6\text{mm}$，间距 $S = 300\text{mm}$，横肋采用槽钢[8，间距 $h = 300\text{mm}$，$h_1 = 350\text{mm}$，竖向大肋采用 2 根槽钢组合 2[8，间距 $l = 1370\text{mm}$，$a = 400\text{mm}$，穿墙螺栓间距为 $l_1 = 1050\text{mm}$，$l_2 = 1450\text{mm}$，$l_3 = 250\text{mm}$。试验算该大模板的强度与挠度。

解 取大模板的最大侧压力 $P_{\max} = 50\text{kPa}$。

1. 面板计算

(1)强度验算

选用板区格中三面固结、一面简支的最不利受力情况进行计算。

$\frac{l_y}{l_x} = \frac{300}{300} = 1.0$，由附表二得 $K_{m_x^0} = -0.0600$，$K_{m_y^0} = -0.0550$，$K_{M_x} = 0.0227$，$K_{M_y} = 0.0168$，$K_f = 0.0016$。

取 1mm 宽的板条作为计算单元，荷载 q 为：

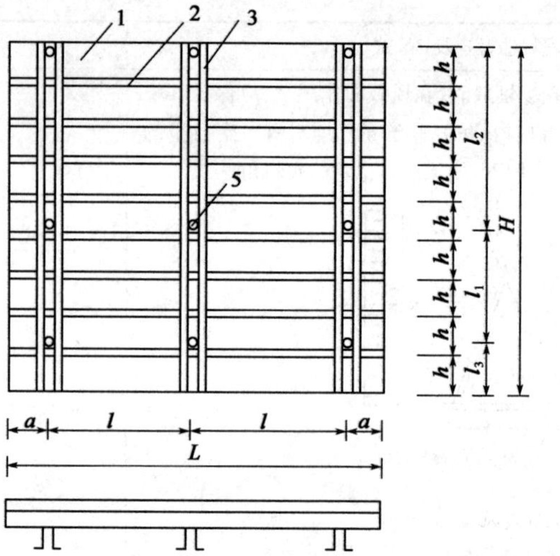

a)

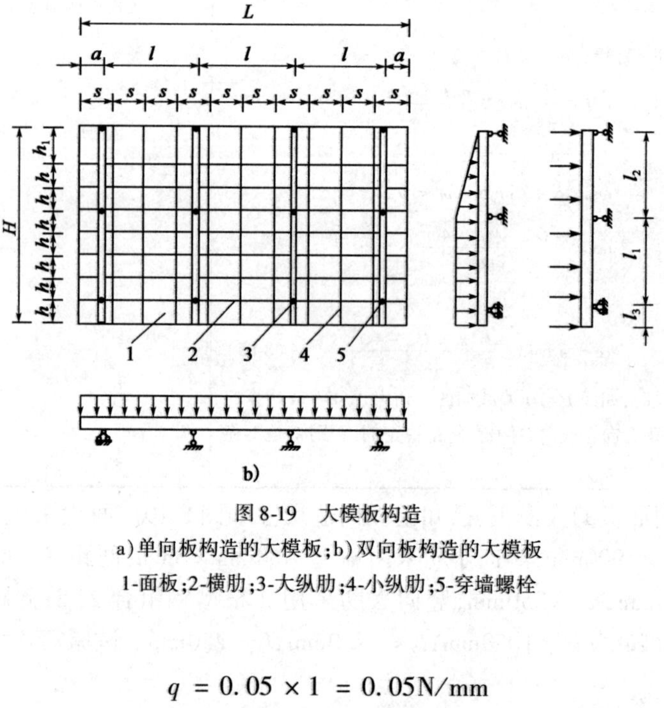

b)

图 8-19　大模板构造

a)单向板构造的大模板；b)双向板构造的大模板

1-面板；2-横肋；3-大纵肋；4-小纵肋；5-穿墙螺栓

$$q = 0.05 \times 1 = 0.05\text{N/mm}$$

求支座弯矩：

$$M_x^0 = K_{M_x^0} \cdot q \cdot l_x^2 = -0.0600 \times 0.05 \times 300^2 = -270\text{N} \cdot \text{mm}$$

$$M_y^0 = K_{M_y^0} \cdot q \cdot l_y^2 = -0.0550 \times 0.05 \times 300^2 = -248\text{N} \cdot \text{mm}$$

面板的截面系数：　$W = \frac{1}{6}bh^2 = \frac{1}{6} \times 1 \times 5^2 = 4.167\text{mm}^3$

应力为：

$$\sigma_{max} = \frac{M_{max}}{W} = \frac{270}{4.167} = 65\text{MPa} < 215\text{MPa}$$

可满足要求。

求跨中弯矩：

$$M_x = K_{M_x} \cdot q \cdot l_x^2 = 0.0227 \times 0.05 \times 300^2 = 102\text{N} \cdot \text{mm}$$

$$M_y = K_{M_y} \cdot q \cdot l_y^2 = 0.0168 \times 0.05 \times 300^2 = 76\text{N} \cdot \text{mm}$$

钢板的泊松比 $v = 0.3$，故需换算为：

$$M_x^{(v)} = M_x + vM_y = 102 + 0.3 \times 76 = 125\text{N} \cdot \text{mm}$$

$$M_y^{(v)} = M_y + vM_x = 76 + 0.3 \times 102 = 107\text{N} \cdot \text{mm}$$

应力为：

$$\sigma_{max} = \frac{M_{max}}{W} = \frac{125}{4.167} = 30\text{MPa} < 215\text{MPa}$$

可满足要求。

(2)挠度验算

$$B_0 = \frac{Eh^3}{12(1-v^2)} = \frac{2.1 \times 10^5 \times 5^3}{12(1-0.3^2)} = 24 \times 10^5\text{N} \cdot \text{mm}$$

$$\omega_{max} = K_f \cdot \frac{ql^4}{B_0} = 0.00160 \times \frac{0.05 \times 300^4}{24 \times 10^5} = 0.270\text{mm}$$

$$\frac{\omega}{l} = \frac{0.27}{300} = \frac{1}{1111} < \frac{1}{500} \quad \text{满足要求。}$$

2. 横肋计算

横肋间距 300mm，采用[8，支承在竖向大肋上。

荷载：$q = Ph = 0.05 \times 300 = 15\text{N/mm}$

[8 的截面系数 $W = 25.3 \times 10^3\text{mm}^3$，惯性矩 $I = 101.3 \times 10^4\text{mm}^4$，横肋为两端带悬臂的三跨连续梁，利用弯矩分配法计算得弯矩如图 8-20 所示。

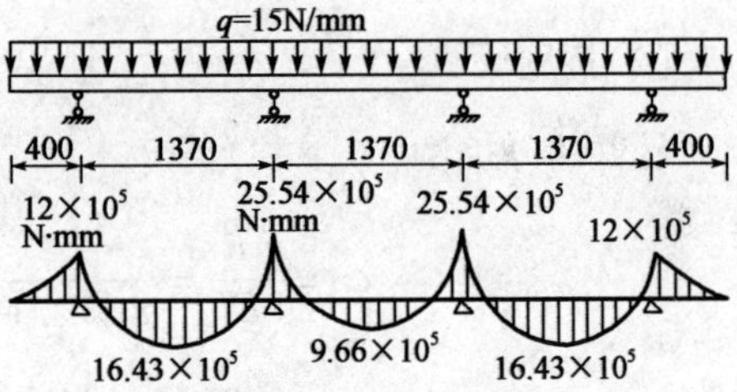

图 8-20 横肋弯矩图

(图中尺寸单位：mm)

由弯矩图中可得最大弯矩 $M_{max} = 2554000\text{N} \cdot \text{mm}$

(1)强度验算

$$\sigma_{max} = \frac{M_{max}}{W} = \frac{2554000}{25.3 \times 10^3} = 101\text{MPa} < 215\text{MPa}$$

可满足要求。

(2)挠度验算

悬臂部分挠度

$$\omega = \frac{ql^4}{8EI} = \frac{15 \times 400^4}{8 \times 2.1 \times 10^5 \times 101.3 \times 10^4} = 0.226\text{mm}$$

$$\frac{\omega}{l} = \frac{0.226}{400} = \frac{1}{1\ 770} < \frac{1}{500} \text{满足要求。}$$

跨中部分挠度

$$\omega = \frac{ql^4}{384EI}(5 - 24\lambda^2)$$

$$= \frac{15 \times 1\ 370^4}{384 \times 2.1 \times 10^5 \times 101.3 \times 10^4}\left[5 - 24 \times \left(\frac{400}{1370}\right)^2\right]$$

$$= 1.911\text{mm}$$

$$\frac{\omega}{l} = \frac{1.911}{1\ 370} = \frac{1}{717} < \frac{1}{500}$$ 满足要求。

3. 竖向大肋计算

选用2[8,以上中下三道穿墙螺栓为支承点,$W = 50.6 \times 10^3\text{mm}^3$,$I = 202.6 \times 10^4\text{mm}^4$。

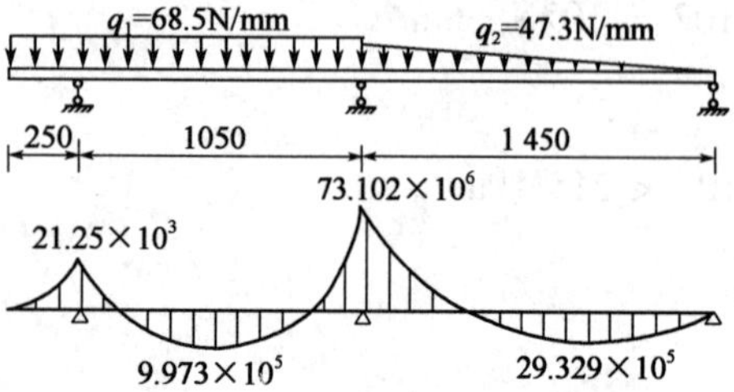

图 8-21　竖向大肋弯矩图

(图中尺寸单位:mm)

大肋下部荷载

$$q_1 = Pl = 0.05 \times 1\ 370 = 68.5\text{N/mm}$$

大肋上部荷载

$$q_2 = \frac{q_1 l_2}{2100} = \frac{68.5 \times 1\ 450}{2100} = 47.3\text{N/mm}$$

大肋为一端带悬臂的两跨连续梁,利用弯矩分配法计算得弯矩如图 8-21 所示。

由弯矩图中可得最大弯矩为:

$$M_{\max} = 7310200\text{N} \cdot \text{mm}$$

(1)强度验算

$$\sigma_{\max} = \frac{M_{\max}}{W} = \frac{7310200}{50.6 \times 10^3} = 144\text{MPa} < 215\text{MPa}$$ 可满足要求。

(2)挠度验算

悬臂部分挠度

$$\omega = \frac{q_1 l_3^4}{8EI} = \frac{68.5 \times 250^4}{8 \times 2.1 \times 10^5 \times 202.6 \times 10^4} = 0.079\text{mm}$$

$$\frac{\omega}{l} = \frac{0.079}{250} = \frac{1}{3165} < \frac{1}{500}$$ 满足要求。

跨中部分挠度

$$\omega = \frac{q_1 l_1^4}{384EI}(5 - 24\lambda^2)$$

$$= \frac{68.5 \times 1\ 050^4}{384 \times 2.1 \times 10^5 \times 202.6 \times 10^4} \times \left[5 - 24 \times \left(\frac{250}{1050}\right)^2\right]$$

$$= 1.855\text{mm}$$

$$\frac{\omega}{l} = \frac{1.855}{1050} = \frac{1}{566} < \frac{1}{500}$$ 满足要求。

以上分别求出面板、横肋和竖向大肋的挠度,组合的挠度为:

面板与横肋组合:$\omega = 0.27 + 1.911 = 2.261\text{mm} < 3\text{mm}$

面板与竖向大肋组合:$\omega = 0.270 + 1.855 = 2.125\text{mm} < 3\text{mm}$

均满足施工对模板的要求。

2.5 滑动模板计算

2.5.1 滑动模板、围圈和提升架计算

滑动模板、围圈和提升架计算　　　　表 8-41

<table>
<tr><th>项目</th><th>计算方法及公式</th><th>符号意义</th></tr>
<tr><td>滑动模板</td><td>
滑动模板设施主要由模板、围圈、提升架、千斤顶、操作平台、支承杆等组成。

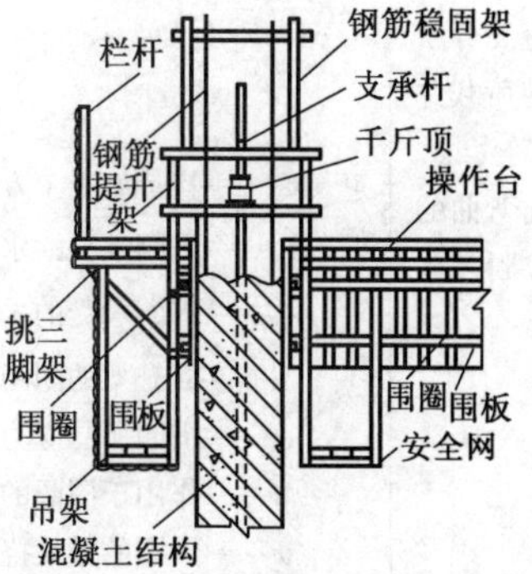

滑动模板构造

滑动模板一般多用钢模板，也可用木或钢木制成。钢模板的宽度一般为 200～500mm，高度可根据混凝土达到出模强度所需时间和模板滑升速度用下式计算：

$$H = T \cdot v \qquad (8\text{-}86)$$

模板所受荷载主要为新浇混凝土对它的侧压力、冲击力和滑升时混凝土对它的摩阻力，模板设计主要考虑前两项荷载。

新浇混凝土的侧压力，计算时假定模板底部一定高度的混凝土，不再对模板产生侧压力，同时将上部侧压力变化曲线简化为直线变化的等效梯形分布图，如上图所示，其有关尺寸按下式确定：

$$h = (0.65 \sim 0.70)H \qquad (8\text{-}87)$$

$$h' = \frac{h}{2} \qquad (8\text{-}88)$$

$$P = \frac{1}{2}\gamma h \qquad (8\text{-}89)$$

侧压力的合力

$$F = \frac{1}{2}(h - h')P + h'P = \frac{1}{2}(h - \frac{h}{2})P + \frac{h}{2}P = \frac{3}{4}Ph \qquad (8\text{-}90)$$

混凝土下料对模板的冲击力，可按表 8-2 采用。

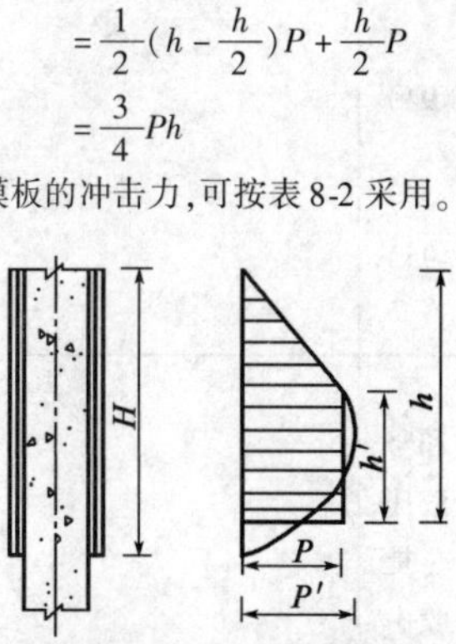

滑模混凝土侧压力计算简图

根据作用在模板上的荷载和纵横肋布置情况，可按单向板或双向板进行计算，包括强度和挠度方面的验算，以确定模板所用的钢板厚度。一般钢板厚度用 1.5～3.0mm，边肋用 L30×4 或 L40×4 角钢
</td><td>
T——混凝土达到滑升强度所需的时间，h；
v——模板的滑升速度，m/h；
h——新浇混凝土侧压力作用高度（一般取 $0.65H$，低温时取 $0.70H$），m；
H——模板高度，m；
P——混凝土侧压力计算最大值，kN/m^2；
γ——混凝土的重度，kN/m^3；
h'——等效梯形上底的高度，m
</td></tr>
</table>

续上表

项目	计算方法及公式	符号意义
钢围圈	围圈是模板系统中的横向支撑，沿结构物截面周长设置，上下各一道。围圈多用型钢（角钢或槽钢）或钢桁架分段制成。模板一般固定在围圈上，故此围圈同时承受水平荷载（混凝土侧压力、冲击力和风力）和垂直荷载（模板和围圈自重力以及摩阻力），当操作平台支承在围圈上时，围圈还承受操作平台的自重力和施工荷载。 围圈的计算可按三跨连续梁支承在提升架上考虑，计算跨度等于提升架的间距。由于混凝土轮圈依次浇筑，作用在围圈上的荷载并非均布于各跨，可按最不利情况，近似地取荷载仅布置于两跨考虑。又由于围圈同时受到水平和垂直荷载的作用，因此要按双向弯曲的连续梁考虑。其内力计算可从《建筑结构静力计算手册》或附表二中查得两方向的弯矩 M_x 和 M_y，其计算如下： 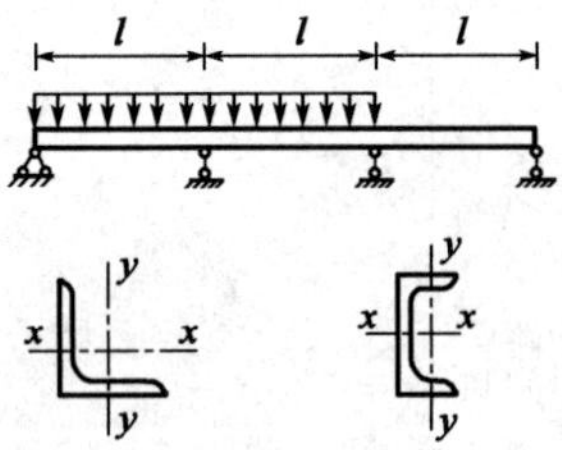 围圈计算简图 $M_x = 0.117 H_0 l^2$　　(8-91) $M_y = 0.117 V_0 l^2$　　(8-92) 在求得 M_x、M_y 之后，可分别按两个方向进行强度、挠度和整体稳定性验算，其叠加应力应小于钢材容许应力。 对截面校核按下式进行： $\sigma = \frac{M}{W} \leqslant f$　　(8-93) 对挠度验算按下式进行： $\omega = 0.573 \frac{Pl^4}{100EI} \leqslant [\omega] = \frac{l}{500}$　　(8-94) 对整体稳定性按下式进行： $\sigma = \frac{M}{\varphi_b \cdot W} \leqslant f$　　(8-95)	M_x、M_y——围圈在 x、y 方向的弯矩； H_0——围圈承受的水平荷载； V_0——围圈承受的垂直荷载； l——提升架的间距； σ——围圈所受应力； M——作用于围圈的弯矩； w——围圈的最大挠度； $[\omega]$——围圈允许挠度，取$\frac{l}{500}$； E——围圈钢材的弹性模量，取 2.1×10^5 MPa； I——围圈的截面惯性矩； W——梁受压最大纤维的毛截面抵抗矩； φ_b——梁的整体稳定系数，按《钢结构设计规范》(GBJ 17—88)附录一计算或查用； f——钢材抗拉或抗压的强度设计值
钢提升架	提升架是滑模装置的主要承力构件，滑模施工中的各种水平和竖向荷载均通过模板、围圈传递到提升架上，再通过提升架上的液压千斤顶传到钢支承杆上，最后传递到已凝固的混凝土结构体上。提升架是由立柱、横梁、牛腿和外挑梁架等组成如下图。横梁一般由槽钢制作，立柱多用槽钢、角钢或钢管制作。提升架的两根立柱必须保持平行，并与横梁连接成90°。提升架形式又分单横梁和双横梁两种	

续上表

项目	计算方法及公式	符号意义
钢提升架	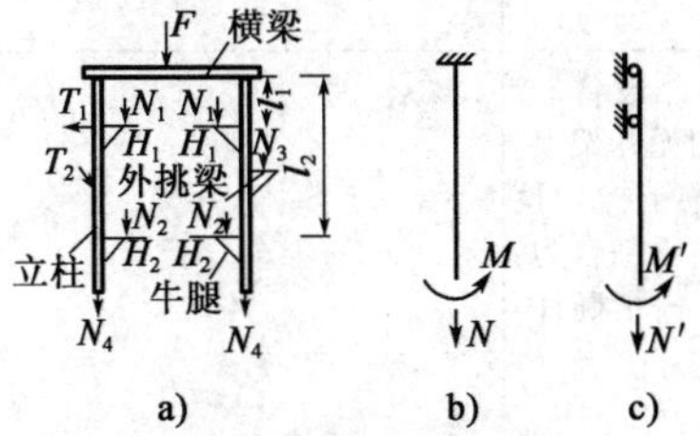 提升架荷载和计算简图 a)提升架上的荷载;b)立柱与横梁为刚接时;c)立柱与横梁为铰接时 (1)提升架高度和宽度的确定 提升架的高度根据模板的高度和施工操作高度而定。一般为1.85~2.5m;提升架的宽度,即两根立柱的净宽B,一般按下式计算: $$B = a + 2(b + c + d) + e \quad (8\text{-}96)$$ (2)横梁的计算 当横梁与立柱刚性连接时,其弯矩M可按两端固定梁计算: $$M_1 = \frac{1}{8}P_1 L \quad (8\text{-}97)$$ 当横梁与立柱铰接时,其弯矩可按简支梁计算: $$M_1 = \frac{1}{4}P_1 L \quad (8\text{-}98)$$ (3)立柱计算 当立柱与横梁刚接时,立柱可作为悬臂梁计算,按拉弯杆件验算(如上图);当立柱与横梁为铰接时,立柱也可作为悬臂简支梁,同样按拉弯构件验算。 立柱的强度按下式验算: $$\sigma = \frac{M}{W} + \frac{N}{A} \leqslant f \quad (8\text{-}99)$$ 立柱的侧向变形要求不大于2mm,按下式验算。 对于立柱与横梁为刚接时,按悬臂梁计算(如下图): $$\omega_A = \frac{H_2 b^2 l}{6EI}\left(3 - \frac{b}{l}\right) \quad (8\text{-}100)$$ 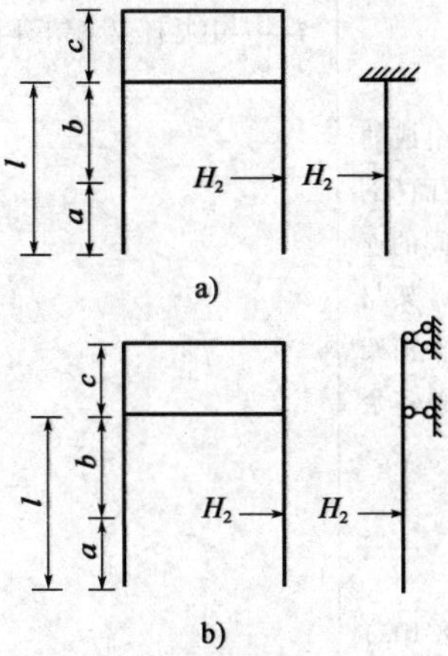 立柱侧向变形验算图式 a)立柱与横梁刚接;b)立柱与横梁铰接 对于立柱与横梁为铰接时,按悬臂简支梁计算(如上图): $$\omega_A = \frac{H_2 b^2 l}{6EI}\left(3a + 2b + 2c + \frac{2ac}{b}\right) \quad (8\text{-}101)$$	B——提升架两根立柱的净宽; a——结构物截面的最大宽度; b——模板的厚度; c——围圈的宽度; d——围圈的支托宽度; e——模板倾斜引起两侧放宽的尺寸; M_1——横梁的弯矩; P_1——千斤顶的顶升力; L——横梁的跨度,取两立柱中轴线之间的距离; M——水平力对力柱产生的弯矩,$M = H_1 l_1 + H_2 l_2$; H_1、H_2——作用于立柱的水平力(混凝土的侧压力、冲击力等); l_1、l_2——横梁至上围圈、下围圈的距离; N——作用于立柱上的竖向荷载$N = N_1 + N_2 + N_3 + N_4 + N_5$; N_1、N_2——模板的自重力及摩阻力,由围圈传给立柱的垂直力; N_3、N_4——上、下操作平台传给立柱的垂直力; N_5——吊脚手架传给立柱的垂直力; W——立柱截面的抵抗矩; A——立柱截面的面积; ω_A——立柱的侧向变形值; E——立柱钢材的弹性模量; I——立柱的截面惯性矩

2.5.2 操作平台计算

滑动模板操作平台计算 表 8-42

<table>
<tr><th>项目</th><th>计 算 方 法 及 公 式</th><th>符 号 意 义</th></tr>
<tr>
<td>上撑及下撑式桁架</td>
<td>
滑动模板操作平台是液压滑模提升时承受各种施工操作设备的主要平台，其形式通常有两种，当筒径在 10m 以内时，采用无井架上撑式空间结构（图 8-22）；当筒径在 10m 以上（或用于框架结构）且荷载较大时，多采用无井架下撑式空间结构（图 8-23）。由于平台为圆形空间结构体系，各杆件形状、截面、连接方式、刚度不一，精确计算较为困难，一般都化简为平面结构形式进行计算。
（1）上撑式桁架梁法计算
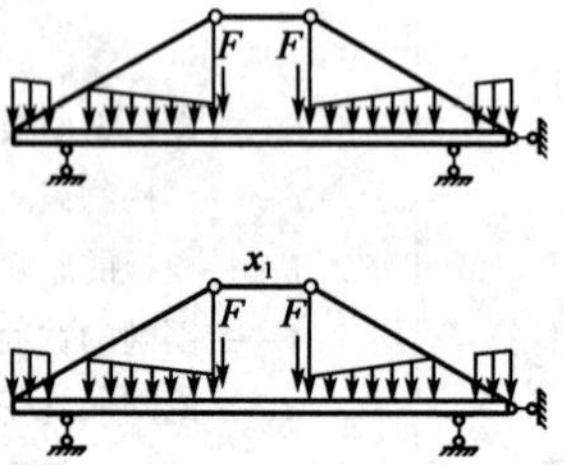

上撑式桁架梁法计算简图
本法是把辐射状空间结构平台简化为一平面结构计算，将中心环梁与辐射梁、井架、井架斜撑视作一个梁式桁架。因此，整个结构为一个一次超静定混合式桁架结构，可用解超静定结构的一般性分析方法，由基本方程：$\delta_1 x_1 + \Delta F_1 = 0$ 求解多余力 x_1，在确定辐射梁的内力 M、N、V 和变位 Δ 及各杆件内力 N 后，按钢结构设计规范中有关公式，进行各杆件的截面计算。
（2）下撑式平面桁架法计算
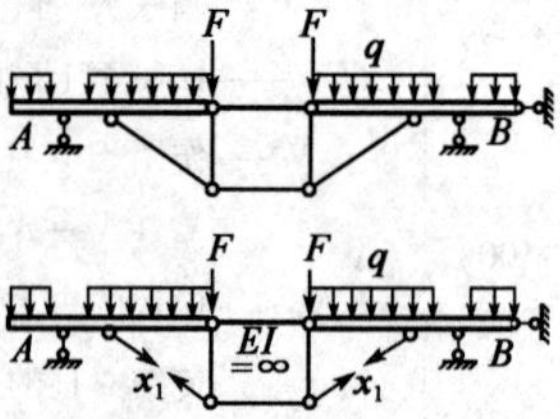

下撑式桁架梁法计算简图
本法是把操作平台视为一个由中心环梁、辐射梁、下拉杆组成的下撑式平面桁架，并将中心环梁假定为一刚性不变体，其横截面（剖面）视作为一封闭的平面框架。中心环梁、辐射梁、下拉杆之间的连接按铰接考虑。并将平台荷载简化为均布荷载，同时不考虑井架与平台共同受力，仅将井架化为集中荷载作用于环梁节点上。本桁架结构为一次超静定，可用解超静定结构的一般分析方法求解多余力，并由平面力系 $\Sigma x = 10$、$\Sigma y = 0$、$\Sigma M = 0$ 求出支座反力 R_A、R_B、M_D、N 后，按钢结构设计的有关公式进行各杆件截面计算。
中心环梁上钢圈压力环临界压力按下式计算：
$$Q_1 = \frac{3EI}{R^3} \quad (8\text{-}102)$$
上钢圈的轴向力 N_0 按下式计算：
$$N_0 = Q_1 R = \frac{3EI}{R^2} \quad (8\text{-}103)$$
中心环梁下钢圈半径拉力 T 按下式计算：
$$T = N_0 R \quad (8\text{-}104)$$
</td>
<td>
M——桁架的弯矩；
N——桁架杆件的内力；
V——桁架的剪力；
F——作用在上钢圈上的集中力；
q——作用于辐射梁上的均布荷载；
Q_1——临界荷载（水平力在圆周单位长的分布值）；
R——环梁半径；
E、I——上钢圈弹性模量和截面惯性矩；
N_0——上钢圈的轴向力；
T——中心环梁下钢圈半径拉力
</td>
</tr>
</table>

例 8-12 烟囱滑模操作平台采用无井架下撑式结构，尺寸如图 8-24，设 48 根辐射梁，已算得：$R_A = 20.5\text{kN}$、$M_D = 25.4\text{kN·m}$、$N_{DF} = 44.1\text{kN}$、$N_{DE} = 40.4\text{kN}$、$N_{EF} = 17.6\text{kN}$，试计算确定操作平台各杆件截面。

解 1. 辐射梁截面计算

已知 $M_D = 25.4\text{kN·m}$、$N_{DE} = 40.4\text{kN}$、$f = 215\text{MPa}$。

辐射梁需要截面抵抗矩：

$$W = \frac{M}{f} = \frac{25.4 \times 10^8}{215} = 118140\text{mm}^3$$

选用 2 根[14a 槽钢，$A = 1850 \times 2 = 3\,700\text{mm}^2$，$W = 80500 \times 2 = 161000\text{mm}^3 > 118140\text{mm}^3$

满足要求。

因 $\sigma = \dfrac{N}{A_n} = \dfrac{40400}{3700} = 10.9\text{MPa} < 0.1f = 21.5\text{MPa}$

表明轴向力很小，故可不考虑轴向力，强度可不验算。

2. 拉杆 DF

需要 $A = \dfrac{N}{f} = \dfrac{44100}{215 \times 1.05} = 195\text{mm}^2$

选用 ϕ16mm 光圆钢筋(Q235)，$A = 210\text{mm}^2$，满足要求。

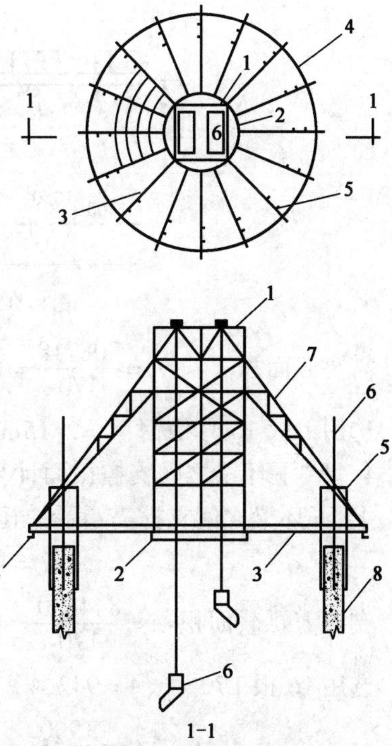

图 8-22 无井架上撑式操作平台

1-井架;2-内环梁;3-辐射梁;4-外环梁;5-提升梁;6-罐笼;7-井架斜撑;8-筒壁

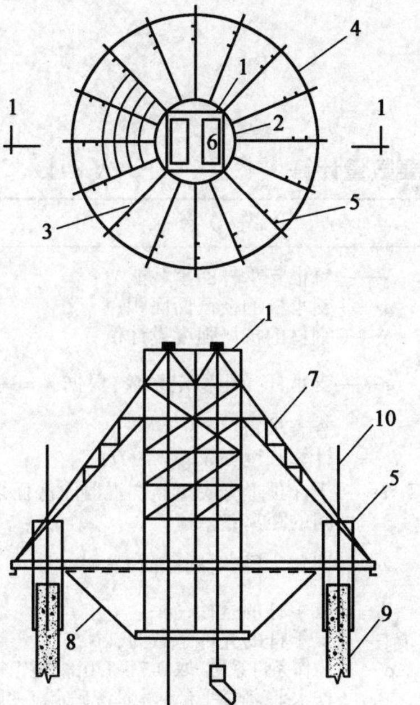

图 8-23 无井架下撑式操作平台

1-井架;2-内环梁;3-辐射梁;4-外环梁;5-提升架;6-罐笼;7-外架斜撑;8-下拉杆;9-筒壁;10-支承杆

3. 中心环梁截面计算

(1)上钢圈截面计算

已知 $D = 2.95\text{m}$，中心环梁上钢圈压力环单位长度作用压力：

$$Q_1 = \frac{48N_{DE}}{\pi D} = \frac{48 \times 40400}{3.14 \times 2.95} = 209349\text{N/m}$$

上钢圈需要惯性矩：

$$I = \frac{Q_1 R^3}{3E} = \frac{209.349 \times 1475^3}{3 \times 2.1 \times 10^5} = 1066366\text{mm}^4$$

选用上钢圈截面为 260mm × 260mm 箱形截面，由 $d = 12\text{mm}$ 钢板焊成，则

$$I = \frac{260^4 - 236^4}{12} = 122309632\text{mm}^4 > 1066366\text{mm}^4$$

满足要求。

(2)下钢圈截面计算

下钢圈单位长度作用拉力：

$$Q = \frac{48N_{DE}\cos\alpha}{\pi D} = \frac{48 \times 44100 \times 0.916}{3.14 \times 2950} = 209.3\text{N/mm}$$

钢圈拉力： $T = 209.3 \times \dfrac{2950}{2} = 308718\text{N}$

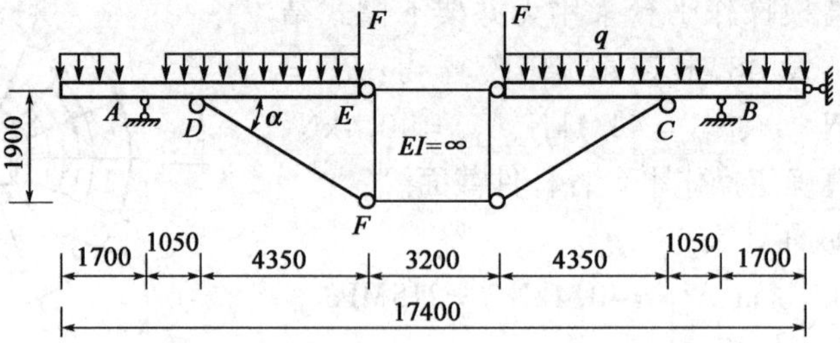

图 8-24　操作平台尺寸(图中尺寸单位:mm)

需要截面积：　　$A = \frac{308718}{170} = 1816\text{mm}^2$

选用 1 根 16 号槽钢,$A = 2515\text{mm}^2$　　满足要求。

4. 上、下环梁之间支撑截面计算

上、下环梁之间支撑需承受总压力为：

$$N = 48N_{EF} = 48 \times 17.6 = 844.8\text{kN}$$

支撑需要截面积:$A = \frac{844800}{170} = 4969\text{mm}^2$

选用 16 根 L70×6,$A = 942.4 \times 16 = 15078\text{mm}^2$,单角钢 $i = 13.8$,$l_0 = 1900$,则有：

$$\lambda = \frac{1900}{13.8} = 137.7 \qquad \text{查表得 } \varphi = 0.394$$

$$\sigma = \frac{844800}{0.394 \times 942.4 \times 16} = 142\text{MPa} < 215\text{MPa}$$

满足要求。

支撑 EF 需要与上、下环梁刚性连接。

2.5.3　支承杆允许承载力计算

滑动模板支承杆的允许承载能力和需要数量计算　　表 8-43

项目	计算方法及公式	符号意义
承载能力	支承杆是滑模施工中的传力和承力构件,一般用直径 25mm 的圆钢或螺纹钢制成。它的承载能力往往由其稳定性来控制,支承情况为下端固接在混凝土中,上端与穿过千斤顶的卡头铰接,支承杆承载能力的计算有两种方法。 (1)按中心受压构件计算 每根支承杆的承载力 N 按下式计算: $N \leq \varphi A f$　　(8-105) (2)按临界荷载计算 每根支承杆的允许承载力 $[P]$ 按下式计算: $[P] = \frac{\alpha \cdot 40EI}{K_1(L_0 + 95)^2}$　　(8-106) 上式适用于模板处于正常滑升状态,即从模板上口以下最多只有一个浇灌层高度尚未浇灌混凝土的情况	N——每根支承杆的承载能力; A——支承杆的横截面面积; f——钢材的抗压强度设计值; φ——支承杆受压稳定系数,根据 $\lambda = \frac{l_0}{i}$ 查表求得; l_0——计算长度,cm,$l_0 = 0.7l$; l——千斤顶上卡头至新浇混凝土底面之间的距离; i——回转半径,对圆截面 $i = \frac{d}{4}$; d——支承杆的直径,cm; $[P]$——支承杆的允许承载力,kN; α——工作条件系数,取 0.7~1.0,视施工操作水平、滑模平台结构情况确定。一般整体式刚性平台取 0.7;分割式平台取 0.8;采用工具式支承杆取 1.0; E——支承杆弹性模量,kN/cm²; I——支承杆截面惯性矩,cm⁴; K_1——安全系数,取值应不小于 2.0; L_0——支承杆脱空长度,从混凝土上表面至千斤顶下卡头的距离,cm

续上表

项目	计算方法及公式	符号意义
需要数量	滑模需要支承杆最少数量(根)按下式计算: $$n = \frac{F}{K_2 \cdot N_0} \quad (8\text{-}107)$$	n——滑模需要支承杆数量根; F——滑升模板分别处于滑升状态时,或浇筑混凝土堆重状态时,作用于支承杆的最大荷载进行比较,取其中较大值; N_0——每根支承杆的承载能力,按式(8-105)或式(8-106)计算求得,取其较小值; K_2——工作条件系数,用液压千斤顶时,取 $K_2 = 0.8$;用螺栓千斤顶时,取 $K_2 = 0.67$

例 8-13 某烟囱采用液压滑动模板施工,滑升时作用于支承杆上全部施工荷载 $F = 360\text{kN}$,支承杆用直径 $d = 2.5\text{cm}$ 的 Q235 钢圆钢筋制成,$f = 215\text{MPa}$,支承杆工作时的最大长度 $l = 150\text{cm}$,取 $K_1 = 2.0$,$K_2 = 0.8$,$\alpha = 0.7$,$E = 2.1 \times 10^4\text{kN/cm}^2$。试求支承杆的允许承载力和需要支承杆的数量。

解 根据支承情况,取 $l_0 = 0.7l = 0.7 \times 150 = 105\text{cm}$,$i = \frac{d}{4} = 2.5/4 = 0.625\text{cm}$,$\lambda = \frac{l_0}{i} = \frac{105}{0.625} = 168$。

根据 λ 查《钢结构设计规范》(GBJ 17—88)附录一得:$\varphi = 0.276$,按式(8-105)计算得:

$$N = \varphi Af = 0.276 \times 4.91 \times 21.5 = 29\text{kN}$$

再由式(8-106)计算[P]得:

取上、下卡头距离为 6cm,$L_0 = 150 - 6 = 144\text{cm}$,$I = \frac{\pi d^4}{64} = \frac{3.14 \times 2.5^4}{64} = 1.92\text{cm}^4$,则

$$[P] = \frac{\alpha \cdot 40EI}{K_1(L_0 + 95)^2} = \frac{0.7 \times 40 \times 2.1 \times 10^4 \times 1.92}{2 \times (144 + 95)^2} \approx 10\text{kN}$$

取二者较小值: $N_0 = 10\text{kN}$

需要支承杆的数量,按式(8-107)计算得:

$$n = \frac{F}{K_2 \cdot N_0} = \frac{360}{0.8 \times 10} = 45 \text{ 根}$$

所以,应使用 45 根直径 25mm 的支承杆。

2.6 地脚螺栓锚固强度和锚板锚固深度计算

地脚螺栓锚固强度和锚板锚固深度计算 表 8-44

项目	计算方法及公式	符号意义
螺栓锚固强度	地脚螺栓的承载能力,是由地脚螺栓本身所具有的强度和它在混凝土中的锚固强度所决定的。前者在设计时,根据作用于地脚螺栓上的最不利荷载,通过选择螺栓钢材的材质(一般用 Q235 钢)和螺栓的直径来确定;后者则需根据有关经验资料进行验算或作地脚螺栓锚固深度的计算来确定。在施工中,当地脚螺栓安装与钢筋、埋设管线相碰需改变深度时,也要进行此类验算	

续上表

<table>
<tr><th>项目</th><th>计算方法及公式</th><th>符号意义</th></tr>
<tr><td>螺栓锚固强度</td><td>地脚螺栓锚固强度的计算方法多按黏结力计算。
对于弯钩螺栓(包括直钩、弯折和鱼尾形螺栓),其锚固强度的计算,一般只考虑埋入混凝土基础内的螺杆表面与混凝土的黏结力。而不考虑螺栓端部的弯钩在混凝土基础内的锚固作用。锚固强度按下式计算:
$$F = \pi d \cdot h \cdot \tau_b \quad (8\text{-}108)$$
锚固深度计算时,应考虑一定的安全度:
$$h \geqslant \frac{F}{\pi d[\tau_b]} \quad (8\text{-}109)$$
当 F 值未知时,则以地脚螺栓截面抗拉强度代替,即 $F = \frac{\pi}{4}d^2 f_y$,则
$$h \geqslant \frac{d \cdot f_y}{4[\tau_b]} \quad (8\text{-}110)$$
一般光圆螺栓在混凝土中锚固深度为 $(20 \sim 30)d$,有弯钩时为 $(15 \sim 20)d$</td><td rowspan="2">F——锚固力,即作用于地脚螺栓上的轴向拔出力,N;
d——地脚螺栓直径,mm;
h——地脚螺栓在混凝土基础内的锚固深度,mm;
τ_b、$[\tau_b]$——混凝土与地脚螺栓表面的黏结强度和容许黏结强度,MPa;一般在普通混凝土中,取 τ_b = 2.5 ~ 3.5MPa,$[\tau_b]$ = 1.5 ~ 2.5MPa;
f_y——地脚螺栓的抗拉强度,MPa;Q235 号钢时,f_y = 210MPa;
u——锚板周长,mm;
h——锚固深度,mm;
$[\tau]$——混凝土的容许剪切强度,MPa;
b——锚板边长,mm;
d——螺栓直径,mm;
f_c——混凝土的局部挤压强度设计值,MPa;
A——破坏锥体侧面积,mm^2;
τ_s、σ_s——破坏锥体侧面的切向和法向平均应力,MPa;
α——破坏锥体母线与水平面的夹角,(°);
h_1——破坏锥体高度(通常与锚固深度相同),mm;
R、r——破坏锥体大小底面的半径,mm</td></tr>
<tr><td>锚板锚固深度</td><td>死螺栓中的锚板螺栓以及活螺栓中的丁头螺栓、拧入螺栓和对拧螺栓的螺杆端部均带有锚板。计算时一般不考虑地脚螺栓与混凝土的黏结力,而均按锚板锚固强度计算。锚固能力全由锚板通过基础混凝土承担。计算方法有以下三种:
(1)按冲切强度计算
假定螺栓承受的轴向拔出力 F 完全由锚板周边对混凝土的冲切而产生的内力来平衡。则锚固力 F 可由下式计算:
$$F \leqslant u \cdot h \cdot [\tau] \quad (8\text{-}111)$$
(2)按局部抗压强度计算
锚板通常采用正方形,假定其尺寸由基础混凝土的局部抗压强度决定,计算公式如下:
$$F \leqslant \left(b^2 - \frac{\pi d^2}{4}\right)f_c \quad (8\text{-}112)$$
若以 $F = \frac{\pi d^2}{4} \cdot f_y$ 代入,整理得:
$$b \geqslant \frac{d}{2}\sqrt{\pi(1 + \frac{f_y}{f_c})} \quad (8\text{-}113)$$
b 值一般按经验确定,不作计算。死螺栓的锚板尺寸,按《冶金工业轧钢设备基础设计规程》(YS14 - 79)规定,锚板边长 b 应不小于 $5d$。
(3)按锥体破坏计算
假定地脚螺栓到基础边缘有足够的距离,锚板螺栓在轴向力 F 作用下,地脚螺栓及其周围混凝土以圆台锥形从基础中拔出破坏,如下图所示,沿破裂面作用有切向应力 τ_s 和法向应力 σ_s,由力系平衡条件得:
$$F = A(\tau_s \sin\alpha + \sigma_s \cos\alpha) \quad (8\text{-}114)$$
$$A = \pi \cdot \frac{h_1}{\sin\alpha}(R + r) \quad (8\text{-}115)$$
使 $r = \frac{b}{\sqrt{\pi}}$,$R = h_1 \cot\alpha + r$</td></tr>
</table>

项目	计算方法及公式	符号意义
锚板锚固深度	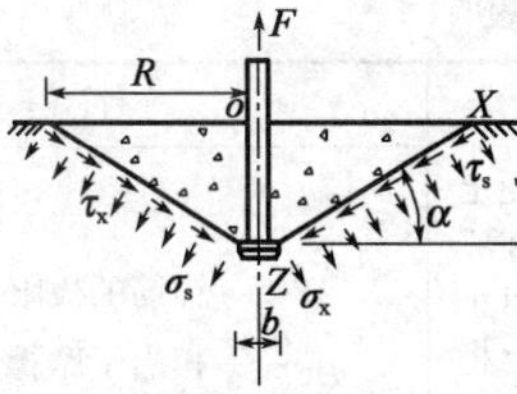 锚板螺栓计算简图 且令 $\sigma_F=\tau_s\sin\alpha+\sigma_s\cos\alpha$ 代入式(8-114)得: $F=\dfrac{\sqrt{\pi}\cdot h_1}{\sin\alpha}(\sqrt{\pi}h_1\cot\alpha+2b)\sigma_F$ (8-116) 由试验得出,当 $\dfrac{b}{h_1}$ 在 0.19~1.9 时,$\alpha=21°$,$\sigma_F=0.0203f_{ce}$ 代入式(8-116)得: $F=\dfrac{2\times0.0203}{\sin21°}\sqrt{\pi}f_{ce}(\dfrac{\sqrt{\pi}}{2}h_1^2\cot21°+bh_1)$ $=0.2f_{ce}(2.3h_1^2+bh_1)$ (8-117) 按式(8-117)计算时,尚应考虑材料的均质性、耐久性等各种安全使用因素,已知 F、f_{ce}、b 值,即可求得螺栓需要锚固深度。按式(8-117),取 $b=5d$、安全系数为 2 考虑,一般算得的锚固深度 h 约为 $10d$,在《冶金工业轧钢设备基础设计规程》(YS14—79)中,对锚板螺栓的锚固深度规定为 $(10\sim20)d$	f_{ce}——混凝土抗压强度设计值,MPa

例 8-14 地脚螺栓采用 Q235 钢,已知 $[\tau_b]=2.5$MPa,试求螺栓需锚固的深度。

解 由式(8-110)得:

$$h=\frac{df_y}{4[\tau_b]}=\frac{210d}{4\times2.5}=21d$$

故需锚固深度为 21 倍直径。

例 8-15 地脚螺栓直径 64mm,承受轴向拔出力 $F=675$kN,采用锚板尺寸 $b=350$mm,混凝土采用 C20,$[\tau_b]=2.5$MPa,$f_{ce}=10$MPa,试求锚板需锚固的深度。

解 按冲切强度需要锚固深度,由式(8-111)得:

$$h=\frac{F}{u\cdot[\tau]}=\frac{675000}{4\times350\times2.5}=193\text{mm}$$

按锥体破坏需要锚固深度,由式(8-117)得:

$$F=0.2f_{ce}(2.3h^2+bh)$$

$$675000=0.2\times10\times(2.3h^2+350h)$$

$$4.6h^2+700h-675000=0$$

解得:$h=315$mm

取二者中的较大值,并取安全系数为 2,则需锚固深度为:

$$2h=2\times315=630\text{mm}\approx10d(=640\text{mm})$$

2.7 预埋铁件计算

预埋铁件计算　　表 8-45

项目	计算方法及公式	符号意义
预 埋 铁 件	在结构工程及临时工程中，广泛地应用预埋铁件作为钢筋混凝土结构的连接件或支承件。预埋铁件的计算，通常应用“剪力—摩擦”理论，即假定：①预埋铁件承受剪力时，由垂直于受剪面的锚筋阻止其变位，因混凝土无法对钢筋施加剪力，全靠最前面一段混凝土将锚筋握裹住，因而使锚筋实际是在受拉状态下工作；②受剪面不论采用哪种黏结形式，受剪钢筋的锚固长度大于或等于 10 倍锚筋直径时，即可充分发挥其作用，它的强度可认为已经达到屈服点 σ_T，其极限抗剪力 V 可用下式表示： $V = \mu_0 A_s \sigma_T$　　(8-118) 由试验知，预埋铁件被破坏之前，剪切面先开裂，使锚筋受拉，剪切面将产生摩阻力来承担剪力。抗剪能力是由剪切面的摩擦所决定。 以下为几种常用的不同受力情况下的预埋件计算： (1)承受剪切荷载的预埋件计算(如图 a) $K_1 V_j \leqslant \mu(A_{s1} + A_{s2}) f_{sv}$　　(8-119) 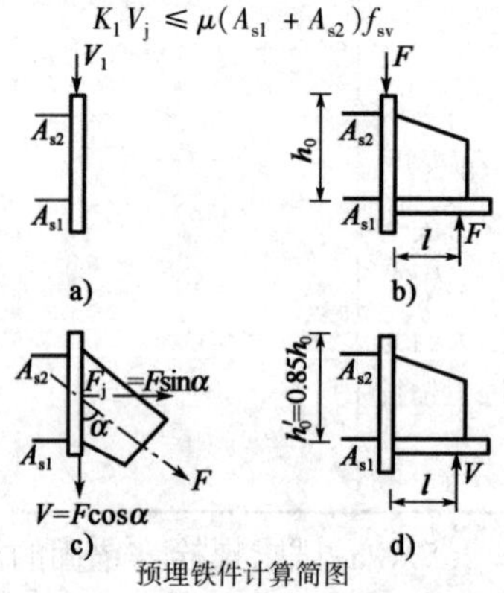 预埋铁件计算简图 a)承受剪力荷载；b)承受纯弯荷载；c)承受轴心受拉荷载；d)承受弯剪荷载 (2)承受纯弯荷载的预埋件计算(如图 b) $K_2 M_j \leqslant h_0 A_{s1} f_{st}$　　(8-120) (3)承受轴心拉剪荷载的预埋件计算(如图 c) $K_3 F_j \leqslant \dfrac{A_s f_{st}}{\sin\alpha + \dfrac{\cos\alpha}{\mu_1 \mu_2}}$　　(8-121) (4)承受弯剪荷载的预埋件计算(如图 d) $K_1 V_j \leqslant 1.5 A_{s1} f_{st1} + A_{s2} f_{st2}$　　(8-122) $K_2 M_j \leqslant 0.85 h_0 A_{s1} f_{st1}$　　(8-123)	V——锚筋的极限抗剪力； μ_0——相当于摩擦系数，随剪面的黏结形式而变化，愈粗糙，μ_0 值愈大； A_s——受剪钢筋的截面面积； σ_T——钢筋的极限屈服强度； V_j——作用于预埋件的剪切荷载； K_1——抗剪强度设计安全系数； μ——摩擦系数，取 $\mu=1$； A_{s1}、A_{s2}——下部及上部钢筋截面面积，当为双排锚筋时，$A_{s1}=A_{s2}$； f_{sv}——钢筋在混凝土中的抗剪强度设计值，取 $0.7f_{st}$； M_j——作用于预埋件的纯弯矩，$M_j=Fl$； K_2——抗弯强度设计安全系数； h_0——加荷牛腿顶点至受拉锚筋的距离； f_{st}——锚筋抗拉强度设计值； F_j——作用于预埋件的拉力； K_3——抗拉剪强度设计安全系数； A_s——总锚筋面积，为 $A_{s1}+A_{s2}$； α——外力 F 与预埋件的轴线夹角； μ_1——系数，与 α 角的大小有关，当 $\alpha=30°$，$\mu_1=0.9$；$\alpha=45°$，$\mu_1=0.8$；$\alpha=60°$，$\mu_1=0.7$； μ_2——摩擦系数，取 $\mu_2=1$； f_{st1} f_{st2}——分别为锚筋 A_{s1}、A_{s2} 的计算抗拉强度设计值

例 8-16　一承受弯剪荷载预埋件，已知 $V=12\text{kN}$，$l=0.3\text{m}$，$h_0=0.4\text{m}$，锚筋用 2 根 $\phi10\text{mm}$ 钢筋，$f_{st}=215\text{MPa}$，$K_1=1.55$，$K_2=1.50$，试验算是否安全。

解　由式(8-121)、式(8-123)得：

$$K_1 V_j = 1.55 \times 12 = 18.6\text{kN}$$

$$K_2 M_j = 1.50 \times 12 \times 0.3 = 5.4\text{kN}\cdot\text{m}$$

$$1.5 A_{s1} f_{st1} = 1.5 \times 78.5 \times 215 = 25\ 316\text{N} = 25.31\text{kN} > K_1 V_j = 18.6\text{kN}$$

$$0.85 h_0 A_{s1} f_{st1} = 0.85 \times 400 \times 78.5 \times 215 \times 10^6 = 5.7\text{kN}\cdot\text{m} > K_2 M_j = 5.4\text{kN}\cdot\text{m}$$

故预埋件安全。

第9章　圬工及混凝土工程

1　砂浆及砖石砌体施工计算

1.1　砌筑用砂浆的配合比计算

砌筑用砂浆的配合比计算　　表9-1

计算步骤、方法及公式	符号意义
水泥砂浆、水泥混合砂浆配合比按以下步骤方法计算： 1. 计算砂浆试配强度$f_{m,0}$ 砂浆试配强度，可按下式确定： $f_{m,0}=f_2+0.645\sigma$　　(9-1) 2. 计算每立方米砂浆中的水泥用量Q_C(kg/m³)，每立方米砂浆中的水泥用量可按下式计算： $Q_C=\frac{1000(f_{m,0}-B)}{A\cdot f_{ce}}$　　(9-2) 当计算出水泥砂浆中的水泥用量不足200kg/m³时，应按200kg/m³采用。 3. 按水泥用量Q_C计算掺加料用量Q_D水泥混合砂浆的掺加料用量可按下式计算： $Q_D=Q_A-Q_C$　　(9-3) 石灰膏不同稠度时，其换算系数可按表9-3进行换算。 4. 确定砂用量Q_S $Q_S=\rho_s(1+\alpha)$　　(9-4) 当含水率小于0.5%时，以砂的堆积密度值作为计算值。 5. 按砂浆稠度选用用水量Q_w 每立方米砂浆中的用水量，可根据经验公式按表9-4选用。 6. 进行砂浆试配 试配时应采用现场实际使用的材料；搅拌方法应与施工时使用的方法相同。 按计算配合比进行试拌，测定其拌和物的稠度和分层度，若不能满足要求，则应调整用水量或掺加料，直到符合要求为止。然后确定为试配时的砂浆基准配合比。 试配时至少应采用3个不同的配合比，其中一个为按以上试拌得出的基准配合比，另外两个配合比的水泥用量按基准配合比分别增加或减少10%，在保证稠度、分层度合格的条件下，可将用水量或掺加料用量作相应的调整。3个不同的配合比，经调整后，应按国家现行标准《建筑砂浆基本性能试验方法》的规定制作试件，测定砂浆强度等级；并选定符合强度要求且水泥用量较少的砂浆配合比。 砂浆配合比确定后，当原材料有变更时，其配合比必须重新通过试验确定。 表9-5为砌筑用常用砂浆的参考配合比。 表9-6为砌筑用常用粉煤灰砂浆的参考配合比	$f_{m,0}$——砂浆的试配强度，精确至0.1MPa； f_2——砂浆的设计强度（即砂浆抗压强度平均值），MPa； σ——砂浆现场强度标准差，精确至0.1MPa，当不具备近期统计资料时，可按表9-2取用： $\sigma=\sqrt{\frac{\sum_{i=1}^{n}f_{m,i}^2-N\mu_{m,i}^2}{N-1}}$ $f_{m,i}$——统计周期内同一品种砂浆第i组试件的强度，MPa； $\mu_{m,i}$——统计周期内同一品种砂浆N组试件强度的平均值，MPa； N——统计周期内同一品种砂浆试件的总组数，$N\geq25$； f_{ce}——实测强度值f_{ce}，精确至0.1MPa。当无法取得水泥的实测强度值f_{ce}时，精确至0.1MPa，可按下式计算： $f_{ce}=r_c\cdot f_{ce,k}$ A、B——砂浆的特征系数，应按表9-4取用； $f_{ce,k}$——水泥商标号对应的强度值，MPa； r_c——水泥标号值的富余系数，该值应按实际统计资料确定，无统计资料时，r_c取1.0； Q_D——每立方米砂浆的掺加用料量，kg/m³； Q_A——每立方米砂浆中胶结料和掺加料的总量，kg/m³，一般应在300～350kg/m³之间； Q_C——每立方米砂浆中的砂子用量，kg/m³； ρ_s——砂的堆积密度，一般取1450kg/m³； α——砂的含水率

砂浆强度标准差 σ 的选用值(MPa) 表 9-2

施工水平 \ 砂浆强度等级	M2.5	M5.0	M7.5	M10.0	M15.0
优良	0.50	1.00	1.50	2.00	3.00
一般	0.62	1.25	1.88	2.50	3.75
较差	0.75	1.50	2.25	3.00	4.50

石灰膏不同稠度时的换算系数 表 9-3

石灰膏稠度(mm)	120	110	100	90	80	70	60	50	40	30
换算系数	1.00	0.99	0.97	0.95	0.93	0.92	0.90	0.88	0.87	0.86

***A*、*B* 系数表及每立方米砂浆中用水量选用值** 表 9-4

砂 浆 品 种	水泥混合砂浆	水 泥 砂 浆
用水量(kg/m^3)	260 ~ 300	270 ~ 330
A	1.5	1.03
B	-4.25	-3.50

注:①混合砂浆中的用水量,不包括石灰膏或黏土膏中的水;

②当采用细砂或粗砂时,用水量分别取上限或下限;

③稠度小于 70mm 时,用水量可小于下限;

④施工现场气候炎热或干燥季节,可酌量增加水量;

⑤各地区也可以用本地区试验资料确定的 *A*、*B* 值,统计用的试验组数不得少于 30 组。

常用砌筑砂浆配合比参考表 表 9-5

砂浆强度等级	质量配合比			材料用量(kg/m^3)			外加剂掺量(%)
	水泥	石灰膏	砂子	水泥	石灰膏	砂子	
M1.0	1	1.53 ~ 1.57	17.0 ~ 15.3	85 ~ 95	130 ~ 150	1430 ~ 1450	1 ~ 3
M2.5	1	0.92 ~ 1.00	12.0 ~ 11.2	120 ~ 130	110 ~ 130	1430 ~ 1450	1 ~ 2
M5.0	1	0.52 ~ 0.58	8.53 ~ 7.63	170 ~ 190	90 ~ 110	1430 ~ 1450	1 ~ 2
M7.5	1	0.33 ~ 0.39	6.9 ~ 6.3	210 ~ 230	70 ~ 90	1430 ~ 1450	1
M10.0	1	0.15 ~ 0.22	5.6 ~ 5.2	260 ~ 280	40 ~ 60	1430 ~ 1450	0

注:石灰膏稠度为 120mm,机械拌和。

常用砌筑粉煤灰砂浆配合比参考表 表 9-6

砂浆强度等级	质量配合比			材料用量(kg/m^3)		
	水泥	粉煤灰	砂子	水泥	粉煤灰	砂子
M5.0	1	0.63	9.10	160	102	1450
M7.5	1	0.45	7.25	200	90	1450
M10.0	1	0.31	5.60	260	80	1450

例 9-1 用 425 号普通硅酸盐水泥,含水率 2% 的中砂,堆积密度为 1480kg/m^3,掺用石灰膏,稠度为 105mm,施工水平为一般,试配制砌筑用 M10 等级水泥石灰砂浆,稠度要求 50 ~ 70mm。

解 1. 计算试配强度 $f_{m,0}$

已知 $f_2 = 7.5\text{MPa}$，由表 9-2 得 $\sigma = 2.50\text{MPa}$，则有：

$$f_{m,0} = 10 + 0.645 \times 2.5 = 11.6\text{MPa}$$

2. 计算水泥用量 Q_C

查表 9-4 得：$A = 1.5$，$B = -4.25$，$f_{ce} = 4.25\text{MPa}$ 则：

$$Q_C = \frac{1000(f_{m,0} - B)}{A \times f_{ce}}$$

$$= \frac{1000 \times (11.6 + 4.25)}{1.5 \times 42.5} = 248.6\text{kg/m}^3$$

3. 计算石灰膏用量 Q_D

取 $Q_A = 300\text{kg/m}^3$，则：

$Q_D = Q_A - Q_C = 300 - 203 = 97\text{kg/m}^3$

石灰膏稠度 105mm 换算成 120mm，查表 9-3 得换算系数为 0.98，得到 $Q_D = 97 \times 0.98 = 95\text{kg/m}^3$

4. 计算用砂量 Q_S

根据砂子堆积密度和含水率计算砂的用量为：

$$Q_S = 1480 \times (1 + 0.02) = 1510\text{kg/m}^3$$

5. 选择用水量 Q_W

根据表 9-4 选择用水量 $Q_W = 260\text{kg/m}^3$

6. 确定配合比

由以上计算得出砂浆试配时，各材料的用量比例为：

水泥:石灰膏:砂:水 = 249:95:1510:260

= 1:0.38:6.06:1.05

1.2 各龄期水泥砂浆强度增长关系

水泥砂浆相对强度的参考百分率　　表 9-7

硬化时间（昼夜）	各种温度(℃)下硬化的砂浆强度(%)									
	1	5	10	15	20	25	30	35	40	50
1	1	4	6	9	13	18	23	27	32	42
1.5	2	6	9	14	19	25	31	37	43	61
2	3	8	12	18	24	30	38	41	54	75
3	5	11	18	25	33	42	49	58	66	85
5	9	19	28	37	43	54	61	70	77	94
7	15	25	37	47	56	64	72	79	87	95
10	23	35	48	59	68	75	82	89	94	
14	31	45	60	71	79	86	92	96	100	
21	42	58	74	85	91	96	100	103		
28	52	68	83	94	100	104				

各龄期水泥砂浆强度增长关系 表 9-8

硬化温度 15 ~ 25℃时相对强度							
龄期	3d	7d	14d	28d	60d	90d
相对强度(%)	25	50	75	100	120	130

注:①以 28d 砂浆强度为 100%;

②在低温下,砂浆强度比在正常温度 15 ~ 25℃时降低的百分率大致如下:1 ~ 4℃时,降低 40%;5 ~ 9℃时,降低 20%;10 ~ 14℃时,降低 10%。

1.3 圬工砌体工程量的计算

1.3.1 桥梁墩台砌体工程量

桥梁墩台砌体体积 V 的计算 表 9-9

<table>
<tr><th>项目</th><th>桥梁墩台简图</th><th>计算公式</th></tr>
<tr><td>圆头桥墩</td><td rowspan="2">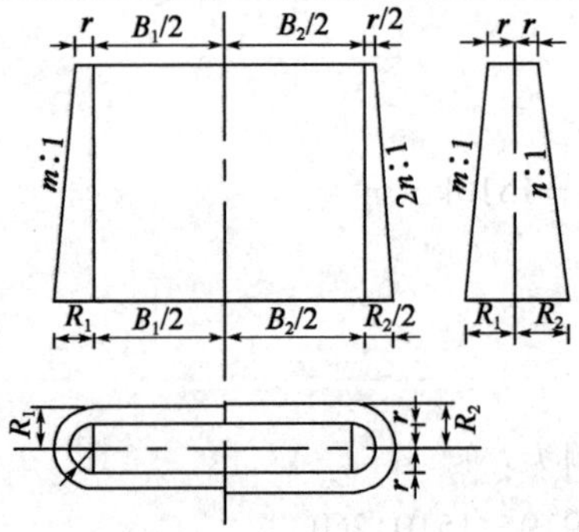</td><td>$$V = B_1H(r + R_1) + \frac{1}{2}\pi H(r^2 + rR_1 + R_1^2) \quad (9\text{-}5)$$ $$A_s \approx [2B_1H + \pi H(r + R_1)] \cdot \sqrt{\left(1 + \frac{1}{m}\right)^2} \approx 2B_1H + \pi(r + R_1) \quad (9\text{-}6)$$</td></tr>
<tr><td>椭圆头桥墩</td><td>$$V = B_2H(r + R_2) + \frac{1}{6}\pi H(r^2 + rR_2 + R_2^2) \quad (9\text{-}7)$$ $$As \approx 2B_2H + \frac{3}{4}\pi H(r + R_2) \quad (9\text{-}8)$$</td></tr>
<tr><td>U形桥台台身</td><td rowspan="2">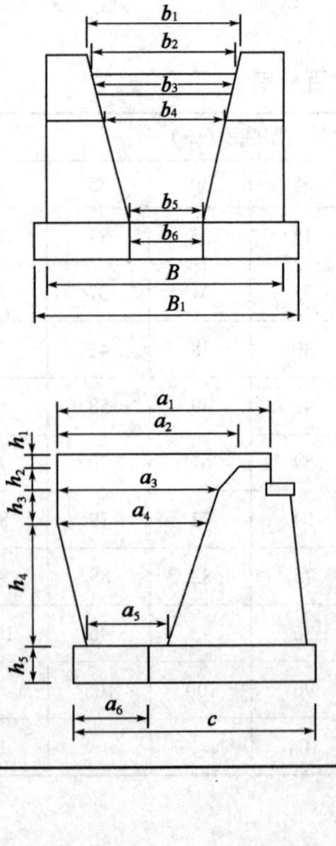</td><td>$$V_{实} = V_{总} - V_{空} \quad (9\text{-}9)$$ $V_{总} = BA$(B 为桥台宽;A 为侧墙正面面积) (9-10) $$V_{空} = \sum_1^4 V_X \quad (9\text{-}11)$$ $$V_1 = \frac{1}{6}a_1h_1(b_1 + b_2) \quad (9\text{-}12)$$ $$V_2 = \frac{1}{6}h_2[a_2b_2 + a_3b_3 + (a_2 + a_3)(b_2 + b_3)] \quad (9\text{-}13)$$ $$V_3 = \frac{1}{6}h_3[a_3b_3 + a_4b_4 + (a_3 + a_4)(b_3 + b_4)] \quad (9\text{-}14)$$ $$V_4 = \frac{1}{6}h_4[a_4b_4 + a_5b_5 + (a_4 + a_5)(b_4 + b_5)] \quad (9\text{-}15)$$ 当 $b_5 = 0$ 时: $$V_4 = \frac{1}{6}b_4h_4(2a_4 + a_5) \quad (9\text{-}16)$$</td></tr>
<tr><td>台基</td><td>$$V = (B_1c - b_6a_6)h_5 \quad (9\text{-}17)$$</td></tr>
</table>

1.3.2 八字翼墙工程量

八字翼墙工程量计算公式 表 9-10

1. 八字翼墙墙身体积计算(单个翼墙)

类 别	计 算 公 式	计 算 简 图
棱台体公式 (A_1 与 A_2 平行时)	$V=\frac{1}{6}G(A_1+4A+A_2)$ (9-18) A_1、A_2——翼墙两端面积; A——翼墙中部面积; G——翼墙长度	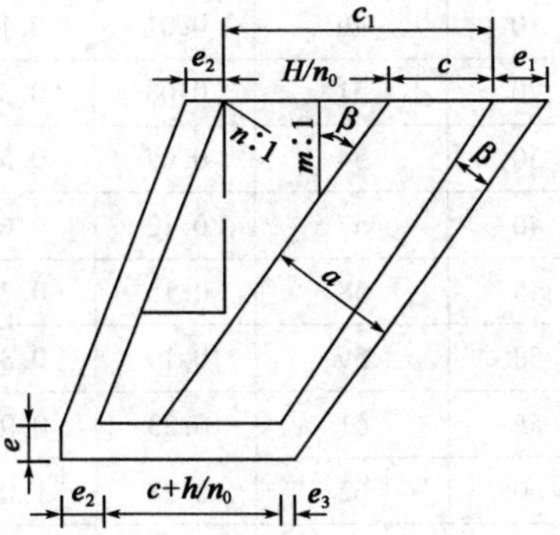
公路设计手册 (涵洞) 建议公式	$V=\frac{1}{2}Cm_0(H^2-h^2)+\frac{m_0}{6n_0}(H^3-h^3)$ $=\psi(H^2-h^2)+\eta(H^3-h^3)$ (9-19) $\psi=\frac{1}{2}Cm_0$;$\eta=\frac{m_0}{6n_0}$ ψ、η 均可从下表直接查得	正八字墙大样 m:1-路基边坡;n:1-翼墙垂直断面的背坡;n_0:1-翼墙平行于端墙方向的背坡;a-翼墙垂直顶宽

2. 八字翼墙墙基体积计算

涵洞手册 建议公式	$V=[\xi(H-h)+\chi(H^2-h^2)]d+\chi d$ (9-20) $\xi=m_0(C+e_1+e_2)$;$\lambda=\frac{1}{2}\frac{m_0}{n_0}$;$\chi=\left(e_2+e_3+C+\frac{h}{n_0}\right)e$ ξ、λ、χ 均可从下表查得。 d——基础厚度

3. 单个正翼墙体积计算系数

翼墙张角 β(°)	墙身		基础				
	ψ	η	ξ		λ	$\chi(h=40)$	
			$e=20$	$e=10$		$e=20$	$e=10$
0	0.300	0.0625	1.20	0.90	0.188	0.180	0.07
10	0.303	0.0613	1.22	0.92	0.185	0.18	0.071
20	0.323	0.0630	1.27	0.96	0.190	0.190	0.074
30	0.345	0.0667	1.36	1.02	0.200	0.203	0.079
40	0.390	0.0738	1.53	1.14	0.221	0.227	0.088
50	0.465	0.0862	1.82	1.37	0.259	0.270	0.104
60	0.600	0.1092	2.32	1.76	0.328	0.345	0.135

注:本表为 $m_0=1.5$,$n=4$,$a=40$cm 时翼墙计算系数。

两个八字正翼墙墙身及基础体积　表 9-11

$m=1.5, n=4, \varphi=0°, \beta=30°, a=40\text{cm}, h=0, d=0.60$									
各部尺寸		体积(m^3)			各部尺寸		体积(m^3)		
墙身高	根部底宽	墙身部分	基础部分		墙身高	根部底宽	墙身部分	基础部分	
H	C		$e=20$	$e=10$	H	C		$e=20$	$e=10$
(cm)			(cm)		(cm)			(cm)	
10	49	0.01	0.17	0.12	190	97	3.41	3.97	3.19
20	51	0.03	0.34	0.25	195	98	3.61	4.10	3.30
30	54	0.07	0.51	0.39	200	99	3.83	4.23	3.51
40	57	0.12	0.69	0.53	205	101	4.05	4.36	3.52
45	58	0.15	0.78	0.60	210	102	4.28	4.49	3.63
50	59	0.19	0.88	0.68	215	103	4.51	4.63	3.75
55	61	0.23	0.97	0.75	220	105	4.76	4.75	3.85
60	62	0.28	1.07	0.82	225	106	5.01	4.89	3.97
65	63	0.33	1.16	0.90	230	107	5.27	5.02	4.09
70	65	0.38	1.26	0.97	235	109	5.54	5.16	4.26
75	66	0.44	1.36	1.05	240	110	5.82	5.30	4.32
80	67	0.51	1.46	1.13	245	111	6.10	5.44	4.44
85	69	0.58	1.56	1.21	250	113	6.40	5.58	4.56
90	70	0.66	1.66	1.29	255	114	6.70	5.72	4.68
95	71	0.74	1.77	1.38	260	115	7.01	5.87	4.80
100	73	0.82	1.87	1.46	265	117	7.33	6.02	4.93
105	74	0.91	1.98	1.55	270	118	7.65	6.15	5.05
110	75	1.01	2.09	1.64	275	119	7.99	6.30	5.18
115	77	1.12	2.19	1.73	280	121	8.34	6.45	5.31
120	78	1.23	2.30	1.81	285	122	8.69	6.60	5.44
125	79	1.34	2.42	1.91	290	123	9.05	6.75	5.57
130	81	1.46	2.53	2.00	295	125	9.43	6.90	5.70
135	82	1.59	2.64	2.09	300	126	9.81	7.05	5.83
140	83	1.72	2.76	2.18	305	127	10.2	7.21	5.97
145	85	1.86	2.87	2.28	310	129	10.63	7.36	6.10
150	86	2.00	2.99	2.38	315	130	11.01	7.53	6.24
155	87	2.15	3.11	2.47	320	131	11.43	7.68	6.37
160	89	2.31	3.23	2.57	325	133	11.86	7.84	6.51
165	90	2.48	3.35	2.67	330	134	12.31	8.00	6.65
170	91	2.65	3.47	2.77	335	135	12.76	8.16	6.79
175	93	2.83	3.59	2.88	340	137	13.22	8.32	6.94
180	94	3.01	3.72	2.98	345	138	13.69	8.49	7.08
185	95	3.21	3.84	3.09	350	139	14.17	8.65	7.22

续上表

$m=1.5,n=4,\varphi=0°,\beta=30°,a=40\text{cm},h=0,d=0.60$									
各部尺寸		体积(m^3)			各部尺寸		体积(m^3)		
墙身高	根部底宽	墙身部分	基础部分		墙身高	根部底宽	墙身部分	基础部分	
H	C		$e=20$	$e=10$	H	C		$e=20$	$e=10$
(cm)			(cm)		(cm)			(cm)	
355	141	14.66	8.82	7.37	530	187	39.23	15.39	13.23
360	142	15.16	8.99	7.52	535	189	40.16	15.60	13.42
365	143	15.67	9.16	7.67	540	190	41.11	15.81	13.61
370	145	16.20	9.32	7.81	545	191	42.07	16.02	13.80
375	146	16.73	9.50	7.97	550	193	43.05	16.24	13.99
380	147	17.28	9.67	8.12	555	194	44.05	16.45	14.19
385	149	17.83	9.84	8.27	560	195	45.05	16.67	14.38
390	150	18.40	10.02	8.42	565	197	46.07	16.88	14.58
395	151	18.98	10.19	8.58	570	198	47.10	17.10	14.77
400	153	19.57	10.37	8.74	575	199	48.15	17.32	14.97
405	154	20.17	10.55	8.90	580	201	49.22	17.54	15.17
410	155	20.79	10.73	9.05	585	202	50.30	17.76	15.37
415	157	21.41	10.91	9.21	590	203	51.40	17.98	15.58
420	158	22.05	11.09	9.37	595	205	52.51	18.21	15.78
425	159	22.70	11.27	9.54	600	206	53.63	18.43	15.98
430	161	23.36	11.46	9.70	605	207	54.77	18.66	16.19
435	162	24.03	11.64	9.87	610	209	55.93	18.89	16.40
440	163	24.72	11.83	10.03	615	210	57.10	19.11	16.61
445	165	25.41	12.02	10.20	620	211	58.29	19.34	16.81
450	166	26.12	12.20	10.37	625	213	59.49	19.58	17.03
455	167	26.84	12.39	10.54	630	214	60.72	19.87	17.24
460	169	27.58	12.59	10.71	635	215	61.95	20.04	17.45
465	170	28.32	12.78	10.88	640	217	63.20	20.28	17.66
470	171	29.08	12.97	11.05	645	218	64.47	20.51	17.88
475	173	29.85	13.17	11.23	650	219	65.76	20.75	18.10
480	174	30.64	13.36	11.40	655	221	67.06	20.99	18.31
485	175	31.44	13.56	11.58	660	222	68.32	21.23	18.53
490	177	32.25	13.76	11.76	665	223	69.71	21.47	18.75
495	178	33.07	13.96	11.94	670	225	71.06	21.71	18.97
500	179	33.91	14.16	12.12	675	226	72.44	21.95	19.20
505	181	34.77	14.36	12.30	680	227	73.82	22.20	19.42
510	182	35.63	14.57	12.48	685	229	75.22	22.44	19.65
515	183	36.51	14.77	12.67	690	230	76.68	22.69	19.87
520	185	37.40	14.98	12.85	695	231	78.08	22.94	20.10
525	186	38.31	15.18	13.04	700	233	79.53	23.18	20.33

注：①本表适用于正交八字翼墙$\beta=30°$的情况。当$\beta\neq30°$时，翼墙墙身及基础体积应分别乘以系数$K_{身}$及$K_{基}$。$K_{身}$及$K_{基}$列于表9-12；

②利用本表及下表也可计算斜交斜做涵洞中正翼墙的墙身及基础体积。

八字翼墙墙身及基础体积计算系数值 表 9-12

项目 \ 系数值	H (m)	翼墙张角 β(°) 0	5	10	15	20	25	30	35	40	45	50	55	60
$K_身$ 翼墙墙身	1	0.880	0.879	0.898	0.899	0.938	0.958	1.000	1.064	1.127	1.232	1.339	1.508	1.723
	2	0.888	0.886	0.902	0.903	0.939	0.959	1.000	1.062	1.124	1.225	1.332	1.498	1.711
	3	0.894	0.891	0.905	0.907	0.939	0.960	1.000	1.060	1.122	1.221	1.327	1.490	1.702
	4	0.899	0.895	0.907	0.909	0.940	0.961	1.000	1.059	1.120	1.217	1.324	1.484	1.695
	5	0.903	0.898	0.909	0.912	0.940	0.962	1.000	1.058	1.119	1.214	1.321	1.480	1.689
	6	0.906	0.901	0.911	0.913	0.941	0.962	1.000	1.057	1.118	1.211	1.318	1.476	1.684
	7	0.908	0.903	0.912	0.915	0.941	0.963	1.000	1.057	1.117	1.209	1.316	1.473	1.681
$K_基$(e=20cm) 翼墙基础	1	0.890	0.888	0.901	0.908	0.936	0.957	1.000	1.057	1.122	1.216	1.333	1.479	1.697
	2	0.895	0.893	0.903	0.910	0.938	0.958	1.000	1.056	1.120	1.213	1.328	1.474	1.691
	3	0.900	0.897	0.906	0.912	0.939	0.959	1.000	1.055	1.119	1.210	1.325	1.470	1.686
	4	0.904	0.900	0.907	0.914	0.940	0.959	1.000	1.054	1.118	1.207	1.322	1.467	1.681
	5	0.907	0.903	0.909	0.915	0.941	0.960	1.000	1.053	1.117	1.206	1.320	1.464	1.678
	6	0.909	0.905	0.910	0.916	0.941	0.960	1.000	1.053	1.116	1.204	1.318	1.462	1.675
	7	0.912	0.907	0.911	0.917	0.942	0.961	1.000	1.052	1.115	1.203	1.316	1.460	1.672
$K_基$(e=10cm) 翼墙基础	1	1.138	1.136	1.152	1.161	1.197	1.224	1.279	1.352	1.435	1.555	1.704	1.891	2.170
	2	1.110	1.107	1.120	1.128	1.162	1.187	1.239	1.308	1.389	1.503	1.646	1.827	2.096
	3	1.089	1.085	1.096	1.104	1.136	1.160	1.210	1.276	1.354	1.464	1.603	1.778	2.040
	4	1.073	1.068	1.077	1.085	1.115	1.138	1.187	1.251	1.326	1.433	1.569	1.741	1.996
	5	1.059	1.054	1.062	1.069	1.099	1.121	1.168	1.230	1.304	1.408	1.542	1.710	1.960
	6	1.049	1.043	1.055	1.057	1.086	1.107	1.153	1.214	1.286	1.388	1.520	1.686	1.932
	7	1.040	1.034	1.039	1.046	1.074	1.095	1.140	1.206	1.271	1.371	1.501	1.665	1.900

注：参见表 9-11 有关说明，其中：$K_身=\frac{\varphi+\eta H}{0.345+0.0667H}$；$K_基(e=20)=\frac{\zeta+\lambda H}{1.36+0.200H}$；$K_基(e=10)=\frac{\zeta+\lambda H}{1.02+0.200H}$。

例 9-2 某正交涵洞，上游洞口八字翼墙张角 $\beta=30°$，高 $H=4\text{m}$，$h=0.4\text{m}$，墙顶宽 $a=0.40\text{m}$，翼墙正背坡为 4∶1（$n=4$），基础深度 $d=0.60\text{m}$，襟边宽 $e=0.20\text{m}$，路基边坡 1∶1.5（$m=1.5$），求上游洞口两个翼墙墙身基础圬工体积。

解 1.求两个翼墙墙身体积

查表 9-10 内 3 知，当 $\beta=30°$时，$\psi=0.345$，$\eta=0.0667$，按公式可得：

$$V=2[\psi(H^2-h^2)+\eta(H^3-h^3)]$$
$$=2\times[0.345(4^2-0.40^2)+0.0667(4^3-0.4^3)]$$
$$=19.46\text{m}^3$$

也可直接查表 9-11 得：

$$V_身(H=4.0\text{m})=19.57\text{m}^3$$

$$V_身(h=0.40\text{m})=0.12\text{m}^3$$

$$V_{身}=19.57-0.12=19.45\text{m}^3$$

2.求两个翼墙基础体积

$\beta=30°$，$e=0.20$m，查表9-10内3可知：

$$\xi=1.36,\lambda=0.20,\chi=0.203$$

按表9-10中墙基体积公式计算：

$$V_{基}=2\{[\xi(H-h)+\chi(H^2-h^2)]d+\chi\cdot d\}$$
$$=2\{[1.36(4-0.40)+0.20(4^2-0.40^2)]\times0.60+0.203\times0.60\}$$
$$=9.92\text{m}^3$$

也可直接查表9-11得：

$$V_{基}(H=4m)=10.37\text{m}^3$$
$$V_{基}(h=4m)=0.69\text{m}^3$$

另加翼墙端部基础的襟边部分 $2\times d=2\times0.122=0.24\text{m}^3$

则基础体积 $V_{基}=10.37-0.69+0.24=9.92\text{m}^3$

1.3.3 锥形护坡工程量计算

锥形护坡体积计算 表9-13

项目		简图、公式及数据
锥坡各部分尺寸及填土砌石体积	锥形护坡简图	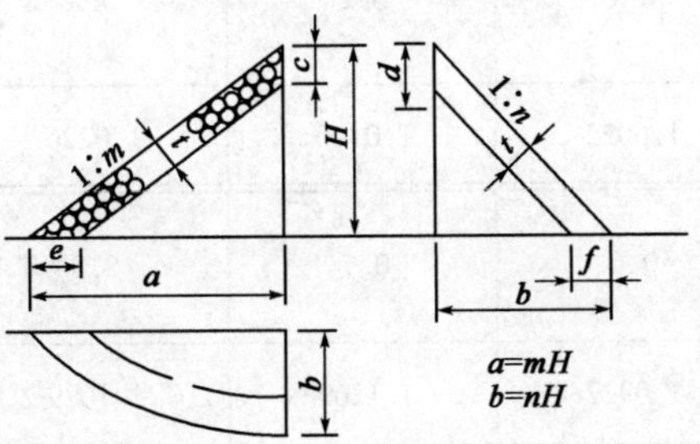
	锥体体积及尺寸计算	$\frac{1}{4}$锥体体积(片石+土)V'的计算式：$V'=\frac{1}{12}\pi abH$ (9-21) 各部尺寸： $c=t\frac{\sqrt{1+m^2}}{m}$ (9-22) $d=t\frac{\sqrt{1+n^2}}{n}$ (9-23) $e=t\cdot\sqrt{1+m^2}$ (9-24) $f=t\cdot\sqrt{1+n^2}$ (9-25) 锥体填土体积V_1：$V_1=\left(\frac{1}{12}-e\right)(b-f)\left(H-\frac{c+d}{2}\right)$ (9-26) 铺砌片石体积V_2：$V_2=V'-V_1$ (9-27)
说明		H——锥坡高度；　$1:m$——横向坡度；　$1:n$——纵向坡度 t——砌石厚度；　c、d、e、f——见图中所示

续上表

项目		简图、公式及数据
锥坡基础体积	锥形护坡基础简图	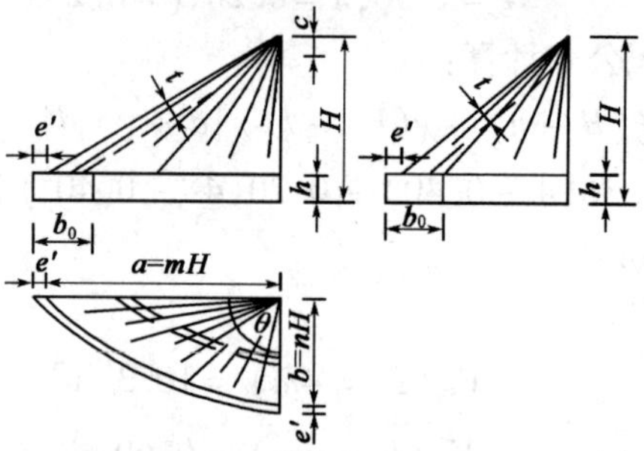
	基础体积	$$V=\frac{S}{4}b_0\cdot h=\frac{1}{4}kn[(m+n)H+2e'-b_0]b_0h \quad (9\text{-}28)$$

周长系数 K

$\frac{a-b}{a+b}$	0.1	0.2	0.3	0.4	0.5
K	1.0025	1.0100	1.0226	1.0404	1.0635
$\frac{a-b}{a+b}$	0.6	0.7	0.8	0.9	1.0
K	1.0922	1.1269	1.1679	1.2162	1.2732

勾缝表面积

锥形护坡勾缝表面积计算($\theta=90°$)

计算公式

$$A=K_V(\alpha_0+\sqrt{\alpha_0\beta_0}+\beta_0)H^2=K_AH^2 \quad (9\text{-}29)$$

$$\alpha_0=\frac{\sqrt{1+m^2}}{m} \quad (9\text{-}30)$$

$$\beta_0=\frac{\sqrt{1+n^2}}{n} \quad (9\text{-}31)$$

$$K_A=K_V(\alpha_0+\sqrt{\alpha_0\beta_0}+\beta) \quad (9\text{-}32)$$

$$K_V=\frac{1}{12}\pi\cdot m\cdot n \quad (9\text{-}33)$$

按常用的 m、n 算得各参数

m	n	α_0	β_0	$\sqrt{\alpha_0\beta_0}$	K_V	K_A
1	1	1.411	1.414	1.414	0.262	1.110
1.5	1	1.202	1.414	1.304	0.393	1.541
1.5	1.25	1.202	1.280	1.240	0.491	1.828
1.75	1.25	1.152	1.280	1.214	0.573	2.089

锥形护坡工程数量表

表 9-14

项目	$m=1.5\quad n=1.0$			$m=1.33\quad n=1.0$			$m=1.25\quad n=1.0$		
	$t=0.2$m	$t=0.30$m		$t=0.2$m	$t=0.30$m		$t=0.2$m	$t=0.30$m	
体积 V（m^3） 锥坡高 H(m)	片石护坡	片石护坡	浆砌片石护坡基础	片石护坡	片石护坡	浆砌片石护坡基础	片石护坡	片石护坡	浆砌片石护坡基础
1.5	0.579	0.792	1.263	0.522	0.734	1.168	0.494	0.671	1.121
1.6	0.665	0.914	1.357	0.602	0.826	1.256	0.569	0.777	1.206
1.7	0.760	1.052	1.451	0.688	0.947	1.344	0.649	0.892	1.291
1.8	0.860	1.194	1.546	0.776	1.078	1.432	0.734	1.014	1.376
1.9	0.966	1.347	1.640	0.872	1.215	1.520	0.825	1.145	1.461
2.0	1.098	1.509	1.734	0.973	1.361	1.608	0.921	1.284	1.545
2.1	1.196	1.680	1.828	1.080	1.517	1.696	1.018	1.536	1.630
2.2	1.321	1.861	1.922	1.193	1.679	1.784	1.129	1.585	1.715
2.3	1.451	2.051	2.017	1.311	1.850	1.872	1.241	1.777	1.800
2.4	1.587	2.249	2.111	1.414	2.018	1.960	1.378	1.917	1.885
2.5	1.730	2.458	2.205	1.564	2.224	2.048	1.480	2.095	1.970
2.6	1.879	2.675	2.299	1.698	2.415	2.137	1.608	2.292	2.054
2.7	2.034	2.901	2.394	1.839	2.615	2.225	1.740	2.475	2.139
2.8	2.195	3.137	2.488	1.985	2.834	2.313	1.879	2.687	2.224
2.9	2.363	3.383	2.582	2.136	3.055	2.401	2.021	2.888	2.309
3.0	2.536	3.637	2.676	2.293	3.285	2.489	2.171	3.109	2.394
3.1	2.616	3.900	2.771	2.456	3.524	2.577	2.325	3.331	2.479
3.2	2.902	4.173	2.865	2.624	3.770	2.665	2.484	3.565	2.563
3.3	3.094	4.455	2.959	2.789	4.025	2.753	2.649	3.806	2.648
3.4	3.292	4.747	3.053	2.977	4.299	2.842	2.819	4.056	2.733
3.5	3.497	5.047	3.148	3.162	4.561	2.930	2.994	4.307	2.818
3.6	3.707	5.357	3.242	3.353	4.841	3.018	3.175	4.579	2.903
3.7	3.924	5.676	3.336	3.549	5.133	3.106	3.360	4.865	2.987
3.8	4.147	6.004	3.430	3.750	5.426	3.194	3.551	5.133	3.072
3.9	4.375	6.341	3.524	3.985	5.737	3.282	3.748	5.422	3.157
4.0	4.011	6.688	3.619	4.171	6.046	3.370	3.945	5.720	3.242
4.1	4.852	7.044	3.713	4.389	6.368	3.458	4.156	6.023	3.327
4.2	5.099	7.409	3.807	4.613	6.698	3.546	4.368	6.337	3.411
4.3	5.353	7.784	3.902	4.833	7.037	3.635	4.586	6.658	3.496
4.4	5.613	8.167	3.996	5.078	7.384	3.723	4.808	6.987	3.581
4.5	5.879	8.266	4.090	5.318	7.746	3.811	5.037	7.324	3.666

续上表

项　目	$m=1.5\quad n=1.0$			$m=1.33\quad n=1.0$			$m=1.25\quad n=1.0$		
	$t=0.2$m	$t=0.30$m		$t=0.2$m	$t=0.30$m		$t=0.2$m	$t=0.30$m	
体积 V (m^3) / 锥坡高 H(m)	片石护坡	片石护坡	浆砌片石护坡基础	片石护坡	片石护坡	浆砌片石护坡基础	片石护坡	片石护坡	浆砌片石护坡基础
4.6	6.144	8.362	4.184	5.565	8.103	3.899	5.270	7.668	3.751
4.7	6.429	9.374	4.278	5.816	8.475	3.987	5.509	8.021	3.835
4.8	6.813	9.794	4.373	6.074	8.856	4.075	5.752	8.331	3.920
4.9	7.004	10.224	4.467	6.337	9.215	4.163	6.002	7.750	4.005
5.0	7.301	10.662	4.556	6.606	9.646	4.251	6.256	9.126	4.090
5.1	7.603	11.111	4.655	6.880	10.048	4.339	6.516	9.510	4.175
5.2	7.913	11.569	4.750	7.150	10.462	4.428	6.781	9.903	4.260
5.3	8.288	12.035	4.844	7.445	10.882	4.516	7.051	10.303	4.344
5.4	8.549	12.511	4.938	7.736	11.315	4.604	7.327	10.711	4.429
5.5	8.876	12.996	5.032	8.032	11.753	4.692	7.607	11.127	4.514
5.6	9.210	13.491	5.127	8.334	12.202	4.780	7.912	11.551	4.599
5.7	9.550	13.994	5.221	8.642	12.628	4.868	8.185	11.982	4.684
5.8	9.896	14.507	5.315	8.956	13.107	4.956	8.482	12.422	4.769
5.9	10.248	15.030	5.409	9.274	13.505	5.044	8.784	12.870	4.853
6.0	10.606	15.591	5.504	9.598	14.076	5.132	9.091	13.325	4.938
6.1	—	16.101	5.598	—	14.565	5.221	—	13.790	5.023
6.2	—	16.651	5.692	—	15.063	5.309	—	14.261	5.108
6.3	—	17.240	5.786	—	15.569	5.397	—	14.740	5.193
6.4	—	17.779	5.881	—	16.083	5.485	—	15.224	5.277
6.5	—	18.356	5.975	—	16.606	5.573	—	15.722	5.362
6.6	—	18.940	6.069	—	17.137	5.667	—	16.226	5.447
6.7	—	19.539	6.163	—	17.677	5.749	—	16.737	5.532
6.8	—	20.144	6.258	—	18.228	5.837	—	17.256	5.617
6.9	—	20.759	6.352	—	18.781	5.926	—	17.765	5.701
7.0	—	21.382	6.446	—	19.345	6.014	—	18.305	5.786

注：①表内 t 为护坡片石厚度；

②表列数量系指每一个护坡的工程量；

③浆砌护坡基础数量系按底宽 0.80m，厚 0.60m 计算；

④表内 m 为路基横向坡度系数，n 为护坡纵向坡度系数。

1.3.4　圬工拱桥体积计算

1. 侧墙体积计算

(1)圆弧拱侧墙体积计算

计算方法参照图 9-1 及表 9-15、表 9-16。

圆弧拱侧墙体积计算表 表 9-15

$f_1/2L_1$	V	$f_1/2L_1$	V
1/2	$0.2164cL_1^2+0.0479m_1L_1^3$ (9-34)	1/7	$0.0923cL_1^2+0.0073m_1L_1^3$ (9-39)
1/3	$0.1828cL_1^2+0.0313m_1L_1^3$ (9-35)	1/8	$0.0814cL_1^2+0.0062m_1L_1^3$ (9-40)
1/4	$0.1503cL_1^2+0.0212m_1L_1^3$ (9-36)	1/9	$0.0727cL_1^2+0.0055m_1L_1^3$ (9-41)
1/5	$0.1261cL_1^2+0.016m_1L_1^3$ (9-37)	1/10	$0.0659cL_1^2+0.0046m_1L_1^3$ (9-42)
1/6	$0.1064cL_1^2+0.0107m_1L_1^3$ (9-38)		

注：①L_1 是指拱圈外侧的半跨长，m_1 为拱侧墙内边坡；

②c 是指侧墙顶宽（在拱顶处）；

③上表侧墙体积为半跨一边的数量，整跨全拱的侧墙体积应以表值乘以 4；

④如拱顶有厚为 h 的垫层，则侧墙系自拱顶以上 h 距离处开始，尚应加算直线部分侧墙体积（如图 9-1 所示）其值为：$V'=\left(c_0+\frac{m_1h}{2}\right)hL_1$，当为整跨全拱时应乘以 4。

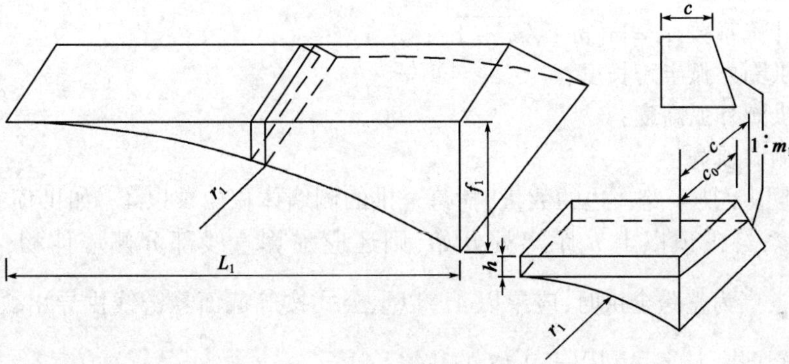

图 9-1 圆弧拱侧墙体积计算

圆弧拱侧墙勾缝面积见表 9-16。

圆弧拱侧墙勾缝面积表 表 9-16

$f_1/2L_1$	F	$f_1/2L_1$	F
1/2	$0.2164L_1^2$	1/7	$0.0923L_1^2$
1/3	$0.1828L_1^2$	1/8	$0.0814L_1^2$
1/4	$0.1503L_1^2$	1/9	$0.0727L_1^2$
1/5	$0.1261L_1^2$	1/10	$0.0659L_1^2$
1/6	$0.1064L_1^2$		

注：①上表为半跨一边的面积，整跨全拱应以表值乘以 4；

②如拱顶有厚为 h 的垫层，则侧墙系自拱顶以上 h 距离处开始，则尚应加算直线部分勾缝面积 $F'=hL_1$，当为整跨全拱时，应乘以 4。

（2）悬链线拱侧墙体积计算

参照图 9-2，悬链线拱侧墙体积计算公式：

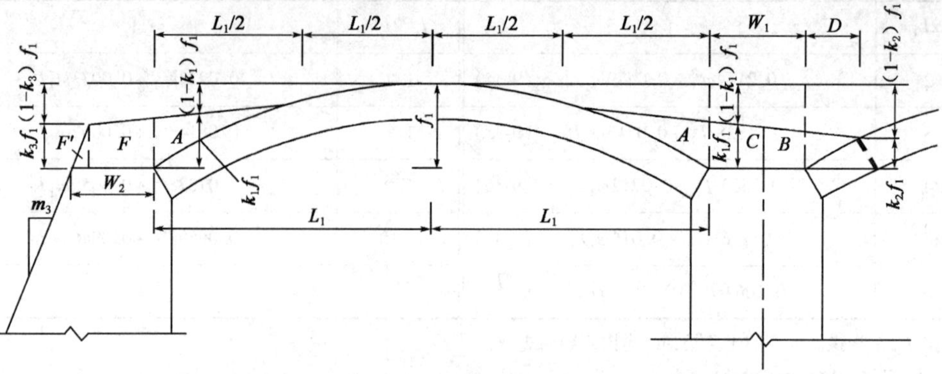

图 9-2　护拱体积计算

$$V = \frac{cf_1L_1}{K(m-1)}(\mathrm{sh}K - K) + \frac{f_1^{\,2}L_1m_1}{2K(m-1)^2}\left(\frac{1}{2}\mathrm{sh}K\mathrm{ch}K + \frac{3}{2}K\right) \tag{9-43}$$

式中：m——拱轴系数；

K——计算系数，$K = \ln[m + \sqrt{m^2 - 1}]$；

L_1——拱圈外弧半跨长度；

f_1——拱圈外弧高度；

c——侧墙顶宽。

计算的体积 V 为半跨一边的数量，整跨全拱的侧墙体积应乘以 4。如拱顶有厚度为 h 的垫层，则侧墙系自拱顶以上 h 距离处开始，则还应加算直线部分侧墙体积，其值为：$V' = \left(c_0 + \frac{m_1h}{2}\right)hL_1$，当为整跨全拱时，应乘以 4。以上公式按等截面悬链线拱导出，也可近似地用于变截面悬链线拱，计算可利用表 9-17 的数据。

悬链线拱侧墙体积计算辅助表　　表 9-17

y_V/f	m	K	sh$K$	sh$K$ch$K$
0.24	1.347	0.8107	0.9025	1.2157
0.23	1.756	1.1630	1.4435	2.5348
0.22	2.240	1.4456	2.0044	4.4899
0.21	2.814	1.6946	2.6321	7.4067
0.20	3.500	1.9249	3.3578	11.7523
0.19	4.324	2.1437	4.2134	18.2187
0.18	5.321	2.3559	5.2334	27.8469
0.17	6.536	2.5646	6.4691	42.2820
0.16	8.031	2.7726	7.9798	64.0858
0.15	9.889	2.9820	9.8454	97.3612

侧墙勾缝面积的计算公式为：

$$F = \frac{L_1 f_1}{(m-1)K}(\mathrm{sh}K - K) \tag{9-44}$$

当为整跨全拱时,应乘以 4。如拱顶有厚度为 h 的垫层,则侧墙勾缝面积应自拱顶以上 h 距离处开始,还需加直线部分勾缝面积 $F' = hL_1$,当为整跨全拱时,应乘以 4。

2. 护拱体积的计算

设桥墩护拱的长度为 $1/2L_1$ 及 D,桥台护拱的长度与桥墩护拱相似,如图 9-2 所示,则其体积计算如下表 9-18 所列。

护拱体积的计算 表 9-18

项目	计算公式	符号意义
拱上护拱	$V_A \approx \frac{1}{4}\left[B-2C-\frac{2f_1 m_1}{3}\left(2-K_1+\frac{y_v}{f_1}\right)\right]K_1 f_1 L_1$ (9-45) $V_B \approx \frac{1}{8}\left[B-2C-\frac{2f_1 m_1}{3}(3-K_1-K_2)\right]K_1 f_1 L_1$ (9-46) 当 $D=\frac{L_1}{4}$ 时: $V_B \approx \frac{1}{12}\left[B-2C-\frac{2f_1 m_1}{3}(3-K_1-K_2)\right]K_1 f_1 L_1$ (9-47)	B——拱圈全宽; C——拱顶外侧墙宽度; f_1——拱圈外弧的高度; y_v——拱圈外弧在 $L_1/2$ 处的坐标; L_1——拱圈外弧半跨长度; K_1、K_2——计算系数见表 9-19、表 9-20
墩顶护拱	$V_C \approx [B-2C-f_1 m_1(2-K_1)]K_1 f_1 W_1$ (9-48)	W_1——墩顶宽度; m_1——拱侧墙内坡度; m_2——桥台内墙侧边坡(高:宽 = 1:m_2); m_3——桥台背坡(高:宽 = 1:m_3); W_2——桥台顶宽; K_3——计算系数,$K_3=\frac{K_1 l_1 - K_0 W_2}{L_1 - K_0 f_1 m_3}$; K_0——计算系数,$K_0 = 2\left(1-K_1-\frac{y_v}{f_1}\right)$,查表 9-19 及表 9-20 得
桥台台顶护拱	$V_F \approx \frac{f_1}{2}[B-2C-2f_1 m_2(K_1+K_3)+f_1 m_2(K_1{}^2+K_3^2)]\times(W_2-K_3 f_1 m_3)$ (9-49)	

圆弧拱 K_1、K_2、K_0 及 y_v/f_1 数值表 表 9-19

D \ 系数 \ $f_1/2L_1$		1/2	1/3	1/4	1/5	1/6	1/7	1/8	1/9	1/10
$L_1/4$	K_1	0.723	0.636	0.597	0.579	0.567	0.560	0.556	0.551	0.549
	K_2	0.0651	0.546	0.500	0.480	0.465	0.458	0.453	0.449	0.447
	K_0	0.286	0.362	0.390	0.398	0.406	0.410	0.412	0.410	0.408
$L_1/6$	K_1	0.631	0.512	0.470	0.453	0.440	0.434	0.430	0.425	0.425
	K_2	0.553	0.410	0.363	0.345	0.330	0.323	0.319	0.315	0.315
	K_0	0.470	0.610	0.644	0.650	0.660	0.662	0.664	0.662	0.656
y_v/f_1		0.134	0.183	0.208	0.222	0.230	0.235	0.238	0.244	0.247

悬链线拱 K_1、K_2、K_0 及 y_v/f_1 数值表 表 9-20

系数 \ m / D		1.000	1.347	1.756	2.240	2.814	3.500	4.324	5.321	6.536	8.031	9.889
$L_1/4$	K_1	0.542	0.554	0.566	0.579	0.591	0.604	0.617	0.629	0.643	0.656	0.670
	K_2	0.438	0.451	0.464	0.478	0.492	0.506	0.520	0.534	0.549	0.564	0.580
	K_0	0.416	0.412	0.408	0.402	0.398	0.392	0.386	0.382	0.374	0.368	0.360
$L_1/6$	K_1	0.417	0.428	0.439	0.451	0.462	0.474	0.486	0.498	0.511	0.524	0.537
	K_2	0.306	0.317	0.329	0.341	0.353	0.365	0.378	0.390	0.405	0.418	0.433
	K_0	0.666	0.664	0.662	0.658	0.656	0.652	0.648	0.644	0.638	0.632	0.626
y_v/f_1		0.250	0.240	0.230	0.220	0.210	0.200	0.190	0.180	0.170	0.160	0.150

3. 拱顶填料体积计算

$$V_{填料} = 2BF - V_{侧墙} - V_{护拱} \tag{9-50}$$

式中：$V_{侧墙}$、$V_{护拱}$——整跨全拱的侧墙及护拱体积(不包括墩台上面的体积)；

B——拱宽度；

F——侧墙勾缝面积，其中圆弧拱见表 9-16，悬链线拱按 $F = \dfrac{L_1 f_1}{(m-1)K}(\mathrm{sh}K - K)$ 计算。

4. 拱圈体积计算

拱 圈 体 积 计 算 表 9-21

项 目	公 式	符 号 意 义
圆弧拱体积	$V = ULdB$ (9-51)	U——圆弧拱拱轴长度系数，见表 9-22； L——拱圈计算跨径； d——拱圈厚度； B——拱圈全宽； $1/V_1$——悬链线拱轴长度系数，见表 9-23； d——拱圈厚度，当变截面悬链线拱时取平均值
悬链线拱体积	$V = \dfrac{1}{V_1}LdB$ (9-52)	
圆弧拱拱圈勾缝面积	$F = U(2Ld + L_0 B)$ (9-53)	
悬链线拱拱圈勾缝面积	$F = \dfrac{1}{V_1}(2Ld + L_0 B)$ (9-54)	

***U* 值 表** 表 9-22

f/L	1/2	1/3	1/4	1/5	1/6	1/7	1/8	1/9	1/10
U	1.5710	1.2782	1.1594	1.1020	1.0720	1.0535	1.0410	1.0325	1.0265

$1/V_1$ 值 表 表 9-23

m \ f/L	1/2	1/3	1/4	1/5	1/6	1/7	1/8	1/9	1/10
1.347	1.4843	1.2489	1.1504	1.1001	1.0712	1.0531	1.0411	1.0327	1.0266
1.756	1.4882	1.2520	1.1526	1.1018	1.0725	1.0541	1.0419	1.0334	1.0272
2.240	1.4927	1.2554	1.1552	1.1038	1.0740	1.0553	1.0488	1.0341	1.0278
2.814	1.4977	1.2591	1.1579	1.1058	1.0756	1.0566	1.0439	1.0350	1.0285
3.500	1.5030	1.2631	1.1608	1.1080	1.0773	1.0579	1.0449	1.0358	1.0292
4.324	1.5086	1.2672	1.1639	1.1103	1.0791	1.0593	1.0461	1.0368	1.0300
5.321	1.5145	1.2717	1.1672	1.1109	1.0810	1.0609	1.0473	1.0378	1.0309
6.536	1.5207	1.2763	1.1707	1.1155	1.0831	1.0625	1.0487	1.0389	1.0318
8.031	1.5273	1.2812	1.1745	1.1184	1.0853	1.0643	1.0501	1.0401	1.0328
9.889	1.5343	1.2864	1.1784	1.1214	1.0877	1.0662	1.0516	1.0414	1.0339

2 圬工砌体冬期施工计算

2.1 保温法砌筑

用保温法在暖棚中砌筑砌体，应符合以下规定：

(1)砌体的温度应在5℃以上；

(2)砂子和水加温后拌制的砂浆，其温度不得低于5℃，加温计算方法见2.2节；

(3)室内地面处的温度不得低于5℃；

(4)砂浆的保温时间，应以达到其抗冻强度时间为准；

(5)养护时应洒水，保持砌体湿润。

为加速砂浆硬化，缩短保温时间，可在水泥砂浆中掺加氯化钙等早强剂，其掺量宜通过试验确定，表9-24供参考用。

氯化钙掺量和砂浆相对强度 表 9-24

序 号	砂浆龄期	氯化钙与水泥用量比(%)		
		1	2	3
1	1	180	210	240
2	2	160	200	230
3	3	140	170	190
4	5	130	150	160
5	7	120	130	140

注：以未加早强剂的同龄期砂浆强度为100。

2.2 砂浆组成材料加热温度的计算

砂浆组成材料加热温度计算 表 9-25

计算公式	符号意义
砂浆组成材料加热温度可按下式计算： $T_h=[0.84(m_C T_C+0.5m_Q T_Q+m_S T_S)+4.2(m_W-0.5m_Q-P_S m_S)T_W]\div[0.84(m_C+0.5m_Q+m_S)+4.2(m_W+0.5m_Q)]$ (9-55) 砂浆出机温度的确定，还应考虑搅拌、运输、砌筑过程中温度损失，可按表 9-26 和表 9-27 所列的数据进行估算。 按上式计算的砂浆组成材料加热温度也可由表 9-28 查得，且不应低于表 9-29 规定数值。 冬期施工不得采用石灰砂浆，石灰膏仅用于水泥石灰砂浆	T_h——砂浆搅拌后的温度，℃； m_C、m_Q、m_S、m_W——每 1m³ 砂浆水泥、石灰膏、砂、水的用量，kg/m³，砂按干料计； T_C、T_Q、T_S、T_W——水泥、石灰膏、砂、水的温度，℃； P_S——砂的含水率，%； 0.84——水泥、砂的比热约值，kJ/kg·K； 4.2——水的比热约值，kJ/kg·K

砂浆搅拌时的热量损失 表 9-26

搅拌机搅拌时的温度(℃)	10	15	20	25	30	35	40
搅拌时热损失(环境温度+5℃)	2.0	2.5	3.0	3.5	4.0	4.5	5.0

注：①对于掺氯盐的砂浆，搅拌温度不宜超过35℃；

②当周围环境高于或低于+5℃时，应将此数减或增于搅拌温度中再查表。如环境温度为0℃，原定搅拌时温度为20℃，则应按搅拌机搅拌时的温度为25℃查表得搅拌时热损失为3.5℃。

砂浆运输和砌筑时热量损失 表 9-27

温度差(℃)	10	15	20	25	30	35	40	45	50	55
一次运输损失(℃)	—	—	0.60	0.75	0.90	1.00	1.25	1.50	1.75	2.00
砌筑时损失(℃)	1.5	2.0	2.5	3.0	3.5	4.0	4.5	5.0	5.5	6.0

注：①运输损失系按保温车体考虑；砌筑时损失系按三一砌砖法，即一铲灰、一块砖、一挤揉，随手刮去砂浆的方法考虑；

②温度差系指当时大气温度与砂浆温度之差。

组成材料加热温度计算表 表 9-28

水温度(℃)	砂浆温度(℃) 砂的含水率(%) 0	1	2	3	砂温度(℃)	砂浆温度(℃) 砂的含水率(%) 0	1	2	3	水泥温度(℃)	砂温度(℃)
1	0.44	0.42	0.40	0.38	-10	-4.4	-4.7	-4.8	-5.1	-10	-1.1
10	4.4	4.2	4.0	3.8	-5	-2.0	-2.1	-2.4	-2.6	-5	-0.5
15	6.6	6.3	6.0	5.7	0	0	0	0	0	0	0
20	8.8	8.4	8.0	7.6	5	2.2	2.4	2.6	2.8	5	0.5
25	11.1	10.5	10.0	9.5	10	4.4	4.7	4.9	5.1		
30	13.2	12.6	12.0	11.4	15	6.6	7.1	7.3	8.2		
40	17.6	16.8	16.0	15.2	20	8.8	9.4	9.8	11.2		
50	22.0	21.0	20.0	19.0	25	11.1	11.8	12.2	14.3		
60	26.4	25.2	24.0	22.8	30	13.2	14.1	14.7	15.3		
70	30.8	29.4	28.0	26.6	35	15.4	16.5	17.1	18.4		
80	35.2	33.6	32.0	30.4	40	17.6	18.8	19.6	20.4		

砌筑时砂浆温度 表 9-29

室外气温(℃)	0 ~ -10	-11 ~ -20	-20 以下
砂浆温度(℃)	+10	+15	+20

例 9-3 砌筑砂浆配合比为:425 号水泥 137kg,砂 1500kg,水 68kg,砂含水率 2%,水泥堆放在棚内,测得水泥温度为 +5℃,砂温度为 +1℃,水加热温度为 80℃。试求砂浆组成材料的最终温度。

解 由公式(9-55)得砂浆最终温度 T_h 为:

$$T_h = \frac{0.84(m_C T_C + m_S T_S) + 4.2(m_W - P_S m_S)T_W}{0.84(m_C + m_S) + 4.2m_W}$$

$$= \frac{0.84 \times (137 \times 5 + 1500 \times 1) + 4.2 \times (68 - 0.02 \times 1500) \times 80}{0.84 \times (137 + 1500) + 4.2 \times 68} = 8.8℃$$

例 9-4 某砌体砌筑时气温为 -10℃,采用水泥砂浆砌筑,砂浆从搅拌站到现场需经水平、垂直运输和一次周转。砂子露天堆放,经测定温度为 -5℃,含水率为 1%,水泥在库内堆放,温度为 0℃,试求水所需的加热温度。

解 砌筑砂浆温度从表 9-29 中查得需 +10℃,考虑砂浆经水平、垂直运输和一次周转的温度损失,参照表 9-26、表 9-27 预计约 10°C,因此要求砂浆的出机温度 T_h = 10 + 10 = 20℃。

查表 9-28,砂子温度 -5℃,含水率 1%,得砂浆的温度为 -2.1℃;水泥温度为 0℃,砂浆温度也为 0℃。故要求水加热到能将砂浆达到 20 + 2.1 = 22.1℃的温度时,水应加热的温度值,查表 9-28 水加热栏,当砂含水率为 1% 时,内插得到水应加热到 52.5℃才可确保砂浆22.1℃的要求。

2.3 抗冻外加剂用量和浓度配制的计算

抗冻外加剂用量和浓度配制的计算 表 9-30

项 目	计 算 公 式	符 号 意 义
外加剂用量	负温混凝土抗冻剂用量,根据设计温度、混凝土水灰比和选定的最佳初始成冰率等因素,按下式计算: $G = C\left(1 - \frac{i}{100}\right) \cdot \frac{W}{C} d_t$ (9-56) 可参考表 9-31、表 9-32 采用外加剂掺加量或直接通过试验确定	G——外加剂用量,占水泥用量的%; C——外加剂浓度,%; i——计划的初始成冰率,%,一般取 30% ~60%; W/C——要求的水灰比; d_t——对应设计温度的抗冻外加剂溶液浓度,g/mm^3; A——外加剂浓度,%; B——外加剂纯度,%; W——溶解水的用量; α——稀释系数,见表 9-37
外加剂浓度配制	1. 配制定量浓度的溶液: $A(\%) = \frac{GB\%}{W + G}$ (9-57) $W = G\left(\frac{B\%}{A\%} - 1\right)$ (9-58) 2. 先配制高浓度溶液,使用时再稀释到要求溶液: 20% 浓度的溶液用量 = αW (9-59) 各种浓度的氯化钠溶液的相对密度见表 9-33。 各种相对密度的氯化钠、氯化钙、亚硝酸钠含量和冻结温度见表 9-34、表 9-35 及表 9-36	

砌筑砂浆抗冻剂种类与掺加量 表9-31

抗冻剂名称	掺加量	适应环境温度
氯化钙	拌和水重的5%~7%(或水泥重的1%~3%)	-10℃以上
氯化钠	拌和水重的3%(用于砖砌体) 拌和水重的5%(用于毛石砌体)	-5℃以上 最低气温-10℃
	拌和水重的5%(用于砖砌体) 拌和水重的10%(用于毛石砌体)	-5℃以下 -10~-20℃
氯化钙+氯化钠	拌和水重的4%~6%(其中氯化钙30%,氯化钠70%)	-10℃以上
亚硝酸钠	水泥重的5% 水泥重的10% 水泥重的15%	-10℃以上 -11~-15℃ -16~-20℃
氯化钠+亚硝酸钠	2%氯化钠+3%亚硝酸钠(以拌和水重计) 3%氯化钠+5%亚硝酸钠(以拌和水重计)	-5℃以上 最低-10℃ -5℃以下 最低-10℃以下
硫酸钠+亚硝酸钠	2%硫酸钠+4%亚硝酸钠(以水泥重计) 2%硫酸钠+6%亚硝酸钠(以水泥重计) 2%硫酸钠+8%亚硝酸钠(以水泥重计)	-10℃以上 -11~-15℃ -16~-20℃
氯水	相对密度1.04~1.8	-10℃以上
氯化铵	拌和水重的4%~10%	-10℃以上
碳酸钾	水泥重的10% 水泥重的12.5% 水泥重的15%	-10℃以上 -11~-15℃ -15℃以下

注:①使用碳酸钾时,砂浆中石灰量应限制在水泥用量的20%以内;

②抗冻砂浆在严寒地区宜采用硅酸盐水泥或普通水泥,其他地区可采用矿渣水泥、火山灰水泥或粉煤灰水泥;

③抗冻砂浆宜采用细度模数较大的砂。

掺抗冻剂砂浆的掺盐量(用水重的%) 表9-32

抗冻剂类别		日最低气温(℃)		
		等于或高于-10	-15~-11	-20~-16
氯化钠	砌砖	3	5	7
	砌石	4	7	10
氯化钙	砌砖、石	5~7	—	—
亚硝酸钠	砌砖、石	4	6	10
氯化钠+氯化钙	砌砖	—	4+2	6+2
氯化钠+亚硝酸钠	砌砖、石	2+3	3+5	—
硫酸钠+亚硝酸钠	砌砖、石	2+4	2+6	2+8

注:①括号内掺量为占水泥重的%计;

②掺盐量以无水氯化钠和氯化钙计;

③日最低气温低于-20℃时,砌砖可掺加2%氯化钠和3%氯化钙(占水泥重),但砌石工程不宜施工;

④对于有受力钢筋的配筋砌体,可用碳酸钾或硫酸钠复合早强剂,其掺量为:硫酸钠3%+氯化钠2%+亚硝酸钠2%(占水泥重的%);

⑤表中掺量可根据具体情况和强度增长速度要求,参照可靠经验或通过试验增减不允许严重析盐的砌体,应采用较小掺量。

无水氯化钠不同浓度的相对密度

表 9-33

拌和水浓度(%)	相对密度	拌和水浓度(%)	相对密度	拌和水浓度(%)	相对密度
1	1.005	5	1.034	9	1.063
2	1.013	6	1.041	10	1.071
3	1.020	7	1.049	11	1.078
4	1.027	8	1.056	12	1.086

各种相对密度的氯化钠溶液及冻结温度

表 9-34

+15℃时溶液相对密度	无水氯化钠含量(kg)			冻结温度(℃)	+15℃时溶液相对密度	无水氯化钠含量(kg)			冻结温度(℃)
	1L溶液中	1kg溶液中	1kg水中			1L溶液中	1kg溶液中	1kg水中	
1.01	0.015	0.015	0.015	-0.9	1.10	0.149	0.136	0.157	-9.8
1.02	0.029	0.029	0.030	-1.8	1.11	0.165	0.149	0.175	-11.0
1.03	0.044	0.044	0.045	-2.6	1.12	0.182	0.162	0.193	-12.2
1.04	0.058	0.056	0.060	-3.5	1.13	0.198	0.175	0.212	-13.6
1.05	0.075	0.070	0.075	-4.4	1.14	0.213	0.188	0.231	-15.1
1.06	0.088	0.083	0.090	-5.4	1.15	0.230	0.200	0.250	-16.0
1.07	0.103	0.096	0.106	-6.4	1.16	0.246	0.212	0.269	-18.2
1.08	0.112	0.110	0.123	-7.5	1.17	0.263	0.224	0.290	-20.0
1.09	0.134	0.122	0.140	-8.6	1.175	0.271	0.231	0.301	-21.2

各种相对密度的氯化钙溶液及冻结温度

表 9-35

+15℃时溶液相对密度	无水氯化钙含量(kg)			冻结温度(℃)	+15℃时溶液相对密度	无水氯化钙含量(kg)			冻结温度(℃)
	1L溶液中	1kg溶液中	1kg水中			1L溶液中	1kg溶液中	1kg水中	
1.01	0.013	0.013	0.013	-0.6	1.20	0.263	0.219	0.280	-21.2
1.03	0.037	0.036	0.037	-1.8	1.21	0.276	0.228	0.296	-23.3
1.05	0.062	0.059	0.063	-3.0	1.22	0.290	0.238	0.312	-25.7
1.07	0.089	0.083	0.090	-4.4	1.23	0.304	0.247	0.329	-28.3
1.09	0.114	0.105	0.117	-6.1	1.24	0.319	0.257	0.346	-31.2
1.11	0.140	0.126	0.144	-8.1	1.25	0.334	0.266	0.362	-34.6
1.13	0.166	0.147	0.173	-10.2	1.26	0.351	0.275	0.379	-38.6
1.15	0.193	0.168	0.202	-12.7	1.27	0.368	0.287	0.395	-43.6
1.17	0.221	0.189	0.233	-15.7	1.28	0.385	0.298	0.411	-50.1
1.19	0.249	0.209	0.265	-19.2	1.29	0.402	0.310	0.427	-55.6

各种相对密度的亚硝酸钠溶液及冻结温度

表 9-36

+15℃时溶液相对密度	无水亚硝酸钠含量(kg)			冻结温度(℃)	+15℃时溶液相对密度	无水亚硝酸钠含量(kg)			冻结温度(℃)
	1L溶液中	1kg溶液中	1kg水中			1L溶液中	1kg溶液中	1kg水中	
1.013	0.0198	0.0198	0.0199	-0.9	1.050	0.0777	0.0741	0.0796	-3.6
1.026	0.0395	0.0387	0.0398	-1.8	1.062	0.0962	0.0909	0.0995	-4.5
1.038	0.0588	0.0567	0.0597	-2.7	1.074	0.1141	0.1068	0.1194	—

续上表

+15℃时溶液相对密度	无水亚硝酸钠含量(kg)			冻结温度(℃)	+15℃时溶液相对密度	无水亚硝酸钠含量(kg)			冻结温度(℃)
	1L溶液中	1kg溶液中	1kg水中			1L溶液中	1kg溶液中	1kg水中	
1.126	0.2010	0.1810	0.2189	—	1.158	0.2521	0.2210	0.2785	—
1.137	0.2190	0.1963	0.2388	—	1.167	0.2690	0.2321	0.2936	-8.9
1.148	0.2362	0.2083	0.2587	-7.6	1.176	0.2850	0.2440	0.3184	—
1.086	0.1322	0.1222	0.1398	—	1.185	0.2990	0.2550	0.3383	—
1.095	0.1496	0.1377	0.1592	-5.8	1.194	0.3160	0.2670	0.3582	—
1.104	0.1665	0.1524	0.1791	—	1.210	0.3470	0.2890	0.3980	—
1.114	0.1835	0.1666	0.1990	-6.9	1.226	0.3760	0.3090	0.4376	-13.8

稀 释 系 数 α 表 9-37

拌和水浓度(%)	1	2	3	4	5	6
α	0.0526	0.1111	0.1765	0.2500	0.3333	0.4285
拌和水浓度(%)	7	8	9	10	11	12
α	0.5385	0.6667	0.8181	1.0000	1.2212	1.5000

例 9-5 用砂浆搅拌机拌制砂浆,按配合比每次搅制用水泥 50kg,掺入 5% 氯化钠,它的纯度为 90%,先配成 20% 浓度的溶液,拌制时加入拌和水中,配制用比重计控制相对密度。(1)计算配制溶液时每千克氯化钠要用多少水?每次拌制要用溶液和拌和水各多少?(2)将配成 20% 浓度的溶液再稀释至 5% 浓度时的拌和水,要加多少千克的溶液?

解 1. 计算配成 20% 浓度氯化钠

(1)配制溶液 1kg 氯化钠的用水量:

$$W = G\left(\frac{B\%}{A\%} - 1\right) = 1\left(\frac{90}{20} - 1\right) = 3.5\text{kg}$$

(2)每次拌制需用的溶液

每次拌制应用氯化钠量 $50 \times 5\% = 2.5\text{kg}$

故每次拌制应加入的溶液 $\dfrac{2.5}{20\%} = 12.5\text{kg}$

每次拌制加入水量 $50 - (12.5 - 2.5) = 40\text{kg}$

查表 9-34,20% 浓度的氯化钠溶液的相对密度为 1.15,施工时按此相对密度测定。

(3)计算配成 5% 浓度拌和水时加入 20% 浓度溶液量

假定先把 200kg 的水放入桶内,然后加入 20% 浓度的溶液量:查表 9-37 得 $\alpha = 0.3333$,$\alpha W = 0.3333 \times 200 = 66.66\text{kg}$

3 混凝土配合比的计算

3.1 砂细度模数计算

砂细度模数计算 表9-38

<table>
<tr><th>项目</th><th>计算方法及公式</th><th>符号意义</th></tr>
<tr><td>细度模数</td><td>砂细度模数 μ_f,用以表示砂的粗细程度,一般通过筛分法来测定。砂的筛分是用一套孔径为10.0mm、5.0mm、2.5mm、1.25mm、0.63mm、0.315mm、0.16mm的标准筛,由大到小顺序过筛,然后称出筛子上的砂重,并计算各筛上的"分计筛余"(%)及"累计筛余"(%)由下列公式计算:
$$分计筛余\ a_{1-6}(\%)=\frac{各号筛上的筛余量}{试样总重}\times 100\% \quad (9\text{-}60)$$
$$累计筛余\ \beta_{1-6}(\%)=该号筛上的分计筛余(\%)+大于该号筛的各筛余(\%)之和 \quad (9\text{-}61)$$
分计筛余与累计筛余的关系如表9-39。
细度模数按下式计算:
$$\mu_f=\frac{(\beta_2+\beta_3+\beta_4+\beta_5+\beta_6)-5\beta_1}{100-\beta_1} \quad (9\text{-}62)$$
根据《普通混凝土用砂质量标准及检验方法》(JGJ52-92)规定,砂按细度模数的大小分为:粗砂($\mu_f=3.7\sim3.1$);中砂($\mu_f=3.0\sim2.3$);细砂($\mu_f=2.2\sim1.6$);特细砂($\mu_f=1.5\sim0.7$)</td><td rowspan="2">α_1、α_2、α_3、α_4、α_5、α_6——分别为5.0、2.5、1.25、0.63、0.135、0.16mm筛上的分计筛余百分率;
β_1、β_2、β_3、β_4、β_5、β_6——分别为5.0、2.5、1.25、0.63、0.315、0.16mm各筛上的累计百分率;
μ_f——砂子的细度模数;
d——砂子的平均粒径</td></tr>
<tr><td>细度模数与平均粒径关系</td><td>砂细度模数 μ_f 与平均粒径 d 的关系如下式所示:
$$\mu_f=3.32\log d+3.16 \quad (9\text{-}63)$$
μ_f 与 d 的关系对照如表9-40砂按平均粒径的大小分为:粗砂($d=0.96\sim1.44$mm);中砂($d=0.55\sim0.90$mm);细砂($d=0.34\sim0.51$mm);特细砂($d=0.18\sim0.32$mm)</td></tr>
</table>

分计筛余与累计筛余关系 表9-39

筛孔尺寸(mm)	分计筛余(%)	累计筛余
5.00	a_1	$\beta_1=a_1$
2.50	a_2	$\beta_2=a_1+a_2$
1.25	a_3	$\beta_3=a_1+a_2+a_3$
0.63	a_4	$\beta_4=a_1+a_2+a_3+a_4$
0.315	a_5	$\beta_5=a_1+a_2+a_3+a_4+a_5$
0.16	a_6	$\beta_6=a_1+a_2+a_3+a_4+a_5+a_6$

μ_f 与 d 对照表 表9-40

μ_f	3.9	3.8	3.7	3.6	3.5	3.4	3.3	3.2	3.1	3.0	2.9
d	1.67	1.56	1.36	1.46	1.27	1.18	1.10	1.03	0.96	0.90	0.84

续上表

μ_f	2.8	2.7	2.6	2.5	2.4	2.3	2.2	2.1	2.0	1.9	1.8
d	0.78	0.73	0.68	0.63	0.59	0.55	0.51	0.48	0.45	0.42	0.39
μ_f	1.7	1.6	1.5	1.4	1.3	1.2	1.1	1.0	0.9	0.8	0.7
d	0.36	0.34	0.32	0.30	0.28	0.26	0.24	0.22	0.21	0.20	0.18

例 9-6 筛分 500g 砂试样，测得各号筛上的筛余质量为 5.00mm 筛上 27.5g；2.50mm 筛上 42g；1.25mm 筛上 47g；0.63mm 筛上 191.5g；0.315mm 筛上 102.5g；0.16mm 筛上 82g；0.16mm以下为 7.5g，试确定该砂粗细程度。

解： 1. 计算分计筛余和累计筛余，如表 9-41。

500g 试样筛分统计表 表 9-41

筛孔尺寸(mm)	筛余质量(g)	分计筛余(%)	累计筛余(%)
5.00	27.5	5.5	5.5
2.50	42.0	8.4	13.9
1.25	47.0	9.4	23.3
0.63	191.5	38.3	61.6
0.315	102.5	20.5	82.1
0.16	82.0	16.4	98.5
0.16 以下	7.5	1.5	100.0

2. 细度模数按式(9-62)计算得：

$$\mu_f = \frac{(13.9 + 23.3 + 61.6 + 82.1 + 98.5) - 5 \times 5.5}{100 - 5.5} = 2.67$$

结果评定：此砂细度模数在 3.0 ~ 2.3 之间，属于中砂。

例 9-7 已知砂的平均粒径为 0.73，试计算其细度模量。

解： 由表 9-38 中砂细度模数计算公式可知：

$$\mu_f = 3.32 \times \lg 0.73 + 3.16 = 2.7$$

例 9-8 已知砂的细度模数为 2.4，试计算其平均粒径。

解 由表 9-38 中平均粒径计算公式可知：

$$\lg d = \frac{\mu_f - 3.16}{3.32} = \frac{2.4 - 3.16}{3.32} = -0.2289$$

$$d = 0.59\text{mm}$$

3.2 普通混凝土配合比计算

普通混凝土配合比设计步骤方法与计算 表 9-42

<table>
<tr><th>内 容</th><th colspan="2">计 算 公 式</th><th colspan="2">符 号 意 义</th></tr>
<tr><td rowspan="4">确定混凝土的试配强度</td><td colspan="2">$R_h = R_D + 1.645\sigma_0$ (9-64)</td><td colspan="2">R_h——混凝土试配强度，MPa；
R_D——混凝土强度等级，MPa，立方体抗压强度标准值；
σ_0——施工单位混凝土强度标准差历年统计水平，MPa</td></tr>
<tr><td colspan="4">施工单位无历史资料时 σ_0 参考值</td></tr>
<tr><td>混凝土强度等级 R_D(MPa)</td><td>≤C15</td><td colspan="1">C20 ~ C35</td><td>≥C40</td></tr>
<tr><td>混凝土强度标准差 σ_0(MPa)</td><td>4</td><td>5</td><td>6</td></tr>
</table>

续上表

内　容	计 算 公 式	符 号 意 义
计算水灰比 （W/C）	$\left[\frac{W}{C}\right]=\frac{AR_C}{R_h+A\cdot B\cdot R_C}$ （9-65） 计算值与表 9-43 比较，当计算水灰比大于表值时则取用表值	R_h——混凝土试配强度，MPa； R_C——水泥的实际强度，MPa，当无法取得水泥的实际时可由 $R_C=K_C\cdot R_C^b$ 求得，其中：K_C 为水泥标号富余系数，$K_C=1.13$；R_c^b 为水泥软练强度值，MPa，即水泥标号的标准值； A、B——实验系数，由下表采用
确定单位用水量（W_0）	查表 9-44 或由下式确定： $W_0=\frac{1}{3}(T+K_T)$ （9-66）	T——坍落度，以 mm 计； K_T——常数，由下表查得
确定单位用灰量	$[C_0]=\frac{W_0}{\left(\frac{W}{C}\right)}$ （9-67）	C_0——单位用灰量，kg/m^3； 其余代号同前
确定砂率	可根据本单位经验选用砂率，或按选定的水灰比、骨料品种和粒径查表确定	

计算水灰比（W/C）栏所附实验系数表：

骨 料 类 别	实 验 系 数	
	A	B
碎　石	0.46	0.52
卵　石	0.48	0.51

确定单位用水量（W_0）栏所附常数表：

常 数	碎　石			卵　石		
	最 大 粒 径 （mm）					
	10	20	40	10	20	40
K_T	575	530	485	545	500	455

注：采用火山灰水泥时 K_T 增加 45～60，采用细砂时增加 30

确定砂率栏所附砂率表：

混凝土砂率选用表（%）

水灰比（W/C）	卵石最大粒径（mm）			碎石最大粒径（mm）		
	10	20	40	15	20	40
0.4	26～32	25～31	24～30	30～35	29～34	27～32
0.5	30～35	29～34	28～33	33～38	32～37	30～35
0.6	33～38	32～37	31～36	36～41	35～40	33～38
0.7	36～41	35～40	34～39	39～44	38～43	36～41

注：1. 表列数值系中砂的选用砂率；对细砂或粗砂，可相应地减少或增加砂率；

2. 本砂率表适用于坍落度为 10～60mm 的混凝土；坍落度如大于 60mm 或小于 10mm 时，应相应的增加或减少砂率；

3. 只用一个单粒级粗骨料配制混凝土时，砂率值应适当增加；

4. 掺有各种外加剂或掺和料时，其合理砂率应经试验或参照其他有关规定选用

续上表

<table>
<tr><th>内　　容</th><th colspan="2">计 算 公 式</th><th>符 号 意 义</th></tr>
<tr><td rowspan="2">确定粗、细骨料用量（G_0、S_0）</td><td>用体积法计算</td><td>$$\frac{C_0}{\rho_C}+\frac{G_0}{\rho_G}+\frac{S_0}{\rho_S}+\frac{W_0}{\rho_W}+10a=1000 \quad (9\text{-}68)$$
$$\frac{S_0}{S_0+G_0}\times 100=S_D(\%) \quad (9\text{-}69)$$</td><td rowspan="3">C_0——每 $1m^3$ 混凝土水泥用量，kg/m^3；
G_0——每 $1m^3$ 混凝土粗骨料用量，kg/m^3；
S_0——每 $1m^3$ 混凝土细骨料用量，kg/m^3；
W_0——每 $1m^3$ 混凝土用水量，kg/m^3；
ρ_C——水泥的真实密度，g/m^3；
ρ_G——粗骨料的表观密度，g/cm^3；
ρ_S——细骨料的表观密度，g/cm^3；
ρ_W——水的密度，g/cm^3；
a——混凝土含气量百分数，%，在不使用含气型外加剂时，a 可取为 1；
ρ_h——混凝土拌和物的假定密度，可取 $\rho_h=2400\sim2450kg/m^3$，查表 9-46；
S_D——砂率，%</td></tr>
<tr><td>用质量法计算</td><td>$$C_0+G_0+S_0+W_0=\rho_h \quad (9\text{-}70)$$
$$\frac{S_0}{S_0+G_0}\times 100=S_D(\%) \quad (9\text{-}71)$$</td></tr>
<tr><td>确定配合比</td><td colspan="2">混凝土质量配合比为：
$$C_0:S_0:G_0:W_0$$
或
$$1:\frac{S_0}{C_0}:\frac{G_0}{C_0}:\frac{W_0}{C_0}$$
$$S_D=\frac{S_0}{S_0+G_0}\times 100\% \quad (9\text{-}72)$$</td></tr>
<tr><td rowspan="2">试配调整并最后确定施工配合比</td><td colspan="3">1. 试配
根据计算的配合比，用施工所用原材料进行试配，检验其和易性、坍落度、密度和强度，对结果进行适当调整，若坍落度不符合要求，或粘聚性和保水性不好，可保持水灰比不变，增减水泥浆量（水及水泥用量）或调整砂率，或保持砂率不变同时增加砂及石子用量，然后提出供混凝土强度试验用的基准配合。混凝土强度试验时应至少采用三个不同的配合比，一个是基准配合比，另两个配合比的水灰比宜较基准配合比分别增、减 0.05，用水量相同，砂率分别增、减 1%，每种配合比应至少制作一组（3 块）试件，并应标准养护至 28d 时试压</td></tr>
<tr><td colspan="2">2. 配合比的确定
由试验得出的各水灰比及其相应的混凝土强度关系，用作图法或计算法求出与混凝土配制强度 R_h 相对应的水灰比，并按下列原则确定每立方米混凝土的材料用量：
（1）用水量 W_0，取基准配合比中的用水量，并根据制作强度试件时测得的坍落度进行调整；
（2）水泥用量 C_0，以用水量乘以选定出的水灰比计算确定；
（3）粗骨料和细骨料用量（G_0 和 S_0）应取基准配合比中的粗、细骨料用量，并按选定的水灰量比进行调整配合比经试配确定后，应按下列步骤校正；
①根据上面确定的材料用量，按下式计算混凝土的表观密度 $\rho_b(t)$：
$$\rho_b(t)=W_0+C_0+S_0+G_0 \quad (9\text{-}73)$$
②按下式计算混凝土校正系数 K_1：
$$K_1=\frac{\rho_b(P)}{\rho_b(t)} \quad (9\text{-}74)$$
当混凝土表观密度实测值与计算值之差的绝对值不超过计算值的 2%，则上述确定的配合比应为确定的设计配合比；当两者之差超过 2% 时，应将配合比中的每项采料用量均乘以校正系数 K_1 值，即为确定的混凝土设计配合比。
施工时再根据细粗骨料含水率按下式计算确定施工配合比：
水泥　$C'_0=C_0$　(9-75)
细骨料　$S'_0=S_0(1+w_a\%)$　(9-76)
粗骨料　$G'_0=G_0(1+w_b\%)$　(9-77)
水　$W'_0=W_0-(S_0\times w_a\%+G_0w_b\%)$　(9-78)</td><td>K_1——校正系数；
$\rho_b(P)$——混凝土实测密度，kg/m^3；
$\rho_b(t)$——混凝土计算密度，kg/m^3；
C'——每立方米混凝土的水泥实用量，kg/m^3；
S'_0——每立方米混凝土的细骨料实用量，kg/m^3；
C'_0——每立方米混凝土的粗骨料实用量，kg/m^3；
W'_0——每立方米混凝土的水实用量，kg/m^3；
$w_a\%$——细骨料的含水率；
$w_b\%$——粗骨料的含水率</td></tr>
</table>

混凝土最大水灰比和最小水泥用量 表 9-43

序号	混凝土环境条件	无筋混凝土		钢筋混凝土	
		最大水灰比	最小水泥用量(kg/m^3)	最大水灰比	最小水泥量(kg/m^3)
1	受一般地区雨、雪、水流作用的普通地区的混凝土(如桥梁、上部结构、涵洞、桥墩台等)	0.65	250	0.60	275
2	严寒地区受严重冰冻、水流侵蚀作用的混凝土(如桥墩、上部结构、涵洞、桥墩台等)	0.60	275	0.55	300
3	不直接受自然条件影响的混凝土(如最低冲刷及冰冻线以下的基础混凝土)	0.70	225	0.65	250

注:①表中水泥用量适用于机械振捣,如用人工振捣时,应增加水泥25kg/m^3;

②对仅受雨水作用的厚大体积混凝土,如跨线桥墩台等,表列1、2项最大水灰比可增0.03,最小水泥用量减少15kg/m^3;

③有抗渗要求混凝土,最大水灰比0.5~0.55,最小水泥用量不宜少于300kg/m^3;

④混凝土的最大水泥用量(包括代替部分水泥的混合材料),一般不超过500kg/m^3,大体积水泥混凝土用量不宜超过300kg/m^3;

⑤月平均气温低于-15℃为严寒地区;等于或高于-15℃为普通地区。

普通混凝土用水量(kg/m^3)参考 表 9-44

混凝土混合物的坍落度(cm)	卵石最大粒径(mm)				碎石最大粒径(mm)			
	10	20	40	80	10	20	40	80
0~1	180	170	160	150	200	185	170	160
2~4	190	180	170	160	210	195	180	170
5~8	200	190	180	170	220	205	190	180
9~12	210	200	190	180	230	215	200	190

注:①使用细砂时,用水量应增加10kg;

②采用火山灰水泥拌制混凝土时,应增加用水15~20kg;

③掺用各种外加剂或掺和料时可相应增减用水量;

④如骨料的吸水率超过5%,用水量中应相应的增加其吸水量。

混凝土浇筑入模时的坍落度 表 9-45

序号	结构类别	坍落度(机械振动)(cm)
1	小型预制块及便于浇筑振动的结构	0~2
2	桥涵基础墩台等无筋或少筋的结构	1~3
3	普通配筋率的钢筋混凝土结构	3~5
4	配筋较密、断面较小的钢筋混凝土结构	6~7
5	配筋极密、断面高而狭的钢筋混凝土结构	7~9

注:①水下混凝土、泵送混凝土的坍落度不在本表范围内,泵送混凝土坍落度宜为8~18cm;

②用人工捣实时,坍落度宜增加2~3cm。

混凝土强度等级与密度关系 表 9-46

混凝土强度等级(MPa)	5~10	15~30	40~60	>60
密度(kg/m^3)	2360	2400	2450	2480

表 9-47 为 $1m^3$ 普通水泥混凝土配合比参考表,供施工中参考。

$1m^3$ 普通水泥混凝土配合比(参考) 表 9-47

序号	混凝土强度等级(MPa)	粗骨料最大粒径(mm)	425 号水泥(kg)	525 号水泥(kg)	黄砂(中、粗)(kg)	碎石(5~15)(kg)	碎石(15~25)(kg)	碎石(25~38)(kg)	水(m^3)
1	10	15	231	—	690	1327	—	—	0.4
2	10	25	205	—	708	408	953	—	0.4
3	10	38	189	—	719	—	415	967	0.4
4	15	15	289	—	670	1288	—	—	0.4
5	15	25	257	—	690	398	928	—	0.4
6	15	38	236	—	702	—	405	946	0.4
7	20	15	346	303	650	1248	—	—	0.4
8	20	25	307	269	672	387	904	—	0.4
9	20	38	284	247	685	—	396	923	0.4
10	25	15	405	349	647	1243	—	—	0.4
11	25	25	359	310	672	387	904	—	0.4
12	25	38	331	286	686	—	397	924	0.4
13	30	15	463	396	608	1223	—	—	0.4
14	30	25	410	351	634	383	893	—	0.4
15	30	38	389	333	645	—	389	908	0.4
16	35	15	538	458	582	1171	—	—	0.4
17	35	25	477	405	612	369	862	—	0.4
18	35	38	452	385	624	—	376	878	0.4
19	40	15	598	506	563	1130	—	—	0.4
20	40	25	530	448	594	358	835	—	0.4
21	40	38	503	426	608	—	366	845	0.4
22	20 水下混凝土	25	394	342	723	350	818	—	0.5
23	路面用 25	38	332	286	648	—	409	954	0.4
24	路面用 30	38	380	325	632	—	399	931	0.4

注:①水泥损耗率按 1%,黄砂损耗率按 4%,碎石损耗率按 3%计;

②抗渗混凝土,当抗渗强度等级在 B_6 及以上者,另行考虑;

③混凝土强度等级以抗压强度单位 MPa 计。

例 9-9 钢筋混凝土梁,设计混凝土强度等级为 C30,使用材料为 425 号矿渣水泥,中砂(表观密度 2.62t/m^3),碎石最大粒径 40mm(表观密度 2.65t/m^3),自来水。混凝土用机械搅拌,振动器振捣,混凝土坍落度要求 3 ~ 5cm,试用体积法计算混凝土配合比。

解 1. 选定混凝土试配强度

取 $\sigma_0 = 5\text{MPa}$

混凝土试配强度: $R_h = 30 + 1.645 \times 5 = 38.225\text{MPa}$

2. 计算水灰比

先求水泥实际强度值

$$R_c = 1.13 \times 42.5 = 48\text{MPa}$$

采用骨料为碎石,则混凝土所需水灰比为:

$$\frac{W}{C} = \frac{0.46 \times 48}{38.225 + 0.46 \times 0.52 \times 48} = 0.444$$

3. 选取单位用水量

已知选定的混凝土的坍落度为 3 ~ 5cm,骨料采用碎石,最大粒径为 40mm,查表 9-44 得每立方米混凝土用水量为:

$$W_0 = 185\text{kg/m}^3$$

4. 计算每立方米混凝土的水泥用量

$$C_0 = \frac{W_0}{\frac{W}{C}} = \frac{185}{0.444} = 417\text{kg/m}^3$$

查表 9-43 其计算值大于最小水泥用量,故取 $C_0 = 417\text{kg/m}^3$

5. 选取砂率

根据水灰比、骨料品种和最大粒径,查表得合理砂率 $S_D = 33\%$。

6. 计算细、粗骨料用量

采用体积法,根据已知条件列出方程式:

$$\begin{cases} \frac{417}{3100} + \frac{S_0}{2620} + \frac{G_0}{2650} + \frac{185}{1000} + 0.01 \times 1 = 1 \\ \frac{S_0}{S_0 + G_0} \times 100\% = 33\% \end{cases}$$

解得:

$$\begin{cases} S_0 = 587\text{kg} \\ G_0 = 1191\text{kg} \end{cases}$$

7. 确定配合比

混凝土的基准配合比:

水泥:砂:碎石:水 = 417:587:1191:185 = 1:1.41:2.86:0.4

3.3 掺粉煤灰普通混凝土配合比计算

掺粉煤灰普通混凝土配合比设计步骤方法与计算 表 9-48

<table>
<tr><th>项 目</th><th>计算步骤、方法及公式</th><th>符 号 意 义</th></tr>
<tr><td>计算试配强度</td><td>按下式计算试配强度：
$R_h = R_D + 1.645\sigma_0$ (9-79)</td><td rowspan="8">R_h——混凝土的试配强度，MPa；
R_D——设计的混凝土立方体抗压强度标准值，MPa；
σ_0——施工单位的混凝土强度标准差，MPa；
C——每立方米粉煤灰混凝土的水泥用量，kg；
C_0——每立方米基准混凝土的水泥用量，kg；
β_C——粉煤灰取代水泥百分率，%；
F——每立方米混凝土的粉煤灰掺入量，kg；
δ_C——超量系数；
S——每立方米混凝土中细骨料用量，kg/m^3；
S_0——每立方米基准混凝土的细骨料用量，kg/m^3；
ρ_C——水泥的密度，kg/m^3，一般取 ρ_C = 2900 ~ 3100kg/m^3
ρ_f——粉煤灰密度，kg/m^3；
ρ_S——细骨料的表观密度，kg/m^3；
W_0——每立方米基准混凝土的用水量，kg/m^3；
W——每立方米粉煤灰混凝土的用水量，kg/m^3；
G_0——每立方米基准混凝土的粗骨料用量，kg/m^3；
G——每立方米粉煤灰混凝土的粗骨料用量，kg/m^3</td></tr>
<tr><td>进行普通混凝土基准配合比计算</td><td>按设计要求进行普通混凝土基准配合比的设计，方法见表 9-42</td></tr>
<tr><td>选用粉煤灰取代水泥百分率</td><td>按混凝土强度等级及水泥品种由表 9-49 选用粉煤灰取代水泥百分率 β_C，再按所选用的 β_C，由下式计算每立方米粉煤灰混凝土的水泥用量：
$C = C_0(1 - \beta_C)$ (9-80)</td></tr>
<tr><td>选取粉煤灰超量系数</td><td>按表 9-50 选择粉煤灰超量系数 δ_C</td></tr>
<tr><td>计算粉煤灰掺入量</td><td>按超量系数 δ_C 由下式求出每立方米混凝土粉煤灰掺量 F：
$F = \delta_C(C_0 - C)$ (9-81)</td></tr>
<tr><td>计算细骨料用量</td><td>计算每立方米粉煤灰混凝土中水泥、粉煤灰和细骨料的绝对体积，求出粉煤灰超出水泥的体积；按粉煤灰超出的体积，并扣除同体积的细骨料用量
$S = S_0 - \left(\frac{C}{\rho_C} + \frac{f}{\rho_f} + \frac{C_0}{\rho_C}\right)\rho_S$ (9-82)</td></tr>
<tr><td>确定粉煤灰混凝土用水量</td><td>粉煤灰混凝土的用水量，按基准配合比的用水量取用，粗骨料也同样按基准配合比的用水量取用，即
$W = W_0; G = G_0$ (9-83)</td></tr>
<tr><td>试配和调整并确定施工配合比</td><td>根据计算的粉煤灰混凝土配合比，按普通混凝土相同方法，通过试配，在保证设计所需和易性的基础上，进行混凝土配合比的调整。根据调整后的配合比，提出现场施工用的粉煤灰混凝土配合比</td></tr>
</table>

粉煤灰取代水泥百分率 β_C 表 9-49

混凝土等级	普通硅酸盐水泥(%)	矿渣硅酸盐水泥(%)
C15 以下	15 ~ 25	10 ~ 20
C20	10 ~ 15	10
C25 ~ C30	15 ~ 20	10 ~ 15

注：①以 425 号水泥配制成的混凝土取表中下限值；以 525 号水泥配制成的混凝土取上限值；

②C20 以上的混凝土宜采用Ⅰ、Ⅱ级粉煤灰；C15 以下的素混凝土可采用Ⅲ级粉煤灰。

超量系数表 表 9-50

项次	粉煤灰级别	超量系数(δ_C)
1	I	1.0~1.4
2	II	1.2~1.7
3	III	1.5~2.0

注:C25 以上混凝土取下限,其他强度等级混凝土取上限。

例 9-10 试将例 9-9 普通混凝土配合比设计成同标号粉煤灰混凝土配合比。

解 1. 例 9-9 已求得普通混凝土基准配合比

$$C_0 = 417\text{kg/m}^3 \qquad S_0 = 587\text{kg/m}^3$$

$$G_0 = 1191\text{kg/m}^3 \qquad W_0 = 185\text{kg/m}^3$$

2. 粉煤灰混凝土配合比设计以基准混凝土为基础,用粉煤灰超量取代法进行计算调整

(1)按表 9-49 选取粉煤灰取代水泥率 $\beta_C = 0.15$;

(2)按取代水泥率算出每立方米混凝土的水泥用量为:

$$C = 417 \times (1 - 0.15) = 355\text{kg/m}^3$$

(3)查表 9-50 选取粉煤灰超量系数 $\delta_C = 1.5$(III 级粉煤灰);

(4)按超量系数算出每立方米混凝土的粉煤灰掺量:

$$F = 1.5(417 - 355) = 93\text{kg}$$

(5)计算水泥、粉煤灰和砂的绝对体积,求出粉煤灰超出水泥部分的体积,并扣除同体积砂的用量。取水泥密度 $\rho_C = 3100\text{kg/m}^3$;粉煤灰密度 $\rho_f = 2200\text{kg/m}^3$;砂子密度 $\rho_S = 2620\text{kg/m}^3$。由式(9-82)得:

$$S = S_0 - \left(\frac{C}{\rho_c} + \frac{F}{\rho_f} - \frac{C_0}{\rho_c}\right)\rho_S$$

$$= 587 - \left(\frac{355}{3100} + \frac{93}{2200} - \frac{417}{3100}\right) \times 2620 = 529\text{kg}$$

(6)取 $G = G_0$, $W = W_0$,则每立方米粉煤灰混凝土材料计算用量为:

$$C = 355\text{kg} \qquad S = 529\text{kg} \qquad G = 1191\text{kg}$$

$$F = 93\text{kg} \qquad W = 185\text{kg}$$

3. 经试配调整得出设计配合比

若因试配得粉煤灰混凝土的实测密度为 2390kg/m^3,计算密度为 2353kg/m^3,故得校正系数为:

$$\delta = \frac{2390}{2353} = 1.016$$

由此得每立方米粉煤灰混凝土的材料用量为:

$$C = 361\text{kg} \qquad S = 537\text{kg} \qquad G = 1210\text{kg}$$

$$F = 94\text{kg} \qquad W = 188\text{kg}$$

3.4 掺外加剂的普通混凝土的配合比计算

外加剂类型及适用范围　　表 9-51

外加剂类型	主要成分	主要功能	适用范围
普通减水剂	以木质磺酸盐或腐植酸盐等为主要成分	可改善混凝土的和易性和节约水泥	普通混凝土、大体积混凝土、大流动度混凝土、泵送混凝土、防水混凝土及滑模施工的混凝土
高效能减水剂	以萘磺酸甲醛缩合物、B－萘磺酸盐或芳香族树脂等为主要成分	可显著改善混凝土的和易性和节约水泥	高强度混凝土、大流动度混凝土、泵送混凝土、耐久性要求的混凝土、预应力混凝土及滑模施工的混凝土
早强减水剂	以木钙和硫酸钠、萘磺酸盐和硫酸钠为主要成分	可缩短混凝土的热蒸养时间；加速自热养护混凝土的硬化	有减水及早强要求的混凝土
缓凝减水剂	以糖蜜、蔗糖化钙或木钙衍生物为主要成分	降低热峰值及推迟热峰值出现的时间	大体积混凝土、钻孔灌柱桩水下混凝土、夏季施工的混凝土及泵送混凝土
引气减水剂	以松香热聚物、松脂皂等为主要成分	减少泌水离析，增加硬化混凝土的抗冻融性	有防冻、抗渗要求的混凝土
膨胀剂	以明矾石、石膏等为主要成分	减少混凝土干缩裂缝，提高抗裂性和抗渗性	地下防水混凝土、混凝土构件接头
抗冻剂	以明矾石、石膏等为主要成分	在负温条件下，使拌和物中仍有液相自由水，以保证水泥水化使混凝土达到预期强度	有抗冻要求的混凝土拌和物
早强剂	以氯化钙、三乙醇胺等为早强剂	提高混凝土早期强度	有早强要求的混凝土
阻锈剂	以亚硝酸钠等作为阻锈剂	防止钢筋混凝土中的钢筋锈蚀	有阻锈要求的钢筋混凝土
防水剂	氧化铁、硅酸钠（水玻璃）、引气剂、三乙醇胺等作外加剂	能起防水、抗冻作用	有防水、抗冻要求的混凝土

常用外加剂种类及掺量 表 9-52

减水剂	主要用于改善混凝土和水泥砂浆的和易性,降低水灰比,以节约水泥而提高强度						
	种类	掺量 (占水泥重的%)	减水率 (%)	提高强度 (%)	坍落度增大 (cm)	节约水泥 (%)	研制单位 或生产厂
	MF 减水剂(聚次甲基磺酸钠)	0.3~0.7 一般取 0.5左右	10~30	10~30	2~3	10~25	建材研究院江苏江都染料厂
	NNO 减水剂(精萘)	0.5~0.75	10~25	20~25	2~3	10~20	江苏江都染料厂,大连红卫化工厂
	木质素磺酸钠(纸浆废液)	0.2~0.3	10~15	10~20	10~20	10~15	吉林开山屯化学纤维厂,广州造纸厂
	N 系减水剂(工业萘)	0.5~0.8	10~17	10		8~12	南京水利科学研究所
	NF 减水剂(精萘)	1.5	20			5~25	武汉化学制剂厂
	UNF 减水剂(油萘)	0.5~1.5	15~20	15~30	10~15	10~15	天津建筑科研所
	JN 减水剂(萘残油)	0.5	15~27	30~50	8~11	10~17	镇江焦化厂
	FDN 减水剂(工业萘)	0.5~0.75	16~25	20~50		20	广州湛江外加剂厂
	SN-Ⅱ减水剂(萘)	0.5~1.0	14~25	15~40	15~20	15~20	上海建筑科学研究所,五四助剂厂
	磺化焦油减水剂(煤焦油)	0.5~0.75	10	35~57		5~10	宁夏回族自治区
	HM 减水剂(纸浆废液)	0.2	5~10	≥10		5~8	华丰造纸厂
	SM 减水剂(密胶树脂)	0.2~0.5	10~27	30~50			山西万荣县荣和化工厂
	建Ⅰ减水剂	0.5~0.7	10~30			10~25	北京焦化厂
	掺用减水剂的技术效果均指相对而论,其条件是:在水泥用量、坍落度保持不变时,可减少水量和提高强度;在水灰比和强度保持不变时,可增大坍落度;在强度和坍落度保持不变时,可节约水泥用量						

续上表

早强剂	用于提高混凝土和水泥砂浆的早强硬化速度		
	种类	掺量(占水泥重的%)	早强效果
	氯化钙	1 ~2	2d 强度提高 40% ~65%(50% ~100%) 3d 强度提高 30% ~50%(40% ~70%)
	硫酸钠	1 ~2	2d 强度提高 75% ~112%(25% ~117%) 7d 强度提高 8% ~23%(36% ~51%)
	硫酸钾	0.6 ~2	相当于氯化钙
	三异醇胺	0.05	2d 强度提高 60%左右
	氯化钠	0.5	3d 强度提高 30% ~50%
	三乙丙醇胺 硫酸亚铁	0.05 0.3	7d 强度提高 20% ~30% 28d 强度提高 40% ~50%
	三氯化铁	1 左右	能提高混凝土早期和后期强度
	FDN 减水剂	0.25	3d 强度可提高 30% ~80%
	SM 高效减水剂	0.2 ~0.5	1d 强度可提高 30% ~100%
	注:表内括号中数字系用矿渣水泥拌制的混凝土强度增长情况		
速凝剂	主要用于喷射桥梁基坑的混凝土护壁、喷锚隧道混凝土支护等混凝土工程		
	种类	掺量(占水泥重的%)	促凝效果
	红星一型	3 左右	1 ~5min 初凝,2 ~10min 终凝,1d 的强度为不掺入者的 2 ~6 倍,28d 的强度为不掺入者的 60% ~90%
	711 型	3 ~5	5min 初凝,10min 终凝,1:3 水泥砂浆 28d 的强度为不掺入者的 80%。掺入混凝土中可使其凝固加快,早强抗渗性得到改善
	铝酸钠型	其中含氧化钙氧化锌 掺入量为 4%左右	5min 初凝,10min 终凝。早期的强度低于红星一型,但后期强度较之为高
缓凝剂	适用于水下底层混凝土、夏季过于炎热时施工的混凝土或用于某些新工艺施工的混凝土,减缓大体积混凝土浇灌速度,有利于水化热的散发		
	种类	掺量(占水泥重的%)	水泥初凝时间延长(h)
	木质碳酸钙或木质硫酸钠	0.25	3 ~5
	亚硫酸盐纸浆废液	0.2	2 ~3
	NNO(亚甲基二萘硫酸钠)	1	3
	糖蜜(已糖二酸钙)	0.2 ~0.3	2 ~4
	甲基硅酸钠	1 ~3	4 ~6
	柠檬酸	0.05 ~0.1	2 ~4
	磷酸	0.1 ~1	1 ~1.5
	磷酸钠	0.5 ~1	1 ~1.5
	纸浆废液用酸法生产的,掺量以有效物质计,磷酸以无水磷酸计,对混凝土强度比不掺的稍有降低,在混凝土中要增加一定的水泥用量		

续上表

加气剂	可改善混凝土和易性，提高抗冻、抗渗和抗侵蚀性能，但强度有所下降。一般每增加1%的空气含量，强度约下降5%。混凝土含气量以3%~5%为宜	
	种 类	掺量(占水泥质量的%)
	1. 松香热聚物	0.75~1.50/10000
	2. 松脂皂	0.75~1.50/10000
	3. 莞基苯磺酸钠	1~1.50/10000
	4. 石油磺酸(水容性)	1~1.50/10000
	5. 莞基磺酸钠	1~1.50/10000
上述3、4、5项加气剂可掺入三乙醇胺渣0.03%~0.05%及氯化钠0.15%~0.3%配成复合剂，可产生减水作用，避免强度降低		

掺外加剂混凝土配合比计算 表9-53

项 目	计算步骤、方法及公式
掺引气剂的普通混凝土	掺引气剂的普通混凝土配合比的计算与不掺引气剂的普通混凝土基本相同，所不同的是要考虑掺入引气剂后混凝土强度的降低和用水量的减少。 不掺引气剂的混凝土的含气量一般为1%~2%，混凝土中的含气量每增加1%，混凝土的抗压强度相应下降4%~6%；坍落度和单位水泥用量不变时，水灰比可减少2%~4%，即单位用水量减少3~6kg。 计算时可采用体积法或质量法进行
掺减水剂的普通混凝土	掺减水剂的普通混凝土，其配合比设计原则和计算方法与不掺减水剂的普通混凝土基本相同，所不同处是掺入减水剂后混凝土性能显著改善，在保持混凝土强度和坍落度不变的情况下，可节约水泥5%~10%，降低用水量10%~15%。 计算时也可采用体积法或质量法进行

例9-11 配制C30引气混凝土机械搅拌，机械振捣，坍落度50~70mm，原材料为：水泥为425号普通水泥，$\rho_c=3100kg/m^3$；砂为中砂，$\rho_s=2650kg/m^3$；石子为卵石，最大粒径40mm，$\rho_g=2730kg/m^3$；水为自来水，$\rho_w=1000kg/m^3$；引气剂为水泥用量的0.02%，含气量为混凝土体积的5%，试用体积法计算初步配合比。

解 1. 确定试配强度

$$R_h=R_D+1.645\sigma_0=30+8.2=38.2\text{MPa}$$

引气混凝土的含气量在普通混凝土含气量1.5%的基础上还应增加(5%－1.5%)=3.5%，则强度降低为5×3.5%=17.5%，因此需将试配强度R_h作修正：

$$R_{修}=\frac{38.2}{1-0.175}=46.3\text{MPa}$$

2. 计算水灰比

由表9-42内公式得：

$$\left[\frac{W}{C}\right]=\frac{0.48R_c}{R_h+0.48\times0.51\times R_c}=\frac{0.48\times1.13\times42.5}{38.2+0.245\times1.13\times42.5}=0.46$$

对照表9-43，小于最大水灰比，可采用。

3. 计算用水量

查表9-44，$W_0=170kg$，因掺引气剂，达到同样坍落度，可减水 $3\times3.5\%=10.5\%$，故经过修正后用水量为：

$$170-170\times10.5\%=152kg$$

4. 计算水泥用量

按公式(9-67)得：

$$C_0=\frac{W_0}{\left[\frac{W}{C}\right]}=\frac{152}{0.46}=330kg$$

对照表9-43复核，水泥用量符合耐久性要求。

5. 确定砂率。查表选用 $S_D=30\%$。

6. 计算砂石用量(用体积法)

用水量(体积) $V_W=152L$

水泥用量(体积) $V_C=\frac{330}{3.1}=106L$

空气含量 $V_{空气}=50L$

砂石体积 $1000-(152+106+50)=692L$

解下列联立方程

$$\begin{cases}\frac{S_0}{2.65}+\frac{G_0}{2.73}=692\\ \frac{S_0}{S_0+G_0}=0.30\end{cases}$$

得：

$$\begin{cases}S_0=562kg\\ G_0=1310kg\end{cases}$$

引气剂用量 $0.02\%\times330=0.066kg=66g$

7. 计算初步配合比，如表9-54所列。

混凝土初步配合比 表9-54

混凝土材料用量(kg/m^3)					砂率(%)	水灰比(W/C)	坍落度(mm)	含气量(%)
水泥(425)	水	中砂	卵石(40mm)	引气剂				
330	152	562	1310	0.066	30	0.46	50~70	5

例9-12 配制强度等级为C30，掺5%复合早强减水剂MS-F的混凝土，坍落度30~50mm，原材料条件同例9-9，机械振捣，试用体积法计算配合比。

解 1. 先根据给定的条件，按体积法计算出不掺减水剂时的初步配合比

水泥:417kg　　砂子:587kg

石子:1191kg　　水:185kg

砂率:33%　　水灰比:0.444

2. 由于掺入MS-F减水剂(密度2200kg)后，在保持混凝土强度和坍落度不变的情况下，可减水10%，节约水泥10%，拌和物含气量达4%，故需在原初步配合比的基础上进行调整，调整方法如下：

(1)调整用水量： $W_0'=W_0(1-0.1)=185\times0.9=167kg$

(2)调整水泥用量：　　　$C_0' = C_0(1-0.1) = 417 \times 0.9 = 375\text{kg}$

(3)调整砂率：因加入5%复合早强减水剂MS－F后，含气量为4%，为提高混凝土质量，其砂率可减少2，则：

$$S_D = 33\% - 2\% = 31\%$$

(4)砂、石用量

$$\frac{S_0}{\rho_s} + \frac{G_0}{\rho_g} = 1000 - \left(167 + \frac{375}{3.1} + \frac{18.75}{2.2} + 40\right) \approx 664\text{L}$$

解下列联立方程

$$\begin{cases} \dfrac{S_0}{2.62} + \dfrac{G_0}{2.65} = 664 \\ \dfrac{S_0}{S_0 + G_0} = 0.33 \end{cases}$$

得

$$\begin{cases} S_0 = 578\text{kg} \\ G_0 = 1174\text{kg} \end{cases}$$

所以调整配合比如表9-55所列。

混凝土调整后初步配合比　　　　表9-55

混凝土材料用量(kg/m^3)					砂率(%)	水灰比(W/C)	坍落度(mm)	含气量(%)
水泥(矿425)	水	砂	碎　石(40mm)	MS-F				
375	167	578	1174	18.8	31	0.444	30～50	4

3.5　抗渗混凝土配合比计算

抗渗混凝土配合比计算　　　　表9-56

项目	计算步骤、方法及公式	符 号 意 义
设计原则	(1)设计必须满足抗压强度、抗渗性、适宜的施工和易性和经济性等基本条件； (2)根据工程要求，选择水泥品种及标号。水泥品种应满足混凝土抗渗性、耐久性及使用条件要求，水泥标号不宜小于425号，应满足强度要求； (3)抗渗混凝土粗细骨料应优先采用当地砂、石材料，质量要符合国家标准，满足工程的要求	
确定水灰比	水灰比主要根据抗渗性要求和施工和易性确定，其次考虑强度要求。防水混凝土的水灰比参照表9-57选用	
选择用水量	用水量应根据结构条件(如结构截面大小、钢筋布置的稀密等)和施工方法(运输、搅捣方法等)综合考虑确定。一般厚度大于250mm的结构，坍落度可选30mm左右，厚度小于200mm或钢筋稠密的结构，坍落度可选30～50mm，厚大、少筋结构控制在300mm以内。也可按表9-58选用	

<table>
<tr><th>项目</th><th>计算步骤、方法及公式</th><th>符 号 意 义</th></tr>
<tr><td>计算水泥用量</td><td>水泥用量可根据用水量和水灰比按下式计算：
$$C_0=\frac{W_0}{\left[\frac{W}{C}\right]} \quad (9\text{-}84)$$
计算所得的水泥用量应满足表 9-43 和抗渗混凝土水泥用量不小于 320kg/m³ 的要求</td><td rowspan="5">$\frac{W}{C}$——混凝土所要求的水灰比；
W——每立方米混凝土的用水量，kg；
C——每立方米混凝土的水泥用量，kg；
C_0——每立方米混凝土的水泥用量，kg/m³；
S_0——每立方米混凝土的细骨料（砂）用量，kg/m³；
G_0——每立方米混凝土的粗骨料（石子）用量，kg/m³；
S_G——每立方米混凝土的细、粗骨料（砂、石）的混合质量，kg/m³；
W_0——每立方米混凝土的水的质量，kg/m³；
ρ_C——水泥的密度，kg/m³；一般取 2900～3100 kg/m³；
ρ_s——细骨料（砂）的表观密度，kg/m³；
ρ_g——粗骨料（石子）的表观密度，kg/m³；
ρ_{sg}——粗细骨料（砂石）的混合密度，kg/m³；
ρ_ω——水的密度，kg/m³；
S_D——砂率；
n_g——石子的空隙率，%；
ρ_{gm}——石子的质量密度，kg/m³；
p_1——6 个试件中 4 个未出现渗水时的最大水压值，MPa；
P——设计要求的抗渗等级</td></tr>
<tr><td>选取砂率</td><td>抗渗混凝土的砂率除满足填充石子空隙并包裹石子外，还必须有一定厚度的砂浆层，一般要求不小于 35%，具体数值可根据砂的平均粒径和石子空隙参考表 9-59 选用；石子空隙率按下式计算：
$$n_g=\left(1-\frac{\rho_{gm}}{\rho_g}\right)\times 100\% \quad (9\text{-}85)$$</td></tr>
<tr><td>计算细、粗骨料用量</td><td>抗渗混凝土一般用绝对体积法计算混凝土配合比。即假设混凝土组成材料绝对体积的总和等于混凝土的体积，从而得到以下方程式：
$$\frac{G_0}{\rho_C}+\frac{W_0}{\rho_\omega}+\frac{S_G}{\rho_{sg}}=1$$
砂石混合密度：$\rho_{sg}=\rho_s\times S_D+\rho_g(1-S_D)$ (9-86)
砂石混合用量：$S_G=\rho_{sg}\left(1-\frac{W_0}{\rho_\omega}-\frac{C_0}{\rho_C}\right)$ (9-87)
则砂石用量为：$S_G=S_G\times S_D$ (9-88)
$G_0=S_G-S_0$ (9-89)</td></tr>
<tr><td>确定配合比</td><td>混凝土质量配合比为：
水泥∶砂∶石子 = $C_0:S_0:G_0$ 或 $1:\frac{S_0}{C_0}:\frac{G_0}{C_0}$
水灰比 = $\frac{W}{C}$</td></tr>
<tr><td>确定配合比</td><td>按照初步配合比进行试拌，试拌结果若与工程要求不符，因按实际情况进行校正，调整比例，以达到工程的要求。
试配要求的抗渗水压值应比设计值提高 0.2MPa。
试配时，应采用水灰比最大的配合比作抗渗试验，其试验结果应符合下式要求：
$$p_1\geqslant\frac{P}{10}+0.2 \quad (9\text{-}90)$$</td></tr>
</table>

注：掺外加剂的抗渗混凝土配合比计算可按 3.2 节或 3.3 节计算确定基准配合比，再按 3.4 节进行调整，最后确定施工配合比。

抗渗混凝土最大水灰比允许值 表 9-57

混凝土抗渗等级(MPa)	混凝土强度等级	
	C20～C30	C30 以上
P6	0.60	0.55
P8～P12	0.55	0.50
P12 以上	0.50	0.45

注:①混凝土抗渗等级是表示混凝土试块在渗透仪上作抗渗试验时,试块未发现渗水现象的最大水压值。例如 P8 表示该试块在 0.8MPa 的水压下不出现渗水现象;

②试块 *P* 值应比设计提高 0.2MPa。

混凝土拌合用水量参考表(kg/m^3) 表 9-58

坍落度(mm)	砂率(%)		
	35	40	45
10～30	175～185	185～195	195～205
30～50	180～190	190～200	200～210

注:①表中石子粒径为 5～20mm。若石子最大粒径为 40mm,用水量应减少 5～10kg/m^3。表中石子按卵石考虑,若为碎石应增加 5～10kg/m^3;

②表中采用火山灰质水泥,若普通水泥用水量可减少 5～10kg/m^3。

砂率选择参考表 表 9-59

砂子平均粒径(mm)	石子空隙率(%)				
	30	35	40	45	50
0.30	35	35	35	35	36
0.35	35	35	35	36	37
0.40	35	35	36	37	38
0.45	35	36	37	38	39
0.50	36	37	38	39	40

注:本表是按石子粒径为 3～30mm 计算,若用 5～20mm 石子时,砂率可增加 2%。

例 9-13 C20、P12 抗渗混凝土。水泥用 425 号普通硅酸盐水泥,$\rho_c = 3100kg/m^3$;细骨料用中砂,平均粒径 0.35mm,$\rho_s = 2610kg/m^3$;粗骨料采用碎石,用二级级配,(5～10mm):(10～30mm)=30:70,石子空隙率为 45%;要求混凝土坍落度为 30～50mm,用振动器捣实,试计算确定配合比。

解 1.选取水灰比、用水量和砂率

根据所要求的强度等级、抗渗等级、坍落度及材料情况,由表 9-57 初步确定水灰比 0.57,查表 9-59 知砂率 36%;查表 9-58 知用水量为 185kg/m^3。

2.计算水泥用量

$$C_0 = \frac{W_0}{\left[\frac{W}{C}\right]} = \frac{185}{0.55} = 336kg/m^3$$

符合普通防水混凝土水泥用水量不小于 320kg/m^3 的要求。

3.计算砂石混合密度

$$\rho_{sg}=\rho_s\times S_D+\rho_g(1-S_D)$$
$$=2600\times0.36+2700\times(1-0.36)=935+1728=2660\text{kg/m}^3$$

4. 计算砂石混合质量

$$S_G=\rho_{sg}\left(1-\frac{W_0}{\rho_w}-\frac{C_0}{\rho_c}\right)$$
$$=2660\times\left(1-\frac{185}{1000}-\frac{336}{3100}\right)=1881\text{kg/m}^3$$

5. 分别计算砂石用量

$$S_0=S_G\times S_D=1881\times0.36=677\text{kg/m}^3$$
$$G_0=S_G-S_0=1881-677=1204\text{kg/m}^3$$

6. 初步确定配合比

水泥:砂:碎石:水 =336:677:1204:18

=1:2.01:3.58:0.55

试拌后坍落度为3~4cm,符合工程要求。

3.6 轻集料混凝土配合比计算

轻集料混凝土配合比计算 表9-60

项目	计算步骤、方法及公式	符号意义
计算原则及要求的试配强度	轻集料混凝土是用轻细集料(或普通砂)、轻粗集料和水泥配合比而成的混凝土,其干表观密度不大于1950kg/m³。轻集料混凝土配合比计算,一般按细集料品种分为全轻(轻砂)混凝土和砂轻(普通砂或部分普通砂和部分轻砂)混凝土两类。 轻集料混凝土的配合比的选择,主要应满足设计要求的强度、密度及施工和易性,并以合理使用材料和节约水泥为原则。 轻集料混凝土的配合比应通过计算和试配确定。为了使所配制的混凝土具有必要的强度保证率,混凝土试配强度可按下式计算: $R_h'=R_D+1.645\sigma_0$ (9-91) 如生产单位无强度资料,σ_0 可按表9-61取用	R_h'——轻集料混凝土的试配强度,MPa; R_D——轻集料混凝土强度标准值(即强度等级),MPa; σ_0——轻集料混凝土强度的总体标准差,MPa;
选用水泥品种标号及掺量	配制轻集料混凝土用的水泥品种,可参照表9-62选用,当配制低强度等级混凝土采用高标号水泥时,其掺量可通过试验确定加入火山灰质的掺和料,以保证其稠度符合要求。 不同试配强度的轻集料混凝土的水泥用量可参照表9-63选用。 掺料多用粉煤灰,粉煤灰取代百分率、超量系数的选择同粉煤灰混凝土配合比计算相同	

续上表

项目	计算步骤、方法及公式	符号意义
选取水灰比	轻集料混凝土配合比中的水灰比以净水灰比表示，配制全轻混凝土时，允许以总水灰比表示。净水灰比系指不包括轻集料1h吸水量在内的净用水量和水泥用量之比。总水灰比系指包括轻集料1h吸水量在内的总用水量与水泥用量之比。 轻集料混凝土最大水灰比和最小水灰比用量应符合表9-65的规定	V_S——每立方米混凝土的细集料体积，m^3； S_S——每立方米混凝土的细集料用量，kg/m^3； C_0——每立方米混凝土的水泥用量，kg/m^3； W_n——每立方米混凝土的净用水量，kg/m^3； S_P——密实体积砂率，%； ρ_C——水泥的密度，一般取 $\rho_C = 2900 \sim 3100kg/m^3$； ρ_W——水的密度，一般取 $\rho_W = 1.0kg/m^3$； ρ_S——细集料的密度，采用普通砂时，为砂的密度，一般取 $\rho_S = 2600kg/m^3$；采用轻砂时，为轻砂的表观密度； V_a——每立方米混凝土的轻粗集料体积，kg/m^3； A_a——每立方米混凝土的轻粗集料用量，kg/m^3； ρ_{ap}——轻粗集料的颗粒表观密度，kg/m^3； V_S'、V_a'、V_t——分别为细集料、粗集料和粗细集料的松散体积，m^3； S_P'——松散体积砂率%； ρ_{is}、ρ_{ic}——分别为细集料和粗集料的堆积密度，kg/m^3； W_t——每立方米混凝土的总用水量，kg/m^3； W_a——每立方米混凝土的附加水量，kg/m^3，计算见表9-69；
选取用水量	轻集料混凝土的净用水量可根据施工要求和稠度按表9-66选用	
选取砂率	轻集料混凝土的砂率应以体积砂率表示，即细集料体积与粗细集料总体积之比。体积可用密实体积或松散体积表示。其对应的砂率即密实体积砂率或松散体积砂率。砂率可按表9-67选用	
计算粗、细集料用量	有绝对体积法和松散体积法两种计算方法。 1. 绝对体积法 假定每立方米混凝土的绝对体积为各组成材料的绝对体积之和。粗、细集料的体积和用量分别按以下公式计算： $V_S = \left[1 - \left(\frac{C_0}{\rho_C} + \frac{W_n}{\rho_W}\right)\right]S_P$ (9-92) $S_S = V_S \times \rho_S$ (9-93) $V_a = 1 - \left(\frac{C_0}{\rho_C} + \frac{W_n}{\rho_W} + \frac{S}{\rho_S}\right)$ (9-94) $A_a = V_a \times \rho_{ap}$ (9-95) 2. 松散体积法 以给定每立方米混凝土的粗、细集料松散总体积为基础进行计算，然后按设计要求的混凝土干表观密度为依据进行校核，最后通过试验调整得出粗细集料用量。 根据粗细集料的类型，按表9-68选用粗细集料总体积，每立方米混凝土的粗细集料用量按下式计算： $V'_S = V_t \times S_p$ (9-96) $S_S = V'_S \times \rho_{is}$ (9-97) $V'_a = V_t - V'_S$ (9-98) $A_a = V'_a \times \rho_{ic}$ (9-99)	
确定总用水量	根据净用水量和附加水量的关系，总用水量按下式计算： $W_t = W_n + W_a$ (9-100) 附加水量可根据粗集料的预湿处理方法和细集料的品种，按表9-69中的计算方法计算	
计算干密度	混凝土的干表观密度按下式计算： $\rho_{cd} = 1.15C_0 + A_a + S_S$ (9-101) 上式计算的干表观密度与设计要求的干表观密度进行对比，如其误差大于3%，则应重新调整和计算配合比	

续上表

项目	计算步骤、方法及公式	符号意义
试配和调整	计算得出的配合比,必须通过试配予以调整。调整步骤为: 1. 以计算的配合比为基础,参见表 9-63 再选取两个相邻的水泥用量(用水量不变),分别按 3 个配合比拌制混凝土拌和物,测定拌和物的稠度,调整用水量,以达到要求的稠度为准。 2. 按校正后的 3 个混凝土配合比进行试配,检验混凝土拌和物的稠度和振湿表观密度,制作确定混凝土抗压强度标准值的试块,每种配合比至少制作一组。 3. 标准养护 28d 后,测定混凝土抗压强度和干表观密度,用具有最小水泥量的配合比作为选定的配合比。 4. 对选定的混凝土进行质量校正。即先按下列公式计算出 ρ_{CC}(计算湿表观密度),然后再与拌和物的 ρ_{CO}(实测振实湿表观密度)相比,即校正系数 η: $\rho_{CC}=A_a+S_S+C_0+W_t$ (9-102) $\eta=\frac{\rho_{CO}}{\rho_{CC}}$ (9-103) 对选定配合比中的各项材料用量均乘以校正系数,即为最终的配合比设计	η——校正系数; ρ'——新浇混凝土拌和物的振实质量密度,kg/m^3

σ_0 值 表 9-61

强度等级	CL5.0 ~ CL7.5	CL10 ~ CL20	CL25 ~ CL40	CL45 ~ CL50
σ_0(MPa)	2.0	4.0	5.0	6.0

轻集料混凝土合理水泥品种和标号的选择 表 9-62

混凝土强度等级	水泥标号	水泥品种
CL5.0、CL7.5	275	火山灰质硅酸盐水泥、矿渣硅酸盐水泥、粉煤灰硅酸盐水泥、普通硅酸盐水泥
CL10、CL15、CL20	325	
CL20、CL25、CL30	425	
CL30、CL35、CL40、CL45、CL50	525(或 625)	矿渣硅酸盐水泥、普通硅酸盐水泥、硅酸盐水泥

轻集料混凝土的水泥用量(kg/m^3) 表 9-63

混凝土试配强度(MPa)	轻集料密度等级						
	400	500	600	700	800	900	1000
<5.0	260 ~ 320	250 ~ 300	230 ~ 280				
5.0 ~ 7.5	280 ~ 360	260 ~ 340	240 ~ 320	220 ~ 300			
7.5 ~ 10		280 ~ 370	260 ~ 350	240 ~ 320			
10 ~ 15			280 ~ 350	260 ~ 340	240 ~ 330		
15 ~ 20			300 ~ 400	280 ~ 380	270 ~ 370	260 ~ 360	250 ~ 350
20 ~ 25				330 ~ 400	320 ~ 390	310 ~ 380	300 ~ 370
25 ~ 30				380 ~ 450	370 ~ 440	360 ~ 430	350 ~ 420
30 ~ 40				420 ~ 500	390 ~ 490	380 ~ 480	370 ~ 470
40 ~ 50					430 ~ 530	420 ~ 520	410 ~ 510
50 ~ 60					450 ~ 550	440 ~ 540	430 ~ 530

注:①表中横线以上为采用 425 号水泥时的水泥用量值;横线以下为采用 525 号水泥时的水泥用量值;采用其他水泥标号时可乘以表 9-64 中规定的调整系数;
②表中下限值适用于圆球型和普通型轻粗集料;上限适用于碎石型轻粗集料及全轻混凝土;
③最高水泥用量不宜超过 $550kg/m^3$。

水泥用量调整系数 表 9-64

水泥标号	混凝土试配强度(MPa)			
	5.0～15	15～30	30～50	50～60
325	1.10	1.15	—	—
425	1.00	1.00	1.10	1.15
525	—	0.85	1.0	1.0
625	—	—	0.85	0.9

轻集料混凝土的最大水灰比和最小水泥用量 表 9-65

混凝土所处的环境条件	最大水灰比	最小水泥用量(kg/m^3)	
		配筋	无筋
不受风雪影响的混凝土	不作规定	250	225
受风雪影响的露天混凝土;位于水中及水位升降范围的混凝土和潮湿环境中的混凝土	0.7	275	250
寒冷地区位于水位升降范围内的混凝土和潮湿环境中的混凝土	0.65	300	275
严寒地区位于水位升降范围内的混凝土	0.6	325	300

注:①严寒地区指最寒冷月份的月平均温度低于－15℃者;寒冷地区指最寒冷月份的平均温度处于－15～－5℃者;
②水泥用量不包括掺和料。

轻集料混凝土用水量 表 9-66

用　途	稠　度		净用水量(kg/m^3)
	维勃稠度(s)	坍落度(mm)	
预制混凝土构件			
(1)振动台成型	5～10	0～10	155～180
(2)振捣棒或平板振动器振实	—	30～50	165～200
现浇混凝土(大模、滑模)			
(1)机械振捣	—	50～70	180～210
(2)人工振捣或钢筋较密的	—	60～80	200～220

注:①表中值适用于圆球型和普通型轻粗集料,对于碎石型轻粗集料需按表中值增加10kg左右的用水量;
②表中值适用于砂轻混凝土,若采用轻砂时,需取轻砂1h吸水量为附加水量;若无轻砂吸水率数据时,也可适当增加用水量,最后按施工稠度的要求进行调整。

轻集料混凝土的砂率 表 9-67

用　途	细集料品种	砂率(%)
预制构件用	轻砂	35～50
	普通砂	30～40
现浇混凝土用	轻砂	—
	普通砂	35～45

注:①当细集料采用普通砂和轻砂混合使用时,宜取中间值,并按普通砂和轻砂的混合比例进行插入计算;
②采用圆球型轻粗集料时,宜取表中值下限;采用碎石型时,则取上限。

粗细集料总体积 表 9-68

轻粗集料粒型	细集料品种	粗细集料总体积(m^3)
圆球型	轻砂 普通砂	1.25 ~ 1.50 1.20 ~ 1.40
普通型	轻砂 普通砂	1.30 ~ 1.60 1.25 ~ 1.50
碎石型	轻砂 普通砂	1.35 ~ 1.65 1.30 ~ 1.60

注:①当采用膨胀珍珠岩砂时,宜取表中上限值;

②混凝土强度等级较高时,宜取表中下限值。

附加水量的计算方法 表 9-69

序号	项目	附加水量 m_{wa}
1	粗集料预湿、细集料为普砂	$m_{wa}=0$
2	粗集料不预湿、细集料为普砂	$m_{wa}=A_a \cdot w_a$
3	粗集料预湿、细集料为轻砂	$m_{wa}=S_s \cdot w_s$
4	粗集料不预湿、细集料为轻砂	$m_{wa}=A_a \cdot w_a+S_s \cdot w_s$

注:①ω_a、ω_s 分别为粗、细集料吸水率;

②当轻集料含水时,必须在附加水量中扣除自然含水量。

例 9-14 配制 CL30 粉煤灰陶粒混凝土,要求干表观密度为 1650kg/mm³,坍落度为 30 ~ 50mm,测定材料性能为:陶粒松散质量密度 750kg/m³,颗粒质量密度 1250kg/m³,吸水率 16%;砂子用普通砂,松散质量密度 1450kg/m³,密度 2600kg/m³;水泥用 425 号普通水泥,密度为 3100kg/m³,试用绝对体积法计算配合比。

解 1. 根据混凝土设计试配强度等级按表 9-63 确定水泥用量为 400kg/m³。

2. 根据 30 ~ 50mm 坍落度要求,按表 9-66 选用净用水量为 165kg/m³。

以上得净用水量 165kg/m³,水泥用量为 400kg/m³,水灰比 0.41,符合表 9-65 规定的最大水灰比和最小水泥用量的规定。

3. 按表 9-67 选用砂率 $S_P=35\%$

4. 砂用量计算

$$V_S=\left[1-\left(\frac{400}{3100}+\frac{165}{1000}\right)\right]\times 35\% = 0.247\text{m}^3$$

$$S_s=0.247\times 2.6\times 1000 = 642\text{kg}$$

陶粒用量计算

$$V_a=1-\left(\frac{400}{3100}+\frac{165}{1000}+\frac{642}{2600}\right)=0.459\text{m}^3$$

$$A_a=0.459\times 1250 = 574\text{kg}$$

5. 计算总用水量

$$W_t=165+574\times 16\% =257\text{kg}$$

由此得陶粒混凝土的配合比为:

水泥:砂:陶粒:水 = 400:642:574:257

6. 试配与调整

(1)混凝土的干表观密度计算

$$\rho_{cd} = 1.15 \times 400 + 642 + 574 = 1676 kg/m^3$$

与设计要求的干表观密度相差(1676 - 1650)/1650 = 0.016 < 3%,故不需要调整。

(2)以计算的混凝土配合比为基准,另按表 9-63 选用两个水泥用量为 370kg/m³ 及 450kg/m³,用水量仍为 165kg/m³,计算得到 3 个配合比,经试拌调整用水量分别达到要求的施工和易性,校正配合比。

(3)经试配,假设水泥用量为 370kg/m³ 的混凝土配合比强度达不到要求外,其余两个混凝土配合比均能达到设计强度,则选定水泥用量为 400kg/m³ 的配合比作为选定的混凝土配合比。

(4)测得的该配合比搅拌的混凝土拌和物浇灌后的振实质量密度为 1698kg/m³,则校正系数 η:

$$\eta = \frac{\left(\frac{400}{3100} + \frac{642}{2600} + \frac{574}{1250} + \frac{257}{1000}\right) \times 1698}{400 + 642 + 574 + 257} = 0.99$$

故校正后的 CL30 粉煤灰陶粒混凝土配合比为:

水泥	$400 \times 0.99 = 396kg$
砂	$642 \times 0.99 = 636kg$
粉煤灰陶粒	$574 \times 0.99 = 568kg$
净用水量	$165 \times 0.99 = 163kg$
总用水量	$163 + 574 \times 0.99 \times 16\% = 254kg$

水泥:砂:陶粒:水 = 396:636:568:254

4 混凝土浇筑强度及变形控制计算

4.1 混凝土浇筑强度及时间计算

混凝土浇筑强度及时间计算　　表 9-70

项目	计算方法及公式	符号意义
浇筑强度	混凝土搅拌能力的配备应根据混凝土浇筑强度(即每小时浇筑混凝土量)而定,混凝土的最大浇筑强度可按下式计算: $Q = \frac{F \cdot h}{t}$　(9-104) 其中　$t = t_1 - t_2$　(9-105)	Q——混凝土最大浇筑强度,m³/h; F——混凝土最大水平浇筑截面积,m²; h——混凝土分层浇筑厚度,一般取0.2～0.4m; t——每层混凝土浇筑时间,h; t_1——水泥的初凝时间,h; t_2——混凝土的运输时间,h; T——全部混凝土浇筑完毕需要的时间,h; V——全部混凝土浇筑量,m³
浇筑时间	混凝土浇筑需要时间按下式计算: $T = \frac{V}{Q}$　(9-106)	

例 9-15 长 30m、宽 20m、厚 4.5m 的基础,混凝土强度等级为 C30,混凝土由搅拌站用混凝土搅拌车运输至现场,运输时间为 0.5h(包括装、运、卸),混凝土初凝时间为 3h,采用插入式振捣器振捣,混凝土每层浇筑厚度为 30cm,要求连续一次浇筑完成不留施工缝,试求混凝土的浇筑强度和浇完所用时间。

解 基础面积 $F = 30 \times 20 = 600\text{m}^2$

基础体积 $V = 150 \times 4.5 = 675\text{m}^3$

每层浇筑厚度 $h = 0.3\text{m}$

已知 $t_1 = 3\text{h}, t_2 = 0.5\text{h}$,则混凝土浇筑强度为:

$$Q = \frac{F \cdot h}{t_1 - t_2} = \frac{600 \times 0.3}{3 - 0.5} = 72\text{m}^3/\text{h}$$

浇完该设备基础所需时间为:

$$T = \frac{V}{Q} = \frac{675}{72} = 9.4\text{h}$$

即 9.4h 浇筑完毕。

4.2 混凝土搅拌机需要台数计算

混凝土搅拌机需要台数计算 表 9-71

计算公式	符号意义
混凝土搅拌机需要用量按下式计算: $N = \dfrac{V}{\left(\dfrac{60}{t_1 + t_2}\right) \cdot q \cdot K \cdot K_B \cdot T}$ (9-107)	N——混凝土搅拌机需要台数; V——每班混凝土需要总量,m^3/台班; q——混凝土搅拌机容量,m^3; t_1——搅拌机每拌混凝土的搅拌时间,min; t_2——搅拌机每拌混凝土的出料时间,min; K——搅拌机容量利用系数,取 $K = 0.9$; K_B——工作时间利用系数,取 $K_B = 0.9$; T——每班工作时间,一般取 7 ~ 8h

例 9-16 每班需要混凝土总量为 70m^3,选用搅拌机容量为 0.4m^3,每班混凝土搅拌时间 $t_1 = 2\text{min}$,出料时间 $t_2 = 3.5\text{min}$,每班工作时间取 7h,试计算搅拌机需要量。

解 由公式(9-107)可得:

$$N = \frac{V}{\left(\frac{60}{t_1 + t_2}\right) \cdot q \cdot K \cdot K_B \cdot T}$$

$$= \frac{70}{\left(\frac{60}{2 + 3.5}\right) \times 0.4 \times 0.9 \times 0.9 \times 7} = 2.83$$

故取 3 台。

4.3 混凝土投料量及掺外加剂用量计算

混凝土投料量及掺外加剂用量计算　　表 9-72

序号	项目	计算方法及公式
1	投料量	混凝土搅拌投料量应根据混凝土搅拌机出料容量和粗细骨料的实际含水率进行修正而定，同时应考虑在搅拌一罐混凝土时，省去水泥的配零工作量；水泥投入量尽可能以整袋水泥计，或按每5kg进级取整数。 混凝土搅拌机的出料容量在铭牌上有说明；材料的含水率修正按材料含水时的质量 m_h 应等于干燥条件下的质量 m_d 加上干燥状态下的质量 m_d 与含水率 w 的乘积(此乘积即所含水率)，按下式计算： $m_h=(1+w)m_d$　　(9-108)
2	掺外加剂用量	混凝土掺外加剂用量计算的步骤是：先按外加剂掺量求纯外加剂用量，再根据已知浓度外加剂，求实际浓度外加剂量。然后计算配成水溶液后的每袋水泥的溶液掺量即扣除溶液含水量后的加水量

例 9-17　钢筋混凝土肋形梁板，采用 C20 普通混凝土，设计质量配合比为：水泥∶砂∶碎石 =1∶2.23∶3.97，水灰比 $\frac{W}{C}=0.59$，水泥用量 306kg/m^3，施工现场测得砂含水率为 3%，碎石含水率为 1%。采用 J_4-1000 强制式搅拌机搅拌，出料容量为 1000L，试计算搅拌机在额定生产条件下一次搅拌的各种材料投料量。

解　其施工配合比及每立方米混凝土各种材料用量为：

施工配合比　$1:2.23(1+3\%):3.97\times(1+1\%)=1:2.30:4.01$

每立方米各组成材料用量为：

水泥　306kg

砂　$306\times2.30=703.8$kg

碎石　$306\times4.01=1227.0$kg

水　$0.59\times306-2.23\times306\times0.03-3.97\times306\times0.01=147.9$kg

则混凝土搅拌机每次投料量为：

水泥　$306\times1.0=306$kg　　取 300kg，用 6 袋水泥

砂　$300\times2.30=690$kg

碎石　$300\times4.01=1203$kg

水　$300\times0.59-300\times2.23\times0.03-300\times3.97\times0.01=145.0$kg

4.4 泵送混凝土浇筑施工计算

混凝土输送泵车和搅拌运输车数量及输送能力计算　　表 9-73

项目	计算方法及公式	符号意义
泵车数量	混凝土输送泵车需要台数 N 可按下式计算： $N=\frac{q_n}{q_{max}\cdot\eta}$　　(9-109)	q_n——混凝土浇筑数量，m^3/h； q_{max}——混凝土输送泵车最大排量，m^3/h； η——泵车作业效率，一般取 0.5～0.7

续上表

项目	计算方法及公式	符号意义
搅拌车数量	每台混凝土输送泵车需配备混凝土搅拌运输车台数 n_1 可按下式计算： $n_1 = \frac{q_m}{60Q}\left(\frac{60l}{v} + t\right)$ (9-110) $q_m = q_{max} \cdot \eta \cdot a$ (9-111)	q_m——泵车计划排量，m^3/h； Q——混凝土搅拌运输车容量，m^3； v——搅拌运输车车速，km/h，一般取 30km/h； l——搅拌站到施工现场往返距离，km； t——由客观原因造成的停车时间，min，一个运输周期总停歇时间包括装料、卸料、停歇、冲洗等； a——配管条件系数，可取 0.8～0.9
泵车输送能力（最大输送距离和平均输送量）	泵车的输送能力是以单位时间内最大输送距离和平均输出量来表示。在规划泵送混凝土时，应根据工程平面和场地条件确定泵车停放位置，并做出配管设计，使配管长度不超过泵车的最大输送距离。单位时间内的最大排出量与配管的换算长度密切相关（表9-74），配管的水平换算长度 L 可按下式计算： $L = (l_1 + l_2 + \cdots) + k(h_1 + h_2 + \cdots) + f \cdot m + b \cdot n_1 + t \cdot n_2$ (9-112) 在编制泵送作业设计时，应使泵送配管的换算长度小于泵车的最大输送距离。垂直换算长度应小于 0.8 倍泵车的最大输送距离。 混凝土泵车的最大水平输送距离 L_{max}（m）可由试验确定，或参照技术性能表（曲线）确定；或根据混凝土泵产生的最大混凝土压力确定，配管情况、混凝土性能指标和输出量按下式计算： $L_{max} = \frac{P_{max}}{\Delta P_H}$ (9-113) $\Delta P_H = \frac{2}{r}\left[K_1 + K_2\left(1 + \frac{t_2}{t_1}\right)v_0\right]a_0$ (9-114) 其中 $K_1 = (3.0 - 0.01S) \cdot 10^2$ (9-115) $K_2 = (4.0 - 0.01S) \cdot 10^2$ (9-116) 当配管有水平管、向上垂直管或弯管等情况时，应先按表 9-75 进行换算，然后再用上两式计算。 泵车的平均输出量 Q_A（m^3/h）一般是根据泵车的最大排出量、结合配管条件系数按下式计算： $Q_A = q_{max} \cdot a \cdot E_t$ (9-117)	l_1、l_2——水平配管长度，m； h_1、h_2——垂直配管长度，m； m——软管根数，根； n_1——弯管个数，个； n_2——变径管个数，个； k、f、b、t——分别为每米垂直管及每根软管、弯管、变径管的换算长度见表 9-75 所列； P_{max}——混凝土泵产生的最大混凝土压力，Pa，可从技术性能表中查出； ΔP_H——混凝土在水平输送管内流动产生的压力损失，Pa/m； r——混凝土输送管半径，m； K_1——黏着系数，Pa； K_2——速度系数，Pa/m/s； S——混凝土坍落度，cm； t_2/t_1——分配阀切换时间与活塞推压混凝土之比，一般取 0.3； v_0——混凝土拌和物在输送管内的平均流速，m/s； a_0——径向压力与轴向压力之比，对普通混凝土取 0.9； q_{max}——泵车的最大排出量，可从技术性能表中查得，如 DC-S115B 型泵车为 $70m^3/h$； E_t——作业效率，根据混凝土搅拌车向混凝土泵供料的间歇时间，拆装混凝土输送管和布料停歇等情况，可取 0.5～0.7。1 台搅拌车供料取 0.5；2 台搅拌车同时供料取 0.7；
混凝土泵数量	混凝土泵数量按下式计算： $n_2 = \frac{q_n}{q_m} \cdot T$ (9-118)	q_m——每台混凝土泵的实际平均输出量，m^3/h； T——混凝土泵送施工作业时间，h； q_n、a 的意义同前

配管换算长度与最大排出量的关系 表 9-74

水平换算长度(m)	最大排出量与设计最大排出量对比(%)	水平换算长度(m)	最大排出量与设计最大排出量对比(%)
0 ~ 49	100	150 ~ 179	80 ~ 70
50 ~ 99	90 ~ 80	180 ~ 199	70 ~ 60
100 ~ 149	80 ~ 70	200 ~ 249	60 ~ 50

注:①本表条件为混凝土坍落度 12cm,水泥用量 $300kg/m^3$。

②坍落度降低时,排出量对比值还应相应减少。

各种配管与水平管换算表 表 9-75

项 次	项 目	管 型 规 格	换算成水平管长度(m)
1	向上垂直管 k (每 1m)	管径 100mm(4″) 管径 125mm(5″) 管径 150mm(6″)	3 4 5
2	软管 f	每 5 ~ 8m 长的 1 根	20
3	弯管 b (每 1 个)	曲率 90° 半径 45° $R=0.5m$ 30° 15°	12 6 4 2
		曲率 90° 半径 45° $R=1.0m$ 30° 15°	9 4.5 3 1.5
4	变径管 t (锥形管) (每 1 根) $l=1\sim2$	管径 175→150mm 管径 150→125mm 管径 125→100mm	4 8 16

注:①本表的条件是输送混凝土水泥用量在 $300kg/m^3$ 以上,坍落度 21cm,当坍落度小时换算率应适当增加;

②向下垂直管,其水平换算长度等于其自身长度;

③斜向配管时,根据其水平及垂直投影长度,分别按水平、垂直配管计算。

例 9-18 某基础厚 3.0m,混凝土体积为 $1790m^3$,采取分层浇筑,每层厚 30cm,混凝土浇灌量要求 $89.5m^3/h$,拟采用 IPF－185B 型混凝土输送泵车浇筑,其最大输送能力(排量)$q_{max}=25m^3/h$,作业效率 $\eta=0.6$,采用 JC6 型混凝土搅拌运输车运输,装料容量 $Q=6m^3$,车速 $v=30km/h$,往返运输距离 $l=10km$,试求需用混凝土输送泵车和混凝土搅拌运输车的台数。

解 需用混凝土输送泵车台数为:

$$N=\frac{q_n}{q_{max}\cdot\eta}=\frac{89.5}{25\times0.6}=5.9 \quad 用 6 台$$

每台混凝土泵车需配备混凝土搅拌运输车台数为：

$$n=\frac{q_{\max}\cdot\eta}{60Q}\left(\frac{60l}{v}+t\right)=\frac{25\times0.6}{60\times6}\left(\frac{60\times10}{30}+45\right)=2.7\qquad 用3台$$

故共需配备混凝土输送泵车6台，混凝土搅拌运输车 $6\times3=18$ 台。

例9-19 同例9-18条件，已知混凝土输送泵车产生的最大泵压 $p_{\max}=4.71\times10^6\text{Pa}$，输送管直径为125mm，每台泵车水平配管长度为120m，装有1根软管，3根弯管，2根变径管；混凝土坍落度 $S=18\text{cm}$，混凝土在输送管内的流速 $v=0.56\text{m/s}$，试计算混凝土输送泵的输送距离能否满足要求。

解 配管的水平换算长度为：

$$L=l+f\cdot m+b\cdot n_1+t\cdot n_2=120+30\times1+12\times3+20\times2=226\text{m}$$

取

$$t_1/t_2=0.3;a_0=0.9$$

$$k_1=(3.0-0.01S)\times10^2=(3-0.01\times18)\times10^2=282\text{Pa}$$

$$k_2=(4.0-0.01S)\times10^2=(4-0.01\times18)\times10^2=382\text{Pa}$$

$$\Delta P_{\text{H}}=\frac{2}{r}\left[k_1+k_2\left(1+\frac{t_2}{t_1}\right)v\right]a_0$$

$$=\frac{2\times2}{0.125}[282+282(1+0.3)\times0.56]\times0.9=16130\text{Pa/m}$$

混凝土泵车的最大水平输送距离为：

$$L_{\max}=\frac{p_{\max}}{\Delta P_{\text{H}}}=\frac{4.71\times10^6}{16130}=292\text{m}$$

$L_{\max}$ 为292m大于226m，故能满足要求。

4.5 补偿收缩混凝土计算

补偿收缩混凝土计算 表9-76

项目	计算方法及公式	符号意义
性能要求	补偿收缩混凝土是用膨胀水泥或普通水泥掺入微膨胀剂与粗细骨料和水配制而成。 补偿收缩混凝土的性能要求为： 限制膨胀率不小于 1.5×10^{-4}； 限制收缩率不大于 4.5×10^{-4}；28d抗压强度不小于20MPa。 补偿收缩混凝土的最终变形按下式计算： $D=e_{2\text{m}}-\Sigma S_{\text{m}}$ (9-119) 在不允许出现拉应力的结构构件中： $D\geqslant0$ 在不允许出现裂缝的结构构件中： $D\leqslant\|S_{\text{k}}\|$	D——补偿收缩后的最终变形(即剩余变形)； $e_{2\text{m}}$——限制膨胀率； ΣS_{m}——各种收缩率之和，在补偿干缩时，$\Sigma S_{\text{m}}=S_2$(干缩率)；在同时补偿干缩与冷缩时，$\Sigma S_{\text{m}}=S_2+S_{\text{T}}$(冷缩率)； S_{k}——混凝土的极限延伸值，即混凝土出现裂缝的最大应变值(负值)

注：在配筋或其他限制下，混凝土产生的体积膨胀率称限制膨胀率；混凝土产生的体积收缩率称限制收缩率。

例9-20 补偿收缩钢筋混凝土底板，根据设计的混凝土强度等级、湿度及长期埋在地下的特点,已知 $S_2=5\times10^{-4}$,$S_k=-2\times10^{-4}$,不允许出现裂缝,试求限制膨胀率。

解 由表 9-76 中公式,不允许出现裂缝时,$D=S_k$,则

$$D=e_{2m}+\Sigma S_m=-2\times10^{-4}+5\times10^{-4}=3\times10^{-4}$$

故湿养护 14d 底板的限制膨胀率为 $S_2=3\times10^{-4}$。

4.6 混凝土强度的换算与推算

混凝土强度的换算与推算 表 9-77

<table>
<tr><th>项目</th><th>计算方法及公式</th><th>符号意义</th></tr>
<tr><td>强度换算</td><td>混凝土强度换算是施工中常遇到的技术问题,如已知混凝土 nd 的强度,需要推算出 28d 标准龄期强度或另一个龄期的强度等;或已知标准养护 28d 龄期的强度,需要推算出 nd 龄期的强度等。由大量试验知,混凝土强度增长情况大致与龄期的对数成正比例关系,其关系如下:
$R(n)=R(28)\frac{\lg n}{\lg 28}$ (9-120)
$R(28)=\frac{R(n)\lg 28}{\lg n}$ (9-121)
根据上式可由一个已知龄期的混凝土强度推算另一个龄期强度。上式只适用于在标准养护条件下,而且龄期大于(或等于)3d 的情况。采用普通水泥拌制的中等强度等级的混凝土,由于水泥品种、养护条件、施工方法等常有差异,混凝土强度发展与龄期的关系也不可能一致,故此只能作大致推算用</td><td rowspan="2">$R(n)$——nd 龄期混凝土的抗压强度,MPa;
$R(28)$——28d 龄期混凝土的抗压强度,MPa;
lg28、lgn——28d 和 $n(n\geqslant3)$ 的常用对数;
$R(7)$——7d 龄期混凝土的抗压强度,MPa;
r——常数,一般取 $r=1.5\sim3.0$,或由试验统计资料确定</td></tr>
<tr><td>强度推算</td><td>利用 7d 强度 $R(7)$ 推算出 28d 强度 $R(28)$ 也可用下面经验公式:
$R(28)=R(7)+r\sqrt{R(7)}$ (9-122)</td></tr>
</table>

例 9-21 已知一组普通水泥混凝土试块的 38d 的平均抗压强度为 32.5MPa,试换算该组试块在标准养护条件下 28d 和 38d 达到的强度。

解 由已知公式得:

$$R(28)=\frac{32.5\times\lg 28}{\lg 34}=30.7\text{MPa}$$

$$R(60)=\frac{30.7\times\lg 38}{\lg 28}=33.5\text{MPa}$$

故换算的强度分别为 30.7MPa 和 33.5MPa。

例 9-22 已知一组普通水泥混凝土的 7d 的平均抗压强度为 12.2MPa,试推算该组试块在标准养护条件下 28d 达到的强度。

解 取 $r=2.0$,那么有:

$$R(28)=R(7)+r\sqrt{R(7)}=12.2+2.0\sqrt{12.2}=21.0\text{MPa}$$

故推算的强度为 21.0MPa。

4.7 混凝土热工性能计算

混凝土热工性能计算 表9-78

<table>
<tr><th>项目</th><th>计算方法及公式</th><th>符号意义</th></tr>
<tr><td>导热系数</td><td>混凝土的导热系数系指在单位时间内,热流通过单位面积和单位厚度混凝土介质时,混凝土介质两侧为单位温差时热量的传导率。混凝土的导热系数,可按下式计算:
$$\lambda=\frac{1}{p}(p_c\lambda_c+p_s\lambda_s+p_g\lambda_g+p_w\lambda_w) \quad (9\text{-}123)$$
普通混凝土的导热系数为2.33~3.49W/m·K</td><td rowspan="4">p、p_c、p_s、p_g、p_w——分别为混凝土、水泥、砂、石、水的每立方米混凝土所占的百分比,%;
λ、λ_c、λ_s、λ_g、λ_w——分别为混凝土、水泥、砂、石、水的导热系数,W/m·K;
c、c_c、c_s、c_g、c_w——分别为混凝土、水泥、砂、石、水的比热,kJ/kg·K;
α——混凝土的热扩散系数,m^2/s;
ρ——混凝土的质量密度,kg/m^3</td></tr>
<tr><td>比热</td><td>单位质量的混凝土,其温度升高1℃所需的热量,称为混凝土的比热,可按下式计算:
$$c=\frac{1}{p}(p_cc_c+p_sc_s+p_gc_g+p_wc_w) \quad (9\text{-}124)$$
普通混凝土的比热,一般取0.84~1.05kJ/kg·K</td></tr>
<tr><td>热扩散系数</td><td>混凝土的热扩散系数(又称导温系数)是反映混凝土在单位时间内热量扩散的指标,可按下式计算:
$$\alpha=\frac{\lambda}{c\rho} \quad (9\text{-}125)$$
普通混凝土的热扩散系数为$(0.56\sim1.68)\times10^{-6}m^2/s$。
各种骨料及混凝土的热工作性能见表9-79和表9-80</td></tr>
<tr><td>热膨胀系数</td><td>混凝土的热膨胀系数系指线膨胀系数,混凝土的体积膨胀率为其线膨胀系数的三倍。普通混凝土的热膨胀系数为$(6\sim13)\times10^{-6}/℃$,一般取平均值$10\times10^{-6}/℃$。混凝土的热膨胀系数主要随粗细骨料的性质和用量而变,石英岩的热膨胀系数约为$12.6\times10^{-6}/℃$,而石灰岩只有$(4\sim5)\times10^{-6}/℃$。
混凝土的热膨胀系数可以各组成材料的热膨胀系数加权平均计算</td></tr>
</table>

各种骨料的热工性能(温度≈20℃) 表9-79

骨料种类	相对密度	热扩散系数 ($10^{-6}m^2/s$)	导热系数 (W/m·K)	比热 (kJ/kg·K)	热膨胀系数 ($\times10^{-6}/℃$)
石英	2.635	2.70	5.175	0.733	10.2~13.4
花岗岩	—	—	2.91~3.08	0.716~0.787	5.5~8.5
白云岩	—	—	4.12~4.30	0.804~0.837	6~10
石灰岩	2.67~2.70	1.28~1.43	2.66~3.23	0.749~0.846	3.64~6
长岩	2.555	1.13	2.33	0.812	0.88~16.7
大理岩	2.704	1.05	2.45	0.875	4.41
玄武岩	2.695	0.75	1.71	0.766~0.854	5~7.5
砂岩	—	—	—	0.712	10~12

各种混凝土的热工性能 表 9-80

种类	骨料 细骨料	骨料 粗骨料	质量密度 (kg/m^3)	热扩散系数 ($10^{-6}m^2/s$)	导热系数 (W/m·K)	比热 (kJ/kg·K)	热膨胀系数 ($\times 10^{-6}$/℃)	温度范围
重混凝土	磁铁矿		4020	0.784~1.036	2.44~3.02	0.75~0.84	8.9	约 300℃
	赤铁矿		3860	1.092~1.512	3.26~4.65	0.80~0.84	7.6	
	重晶石		3640	0.588~0.756	1.16~1.40	0.54~0.59	16.4	
普通混凝土	—	石英岩	2430	1.568~1.736	3.49~3.61	0.88~0.96	12~15	10~30℃
	—	白云岩	2450	1.344~1.428	3.14~3.26	0.92~1.00	5.8~7.7	
	—	白云岩	2500	1.33~1.42	3.26~3.37	0.96~1.00	—	
	—	花岗岩	2420	—	2.56	0.92~0.96	8.1~9.1	
	—	流纹岩	2340	0.9242	2.09	0.92~0.96	—	
	—	玄武岩	2510	0.868~0.896	2.09	0.96	7.6~10.4	
	河砂	石	2300	0.70	2.09	0.92	—	
轻混凝土	河砂	轻石	600~1900	0.392~0.524	0.63~0.79	—	—	
	轻砂	轻石	900~1600	0.364	0.50	—	7~12	
泡沫混凝土	水泥—硅质系	500~800	0.252	0.22~0.24	—	—	8	
	石灰—硅质系					—	7~14	

例 9-23 已知混凝土的配合比及有关材料导热系数、比热如表 9-81 所列，求混凝土的导热系数、比热和热扩散系数。

混凝土的配合比及有关材料热工性能 表 9-81

混凝土组成材料	水泥	砂	石	水	总 计
质量比(kg)	275	834	1106	185	2400
百分比(%)	11.46	34.75	46.08	7.71	100
材料导热系数 λ(W/m·K)	2.218	3.082	2.908	0.600	
比热 c(kJ/kg·K)	0.536	0.745	0.708	4.187	

解 1. 混凝土导热系数

$$\lambda = \frac{1}{100}(11.46 \times 2.218 + 34.75 \times 3.082 + 46.08 \times 2.908 + 7.71 \times 0.600)$$

$$= 2.71 \text{W/m} \cdot \text{K}$$

2. 混凝土的比热

$$c = \frac{1}{100}(11.46 \times 0.536 + 34.75 \times 0.745 + 46.08 \times 0.708 + 7.71 \times 4.187)$$

$$= 0.97 \text{kJ/kg} \cdot \text{K}$$

3. 混凝土的热扩散系数

$$\alpha = \frac{2.71}{0.97 \times 2400} = 0.00116 \text{W} \cdot \text{m}^2/\text{kJ} = 1.16 \times 10^{-6} \text{m}^2/\text{s}$$

4.8 混凝土温度变形值计算

混凝土温度变形值计算　　表 9-82

计算方法及公式	符号意义
在温度变化时,混凝土(钢)结构的伸长或缩短的变形值ΔL与长度、温差和材料种类有关,可按下式计算: $$\Delta L = L(t_2 - t_1)\alpha \quad (9\text{-}126)$$	ΔL——随温度变化而伸长或缩短的变形值,cm; L——结构长度,cm; $t_2 - t_1$——温度差,℃; α——材料的膨胀系数,混凝土为1.0×10^{-5},钢材为1.2×10^{-5}

例 9-24　现浇混凝土梁,长 16m,已知温差 25℃,求温度变形值。

解　$$\Delta L = L(t_2 - t_1)\alpha = 1600 \times 25 \times 1.0 \times 10^{-5} = 0.4\text{cm}$$

4.9 混凝土与钢筋混凝土极限拉伸计算

混凝土与钢筋混凝土极限拉伸计算　　表 9-83

计算方法与公式	符号意义
混凝土与钢筋混凝土极限拉伸,即材料的相对拉伸变形。混凝土的极限拉伸为1×10^{-4},一般取$(0.8 \sim 1.6) \times 10^{-4}$。钢筋混凝土不考虑徐变影响的极限拉伸值$\varepsilon_{pa}$可按下式计算: $$\varepsilon_{pa} = 0.5R_1\left(1 + \frac{\mu}{d}\right) \times 10^{-4} \quad (9\text{-}127)$$	R_1——混凝土的抗拉设计强度,MPa; μ——配筋率,本式中取配筋率$\mu = 0.2\%$,则μ取 0.2; d——钢筋直径,cm

例 9-25　钢筋混凝土梁采用混凝土强度等级为 C20,$R_1 = 1.3$MPa,配筋率为$\mu = 0.25$,采用钢筋直径$d = 16$mm,试求钢筋混凝土板的极限拉伸率。

解　$$\varepsilon_{pa} = 0.5R_1\left(1 + \frac{\mu}{d}\right) \times 10^{-4} = 0.5 \times 1.3\left(1 + \frac{0.25}{1.6}\right) \times 10^{-4} = 0.76 \times 10^{-4}$$

故梁的极限拉伸值为0.76×10^{-4}。

5 混凝土裂缝控制施工计算

5.1 混凝土浇筑前裂缝控制施工计算

混凝土灌筑前裂缝控制施工计算　　表 9-84

项目	计算方法及公式	符号意义
裂缝控制原理方法和计算步骤	在大体积混凝土浇灌前,根据施工拟采用的防裂措施和已知施工条件,先计算混凝土的水泥水化热绝热升温值、各龄期收缩变形值、收缩当量温差和弹性模量,然后通过计算,估量可能产生的最大温度收缩应力,如不超过混凝土的抗拉强度,则表示所采取的防裂措施能有效控制预防裂缝的出现;如超过混凝土的抗拉强度,则可采取调整混凝土的浇灌温度、减低水化热温升值、降低内外温差、改善施工操作工艺和混凝土性能,提高抗拉强度或改善约束等技术措施重新计算,直至计算的应力在允许范围以内为止	$T_{(t)}$——浇完一段时间,混凝土的绝热升温值,℃; m_c——每立方米混凝土水泥用量,kg/m³; Q——水泥水化热量,J/kg,可由表 9-85 查得; c——混凝土的比热,一般取 0.92~1.00,取 0.96J/kg·K; ρ——混凝土的质量密度,取 2400kg/m³

续上表

<table>
<tr><th>项目</th><th>计算方法及公式</th><th>符号意义</th></tr>
<tr><td>水化热绝热温升值</td><td>混凝土的水化热绝热温升值，一般按下式计算：
$$T_{(t)} = \frac{m_c Q}{c \cdot \rho}(1 - e^{-mt}) \quad (9\text{-}128)$$
实际结构外表是散热的，计算值偏于安全</td><td rowspan="5">e——常数，为2.718；
m——与水泥品种，浇捣时与温度有关的经验系数，一般为0.2～0.4；
t——混凝土浇筑后至计算时的天数，d；
ε°_{y}——标准状态下的最终收缩值（即极限收缩值），取3.24×10^{-4}；
M_1、M_2、M_3、…、M_n——考虑各种非标准条件的修正系数，按表9-86取用；
$T_{y(t)}$——各龄期（d）混凝土收缩当量温差，℃，负号表示降温；
$\varepsilon_{y(t)}$——各龄期混凝土的收缩相对变形值；
α——混凝土的线膨胀系数，取1.0×10^{-5}；
$E_{(t)}$——混凝土从浇筑后至计算时的弹性模量，MPa；计算温度应力时，一般取平均值；
E_c——混凝土的最终弹性模量MPa，可近似取28d的弹性模量，按表9-87取用；
σ——混凝土的温度（包括收缩）应力，MPa；
ΔT——混凝土的最大综合温差，℃，如为负则为降温；
T_0——混凝土的入模温度，℃；
T_h——混凝土浇筑后达到稳定时的温度，一般根据历年气象资料取当年平均气温，℃；
$S_{(t)}$——考虑徐变影响的松弛系数，一般取0.3～0.5；
R——混凝土的外约束系数，当为岩石地基时，$R=1$；当为可滑动垫层时，$R=0$；一般基地取0.25～0.50；
v——混凝土的泊松比，可采用0.15～0.20</td></tr>
<tr><td>各龄期混凝土收缩变形值</td><td>各龄期混凝土的收缩变形值$\varepsilon_{y(t)}$随许多具体条件和因素的差异而变化，一般可按下列指数函数表达式计算：
$$\varepsilon_{y(t)} = \varepsilon^{\circ}_{y}(1 - e^{-0.1t}) \times M_1 \times M_2 \times M_3 \times \cdots \times M_n \quad (9\text{-}129)$$</td></tr>
<tr><td>各龄期混凝土收缩当量温差</td><td>混凝土的收缩变形换成当量温差按下式计算：
$$T_{y(t)} = \frac{\varepsilon_{y(t)}}{\alpha} \quad (9\text{-}130)$$
当量温差是将混凝土收缩产生的变形，换成相当于引起同样变形所需的温度，以便按温差计算温度应力</td></tr>
<tr><td>各龄期混凝土弹性模量</td><td>各龄期混凝土弹性模量按下式计算：
$$E_{(t)} = E_c(1 - e^{-0.09t}) \quad (9\text{-}131)$$</td></tr>
<tr><td>混凝土的温度收缩应力</td><td>大体积结构（厚度大于1m）贯穿性或深进的裂缝，主要是由平均降温差和收缩差引起过大温度收缩应力所造成的，混凝土因外约束引起的温度（包括收缩）应力（二维时）可按下简化公式计算：
$$\sigma = -\frac{E_{(t)} \cdot a \cdot \Delta T}{1 - v} \cdot S_{(t)} \cdot R \quad (9\text{-}132)$$
其中：
$$\Delta T = T_0 + \frac{2}{3}T_{(t)} + T_{y(t)} - T_h \quad (9\text{-}133)$$
当大体积混凝土结构长期裸露在室外（未回填土）时，ΔT值可按混凝土水化热最高温升值（包括混凝土浇筑入模温度）与当地月平均最低温度之差进行计算</td></tr>
</table>

每千克水泥水化热量 Q 表 9-85

品种	水化热量 Q(J/kg)				
	225 号	275 号	325 号	425 号	525 号
普通水泥	201	243	289	377	461
矿渣水泥	188	205	247	335	—

混凝土收缩变形不同条件影响修正系数 表 9-86

水泥品种	M_1	水泥细度	M_2	骨料	M_3	水灰比	M_4	水泥浆量(%)	M_5
矿渣水泥	1.25	1500	0.90	砂岩	1.9	0.2	0.65	15	0.90
快硬水泥	1.12	2000	0.93	砂砾	1.0	0.3	0.85	20	1.00
低热水泥	1.10	3000	1.00	无粗骨料	1.0	0.4	1.00	25	1.20
石灰矿渣水泥	1.0	4000	1.13	玄武岩、花岗岩	1.0	0.5	1.21	30	1.45
普通水泥	1.0	5000	1.35	石灰岩	1.0	0.6	1.42	35	1.75
火山灰水泥	1.0	6000	1.68	白云岩	0.95	0.7	1.62	40	2.10
抗硫酸盐水泥	0.78	7000	2.05	石英岩	0.8	0.8	1.82	45	2.55
t(d)	M_6	w(%)	M_7	$\bar{r}$	M_8	操作方法	M_9	$\frac{E_g A_g}{E_h A_h}$	M_{10}
1~2	$\frac{1.11}{1.0}$	25	1.25	0	$\frac{0.54}{0.21}$	机械振捣	1.00	0.00	1.00
3	$\frac{1.09}{0.98}$	30	1.18	0.1	$\frac{0.76}{0.78}$	手工捣固	1.10	0.05	0.85
4	$\frac{1.07}{0.96}$	40	1.10	0.2	$\frac{1}{1}$	蒸气养护	0.85	0.10	0.76
5	$\frac{1.04}{0.94}$	50	1.00	0.3	$\frac{1.03}{1.03}$	高压釜处理	0.54	0.15	0.68
7	$\frac{1.0}{0.9}$	60	0.88	0.4	$\frac{1.2}{1.05}$			0.20	0.61
10	$\frac{0.96}{0.89}$	70	0.77	0.5	$\frac{1.13}{—}$			0.25	0.55
14~180	$\frac{0.93}{0.84}$	80~90	$\frac{0.70}{0.54}$	0.60~0.7	$\frac{1.4 \sim 1.43}{—}$				

注:分子为自然状态下硬化;分母为加热状态下硬化,表中符号意义如下:

t——混凝土浇灌后初期养护时间,d;

w——环境相对湿度,%;

$\bar{r}$——水平半径的倒数(cm^{-1})为构件截面周长(L)与截面面积(A)之比,$\bar{r}=L/A$;

$\frac{E_g A_g}{E_h A_h}$——配筋率;

其中: E_g——钢筋的弹性模量,MPa;

A_g——钢筋的截面面积,m^2;

E_h——混凝土的弹性模量,MPa;

A_h——混凝土的截面面积,m^2。

混凝土的弹性模量 表 9-87

项　次	混凝土强度等级(MPa)	弹 性 模 量 (MPa)	项　次	混凝土强度等级(MPa)	弹 性 模 量 (MPa)
1	C7.5	1.45×10^4	7	C35	3.15×10^4
2	C10	1.75×10^4	8	C40	3.25×10^4
3	C15	2.20×10^4	9	C45	3.35×10^4
4	C20	2.55×10^4	10	C50	3.45×10^4
5	C25	2.80×10^4	11	C55	3.55×10^4
6	C30	3.00×10^4	12	C60	3.60×10^4

例 9-26　大型基础混凝土采用 C20,用 425 号矿渣水泥配制,水泥用量为 275kg/m^3,水灰比为 0.6,$E_c=2.55\times10^4$MPa,$T_y=9$℃,$S_{(t)}=0.3$,$R_{(t)}=0.32$,混凝土浇灌入模温度为 14℃,当地平均温度为 15℃,由天气预报知养护期间月平均最低温度为 3℃,试计算可能产生的最大收缩应力和露天养护期间(15d)可能产生的温度收缩应力及抗裂安全度。

解　由表 9-85 知 $Q=335$J/kg,$c=0.96$J/kg·k,$\rho=2400$kg/m^3。

混凝土 15d 水化热绝热温度及最大的水化热绝热温度为:

$$T_{(15)}=\frac{275\times335}{0.96\times2400}(1-2.718^{-0.3\times15})=39.54℃$$

$$T_{\max}=\frac{275\times335}{0.96\times2400}(1-2.718^{-\infty})=39.98℃$$

由表 9-86 知,$M_1=1.25$,M_2、M_3、M_5、M_8、M_9 均为 1,$M_4=1.42$,$M_6=0.93$,$M_7=0.7$,$M_{10}=0.95$,则混凝土的收缩变形值为:

$$\begin{aligned}\varepsilon_{(15)}&=3.24\times10^{-4}(1-2.718^{-0.15})\times1.25\times1.42\times0.93\times0.7\times0.95\\&=0.498\times10^{-4}\end{aligned}$$

混凝土 15d 收缩当量温差为:

$$T_{y(15)}=\frac{0.498\times10^{-4}}{10\times10^{-5}}=4.98\approx5℃$$

混凝土 15d 的弹性模量为:

$$E_{(15)}=2.55\times10^4\times(1-2.718^{-0.09\times15})=1.89\times10^4\text{MPa}$$

混凝土的最大综合温差为:

$$\Delta T=14+\frac{2}{3}\times39.98+9-15=34.65℃$$

则基础混凝土最大降温收缩应力为:

$$\begin{aligned}\sigma&=\frac{2.55\times10^4\times1\times10^5\times(-34.65)}{1-0.15}\times0.3\times0.32\\&=0.97<R_l=1.3\text{MPa}\end{aligned}$$

$$K=\frac{1.3}{0.97}=1.34>1.15\qquad 满足。$$

露天养护期间基础混凝土产生的降温收缩应力为:

$$\Delta T=14+\frac{2}{3}\times39.54+5-3=42.36℃$$

$$\sigma_{(15)}=\frac{1.89\times10^{4}\times1\times10^{-5}\times(-42.36)}{1-0.15}\times0.30\times0.32$$

$$=0.90>75\%\times1.3=0.975\text{MPa}$$

由计算知基础在露天养护期间混凝土有可能出现裂缝，在此期间混凝土表面应采取养护和保温措施，使养护温度加大（即 T_h 加大），综合温差 ΔT 减小，使计算的 $\sigma_{(15)}$ 小于 0.975/1.15 = 0.85MPa，则可控制裂缝出现。

5.2 混凝土浇筑后裂缝控制的施工计算

混凝土浇筑后裂缝控制的施工计算 表9-88

项目	计算方法及公式	符号意义
裂缝控制原理、方法和计算步骤	在大体积混凝土浇灌后，根据实测温度值和绘制的温度升降曲线，分别计算各降温阶段的混凝土温度收缩拉应力，如其累计总拉应力不超过同龄期的混凝土抗拉强度，则表示所采取的防裂措施能有效的控制预防裂缝的出现，如超过该阶段时的混凝土抗拉强度，则应采取加强养护、保温（及时覆盖回填土）等措施，使其缓慢降温和收缩，提高该龄期的混凝土的抗拉强度，以控制裂缝的出现	$T_{(t)}$、m_c、Q、c、ρ、e、m、t 等的符号意义同表9-84； T_{max}——混凝土的最大水化热温升值，℃； T_d——各龄期混凝土实际水化热最高温升值，℃； T_n——各龄期实测温度值，℃； T_0——混凝土入模温度，℃； $T_{x(t)}$——混凝土水化热平均温度，℃； T_1——保温养护下混凝土表面温度，℃； T_2——实测混凝土结构中心最高温度，℃； T_4——实测混凝土结构中心最高温度与混凝土表面温度之差，即 $T_4=T_2-T_1$； T_y——混凝土结构截面上任意深度处的温度，℃； d——结构物厚度； y——基础截面上任意一点离开中心轴的距离； $T_{0(t)}$——各龄期混凝土的综合温差，℃； $T_{y(t)}$——各龄期混凝土收缩当量温差，℃； T——各龄期混凝土综合温差之和，℃； $S_{(t)}$——混凝土的松弛系数，见表9-89； $\sigma_{(t)}$——各龄期混凝土基础所承受的温度应力； a——混凝土线膨胀系数，取 1×10^{-5}； v——泊松比，当结构双向受力时，取0.1； $E_{i(t)}$——各龄期混凝土的弹性模量
混凝土绝热温升值计算	混凝土的水热绝热温升值按下式计算： $T_{(t)}=\frac{m_c\cdot Q}{c\cdot\rho}(1-e^{-mt})$ (9-134) $T_{max}=\frac{m_c\cdot Q}{c\cdot\rho}$ (9-135)	
混凝土实际最高温升值	根据各龄期的实测温升降温值及升降温度曲线，按下式求各龄期实际水化热最高温升值： $T_d=T_n-T_0$ (9-136)	
混凝土水化热平均温度	水化热平均温度按下式计算： $T_{x(t)}=T_1+\frac{2}{3}T_4=T_1+\frac{2}{3}(T_2-T_1)$ (9-137)	
混凝土结构截面上任意深度的温度	结构截面上的温差，常假定呈对称抛物线分布，则结构面上的任意深度的温度可按下式计算： $T_y=T_1+\left(1-\frac{4y^2}{d^2}\right)T_4$ (9-138)	
各龄期混凝土收缩变形值、当量温差及弹性模量	各龄期(d)混凝土收缩变形值 $\varepsilon_{y(t)}$ 收缩当量温差 $T_{y(t)}$ 及弹性模量 $E_{(t)}$ 的计算同表9-84混凝土灌筑前裂缝控制的施工计算相同	

续上表

项目	计算方法及公式	符号意义
各龄期综合温差及总温差	各龄期混凝土的综合温差按下式计算： $$T_{0(t)}=T_{x(t)}+T_{y(t)} \quad (9\text{-}139)$$ 总温差为混凝土各龄期综合温差之和，即： $$T=T_{(1)}+T_{(2)}+T_{(3)}+\cdots+T_{(n)} \quad (9\text{-}140)$$ 以上各种降温差均为负值	$\Delta T_{i(t)}$——各龄期综合温差，均以负值代入； $S_{i(t)}$——各龄期混凝土松弛系数； cosh——双曲余弦函数，可由函数表查得； β——约束状态影响系数，按下式计算： $$\beta=\sqrt{\frac{C_x}{HE_{(t)}}}$$ 其中 H 为基础底板厚度(mm)； C_x——地基水平阻力系数（地基水平刚度；对软黏土为 0.01～0.03；对一般砂质黏土为 0.03～0.06；对坚硬黏土为 0.06～0.10；对风化岩低强度混凝土垫层为 0.6～1.00；对 C10 以上者混凝土垫层为 1.0～1.5），MPa； L——结构底板长度，mm； K——抗裂安全度，取 1.15； R_l——混凝土抗拉强度设计值
各龄期混凝土松弛系数	混凝土松弛程度同加荷时混凝土的龄期有关，龄期越早，徐变引起的松弛也越大。其次与同应力作用时间长短有关，时间越长，则松弛也越大，混凝土考虑龄期及荷载持续时间影响下的应力松弛系数 $S_{(t)}$ 见表 9-89	
最大温度应力值	弹性地基上大体积混凝土各降温阶段的综合最大温度收缩拉应力按下式计算： $$\sigma_{(t)}=\frac{a}{1-v}\left(1-\frac{1}{\cosh\beta\cdot\frac{L}{2}}\right)\cdot\sum_{i=1}^{n}E_{i(t)}\cdot\Delta T_{i(t)}\cdot S_{i(t)} \quad (9\text{-}141)$$ 降温时混凝土的抗裂安全度应满足下式要求： $$K=\frac{R_l}{\sigma_{(t)}}\geqslant 1.15 \quad (9\text{-}142)$$	

混凝土考虑龄期及荷载持续时间的应力松弛系数 $S_{(t)}$ 表 9-89

时间(d)	3	6	9	12	15	18	21	24	27	30
$S_{(t)}$	0.186	0.208	0.214	0.215	0.213	0.252	0.301	0.367	0.473	1.00

例 9-27 大型基础底板长 90.8m，宽 31.3m，厚 2.5m，混凝土为 C20，采用 60d 后期强度配合比，用 425 号矿渣水泥，水泥用量 $m_c=280\text{kg/m}^3$，水泥发热量 $Q=335\text{kJ/kg}$，混凝土浇筑入模温度 $T_0=28℃$，结构物周围用钢模板，在模板和混凝土上表面外包两层草袋保温，混凝土比热 $c=1.0\text{kJ/kg}\cdot\text{K}$，混凝土密度 $\rho=2400\text{kg/m}^3$。混凝土浇筑后，实测基础中心 C 点逐日温度如表 9-90 所列，升降温曲线如图 9-3 所示，试计算总降温产生的最大温度拉应力。

C 测温点逐日温度升降表 表 9-90

日期	测点(℃)	日期	测点(℃)	日期	测点(℃)
1	38	11	43.5	21	35.7
2	50.5	12	42.5	22	35.4
3	52	13	41.5	23	35
4	51.7	14	40.5	24	34.8
5	50.5	15	39.5	25	34.5
6	49.5	16	38.5	26	34
7	48.5	17	38	27	33.5
8	47	18	37.5	28	32.5
9	46	19	36.5	29	32.3
10	45	20	36.2	30	32

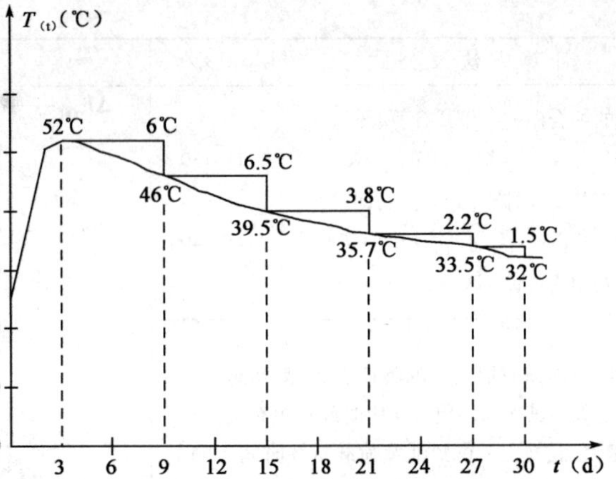

图 9-3　基础中心 C 点各龄期水化热升降温度曲线

解　1. 计算绝热温升值

$$T_{max} = \frac{C \cdot Q}{c \cdot \rho} = \frac{280 \times 335}{1.0 \times 2400} = 39.1℃$$

2. 计算实际最高温升值

为减少计算量，采取分段计算，由公式(9-136)得：

$$T_{d(s)} = T_n - T_0 = 52 - 28 = 24℃$$

同样由计算得：　$T_{d(9)} = 18℃$

$T_{d(15)} = 11.5℃$　　$T_{d(21)} = 7.7℃$

$T_{d(27)} = 5.5℃$　　$T_{d(30)} = 4℃$

3. 计算水化热平均温度

经实验已知 3d 的 $T_1 = 36℃$，$T_2 = 52℃$，故由公式(9-137)得：

$$T_{x(3)} = T_1 + \frac{2}{3}(T_2 - T_1) = 36 + \frac{2}{3}(52 - 36) = 46.7℃$$

又知混凝土浇灌 30d 后，$T_1 = 27℃$，$T_2 = 32℃$，则有：

$$T_{x(30)} = 27 + \frac{2}{3}(32 - 27) = 30.3℃$$

水化热平均总降温差：

$$T_x = T_{x(3)} - T_{x(30)} = 46.7 - 30.3 = 16.4℃$$

4. 计算各龄期混凝土收缩值及收缩当量温差

取 $\varepsilon_y^0 = 3.24 \times 10^4$；$M_1 = 1.25$；$M_2 = 1.35$；$M_3 = 1.00$；$M_4 = 1.64$；$M_5 = 1.00$；$M_6 = 0.93$；$M_7 = 0.54$；$M_8 = 1.20$；$M_9 = 1.00$；$M_{10} = 0.9$；$a = 1.0 \times 10^{-5}$，则 3d 收缩值为：

$$\begin{aligned}\varepsilon_{y(3)} &= \varepsilon_y^0 \times M_1 \times M_2 \times \cdots \times M_{10}(1 - e^{-0.01t}) \\ &= 3.24 \times 10^{-4} \times 1.25 \times 1.35 \times 1.00 \times 1.64 \times 1.00 \times 0.93 \times 0.54 \times 1.20 \times \\ &\quad 1.00 \times 0.9(1 - e^{-0.01 \times 3}) \\ &= 0.144 \times 10^{-4}\end{aligned}$$

3d 收缩当量温差为：

$$T_{y(3)} = \frac{\varepsilon_{y(3)}}{a} = \frac{0.144 \times 10^{-4}}{1.0 \times 10^{-5}} = 1.44℃$$

同样由计算得：

$$\varepsilon_{y(9)}=0.419\times10^{-4} \qquad T_{y(9)}=4.19℃$$
$$\varepsilon_{y(15)}=0.677\times10^{-4} \qquad T_{y(15)}=6.77℃$$
$$\varepsilon_{y(21)}=0.919\times10^{-4} \qquad T_{y(21)}=9.19℃$$
$$\varepsilon_{y(27)}=1.151\times10^{-4} \qquad T_{y(27)}=11.51℃$$
$$\varepsilon_{y(30)}=1.260\times10^{-4} \qquad T_{y(30)}=12.60℃$$

根据以上各龄期当量温差值，算出每龄期台阶间每隔 6(3)d 作为一个台阶的温差值，见图 9-4 所示。

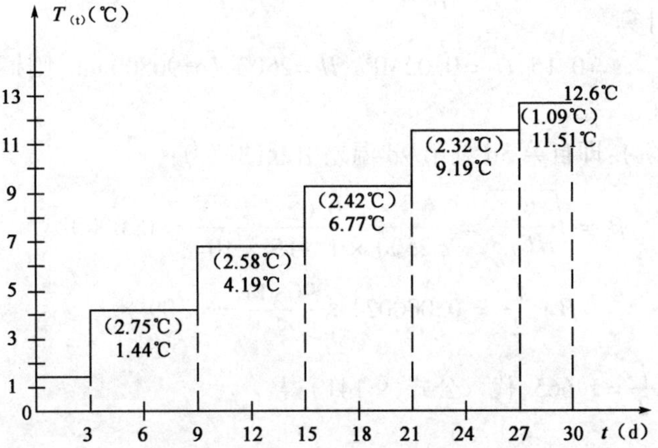

图 9-4 各龄期混凝土收缩当量温差

5. 计算各龄期综合温差及总温差

各龄期水化热平均温差，系在算出的水化热平均总降温差为 16.4℃的前提下，根据升降温曲线(图 9-3)推算出各龄期的平均降温差值，并求出每龄期台阶间的水化热温差值。为偏于安全计，采用 3d 最高温度 52℃与 30d 时 32℃的温差值作为计算依据，算出各龄期台阶(同样以每隔 6d 作为一个台阶)的温差值，如图 9-4 所示。为考虑徐变作用，把总降温，分成若干台阶式降温分别计算出各阶段降温引起的应力，最后叠加的总降温应力。

$$T_{y(9)}=6.0+2.75=8.75℃$$
$$T_{y(15)}=6.5+2.58=9.08℃$$
$$T_{y(21)}=3.8+2.42=6.22℃$$
$$T_{y(27)}=2.2+2.32=4.52℃$$
$$T_{y(30)}=1.5+1.09=2.59℃$$

总温差为：

$$T_{0(t)}=T_{(9)}+T_{(15)}+T_{(21)}+T_{(27)}+T_{(30)}$$
$$=8.75+9.08+6.22+4.52+2.59=31.16℃$$

6. 计算各龄期弹性模量

$$E_{(3)}=E_c(1-e^{-0.09t})=2.55\times10^4(1-e^{-0.09\times3})=0.603\times10^4\text{MPa}$$

同样由计算得：

$$E_{(9)}=1.415\times10^4\text{MPa}$$
$$E_{(15)}=1.889\times10^4\text{MPa}$$

$$E_{(21)} = 2.168 \times 10^4 \text{MPa}$$
$$E_{(27)} = 2.325 \times 10^4 \text{MPa}$$
$$E_{(30)} = 2.378 \times 10^4 \text{MPa}$$

7.各龄期混凝土松弛系数

根据实际经验数据、荷载持续时间,按下列数值取用:

$$S_{(3)} = 0.191 \quad S_{(9)} = 0.212 \quad S_{(15)} = 0.230$$
$$S_{(21)} = 0.310 \quad S_{(27)} = 0.443 \quad S_{(30)} = 1.000;$$

8.最大拉应力计算

取 $a = 1.0 \times 10^{-5}$, $v = 0.15$, $C_x = 0.02\text{MPa}$, $H = 2500$, $L = 90800\text{mm}$,则根据公式计算各台阶温差引起的应力:

(1)9d(第一台阶):即自第3d到第9d温差引起的应力:

$$\beta = \sqrt{\frac{C_x}{HE_{(t)}}} = \sqrt{\frac{0.02}{2500 \times 1.415 \times 10^4}} = 0.000024$$
$$\beta \cdot \frac{L}{2} = 0.000024 \times \frac{90800}{2} = 1.09$$

查表得 $\cosh\beta \cdot \frac{L}{2} = 1.665$,代入公式(9-141)得:

$$\sigma_{(9)} = \frac{\alpha}{1-v}\left[1 - \frac{1}{\cosh\beta \cdot \frac{L}{2}}\right]E_{(9)} \cdot T_{(9)} \cdot S_{(9)}$$
$$= \frac{1.0 \times 10^{-5}}{1-0.15}\left(1 - \frac{1}{1.665}\right) \times 1.415 \times 10^4 \times 8.75 \times 0.212$$
$$= 0.123\text{MPa}$$

同样由计算得:

(2)15d(第二台阶):即第9d到第15d温差引起的应力:

$$\sigma_{(15)} = 0.140\text{MPa}$$

(3)21d(第三台阶):即第15d到第21d温差引起的应力:

$$\sigma_{(21)} = 0.139\text{MPa}$$

(4)27d(第四台阶):即第21d到第27d温差引起的应力:

$$\sigma_{(27)} = 0.139\text{MPa}$$

(5)30d(第五台阶):即第27d到第30d温差引起的应力:

$$\sigma_{(30)} = 0.188\text{MPa}$$

(6)总降温产生的最大温度拉应力:

$$\sigma_{max} = \sigma_{(9)} + \sigma_{(15)} + \sigma_{(21)} + \sigma_{(27)} + \sigma_{(30)}$$
$$= 0.123 + 0.140 + 0.139 + 0.139 + 0.188 = 0.729\text{MPa}$$

混凝土抗拉强度设计值取1.3MPa,则抗裂安全度为:

$$K = \frac{1.3}{0.729} = 1.78 > 1.15 \quad \text{满足抗裂条件}$$

故不会出现裂缝。

6 预应力混凝土配制浇筑一般要求

预应力混凝土配制浇筑一般要求　　表 9-91

项　目	预应力混凝土一般要求
对混凝土的拌制要求	预应力混凝土浇筑的混凝土,宜采用高强度、低塑性、坍落度不大于4cm的混凝土(当掺入减水剂后,坍落度实测值可适当增大)
水泥标号的采用	配制高标号混凝土的水泥,除有特殊要求外,不应低于425号普通硅酸盐水泥
粗细骨料的采用	预应力混凝土所用的砂、石骨料应按有关规范规定,所有砂的重度不低于1550kg/m^3;所用粗骨料应采用碎石
混凝土级配	混凝土级配尽可能达到骨料粒径大、砂率低、水泥用量少和水灰比低(预应力混凝土的水泥用量不宜超过500kg/m^3,最大不超过550kg/m^3),以减少由于混凝土收缩和徐变所引起的预应力损失
水泥用量与水泥标号	水泥用量应根据水泥标号及混凝土标号加以控制,如40号混凝土用425号普通硅酸盐水泥宜控制在500kg/m^3;用525号普通硅酸盐水泥宜控制在400kg/m^3,试配时应按设计标号提高15%选择配合比
混凝土拌制用水	除自来水可直接拌制混凝土外,其他水必须经过化验合格后方可使用
混凝土的振捣和检查	浇筑混凝土时,宜用插入式、附着式及平板式等振动器进行振捣,先张构件应避免振动器碰撞预应力钢材;后张构件应避免振动器碰撞预应力钢材管道、预埋件等。浇筑过程还应经常检查模板、管道、锚固端钢板及支座预埋件等,以保证其位置及尺寸符合设计要求
混凝土浇筑后的养护	混凝土浇筑完成并初凝后,应即开始进行养护。采用蒸气养护时,其控制恒温应不超过60℃

7 混凝土冬期施工

7.1 混凝土配制、运输和浇筑时的温度计算

混凝土配制、运输和浇筑时的温度计算　　表 9-92

项　目	冬期施工有关要求
水泥品种、标号等的选择	冬期混凝土施工配料,宜优先选用硅酸盐水泥、普通水泥,水泥标号不宜低于325号,水灰比不宜大于0.6,水泥用量一般不宜少于300kg/m^3。 用蒸气养护时,宜优先使用矿渣水泥;用加热法养护的混凝土,不得使用高铝(矾土)水泥。使用其他水泥品种时,应注意其掺和材料对混凝土强度抗冻、抗渗等性能的影响
浇筑混凝土外加剂的合理应用	浇筑的混凝土宜掺用引气剂、引气型减水剂等外加剂,以提高混凝土的抗冻性。混凝土的含气量宜为3%~5%。但对于预应力混凝土不得掺用引气剂或引气型减水剂

<table>
<tr><th colspan="2">项 目</th><th colspan="5">冬期施工有关要求</th></tr>
<tr><td rowspan="6">用于拌制混凝土的各项材料温度(应满足)</td><td>混凝土拌和物的最终温度</td><td colspan="4">$T_b=[a(t_sW_s+t_gW_g+t_cW_c)+bt_wW_W+b(P_sW_st_s+P_gW_gt_g)-B(p_sW_s+p_gW_g)]/[a(W_c+W_s+W_g)+bW_W+b(P_sW_s+P_gW_g)]$ (9-143)
$T_b \geqslant T_m+T_s+T_c$ (9-144)</td><td rowspan="6">T_b——混凝土合成后的温度,℃;
W_c、W_s、W_g——水泥、砂、石的干燥质量,kg;
W_W——拌和加水的质量(不包括骨料的含水);
t_c、t_s、t_g、t_w——水泥、砂、石、水装入搅拌机时的温度,℃;
P_s、P_g——砂石的含水率;
a——水泥及骨料的比热,kJ/kg·K,可采用0.92;
b、B——水泥的比热及溶解热,℃,当骨料温度>0℃时,$b=4.19$、$B=0$;当骨料温度≤0℃时,$b=2.09$、$B=335$;
T_m——混凝土拌和物在搅拌过程中的热量损失,℃;
T_s——混凝土运输至成型的温度损失,℃;
T_c——混凝土开始养护时所需温度(见本表浇筑温度要求);
T_d——搅拌棚内温度,℃;
t——混凝土运输至成型的时间,h;
n——混凝土倒运次数;
T_0——混凝土自搅拌机中倾出时的温度,℃;
T_b——室外气温,℃;
α——每小时温度损失系数,用液动式搅拌机时,$\alpha=0.25$;用开敞式自卸汽车时,$\alpha=0.20$;用封闭式自卸汽车时,$\alpha=0.10$;用人力手推车时,$\alpha=0.50$</td></tr>
<tr><td>混凝土运输至成型的温度损失</td><td colspan="4">$T_s=(\alpha t+0.032n)(T_0-T_d)$ (9-145)
$T_m=0.16(T_b-T_d)$ (9-146)</td></tr>
<tr><td rowspan="4">混凝土材料加热最高温度</td><td>序号</td><td>1</td><td>2</td><td>3</td></tr>
<tr><td>种类</td><td>标号小于525号的普通水泥及矿渣水泥</td><td>标号等于及大于525号的硅酸盐水泥及普通水泥</td><td>混凝土自搅拌机卸出时温度(℃)</td></tr>
<tr><td>拌和水(℃)</td><td>80</td><td>60</td><td>40</td></tr>
<tr><td>骨料(℃)</td><td>60</td><td>40</td><td>35</td></tr>
<tr><td colspan="2">混凝土材料加热注意事项</td><td colspan="5">(1)冬期施工时,当混凝土拌和物搅拌合成后不能满足所需要的温度时,应考虑对拌和用水加热,如仍不能满足需要时,再考虑对骨料加热。水泥只保温,不得加热。
(2)当骨料加热时,水可热到100℃,但水泥不可与80℃以上的水直接接触。
(3)搅拌时,投料应先投入骨料和水,然后再投入水泥。
(4)冬期搅拌混凝土时,须注意骨料不得带有冰雪和冻结团块,搅拌时间应较常温时延长50%左右</td></tr>
<tr><td rowspan="4">混凝土的运输和浇筑</td><td>运输</td><td colspan="5">混凝土拌和物的运输时间应尽可能缩短,运输工具应有保温措施,以减少热损失</td></tr>
<tr><td>浇筑温度</td><td colspan="5">混凝土在浇筑完成、开始养护时的温度 T_c 要求:
(1)用蓄热法养护时不得低于10℃(外界气温不低于-20℃时)。
(2)用蒸气法养护时不得低于5℃,细薄结构不得低于8℃</td></tr>
<tr><td>接续浇筑温度</td><td colspan="5">在已硬化的混凝土上接续浇筑混凝土时,已硬化混凝土的接合面应有5℃以上的温度,必要时应用蒸气等加热提高温度。续浇完成后,应采取措施使混凝土接合面继续保持正温,直至新浇混凝土获得规定的抗冻强度</td></tr>
<tr><td>预应力混凝土接缝</td><td colspan="5">浇筑预应力混凝土构件的湿接缝时,宜采用热混凝土或热水泥砂浆,并应适当降低水灰比;浇筑完成后应加热或连续保温养护,直至接缝混凝土或水泥砂浆抗压强度达到设计标号的70%</td></tr>
</table>

续上表

项　目	冬期施工有关要求													
混凝土(或砂浆)搅拌运转及浇筑时的热量损失(℃)	搅拌温度与环境温度差(℃)	15	20	25	30	35	40	45	50	55	60	65	70	75
	搅拌时的热损失(℃)	3.0	3.5	4.0	4.5	5.0	6.0	7.0	8.0	9.0	10.5	—	—	—
	一次运转的热损失(℃)	0.55	0.65	0.75	0.90	1.00	1.25	1.50	1.75	2.00	2.25	2.50	2.75	3.00
	浇筑时的热损失(℃)	2.0	2.5	3.0	3.5	4.0	4.5	5.0	5.5	6.0	6.5	7.0	7.5	8.00
	注:①温度差不等于表列数值时,可用插入法求得相应的热损失温度; ②运转一次系指混凝土由搅拌机倒入汽车(或灰斗),或由汽车倒入溜槽,或由溜槽倒入小车													

冬期混凝土的养护方法和要求　　表 9-93

项　目	冬期混凝土施工养护方法和要求
养护方法的选择	混凝土的养护方法,须合理选择并根据技术经济比较和热工计算及施工具体条件确定,一般宜优先采用蓄热法。当气温较低、结构系数表面系数较大、蓄热法不能适应强度增长速度的要求时,可根据具体情况,选用蒸汽加热、暖棚加热或电加热等方法进行
蓄热法养护要点	(1)蓄热法应根据热工计算结果进行选择,一般可采用加厚模板、双层模板、覆盖草帘、覆盖锯末等法。 (2)采用高标号水泥、水化热高的水泥或掺用早强、引气等外加剂,以加速混凝土的硬化和降低混凝土的冻结温度。 (3)混凝土应采用较小的水灰比。 (4)对容易冷却的部位,应特别加强保温。 (5)禁止混凝土和覆盖物上洒水
蒸汽加热法养护要点	(1)注意掌握升温速度,当表面系数小于6时,不得超过10℃/h。 (2)混凝土的降温速度,当表面系数大于等于6时,不得超过5℃/h。 (3)表面系数指结构冷却面积(m^2)与结构体积(m^3)的比值
暖棚法养护要点	(1)暖棚应坚固、不透风,靠内墙宜采用非易燃性材料。 (2)在暖棚中用明火加热法,须特别加强防火措施。 (3)暖棚内气温,一般保持在10℃左右,不得低于5℃。 (4)暖棚内宜保持一定的湿度,湿度不足时,应向混凝土面及模板上洒水

续上表

<table>
<tr><th>项　　目</th><th colspan="6">冬期混凝土施工养护方法和要求</th></tr>
<tr><td rowspan="8">电热法养护要点</td><td colspan="6">用电热法养护混凝土时，一般采用电极法，并应符合下列要求：
(1)须用交流电。对于钢筋混凝土，一般将电压降至 50～110V 的范围内(对于无钢筋结构和钢筋用量不大于 50kg/m³ 的配筋结构，可采用电压为 120～220V 的电流加热；当电压为 380V 时，必须将一个电极接通零线，使混凝土内的工作电压不超过 220V；当电压超过 380V 时不得直接用于电热法)。
(2)升、降温速度与蒸汽加热法相同。
(3)混凝土在电热养护时的最高温度不得超过下表</td></tr>
<tr><td colspan="6">电热养护混凝土的极限温度</td></tr>
<tr><td rowspan="2">序号</td><td rowspan="2">所用水泥品种</td><td rowspan="2">水泥标号</td><td colspan="3">结构表面系数</td></tr>
<tr><td>≤10</td><td>≤15</td><td>≤20</td></tr>
<tr><td>1</td><td>矿渣水泥、火山灰水泥或粉煤灰水泥</td><td>325 号</td><td>80℃</td><td>60℃</td><td>45℃</td></tr>
<tr><td>2</td><td>普通水泥</td><td>325 号</td><td>70℃</td><td>50℃</td><td>45℃</td></tr>
<tr><td>3</td><td>硅酸盐水泥或普通水泥</td><td>≥425 号</td><td>40℃</td><td>40℃</td><td>35℃</td></tr>
<tr><td colspan="6">加热时，混凝土的外露面(无模板覆盖的面)应加以覆盖；当加热混凝土强度达到设计标号的 50%左右可停止加热。
掺用减水剂时应预先用试件检查电热对混凝土强度的影响，证明无损失时方可掺用。
在加热过程中，应注意观测混凝土表面的湿度，出现干燥现象时应停止，并用温水润湿表面</td></tr>
<tr><td>模板的拆除</td><td colspan="6">(1)拆除模板时应有与结构同条件养护试件的试验证明所浇筑的混凝土已达到抗冻强度及有关拆模强度要求后，模板方可拆除。
(2)加热养护结构的模板和保温层，在混凝土冷却至 5℃以后，方可拆除；当混凝土与外界气温相差大于 20℃时，拆除模板后的混凝土表面应加以覆盖，使其缓慢冷却</td></tr>
</table>

例 9-28　墩柱基础混凝土用 425 号普通水泥配制，采用蓄热法施工，室外气温为 -10℃，试计算混凝土拌和物的出厂温度。

解　由公式得：

$$T_h = 30 - 0.5T_i = 30 - 0.5 \times (-10) = 35℃ < 40℃ \qquad (可以)$$

例 9-29　已知混凝土配合比，每 1m³ 混凝土材料用量为：水泥 285kg、砂 636kg、石子 1280kg、水 175kg。材料温度为：水泥 5℃、砂 40℃、石子 3℃、水 65℃，砂含水率 3%，石子含水率 2%。搅拌棚内温度为 5℃。试计算混凝土拌和物的理论温度及自搅拌机中倾出时的温度。

解　(1)混凝土拌和物的理论温度

按公式(9-143)有：

$$\begin{aligned} T_0 = & \frac{1}{0.92(285 + 636 + 1280) + 4.2 \times 175}[0.92(285 \times 5 + 636 \times 40 + 1280 \times 3) + \\ & 4.2 \times 65(175 - 0.03 \times 636 - 0.02 \times 1280) + \\ & 4.2(0.03 \times 636 \times 40 + 0.02 \times 1280 \times 3)] \\ = & 24.8℃ \end{aligned}$$

(2)混凝土从搅拌机中倾出时的温度

$$T_1 = T_0 - 0.16(T_0 - T_i) = 24.8 - 0.16(24.8 - 5) = 21.6℃$$

例 9-30 混凝土质量比为水泥∶砂∶石∶水 = 1∶2.23∶4.49∶0.60，材料加热温度为砂 40℃、石 15℃、水 60℃。实测水泥为 5℃。砂石含水率忽略不计。试求混凝土拌和物的温度。又如要求混凝土拌和物的温度为 25℃，而其他材料温度不变，试求水的加热温度是多少？

解 (1)混凝土拌和物的温度

按公式(9-143)有：

$$T_0 = \frac{1}{0.92(1+2.23+4.49)+0.60\times4.2}[0.92(1\times5+2.23\times40+4.49\times15)+4.2\times 0.60\times60] = 31.2℃$$

(2)水的加热温度 T_w

$$25 = \frac{0.92(1\times5+2.23\times40+4.49\times15)+4.2\times0.60T_w}{0.92(1+2.23+4.49)+0.60\times4.2}$$

解得 $T_W = 36.5℃$

例 9-31 某扩大基础浇筑混凝土，采用敞开式自卸汽车运输，混凝土出机温度 $T_1 = 40℃$，运输和成型时间为 0.5h，倒运共 3 次，室外气温为 −5℃，与每 $1m^3$ 混凝土相接触的钢模板和钢筋共重 420kg，未进行预热，试计算混凝土浇筑完毕后的温度。

解 (1)混凝土经过运输至成型后的温度 T_2，按公式有：

$$\begin{aligned} T_2 &= T_1 - (at_1 + 0.0032n)(T_1 - T_a) \\ &= 40 - (0.2\times0.5 + 0.032\times3)[40-(-5)] = 31℃ \end{aligned}$$

(2)混凝土经钢模板和钢筋吸热后的温度 T_3：

$$T_3 = \frac{2400\times1\times31+420\times0.48\times(-5)}{2400\times1+420\times0.48} = 28.2℃$$

故混凝土浇筑完毕的温度为 28.2℃。

7.2 混凝土平均温度计算

混凝土平均温度计算 表 9-94

计 算 公 式	符 号 意 义
混凝土冬期施工养护期间进行测温，求出冷却时的平均温度，以估量在一定时间内达到的强度。以一个测温孔的多次实测温度为依据，则该测温孔的平均温度 T_P 可按下式计算： $$T_P = \frac{0.5T_3 + t_1 + t_2 + \cdots + 0.5t_n}{n} \quad (9\text{-}147)$$ T_P 也可以由时间—温度曲线，计算曲线覆盖下的面积，再除以时间(d 或 h)求得。然后再从图 9-5 和图 9-6 查得混凝土硬化期间的强度	T_P——测温孔的平均温度，℃； T_3——混凝土浇筑完毕的温度，℃； t_1、t_2、…、t_n——混凝土浇筑完毕后按等间隔时间所测的温度，℃； n——测温次数

例 9-32 某基础混凝土采用 425 号普通水泥配制，浇筑初温 $T_3 = 12℃$，一个测温孔的多次时间—温度曲线如图 9-7。试计算该孔混凝土的平均温度及所达到的强度。

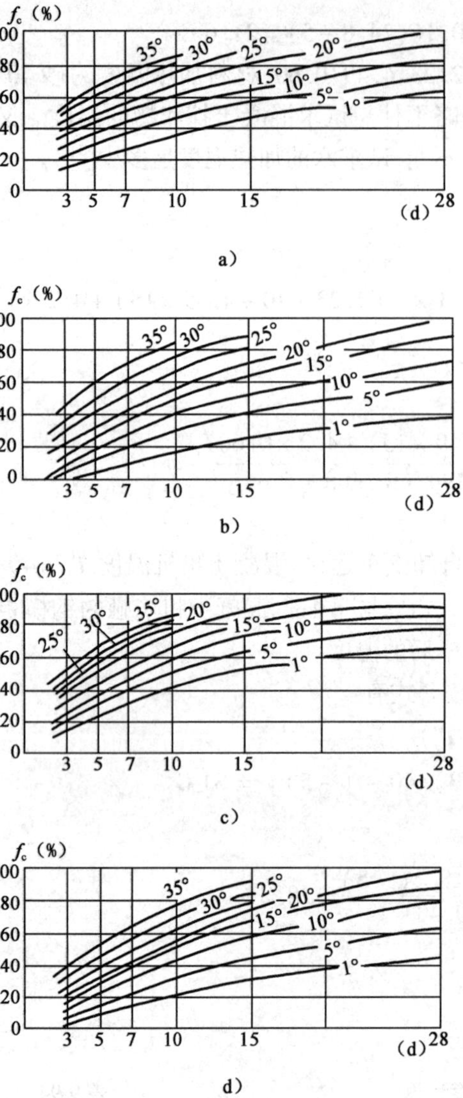

图 9-5 不同温度和龄期养护下强度增长百分率

a)用 325 号普通水泥拌制的混凝土；b)用 325 号矿渣水泥拌制的混凝土；c)用 425 号普通水泥拌制的混凝土；d)用 425 号矿渣水泥拌制的混凝土

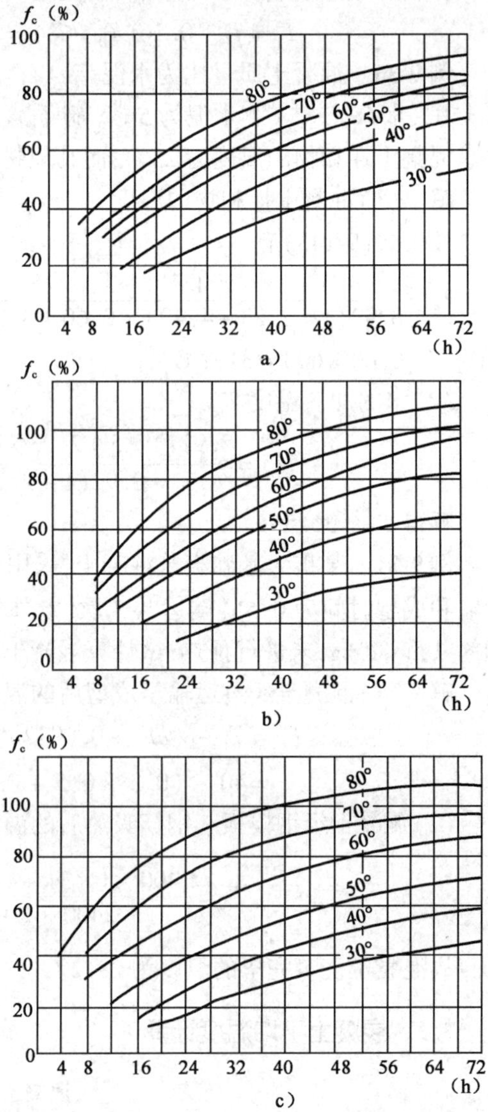

图 9-6 在高温养护下强度增长百分率

a)用普通水泥拌制的混凝土；b)用矿渣水泥拌制的混凝土；c)用火山灰质水泥拌制的混凝土

解 升温阶段的平均温度：

$$t_{0-6}=\frac{0.5\times12+15+25+33+40+45+0.5\times50}{6}=31.5℃$$

等温阶段的平均温度：

$$t_{6-30}=\frac{0.5\times50+43+54+50+41+48+0.5\times44}{6}=47.2℃$$

将升温阶段和等温阶段的平均温度用虚线描在图上，把虚线下的面积算出来除以横坐标的时间间隔，即得总的平均温度。

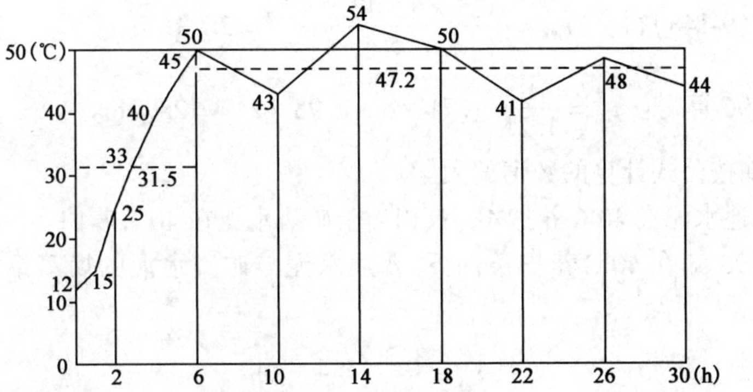

图 9-7　实测时间—温度曲线图

$$T_P = \frac{31.5 \times 6 + 47.2(30-6)}{30} = 44.1℃$$

查图 9-6 知混凝土的强度达到 42%。

7.3　混凝土当量时间和当量温度计算

混凝土当量时间和当量温度计算　　表 9-95

计算公式	符号意义
混凝土养护当量时间和当量温度可按下式进行概略计算： $$t_{d0} = \frac{\Sigma T_P \cdot t}{T_{d0}} \quad (9\text{-}148)$$ 当量时间和当量温度也可从表 9-96 中查得	t_{d0}——当量时间，h； T_P——平均温度，℃； t——时间，h； T_{d0}——当量温度，℃

混凝土凝固时间的当量关系换算系数　　表 9-96

平均养护温度(℃)	换算系数值			平均养护温度(℃)	换算系数值		
	普通水泥	矿渣水泥	火山灰质水泥		普通水泥	矿渣水泥	火山灰质水泥
0	0.31	0.19	0.18	48	3.02	4.82	5.18
4	0.43	0.31	0.30	52	3.40	5.70	6.18
8	0.56	0.44	0.42	56	3.80	6.70	7.34
12	0.70	0.60	0.58	60	4.20	7.70	8.50
16	0.85	0.79	0.78	64	4.68	9.02	10.10
20	1.00	1.00	1.00	68	5.16	10.30	11.60
24	1.21	1.40	1.44	72	5.66	11.80	13.40
28	1.48	1.80	1.88	76	6.18	13.40	15.30
32	1.74	2.26	2.38	80	6.70	15.00	17.20
36	2.02	2.78	2.94	84	—	17.10	19.70
40	2.30	3.30	3.50	88	—	19.10	22.20
44	2.66	4.06	4.34	90	—	20.20	23.50

注：①本表中以 +20℃温度下的混凝土的凝固时间为标准编制；

②无表中温度时，可用插入法求换算系数值。

例 9-33　同例 9-32，计算普通水泥相当于 50℃养护温度的当量时间。

解　由公式(9-148)得：$t_{d0}=\frac{31.5\times6+47.2\times24}{50}=26.4h$

或按查表9-96算得：$t_{d0}=\frac{1}{3.21}(1.71\times6+2.95\times24)=25.3h$

两者相比,知按公式计算的数值偏大4%。

例9-34　普通水泥在40℃养护4h,求相当于矿渣水泥在40℃养护多少时间?

解　查表9-96知在40℃养护条件下,普通水泥与矿渣水泥的换算系数分别为2.30和3.30,则:

$$t_{d0}=\frac{3.3\times4}{2.3}=5.7h$$

7.4　用成熟度法计算混凝土早期强度

用成熟度法计算混凝土早期强度　　表9-97

项目	内　容	符号意义
适用范围及条件	(1)适用于不掺外加剂在50℃以下正温养护和掺外加剂在30℃以下养护的混凝土,也可用于掺防冻剂负温养护法施工的混凝土。 (2)适用于预估混凝土强度标准值60%以内的强度。 (3)用本法预估混凝土强度,需用实际工程使用的混凝土原材料和配合比,制作不少于5组混凝土立方体标准试件在标准条件下养护,得出1d、2d、3d、7d、28d的强度值。 (4)需取得现场养护混凝土的温度实测资料	
直线方程法	$M=\Sigma(T+10)\Delta t$　　$f=K(M-200)$　　(9-149) 本法适用范围为:$T=0\sim15$℃,$M=300\sim1200$℃·h 上式求出M后,可核算成20℃标准条件下的养护时间,就可从图9-5的曲线中查出相对强度或算出绝对强度值。 上式中,也可用成熟度系数代替式中的温度$T+10$,可直接得出20℃标准条件下的养护时间,即从图9-5的曲线中查出混凝土的相对强度。成熟度系数由下式求出: $M=\Sigma f'\cdot\Delta t$　　(9-150)	M——混凝土成熟度,℃·h; T——混凝土养护温度,℃; Δt——测温时间间隔,h; f——混凝土强度,MPa; K——与混凝土强度等级和水泥种类有关的系数见表9-98; f'——混凝土成熟度系数,见表9-99; a、b——经验公式回归系数,通常通过标养试块得出,当使用外加剂I、II型时,可由表9-100查出; K'——调整系数,通常取0.8~0.9; t——等效龄期,h; α_T——温度为T(℃)时的等效系数,见表9-101; t_T——温度为T(℃)时所需的持续时间; D——混凝土养护龄期(d),计算时可用等效龄期t代入
成熟度法	$M=\Sigma(T+15)\Delta t$　　$f=a\cdot e^{\frac{b}{M}}$　　(9-151) 公式适用条件为$M=600\sim2000$℃·h。当混凝土养护温度为0℃(最低气温为-5℃)时,应使用I型外加剂;养护温度为-5℃(最低气温为-10℃)时,应使用II型外加剂。 当混凝土养护条件和掺入外加剂的方案品种与上述条件不同时,上式应乘以调整系数K',即 $f=K'\cdot ae^{\frac{b}{M}}$　　(9-152)	
等效龄期法	定义:混凝土在养护期间温度不断变换,在这段时间其养护效果,与在标准条件下养护效果相同时所需的时间。计算公式为: $t=\Sigma\alpha_T\cdot t_T$　　(9-153) $f=a\cdot e^{\frac{b}{D}}$　　(9-154)	

K 值表 表 9-98

水泥种类 \ 混凝土强度等级	C20	C30	C40
矿渣 425	0.0067	0.0075	—
矿渣 525	0.0075	0.010	—
普通 425	0.0075	0.010	—
普通 525	0.010	0.015	—
硅酸盐 525	0.015	0.019	0.025
普通 525R	—	—	0.025

成熟度系数 表 9-99

T(℃)	f′	T(℃)	f′	T(℃)	f′
1	0.24	21	1.06	41	2.20
2	0.28	22	1.10	42	2.26
3	0.31	23	1.15	43	2.33
4	0.34	24	1.20	44	2.40
5	0.38	25	1.25	45	2.47
6	0.41	26	1.30	46	2.54
7	0.45	27	1.36	47	2.61
8	0.49	28	1.41	48	2.68
9	0.52	29	1.47	49	2.75
10	0.56	30	1.52	50	2.83
11	0.60	31	1.58	51	2.90
12	0.64	32	1.64	52	2.98
13	0.69	33	1.70	53	3.05
14	0.73	34	1.76	54	3.13
15	0.77	35	1.82	55	3.21
16	0.82	36	1.88	56	3.28
17	0.86	37	1.94	57	3.36
18	0.91	38	2.00	58	3.44
19	0.95	39	2.07	59	3.52
20	1.00	40	2.13	60	3.61

注：本表引自新疆建筑科学研究所资料。

回归系数 *a*、*b* 值表 表 9-100

水泥品种	混凝土强度等级	外加剂型号	*a*	*b*
普通硅酸盐	C20	I	24.39142	1279.576
		II	18.44917	1096.907
普通硅酸盐	C30	I	36.68421	1170.687
		II	25.62715	850.0695
矿渣硅酸盐	C20	I	19.89497	1222.628
		II	15.25496	1095.054
矿渣硅酸盐	C30	I	29.61403	1355.908
		II	22.84191	1210.276

注：①外加剂 I 为：木钙 0.2%，硫酸钠 2.0%，三乙醇胺 0.03%；

②外加剂 II 为：建 I 型减水剂 0.5%，硫酸钠 2.0%，亚硝酸钠 2.0%。

温度 T 与等效系数 a_T 表 表 9-101

温度 T(℃)	等效系数 a_T	温度 T(℃)	等效系数 a_T	温度 T(℃)	等效系数 a_T
50	3.16	28	1.45	6	0.43
49	3.07	27	1.39	5	0.40
48	2.97	26	1.33	4	0.37
47	2.88	25	1.27	3	0.35
46	2.80	24	1.22	2	0.32
45	2.71	23	1.16	1	0.30
44	2.62	22	1.11	0	0.27
43	2.54	21	1.05	−1	0.25
42	2.46	20	1.00	−2	0.23
41	2.38	19	0.95	−3	0.21
40	2.30	18	0.91	−4	0.20
39	2.22	17	0.86	−5	0.18
38	2.14	16	0.81	−6	0.16
37	2.07	15	0.77	−7	0.15
36	1.99	14	0.73	−8	0.14
35	1.92	13	0.68	−9	0.13
34	1.85	12	0.64	−10	0.12
33	1.78	11	0.61	−11	0.11
32	1.71	10	0.57	−12	0.11
31	1.65	9	0.53	−13	0.10
30	1.58	8	0.50	−14	0.10
29	1.52	7	0.46	−15	0.09

例 9-35 基础 C20 混凝土用普通 425 号水泥，采用蓄热法养护，混凝土温度和时间间隔如表 9-102 所列，试用直线方程法和成熟度系数法求混凝土相对强度。

表 9-102

测温编号	1	2	3	4	5	6	7	8	9	10
经过时间(h)	0	12	24	30	48	60	72	168	240	312
硬化温度(℃)	24	18	14	12	10	7	5	4	3	2

解 (1)直线方程法

$$M = \Sigma(T+10)\Delta t$$

先求每次测温的时间间隔 Δt，平均硬化温度和 $T+10$，再求两者的乘积，最后相加，结果列于表 9-103。

表 9-103

平均硬化温度 T(℃)	21	16	13	11	8.5	6	4.5	3.5	3
$T+10$(℃)	31	26	23	21	18.5	16	14.5	13.5	13
间隔时间 Δt(h)	12	12	6	18	12	12	96	72	72
$(T+10)\Delta t$(℃·h)	372	312	138	378	222	192	1392	972	936
$\Sigma(T+10)\Delta t$(℃·h)	372	684	822	1200	1422	1614	3006	3978	4914

将乘积的总和换算成20℃的标准养护条件和时间，即4914/(20+10)=163.8h，相当于6.8d，由20℃和6.8d查图9-5曲线，得混凝土的相对强度为58%。

(2)成熟度系数法

用成熟度系数法，计算结果列于表9-104中，129.06h相当于5.4d。由20℃和5.4d查图9-5曲线，得混凝土的相对强度为52%。

表9-104

平均硬化温度(℃)	21	16	13	11	8.5	6	4.5	3.5	3
间隔时间 Δt(h)	12	12	6	18	12	12	96	72	72
成熟度系数 f'	1.05	0.82	0.69	0.6	0.51	0.41	0.36	0.33	0.31
$f' \cdot \Delta t$(h)	12.6	9.84	4.14	10.8	6.12	4.92	34.56	23.76	22.32
$\Sigma f' \cdot \Delta t(h)$	—	22.44	26.58	37.38	43.50	48.42	82.98	106.74	129.06

由本例可知，两种方法计算结果稍有误差，应用时可互相校核。

例9-36 某工程使用普通水泥拌制C20混凝土，在混凝土中掺入外加剂(占水泥重的%)；建I减水剂0.5，硫酸钠2和亚硝酸钠2，混凝土浇筑后的测温记录如表9-105中的第1~4栏，试计算当时混凝土的强度。

表9-105

日　期	小时(h)	经过的时间 Δt(h)	实测温度(℃)	平均温度(℃)	$T+15$(℃)	$(T+15)\Delta t$(℃·h)
12月1日	12		10			
	24	12	0	5	20	240
12月2日	12	12	-2	-1	14	168
	24	12	-8	-5	10	120
12月3日	12	12	-4	-6	9	108
	24	12	-6	-5	10	120
$M=\Sigma(T+15)\Delta t=756$						

解　(1)计算成熟度 M

$$M=\Sigma(T+15)\Delta t$$

其计算过程见表9-105，最后得出成熟度 $M=756$℃·h。

(2)计算混凝土的强度

$$f=a\cdot e^{\frac{b}{M}}$$

查表9-100，$a=18.44917$，$b=1096.907$，则有：

$$f=18.44917e^{\frac{1096.907}{756}}=4.3\text{MPa}$$

当时混凝土的强度为4.3MPa。

7.5 蓄热法计算

7.5.1 斯氏蓄热法计算

斯 氏 蓄 热 法 计 算 表 9-106

<table>
<tr><th>项 目</th><th>计 算 公 式</th><th>符 号 意 义</th></tr>
<tr><td>混凝土冷却时间计算</td><td>其原理为每 $1m^3$ 混凝土由初温降低到 0℃所散发出的热量，相当于其组成材料所附加的热量与水泥本身所散发的热量之和。计算式如下：
$$t_0 = \frac{c_c T_0 + m_{ce} Q_{ce}}{M(T_m - T_{m,a})} \cdot \frac{R}{\alpha} \quad (9\text{-}155)$$
混凝土结构的表面系数 M 按下式计算：
$$M = \frac{A(\text{混凝土冷却表面积})}{V(\text{结构混凝土体积})} \quad (9\text{-}156)$$
对于矩形截面： $M = \frac{2(a+b)}{ab}$
对于正方形梁或柱： $M = \frac{4}{b}$
对于板或墙： $M = \frac{2}{D}$
根据计算的冷却时间 t_0 及其平均温度，可从图 9-5 和图 9-6 中查出（或从当量温度换算表 9-96）所达到的强度</td><td rowspan="3">t_0——混凝土冷却到0℃时的延续时间，h；
c_c——混凝土的热容量，$kJ/m^3 \cdot K$，一般采用 $2510kJ/m^3 \cdot K$；
T_0——混凝土浇筑完毕后的初温，℃；
m_{ce}——每立方米混凝土水泥用量，kg；
Q_{ce}——1kg 水泥在冷却期间的水化热，kJ/kg，由表 9-107 取用；
M——混凝土结构的表面系数，m^{-1}；
a、b——梁或柱的截面边长，m；
D——板或墙的厚度，m；
T_m——混凝土由浇筑到冷却的平均温度，℃；
$T_{m,a}$——混凝土冷却期间的室外大气平均温度，℃；
R——保温材料的热阻系数，$m^3 \cdot K/W$；
a——保温材料的透风系数，按表 9-108 采用；
K——传热系数，$W/m^2 \cdot K$；
a_1、a_2…——每一种保温材料的厚度，m；
λ_1、λ_2…——每一种保温材料的导热系数，$W/m^3 \cdot K$，按 9-109 采用；
R_B——由空气层厚度而定的热阻力，见表 9-110</td></tr>
<tr><td>混凝土由浇筑到冷却的平均温度</td><td>混凝土由浇筑到冷却的平均温度与结构的表面系数 M_b 及浇筑完毕时的混凝土初温 T_0 有关：
$M<3$ 时： $T_m = \frac{T_0+5}{2}$
$M=4\sim8$ 时： $T_m = T_0/2$
$M=9\sim12$ 时： $T_m = T_0/3$
$M>12$ 时： $T_m = T_0/4$
或由下式计算：
$$T_m = \frac{T_0}{1.03 + 0.181M_b + 0.006T_0} \quad (9\text{-}157)$$</td></tr>
<tr><td>传热系数及热阻系数</td><td>混凝土围壁的总传热系数 K 或其热阻系数 R 按下式计算：
$$K = \frac{1}{0.043 + \frac{a_1}{\lambda_1} + \frac{a_2}{\lambda_2} + \cdots + \frac{a_n}{\lambda_n}}$$
或
$$K = \frac{\alpha}{0.043 + \frac{a_1}{\lambda_1} + \frac{a_2}{\lambda_2} + \cdots + \frac{a_n}{\lambda_n}} \quad (9\text{-}158)$$
保温围壁中有闭塞的空气层时：
$$K = \frac{\alpha}{0.043 + \frac{a_1}{\lambda_1} + \frac{a_2}{\lambda_2} + \cdots + R_B} \quad (9\text{-}159)$$
$$R = \frac{1}{K} \quad (9\text{-}160)$$</td></tr>
</table>

注：斯氏公式系前苏联 Б · К 斯克拉姆塔耶夫公式，采用单向稳定传热假设，计算简便，我国冬期施工曾长期使用，适用于蓄热法计算。但对表面系数较大的综合蓄热法，计算结果与实际出入较大。

水泥在不同期限内的发热量和水化速度系数 表 9-107

水泥种类	水泥标号	每公斤水泥的水化热量 Q_{ce}(kJ/kg)			水化速度系数 m (1/d)
		3d	7d	28d	
普通水泥	525 425 325 275	315 250 210 165	355 270 230 190	375 335 295 250	0.43 0.42 0.41
矿渣水泥	425 325 225	190 145 105	250 210 190	335 270 230	0.26
火山灰水泥	425 325 225	165 125 105	230 165 145	315 250 210	0.23

注:本表按平均温度为 +15℃编制的,当硬化时的平均温度为 7~10℃,则 Q_{ce} 值按表内数值的 60%~70%采用。

透风系数 α 参考值 表 9-108

项 次	保 温 层 组 成	透 风 系 数	
		α_1	α_2
1	单层模板	2.0	3.0
2	不盖模板的表面,用芦苇板、稻草、锯木、炉渣覆盖	2.6	3.0
3	密实模板或不盖模板的表面用毛毡、棉毛毡或矿物棉覆盖	1.3	1.5
4	外层用第 2 项材料,内层用第 3 项材料做双层覆盖	2.0	2.3
5	外层用第 3 项材料,内层用第 2 项材料做双层覆盖	1.6	1.9
6	内外层均用第 3 项材料,中间夹间用第 2 项材料做 3 层覆盖	1.3	1.5

注:①α_1 为风速小于 4m/s(相当于 3 级以下),结构物高出地面不大于 25m 情况下的系数;

②α_2 为风速和高度大于注 1 情况的系数。

各种材料的质量密度、导热系数及比热 表 9-109

材 料 名 称	质量密度 ρ(kg/m^3)	导热系数 λ(W/m·K)	比热 c(kJ/kg·K)
新捣实混凝土	2400	1.55	1.05
硬化混凝土	2200	1.28	0.84
珍珠岩混凝土	800,600	0.26,0.17	0.84
加气混凝土	600,400	0.21,0.14	0.84
泡沫混凝土	600,400	0.21,0.14	0.84
干 砂	1600	0.58	0.84
炉 渣	1000,700	0.29,0.22	0.84
高炉水渣	900,500	0.26,0.16	0.84
矿 渣	150		0.75
蛭 石	120~150	0.07~0.09	1.34
玻璃棉	100	0.06	0.75

续上表

材料名称	质量密度ρ(kg/m³)	导热系数λ(W/m·K)	比热c(kJ/kg·K)
木材	550	0.17	2.51
刨花板	350~500	0.12~0.20	2.51
岩棉板		0.04	
石棉	1000(压实)	0.22	
锯屑	250	0.09	2.51
草袋、草帘	150	0.10	1.47
草垫	120	0.06	1.47
稻壳	250	0.21	1.88
油毡、油纸	600	0.17~0.23	1.51
水泥袋纸	500	0.07	1.51
厚纸板	1000	0.23	
毛毡	150	0.06	
聚氯乙烯泡沫	190	0.06	1.47
聚氨酯泡沫塑料		0.025	
钢板	7850	58	0.63
干而松的雪	300	0.29	2.09
潮湿密实的雪	500	0.64	2.09
水	1000	0.58	4.19
冰	900	2.33	2.09

空气层的热阻力 R_B 表 9-110

空气薄层的特征		薄层厚度为下面尺寸(mm)时的 R_B 值(m²·K/W)					
		10	20	30	50	100	150~300
垂直热流		0.15	0.16	0.17	0.17	0.17	0.17
水平热流	由下向上	0.13	0.15	0.15	0.15	0.15	0.15
	由上向下	0.15	0.18	0.20	0.21	0.22	0.22

例 9-37 某工程混凝土板,厚 240mm,混凝土强度等级为 C20,用 325 号普通水泥,水泥用量为 375kg/m³。由两层 25mm 厚木板、外贴油毡纸、中填矿渣棉组成的保温模板作保温层。混凝土浇筑初温 $T_0 = 15$,室外平均气温 $T_{m,a} = -15$℃。求冷却至 0℃时混凝土达到的强度。

解 结构表面系数 $M = \dfrac{2}{d} = \dfrac{2}{0.24} = 8.3\text{m}^{-1}$

混凝土由浇筑到冷却的平均温度 T_m 为:

$$T_m = \frac{T_0}{1.03 + 0.181M_b + 0.006T_0} = \frac{15}{1.03 + 0.181 \times 8.3 + 0.006 \times 15} = 5.72℃$$

水泥发热量由表 9-107 查得 $Q_{ce} = 230\text{kJ/kg}$。

保温模板的热阻系数 K(由于保温模板和混凝土接触衬有油毡,故两层模板都按干木板取用 λ):

$$R = 0.043 + \frac{2 \times 0.25}{0.17} + \frac{0.0015}{0.17} + \frac{0.05}{0.07} = 1.06\text{m}^2 \cdot \text{K/W}$$

保温材料的透风系数 α，由表 9-108 查得 $\alpha = 2.0$。

冷却时间 t_0 由公式(9-155)得：

$$t_0 = \frac{c_c T_0 + m_{ce} Q_{ce}}{M(T_m - T_{m,a})} \times \frac{R}{\alpha} = \frac{2510 \times 15 + 375 \times 230}{8.3(5.7 + 15)} \times \frac{1.06}{1.3 \times 3.6} = 163\text{h} = 6.8\text{d}$$

从图 9-5 查得混凝土到达冷却时的强度为 40%。

7.5.2 吴氏蓄热法计算

吴氏蓄热法计算　　表 9-111

<table>
<tr><th>项目</th><th>计算公式</th><th>符号意义</th></tr>
<tr><td>混凝土蓄热养护开始到任一时刻的温度</td><td>$T = \eta e^{-\theta V_{ce} t} - \varphi e^{-V_{ce} t} + T_{m,a}$　(9-161)
$\theta = \dfrac{\alpha \cdot K \cdot M}{V_{ce} \cdot c_c \cdot \rho_c}$　(9-162)
$\varphi = \dfrac{V_{ce} Q_{ce} \cdot m_{ce}}{V_{ce} \cdot c_c \cdot \rho_c - \alpha \cdot K \cdot M}$　(9-163)
$\eta = T_3 - T_{m,a} + \varphi$　(9-164)</td><td rowspan="4">T——混凝土蓄热养护开始到任一时刻的温度，℃；
t——混凝土蓄热养护开始到任一时刻的时间，h；
$T_{m,a}$——混凝土蓄热养护开始到任一时刻的平均气温，℃；
ρ_c——混凝土质量密度，kg/m³；
m_{ce}——每立方米混凝土水泥用量，kg/m³；
c_c——混凝土的比热容，kJ/kg·K；
Q_{ce}——水泥水化累积最终放热量，kJ/kg，见表 9-112；
V_{ce}——水泥水化速度系数，h^{-1}，见表 9-112；
a——透风系数，见表 9-108；
M——结构表面系数，m^{-1}；
K——结构围护层的总传热系数，kJ/m²·h·K；
e——自然对数底，可取 $e = 2.72$；
T_3——混凝土入模温度，℃；
d_i——第 i 层围护层厚度，h；
λ_i——第 i 层围护层的导热系数，W/m·K；
t_0——混凝土蓄热养护冷却至 0℃ 的时间，h</td></tr>
<tr><td>混凝土蓄热养护开始到任一时刻的平均温度</td><td>$T_m = \dfrac{1}{V_{ce} \cdot t}\left(\varphi e^{-V_{ce} \cdot t} - \dfrac{\eta}{\theta} \times e^{-\theta V_{ce} \cdot t} + \dfrac{\eta}{\theta} - \varphi\right) + T_{m,a}$　(9-165)</td></tr>
<tr><td>围护层总传热系数</td><td>$K = \dfrac{3.6}{0.043 + \sum_{i=1}^{n} \dfrac{d_i}{\lambda_i}}$　(9-166)</td></tr>
<tr><td>混凝土蓄热养护冷却至 0℃ 的时间</td><td>可根据上式采用逐次逼近的方法进行计算。当蓄热养护条件满足 $\dfrac{\varphi}{T_{m,a}} \geq 1.5$，且 $KM \geq 50$ 时，可按下式直接计算：
$t_0 = \dfrac{1}{V_{ce}} \ln \dfrac{\varphi}{T_{m,a}}$　(9-167)
混凝土冷却至 0℃ 的时间内，其平均温度可根据上述公式取 $t = t_0$ 进行计算</td></tr>
</table>

注：吴氏公式系我国湖南大学吴振东教授根据非稳定传热理论提出，适用于非大体积混凝土的计算方法，比较适用于表面系数 $M > 5$ 的结构，当 $2 < M \leq 5$ 时也可按吴氏公式计算。

水泥水化累积最终放热量 Q_{ce} 和水泥水化速度系数 V_{ce}　　表 9-112

水泥品种及标号	Q_{ce}(kJ/kg)	V_{ce}(h^{-1})
525 号硅酸盐水泥	400	0.013
525 号普通硅酸盐水泥	360	
425 号普通硅酸盐水泥	330	
425 号矿渣、火山灰、粉煤灰硅酸盐水泥	240	

例 9-38 某工程混凝土冬期施工，施工早期 3d 的平均气温 $T_{m,a}=-9℃$，结构表面系数 $M=8.33m^{-1}$，保温层总传热系数 $K=10kJ/m^2\cdot h\cdot K$，用普通硅酸盐水泥，水泥用量 $m_{ce}=360kg/m^3$，水泥水化速度系数 $V_{ce}=0.017h^{-1}$，水泥水化放热量 $Q_{ce}=250kJ/kg$，混凝土质量密度 $\rho_c=2500kg/m^3$，混凝土的比热容 $c_c=0.96kJ/kg\cdot K$，混凝土入模初温 $T_3=15℃$，透风系数 $\alpha=1.3$。试计算混凝土冷却至 0℃时的时间 t_0 和混凝土平均温度 T_m。

解 (1)计算综合参数

$$\theta=\frac{\alpha\cdot K\cdot M}{V_{ce}\cdot c_c\cdot \rho_c}=\frac{1.3\times 10\times 8.33}{0.0017\times 0.96\times 2500}=2.65$$

$$\varphi=\frac{V_{ce}Q_{ce}\cdot m_{ce}}{V_{ce}\cdot c_c\cdot \rho_c-\alpha\cdot K\cdot M}$$

$$=\frac{0.017\times 250\times 360}{0.017\times 0.96\times 2500-1.3\times 10\times 8.33}=22.67$$

$$\eta=T_3-T_{m,a}+\varphi=15-(-9)+(-22.67)=1.33$$

(2)计算冷却时间 t_0

利用公式(9-161)得：

$$T=\eta e^{-\theta V_{ce}t}-\varphi e^{-V_{ce}t}+T_{m,a}$$

将三个综合参数代入上式得：

$$T=1.33e^{-2.65\times 0.017t}+22.67e^{-0.017t}-9$$

先估计一个 $t=50h$，代入上式计算得：

$$T=1.33e^{-2.65\times 0.017\times 50}+22.67e^{-0.017\times 50}-9=0.8293℃$$

说明混凝土蓄热养护至 50h，混凝土温度为 0.8293℃，仍处于正温，继续养护后才降至 0℃，故估计 $t=60h$，代入上式得：

$$T=1.33e^{-2.65\times 0.017\times 60}+22.67e^{-0.017\times 60}-9=-0.7362℃$$

混凝土在养护 60h 后，已处于负温，说明混凝土冷却到 0℃的时间必在 50h 与 60h 之间，再估计 $t=55h$，代入上式得：

$$T=1.33e^{-2.65\times 0.017\times 55}+22.67e^{-0.017\times 55}-9=0.0115℃\approx 0$$

计算结果 $t_0=55h$。

(3)计算平均温度

由公式(9-165)得：

$$T_m=\frac{1}{V_{ce}\cdot t}\left(\varphi e^{-V_{ce}\cdot t}-\frac{\eta}{\theta}e^{-\theta V_{ce}\cdot t}+\frac{\eta}{\theta}-\theta\right)+T_{m,a}$$

$$=\frac{1}{0.017\times 55}\left(-22.67e^{-0.017\times 55}-\frac{1.33}{2.65}e^{-2.65\times 0.017\times 55}+\frac{1.33}{2.65}+22.67\right)-9$$

$$=1.0695\times(-22.67\times 0.3926-0.5018\times 0.0839+0.5018+22.67)-9$$

$$=1.0695\times 14.2295-9=6.2184℃$$

7.6 暖棚法计算

暖棚法耗热量计算 表 9-113

计算公式	符号意义
暖棚内热量消耗计算与建筑采暖计算相同，可根据暖棚尺寸、围护构造及地面的导热系数与室内换气次数（一般按2次/h计算，室内计算空气温度按10℃考虑）等来计算确定。每$1m^3$暖棚的耗热量Q（kJ/h）按下式计算： $$Q=3.6MK(T_b-T_a)=3.6MK\Delta T \quad (9\text{-}168)$$ 按上式计算出的耗热量，还须根据透风等情况再乘以散热系数α；当风速<5m/s时；$\alpha=1.25\sim1.50$；风速>5m/s时；$\alpha=1.50\sim2.00$。 当已知M、K、ΔT值时，也可由表9-114直接查得	M——表面系数，即冷却面与外部量度暖棚的体积之比，m^{-1}； K——暖棚结构的平均传热系数，$W/m^2\cdot K$； T_b——暖棚内温度，℃； T_a——暖棚外大气温度，℃； ΔT——暖棚内外空气温度差，℃

加热$100m^3$暖棚的耗热量$Q\times1000$（kJ/h） 表 9-114

ΔT（℃）	M \ K	10.0	5.0	3.3	2.5	2.0	1.7	1.4	1.2	1.1	1.0
	0.5	36.0	18.0	11.9	9.0	7.2	6.1	5.0	4.3	4.0	3.6
	1.0	72.0	36.0	23.8	18.0	14.4	12.2	10.1	8.6	7.9	7.2
20	1.5	108.0	54.0	35.6	27.0	21.6	18.4	15.1	13.0	11.9	10.8
	2.0	144.0	72.0	47.5	36.0	28.8	24.5	20.2	17.3	15.8	14.4
	2.5	180.0	90.0	59.4	45.0	36.0	30.6	25.2	21.6	19.8	18.0
	0.5	54.0	27.0	17.8	13.5	10.8	9.2	7.6	6.5	5.9	5.4
	1.0	108.0	54.0	35.6	27.0	21.6	18.4	15.1	13.0	11.9	10.8
30	1.5	162.0	81.0	53.5	40.5	32.4	27.5	22.7	19.4	17.8	16.2
	2.0	216.0	108.0	71.3	54.0	43.2	36.7	30.2	25.9	23.8	21.6
	2.5	270.0	135.0	89.1	67.5	54.0	45.9	37.8	32.4	29.7	27.0
	0.5	72.0	36.0	23.8	18.0	14.4	12.2	10.1	8.6	7.9	7.2
	1.0	144.0	72.0	47.5	36.0	28.8	24.5	20.2	17.3	15.8	14.4
40	1.5	216.0	108.0	71.3	54.0	43.2	36.7	30.2	25.9	23.4	21.6
	2.0	288.0	144.0	95.0	72.0	57.6	49.0	40.3	34.6	31.7	28.8
	2.5	360.0	180.0	118.8	90.0	72.0	61.2	50.4	43.2	39.6	36.0
	0.5	90.0	45.0	29.7	22.5	18.0	15.3	12.6	10.8	9.9	9.0
	1.0	180.0	90.0	59.4	45.0	36.0	30.6	25.2	21.6	19.8	18.0
50	1.5	270.0	135.0	89.1	67.5	54.0	45.9	37.8	32.4	29.7	27.0
	2.0	360.0	180.0	118.8	90.0	72.0	61.2	50.4	43.2	39.6	36.0
	2.5	450.0	225.0	148.5	122.5	90.0	76.5	63.0	54.0	49.5	45.0

注：本表查出的耗热量尚应根据风力再乘以围护结构的散热系数α；当风速≤5m/s时，$\alpha=1.25\sim1.50$；风速>5m/s时；$\alpha=1.50\sim2.00$。

例 9-39 已知暖棚的体积$V=6000m^3$，暖棚的表面系数$M=0.5$，暖棚结构的平均总传热系数$K=1.4$，暖棚内温度$T_b=8℃$，暖棚外大气平均温度$T_a=-22℃$，散热系数$\alpha=1.25$。试求每小时暖棚的耗热量。

解 由公式(9-168)得：

$$Q=3.6MK(T_b-T_a)\alpha V=3.6\times0.5\times1.4(8+22)\times1.25\times6000=567000kJ/h$$

或查表9-114，当$M=0.5$，$K=1.4$，$\Delta T=30$时，由查表得加热$100m^3$暖棚的耗热量为$7.6\times1000kJ/h$，然后再乘以α及暖棚的实际体积得：

$$Q=7.6\times1000\times1.25\times60=570\times10^3kJ/h$$

第10章 钢筋工程

1 普通钢筋

1.1 普通钢筋的弯配加工与下料长度计算

钢筋下料长度基本计算 表10-1

<table>
<tr><th>项 目</th><th>计算方法及公式</th></tr>
<tr><td>下料长度</td><td>直钢筋下料长度＝构件长度－保护层厚度＋弯钩增加长度
弯起钢筋下料长度＝直段长度＋斜段长度＋弯钩增加长度－弯钩调整值
箍筋下料长度＝箍筋周长＋弯钩增加长度±弯曲调整值</td></tr>
<tr><td>弯钩增加长度</td><td>钢筋弯钩有半圆弯钩、直弯钩及斜弯钩三种形式，各种弯钩增加长度 l_z 按下式计算：
半圆弯钩 $l_z = 1.071D + 0.571d + l_p$ (10-1)
直弯钩 $l_z = 0.285D - 0.215d + l_p$ (10-2)
斜弯钩 $l_z = 0.678D + 0.178d + l_p$ (10-3)
式中：D——圆弧弯曲直径，对I级钢筋取2.5d；II级钢筋取4d；III级钢筋取5d；
d——钢筋直径；
l_p——弯钩的平直部分长度
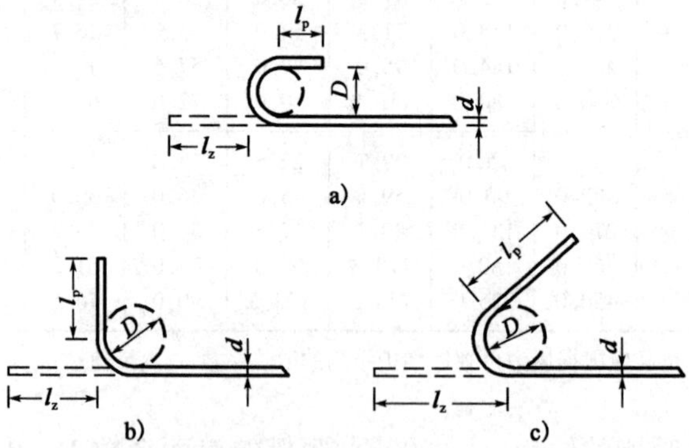

钢筋弯钩形式
a)半圆(180°)弯钩；b)直(90°)弯钩；c)斜(135°)弯钩

采用I级钢筋，按圆弧弯曲直径为2.5d、$l_p = 3d$ 考虑，半圆弯钩增加长度应为6.25d；直弯钩 l_p 按5d 考虑，增加长度应为5.5d；斜弯钩 l_p 按10d 考虑，增加长度为12d。三种弯钩形式各种规格钢筋弯钩增加长度可参见表10-2</td></tr>
</table>

续上表

项　目	计 算 方 法 及 公 式
弯起钢筋斜长	梁类构件常配置弯起钢筋，弯起角度为30°、45°和60°几种，弯起钢筋的斜长系数如下： 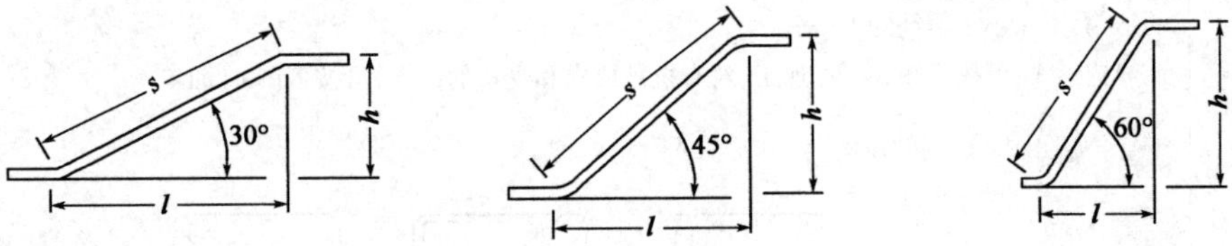 斜边长度　$s=2.0h$　　$s=1.414h$　　$s=1.155h$ 底边长度　$l=1.732h$　　$l=1.000h$　　$l=0.577h$ 增加长度　$s-l=0.268h$　　$s-l=0.414h$　　$s-l=0.578h$ 弯起钢筋斜长计算简图
弯曲调整值	钢筋弯曲时，内皮缩短，外皮延长，仅中心线尺寸不变，故下料长度即中心线尺寸。一般钢筋成型后量度尺寸都是沿直线量外包尺寸；同时弯曲处又成圆弧，因此弯曲钢筋的量度尺寸大于下料尺寸，两者之间的差值称为"弯曲调整值"，即在下料时，下料长度应等于量度尺寸减去弯曲调整值。 不同级别钢筋弯折90°和135°时的弯曲调整值参见表10-3。对一次弯折钢筋和弯起钢筋的弯曲直径 D 不应小于钢筋直径 d 的5倍，其弯折角度为30°、45°、60°的弯曲调整值参见表10-4 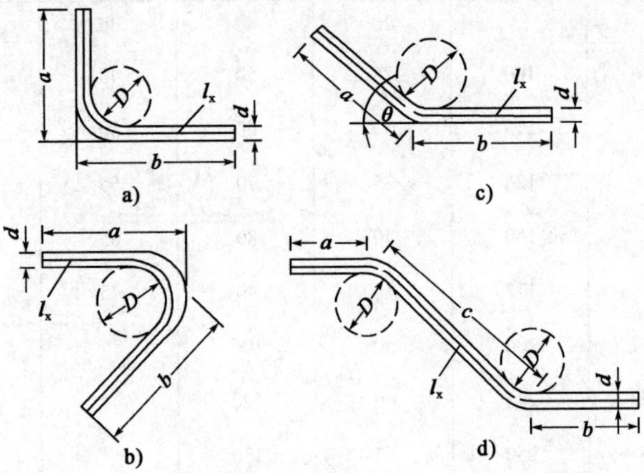 钢筋弯曲调整值计算简图 a)钢筋弯折90°；b)钢筋弯折135°；c)钢筋一次弯折30°、45°、60°； d)钢筋弯曲30°、45°、60° 图中：a、b——量度尺寸； l_x——下料长度

续上表

项　目	计 算 方 法 及 公 式
箍筋弯钩增加长度	箍筋的末端应作弯钩，用Ⅰ级钢筋或冷拔低碳钢丝制作的箍筋，其弯钩的弯曲直径应大于受力钢筋直径，且不小于箍筋直径的2.5倍；弯钩平直部分的长度，对一般结构，不宜小于箍筋直径的5倍；对有抗震要求的结构，不应小于箍筋的10倍。 弯钩形式，可按下图a)、b)加工，对有抗震要求和受扭的结构，可按下图c)加工。  a)　b)　c) 箍筋弯钩示意图 a)90°/180°；b)90°/90°；c)135°/135° 常用规格钢筋箍筋弯钩长度增加长度可参见表10-5

各种规格钢筋弯钩增加长度参考表　表10-2

钢筋直径(mm)	半圆弯钩(mm)		半圆弯钩(mm)(不带平直部分)		直弯钩(mm)		斜弯钩(mm)	
	1个钩长	2个钩长	1个钩长	2个钩长	1个钩长	2个钩长	1个钩长	2个钩长
6	40	75	20	40	35	70	75	150
8	50	100	25	50	45	90	95	190
9	60	115	30	60	50	100	110	220
10	65	125	35	70	55	110	120	240
12	75	150	40	80	65	130	145	290
14	90	175	45	90	75	150	170	340
16	100	200	50	100				
18	115	225	60	120				
20	125	250	65	130				
22	140	275	70	140				
25	160	315	80	160				
28	175	350	85	190				
32	200	400	105	210				
36	225	450	115	230				

注：①半圆弯钩计算长度为$6.25d$；半圆弯钩不带平直部分为$3.25d$；直弯钩计算长度为$5.5d$；斜弯钩计算长度为$12d$；

②半圆弯钩取$l_p=3d$；直弯钩$l_p=5d$；斜弯钩$l_p=10d$；

③本表为Ⅰ级钢筋，弯曲直径为$2.5d$，去尾数为5或0的弯钩增加长度。

钢筋弯折 90°和 135°时的弯曲调整值 表 10-3

弯折角度	钢筋级别	弯曲调整值	
		计 算 式	取 值
90°	I 级 II 级 III 级	$\Delta = 0.215D + 1.215d$ (10-4)	$1.75d$ $2.08d$ $2.29d$
135°	I 级 II 级 III 级	$\Delta = 0.822d - 0.178D$ (10-5)	$0.38d$ $0.11d$ $-0.07d$

注:①弯曲直径:I 级钢筋 $D = 2.5d$;II 级钢筋 $D = 4d$;III 级钢筋 $D = 5d$;

②弯曲图见表 10-1 中钢筋弯曲调整值计算简图 a)、b)。

钢筋一次弯折和弯起 30°、45°、60°的弯曲调整值 表 10-4

弯折角度	一次弯折的弯曲调整值		弯起钢筋的弯曲调整值	
	计 算 式	按 $D = 5d$	计 算 式	按 $D = 5d$
30°	$\Delta = 0.006D + 0.274d$ (10-6)	$0.3d$	$\Delta = 0.012D + 0.28d$ (10-9)	$0.34d$
45°	$\Delta = 0.022D + 0.436d$ (10-7)	$0.55d$	$\Delta = 0.043D + 0.457d$ (10-10)	$0.67d$
60°	$\Delta = 0.054D + 0.631d$ (10-8)	$0.9d$	$\Delta = 0.108D + 0.685d$ (10-11)	$1.23d$

注:弯曲图见表 10-1 中钢筋弯曲调整值计算简图 c)、d)。

箍筋弯钩长度增加值参考表 表 10-5

钢筋直径 d (mm)	一般结构箍筋两个弯钩增加长度		抗震结构两个弯钩增加长度 (28d)
	两个弯钩均为 90° (15d)	一个弯钩 90°,另一个弯钩 180° (17d)	
≤5	75	85	140
6	90	102	168
8	120	136	224
10	150	170	280
12	180	204	336

注:箍筋一般用内皮尺寸标示,每边加上 2d,即成为外皮尺寸,表中已计入。

特殊形状钢筋下料长度计算 表 10-6

项 目	计算方法及公式	符号意义
变截面构件箍筋下料长度	变截面构件的箍筋下料长度,可用数学法根据比例关系进行计算,每根钢筋的长短差 Δ 按下式计算: $$\Delta = \frac{h_d - h_c}{n - 1} \quad (10\text{-}12)$$ 其中 $$n = \frac{s}{a} + 1 \quad (10\text{-}13)$$	Δ——每根钢筋长短差; h_d——箍筋的最大高度; h_c——箍筋的最小高度; n——箍筋个数; s——最高箍筋与最低箍筋之间的总距离; a——箍筋间距

续上表

项　目	计算方法及公式	符号意义
圆形构件下料长度	1. 按弦长布置 先根据下式算出钢筋所在处的弦长，再减去两端保护层厚度，即得钢筋下料长度。 当配筋间距为单数时： $$l_i = a\sqrt{(n+1)^2-(2i-1)^2} \quad (10\text{-}14)$$ 当配筋间距为双数时： $$l_i = a\sqrt{(n+1)^2-(2i)^2} \quad (10\text{-}15)$$ 其中 $$n=\frac{D}{a}-1 \quad (10\text{-}16)$$ 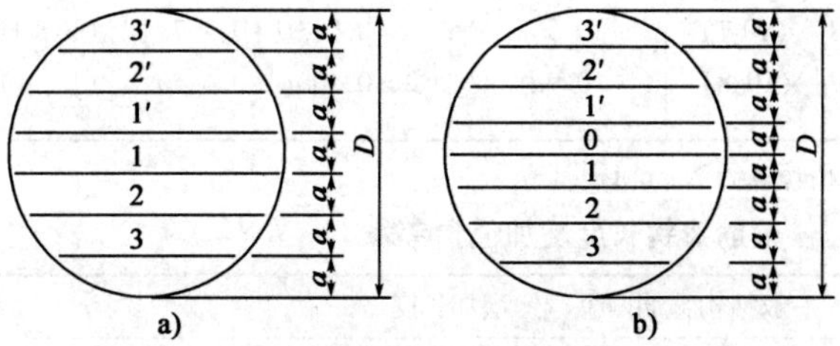 按弦长布置钢筋下料长度计算简图 a)按弦长单数间距布置；b)按弦长双数间距布置 2. 按圆周布置 一般按比例方法先求出每根钢筋的圆直径，再乘以圆周率所得的圆周长，即为圆形钢筋的下料长度	l_i——第 i 根（从圆心向两边数）钢筋所在的弦长； i——序号数； n——钢筋根数； a——钢筋间距； D——圆直径
圆形切块下料长度	确定钢筋所在位置的弦与圆心间的距离（弦心距），弦长即可按下式计算： $$K=\sqrt{D^2-4c^2} \quad (10\text{-}17)$$ 或 $$K=2\sqrt{R^2-c^2} \quad (10\text{-}18)$$	K——圆形切块的弦长； D——圆形切块的直径； c——弦心距，即圆心至弦的垂线长； R——圆形切块的半径

续上表

项　目	计算方法及公式	符号意义
螺 旋 箍 筋 下 料 长 度	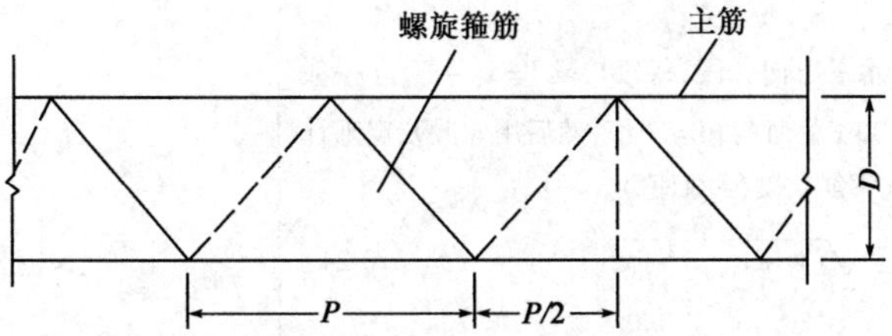 螺旋箍筋下料长度计算简图 在圆柱形构件中,螺旋箍筋沿圆周表面缠绕,每米钢筋骨架长的螺旋箍筋长度可按下式计算: $l = \frac{2000\pi a}{p}\left[1 - \frac{e^2}{4} - \frac{3}{64}(e^2)^2\right]$　(10-19) 其中 $a = \frac{\sqrt{p^2 + 4D^2}}{4}$　(10-20) $e^2 = \frac{4a^2 - D^2}{4a^2}$　(10-21) 也可按以下简化公式计算: $l = \frac{1000}{p}\sqrt{(\pi D)^2 + p^2} + \frac{\pi d}{2}$　(10-22) 螺旋箍筋的长度也可根据勾股弦定理按下式计算: 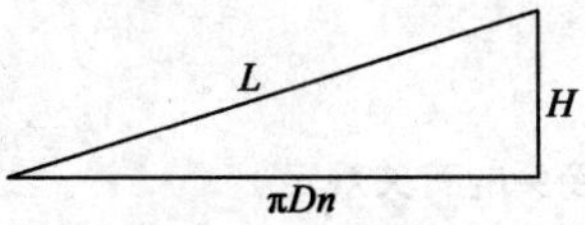 螺旋箍筋计算简图 $L = \sqrt{H^2 + (\pi Dn)^2}$　(10-23)	l——每1m钢筋骨架长的螺旋箍筋长度; π——圆周率,取3.1416; p——螺距; D——螺旋线的缠绕直径; d——螺旋箍筋的直径,可采用箍筋中心距,即主筋外皮距离加上箍筋直径; L——螺旋箍筋的长度; H——螺旋线起点到终点的垂直高度; n——螺旋线的缠绕圈数

续上表

项　目	计算方法及公式	符号意义
曲线构件钢筋下料长度	曲线构件中曲线的走向和形状是以“曲线方程”确定的，钢筋下料长度分别按以下计算： 1. 曲线钢筋 根据曲线方程 $y=f(x)$，沿水平方向分段，每段长段 $l=x_i-x_{i-1}$（一般取0.3～0.5m为一段），求已知 x 值时的相应 y 值，然后用勾股弦定理计算每段斜长，再叠加即得曲线钢筋长度（近似值）。 $$L=2\sum_{i=1}^{n}\sqrt{(y_i-y_{i-1})^2+l^2} \quad (10\text{-}24)$$ 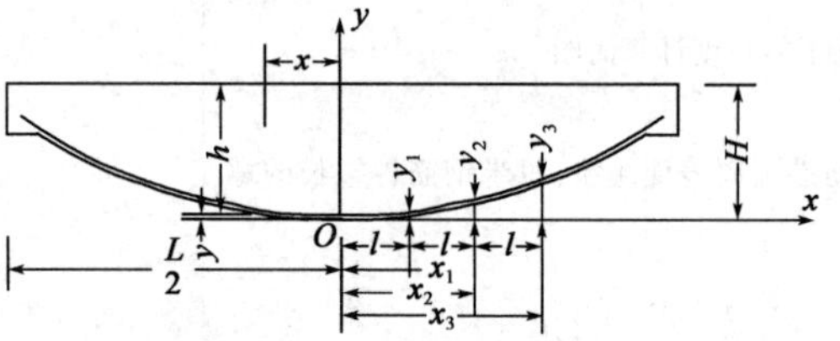 曲线钢筋下料长度计算简图 2. 箍筋高度 根据曲线方程，以箍筋间距确定的 x_i 值，求得 y_i 值，然后计算该处的梁高 $h_i=H-y_i$，再扣去上下层混凝土保护层，即得箍筋高度。 抛物线钢筋的长度 L 可按下式计算： $$L=\left(1+\frac{8h^2}{3l_1^2}\right)l_1 \quad (10\text{-}25)$$ 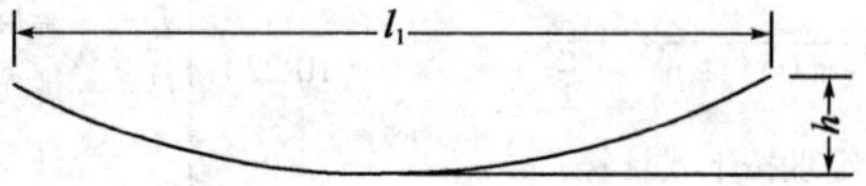 抛物线钢筋下料长度计算简图	L——曲线钢筋长度； l——水平方向每段长度； x_i、y_i——曲线钢筋上任一点在 x、y 轴上的投影距离； H——曲线构件高度； h——抛物线的矢高； l_1——抛物线的水平投影长度

1.2　钢筋接头

1.2.1　钢筋接头的有关规定

钢筋接头的有关规定　　表10-7

项　目	钢筋接头的有关规定和要求
钢筋接头方法的采用	钢筋接头一般应采用焊接，螺纹钢筋可采用挤压套管接头。对直径等于或小于25mm的钢筋，在无焊接条件时，可采用绑扎接头，但对轴心受拉和小偏心受拉构件中的主钢筋均应焊接，不得采用绑扎接头
钢筋的纵向焊接	应采用闪光电焊；当缺乏闪光对焊条件时，可采用电弧焊（帮条焊、搭接焊、熔槽帮条焊等）。钢筋的交叉连接，无电阻点焊机时，可采用手工电弧焊。 钢筋焊接的接头形式、焊接方法和适用范围详见表10-8

续上表

<table>
<tr><th>项 目</th><th>钢筋接头的有关规定和要求</th></tr>
<tr><td>采用搭接或帮条电弧焊</td><td>钢筋接头采用搭接或帮条电弧焊时，要求尽量做成双面焊缝，只有当不能做成双面焊缝时，才允许采用单面焊缝。
钢筋接头采用搭接电弧焊时，两钢筋搭接端部应预先折向一侧，使两接合钢筋轴线一致；接头双面焊缝的长度不应小于5d，单面焊缝的长度不应小于10d（d为钢筋直径）。
钢筋接头采用帮条电弧焊时，帮条应采用与主筋同级别的钢筋，其总截面面积不应小于被焊钢筋的截面面积。帮条长度：如用双面焊缝不应小于5d，如用单面焊缝不应小于10d（d为钢筋直径）</td></tr>
<tr><td>电弧焊接使用的焊条</td><td>其性能应符合低碳钢和低合金钢电焊条标准的有关规定，并符合设计要求采用。在设计未作规定时，可参照下列选用
<table>
<tr><th>序 号</th><th>钢筋级别</th><th>搭接焊、帮条焊</th><th>熔槽帮条焊</th></tr>
<tr><td>1</td><td>I级</td><td>结421</td><td>结426</td></tr>
<tr><td>2</td><td>II级</td><td>结502、结506</td><td>结556</td></tr>
<tr><td>3</td><td>III级</td><td>结606</td><td>结606</td></tr>
</table></td></tr>
<tr><td>接头位置与接头截面积</td><td>受力钢筋焊接或绑扎接头应设置于内力较小处，并错开布置，两接头间距不小于1.3倍搭接长度。配置在搭接长度区段内的受力钢筋，其接头的截面面积占总截面面积的百分率，应符合下列规定：
<table>
<tr><th colspan="3">搭接长度区段内受力钢筋接头面积的最大百分率</th></tr>
<tr><th rowspan="2">接头形式</th><th colspan="2">接头面积最大百分率（%）</th></tr>
<tr><th>受拉区</th><th>受压区</th></tr>
<tr><td>主钢筋绑扎接头</td><td>25</td><td>50</td></tr>
<tr><td>主钢筋焊接接头</td><td>50</td><td>不限制</td></tr>
</table>
注：1. 搭接长度区段内是指30d（d为钢筋直径）长度范围内，但不得小于50cm；
2. 在同一根钢筋上应尽量少设接头；
3. 装配式构件连接处的受力钢筋焊接接头，可不受以上限制</td></tr>
<tr><td>接头与钢筋弯曲处的距离</td><td>电弧焊接和绑扎接头与钢筋弯曲处的距离不应小于10倍钢筋直径，也不宜位于构件的最大弯矩处</td></tr>
<tr><td>钢筋绑扎搭接长度</td><td>
<table>
<tr><th colspan="5">钢筋绑扎搭接最小长度</th></tr>
<tr><th rowspan="4">钢筋种类</th><th colspan="4">混凝土标号</th></tr>
<tr><th colspan="2">15</th><th colspan="2">≥30</th></tr>
<tr><th colspan="4">受力情况</th></tr>
<tr><th>受拉</th><th>受压</th><th>受拉</th><th>受压</th></tr>
<tr><td>I级钢筋</td><td>35d</td><td>25d</td><td>30d</td><td>20d</td></tr>
<tr><td>II级钢筋</td><td>40d</td><td>30d</td><td>35d</td><td>25d</td></tr>
<tr><td>III级钢筋</td><td>45d</td><td>35d</td><td>40d</td><td>30d</td></tr>
</table>
注：1. d为钢筋直径；
2. 位于受拉区的搭接长度同时不应小于25cm，位于受压区的搭接长度同时不应小于20cm；当受拉和受压分不清时，搭接长度按受拉区规定</td></tr>
</table>

续上表

项　目	钢筋接头的有关规定和要求
钢筋绑扎接头末端的弯钩	受拉区内的 I 级钢筋绑扎接头的末端应做弯钩，II、III 级钢筋的绑扎接头末端可不做弯钩，但搭接长度要增加 20%。 直径等于和小于 12mm 的受压 I 级钢筋的末端，以及轴心受压构件中任意直径的受力钢筋的末端，可不做弯钩，但搭接长度不应小于钢筋直径的 30 倍。 钢筋搭接处，应在中心和两端用铁丝扎牢

1.2.2 钢筋焊接接头形式及适用范围

钢筋焊接方法、接头形式及适用范围　　表 10-8

焊接方法			接头形式	适用范围	
				钢筋级别	直径(mm)
电阻点焊			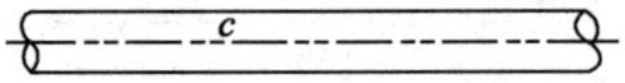	I、II 级冷拔低碳钢丝	6～14 3～5
闪光对焊			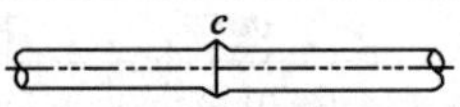	I～III 级 IV 级	10～40 10～25
电弧焊	帮条焊	双面焊	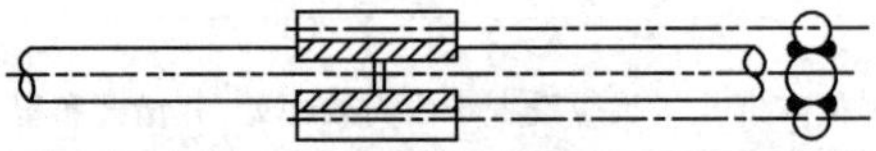	I～III 级	10～40
电弧焊	帮条焊	单面焊	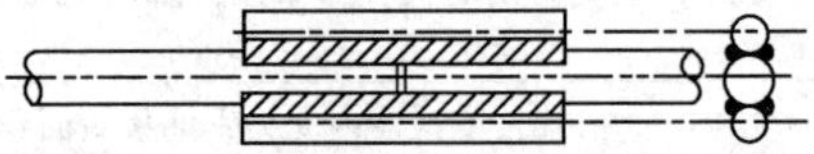	I～III 级	10～40
电弧焊	搭接焊	双面焊	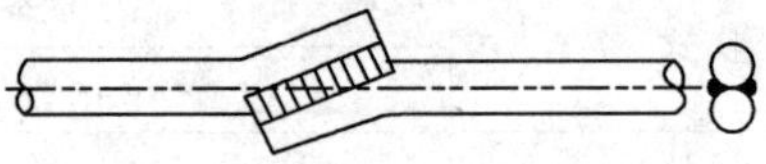	I、II	10～40
电弧焊	搭接焊	单面焊	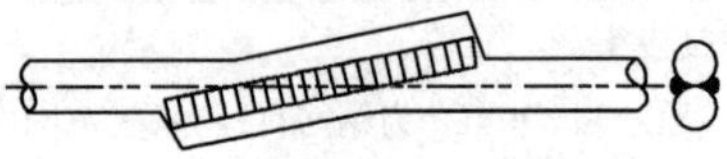	I、II	10～40
电弧焊	熔槽帮条焊			I～III 级	25～40
电弧焊	坡口焊	平焊	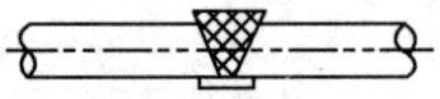	I～III 级	18～40
电弧焊	坡口焊	立焊		I～III 级	18～40
电弧焊	钢筋与钢板搭接焊		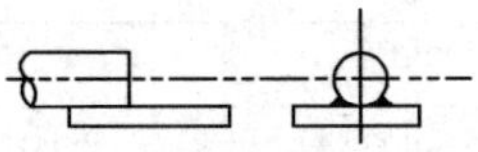	I、II	8～40
电弧焊	预埋件 T 型接焊头	贴角焊	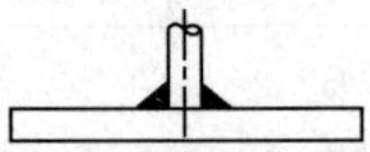	I、II	6～16
电弧焊	预埋件 T 型接焊头	穿孔塞焊		I、II	≥18

注：①5 号钢钢筋的焊接同 II 级钢筋；500/750MPa 级钢筋的焊接同 IV 级钢筋；

②电阻点焊时，适用范围的钢筋直径系指较小钢筋的直径。

1.3 钢筋骨架(网)的组成和安装

钢筋骨架和钢筋网的组成及安装　　表10-9

项　目	钢筋骨架与钢筋网拼接安装要求
钢筋骨架片和钢筋网片的预制	(1)在钢筋工程中,对适于预制钢筋骨架或钢筋网的构件,宜先预制成钢筋骨架片和钢筋网片,在工地就位后进行拼装(绑扎或焊接),以保证安装质量并加快施工进度。 (2)预制成的钢筋骨架,必须具有足够的刚度和稳定性,以利运输、吊装和浇筑混凝土过程中不致松散、移位、变形,必要时可在钢筋骨架的某些连接点处加以焊接或增设加强钢筋
骨架的焊接拼装要求	(1)拼装时应按设计图纸放大样,同时还应考虑焊接变形并预留拱度。 (2)钢筋拼装前,对有焊接接头的钢筋应检查每根接头的焊缝有无开焊、变形,如有开焊,应及时补焊。 (3)为防止电焊时局部变形,拼接时在需要焊接的位置先用楔形卡卡住,待所有焊接点卡好后,焊缝两端以点焊定位,然后进行焊缝施焊。 (4)骨架焊接时,不同直径钢筋的中心线应在同一平面上。因此,在焊接较小直径钢筋时,下面宜垫以厚度适当的钢板。 (5)施焊顺序宜由中到边对称地向两端进行,先焊骨架下部,后焊骨架上部;相邻的焊缝采用分区对称跳焊,不得顺着一个方向一次焊成,药皮应随焊随敲除
钢筋网焊点的焊接要求	钢筋网焊点应符合设计规定。当设计无规定时,可按下述要求: (1)当钢筋网的受力钢筋为变形钢筋时,网内焊点的数目和位置可按运输和安装条件决定。 (2)当焊接网的受力钢筋为I级或冷拉I级钢筋时,如焊接网只有一个方向为受力钢筋,网两端边缘的两根锚固横向钢筋与受力钢筋的全部相交点必须焊接;如焊接网的两个方向均为受力钢筋,则沿网四周边的两根钢筋的全部相交点均应焊接;其余的相交点,可根据运输和安装条件决定。一般可焊接或绑扎一半交叉点。 (3)当焊接网的受力钢筋为冷拔低碳钢丝而另一方向的间距小于10cm时,除网两端边缘的两根锚固横向钢筋的全部相交点必须焊接外,中间部分的焊点距离可增大至25cm
现场绑扎钢筋时有关规定	(1)钢筋的交叉点应用铁丝绑扎结实,必要时,也可用点焊焊牢。 (2)除设计有特殊规定者外,柱和梁中的箍筋应与主筋垂直。 (3)箍筋的末端应向内弯曲;箍筋转角与钢筋的交接点均应绑扎牢(钢筋与箍筋平直部分的相交点可成梅花式交叉扎牢)。 (4)箍筋的接头(弯钩迭合处),在柱中应沿竖向线方向交叉布置;在梁中应沿纵向线方向交叉布置。 (5)墩、台身、柱中的竖向钢筋搭接时,转角处的钢筋弯钩应与模板成45°,中间钢筋的弯钩应与模板成90°。如采用插入式振动器浇筑小型截面柱时,弯钩与模板的角度最小不得小于15°,在浇筑过程中不得松动。 (6)绑扎用的铁丝要向里弯,不得伸向保护层内

续上表

项　目	钢筋骨架与钢筋网拼接安装要求
对先绑扎后入模的骨架安装要求	(1)绑扎梁、柱、桩等钢筋骨架,宜在绑扎工作台上进行。 (2)运送、搬移钢筋骨架要轻起轻落,不得猛摔或翻滚。 (3)抬运钢筋骨架时,应注意不使骨架有变形情况;必要时可加斜筋加以撑固或增设吊点。 (4)钢筋在入模前,在底部应加好垫块,在侧部绑好垫块,以保证应有的保护层厚度。 (5)钢筋入模前,对模板上的浮油要加以清除,以免油污钢筋影响质量。 (6)已经绑扎好的钢筋骨架或钢筋网上不得践踏或在其上放置重物

绑扎钢筋用铁丝及所需长度　　表 10-10

I. 绑扎钢筋用铁丝长度

钢筋直径(mm)	3~4	5	6	8	10	12	14	16	18	20	22	25	28	32
3~4	11	12	12	13	14	15	16	18	19					
5		12	13	13	14	16	17	18	20	21				
6			13	14	15	16	18	19	21	23	25	27	30	32
8				15	17	17	18	20	22	25	26	28	30	33
10					18	19	20	22	24	25	26	28	31	34
12						20	22	23	25	26	27	29	31	34
14							23	24	25	27	28	30	32	35
16								25	26	28	30	31	33	36
18									27	30	31	33	35	37
20										31	32	34	36	38
22											34	35	37	39

II. 绑扎用铁丝规格选择参考

绑扎钢筋直径(mm)	<12	12~25	25~32
常用铁丝规格号数	22	20	18

钢筋混凝土结构受力钢筋的保护层　　表 10-11

结构类别		最小保护层厚度(mm)	说　明
板		20	钢筋混凝土结构受力钢筋的混凝土保护层应按设计规定施工,在设计图纸未注明时可按本表选用
梁	底	30	
	侧	25	
柱		25	
箍筋		15	
纵向防裂筋		15	
上下层钢筋网(板)		15	

1.4 钢筋代换计算

钢筋代换原则及方法　　表 10-12

<table>
<tr><th>项　目</th><th colspan="3">方　法</th></tr>
<tr><td>代换原则</td><td colspan="3">对于供应钢筋品种规格与设计要求不符时，可按下述原则进行钢筋代换：
(1)了解设计意图，掌握代用钢材性能，并严格遵守现行有关钢筋混凝土设计规范规定。
(2)能满足必要的构造规定（如钢筋直径、间距、根数、锚固长度等）。
(3)对抗裂性要求高的构件，不宜用光面钢筋代替螺纹钢筋。
(4)对重要承重结构构件、承受动力荷载的构件、以及露天结构中的钢筋和预应力混凝土结构的预应力筋，在代用时应征得设计单位的同意。
(5)钢筋代用后，其用量和原设计用量相比宜不大于5%，也不低于2%。
(6)当结构构件按裂缝宽度或抗裂要求控制时，钢筋的代用需进行裂缝及抗裂性验算。
(7)重要结构和预应力混凝土钢筋的代换应征得设计单位的同意</td></tr>
<tr><td rowspan="4">代换公式</td><td>代用方法</td><td>条　件</td><td>换用公式</td></tr>
<tr><td>等强代换</td><td>当构件按强度控制时</td><td>$A_{g1}R_{g1}=A_{g2}R_{g2}$　(10-26)
或　$n_1d_1^2R_{g1}=n_2d_2^2R_{g2}$　(10-27)
多种规格时：
$\sum n_1d_1^2R_{g1}=\sum n_2d_2^2R_{g2}$　(10-28)</td></tr>
<tr><td>等面积代换</td><td>当结构构件按最小配筋率控制时</td><td>$A_{g1}=A_{g2}$　(10-29)
或　$n_1d_1^2=n_2d_2^2$　(10-30)</td></tr>
<tr><td colspan="3">A_{g1}、n_1、d_1、R_{g1}——分别为原设计钢筋的计算面积(cm^2)、根数、直径(mm)、设计强度(MPa)；
A_{g2}、n_2、d_2、R_{g2}——分别为拟代用钢筋的计算面积(cm^2)、根数、直径(mm)、设计强度(MPa)</td></tr>
</table>

例 10-1　矩形梁原设计采用 II 级钢筋 4Φ16，先拟用 I 级钢筋代换，试计算需代换钢筋面积直径和根数。

解

$$A_{g2}=A_{g1}\frac{R_{g1}}{R_{g2}}=4\times2.011\times\frac{310}{210}=1187.4\text{mm}^2$$

选用 2Φ20 和 2Φ22 代换。

$$A_{g2}=2\times314.2+2\times380.1=1388.6\text{mm}^2>1187.4\text{mm}^2$$

或查表 10-13，已知 4Φ16，从 4 根 20MnSi 栏中查得 $A_{g1}=11.87\text{cm}^2$，再在相应的栏中查得相当等强面积为 $A_{g2}=6.283+7.603=13.846\text{cm}^2$，即知可用 2Φ20 和 2Φ22 钢筋代换。

钢筋按等强计算的截面面积换算表 表 10-13

直径(mm)	在下列钢筋根数时钢筋按等强的截面面积(cm^2)												质量(kg/m)
	1			2			3			4			
	Q235	20MnSi	25MnSi	Q235	20MnSi	25MnSi	Q235	20MnSi	25MnSi	Q235	20MnSi	25MnSi	
	Φ	Φ	Φ	Φ	Φ	Φ	Φ	Φ	Φ	Φ	Φ	Φ	
	210	310/290	340	210	310/290	340	210	310/290	340	210	310/290	340	
	1.000	1.476/ 1.381	1.619	1.000	1.476/ 1.381	1.619	1.000	1.476 1.000 11.381	1.619	1.000	1.476 1.000 11.381	1.619	
8	0.503	0.742	0.814	1.005	1.483	1.627	1.508	1.562	2.441	2.011	2.968	3.256	0.395
9	0.636	0.939	1.030	1.272	1.877	2.059	1.909	2.818	3.091	2.545	3.756	4.120	0.499
10	0.785	1.159	1.271	1.571	2.319	2.543	2.356	3.477	3.814	3.142	4.638	5.087	0.617
12	1.131	1.669	1.831	2.262	3.339	3.662	3.393	5.008	5.493	4.524	6.677	7.324	0.888
14	1.539	2.272	2.492	3.079	4.545	4.985	4.618	6.816	7.477	6.158	9.089	9.970	1.208
16	2.011	2.968	3.256	4.021	5.935	6.510	6.032	8.903	9.766	8.042	11.870	13.020	1.578
18	2.545	3.756	4.120	5.089	7.511	8.239	7.634	11.268	12.359	10.179	15.024	16.480	1.998
20	3.142	4.638	5.087	6.283	9.274	10.172	9.425	13.911	15.259	12.566	18.547	20.344	2.466
22	3.801	5.610	6.154	7.603	11.222	12.309	11.404	16.832	18.463	15.205	22.443	24.617	2.984
25	4.909	7.246	7.948	9.817	14.490	15.894	14.726	21.736	23.841	19.635	28.981	31.789	3.853
28	6.153	9.082	9.962	12.315	18.177	19.938	18.473	27.266	29.908	24.630	36.354	39.876	4.834
32	8.043	11.871	13.022	16.085	23.741	26.042	24.127	35.611	39.062	32.170	47.483	52.083	6.313
36	10.179	15.024	16.480	20.385	30.088	33.003	30.536	45.071	49.438	40.715	60.095	65.918	7.990
40	12.561	18.540	20.336	25.133	37.096	40.690	37.699	55.644	61.035	50.265	74.191	81.379	9.865

直径(mm)	在下列钢筋根数时钢筋按等强的截面面积(cm^2)												质量(kg/m)
	5			6			7			8			
	Q235	20MnSi	25MnSi	Q235	20MnSi	25MnSi	Q235	20MnSi	25MnSi	Q235	20MnSi	25MnSi	
	Φ	Φ	Φ	Φ	Φ	Φ	Φ	Φ	Φ	Φ	Φ	Φ	
	210	310/290	340	210	310/290	340	210	310/290	340	210	310/290	340	
	1.000	1.476/ 1.381	1.619	1.000	1.476/ 1.381	1.619	1.000	1.476/ 1.381	1.619	1.000	1.476/ 1.381	1.619	
8	2.513	3.709	4.069	3.016	4.452	4.883	3.519	5.194	5.697	4.021	5.935	6.510	0.395
9	3.181	4.695	5.150	3.817	5.634	6.180	4.453	6.573	7.209	5.089	7.511	8.239	0.499
10	3.927	5.796	6.358	4.712	6.955	7.643	5.498	8.115	8.901	6.283	9.274	10.172	0.617
12	5.655	8.347	9.155	6.786	10.016	10.987	7.917	11.685	12.818	9.048	13.335	14.649	0.888
14	7.697	11.361	12.460	9.236	13.632	14.953	10.776	15.905	17.446	12.315	18.177	19.938	1.208
16	10.053	14.838	16.276	12.064	17.806	19.532	14.074	20.773	22.786	16.085	23.741	26.042	1.578
18	12.723	18.779	20.599	15.268	22.536	24.719	17.813	26.292	28.839	20.358	30.048	32.960	1.998
20	15.708	23.185	25.431	18.850	27.823	30.518	21.991	32.459	35.603	25.133	37.096	40.690	2.466
22	19.007	28.054	30.772	22.808	33.665	36.926	26.609	39.275	43.080	30.411	44.887	49.235	2.984
25	24.544	36.227	39.737	29.452	43.471	47.683	34.361	50.717	55.630	39.270	57.963	63.578	3.853
28	30.788	45.443	49.846	36.945	54.531	59.814	43.103	63.620	69.784	49.260	72.708	79.752	4.834
32	40.212	59.353	65.103	48.255	71.224	78.125	56.297	83.094	91.145	64.340	94.966	104.166	6.313
36	50.894	75.120	82.397	61.073	90.144	98.877	71.251	105.116	115.355	81.430	120.191	131.835	7.990
40	62.830	92.737	101.722	75.398	111.287	122.069	87.965	129.836	142.415	100.531	148.384	162.760	9.865

注:表中换算系数,20MnSi(≤25)/Q235 = 310/210 = 1.476;20MnSi(28 ~ 40)/Q235 = 290/210 = 1.381;25MnSi/Q235 = 340/210 = 1.619。

1.5 钢筋截面面积质量计算

板每米宽的钢筋截面面积　　表 10-14

钢筋间距 (cm)	钢筋直径(mm)											
	3	4	5	6	6/8	8	8/10	10	10/12	12	12/14	14
7	1.010	1.79	2.81	4.04	5.61	7.19	9.20	11.21	13.69	16.16	19.07	21.99
7.5	0.943	1.67	2.62	3.77	5.24	6.71	8.59	10.47	12.77	15.08	17.80	20.52
8	0.884	1.57	2.45	3.54	4.91	6.29	8.05	9.81	11.98	14.14	16.69	19.24
8.5	0.832	1.48	2.31	3.33	4.62	5.92	7.58	9.24	11.27	13.31	15.71	18.11
9	0.785	1.40	2.18	3.14	4.37	5.59	7.16	8.72	10.64	12.57	14.83	17.10
9.5	0.745	1.32	2.07	2.98	4.14	5.29	6.78	8.26	10.08	11.90	14.05	16.20
10	0.706	1.26	1.96	2.83	3.93	5.03	6.44	7.85	9.58	11.31	13.35	15.39
11	0.642	1.14	1.78	2.57	3.57	4.57	5.85	7.14	8.71	10.28	12.14	13.99
12	0.589	1.05	1.63	2.36	3.27	4.19	5.37	6.54	7.98	9.42	11.13	12.83
12.5	0.565	1.00	1.57	2.26	3.14	4.02	5.15	6.28	7.66	9.05	10.68	12.31
13	0.544	0.966	1.51	2.18	3.02	3.87	4.95	6.04	7.37	8.70	10.27	11.84
14	0.505	0.897	1.40	2.02	2.81	3.59	4.60	5.61	6.84	8.08	9.54	10.99
15	0.471	0.838	1.31	1.89	2.62	3.35	4.29	5.23	6.39	7.54	8.90	10.26
16	0.441	0.785	1.23	1.77	2.46	3.14	4.03	4.91	5.99	7.07	8.34	9.62
17	0.415	0.739	1.15	1.66	2.31	2.96	3.79	4.62	5.64	6.65	7.85	9.05
18	0.392	0.698	1.09	1.57	2.18	2.76	3.58	4.36	5.32	6.28	7.42	8.55
19	0.372	0.661	1.03	1.49	2.07	2.65	3.39	4.13	5.04	5.95	7.03	8.10
20	0.353	0.628	0.982	1.41	1.96	2.51	3.22	3.93	4.79	5.65	6.68	7.70
22	0.321	0.571	0.893	1.29	1.79	2.29	2.93	3.57	4.35	5.14	6.07	7.00
24	0.294	0.524	0.819	1.18	1.64	2.10	2.68	3.27	3.99	4.71	5.65	6.41
25	0.283	0.502	0.785	1.13	1.57	2.01	2.58	3.14	3.83	4.52	5.34	6.16
26	0.272	0.483	0.755	1.09	1.51	1.93	2.48	3.02	3.69	4.35	5.13	5.92
28	0.252	0.449	0.701	1.01	1.40	1.80	2.30	2.80	3.42	4.04	4.77	5.50
30	0.236	0.419	0.655	0.942	1.31	1.68	2.15	2.62	3.19	3.77	4.45	5.13
32	0.221	0.392	0.614	0.884	1.23	1.57	2.01	2.45	2.99	3.53	4.17	4.81

注：表内钢筋写成分式者，如 6/8，系指 $\Phi 6$ 与 $\Phi 8$ 钢筋间隔配置。

1.6 钢筋吊环选用计算

吊环的选用计算　　表 10-15

项目	计算方法及公式	符号意义
设计要求	吊环的设计计算，应满足下列要求： (1)吊环采用 I 级钢制作，严禁使用冷加工钢筋。 (2)在构件自重标准值作用下，吊环的拉应力不应大于 50MPa。 (3)每个吊环按 2 个截面计算。 (4)构件上设有 4 个吊环时，仅考虑 3 个吊环同时发挥作用	σ——吊环的拉应力，MPa； $[\sigma]$——吊环的允许拉应力，一般取不大于 50MPa(已考虑超载系数、吸附系数、动力系数、钢筋弯折引起的应力集中系数、钢筋角度影响系数等)； n——吊环截面个数，2 个吊环时为 4，4 个吊环时为 6； A——1 个吊环的钢筋面积，mm^2； G——构件质量，t； 9800——t(吨)换算成 N(牛顿)
吊环应力	吊环的应力按下式计算： $$\sigma = \frac{9800G}{n \cdot A} \leqslant [\sigma] \quad (10\text{-}31)$$ 由上式算出吊环直径与构件质量的关系，列于表 10-16 可供选用	

吊 环 选 用 表　　表 10-16

吊环直径（mm）	构件质量(t)		吊环露出混凝土面的高度 h（mm）
	2 个吊环	4 个吊环	
6	0.58	0.87	50
8	1.02	1.53	50
10	1.60	2.41	50
12	2.31	3.46	60
14	3.14	4.71	60
16	4.10	6.15	70
18	5.19	7.80	70
20	6.41	9.61	80
22	7.76	11.63	90
25	10.02	15.03	100
28	12.56	18.84	110

例 10-2　钢筋混凝土梁重 2.3t，拟采用 2 个吊钩起吊，试计算选用吊钩截面。

解

$$A_g = \frac{9800G}{[\sigma]n} = \frac{9800 \times 2.3}{50 \times 4} = 112.7\text{mm}^2$$

选用 Φ12mm 钢筋吊环，$A = 113.1\text{mm}^2 > 112.7\text{mm}^2$　满足条件。

1.7　钢筋冷拉与冷拔施工计算

1.7.1　钢筋冷拉设备选用计算

钢筋冷拉设备选用计算　　表 10-17

项 目	计 算 方 法 及 公 式	符 号 意 义
设备拉力	卷扬机冷拉设备的拉力 Q(kN)，可按下式计算： 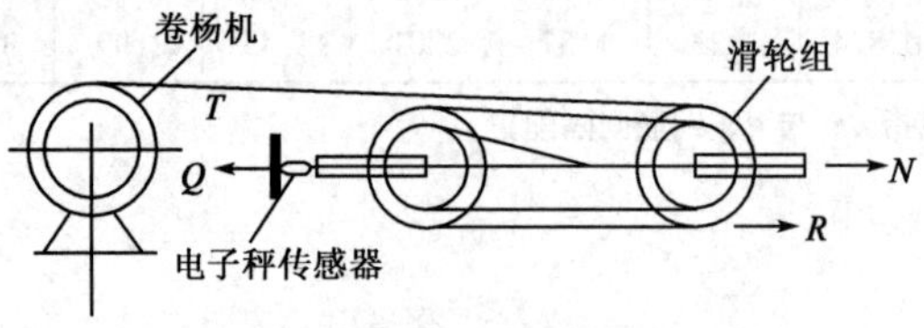 冷拉设备受力计算简图 $Q = T \cdot m \cdot \eta - R$　(10-32) 为安全可靠，设备拉力，一般为钢筋冷拉力的 1.2～1.5 倍	T——卷扬机牵引力，kN； m——滑轮组的工作线数； η——滑轮组总效率，查表 10-18； R——设备阻力，kN，由冷拉小车与地面摩擦力和回程装置阻力组成，一般可取 5～10kN； π——圆周率，取 3.1416； D——卷扬机卷筒直径，m； n——卷扬机卷筒转速，r/min； N——钢筋冷拉力，kN； R_0——设备阻力，由尾端连接器及测力器等产生，根据实践经验，采用弹簧测力器及放大表盘时，一般为 5kN； α——系数，查表 10-18
冷拉速度	钢筋冷拉速度 v(m/min)，可按下式计算： $v = \frac{\pi \cdot D \cdot n}{m}$　(10-33) 钢筋冷拉速度 v，根据实践，一般不宜大于 1.0m/min（拉直细钢筋时可不受此限）	
测力器负荷	测力器的负荷 P(kN)，可按下列两式计算： 当测力器装在冷拉线尾端时： $P = N - R_0$　(10-34) 当测力器装在冷拉线前端时： $P = N + R_0 - T = \alpha(N + R)$　(10-35)	

滑轮组总效率 η 和系数 α 值 表 10-18

滑轮组门数	工作线数 m	总效率 η	$\frac{1}{m\eta}$	$\alpha = 1 - \frac{1}{m\eta}$
3	7	0.88	0.16	0.84
4	9	0.85	0.13	0.87
5	11	0.83	0.11	0.89
6	13	0.80	0.10	0.90
7	15	0.77	0.09	0.91
8	17	0.74	0.08	0.92

注:本表根据单个滑轮效率 0.96 计算。

例 10-3 冷拉设备采用 50kN 电动卷扬机,卷筒直径为 400mm,转速 8.7r/min,6 门滑轮组,电子秤装在台前端定滑轮处,双冷拉 Φ28 钢筋,试核实设备拉力与冷拉速度可否满足要求及电子秤负荷。

解 已知 6 门滑轮组,滑轮工作线数 $m = 13$,$\eta = 0.8$,$\alpha = 0.9$;设备阻力 R 取 10kN。

Φ28 钢筋冷拉力: $N = \sigma_k A_g = 430 \times 615 = 264450\text{N} = 264.45\text{kN}$

设备拉力:
$$Q = T \cdot m \cdot \eta - R = 50 \times 13 \times 0.8 - 10 = 510\text{kN} > 1.5 \times 264.45 = 397\text{kN}$$

满足要求。

冷拉速度: $v = \frac{\pi \cdot D \cdot n}{m} = \frac{3.14 \times 0.4 \times 8.7}{13} = 0.8\text{m/min} < 1.0\text{m/min}$ 满足要求。

电子秤负荷: $P = \alpha(N + R) = 0.9(264.5 + 10) = 247\text{kN}$

1.7.2 钢筋冷拉力及伸长值计算

钢筋冷拉力及伸长值计算 表 10-19

项 目	计 算 方 法 及 公 式	符 号 意 义
冷拉力	钢筋冷拉采用控制应力法时,其冷拉力 N 可按下式计算: $N = \sigma_k \cdot A_g$ (10-36) 采用的冷拉控制应力及最大冷拉率应符合表 10-20 的规定	N——钢筋冷拉力,N; σ_k——钢筋冷拉的控制应力,MPa,按表 10-20 规定采用; A_g——钢筋冷拉前的截面面积,mm^2; ΔL——钢筋冷拉伸长值; r——钢筋的冷拉率; L——钢筋冷拉前的长度,mm
冷拉伸长值	钢筋冷拉采用控制冷拉率法时,其冷拉伸长值 ΔL,可按下式计算: $\Delta L = rL$ (10-37) 冷拉率必须由试验确定。测定同炉批钢筋冷拉率的冷拉应力应符合表 10-20 的规定,其试样不少于 4 个,并取其平均值作为该批钢筋实际采用的冷拉率。冷拉后的实际伸长值,还应扣除弹性回缩值	

钢筋冷拉的直径范围及冷拉参数　　表 10-20

项　次	钢筋级别	直径范围（mm）	冷拉应力（MPa）		最大冷拉率（%）
			用于冷拉控制应力时	用于测定冷拉率时	
1	Ⅰ级钢筋	6～12	280	310	10.0
2	Ⅱ级钢筋	≤25	450	480	5.5
		28～40	430	460	
3	Ⅲ级钢筋	8～40	500	530	5.0
4	Ⅳ级钢筋	10～28	700	730	4.0

注：①表中Ⅳ级盘圆钢筋的冷拉率，已包括调整冷拉率1%在内；

②成束钢筋冷拉时，各根钢筋的下料长度的长短差不得超过构件长度的0.1%，并不得大于20mm；

③Ⅱ级钢筋直径大于25mm时，冷拉控制应力降为430MPa，测冷拉率时降为460MPa；

④采用控制冷拉率方法冷拉钢筋时，冷拉率必须由试验确定。

例10-4　冷拉Φ20mm钢筋，长 $L=12\text{m}$，采用应力和冷拉率双控制法，试求冷拉力及伸长值。

解　已知 $A_g=314\text{mm}^2$，由表10-20查得 $\sigma_k=450\text{MPa}$，拉力为：

$$N=\sigma_k\cdot A_g=450\times 314=141300\text{N}$$

由表10-20知最大冷拉率为5.5%，则允许最大伸长值为：

$$\Delta L=r\cdot L=\frac{5.5}{100}\times 12000=660\text{mm}$$

1.7.3　钢筋冷拔设备及工艺参数计算

钢筋冷拔设备及工艺参数计算　　表 10-21

<table>
<tr><th>项　目</th><th>计算方法及公式</th><th>符号意义</th></tr>
<tr><td>设备功率</td><td>冷拔设备电动机功率 N(kW)，可根据拔丝力和拔丝速度按下式计算：
$$N=\frac{P\cdot D\cdot n}{19500\cdot\eta}\quad(10\text{-}38)$$
其中 $P<0.8f_{stk}A_g$</td><td rowspan="2">P——拔丝力，N，根据实测资料，一般小于 $0.8f_{stk}A_g$；
f_{stk}——所拔出的钢丝抗拉强度，MPa；
A_g——所拔出的钢丝截面面积，mm^2；
D——拔丝机卷筒直径，m；
n——拔丝机卷筒转速，r/min；
η——机械传动效率，取0.88～0.92；
d_0——盘条钢筋直径，mm；
d——成品钢丝直径，mm；
d_1——前道钢丝直径，mm</td></tr>
<tr><td>冷拔总压缩率</td><td>冷拔总压缩率 β(%)，即由盘条拔至成品钢丝的横截面总压缩率，可按下式计算：
$$\beta=\frac{d_0^2-d^2}{d_0^2}\times 100(\%)\quad(10\text{-}39)$$
冷拔次数与每道压缩量之间的关系，根据经验可按下式计算：
后道钢丝直径 $d_2=(0.85\sim0.9)d_1$　(10-40)
钢丝冷拔次数参考表见表10-22</td></tr>
</table>

钢丝冷拔次数参考表 表 10-22

项次	钢丝直径	盘条直径	冷拔总压缩率(%)	冷拔次数和拔后直径(mm)					
				第 1 次	第 2 次	第 3 次	第 4 次	第 5 次	第 6 次
1	Φ^b5	8	61	6.5 7.0	5.7 6.3	5.0 5.7	 5.0		
2	Φ^b4	6.5	62.2	5.5 5.7	4.6 5.0	4.0 4.5	 4.0		
3	Φ^b3	6.5	78.7	5.5 5.7	4.6 5.0	4.0 4.5	3.5 4.0	3.0 3.5	 3.0

例 10-5 钢筋冷拔，要求拔出的钢丝截面面积 $A_g = 19.6\text{mm}^2$，抗拉强度 $f_{stk} = 650\text{MPa}$，已知拔丝机卷筒直径 $D = 0.6\text{m}$，卷筒转速 $n = 40\text{r/min}$，试求拔丝机电动机功率。

解 取机械传动效率 $\eta = 0.9$，由表 10-21 中公式(10-38)得：

$$N = \frac{P \cdot D \cdot n}{19500 \cdot \eta} = \frac{0.8 \times 650 \times 19.6 \times 0.6 \times 40}{19500 \times 0.9} \approx 14\text{kW}$$

2 预应力钢筋

2.1 预应力混凝土先张法台座计算

2.1.1 预应力墩式台座计算

预应力墩式台座计算 表 10-23

项 目	计 算 方 法 及 公 式	符 号 意 义
台座构造	墩式台座由传力墩、台座板、台面和横梁等组成，其构造通常采用传力墩与台座板、台面共同受力形式，依靠自重平衡张拉力并可减小台墩自重和埋深。 台座长度和宽度由场地大小、构件类型和产量等因素确定，一般长不大于 150m，每组宽不大于 2.0m。张拉力可达 1000～2000kN。适于生产中小型构件或多层重叠浇筑的预应力混凝土构件 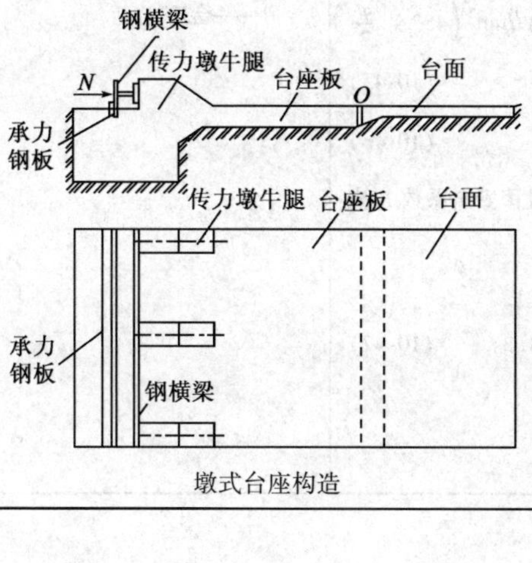 墩式台座构造	

续上表

项 目	计算方法及公式	符号意义
台座稳定性验算	1. 抗倾覆验算 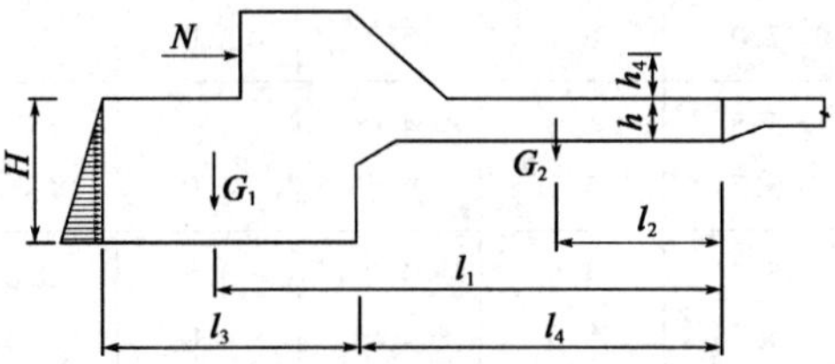 抗倾覆计算简图 取台座绕 O 点的力矩,并忽略土压力的作用,则 平衡力矩 $M_r = G_1 l_1 + G_2 l_2$ 倾覆力矩 $M_{DV} = N h_1$ 抗倾覆力矩安全系数 K 应满足以下条件: $K = \dfrac{M_r}{M_{DV}} = \dfrac{G_1 l_1 + G_2 l_2}{N h_1} \geqslant 1.5$ (10-41) 2. 抗滑移验算 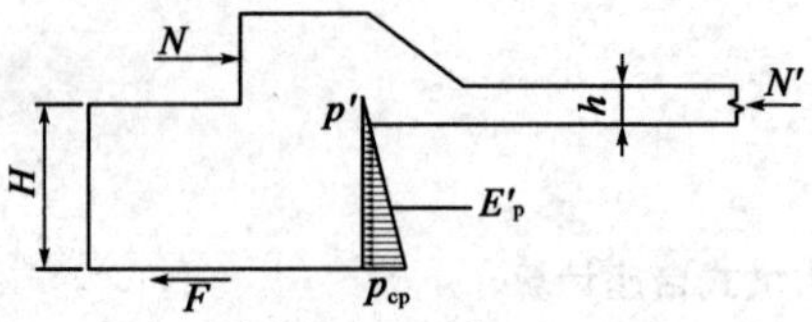 抗滑移计算简图 台座的抗滑移力: $N_1 = N' + F + E'_p$ (10-42) 其中 $F = \mu(G_1 + G_2)$ (10-43) $E'_p = \dfrac{(p_{cp} + p')(H - h)B}{2}$ (10-44) $p_{cp} = \gamma H \tan^2\left(45° + \dfrac{\varphi}{2}\right) - \gamma H \tan^2\left(45° - \dfrac{\varphi}{2}\right)$ (10-45) $p' = \dfrac{h p_{cp}}{H}$ (10-46) 作用于台座上的滑动力为 N,则抗滑移安全系数 K 应满足以下条件: $K = \dfrac{N_1}{N} = \dfrac{N' + F + E'_p}{N} \geqslant 1.3$ (10-47)	G_1——台座外伸部分的重力; l_1——G_1 点至 O 点的水平距离; G_2——台座部分的重力; l_2——G_2 点至 O 点的水平距离; N——预应力钢筋的张拉力; h_1——N 作用点至 O 点的垂直距离; N'——台面的抵抗力,kN/m,当混凝土强度为 10 ~ 15MPa 时,台面厚: d = 60mm,N' = 150 ~ 200kN/m; d = 80mm,N' = 200 ~ 250kN/m; d = 100mm,N' = 250 ~ 300kN/m; F——混凝土台座与土的摩阻力; μ——摩擦系数,对黏性土,μ = 0.25 ~ 0.40;砂土 μ = 0.40;碎石 μ = 0.40 ~ 0.50; E'_p——台座底部和座面上土压力的合力; p_{cp}——台座后面的最大的土压力; γ——土的重度; φ——土的内摩擦角,粉质黏土 φ = 30°;细砂 = 20° ~ 30°;中砂 = 30° ~ 40°; H——台座的埋设深度; h——台座板厚度; B——台座宽度

续上表

项　目	计 算 方 法 及 公 式	符 号 意 义
台座强度验算	1. 台座外伸部分 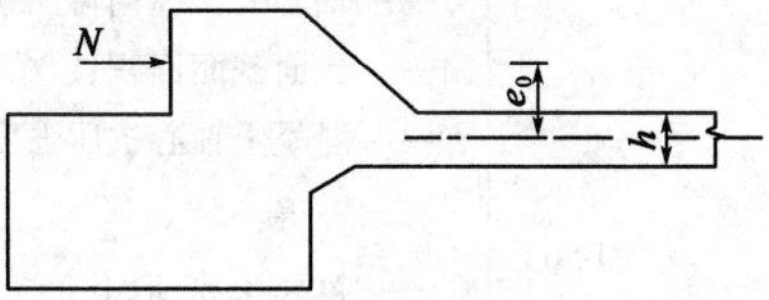 台座外伸部分 按偏心受压构件计算，如为大偏心，则按下式计算： $N \leqslant f_{cm}bx + f'_yA'_g - f_yA_g$　　(10-48) 或　$N_e \leqslant f_{cm}bx\left(h_0 - \frac{x}{2}\right) + f'_yA'_g(h_0 - a'_g)$ (10-49) $e = \eta e_1 + \frac{h}{2} - a$　　(10-50) 2. 牛腿的配筋设计 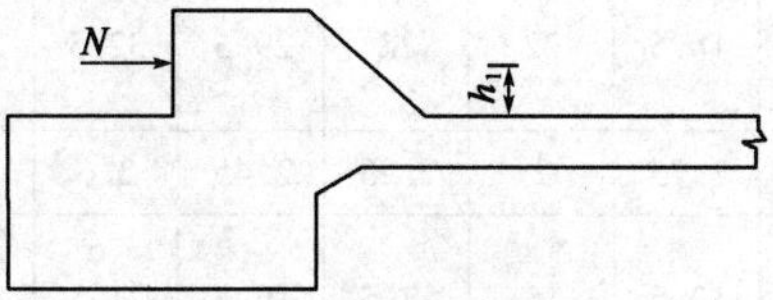 牛腿计算简图 包括纵向受拉钢筋、斜截面强度和抗裂度验算 3. 钢横梁计算 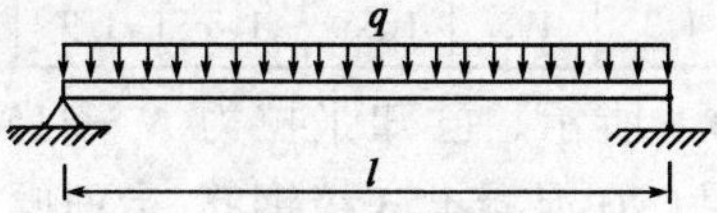 钢横梁计算简图 钢横梁按承受均布荷载的简支梁，其计算式为： $M = \frac{1}{8}ql^2$　　(10-51) 在求得 M 值后，按下式验算或选用钢横梁： $W \geqslant \frac{M}{f}$　　(10-52) 钢横梁的剪应力按下式复核： $V = \frac{1}{2}ql$　　(10-53) $\tau = \frac{V}{A} \leqslant f_v$　　(10-54) 钢横梁应有足够的刚度，以减少张拉预应力钢筋时的预应力损失，钢横梁的变形值按下式验算： $\omega_{max} = \frac{5ql^4}{384EI} \leqslant [\omega] = \frac{l}{400}$　　(10-55) 如不能满足时，应增强横梁的刚度	N——作用于外伸部分的轴力； f_{cm}——混凝土受弯曲强度设计值，由表 10-24 查得； x——混凝土受压区高度； b——截面的宽度； h_0——截面的有效高度； a'_g——A'_g 的合力点到截面近边的距离； f_y——纵向受拉钢筋的强度设计值； A_g、A'_g——纵向受拉及受压钢筋截面面积； e——轴向力作用点至受拉钢筋合力点之间的距离； η——偏心受压构件考虑挠曲影响的轴向力偏心距增大系数； e_1——初始偏心距，$e_1 = e_0 + e_a$； e_0——轴向力对截面重心的偏心距，$e_0 = M/N$； e_a——附加偏心距，$e_a = 0.12(0.3h_0 - e_0)$，当 $e_0 \geqslant 0.3h_0$ 时，取 $e_a = 0$； a——纵向受拉钢筋合力点到截面近边的距离； M——钢梁最大弯矩； q——承力钢板传给每根钢横梁的均布荷载，$q = \frac{N_0}{l}$； N_0——传给钢横梁的荷载（即作用于外伸部分的轴力）； l——横梁的跨度； W——钢梁的截面抵抗距； f——钢材的抗拉、抗弯强度； V——作用于钢横梁的剪力； τ——钢横梁的剪应力； f_v——钢材拉剪强度设计值； A——钢横梁的截面面积； ω_{max}——钢梁的挠度； E——钢材的弹性模量； I——钢梁的惯性矩； $[\omega]$——钢梁的允许挠度，应小于 $l/400$

续上表

项　目	计算方法及公式	符号意义
台 面	台面一般是在夯实的碎石垫层上浇筑一层厚度为6～10cm的混凝土而成。其水平承载力P可按下式计算： $$P=\frac{\varphi\cdot Af_c}{K_1K_2} \quad (10\text{-}56)$$	φ——轴心受压纵向弯曲系数，取$\varphi=1$； A——台面截面面积； f_c——混凝土轴心抗压强度设计值；由表10-24查得； K_1——超载系数，取1.25； K_2——考虑台面截面不均匀和其他影响因素的附加安全系数，取1.5

混凝土强度标准值和强度设计值(MPa)　　表10-24

强度种类		符号	混凝土强度等级											
			C7.5	C10	C15	C20	C25	C30	C35	C40	C45	C50	C55	C60
标准强度	轴心抗压	f_{ck}	5	6.7	10	13.5	17	20	23.5	27	29.5	32	34	36
	弯曲抗压	f_{cmk}	5.5	7.5	11	15	18.5	22	26	29.5	32.5	35	37.5	39.5
	抗拉	f_{tk}	0.75	0.9	1.2	1.5	1.75	2	2.25	2.45	2.6	2.75	2.85	2.95
设计强度	轴心抗压	f_c	3.7	5	7.5	10	12.5	15	17.5	19.5	21.5	23.5	25	26.5
	弯曲抗压	f_{cm}	4.1	5.5	8.5	11	13.5	16.5	19	21.5	23.5	26	27.5	29
	抗拉	f_t	0.55	0.65	0.9	1.1	1.3	1.5	1.65	1.8	1.9	2	2.1	2.2

例10-6　预应力墩式台座，尺寸如图10-1所示。已知张拉力$N=1150\text{kN}$，$G_1=230\text{kN}$，$G_2=100\text{kN}$，传力墩之间距离$B=4.0\text{m}$，台墩用C20混凝土，I级钢筋，台面厚度为100mm，$N'=300\text{kN/m}$，$\mu=0.35$，地基为砂质黏土，$\gamma=18\text{kN/m}^3$，$\varphi=30°$。试验算台座抗倾覆、抗滑移稳定性并进行截面设计，确定钢梁截面。

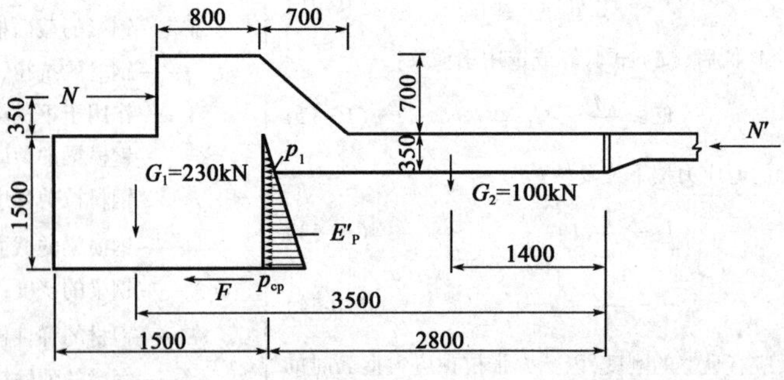

图10-1　墩式台座计算图示(尺寸单位：mm)

解　1.抗倾覆验算

平衡力矩：　$M_r=G_1l_1+G_2l_2=230\times3.5+100\times1.4=945\text{kN}\cdot\text{m}$

倾覆力矩：　$M_{DV}=Nh_1=1150\times0.35=403\text{kN}\cdot\text{m}$

抗倾覆安全系数： $K=\dfrac{M_r}{M_{DV}}=\dfrac{945}{403}=2.43>1.5$（安全）

2. 抗滑移验算

$$N' = 300\times4 = 1200\text{kN}$$

$$F = \mu(G_1+G_2) = 0.35\times(230+100) = 116\text{kN}$$

台座底部的被动土压力：

$$p_{cp} = \gamma H\left[\tan^2\left(45°+\frac{\varphi}{2}\right)-\tan^2\left(45°-\frac{\varphi}{2}\right)\right] = 1.8\times1.5(\tan^2 60°-\tan^2 30°) = 72\text{kN/m}^2$$

$$p' = \frac{hp_{cp}}{H} = \frac{0.35\times72}{1.5} = 16.8\text{kN/m}^2$$

$$E'_p = \frac{(p_{cp}+p')(H-h)B}{2} = \frac{(72+16.8)(1.5-0.35)\times4}{2} = 204\text{kN}$$

抗滑安全系数： $K=\dfrac{N'+F+E'_p}{P}=\dfrac{1200+116+204}{1150}=1.32>1.3$ （安全）

3. 截面设计

（1）牛腿配筋计算

$$h_0 = 1500-40 = 1460\text{mm}$$

$$A_g = \frac{Nh_1}{0.85h_0 f_g} = \frac{1150\times350\times10^3}{0.85\times1460\times210} = 1544\text{mm}^2$$

设计规范规定：当采用I级钢筋时，纵向受拉钢筋的最小配筋率（A_g/bh_0）不应小于0.2%。现 A_g 小于规范规定，故取 $A_g=0.002\times700\times1460=2044\text{mm}^2$

选用6Φ22mm 钢筋，$A_g=2281\text{mm}^2$

（2）弯起钢筋 A_g 计算

本台座$\dfrac{h_1}{h_0}=\dfrac{350}{1460}=0.24<0.3$，故应按规范要求配筋：

$$A_g = 0.0015bh_0 = 0.0015\times700\times1460 = 1533\text{mm}^2$$

选用6Φ18mm 钢筋，$A_g=1526\text{mm}^2$。

（3）牛腿采用水平箍筋Φ10且双肢箍，间距100mm，满足规范要求（规范要求：在牛腿上部$2/3h_0$的范围内水平箍筋总截面面积不少于承受竖向力的受拉钢筋截面面积的1/2）。

（4）裂缝控制验算

$$N \leqslant \frac{\beta f_{tk} bh_0}{0.5+h_1/h_0}$$

式中：β——裂缝控制系数。

取$\beta=0.80$，则有：

$$N = \frac{0.80\times1.1\times700\times1460}{0.5+\dfrac{350}{1460}} = 1215800\text{N}$$

$$=1215.8\text{kN} > P = 1150\text{kN}（安全）$$

（5）台座板配筋计算

已知 $h=350\text{mm}, h_0=350-35=315\text{mm}, a=35\text{mm}, b=4000\text{mm}, f_{\text{cm}}=11\text{MPa}; f_y=210\text{MPa}$。

$$e_0=\frac{M}{N}=\frac{1150\times350}{1150}=350\text{mm}>0.3\times315=94.5\text{mm}$$

故 $e_a=0$,则:

$$\varphi=\frac{l_0}{h}=\frac{2800}{350}=8$$

故不考虑挠度对纵向力偏心距的影响。

$$e=e_0+\frac{h}{2}-a=350+\frac{350}{2}-35=490\text{mm}$$

$$x=\frac{1150000}{4000\times11}=26.1\text{mm}$$

$$A_g=\frac{1150000\times490-11\times4000\times26.1\times\left(315-\frac{26.1}{2}\right)}{210\times(315-35)}=3686\text{mm}^2$$

选用26根Φ14钢筋,$A_g=4000\text{mm}^2$(上层钢筋在非牛腿部分弯至底部),底板箍筋用Φ6@300mm。

4. 钢横梁计算

钢梁承受的均布荷载为:

$$q=\frac{1150}{3.3}=348.5\text{kN/m}$$

$$M=\frac{1}{8}ql^2=\frac{1}{8}\times348.5\times3.3^2=474.4\text{kN}\cdot\text{m}$$

钢梁需要的截面抵抗矩为:

$$W=\frac{M}{f}=\frac{474.4\times10^6}{315}=1506\times10^3\text{mm}^3$$

用16Mn钢,2I40b,$W_X=1140\times10^3\times2=2280\times10^3\text{mm}^3>1506\times10^3\text{mm}^3$(可满足条件)

钢梁的剪力为:

$$V=\frac{1}{2}ql=\frac{1}{2}\times348.5\times3.3=575\text{kN}$$

钢梁的剪应力为:

$$\tau=\frac{V}{F}=\frac{575\times10^3}{9410\times2}=30.6\text{MPa}<f_v=185\text{MPa}$$

钢梁变形值为:

$$\omega_{\max}=\frac{5ql^4}{384EI}=\frac{5\times348.5\times3300^4}{384\times2\times10^5\times22780\times10^4\times2}$$

$$=5.9\text{mm}<\frac{l}{400}=\frac{3300}{400}=8.3\text{mm}$$

可满足要求。

例10-7 预应力墩式台座台面,已知张拉力 $N=1150\text{kN}$,台面宽4.0m,厚80mm(靠近台墩10m范围内,台面加厚至100mm),混凝土用C15,$f_c=7.5\text{MPa}$,试求台面承载力是否满足要求。

解 由表10-23知台面的水平承载力计算公式:

$$P = \frac{\varphi \cdot Af_c}{K_1 \cdot K_2} = \frac{1 \times 100 \times 4000 \times 7.5}{1.25 \times 1.5} = 1600\text{kN} > 1150\text{kN}$$

故台面承载力满足要求。

2.1.2 预应力槽式台座计算

预应力槽式台座计算 表 10-25

<table>
<tr><th>项 目</th><th>计 算 方 法 及 公 式</th><th>符 号 意 义</th></tr>
<tr><td>台座构造</td><td>
槽式台座由锚固端柱、张拉端柱、传力柱台面及上、下横梁等受力构件组成。一般多做成装配式的，传力柱可分段制作，每段长 5 ~ 6m，总长度一般为 45 ~ 75m，宽度随构件外形及制作方式而定，一般不小于2.0m。它既可承受张拉力，又可作养生槽。适用于生产张拉力和倾覆力矩均较大的中型预应力构件，如吊车梁屋架等

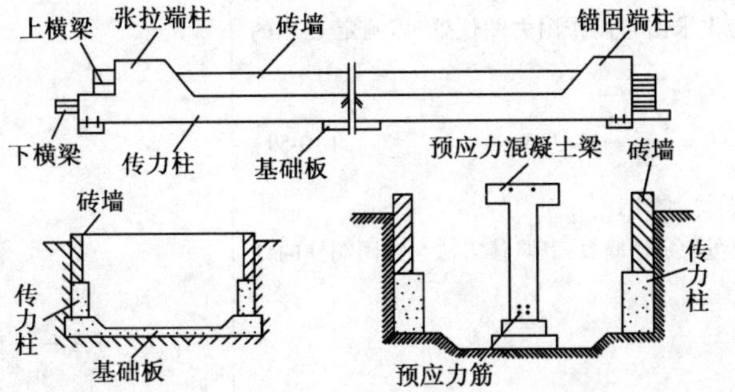

槽式台座构造
</td><td></td></tr>
<tr><td>锚固端柱和张拉传力端柱</td><td>
1. 抗倾覆稳定性验算

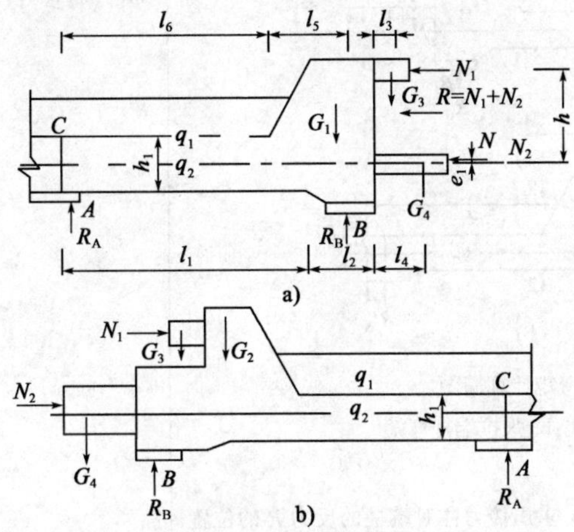

槽式台座抗倾覆验算

a) 锚固端柱；b) 张拉端柱

一般当梁底部的部分预应力筋切断掉（如 4 根切断掉 2 根）时为最不利状态，此时产生的抗倾覆力矩最小。

(1) 锚固端柱稳定性验算

设砖墙每米长重力为 q_1，传力柱每米长重力为 q_2；锚固端柱一段及基础板一半的重力为 G_1；张力端柱一段及基础板一半的重力为 G_2；上横梁一半的重力为 G_3；下横梁一半的重力为 G_4
</td><td>
M_{OV}——锚固、张拉端柱倾覆力矩，kN · m；
N_1——上部张拉力，kN；
M_r——锚固、张拉端平衡力矩，kN · m；
N_2——下部张拉力，kN；
G_1——锚固端柱一段及基础板一半的重力，kN；
G_2——张拉端柱一段及基础板一半的重力，kN；
G_3——上横梁一半的重力，kN；
G_4——下横梁一半的重力，kN；
q_1——砖墙每米长所需重力，kN/m；
q_2——传力柱每米长所需重力，kN/m；
M_1——构件底部切除部分预应力筋后剩余预应力筋产生的抗倾覆力矩；
M_2——锚固端柱自重力产生的抗倾覆力矩；
</td></tr>
</table>

续上表

<table>
<tr><th>项 目</th><th>计 算 方 法 及 公 式</th><th>符 号 意 义</th></tr>
<tr><td>锚固端柱和张拉传力端柱</td><td>

又设上部的预应力钢筋的压力为 N_1，下部除去断掉的预应力钢筋后剩下的预应力钢筋对 1 根端柱的压力为 N_2。

取端柱绕 C 点的力矩（图 a）进行倾覆稳定性验算：

倾覆力矩： $M_{OV}=N_1\left(h-\frac{h_1}{2}\right)$ （10-57）

平衡力矩：

$M_r=M_1+M_2=\left[N_2\left(\frac{h_1}{2}-e_1\right)\right]+\left[G_3(l_1+l_2+l_3)\right]+G_4(l_1+l_2+l_4)+G_1(l_5+l_6)+\frac{1}{2}(q_1+q_2)l_6^2$ （10-58）

对 G_1、G_2、G_3、G_4 等应先求出它们作用力的位置，以确定 C 点的距离。

抗倾覆按下式验算： $K=\frac{M_1+M_2}{M_{OV}}\geqslant 1.5$ （10-59）

（2）张拉端柱稳定性验算（图 b）

取 C 点的力矩进行倾覆稳定性验算，其具体方法与锚固端柱的计算相同。

2. 弯矩计算

（1）锚固端柱的弯矩

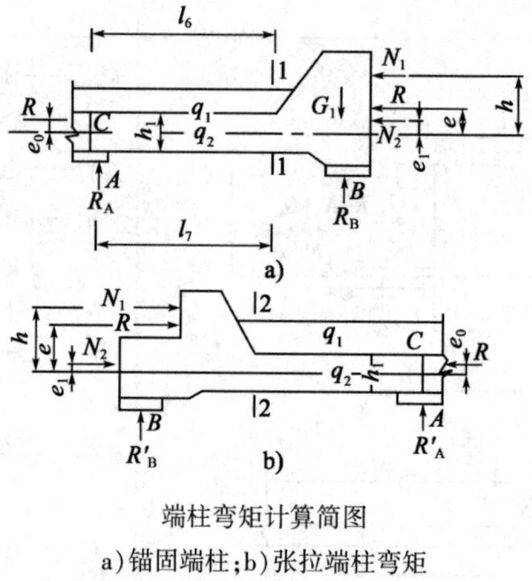

端柱弯矩计算简图

a）锚固端柱；b）张拉端柱弯矩

先根据平衡条件取 $\sum M_C=0$，求出传力柱对端柱的反力 R 的位置 e_0，再取 $\sum M_B=0$（或 $\sum M_A=0$），求出支座反力 R_A（或 R_B）。由计算知，通常在 1-1 截面处的弯矩较大，可作为控制截面的弯矩，即：

$M_{1\text{-}1}=R_A l_7+Re_0-\frac{1}{2}(q_1+q_2)l_6^2$ （10-60）

（2）张拉端柱的弯矩（图 b）

计算方法与锚固端柱相同，以 $M_{2\text{-}2}$ 作为控制截面的弯矩

3. 配筋计算

一般按钢筋混凝土偏心受压构件进行配筋

</td><td>

l_1、l_2、…、l_6——构件各部分的相对关系；

K——抗倾覆安全系数；

$M_{1\text{-}1}$、$M_{2\text{-}2}$、$M_{3\text{-}3}$——分别为锚固、张拉端柱传力柱控制截面的弯矩，kN·m

</td></tr>
</table>

续上表

项　目	计算方法及公式	符号意义
传力柱	传力柱计算分两种情况：(1)在全部预应力钢筋产生的合力 R_1 作用下；(2)下部部分预应力筋切断掉后，在剩余预应力筋产生的合力 R_2 作用下。 在全部预应力筋产生的合力 R_1 作用下传力柱的受力情况及符号见下图。 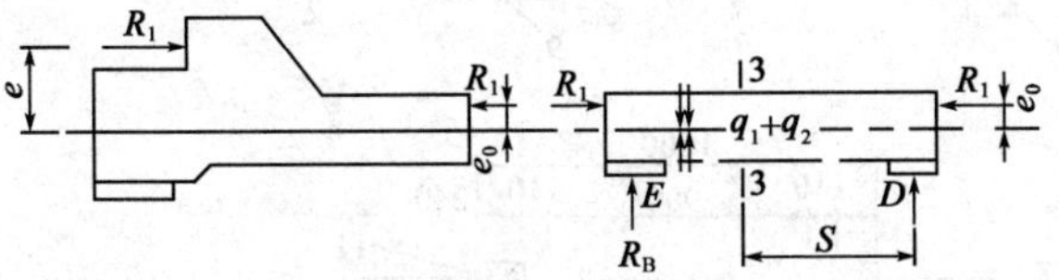 传力柱计算简图 用于端柱中"弯矩计算"相同的方法，求传力柱反力位置 e_0，取 $\sum M_E=0$ 求出底板反力 R_D。然后再求出最大弯矩所在截面 3-3 距 R_D 的距离 S，则最大弯矩 $M_{3\text{-}3}$ 为： $$M_{3\text{-}3}=R_DS+R_1e_0-\frac{1}{2}(q_1+q_2)S^2 \quad (10\text{-}61)$$ 同理，可以求得切断掉部分的预应力筋后，剩下的预应力筋在传力柱上产生的最大弯矩值。 最后分别按上述两种情况，即：(1) $N_1=R_1$ 和 M_{max}；(2) $N_2=R_2$ 和 M_{max} 的内力组合，按钢筋混凝土偏心受压构件计算进行截面配筋	M——横梁最大弯矩，kN·m； V——横梁最大切力，kN； N——作用于横梁中点的集中力，由于横梁由两片组成，$N=2N_1$（或 $2N_2$）； l——横梁跨度，等于台座两根传力柱之间的距离
横梁	按两端支承于端柱上的简支梁计算，其最大弯矩 M 和切力 V 由下式计算： $$M=\frac{1}{4}Nl \quad (10\text{-}62)$$ $$V=\frac{N}{2} \quad (10\text{-}63)$$ 根据求出的 M、V 值，按钢筋混凝土受弯构件进行截面计算配筋，其允许挠度不大于 2mm。一般下横梁的截面尺寸较大，实为 1 根深梁，因此要适当增设必要的构造配筋	

例 10-8　预应力槽式台座，构造尺寸如图 10-2 所示。已知上部预应力筋的张拉力 $N_1=160\text{kN}$，下部预应力筋的张拉力 $N_2=560\text{kN}$，砖砌体重度 $\gamma_1=18\text{kN/m}^3$，混凝土重度 $\gamma_2=25\text{kN/m}^3$，试验算台座的稳定性和计算张拉端柱的轴力和控制弯矩。

解　1. 台座自重

砖墙每 1m 长所受重力：

$$q_1=0.24\times0.4\times1\times18=1.73\text{kN/m}$$

传力柱每 1m 长所受重力：

$$q_2=0.5\times0.35\times1\times25=4.37\text{kN/m}$$

张拉端柱顶部（长 2.4m）一段及 1/2 支座底板所受的重力经计算 $G_1=26.5\text{kN}$。

1/2 上横梁所受的重力：　$G_3 = 2.6\text{kN}$

1/2 下横梁所受的重力：　$G_4 = 7.0\text{kN}$

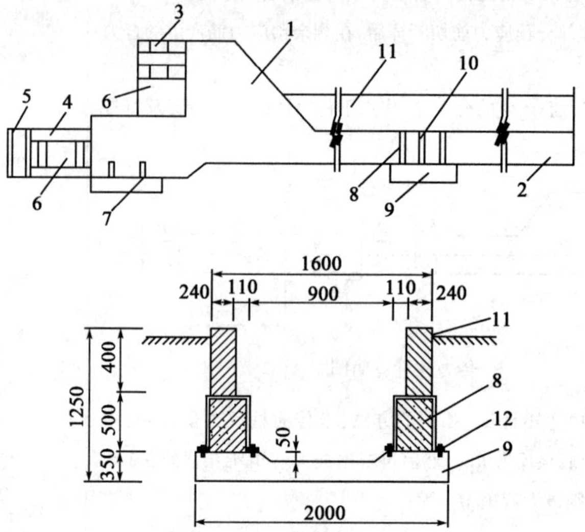

图 10-2　槽式台座构造及尺寸(尺寸单位:mm)

1-张拉端柱;2-传力柱;3-上横梁;4-下横梁;5-钢梁;6-垫块;7-连接铁件;8-卡环;9-基础板;10-砂浆嵌缝;11-砖墙;12-锚固螺栓

槽式台座张拉端柱受力简图如图 10-3 所示。

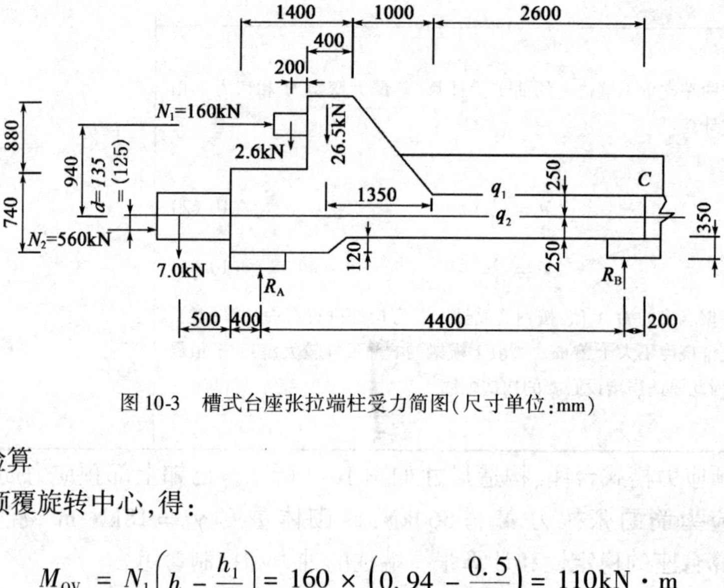

图 10-3　槽式台座张拉端柱受力简图(尺寸单位:mm)

2. 抗倾覆验算

取 C 点为倾覆旋转中心,得:

$$M_{\text{OV}} = N_1\left(h - \frac{h_1}{2}\right) = 160 \times \left(0.94 - \frac{0.5}{2}\right) = 110\text{kN} \cdot \text{m}$$

由平衡力矩得:

$$M_1 = 560 \times (0.25 + 0.125) = 210\text{kN} \cdot \text{m}$$

$$M_2 = 7 \times 5.5 + 2.6 \times 4.2 + 26.5 \times 3.95 + (1.73 + 4.37)\frac{2.6^2}{2} = 175\text{kN} \cdot \text{m}$$

抗倾覆稳定系数为：

$$K=\frac{M_1+M_2}{M_{OV}}=\frac{210+175}{110}=3.5>1.5 \qquad \text{（可满足条件）}$$

3. 轴力及弯矩计算

张拉的合力(轴力)：　　$N=160+560=720\text{kN}$

合力离柱轴线距离：　　$e=0.112\text{m}$

根据平衡条件$\sum M_C=0$,求得传力柱对端柱的反力 R 的位置 $e=0.06\text{m}$。

张拉端柱弯矩计算简图如图 10-4 所示。

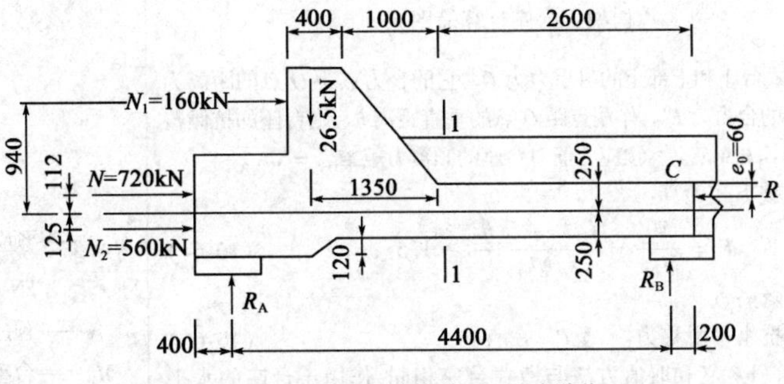

图 10-4　张拉端柱弯矩计算简图(尺寸单位：mm)

取$\sum M_A=0$得：

$$R_B\times4.4-26.5\times0.65-(1.73+4.37)\times2.6\left(\frac{2.6}{2}+2\right)-2.6\times0.4-720\times0.112+720\times0.06=0$$

解得：$R_B=24.6\text{kN}$

1-1 截面处的控制弯矩为：

$$M_{1\text{-}1}=24.6(2.6-0.2)+720\times0.06-\frac{1}{2}(1.73+4.37)\times2.6^2=81.6\text{kN}\cdot\text{m}$$

故张拉端的轴力为 720kN,控制弯矩为 81.6kN · m。

2.1.3　预应力构架式台座计算

预应力构架式台座计算　　表 10-26

项　目	计算方法及公式	符号意义
台座构造	预应力构架式台座一般采用装配式,由多个 1m 宽、重约 2.4t 的三角形块体组成。每 1 块体能承受的拉力约 130kN,可根据台座需要的张拉力,设置一定数量的块体组成。 适于生产张拉力不大的中、小型构件 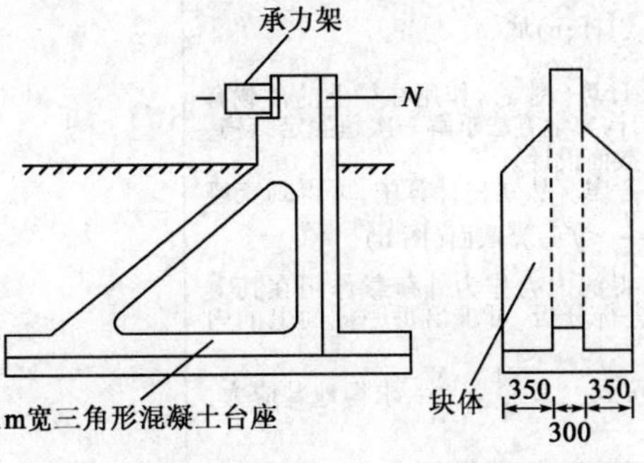 构架式台座构造(尺寸单位：mm)	

续上表

项　目	计算方法及公式	符号意义
台座稳定性验算	1. 抗倾覆验算 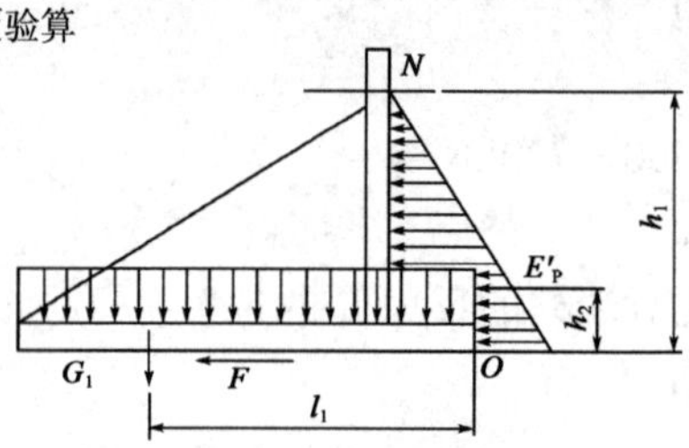 构架式台座计算简图 设构架式台座和上部土的自重力为 G_1，它的合力点距 O 点的距离为 l_1，土压力的合力为 E'_P，作用点距 O 点的垂直距离 h_2，则台座的抗倾覆力矩 $M_r = G_1 l_1 + E'ph_2$，预应力筋对台座的倾覆力矩 $M_{OV} = Nh_1$。 抗倾覆按下式验算： $$K = \frac{M_r}{M_{OV}} = \frac{G_1 l_1 + E_p h_2}{Nh_1} \geqslant 1.5 \qquad (10\text{-}64)$$ 2. 抗滑移验算 台座总抗水平滑移力：　$\sum P = E'_P + F$　　(10-65) E'_P、F 符号意义和取值方法与墩式台座相同，作用于台座的水平滑移力等于钢筋张拉力 N。 抗滑移按下式验算： $$K = \frac{E'_P + F}{N} \geqslant 1.3 \qquad (10\text{-}66)$$	M_{OV}——预应力筋对台座的倾覆力矩，kN·m； N——预应力筋张拉力，kN； M_r——台座的抗倾覆力矩，kN·m； G_1——构架台座和上部土的自重力，kN； E'_P——土压力的合力，kN，取值同墩式台座； K——抗倾覆安全系数，一般取 1.5； P——台座抗水平滑移力，kN； F——台座与土的摩阻力，kN，取值同墩式台座； M——作用于构架式台座的弯矩，kN·m； R——作用于构架式台座的支座反力，kN； T——作用于斜杆的拉力，kN； N'——作用于地基的竖向力
台座内力及截面	台座立柱、斜杆及底座的内力计算如下图所示 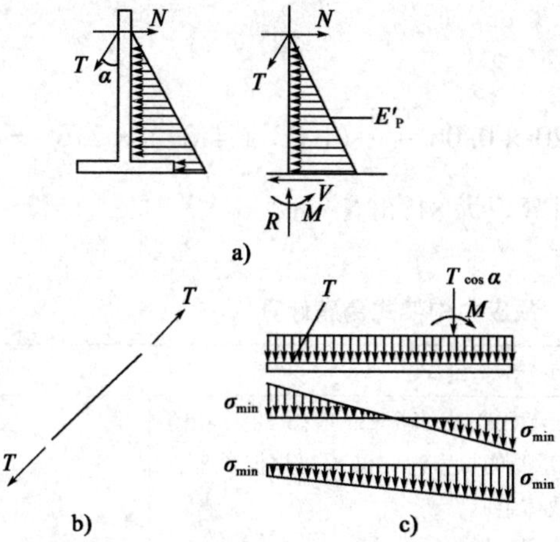 构架式台座立柱、斜杆及底座计算简图 a）立柱；b）斜杆；c）底座 立柱可简化视作 1 根悬臂梁来计算（图 a），作用在梁上的荷载有拉力 N、土压力合力 E'_P。应用结构力学方法求解一次超静定结构，可得到内力 M、R、V，再据此进行截面设计。 对于斜杆，可按轴心受拉构件考虑。从立柱计算中，可得到支座反力 R，则 $T = R/\cos\alpha$，按照 $\sigma = \frac{T}{A} \leqslant f$ 验算截面（图 b）。 对底座，可将立柱和斜拉杆求得的内力作为外荷载作用在其上面，再加上土体荷载、地基反力进行分析，可求出每一截面上的内力，据此进行截面设计。 对地基强度的验算（图 c），可按 $\sigma_{max} = \frac{M}{W} \pm \frac{N'}{A}$，求得地基应力，其值应小于地基设计强度值	
钢梁	钢梁的计算与墩式台座相同（略）	

例 10-9 预应力构架式台座,尺寸如图 10-5 所示。已知作用于每 1m 台座上的张拉力 $P=50\text{kN}$,台座及土的自重力 $G_1=85\text{kN}$,土的重度 $\gamma=18\text{kN/m}^3$,内摩擦角 $\varphi=30°$,摩擦系数 $\mu=0.35$,试验算台座的抗倾覆和抗滑移稳定性。

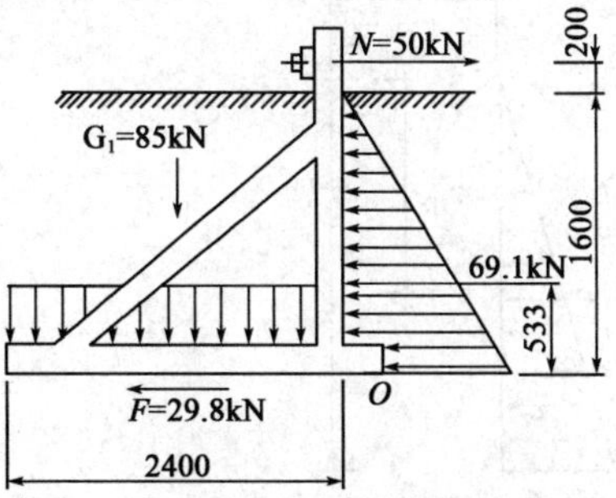

图 10-5　构架式台座尺寸(尺寸单位:mm)

解　1. 抗倾覆验算

后座前土压力忽略不计,台座后面的最大土压力:

$$E'_{\text{P}}=\frac{\lambda H^2}{2}\cdot\tan^2\left(45°+\frac{\varphi}{2}\right)=\frac{18\times1.6^2}{2}\tan^2\left(45°+\frac{30°}{2}\right)=69.1\text{kN}$$

$$M_{\text{r}}=G_1l_1+E'_{\text{P}}h_2=85\times1.2+69.1\times\frac{1.6}{3}=138.8\text{kN}\cdot\text{m}$$

$$M_{\text{OV}}=Nh_1=50\times1.8=90\text{kN}\cdot\text{m}$$

抗倾覆安全系数为:

$$K=\frac{M_{\text{r}}}{M_{\text{OV}}}=\frac{138.8}{90}=1.54>1.5\quad\text{可满足条件}$$

2. 抗滑移验算

台座总抗水平滑移力:

$$\sum P=E'_{\text{P}}+F=69.1+85\times0.35=98.9\text{kN}$$

抗滑移安全系数为:

$$K=\frac{\sum P}{N}=\frac{98.9}{50}=1.98>1.3$$

故台座抗倾覆和抗滑移稳定性均满足要求。

2.1.4　预应力换埋式台座计算

预应力换埋式台座计算　表 10-27

项　目	计算方法及公式	符号意义
台座构造	预应力换埋台座由立柱、横梁、挡板和砂床等组成。其特点是用砂床埋住挡板、立柱,以此来代替现浇混凝土墩,抵抗张拉力时的倾覆力矩。它具有拆迁方便,可多次周转使用等优点。适用于临时性预制场生产张拉力不大的中、小型构件 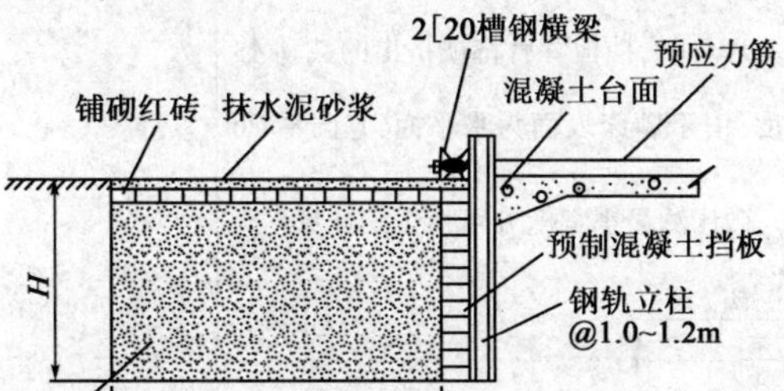 换埋式台座构造	

<table>
<tr><th>项目</th><th>计算方法及公式</th><th>符号意义</th></tr>
<tr><td>台座埋设深度</td><td>
台座砂床深度计算简图如下图所示：

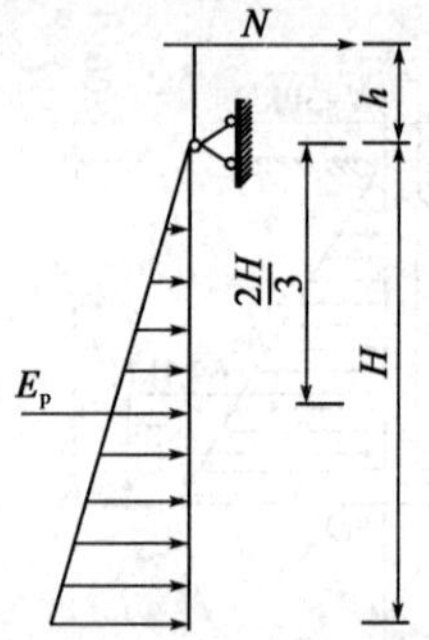

砂床深度计算简图

将立柱和挡板视作一刚性挡土墙，设土面倾角 α、墙背倾角 β、墙背摩擦角 δ 均等于零，立柱和挡板的自重略去不计。台座张拉时产生的倾覆力矩将由立柱下部另侧被动压力产生的抗倾覆力矩平衡(因挡板与台面下的土不紧密接触，主动土压力可不考虑)，由上图得(取单位宽度计算)

$$M_{OV} = Nh \tag{10-67}$$

抗倾覆力矩 M_r 为：

$$M_r = E_p \times \frac{2H}{3} = \frac{\lambda H^2}{2}\tan^2\left(45° + \frac{\varphi}{2}\right)\cdot\frac{2H}{3}$$

$$= \frac{\lambda H^3}{3}\tan^2\left(45° + \frac{\varphi}{2}\right) \tag{10-68}$$

令 $M_{OV} = M_r$，化简后乘以安全系数 K 得：

$$H = \sqrt[3]{\frac{3K \cdot N \cdot h}{\gamma\tan^2\left(45° + \frac{\varphi}{2}\right)}} \tag{10-69}$$

为使用方便，根据上式计算出不同 φ 值和不同张拉倾覆力矩的台座埋深如表 10-29 所列，可供查用
</td><td rowspan="2">
M_{OV}——每米台座张拉时产生的倾覆力矩，kN·m；
M_r——台座产生的抗倾覆力矩，kN·m；
E_P——被动土压力，kN；
K——抗倾覆安全系数，一般取 1.5；
H——台座埋设深度，m；
N——每米台座上的张拉力，kN/m；
h——张拉作用点距台面高度，m；
γ——砂土单位重度，kN/m³；
φ——砂土的内摩擦角，可按表 10-28 取用；
B——砂床宽度，m
</td></tr>
<tr><td>砂床宽度</td><td>
砂床宽度计算简图如下图所示：

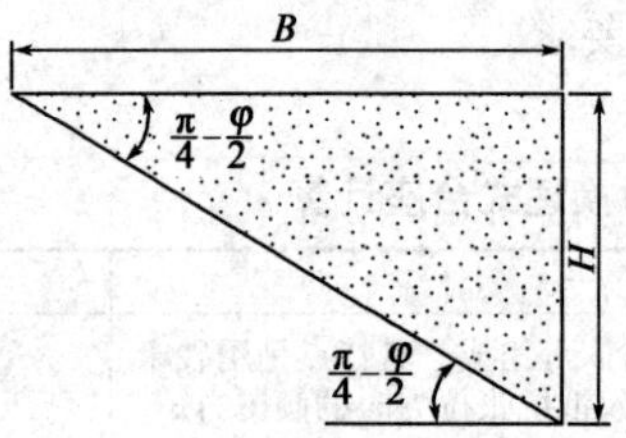

砂床宽度计算简图

根据土压力原理，当 $\alpha = \beta = \delta = 0$ 时，挡板背后将被挤出的被动土楔与水平线成 $\left(\frac{\pi}{4} - \frac{\varphi}{2}\right)$ 角度，由于砂床表面为水平面，它与滑面之间的夹角也为 $\left(\frac{\pi}{4} - \frac{\varphi}{2}\right)$。砂床的最小宽度 B 可由下式计算：

$$B = \frac{H}{\tan\left(\frac{\pi}{4} - \frac{\varphi}{2}\right)} \tag{10-70}$$

根据上式可算得：当 $\varphi = 40°$ 时，$B = 2.14H$；当 $\varphi = 35°$ 时，$B = 1.91H$；当 $\varphi = 30°$ 时，$B = 1.73H$
</td></tr>
</table>

砂类土内摩擦角 φ 计算值 表 10-28

砂土类别	孔隙比		
	0.41~0.50	0.51~0.60	0.61~0.70
砾砂和粗砂	41°	38°	36°
中　砂	38°	36°	33°
细　砂	36°	34°	30°

不同张拉倾覆力矩的台座埋深(m) 表 10-29

φ	M_{OV}(kN·m)									
	10	20	30	40	50	60	70	80	90	100
30°	0.98	1.23	1.41	1.55	1.67	1.78	1.87	1.96	2.04	2.11
32°	0.95	1.20	1.37	1.51	1.63	1.73	1.82	1.91	1.98	2.05
34°	0.93	1.17	1.34	1.47	1.59	1.68	1.77	1.85	1.93	2.00
36°	0.90	1.13	1.30	1.43	1.54	1.64	1.72	1.80	1.87	1.94
38°	0.87	1.10	1.26	1.39	1.50	1.59	1.67	1.75	1.82	1.88
40°	0.85	1.07	1.23	1.35	1.45	1.54	1.62	1.70	1.77	1.83

注:表中砂土重度为 $\gamma=16\text{kN/m}^3$;M_{OV} 为每米台座上所作用的倾覆力矩(kN·m)。

例 10-10 预应力换埋式台座,已知每米台座上的张拉力 $N=50\text{kN}$,张拉力作用点距台面高度 $h=0.6\text{m}$,采用砂床,砂土重度为 $\gamma=16\text{kN/m}^3$,内摩擦角 $\varphi=36°$,试求台座的埋设深度和砂床宽度。

解 取 $K=1.5$,代入公式(10-69)有:

$$H=\left[\frac{3K\cdot N\cdot h}{\lambda\cdot\tan^2\left(45°+\frac{\varphi}{2}\right)}\right]^{\frac{1}{3}}=\left[\frac{3\times1.5\times50\times0.6}{16\times\tan^2\left(45°+\frac{36°}{2}\right)}\right]^{\frac{1}{3}}=1.30\text{m}$$

则:

$$B=\frac{H}{\tan\left(45°-\frac{\varphi}{2}\right)}=\frac{1.3}{\tan\left(45°-\frac{36°}{2}\right)}=2.55\text{m}$$

2.2 预应力混凝土台面计算

预应力混凝土台面计算　　表 10-30

<table>
<tr><th>项　目</th><th>计 算 方 法 及 公 式</th><th>符 号 意 义</th></tr>
<tr><td>台
面
构
造</td><td>普通混凝土台面由于受温差的影响,经常会发生开裂,导致台面使用寿命缩短和构件质量下降。为了解决这一问题,国内有些预制构件厂采用了预应力混凝土滑动台面。
预应力混凝土滑动台面的做法是:在原有的混凝土台面或新浇的混凝土基层上刷隔离剂,张拉预应力钢丝,浇筑混凝土面层。待混凝土达到放张强度后再切断钢丝,台面就发生滑动,这种台面可避免出现裂缝
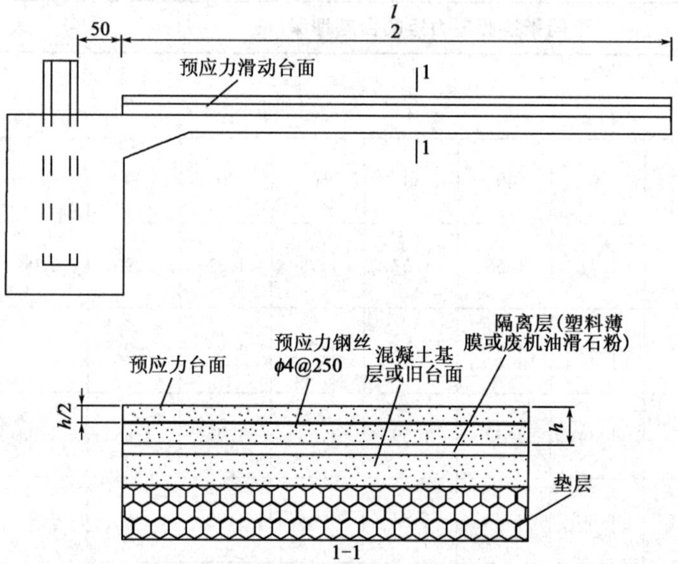

预应力混凝土滑动台面构造图</td><td rowspan="3">L——台面长度;
γ——混凝土重力密度;
h——预应力台面厚度;
h_1——台面上堆积物的折算厚度;
μ——台面与基层混凝土的摩擦系数,对皂脚废机油或废机油滑石粉隔离剂为 0.65;
σ_k——预应力筋的张拉控制应力;
R_y^b——预应力钢丝的抗拉强度标准值</td></tr>
<tr><td>温
度
应
力</td><td>台面由于温差引起的温度应力 σ_0,可按下式计算:
$$\sigma_0 = 0.5\mu\gamma\left(1 + \frac{h_1}{h}\right)L \qquad (10\text{-}71)$$</td></tr>
<tr><td>预
压
应
力</td><td>为了使预应力台面不出现裂缝,台面的预压应力 σ_{PC}应符合下列要求:
$$\sigma_{PC} > \sigma_0 - 0.5R_y^b \qquad (10\text{-}72)$$
预应力台面用的钢丝,可选用 $\phi^b4 \sim 5$ 冷拔丝和 ϕ^k5 刻痕钢丝居中配置,$\sigma_k = 0.7R_y^b$,混凝土为 C30 和 C40。滑动台面预应力筋配置,见表 10-31</td></tr>
</table>

滑动台面预应力筋配置参考表 表 10-31

台面荷载 (kN/m²)	台面厚度 h(mm)	滑动台面预应力钢丝配置 在下列台面长度 L(m)下			
		50	75	100	125
2	60	ϕ^b4@75	ϕ^b4@50	ϕ^b5@50	ϕ^k5@100
	80	ϕ^b4@65	ϕ^b5@65	ϕ^b5@40	ϕ^k5@90
3	60	ϕ^b4@65	ϕ^b5@65	ϕ^b5@40	ϕ^k5@90
	80	ϕ^b4@50	ϕ^b5@50	ϕ^k5@100	ϕ^k5@75

注：①混凝土等级：$\phi^b4\sim5$ 为 C30，ϕ^k5 为 C40。

②张拉控制应力：ϕ^b4，$\sigma^k=487$MPa；

ϕ^b5，$\sigma^k=450$MPa；

ϕ^k5，$\sigma^k=1050$MPa。

③隔离剂 $\mu=0.7$；如 $\mu>0.7$，则配筋量按比例增加。

④预应力台面的长度 $L>125$m 时，宜设置横向缝 1 条。

例 10-11 预应力混凝土活动台面，长度 $L=120$m，台面厚度 80mm，台面土堆积物厚度 100mm，混凝土采用 C30，$R_1^b=2.1$MPa，混凝土重度 $\gamma=25$kN/m³，试求台面产生的温度应力及设计预压应力。

解 取摩擦系数 $\mu=0.65$，则台面由于温差引起的温度应力为：

$$\sigma_0=0.5\mu\gamma\left(1+\frac{h_1}{h}\right)L=0.5\times0.65\times25\left(1+\frac{100}{80}\right)\times120=2149\text{kN/m}^2\approx2.2\text{MPa}$$

则台面的预压应力为：

$$\sigma_{PC}=\sigma_0-0.5R_y^b=2.20-0.5\times2.1=1.15\text{MPa}$$

故设计的预压应力 σ_{PC} 应大于 1.15MPa。

2.3 预应力筋的张拉

2.3.1 张拉控制应力及张拉程序

张拉控制应力及张拉程序 表 10-32

项 目	计 算 方 法 及 计 算 公 式	符号意义
张拉控制应力	预应力筋的张拉力按下式计算： $N=\sigma_k\cdot A_y$ (10-73) 《公路桥涵钢筋混凝土及预应力混凝土桥涵设计规范》(JTJ 023—85)规定：预应力筋的张拉控制应力 σ_k 应符合下列规定： 对于钢丝、钢绞线：$\sigma_k\leqslant0.75R_y^b$ (10-74) 对于冷拉粗钢筋：$\sigma_k\leqslant0.9R_y^b$ (10-75) 预应力筋的设计张拉控制应力一般为锚下控制应力，包括预计的预应力损失值，但不包括锚头摩阻损失(其值可通过试验测得)。因为在进行预应力张拉时，钢筋中的实际张拉控制应力必须加上锚头摩阻损失，但不能超过规范规定的冷拉粗钢筋为 $0.95R_y^b$，钢丝与钢绞线为 $0.8R_y^b$	N——预应力筋的张拉力； σ_k——预应力筋的张拉控制应力； A_y——预应力筋的截面积； σ_y——预应力筋的有效预应力值； σ_{si}——第 i 项预应力损失
有效预应力值	预应力筋中建立的有效预应力 σ_y 值可按下式计算： $\sigma_y=\sigma_k-\sum_{i=1}^{n}\sigma_{si}$ (10-76) 各项预应力损失根据《公路桥涵钢筋混凝土及预应力混凝土桥涵设计规范》(JTJ 023—85)计算	

续上表

项目	计算方法及计算公式			符号意义
张拉程序	先张法	预应力钢材种类	张拉程序	
	先张法	钢筋	0→初应力→$1.05\sigma_k$(持荷5min)→$0.9\sigma_k$→σ_k(锚固)	
	先张法	钢丝、钢绞线	0→初应力→$1.05\sigma_k$(持荷5min)→0→σ_k(锚固)	
	后张法	预应力钢材种类	张拉程序	
	后张法	钢丝、钢绞线	0→初应力→$1.05\sigma_k$(持荷5min)→σ_k(锚固)	
	后张法	钢丝类 夹片式锚具 锥销式锚具	0→初应力→$1.05\sigma_k$(持荷5min)→σ_k(锚固)	
	后张法	钢丝类 其他锚具	0→初应力→$1.05\sigma_k$(持荷5min)→σ_k(锚固)	
	由于目前后张法普遍采用低松弛钢绞线，预应力筋的应力松弛损失都较小，加上施加预应力时多数采用自锚式千斤顶，如果采用超张拉方法进行张拉时，一旦张拉应力达到$1.05\sigma_k$后很难回到σ_k，即使能回到σ_k，夹片已开始工作，经回缩损失后锚固，实际上钢绞线是在$\sigma_k \sim 1.05\sigma_k$之间开始锚固的。因此在张拉钢绞线预应力钢束时，若采用自锚式千斤顶及低松弛钢绞线，可采用下列张拉程序：0→初应力→σ_k(持荷5min)→σ_k(锚固)或0→初应力→$1.05\sigma_k$(锚固)			

2.3.2 预应力钢筋张拉时伸长量的计算与量测

预应力钢筋张拉时伸长量的计算与量测　　表10-33

项目	规定、要求、计算方法及公式	符号意义
一般规定	《公路桥涵施工规范》第11.5.6条规定：预应力钢筋以应力控制方法张拉时，应以伸长量进行校核。实际伸长量与理论伸长量差值应控制在6%以内，否则应暂停张拉，待查明原因并采取措施加以调整后，方可继续张拉	P——预应力钢筋张拉力，N； L——预应力钢筋长度，m； E_g——预应力钢筋弹性模量，MPa； A_y——预应力钢筋截面面积，mm^2
先张法理论伸长量的计算	$$\Delta L = \frac{PL}{E_g \cdot A_y} \quad (10\text{-}77)$$	
后张法理论伸长量的计算	1. 精确计算法 $$\Delta L = \int_0^L \frac{Pe^{-(kx+\mu\theta)}}{A_y E_g} = \frac{PL}{A_y E_g}\left[\frac{1-e^{-(kL+\mu\theta)}}{kL+\mu\theta}\right] \quad (10\text{-}78)$$ 当预应力筋和孔道为直线时($\theta=0$)： $$\Delta L = \frac{P}{kA_y E_g}(1-e^{-kL}) \quad (10\text{-}79)$$ 2. 简化计算法 $$\Delta L = \frac{\overline{P}L}{A_y E_g} \quad (10\text{-}80)$$ 其中 $$\overline{P} = P\left[\frac{1+e^{-(kL+\mu\theta)}}{2}\right] \quad (10\text{-}81)$$ 对由多曲线段或直线段与曲线段组成的曲线筋张拉伸长量应分段计算，然后叠加，在计算时应将每段两端扣除孔道的摩阻损失后的拉力求出，然后再按精确法或简化法计算每段的张拉伸长值。 采用精确计算法或简化计算法相比，计算结果差值很小，在一般情况下用简化计算法可满足要求	P——预应力钢筋张拉端的张拉力，N； L——从张拉端到计算截面的孔道长度，m； θ——从张拉端到计算截面曲线孔道部分切线的夹角之和，rad； k——孔道每米局部偏差对摩擦的影响系数，由表10-34查得； μ——预应力钢筋与孔道壁的摩擦系数，由表10-34查得； E_g、A_y——意义同上； $\overline{P}$——预应力钢筋的平均张拉力，取张拉端的拉力与计算截面处扣除孔道摩阻损失后的拉力的平均值； $e^{-(kx+\mu\theta)}$——由表10-35查得

续上表

项　目	规定、要求、计算方法及公式	符 号 意 义
伸长量的量测与计算	预应力钢筋张拉时的实际伸长值 ΔL 应在建立初应力后方可开始量测。量得的伸长值还应加上初应力以下的推算伸长值： $\Delta L = \Delta L_1 + \Delta L_2$　　(10-82) 对后张法，混凝土在张拉过程中的弹性压缩一般可省略	ΔL_1——从初应力到最大张拉应力间的实测伸长量； ΔL_2——初应力以下的推算伸长量推算时应以实际伸长值与实测应力之间的关系线为依据

系 数 k 及 μ 值 表　　表 10-34

序号	孔道成型方式	k	μ 值	
			钢丝束、钢绞线、光面钢筋	变形钢筋
1	预埋铁皮管道	0.003	0.35	0.40
2	橡胶管抽芯成型	0.0015	0.55	0.60
3	钢管抽芯成型	0	0.55	0.60
4	预埋波纹管道	0.0006 ~ 0.001	0.16 ~ 0.19(钢绞线)	

$1-e^{-(kx+\mu\theta)}$ 值表　　表 10-35

$kx+\mu\theta$	0.00	0.01	0.02	0.03	0.04	0.05	0.06	0.07	0.08	0.09
0	0.000	0.010	0.020	0.030	0.040	0.049	0.058	0.068	0.077	0.086
0.1	0.095	0.104	0.113	0.122	0.131	0.139	0.148	0.156	0.165	0.173
0.2	0.181	0.189	0.197	0.205	0.213	0.221	0.229	0.237	0.244	0.252
0.3	0.259	0.267	0.274	0.281	0.288	0.295	0.302	0.309	0.316	0.323
0.4	0.330	0.336	0.343	0.349	0.356	0.362	0.368	0.375	0.381	0.387
0.5	0.393	0.398	0.405	0.411	0.417	0.423	0.429	0.434	0.440	0.446
0.6	0.451	0.457	0.462	0.467	0.473	0.478	0.483	0.488	0.493	0.498
0.7	0.503	0.508	0.513	0.518	0.523	0.528	0.532	0.537	0.542	0.546
0.8	0.551	0.555	0.560	0.564	0.568	0.573	0.577	0.581	0.585	0.539
0.9	0.593	0.597	0.601	0.605	0.609	0.613	0.617	0.621	0.625	0.628
1.0	0.632	0.636	0.639	0.643	0.647	0.650	0.654	0.657	0.660	0.664

例 10-12　如图 10-6 所示的半连续梁，预应力筋采用一束 12Φ15.24 的钢绞线束，张拉控制力 $N_K = 2346.3\text{kN}$，$A_y = 1680\text{mm}^2$，$E_g = 1.95\times10^5\text{MPa}$，孔道采用预埋波纹管成型，$\mu = 0.175$，$k = 0.0008$，按两端张拉，采用精确计算法和简化计算法分别计算。

解　1. 精确计算法

将半个曲线预应力筋分成四段，分段计算：

$$\alpha = \arctan\left(\frac{68}{550}\right) = 0.123 \quad \text{rad}$$

$$\theta = \arcsin\left(\frac{450}{1734.25}\right) = 0.262 \quad \text{rad}$$

将各段数据列入表 10-36 得：

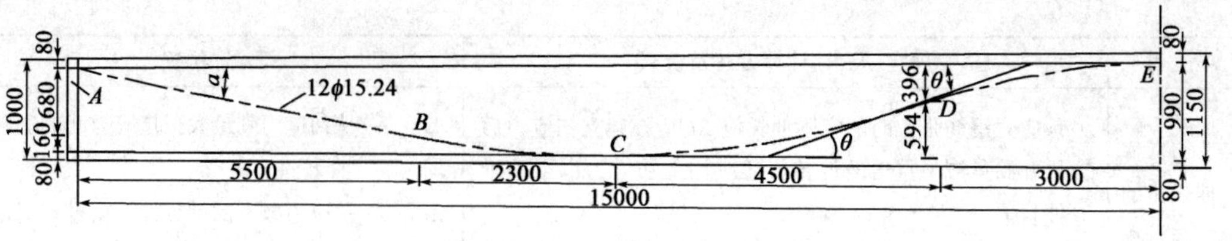

图 10-6　连续梁的尺寸与预应力筋的布置(单位:mm)

各段参数表　　　　表 10-36

线 段	L(m)	θ(rad)	$kx+\mu\theta$	$e^{-(kx+\mu\theta)}$	终 点 力(kN)
AB	5.5	0	0.0044	0.9957	2336.00
BC	2.3	0.123	0.02334	0.9769	2282.05
CD	4.5	0.262	0.04945	0.9518	2171.95
DE	3.0	0.262	0.04825	0.9529	2069.64

将上表中的数据代入下式,得:

$$\Delta L=\frac{PL}{A_yE_g}\left[\frac{1-e^{-(kL+\mu\theta)}}{kL+\mu\theta}\right]$$

分段求得:$\Delta L=2\times0.1055=0.211\text{m}=211\text{mm}$

2. 简化计算法

将表 10-36 中的数据代入下式,得:

$$\Delta L=\frac{\overline{P}L}{A_yE_g}$$

分段求得:$\Delta L=2\times0.10548=0.21096\text{m}=210.96\text{mm}$

通过以上的计算可以看出,采用精确计算法和简化计算法所得的结果相比,两者差值非常小,所以采用简化计算法完全能满足曲线预应力筋张拉理论伸长值的计算精度要求。

2.4　预应力张拉设备的选用计算

预应力张拉设备的选用计算　　　　表 10-37

项　目	计 算 方 法 及 公 式	符 号 意 义
张拉设备能力	张拉设备所需要的张拉力由预应力钢筋要求的张拉力大小确定。预应力钢筋的张拉力由下式计算: $N=\sigma_k\cdot A_y\cdot n$　　(10-83) 为安全可靠,张拉设备的张拉能力一般取钢筋张拉力的 1.5 倍左右,即 $F=1.5\frac{N}{1000}$　　(10-84)	N——预应力筋的张拉力,N; σ_k——预应力筋的张拉控制力,MPa; A_y——每根钢筋的截面面积,mm^2; n——同时张拉的钢筋根数; F——张拉设备所需要的张拉能力,kN; l_s——千斤顶或其他张拉设备的行程长度,mm; Δl——预应力钢筋张拉伸长值,mm; E_g——预应力钢筋弹性模量,MPa; L——预应力钢筋张拉时的有效长度,mm; p_n——计算压力表读数,MPa; A_n——张拉设备的工作油压面积,mm^2
设备行程	油压千斤顶等张拉设备所需要的行程长度,应满足预应力钢筋张拉时的伸长要求,即 $l_s\geq\Delta l=\frac{\sigma_k}{E_g}\cdot L$　　(10-85)	
压力表选用	压力表上的压力读数是指张拉设备的工作油压面积(活塞面积)上每单位面积承受的压力,由下式计算: $p_n=\frac{N}{A_n}$　　(10-86) 一般选用的压力表最大读数应为$(1.5\sim2)p_n$	

2.5 预应力筋下料长度计算

预应力筋下料长度计算 表 10-38

<table>
<tr><th>项 目</th><th>计算方法及公式</th><th>符号意义</th></tr>
<tr><td rowspan="3">先张法预应力钢筋下料长度</td><td>长线台座整根粗钢筋下料长度计算(图 10-7a)。
钢筋的计算长度：
$L_0=l+l_3+l_4+l_5+(3\sim5)\text{cm}$ (10-87)
钢筋下料的总长度：
$L=\dfrac{L_0}{1+r-\delta}$ (10-88)</td><td rowspan="6">L_0——钢筋计算长度；
L——钢筋的下料总长度；
r——钢筋冷拉拉长率,由试验确定；
δ——钢筋冷拉后的弹性回缩率,由试验确定；
m——钢筋分段数；
n_1——对焊接头的数量；
n_2——镦粗头的数量；
l——长线台座(包括横梁、定位板在内)或构件孔道的长度；
l_1——每个对焊接头的预留量,一般为钢筋直径；
l_2——每个镦粗头的压缩长度；
l_3——镦头,包括锚板或帮条锚具长度；
l_4——锥形夹具的长度,一般为 5.5cm；
l_5——穿心式千斤顶长度(千斤顶脚至顶上夹具末端之间的距离)；
l_6——钢丝伸出钢模板端板至锚固板之间的距离；
l_7——螺丝端杆长度(一般为 32cm)；
l_8——锚具长度,锥形锚具为 4cm；
l_9——钢筋连接器中间部分的长度；
a——模板厚度；
b——构体端部垫板厚度；
c——钢丝外露出卡环端部长度；
h——螺帽高度；
Δt——电热预应力损失值；
5cm——端杆外伸长值度(供长度调整和接拉伸机用)</td></tr>
<tr><td>长线台座分段粗钢筋下料长度计算(图 10-7b)：
$L_0=l+2b+2h-2l_7-(m-1)l_9+(3\sim5)\text{cm}$ (10-89)
$L=\dfrac{L_0}{1+r-\delta}+n_1l_1-2ml_1$ (10-90)</td></tr>
<tr><td>模外张拉钢丝下料长度计算(图 10-7c)：
$L_0=l+2a+2l_6$ (10-91)
$\Delta l=\dfrac{\sigma_k}{E_g}(1+2a)$ (10-92)
$L=L_0-\Delta l+n_2l_2$ (10-93)</td></tr>
<tr><td rowspan="3">后张法预应力钢筋下料长度</td><td>预应力粗钢筋下料长度计算：
1. 当两端用螺丝端杆锚具时(图 10-8a)：
$L_0=l+2b+2h-2l_7+(3\sim5)\text{cm}$ (10-94)
$L=\dfrac{L_0}{1+r-\delta}+n_1l_1$ (10-95)
2. 当一端用螺丝端杆锚具,另一端用帮条锚具(或镦粗头)时(图 10-8b)：
$L_0=l+b+h+l_3-l_7+5\text{cm}$ (10-96)
$L=\dfrac{L_0}{1+r-\delta}+n_1l_1+n_2l_2$ (10-97)
用帮条锚具时为一块垫板。
3. 预应力精轧螺纹钢筋下料长度计算(图 10-8c)
两端张拉时：$L=l+2(b+h)+8\text{cm}\times2$ (10-98)
一端张拉时：$L=l+2(b+h)+2\text{cm}+8\text{cm}$ (10-99)</td></tr>
<tr><td>预应力钢丝束或钢绞线束下料长度计算：
两端张拉时(图 10-9a)：$L=l+2l_5$ (10-100)
一端张拉时(图 10-9b)：$L=l+l_5+l_3+3\text{cm}$ (10-101)</td></tr>
<tr><td>预应力钢丝束下料长度计算(图 10-9c)：
两端张拉时：$L=l+2l_5+2l_8+2b+2c$ (10-102)
一端张拉时：$L=l+l_5+2l_8+2b+c+5\text{cm}$ (10-103)</td></tr>
</table>

续上表

项　目	计算方法及公式	符号意义
电热法预应力钢筋下料长度	后张预应力粗钢筋下料长度计算(图 10-8b)： $L_0 = l + l_3 + b + h - l_7 + 3\text{cm}$　(10-104) $L = \dfrac{L_0}{1 + r - \delta} + n_1 l_1 + n_2 l_2$　(10-105) 先张预应力钢丝下料长度计算(图 10-7c) $L_0 = l + 2a + 2l_6$　(10-106) $\Delta l = \dfrac{\sigma_k}{E_g}(l + 2a) + \sum \Delta t$　(10-107) $L = L_0 - \Delta l + n_2 l_2$　(10-108) (两端用镦粗头)	Δl——电热伸长量； σ_k——预应力筋的张拉控制力； E_g——预应力筋的弹性模量

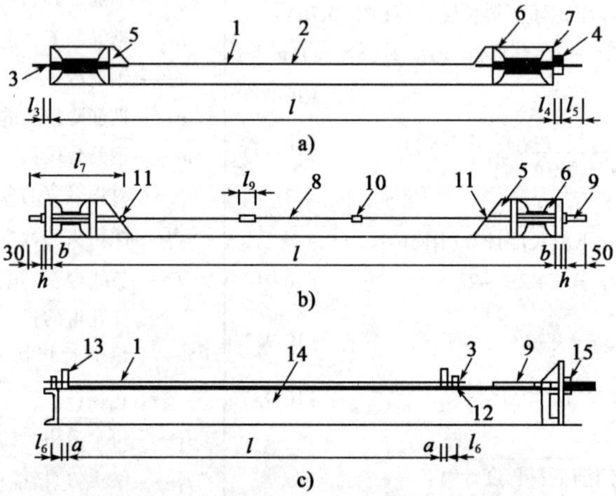

图 10-7　先张法预应力钢筋下料长度计算简图

a)长线台座整根粗钢筋下料长度；b)长线台座分段粗钢筋下料长度；c)模外张拉钢丝下料长度

1-预应力筋；2-对焊接头；3-镦粗头；4-锥形夹具；5-台座承力支架；6-横梁；7-定位板；8-分段预应力筋；9-螺钉端杆；10-钢筋连接器；11-螺钉端杆连接器；12-梳筋板；13-顶头模板；14-钢模底板；15-螺母

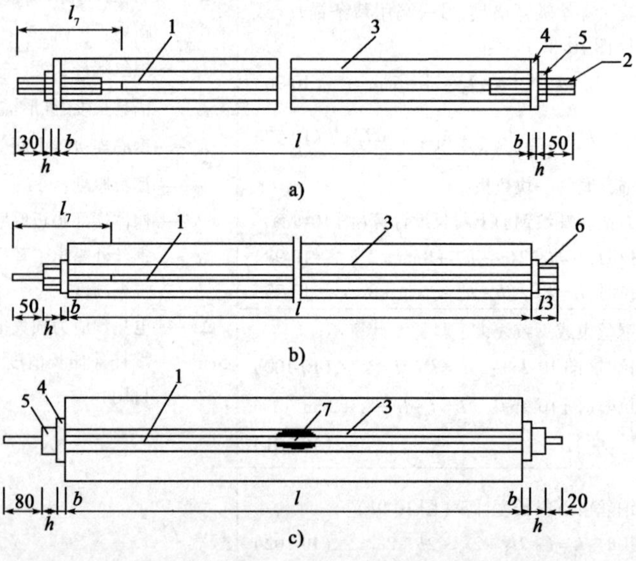

图 10-8　预应力粗钢筋下料长度计算简图

a)两端用螺钉端杆锚具时；b)一端用螺钉端杆锚具，另一端用帮条锚具(或镦粗头)时；c)精轧螺纹钢筋时

1-预应力筋；2-螺钉端杆；3-混凝土孔道；4-垫板；5-螺母；6-帮条锚具；7-连接器

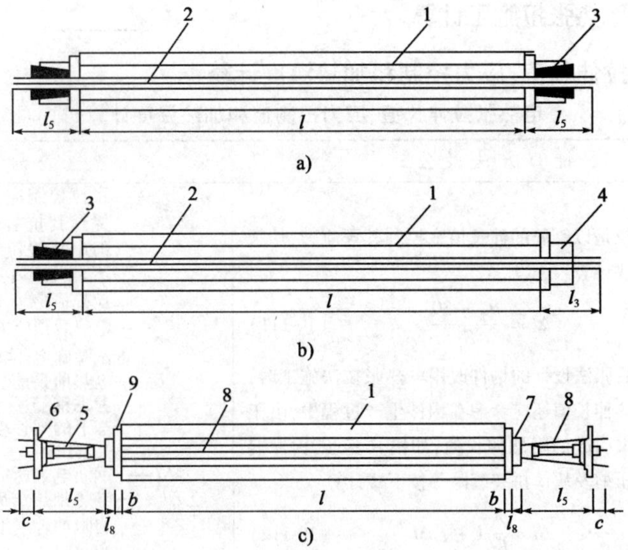

图 10-9　预应力钢筋或钢绞线束和钢丝束下料长度计算简图

a）预应力钢筋束或钢绞线束两端张拉时；b）预应力钢筋束或钢绞线束一端张拉时；c）预应力钢丝束下料长度

1-孔道；2-钢筋束；3-JM12 型锚具；4-帮条锚具；5-双作用千斤顶；6-千斤顶卡环；7-锥形锚具；8-钢丝束；9-垫板

2.6　斜拉索下料长度的计算

斜拉索下料长度的计算　　表 10-39

<table>
<tr><th>锚具形式</th><th>图式、计算方法及公式</th><th>符 号 意 义</th></tr>
<tr><td>冷铸锚</td><td>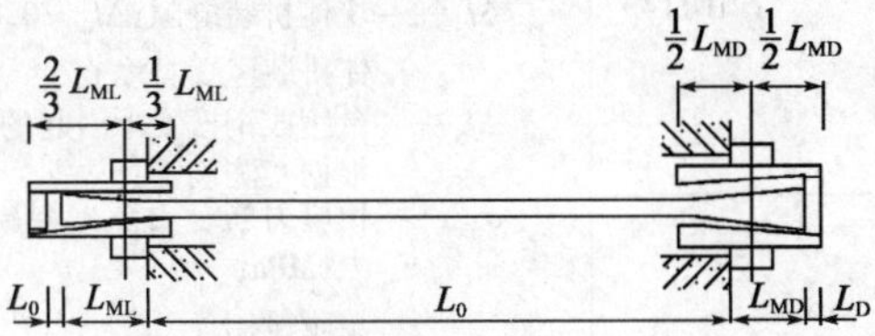
钢丝下料长度计算
斜拉索在设计温度时，无应力下料长度可用下式计算：
$$L = L_0 - \Delta L_e + \Delta L_f + \Delta L_{ML} + \Delta L_{MD} + 2L_D + 3d \quad (10\text{-}109)$$</td><td rowspan="2">L——钢丝下料长度；
L_0——每根拉索的长度基数，是该拉索上、下两个索孔出口处在拉索张拉完成后锚固面的空间距离；
ΔL_e——初拉力作用下拉索弹性伸长修正值，
$$\Delta L_e = L_0 \frac{\sigma}{E}$$
ΔL_f——初拉力作用下拉索垂度修正值，
$$\Delta L_f = \frac{m^2 L_x^2 L_0}{24T^2}$$
ΔL_{ML}——张拉端锚具位置修正值，如左图所示，最终位置可设定螺母定位于锚杯的前 1/3 处；
ΔL_{MD}——锚固端锚具位置修正值，如左图所示，可设定螺母定位于锚杯的 1/2 处；
L_D——锚固板厚度；
$3d$——拉索两端所需的钢丝镦头长度，d 为钢丝直径；
ΔL_s——张拉千斤顶工作所需的拉索操作长度；
σ——拉索设计应力；
E——拉索弹性模量；
T——拉索设计拉力；
L_x——L_0 的水平投影；
m——拉索每单位长度的质量</td></tr>
<tr><td>夹片群锚</td><td>此时下料长度不计入墩头长度，但应加上满足张拉千斤顶工作所需的拉索操作长度 ΔL_s：
$$L = L_0 - \Delta L_e + \Delta L_f + \Delta L_{ML} + \Delta L_{MD} + 2L_D + \Delta L_s \quad (10\text{-}110)$$</td></tr>
</table>

2.7 预应力筋电热张拉施工计算

2.7.1 电热张拉伸长值、应力控制和加热温度计算

电热张拉伸长值、应力控制值和加热温度计算 表 10-40

<table>
<tr><th>项 目</th><th>计算方法及公式</th><th>符号意义</th></tr>
<tr><td>张拉伸长值</td><td>电热张拉是以钢筋的伸长值来控制其预应力，伸长值可按下式计算：
$$\Delta l=\frac{\sigma_k+30}{E_g}L \quad (10\text{-}111)$$
当机械后张法设计的构件改用电热张拉法施工时，钢筋的电热伸长值还应考虑在构件生产过程中，由于预应力损失引起的附加伸长值，如模具变形、构件混凝土弹性压缩及块体拼装缝隙等按下式计算：
$$\Delta l=\frac{\sigma_k}{E_p}L+\sum\Delta l_i \quad (10\text{-}112)$$</td><td rowspan="3">σ_k——张拉控制应力值，对后张法构件，为提高其抗裂度，可适当提高 σ_k 值，但电热张拉完毕时钢筋的预应力值不得大于后张法规定的数值；电热张拉控制应力一般取 $\sigma_k=0.8R_y^b$；
E_p——电热后预应力筋的弹性模量，MPa，经试验确定，或取用 2.0×10^5；
L——电热前钢筋总长度，mm；
30——考虑钢筋不直以及在高温和应力状态下的塑性变形所产生的预应力损失，MPa；
Δl——钢筋电热所需的伸长值，mm；
$\sum\Delta l_i$——电热张拉法施工中预应力损失引起的附加伸长值，$\sum\Delta l_i=\Delta l_1+\Delta l_2+\Delta l_3+\Delta l_4+\Delta l_5$；
Δl_1——模具变形引起的附加伸长值，对螺母缝隙，每块垫板缝隙、帮条锚具、光圆钢筋镦头锚具，$\Delta l_1=1$mm，对带肋钢筋镦头锚具，$\Delta l_1=2$mm；
Δl_2——钢筋不直和热塑性变形引起的附加伸长值，其值为：
$\Delta l_2=0.00015L$ 或按 $\frac{30}{E_p}\cdot L$ 取用；
Δl_3——混凝土弹性压缩引起的附加伸长值；
$$\Delta l_3=\frac{\sigma_{pc}}{E_h}\cdot L$$
Δl_4——块体拼装缝隙，$\Delta l_4=0.05\sum\delta$（$\delta$ 为块体拼装竖缝宽度）；
Δl_5——台座或钢模变形引起的附加伸长值，根据实测确定；
σ_{pc}——预应力筋合力点处混凝土的预压应力，MPa；
先张法构件：$\sigma_{pc}=\frac{N_{p0}}{A_0}\pm\frac{N_{p0}\cdot e_0}{I_0}y_0$
后张法构件：$\sigma_{pc}=\frac{N_p}{A_j}\pm\frac{N_p\cdot e_j}{I_j}y_j$
N_{p0}、N_p——预应力筋的合力，N，$N_{p0}(N_p)=\sigma_k A_y$；
A_y——预应力筋的截面面积，mm^2；
A_0、A_j——换算截面面积及净截面面积（扣除预应力筋和孔道面积），mm^2；
I_0、I_j——换算截面惯性矩及净截面惯性矩，mm^4；
e_0、e_j——换算截面形心及净截面形心至预应力筋合力点的距离，mm；
y_0、y_j——换算截面重心及净截面重心至所计算纤维处的距离，mm；
E_h——混凝土弹性模量，MPa；
σ_{pf}——校核时钢筋应建立的预应力值；
σ_{s4}——钢筋的应力松弛损失；
T——钢筋加热所需增高的温度，℃；
Δl——钢筋的设计计算伸长值，mm；
α——钢筋的线膨胀系数，取 1.2×10^{-5}；
L——钢筋的总长度，mm；
T'——电张后钢筋温度，℃；
T_0——电张前钢筋温度，℃</td></tr>
<tr><td>应力控制值</td><td>为保证应力控制的正确性，成批生产前应用拉杆式千斤顶或用压力传感器校核 3 榀构件的预应力筋的实际应力，校核后如超过 +10% 或 −5% 时，应调整总伸长值，至符合规定为止。校核的应力值可近似地用下式计算：
$$\sigma_{pf}=\sigma_k-\sigma_{s4} \quad (10\text{-}113)$$
$$\sigma_{s4}=5\%\sigma_k \quad (10\text{-}114)$$</td></tr>
<tr><td>电热温度</td><td>电热时钢筋伸长值达到设计要求时所需增高的温度按下式计算：
$$T=\frac{\Delta l}{\alpha L} \quad (10\text{-}115)$$
$$T'=T+T_0\begin{cases}\leqslant 250℃ & (\text{II 级钢})\\ \leqslant 300℃ & (\text{III 级钢})\\ \leqslant 400℃ & (\text{IV 级钢})\end{cases} \quad (10\text{-}116)$$</td></tr>
</table>

例 10-13　已知 18m 预应力折线桁架，下弦截面为 160mm×220mm，混凝土强度为 C30，预留孔道长 17.8m，预应力筋采用冷拉 20Mn 钢筋 2ϕ28，预应力筋全长 17.4m，采用电热法张拉，一端用螺丝端杆锚具，另一端用帮条锚具，试计算钢筋电热伸长值和钢筋电热温度。

解　1. 钢筋电热伸长值计算

按公式，伸长值由基本伸长值和附加伸长值两部分组成。

附加伸长值 $\sum \Delta l_i$ 有：

锚具变形：　$\Delta l_1 = 1 + 1 = 2\text{mm}$

钢筋不直和热塑性变形：

$$\Delta l_2 = \frac{30 \times 17400}{2 \times 10^5} = 2.6\text{mm}$$

弹性压缩 Δl_3：

因　$A_y = 2 \times 615.8 = 1231.6\text{mm}^2$　　$A_j = 160 \times 220 - 2 \times \frac{\pi \times 48^2}{4} = 31581\text{mm}^2$

$$\sigma_k = 0.80 R_y^b = 0.80 \times 430 = 344\text{MPa} \qquad e_0 = 0$$

所以
$$\sigma_{pc} = \frac{\sigma_k A_y}{A_j} = \frac{344 \times 1231.6}{31581} = 13.42\text{MPa}$$

故
$$\Delta l_3 = \frac{\sigma_{pc}}{E_h \cdot L} = \frac{13.42 \times 17800}{3 \times 10^4} = 7.96\text{mm}$$

$$\sum \Delta l_i = \Delta l_1 + \Delta l_2 + \Delta l_3 = 2 + 2.6 + 7.96 = 12.56\text{mm}$$

总伸长值：
$$\Delta l = \frac{\sigma_k}{E_p} L + \sum \Delta l_i = \frac{365.5 \times 17400}{2 \times 10^5} + 12.56 = 44.36\text{mm}$$

2. 计算校核应力及校核张拉力

钢筋应力松弛损失为

$$\sigma_{s4} = 5\% \sigma_k = 0.05 \times 365.5 = 18.28\text{MPa}$$

$$\sigma_{pf} = (\sigma_k - \sigma_{s4}) A_y = (365.5 - 18.28) \times 615.8 = 213818\text{N}（1 根钢筋的张拉力）$$

用 YL60 型拉伸机校核，活塞面积 $A_n = 16260\text{mm}^2$，故油压表读数 p 值为：

$$p = \frac{\sigma_{pf}}{A_j} = \frac{213818}{16260} = 13.15\text{MPa}$$

3. 钢筋电热温度计算

设 $T_0 = 20℃$，$\alpha = 1.2 \times 10^{-5}$，则有：

$$T = \frac{\Delta L}{\alpha L} = \frac{44.86}{1.2 \times 10^{-5} \times 17400} = 214.8℃$$

$$T' = T + T_0 = 214.8 + 20 = 234.8℃ < 300℃ \quad （可满足条件）$$

2.7.2 电热张拉设备、导线选用计算

电热张拉设备、导线选用计算　　表 10-41

项　目	计算方法及公式	符号意义
变压器的选择	根据电能转化为热能的原理，并考虑电热张拉工艺特点，变压器的性能和钢筋的规格、长度等，电热用变压器所需功率可按以下近似式计算： $$P=\frac{G\cdot c\cdot T'}{380t} \quad (10\text{-}117)$$ P 值尚应考虑铁耗和铜耗，一般再乘以 1.08～1.15 的系数，此外尚应考虑电热设备的功率因数 $\cos\phi$。 电热设备可选用低压变压器或弧焊机，要求一次电压为 220～380V；二次电压为 30～65V；电压降保持 2～3V/m；二次电流对冷拉 II～III 级钢筋不宜小于 $150A/cm^2$	P——变压器的功率，kW； G——同时电热钢筋的质量，kg； c——钢筋的热容量，取 0.11； T'——钢筋所需加热温度，℃，即电张后钢筋温度，计算见表 10-39； t——钢筋通电加热时间，h； $\cos\phi$——功率因数，一般变压器约取 0.9；弧焊机约取 0.4
导线的选用	一次导线(电源到变压器的线路)用普通绝缘硬铜线或铝线；二次导线(变压器到预应力筋的线路)宜用绝缘软铜线。导线愈短愈好，一般不超过 30m。导线的截面积由二次电流的大小确定，铜线的控制电流密度不超过 $5A/mm^2$；铝线不超过 $3A/mm^2$，以确保导线温度限制在 50℃以下	

第11章　地基基础与下部结构施工计算

1　地基土的物理性质指标计算

1.1　地基土的物理性质指标

土的基本物理性质指标　　　　表11-1

指标名称	符号	单位	物理意义	表达式
密　度	ρ	t/m^3	单位体积土的质量，又称质量密度	$\rho=\frac{m}{V}$　(11-1)
重 度	γ	kN/m^3	单位体积土所受的重力，又称重力密度	$\gamma=\frac{W}{V}$　或　$\gamma=\rho g$　(11-2)
相对密度	d_s		土粒单位体积的质量与4℃时的蒸馏水的密度之比	$d_s=\frac{m_s}{V_s\rho_w}$　(11-3)
干密度	ρ_d	t/m^2	土的单位体积颗粒的质量	$\rho_d=\frac{m_s}{V}$　(11-4)
干重度	γ_d	kN/m^3	土的单位体积颗粒的重力	$\gamma_d=\frac{W_s}{V}$　或　$\rho_d g$　(11-5)
含水率	w	%	土中水的质量与颗粒质量之比	$w=\frac{m_w}{m_s}\times 100$　(11-6)
饱和密度	ρ_{sat}	t/m^3	土中孔隙完全被水充满时土的密度	$\rho_{sat}=\frac{m_s+V_v\cdot\rho_w}{V}$　(11-7)
饱和重度	γ_{sat}	kN/m^3	土中孔隙完全被水充满时土的重度	$\gamma_{sat}=\rho_{sat}g$　(11-8)
有效重度	γ'	kN/m^3	在地下水位以下，土体受到水的浮力作用时的重度，又称浮重度	$\gamma'=\gamma_{sat}-\gamma_w$　(11-9)
孔隙比	e		土中孔隙体积与土粒体积之比	$e=\frac{V_v}{V_s}$　(11-10)
孔隙率	n	%	土中孔隙体积与土的体积之比	$n=\frac{V_v}{V}\times 100$　(11-11)
饱和度	S_r		土中水的体积与孔隙体积之比	$S_r=\frac{V_w}{V_v}$　(11-12)
表中符号意义	m——土的总质量，$m=m_s+m_w$； m_s——土的固体颗粒质量； m_w——土中水的质量； m_a——土中气体的质量，$m_a\approx 0$； V——土的总体积，$V=V_s+V_w+V_a$； V_s——土中固体颗粒的体积； V_w——土中水所占的体积； V_a——土中空气所占的体积； V_v——土中空隙体积 $V=V_a+V_w$； W——土的总重力(量)； W_s——土的固体颗粒的重力(量)； W_w——土中水的重力(量)； ρ_w——蒸馏水的密度，一般 $\rho_w=1t/m^3$； γ_w——水的重度，近似取 $\gamma_w=10kN/m^3$； g——重力加速度，取 $g=10m/s^2$			

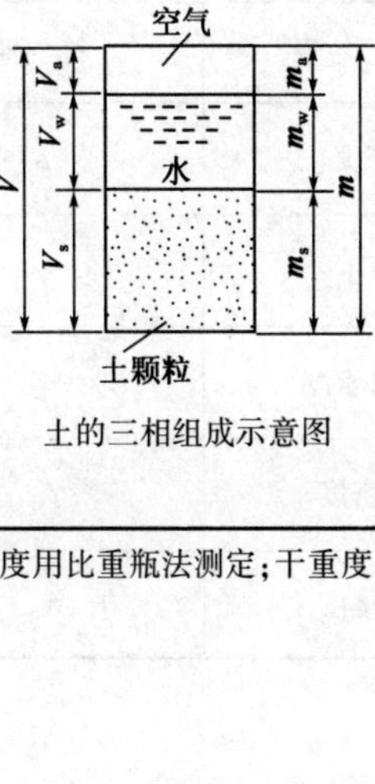

土的三相组成示意图

注：①密度一般用环刀法测定；重度、干密度由试验方法测定后计算求得；相对密度用比重瓶法测定；干重度由试验方法直接测定；含水率用烘干法测定；

②饱和密度、饱和重度、有效重度、孔隙比、饱和度等均由计算求得。

例 11-1 某工程地基经试验测定,原状土样的体积 $V=70cm^3$,土的质量 $m=0.126kg$,土的固体颗粒的质量 $m_s=0.1043kg$,土的相对密度 $d_s=2.68$,试求土样的密度、重度、干密度、干重度、含水率、孔隙比、饱和重度及有效重度。

解 土的密度为

$$\rho = \frac{m}{V} = \frac{0.126}{70} = 0.0018kg/cm^3 = 1.8t/m^3$$

土的重度为:

$$\gamma = \rho g = 1.8 \times 10 = 18kN/m^3$$

土的干密度为:

$$\rho_d = \frac{m_s}{V} = \frac{0.1043}{70} = 0.00149kg/cm^3 = 1.49t/m^3$$

土的干重度为:

$$\gamma_d = \rho_d g = 1.49 \times 10 = 14.9kN/m^3$$

土的含水率为:

$$w = \frac{m - m_s}{m_s} = \frac{0.126 - 0.1043}{0.1043} = 0.2081 = 20.81\%$$

土的孔隙比为:

$$e = \frac{V_v}{V_s} = \frac{d_s\rho_w}{\rho_d} - 1 = \frac{2.68 \times 1}{1.49} - 1 = 0.8$$

土的饱和重度为:

$$\gamma_{sat} = \rho_{sat} \cdot g = \frac{m_s + V_v\rho_w}{V} \cdot g = \frac{m_s + eV_s\rho_w}{V} \cdot g = \frac{m_s + e\dfrac{m_s}{d_s}}{V} \cdot g$$

$$= \frac{0.1043 + 0.8 \times \dfrac{0.1043}{2.68}}{70} \times 10 = 0.01934kg/cm^3 = 19.34kN/m^3$$

土的有效重度为

$$\gamma' = \gamma_{sat} - \gamma_w = 19.34 - 10 = 9.34kN/m^3$$

1.2 土的基本物理性质指标换算

土的基本物理性质指标换算　表 11-2

指标名称	符号	基本表达式	常用换算系数
密度	ρ	$\rho = \frac{m}{V}$	$\rho = \rho_d(1+w)$;$\rho = \frac{d_s + S_r e}{1+e}\rho_w$
重度	γ	$\gamma = \rho \cdot g$	$\gamma = \frac{W}{V}$;$\gamma = \frac{d_s(1+0.01w)}{1+e}$
相对密度	d_s	$d_s = \frac{m_s}{V_s \cdot \rho_w}$	$d_s = \frac{S_r e}{w}$;$d_s = \frac{m_s}{V_s\rho_w}$
干密度	ρ_d	$\rho_d = \frac{m_s}{V}$	$\rho_d = \frac{\rho}{1+w}$;$\rho_d = \frac{d_s}{1+e}$
干重度	γ_d	$\gamma_d = \frac{W_s}{V}$	$\gamma_d = \frac{1}{1+w}\gamma$;$\gamma_d = \frac{d_s}{1+e}$

续上表

指标名称	符号	基本表达式	常用换算系数
含水率	ω	$w=\frac{m_w}{m_s}\times100$	$\omega=\frac{S_r e}{d_s}\times100$;$w=\left(\frac{\gamma}{r_d}-1\right)\times100$
饱和密度	ρ_{sat}	$\rho_{sat}=\frac{m_s+V_v\rho_w}{V}$	$\rho_{sat}=\rho_d+\frac{e}{1+e}$;$\rho_{sat}=\frac{d_s+e}{1+e}\rho_w$
饱和重度	γ_{sat}	$\gamma_{sat}=\rho_{sat}\cdot g$	$\gamma_{sat}=\frac{W_s+V_v\gamma_w}{V}$;$\gamma_{sat}=\frac{d_s+e}{1+e}\cdot\gamma_w$
有效重度（浮重度）	γ'	$\gamma'=\gamma_{sat}-\gamma_w$	$\gamma'=\frac{(d_s-1)\gamma_w}{1+e}$;$\gamma'=\frac{m_s-V_s\rho_w}{V}\cdot g$
孔隙比	e	$e=\frac{V_v}{V_s}$	$e=\frac{d_s\rho_w}{\rho_d}-1$;$e=\frac{n}{1-n}$
孔隙率（孔隙度）	n	$n=\frac{V_v}{V}\times100$	$n=\frac{e}{1+e}\times100$;$n=\left(1-\frac{\gamma_d}{d_s\gamma_w}\right)\times100$
饱和度	S_r	$S_r=\frac{V_w}{V_v}$	$S_r=\frac{wd_s}{e}$;$S_r=\frac{w\rho_\alpha}{n}$;$S_r=\frac{w(\rho_s/\rho_w)}{e}$

注：①符号意义同表11-1；

②天然状态下土的密度ρ一般为1.0～2.0t/m^3；土的重度γ一般为16～20kN/m^3；一般黏性土的相对密度d_s为2.7～2.75，砂土的相对密度d_s为2.65～2.69；一般土的干密度ρ_d为1.3～1.8t/m^3；一般土的干重度为18kN/m^3；

③一般土的含水率w为20%～60%；饱和密度ρ_{sat}为1.8～2.3t/m^3；饱和重度r_{sat}为18～23kN/m^3；有效重度γ'为8～13kN/m^3；

④孔隙比e：一般黏性土为0.3～0.9，砂土为0.3～0.9；孔隙率n：一般黏土为30%～60%，砂土为25%～45%；饱和度S_r：对一般土为0～1.0，孔隙全部为水所充填，即$S_r=1$的土称饱和土；$S_r=0.8$的土可认为是饱和的。

例 11-2 某回填土，夯实后的密度$\rho=1.83\text{t/m}^3$，含水率$w=14.5\%$，设计要求夯实后的干密度$\rho_d=1.55\text{t/m}^3$，试问填土是否符合设计质量要求。

解 按表11-2公式得：

$$\rho_d=\frac{\rho}{1+w}=\frac{1.83}{1+0.145}=1.59\text{t/m}^3$$

夯实后的ρ_d大于要求的干密度1.55t/m^3，故符合设计质量要求。

例 11-3 某基坑钻探取得原状土样，经实测得土的天然密度$\rho=1.68\text{t/m}^3$，含水率$w=13.0\%$，土颗粒的相对密度$d_s=2.68$。试求土的孔隙比e和饱和度S_r。

解 按表11-2公式算出孔隙比为：

$$e=\frac{d_s\rho_w(1+w)}{\rho}-1=\frac{2.68\times1\times(1+0.13)}{1.68}-1=0.802$$

按表11-2公式算出饱和度为：

$$S_r=\frac{wd_s}{e}=\frac{0.13\times2.68}{0.802}=0.434=43.4\%$$

1.3 黏性土可塑性指标计算

黏性土的可塑性指标　　表 11-3

指标名称	符号	单位	物理意义	表达式
塑限	w_p	%	土由可塑性状态过渡到半固体状态的界限含水率	
液限	w_L	%	土由可塑性状态过渡到流动状态的界限含水率	
塑性指数	I_p		液限与塑限之差	$I_p = w_L - w_p$　(11-13)
液性指数	I_L		土的天然含水率与塑限之差对塑性指数之比	$I_L = \frac{w - w_p}{I_p}$　(11-14)
含水率	α_w		土的天然含水率与液限之比值	$\alpha_w = \frac{w}{w_L}$　(11-15)

注:①塑限现场简易测定方法:在土中逐渐加水,至能用手在毛玻璃上搓成土条,当土条到直径 3mm 时,恰好断裂,此时土条的含水率,即为塑限;

②塑限一般用搓条法通过试验测定;液限一般用锥式液限仪通过试验测定;塑性指数由计算求得,是进行黏土分类的重要指标;液性指数由计算求得,是判别黏性土软硬程度的重要指标;含水率由计算求得,也是判别黏性土坚硬状态的重要指标。

黏性土按塑性指数 I_p 分类　　表 11-4

黏性土的分类名称	黏　土	粉质黏土
塑性指数 I_p	$I_p > 17$	$10 < I_p \leqslant 17$

注:①塑性指数由相应于 76g 圆锥体沉入土样中深度为 10mm 的测定的液限计算而得;

②$I_p < 10$ 的土称粉土(少黏性土)。粉土又分黏质粉土(粉粒 > 0.05mm 的不到 50%,$I_p < 10$)和砂质粉土(粉粒 > 0.05mm 的占 50% 以上,$I_P < 10$)。

黏性土的状态按液性指数 I_L 分类　　表 11-5

塑性状态	坚硬	硬塑	可塑	软塑	流塑
液性指数 I_L	$I_L \leqslant 0$	$0 < I_L \leqslant 0.25$	$0.25 < I_L \leqslant 0.75$	$0.75 < I_L \leqslant 1$	$I_L > 1$

例 11-4　某基坑取土样,经试验测定天然含水率 $w = 20.5\%$;塑限 $w_p = 19.5\%$;液限 $w_L = 27.5\%$,试确定土样的名称及所处的物理状态。

解　按表 11-3 公式算出:

土样的可塑性指数:　$I_p = w_L - w_p = 27.5 - 19.5 = 8$

由表 11-4 可知,该土样为粉土。

再按表 11-3 公式算出土样的液性指数:

$$I_L = \frac{w - w_p}{I_P} = \frac{20.5 - 19.5}{8} = 0.125$$

由表 11-5 可知,该土样为硬塑状态。

1.4 土的压缩系数计算

土的压缩系数计算　　表 11-6

计算方法	符号意义
土的压缩性通常用压缩系数表示,其值由原状土的压缩试验确定。压缩系数按下式计算: $$a = 1000 \times \frac{e_1 - e_2}{p_1 - p_2} \quad (11\text{-}16)$$ 评价地基压缩性时,按 p_1 为 100kPa,p_2 为 200kPa 时,相应的压缩系数值 a_{1-2} 划分压缩性等级,并按表 11-7 的规定进行	a——土的压缩系数,MPa^{-1}; p_1、p_2——固结压力,kPa; e_1、e_2——相对于 p_1、p_2 的孔隙比; 1000——单位换算系数

地基土按 a 值划分压缩性等级的规定　　表 11-7

压缩系数 a (MPa^{-1})	$a_{1-2}<0.1$	$0.1 \leqslant a_{1-2}<0.5$	$a_{1-2} \geqslant 0.5$
压缩性等级	低压缩性	中压缩性	高压缩性

1.5 土的压缩模量计算

土的压缩模量计算　　表 11-8

计算方法及公式	符号意义
工程上也常用室内试验求压缩模量,作为土的压缩系数指标,按下式计算: $$E_s = \frac{1 + e_0}{a} \quad (11\text{-}17)$$ 用压缩模量划分压缩性等级和评价土的压缩性,可按表 11-9 的规定	E_s——土的压缩模量,MPa; e_0——土的天然(自重压力下)孔隙比; a——从土的自重应力至自重附加应力的压缩系数,MPa^{-1}

地基土按 E_s 值划分压缩性等级的规定　　表 11-9

室内压缩模量 E_s(MPa)	压缩等级	室内压缩模量 E_s(MPa)	压缩等级
<2	特高压缩性	7.6~11	中压缩性
2~4	高压缩性	11.1~15	中低压缩性
4.1~7.5	中高压缩性	>15	低压缩性

1.6 土的变形模量计算

土的变形模量计算 表 11-10

<table>
<tr><th>项　目</th><th>计算方法及公式</th><th>符号意义</th></tr>
<tr><td>土的变形模量</td><td>土的变形模量系通过野外荷载试验，得出荷载板底面应力与沉降量 p-s 的曲线，选取一直线利用弹性力学公式可反算地基土的变形模量，其计算公式为：
$$E_0 = w(1-v^2)\frac{p_{cr}b}{s}\times 10^{-3} \quad (11\text{-}18)$$
地基土的变形模量 E_0 与压缩模量 E_s 的参考值见表 11-12。
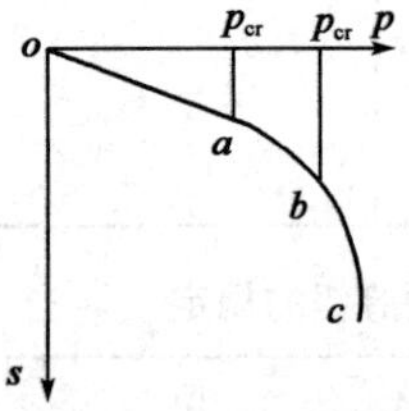

荷载板下应力 p 与沉降量 s 的关系曲线</td><td rowspan="2">E_0——地基土的变形模量，MPa；
w——沉降量系数，刚性正方形板荷载板 $w=0.88$；刚性圆形荷载板 $w=0.79$；
v——地基土的泊松比，为有侧涨竖向压缩时土的侧向应变与竖向压缩应变的比值，可按表 11-11 采用；
p_{cr}——p-s 曲线直线终点所对应的应力，MPa；
s——与直线段终点所对应的沉降量，mm；
b——承压板宽度或直径，mm；
E_s——土的压缩模量，MPa；
β——与土的泊松比有关的系数，可由表 11-11 查得</td></tr>
<tr><td>变形模量与压缩模量的关系</td><td>土的变形模量 E_o 与压缩模量 E_s 的关系可按弹性理论得出，则有：
$$E_0 = \beta E_s \quad (11\text{-}19)$$
$$E_s = \frac{E_0}{\beta} \quad (11\text{-}20)$$
其中 $$\beta = 1-\frac{2v^2}{1-v^2} \quad (11\text{-}21)$$</td></tr>
</table>

土的泊松比 v 与系数 β 参考值 表 11-11

项次	土的种类与状态		v 值	β 值
1	碎石土		0.15～0.20	0.95～0.90
2	砂　土		0.20～0.25	0.90～0.83
3	粉　土		0.25	0.83
4	粉质黏土	坚硬状态	0.25	0.83
		可塑状态	0.30	0.74
		软塑及流塑状态	0.35	0.62
5	黏　土	坚硬状态	0.25	0.83
		可塑状态	0.35	0.62
		软塑及流塑状态	0.42	0.39

土的变形模量 E_0(MPa)　　表 11-12

土的种类	E_0		土的种类	E_0	
砾石及卵石	65~54			密实的	中密的
碎 石	65~29		干的粉砂	16.0	12.5
砂 石	42~14		湿的粉砂	12.5	9.0
	密实的	中密的	饱和的粉土	9.0	5.0
粗砂、砾砂	48.0	36.0		坚硬	塑性状态
中 砂	42.0	31.0	粉 土	59~16	16~4
干的细砂	36.0	25.0	粉质黏土	39~16	16~4
湿的及饱和的细砂	31.0	19.0	淤 泥	3	
干的粉砂	21.0	17.5	泥 炭	2~4	
湿的粉砂	17.5	14.0	处于流动状态的黏性土、粉土	3	
饱和的粉砂	14.0	9.0			

例 11-5　某工程地基基坑通过野外荷载试验,已知 $b=707\text{mm}$,$p_{cr}=300\text{kPa}$,$s=6\text{mm}$,地基为坚硬状态粉质黏土,$v=0.25$,$\beta=0.83$。试求土的变形模量和压缩模量。

解　土的变形模量按公式(11-18)得:

$$E_0 = 0.88(1-0.25^2)\frac{300\times 707}{6}\times 10^{-3} = 29.16\text{MPa}$$

土的压缩模量按公式(11-20)得:

$$E_s = \frac{29.16}{0.83} = 35.15\text{MPa}$$

2　地基与基础的计算

2.1　地基承载力的确定

2.1.1　地基承载力的确定

根据《公路桥涵地基与基础设计规范》(JTJ 024—85),当基础宽度 $b\leqslant 2\text{m}$,埋置深度 $h\leqslant 3\text{m}$ 时,地基承载力按照下列表取值。

老黏性土的容许承载力$[\sigma_0]$　　表 11-13

E_s(MPa)	10	15	20	25	30	35	40
$[\sigma_0]$(kPa)	380	430	470	510	550	580	620

注:①老黏性土是指第四纪晚更新世(Q_3)及其以前沉积的黏性土,一般具有较高的强度和较低的压缩性;

②$E_s = \dfrac{1+e_1}{a_{1-2}}$

式中:e_1——压力为 0.1MPa 时,土样的孔隙比;

a_{1-2}——对应于 0.1~0.2MPa 压力段的压缩系数(1/MPa);

E_s——压缩模量。当老黏土 $E_s<10\text{MPa}$ 时,容许承载力$[\sigma_0]$按一般黏性土确定。

一般黏性土的容许承载力[σ_0](kPa) 表 11-14

e \ I_L	0	0.1	0.2	0.3	0.4	0.5	0.6	0.7	0.8	0.9	1.0	1.1	1.2
0.5	450	440	430	420	400	380	350	310	270	240	220	—	—
0.6	420	410	400	380	360	340	310	280	250	220	200	180	—
0.7	400	370	350	330	310	290	270	240	220	190	170	160	150
0.8	380	330	300	280	260	240	230	210	180	160	150	140	130
0.9	320	280	260	240	220	210	190	180	160	140	130	120	100
1.0	250	230	220	210	190	170	160	150	140	120	110	—	—
1.1	—	—	160	150	140	130	120	110	100	90	—	—	—

注:①一般黏性土是指第四纪全新世(Q_4)(文化期以前)沉积的黏性土,一般为正常沉积的黏性土;

②土中含有粒径大于 2mm 的颗粒质量超过全部质量的 30% 以上的,[σ_0]可酌量提高;

③当 $e<0.5$ 时,取 $e=0.5$;$I_L<0$ 时,取 $I_L=0$。此外,超过表列范围的一般黏性土,[σ_0]可按下式计算:

$$[\sigma_0] = 57.22E_s^{0.57}$$

式中:E_s——土的压缩模量,MPa;

[σ_0]——一般黏性土的容许承载力,kPa。

④黏性土的状态按液性指数(即稠度系数)I_L 划分,见表 11-5。

新近沉积黏性土的容许承载力[σ_0](kPa) 表 11-15

e \ I_L	≤0.25	0.75	1.25
≤0.8	140	120	100
0.9	130	110	90
1.0	120	100	80
1.1	110	90	—

注:新近沉积的黏性土是指文化期以来沉积的黏性土,一般为次固结,且强度较低。

残积黏性土的容许承载力 表 11-16

E_s(MPa)	4	6	8	10	12	14	16	18	20
[σ_0](kPa)	190	220	250	270	290	310	320	330	340

注:本表适用于西南地区碳酸盐类岩层的残积红土,其他地区可参照。

砂土的容许承载力[σ_0](kPa) 表 11-17

土 名		密 实	中 密	松 散
砾砂、粗砂	与湿度无关	550	400	200
中砂	与湿度有关	450	350	150
细砂	水上	350	250	100
	水下	300	200	—
粉砂	水上	300	200	—
	水下	200	100	—

碎石土的容许承载力[σ_0](kPa) 表 11-18

密实程度 / 土名	密实	中密	松散
卵石	1200 ~ 1000	1000 ~ 600	500 ~ 300
碎石	1000 ~ 800	800 ~ 500	400 ~ 200
圆砾	800 ~ 600	600 ~ 400	300 ~ 200
角砾	700 ~ 500	500 ~ 300	300 ~ 200

注:①由硬质岩组成,填充砂土者取高值;由软质岩组成,填充黏性土者取低值;

②半胶结的碎石土,可按密实的同类土的[σ_0]值提高10% ~30%;

③松散的碎石土在天然河床中很少遇见,需特别注意鉴定;

④漂石、块石的[σ_0]值,可参照卵石、碎石适当提高。

岩石的容许承载力[σ_0](kPa) 表 11-19

破碎程度 / 岩石名称	碎石状	碎块状	大块状
硬质岩(R_a^j >30MPa)	1500 ~ 2000	2000 ~ 3000	>4000
软质岩(R_a^j =5 ~30MPa)	800 ~ 1200	1000 ~ 1500	1500 ~ 3000
极软岩(R_a^j <5MPa)	400 ~ 800	600 ~ 1000	800 ~ 1200

注:①表中 R_a^j 为岩石单轴抗压强度。表中数值视岩块强度、厚度、裂隙发育程度等因素适当选用。易软化的岩石及极软岩石受水浸泡时,宜用较低值;

②软值岩强度 R_a^j 高于30MPa 者仍按软质岩石计;

③岩石已风化成砾、砂、土状的(即风化残积物),可比照相应的土类确定其容许承载力,可比相应的土类适当提高。

新近堆积黄土的容许承载力[σ_0](kPa) 表 11-20

w/w_L	0.4	0.5	0.6	0.7	0.8	1.0	1.2
[σ_0]	130	120	110	100	90	80	70

注:①表列新近堆积黄土为湿陷性黄土地基时,经人工处理后,其承载力按下列系数提高;

②工夯实(用0.5kN 的普通石夯,落距50cm,分别夯三遍),提高1.2;

③换土夯实[表层换填卵石16cm,三七灰土(体积比三分石灰,七分土)4cm,电动蛙式打3 ~4 遍],提高1.3;

④重锤夯实(包括表层1 ~1.5m 厚度的夯实和回填夯实),提高2.0;

⑤打石灰砂桩(基础底面地基加固),提高4.0。

一般新黄土的容许承载力[σ_0](kPa) 表 11-21

w / w_L/e	≤10	13	16	19	22	25	28	31	34
22	190	180	170	150	130	110	90	70	50
25	200	190	180	160	140	120	100	80	60
28	210	200	190	170	150	130	110	90	70
31	230	210	200	180	160	140	120	100	80
34	250	230	210	190	170	150	130	110	100
37	—	250	230	210	190	170	150	130	110
40	—	—	250	230	210	190	170	150	130
43	—	—	—	250	230	210	190	170	150

老黄土的容许承载力[σ_0](kPa) 表 11-22

w/w_L \ e	<0.7	0.7~0.8	0.8~0.9	>0.9
<0.6	700	600	500	400
0.6~0.8	500	400	300	250
>0.8	400	300	250	200

注:山东的老黄土性质差,容许承载力[σ_0]应降低 100~200kPa。

多年冻土的容许承载力[σ_0](kPa) 表 11-23

序号	土 名	基础底面上的月平均最高土温(℃)				
		-0.5	-1.0	-1.5	-2.0	-3.5
1	块石、卵石、碎石	800	950	1100	1250	1650
2	圆砾、角砾、砾砂、粗砂、中砂	600	750	900	1050	1450
3	细砂、粉砂	450	550	650	750	1000
4	亚砂土	400	450	550	650	850
5	亚黏土、黏土	350	400	450	500	700
6	饱和冰冻土	250	300	350	400	550

注:①序号 1~5 为融沉土时,表列数值降低 20%;

②含土冰冻层的容许承载力[σ_0],应实测确定;

③基层置于强融沉的土层上时,基底应敷设厚度不小于 20~30cm 的砂垫层;

④表列数值不适于含盐量大于 0.5 的冻土。

黏土的容许承载力[σ_0](kPa) 表 11-24

原状土天然含水率 w (%)	36	40	45	50	55	65	75
[σ_0](kPa)	100	90	80	70	60	50	40

软土地基的容许承载力,必须同时满足稳定和变形的要求,根据《公路桥涵地基与基础设计规范》(JTJ 024—85)第 2.1.3 条规定,按照下列公式确定,但沉降量应符合规范的有关计算规定。

$$[\sigma] = \frac{5.14}{m}k_p C_u + \gamma_2 h \tag{11-22}$$

$$k_p = \left(1 + 0.2\frac{B}{L}\right)\left(1 - \frac{0.4}{BL}\frac{Q}{C_u}\right) \tag{11-23}$$

式中:[σ]——地基土的容许承载力,kPa;

m——安全系数,可视软土灵敏度及基础长度比等因素选用1.5~2.5;

C_u——不排水抗剪强度,kPa,可取三轴仪、十字板剪切仪或无侧限抗压试验测得;

γ_2——基底以上土的重度,kN/m³,地下水位以下为浮重;

h——基础埋置深度,m,当受水流冲刷时,由一般冲刷线算起;

B——基础宽度,m;

L——垂直于 B 边的基础长度,m;当有偏心荷载时,B 与 L 分别用 B' 与 L' 代替,即

$$B' = B - 2e_B \qquad L' = L - 2e_L$$

e_B、e_L 分别为荷载在基础宽度方向和长度方向的偏心距;

Q——荷载的水平分力,kN。

对于小桥和涵洞地基,也可由下式计算容许承载力:

$$[\sigma] = [\sigma_0] + \gamma_2(h - 3) \tag{11-24}$$

式中:$[\sigma_0]$——按照上面表内选用;

其余符号同前。

2.1.2 地基土容许承载力的修正计算

(1)地基土容许承载力修正计算公式

当基础宽度 $b \geqslant 2$m,埋置深度 $h \geqslant 3$m,且 $h/b \leqslant 4$ 时,地基的容许承载力按照下式计算:

$$[\sigma] = [\sigma_0] + k_1\gamma_1(b - 2) + k_2\gamma_2(h - 3) \tag{11-25}$$

式中:$[\sigma]$——地基土按照深度和宽度修正后的容许承载力,kPa;

$[\sigma_0]$——按照表11-13~表11-24查得的地基土的容许承载力kPa;

b——基础底面的最小边宽(或直径),当 $b < 2$m 时,取 $b > 2$m;当 $b > 10$m 时,按 $b = 10$m 计;

h——基础底面埋置深度,m,对于受水流冲刷的基础,由一般冲刷线算起,不受水流冲刷者,由天然地面算起;位于挖方内的基础,由开挖后地面算起;当 $h < 3$m 时,按 $h = 3$m 计;

k_1、k_2——地基土容许承载力随基础宽度和深度的修正系数,按持力层土决定,查表11-25确定;

γ_1——基底以下持力层的天然重度,如持力层在水面以下且为透水者,应采用浮重 γ_b,则

$$\gamma_b = \frac{1}{1 + e}(\gamma_0 - \gamma_w) \tag{11-26}$$

其中: e——土的天然空隙比;

γ_0——土的重度,一律采用27~28kN/m³;

γ_w——水的重度,采用10kN/m³;

γ_2——基底以下土的重度,kN/m³,或不同土层的换算重度(见下式);如持力层在水面以下,且为不透水者,不论基础以上土的透水性如何,应一律采用浮重,不同土层换算的平均重度按下式计算:

$$\gamma_2 = \frac{\Sigma\gamma_i h_i}{\Sigma h_i} \tag{11-27}$$

其中:γ_i——各层土的重度,kN/m³;

h_i——各层土的厚度,m。

(2)地基土容许承载力宽度及深度修正系数

地基土容许承载力宽度及深度修正系数 表 11-25

土的类别 \ 系数	黏性土					黄土		
	老黏土	一般黏性土		新近沉积黏性土	残积黏性土	新近堆积黄土	一般新黄土	老黄土
		$I_L \geqslant 0.5$	$I_L \leqslant 0.5$					
k_1	0	0	0	0	0	0	0	0
k_2	2.5	1.5	2.5	1.0	1.5	1.0	1.5	1.5

土的类别 \ 系数	砂土								碎石土			
	粉砂		细砂		中砂		砾砂 粗砂		碎石 圆砾 角砾		卵石	
	中密	密实	中密	密实	中密	密实	中密	密实	中密	密实	中密	密实
k_1	1.0	1.2	1.5	2.0	2.0	3.0	3.0	4.0	3.0	4.0	3.0	4.0
k_2	2.0	2.5	3.0	4.0	4.0	5.5	5.0	6.0	5.0	6.0	6.0	10.0

注：①对于稍松状态的砂土和松散状态的碎石土，k_1、k_2 值可采用表列中密值的 50%；

②节理不发育或较发育的岩石不作宽度及深度修正，节理发育或很发育的岩石，k_1、k_2 可参照碎石的系数。但已分化成砂、土状者，则参照砂土、黏土的系数；

③冻土的 $k_1=0$；$k_2=0$；

④本表修正系数只适用于基础埋置深度 $h/b \leqslant 4$ 的情况，否则，应另行考虑。

2.1.3 地基容许承载力的提高

根据《公路桥涵地基与基础设计规范》(JTJ 024—85)规定：

当墩台建在水中而基底土又为不透水层时，自平常水至一般冲刷线处，水深每米基底容许承载力$[\sigma]$可增加 10kPa。

地基土容许承载力$[\sigma]$可按下列系数予以提高。当受地震作用时，应按《公路工程抗震设计规范》规定采用。

地基土容许承载力$[\sigma]$的提高系数 表 11-26

序　号	荷载与使用情况	提高系数
1	荷载组合 I	$k=1.00$
2	荷载组合 II、III、IV、V	$k=1.26$
3	经多年压实未受破坏的旧桥基	$k=1.50$

注：①荷载组合 V 中，当承受拱施工期间的单向恒载推力时，$k=1.50$；

②各项系数提高不得相互叠加；

③岩石旧桥基的容许承载力不得提高；

④容许承载力小于 150kPa 的地基，对于表列第 2 项情况，$k=1.0$；对于第 3 项及注 1 情况，$k=1.25$；

⑤对于表中荷载组合 I，如果包括由混凝土收缩及徐变或水浮力引起的荷载效应，则与荷载组合 II 相同对待。

2.2 基础埋置深度

大、中桥基底最小埋深安全值　　表 11-27

冲刷总深度(m)		0	<3	≥3	≥8	≥15	≥20
安全值(m)	一般桥梁	1.0	1.5	2.0	2.5	3.0	3.5
	技术复杂困难的大桥和重要大桥	1.5	2.0	2.5	3.0	3.5	4.0

注:①冲刷总深度是指一般冲刷(不记水深)加局部冲刷深度,由河床面算起;

②表列数值为最小值,如水文资料不足,且河床为变迁性、游荡性等不稳定河段时,安全值应适当加大;

③建在抗冲刷能力强的岩石上的基础,不受表列数值限制。

桥涵明挖基础和沉井基础的基底埋置深度应符合下列规定(JTJ 024—85):

(1)当墩台基底设置在不冻胀土层中,基底埋深可不受冻深限制。

(2)当上部为静定结构的桥涵基础,其地基为冻胀性土时,均应将基底埋入冻胀线以下不小于0.25m。

(3)当墩台基础设置在季节性冻胀土层中时,基底的最小埋置深度可按下式确定:

$$h = Z_0 m_t - h_d \tag{11-28}$$

式中: h——基础最小埋置深度,m,对于弱冻胀土和冻胀土的基底埋深,也可根据标准冻深值 Z_0,从图 11-1 查得;

m_t——标准冻深修正系数,可取 1.15;

h_d——基底下容许残留冻土层厚度,m,当为弱冻胀土时,$h_d = 0.24Z_0 + 0.31$m;当为冻胀土时,$h_d = 0.22Z_0$;当为强冻胀土和特强冻胀土时,$h_d = 0$;

Z_0——标准冻深,m,可采用地表无积雪和草皮等覆盖条件下多年实测最大冻深的平均值;当无实测资料时,可参照标准冻深线图,结合实地调查确定,也可根据当地气象观测资料按下式估算:

$$Z_0 = 0.28\sqrt{\Sigma T + 7} - 0.5 \tag{11-29}$$

其中:ΣT——低于0℃的月平均气温的累计值(取连续十年以上的年平均值),以正号代入。

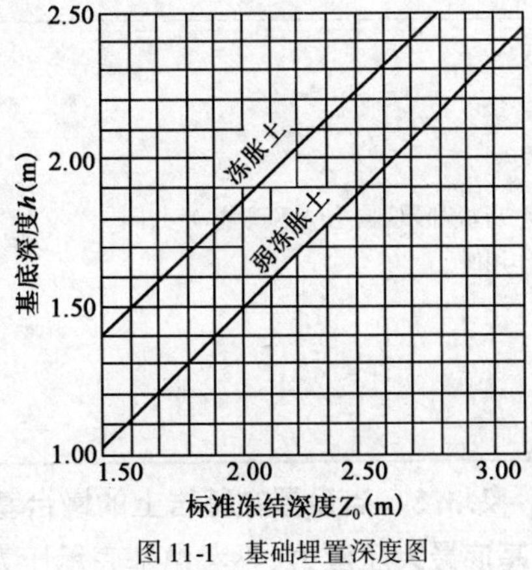

图 11-1　基础埋置深度图

(4)涵洞基础设置在季节性冻土地基上时,出入口和自两端洞口内各 2m 范围内涵身基底的埋置深度可按式(11-28)计算确定,涵洞中间部分基础埋深可根据地区施工经验确定。严寒地区，当涵洞中间部分基础的埋深与洞口埋深相差较大时，其连接处应设置过渡段。冻结较深地区，也可采用将基底至冻结线处地基土填为粗颗粒土的措施。

(5)小桥涵基础在无冲刷处，除岩石地基外，应在地面或河床底以下至少埋深1m；如有冲刷，基底埋深应在局部冲刷线以下不少于1m。

(6)小桥涵的基础底面，如河床上有铺砌层时，宜设置在铺砌层顶面以下1m。

(7)在有冲刷处，大、中桥基底埋置在局部冲刷线以下的安全值应按表11-27选用。

(8)设置在岩石上的一般桥梁墩台，如风化层较厚，河床冲刷又不太大，全部清除风化层有困难时，在保证安全的条件下，基础可考虑设置在风化层内，其埋置深度可根据风化程度、冲刷情况及其相应的承载力确定。

(9)墩台基础顶面不宜高于最低水位，如地面高于最低水位且不受冲刷时，则不宜高于地面。

2.3 基底应力计算

2.3.1 设计桥墩基础时，应考虑在修建和使用期间实际可能发生的各项作用力进行验算

当桥台台背的填土在5m以上时，应考虑台背填土对桥台基底或桩尖平面处的附加竖向应力。对软土地基，如相邻墩台的距离小于5m时，应考虑邻近墩台对软土地基所引起的附加应力。

对于桥台基础，当台背填土较高且地质不良时，并应验算桥台与路堤可能一起沿圆弧面滑动的稳定性。

基底应力计算公式 表11-28

荷载情况	验算公式	符号意义
当基础只承受中心荷载时	$\sigma_{\max}=\frac{N}{A}\leqslant[\sigma]$ (11-30)	N——作用于基底的合力的竖向分力； ΣM——作用于墩台的水平力和竖向力对基底重心轴的弯矩； A——基础底面面积； W——基础底面的截面抵抗矩； $[\sigma]$——地基修正后的容许承载力
当基础受竖向力N和弯矩M共同作用时	$\sigma_{\min}^{\max}=\frac{N}{A}\pm\frac{\Sigma M}{W}\leqslant[\sigma]$ (11-31)	

2.3.2 当设置在基岩上的墩台基底的合力偏心距 e_0 超出核心半径 ρ 时，仅按受压区计算基底最大压应力(不考虑基底承压力)

墩台基底为矩形截面的最大压应力 σ_{max} 计算　　表 11-29

计　算　式	基底应力重分布图	符 号 意 义
$\sigma_{max}=\dfrac{2N}{3da}$ $=\dfrac{2N}{3\left(\dfrac{b}{2}-e_0\right)}\leqslant[\sigma]$　(11-32)	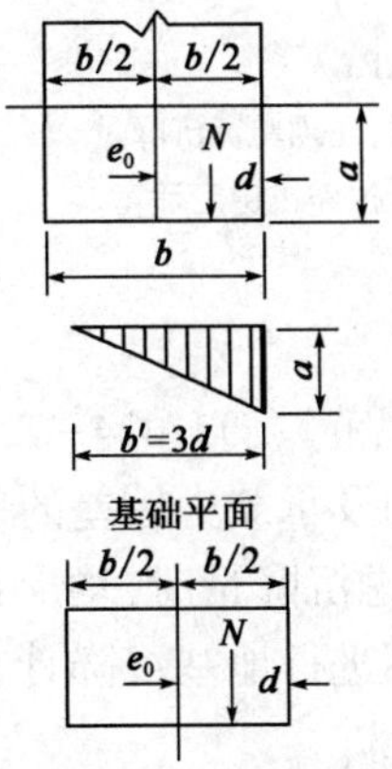	N——作用于基础底面合力的竖向分力； b——沿偏心方向基础底面的边长； a——垂直于边的基础底面的边长； d——N 力作用点至基底受压边缘的距离； $[\sigma]$——地基土修正后的容许承载力

2.3.3　桥涵墩台基础合力偏心距 e_0 的限制

桥涵墩台基础合力偏心距 e_0 的限制　　表 11-30

荷载情况	地基条件	合力偏心距	说　明
墩台仅受恒载作用时	非岩石地基	桥墩 $e_0\leqslant 0.1\rho$	对应拱桥桥墩台，起合力作用点应尽量保持在基底中线附近
		桥台 $e_0\leqslant 0.75\rho$	
墩台受荷载组合Ⅱ、Ⅲ、Ⅳ	非岩石地基	$e_0\geqslant\rho$	
	石质较差的岩石地基	$e_0\leqslant 1.2\rho$	
	紧密岩石地基	$e_0\leqslant 1.5\rho$	

注：①表中 ρ 为墩台基底截面核心半径，计算公式为：

$$\rho=\frac{W}{A}$$

式中：W——相应于应力较小基底边缘的截面抵抗矩；

A——基底截面面积。

②表中 e_0 为基底以上外力合力作用点对基底重心轴的偏心矩，计算公式为：

$$e_0=\frac{\Sigma M}{N}$$

式中：ΣM——作用于墩台的水平力和竖向力对基底重心的偏心矩；

N——作用在基底的合力的竖向分力。

③建筑在岩石地基上的单向推力墩，当满足强度和稳定性要求时，合力偏心矩不受限制。在基础底面下或基桩桩尖下有软土层时，应按下式验算软土层的承载力：

$$\sigma_{h+z}=\gamma_1(h+z)+\alpha(p-\gamma_2h)\leqslant[\sigma]_{h+z}$$

式中：h——基底或桩尖处的埋置深度，m。当基础受水流冲刷时，由一般冲刷线算起；当不受水流冲刷时，由天然地面算起；如位于挖方内，则由开挖后地面算起；

z——从基础底面或基桩桩尖处到软土层的距离，m；

γ_1——深度 $(h+z)$ 之间各土层的换算重度，kN/m^3；

γ_2——深度 h 范围内各层土的换算重度，kN/m^2；

α——土中附加荷载应力系数；

p——使用荷载产生的基底压应力,kPa,

当 $z/b>1$ 或 $z/d>1$ 时,p 采用基底平均应力;

当 $z/b\leq1$ 或 $z/d\leq1$ 时,p 按基底应力图形采用距最大压力点 $b/3\sim b/4$ 处的压力(b 为矩形基底的短边长度,d 为圆形基底的直径);

$[\sigma]_{h+z}$——软土层顶面土的容许承载力,kPa。

若下卧层为压缩性较大的厚层黏土时,还须验算沉降量。

当墩台、桩基础位于冻胀土时,应进行抗冻拔稳定计算。

2.4 基础沉降计算

根据《公路桥涵地基与基础设计规范》(JTJ 024—85)规定:对于外静定体系的桥梁,当其墩台建筑在地质情况复杂,土质不均匀及承载力较差的地基上,以及相邻跨径差别较悬殊而必须计算沉降差或跨线桥净高需预先考虑沉降量时,均应计算其沉降及位移。但在一般地质情况的地基上,对于跨径不大的桥梁可不进行地基沉降计算。对于外超静定体系的桥梁应考虑引起附加应力的基础不均匀沉降或位移。

墩台沉降限值(cm)　　表 11-31

序　　号	沉降区分	墩台沉降限值
1	墩台均匀总沉降值	$2.0\sqrt{L}$
2	相邻墩台均匀总沉降差值	$1.0\sqrt{L}$

注:①表列二项总沉降值,均不包括施工的沉降。

②L 为相邻墩台间最小跨径长度,m,跨径小于 25m 时,仍以 25m 计算墩台基础的总沉降量,可按结构重力及土重采用(单向)分层总和法计算:

$$S=m_s\sum_{i=1}^{n}\frac{\sigma_{zi}}{E_{si}}h_i$$

或

$$S=m_s\sum_{i=1}^{n}\frac{e_{1i}-e_{2i}}{1+e_{1i}}h_i$$

式中:S——地基总沉降量,cm;

σ_{zi}——第 i 层土顶面与底面附加应力的平均值,MPa;

h_i——第 i 层土的厚度,cm,土的分层厚度不大于基础宽度(短边或直径)的 0.4 倍;

E_{si}——第 i 层土的压缩模量,MPa,$E_{si}=\dfrac{1+e_{1i}}{\alpha_i}$;

其中 α_i 为第 i 层土受到平均自重应力 q_{zi} 和平均最终应力($q_{zi}+\sigma_{zi}$)时的压缩系数,其值为:

$$\alpha_i=\frac{e_{1i}-e_{2i}}{\sigma_{zi}}$$

e_{1i}、e_{2i}——分别为第 i 层土受到的平均自重应力(q_{zi})和平均最终应力($q_{zi}+\sigma_{zi}$)压缩稳定时的孔隙比;

n——地区压缩范围内所划分的土层数;

m_s——沉降计算经验系数,按地区建筑经验确定,如缺乏资料时,可参照 11-32 表选用。

沉降计算经验系数 m_s　　表 11-32

压缩模量(MPa)	1.0~4.0	4.0~7.0	7.0~15.0	15.0~20.0	>20.0
m_s	1.8~1.1	1.1~0.8	0.8~0.4	0.4~0.2	0.2

注:①E_s 为地基压缩范围内的压缩模量。当压缩层由多层组成时,E_s 可按厚度的全平均值采用。

②表中 E_s 与 m_s 给出的区间值,采用时对应取值。

地基压缩层的计算深度 Z_n 应符合下式要求:

$$\Delta'_{sn}\leq0.025\sum_{i=1}^{n}\Delta'_{si}\tag{11-33}$$

式中:Δ'_{sn}——在深度 Z_n 处,向上取计算层的压缩模量,cm。

Δ'_{si}——在深度 Z_n 范围内，第 i 层土的计算压缩模量，cm；

如已确定的计算深度下面有软土层时，尚应继续计算。

2.5 基础稳定性计算

按照《公路桥涵地基与基础设计规范》(JTJ 024—85)的规定，基础稳定性计算按照下列表中公式计算。

基础稳定性计算公式 表 11-33

项目	计算简图	计算公式	符号意义
挡土墙抗倾覆计算	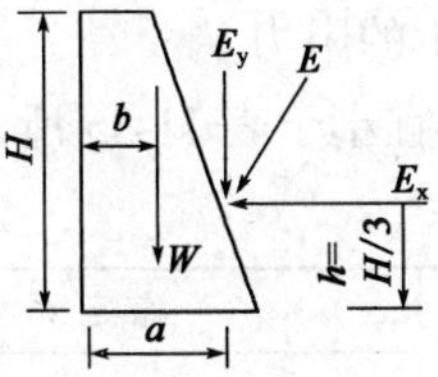	$k_0=\dfrac{Wb+E_y a}{E_x h}$ (11-34)	k_0——抗倾覆稳定系数； W——挡土墙的重力，kN/m^3； E_x——土压力的水平分力，kN/m^3； E_y——土压力的竖向分力，kN/m^3； h、a、b——分别为 E_x、E_y、W 对墙趾的力臂，m
桥涵墩台的抗倾覆计算	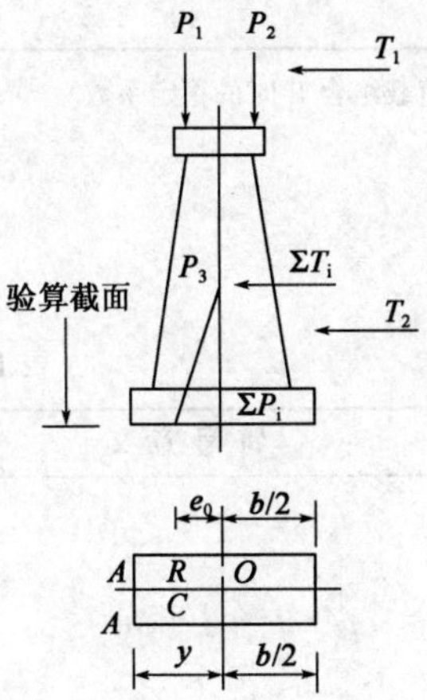	$k_0=\dfrac{y}{e_0}$ (11-35)	k_0——抗倾覆稳定系数； y——基底截面重心轴至截面最大受压边缘的距离； e_0——所有外力的合力 R 的竖向分力对基底重心轴的偏心距； 图示： O——截面重心； C——合力作用点； R——所用外力的合力； $\sum P_i$——各竖向力的总和； $\sum T_i$——各水平力的总和； P_1、P_2、P_3——各竖向力； T_1、T_2、T_3——各水平力； A—A——验算截面的最大受压边缘
桥涵墩台或挡土墙的抗滑动稳定	抗滑动稳定系数 k_c 按下式计算：	$k_c=\dfrac{\mu\Sigma P_i}{\Sigma T_i}$ (11-36)	$\sum P_i$——各竖向力的总和； $\sum T_i$——各水平力的总和； μ——基础底面与地基土之间的摩擦系数，当无实际资料时，可用参照表 11-34 采用

基底摩擦系数 表 11-34

地基土的分类	μ 值
软塑黏土	0.25
硬塑黏土	0.30
亚砂土、亚黏土、半干硬的黏土	0.30～0.40
砂类土	0.40
碎石类土	0.50
软质岩石	0.40～0.60
硬质岩石	0.60～0.70

当基础采用了抗滑动的措施后(基础底面做成阶梯、齿坎或设置防滑锚栓等措施),对滑动的验算,除考虑基底的摩阻力外,还应考虑由上述措施所产生的阻力。

验算墩台或挡土墙抗倾覆和滑动的稳定性时,稳定系数不宜小于表 11-35 所列数值。

抗倾覆和抗滑动的稳定系数 表 11-35

荷载情况	验算项目	稳定系数
荷载组合 I	抗倾覆	1.5
	抗滑动	1.3
荷载组合 II、III、IV	抗倾覆	1.3
	抗滑动	1.3
荷载组合 V	抗倾覆	1.2
	抗滑动	1.2

注:表中荷载组合 I 如是混凝土收缩、徐变和水的浮力引起的效应,则应用荷载组合 II 时的稳定系数。

2.6 基坑开挖支护计算

2.6.1 土体直立壁最大开挖高度的计算

土体直立壁开挖高度计算 表 11-36

计算方法及公式	符号意义
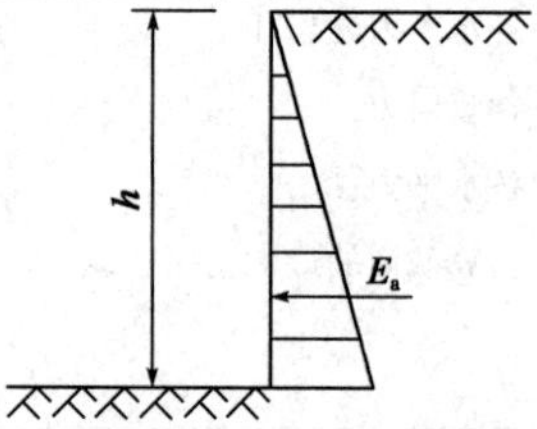 直立壁最大高度计算简图 土方开挖,当土质均匀,且地下水位低于基坑(槽)底面标高时,挖方边坡可以做成直立壁且不加支撑。对黏土垂直允许最大高度 h_{max} 可以按以下步骤计算: 令作用在坑壁上的土压力 $E_a=0$,即: $$E_a=\frac{\gamma h^2}{2}\tan^2\left(45°-\frac{\varphi}{2}\right)-2ch\times\tan\left(45°-\frac{\varphi}{2}\right)+\frac{2c^2}{\gamma}=0$$ 解之并令安全系数 K(一般用 1.25),则: $$h_{max}=\frac{2c}{K\gamma\tan\left(45°-\frac{\varphi}{2}\right)} \quad (11\text{-}37)$$ 当坑顶护道上有均布荷载 q(kN/m²)作用时,则: $$h_{max}=\frac{2c}{K\gamma\tan\left(45°-\frac{\varphi}{2}\right)}-\frac{q}{\gamma} \quad (11\text{-}38)$$	γ——坑壁土的重度,kN/m³; φ——坑壁土的内摩擦角,(°); c——坑壁土的黏聚力,kN/m³; h——基坑开挖高度,m; E_a——主动土压力,kN/m³; h_{max}——直立壁开挖允许最大高度,m

例 11-6 基坑开挖,土质为粉质黏土,土的重度为 18.2kN/m³,内摩擦角为 20°,黏聚力为 14.5kN/m²,基坑顶护道上均布荷载为 1.5kN/m³,试计算坑壁垂直开挖的最大高度。

解 取 $K=1.25$,由式(11-38)得:

$$h_{max} = \frac{2\times 14.5}{1.25\times 18.2\times \tan\left(45°-\frac{20°}{2}\right)} - \frac{4.5}{18.2} = 1.58\text{m}$$

故直立壁开挖允许最大高度为 1.58m。

2.6.2 基坑支护计算

连续水平板或支撑的计算 表 11-37

计算方法及公式	符号意义
计算简图如图所示。水平挡土板与梁的作用相同,承受土的水平压力的作用,设土与挡土板墙间的摩擦力不计,则深度 h 处的主动土压力强度为: 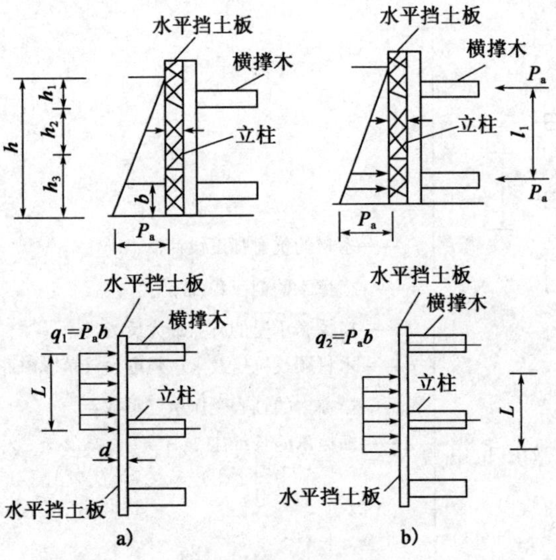 连续水平板式支撑计算简图 a)水平挡土板受力情况;b)立柱受力情况 $$p_a = \gamma h \tan^2\left(45° - \frac{\varphi}{2}\right) \quad (11\text{-}39)$$ 1. 挡土板计算 挡土板厚度按受力最大的下面一块板计算。设深度 h 处的挡土板宽度为 b,则主动土压力作用在挡土板上的荷载 $q_1 = p_a \cdot b$,将挡土板视为简支梁,如立柱间距为 L 时,则挡土板承受的最大弯矩为: $$M_{max} = \frac{q_1 L^2}{8} = \frac{p_a b L^2}{8} \quad (11\text{-}40)$$ 所需木挡板的截面抵抗矩 W 为: $$W = \frac{M_{max}}{f_m} \quad (11\text{-}41)$$ 需用木挡板的厚度 d 为: $$d = \sqrt{\frac{6W}{b}} \quad (11\text{-}42)$$	P_a——深度 h 处的主动土压力强度 kN/m²; γ——坑壁土的平均重度 kN/m³,其值为: $$\gamma = \frac{\gamma_1 h_1 + \gamma_2 h_2 + \gamma_3 h_3}{h_1 + h_2 + h_3}$$ h——基坑(槽)深度,m; φ——坑壁土的平均内摩擦角,(°) $$\varphi = \frac{\varphi_1 h_1 + \varphi_2 h_2 + \varphi_3 h_3}{h_1 + h_2 + h_3}$$ b——挡土板宽度; W——挡土板截面抵抗矩,cm³

续上表

计算方法及公式	符号意义

2. 立柱计算

立柱为承受三角形荷载的连续梁，也按多跨简支梁计算并按控制跨设计。当坑壁设二道横撑（图 b）其上、下横撑间距为 L_1，立柱间距为 L 时，则下端支点处主动土压力荷载为：$q_2 = p_a L$。

立柱受三角形荷载作用下端支点反力为：

$$R_a = q_2 l_1 / 3$$

上端支点反力为：$R_b = q_2 l_1 / 6$

由此可得最大弯矩所在截面与上端支点的距离为：$x = 0.578 l_1$

最大弯矩为：$M_{max} = 0.0642 q_2 l_1^2$

最大应力为：$\sigma = M_{max} / W < f_m$

当坑（槽）壁设多层横撑（如下图），可将各跨间梯形荷载简化为均布荷载 q_i（等于其平均值），如图中虚线所示，取其控制跨度求最大弯矩 $M_{max} = 0.125 q_3 l_3^2$，可同上法决定立柱尺寸。

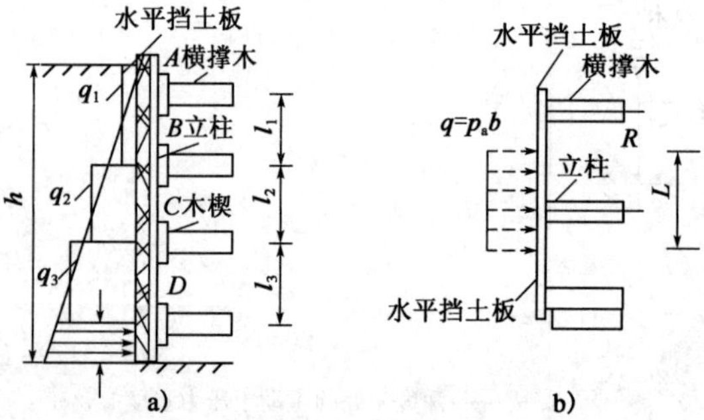

多层横撑的立柱计算简图

a) 多层横撑支撑情况；b) 立柱受力情况

支点反力可按承受相邻两跨度上各半跨的荷载计算，如图 b，中间支点的反力为：

$$R = \frac{q_3 l_3 + q_2 l_2}{2} \tag{11-43}$$

A、D 两支点的外侧无支点，故计算的立柱两端的悬臂部分的荷载分别由上、下两支点承受。

3. 横撑计算

横撑木为承受支点反力的中心压力件，可按下式计算需用截面积：

$$A_c = \frac{R}{\varphi \cdot f_c} \tag{11-44}$$

φ 值可按下式计算：

（1）树种强度等级为 TC17、TC15 及 TB20

当 $\lambda \leqslant 75$ 时 $$\varphi = \frac{1}{1 + \left(\frac{\lambda^2}{80}\right)^2} \tag{11-45}$$

当 $\lambda > 75$ 时 $$\varphi = \frac{3000}{\lambda^2} \tag{11-46}$$

（2）树种强度等级为 TC13、TC11、TB17 及 TB15

当 $\lambda \leqslant 91$ 时 $$\varphi = \frac{1}{1 + \left(\frac{\lambda}{65}\right)^2} \tag{11-47}$$

当 $\lambda > 91$ 时 $$\varphi = \frac{2800}{\lambda^2} \tag{11-48}$$

符号意义：

f_m——木材的抗弯强度设计值，MPa；

A_c——横撑木的截面积，mm^2；

R——横撑木承受的支点最大反力，N；

f_c——木材顺纹抗压及承压强度设计值，MPa；

φ——横撑木的轴心受压稳定系数；

λ——横撑木的长细比

例 11-7 管道沟槽深 2m，上层 1m 为填土，重度 $\gamma_1 = 17\text{kN/m}^3$，内摩擦角 $\varphi_1 = 22°$，1m 以下为褐色黏土，重度 $\gamma_2 = 18.4\text{kN/m}^2$，内摩擦角 $\varphi_2 = 23°$，用连续水平板式支撑。试选择木支撑截面。木材为杉木，木材抗弯矩设计值 $f_m = 10\text{MPa}$，木材顺纹抗压强度设计值 $f_c = 10\text{MPa}$。

解 土的重度平均值：$\gamma = \dfrac{17 \times 1 + 18.4 \times 1}{2} = 17.7\text{kN/m}^3$

内摩擦角平均值：$\varphi = \dfrac{22° \times 1 + 23° \times 1}{2} = 22.5°$

在沟底 2m 深处土的水平压力 P_a 为：

$$p_a = \gamma h \tan^2\left(45° - \frac{\varphi}{2}\right) = 17.7 \times 2\tan^2\left(45° - \frac{22.5°}{2}\right) = 15.8\text{kN/m}^2$$

水平挡土板选用 75mm×200mm。在 2m 深度处的土压力作用于该板上的荷载 q_1 为：

$$q_1 = p_a \cdot b = 15.8 \times 0.2 = 3.16\text{kN/m}$$

木板的截面抵抗矩为 $W = \dfrac{20 \times 7.5^2}{6} = 187.5\text{cm}^3$，抗弯强度设计值 $f_m = 10\text{MPa}$，所能承受的最大弯矩为：

$$M_{max} = 187.5 \times 10^{-6} \times 10 \times 10^6 = 1\,875\text{N} \cdot \text{m}$$

立柱间距 L 按最大弯矩确定：

$$L = \sqrt{\frac{8M_{max}}{q_1}} = \sqrt{\frac{8 \times 1\,875}{3.16 \times 10^3}} = 2.18\text{m} \quad \text{取 2m}$$

立柱下支点处主动土压力荷载 q_2 为：

$$q_2 = p_a L = 15.8 \times 2 = 31.6\text{kN/m}$$

立柱选用截面为 15cm×15cm 方木，截面抵抗矩 $W = \dfrac{15^3}{6} = 562.5\text{cm}^3$，立木 $f_m = 10\text{MPa}$，则立柱所能承受的弯矩为：

$$M_{max} = 562.5 \times 10^{-6} \times 10 \times 10^6 = 5\,625\text{N} \cdot \text{m}$$

由此可求得横撑木间距为：

$$l_1 = \sqrt{\frac{M_{max}}{0.0642 q_2}} = \sqrt{\frac{5\,625}{0.0642 \times 31.6 \times 10^3}} = 1.67\text{m}$$

为方便支撑，取 1.5m，上端悬臂 0.3m，下端 0.2m，如图 11-2 所示。

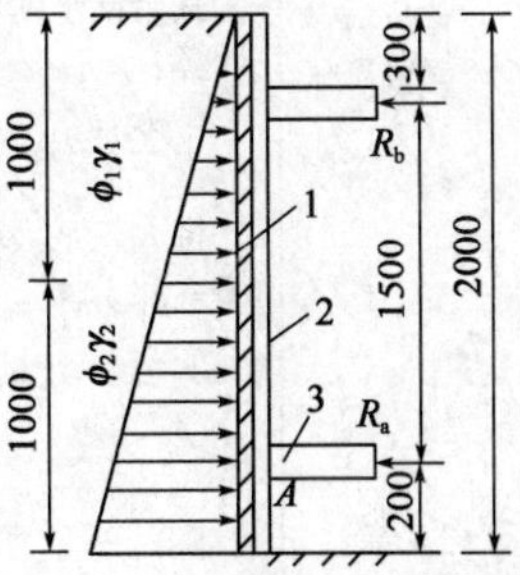

图 11-2 连续水平板式支撑布置尺寸（图中尺寸单位：mm）
1-水平挡土板；2-立柱；3-横撑木

立柱在三角形荷载作用下，下端支点反力 $R_a = \dfrac{q_2 l_1}{3} = \dfrac{31.6 \times 1.5}{3} = 15.8\text{kN}$，上端支点反力 $R_b = \dfrac{q_2 l_1}{6} = 7.9\text{kN}$。

横撑木按中心受压构件计算。横撑木 $f_c = 10\text{MPa}$，横撑木实际长度 $l = l_0 = 2.5\text{m}$，初步选定截面为 10cm×10cm 方木，所以长细比 $\lambda = \dfrac{l_0}{i} = \dfrac{2.5}{0.29 \times 0.10} = 86.2 < 91$，所以有：

$$\varphi = \frac{1}{1 + \left(\dfrac{\lambda}{65}\right)^2} = 0.36$$

横撑木轴心设计值 N 为：

$$N = \varphi A_0 f_c = 0.36 \times 100 \times 10 = 36000\text{N} = 36\text{kN} > 15.8\text{kN}$$

<table>
<tr><th>项　目</th><th>计算方法及公式</th><th>符号意义</th></tr>
<tr>
<td>横撑不等距（等弯矩）布置</td>
<td>

计算简图如图所示，横垫木和横撑木的间距为不等距支设，随基坑（槽、管沟）而深度变化。土压力增大而加密，使各跨间承受的弯矩相等。

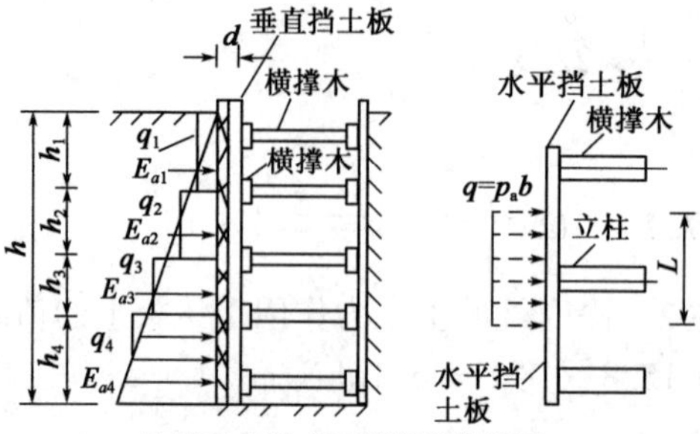

连续垂直板式不等距计算简图

设土压力 E_{a1} 平均分布在高度 h_1 上，并假定垂直挡土板各跨均为简支，则 h_1 跨单位长度的弯矩为：

$$M_1=\frac{E_{a1}h_1}{8}=\frac{d^2}{6}f_m \qquad (11\text{-}49)$$

将 $E_{a1}=\frac{1}{2}\gamma h_1^2\tan^2\left(45°-\frac{\varphi}{2}\right)$代入上式得：

$$\frac{1}{16}\gamma h_1^3\tan^2\left(45°-\frac{\varphi}{2}\right)=\frac{d^2}{6}f_m$$

$$h_1^3=\frac{2.67d^2f_m}{\gamma\tan^2\left(45°-\frac{\varphi}{2}\right)} \qquad (11\text{-}50)$$

将 f_m、γ 值带入上式得：

$$h_1^3=0.53\sqrt[3]{\frac{d^2}{\tan^2\left(45°-\frac{\varphi}{2}\right)}} \qquad (11\text{-}51)$$

其余横垫木（横撑木）间距，可按等弯矩条件进行计算：

$$\frac{E_{a1}h_1}{8}=\frac{E_{a2}h_2}{8}=\frac{E_{a3}h_3}{8}=\cdots=\frac{E_{an}h_n}{8} \qquad (11\text{-}52)$$

将 E_{a1}、E_{a2}、E_{a3}、…、E_{an} 带入得：

$$\begin{aligned}h_1\cdot h_1^2&=h_2[(h_1+h_2)^2-h_1^2]\\&=h_3[(h_1+h_2+h_3)^2-(h_1+h_2)^2]\\&\cdots\\&=h_n\left[(\sum_1^n h)^2-(\sum_1^{n-1}h)^2\right]\end{aligned} \qquad (11\text{-}53)$$

解之得：

$$h_2=0.62h_1 \qquad (11\text{-}54)$$

$$h_3=0.52h_1 \qquad (11\text{-}55)$$

$$h_4=0.46h_1 \qquad (11\text{-}56)$$

$$h_5=0.42h_1 \qquad (11\text{-}57)$$

$$h_6=0.39h_1 \qquad (11\text{-}58)$$

如已知垂直挡土板厚度，即可由上式求得横木（横撑木）的间距。一般垂直挡土板厚度为 50～80mm。横撑木视土压力的大小和基坑（槽、管沟）的宽、深采用 100mm×100mm～160mm×160mm 方木或直径为 80～150mm 圆木

</td>
<td>

E_{a1}、E_{a2}、E_{a3}、E_{a4}——分别为平均分布在 h_1、h_2、h_3、h_4 高度上的土压力 kN/m；

h_1、h_2、h_3、h_4——分别为由上至下水平横撑木的间距，m；

M_1、M_2、M_3、M_4——分别为 h_1、h_2、h_3、h_4 跨单位长度的弯矩，kN/m；

h——基坑（槽）管沟深度，m；

d——垂直挡土板的厚度，cm；

f_m——木材的抗弯强度设计值，考虑受力不均因素，取 f_m = 10MPa；

γ——土的平均重度，取 18kN/m³；

φ——内摩擦角，(°)

</td>
</tr>
</table>

续上表

项　目	计 算 方 法 及 公 式	符 号 意 义
横撑等距（不等弯矩）布置	计算简图如图所示，横撑木的间距均相等，垂直挡土板与梁的作用相同，承受土的水平压力，可取最下一跨最大的板进行计算，计算方法与连续水平板式支撑的立柱相同，承受梯形分布荷载的作用，可简化为均布荷载等于其平均值，求最大弯矩 $M_{\max}=\frac{q_4h_1^2}{8}$，即可决定垂直挡土板尺寸。 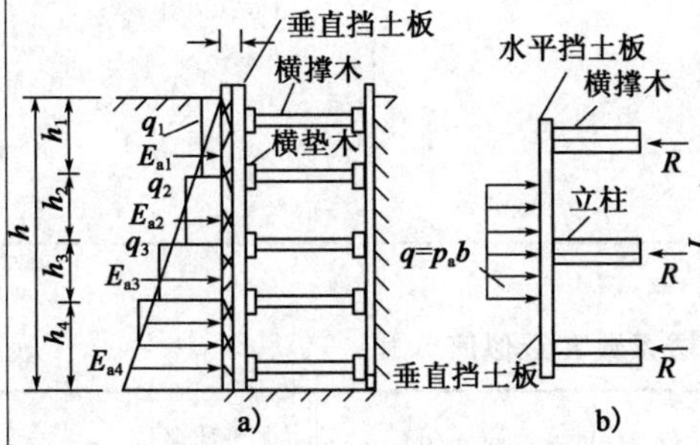 连续垂直板式等跨支撑计算简图 横垫木的计算及荷载与连续水平板式支撑的水平挡土板相同。 横撑木的作用力为横垫木的支点反力，其截面计算也与连续水平板式支撑木计算相同	q_1、q_2、q_3、q_4——分别为作用在由上而下水平横支撑木间的荷载； h_1——等跨横撑木的间距，m； h——基坑（槽、管沟）深度，m； 其余符号同前

例 11-8　已知基坑槽深为 5m，土的重度为 18kN/m^3，内摩擦 $\varphi=30°$，采用 50mm 厚木垂直挡土板，试求横垫木（横撑木）的间距。

解　基坑槽深 5.0m，考虑试用 4 层横垫木及横撑木。最上层横垫木及横撑木间距为：

$$h_1 = 0.53\sqrt[3]{\frac{5.0^3}{\tan^2\left(45°-\frac{30°}{2}\right)}} = 2.24\text{m}$$

由此可得下层横垫木及横撑木的间距为：

$$h_2 = 0.62h_1 = 0.62\times 2.24 = 1.39\text{m}$$

$$h_3 = 0.52h_1 = 0.52\times 2.24 = 1.16\text{m}$$

2.7　基坑渗水与排水计算

2.7.1　渗透系数的确定

基坑开挖越深，地下水渗漏量也随之增加，决定基坑中渗水量的主要因素是土的类别、渗透系数、水头、基坑面积、深度等。可通过抽水试验或根据已有经验估计，或按以下方法计算：

(1) 抽水试验方法

抽水试验方法　　表 11-39

计算简图	计算公式	说明
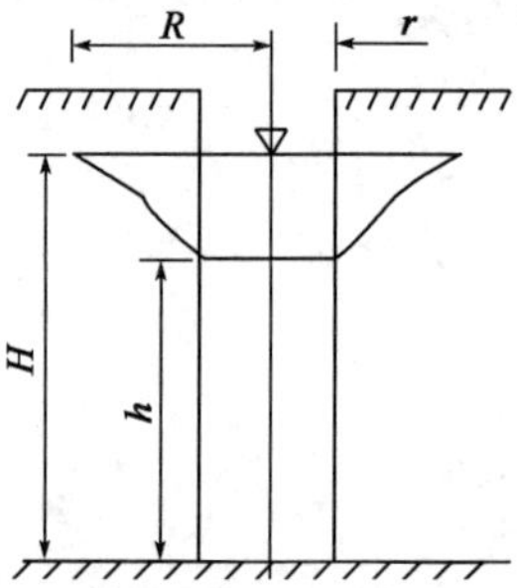	$K=\frac{0.732Q}{H^2-h^2}\lg\frac{R}{r}$　　(11-59)	K——渗透系数,m/d; Q——渗水量,m^3/d; H——含水层厚度,m,由钻探资料查得; h——降水后含水层厚度,m; R——抽水影响半径,m,由观测测得; r——钻探孔半径,m

(2)经验数据法

土层渗透系数 *K* 近似值　　表 11-40

土质名称	K(m/d)	土质名称	K(m/d)	土质名称	K(m/d)
黏土	<0.001	黄土	0.25~0.5	粗砂	20~50
重压黏土	0.001~0.05	粉砂	0.5~1.0	砾石	50~150
轻亚黏土	0.05~0.1	细砂	1~5	卵石	100~500
亚黏土	0.1~0.5	中砂	5~20	漂石	500~1000

注:按土的细粒多少、黏土含量、密实程度,选用高低值。无砂质充填的漂石。

按土质颗粒大小的渗系数　　表 11-41

土质分类	K(m/d)
黏土质粉砂 0.01~0.05mm 颗粒占多数	0.5~1.0
均质粉砂 0.01~0.05mm 颗粒占多数	1.5~5.0
黏土细砂 0.1~0.25mm 颗粒占多数	10~15
均质细砂 0.1~0.25mm 颗粒占多数	20~25
黏土中砂 0.25~0.5mm 颗粒占多数	20~25
均质中砂 0.25~0.5mm 颗粒占多数	35~50
黏土粗砂 0.5~1.0mm 颗粒占多数	35~40
均质粗砂 0.5~1.0mm 颗粒占多数	60~75
粗砂夹砾石	50~100
砾石夹砂	75~150
砾石	100~200

按岩层成分概估渗透系数 表 11-42

岩 石 成 分	K(m/d)
裂隙多的岩层	>60
碎石、卵石类地层、纯净无细颗粒混杂。均匀的粗砂、中砂	>60
稍有裂隙的岩层	20~60
碎石卵石类地层、混有大量细颗粒物质	20~60
不均匀的粗砂、中粒和细粒砂	5~20

按土颗粒成分计算法 表 11-43

计 算 公 式	说 明
$K=11.56d_H^2C$ (11-60) $K=3.76d_M^2$ (11-61)	本法仅适用于砂土类土壤。颗粒成分应由试验室取样决定。渗透系数 K 由左列任一公式求得。 d_H——颗粒有效直径(占总试样 10% 颗粒直径),mm; d_M——颗粒平均粒径,mm; C——经验系数,对纯砂为 1200,非均质砂及密实砂为 400,均质密实中砂为 800

2.7.2 渗水量的计算

求得渗透系数 K 后,可根据基坑所在条件由下列相应情况下,选用相应公式(见表 11-44)以求基坑总渗水量。

渗 水 量 计 算 公 式 表 11-44

基 坑 条 件	渗水量计算公式	符 号 意 义
干涸河床时	$Q=\dfrac{1.366K(H^2-h^2)}{\lg(R+r_0)-\lg r_0}$ (11-62)	Q——基坑总渗水量,m^3/d; K——渗水系数,m/d; H——含水层厚度,m; h——抽水后稳定水位至不透水层厚度,m; R——抽水影响半径,m; r_0——引用基坑半径,m; D——基坑至水边距离,m; U——围堰周长,m; q——单位渗流量,即每延米基坑周长在单位水头作用下,当渗透系数为 1 时的渗流量,从图 11-3 查得; F_1、F_2——分别为基坑底面积、侧面积,m^2; q_1、q_2——分别为基坑底面积侧面积平均渗水量,m^3/m^2
基坑近河沿时	$Q=\dfrac{1.366K(H^2-h^2)}{\lg\dfrac{2D}{r_0}}$ (11-63)	
含水层为均质土,并有不漏水板桩围堰时	$Q=KHUq$ (11-64)	
缺乏水文地质资料时	$Q=F_1q_1+F_2q_2$ (11-65)	

上列公式引用基坑半径 r_0(m)的计算公式 表 11-45

基坑形式	计算方法及说明					
矩形基坑	$r_0=\eta\frac{B+L}{4}$,B 及 L 为基坑的宽度及长度,m; η 是与 B/L 有关的系数					
多边形基坑	$r_0=\frac{L_0}{2\pi}$,L_0 为基坑周长,m; $\pi=3.1416$					
不规则形基坑	$r_0=\sqrt{\frac{F}{\pi}}=0.565\sqrt{F}$,$F$ 为基坑面积,m^2					
B/L 与 η 关系						
B/L	0	0.2	0.4	0.6	0.8	1.0
η	1.00	1.12	1.14	1.14	1.18	1.18

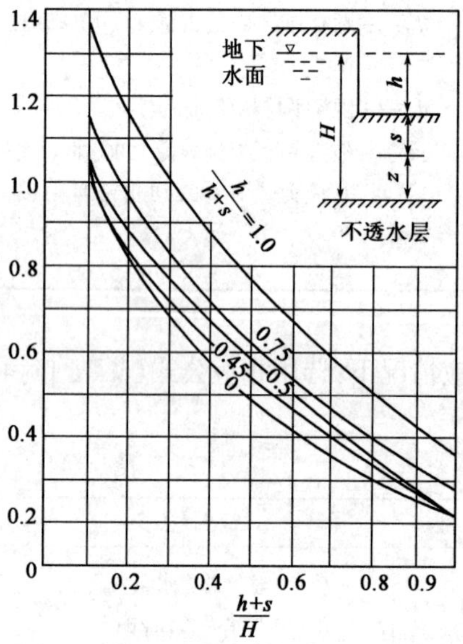

图 11-3 单位渗流量计算

单位渗流量 q 计算图见图 11-3。

当渗水层为非均质土时,取各个土层渗透系数 K 的加权平均值,即:

$$K=\frac{\Sigma K_i h_i}{\Sigma h_i} \tag{11-66}$$

式中 K_i 及 h_i 为各土层的渗透系数与厚度。

基坑底面积单位面积渗水量估计 表 11-46

序号	土的类别	土的特征与粒径	q_1(m^3/h)
1	细粒砂土黑土层及松软黏质砂土	靠河岸的基坑,天然含水率在20%以下的砂土,粒径在0.05mm以下	0.14~0.18
2	有裂缝的碎岩石及较密实的黏性土	多裂缝透水的岩层,有透水孔道的黏土层	0.15~0.25
3	细粒砂及砂砾层	细砂粒径0.05~0.25mm,砾石孔隙率在20%以下	0.16~0.32

续上表

序　号	土的类别	土的特征与粒径	q_1(m^3/h)
4	中粒砂及砂砾层	砂粒径0.25~1.0mm或砾石含量30%以下,平均粒径10mm以下	0.24~0.80
5	粗粒砂及砂砾层	砂粒径1~2.5mm或砾石含量30%~70%	0.80~2.0
6	粗砂及大砾石漂石层	砂粒径2mm以上或砾石大漂石含量在30%以上(个别泉眼50mm以下,总面积在0.07m^2以下)	2.0~4.0
7	砾石、漂石并带有泉眼,或砂或砂砾带有较大泉眼	石粒径50~200mm或有个别大孤石在0.5m^3以下,泉眼直径300mm以下,泉眼总面积0.15m^2以下,30%以上,平均粒径10mm以下	4.0~8.0
8	砾石漂石粗砂泉眼很多者		>0.8

基坑侧面单位渗水量估算　　表11-47

序　号	坑侧类别	q_2(m^3/h)
1	无支撑基坑或土围堰	按上表同类土质q_1的20%~30%
2	木板桩或石笼填土石围堰	按上表同类土质q_1的10%~20%
3	挡土板或草袋围堰	按上表同类土质q_1的10%~20%
4	就地取材制作填土围堰	按上表同类土质q_1的15%~30%
5	钢板桩、沉箱及混凝土护壁	按上表同类土质q_1的0%~5%

注:①表列q_2值系基坑侧面平均渗水量(m^3/m^2);

②查用基坑底面积单位面积渗水量估算表,可根据地表水情况采用表列上、中、下限,如:无地表水用低限;地表水深在2~4m,土中有孔隙用中限;当地表水大于4m,松软土用高限。

抽水影响半径 *R* 参考表　　表11-48

土的种类	极细砂	细砂	中砂	粗砂	极粗砂	小砾石	中砾石	大砾石
粒径(mm)	0.05~0.1	0.1~0.25	0.25~0.5	0.5~1.0	1.0~2.0	2.0~3.0	3.0~5.0	5.0~10.0
所占质量(%)	<70	<70	>50	>50	>50	—	—	—
R(m)	25~50	50~100	100~200	200~400	400~500	500~600	600~1500	1500~3000

2.7.3 排水计算及水泵选择

水泵排水量的估算 表 11-49

项目	估算方法	说明
设备总排水量 V	一般按 1.5 倍渗水量 Q 进行计算，如水泵设置于静水位以下时，宜按 $2.0Q$ 进行估算，大于 Q 的部分为备用量	
每台水泵的排水量 q	当 $V=1.5Q$ 时，$q \leqslant 0.5Q$； 当 $V=2.0Q$ 时，$q \leqslant 1.0Q$	渗水量的变化较大时，宜用多台排水量较小的水泵
常用离心单级水泵流量 Q 的估算	$Q=Fv=\frac{\pi}{4}D^2v=2.2D^2 \quad (m^3/s)$	F——水泵进口面积，m^2； D——水泵进口直径，m； v——水泵进口流速，采用 2.8m/s； d——水泵进口直径，m
当水泵进口直径以英寸表示时的流量估算	$Q=1.5d^2 \quad (L/s)$	

水泵进口直径与流量对照表 表 11-50

水泵进口直径		流量		水泵进口直径		流量	
in	mm	L/S	m^3/h	in	mm	L/S	m^3/h
3	75	7 ~ 20	25 ~ 70	16	400	400 ~ 480	1450 ~ 1700
4	100	18 ~ 35	65 ~ 125	20	500	400 ~ 700	1450 ~ 2500
6	150	30 ~ 55	110 ~ 200	24	600	650 ~ 1000	2300 ~ 3600
8	200	55 ~ 95	200 ~ 340	32	800	1300 ~ 1800	4600 ~ 6500
10	250	90 ~ 170	320 ~ 600	36	900	1500 ~ 2000	5400 ~ 7200
12	300	140 ~ 280	500 ~ 1000	40	1000	2000 ~ 3000	7200 ~ 10800
14	350	220 ~ 450	800 ~ 1600	48	1200	2500 ~ 3500	9000 ~ 12500

水泵类型的选择 表 11-51

流量范围	适用水泵类型
$Q<20m^3/h$	膜式水泵、手压水泵、离心泵或潜水泵
$Q=20 \sim 60m^3/h$	膜式水泵、离心水泵或潜水泵
$Q>60m^3/h$	离心式泵
用膜式水泵能排除泥浆，潜水泵不受浸泡的危险，可直接放入水中抽水，使用方便，但不能脱水运转，以防电机烧坏；也不得陷入泥中，或抽泥浆，以防堵塞	

3 桥台施工计算

3.1 重力式 U 型桥台计算

U 型桥台计算与重力桥墩相似，需要验算台身截面强度、地基应力以及桥台的稳定性。在受力上，桥台与桥墩不同的是桥台要承受台后填土的侧压力，而且这种侧压力对桥台的尺寸影响很大。

3.1.1 作用在桥台上的荷载

1. 永久荷载

(1) 上部结构重力通过支座（或拱座）在台帽上的支承反力。

(2)桥台重力(包括台帽、台身、基础和土的重力)。

(3)混凝土收缩在拱座处引起的反力。

(4)水的浮力。

(5)台后土侧压力,一般以主动土压力计算,其大小与压实程度有关。计算桥台前墙的最大应力、向桥孔方向的偏心距和桥台向桥孔方向的稳定性是按台后填土尚未压实考虑(摩擦角取小值);计算桥台后端的最大应力、向路堤方向的偏心距和桥台向路堤方向的稳定性时按台后填土已压实考虑(摩擦角取较大值)。土压力的计算范围为:当验算台身强度和地基承载力时,计算基础顶至桥台范围内的土压力;当验算桥台稳定性时,计算基础底至顶面范围内的土压力。

2. 可变荷载

(1)基本可变荷载

①作用在上部构造上的汽车荷载。除对钢筋混凝土桩(或柱)式桥台应计入冲击力外,其他各式桥台均不计冲击力。

②平板挂车或履带车荷载。

③人群荷载。

④活载引起的土侧压力。

(2)其他可变荷载

①汽车荷载引起的制动力。

②上部结构因温度变化在支座(或拱座)上引起的摩擦力(或反力)。

③偶然荷载(地震力)。

3.1.2 荷载组合

1. 梁桥桥台的荷载布置及组合

(1)荷载布置(只考虑顺桥向)

①在桥跨结构上布置车辆荷载,温度下降,制动力(向桥孔方向),并考虑台后土侧压力(图 11-4a)。

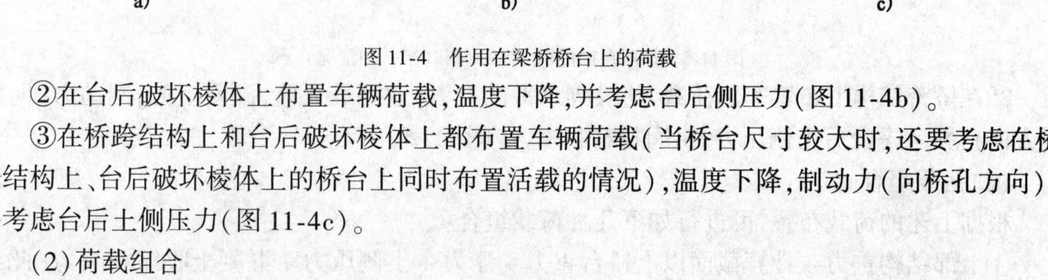

图 11-4 作用在梁桥桥台上的荷载

②在台后破坏棱体上布置车辆荷载,温度下降,并考虑台后侧压力(图 11-4b)。

③在桥跨结构上和台后破坏棱体上都布置车辆荷载(当桥台尺寸较大时,还要考虑在桥跨结构上、台后破坏棱体上的桥台上同时布置活载的情况),温度下降,制动力(向桥孔方向),并考虑台后土侧压力(图 11-4c)。

(2)荷载组合

根据上述的荷载布置,可进行如下几种荷载组合(只列出第一种和第二种情况的组合):

①上部结构重力 + 计算截面以上桥台重力 + 浮力 + 土侧压力(此组合是验算地基受永久

荷载作用时的合力偏心距)。

②上部结构重力 + 计算截面以上桥台重力 + 浮力 + 作用在桥跨结构上的汽车荷载和人群荷载 + 土侧压力。

③上部结构重力 + 计算截面以上桥台重力 + 浮力 + 作用在桥跨上的汽车荷载和人群荷载 + 土侧压力 + 支座摩擦力。

④上部结构重力 + 计算截面以上桥台重力 + 浮力 + 作用在桥跨结构上的平挂车(或履带车)荷载 + 土侧压力。

⑤上部结构重力 + 计算截面以上桥台重力 + 浮力 + 作用在桥跨上的平板挂车(或履带车)荷载 + 土侧压力。

⑥上部结构重力 + 计算截面以上桥台重力 + 浮力 + 土侧压力(包括作用在破坏棱体上的汽车荷载引起的土侧压力)。

⑦上部结构重力 + 计算截面以上桥台重力 + 浮力 + 土侧压力(包括作用在破坏棱体上的汽车荷载引起的土侧压力) + 支座摩擦力。

⑧上部结构重力 + 计算截面以上桥台重力 + 浮力 + 土侧压力(包括作用在破坏棱体上的平板挂车或履带车荷载引起的土侧压力)。

2. 拱桥桥台的荷载布置及组合

(1)荷载布置(只考虑顺桥向)

①在桥台后破坏棱体上布置车辆荷载,温度下降,并考虑台后土侧压力、拱圈材料收缩力(图 11-5)。

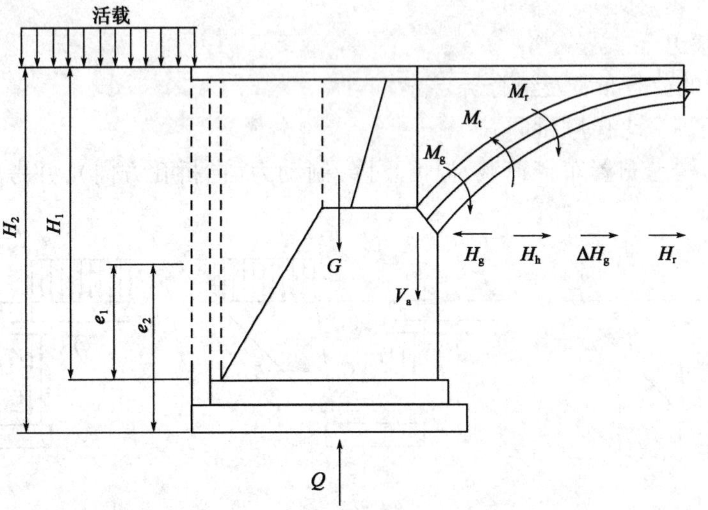

图 11-5　作用在拱桥桥台后的荷载(第一种情况)

②在桥跨结构上布置车辆荷载,使拱脚水平推力 H_p 达到最大值,温度上升,制动力(向路堤方向),并考虑台后土侧压力,拱圈材料收缩力(图 11-6)。

(2)荷载组合

根据上述的荷载布置,可进行如下几种荷载组合:

①上部结构重力 + 计算截面以上桥台重力 + 浮力 + 土侧压力 + 混凝土收缩影响力(此组合是验算地基承受永久荷载作用的偏心距)。

②上部结构重力 + 计算截面以上桥台重力 + 浮力 + 土侧压力(包括作用在破坏棱体上的

汽车荷载所引起的土侧压力) + 混凝土收缩影响力。

③上部结构重力 + 计算截面以上桥台重力 + 浮力 + 土侧压力(包括作用在破坏棱体上的汽车荷载所引起的土侧压力) + 混凝土收缩影响力 + 温度下降影响力。

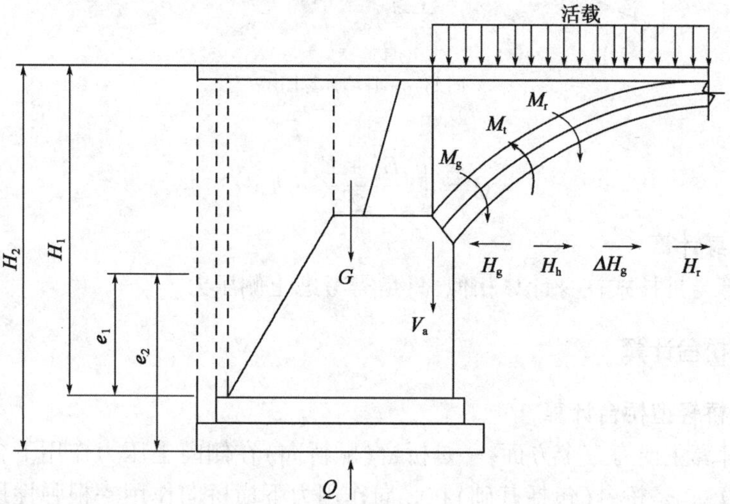

图 11-6　作用在拱桥桥跨结构上的荷载(第二种情况)

④上部结构重力 + 计算截面以上桥台重力 + 浮力 + 土侧压力(包括作用在破坏棱体上的平板挂车或履带车荷载所引起的土侧压力)。

⑤上部结构重力 + 计算截面以上桥台重力 + 浮力 + 作用在桥跨结构上的汽车荷载和人群荷载 + 土侧压力 + 混凝土收缩影响力。

⑥上部结构重力 + 计算截面以上的桥台重力 + 浮力 + 作用在桥跨结构上的平板挂车(或履带车)荷载 + 土侧压力。

⑦上部结构重力 + 计算截面以上桥台重力 + 浮力 + 作用在桥跨结构上的平板挂车(或履带车)荷载 + 土侧压力。

3.1.3　桥台强度、偏心距和稳定性计算

桥台强度、偏心距、基底承载力、偏心以及桥台稳定性验算和桥墩相同。如果 U 形桥台两侧墙宽度不小于同一水平截面前墙全长的 0.4 倍时,桥台台身截面强度验算应把前墙和侧墙作为整体考虑其受力。否则,台身前墙应按独立的挡土墙进行验算。

3.2　框架式桥台计算

3.2.1　台帽及耳墙计算

台帽计算与盖梁计算相同。耳墙为单悬臂固端梁,水平方向承受土压力及荷载水平压力,如图 11-7 所示。则:

$$h_x = h_1 + \frac{x}{B}(h_1 - h_2) \tag{11-67}$$

$$E_x = E_1 + \frac{1}{2}\gamma\mu h_x^2 \tag{11-68}$$

对悬臂根部产生的弯矩 M 为:

$$M = \int_0^B \frac{E_1 + E_x}{2} \cdot h_x(B - x)\,dx \tag{11-69}$$

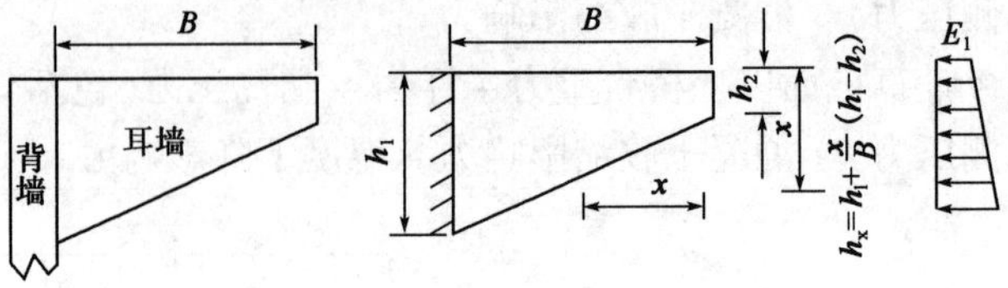

图 11-7　耳墙计算图示

剪力 Q 为：

$$Q = \int_0^E \frac{E_1 + E_x}{2} \cdot h_x \mathrm{d}x \tag{11-70}$$

3.2.2　台身计算

台身的计算与桩柱式柱身计算相似，只是需考虑土侧压力。

3.3　轻型桥台计算

3.3.1　梁桥轻型桥台计算

轻型桥台计算主要有三个方面：一是桥台（顺桥向）在侧向土压力作用下台身作为竖梁进行截面强度验算；二是桥台（包括基础）在竖向作用力下横桥向作用一根弹性地基短梁进行截面强度验算；三是基础底面下地基应力验算。

1. 桥台作为竖梁时的强度验算（按单位宽度）

桥台台身强度验算主要是水平土压力作用下的台身强度，因此，当桥上无荷载、台背填土破坏棱体上布置车辆荷载时，台身受力最为不利，因而控制设计。

（1）台后主动土压力计算

车辆荷载在台背填土破坏棱体上引起的土压力（图 11-8）为：

$$E = E_r + E_c = \frac{1}{2}\gamma H_2^2 \tan^2\left(45° - \frac{\varphi}{2}\right) + \gamma h H_2 \tan^2(45° - \frac{\varphi}{2})$$
$$= \frac{1}{2} e_r H_2 + e_c H_2 \tag{11-71}$$

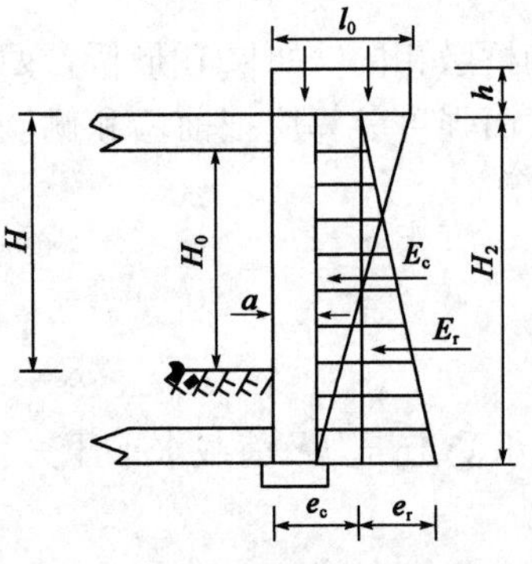

图 11-8　土压力强度分布图

式中：E_r——填土本身引起的土压力；

E_c——车辆荷载引起的土压力；

γ——台后填土重度；

φ——土的内摩擦角；

h——等代土层厚度，$h = \Sigma G / B l_0 \gamma$；

e_r——填土本身引起的土压力强度；

e_c——车辆荷载引起的土压力强度；

B——桥台计算宽度。

$$l_0 = H_2 \tan\left(45° - \frac{\varphi}{2}\right) \tag{11-72}$$

（2）台身内力计算

①计算跨径

台身按上、下铰接的简支梁计算（图 11-9）。对于有台背的桥台，因上部构造与桥台台背间的缝隙已用砂浆填实，保证有牢靠的支撑作用，因此，承受土压力的台身作为简支梁计算，跨径为：

$$H_1 = H_0 + \frac{d_1}{2} + \frac{c_1}{2} \qquad (11\text{-}73)$$

对于无台背的桥台，承受土压力的台身作为简支梁计算，跨径为：

$$H_1 = H_0 + \frac{d_1}{2} \qquad (11\text{-}74)$$

②土压力引起的弯矩和剪力(近似按中点计算)

弯矩 $$M = \frac{1}{8}e_1' H_1^2 + \frac{1}{16}e_2' H_1^2 \qquad (11\text{-}75)$$

剪力 $$Q = \frac{1}{2}e''_1 H_0 + \frac{1}{3}e''_2 H_0 \qquad (11\text{-}76)$$

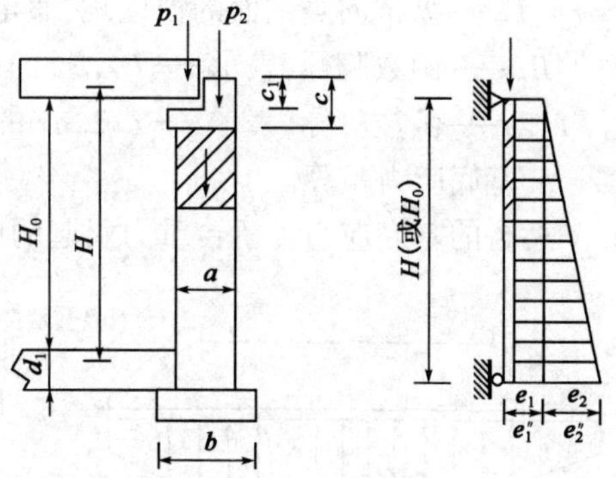

图 11-9 土压力计算图示

式中：e'_1、e'_2——受弯计算跨径 H_1 处的土压力强度；

e''_1、e''_2——受剪计算跨径 H_0 处的土压力强度。

③计算截面($H_1/2$)的垂直力

$$P = P_1 + P_2 + P_3 \qquad (11\text{-}77)$$

式中：P_1——上部构造重力引起的支点反力；

P_2——台帽重力；

P_3——在 $H_1/2$ 截面以上部分台身重力。

2. 桥台在本身平面内的弯曲强度验算

轻型桥台是一较长的平直薄墙，在竖向荷载作用下，本身平面内发生弯曲的程度与地基的变形系数 α 有关(图 11-10)。

当桥台长度 $L > 4/\alpha$ 时，支承在弹性地基上的无限梁计算，当 $L < 1.2/\alpha$ 时，把桥台当作支承在弹性地基上的刚性梁计算(即不考虑桥台在本身平面内发生弯曲)；当 $4/\alpha > L > 1.2/\alpha$ 时，把桥台当作把桥台当作支承在弹性地基上的短梁计算。在一般情况下，轻型桥台的长度大多数处于 $4/\alpha$ 和 1.2α 之间，因此仅介绍短梁计算公式。

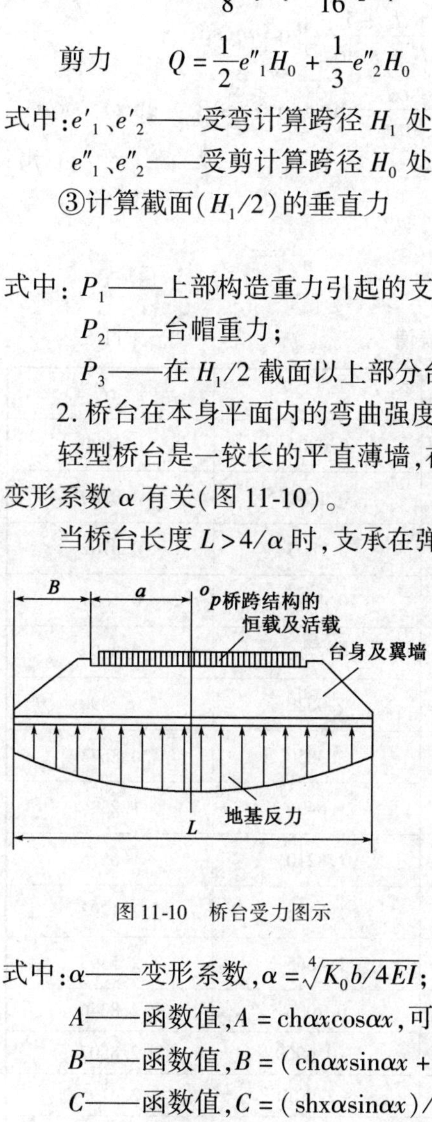

图 11-10 桥台受力图示

设梁上作用着一段对称的均布荷载，则梁的最大弯矩产生在中点，其计算公式为：

$$M = \frac{p}{\alpha^2} \cdot \frac{B_{B_1} C_{L/2} - C_{B_1} B_{L/2}}{A_{L/2} B_{L/2} + 4 C_{L/2} D_{L/2}} \qquad (11\text{-}78)$$

式中：α——变形系数，$\alpha = \sqrt[4]{K_0 b / 4EI}$；

A——函数值，$A = \text{ch}\alpha x \cos\alpha x$，可按不同的 αx 值从表 11-52 中采用；

B——函数值，$B = (\text{ch}\alpha x \sin\alpha x + \text{sh}\alpha x \cos\alpha x)/2$，查表 11-52；

C——函数值，$C = (\text{sh}x\alpha \sin\alpha x)/2$，查表 11-52；

D——函数值，$D = (\text{ch}\alpha x \sin\alpha x + \text{sh}\alpha x \cos\alpha x)/4$，查表 11-52；

p——作用在桥台上的均布荷载(包括桥跨结构重力荷载和化为均布的车辆荷载)；

K_0——地基土弹性抗力系数，一般由实验确定；无实验资料时，可按表 11-52 查用；

b——地基梁宽度，即桥台基础宽度；

E——地基梁(桥台)弹性模量；

I——纵桥向竖剖面的惯性矩,假定整个地基梁的 I 值不变;

B_1——函数脚标,表示 $x = B_1, \alpha x$ 的函数值;

$L/2$——函数脚标,表示 $x = L/2, ax$ 的函数值。

3. 基底应力验算

桥台的基底应力为桥台重力引起的应力与桥跨结构车辆荷载引起的应力之和。桥台重力引起的基底应力计算,是假定桥台因重力不致发生弯曲(图 11-11)。荷载引起的基底最大应力(中点)可按下式计算:

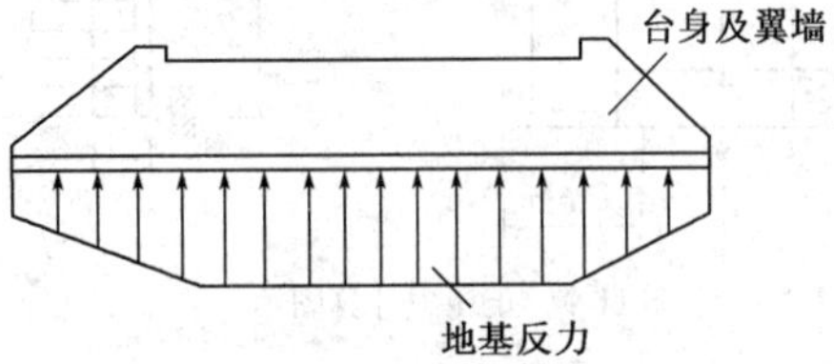

图 11-11 桥台重力引起的基底应力分布图

$$\sigma = \frac{p}{b}\left[\frac{\text{ch}\alpha L + 1}{\text{sh}\alpha L + \sin\alpha L}\right]\text{sh}\alpha a\cos\alpha a + \frac{1 + \cos\alpha L}{\text{sh}\alpha L + \sin\alpha L}\text{ch}\alpha a\sin\alpha a + 1 - \text{ch}\alpha a\cos\alpha a \tag{11-79}$$

式中:b——基础宽度;

a——桥中心线到分布荷载边缘的距离;

其余符号意义同前。

轻型桥台用的双曲线函数表值 表 11-52

αx	A	B	C	D
0	1.0000	0.0000	0.0000	0.0000
0.5	0.9895	0.4990	0.1249	0.0280
0.75	0.9473	0.7421	0.2803	0.0702
1.00	0.8337	0.9668	0.4954	0.1657
1.26	0.5824	1.1545	0.7716	0.3294
1.50	0.1664	1.2486	1.0620	0.5490
1.76	-0.5628	1.2042	1.3850	0.8673
2.00	-1.5656	0.9558	1.6490	1.2325
2.24	-2.9466	0.4224	1.8210	1.6515
2.50	-4.9128	0.5885	1.8105	2.1293
2.75	-7.2588	-2.1012	1.4865	2.5493
3.00	-9.9669	-4.2385	0.7096	2.8346
3.25	-12.8383	-7.0988	-0.6960	2.8507
3.50	-15.5198	-10.6525	-2.9014	2.4195
3.76	-17.5067	-14.9720	-6.2214	1.2579
4.00	-17.8498	-18.2524	-10.3265	-0.7073
4.24	-15.7939	-23.3485	-15.4484	-3.7806
4.50	-9.4890	-26.7447	-21.6712	-7.5517
4.74	1.5499	-27.8101	-28.2589	-16.4600

非岩石类土的弹性抗力系数 表 11-53

序　号	土的分类	K_0(kN/m^3)
1	流塑黏性土 $I_L \geqslant 1$,淤泥	100000 ~ 200000
2	软塑黏性土 $1 > I_L \geqslant 0.5$,粉砂	200000 ~ 450000
3	硬性黏性土 $0.5 > I_L \geqslant 0$,细砂、中砂	450000 ~ 650000
4	坚硬、半坚硬黏性土 $I_L < 0$,粗砂	650000 ~ 1000000
5	砾砂、角砾砂、圆砾砂、碎石、卵石	1000000 ~ 1300000
6	密实粗砂夹卵石	1300000 ~ 2000000

3.3.2 拱桥轻型桥台计算

拱桥轻型桥台的主要特点是:桥台重力和台后填土的主动土压力不能平衡水平推力,桥台向路堤方向移动(只绕基底转动,而无滑动),因而路堤对台背、土基对基底产生了弹性抗力(简称土抗力),使整个结构受力得到平衡。由于土抗力的作用,使桥台本身所受的水平推力大为减小,因而减小了桥台的尺寸。

桥台计算主要有三个方面:一是台身截面强度验算;二是基底应力验算;三是稳定性验算。

1. 台身截面强度验算(按单位宽度)

(1)弹性抗力强度

①$\sigma_{max} \geqslant 0$ 时

台背土抗力对基底重心的力矩(图 11-12)为:

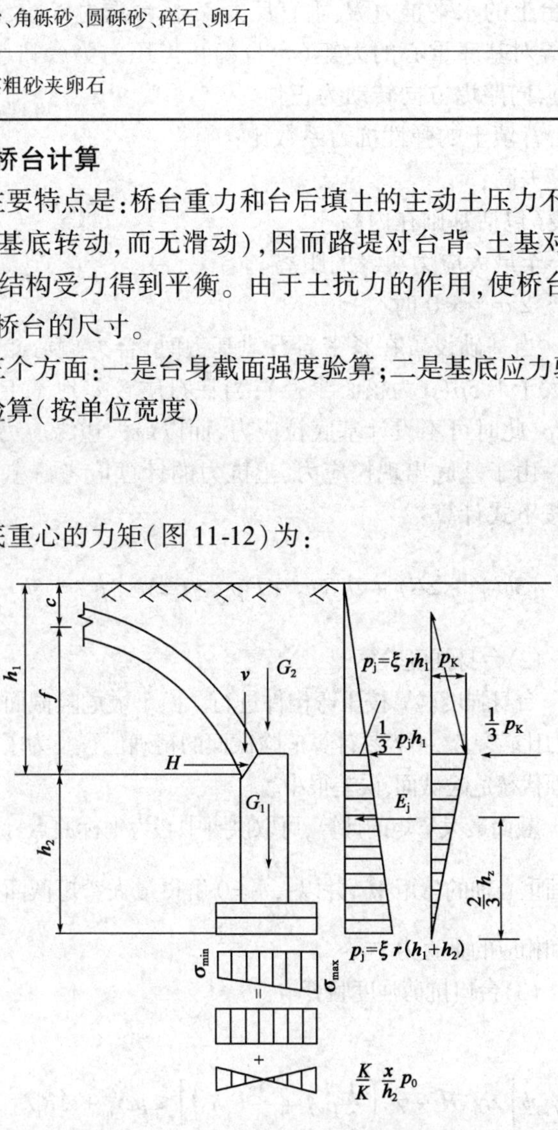

图 11-12 $\sigma_{max} \geqslant 0$ 时基底应力计算图示

$$M_{p_K} = \frac{1}{2}p_K h_2 \times \frac{2}{3}h_2 + \frac{1}{3}p_K f h_2 = \frac{1}{3}h_2(h_2 + f)p_K \tag{11-80}$$

基底土抗力对基底重心的力矩为：

$$M_0 = \frac{I_c}{x}\sigma = \frac{I_0}{x} \cdot \frac{K_0}{K} \cdot \frac{x}{h_2} \cdot p_K = \frac{K_0}{K} \cdot \frac{I_0}{h_2} \cdot p_K \tag{11-81}$$

由平衡条件得：

$$\Sigma M = M_{PK} + M_0 = \frac{p_K}{3}h_2(h_2 + f) + \frac{K_0}{K} \cdot \frac{I_0}{h_2} \cdot p_K$$

$$p_K = \frac{\Sigma M_c}{\frac{h_2}{3}(h_2 + f) + \frac{K_0}{K} \cdot \frac{I_0}{h_2}} \tag{11-82}$$

式中：p_K——土抗力强度；

ΣM_c——作用在桥台上的水平推力 H、垂直反力 V、桥台重力 G_1 及地基以上土重和台后静止土压力等对基底重心的力矩（台身静止土压力为台口至基底高度范围内的静止土压力），向路堤方向转动为正；

K_0/K——地基与台背填土的弹性抗力系数比；

f——拱的计算矢高；

h_2——桥台高度（包括基础在内）；

x——基底重心至最大应力边缘的距离。

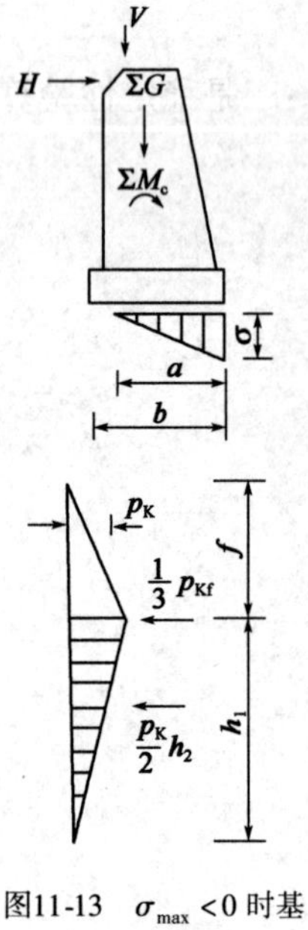

图11-13 $\sigma_{max}<0$ 时基底应力计算图示

②$\sigma_{max}<0$ 时

当基础设置在紧密岩石地基上时，合力偏心矩超过基底核心半径，但不大于 1.5ρ（ρ 为核心半径）；当在石质较差地基上时，合力偏心矩不大于 1.2ρ，此时可不设计基底拉应力，而以最大边缘应力控制设计（图 11-13）。

由于基底出现拉应力，土抗力的计算应考虑基底的应力重分布，其值可按下式计算：

$$[3b(V + \Sigma G) + 2h_2(h_2 + f)p_K - 6\Sigma M_c]^2 p_K = 8h_2 \frac{K}{K_0}(V + \Sigma G)^3 \tag{11-83}$$

(2)台身强度验算

台身强度验算按压弯构件进行。由于最危险截面不在基顶，所以求截面的内力比较复杂，不容易计算危险截面的精确位置。为了简化计算，可用最大弯矩截面代替危险截面，误差很小。

截面最大弯矩的计算，可取拱脚中心为坐标原点，计算各力对深度为 x 处的截面重心轴的弯矩 M_x，并以 $\frac{dM_x}{dx}=0$ 解得最大弯矩截面处的位置，求出最大弯矩值和相应的垂直力。

(3)台口抗剪强度验算

可按下式进行：

$$\gamma_{s0}\psi\left[\Sigma\gamma_{s1}H - \gamma_{s1}\left(\frac{1}{3}p_K f + \frac{1}{2}P_j h_i\right)\right] \leqslant \mu N_j + AR_i^j/\gamma_m \tag{11-84}$$

式中：γ_{s0}——结构的重要性系数。计算跨径 $L<50m$，$\gamma_{s0}=1.00$；$50m<L<100m$ 时，$\gamma_{s0}=1.03$；$L>100m$ 时，$\gamma_{s0}=1.05$；

ψ——荷载组合系数。组合 I 取 $\psi=1.00$ 组合 II、III、IV 取 $\psi=0.80$；组合 V 取 $\psi=0.77$；

γ_{s1}——荷载安全系数。对于结构自重，当其产生的效应与汽车或挂车产生效应同号时，$\gamma_{s1}=1.2$；异号时，$\gamma_{s1}=0.9$；对于其他荷载 $\gamma_{s1}=1.4$；

γ_m——材料或砌体的安全系数，按照公桥规采用；

A——台口处水平截面积；

R_i^j——台口处砌体抗剪极限强度；

μ——砌体摩擦系数；

p_j——台口处静止土压力强度。

2. 基底应力验算

当基础设置在非岩石地基上（图 11-12），合力偏心距不超过基底核心半径，此时地基应力为：

$$\sigma = \frac{V+\Sigma G}{A} \pm \frac{K_0}{K} \cdot \frac{x}{h_2} \cdot p_K \tag{11-85}$$

当基础设置在岩石地基上（图 11-10），合力偏心距超过核心半径，此时地基应力为：

$$\sigma = \frac{a}{h_2} \cdot \frac{K_0}{K} \cdot p_K \tag{11-86}$$

式中：a——基础受压宽度，其中

$$a = \sqrt{\frac{2h_2}{p_K} \cdot \frac{K}{K_0}(V+\Sigma G)} \geqslant \begin{cases} 0.75b & (\text{坚 石}) \\ 0.8b & (\text{较差岩石}) \end{cases}$$

3. 稳定性验算

(1) 路堤稳定性验算

当桥台向路堤转动时，保证台后填土不被破裂的安全系数为：

$$K_0 = \frac{p_b}{p_j + p_K} \geqslant 1.3 \tag{11-87}$$

式中：K_0——安全系数；

p_b——台口处被动土压力强度，其值为：

$$p_b = \gamma h_1 \tan^2\left(45^\circ + \frac{\varphi}{2}\right) + 2C\tan\left(45^\circ + \frac{\varphi}{2}\right)$$

p_j——台口处静止土压力强度，$p_j = \zeta\gamma \pm h_1$；

p_K——土抗力强度；

ζ——压实土的静止土压力系数；

φ——土的内摩擦角；

C——土的黏聚力。

(2) 抗滑动稳定性验算

为了保证桥台基底只有转动而无滑动，必须对抗滑动稳定性进行验算。根据荷载布置，分别作如下两种情况验算：

①桥跨上布满荷载（考虑静止土压力加上抗力），路堤滑动的安全系数为：

$$K_c = \frac{f_2(V+\Sigma G)}{H - E_j - p_K\left(\frac{h_2}{2} + \frac{f}{3}\right)} \tag{11-88}$$

式中：K_c——抗滑动安全系数；

E_j——桥台所受的静止土压力；

f_2——砌体与地基的摩阻系数。

②台后布置车辆荷载(考虑包括车辆荷载所引起的主动土压力),验算向河心滑动的安全系数。

对于小跨径陡拱,在高路堤的情况下,不应忽视这项验算。

4　钻(挖)孔桩施工计算

4.1　桩入土深度计算

对于非岩石类土中的桩,可参考下列图表(图 11-4、图 11-5、表 11-54)综合确定其入土深度。

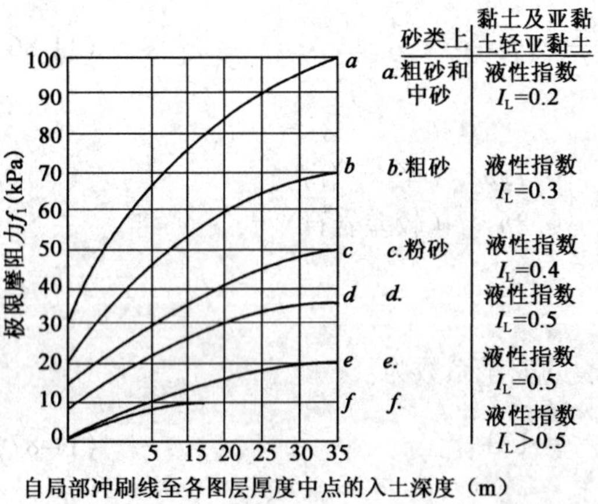

图　11-14

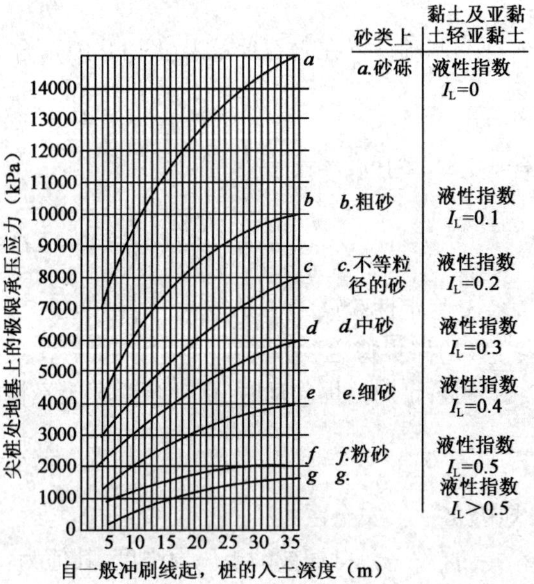

图　11-15

对于河床岩层有冲刷时,桩基须嵌入基岩,其嵌入基岩中的深度,可参照表 11-54 中公式计算:

嵌岩深度计算　　表 11-54

桩　形	圆　形　桩	矩　形　桩
计　算　公　式	$h=\sqrt{\dfrac{M_H}{0.066\beta R_a D}}$　(11-89)	$h=\sqrt{\dfrac{M_H}{0.0833\beta R_a b}}$　(11-90)
h——桩嵌入基岩中(不计风化层)的有效深度,m,但不得小于0.5m; M_H——在基岩顶面处的弯矩,kN·m; R_a——天然湿度的岩石单轴向极限抗压强度,kPa,试件尺寸同前述; β——系数,β=0.5~1.0,根据岩层侧面构造而定,节理不发达的取大值; D——钻(挖)孔桩或管柱的设计直径,m; b——垂直与弯矩作用平面桩的边长,m		

4.2 单桩容许承载力计算

4.2.1 摩擦桩单桩轴受压容许承载力计算

(1)钻(挖)孔灌注桩的容许承载力

$$[p] = \frac{1}{2}(Ul\tau_p + A\sigma_R) \tag{11-91}$$

式中:$[p]$——单桩轴向受压容许承载力,kN,当按下页表列 τ_i 计算时,在局部冲刷线以下,桩身重力的1/2作为外力考虑;当荷载组合II或组合III或组合IV或组合V作用时,容许承载力可提高25%(荷载组合I中如含有收缩、徐变或水浮力的荷载效应,也同样提高);

U——桩的周长,m,按成孔直径计算。当无试验资料时,成孔直径可按下列规定采用:旋转钻按钻头直径增大3~5cm;冲击钻按钻头直径增大5~10cm;冲抓钻按钻头直径增大10~20cm;

l——桩在局部冲刷线以下的有效长度,cm;

A——桩底横截面面积,m^2,用设计直径(钻头直径)计算;但当用换浆法施工(即成孔后,钻头在孔底继续旋转换浆)时,则按成孔直径计算;

τ_p——桩壁土的平均极限摩阻力,kPa,可按下式计算:

$$\tau_p = \frac{1}{l}\sum_{i=1}^{n}\tau_i l_i \tag{11-92}$$

其中:n——土层的层数;

l_i——承台底面或局部冲刷线以下各土层的厚度,m;

τ_i——与 l_i 对应的各土层与桩壁的极限摩阻力,kPa,按表11-57采用;

σ_R——桩尖处土的极限承载力,kPa,可按下式计算:

$$\sigma_R = 2m_0\lambda\{[\sigma_0] + k_2\gamma_2(h-3)\} \tag{11-93}$$

其中:$[\sigma_0]$——桩尖处土的容许承载力,kPa;

h——桩尖的埋置深度,m;对于有冲刷的基础,埋深由一般冲刷线起算;对于无冲刷的基桩,埋深由天然地面线或实际开挖后的地面线起算;h 的计算值不大于40m,当大于40m时,按40m计算;或按试验确定其承载力;

k_2——地面土容许承载力随深度的修正系数;

γ_2——桩尖以上土的重度,kN/m^3;

λ——修正系数,见表11-55;

m_0——清底系数,见表11-56。

λ 值 表11-55

桩底土的情况 \ l/d	4~20	20~25	>25
透水性土	0.70	0.70~0.85	0.85
不透水性土	0.65	0.65~0.72	0.72

清底系数 m_0 值 表 11-56

t/d	0.6~0.3	0.3~0.1
m_0	0.25~0.70	0.70~0.1

注：①设计时，宜限制 $t/d \leq 0.4$，不得已才可采用 $0.4 < t/d < 0.6$；

②t、d 为桩底沉淀土厚度和桩的直径。

钻孔桩周土的极限摩阻力 τ_i 值 表 11-57

土　类	极限摩阻力 τ_i，(kPa)
回填的中密炉渣、粉煤灰	40~60
流塑黏土、亚黏土、亚砂土	20~30
软塑黏土	30~50
硬塑黏土	50~80
硬黏土	80~120
软塑亚黏土、亚砂土	35~55
硬塑亚黏土、亚砂土	55~85
粉砂、细砂	35~55
中砂	40~60
粗砂、砾砂	60~140
砾石(圆砾、角砾)	120~180
碎石、卵石	160~400

注：①漂石、块石(含量占40%~50%，粒径一般为300~400mm)可按600kPa采用；

②砂土可根据密实度选用其大值或小值；

③圆砾、角砾、碎石和卵石可根据密实度和填充料选用其大值或小值；

④挖孔桩的极限摩阻力可参照本表采用。

(2)沉桩的容许承载力

$$[p] = \frac{1}{2}(U\Sigma\alpha_i l_i \tau_i + \alpha A\sigma_R) \tag{11-94}$$

式中：$[p]$——端桩轴向受压容许承载力，kN。当荷载组合II或组合III或组合IV或组合V作用时，可提高25%(荷载组合I中如含有收缩，徐变或水浮力荷载效应，也同样提高)；

U——桩的周长，m；

l_i——承台底面或局部冲刷线以下各土层厚度，m；

τ_i——与 l_i 对应的各土层与桩壁的极限摩阻力，kPa，见表11-58；

σ_R——桩尖处土的极限承载力，kPa，见表11-60；

α_i、α——分别为震动沉桩对各土层桩周摩阻力和桩底承压力的影响系数，按表11-59采用。对于锤击沉桩其值均取为1.0。

沉桩桩周的极限摩阻力 τ_i 值 表 11-58

土类	状态	极限摩阻力 τ_i(kPa)
黏性土	$1.5 \geqslant I_L \geqslant 1$	15~30
	$1 > I_L \geqslant 0.75$	30~45
	$0.75 > I_L \geqslant 0.5$	45~60
	$0.5 > I_L \geqslant 0.25$	60~75
	$0.25 > I_L \geqslant 0$	75~85
	$0 > I_L$	85~95
粉砂土	稍松	20~35
	中密	35~65
	密实	65~80
中砂	中密	55~75
	密实	75~90
粗砂	中密	70~90
	密实	90~105

注:表中 I_L 为土的液性指数,系按 76g 平衡锥测定的数值。

α_i 及 α 系数值 表 11-59

α_i、α 值 \ 土类 / 桩径或边宽 d(m)	黏土	亚黏土	亚砂土	砂土
$d \leqslant 0.8$	0.6	0.7	0.9	1.1
$2.0 \geqslant d > 0.8$	0.6	0.7	0.9	1.0
$d > 2.0$	0.5	0.6	0.7	0.9

沉桩桩尖处土的极限承载力 σ_R 值　　表 11-60

土　类	状　态	桩尖极限承载力 σ_R(kPa)		
黏性土	$I_L \geq 1$	1000		
	$1 > I_L \geq 0.65$	1600		
	$0.65 > I_L \geq 0.35$	2200		
	$0.35 > I_L$	3000		
土类	状态	桩尖进入持力层的相对深度		
		$1 > \frac{h}{d}$	$4 > \frac{h'}{d} \geq 0.65$	$\frac{h'}{d} \geq 4$
粉砂	中密	2500	3000	3500
	密实	5000	6000	7000
细砂	中密	3000	3500	4000
	密实	5500	6500	7500
中、粗砂	中密	3500	4000	4500
	密实	6000	7000	8000
圆砾石	中密	4000	4500	5000
	密实	7000	8000	9000

注：表中 h' 为撞尖进入持力层的深度(不包括桩靴)；d 为桩的直径或边长。

4.2.2　摩擦桩单桩轴向受拉容许承载力计算

$$[p_1] = 0.3Ul\tau_p + G \tag{11-95}$$

式中：$[p_1]$——荷载组合 II 或组合 III 或组合 IV 作用时的单桩轴向受拉容许承载力，kN，当荷载组合作用时，桩不宜出现上拔力；

G——桩身重力，kN。

4.2.3　支承在基岩上或嵌入基岩内的钻(挖)孔桩、沉桩和管桩的单桩轴向受拉容许承载力计算

按下式进行：

$$[P] = (c_1A + c_2Uh)R_a \tag{11-96}$$

式中：$[P]$——单桩轴向受压容许承载力，kN，当荷载组合 II 或组合 III 或组合 IV 或组合 V 作用时，可提高 25%；

R_a——天然湿度的岩石单轴极限抗压强度，kPa，试件直径为 7 ~ 10cm，试件高度与试件直径相等；

h——桩嵌入基岩深度，m，不包括风化层；

U——桩嵌入基岩部分的横截面周长，m，对于钻孔桩和管柱桩按照设计直径采用；

A——桩底横截面面积，m^2，对于钻孔桩和管柱桩按照设计直径采用；

c_1、c_2——根据清孔情况、岩石破碎程度等因素而确定的系数，按照表 11-61 采用。

系数 c_1、c_2 值 表 11-61

条件 系数	良好的	一般的	较差的
c_1	0.6	0.5	0.4
c_2	0.05	0.04	0.03

注：①当 $h \leqslant 0.5$m 时，c_1 采用表列的 0.75 倍，$c_2=0$；

②对于钻孔桩，系数 c_1、c_2 值可降低 20% 采用。

4.2.4 单桩内力计算及强度验算

(1)基桩应验算桩身强度、稳定性及裂缝宽度。验算方法可按《公路钢筋混凝土及预应力混凝土桥涵设计规范》(JTJ 023—85)有关内容进行。

(2)计算桩的内力时可采用 m 法，见《公路桥涵地基与基础设计规范》(JTJ 024—85)附录六，或采用其他有可靠根据的方法计算。

4.3 人工挖孔桩护壁厚度计算

人工挖孔桩护壁厚度的计算 表 11-62

计算方法及公式	符号意义
为了防止塌方，保证操作安全，大直径人工挖孔桩大多采取分段挖土、分段护壁的方法施工。分段现浇混凝土护壁厚度，一般取受力最大处，即地下最深段护壁所承受的土压力及地下水的侧压力，由计算确定护壁厚度。设混凝土护壁厚度为 t，则可按下式计算： $t \geqslant KN/f_c$ (11-97) 或 $t \geqslant KpD/(2f_c)$ (11-98) 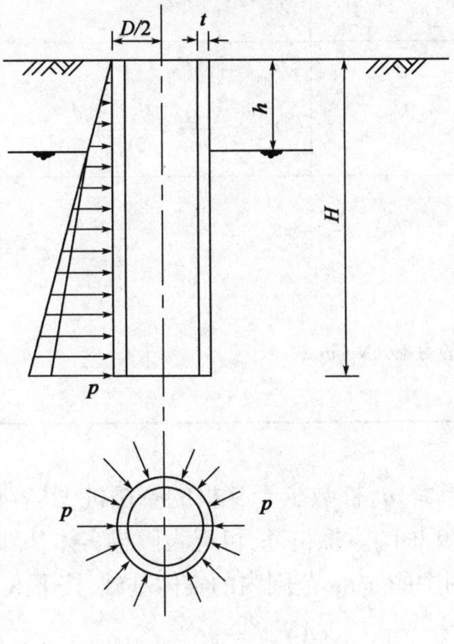 护壁受力计算简图 当挖孔无地下水时： $p = \gamma H \tan^2(45° - \varphi/2)$ (11-99) 当有地下水时： $p = \gamma h \tan^2(45° - \varphi/2) + (\gamma - \gamma_w)(H - h) \cdot \tan^2(45° - \varphi/2) + (H - h)\gamma_w$ (11-100)	N——作用在护壁截面上的压力，N/m，$N = pD/2$； p——土和地下水对护壁的最大总压力，N/m^2； γ——土的重度，kN/m^3； γ_w——水的重度，kN/m^3； H——挖孔桩护壁深度，m； h——地面至地下水位深度，m； D——挖孔桩或圆形构筑物外直径，m； f_c——混凝土的轴心抗压强度设计值，MPa； K——安全系数取 1.65

例 11-9 1.8m 直径混凝土灌注桩，深 30m，用人工挖孔，混凝土护壁采用 C20 混凝土，每节高 1m，地基土为黏性土，天然重度 $\gamma = 19.5\mathrm{kN/m^3}$，内摩擦角 $\varphi = 20°$，地面以下 6m，有地下水，试计算混凝土护壁所需厚度。

解 最深段的总压力为：

$$p = \gamma h\tan^2(45° - \varphi/2) + (\gamma - \gamma_w)(H - h)\tan^2(45° - \varphi/2) + (H - h)\gamma_w$$

$$= 19.5 \times 6 \times \tan^2(45° - 10°) + (19.5 - 10)(30 - 6)\tan^2(45° - 10°) + (30 - 6) \times 10$$

$$= 409.05\mathrm{kN/m^2}$$

用 C20 混凝土，$f_c = 10\mathrm{MPa}$，$D = 1.8\mathrm{m}$，则有：

$$t = KpD/(2f_c) = 1.65 \times 409.05 \times 180/(2 \times 10 \times 10^3) = 6.1\mathrm{cm}$$

一般护壁最小厚度为 8cm，故采用 8cm；为安全计再加适量的 Φ6mm 钢筋，间距 20 ~ 30cm。

5 群桩及承台施工计算

5.1 群桩承载力计算

5.1.1 群桩中单桩轴向力的计算

群桩中单桩轴向力计算 表 11-63

荷载情况	项 目	代 号	计算公式
承受中心荷载	桩 i 的轴向力(kN)	Q_i	$Q_i = \dfrac{N+G}{n} \leqslant P_a$ (11-101)
承受偏心荷载	桩的最大轴向力(kN)	Q_{max}	$Q_{max} \leqslant 1.2P_a$ (11-102) $Q_{max} = \dfrac{N+G}{n} + \dfrac{M_x Y_i}{\Sigma Y_x^2} + \dfrac{M_y X_i}{\Sigma X_i^2}$ (11-103)
P_a——单桩垂直容许承载力，kN，可按式(11-91)确定； N——作用于桩基上的垂直荷载，kN； G——桩台自重及桩台上覆土重，kN； n——桩数； M_x、M_y——作用于桩台基面处，对通过桩群重心的 X—X 轴的力矩，kN·m； X_i、Y_i——桩 i 至通过桩群重心的 Y、X 轴距离，m			

5.1.2 群桩承载力计算

群桩理论主要是针对摩擦桩而言。对于桩距≥$3d$，桩数少于 9 根的摩擦桩，其容许承载力即为单桩容许承载力之和；对桩距 <$6d$，桩数超过 9 根的摩擦桩基，可视为假想实体基础验算。

群桩作为整体基础时，桩基可视为表 11-64 图中的 acde 范围内的实体基础，按下式计验算：

$$\sigma_{max} = \bar{\gamma} l + \gamma_h - \frac{BL\gamma h}{A} + \frac{N}{A}\left(1 + \frac{eA}{W}\right) \leqslant [\sigma] \quad (11\text{-}104)$$

式中：σ_{max}——桩尖平面处的最大压应力，kPa；

$\bar{\gamma}$——承台底面至桩尖上的平均重度，包括桩的重力在内，$\mathrm{kN/m^3}$；

N——作用于承台底面合力的垂直分力，kN；

γ——承台底面以上土的重度，$\mathrm{kN/m^3}$；

e——作用于承台底面合力的垂直分力对桩尖平面处计算面积重心轴的偏心距,m;

A——假想的实体基础在桩尖平面处的计算面积(即 $a\times b$),m^2;

W——假想的实体基础在桩尖平面处的抵抗矩,m^3;

l_0——承台底面处桩基平面轮廓的长度,m;

l——承台长度,m;

B_0——承台底面处桩基平面轮廓的宽度,m;

B——承台宽度,m;

$\overline{\varphi}$——基桩所穿过土层的平均内摩擦角,按下式计算:

$$\overline{\varphi}=\frac{\varphi_1 l_1+\varphi_2 l_2+\cdots+\varphi_n l_n}{l} \tag{11-105}$$

其中 $\varphi_1 l_1$、$\varphi_2 l_2$、...、$\varphi_n l_n$ 为各层土的内摩擦角与相应土层厚度的乘积;$[\sigma]$为修正后桩尖平面处的容许承载力,单位为 kPa,并应按有关规定予以提高。

承台受力简图 表 11-64

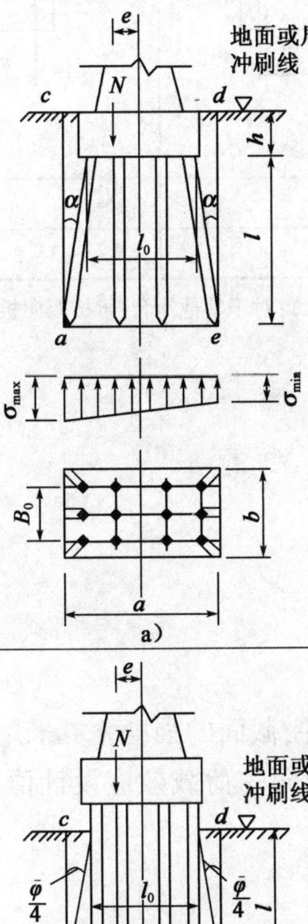

a)

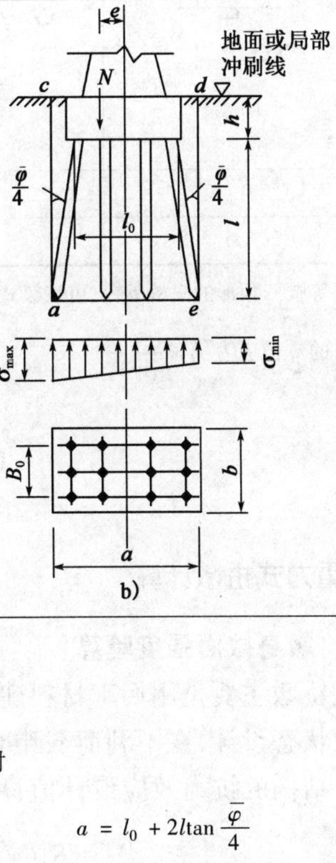

b)

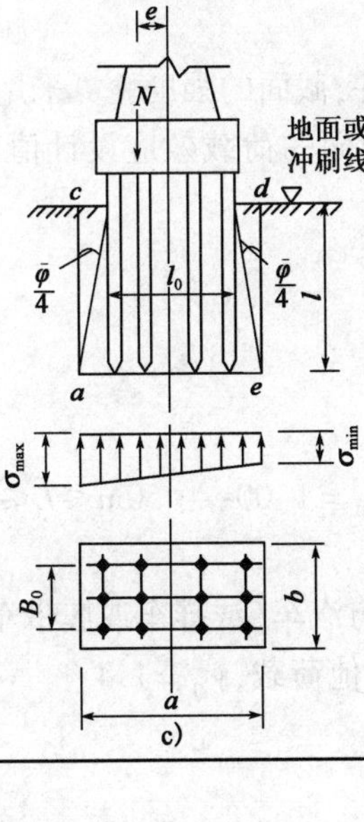

c)

当 $a\leqslant\frac{\overline{\varphi}}{4}$ 时

$$a=l_0+2l\tan\frac{\overline{\varphi}}{4} \tag{11-106}$$

$$b=B_0+l\tan\frac{\overline{\varphi}}{4} \tag{11-107}$$

当 $a>\frac{\overline{\varphi}}{4}$ 时

$$a=l_0+2l\tan\alpha \tag{11-108}$$

$$b=B_0+2l\tan\alpha \tag{11-109}$$

5.2 承台板弯矩计算

表 11-65

承受轴心荷载的柱下桩基承台	I－I 轴弯矩	$M_{\mathrm{I}} = m_1 s_1 Q_i$	(11-110)
	II－II 轴弯矩	$M_{\mathrm{II}} = m_2 s_2 Q_i$	(11-111)

M_{I}、M_{II}——对于 I－II、II－II 轴的弯矩，kN · m；

m_1、m_2——系数，根据桩的排列方式，承台形状和配筋方式确定；

s_1、s_2——桩距，m

系数 m_1、m_2 值

	二桩承台	三桩承台	四桩承台	六桩承台
承台形式	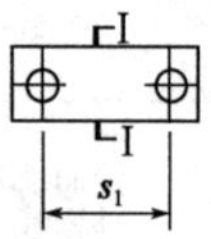	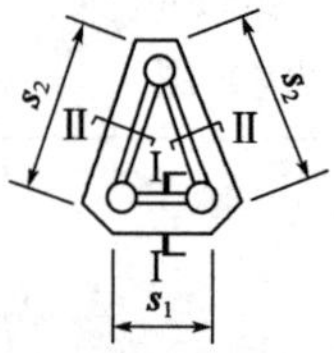	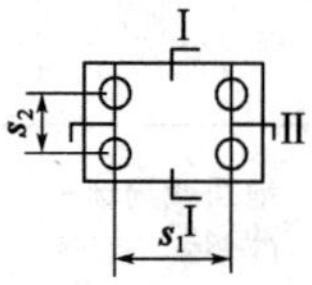	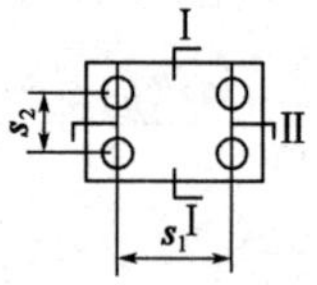
m_1	1/2	$\eta/2$	η	η
m_2	0	$(1-\eta)/2$	$1-\eta$	$(3-2\eta)/2$

注：①对于等腰三角形的三桩承台，可按梁式配筋，取梁 $b=d$ 宽（直径或边长）；对于其他承台，可按双向板式配筋；

②表中的 η 值应为：$\eta = \dfrac{s_1}{s_1+s_2}$。

6 桥 墩 计 算

6.1 重力式桥墩计算

6.1.1 墩身截面强度验算

重力式桥墩主要是用圬工材料建造，一般为偏心受压构件，截面的强度验算采用分向安全系数的极限状态设计，在不利荷载组合作用下，桥墩各控制截面的荷载效应设计值（内力）应小于或等于结构的抗力效应设计值，用方程表示为：

$$S_d(\gamma_{s0}\phi\Sigma\gamma_{s1}Q) \leqslant R_d\left(\frac{R_j}{\gamma_m},\alpha_k\right) \tag{11-112}$$

式中：S_d——荷载效应函数；

Q——荷载在结构上产生的效应；

γ_{s0}——结构的重要性系数。当计算跨径 $L \leqslant 50$m 时，$\gamma_{s0}=1.00$；当 50m $\leqslant L \leqslant$ 100m 时，$\gamma_{s0}=1.03$；当 $L>100$m 时，$\gamma_{s0}=1.05$；

γ_{s1}——荷载安全系数，对于结构自重，当其产生的效应与汽车（或挂车或履带车）产生效应同号时，$\gamma_{s1}=1.2$；异号时，则 $\gamma_{s1}=0.9$；对于其他荷载，$\gamma_{s1}=1.4$；

ϕ——荷载组合系数，按表 11-66 采用；

R_d——结构抗力效应函数；

γ_m——材料或砌体的安全系数，按表 11-67 采用；

α_k——结构的几何尺寸；

R_j——材料或砌体的极限强度，按《公路砖石及混凝土桥涵设计规范》第 2.0.5 条采用。

荷载组合系数 ϕ 值 表 11-66

荷载组合	ϕ	荷载组合	ϕ
组合 I	1.00	组合 II、III、IV	0.80
组合 V	0.77		

注：①各类荷载组合见通用设计规范；

②当组合 I 中考虑了水的浮力或基础变位影响力时，则应采用荷载组合 II 中的 ϕ 值。

***H* 值** 表 11-67

砌体种类石料	受力情况	
	受压	受弯、受拉、受剪
	1.85	2.31
片石砌体 片石混凝土砌体	2.31	2.31
块石砌体、粗料石砌体、混凝土预制块砌体	1.92	2.31
混凝土	1.54	2.31

墩台截面的强度验算包括下列各项内容：

(1)验算截面的选择

强度验算截面通常选取墩身的基础顶面于墩身截面突变处。采用悬臂式墩帽的墩身，应对与墩帽交界的墩身截面进行验算。当桥墩较高时，由于危险截面不一定在墩身底部，需沿墩身每隔 2～3m 选取一个验算截面。

(2)验算截面的内力计算

按照各种组合分别对各验算截面计算其竖向力、水平力和弯矩(顺桥向和横桥向)，得到 ΣN、ΣH 及 ΣM，并按下式计算各种组合的竖向力设计值：

$$N_j = \gamma_{s0}\phi\Sigma\gamma_{s1}N \tag{11-113}$$

式中：N_j——各种组合中最不利的设计荷载效应(竖向力)；

N——各种组合中按不同荷载算得的竖向力；

其他符号意义同前。

(3)按轴心或偏心受压验算墩身各验算截面的强度计算强度时，按下式计算：

$$N_j \leqslant aAR_a^j/\gamma_m \tag{11-114}$$

式中：A——验算截面的面积；

R_a^j——材料的抗压极限强度；

a——竖向力的偏心影响系数，按下式计算：

$$a = \frac{1-\left(\frac{e_0}{y}\right)^m}{1+\left(\frac{e_0}{\gamma_w}\right)^2} \tag{11-115}$$

e_0——竖向力的偏心距，$e_0 = \frac{\Sigma M}{\Sigma N}$；

y——截面或换算截面重心至偏心方向截面边缘的距离；

γ_w——在弯曲平面内截面的回转半径；

m——截面形状系数，对圆形截面取2.5；T形截面取3.5；箱形和矩形截面取8。

(4)截面偏心验算

桥墩承受偏心受压荷载时，各验算截面在各种组合下的偏心距 e_0 均不应超过表11-68的容许值。如果超过时，可按下式确定截面尺寸：

$$N_j \leqslant \frac{AR_{w1}^j}{\left(\frac{Ae_0}{W_0} - 1\right)\gamma_m} \tag{11-116}$$

式中：R_{w1}^j——受拉边边层的弯曲抗拉极限强度；

W_0——截面受拉边缘的弹性抵抗矩；

其他符号意义同前。

容许偏心距 e_0　　表11-68

荷载组合	结构名称	容许偏心矩
组合Ⅰ	其他结构(除拱圈)	≤0.5y
组合Ⅱ、Ⅲ、Ⅳ	其他结构(除拱圈)	≤0.6y
组合Ⅴ		≤0.7y

注：①当混凝土结构截面受拉一边布设有不小于截面积0.05%的纵向钢筋时，表内规定值可增加0.1y；

②当截面配筋率符合规范有关规定时，按钢筋混凝土截面计算，偏心距不受限制；

③当荷载组合Ⅰ中考虑了水的浮力或基础变位影响力时，容许偏心距按荷载组合Ⅱ采用。

6.1.2 桥墩墩身的稳定性验算

1.纵向挠曲稳定验算

墩台的纵向挠曲稳定可按下式验算：

$$N_j \leqslant \varphi\alpha R_\alpha^j/\gamma_m \tag{11-117}$$

式中：φ——受压构件纵向弯曲系数，中心受压墩台的 φ 值见表11-69，对偏心受压构件，弯曲平面内的纵向弯曲系数 φ 值按下式计算：

$$\varphi = \frac{1}{1 + \alpha\beta(\beta - 3)\left[1 + 1.33\left(\frac{e_0}{\gamma_w}\right)^2\right]} \tag{11-118}$$

其中 α——与砂浆强度有关的系数，对5、2.5、1号砂浆，α 分别采用0.002、0.0025、0.004；对混凝土 α 采用0.002；

β——矩形截面 $\beta = \frac{l_0}{h_w}$；非矩形截面内在计算 $\frac{l_0}{\gamma_w}$ 后，依据表11-69中的 $\beta = \frac{l_0}{\gamma_w}$ 值，查出相应的 $\frac{l_0}{\gamma_w}$；

l_0——桥墩的计算长度，与两端约束的情况有关，见表11-70；

h_w——矩形截面在弯曲平面上的高度；

其他符号意义同前。

中心受压构件纵向弯曲系数 φ 　　表 11-69

$\frac{l_0}{h}$或$\frac{l_0}{h_w}$	$\frac{l_0}{r}$或$\frac{l_0}{r_w}$	混凝土构件	砌体砂浆标号	
			≥5	2.5
≤3	≤10	1.00	1.00	1.00
4	14	0.99	0.99	0.99
6	21	0.96	0.96	0.96
8	28	0.93	0.93	0.91
10	35	0.88	0.88	0.85
12	42	0.82	0.82	0.79
14	49	0.76	0.76	0.72
16	56	0.71	0.71	0.66
18	63	0.65	0.65	0.60
20	70	0.60	0.60	0.54
22	76	0.54	0.54	0.49
24	83	0.50	0.50	0.44
26	90	0.46	0.46	0.40
28	97	0.42	0.42	0.36
30	104	0.38	0.38	0.33

注：①h 是轴心受压构件矩形截面边边长；

②r 是轴心受压构件形状任意形状截面较小的回转半径。

构件纵向弯曲计算长度 　　表 11-70

构件及其两端约束情况		计算长度 l_0
直　杆	两端固结	$0.5l$
	一端固结，一端为不移动的铰	$0.7l$
	两端均为不移动的铰	$1.0l$
	一端固结，一端自由	$2.0l$

注：l 是构件之间的长度。

2. 稳定性验算

(1)倾覆稳定性验算

抵抗倾覆的稳定系数按下式验算(图 11-16)：

$$K_0 = \frac{M_{稳}}{M_{倾}} = \frac{x\Sigma P_i}{\Sigma(P_i e_i) + \Sigma(T_i h_i)} = \frac{x}{e_0} \tag{11-119}$$

式中：$M_{稳}$——稳定力矩；

$M_{倾}$——倾覆力矩；

ΣP_i——作用于基底竖向力的总和；

$P_i e_i$——作用在桥墩上各竖向力与它们到基底重心轴距离的乘积；

$T_i h_i$——作用在桥墩上各水平力与它们到基底距离的乘积；

x——基底截面重心 O 至偏心方向截面边缘距离；

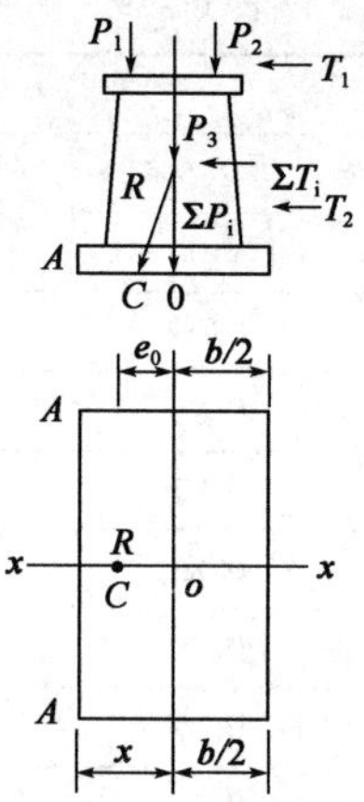

图 11-16 桥墩稳定性验算

e_0——所有外力的合力 R(包括水浮力)的竖向分力对基底重心的偏心距。

(2)滑动稳定性验算

抵抗滑动的稳定系数 K_c,按下式验算:

$$K_c = \frac{f\Sigma P_i}{\Sigma T_i} \tag{11-120}$$

式中:ΣP_i——各竖向力的总和(包括水的浮力);

ΣT_i——各水平力的总和;

f——基础底面与地基土之间的摩擦系数,若无实测值时,可参照表 11-71 选取。

上述求得的倾覆滑动稳定系数 K_0 与 K_c 均不得小于表 11-72 中所规定的最小值。还要注意的是:在验算倾覆稳定性和滑动稳定性时,都要分别按常水位和设计洪水位两种情况考虑水的浮力。

值得注意的是,斜交桥桥台的斜交角较大时,其稳定性比正交桥台差。由于土压力作用的方向与桥轴方向不一致,也使斜交桥台稳定和强度计算比较复杂,为了简化计算并有足够的安全储备,认为桥台背后垂直方向的土压力沿横桥方向均匀分布。这样,土压力的合力中心与桥轴中心存在偏心,使斜桥可能发生旋转和倾斜,应予以验算。

基底摩擦系数 表 11-71

地基土分类	摩擦系数 f
软塑黏土	0.25
硬塑黏土	0.30
砂黏土、黏砂土、半干硬的黏土	0.30~0.40
砂土类	0.40
碎石类土	0.50
软质岩石	0.40~0.60
硬质岩石	0.60~0.70

抗倾覆和抗滑动的稳定系数 表 11-72

荷载情况	验算项目	稳定系数
荷载组合 I	抗倾覆	1.5
	抗滑动	1.3
荷载组合 II、III、IV	抗倾覆	1.3
	抗滑动	
荷载组合 V	抗倾覆	1.2
	抗滑动	1.2

注:表中荷载组合 I 如包括混凝土收缩、徐变和水的浮力引起的效应,则应采用荷载组合 II 时的稳定系数。

6.1.3 基础底面承载力及偏心矩验算

1. 基底地基承载力验算

基底土的承载力一般按顺桥向和横桥向分别进行验算。当偏心荷载的合力作用在基底截面的核心半径以内时,应验算偏心向的基底应力。当设置在基岩上的桥墩基底的合力偏心距超出核心半径时，其基底的一边将会出现拉应力，由于不考虑其基底承受拉应力，故需按基底应力重分布（图 11-17）重新验算基底最大压应力，其验算公式如下：

（1）顺桥向

$$\sigma_{max} = \frac{2N}{ac_x} \leqslant [\sigma] \qquad (11\text{-}121)$$

（2）横桥向

$$\sigma_{max} = \frac{2N}{bc_y} \leqslant [\sigma] \qquad (11\text{-}122)$$

式中：σ_{max}——应力重分布后基底最大压应力；

N——作用在基础底面合力的竖向分力；

a、b——横桥方向和顺桥方向基础底面积的边长；

$[\sigma]$——地基土的容许承载力，按荷载及使用情况计入容许承载力提高系数；

c_x——顺桥方向验算时，基底受压面积在顺桥方向的长度，即 $c_x = 3\left(\frac{b}{2} - e_x\right)$；

c_y——横桥方向验算时，基底受压面积在横桥方向的长度，即 $c_y = 3\left(\frac{b}{2} - e_y\right)$。

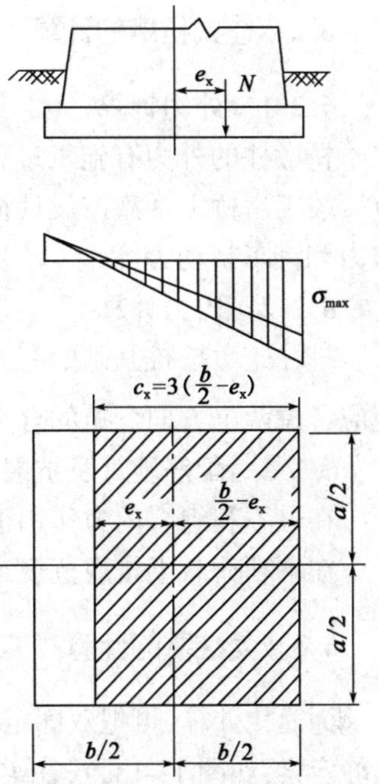

图 11-17　基底应力重分布图

其中 e_x、e_y 为分别为合力在 x 轴和 y 轴方向的偏心距。

2. 基底偏心距验算

为了使恒载基底应力分布比较均匀，防止基底最大压应力 σ_{max} 与最小压应力 σ_{min} 相差过大，导致基底产生不均匀沉陷和影响桥墩的正常使用，设计时，应对基底合力偏心距加以限制，在基础纵向和横向，其计算的荷载偏心距 e_0 应满足表 11-73 的要求。

墩台基础合力偏心距的限制　　表 11-73

荷载情况	地基条件	合力偏心距	备　注
墩台仅受恒载作用时	非岩石地基	桥墩 $e_0 \leqslant 0.1\rho$	对于拱桥墩台，其恒载合力作用点应尽量保持在基底中心线附近
		桥台 $e_0 \leqslant 0.75\rho$	
墩台受荷载组合 II、III、IV 作用时	非岩石地基	$e_0 \leqslant \rho$	建筑在岩石地基上的单向推力墩，当满足强度和稳定性要求时，合力偏心距不受限制
	石质较差的岩石地基	$e_0 \leqslant 1.2\rho$	
	坚密岩石地基	$e_0 \leqslant 1.5\rho$	

注：表中的 $\rho = \frac{W}{A}$；$e_0 = \frac{\Sigma M}{N}$；

其中：ρ——墩台基础底面的核心半径；

W——墩台基础底面的截面模量；

A——墩台基础底面的面积；

N——作用于基底的合力的竖向分力；

ΣM——作用于墩台的水平力和竖向力对基底形心轴的弯矩。

6.2 柱式桥墩的计算

6.2.1 外力计算

桥墩柱的外力有施工过程中施加的临时荷载、上部结构恒载、盖梁的恒载反力及墩柱自重。竣工后桥上活载按设计荷载布置车列，得出最不利的荷载组合。桥墩的水平力有支座摩阻力和汽车制动力等。

6.2.2 内力计算

桩柱式墩按桩基础的有关内容计算桩柱的内力及桩的入土深度。对于单桩式墩，计算弯矩应考虑两个方向弯矩的合力。即纵横向弯矩合力值为：$\Sigma M=\sqrt{M_x^2+M_y^2}$。

6.2.3 配筋验算及抗裂验算

在最不利组合内力作用下，可先配筋，再按钢筋混凝土偏心受压构件验算。

在不利荷载下按规范规定计算墩身钢筋混凝土构件的裂缝宽度，根据情况进行验算。

6.3 柔性墩的计算

为简化计算，可把双固定支座布置的柔性墩视为下端固定，上端有水平约束的铰接支承的超静定梁，如图 11-18a)，在柔性墩的顶端，已知桥跨结构作用的竖向力 N 和墩顶端偏心弯矩 M，可求出墩顶位移 Δ_i。

6.3.1 基本假定

(1)柔性墩顶水平力的计算，在墩顶偏心矩不大的前提下，可采用叠加原理进行计算，计算图示见图 11-18b)。其中第一图式计算由于水平位移产生的墩顶水平力，产生水平位移的外力包括制动力、梁的温度变化力以及竖向活载作为下梁长度变化产生的水平力等各种组合；第二图式计算由于墩顶产生了水平位移，在竖向力作用下引起墩内弯矩产生的水平反力；第三图式为在墩顶偏心矩作用下产生的水平反力。此外，在必要时还应包括风力产生的水平反力。计算水平力时，梁身混凝土收缩、徐变等次要因素一般可忽略不计。

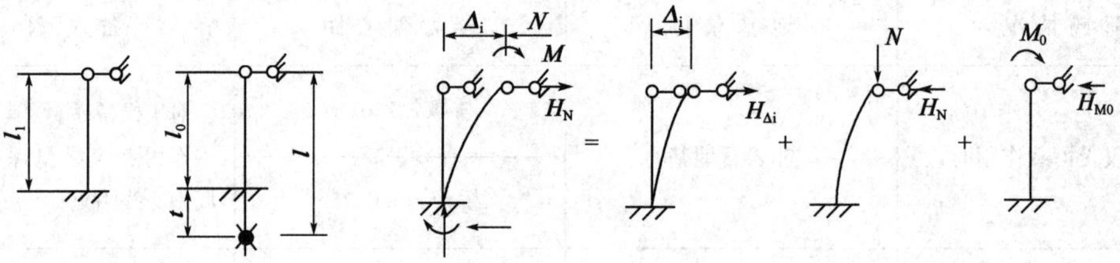

图 11-18 柔性墩计算图式

(2)假定上部结构对桩柱顶不发生相对位移，制动力按各墩抗水平位移刚度分配。桩柱式柔性墩，墩柱下端固结在基础或承台顶面，其抗水平刚度为(等截面)：

$$K_i=\frac{3EI}{l_i^3}=\frac{1}{\delta_i} \tag{11-123}$$

式中：δ_i——单位水平力作用在柔性墩顶面时，墩顶的水平位移；

l_i——墩柱下端固结处到墩顶的高度；

I——墩横截面对形心轴的惯性矩；

K_i——第 i 墩台的抗水平位移刚度，当为桩柱式排架时：$K=\frac{1}{\delta_i}$。

δ_i 的计算应考虑桩侧土的弹性抗力因素，可参照《基础工程》桩基础计算。

(3)计算土压力时，如设有实体刚性墩台，则全部由有关刚性墩台承受，如均为柔性墩，则由岸墩承受土压力而由对岸土抗力平衡，其余柔性墩不计其影响。

(4)水平力组合时，桩柱顶的制动力、水平土压力(当边排架向河心偏移时)及竖向偏载产生的水平力的代数和不允许大于支座摩阻力。当前三者与温度变化产生水平力的总和大于支座摩阻力时，按摩阻力计算。

6.3.2 墩顶水平位移的计算

(1)柔性墩顶制动力及其水平位移计算

$$f_{iz}=\frac{K_i}{\Sigma K_i}F \tag{11-124}$$

式中：f_{iz}——作用在第 i 墩台顶的制动力；

K_i——第 i 墩台的抗水平位移刚度；

F——全桥(或一联)承受的制动力。

由制动力产生的墩顶水平位移为：$\Delta\delta=\frac{f_{iz}}{K_i}$ (11-125)

(2)梁的温度变形

梁的温度变形值为：

$$\Delta_t=\alpha t\Sigma L_i \tag{11-126}$$

式中：α——桥跨结构材料线膨胀或收缩系数，混凝土及钢筋混凝土取用0.00001；

t——温度升降范围；

ΣL_i——所计算的柔性墩按照支座布置情况应承担温度力的桥跨长度，L_i 为桥梁跨径。

(3)在竖向活载作用下，梁长度的变化

当桥跨结构跨径较大时，在竖向活载作用下梁下缘增长而影响柔性墩的位移也应考虑，此时由梁的挠度 δ_s 近似得到梁的挠曲半径：

$$R=\frac{L_i^2}{8\delta_s} \tag{11-127}$$

然后按梁的挠曲$\left(\text{中心角为}\frac{L_i}{R}\right)$计算梁的下缘伸长值 Δ_s。计算 Δ_s 值时，需按几孔梁计算，应根据所计算桥墩在一联中的位置、支座布置情况及验算时活载布置的位置而定。小跨径桥梁的 Δ_s 可忽略不计。

柔性墩顶发生的水平位移综合为：

$$\Delta_i=\Delta_z+\Delta_t+\Delta_s \tag{11-128}$$

6.3.3 墩顶水平力计算

(1)水平位移产生的水平力(图 11-19a)

$$H_{\Delta i}=\Delta_i K_i \tag{11-129}$$

对于等截面桩墩为：

$$H_{\Delta i} = \frac{3EI\Delta_i}{l_i^3} \tag{11-130}$$

(2)由墩顶水平位移Δ_i、竖向力N引起墩内弯矩而产生的墩顶的水平反力(图 11-19b))

竖向力N包括上部结构恒载及活载,墩身自重可忽略不计,近似取柔性墩身变形曲线为二次抛物线,则:

$$y = \frac{x^2}{l_i^2}\Delta_i \tag{11-131}$$

式中l_i为第i号柱墩高度,l_i应为地面或冲刷线以上的桩柱长度l_0与桩在地基的挠曲长度t_0之和,即$l_i = l_0 + t_0$,t_0的确定应考虑图的侧向抗力作用,此处可近似的根据地基土质取$2\text{m} \sim \frac{1}{2}h_1$,$h_1$为排架桩的入土深度。

以一孔梁(水平链杆)与柔性墩组成的一个一次超静定结构,取水平链杆为多余未知力,则有:

$$H_N = \frac{-\int_0^l \frac{1}{EI}N(\Delta_i - y)(l_i - x)\,dx}{-\int_0^l \frac{1}{EI}(l_i - x)^2\,dx} = \frac{-\frac{5}{12}\frac{1}{EI}N\Delta_i l_i^2}{\frac{1}{3EI}l_i^2}$$

$$H_N = -\frac{5}{4}\frac{N\Delta_i}{l_i} \tag{11-132}$$

(3)墩顶偏心弯矩而产生的水平反力(图 11-19c)

作用在一个墩顶各项水平计算后,可根据最不利组合,平均分配给墩中各桩柱顶,计算得到按顶端作用的水平力、竖向力和弯矩验算桩柱各截面强度和稳定(图 11-20)。柔性排架桩墩在横桥向时是一个多跨刚架,但因横桥向水平荷载不大,一般不控制设计。

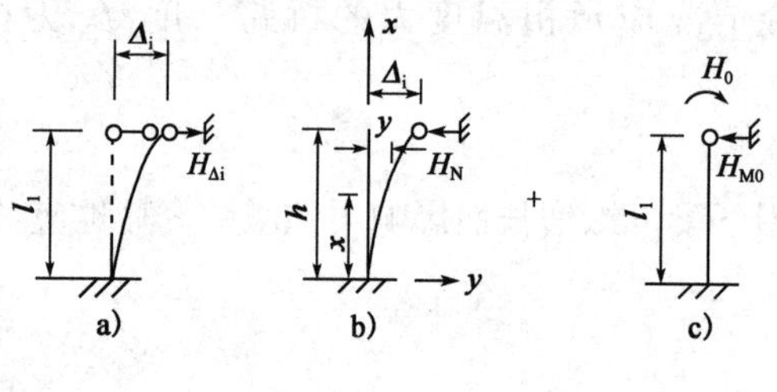

图 11-19　墩顶水平力的计算图式

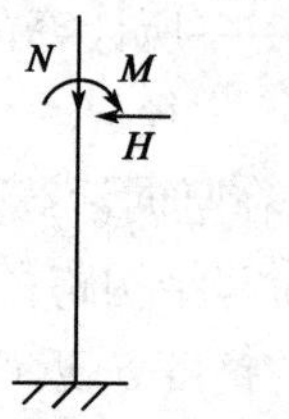

图 11-20　柔性墩计算

$$H_{M0} = \frac{1.5M_0}{l_i} \tag{11-133}$$

6.4　空心墩计算

空心墩属于壳体结构,其受力与实体墩有所不同,可视为空间壳体或组合板结构(一般按照壁厚区分)。根据理论分析和模型试验,对于空心墩,可按悬臂梁式长壳结构图式进行计算。从我国已建成的混凝土或钢筋混凝土空心墩来看,$t/D \approx 1/6 \sim 1/8$,略大于薄壁判别数值。因此,空心墩的计算如按薄壳结构处理,也只能是近似的。通常空心墩设计计算可按一般材料力学计算其应力和墩顶位移,不必按壳体计算。除包括一些重力式墩的计算内容外,尚应验算一些特别项目。

6.4.1　空心墩的强度和稳定性验算

应按钢筋混凝土偏心受压构件验算混凝土和钢筋的强度和整体稳定性,验算时可参照设计规范(JTJ 023—85)的有关规定。计算其应力时,不考虑应力重分布和截面合力偏心距的要求。

6.4.2　墩顶位移

在验算墩顶位移时,要考虑温差产生的位移。空心墩墩顶位移应包括外力(如离心力、制动力、偏心作用的竖向力等)引起的水平位移和日照作用下向阳面与背阳面温差引起的位移及地基不均匀沉降产生的墩顶位移。计算方法如下:

(1)墩顶水平集中力、弯矩及墩身分布力作用下的位移

计算图式如图 11-21 所示,Δ_{pmq}为:

$$\Delta_{pmq} = \frac{l^2}{EJ}\left(\frac{M_0}{2} + \frac{P_0}{3}l + \frac{q_0}{\delta}l^2\right) \tag{11-134}$$

式中:P_0——墩顶集中力;

l——墩高;

EJ——抗弯刚度;

q_0——均布荷载;

M_0——墩顶集中弯矩。

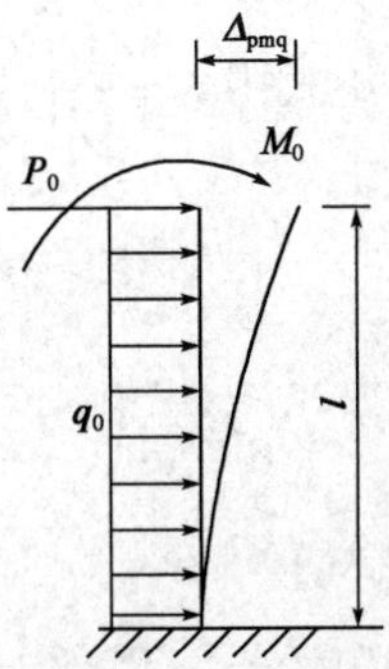

图 11-21　空心墩顶位移计算

(2)温度位移

日照引起的桥墩温度位移是不可忽视的,但目前尚无统一的计算公式。当墩顶无支承约束时,最大墩顶位移Δ_{max}常按下式计算:

$$\Delta_{max} = \frac{\alpha T_0 H^2}{2I_0}(bK_4 - b_0C_4) \tag{11-135}$$

式中:H——墩高;

α——钢筋混凝土的线膨胀系数,$\alpha = 1\times10^{-5}$/℃;

T_0——墩身截面的最大温差;

b、b_0——截面宽度与空心部分截面宽度;

K_4、C_4——常数。其中:$K_1 = \frac{1-e^{-ah}}{a}$;$K_2 = \frac{1-e^{-ah}(1+ah)}{a^2}$;$K_3 = \frac{K_2}{K_1}$;$K_4 = K_1(n - K_3)$,$h$为桥墩顺桥向宽度,$a = 10$,$C_4$见后述。

6.4.3　墩壁的局部稳定性验算

空心墩的局部稳定与桥墩壁厚是否设置横隔板有关。通过对圆柱形、圆锥形和矩形空心墩混凝土模型的试验和理论分析表明:空心墩的局部稳定可按板壳空间结构进行分析,而且局部失稳在弹塑性范围内发生,因此,可以近似的用中心受压作用下的弹塑性临界应力计算。对于圆形空心桥墩,中心受压短波局部稳定的临界应力简化公式为:

$$\sigma_{cl} = 0.59Et/a \tag{11-136}$$

式中:E——弹性模量;

t——壁厚;

a——中面半径。

圆形空心墩在中心受压下长波失稳的临界应力公式为：

$$\sigma_{c2} = \left[\left(\frac{\lambda}{n}\right)^2 + K\left(\frac{n}{\lambda}\right)^2 (n^2 - 1)^2\right]\frac{E}{n^2 + 1} \tag{11-137}$$

式中：$K = \frac{1}{12}\left(\frac{t}{a}\right)^2$

$\lambda = m\pi a/l$

l——墩高；

m——高度方向失稳时的变形状态系数；

n——反映失稳时截面变形状态系数(如图11-22)。

图中实线为变形前，虚线为变形后。

对于矩形空心桥墩，其计算方法与圆形墩不同，可把矩形墩的每块板视作各自单独均匀受压的长板，两边的支承条件为铰支，如图11-23所示，板宽 b 较大时，为偏于安全计算，墩壁的临界应力计算公式为：

$$\sigma_{c3} = 4\pi^2 EK \tag{11-138}$$

上式中 $K = \frac{1}{12}\left(\frac{t_0}{b}\right)$，适用范围为 $\frac{tl}{t_0 b} \leqslant 1$，见图11-23。

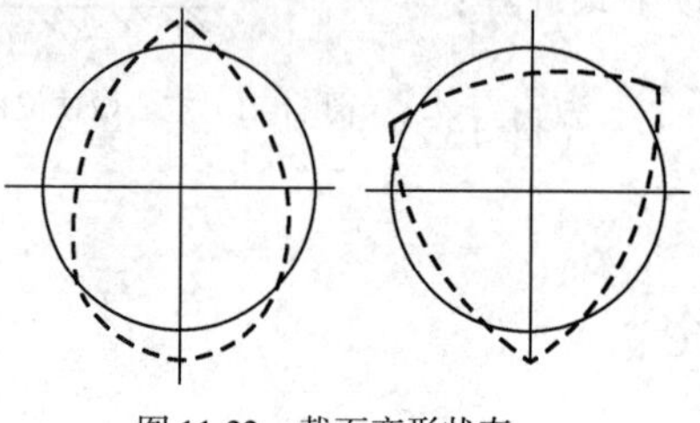

图11-22 截面变形状态

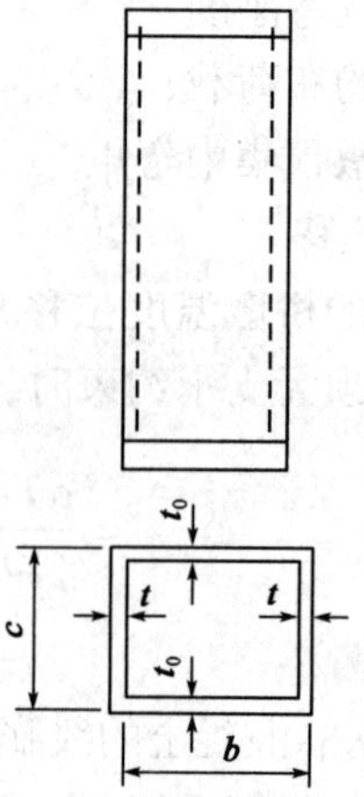

图11-23 矩形空心墩局部稳定性计算

为保证墩壁的局部稳定，空心墩壁厚应满足：对圆形墩 $t \geqslant \left(\frac{1}{15} \sim \frac{1}{10}\right)R$；矩形墩 $t \geqslant \left(\frac{1}{15} \sim \frac{1}{10}\right)b$。

6.4.4 固端干扰力

混凝土空心墩模型试验和光弹模型试验以及圆柱薄壳应力分析的结果表明，在距墩顶和墩底实体段一定距离(0.5R～1.0R外)的截面上，其应力分布尚符合材料力学的计算结果，故可把空心墩视为一偏心受压构件，用结构设计 原理有关公式进行计算。但在两端部分则应考虑固端应力的影响。由于空心墩承受偏心荷载和横向弯曲荷载，受力情况要比上述中心受压的情况复杂得多，故目前多根据试验资料估算空心墩的固端干扰应力。在一些设计中建议，垂直方向的固端干扰力按弯曲应力平均值的50%计算。

6.4.5 温度应力

在桥梁中，温度变化能产生相当大的温度应力，某种情况下，可与恒载、活载产生的应力属同一个数量级。日照作用下，钢筋混凝土桥墩向阳壁的表面温度，因太阳光辐射而急剧升高，背阳面温度随着气温变化而缓慢地变化，待向阳壁表面温度达到最高温度时，由于钢筋混凝土热传导性能很差，使箱形桥墩墩内表面温度比向阳面温度低得多，而与墩内气温接近。当向阳壁厚度较小时，向阳壁内表面温度可能比相邻两侧壁的内表面温度高一些，两侧壁靠近向阳壁一端温度也比另一端要高些。总之，箱形桥墩沿截面的温度分布，略去两侧壁内外表面的很小温度差别，以向阳面为基线，随距离的增大而迅速地减小，并按指数函数规律递减。

(1)竖向温度应力

①竖向局部温度应力(即自约束应力)

计算公式为：

$$\sigma_0 = \alpha T_0 E\left[\frac{1}{F_0}(bK_1 - b_0C_1) - \frac{1}{I_0}(bK_4 - b_0C_4)(y - n) - e^{-ay}\right] \tag{11-139}$$

式中：K_1、K_4 符号意义同前；

$$C_1 = \frac{e^{-ab} - e^{-a(b-\delta)}}{a}$$

$$C_2 = \frac{e^{-ab}(1 + a\delta) - e^{-a(h-\delta)}[1 + a(h - \delta)]}{a^2}$$

$$C_3 = \frac{C_2}{C_1};C_4 = C_1(n - C_3)$$

$$n = \frac{h}{2};T'_0 = t_1 - t'_1;T_0 = t_1 - t_0$$

其他符号意义见图 11-24。

②竖向外约束温度应力

一般情况下，墩顶总有一定约束，当墩顶为活动支座时，由于摩阻作用，墩顶位移有部分被约束，因此需考虑墩顶支承约束引起的向外约束温度应力，其值为：

$$\sigma_1 = \pm\frac{3\Delta Eh}{2H^2} \tag{11-140}$$

式中：$\Delta = \frac{\alpha T_0 H^2}{2I_0}(bK_4 - b_0C_4)$，为墩顶无约束时的日照位移；

其他符号意义同前。

(2)横向温度应力

箱形墩的横向温度应力，由横向框架约束应力与横向自约束应力组成。分别计算如下：

①横向框架约束温度应力 σ_2

按水平框架分析计算。先求出线性温度分布时水平框架约束应力，然后乘以非线性温度分布修正系数 μ_{01}。计算图式见图 11-25b)。

$$M'_{AB} = \frac{r(3r + 2)}{(r + 1)(3r + 1)}\mu_{01}\frac{\alpha T_0 EI_0}{\delta} \tag{11-141}$$

$$M'_{CD} = \frac{r}{(r + 1)(3r + 1)}\mu_{01}\frac{\alpha T_0 EI_0}{\delta} \tag{11-142}$$

$$\sigma_2 = \frac{M'_{AB}}{W}(\text{向阳壁板}) \tag{11-143}$$

$$\sigma_2' = \frac{M'_{CD}}{W}(\text{背阳壁板}) \tag{11-144}$$

式中：$\mu_{01} = \frac{12K_4}{h^2}$；$\delta$ 为壁厚；$r = b/h$。

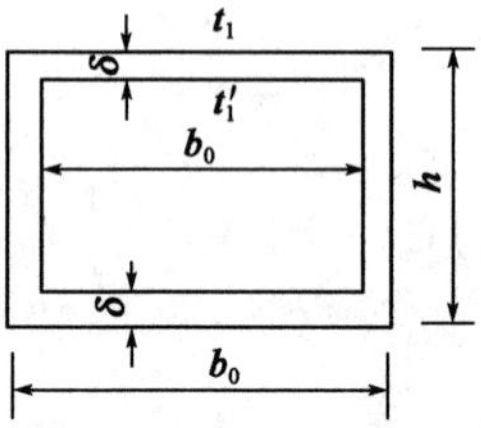

图 11-24　矩形空心墩截面

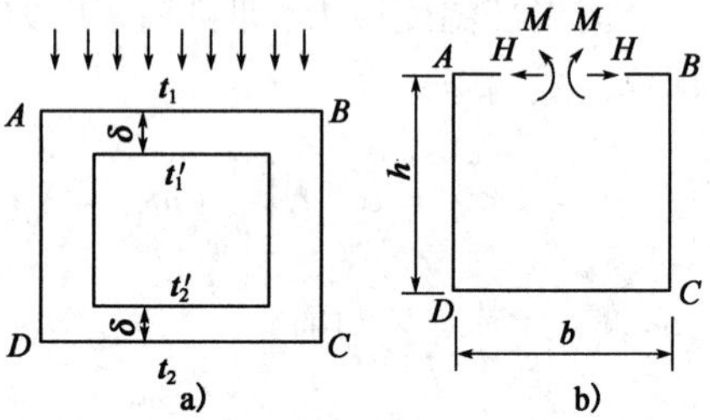

图 11-25　横向温度应力计算图式

②横向自约束应力 σ_0'

横向自约束应力为水平框架中单位宽度矩形板条的水平自约束应力，在无约束的矩形壁板中，水平自约束应力与竖向自约束应力相等，因此，可按矩形板的竖向自约束应力计算。即：

$$\sigma'_0 = \beta_1 \alpha T_0 E \tag{11-145}$$

式中：$\beta_1 = \frac{K_1}{h} - \frac{6K_4}{h^2} - e^{ah}$，其他符号意义同前。

第12章 钢木结构计算

1 钢结构基本构件的计算

1.1 结构构件强度计算

结构构件强度计算公式　　表12-1

<table>
<tr><th>计算应力种类</th><th>构件受力情况</th><th>计算公式</th><th>符号意义</th></tr>
<tr><td rowspan="5">法向应力</td><td>轴心受拉</td><td>$\frac{N}{A} \leqslant [\sigma]$ (12-1)</td><td rowspan="8">$N、M、Q$——验算截面的计算轴向力、弯矩和剪力；
A——验算截面的计算面积，受拉构件为净截面积，受压构件为毛截面积；
$W、W_x、W_y$——验算截面处对主轴的计算截面抵抗矩；验算受拉翼缘为净截面抵抗矩；验算受压翼缘为毛截面抵抗矩。为简化计算，均可按毛截面的重心轴计算；
S_m——中性轴以上的毛截面对中性轴的静矩；
δ——验算截面处腹板厚度；
I_m——毛截面惯性矩，估算铆接板的净惯性矩时，可近似地取其毛截面惯性矩的0.85倍；
σ——验算截面处按净截面计算的法向应力；
$\tau_{max}、\tau$——验算截面的最大剪应力和实际剪应力；
$[\sigma]、[\sigma_w]、[\tau]$——钢材的容许轴向应力、容许弯曲应力和容许剪应力，按附录三采用；
C——斜弯曲作用下容许应力增大系数，按附录三采用；
C_T——剪应力分布不均匀时容许应力增大系数，按附录三采用</td></tr>
<tr><td>在一个主平面内受弯曲</td><td>$\frac{M}{W} \leqslant [\sigma_w]$ (12-2)</td></tr>
<tr><td>受压（或受拉）并在一个主平面内受弯曲或与此相当的偏心受压及偏心受拉</td><td>$\frac{N}{A} \pm \frac{M}{W} \leqslant [\sigma]$ 或 $[\sigma_w]^*$ (12-3)</td></tr>
<tr><td>受斜弯曲</td><td>$\frac{M_x}{W_x} + \frac{M_y}{W_y} \leqslant C[\sigma_w]$ (12-4)</td></tr>
<tr><td>受压(或受拉)并受斜弯曲或与此相当的偏心受压及偏心受拉</td><td>$\frac{N}{A} \pm \left(\frac{M_x}{W_x} + \frac{M_y}{W_y}\right)\frac{1}{C} \leqslant [\sigma]$ 或 $[\sigma_w]$ (12-5)</td></tr>
<tr><td>剪应力</td><td>受弯曲</td><td>$\tau_{max} = \frac{QS_m}{I_m\delta} \leqslant C_T[\tau]$ (12-6)</td></tr>
<tr><td>换算应力</td><td>受弯曲，受压（或受拉）并受弯曲</td><td>$\sqrt{\sigma^2 + 3\tau^2} \leqslant 1.1[\sigma]$ 或 $1.1[\sigma_w]$ (12-7)</td></tr>
</table>

注：兼受轴力和弯曲作用时的容许法向应力，如 $\frac{N}{A} \geqslant \frac{M}{W}$，则采用 $[\sigma]$；如 $\frac{N}{A} < \frac{M}{W}$，则采用 $[\sigma_w]$。

例12-1　图12-1a)为某工作平台布置简图，平台上无动力荷载，其恒载设计值为3kPa，活载设计值为4.5kPa，钢材采用A3钢，假定平台板为刚性，并可保证次梁的整体稳定性，试选择中间次梁A的截面。

解：将次梁A设计为简支梁，计算简图如图12-1b)所示。

1. 荷载及内力计算

次梁单位长度上的荷载设计值为：$q = 3.0 \times (3.0 + 4.5) = 22.5\text{kN/m}$

梁跨中最大弯矩为：$M_{max} = \frac{1}{8}ql^2 = \frac{1}{8} \times 22.5 \times 6^2 = 101.25\text{kN} \cdot \text{m}$

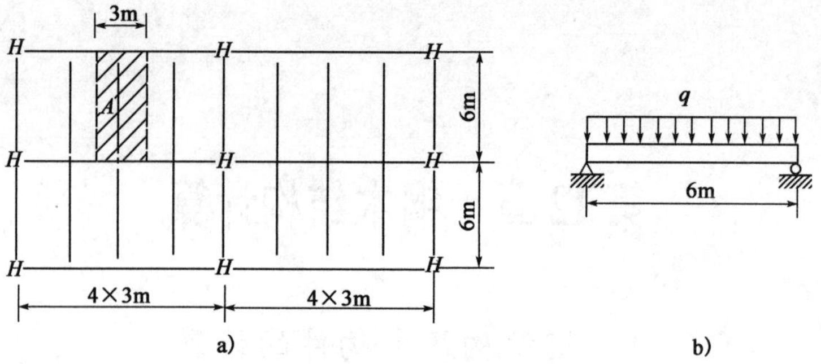

图 12-1

支座处最大剪力设计值为：$V_{max} = \frac{1}{2}qL = \frac{1}{2} \times 22.5 \times 6 = 67.5\text{kN}$

2. 初选截面

由式(12-2)，梁所需的截面抵抗矩为：

$$W = \frac{M_{max}}{[\sigma_w]} = \frac{101.25}{145 \times 10^3} = 6.983 \times 10^{-4}\text{m}^3 = 6.983 \times 10^5\text{mm}^3$$

查附录三，选用 I32b，$I_x = 1.1626 \times 10^8\text{mm}^4$，$W_x = 7.267 \times 10^5\text{mm}^3$

$$\frac{I_x}{S_x} = 272.8\text{mm}, \delta = 11.5\text{mm}$$

梁的自重为0.5771kN/m(查附录三)

3. 截面验算

梁自重产生的弯矩设计值为：$M_g = \frac{1}{8} \times 0.5771 \times 6^2 = 2.597\text{kN} \cdot \text{m}$

总弯矩值为： $M_x = 101.25 + 2.597 = 103.847\text{kN} \cdot \text{m}$

弯矩正应力为：

$\sigma = \frac{M_x}{W_x} = \frac{103.847 \times 10^6}{7.267 \times 10^5} = 142.90\text{MPa} < 1.3 \times 145\text{MPa}$ （临时结构，取1.3的容许应力增大系数）

支座处总剪力值 $Q_x = 67.5 + 3 \times 0.5771 = 69.23\text{kN}$，由式(12-6)得：

$$\tau_{max} = \frac{Q \cdot S_x}{I_x \cdot \delta} = \frac{69.23 \times 10^3}{0.2728 \times 11.5} = 22.067\text{MPa} < 1.3 \times 85\text{MPa}$$

4. 梁的跨中挠度验算

次梁单位长度上的荷载标准值为： $q = 22.5 + 0.5771 = 23.077\text{kN/m}$

$$f = \frac{5ql^4}{384EI_x} = \frac{5 \times 23.077 \times 6\ 000^4}{384 \times 2.1 \times 10^5 \times 1.1626 \times 10^8} = 15.95\text{mm} > \frac{l}{600} = 10\text{mm}$$

刚度不满足要求，应选用 I36b。

例 12-2 某两端铰接的压弯杆，采用 I10 工字钢 A3 钢材，$l = 4.2$ m，如图 12-2 所示，试计算在轴心压力 $N = 42$ kN 和横向均布荷载 $q = 3.60$ kN/m 作用下构件的强度。

解：查附录三得：$A = 14.3\text{cm}^3$，$I_x = 245\text{cm}^4$，$W_x = 49\text{cm}^3$，$\delta = 45\text{mm}$，$I_x/S_x = 8.59\text{cm}$

$$\frac{N}{A} = \frac{42 \times 1\ 000}{14.3 \times 10^2} = 29.37\text{MPa}$$

跨中弯矩： $M = \frac{1}{8} \times 3.6 \times 4.2^2 = 7.936\text{kN} \cdot \text{m}$

$$\frac{M}{W}=\frac{7.936\times 10^{6}}{49\times 10^{4}}=16.2\text{MPa}$$

因为$\frac{N}{A}>\frac{M}{W}$,根据表 12-1 注,应采用容许轴向应力$[\sigma]$截面强度为:

$$\sigma=\frac{N}{A}+\frac{M}{W}=29.37+16.20=45.57\text{MPa}<[\sigma]=145\text{MPa}$$

$$Q=\frac{1}{2}ql=\frac{1}{2}\times 3.6\times 2.1=3.78\text{kN}$$

$$\tau=\frac{Q\cdot S_{x}}{I_{x}\cdot\delta}=\frac{3.78\times 10^{3}}{85.9\times 4.5}=9.78\text{MPa}<85\text{MPa}$$

换算应力为:

$$\sqrt{\sigma^{2}+3\tau^{2}}=\sqrt{45.57^{2}+3\times 9.78^{2}}=48.6\text{MPa}<145\text{MPa}$$

满足强度要求。

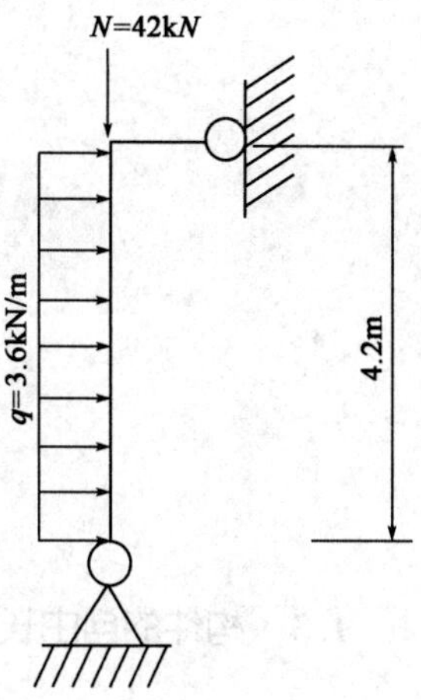

图 12-2

1.2 结构构件总稳定性计算

结构构件总稳定性计算公式 表 12-2

<table>
<tr><th>计算应力种类</th><th>构件受力情况</th><th>计 算 公 式</th><th>符 号 意 义</th></tr>
<tr><td rowspan="3">法向应力</td><td>轴心受压</td><td>$\frac{N}{A_{m}}\leqslant\phi_{1}[\sigma]$ (12-8)</td><td rowspan="3">N——计算轴向力;
M——构件中部 1/3 长度范围内最大计算弯矩;
A_{m}——毛截面积;
W_{m}——毛截面抵抗矩;
ϕ_{1}——轴心受压构件的纵向弯曲系数,根据钢种、截面形状及弯曲方向等按附录三采用;
ϕ_{2}——构件只在一个主平面受弯时的纵向弯曲系数(若是压弯杆,可按 $N=0$ 的情况来确定 ϕ_{2}),在不作进一步分析时,可按下边公式计算构件换算长细比 λ_{e},并按 λ_{e} 由附录三查得相应的 ϕ_{1} 以代替 ϕ_{2},$\lambda_{e}=\alpha\cdot\frac{L_{0}}{h}\cdot\frac{r_{x}}{r_{y}}$;
α——系数,焊接构件取 1.8;铆接构件取 2.0;
L_{0}——构件对 y-y 轴的自由长度;
r_{x}、r_{y}——构件截面对 x-x 轴(强轴)、y-y 轴(弱轴)的回转半径;
h——构件高度,见图 12-3;
μ——考虑弯矩因构件受压而增大所引用的值;
当$\frac{N}{A_{m}}\leqslant 0.15\phi_{1}[\sigma]$时,取$\mu=1.0$;
当$\frac{N}{A_{m}}>0.15\phi_{1}[\sigma]$时,取$\mu=\left(1-\frac{n_{1}N\lambda^{2}}{\pi^{2}EA_{m}}\right)m$
λ——构件在弯矩作用平面内的长细比;
E——弹性模量;
n_{1}——受压杆容许应力安全系数,荷载组合Ⅰ时取 1.7;在荷载组合Ⅱ~Ⅳ时取 1.4;
m——当弯矩由荷载组合Ⅰ时取 1.0;在荷载组合Ⅱ~Ⅳ时取 1.4。
对于下列情况,取 $\phi_{2}=1$:
(1)箱形截面构件;
(2)任何截面构件,当所验算的失稳平面和弯矩作用平面一致时</td></tr>
<tr><td>在一个主平面内受弯曲</td><td>$\frac{M}{W_{m}}\leqslant\phi_{2}[\sigma]$ (12-9)</td></tr>
<tr><td>受压并在一个主平面内受弯曲或与此相当的偏心受压</td><td>$\frac{N}{A_{m}}+\frac{\phi_{1}}{\mu\phi_{2}}\cdot\frac{M}{W_{m}}\leqslant\phi_{1}[\sigma]$ (12-10)</td></tr>
</table>

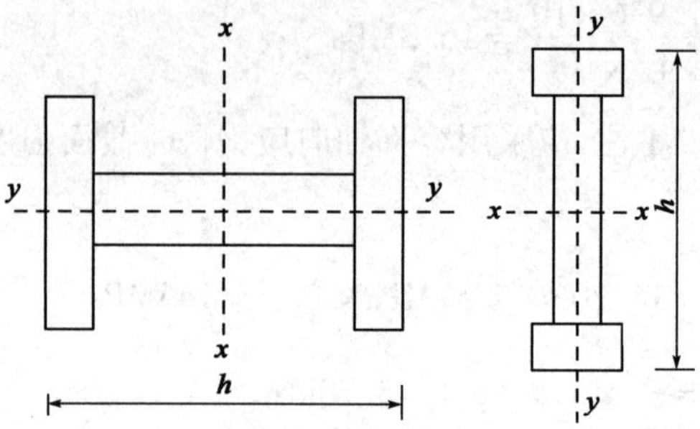

图 12-3　H 形和 I 形构件简图

1.3　构件的自由长度、长细比计算

1.3.1　钢杆件的自由长度

钢杆件自由长度计算公式　　　　表 12-3

杆　　件			弯曲平面		符号意义
			平面内	平面外	
主桁	弦杆		l_0	l_0	l_0——主桁各杆件的几何长度（即杆端节点中距），如杆件全长被横向结构分割时，则为其较长的一段长度； l_1——从相交点至杆端节点中较长的一段长度； l_2——纵向（横向）联结系杆件轴线与节点板连在主桁杆件的固着线交点之间的距离
	短斜杆、端立杆、连续梁中间支点处立杆或斜杆作为桥门架时		$0.9l_0$	l_0	
	桁架的腹杆	无相交和无交叉	$0.8l_0$	l_0	
		与杆件相交或相交叉（不包括与拉杆相交叉）	l_1	l_0	
		与拉杆相交叉	l_1	$0.7l_0$	
纵向及横向联结系	无交叉		l_2	l_0	
	与拉杆相交叉		l_1	$0.7l_2$	
	与杆件相交或相交叉（不包括与拉杆相交叉）		l_1	l_2	

1.3.2　开口式主桁（或主梁）的自由长度

开口式主桁（或主梁）的自由长度计算公式　　　　表 12-4

项　目	计 算 公 式	符 号 意 义
开口式主桁（或主梁）的受压弦杆（或翼缘）	$l_0 = 2.23\sqrt[4]{EI_m a\delta}$　　(12-11)	E——钢的弹性模量； I_m——受压弦杆（或翼缘）毛截面对竖向轴的惯性矩（取整跨的平均值）； a——节间长度； δ——横向半框架（支点处半框架除外）上节点由于单位水平力（$p=1$）作用所产生的一个弦杆（或翼缘）的最大水平位移，按下式计算： $\delta = \frac{h^3}{3EI_c} + \frac{Bh^2}{2EI_b}$ h——竖杆（或加劲肋）的高度，等于受压弦杆（或翼缘）的截面重心至横梁顶面的距离； B——两主桁（或主梁）间中距； I_c——竖杆（或加劲肋）毛截面向主桁（或主梁）平面外弯曲的惯性矩； I_b——横梁截面的惯性矩

注：上式只适用于具有平行弦杆的桁架或平行翼缘的板梁，如受压弦杆或翼缘为多边形时，δ 应取跨中半框架的位移。

1.3.3 构件长细比 λ 计算

构件长细比 λ 计算

构件长细比计算公式　　　　表 12-5

<table>
<tr><th>序号</th><th>构件类型</th><th colspan="2">计算公式</th><th>符号意义</th></tr>
<tr><td>1</td><td>整体式截面的构件以及由两个肢组成的组合构件在垂直于缀板或缀条平面内弯曲时的长细比</td><td colspan="2">$\lambda = \frac{l_0}{r}$　(12-12)</td><td rowspan="3">l_0——自由长度；
r——相应的回转半径；
λ——换算长细比；
λ_y——由两个肢组成的组合构件在缀板或缀条平面内（即对 y 轴）的长细比；
λ_1——单个肢沿 1-1 轴的长细比。肢的自由长度：当用铆接缀板时为最近铆钉间的距离；当用焊接缀板时为相邻缀板间的净距；
A_m——整个构件的毛截面积；
A_{t1}——为垂直于 1-1 轴平面内斜缀条的截面面积之和</td></tr>
<tr><td rowspan="2">2</td><td rowspan="2">由两个肢组成的组合构件，在缀板或缀条平面内弯曲时的换算长细比
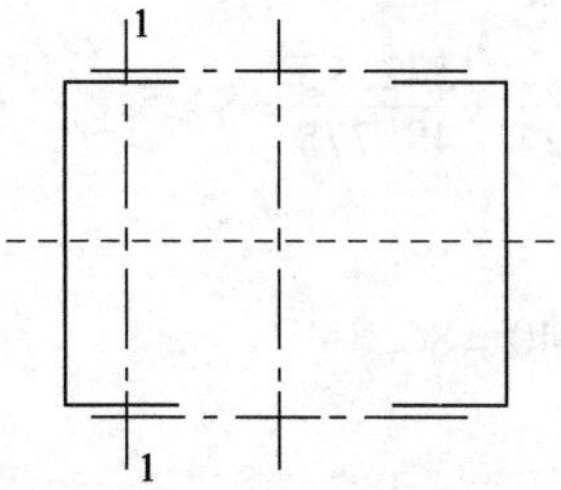</td><td rowspan="2">缀板
（缀条）</td><td>$\lambda = \sqrt{\lambda_y^2 + \lambda_1^2}$
(12-13)</td></tr>
<tr><td>$\lambda = \sqrt{\lambda_y^2 + 27\frac{A_m}{A_{t1}}}$
(12-14)</td></tr>
<tr><td>3</td><td>组合构件的单肢长细比</td><td colspan="3">组合构件的单肢长细比，在受压时≤40；在其他情况下≤50，且均不宜大于整个组合构件的换算长细比</td></tr>
</table>

注：①由两个角钢或两个槽钢中间夹以垫板（或垫圈）并用高强螺栓（或铆钉）连接且符合公路桥涵设计手册—基本资料表 4-138 注④规定的组合构件，在任何平面内弯曲时均可视为整体构件计算；

②验算单角钢做成的交叉构件的长细比时，应采用与角钢肢平行的较小的回转半径；

③计算受拉或受压的 I 形或 H 形截面构件的长细比时，均应考虑腹板。但对受压的构件，如计算面积未包括腹板，则计算长细比时亦不考虑腹板。

例 12-3　某简支组合梁，采用焊接，连接荷载、跨度及截面如图 12-4 所示，梁的中点和两端均设有侧向支承，设梁的自重为 1.6kN/m，材料为 A3 号钢，试验算其整体稳定性。

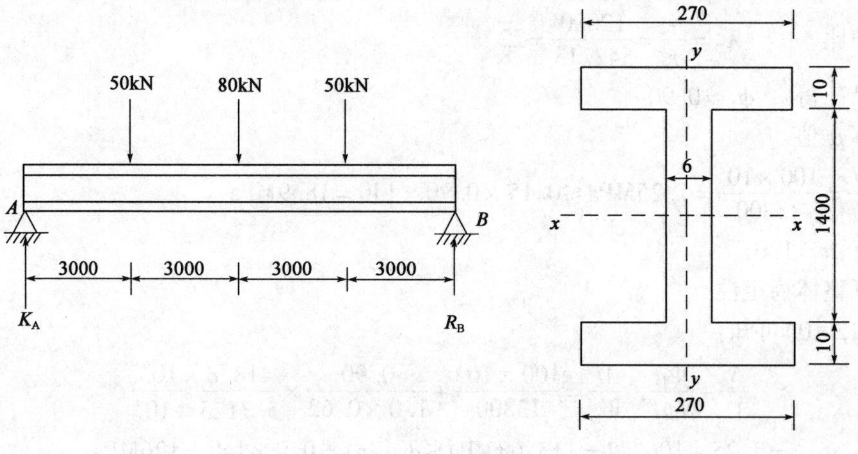

图 12-4　（单位，力 kN，长度：mm）

解：梁的支反力 $R_A=90kN$，则梁的最大弯矩为：

$$M_{max}=\frac{1}{8}ql^2+R_A\times 6-50\times 3=\frac{1}{8}\times 1.6\times 12^2+90\times 6-50\times 3=418.8kN\cdot m$$

$$I_x=2\times\frac{1}{12}\times 270\times 10^3+2\times 270\times 10\times 705^2+\frac{6}{12}\times 1\ 400^3=4.05598\times 10^9mm^4$$

$$W_m=\frac{4.05598\times 10^9}{710}=5.7125\times 10^6mm^3$$

$$I_y=2\times\frac{10\times 270^3}{12}+\frac{6^3}{12}\times 1400=3.28302\times 10^7mm^4$$

$$A_m=2\times 270\times 10+1400\times 6=13800mm^2$$

$$r_x=\sqrt{\frac{I_x}{A_m}}=542.13mm,\qquad r_y=\sqrt{\frac{I_y}{A_m}}=48.775mm, l_0=6000mm$$

由表 12-2 得： $\lambda_e=\alpha\cdot\frac{l_0}{h}\cdot\frac{r_x}{r_y}=1.8\times\frac{6000}{(1400+2\times 10)}\times\frac{542.13}{48.775}=84.5$

查附录三知： $\phi_1=0.620$

$$\frac{M}{W_m}=\frac{418.8\times 10^6}{5.7125\times 10^6}=73.3MPa<0.62\times 140=86.8MPa$$

故梁的整体稳定性能够保证。

例 12-4 在例 12-3 简支组合梁两端，各再施加一个 100kN 的轴向力，如图 12-5 所示，试验算其整体稳定性。

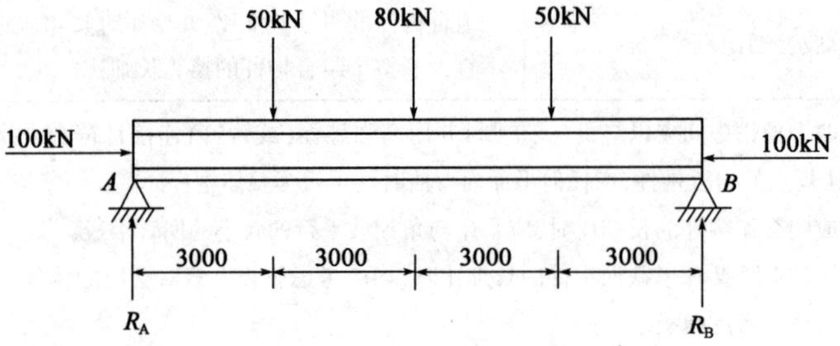

图 12-5 （尺寸单位：mm）

解 1. 计算轴心受压构件的纵向弯曲系数

其长细比 $\lambda_1=\frac{l_0}{r}=\frac{12000}{542.13}=22$

查附录三得： $\phi_1=0.90$

2. 计算 μ 值

由 $\frac{N}{A_m}=\frac{100\times 10^3}{13800}=7.25MPa\leqslant 0.15\times 0.90\times 140=18.9MPa$

所以有：$\mu=1.0$

3. 验算整体稳定性

由式(12-10)可知：

$$\frac{N}{A_m}+\frac{\phi_1}{\mu\phi_2}\cdot\frac{M}{W_m}=\frac{100\times 10^3}{13800}+\frac{0.90}{1.0\times 0.62}\times\frac{418.8\times 10^6}{5.7125\times 10^6}$$

$$=7.25+106.42=113.68MPa\leqslant\phi_1[\sigma]=0.9\times 140=126MPa$$

故梁的整体稳定性能够保证。

2　钢结构连接计算

2.1　对接焊接和贴角焊缝连接计算

2.1.1　对接焊缝连接的强度计算

对接焊缝连接的强度计算公式　　表 12-6

项次	受力情况	计算内容	公式	说明	符号意义
1	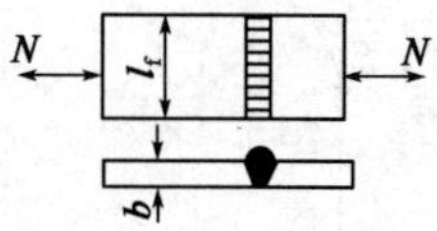	拉应力或压应力	$\sigma=\frac{N}{\delta\cdot l_f}\leqslant[\sigma]$　(12-15)		N、M 和 Q——作用于连接处的轴心力、弯矩和剪力； δ——连接件中的较小厚度； l_f——焊缝的计算长度，每条焊缝取实际长度 l_{fs} 减去 10mm，当采用引弧板时，取焊缝的实际长度（即 $l_f=l_{fs}$）； A_f、W_f——与构件截面相同的焊缝截面的面积和抵抗矩； S_f——所求剪应力处以上的焊缝截面对中和轴的面积矩； I_f——焊缝截面的惯性矩； W_{f1}、S_{f1}——计算 1 点处焊缝的正应力和剪应力所用的焊缝截面的抵抗矩和面积矩； $[\sigma]$、$[\tau]$——对接焊缝的抗拉、抗压和抗剪容许应力，查附录三
2	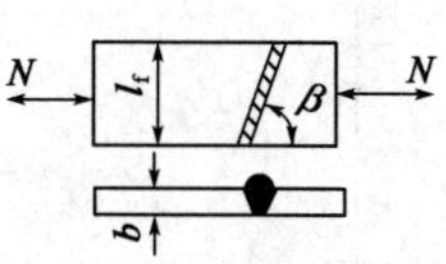	拉应力或压应力 剪应力	$\sigma=\frac{N\sin\theta}{\delta\cdot l_f}\leqslant[\sigma]$　(12-16) $\tau=\frac{N\cos\theta}{\delta\cdot l_f}\leqslant[\tau]$　(12-17)	当 $\tan\theta\leqslant1.5$ 时可不计算	
3	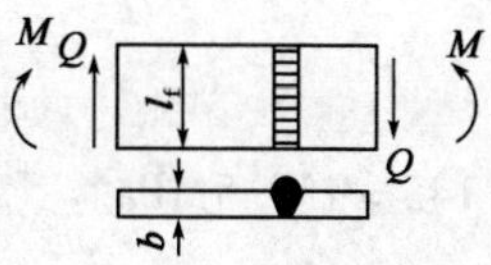	正应力 剪应力	$\sigma=\frac{6M}{\delta\cdot l_f^2}\leqslant[\sigma]$　(12-18) $\tau=\frac{1.5Q}{\delta\cdot l_f}\leqslant[\tau]$　(12-19)		
4	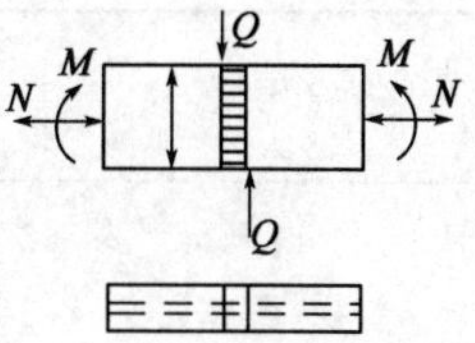	正应力 剪应力 折算应力	$\sigma=\frac{N}{A_f}+\frac{M}{W_f}\leqslant[\sigma]$　(12-20) $\tau=\frac{QS_f}{I_f\delta}\leqslant[\tau]$　(12-21) $\sigma_{zs}=\sqrt{\sigma_1^2+3\tau_1^2}=\sqrt{\left(\frac{N}{A_f}+\frac{M}{W_{f1}}\right)^2+3\left(\frac{QS_{f1}}{I_f\delta}\right)^2}\leqslant1.1[\sigma]$　(12-22)	在正应力和剪应力都较大的地方才需要计算折算应力，如图中的 1 点处	

例 12-5　计算图 12-6 I 字形截面梁拼接连接的对接焊缝。已知钢材为 A3，采用手工电弧焊，用引弧块施焊，拼接截面承受弯矩 $M=800\text{kN}\cdot\text{m}$，剪力 $Q=160\text{kN}$。

解　由已知条件可知：

$$I_f=\frac{1}{12}(250\times1032^3-240\times1000^3)=2898\times10^6\text{mm}^6$$

$$W_f=\frac{I_f}{h/2}=\frac{2898\times10^6}{516}=5.616\times10^6\text{mm}^3$$

$$S_1=250\times16\times508=2.030\times10^6\text{mm}^3$$

$$S_f=S_1+10\times500^2/2=3.282\times10^6\text{mm}^3$$

由表 12-6 中公式得：

正应力：
$$\sigma = \frac{M}{W_{\mathrm{f}}} = \frac{800 \times 10^6}{5.616 \times 10^6} = 142.45\mathrm{MPa} < 145\mathrm{MPa}$$

剪力：
$$\tau = \frac{QS_{\mathrm{f}}}{I_{\mathrm{f}} \cdot \delta} = \frac{160 \times 10^3 \times 3.282 \times 10^6}{2898 \times 10^6 \times 10} = 18.12\mathrm{MPa} < 85\mathrm{MPa}$$

1 点正应力：
$$\sigma_1 = \frac{M}{I_{\mathrm{f}}} y_1 = \frac{800 \times 10^6}{2898 \times 10^6} \times 500 = 138.0\mathrm{MPa} < 145\mathrm{MPa}$$

1 点剪力：
$$\tau_1 = \frac{QS_1}{I_{\mathrm{f}}\delta} = \frac{160 \times 10^3 \times 2.03 \times 10^6}{2898 \times 10^6 \times 10} = 111.20\mathrm{MPa} < 85\mathrm{MPa}$$

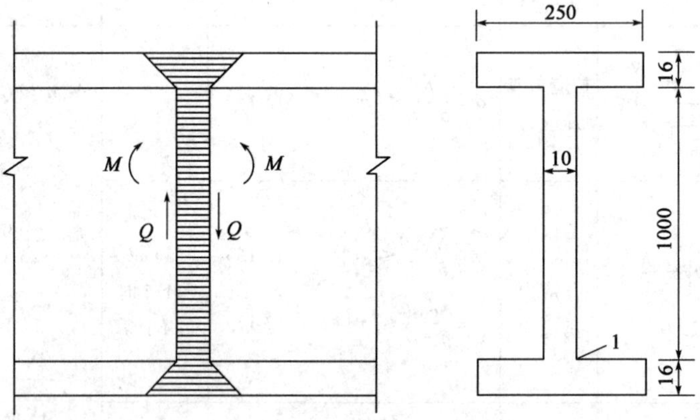

图 12-6 （尺寸单位：mm）

折算应力：
$$\sigma_{\mathrm{zs}} = \sqrt{\sigma_1^2 + 3\tau_1^2} = \sqrt{138.0^2 + 3 \times 11.20^2} = 139.36\mathrm{MPa} < 1.1 \times 145 = 159.5\mathrm{MPa}$$

对接焊缝满足强度要求。

2.1.2 贴角焊缝连接的抗剪强度计算

贴角焊缝连接的抗剪强度计算公式　　表 12-7

项次	受力情况	公式	符号意义
1	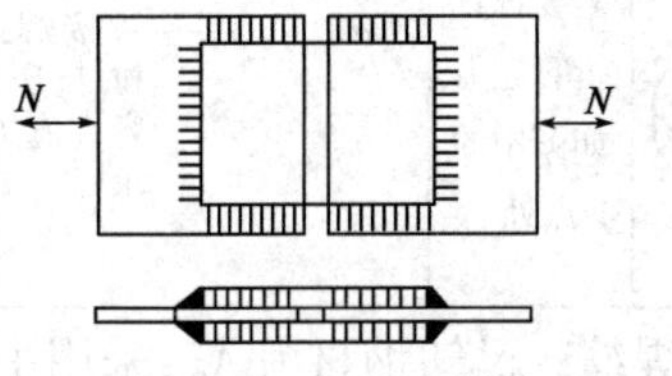	$\tau = \frac{N}{0.7 h_{\mathrm{f}} \Sigma l_{\mathrm{f}}} \leqslant [\tau]$ (12-23)	$h_{\mathrm{f}}(h_{\mathrm{f1}}, h_{\mathrm{f2}})$——贴角焊缝的厚度，取截面直角的较小边，如图 12-7 所示，有关贴角焊缝厚度和焊脚尺寸规定可参见《公路桥涵钢结构及木结构设计规范》（JTJ 025—86）有关规定； Σl_{f}——接头一边焊缝的计算长度；
2	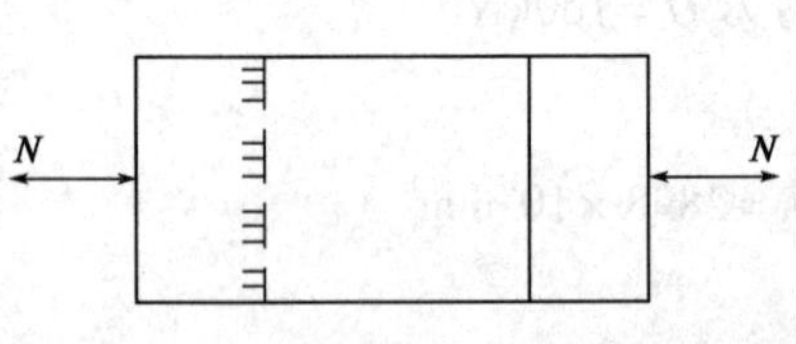	$\tau = \frac{N}{0.7(h_{\mathrm{f1}} + h_{\mathrm{f2}}) l_{\mathrm{f}}} \leqslant [\tau]$ (12-24)	

续上表

项次	受力情况	公式	符号意义
3	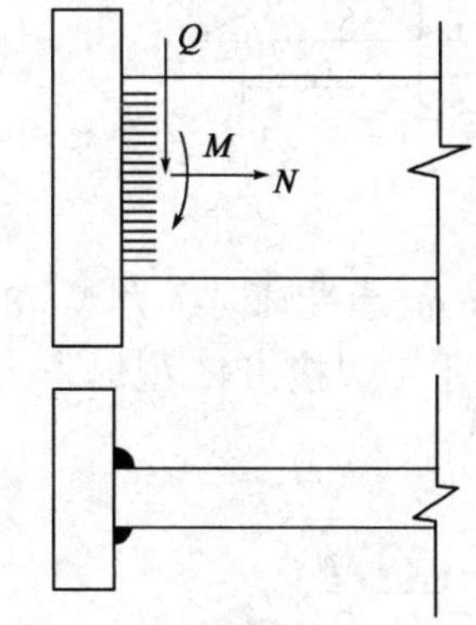	$\tau=\sqrt{(\tau_M+\tau_N)^2+\tau_Q^2}$ $=\sqrt{\left(\frac{6M}{2\times0.7h_f l_f^2}+\frac{N}{2\times0.7h_f l_f^2}\right)^2+\left(\frac{Q}{2\times0.7h_f l_f^2}\right)^2}\leqslant[\tau]$ (12-25) $\frac{M}{Wf_1}\leqslant[\tau]$	τ_N——贴角焊缝由轴心力 N 所产生的剪应力； $\tau_M(\tau_{M1}、\tau_{M2}、\tau_{M3})$——贴角焊缝由弯矩 M 所产生的剪应力； $I_{fx}、I_{fy}$——焊缝截面对 x 轴和 y 轴的惯性矩； $\tau_Q(\tau_P)$——贴角焊缝由剪力 $Q(P)$ 所产生的剪应力； τ_{max}——焊缝截面形心至所求应力点 1 的距离； $[\tau]$——贴角焊缝的容许应力； A_{ff}——腹板连接焊缝截面面积
4	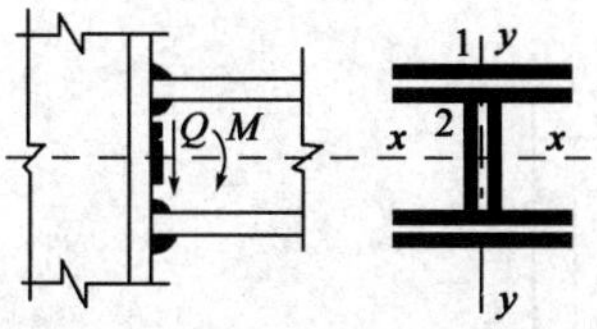	$\tau_1=\tau_{M1}=\frac{M}{W_{f1}\leqslant[\tau]}\leqslant[\tau]$ $\tau_2=\sqrt{\tau_{M2}^2+\tau_Q^2}$ (12-26) $=\sqrt{\left(\frac{M}{W_{f2}}\right)^2+\left(\frac{Q}{A_{ff}}\right)^2}\leqslant[\tau]$ (12-27)	
5	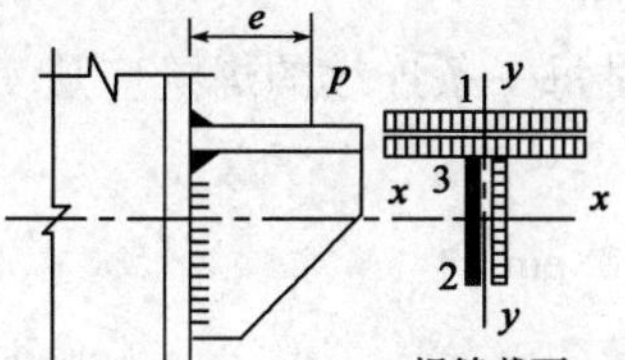焊缝截面	$\tau_1=\tau_{M1}=\frac{P_e}{W_{f1}}\leqslant[\tau]$ (12-28) $\tau_2=\sqrt{\tau_{M2}^2+\tau_P^2}$ $=\sqrt{\left(\frac{P_e}{W_{f2}}\right)^2+\left(\frac{Q}{A_{ff}}\right)^2}\leqslant[\tau]$ (12-29) $\tau_3=\sqrt{\tau_{M3}^2+\tau_P^2}$ $\sqrt{\left(\frac{P_e}{W_{f3}}\right)^2+\left(\frac{P}{A_{ff}}\right)^2}\leqslant[\tau]$ (12-30)	
6	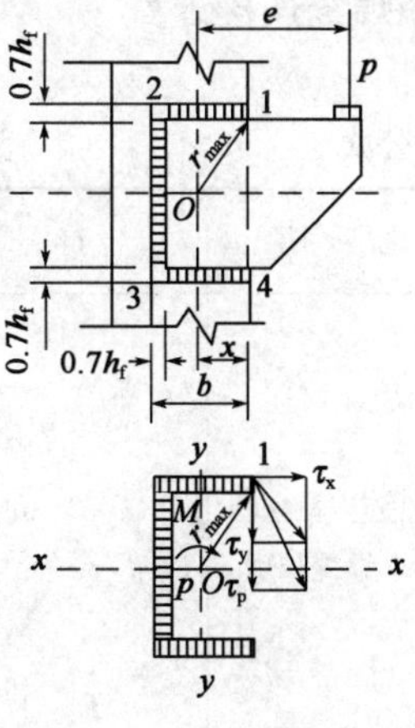	焊缝 1 点处受力最大，应满足 $\tau_1=\sqrt{\tau_x^2+(\tau_y+\tau_p)^2}$ $=\sqrt{\left(\frac{Pea}{2I_{fx}+2I_{fy}}\right)^2+\left(\frac{Pex}{I_{fx}+I_{fy}}+\frac{P}{0.7h_f\Sigma l_f}\right)^2}$ $\leqslant[\tau]$ (12-31) 此处为单面焊缝，图中 O 点为焊缝截面的形心	

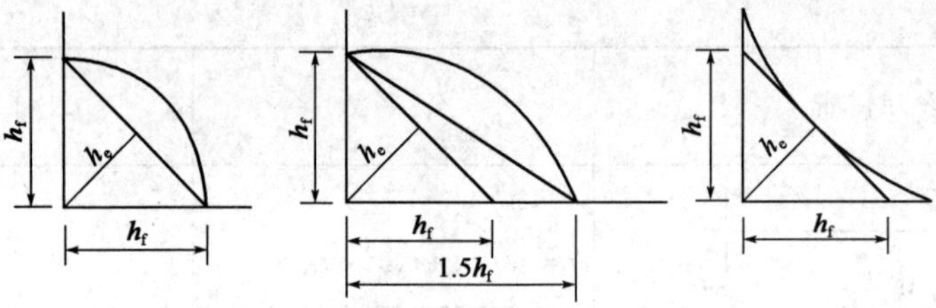

图 12-7　直角焊缝截面图

例 12-6　图 12-8 所示连接中，被拼接板宽 500mm，厚 14mm，承受轴向拉力 $N = 850\text{kN}$，两块拼接板各厚 10mm，$l_1 = l_2 = 250\text{mm}$，$l_3 = 450\text{mm}$，材料为 A3，手工焊接，T42 型焊条，试确定焊缝厚度。

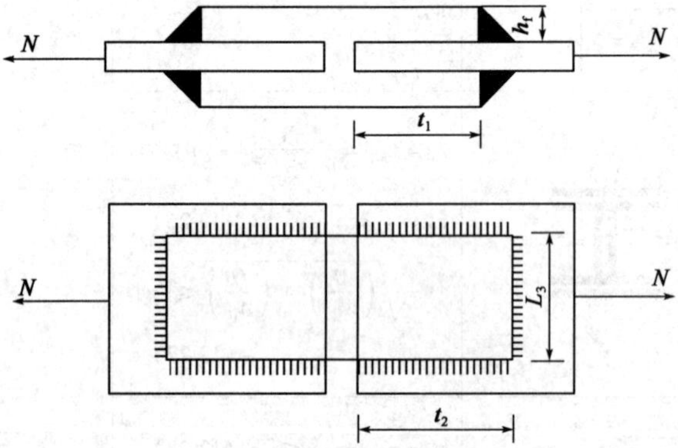

图　12-8

解　考虑到施焊时起弧和落弧处会形成弧坑的缺陷，对每一条连续的焊缝应从实际长度中减去 10mm，焊缝计算长度为：

$$\Sigma l_f = 2(l_1 + l_2 + l_3 - l) = 188\text{cm}$$

查附录三可知：$[\tau] = 85\text{MPa}$，由式 12-23 得：

$$h_f = \frac{N}{0.7\Sigma l_f[\tau]} = \frac{850 \times 10^3}{0.7 \times 1880 \times 85} = 7.6\text{mm}$$

取 $h_f = 8\text{mm}$，满足最大、最小厚度的要求。

2.1.3　角钢与钢板、圆钢与钢板、圆钢与圆钢之间的贴角焊缝连接计算

1. 角钢与钢板连接的贴角焊缝连接计算

角钢与钢板连接的贴角焊缝连接计算公式　　表 12-8

项次	连接形式	公　式	说　明	符号意义
1	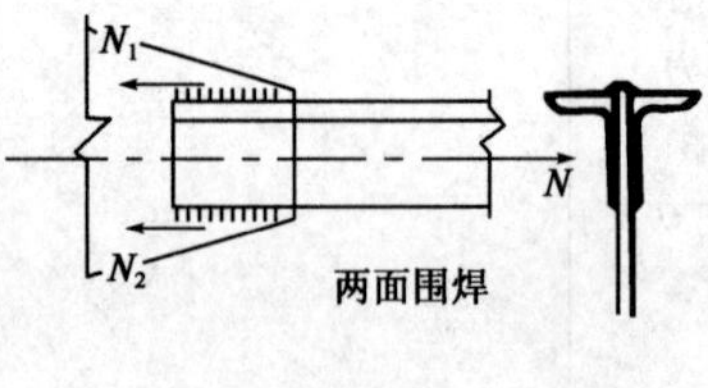	$l_{f1} = \frac{k_1 N}{2 \times 0.7 h_{f1}[\tau]}$ (12-32) $l_{f2} = \frac{k_2 N}{2 \times 0.7 h_{f2}[\tau]}$ (12-33)	假定焊缝厚度，求焊缝长度	h_{f1}、l_{f1}——一个角钢肢背侧焊缝的厚度和计算长度； h_{f2}、l_{f2}——一个角钢肢尖侧焊缝的厚度和计算长度

续上表

项次	连接形式	公式	说明	符号意义
2	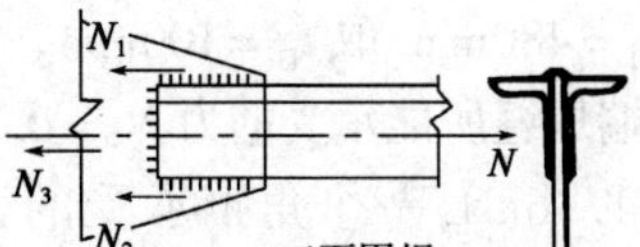 三面围焊	$N_3 = 2 \times 0.7 h_{f3} l_{f3} [\tau]$ (12-34) 但不大于 $2k_2N$。 $N_1 = k_1 N - \frac{N_3}{2}$ (12-35) $N_2 = k_2 N - \frac{N_3}{2}$ (12-36) $l_{f1} = \frac{N_1}{2 \times 0.7 h_{f1} [\tau]}$ (12-37) $l_{f2} = \frac{N_2}{2 \times 0.7 h_{f2} [\tau]}$ (12-38)	端焊缝长度 l_{f3} 可视为已知。 假定焊缝厚度求焊缝长度，且使 $l_{f1} \geqslant l_{f3}$	h_{f3}、l_{f3}——一个角钢端焊缝厚度和计算长度； k_1、k_2——角钢肢背和肢尖的焊缝内力分配系数，查表12-9
3	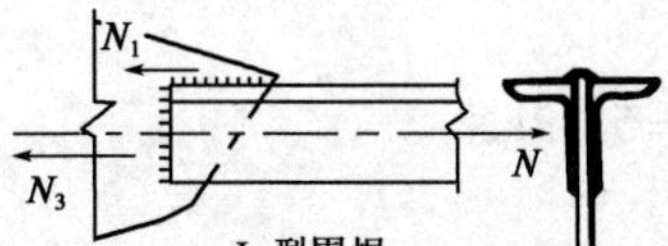 L 型围焊	$N_3 = 2k_2N$ (12-39) $l_{f1} = \frac{N - N_3}{2 \times 0.7 h_{f1} [\tau]}$ (12-40) $l_{f3} = \frac{N_3}{2 \times 0.7 h_{f3} [\tau]}$ (12-41)	L 型围焊一般只宜用于内力较小的杆件，且使 $l_{f1} \geqslant l_{f3}$	

角钢肢背和肢尖的焊缝内力分配系数 k_1 与 k_2 值 表 12-9

项次	角钢类型	连接形式	焊缝内力分配系数	
			k_1（肢背）	k_2（肢尖）
1	等肢角钢	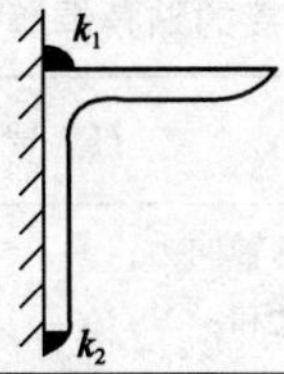	0.70	0.30
2	不等肢角钢（短肢相连）	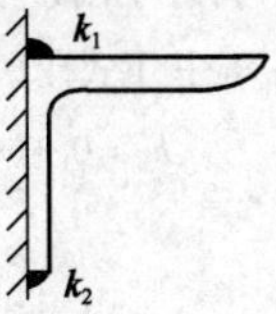	0.75	0.25
3	不等肢角钢（长肢相连）	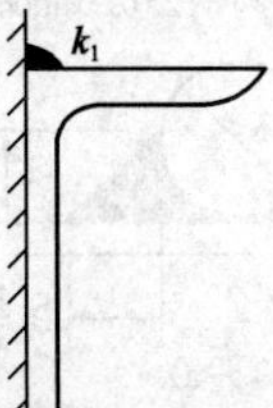	0.65	0.35

例 12-7　图 12-9 所示的三面围焊的连接中，$N = 500\text{kN}$，角钢为 2L100 × 10，连接板 $\delta = 8\text{mm}$，钢材为 A3，手工焊，焊条为 T422，试确定所需焊缝厚度和长度。

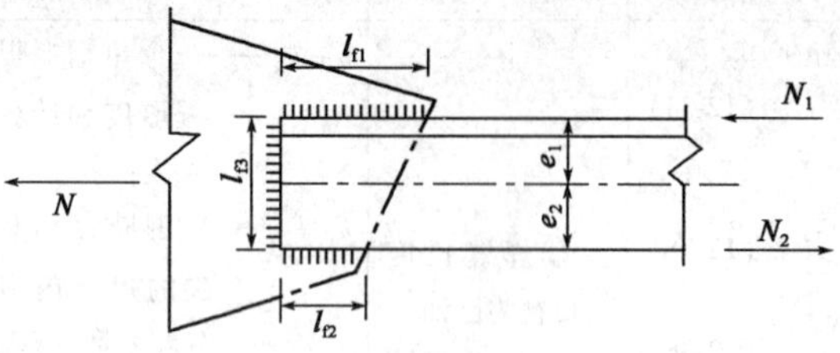

图 12-9　三面围焊

解：当采用三面围焊时，先选定端焊缝的厚度 h_f，算出它所能承受的内力 $N_3 = 0.7h_f l_{f3}[\tau]$，由最小 $h_f \geqslant 6\text{mm}$，最大 $h_f \leqslant 10-(1\sim2)=9\sim8\text{mm}$，设 $h_f = 8\text{mm}$，最短 $l_{f3} \geqslant 8 = 64\text{mm}$ 最大 $l_{f3} \leqslant 60h_f = 480\text{mm}$，取 $l_{f3} = 100\text{mm}$。

由此，端焊缝所能承受的力 $N_3 = 0.7 \times 8 \times 100 \times 85 = 47.6\text{kN}$，一个角钢承受的力 $N = \dfrac{500}{2} = 250\text{kN} = N_1 + N_2 + N_3$。为避免承受轴心力的角钢偏心受力，应使两侧焊缝分担的力 N_1 和 N_2 的合力恰好通过角钢轴心线，由此，通过查表 12-8 和表 12-9 得：

$$N_1 = k_1 N - \frac{N_3}{2} = 0.7 \times 250 - \frac{47.6}{2} = 151.2\text{kN}$$

$$N_2 = k_2 N - \frac{N_3}{2} = 0.3 \times 250 - \frac{47.6}{2} = 51.2\text{kN}$$

$$l_{f1} = \frac{N_1}{0.7 \times h_{f1}[\tau]} = \frac{151.2 \times 10^3}{0.7 \times 8 \times 85} = 317.6\text{mm}$$

$$l_{f2} = \frac{N_2}{0.7 \times h_{f2}[\tau]} = \frac{51.2 \times 10^3}{0.7 \times 8 \times 85} = 107.6\text{mm}$$

2. 圆钢与钢板(或型钢)、圆钢与圆钢连接的贴角焊缝的抗剪强度计算

圆钢与钢板(或型钢)、圆钢与圆钢连接的贴角焊缝的抗剪强度计算公式　表 12-10

计 算 公 式	符 号 意 义
$\tau = \dfrac{N}{h_u \Sigma l_f} \leqslant [\tau]$　(12-42)	N——作用在圆钢上的轴向力； Σl_f——焊缝计算长度之和； h_u——焊缝计算厚度；对圆钢与钢板(或型钢)的连接(图 a)，$h_u = 0.7h_f$；对圆钢与圆钢的连接，h_u 应按下式计算(图 b)： $h_u = 0.1(D + 2d) - \delta$ D——大圆钢直径； d——小圆钢直径； δ——焊缝表面至两个圆钢公切线的距离，此值应在施工图中注明 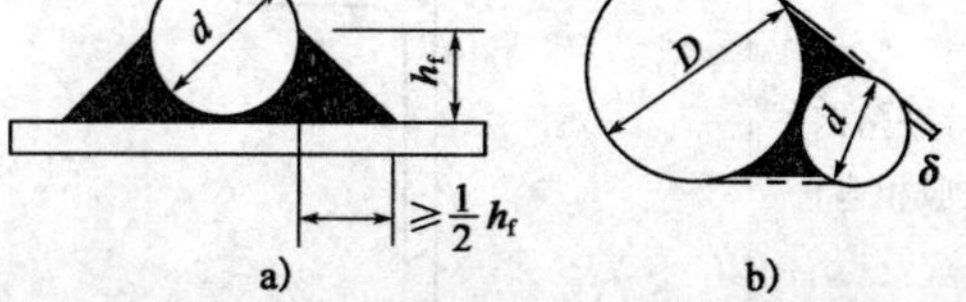 a)圆钢与钢板的连接焊缝；b)圆钢与圆钢的连接焊缝

2.2 普通螺栓和铆钉连接的计算

2.2.1 普通螺栓和铆钉连接的容许承载能力计算

普通螺栓和铆钉的容许承载能力计算公式　　表 12-11

项次	受力情况	铆钉承载能力计算公式	普通螺栓承载能力计算公式	符号意义
1	抗剪	$[N_j^m]=n_j\frac{\pi d^2}{4}[\tau^m]$ (12-43)	$[N_j^l]=n_j\frac{\pi d^2}{4}[\tau^l]$ (12-44)	$[N_j^m]$、$[N_c^m]$、$[N_l^m]$——每个铆钉的抗剪、承压和抗拉容许承载能力； $[N_j^l]$、$[N_c^l]$、$[N_l^l]$——每个螺栓的抗剪、承压和抗拉容许承载能力； n_j——每个铆钉或螺栓的受剪面数目，单剪 $n_j=1$，双剪 $n_j=2$，四剪 $n_j=4$； d——铆钉孔径或螺栓杆的外径； t——螺栓的螺纹间距； $\Sigma\delta$——在同一受力方向的承压钢板总厚度中的较小值； $[\tau^m]$、$[\sigma_c^m]$、$[\sigma_l^m]$——铆钉的抗剪、承压和抗拉容许应力，按附录三中采用； $[\tau^l]$、$[\sigma_c^l]$和$[\sigma_l^l]$——螺栓的抗剪、承压和抗拉容许应力，按附录三中采用
2	承压	$[N_c^m]=d\Sigma\delta[\sigma_c^m]$ (12-45)	$[N_c^l]=d\Sigma\delta[\sigma_c^l]$ (12-46)	
3	抗拉	$[N_l^m]=\frac{\pi d^2}{4}[\sigma_l^m]$ (12-47)	$[N_l^l]=\frac{\pi}{16}(2d-1.8763t)^2[\sigma_l^l]$ (12-48)	

2.2.2 铆钉或普通螺栓连接计算

铆钉或普通螺栓连接计算公式　　表 12-12

项次	受力情况	简图	公式	符号意义
1	承受轴心力作用的抗剪连接	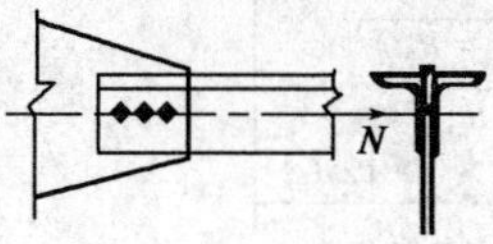	所需铆钉或螺栓数目： $n\geqslant\frac{N}{[N]_{min}}$ (12-49)	
2	承受轴心力和剪力作用的抗剪连接	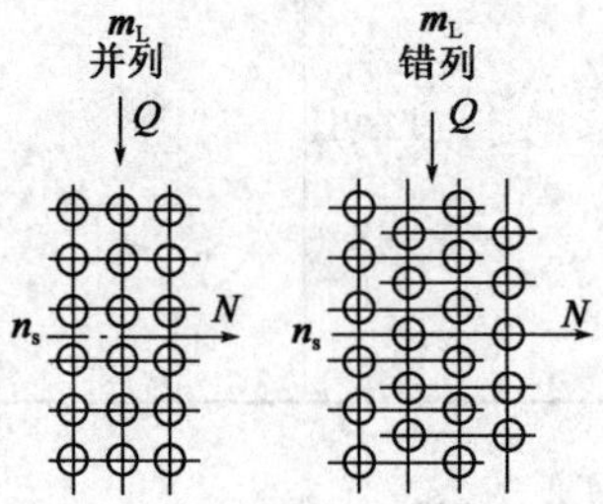	当为并列布置时： $R_N=\frac{N}{m_1n_s}$ (12-50) $R_Q=\frac{Q}{m_1n_s}$ (12-51) 当错列布置且 m_1 为偶数时： $R_N=\frac{2N}{m_1(2n_s-1)}$ (12-52) $R_Q=\frac{2Q}{m_1(2n_s-1)}$ (12-53) 当错列布置且 m_1 为奇数时： $R_N=\frac{2N}{m_1(2n_s-1)+1}$ (12-54) $R_Q=\frac{2Q}{m_1(2n_s-1)+1}$ (12-55) $R_{max}=\sqrt{R_N^2+R_Q^2}\leqslant[N]_{min}$ (12-56)	n——连接中的铆钉或螺栓的总数目； $[N]_{min}$——按表 12-11 中抗剪、承压公式计算的铆钉或螺栓容许承载能力中的较小值； m_1——铆钉或螺栓的列数； n_s——一列铆钉或螺栓的数目

续上表

项次	受力情况	简图	公式	符号意义
3	承受弯矩作用的抗剪连接	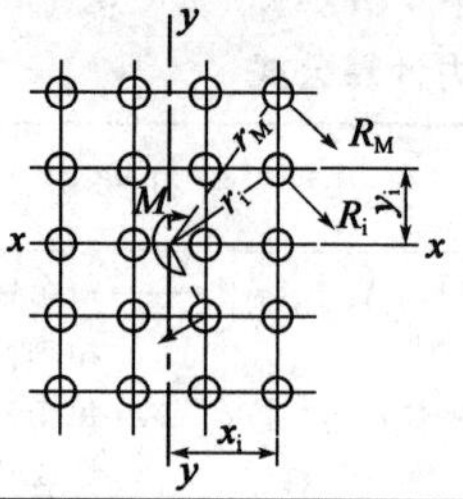	$R_M=\frac{M r_M}{\Sigma r_i^2}\leqslant[N]_{min}$ (12-57) 或 $R_M=\frac{M r_M}{\Sigma(x_i^2+y_i^2)}\leqslant[N]_{min}$ (12-58)	r_M——边行受力最大的一个铆钉或螺栓至铆钉或螺栓群中心的距离； r_i——任一个铆钉或螺栓至铆钉或螺栓群中心的距离； x_M、y_M——边行受力最大的一个铆钉或螺栓至铆钉或螺栓群中心的水平和垂直距离； x_i、y_i——任一个铆钉或螺栓至铆钉或螺栓群中心的中心水平和垂直距离； Σr_i^2、Σx_i^2、Σy_i^2——应包括连接中的所有铆钉或螺栓的数目； $[N_1]$——按表12-11中抗拉公式计算的铆钉或螺栓的抗拉容许承载能力； y_1——边行受力最大的一个铆钉或螺栓至回转轴的距离
4	承受弯矩和剪力作用的抗剪连接	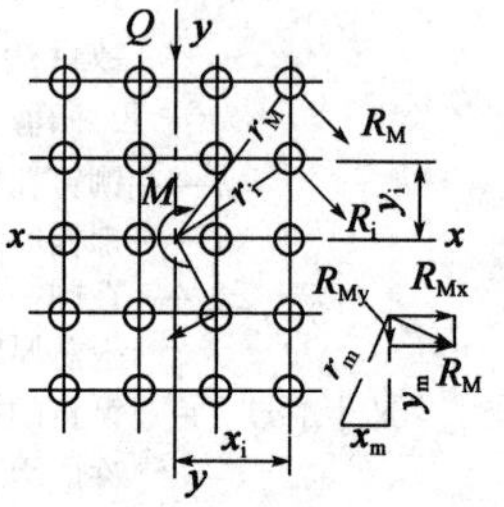	$R_M=\frac{M r_M}{\Sigma(x_i^2+y_i^2)}$ (12-59) $R_{Mx}=\frac{M y_M}{\Sigma(x_i^2+y_i^2)}$ (12-60) $R_{My}=\frac{M x_M}{\Sigma(x_i^2+y_i^2)}$ (12-61) $R_Q=\frac{Q}{n}$ (12-62) $R_{max}=\sqrt{R_{Mx}^2+(R_{My}+R_Q)^2}\leqslant[N]_{min}$ (12-63)	
5	承受弯矩、轴心力和剪力作用的抗剪连接	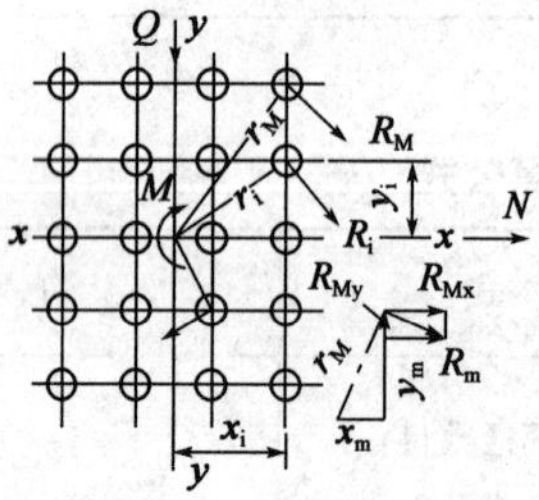	$R_M=\frac{M r_M}{\Sigma(x_i^2+y_i^2)}$ (12-64) $R_{Mx}=\frac{M y_M}{\Sigma(x_i^2+y_i^2)}$ (12-65) $R_{My}=\frac{M x_M}{\Sigma(x_i^2+y_i^2)}$ (12-66) $R_Q=\frac{Q}{n}$ (12-67) $R_{max}=\sqrt{(R_{Mx}+R_N)^2}\times\sqrt{(R_{My}+R_Q)^2}\leqslant[N]_{min}$ (12-68)	
6	承受轴心力作用的抗拉连接	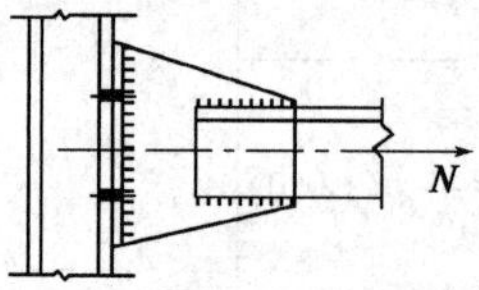	所需铆钉或螺栓的数目（铆钉或螺栓对称于作用力 N 布置）： $n\geqslant\frac{N}{[N_1]}$ (12-69)	
7	承受弯矩作用的抗拉连接	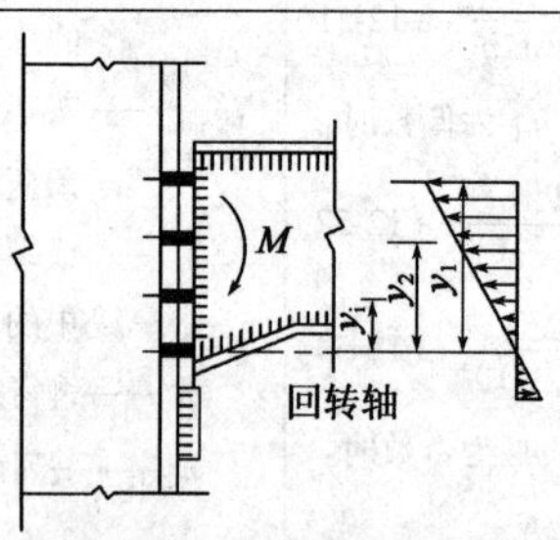	$N_{max}=\frac{M y_1}{\Sigma y_i^2}\leqslant[N_1]$ (12-70)	

注：①当采用下列形式的连接时，铆钉或普通螺栓的数目应增加：

（i）一个构件借助填板或其它中间板件与另一个构件连接时，应按计算增加10%；

（ii）用拼接板的单面连接或采用不对称搭接连接时，应按计算增加10%；

（iii）当利用短角钢连接型钢（角钢或槽钢）的外伸肢时，在短角钢两肢中的一肢上，所用的铆钉或普通螺栓数目应按计算增加50%；

②上表连接计算同样适用于高强螺栓的连接计算，但计算弯矩作用下的高强螺栓受拉连接时，应将其回转中心保持在螺栓群的中心线上，以求取最外排螺栓的拉力。

2.2.3 铆钉或普通螺栓连接的轴心受拉构件的强度计算

铆钉或普通螺栓连接的轴心受拉构件的强度计算公式　　表 12-13

计算公式	符号意义
$\sigma=\frac{N}{A_j}\leqslant[\sigma]$ (12-71)	N——构件承受的轴向拉力； A_j——净截面面积，应根据螺栓或铆钉的排列位置而定。当为并列布置时（如图 a），构件在截面 I－I 处最危险，此时，净截面面积 $A_j=A-nd\delta$（n 为 I－I 截面上的铆钉或螺栓数目）；当为错列布置时（如图 b），构件可能沿截面 II－II 或沿锯齿形截面 III－III 破坏. 如按截面 III－III 破坏，则 $A_j=[2b_1+(n'-1)\sqrt{a^2+b^2}-n'd]\delta$ n'——III－III 截面上的铆钉或螺栓数目； d——铆钉孔径或螺栓杆的外径； δ——钢板厚度 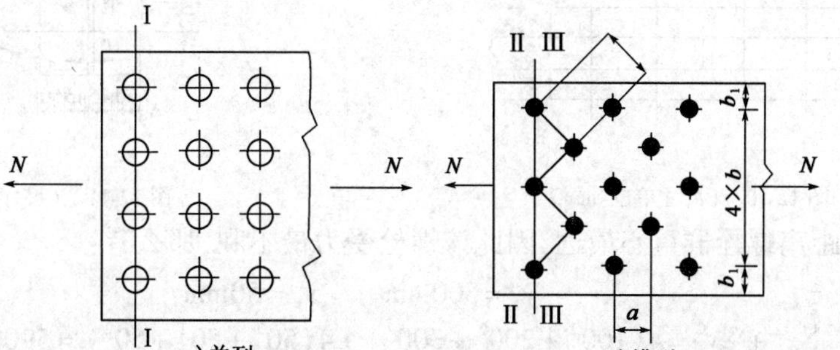 a) 并列　　b) 错列

例 12-8　设计一截面为 16mm×340mm 的钢板拼接连接。采用两块拼接板 $\delta=9$mm 和螺栓连接，钢板和螺栓构件均采用 A3 钢，钢板承受轴向拉力设计值 $N=350$kN，如图 12-10 所示。

解　选用螺栓 M22，从附录三，查得螺栓抗剪容许应力 $[\tau^l]=80$MPa，容许承压应力 $[\sigma_c^l]=170$MPa，由表 12-11 中有关公式可求得每只螺栓抗剪和承压容许承载能力为：

$$[N_j^l]=n_j\frac{\pi d^2}{4}[\tau^l]=2\times\frac{\pi\times22^2}{4}\times80=60.821\text{kN}$$

$$[N_c^l]=d\Sigma\delta[\sigma_c^l]=22\times16\times170=59.840\text{kN}$$

取两者的较小值 $[N]_{\min}=59.840$kN，则 n 为：

$$n=\frac{N}{[N]_{\min}}=\frac{350}{59.840}=5.85$$

故拼接板每侧选用 6 只螺栓，螺栓的间距和边、端距根据要求排列如图 12-10 所示。

钢板轴心受拉强度（$d_0\approx d+2$mm）为：

$$A_j=A-nd_0\delta=340\times16-3\times24\times16=4288\text{mm}^2$$

$$\sigma=\frac{N}{A_j}=\frac{350\times10^3}{4288}=81.6\text{MPa}<[\sigma]=140\text{MPa}\quad（满足要求）$$

例 12-9　设计普通螺栓连接的搭接接头。已知作用力 $P=120$kN，偏心距 $e=300$mm，钢材用 A3。

解　选用螺栓 M20，$d_0=21.5$mm，纵向排列，初步排列如图 12-11 所示。

查附录三，得螺栓的抗剪容许应力 $[\tau^l]=80$MPa，容许承压应力 $[\sigma_c^l]=170$MPa，则每只螺栓抗剪和承压容许应力为：

$$[N_j^l]=n_j\frac{\pi d^2}{4}[\tau^l]=1\times\frac{\pi\times20^2}{4}\times80=25.13\text{kN}$$

$$[N_c^l]=d\Sigma\delta[\sigma_c^l]=20\times10\times170=34.0\text{kN}$$

故 $$[N]_{min} = 25.13\text{kN}$$

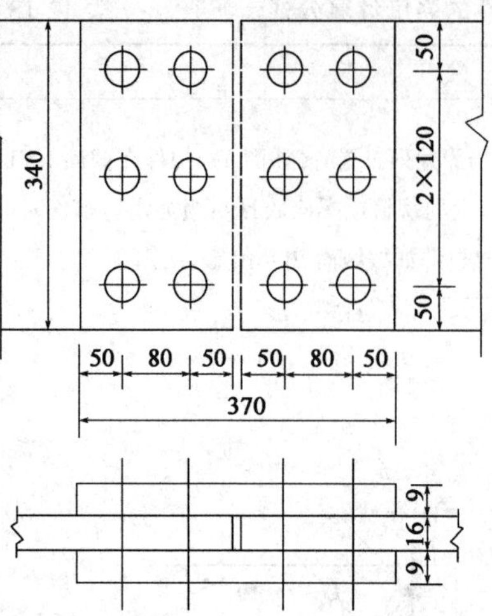

图 12-10 （尺寸单位：mm）

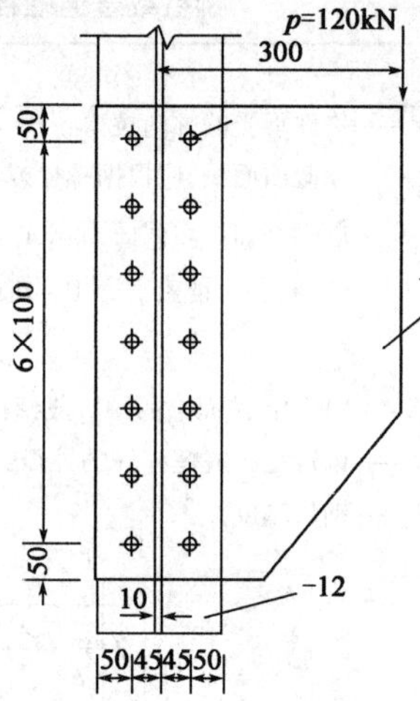

图 12-11 （尺寸单位：mm）

螺栓 1 距离螺栓群重心最远，因此该螺栓受力最不利，那么有：

$$y_1 = 300\text{mm} \qquad x_1 = 50\text{mm}$$

$$\Sigma x_i^2 + \Sigma y_i^2 = 4(100^2 + 200^2 + 300^2) + 4(50^2 + 50^2 + 50^2) = 590000\text{mm}^2$$

由表 12-12 中有关公式可得：

$$R_M = \frac{Mr_1}{\Sigma(x_i^2 + y_i^2)} = \frac{120 \times 300 \times \sqrt{300^2 + 50^2}}{590000} = 18.56\text{kN}$$

$$R_{M_x} = \frac{My_1}{\Sigma(x_i^2 + y_i^2)} = \frac{120 \times 300 \times 300}{590000} = 18.30\text{kN}$$

$$R_{M_y} = \frac{Mx_1}{\Sigma(x_i^2 + y_i^2)} = \frac{120 \times 300 \times 50}{590000} = 3.04\text{kN}$$

$$R_Q = \frac{P}{n} = \frac{120}{14} = 8.57\text{kN}$$

$$R_{max} = \sqrt{R_{M_x}^2 + (R_{M_y} + R_Q)^2} = \sqrt{18.30^2 + (3.04 + 8.57)^2}$$
$$= 21.67\text{kN} < [N]_{min} = 25.13\text{kN}$$

满足强度要求。

2.3 高强螺栓连接计算

2.3.1 每个高强螺栓的容许承载能力计算

每个高强螺栓的容许承载能力计算公式 表 12-14

项次	受力情况	公式	符号意义
1	抗剪连接（承受摩擦面间的剪力）	$[N^L] = \frac{P \cdot \mu \cdot n}{K}$ （12-72）	P——高强螺栓的预拉力，按表 12-15 采用； μ——摩擦系数，按表 12-16 采用； n——传力摩擦面数目； K——安全系数，采用 1.7； Z——每个高强螺栓在其轴线方向所受的外拉力，此拉力不应大于 0.6P
2	同时承受摩擦面间的剪切和螺栓轴线方向的外拉力	$[N^L] = [N^L]\frac{P - 1.4Z}{P}$ （12-73）	

高强螺栓的预拉力 P 值(kN)　　表 12-15

直径	M20	M22	M24
预拉力	155	190	225

摩擦系数 μ　　表 12-16

在连接处杆件接触面的处理方法	杆件的钢号	
	A3 钢	16Mn 钢
喷砂	0.45	0.55
喷砂后涂无机富锌漆	0.35	0.40
轧制表面,钢丝刷清理浮锈（或未经处理,但压制表面干净）	0.30	0.35

2.3.2　高强螺栓数目计算

表 12-17

计算公式	符号意义
$\mu \geq \frac{N}{[N^l]}$　　(12-74)	N——作用于连接处的轴心力； $[N^l]$——按表 12-14 计算的高强螺栓的容许承载能力

注:当利用短角钢来连接型钢(角钢或槽钢)的外伸肢时,在短角钢两肢中的一肢上,所用的高强螺栓数目应增加 50%。

2.3.3　高强螺栓连接的轴心受拉和轴心受压构件的强度计算

高强螺栓连接的轴心受拉和轴心受压构件的强度计算公式　　表 12-18

受力情况	公式	符号意义
轴心受拉	$\sigma = \frac{N'}{A} \leq [\sigma]$　　(12-75)	N——构件的轴心力； $N' = N\left(1 - 0.4\frac{n_1}{n}\right)$； n——构件与节点板或拼接板一端连接的高强螺栓数目； n_1——所计算截面(最外列螺栓处)上高强螺栓的数目； 其余符号含义同上
轴心受压	$\sigma = \frac{N}{A} \leq [\sigma]$　　(12-76)	

注:如构件尚有非高强螺栓孔削弱时,还应按 $\sigma = \frac{N}{A_j} \leq [\sigma]$ 计算削弱截面的强度。

例 12-10　荷载和螺栓布置仍按例 12-9(图 12-11),试用 A3 钢制成的 M20 高强螺栓,采用喷砂后涂无机富锌漆的接触面处理方式,问能否承担所要求的荷载?

解　采用 M20 螺栓(A3 钢),查表 12-15,预加拉力 $P = 155\text{kN}$,查表 12-16,摩擦系数 $\mu = 0.35$,每个螺栓的抗剪容许承载力为：

$$[N^l] = \frac{P \cdot \mu \cdot n}{K} = \frac{155 \times 0.35 \times 1}{1.7} = 31.9\text{kN} > R_{max} = 21.67\text{kN}$$

故能承担所要求的荷载。

3　木结构计算

3.1　木材容许斜纹承压应力$[\sigma_{a\alpha}]$计算

例 12-11　鱼鳞云杉$[\alpha_a] = 13\text{MPa}$,$[\sigma_{ah}] = 2.0\text{MPa}$,试计算作用力方向与木纹方向成 30°夹角的容许斜纹承压应力值。

解 由式(12-77)、式(12-79)可直接求出容许斜纹承压力值:

$$[\sigma_{a30^\circ}] = \frac{13.0}{1+\left(\frac{13.0}{2.0}-1\right)\sin^3 30^\circ} = 7.70\text{MPa}$$

或

$$[\sigma_{a30^\circ}] = \frac{13.0}{1+\left(\frac{13.0}{2.0}-1\right)\frac{30^\circ-10^\circ}{80^\circ}\sin 30^\circ} = 7.70\text{MPa}$$

木材容许斜纹承压应力计算公式 表 12-19

计算方式	计算公式	符号意义
1	$[\sigma_{a\alpha}] = \frac{[\sigma_a]}{1+\left(\frac{[\sigma_a]}{[\sigma_{ah}]}-1\right)\sin^3\alpha}$ (12-77)	$[\sigma_a]$——木材容许顺纹承压应力; $[\sigma_{ah}]$——木材容许横纹承压应力; α——作用力方向与木纹方向的夹角,以度计
2	当 $\alpha \leqslant 10^\circ$ 时, $[\sigma_{a\alpha}] = [\sigma_a]$ (12-78) 当 $10^\circ < \alpha \leqslant 90^\circ$ 时, $[\sigma_{a\alpha}] = \frac{[\sigma_a]}{1+\left(\frac{[\sigma_a]}{[\sigma_{ah}]}-1\right)\frac{\alpha-10^\circ}{80^\circ}\sin\alpha}$ (12-79)	

3.2 受压构件计算长度 l_0、计算面积 A_0、长细比 λ 及纵向弯曲系数 φ 的计算

受压构件计算长度 l_0、计算面积 A_0、长细比 λ 及纵向弯曲系数 φ 的计算公式 表 12-20

项目	条件	计算公式	符号意义
计算长度 l_0	两端铰接 一端固定,一端自由 一端固定,一端铰接 两端固接	$l_0 = l$ (12-80) $l_0 = 2l$ (12-81) $l_0 = 0.8l$ (12-82) $l_0 = 0.65l$ (12-83)	l——构件长度; A_m——构件毛截面积; A_{ji}——构件净截面积; r——构件截面回转半径; I_m、A_m——构件的毛截面惯性矩及面积; l_0——受压构件计算长度
计算面积 A_0	无缺口 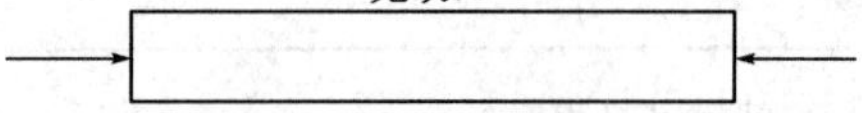	$A_0 = A_m$ (12-84)	
	缺口不在边缘 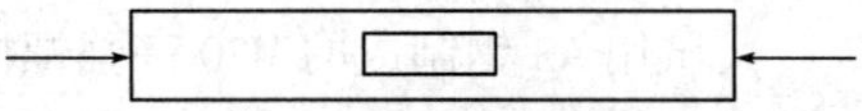	$A_0 = 0.9A_m$ (12-85)	
	缺口在边缘,但对称 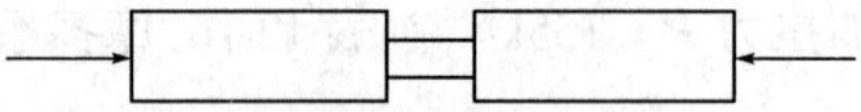	$A_0 = A_{ji}$ (12-86)	
	缺口在边缘,但不对称 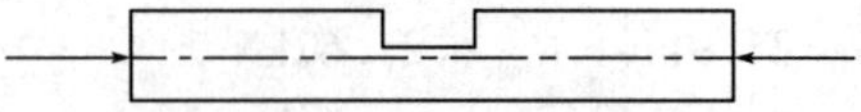	按偏心受压构件计算	
长细比 λ	$\lambda \leqslant 100$ (主要构件)	$\lambda = \frac{l_0}{r}$ (12-87)	
	$\lambda \leqslant 150$ (连接系构件)	$r = \sqrt{\frac{I_m}{A_m}}$ (12-88)	
纵向弯曲系数 φ	$\lambda \leqslant 80$	$\varphi = 1.02 - 0.55\left(\frac{\lambda+20}{100}\right)^2$ (12-89)	
	$\lambda > 80$	$\varphi = 3000/\lambda^2$ (12-90)	

注:有关组合受压构件长细比的计算参见《公路桥涵设计手册》基本资料相关内容。

例 12-12 计算木拱架斜腹杆构件的计算长度 l_0、计算面积 A_0、长细比 λ 及纵向弯曲系数 φ。腹杆选用 25cm×25cm 的鱼鳞云杉,腹杆两节间距离为 3.0m。

解 1. 计算长度 l_0

木拱架斜腹杆构件按两端铰接计算,故 $l_0 = l = 30\text{m}$。

2. 计算面积 A_0

斜腹杆无缺口,$A_0 = 25^2 = 625\text{cm}^2$。

3. 长细比 λ

$$\lambda = \frac{l_0}{i} = \frac{300}{\dfrac{25}{\sqrt{12}}} = 41.57$$

4. 纵向弯曲系数 φ

$$\varphi = 1.02 - 0.55\left(\frac{41.57 + 20}{100}\right)^2 = 0.812$$

3.3 木结构基本构件计算

木结构基本构件计算公式 表 12-21

<table>
<tr><th>序号</th><th>受力情况</th><th>计算内容</th><th>代号</th><th>计算公式</th><th>符号意义</th></tr>
<tr><td>1</td><td>轴心受拉</td><td>强度</td><td>σ_1</td><td>$\sigma_1 = \dfrac{N}{A_{ji}} \leqslant [\sigma_1]$ (12-91)</td><td rowspan="10">N——计算轴向力;
$[\sigma_1]$——容许顺纹拉应力;
A_{ji}——受拉构件的净截面面积,计算时应将分布在 15cm 长度上的缺孔、齿槽投影在同一截面上予以扣除;
$[\sigma_a]$——木材容许顺纹压应力;
φ——纵向弯曲系数;
A_0——计算稳定时的计算面积,可按表 12-20 采用;
M——弯矩;
Q——剪力;
$[\sigma_w]$——木材容许顺纹弯应力;
W_{ji}——计算净截面抵抗矩;
$[\tau]$——容许顺纹弯曲剪应力;
I_m——构件毛截面惯性矩;
b——构件截面宽度;
S_m——中性轴以上的毛截面积对中性轴的面积矩;
$[f]$——受弯构件挠度容许值;
M_x、M_y——对构件 x 轴和 y 轴的弯矩;
W_x、W_y——对 x 轴和 y 轴的净截面抵抗矩;
f_x、f_f——沿构件截面 x 轴和 y 轴方向的挠度;
$[f]$——受弯构件挠度容许值;
A_0——按表 12-20 规定采用,当 $\varphi = 1$ 时取 $A_0 = A_{ji}$,当验算垂直于弯矩作用平面的稳定时,按轴心受压稳定公式验算,不必考虑弯矩的影响</td></tr>
<tr><td rowspan="2">2</td><td rowspan="2">轴心受压</td><td>强度</td><td>σ_a</td><td>$\sigma_a = \dfrac{N}{A_{ji}} \leqslant [\sigma_a]$ (12-92)</td></tr>
<tr><td>稳定</td><td>σ_a</td><td>$\sigma_a = \dfrac{N}{\varphi A_0} \leqslant [\sigma_a]$ (12-93)</td></tr>
<tr><td rowspan="3">3</td><td rowspan="3">受弯</td><td>弯曲强度</td><td>σ_w</td><td>$\sigma_w = \dfrac{M}{W_{ji}} \leqslant [\sigma_w]$ (12-94)</td></tr>
<tr><td>剪切强度</td><td>τ</td><td>$\tau = \dfrac{QS_m}{I_m b} \leqslant [\tau]$ (12-95)</td></tr>
<tr><td>挠度</td><td>f</td><td>$f \leqslant [f]$ (12-96)</td></tr>
<tr><td rowspan="2">4</td><td rowspan="2">双向受弯</td><td>强度</td><td>σ_w</td><td>$\sigma_w = \dfrac{M_x}{W_x} + \dfrac{M_y}{W_y} \leqslant [\sigma_w]$ (12-97)</td></tr>
<tr><td>挠度</td><td>f</td><td>$f = \sqrt{f_x^2 + f_y^2} \leqslant [f]$ (12-98)</td></tr>
<tr><td>5</td><td>偏心受拉</td><td>强度</td><td>σ_1</td><td>$\sigma_1 = \dfrac{N}{A_{ji}} + \dfrac{M[\sigma_1]}{W_{ji}[\sigma_w]} \leqslant [\sigma_1]$ (12-99)</td></tr>
<tr><td>6</td><td>偏心受压</td><td>强度</td><td>σ_a</td><td>$\sigma_a = \dfrac{N}{\varphi A_0} + \dfrac{M[\sigma_a]}{W[\sigma_w]} \leqslant [\sigma_a]$ (12-100)</td></tr>
</table>

例 12-13 计算现浇钢筋混凝土板，木支架纵梁的强度和挠度值。木纵梁采用鱼鳞云杉，断面尺寸 20cm × 25cm，沿纵梁方向钢筋混凝土板重按 $q = 10\text{kN/m}$ 考虑，纵梁长 4.0m。

解 木纵梁自重：$g = 0.20 \times 0.25 \times 7.0 = 0.35\text{kN/m}$

纵梁跨中弯矩：$M = \frac{1}{8}(g+q)l^2 = \frac{1}{8} \times 10.35 \times 4^2 = 20.7\text{kN} \cdot \text{m}$

支点剪力：$Q = \frac{1}{2}(g+q)l = \frac{1}{2} \times 10.35 \times 4 = 20.7\text{kN}$

纵梁毛截面惯性矩：$I_m = \frac{1}{12} \times 20 \times 35^3 = 2.6042 \times 10^4 \text{cm}^4$

毛截面惯矩：$S_m = \left(20 \times \frac{25}{2}\right) \times \frac{25}{4} = 1562.5\text{cm}^3$

净截面抵抗矩：$W_{ji} = \frac{1}{16}bh^2 = \frac{1}{6} \times 20 \times 25^2 = 2083.3\text{cm}^3$

弯曲强度：$\sigma_w = \frac{M}{W_{ji}} = \frac{20.7 \times 10^6}{2083.3 \times 10^3} = 9.94\text{MPa} < 13.0\text{MPa}$

剪切强度：$\tau = \frac{Q \cdot S_m}{I_m \cdot b} = \frac{20.7 \times 10^3 \times 1562.5 \times 10^3}{2.6042 \times 10^4 \times 10^4 \times 200} = 0.62\text{MPa} < 2.0\text{MPa}$

挠度：$f = \frac{5ql^4}{384EI} = \frac{5 \times 10.35 \times 10^3 \times 4000^3}{384 \times 10 \times 10^3 \times 2.6042 \times 10^4 \times 10^4} = 3.31\text{mm} < \frac{l}{400} = 10\text{mm}$

3.4 木结构齿联计算

木结构齿联计算公式 表 12-22

名称	图示	斜纹承压	顺纹受剪
单齿结合	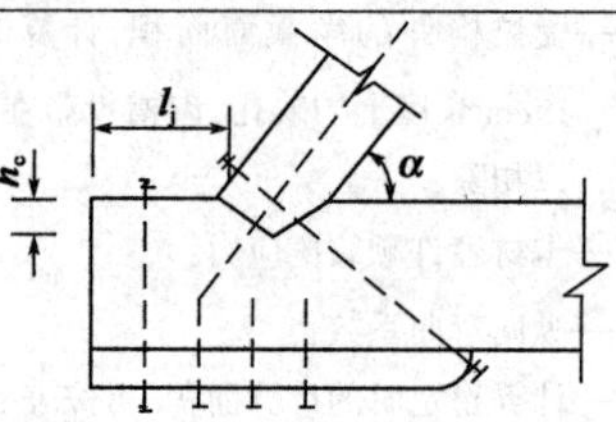	$\frac{N}{A_a} \leqslant [\sigma_{a\alpha}]$ (12-101)	$\frac{T}{A_{ji}} \leqslant K_j[\tau_j]$ $(A_j = l_j b_1)$ (12-103)
双齿结合	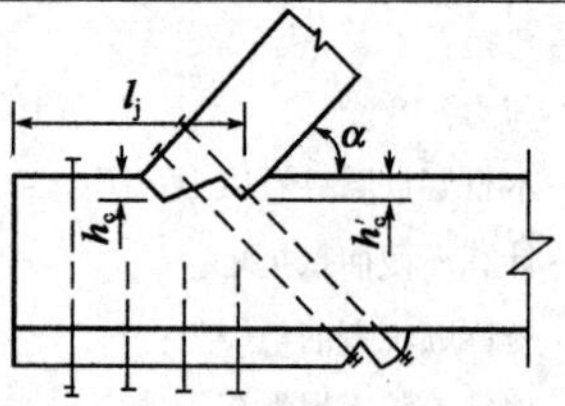	$\frac{N}{A_{a1} + A_{a2}} \leqslant [\sigma_{a\alpha}]$ (12-102)	$\frac{T}{l_j b_2} \leqslant K_j[\tau_j]$ (12-104)
符号意义	N——轴向压力 T——剪切面上的剪力； A_j——剪切面的计算面积，等于 $l_j \times b$； K_j——考虑剪切面上的剪应力不均匀系数，见表 12-23； b_2——第二槽形齿形部分长度，cm； h——方木高度； A_{a1}——第一槽齿垂直于下弦的矩形或弓形面积，cm^2； A_{a2}——第二槽齿垂直于下弦的矩形或弓形面积，cm^2； 一面削面后的圆木面积可按下式计算： A_a——齿的承压面积，cm^2；其值为： $A_a = \frac{(1-K_A)A_m}{\cos\alpha}$； K_A——一面削平后的圆木面积系数，查图 12-12； A_m——构件毛截面面积，cm^2；	$[\sigma_{a\alpha}]$——木材容许斜纹承压应力，按表 12-19 计算； $[\tau_j]$——木材顺纹容许剪应力； l_j——剪切面长度； b——方木宽度 $b = b_1 + b_2$； b_1——第一槽形齿形部分长度，cm； d——圆木直径； α——上弦与下弦的夹角，(°)	

剪应力不均匀系数 K_j 值　　表 12-23

l_j/h_c	4.5	5	6	7	8	≥10
单齿	1.00	0.90	0.75	0.65	0.55	0.45
双齿	—	—	1.00	0.90	0.85	0.70

注：h_c 为槽深，对于方木及削面原木应不小于2cm，对于原木应不小于2.5cm，同时，端节点的 h_c 应不大于构件高度的1/3，中间节点的 h_c 应不大于构件高度的1/4。齿的剪切面长度应不小于 $4.5h_c$，并不小于20cm。对双齿结合第二齿槽深应大于第一齿槽深2cm。

根据 h_c/d 值查图 12-12，可计算出 b_1 或 b_2，b_1（或 b_2）$=K_b\times d$。

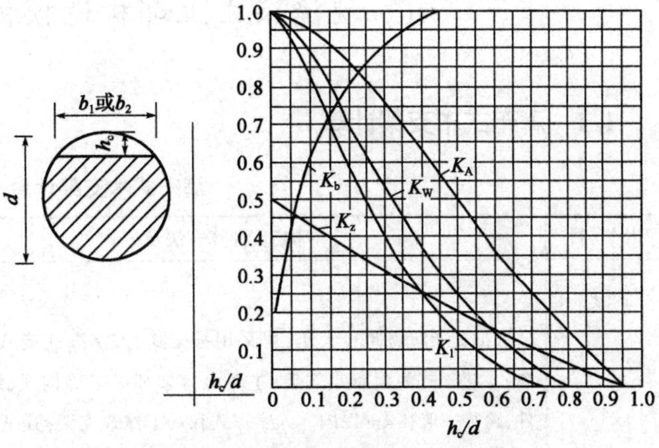

图 12-12　一面削平的圆木几何特征图表

例 12-14　某木桥采用三角形构件，斜杆坡度 $\alpha=22°$，已知上弦轴向压力 $N_c=40\text{kN}$，下弦轴向拉力 $N_1=36\text{kN}$，试设计该木桥支座节点。

解　1. 初选下弦头 $d=180\text{mm}$ 的鱼鳞云杉圆木，单齿槽结合，如图 12-13 所示。

2. ab 面斜纹抗压验算

齿槽深：$h_c=\dfrac{d}{3}=\dfrac{180}{3}=60\text{mm}$

由 $\dfrac{h_c}{d}=\dfrac{60}{180}=0.3333$，查图 12-12 得 $K_A=0.72$，则

$$A_a=\frac{(1-K_A)A_m}{\cos\alpha}=\frac{(1-0.72)\times\dfrac{\pi\times180^2}{4}}{\cos25°}=78.62\text{cm}^2$$

木材容许斜纹承压应力 $[\sigma_{\alpha\alpha}]$ 值为：

$$[\sigma_{\alpha\alpha}]=\frac{13.0}{1+\left(\dfrac{13.0}{2.0}-1\right)\dfrac{25°-10°}{80°}\sin25°}=9.054\text{MPa}$$

代入斜纹轴心受压应力计算公式得：

$$\sigma_{\alpha\alpha}=\frac{N}{A}=\frac{40000}{7862}=5.088\text{MPa}<[\sigma_{a\alpha}]\quad（满足要求）$$

3. bd 面抗剪验算

由 $\dfrac{h_c}{d}=0.333$，查图 12-12，得 $K_b=0.93$

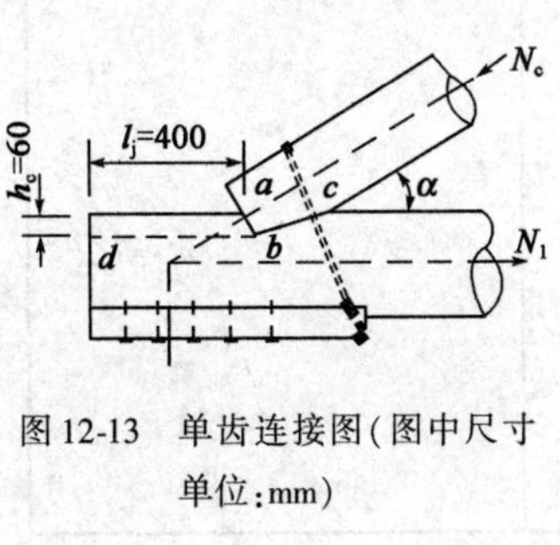

图 12-13　单齿连接图（图中尺寸单位：mm）

槽口宽度：$b_1=K_b\cdot d=0.93\times180=167.4\text{mm}$

由 $\dfrac{l_j}{h_c}=\dfrac{400}{60}=6.7$，查表 12-23，得 $K_j=0.68$

代入顺纹抗剪应力计算公式得：

$$\tau=\frac{T}{A_j}=\frac{40000}{400\times167.4}=0.597\text{MPa}<K_j[\tau_j]=0.68\times1.4=0.952\text{MPa}$$

满足要求。

第13章 支架计算

1 现浇梁式上部构造模板与支架计算

1.1 满布式木支架计算

满布式木支架计算 表13-1

<table>
<tr><th>项　目</th><th>构造、计算方法及公式</th><th>符 号 意 义</th></tr>
<tr><td>构　造</td><td>根据支架所需跨径大小，可采用排架式、人字撑式或八字撑式（如下图）。排架式为满布式支架，主要由排架和纵梁等构成，纵梁为受弯构件，跨径一般在4m以内。人字撑式和八字撑式支架，其纵梁必须加设人字撑或八字撑，为可变结构，在浇筑混凝土时应保持均匀、对称的加载程序，以防产生较大变形，但支架跨度可达8m。
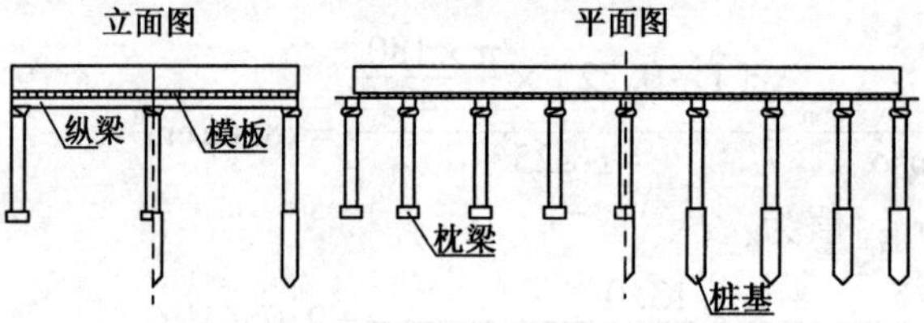

满布式支架的排架，可设置在枕梁上或桩基上，基础须坚实可靠，以保证排架的沉陷值不超出规定。当排架较高时，应在排架上设置撑木，在排架两侧设置斜撑木或斜立柱，以保证支架横向稳定。
满布式支架的卸落设备可采用木楔、木马或砂筒等</td><td></td></tr>
<tr><td>荷　载</td><td>(1)模板自重；
(2)新浇混凝土或钢筋混凝土质量；
(3)施工人员和运输工具质量；
(4)支架自重；
(5)倾倒混凝土时产生的冲击荷载；
(6)振捣混凝土产生的荷载</td><td></td></tr>
</table>

续上表

项　目	构造、计算方法及公式	符号意义
模板计算	受弯构件(模板自重忽略不计)： $$g_1 = d \times \gamma$$ 考虑到模板本身的连续性，弯矩可按下式计算： $$M_{1/2} = \frac{(g_1 + g_r) \times b}{10} l_1^2 \quad 或 \quad M_{1/2} = \frac{Pl_1}{6} \qquad (13\text{-}1)$$ 应力验算：$$\sigma_w = \frac{M_{1/2}}{W_{ji}} \leqslant 1.2[\sigma_w] \qquad (13\text{-}2)$$ (临时结构容许应力$[\sigma_w]$可提高1.2) 挠度验算：$$f = \frac{5(g_1 + g_r) \cdot bl_1^4}{384EI} \leqslant \frac{l_1}{400} \quad 或 \quad f = \frac{Pl^3}{48EI} \leqslant \frac{l_1}{400} \qquad (13\text{-}3)$$	σ_w——计算弯曲应力； $[\sigma_w]$——木材容许顺纹受弯应力，见附录三； g_1——单位面积结构自重； g_r——施工人员质量，按(2～3)kN/m^{2}计； d——结构高度； γ——结构材料重度； b——模板宽度； P——集中荷载，按1.5kN核算； l_1——相邻两纵梁之间的距离(模板计算跨径)； EI——模板抗弯刚度； W_{ji}——模板净截面抵抗矩
纵梁计算	受弯构件，按简支梁计算应力和挠度： $$g_2 = (g_1 + g_r) l_1 \qquad (13\text{-}4)$$ $$M_{1/2} = \frac{g_2 \cdot l_2^2}{8} \qquad (13\text{-}5)$$ $$\sigma_w = \frac{M_{1/2}}{W_{ji}} \leqslant 1.2[\sigma_w] \qquad (13\text{-}6)$$ $$f = \frac{5g_2 \cdot l_2^4}{384EI} \leqslant \frac{l_2}{400} \qquad (12\text{-}7)$$	l_2——纵梁计算跨径； g_2——作用在纵梁上的荷载； EI——纵梁抗弯刚度； W_{ji}——纵梁净截面抵抗矩。 其余符号同上
支架立柱计算	1. 轴心受压构件 强度验算：$\sigma_a = \frac{N}{A_{ji}} \leqslant 1.2[\sigma_a]$ (13-8) 稳定验算：$\sigma_a = \frac{N}{\varphi A_0} \leqslant 1.2[\sigma_a]$ (13-9) 2. 偏心受压构件 $$\sigma_a = \frac{N}{\varphi A_0} + \frac{M[\sigma_a]}{W_{ji}[\sigma_w]} \leqslant 1.2[\sigma_a] \qquad (13\text{-}10)$$	σ_a——计算压应力； $[\sigma_a]$——木材容许顺纹承压应力，见附录三； A_{ji}——受压构件计算截面的净截面面积； A_0——验算稳定时截面的计算面积，按表12-20取用； φ——构件的纵向弯曲系数，按表12-20计算

例13-1　某4m钢筋混凝土板桥，桥宽7.5m，板厚0.35m，采用满布式木支架现浇，如图13-1所示，试计算模板、纵梁和支架的内力及变形。

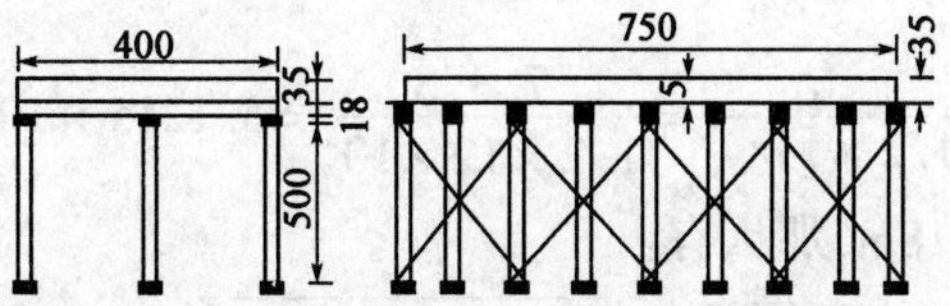

图13-1　(尺寸单位：cm)

解　1. 模板计算(忽略模板自重)

板桥厚度 $d=0.35m$，模板跨径 $l_1=1.0m$，假定模板宽度 $b=0.2m$，钢筋混凝土板桥单位重度 $\gamma=25kN/m^3$，模板每米宽、每米长上的荷载：

钢筋混凝土板桥： $g_1=d\gamma=0.35\times25=8.75kN/m^2$

施工人员： $g_r=2.0kN/m^2$

倾倒混凝土时产生的冲击荷载和振捣混凝土时产生的荷载均按 $2kN/m^2$ 考虑。

板上每米长上的荷载为： $g=(g_1+g_r+2\times2.0)b=(8.75+2.0+2\times2.0)\times0.20=2.8kN/m$

模板跨中弯矩按式(13-1)计算：

跨中弯矩： $M_{1/2}=\dfrac{gl_1^2}{10}=\dfrac{2.8\times1,0^2}{10}=0.28kN\cdot m$

按集中力 $P=1.5kN$ 计算，$M_{1/2}=\dfrac{Pl_1}{6}=\dfrac{1.5\times1.0}{6}=0.25kN\cdot m<0.28kN\cdot m$

临时木结构采用鱼鳞云杉，其容许弯应力 $[\sigma_w]=13.0MPa$，并可提高 1.2

模板需要的截面模量，由式(13-2)得：

$$W=\frac{M}{1.2\times[\sigma_w]}=\frac{0.28}{1.2\times12.0\times10^3}=1.944\times10^{-5}m^2$$

根据 W、b 得 h 为：

$$h=\sqrt{\frac{6\times W}{b}}=\sqrt{\frac{6\times1.944\times10^{-5}}{0.20}}=0.0242m=2.42cm$$

模板截面尺寸采用 $0.05m\times0.20m$ 核算其挠度，则有：

木材弹性模量： $E=9.0\times10^6kN/m^2$

$$I=\frac{bh^3}{12}=\frac{0.20\times0.05^3}{12}=2.0833\times10^6m^4$$

由式(13-7)得：

$$f=\frac{5}{384}\times\frac{gl_1^4}{EI}=\frac{5\times2.8\times1.0^4}{384\times9.0\times10^6\times2.0833\times10^{-6}}=0.1944\times10^{-2}m$$

$$\frac{f}{l_1}=\frac{0.1944\times10^{-2}}{1.0}=\frac{1}{514}<\left[\frac{f}{l}\right]=\frac{1}{400}$$

2. 纵梁计算(忽略纵梁自重)

按简支梁计算：

纵梁跨度：$l_2=2.00m$，横桥向宽度 $l_1=1.0m$，那么有：

纵梁单位荷载：$g=(g_1+g_r+2\times2.0)l_1=14.75\times1.0=14.75kN/m$，由式(13-5)、式(13-6)得：

跨中弯矩：$M_{1/2}=\dfrac{gl_2^2}{8}=\dfrac{14.75\times2.0^2}{8}=7.357kN\cdot m$

需要的截面模量：$W=\dfrac{M}{1.2\times[\sigma_w]}=\dfrac{7.375}{1.2\times12\times10^3}=5.1215\times10^{-4}m^3$

纵梁宽度 b 预设为 0.18m，那么有：

$$h=\sqrt{\frac{6\times W}{b}}=\sqrt{\frac{6\times5.1215\times10^{-4}}{0.18}}=0.13m$$

初步取截面为 $0.18m\times0.18m$，根据选定的截面尺寸核算其挠度，则有：

$$I=\frac{bh^3}{12}=\frac{0.18\times0.18^3}{12}=8.748\times10^{-5}\text{m}^4$$

$$f=\frac{5}{384}\times\frac{gl_2^4}{EI}=\frac{5\times14.75\times2^4}{384\times9\times10^6\times8.748\times10^{-5}}=0.390\times10^{-2}\text{m}$$

$$\frac{f}{l_2}=\frac{0.390\times10^{-2}}{2}=\frac{1}{512}<\left[\frac{f}{l}\right]=\frac{1}{400}$$

3. 立柱计算

设立柱长度为5.0m，荷载$P=g\cdot l=14.75\times2=29.50\text{kN}$，柱子截面采用18cm×18cm的方木，验算其稳定。

截面最小回转半径：$r=\sqrt{\frac{I_m}{A_m}}=\frac{0.18}{\sqrt{12}}=0.052\text{m}$

杆件长细比：$\lambda=\frac{l}{r}=\frac{5.0}{0.052}=96.2>80$

$$\varphi=\frac{3000}{\lambda^2}=\frac{3000}{96.2^2}=0.324$$

截面$A=0.18\times0.18=0.0324\text{m}^2$，由式(13-8)、式(13-9)得：

强度验算：$\sigma_a=\frac{P}{A}=\frac{29.5}{0.0324}=910.5\text{kPa}\leqslant1.2[\sigma_a]=14400\text{kPa}$

稳定验算：$\sigma_a=\frac{P}{\varphi A}=\frac{29.5}{0.324\times0.0324}=2810\text{kPa}<1.2[\sigma_a]=14400\text{kPa}$

1.2 万能杆件支架计算

万能杆件支架计算 表13-2

项　目	构造、计算方法及公式	符号意义
构　造	用万能杆件拼装成各种高度和跨度的桁式支架，桁架高度可为2m、4m、6m或6m以上。当高度为2m时，腹杆拼成三角形；高度为4m时，腹杆拼成菱形；高度超过6m时，拼成多斜杆的形式，如下图所示。 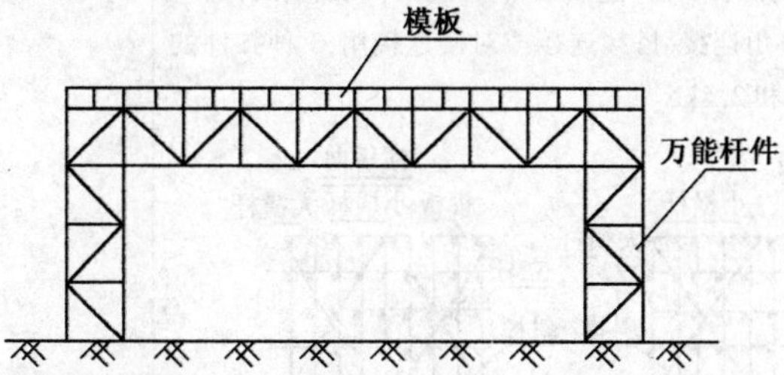 用万能杆件拼装墩架时，柱与柱之间的距离应与桁架之间的距离相同，柱高除柱头及柱脚外应为2m的倍数。 万能杆件拼成的支架，在荷载作用下变形较大，且难以预计其数值，因此，应考虑预加压重，预压重力应相当于浇筑混凝土的重力	
荷　载	(1)模板自重； (2)支架自重； (3)新浇混凝土或钢筋混凝土重力； (4)施工人员和运输工具重力； (5)倾倒混凝土时产生的冲击荷载； (6)振捣混凝土时产生的荷载	

续上表

项　　目	构造、计算方法及公式	符 号 意 义
模板计算	同满布式木支架计算	
桁式支架计算	1. 弦杆、腹杆计算 (1)轴心受拉 $$\sigma=\frac{N}{A}\leqslant[\sigma] \quad (13\text{-}11)$$ (2)轴心受压 $$\sigma=\frac{N}{A}\leqslant[\sigma] \quad (13\text{-}12)$$ $$\sigma=\frac{N}{A_m}\leqslant\varphi_1[\sigma] \quad (13\text{-}13)$$ 2. 挠度计算 $$f=\Sigma\frac{\overline{N}Nl_i}{EA_i}\leqslant[f] \quad (13\text{-}14)$$ 3. 螺栓连接计算 螺栓连接计算可参见第十二章第2节相关公式计算	N——弦杆或腹杆的轴心拉力或压力； A——弦杆或腹杆的截面面积； A_m——毛截面面积； $[\sigma]$——弦杆或腹杆的容许应力； φ_1——轴心受压构件的纵向弯曲系数，见附录三； f——桁式支架挠度； EA_i——弦杆或腹杆的抗压或抗拉刚度； l_i——弦杆或腹杆的计算长度； $\overline{N}$——单位荷载作用下弦杆或腹杆产生的轴向拉力或压力

1.3 扣件式钢管支架计算

扣件式钢管支架计算　　表13-3

项　　目	构造、计算方法及公式	符 号 意 义
构　　造	扣件式钢管支架适用于无水或水流较浅的河流，主要由立杆(立柱)和横向水平杆(小横杆)、纵向水平杆(大横杆)、剪刀撑和斜撑等组成，立杆、大横杆、小横杆是主要受力构件，如下图，采用Q235A(3号)钢，截面特性见表13-4。扣件式钢管支架杆件连接采用直角扣件、旋转扣件和对接扣件三种，供两根钢管直角连接、搭接连接或对接连接用，3种扣件的容许荷载分别为6kN、5kN和2.5kN。 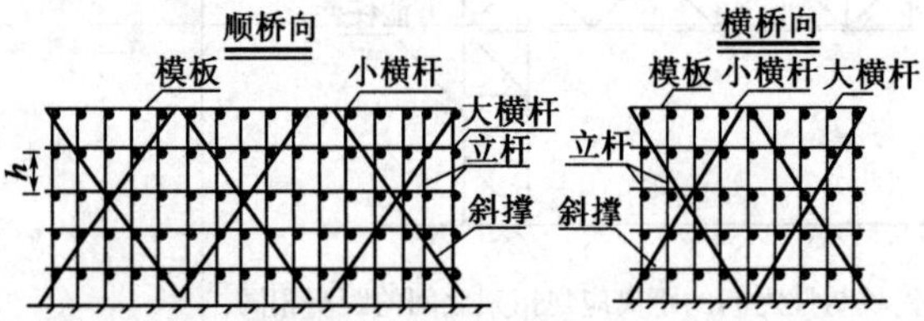 立杆间距应根据计算确定，一般顺桥向(纵向)为1.0～1.2m，横桥向以0.5～1.1m为宜，大横杆步距不宜超过1.5m。 扣件式钢管支架必须搭设在经处理的坚实地基上，在立柱底部铺设垫层和安放底座，垫板可以采用厚度不小于200mm的混凝土或厚度不小于50mm的木板	
荷　　载	(1)扣件式钢管支架自重，包括立柱、纵向水平杆、横向水平杆、支承杆件、扣件等，可按表13-4计算； (2)模板、新浇混凝土等荷载见表8-1～表8-3； (3)施工人员及其设备、运输工具等荷载	

续上表

项　目	构造、计算方法及公式	符号意义
立　杆	立杆按两端铰接的受压构件计算，计算长度 l = 大横杆步距 h $$N \leqslant \varphi A[\sigma] \quad (13\text{-}15)$$	N——立杆轴向力计算值，同时应满足表 13-5 要求； A——立杆横截面面积； φ——立杆轴心受压构件纵向弯曲系数，见附录三； $[\sigma]$——钢材强度极限值，为 215MPa
纵、横向水平杆	按受弯构件计算。 1. 横向水平杆（顶端小横杆）：认为所有荷载均有小横杆承受并传给立杆，按两跨或三跨连续梁验算其抗弯强度和挠度，也可按近似公式计算： （1）弯曲强度：$$\sigma = \frac{ql_1^2}{10W} \leqslant [\sigma] \quad (13\text{-}16)$$ （2）抗弯刚度：$$f = \frac{ql_1^4}{150EI} \leqslant [f] \quad (13\text{-}17)$$ 2. 纵向水平杆（大横杆）：按两跨或三跨连续梁计算，梁的跨度 l = 立杆间距。用小横杆传来的最大反力计算值，在最不利荷载布置计算其最大弯矩值，其弯曲强度按下式验算： 弯曲强度：$$\sigma = \frac{M_{max}}{W} \leqslant [\sigma] \quad (13\text{-}18)$$ 当按两跨连续梁计算时： $$M_{max} = 0.333Fl_2, f = 1.466\frac{Fl_2^2}{100EI} \quad (13\text{-}19)$$ 当按三跨连续梁计算时 $$M_{max} = 0.267Fl_2, f = 1.883\frac{Fl_2^2}{100EI} \quad (13\text{-}20)$$	M_{max}——大横杆的最大弯矩； W——杆件截面抵抗矩，见表 13-4； l_1——小横杆的计算跨径； l_2——大横杆的计算跨径； EI——杆件的抗弯刚度； q——小横杆的均布荷载值； F——小横杆作用在大横杆上的集中荷载； f——小横杆的最大挠度值； $[f]$——容许挠度值，取 3mm； 其余符号同上
扣件抗滑承载力	$$R \leqslant R_C \quad (13\text{-}21)$$	R——由大小横杆传给立杆的最大竖向作用力； R_C——扣件抗滑移承载力设计值，对直角扣件和旋转扣件，$R_C = 8.5$kN
立柱地基承载力	$$P = \frac{N}{A_b} \leqslant [\sigma] \quad (13\text{-}22)$$	P——立柱基础底面处的平均压力设计值； N——上部结构传至基础顶面的轴心力设计值； A_b——基础底面积； $[\sigma]$——地基承载力设计值，$[\sigma] = f_k \cdot k_b$； f_k——地基承载力标准值，按国家现行标准《建筑地底基础设计规范》中附录五的规定采用； k_b——地基承载力调整系数，对碎石土、砂土、回填土 $k_b = 0.4$；对黏土 $k_b = 0.5$；对岩石、混凝土 $k_b = 1.0$

扣件式钢管截面特性 表 13-4

外径 d(mm)	壁厚 t(mm)	截面积 A(mm^2)	惯性矩(mm^4)	抵抗矩 W(mm^3)	回转半径(mm)	每米长自重(N)
48	3.0	4.24×10^2	1.078×10^5	4.493×10^3	15.95	33.3
48	3.5	4.89×10^2	1.215×10^5	5.078×10^3	15.78	38.4

钢管支架容许荷载[N] 表 13-5

横杆间距 L(cm)	$\phi48\times3$ 钢管		$\phi48\times3.5$ 钢管	
	对接立杆(kN)	搭接立杆(kN)	对接立杆(kN)	搭接立杆(kN)
100	31.7	12.2	35.7	13.9
125	29.2	11.6	33.1	13.0
150	26.8	11.0	30.3	12.4
180	24.0	10.2	27.2	11.6

例 13-2 某钢筋混凝土实心板,跨径 $L=9.6$m,桥面宽 7.5m,板厚 45cm,整体浇筑施工,支架采用扣件式钢管支架,钢管为 $\phi48$mm $\times3.5$mm,支架直接支承在混凝土垫层上,如图 13-2 所示,试验算支架内力。

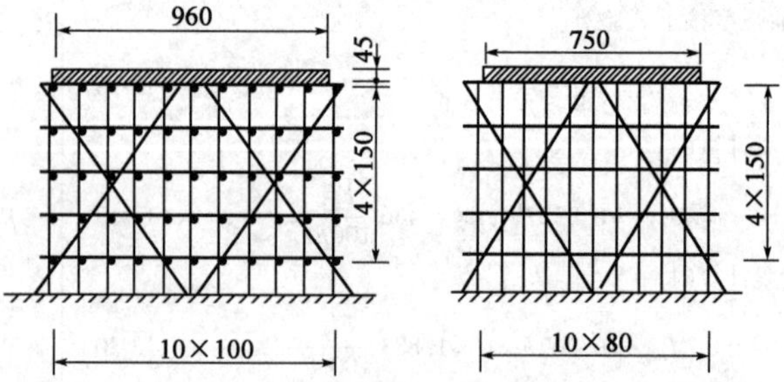

图 13-2 扣件式钢管支架构造(尺寸单位:cm)

解 1. 小横杆计算

钢管立柱的纵向间距为 1.0m,横向间距为 0.8m,因此小横杆的计算跨径 $l_1=0.80$m,忽略模板自重,在顺桥向单位长度内混凝土重力为:

$$g_1=1.0\times0.45\times25=11.25\text{kN/m}$$

倾倒混凝土和振捣混凝土产生的荷载均按 2.0kN/m² 计算。

横桥向作用在小横杆上的均布荷载为:

$$g=g_1+2\times2.0\times1.0=11.25+4.0=15.25\text{kN/m}$$

由式(13-16)、式(13-17)得:

弯曲强度: $\sigma=\dfrac{gl^2}{10W}=\dfrac{15.25\times800^2}{10\times5.078\times10^3}=192.2\text{MPa}<[\sigma]=215\text{MPa}$

抗弯刚度: $f=\dfrac{ql_1^4}{150EI}=\dfrac{15.25\times800^4}{150\times2.1\times10^5\times1.215\times10^5}=1.632\text{mm}<3\text{mm}$

2. 大横杆计算

立柱纵向间距为 1.0m,因此大横杆的计算跨径 $l_2=1.0$m,现按三跨连续梁进行计算:

由小横杆传递的集中力 $F=15.25\times0.8=12.20$kN,最大弯矩可按式(13-20)计算:

$$M_{\max}=0.26Fl_2=0.267\times12.2\times1.0=3.25\text{kN}\cdot\text{m}$$

弯曲强度： $\sigma=\frac{M_{\max}}{W}=\frac{3.257\times10^6}{5.078\times10^3}=641.5\text{MPa}>215\text{MPa}$,不能满足要求。

挠度：$f=1.883\frac{Fl_2^2}{100EI}=1.883\frac{12200\times1000^2}{100\times2.1\times10^5\times1.215\times10^5}=0.0088\text{mm}<3\text{mm}$

3. 立杆计算

立杆承受由大横杆传递来的荷载,因此 $N=12.20\text{kN}$,由于大横杆步距为 1.5m,长细比 $\lambda=\frac{l}{i}=\frac{1\,500}{15.78}=95$,查附录三,得 $\phi=0.552$,那么有：

$$[N]=\phi A[\sigma]=0.552\times489\times215=58035N=58.0\text{kN}$$

由 $N<[N]$,满足要求。

4. 扣件抗滑力计算

由 $R=12.2\text{kN}>R_C=8.5\text{kN}$,不能满足抗滑要求。

1.4 预拱度计算与设置

现浇梁式上部构造预拱度计算与设置 表 13-6

序号	项目	计算公式		符号意义
1	支架卸载后由上部构造自重及活载一半产生的竖向挠度 δ_1			
2	支架在荷载作用下的弹性压缩 δ_2	$\delta_2=\frac{\sigma L}{E}$ (13-23)		L——杆件长度； E——弹性模量； σ——支架构件的压应力
3	支架在荷载作用下的非弹性压缩 δ_3	$\delta_3=2k_1+3k_2+2k_3+2.5k_4$ (13-24)		k_1——顺纹木料接头数目； k_2——横纹木料接头数目； k_3——木料与金属或木料与圬工接头数目； k_4——顺纹与横纹木料的接头数目
4	支架基底在荷载作用下的非弹性沉陷 δ_4	枕梁在砂土上	5~10mm	
		枕梁在黏土上	15~20mm	
		打入砂土的桩	5mm	
		打入黏土的桩	10mm	
5	由混凝土收缩、温度变化引起的挠度 δ_5			
6	预拱度 δ	$\delta=\delta_1+\delta_2+\delta_3+\delta_4+\delta_5$ (13-25)		δ——跨中预拱度值
7	预拱度值设置	按二次抛物线法分配 $\delta_x=\frac{4\delta\cdot x\cdot(L-x)}{L^2}$ (13-26) 按直线分配 $\delta_x=\frac{x}{L}\delta$(左半跨) (13-27)		δ_x——距左支点 x 的预拱度值； x——距左支点的距离； L——跨长

注：对桁架支架应根据具体情况计算其弹性压缩 δ_2。

2 拱架计算

2.1 木拱架计算

2.1.1 满布式木拱架计算

满布式木拱架计算 表 13-7

项 目	构造、计算方法及公式	符 号 意 义
构 造	满布式木拱架包括拱架(盔)、支架和卸架设备三部分。 拱架由弓形木、立柱、斜撑和拉杆组成。支架由立柱与横向联系(斜夹木和水平夹木)或由框架式支架和斜撑组成。卸架设备根据跨径大小可选择木楔、砂筒、千斤顶等设备	
荷 载	(1)拱圈圬工自重。不分环砌筑时,按拱圈全部厚度计入;分环砌筑时,按实际作用于拱架的环层计算,一般计入拱圈总重的60% ~ 75%;双曲拱桥仅考虑拱肋和拱波的重力或仅考虑拱肋的重力; (2)拱架自重:拱架及弓形木、横梁及模板等的自重; (3)大型施工机械重力; (4)施工人员、小型机具设备重力:按拱架水平投影上 2.0kN/m² 估算,每一模板还按 1.5kN 集中力校核; (5)横向风力,按表 8-1 第 10 项计算,缺乏资料时,可假定为1.0 kN/m²,受风时的抗倾覆稳定系数不小于1.3	
模 板	受弯构件(面板自重忽略不计): $g_1 = d \times \gamma$ (13-28) $g_r = 2 \sim 3\text{kN/m}^2$ (13-29) $M_{1/2} = \frac{[(g_1 + g_r) \times b] l_1^2}{8}$ (13-30) $M_{1/2} = \frac{Pl_1}{4}$ (13-31) 应力验算:$\sigma_w = \frac{M_{1/2}}{W_{ji}} \leqslant 1.2[\sigma_w]$,(临时结构容许应力$[\sigma_w]$可提高1.2) (13-32) 挠度验算:$f = \frac{5(g_1 + g_r) \cdot bl_1^4}{384EI} \leqslant \frac{l_1}{400}$ (13-33) 对集中荷载:$f = \frac{Pl_1^3}{48EI} \leqslant \frac{l_1}{400}$ (13-34) 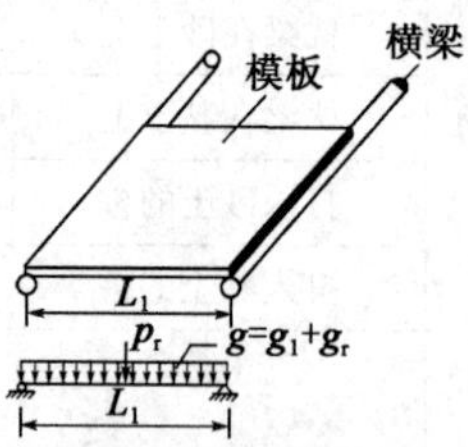 	σ_w——计算弯曲应力; $[\sigma_w]$——木材容许顺纹受弯应力,见附录三; g_1——单位面积拱圈自重; g_r——施工人员重力; d——拱圈高度; γ——拱圈材料重度; b——模板宽度; P——集中荷载,按 1.5kN 核算; l_1——相邻两横梁之间的距离,即模板计算跨径; EI——模板抗弯刚度; W_{ji}——模板净截面抵抗矩
横 梁	横梁按简支梁计算应力和挠度: $g_2 = (g_1 + g_r) l_1$ (横梁自重忽略不计) (13-35) $M_{1/2} = \frac{(g_1 + g_r) \cdot l_1 \cdot l_2^2}{8}$ (13-36) $\sigma_w = \frac{M_{1/2}}{W_{ji}} \leqslant 1.2[\sigma_w]$ (13-37) $f = \frac{5(g_1 + g_r) \cdot l_1 \cdot l_2^4}{384EI} \leqslant \frac{l_2}{400}$ (13-38) 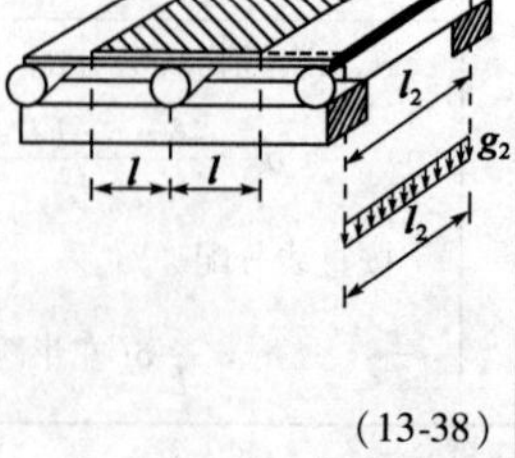 	l_2——相邻两弓形木之间的距离; g_2——作用在横梁上的荷载(阴影部分); EI——横梁抗弯刚度; W_{ji}——横梁净截面抵抗矩; 其余符号同上

续上表

项　目	构造、计算方法及公式	符　号　意　义
弓形木(斜梁)、立柱、斜撑	满布式木拱架因节点连接系采用抓钉或夹木螺栓,故不考虑杆件承受拉力,杆件内力计算公式如下,计算图示如图13-3所示。 1. 立柱节点 轴向力与摩擦角 α 无关。 弓形木的轴向力:$N_{rn}=\frac{G}{2}\left(b_2+\frac{l_2}{l_3}\cdot b_3\right)$ (13-39) 立柱的轴向力:$N_{rr}=\frac{G}{2}\left(l_2+\frac{a_2+b_2b_3}{l_3}\right)$ (13-40) 2. 斜撑节点 (1)当弓形木倾角 $\tan\alpha<\mu=0.36$ 时 上方弓形木轴向力:$N_{ni}=b_1\cdot G$ (13-41) 合力 R_n 的水平分力:$H_n=\frac{G}{2}\cdot a\cdot\left(\frac{b_3}{l_3}-\frac{l_1}{b_1}\right)$ (13-42) 合力 R_n 的垂直分力:$V_n=\frac{G}{2}\left(l_1+l_2+\frac{b_1^2}{l_1}-\frac{b_2b_3}{l_3}\right)$ (13-43) (2)当弓形木倾角 $\tan\alpha>\mu=0.36$ 时 上方弓形木轴向力:$N_{ni}=\mu\cdot a\cdot G=0.36\cdot a\cdot G$ (13-44) 合力 R_n 的水平分力:$H_n=\frac{G}{2}\cdot a\cdot\left[\frac{b_1-2\mu a}{l_1}+\frac{2(b_2-\mu a)}{l_2}+\frac{b_3}{l_3}\right]$ (13-45) 合力 R_n 的垂直分力:$V_n=\frac{G}{2}a\left[\frac{a+2\mu b_1}{l_1}+\frac{1}{l_2}\left(a-\frac{b_2^2}{a}+2\mu b_2\right)-\frac{b_2b_3}{l_3a}\right]$ (13-46) 求出 H_n 和 V_n 后,按下式计算两斜撑轴向力: $N_{ck}=c_1\left(d_2\frac{H_n}{a}+V_n\right)\frac{1}{d_1+d_2}$ $N_{nr}=c_2\left[\left(d_2\frac{H_n}{a}+V_n\right)\frac{1}{d_1+d_2}-\frac{H_n}{a}\right]$ (13-47) 当斜撑对称时,$d=d_1=d_2$,$c=c_1=c_2$,斜撑轴向力可简化为: $N_{ck}=\frac{c}{2}\left(\frac{V_n}{d}+\frac{H_n}{a}\right)$　$N_{nr}=\frac{c}{2}\left(\frac{V_n}{d}-\frac{H_n}{a}\right)$ (13-48) 3. 强度和稳定性验算 (1)弓形木 拱顶处(受弯构件):$\sigma_w=\frac{M_{1/2}}{W_{ji}}\leqslant1.2[\sigma_w]$　$f\leqslant[f]$ (13-49) 非拱顶处(压弯构件):$\sigma_a=\frac{N}{\varphi A_0}\pm\frac{M[\sigma_a]}{W_{ji}[\sigma_w]}\leqslant1.2[\sigma]$　$f\leqslant[f]$ (13-50) (2)立柱、斜撑(轴心受压构件) 强度验算:$\sigma_a=\frac{N}{A_{ji}}\leqslant1.2[\sigma_a]$ (13-51) 稳定验算:$\sigma_a=\frac{N}{\varphi A_0}\leqslant1.2[\sigma_a]$ (13-52) (3)刚度验算 对构件在荷载作用下产生过大变形的挠度容易引起振动,应验算构件的刚度: $\lambda\leqslant[\lambda]$ (13-53)	G——作用于一排拱架上的计算荷载强度,kN/m; a_1、a_2、a_3——拱架相邻节间跨度,若节间跨度相同,则 $a_1=a_2=a_3=a$; $M_{1/2}$——拱顶处弓形木由拱圈和施工人员产生的弯矩; M——非拱顶处弓形木由法向力产生的弯矩; N——轴向力; α——摩擦角; μ——拱石与模板之间的摩擦系数,$\mu=0.36$; σ_w——弓形木弯曲应力; σ_a——计算压应力; $[\sigma_a]$——木材容许顺纹承压应力,见附录三; A_{ji}——受压构件计算截面的净截面面积; A_0——验算稳定时截面的计算面积,可按表12-20规定采用; W_{ji}——构件计算截面的净截面抵抗矩; φ——构件纵向弯曲系数,按表12-20计算; $[f]$——容许挠度值; λ——构件长细比; $[\lambda]$——容许长细比,对主要构件(弦杆、腹杆、柱),$[\lambda]=100$;连接系构件,$[\lambda]=150$

续上表

项　目	构造、计算方法及公式	符 号 意 义
拉　杆	拉杆为轴心受拉构件，按下式计算： $$\sigma_1=\frac{N}{A_{ji}}\leqslant[\sigma]\qquad(13\text{-}54)$$	N——构件承受的拉力； A_{ji}——轴心受拉时实际净截面面积，规范规定：应减去计算截面邻近20cm长度内所有削弱面积(缺孔、槽等)在计算截面上的投影之和。当计算截面上的投影重合时，重合部分只计算一个的投影； $[\sigma_1]$——木材顺纹容许拉应力
斜夹木、横夹木	增强稳定，按构造设计，不作验算	

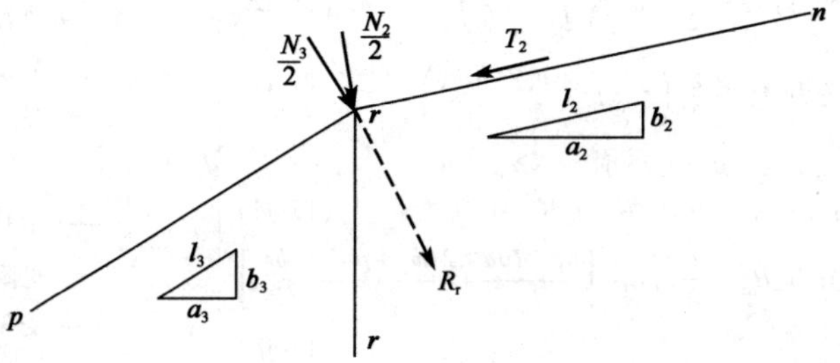

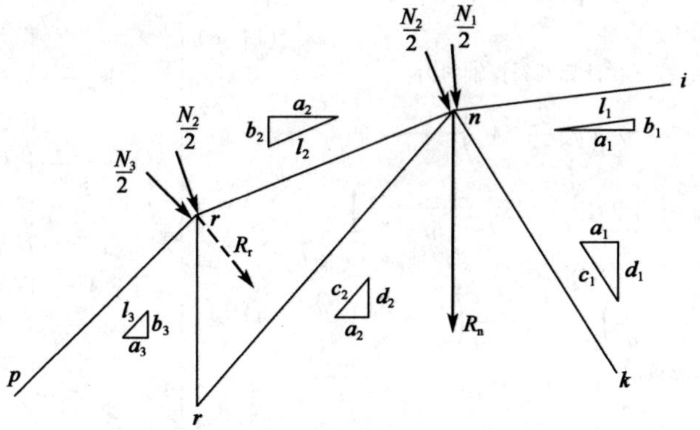

图13-3　拱架典型节点受力情况

例13-3　已知跨径 $l=54.93\text{m}$，矢高 $f=9.155\text{m}$，矢跨比 $f_0/l_0=\dfrac{1}{6}$，拱轴系数 $m=3.5$，拱圈厚1.40m，拱圈宽度8.2m，拱架宽度9.0m，采用满布式木拱架，拱架由9片组成(图13-4)，并承担全部荷载，每片之间的间距为1.0m，试计算和确定模板、弓形木等尺寸。

解　1.模板计算

取拱顶处模板计算，拱圈厚度 $d=1.40\text{m}$，模板跨径 $l=1.0\text{m}$，假定模板宽度 $b=0.2\text{m}$，石砌圬工单位容重 $\gamma=23\text{kN/m}^3$，拱顶每米宽，每米长上的荷载为：

拱圈砌石：　$g_1=d\gamma=1.4\times23=32.2\text{kN/m}^2$

施工人员：　$g_r=2.0\text{kN/m}^2$

板上每米长上的荷载为：　$g=(g_1+g_r)b=(32.2+2.0)\times0.20=6.84\text{kN/m}$

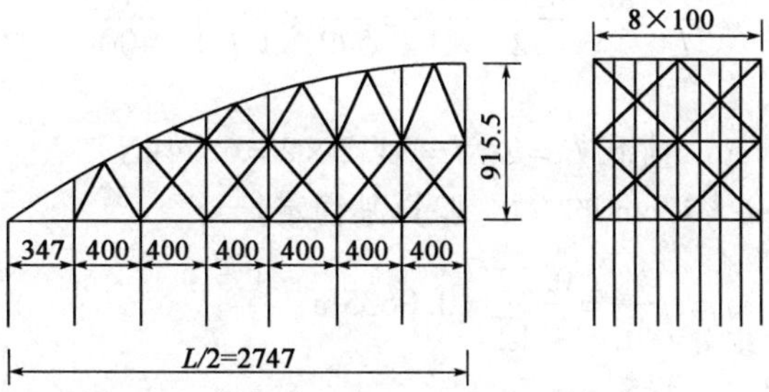

图 13-4 （尺寸单位：cm）

模板按简支梁计算，则有：

跨中弯矩： $M_{1/2}=\dfrac{gl^2}{8}=\dfrac{6.84\times1.0^2}{8}=0.855\text{kN}\cdot\text{m}$

按集中力 $P=1.5\text{kN}$ 计算，$M_{1/2}=\dfrac{Pl}{4}=\dfrac{1.5\times1.0}{4}=0.3725\text{kN}\cdot\text{m}<0.855\text{kN}\cdot\text{m}$

临时木结构采用 A－3 材，其容许弯应力$[\sigma_w]=12.0\text{MPa}$，并可提高 1.2，则有：

模板需要的截面模量： $W=\dfrac{M}{1.2\times[\sigma_w]}=\dfrac{0.855}{1.2\times12.0\times10^3}=5.9375\times10^{-5}\text{m}^2$

根据 W、b 得 h 为：

$$h=\sqrt{\frac{6\times W}{b}}=\sqrt{\frac{6\times5.9375\times10^{-5}}{0.20}}=0.0422\text{m}=4.22\text{cm}$$

模板截面尺寸采用 0.06m×0.20m，核算其挠度为：

木材弹性模量： $E=9.0\times10^6\text{kPa}$

$$I=\frac{bh^3}{12}=\frac{0.20\times0.06^3}{12}=3.6\times10^{-6}\text{m}^4$$

$$f=\frac{5}{384}\times\frac{gl^4}{EI}=\frac{5\times6.84\times l^4}{384\times9.0\times10^6\times3.6\times10^{-6}}=0.275\times10^{-2}\text{m}$$

$$\frac{f}{l}=\frac{0.275\times10^{-2}}{1.0}=\frac{1}{364}\approx\left[\frac{f}{l}\right]=\frac{1}{400}$$

2. 弓形木计算

取拱顶处弓形木，作简支梁计算，那么有：

弓形木跨度： $l=2.00\text{m}$

弓形木单位荷载： $g=(g_1+g_r)b=34.2\times1.0=34.2\text{kN/m}$

跨中弯矩： $M_{1/2}=\dfrac{gl^2}{8}=\dfrac{34.2\times2.0^2}{8}=17.1\text{kN}\cdot\text{m}$

需要的截面模量： $W=\dfrac{\dfrac{M}{1.2[\sigma_w]}=17.1}{1.2\times12\times10^3}=1.1875\times10^{-3}\text{m}^3$

弓形木宽度预设为 0.18m，则有：

$$h=\sqrt{\frac{6\times W}{b}}=\sqrt{\frac{6\times1.1875\times10^{-3}}{0.18}}=0.20\text{m}$$

初步取截面为 0.18m×0.24m，根据选定的截面尺寸核算其挠度：

$$I=\frac{bh^3}{12}=\frac{0.18\times0.24^3}{12}=2.0736\times10^{-4}\text{m}^4$$

$$f=\frac{5}{384}\times\frac{gl^4}{EI}=\frac{5\times34.2\times2^4}{384\times9\times10^6\times2.0736\times10^{-4}}=0.382\times10^{-2}\text{m}$$

$$\frac{f}{l}=\frac{0.382\times10^{-2}}{2}=\frac{1}{542}<\left[\frac{f}{l}\right]=\frac{1}{400}$$

3. 中柱验算

设拱架中柱长度为4.5m，荷载 $P=g\cdot l=34.2\times2=68.4\text{kN}$

柱子之截面采用22cm×22cm的方木，验算其稳定。

截面最小回转半径： $r=\sqrt{\frac{I_m}{A_m}}=\frac{0.22}{\sqrt{12}}=0.0635\text{m}$

杆件长细比： $\lambda=\frac{l}{r}=\frac{4.5}{0.0635}=70.86\leqslant80$

$$\varphi=1.02-0.55\left(\frac{\lambda+20}{100}\right)^2=1.02-0.55\left(\frac{70.86+20}{100}\right)^2=0.566$$

截面 $A=0.22\times0.22=0.0484\text{m}^2$，则有：

稳定应力： $\sigma_a=\frac{P}{\varphi A}=\frac{68.4}{0.566\times0.0484}=2\ 497\text{kPa}<1.2[\sigma_a]=14400\text{kPa}$

4. 柱子计算

每个柱子承受拱架两个节间荷载重，故有：

$$P=2\times68.4=136.8\text{kN}$$

稳定性验算同上。

2.1.2 三铰桁式木拱架

表 13-8

项　目	构造、计算方法及公式	符号意义
构　造	三铰桁式木拱架包括桁架和卸架设备两部分。 桁架由两片对称弓形桁架在拱顶拼装而成，两端直接支承在墩台所挑出的牛腿上或紧贴墩台的临时排架上，跨中不另设支架，如下图所示 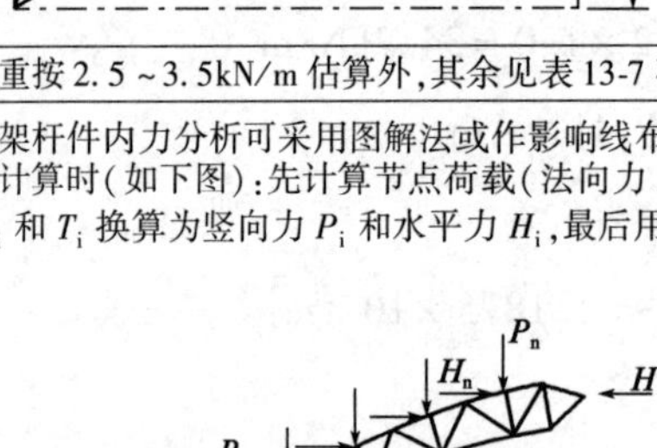	H_d——三铰拱式桁架拱顶水平推力； H_j、V_j——三铰拱式桁架拱脚水平和竖向反力； H_1、P_1、H_2、P_2、…、H_n、P_n——按拱架受力分析方法计算求得的各节点所承受的水平力和竖直力； G_1、G_2、…、G_n——各拱块重； α——杆件水平倾角； φ——摩擦角，通常取20°
荷　载	除拱架自重按2.5～3.5kN/m估算外，其余见表13-7荷载项	
拱架计算	三铰木拱架杆件内力分析可采用图解法或作影响线布载计算。 用图解法计算时（如下图）：先计算节点荷载（法向力 N_i 和切向力 T_i），将再 N_i 和 T_i 换算为竖向力 P_i 和水平力 H_i，最后用图解法求解杆件内力。 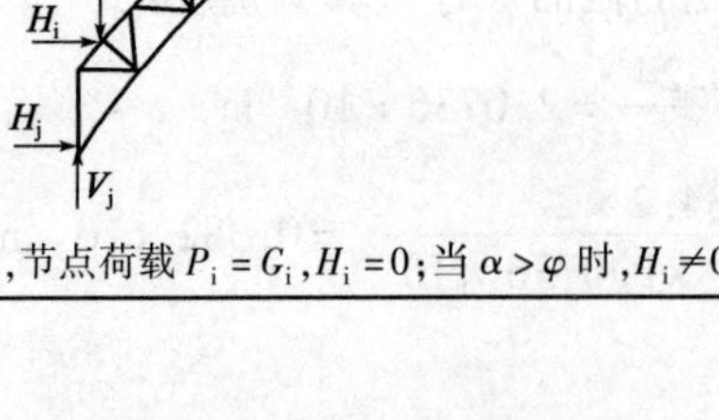 当 $\alpha<\varphi$ 时，节点荷载 $P_i=G_i$，$H_i=0$；当 $\alpha>\varphi$ 时，$H_i\neq0$	

2.2 钢拱架计算

表 13-9

项　目	构造、计算方法及公式	符 号 意 义
构　造	钢拱架常用的有工字梁钢拱架、钢桁架拱架等。工字梁钢拱架构造简单,拼装方便,重复使用率高,适用于施工期间需保持通航、墩台较高、河水较深或地质较差的桥孔,如图 13-5a)所示。 钢桁架拱架是一种常备式拱架,由标准节、拱顶节、拱脚节和联结杆等以钢销连接组成一片拱形桁架,各片桁架之间距离可为 0.4 ~ 1.9m,桁架片数由桥跨宽度及重力决定,可拼成三铰拱($l<80$m)、两铰拱($80\text{m}<l<100$m)或无铰拱($l>100$m),如图 13-5b)	P_0——计算拱段拱架恒载,kN; q_1——拱架每延米重力,包括拱架间的联结系,kN/m; q_2——每延米拱圈上的模板重力,kN/m; q_3——分布于每延米拱圈上的材料运输设备的重力,kN/m; q_4——人行道上每平方米人群重,kN/m^2; S——计算拱段拱架沿拱架轴线的长度,m; K——横向拱架片数; G_n——计算拱段拱架活载,kN; h_m——每段拱圈中心处垂直方向的厚度,m; γ——圬工单位重力,kN/m^3; Δx——每段拱圈在水平段投影上的长度,m; b——拱圈分布到每片拱架上的宽度,$b=\dfrac{B}{x}$; A_{ji}——杆件净面积; W_{ji}——杆件净面积的截面模量; A_m——杆件毛截面面积; φ_x——轴心受压构件的容许应力折减系数,按照杆件在挠曲力矩作用面内的长细比 λ_x 计算,$\lambda_x=\dfrac{l_0}{i_x}$; l_0——拱架在弯曲平面内的自由长度,按三铰拱计算, $l_0=1.28\left[1+7\left(\dfrac{f_0}{S_0}\right)^2\right]S_0$ S_0——半个拱的弦长; f_0——半个拱的矢高; i_x——惯性半径; φ_y——同上,按垂直于挠曲力矩作用面的换算长细比计算。换算长细比 $\lambda_p=\sqrt{\lambda_y^2+27\dfrac{A_{m1}}{A_{p1}}}$; λ_y——长细比,$\lambda_y=\dfrac{L'_0}{i'_y}$,$i'_y=\sqrt{i_y^2+R_y^2}$; L'_0——拱架的跨度; A_{p1}——一斜缀条(即拱架水平联结系斜撑)的截面积; i'_y——一片梁垂直于弯曲平面内的惯性半径; i_y——一个工字梁对腹板中心的惯性半径; R_y——两个工字梁间距之半; K——偏心受压杆件在垂直于挠曲力矩作用面方向的稳定性,受力矩影响的系数对对称工字形截面的 K 值可参考表 13-11
荷　载	(1)拱圈荷载重; (2)模板重; (3)施工人员、小型施工机具设备、运输设备重力; (4)钢拱架自重; (5)风荷载	
工字形拱架计算	以工字形钢拱架为例,用图解法计算拱式拱架的内力。 在计算拱架时,可假定拱架恒载及活载(当分环砌筑时为分配给拱架的环层)全部由拱架承担,并可将拱圈及拱架分成若干节段,假设恒载及活载均作用在每段中心处。 1. 荷载计算 (1)拱架恒载(包括拱架自重、模板重力及运输设备重力),按下式计算: $P_0=\dfrac{(q_1+q_2+q_3)S}{K}$　　(13-55) (2)拱架活载(拱圈自重及人群重),按下式计算: $G_n=\gamma h_m\cdot\Delta x\cdot b+q_4\cdot\Delta x$　　(13-56) 2. 内力计算 可以采用图解法,先通过拱架的拱顶及拱架绘制索多边形及力多边形,再由图中量出计算截面的轴向力 N、偏心距 e 和剪力 Q,力矩 $M=N\cdot e$。计算时可由图中选取一个或两个截面(如偏心最大处)作为计算截面,图 13-6 为工字梁钢拱架内力计算表。也可以采用力法求解 3. 应力计算 应力按偏心受压公式计算: (1)强度计算 $\sigma=\dfrac{N}{A_{ji}}+\dfrac{M}{W_{ji}}\leqslant[\sigma]$　　(13-57) (2)稳定性验算 ①在挠曲力矩作用平面内的稳定性 $\sigma=\dfrac{N}{\varphi_x A_m}+\dfrac{M}{W_m}\leqslant[\sigma]$　　(13-58) ②垂直于挠曲力矩作用面的稳定性 $\sigma=\dfrac{N}{K\varphi_y A_m}\leqslant[\sigma]$　　(13-59) 对 A3 钢,φ 可查表 13-10	

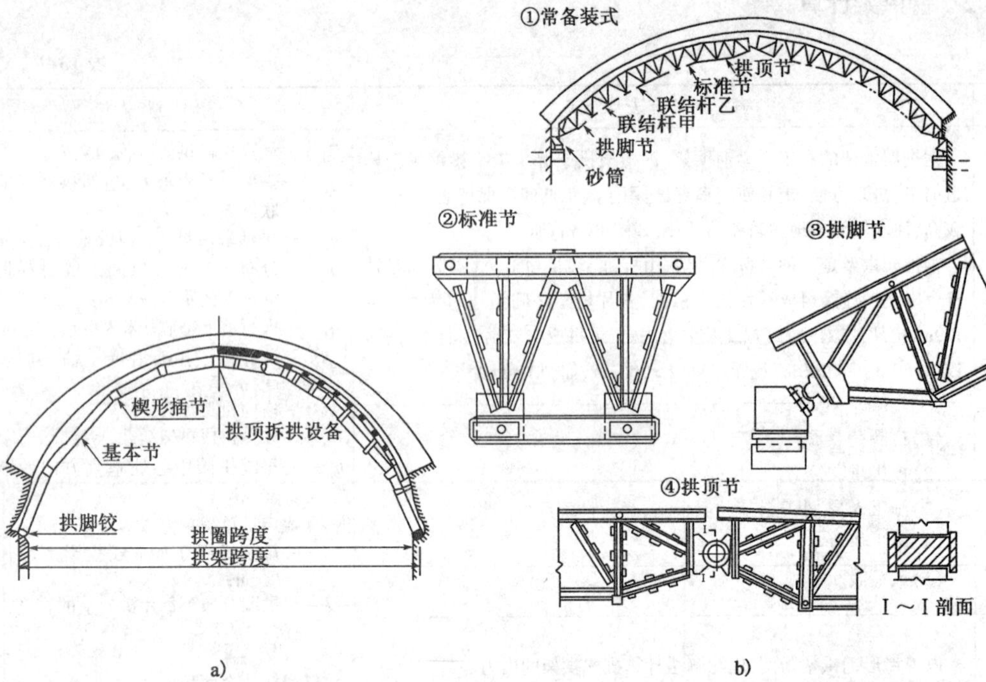

图 13-5　钢拱架构造

a) 工字梁钢拱架；b) 钢桁架拱架

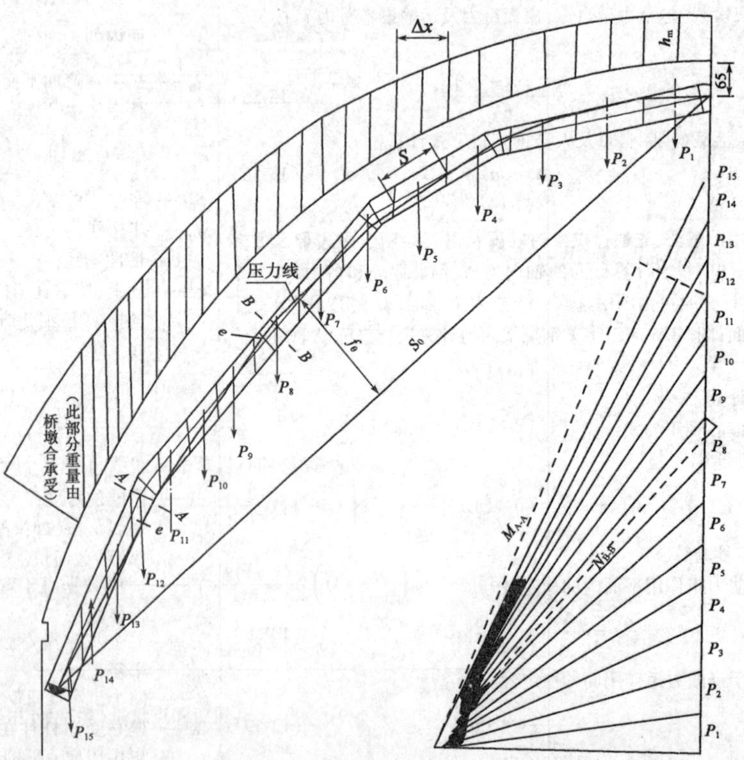

图 13-6　工字梁钢拱架内力计算图表

A3 钢压力杆容许应力折减系数 φ 值 表 13-10

λ	0	10	20	30	40	50	60	70	80	90	100
φ	1.00	0.99	0.96	0.94	0.92	0.89	0.86	0.81	0.75	0.69	0.60
λ	110	120	130	140	150	160	170	180	190	200	
φ	0.52	0.45	0.40	0.36	0.32	0.29	0.26	0.23	0.21	0.19	

偏心受压杆件在垂直于挠曲力矩作用面方向的稳定性受力矩影响的系数 K 值

(对于对称的工字形及槽形截面) 表 13-11

M_{max}/Nh	0	0.2	0.4	0.6	0.8	1.0	1.2	1.4	1.6	1.8	2.0	2.5 及 2.5 以上
K	1.0	0.78	0.62	0.51	0.42	0.36	0.32	0.28	0.25	0.23	0.21	0.17

2.3 扣件式钢管支拱架计算

表 13-12

<table>
<tr><th>项 目</th><th>构造、计算方法及公式</th><th>符 号 意 义</th></tr>
<tr><td>构 造</td><td>扣件式钢管支拱架由立杆(立柱)、小横杆(顺水流向)、大横杆(顺桥轴向)、剪刀撑、斜撑、扣件和缆风绳组成,下图为 110m 满堂式钢管支拱架构造布置图。
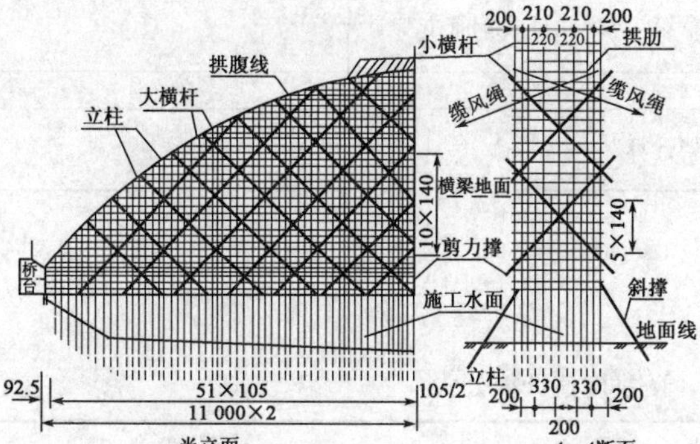

半立面 (小横杆未全部绘出) 单位:cm A—A断面 (大横杆未绘出)
立杆是承受和传递荷载的主要杆件;顶端小横杆是将模板、拱石或混凝土构件自重、临时施工荷载传递给立杆的主要受力构件,其余小横杆起横向联结立杆的作用;大横杆为纵向联结立杆作用;剪刀撑和斜撑起增强纵横向刚度作用。
扣件是各杆件联结整体的关键,直角扣件依靠它与钢管的摩擦力来传递荷载;对接扣件起传力和接长立杆的作用,缆风绳是保证支拱架横向稳定的重要措施,承受水平荷载,如风荷载的作用。
扣件式钢管支拱架是一个“空间框架”结构,支架、拱架、拱盔不能明确划分,所有联结通过扣件实现,节点处于铰和半刚性之间</td><td></td></tr>
<tr><td>荷 载</td><td>(1)模板重、拱石或混凝土构件重;
(2)临时施工荷载(包括操作人员及其设备等重力);
(3)扣件式钢管支拱架自重。
荷载的传递顺序为:模板→小横杆→大横杆→立杆→地基</td><td></td></tr>
</table>

续上表

项　目	构造、计算方法及公式	符 号 意 义
立　杆	1. 计算假定 (1)立杆只取单排，按平面杆件体系计算； (2)立杆自由长度为大横杆的步距，两端为铰接； (3)只计垂直力，不考虑水平力和风荷载。 2. 计算公式 立杆按两端铰接的受压杆件计算，计算长度 L = 大横杆步距 h： $N=\phi A[\sigma]$　　(13-60)	N——立杆轴向力计算值； ϕ——轴心压杆稳定系数，见附录三； $[\sigma]$——钢材强度极限值，取 215MPa
单根钢管承载力	钢管打入土中，在垂直荷载作用下，它的内外壁均产生摩擦力，和底端形成的杆尖阻力组成立杆的总承载力 Q_p 为： $Q_p=\Sigma q_{si}A_{oi}+\Sigma q_{si}A_{li}+q_pA_t$　　(13-61)	Q_p——单桩(杆)极限承载力； q_{si}——桩(杆)侧第 i 层土的极限摩阻力标准值； A_{oi}——桩(杆)外侧第 i 层土的接触面积； A_{li}——桩(杆)内侧与第 i 层土的接触面积； q_p——桩(杆)端阻力标准值； A_t——桩底断面积
顶端小横杆	按连续杆计算，计算时可根据立杆布置按两跨或三跨连续梁计算，也可按近似公式计算。计算公式见本章第一节“扣件式钢管支架计算”	
扣　件	见本章第一节“1.3　扣件式钢管支架计算”	

2.4　预拱度计算

2.4.1　预拱度值计算

预拱度值计算公式　　表 13-13

序号	项　目	计 算 公 式	符 号 意 义
1	拱圈自重产生的拱顶弹性下沉 δ_1	$\delta_1=\dfrac{\left(\dfrac{L}{2}\right)^2+f^2}{f}\times\dfrac{\sigma}{E}$　(13-62)	L——拱圈计算跨径； f——拱圈计算矢高； σ——拱圈恒载产生的平均压应力，$\sigma=\dfrac{H_g}{A\cos\varphi_m}$； φ_m——半跨拱弦与水平线交角； A——拱圈平均截面积
2	拱圈温度降低与混凝土收缩产生的拱顶弹性下沉 δ_2	$\delta_2=\dfrac{\left(\dfrac{L}{2}\right)^2+f^2}{f}\cdot(\alpha\times\Delta t)$　(13-63)	α——拱圈材料线膨胀系数，对混凝土，$\alpha=0.000010$；对拱石砌体，$\alpha=0.000008$；对钢，$\alpha=0.000012$； Δt——拱圈合龙温度与月平均最低气温之差，再加上混凝土收缩的换算温度
3	墩台水平位移产生的拱顶弹性挠度值 δ_3	$\delta_3=\dfrac{L}{4f}\times\Delta L$　(13-64)	ΔL——拱脚相对水平位移量； 其余符号同前

续上表

序号	项目		计算公式		符号意义
4	拱架在设计荷载下的弹性及非弹性变形 δ_4	弹性变形 δ_{4A}	$\delta_{4A}=\delta'_{4A}+\delta''_{4A}$ (13-65) $\delta'_{4A}=\Sigma\frac{\sigma\cdot h}{E}$ (13-66) δ''_{4A} = 拱架中横纹承压的杆件接缝数 × Δ (13-67)		σ——立柱内的压应力； h——立柱高度； E——立柱材料的弹性模量； $\Delta=1.5$mm
		非弹性变形 δ_{4B}	该变形由接头、接榫等局部压陷产生： $\delta_{4B}=2k_1+3k_2+2k_3$ (13-68)		k_1——顺纹木料接头数目； k_2——横纹木料接头数目； k_3——木料与金属或木料与圬工接头数目
		砂筒非弹性压缩量 δ_{4C}	200kN 压力砂筒	4mm	
			400kN 压力砂筒	6mm	
			砂子未预压者	10mm	
5	支架基础受载后非弹性下沉量 δ_5		枕梁在砂土上	5mm	
			枕梁在黏土上	10 ~ 20mm	
			打入砂土的桩	5mm	
			打入黏土的桩	10mm	
6	预拱度 δ		$\delta=\delta_1+\delta_2+\delta_3+\delta_4+\delta_5$ (13-69)		

预拱度经验值 表 13-14

序号	桥型	预拱度经验值	符号意义
1	一般砖石、混凝土拱桥	$\frac{l}{800}\sim\frac{l}{400}$	l——拱圈计算跨径； f——拱圈计算矢高
2	双曲拱桥采用有支架施工	$\frac{l^2}{6000f}\sim\frac{l^2}{4000f}$	
3	双曲拱桥采用无支架或脱架施工	$\left(\frac{l^2}{6000f}\sim\frac{l^2}{4000f}\right)+\frac{l}{1000}$	

注：①矢跨比小采用较大值，反之采用较小值；

②表中所列第 2、3 类桥型预拱度值不包括拱架变形值。

例 13-4 在例 13-3 的基础上，进一步计算拱架预拱度值。

解 根据表 13-13 中有关公式，就可计算出拱架拱顶预拱度值：

1. 拱圈自重产生的拱顶弹性下沉 δ_1

$$\delta_1=\frac{\left(\frac{l}{2}\right)^2+f^2}{f}\cdot\frac{\sigma}{E}$$

式中：l——拱的计算跨径，$l=55.843$m；

f——拱的计算矢高，$f=9.324$m；

σ——恒载作用下拱圈截面的平均应力，$\sigma=\frac{H_g}{A\cos\varphi_m}$；

H_g——以拱圈单位宽度计的恒载推力，计算得 $H_g = 2\ 289.5\text{kN}$；

A——单位宽度的拱圈截面面积，$A = 1 \times 1.4 = 1.4\text{m}^2$；

φ_m——四分点截面处拱轴线的水平倾角，$\cos\varphi_m = \dfrac{1}{\sqrt{1+\tan^2\varphi_m}} = 0.9485$；

$$\sigma = \frac{H_g}{A\cos\varphi_m} = \frac{2289.5}{1.4 \times 0.9485} = 1\ 724.2\text{kPa}$$

E——砌体的弹性模量，$E = 800R_a^j$，按 10 号砂浆砌筑 40 号粗料石计，$R_a^j = 8.0\text{MPa}$。

$$E = 800 \times 8.0 = 6400\text{MPa}$$

$$\delta_1 = \frac{\left(\frac{l}{2}\right)^2 + f^2}{f} \cdot \frac{\sigma}{E} = \frac{27.922^2 + 9.324^2}{9.324} \times \frac{1724.2}{6.4 \times 10^6} = 0.025\text{m} = 25\text{mm}$$

2. 拱圈温度变化产生的弹性下沉 δ_2

$$\delta_2 = \frac{\left(\frac{l}{2}\right)^2 + f^2}{f} \cdot [\alpha(t_2 - t_1)]$$

式中：α——拱圈材料线膨胀系数，$\alpha = 8 \times 10^{-6}$；

t_1——年平均温度，假定 $t_1 = 15℃$；

t_2——拱圈合龙温度，假定 $t_2 = 20℃$。

$$\delta_2 = \frac{\left(\frac{l}{2}\right)^2 + f^2}{f} \cdot [\alpha(t_2 - t_1)]$$

$$= \frac{27.922^2 + 9.324^2}{9.324}[8 \times 10^{-6} \times (20 - 15)] = 0.0037\text{m} = 3.7\text{mm}$$

3. 拱架的弹性变形 δ_3

$$\delta_3 = \frac{\sigma}{E}$$

δ_3 包括二根中柱和一根立柱的弹性压缩变形。

中柱的弹性变形：$\delta_3 = \dfrac{\sigma l}{E} = \dfrac{2497 \times 4.5}{9 \times 10^6} = 0.00125\text{m} = 1.25\text{mm}$

二根中柱为 2.5mm。

立柱的弹性变形计算同上，为 2.5mm。

所以　$\delta_3 = 2.5 + 2.5 = 5.0\text{mm}$

4. 拱架的非弹性变形 δ_4

拱架从上到下共有 8 个接触面：模板与弓形木、弓形木与中柱、中柱与水平木、水平木与中柱、中柱与下弦杆、下弦杆与立柱、立柱与下横梁、下横梁与河床底面。8 个接触面均为横纹承压。

所以　$\delta_4 = 8 \times 3 = 24\text{mm}$

5. 砂筒的非弹性压缩 δ_5

按经验取 $\delta_5 = 4\text{mm}$。支架基底的非弹性下沉应根据基底的地质情况而定，本桥假定为石层，故不考虑支架基底的非弹性下沉。

6. 总的预拱度 δ

$$\delta=\delta_1+\delta_2+\delta_3+\delta_4+\delta_5=25+3.7+5+24+4=61.7\text{mm}$$

取 $\delta=7\text{cm}$，规范规定，砖石拱桥预拱度 $\delta=\frac{l}{800}\sim\frac{l}{400}$，满足规范要求。

2.4.2 预拱度设置

预拱度设置方法　　表 13-15

设置方法	计算公式	符号意义
二次抛物线法	$\delta_x=\delta\left(1-\frac{4x^2}{l^2}\right)$ (13-70)	δ_x——距拱顶距离为 x 处的预加高度值； δ——拱顶总预拱度值，按表 13-13 或表 13-14 计算； l——计算跨径
降低拱轴系数法	$\delta_x=\delta+y_1-y_1'$ (13-71) $y'_i=\frac{(f+\delta)}{m'-1}(\text{ch}k\zeta'-1)$ (13-72) $y_i=\frac{f}{m-1}(\text{ch}k\zeta-1)$ (13-73) $k=\ln\left(m+\sqrt{m^2-1}\right)$ (13-74) $k'=\ln\left[m'+\sqrt{(m')^2-1}\right]$ (13-75)	$\zeta=2x/l$； m——设计拱轴系数； m'——降低一级或半级后的拱轴系数； y'_i——对应 m' 在距拱顶 x 处的拱轴纵坐标值； y_i——对应 m 在距拱顶 x 处的拱轴设计纵坐标值； f——计算矢高； 其余符号同上
按拱脚推力影响线比例设置	$\delta_x=\delta\cdot H_i$ (13-76)	H_i——距拱顶距离为 x 处的拱脚推力影响线值，可根据拱轴系数 m 和矢跨比 f/l 查《公路桥涵设计手册—拱桥》(上册)

例 13-5　已知拱桥 $l=90\text{m}$，$f=15\text{m}$，$f/l=1/6$，拱轴系数 $m=1.756$，经计算拱顶预拱度值 $\delta=12\text{cm}$，试分别用二次抛物线法和降低半级拱轴系数法分配预拱度值，并计算 $\zeta=\frac{x}{l/2}=0.3$ 和 0.7 处的预拱度值。

解　1. 二次抛物线法

将坐标系建立在拱顶，如图 13-7a)，由有关公式得：

$$\delta_{0.3}=\delta(1-\zeta^2)=12\times(1-0.3^2)=10.92\text{cm}$$

$$\delta_{0.7}=\delta(1-\zeta^2)=12\times(1-0.7^2)=6.12\text{cm}$$

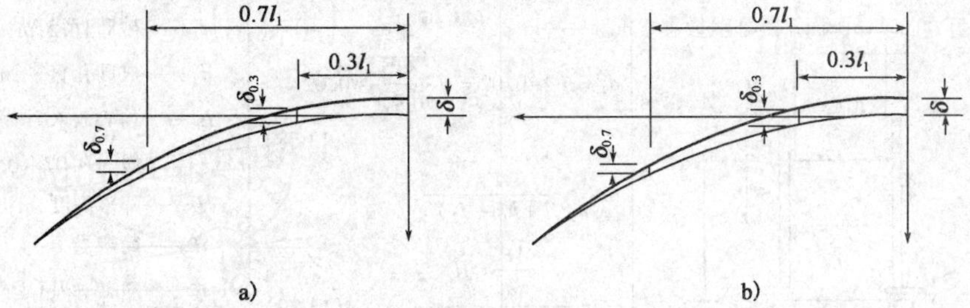

图 13-7

2. 降低半级拱轴系数法

(1)计算降低半级拱轴系数后的新拱轴系数 m'

由$\frac{y_{\frac{1}{4}}}{f}=\frac{1}{\sqrt{2(m+1)}+2}=\frac{1}{\sqrt{2(1.756+1)}+2}=0.230$ 和$\frac{y'_{\frac{1}{4}}}{f}=\frac{y_{\frac{1}{4}}}{f}+\frac{0.005}{2}=\frac{1}{\sqrt{2(m'+1)}+2}$，求得 $m'=1.647$。

(2)计算系数 k、k'

$$k=\ln(m+\sqrt{m^2-1})=1.16298$$

$$k'=\ln\left[m'+\sqrt{(m')^2-1}\right]=1.08372$$

(3)计算预拱度值

当 $\zeta=0.3$ 时：

$$y'_1=\frac{f+\delta}{m'-1}(\text{ch}k'\zeta-1)=\frac{15+0.12}{1.647-1}\times[\text{ch}(1.08372\times0.3)-1]=1.245$$

$$y_1=\frac{f}{m-1}(\text{ch}k\zeta-1)=\frac{15}{1.756-1}\times[\text{ch}(1.16298\times0.3)-1]=1.22$$

$$\delta_{0.3}=y_1+\delta-y'_1=1.22+0.12-1.245=0.095\text{m}=9.5\text{cm}$$

同理，$\delta_{0.7}=6.946+0.12-7.053=0.013\text{m}=1.3\text{cm}$

2.5 拱架卸落计算

2.5.1 卸架设备

卸架设备　　表 13-16

卸落设备	构　造	计 算 公 式	符 号 意 义
组合木楔	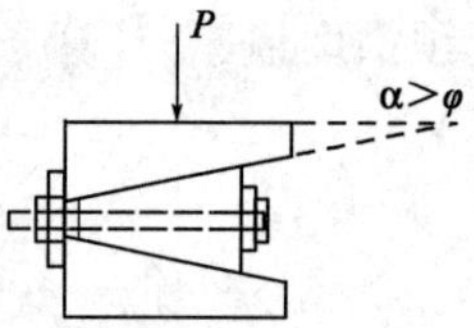	$T=\frac{2P\cos\alpha\cdot\sin(\alpha-\varphi)}{\cos\varphi}$ (13-77)	T——螺栓所受拉力； P——作用于木楔的荷载； α——木楔斜面斜角，为使楔力滑动，应 $\alpha>\varphi$； φ——木楔块间的摩擦角
砂　筒	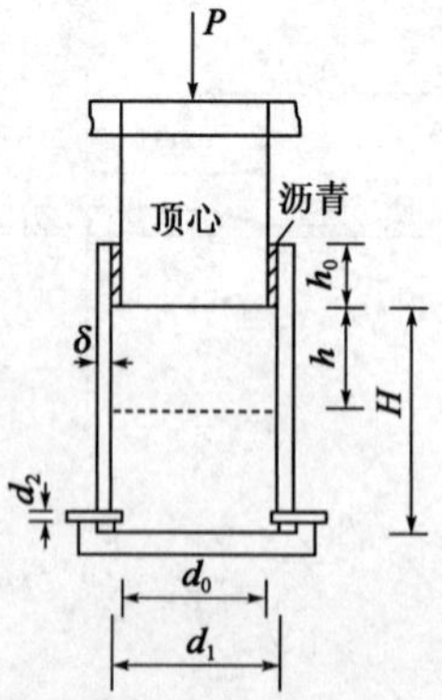	$d_1=d_0+0.02=\sqrt{\frac{4P}{\pi[\sigma]}}+0.02$ (13-78) $\sigma=\frac{T}{(H+h_0-d_2)\delta}$ $=\frac{\frac{4P}{\pi d_0^2}d_1H}{(H_1+h_0-d_2)\delta}$ (13-79)	d_0——砂筒顶心直径，m； d_1——砂筒直径，m； d_2——放砂孔直径，m； h_0——顶心放入砂筒深度，m，一般为 0.07～0.10m； H——降落高度，m； T——筒壁受力； σ——筒壁应力； $[\sigma]$——砂容许承压应力，可采用10MPa，如将其预压，可达30MPa

2.5.2 卸落量计算

拱顶卸落量　　表 13-17

拱　架	卸落量计算	符号意义
满布式木拱架	$h_d=\delta_1+\delta_2+\delta_3+\delta_4+\delta_5$	δ_1、δ_2、δ_3、δ_4、δ_5 意义见表 13-13
钢拱架	$h_d=\delta_1+\delta_2+\delta_3+\delta_4+\delta_5$	
扣件式钢管支拱架	$h_d=\delta_1+\delta_2+\delta_3+\delta_4+\delta_5$	

例 13-6　对例 13-3 中满布式木拱架进行卸落程序设计。

解　1. 拱顶卸落量计算

$$h_d=\delta_1+\delta_2+\delta_3+\delta_4+\delta_5=6.17\text{cm}$$

拱架其余各支点的卸落量按直线分配计算，见图 13-8a）。

2. 卸落程序设计

为使拱体逐渐均匀降落和受力，拱顶分 6 次卸落，卸落量见图 13-8a），卸落程序见图 13-8b）。

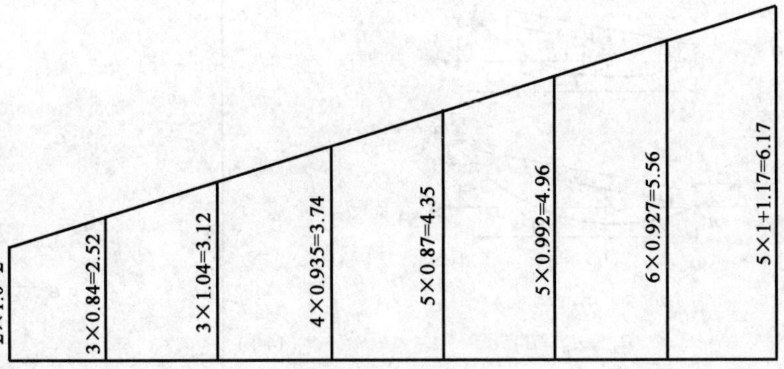

a) 拱架卸落量计算

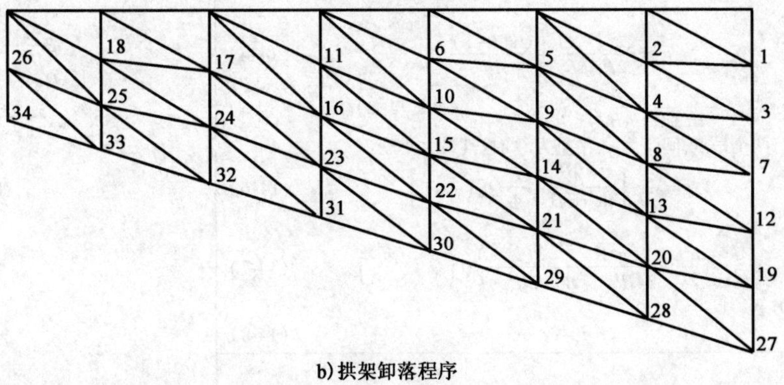

b) 拱架卸落程序

图 13-8　拱架卸落量与卸落程序图示

第14章　缆索吊装施工计算

1　缆索吊装系统计算

1.1　主索(承重索)计算

表14-1

项目	计算图式及公式	符号意义
主索在自重和集中荷载共同作用下	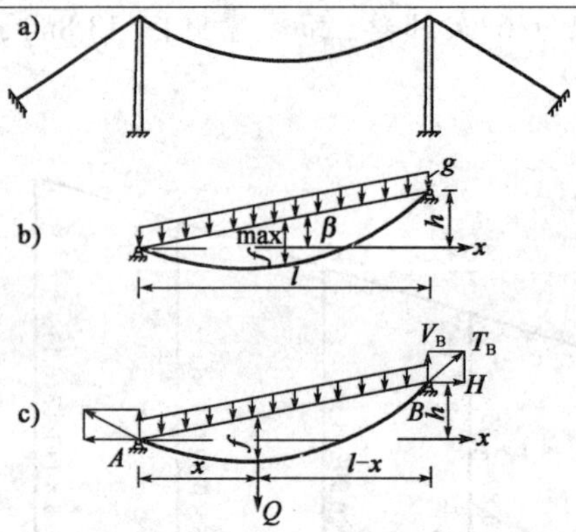 支点反力： $H_A = H_B = H$　(14-1) $V_A = \frac{1}{2}\frac{gl}{\cos\beta} + \frac{Q(l-x)}{l} - H\tan\beta$　(14-2) $V_B = \frac{1}{2}\frac{gl}{\cos\beta} + \frac{Qx}{l} - H\tan\beta$　(14-3) 主索垂度： $f_x = \frac{gx(l-x)}{2H\cos\beta} + \frac{Qx(l-x)}{Hl}$　(14-4) $f_{max} = \frac{gl^2}{8H\cos\beta} + \frac{Ql}{4H}$　$(x = l/2)$　(14-5) 当主索中有两个吊点，间距为 a，吊重为 Q 时，其最大垂度： $f_{max} = \frac{1}{H}\left[\frac{1}{8}\frac{gl^2}{\cos\beta} + \frac{L}{4}Q(1-a)\right]$　(14-6) 主索弧长： $S = l + \frac{h^2}{2l} + \frac{g^2l^3}{24H^2\cos^2\beta} + \frac{x(l-x)}{2H^2\cdot l}Q\left(Q + \frac{gl}{\cos\beta}\right)$　(14-7) 主索曲线方程： $y = f_x - x\tan\beta$　(14-8)	g——主索单位长度重力； l——主索跨度； H_x、H_A、H_B、H、H_m——主索在 x、A、B 点及最大的水平拉力； β——主索弦倾角； Q——总荷载； f'_{max}——主索在自重作用下的最大垂度；
空缆最低点位置	主索自重作用下(空缆)最低点的位置： 在 $x = \frac{1}{2} - \frac{hl}{8f'_{max}}$ 处，$y = f'_{max} - \frac{h}{2} + \frac{h^2}{8f'_{max}}$　(14-9)	

续上表

<table>
<tr><th>项目</th><th>计算图式及公式</th><th>符号意义</th></tr>
<tr><td>主索张力普遍方程</td><td>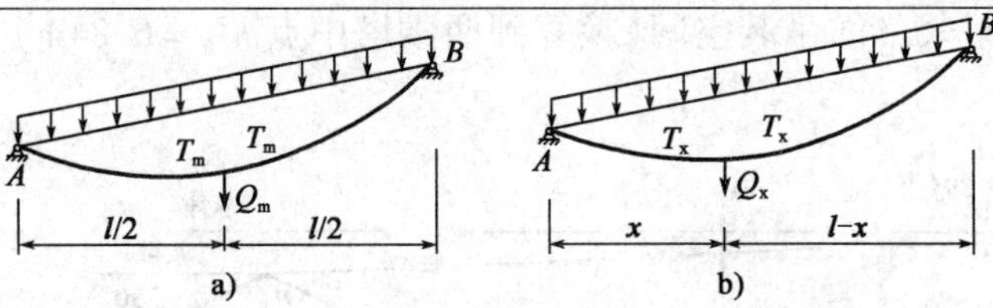

考虑主索在荷载作用、温度变化和主索弹性伸缩影响的主索张力普遍方程为:
$$H_x^3+H_x^2\left\{\frac{E_kF\cos^2\beta}{24H_m^2}[3Q(Q+G)+G^2]-H_m\pm\varepsilon\Delta tE_kF\cos\beta\right\}-\frac{x(l-x)}{2l^2}Q_x(Q_x+G)E_kF\cos^2\beta-\frac{G^2E_kF\cos^2\beta}{24}=0 \quad (14\text{-}10)$$
式中:$G=\frac{gl}{\cos\beta}$</td><td rowspan="3">Q_x——任意荷载;
G——主索自重;
F——钢丝绳截面积;
E_k——主索弹性模量,查附录三;
ε——钢索的线膨胀系数,$\varepsilon=0.000012$;
Δt——使用时的最大温度差;
T_m——主索最大张力;
σ_{max}——主索最大计算应力;
T_n——主索极限拉断力;
k——安全系数,查附录三;
T_{max}——主索最大容许张力;
$[\sigma]$——主索的极限拉断应力;
η——抗拉安全系数,一般≥2;
n——一根主索上的行车轮数;
d——组成主索的钢丝直径;
D_{min}——平滚最小直径;
Q_0——跑车等空载时的重力</td></tr>
<tr><td>初始张力和初始垂度</td><td>安装初始张力H_0:
$$H_0^3+H_0^2\left\{\frac{E_kF\cos^2\beta}{24H_m^2}[3Q(Q+G)+G^2]-H_m\pm\varepsilon\Delta tE_kF\cos\beta\right\}-\frac{1}{8}Q_0(Q_0+G)E_kF\cos^2\beta-\frac{G^2E_kF\cos^2\beta}{24}=0 \quad (14\text{-}11)$$
安装初始垂度f_0:
$$f_0=\frac{gl^2}{8H_0\cos\beta}+\frac{Q_0l}{4H_0} \quad (14\text{-}12)$$</td></tr>
<tr><td>主索最大张力</td><td>$$T_m\leqslant T_{max}=\frac{T_n}{k} \quad (14\text{-}13)$$
$$\sigma_{max}\leqslant\frac{[\sigma]}{\eta} \quad (14\text{-}14)$$
拉应力:
$$\sigma_{max}=\frac{T_{max}}{F}+\frac{Q}{n}\sqrt{\frac{E_k}{T_{max}F}} \quad (14\text{-}15)$$
接触应力:
$$\sigma_{max}=\frac{T_{max}}{F}+E_k\frac{d}{D_{min}} \quad (14\text{-}16)$$</td></tr>
<tr><td>双跨缆索的计算</td><td>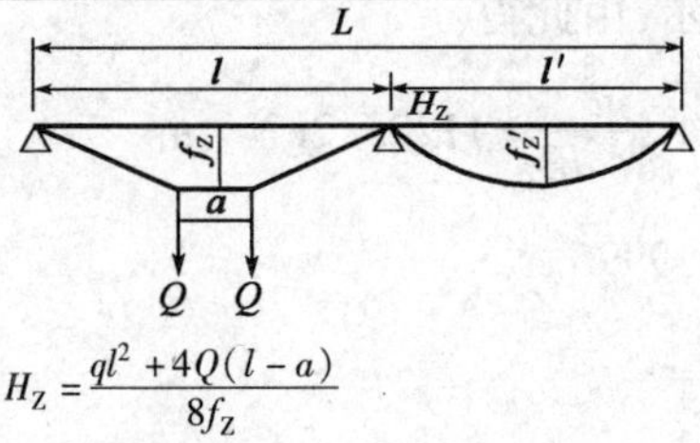

主索水平拉力:$H_Z=\frac{ql^2+4Q(l-a)}{8f_Z}$ (14-17)
未承重跨的垂度:$f'_Z=\frac{ql'^2}{8H_Z}$ (14-18)
H_x与H_Z的关系式:
$$H_K^3+H_K^2=\left[\frac{E_KF}{2(l+l')H_Z^2}\int_0^lU_Z^2\mathrm{d}x+\frac{q^2l'^3E_KF}{24(l+l')H_Z^2}-H_Z\right]=\left[\frac{E_KF}{2(l+l')}\int_0^lU_K^2\mathrm{d}x+\frac{q^2l'^3E_KF}{24(l+l')}\right] \quad (14\text{-}19)$$
自重作用下垂度:$f_K=\frac{ql^2}{8H_K}$,$f'_K=\frac{ql'^2}{8H_K}$ (14-20)</td><td>H_Z、H_K——分别为外荷载和自重作用下,主索的水平拉力;
f_Z、f'_Z——外荷载作用下,承重跨与未承重跨主索的垂度;
f_K、f'_K——自重作用下,承重跨与未承重跨主索的垂度;
U——与主索相同跨的简支梁(简称代梁)剪力,$\int_0^lU\mathrm{d}x$是代梁剪力图的面积,可利用图乘法计算</td></tr>
</table>

例 14-1 某拱桥采用无支架缆索吊装，已知主索跨径 $l=152.90\text{m}$，两边跨各为 50m，采用 $4\Phi43(6\times19+1)$ 为一组的麻芯钢丝绳，两塔架高差为 4.4m，如图 14-1 所示。吊运块件重 $Q=300\text{kN}$（一段拱肋净重 282kN，另加吊具、跑车等重 18kN），采用双吊点起吊，吊点的水平距离为 13.56m，要求在桥跨中点能保持 $h_0=6.5\text{m}$ 吊装空间（换算到两索塔中点 $h'_0=6.84\text{m}$），另拱顶标高为 325.25m，试计算主索。

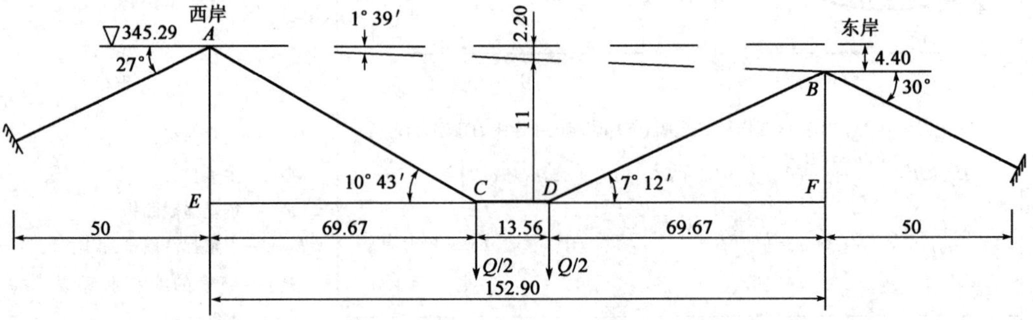

图 14-1 （尺寸单位：m）

解 1. 计算主索单位重和破断力

查附录三，主索单位重： $g=4\times6.63\text{kg/m}=26.52\text{kg/m}=0.265\text{kN/m}$

采用公称抗拉强度为 1700MPa 的钢丝绳，其破断拉力总和等于 $701.6\text{mm}^2\times1700\text{MPa}=1192.7\text{kN}$。

查附录三，其换算系数为 0.85。

所以钢丝绳总破断力： $T_n=4\times1192.7\times0.85=4055.2\text{kN}$

2. 主索最大张力和强度验算

CD 点标高 $=325.25+h'_0=325.25+6.84=332.09\text{m}$

跨中主索垂度： $f_{max}=345.29-332.09-2.20=11.0\text{m}$（主索受力延伸达到平衡以后的数值）

主索最大水平张力： $H_{max}=\dfrac{M_{max}}{f}$

跨中 M_{max} 可简化为图 14-2 所示的计算图示，由此得：

$$M_{max}=\frac{Ql}{4}-\frac{Q}{2}\times\frac{13.56}{2}+\frac{gl^2}{8\cos\beta}=11225.2\text{kN}\cdot\text{m}$$

式中 $\tan\beta=\dfrac{h}{l}=\dfrac{4.4}{152.9}$，$\beta=1°39'$，$\cos\beta=0.9996$。

代入后得： $H_{max}=1020\text{kN}$

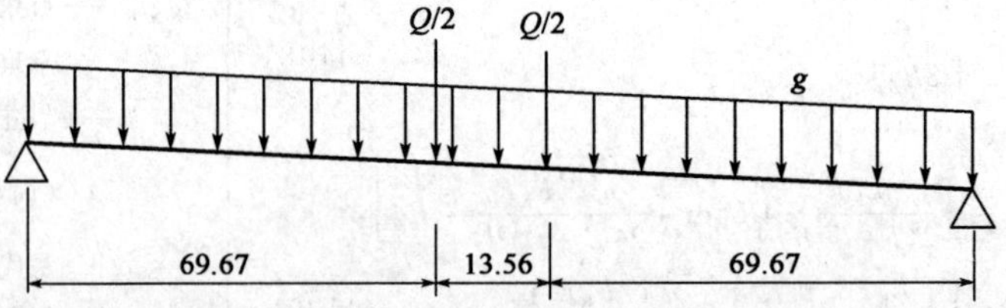

图 14-2 （尺寸单位：m）

主索最大张力： $T_{max}=\dfrac{H_{max}}{\cos10°43'}=1038kN$

不考虑冲击系数,主索的安全系数为：

$$k=\frac{T_n}{T_{max}}=\frac{4055.2}{1038}=3.9$$

上述计算是已知主索在吊装过程中的跨中最大垂度 f_{max} 来求主索的最大张力。主索垂度也可根据经验而定,一般为 $\left(\frac{1}{18}\sim\frac{1}{14}\right)L$,这里 L 为主索跨径。如需通过计算确定跨中最大垂度 f_{max},则可按下面计算确定。

当跑车吊重后,位于跨中平衡状态,此时主索产生最大拉力,并控制主索设计,如控制主索的张力安全系数 $K=3.5$(不考虑冲击系数),则主索的容许张力和跨中吊重后的最大垂度为：

$$T_{max}=\frac{T_n}{K}=\frac{4055.2}{3.5}=1158.6kN$$

又因为 $H\approx T_{max}$,代入式(14-6),得：

$$f_{max}=\frac{gl^2}{8H\cos\beta}+\frac{P(l-a)}{4H}=\frac{0.265\times152.9^2}{8\times1158.6\times0.9996}+\frac{300\times(152.9-13.56)}{4\times1158.6}=9.69m$$

3. 主索应力验算

主索弹性模量 E_k 查附录三得 $E_k=79800MPa$,代入式(14-15)得：

$$\sigma_{max}=\frac{T_{max}}{F}+\frac{Q}{n}\sqrt{\frac{E_K}{T_{max}F}}=\frac{1038\times10^3}{2806.4}+\frac{300\times10^3}{8}\sqrt{\frac{79800}{1201\times10^3\times2806.4}}$$
$$=370+182.47=552.5MPa$$

式中 n 是指行车轮数,其值为8。

$$\eta=\frac{[\sigma]}{\sigma_{max}}=\frac{1700}{552.5}=3.08>2 \qquad (容许)$$

接触应力按式(14-16)计算,这里的 d 为钢丝直径,其值为2.2mm,D_{min} 为平滚最小直径,其值为600mm,则有：

$$\sigma_{max}=\frac{T_{max}}{F}+E_k\frac{d}{D_{min}}=\frac{1201\times10^3}{2806.4}+79800\times\frac{2.2}{600}=662.6MPa$$

$$\eta=\frac{[\sigma]}{\sigma_{max}}=\frac{1700}{662.6}=2.56>2 \qquad (满足)$$

4. 求安装张力 H_0 和初始安装垂度 f_0

吊重状态： $Q=300kN$,$G=gl=0.265\times152.9=40.52kN$;空状态:$Q_0=18kN$,不计温度,$\Delta t=0$,由于两端锚固端长度较长,主索按三跨计算。

换算弹性模量： $E_\eta=\dfrac{l}{\Sigma l}E=\dfrac{152.9}{252.9}\times7.98\times10^7=4.8264\times10^7kPa$,则有：

$$K_1=\frac{E_\eta F\cos^2\beta}{24}=\frac{4.8246\times10^7\times2806.4\times10^{-6}\times0.9996^2}{24}=5637kN$$

$$K_2=3Q(Q+G)=3\times300(300+40.52)=306\,468kN^2$$

$$A=\frac{K_1K_2}{H^2}-H=\frac{5637\times306468}{1020^2}-1020=640.5$$

$$B=K_1G^2=5637\times40.52^2=9255223$$

$$K_3=12Q_0(Q_0+G)=12\times18(18+40.52)=12640.32kN^2$$

$$C=\frac{K_1K_3}{l^2}=\frac{5637\times12640.3}{152.9^2}=3047.8$$

$$B+Cx(l-x)=9255223+3047.8\times\frac{l}{2}\left(l-\frac{l}{2}\right)=27068402$$

代入张力方程(14-11)得：

$$H_0^3-640.5H_0^2-27068402=0$$

解得： $H_0=181.5\text{kN}$

初始安装垂度 f_0 为：

$$f_0=\frac{gl^2}{8H_0\cos\beta}+\frac{Q_0 l}{4H_0}=\frac{0.265\times152.9^2}{8\times181.5\times0.9996}+\frac{18\times152.9}{4\times181.5}=8.06\text{m}$$

1.2 起重索计算

表 14-2

项目	计算图式及公式	符号意义
绕过绞车端的张力	$T_{max}=\frac{Q}{n\eta_1^m\eta_2^\mu}$ 或 $T_{max}=\frac{Q}{K}$ (14-21) 二点起吊时： $T_{max}=\lambda\frac{Q}{n\eta_1^m\eta_2^\mu}$ (14-22)	Q——起吊总重； n——滑轮组上起重索工作线数； η_1——滑轮组效率,取 0.96； η_2——转向滑轮效率,取 0.96； m——滑轮组轮数； μ——转向滑轮轮数； λ——受力不均匀系数,为 2/3； K——具有不同转轮数的各种轮轴工作系数,见表 14-3 所示； $F_{起}$——起重索断面面积； 其余符号意义同前
应力验算	接触应力： $\sigma_{max}=\frac{T_{max}}{F_{起}}+E_k\frac{d}{D_{min}}$ (14-23) $\eta=\frac{[\sigma]}{\sigma_{max}}\geqslant2$ (14-24) 总拉应力： $K=\frac{T_n}{T_{max}}\geqslant5\sim6$ (14-25)	

***K* 值 表**

表 14-3

滑轮组工作线数 n	滑轮组滑轮的转轮数 m	转向滑轮轮数 μ						
		0	1	2	3	4	5	6
1	0	1.00	0.96	0.92	0.88	0.85	0.82	0.78
2	1	1.96	1.88	1.81	1.73	1.66	1.60	1.53
3	2	2.88	2.76	2.65	2.55	2.44	2.35	2.26
4	3	3.77	3.62	3.47	3.33	3.20	3.07	2.95
5	4	4.62	4.44	4.26	4.09	3.92	3.77	3.61
6	5	5.43	5.21	5.00	4.80	4.61	4.43	4.15
7	6	6.21	5.96	5.72	5.49	5.27	5.06	4.86
8	7	6.97	6.69	6.42	6.17	5.92	5.68	5.45
9	8	7.69	7.38	7.09	6.80	6.53	6.27	6.02
10	9	8.38	8.04	7.72	7.41	7.12	6.83	6.56
11	10	9.04	8.68	8.33	8.00	7.68	7.37	7.08
12	11	9.68	9.29	8.92	8.56	8.22	7.39	7.58
13	12	10.29	9.88	9.48	9.11	8.74	7.89	8.05
14	13	10.88	10.44	10.03	9.63	9.24	8.87	8.52

例 14-2 已知起吊总重 $Q=79.9\text{kN}$,由两点起吊。转向滑轮轮数 $\mu=2$,起重索工作线数 $n=4$,滑轮组轮数 $m=3$,滑轮直径 $D_{\min}=200\text{mm}$。起重索:采用 $\phi15.5(6\times19+1)$;$g_{起}=0.0081\text{kN/m}$;$F_{起}=90\text{mm}^2$;$[\sigma]=1500\text{MPa}$;$T_{\text{n}}=114\text{kN}$;$E_{\text{k}}=73.5\times10^3\text{MPa}$;$d=1.0\text{mm}$。试进行应力验算。

解 1. 计算起重索绕过绞车端的张力

由式(14-22)得:

$$T_{\max}=\lambda\frac{Q}{n\eta_1^{\text{m}}\eta_2^{\mu}}=\frac{2}{3}\cdot\frac{79.9}{K}=\frac{2\times79.9}{3\times3.47}=15.35\text{kN}$$

$K=3.47$ 由 K 值表 14-3 查得($n=4,\mu=2,m=3$)。

2. 应力验算

接触应力:

$$\sigma_{\max}=\frac{T_{\max}}{F_{起}}+E_{\text{k}}\frac{d}{D_{\min}}=\frac{153.5}{0.9}+73500\times\frac{1}{200}=540\text{MPa}$$

$$\eta=\frac{[\sigma]}{\sigma_{\max}}=\frac{1500}{540}=2.87>2\quad(容许)$$

总拉应力验算:

$$k=\frac{T_{\text{n}}}{T_{\max}}=\frac{114}{15.35}=7.4>5\sim6\quad(容许)$$

1.3 牵引索计算

表 14-4

计算图式及公式	符号意义
牵引索牵引力一般由跑车运动阻力 W_1、起重索运动阻力 W_2 和后牵引索自然松弛张力 W_3 等三部分组成。 1. 总牵引力 W $W=W_1+W_2+W_3$ (14-26) 2. 跑车运动阻力 W_1 $W_1=Q(\sin\theta+\mu\cos\theta)$ (14-27) θ 由下式计算: $\tan\theta=\tan\beta+\frac{2x-1}{2H_{\text{x}}}\left(\frac{g}{\cos\theta}+\frac{Q}{l}\right)$ (14-28) 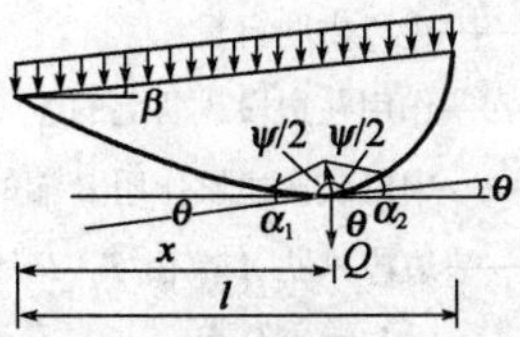 3. 起重索运行阻力 $W_2=T_{起}(1-\eta^{\text{m}})$ (14-29)	Q——荷载总重,包括吊重、滑车组、起重索、牵引索等重力; θ——跑车靠近塔架时的升角,按式(14-28)计算; μ——钢丝绳与跑车的运动阻力系数,可查表 14-5; H_{x}——起重索在距中跨 x 点时主索的水平张力,按式(14-10)计算; $T_{起}$——起重索的拉力,按式(14-21)计算; η——起重索所穿过滑车的效率,查表 14-6; m——起重索穿过跑车和下面动滑车的数量

续上表

计算图式及公式	符号意义
4. 后牵引索的自然张力 $$W_3=\frac{q_1x_1^2}{8f} \quad (14\text{-}30)$$ 5. 牵引索拉力的近似计算 $$W=Q\sin\theta+0.15Q \quad (14\text{-}31)$$ 式中 θ 按下式计算： $$\tan\theta=\frac{4f}{l} \quad (14\text{-}32)$$ 6. 牵引索的最大拉力 $$T_{引}=(W+2Lq_1)(2-\eta^{n}) \quad (14\text{-}33)$$ 7. 牵引索的容许拉力和安全系数 $$K_{引}=\frac{T_{破}}{T_{引}}\geqslant 3\sim4 \quad (14\text{-}34)$$ 8. 牵引索接触应力和安全系数 $$\sigma_{引}=\frac{T_{引}}{F_{引}}+E_k\frac{d}{D_{min}} \quad (14\text{-}35)$$ $$K_2=\frac{[\sigma]}{\sigma_{引}}\geqslant 2\sim3 \quad (14\text{-}36)$$	q_1——牵引索单位长度重力； x_1——后引索的跨度； f——后引索的跨中垂度； L——牵引索两岸定滑车距离； n——牵引索穿过的滑车数量； $F_{引}$——牵引索断面面积； 其余符号同前

钢丝绳与跑车的运动阻力系数 表 14-5

跑车轮轴	无衬套	青铜衬套	球轴承
μ	0.02～0.024	0.012～0.016	0.006～0.010

起重索所穿过滑车的效率 η 表 14-6

滚珠轴承滑车	青铜衬套滑车	无衬套滑车
0.98	0.96	0.94

1.4 扣索计算

表 14-7

项目	计算图式及公式	符号意义
边段拱肋自重 P_1 产生的扣索索力	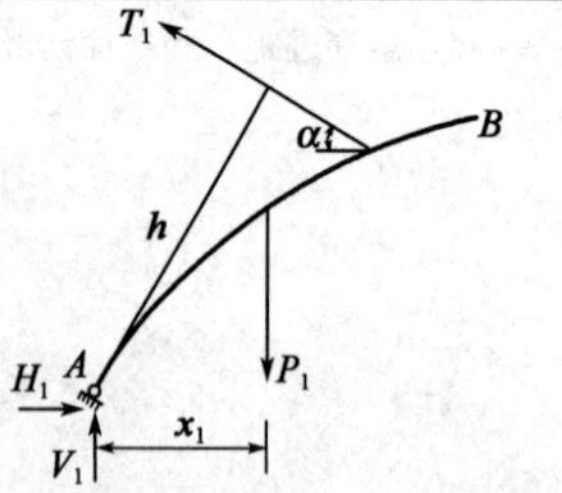 $$T_1=P_1\cdot\frac{x_1}{h} \quad (14\text{-}37)$$ $$H_1=T_1\cos\alpha \quad (14\text{-}38)$$ $$V_1=P-T_1\sin\alpha \quad (14\text{-}39)$$	T_1、T_2、T_3——扣索索力； P_1——边段拱肋自重； P_2——作用在边段拱肋上的缆风拉力； P_3——中段或次边段作用 B 端的作用力； H_1、V_1——边段拱肋 A 端由 T_1，P_1 产生的水平分力与垂直分力；

续上表

项目	计算图式及公式	符号意义
边段拱肋接头处浪风拉力 P_2 产生的扣索拉力	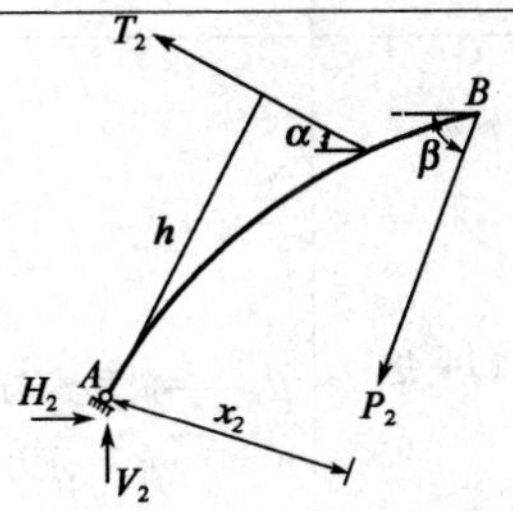 $T_2 = P_2 \cdot \frac{x_2}{h}$ (14-40) $H_2 = T_2\cos\alpha + P_2\cos\beta$ (14-41) $V_2 = P_2\sin\beta - T_2\sin\alpha$ (14-42)	H_2、V_2——边段拱肋 A 端由 T_2,P_2 产生的水平分力与垂直分力; H_3、V_3——边段拱肋 A 端由 T_3,P_3 产生的水平分力与垂直分力 x_1、x_2、x_3——分别为 P_1、P_2、P_3 到端点 A 的垂直距离(力臂长); h——端点 A 到扣索的垂直力臂; α,β——扣索的水平倾角
中段(或次边段)拱肋 P_3 搁置时边段扣索索力	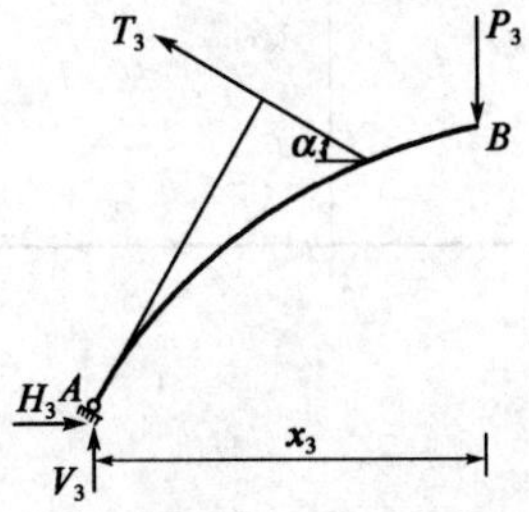 $T_3 = P_3 \cdot \frac{x_3}{h}$ (14-43) $H_3 = T_3\cos\alpha$ (14-44) $V_3 = P_3 - T_3\sin\alpha$ (14-45)	

注:对于超过五段拱肋吊装的扣索索力,也可用本篇第十八章的程序计算。

1.5 横移索计算

表 14-8

项目	计算图式及公式	符号意义
横移索与拱肋垂直	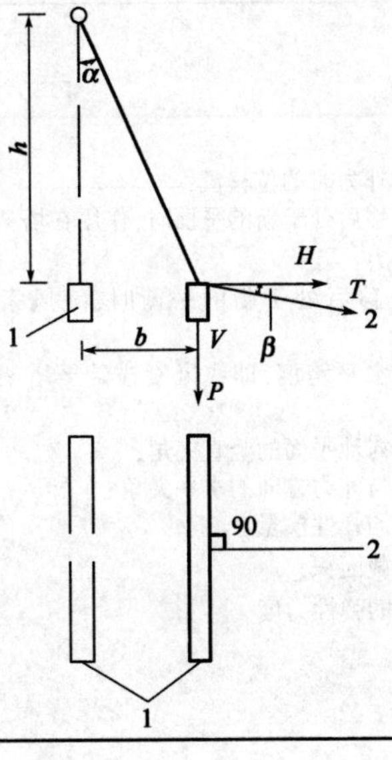 $H = \frac{b \cdot P}{h - \tan\beta}$ (14-46) $T = \frac{H}{\cos\beta}$ (14-47)	H——横移索的水平分力值; T——横移索的拉力; h——跑车下滑轮 A 至安装拱肋段顶的净空高度; b——拱肋横移宽度; P——拱肋和起重滑轮组中的动滑轮及其附属设备总重力; β——横移索与水平线的夹角

续上表

项目	计算图式及公式	符号意义
横移索不与拱肋垂直	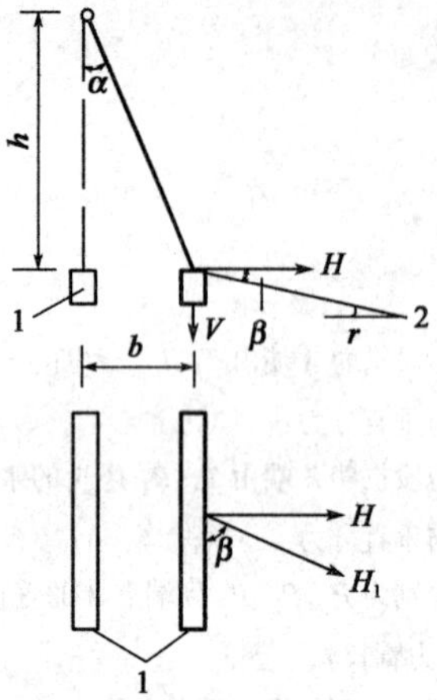 $H_1=\frac{H}{\sin\varepsilon}$ (14-48) $T_1=\frac{H_1}{\cos\gamma}=\frac{H}{\cos\gamma\sin\varepsilon}$ (14-49)	H_1——横移索与拱肋不相垂直时的水平分力； T_1——相应的横移索拉力； ε——横移索与拱肋的水平夹角； γ——横移索与地平面的竖直夹角

1.6 塔架缆风索计算

表 14-9

项目	计算图式及公式	符号意义
受力特点和计算方法	缆风索是稳定结构物的一种临时措施，当结构物稳定不动时，几根缆风索的安装张力互相平衡，当结构物受外荷载作用时，会引起缆风索的张紧或松弛，产生张力差平衡外荷载，以减少结构物的位移。 根据缆风索的方向与外力作用的方向是否相同，分为正缆风索和斜缆风索两种。 缆风索只有自重作用，引起张力变化的原因是支座的位移，如果缆风索安装时的张力较大，可以忽略缆风索自重的垂度影响	
缆风索位移计算	1. 正缆风索在水平外力 Q_H 作用下的位移计算式 位移后结构物处于平衡状态时，缆风索的张力差 ΔH 应与它所承受的水平外力 Q_H 相等，其位移表达式为： $\delta=\frac{\Delta H}{K}=\frac{Q_H}{K}=\frac{Q_H L}{E_K F\cos^3\beta}$ (14-50) 其中 $K=\frac{E_K F\cos^3\beta}{L}$ 2. 斜缆风索在水平外力 Q_H 作用下的位移计算式 由 n 根缆风索受外力时的位移值可按下式计算： $\delta=\frac{Q_H}{\sum_{i=1}^{n}K_i\cos^2\varepsilon_i}$ (14-51) 其中 $K_i=\frac{E_K F_i\cos^3\beta_i}{L_i}$ 每根缆风索承受的水平外力为： $\Delta H_i=\frac{Q_H\cdot K_i\cdot\cos^2\varepsilon_i}{\sum_{1}^{n}K_i\cdot\cos^2\varepsilon_i}$ (14-52)	δ——塔架受外力时的位移值； Q_H——塔架位移后处于新的平衡时，作用在塔架上的水平外力； ΔH——塔架位移后处于新的平衡时，缆风索的张力差； L——缆风索水平跨度，即缆风索锚碇至塔架水平距离； β——缆风索与地平面的竖直夹角； ε——缆风索与外力方向的水平夹角； E_K——缆风索的弹性模量； F、F_i——钢丝绳截面积； K、K_i——缆风索的弹性力度

续上表

项目	计算图式及公式	符号意义
张力方程	缆风索安装张力 H_0 与支座位移 δ 的张力关系： 1. 正缆风索 $H_x^3-\left(H_0\pm\delta\cdot K-\dfrac{A}{H_0^2}\right)H_x^2-A=0$ (14-53) 2. 斜缆风索 $H_x^3-\left(H_0\pm\delta\cdot\cos\varepsilon\cdot K-\dfrac{A}{H_0^2}\right)H_x^2-A=0$ (14-54) 其中 $A=\dfrac{G^2\cdot E_K\cdot F\cdot\cos^2\beta}{24}$，$K=\dfrac{E_K F\cos^3\beta}{L}$	G——主索自重； H_0——缆风索初始安装水平张力； H_x——支座位移后的水平张力

例 14-3 已知主索塔高 40m，截面积为 $(1.4\times1.4)\text{m}^2$。用 $4\phi28$ 的钢丝绳作稳定缆风索，断面面积 $F=2.95\text{cm}^2$，弹性模量 $E_K=7.56\times10^3\text{MPa}$，每延米自重 $q=0.026\text{kN/m}$，作用在塔顶上的外力和缆风索布置如图 14-3。作用于塔顶的外力有：索鞍平滚外的主索水平力 $H_1=47.3\text{kN}$，垂直力 $V_1=383.8\text{kN}$，塔架前转向进卷扬机的牵引索起重索拉力 $H_2=26.6\text{kN}$，$V_2=26.6\text{kN}$，塔架自重 $V_0=170\text{kN}$。求塔架最小位移和相应的安装张力。

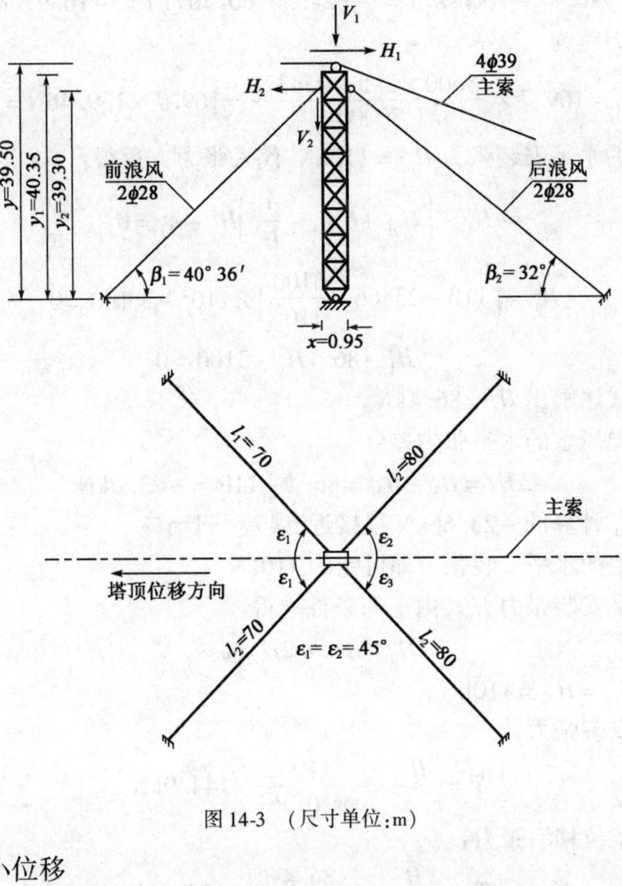

图 14-3 （尺寸单位：m）

1. 计算塔架最小位移

解 将作用在塔架上的外荷载均换算成塔顶缆风索支点处的水平力 Q_H：

$$Q_H = \frac{H_1 y_1 + H_2 y_2 + V_2 x}{y} = 75.4\text{kN}$$

代入式(14-51),计算塔架最小位移:

$$\delta = \frac{Q_H}{\sum_{i=1}^{2} K_i \cos^2 \varepsilon_i}$$

$$= \frac{75.4}{2 \times 0.6973 + 2 \times 0.8499} = 24.36\text{cm}$$

式中 $\beta_1 = 32°$,$\beta_2 = 40°16'$,$\varepsilon_1 = \varepsilon_2 = 45°$,$L_1 = 70\text{m}$,$L_2 = 80\text{m}$。

设塔底为铰接的钢结构,容许偏移值$[\delta]$按$\frac{h}{150}$计,则

$$[\delta] = \frac{40}{150} = 26.67\text{cm}$$

因为$\delta < [\delta]$,缆风索数量满足要求,可以进行安装计算。

2. 计算安装张力

因前缆风索发生负位移比后缆风索发生正位移时所需的安装张力大,故选用一根前缆风索,用试算法确定满足最小位移所需的安装张力。

塔顶发生水平位移 δ 后,前缆风索的水平位移设为 $-\delta_1$,则有:

$$-\delta_1 = -(\delta \cos\varepsilon_1) = -(24.36 \times 0.7071) = -16.97\text{cm}$$

因而发生的张力差为:

$$\Delta H_1 = \delta_1 K_1 = 169.7 \times \frac{75600 \times 295 \times 0.4378}{70000} = 169.7 \times 139.46\text{N} = -23.66\text{kN}$$

假定前缆风索的水平安装张力 $H_{01} = 110\text{kN}$,代入张力方程得:

$$H_1^3 - \left(H_{01} + \delta_1 K_1 - \frac{A_1}{H_1^2}\right) H_1^2 - A_1 = 0$$

$$H_1^3 - \left(110 - 23.66 - \frac{3100}{110^2}\right) \times 110^2 - 3\,100 = 0$$

$$H_1^3 - 86.1 H_1^2 - 3100 = 0$$

用试算法或迭代法解出 $H_1 = 86.4\text{kN}$。

塔架位移后前缆风索的水平张力差:

$$\Delta H_1 = H_1 - H_{01} = 86.4 - 110 = -23.6\text{kN}$$

与按 $\Delta H_1 = \delta_1 K_1$ 计算的 -23.66kN 很接近,误差小于5%。

故前缆风索需要的水平安装张力即可定为110kN。

后缆风索的水平安装张力 H_{02},由平衡条件求得:

$$2H_{01}\cos\varepsilon_1 = 2H_{02}\cos\varepsilon_2$$

因 $\varepsilon_1 = \varepsilon_2$,故 $H_{02} = H_{01} = 110\text{kN}$。

前缆风索实际安装张力:

$$T = \frac{H}{\cos\beta} = \frac{110}{\cos 40°36'} = 144.9\text{kN}$$

前缆风索在塔架位移后张力:

$$T_1 = \frac{H}{\cos\beta} = \frac{86.4}{\cos 42°36'} = 113.8\text{kN}$$

后缆风索的安装张力的计算方法同上。

2 塔架计算

2.1 塔架高度计算

塔架高度计算公式 表 14-10

<table>
<tr><th>项目</th><th>计算图式及公式</th><th>符号意义</th></tr>
<tr><td>高度计算</td><td>
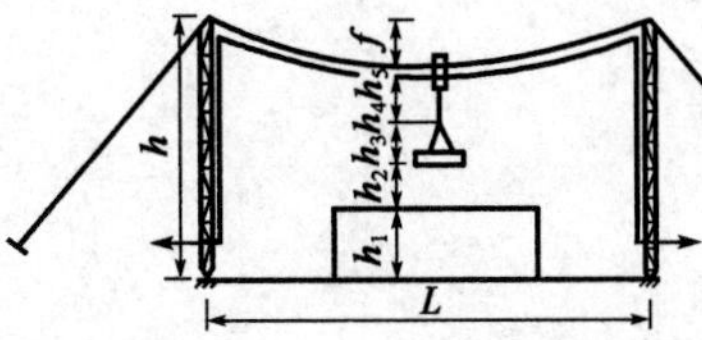

$h = h_1 + h_2 + h_3 + h_4 + h_5 + f$ (14-55)
</td><td>
f——主索在跨中的挠度，一般为 $L/15 \sim L/20$；
h_1——索塔底面到吊物需越过的障碍物最高点之高差；
h_2——重物最低点到需越过的障碍物最高点之间的安全距离，一般为 1 ~ 2m；
h_3——重物的最大高度；
h_4——吊钩、捆绳的高度，采用 0.5 ~ 1.5m；
h_5——天线滑车和起吊滑车组构造高度；
L——塔架的间距
</td></tr>
</table>

2.2 塔架外力计算

塔架外力计算公式 表 14-11

项目	计 算 公 式	符 号 意 义
塔架外力计算	塔架外力主要由以下几部分产生： 1. 主索 $V_1 = \mu T_1(\sin\alpha_1 + \sin\alpha_2)$ （滑轮索鞍） (14-56) 或 $V_1 = \mu T_1(\tan\alpha_1 + \tan\alpha_2)$ （滚轴或弧形索鞍） (14-57) $H_1 = \mu T_1(\cos\alpha_1 - \cos\alpha_2)$ （滑轮索鞍） (14-58) $H_1 = V_1 f_0$ （滚轴或弧形索鞍） (14-59) 2. 起重索、牵引索、扣索（引过塔顶滑车） $V_2 = T_2(\sin\alpha_1 + \sin\alpha_2)$ (14-60) $H_2 = T_2(\cos\alpha_1 - \cos\alpha_2)$ (14-61) 3. 缆风索 $V_3 = T_3 \sin\alpha$ (14-62) $H_3 = T_3 \cos\alpha\cos\beta$ (14-63) 4. 风力 $H_4 = AW$ (14-64) 风力作用点假定在迎风面形心上。 5. 索鞍、塔架自重及塔顶工作台的重力按实际计算	α_1、α_2——主索两侧与水平线的夹角； V_1——主索拉力对塔顶产生的竖向力； H_1——主索拉力对塔顶产生的水平力； T_1——主索最大张力； μ——构件吊装动力系数，可取 1.2； f_0——主索对滚轴或弧形索鞍的摩阻系数； T_2——起重索、牵引索、扣索等对塔顶的最大拉力； H_2——起重索、牵引索、扣索等对塔顶的水平力； T_3——缆风索的最大拉力； α——缆风索与水平线的夹角； β——缆风索与计算面方向的平面夹角； H_4——风力对横（顺）桥方向的水平力； A——迎风面积，对横桥向，塔架按外轮廓面积的 40% 计算，主索、牵引索、起重索等按实际面积的 50% 计算（因两岸均有索架，每岸承担缆索风力的一半；对顺桥向，按顺桥方向的塔架迎风面积计算乘以折减系数，不计缆索的风压）； W——横（纵）向风压，按《公路桥涵设计通用规范》有关规定取用

2.3　人字型木塔架计算

人字型木塔架计算公式　　表 14-12

<table>
<tr><th>项目</th><th>计算图式及公式</th><th>符号意义</th></tr>
<tr><td>人字型木塔架计算</td><td>

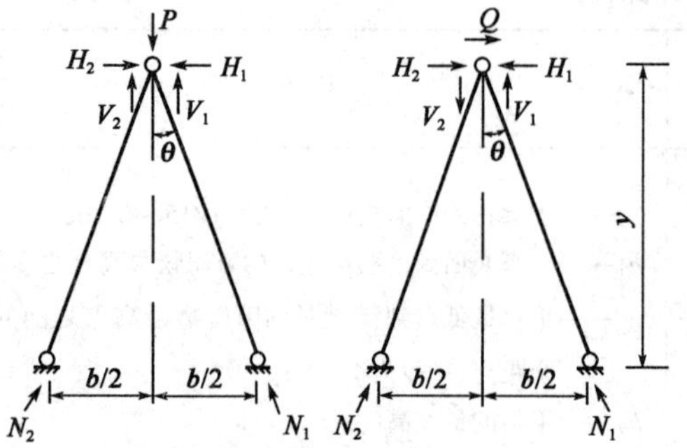

1. 基本假定：塔架按压弯杆件计算，内部的水平夹木和斜撑与立柱为铰接，按不受力杆件考虑，其外力均由立柱承受。

2. 立柱在 P 作用下的轴向力

$$N_1 = N_2 = \frac{P}{2\cos\theta} \quad (压力) \qquad (14\text{-}65)$$

3. 立柱在 Q 作用下的轴向力

$$N_1 = \frac{Q}{2\sin\theta} \quad (压力) \qquad (14\text{-}66)$$

$$N_2 = \frac{Q}{2\sin\theta} \quad (拉力) \qquad (14\text{-}67)$$

4. 立柱强度验算

$$\sigma = \frac{\Sigma N_1}{F_{净}} \leqslant [\sigma] \qquad (14\text{-}68)$$

5. 立柱稳定性验算

$$\sigma = \frac{\Sigma N_1}{\varphi F} \leqslant [\sigma] \qquad (14\text{-}69)$$

式中：$\varphi = 1.02 - 0.55\left(\frac{\lambda + 20}{100}\right)^2 \quad (\lambda \leqslant 80)$

$$\varphi = \frac{3000}{\lambda^2} \quad (\lambda > 80)$$

$$\lambda = \frac{l'}{r}, r = \sqrt{\frac{J}{F}}$$

6. 塔架整体稳定验算（将塔架作为刚体按整体计算）取立柱下端支点为验算断面

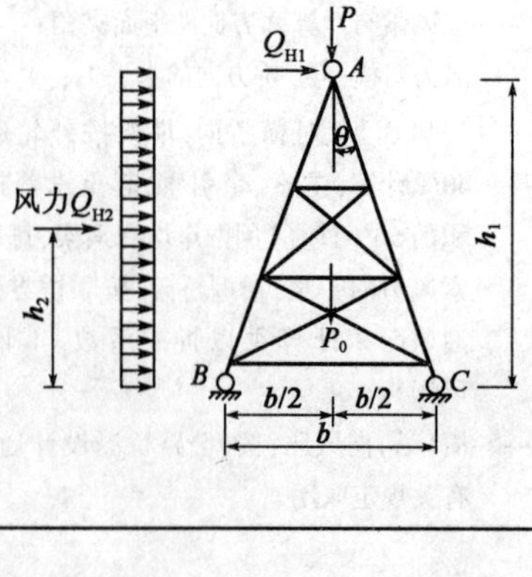

</td><td>

$F_{净}$——塔架立柱净截面面积；
F——塔架立柱截面积；
φ——轴向弯曲折减系数；
λ——立柱节间长细比；
l'——立柱计算自由长度；
r——回转半径；
J——立柱截面惯性矩；
Q_{H1}——主索、牵引索、起重索等产生的水平力之和，其值 $Q_{H1} = H_1 + H_2 + H_3$；
Q_{H2}——作用在塔架上的风压力，等于 H_4；
H_1——塔顶至塔脚支点高度；
H_2——风压力对支点的力臂；
b——塔架支点处顺桥向宽度；
P——换算塔顶总竖向力，其值 $P = V_1 + V_2 + V_3 + \cdots$；

</td></tr>
</table>

续上表

项目	计算图式及公式	符号意义
	倾覆力矩：$M_{倾}=Q_{H1}h_1+Q_{H2}h_2+\cdots$ (14-70) 稳定力矩：$M_{稳}=\frac{1}{2}(P+P_0)b$ (14-71) 倾覆稳定安全系数：$K=\frac{M_{稳}}{M_{倾}}\geqslant 1.4$ (14-72) 7. 塔顶弹性水平位移计算 $\delta=Q\delta_0$ (14-73) 式中在单位水平力作用下的弹性位移 δ_0 为： $\delta_0=\frac{h_1}{2EF\sin^2\theta\cos\theta}$ (14-74)	P_0——塔架自重； E——木材弹性模量

注：实际塔架产生的塔顶位移值要比计算值大得多，主要在于塔架的接头处会产生不同程度的非弹性变形。

例 14-4 已知塔高 18m 的人字型木塔架，利用二根主索收紧索的"死头"做活缆风，塔架的构造和计算外力如图 14-4 所示。试进行稳定验算和水平位移计算。

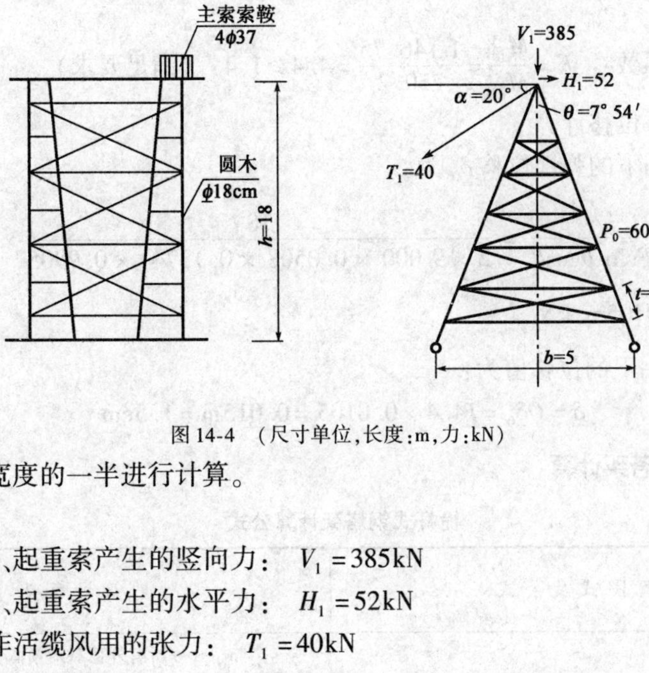

图 14-4 （尺寸单位，长度：m，力：kN）

解 取塔架宽度的一半进行计算。

1. 已知外力

主索、牵引索、起重索产生的竖向力： $V_1=385\text{kN}$

主索、牵引索、起重索产生的水平力： $H_1=52\text{kN}$

主索收紧索作活缆风用的张力： $T_1=40\text{kN}$

塔架自重： $P_0=60\text{kN}$

2. 换算塔顶计算荷载

水平力： $Q=H_1-T_1\cos\alpha=52-40\times0.9397=14.4\text{kN}$

竖向力： $P=V_1+T_1\sin\alpha=385+40\times0.3420=398.7\text{kN}$

3. 立柱强度与稳定验算

每排立柱由 2 根 Φ18cm 圆木组成，按整体截面计算；因立柱节间 l 较大，由稳定控制设计，故只进行稳定验算，不进行强度验算。

立柱面积： $F=2\times\frac{\pi(0.18)^2}{4}=0.0508\text{m}^2$

回转半径：$r=\dfrac{d}{4}=\dfrac{0.18}{4}=0.045\text{m}$

自由长度：$l=3.5\text{m}$

长细比：$\lambda=\dfrac{l}{r}=\dfrac{3.5}{0.045}=78<80$

折减系数：$\varphi=1.02-0.55\left(\dfrac{\lambda+20}{100}\right)^2=0.492$

作用在立柱的轴向力 ΣN_1 为：

$$\Sigma N_1=\frac{P}{2\cos\theta}+\frac{Q}{2\sin\theta}=\frac{398.7}{2\times0.9905}+\frac{14.4}{2\times0.1374}=254\text{kN}$$

故 $$\sigma=\frac{\Sigma N_1}{\varphi F}=\frac{254}{0.492\times0.0508}=10.2\text{MPa}<[\sigma]=12\text{MPa}\quad（容许）$$

4. 整体稳定验算(不计风力)

倾覆力矩：$M_{倾}=Q_{\text{H}}h=14.4\times18=259.2\text{kN}\cdot\text{m}$

稳定力矩：$M_{稳}=\dfrac{1}{2}(P+P_0)b=\dfrac{1}{2}(398.7+60)\times5=1\ 146.75\text{kN}\cdot\text{m}$

倾覆稳定安全系数：$K=\dfrac{M_{稳}}{M_{倾}}=\dfrac{1\ 146.75}{259.2}=4.4\geqslant1.4$　（满足要求）

5. 塔顶弹性水平位移计算

单位水平力作用下的弹性位移 δ_0 为：

$$\delta_0=\frac{h}{2EF\sin^2\theta\cos\theta}=\frac{18}{2\times9\ 000\times0.0508\times0.1374^2\times0.9905}\times10^{-1}$$

$$=0.0105\text{m/kN}$$

水平外力 Q 作用下的位移值为：

$$\delta=Q\delta_0=14.4\times0.0105=0.015\text{m}=1.5\text{cm}$$

2.4　桅杆式钢塔架计算

桅杆式钢塔架计算公式　　表 14-13

项目	计算图式及公式	符号意义
	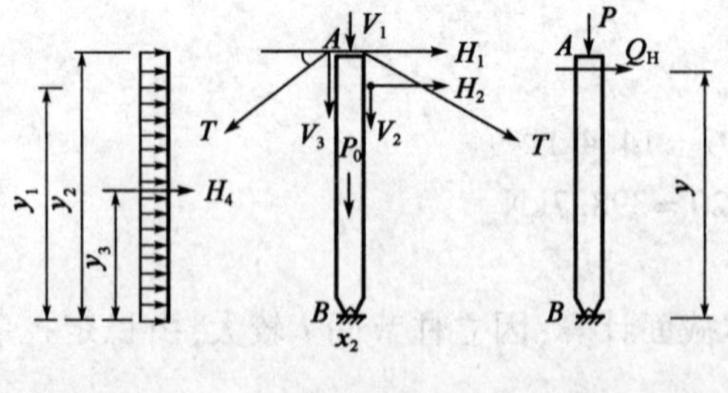 基本假定：水平荷载由塔架缆风索承受，塔架按两端铰接的中心受压杆件计算	M_{B}——所有外荷载对塔脚支点 B 的力矩； V_1——主索产生的垂直力； H_1——主索产生的水平力； V_2——在塔架前转向的牵引索、起重索产生的垂直力； H_2——牵引索或起重索产生的水平力； V_3——塔架位移前产生的垂直力； H_4——风荷载产生的水平力； P_0——桅杆塔架自重； x_1、x_2、…、x_n——外力距塔底中心的水平距离

续上表

项目	计算图式及公式	符号意义
桅杆式钢塔架整体计算	1. 塔架换算水平力 由于塔架下端铰接，不能承受弯矩，因此将作用在桅杆上的各种外力以作用在塔顶缆风索处的换算水平力 Q_H 代替，换算条件是 Q_H 对塔底力矩等于各外力对塔底力矩之和，按下式换算： $Q_H = \frac{\Sigma M_B}{y}$ (14-75) 式中： $M_B = V_1x_1 + V_2x_2 + H_1y_1 + H_2y_2 + H_4y_4 + \cdots$ (14-76) 2. 所受总竖向力 $P = P_0 + V_1 + V_2 + V_3$ (14-77) 3. 塔架在竖向力作用下的强度验算： $\sigma_1 = \frac{P}{\Sigma F_{立净}} \leqslant [\sigma]$ (14-78) 4. 塔架在竖向力作用下的稳定性验算 $\sigma_2 = \frac{P}{\varphi F_{立}} \leqslant [\sigma]$ (14-79) 当桅杆塔架采用相同的4根角钢以斜撑和横撑作缀条组成时，其整体换算长细比 $\lambda_{换}$ 按下式计算： $\lambda_{换} = \sqrt{\lambda_0^2 + 27\frac{\Sigma F_{立}}{\Sigma F_{斜}}}$ (14-80) $\lambda_0 = \frac{h}{\gamma}, \gamma = \sqrt{\frac{\Sigma I_{立}}{\Sigma F_{立}}}$ (14-81) $\Sigma I_{立} = 4(I_0 + b_0^2F_0), \Sigma F_{立} = 4F_0$ (14-82) 5. 塔架水平位移及稳定浪风索安装张力的计算及算例见本章1.6节	y_1、y_2、…、y_n——外力距塔底中心的垂直距离； $F_{立净}$——塔架构件中立柱净截面积； $F_{立}$——塔架立柱毛截面积； $F_{斜}$——塔架斜撑截面积； φ——轴向受压构件纵向绕曲折减系数，应根据其换算长细比 $\lambda_{换}$ 计算，查附录三； $\lambda_{换}$——整体换算长细比； λ_0——长细比； h——桅杆塔架高度； γ——立柱回转半径； F_0——每肢角钢截面积； I_0——每肢角钢对其自身轴的惯矩； b_0——每肢角钢重心到桅杆塔架中心的距离； $[\sigma]$——钢材容许轴向应力值
单肢稳定性验算	对桅杆结构，除进行整体稳定性和强度验算外，还应验算单肢构件的稳定性。 $\sigma_1 = \frac{P_1}{\varphi_1 F_0} \leqslant [\sigma]$ (14-83) 回转半径：$r_1 = \sqrt{\frac{I_0}{F_0}}$ 长细比：$\lambda_1 = \frac{l}{r_1}$	P_1——作用在单肢构件上的轴压力； φ_1——单肢构件轴向受压挠曲折减系数，根据长细比 λ_1，查附录三； 其余符号同上

2.5 万能杆件塔架计算

万能杆件塔架计算公式 表14-14

项目	计算图式与公式
菱形和三角形塔架内力计算	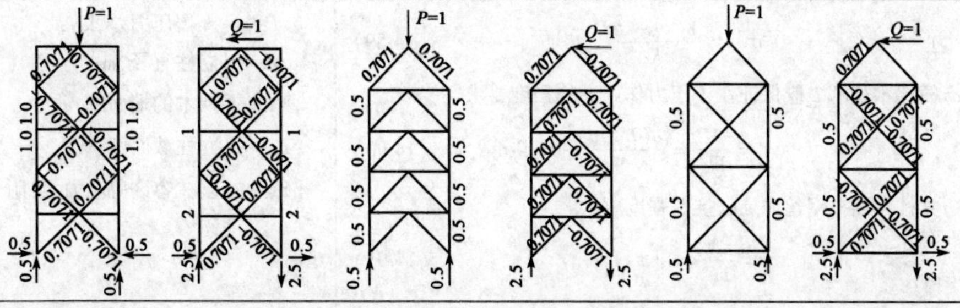
复杂塔架计算	当塔架支座超过两个，内部有斜杆、立柱和较长多余联系时，按桁架求解比较复杂，可近似按压弯缀条组合构件进行整体强度和稳定性验算

3 锚碇计算

3.1 立式地龙计算

立式地龙计算公式　　表 14-15

项目	计算图式及公式	符号意义
立式地龙计算	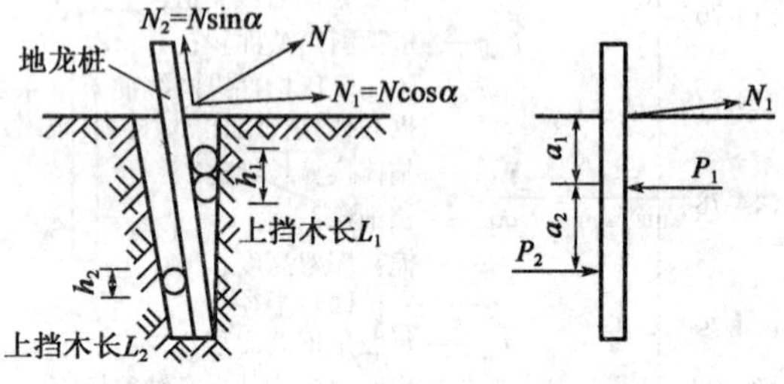 a)　b) 1. 立式地龙上、下挡木处反力计算 立式地龙中钢丝绳拉力 N 由上、下横挡木的土壤反力差来平衡的，如上图，由 $\sum M_A=0$ 和 $\sum A_B=0$ 得： $$P_1=\frac{N_1(a_1+a_2)}{a_2} \quad (14\text{-}84)$$ $$P_2=\frac{N_1\cdot a_1}{a_2} \quad (14\text{-}85)$$ 上拔力 N_2 应满足下式条件： $$N_2\leqslant\frac{(P_1+P_2)f}{K_1} \quad (14\text{-}86)$$ 上、下挡木处的土壤压应力应分别满足下式条件： $$\sigma_1=\frac{P_1}{\eta h_1 L_1}\leqslant[\sigma] \quad (14\text{-}87)$$ $$\sigma_2=\frac{P_2}{\eta h_2 L_2}\leqslant[\sigma] \quad (14\text{-}88)$$ 2. 立式地龙构造尺寸应满足的条件或要求 (1)上、下挡木处的土壤容许压应力 上、下挡木处的土壤压应力应小于下式计算值： $$[\sigma]=\frac{\gamma\cdot a_i\cdot k}{K} \quad (14\text{-}89)$$ (2)横挡木长度 L 应保证在土压力作用下的强度要求 $$\sigma=\frac{M}{W_1}=\frac{q(L-d)^2}{W_1}\leqslant[\sigma_w] \quad (14\text{-}90)$$ (3)立柱在捆扣钢丝绳处的抗剪强度要求 $$\tau=\frac{N}{2F_1}\leqslant[\tau] \quad (14\text{-}91)$$	N——地龙荷载，N_1、N_2 为水平分力与垂直分力； P_1、P_2——上下挡木处的总反力； f——木料与木料摩擦系数，$f=0.4$； K_1——垂直力安全系数，$K_1\geqslant2$； σ_1、σ_2——分别为上挡木及下挡木处的土壤承压力，应小于土壤的容许压应力； $[\sigma]$——土壤容许压应力，当缺乏资料时，可按式(14-89)计算； h_1、h_2——横挡木直径或总宽度（两根以上）； η——压力不均折减系数，一般为 0.25～0.33； L_1、L_2——上、下横挡木宽度； γ——土壤重度，kN/m^3，见表 14-18； a_i——挡木距地面的深度，m，$(i=1,2)$； k——系数，$k=\tan^2\left(45°+\frac{\phi}{2}\right)-\tan^2\left(45°+\frac{\phi}{2}\right)$，$\phi$ 为土壤内摩擦角； K——安全系数，一般不小于 2； M——横挡木所受弯矩，N·m； q——横挡木单位长度上所受荷载，$q=P/L$； P——土壤压力差，kN； d——立柱直径，m； W_1——挡木的端面率，m^3； F_1——立柱截面面积； $[\tau]$——立柱容许剪应力，见附录三

续上表

项目	计算图式及公式	符号意义
立式地龙计算	(4)立柱捆点与上横挡木距离为 a_1，立柱在拉力 N 作用下的受弯强度要求 $\sigma_w = \dfrac{M_a}{W_2} = \dfrac{N \cdot a_1}{W_2} \leqslant [\sigma_w]$　　(14-92) (5)立柱和横挡木接触面局部受压强度要求 $\dfrac{P_1}{A} \leqslant [\sigma_{ah}]$　　(14-93)	M_a——立柱捆结点处弯矩； W_2——立柱截面模量； $[\sigma_w]$——木材容许弯曲应力； A——立柱与横挡木接触面积； $[\sigma_{ah}]$——木材横纹承压应力

3.2 卧式地龙计算

卧式地龙整体稳定性验算　　表 14-16

项目	计算图式及公式	符号意义
卧式地龙整体稳定性计算	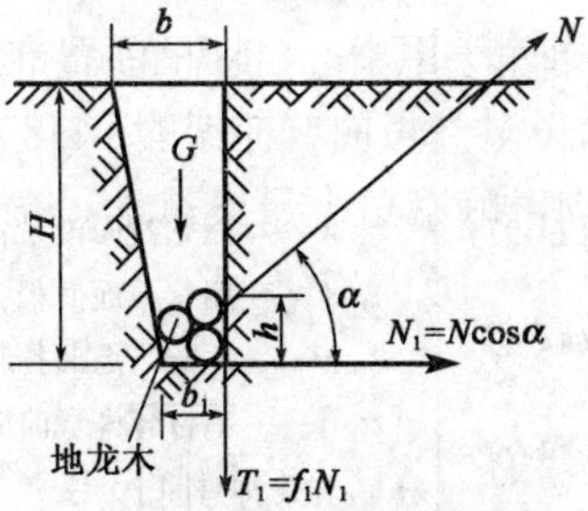 无挡地龙 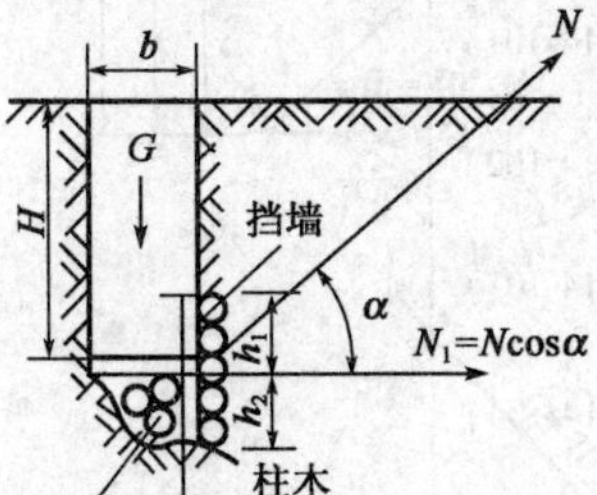 有挡地龙 抗拔稳定系数 K_1： 无挡卧龙(见上图) $K_1 = \dfrac{G_1 + T_1}{N_1} \geqslant 3$　　(14-94) 有挡卧龙(见上图) $K_1 = \dfrac{G_2 + T_2}{N_2} \geqslant 2$　　(14-95) 抗拉稳定系数 K_2： $K_2 = \dfrac{E + (G - N_2)f_3}{H} \geqslant 2$　　(14-96)	G_1、G_2——坑内有效土重，其值为： $G_1 = \dfrac{b + b_1}{2} \cdot H \cdot L \cdot \gamma$ $G_2 = H \cdot b \cdot L \cdot \gamma$ L——埋入的捆龙木之长度； H——捆龙木埋入之深度； γ——土的重度，查表 14-18； b_1——卧龙坑底宽度； b——卧龙坑顶面按回填土内摩擦角 ϕ 计算宽度； $b = b_1 + H\tan\beta, \beta \leqslant 30°$ T_1、T_2——木料与土的摩擦力； $T_1 = f_1 N_1, T_2 = f_2 N_1$ f_1、f_2——木料与土的摩擦系数，$f_1 = 0.5$，$f_2 = 0.4$； f_3——捆龙与基底土壤摩擦系数，用木料时 $f_3 = 0.5$； E——挡墙前后沿土壤的压力差， $E = E_{被} - E_{主}$ $E_{被}$——墙前沿的被动土压力； $E_{主}$——墙后沿的主动土压力， $E = \left(\dfrac{2H + h_2 - h_1}{2} HrL\right)k$ 其中系数 $k = \tan^2\left(45° + \dfrac{\phi}{2}\right) - \tan^2\left(45° - \dfrac{\phi}{2}\right)$

3.3 卧式地龙强度计算

卧式地龙强度计算公式 表 14-17

项目	计算图式及公式	符号意义
卧式地龙强度计算	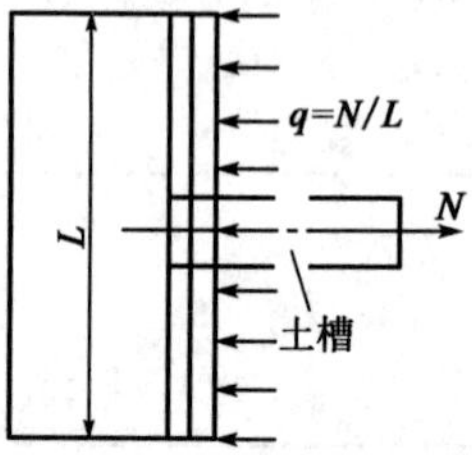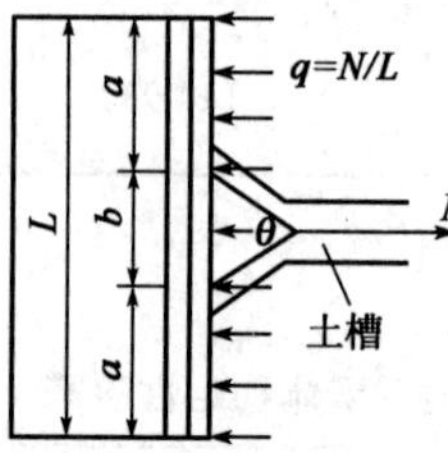 1. 一点捆扎时： 支点弯矩 $M=\frac{NL}{8}$ (14-97) $\sigma=\frac{M}{W}\leqslant[\sigma]$ (14-98) $\tau=\frac{N}{2F}\leqslant[\tau]$ (14-99) 2. 二点捆扎时： 支点弯矩 $M_a=\frac{qa^2}{2}$ (14-100) $\sigma=\frac{M_2}{W}\leqslant[\sigma]$ (14-101) 跨中弯矩 $M_b=\frac{N}{4}(a-b)$ (14-102) $N_b=\frac{N}{2}\tan\frac{\theta}{2}$ (14-103) $\sigma_w=\frac{N_b}{F}\pm\frac{M_b}{W}\leqslant[\sigma_w]$ (14-104) $\tau=\frac{qL}{2F}\leqslant[\tau]$ (14-105)	W——捆龙截面模量； F——捆龙截面面积； θ——捆龙二点捆扎时的夹角； $[\sigma_w]$——木材容许弯曲应力，查附录三； 其余符号同上

土壤容重及内摩擦角 表 14-18

土壤类别	砾石土	粗砂	中砂	细砂	粉砂	粉质黏土	轻亚黏土	亚黏土	黏土
重度 γ(kN/m^3)	21.0	19.0	19.0	19.0	19.0	19.5	19.5	18.0	17.5
内摩擦角 φ(°)	40	36	33	30	25	25	20	15	10
K	4.38	3.59	3.1	2.67	1.82	1.82	1.55	0.92	0.73

3.4 重力式锚碇稳定性验算

重力式锚碇稳定性验算公式 表 14-19

项目	计算图式及公式	符号意义
重力式锚碇稳定性验算	重力式锚碇利用其自重来平衡拉力，一般不考虑土压力，如下图所示。 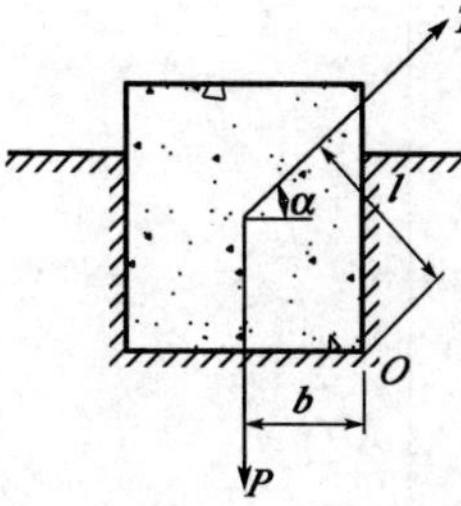 1. 倾覆稳定性验算 $$K_M = \frac{M_{稳}}{M_{倾}} \geqslant 1.4 \quad (14\text{-}106)$$ 2. 上拔力安全系数 $$K_V = \frac{P}{V_T} \geqslant 2 \quad (14\text{-}107)$$ 3. 抗滑稳定性验算 $$K_H = \frac{H_f}{H_T} \geqslant 1.4 \quad (14\text{-}108)$$	$M_{稳}$——稳定力矩：$M_{稳} = P \cdot b$； $M_{倾}$——倾覆力矩：$M_{倾} = T \cdot l$； P——锚碇自重； T——拉索拉力； V_T——拉索拉力 T 的竖直分力，$V_T = T \cdot \sin\alpha$； H_T——拉索拉力 T 的水平分力，$H_T = T \cdot \cos\alpha$； H_f——基底摩阻力，$H_f = (P - V_T)f$； f——锚碇与基底的摩擦系数

4 构件移运、安装计算

4.1 构件移运计算

构件移运计算公式 表 14-20

项目	计算图式及公式	符号意义
脱模计算	$$F_1 = F_{惯} + F_{黏} + Q \quad (14\text{-}109)$$ 其中：$$F_{惯} = \frac{Q \times v}{g \times t} \quad (14\text{-}110)$$	F_1——构件脱模所受荷载，kN； $F_{惯}$——构件惯性力，kN； Q——构件自重，kN； v——构件直线运动速度，m/s； g——重力加速度，9.81m/s^2； t——制动加速度的时间，s； $F_{黏}$——构件与模板黏着力，可按 1.5kN/m^2 计； k——吊装动载系数，$k = 1.2$
吊运计算	$$F_2 = (F_{惯} + Q) \times k \quad (14\text{-}111)$$	

4.2 吊点计算

节段吊点计算公式 表 14-21

项目	计算图式及公式	符号意义
直梁吊点计算(不计吊索影响)	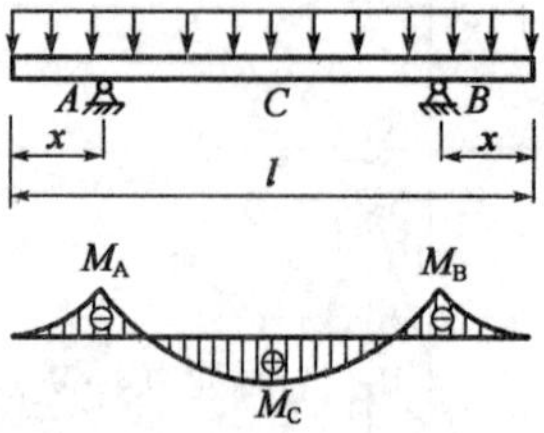 合理吊点位置是使吊点处负弯矩与跨中正弯矩绝对值相等,即: $\lvert M_A \rvert = \lvert M_B \rvert = \lvert M_C \rvert$ 其中 $M_A = M_B = -\frac{qx^2}{2}, M_C = \frac{q(l-2x^2)}{2} - \frac{qx^2}{2}$ 得 $x = 0.2929l$ (14-112)	q——构件每米重; M_A、M_B——吊点处弯矩; l——构件长度(或曲梁弦长); W_0——换算截面受拉边缘的弹性抵抗矩; A_0——换算截面面积; y_s——截面形心至上边缘的距离; M_C——构件跨中弯矩; M'_C——计入吊索水平力影响在跨中产生的附加弯矩; R——曲梁弧线半径; θ——曲梁段对应的圆心角
直梁吊点计算(计入吊索影响)	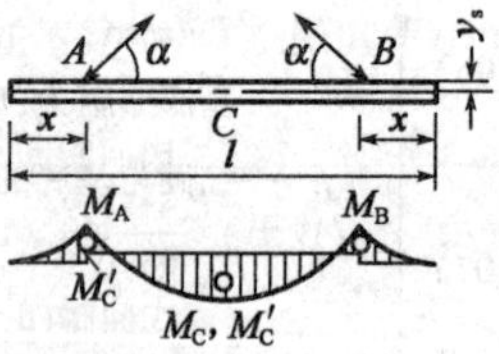 $x = \frac{1}{2}\left(\sqrt{1+\frac{4m}{l}}-1\right)l$ (14-113) 式中 $m = \cot\alpha \cdot \left(y_s - \frac{W_0}{A_0}\right) + \frac{l}{4}$	
曲梁两吊点计算	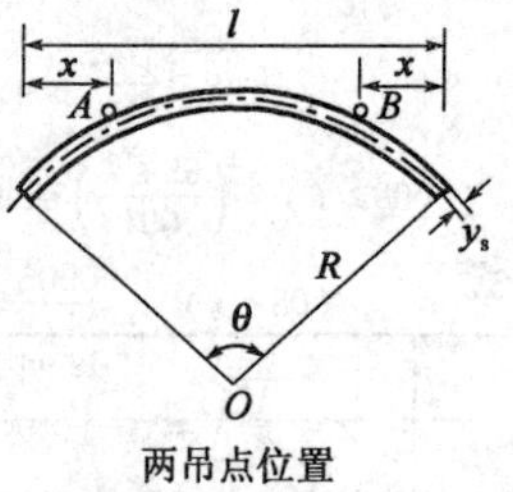 两吊点位置 $x = (0.22 \sim 0.24)l$ (14-114) 且 $x \geq \frac{l}{2} - \sqrt{R + y_s - (l/\theta)^2}$	
曲梁四吊点计算	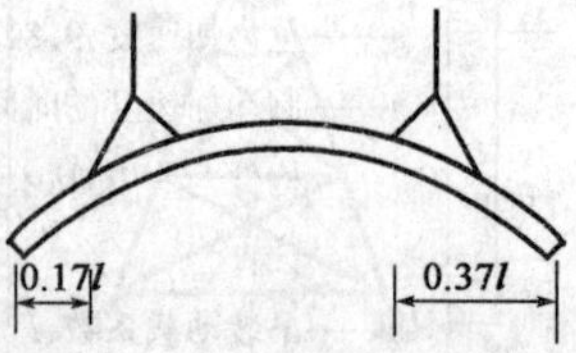 四吊点位置	

4.3 安装计算

节段安装计算公式　　表 14-22

<table>
<tr><th>项目</th><th>计算图式及公式</th><th>符号意义</th></tr>
<tr><td rowspan="3">边段安装内力</td><td>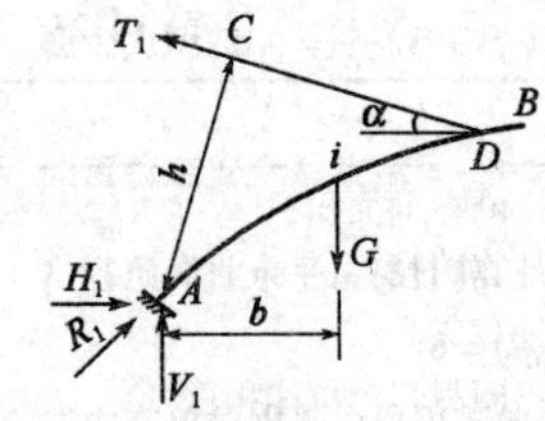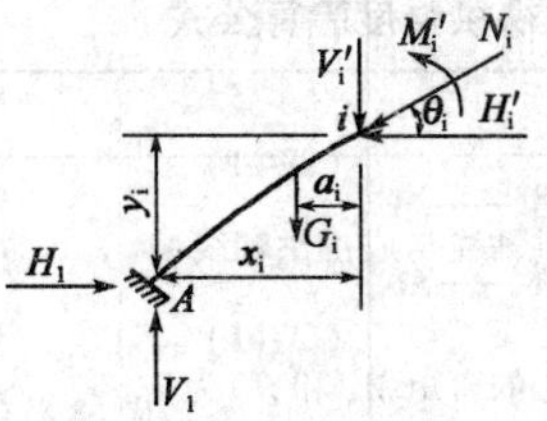
边段自重内力：
$$T_1 = \frac{b \cdot G}{h} \quad (14\text{-}115)$$
$$H_1 = T_1 \cos\alpha \quad (14\text{-}116)$$
$$V_1 = G - T_1 \sin\alpha \quad (14\text{-}117)$$
截面内力：
$$M_i' = V_1 x_i - H_1 y_i - G_i a_1 \quad (14\text{-}118)$$
$$N_i' = V_i' \sin\theta_i + H_i' \cos\theta_i \quad (14\text{-}119)$$</td><td rowspan="4">G——拱肋自重；
α——扣索与水平线的夹角；
b——拱脚至 G 作用线的垂直距离；
h——拱脚至 T_1 或 T_2 作用线的垂直距离；
T_1、T_2——边段自重作用或中段搁置作用下的扣索拉力；
H_1、H_2——边段自重作用或中段搁置作用下的拱脚水平力；
V_1、V_2——边段自重作用或中段搁置作用下的拱脚竖向力；
θ_i——截面 i 处拱轴线与水平线的夹角；
G_i——截面 i 至拱脚段自重；
a_i——G_i 至截面 i 间的水平距离；
x_i、y_i——拱脚至截面 i 间的水平与竖直距离；
M_i、V_i、N_i——边段自重作用下截面 i 的弯矩、竖向力、轴力；
M''_i、N''_i——中段搁置作用下截面 i 的弯矩、轴力；
M_i、N_i——边段截面 i 的总弯矩与轴力；
R——中段合龙对边段悬臂端部的作用力，可计为 (0.15 ~ 0.25)Q；
Q——中段拱肋自重；
l_1——边段拱肋水平投影长度；
l_2——中段拱肋弧长；
q——中段拱肋计算均布荷载</td></tr>
<tr><td>边段由于中段搁置于悬臂端时的内力：
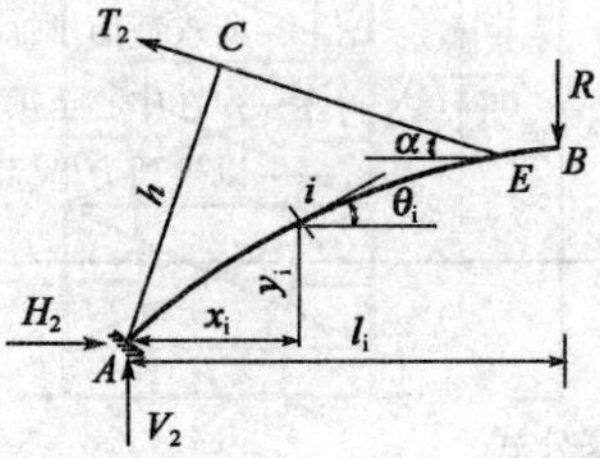
$$T_2 = \frac{R \cdot l_1}{h} \quad (14\text{-}120)$$
$$H_2 = T_2 \cos\alpha \quad (14\text{-}121)$$
$$V_2 = R - T_2 \sin\alpha \quad (14\text{-}122)$$
截面内力：
$$M''_i = V_2 x_i - H_2 y_i \quad (14\text{-}123)$$
$$N''_i = V_2' \sin\theta_i + H_2 \cos\theta_i \quad (14\text{-}124)$$</td></tr>
<tr><td>边段安装总内力：
弯矩：$$M_i = M_i' + M''_i \quad (14\text{-}125)$$
轴力：$$N_i = N_i' + N''_i \quad (14\text{-}126)$$</td></tr>
<tr><td>中段安装内力</td><td>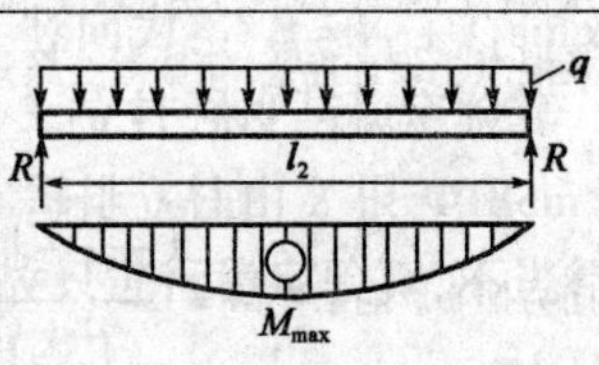
$$M_{max} = \frac{1}{8} q l_2^2 \quad (14\text{-}127)$$
式中：$q = \frac{(0.3 \sim 0.5)Q}{l_2}$</td></tr>
</table>

5　拱肋吊装过程中的稳定性与强度验算

5.1　裸拱强度验算

裸拱强度验算公式　　表 14-23

项目	计 算 公 式	符 号 意 义
裸拱强度验算	对无支架或早期脱架施工的拱桥，因裸拱拱轴线与成桥拱轴线偏离较大，应对裸拱进行强度验算。 计算时采用悬臂曲梁结构，作用在弹性中心的弯矩 M_S 和 H_S 为： $$M_S=\frac{A\cdot\gamma\cdot L^2}{4}V_1\qquad(14\text{-}128)$$ $$H_S=\frac{A\cdot\gamma\cdot L^2}{4(1+\mu)f}V_2\qquad(14\text{-}129)$$ 拱圈任意在自重作用下的弯矩和轴向力为： $$M_i=M_S-H_S(y_s-y_1)-\sum_{12}^{i}M\qquad(14\text{-}130)$$ $$N_i=H_S\cos\varphi_i+\sin\varphi_i\sum_{12}^{i}P\qquad(14\text{-}131)$$	A——拱圈截面面积； L——计算跨径； f——计算矢高； γ——拱圈材料单位体积重； μ——系数，查公路设计手册《拱桥》上册表(Ⅲ)-11； V_1、V_2——系数，查公路设计手册《拱桥》上册表(Ⅲ)-15，16； $\sum_{12}^{i}M$——拱顶到任意截面间拱圈自重对该截面的弯矩，可查公路设计手册《拱桥》上册表(Ⅲ)-19； $\sum_{12}^{i}P$——拱顶到任意截面间拱圈自重的总和，可查公路设计手册《拱桥》上册表(Ⅲ)-19； φ_i——所求截面拱轴线的水平倾角； y_s——弹性中心至拱顶的距离； y_1——以拱顶为坐标原点的纵坐标

5.2　裸拱稳定性验算

裸拱稳定性验算公式　　表 14-24

项目	计 算 公 式	符 号 含 义
纵向稳定性验算	对长细比不大，且 f/l 在 0.3 以下的拱，可将拱圈(肋)换算为相当长度的压杆，按平均轴向力，以强度形式校核纵向稳定性。 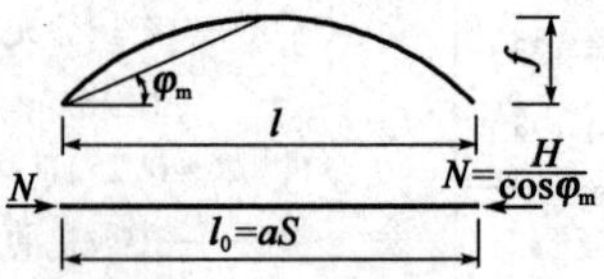 1. 砖、石及混凝土拱圈 $$N_j\leqslant\frac{\varphi\cdot\alpha\cdot A\cdot R_a^j}{\gamma_m}\qquad(14\text{-}132)$$	N_j——计算荷载作用下的平均轴向力， $$N_j=\frac{H}{\cos\varphi_m}$$ H——计算荷载作用下拱的水平推力； φ_m——半拱的弦与水平线的夹角， $$\varphi_m=\frac{1}{\sqrt{1+4\left(\frac{f}{l}\right)^2}}$$ l——拱的计算跨径； f——拱的计算矢高； φ——受压构件的纵向弯曲系数，见《公路砖石及混凝土设计规范》第 3.0.3 条规定； α——纵向力偏心影响系数，$\alpha=\frac{1-\left(\frac{e_0}{y}\right)^m}{1+\left(\frac{e_0}{r_m}\right)^2}$

续上表

项目	计算公式	符号含义
纵向稳定性验算	2. 钢筋混凝土拱圈 按钢筋混凝土轴心受压构件验算。 当主拱换算直杆的长细比大于规范规定的数值时，可按临界力验算稳定： $K_1 = \frac{N_L}{N_j} \geqslant 4 \sim 5$ (14-133) 对变截面拱，可近似采用1/4截面惯性矩来计算临界力	e_0——纵向力偏心距； y——截面或换算截面重心到偏心方向截面边缘的距离； r_m——在弯曲平面内截面或换算截面的回转半径； m——截面形状系数，对矩形截面取2.5；对T型或双曲拱截面取3.5；对箱形截面或矩形截面取8； A——主拱截面面积或换算截面面积； R_a^j——材料的抗压极限强度； γ_m——材料安全系数，按表14-26取用； K_1——纵向稳定安全系数； N_L——拱丧失纵向稳定的平均纵向力（临界平均轴向力），$N_L = \frac{H_L}{\cos\varphi_m}$； H_L——临界水平推力，$H_L = k_1 \frac{EI_x}{l^2}$； E——主拱弹性模量； I_x——主拱截面对水平主轴的惯性矩； k_1——临界推力系数，与拱的支承条件及矢跨比有关，对等截面悬链线拱在均布荷载作用下的值可查表14-25
横向稳定性验算	$K_2 = \frac{N'_L}{N_j} \geqslant 4 \sim 5$ (14-134) 1. 单肋合龙 单肋合龙可近似按矩形等截面抛物线双铰拱，在竖向均布荷载作用下的横向稳定公式来计算临界轴向力： $N'_L = \frac{H'_L}{\cos\varphi_m}$ (14-135) 临界推力：$H'_L = k_2 \frac{EI_y}{8fL}$ (14-136) 2. 双肋合龙 通常将拱展开成一个与拱肋等长的平面框架，按组合压杆计算其稳定，临界轴向力按下式计算： $N'_L = \frac{\pi^2 E_a I_y}{L_0^2}$ (14-137) 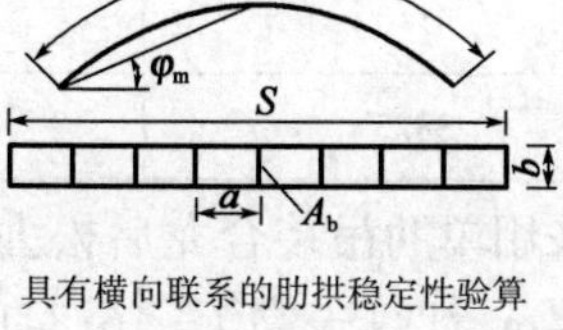 具有横向联系的肋拱稳定性验算	K_2——横向稳定系数； N'_L——拱丧失横向稳定时的临界轴向力； N_j——计算平均轴向力； I_y——拱截面对其自身竖直轴的惯性矩； k_2——临界荷载系数，与f/l和λ有关，可查表14-27； λ——截面抗弯刚度与抗扭刚度之比，$\lambda = \frac{EI_y}{GI_k}$； G——剪切弹性模量，$G = 0.43E$； I_k——扭转惯性矩； E_a——拱肋弹性模量； L_0——组合压杆长度，$L_0 = \rho\alpha S$； α——横向计算长度系数，无铰拱为0.5，双铰拱为1.0； ρ——考虑剪力对稳定影响的系数； A_b——横撑的截面积； a——肋拱横系梁（或夹木）的间距； b——两拱肋中距，即横撑的计算长度

续上表

项目	计算公式	符号含义
横向稳定性验算	$\rho = \sqrt{1 + \frac{\pi^2 E_a I_y}{(aS)^2}\left(\frac{ab}{12E_b I_b} + \frac{a^2}{24E_a I_a} \cdot \frac{1}{1-\beta} + \frac{na}{bA_b G}\right)}$ (14-138)	I_a、I_b——分别为一个拱肋和一个横撑(或夹木)对自身竖直轴的惯性矩; E_b——为横撑(或)夹木的弹性模量; β——考虑节间稳定的系数,与临界力有关,只能采用试算法求解,当设有足够数量的横撑时,可忽略不计; n——与横撑截面形状有关的系数,矩形截面为1.2,圆形截面为1.11

等截面悬链线拱临界推力系数 K_1 值 表14-25

支承条件 \ f/l	0.1	0.2	0.3	0.4	0.5
无铰拱	74.2	63.5	51.0	33.7	25.0
两铰拱	36.0	28.5	19.0	12.9	8.5

材料或砌体 γ_m 值 表14-26

砌体种类	受力情况	
	受压	受弯、受拉和受剪
石料	1.85	2.31
片石砌体 片石混凝土砌体	2.31	2.31
块石砌体 粗料石砌体 混凝土预制砌体 砖砌体	1.92	2.31
混凝土	1.54	2.31

等截面抛物线双铰拱横向稳定临界荷载系数 k_2 表14-27

f/l \ λ	0.7	1.0	2.0
0.1	28.5	28.5	28.0
0.2	41.5	41.0	40.0
0.3	40.0	38.5	36.5

例14-5 某净跨100m钢筋混凝土拱桥,准备采用单肋吊装合龙后松去扣索,试验算在此状态下的纵横向稳定性。已知计算跨径 $l = 101.044\text{m}$,计算矢高 $f = 16.841\text{m}$,拱轴系数 $m = 3.5$,矢跨比1/6,单肋拱圈横截面面积 $A = 0.804\text{m}^2$,对水平轴惯性矩 $I = 0.263\text{m}^4$,对自身竖直

轴的惯性矩 $I_y=0.088\text{m}^4$，扭转惯矩，$I_k=0.340\text{m}^4$，主拱圈换算重度 $\gamma=28.7\text{kN/m}^3$，主拱拱轴弧长 $S=109\text{m}$，弹性模量 $E=3.3\times10^4\text{MPa}$。

解 1. 纵向稳定验算

(1)计算拱箱平均轴向力 N_j

拱圈恒载内力 H_g 可按式(14-129)计算，$H_g=\dfrac{A\gamma L^2}{4(1+\mu)f}V_2$，则有：

回转半径 $r=\sqrt{\dfrac{I}{A}}=\sqrt{\dfrac{0.263}{0.804}}=0.572$，查《公路设计手册·拱桥》上册表(III)-11，得：

$$\mu=[\text{表值}]\times\left(\frac{r}{f}\right)^2=9.88682\times\left(\frac{0.572}{16.841}\right)^2=0.0114$$

查《公路设计手册·拱桥》上册表(III)-16 得：$V_2=0.53018$，则有：

$$H_g=\frac{A\gamma L^2}{4(1+\mu)f}V_2=\frac{0.804\times28.7\times101.044^2}{4(1+0.0114)16.841}\times0.53018=1833.3\text{kN}$$

拱箱平均轴向力：$N_j=\dfrac{H_g}{\cos\varphi_m}=\dfrac{1833.3}{0.949}=1931.8\text{kN}$，式中 φ_m 值为：

$$\varphi_m=\frac{1}{\sqrt{1+4\left(\dfrac{f}{l}\right)^2}}=\frac{1}{\sqrt{1+4\left(\dfrac{16.841}{101.044}\right)^2}}=0.949$$

(2)计算拱丧失纵向稳定的平均纵向力 N_L

临界水平推力 $H_L=k_1\dfrac{EI_x}{l^2}$，k_1 查表 14-23，本桥矢跨比为 1/6，采用内插法，计算得 $k_1=67.0$。

故

$$H_L=k_1\frac{EI_x}{l^2}=67.0\times\frac{3.3\times10^7\times0.263}{101.044^2}=56954\text{kN}$$

$$N_L=\frac{H_L}{\cos\varphi_m}=\frac{56954}{0.949}=60015\text{kN}$$

(3)计算纵向稳定系数 k_1

代入式(14-133)得：$K_1=\dfrac{N_L}{N_j}=\dfrac{60015}{1931.8}=31\geqslant4\sim5$

2. 横向稳定验算

(1)计算临界轴向力 N'_L

$$\lambda=\frac{EI_y}{GI_k}=\frac{E\times0.088}{0.43E\times0.34}=0.602$$

由 λ 和 f/l，查表 14-25 得：$k_2=37.17$。

临界推力：$H'_L=k_2\dfrac{EI_y}{8fL}=37.17\times\dfrac{3.3\times10^7\times0.088}{8\times16.841\times101.044}=7928\text{kN}$

将上述结果代入式(14-135)，$N'_L=\dfrac{H'_L}{\cos\varphi_m}=\dfrac{7928}{0.949}=8354\text{kN}$

(2)计算横向稳定系数

代入公式(14-134)，得横向稳定系数 $K_2=\dfrac{N'_L}{N_j}=\dfrac{8354}{1931.8}=4.32>4$

计算结果表明，拱箱合龙后可松索，但计算中没有考虑风的影响，实际验算时应按具体情况确定。

第15章　桥梁架设安装计算

1　架设工具设备计算

1.1　吊索计算

吊索又称为吊绳、绳套、拴绑绳、千斤绳等，分为麻绳、钢丝绳和链条制成等三种。

1.1.1　吊索内力计算

梁、板起吊吊索内力计算　　表 15-1

项目	计算方法及公式	符号意义
吊索的内力	梁、板起吊吊索的内力，根据所起吊构件的重力、吊索的根数和吊索与水平面的夹角大小等，一般可按下式计算： 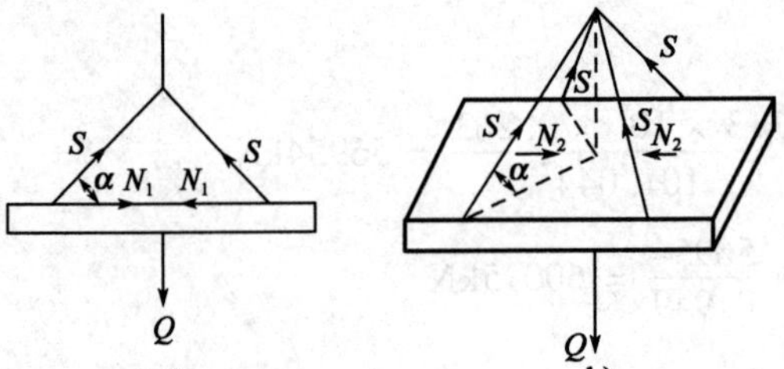 a)　b) 构件吊装吊索内力计算简图 a）双支吊索起吊；b）四支吊索起吊 $S=\frac{Q}{n}\cdot\frac{1}{\sin\alpha}\leqslant\frac{S_b}{K}$　(15-1)	S——一根吊索所承受的内力； Q——所吊构件的重力； n——吊索的支（根）数； α——吊索与水平面的夹角，一般为 45° ~ 60°，最小不小于 30°； S_b——钢丝绳的破断拉力总和，kN，可由钢丝绳规格及荷重性能表查得，也可近似地按 $S_b=0.5d^2$ 计算； d——钢丝绳直径； K——安全系数，一般取 6 ~ 10； N_1——双支起吊吊索对构件的水平压力； N_2——四支起吊吊索对构件的水平压力； β——四支起吊吊索水平面投影的交角
起吊构件的压力	双支、四支起吊对构件的水平压力按下式计算： $N_1 = S\cos\alpha$　(15-2) $N_2 = 2S\cos\alpha\cdot\cos\frac{\beta}{2}$　(15-3) 采用单支吊索起吊，吊索的内力等于构件的重力，采用两支或四支吊索绑扎，吊索在不同水平夹角时的内力值，也可从表 15-2 查得。 根据求得的 S 值进行吊索直径的选择，或从表 15-2 所列的数值选择需要的吊索。钢丝绳直径的选择可参考表 15-3	

吊索在不同水平夹角的内力系数 表 15-2

吊索与构件的水平夹角 α	双支起吊		四支起吊吊索拉力 S
	吊索拉力 S	对构件的水平压力 N_1	
25°	1.18	1.07	0.59
30°	1.00	0.87	0.50
35°	0.87	0.71	0.44
40°	0.78	0.6	0.39
45°	0.71	0.5	0.35
50°	0.65	0.42	0.33
55°	0.61	0.35	0.31
60°	0.58	0.29	0.29
65°	0.56	0.24	0.28
70°	0.53	0.18	0.27
75°	0.52	0.13	0.26
90°	0.5		0.25

例 15-1 预制梁重力为 100kN，采用双支吊索起吊，当吊索与构件水平夹角为 60°、45°时，求每根吊索受力大小及对构件的水平压力。

解 已知 $Q=100\text{kN}$，$n=2$，代入式(15-1)及式(15-2)得：

1. 当 $\alpha=60°$ 时

$$S=\frac{100}{2\sin60°}=57.73\text{kN}$$

$$N_1=57.73\cos60°=28.87\text{kN}$$

如查表 15-2，则有：

$$S=100\times0.58=58\text{kN}$$

$$N_1=100\times0.29=29\text{kN}$$

2. 当 $\alpha=45°$ 时

$$S=\frac{100}{2\sin45°}=70.71\text{kN}$$

$$N_1=70.71\cos45°=50.0\text{kN}$$

如查表 15-2，则有：

$$S=100\times0.71=71\text{kN}$$

$$N_1=100\times0.50=50\text{kN}$$

钢丝绳直径选择 表 15-3

起吊物质量(t)	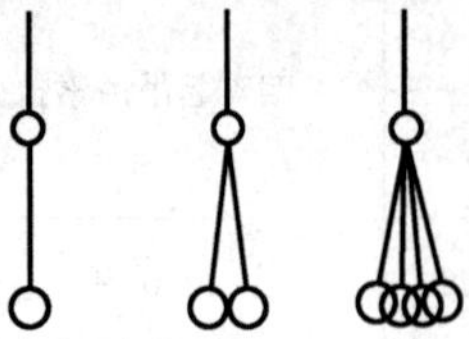			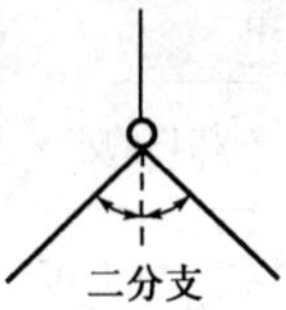 二分支			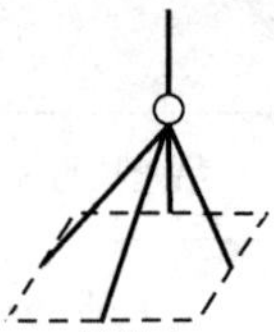 四分支			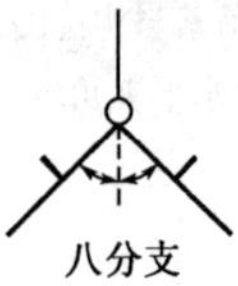 八分支		
	分支数			垂直偏角 θ			垂直偏角 θ			垂直偏角 θ		
	1	2	4	30°	45°	60°	30°	45°	60°	30°	45°	60°
	选用钢丝绳的直径(mm)											
1	15.5	11	11	13	13	15.5	11	11	11	11	11	11
2	21.5	15.5	11	17.5	19.5	21.5	13	13	15.5	11	11	11
3	26	19.5	13	19.5	21.5	26	15.5	15.5	19.5	11	11	13
4	30	21.5	15.5	24	26	30	17.5	19.5	21.5	13	13	15.5
5	34.5	24	17.5	26	28	34.5	19.5	19.5	24	13	15.5	17.5
6	36.5	26	19.5	28	30	36.5	19.5	21.5	26	15.5	15.5	19.5
7	43	28	19.5	30	34.5	43	21.5	24	28	15.5	17.5	19.5
8	43	30	21.5	32.5	36.5	43	24	26	30	17.5	17.5	21.5
9	47.5	32.5	24	34.5	39	47.5	24	28	32.5	17.5	19.5	24
10	47.5	34.5	24	36.5	43	47.5	26	28	34.5	19.5	21.5	24
15	50	40	30	39	52	60.5	32.5	34.5	43	24	26	30
20		47.5	34.5	47.5	56		36.5	43	47.5	26	28	34.5

注:本表按式(15-1)计算,钢丝绳用附录三所列 6×37 规格的,公称抗拉强度选用 1550MPa 的,安全系数用 10。本表中 θ 角为垂直偏角。

1.1.2 吊索容许拉力计算

钢丝绳、麻绳容许拉力计算 表 15-4

项目	计算方法及公式	符号意义
钢丝绳容许拉力	钢丝绳的容许拉力(安全荷载)按下式计算: $$S = \frac{S_b}{K_1} \quad (15\text{-}4)$$ 其中:$S_b = \alpha P_g$ P_g 可从附录三查得,如无表时,可近似地按下式计算: $$P_g = 0.5d^2 \quad (15\text{-}5)$$	S——钢丝绳的容许拉力,kN; S_b——钢丝绳的破断拉力,kN; P_g——钢丝绳的破断拉力总和,kN; α——考虑钢丝绳之间荷载不均匀系数,对 6×19、6×37、6×61 钢丝绳,α 分别取 0.85、0.82、0.80; K_1——钢丝绳使用安全系数,按表 15-6 取用; d——钢丝绳的直径,mm;
麻绳容许拉力	麻绳的容许拉力,按下式计算: $$S_0 = \frac{S_z}{K_2} \quad (15\text{-}6)$$	S_0——麻绳的容许拉力,kN; S_z——麻绳的破断拉力,kN,常用白棕绳的破断拉力见表 15-7;旧绳取新绳的 40% ~50%; K_2——麻绳的安全系数,按表 15-8 取用

有机纤维绳起吊重物所需绳直径 d 近似计算 表 15-5

项目	计算方法及公式	符号意义
有机纤维绳直径 d	有机纤维绳如无出厂说明书，但知道起吊物质量，可按下式求所需直径 d： $$d=\sqrt{\frac{4W}{\pi S}}=1.14\sqrt{\frac{W}{S}} \quad (15\text{-}7)$$ $$S=\frac{P}{K} \quad (15\text{-}8)$$ 破断拉力 P，印尼棕绳平均 50MPa，白棕绳和混合绳 40MPa，线麻绳 50MPa，旗鱼牌白棕绳直径小于 25mm 的 40MPa，直径大于 29mm 的 30MPa，浸油的绳按上述数值降低 10%	W——起吊物重力，N； d——绳直径，mm； S——绳索容许拉力，MPa； P——绳的破断拉力，一般应根据工厂证明书或根据拉力试验确定； K——安全系数，其值可参照表 15-8 采用

钢丝绳安全系数及需用滑车直径 表 15-6

钢丝绳的用途	安全系数 K_1	滑车直径
缆风绳及拖拉绳	3.5	≥12d
用于滑车时(手动的)	4.5	≥16d
用于滑车时(机动的)	5~6	≥16d
作吊索(无绕曲时)	5~7	—
作吊索(有绕曲时)	6~8	≥20d
作地锚绳	5~6	—
作捆绑吊索	8~10	—
用于载人升降机	14	≥30d

注：d 为钢丝绳直径。

国产旗鱼牌白棕绳破断拉力 表 15-7

麻绳直径 d		每卷(220m)质量(kg)	破断拉力(kN)	容许拉力(kN)			应用滑车最小直径 $D>10d$(mm)
(mm)	(in)			$K=6$	$K=5$	$K=3$	
6	1/4	6.5	2.00	0.33	0.40	0.67	100
8	5/16	10.5	3.25	0.54	0.65	1.03	100
11	7/16	17.0	5.75	0.96	1.15	1.91	150
13	1/2	23.5	8.00	1.33	1.60	2.66	150
14	9/16	32.0	9.50	1.58	1.90	3.17	150
16	5/8	41.0	11.50	1.92	2.30	3.83	200

续上表

麻绳直径 d		每卷(220m)质量(kg)	破断拉力(kN)	容许拉力(kN)			应用滑车最小直径 $D>10d$(mm)
(mm)	(in)			$K=6$	$K=5$	$K=3$	
19	3/4	52.5	13.00	2.17	2.60	4.33	200
20	13/16	60.0	16.00	2.67	3.20	5.33	200
22	7/8	70.0	18.50	3.03	3.70	6.17	220
25	1	90.0	24.00	4.00	4.50	8.00	250
29	9/8	120.0	26.00	4.33	5.20	8.67	290
33	21/16	165.0	29.00	4.83	5.80	9.67	330
38	3/2	200.0	35.00	5.83	7.00	11.67	380
41	13/8	250.0	37.50	6.25	7.50	12.50	410
44	7/4	290.0	45.00	7.50	9.00	15.00	440
51	2	330.0	60.00	10.00	12.00	20.00	510
57	9/4	450.0	65.00	10.33	13.00	21.67	570
63	5/2	500.0	70.00	11.66	14.00	23.33	630

注：①当使用麻绳于手动机构时，卷筒或滑轮的直径应不小于麻绳直径的10倍；

②旧麻绳的起重能力按其破旧程度，可为新麻绳拉力的40% ~ 60%，受潮绳强度仍应相对降低，断丝绳禁止使用；

③旧麻绳用于吊起重要构件时，须经过超载试验以确保安全；

④麻绳应防止在尖锐的铁件或沿地(具有砂、石屑等颗粒之类)拖跑拉毛、损耗；

⑤麻绳中有绳结时，不要穿过滑车等狭小处，以防麻绳纤维被切断而影响麻绳强度。

麻绳安全系数 表15-8

麻绳的用途	使用程度	安全系数 K_2
一般吊装	新绳	3
	旧绳	6
作缆风绳	新绳	6
	旧绳	12
作捆绑吊索或重要的起重吊装		8 ~ 10

例15-2 起吊构件采用6×19、直径为15.5mm的钢丝绳，钢丝强度极限为1400MPa的钢丝绳作起重滑车组的起重绳，用卷扬机牵引，求该绳的容许拉力。

解 由附录三查得6×19、直径为15.5mm的钢丝绳的钢丝破断拉力总和 $P_g=125.0\text{kN}$，又由表15-4取不均匀系数 $\alpha=0.85$，查表15-6取安全系数 $K_1=5.5$，则钢丝绳的容许拉力为：

$$S=\frac{\alpha P_g}{K_1}=\frac{0.85\times125}{5.5}=19.32\text{kN}\approx19\text{kN}$$

当没有钢丝绳技术性能表时，钢丝绳的破断拉力，可由下式近似计算：

$$P_g=0.5\times15.5^2=120.13\text{kN}$$

$$S=\frac{0.85\times120.13}{5.5}=18.57\text{kN}\approx19\text{kN}$$

例15-3 从白棕绳规格表15-7内查直径为20mm的白棕绳破断拉力是16000N，用作重要吊装起吊重力为1500N的构件，是否安全？

解 由式(15-6)，再查表15-8，取 $K_2=10$，得：

$$S_0=\frac{S_Z}{K_2}=\frac{16000}{10}=1600\text{N}>1500\text{N}\quad(\text{安全})$$

1.1.3 链条计算

链条容许荷载计算 表 15-9

项目	计算方法及公式	符号意义
链条容许荷载	起重用的链条分环链和板片关节链两种，其规格分别见表 15-11 和表 15-13。 准确计算链条的应力甚为困难，一般取简单拉伸的近似算法计算其容许荷载，按下式计算： $$Q = A \cdot \sigma \quad (15\text{-}9)$$	Q——链条的容许荷载，N； A——链条环或板片的断面积，cm^2；如为圆环条时，$A = 1/2\pi d^2$，其中 d 为环条直径； σ——钢材容许拉应力，其值可按表 15-10 取用

链条钢材容许拉应力 表 15-10

使用条件		σ(kPa)
手动	光面轮上	63700
	有链槽轮上	40000
机动	光面轮上	31800
	有链槽轮上	25500

注：表列 σ 值已考虑到链环的静不定性质和实用时链条绕过滑轮或卷筒所产生的绕曲。

标准焊接环链条规格 表 15-11

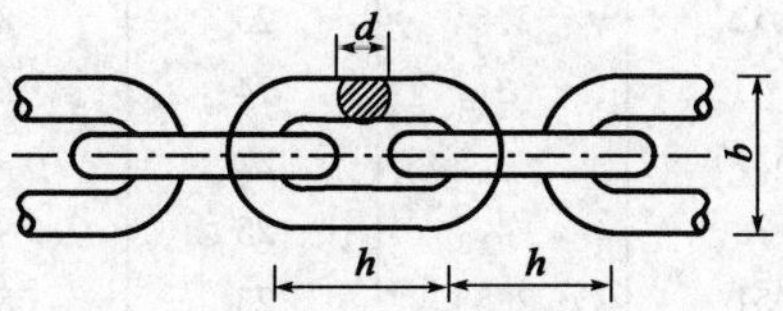

链环尺寸(mm)			破断荷载 (kN)	理论质量 (kg/m)	链环尺寸(mm)			破断荷载 (kN)	理论质量 (kg/m)
环条直径 d	节距 h	链宽 b			环条直径 d	节距 h	链宽 b		
5	19	17	6.4	0.5	23	64	76	210	11.4
6	19	21	1.0	0.8	26	72	84	266	14.51
7	21	24	16.0	1.05	28	78	91	312	16.94
8	23	27	24.0	1.4	30	84	98	356	19.35
9	27	32	3.1	1.76	32	91	104	410	21.9
11	31	36	46.0	2.58	35	98	114	464	26.4
13	36	43	6.6	3.7	38	106	123	548	31.1
16	44	53	10.2	5.6	40	114	133	606	35.8
18	50	58	12.8	6.94	44	123	148	752	42.3
20	56	66	16.0	8.76	48	134	151	872	46.5

注：标准焊接环链的容许荷载为表中的破断荷载除以表 15-12 所列的安全系数。

标准焊接环链的容许荷载安全系数 表 15-12

种　　类	使用方法	滑轮或卷筒直径(mm)	安全系数
绕过光面滑轮或卷筒的普通或精制链	手动	≥20d	2
	机动	≥30d	6
绕过有链槽滑轮的精制链	手动	≥20d	4.5
	机动	≥30d	8

板片关节链规格 表 15-13

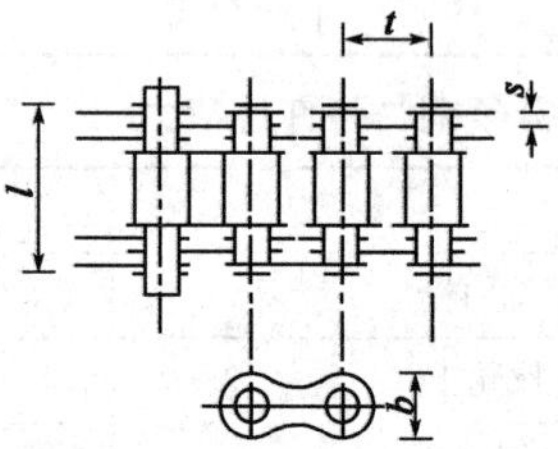

编　号	制造材料	各部尺寸(mm)				每链节中链板片数	破坏荷载(N)	质量(kg/m)
		t	l	s	b			
2201	45	25	30	3	22	3~4	70000	3.7
2202	45	A25	37	3	24	4~5	123000	4.5
2203	45	B25	52	2.5	23	8	135000	6
2204	45	C25	43	3	24	6	150000	6.2
2205	40Cr	30	62.5	4	22	6~7	250000	6.8
2206	45	35	38	4	28	3~4	130000	5
2207	40Cr	D25	51	2.5	23	8	150000	7
2208	45	25.4	39	3.2	21	4~5	25000	4.5
2209	45	27	33	4.5	24	2~3	72000	3.7
2210	40CrNi	A30	63.8	6.3	22	4~5		
2211	40Cr	B30	62.5	4	22	6~7	220000	6.8
2212	合金钢	80	170/160	14	140/76	5	350000	76
2213	45、40Cr	150	192	20	180/120	4~5	500000	137
2214	40Cr	152	240	10	260/120	10~11		197

1.2　拴吊用具计算

1.2.1　卡环计算

卡环计算 表 15-14

项目	计算方法及公式	符号意义
查表法	卡环,又称卸甲,是吊索与构件联系的常用工具,常用卡环的主要规格和安全荷重可查表 15-15 取用	Q_b——卡环的安全荷重,N; d_1——卡环横销直径,mm
近似计算方法	在施工现场作业中,卡环的安全荷重可根据卡环的横销直径按下式近似估算: $Q_b = 40d_1^2$　　(15-10)	

卡环技术规格及安全荷重 表 15-15

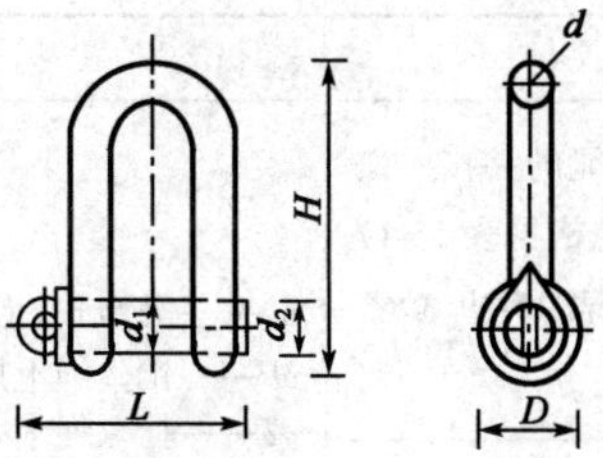

型号 (GD)	安全荷重 (N)	D	H	L	d	d_1	d_2	质 量 (kg)
		(mm)						
0.2	2450	16	49	34	6	8.5	8	0.04
0.4	3920	20	63	44	8	10.5	10	0.09
0.6	5880	24	72	53	10	12.5	12	0.16
0.9	8820	30	87	64	12	16.5	16	0.30
1.2	12250	35	102	73	14	18.5	18	0.46
1.7	17150	40	116	83	16	21	20	0.69
2.1	20580	45	132	98	20	25	22	1.00
2.7	26950	50	147	100	22	29	27	0.54
3.5	34300	60	164	122	24	33	30	2.20
4.5	44100	68	182	137	28	37	39	3.21
6.0	58800	75	200	158	32	41	39	4.57
7.5	73500	80	226	175	36	46	42	6.20
9.5	93100	90	255	193	40	51	48	8.63
11.0	107800	100	285	216	45	56	52	12.03
14.0	137200	110	318	236	48	59	56	15.58
17.5	171500	120	345	254	50	66	64	19.35
21.0	205800	130	375	288	60	71	68	27.83

例 15-4 已知卡环的销子直径为 21mm,求其安全荷重。

解 由式(15-10)得:

$$Q_b = 40d_1^2 = 40 \times 21^2 = 17640N$$

查表 15-15 得卡环安全荷重为 17150N,与计算近似。

1.2.2 绳卡计算

绳卡数量计算　　表 15-16

项目	计算方法及公式	符号意义
查表法	绳卡,又称夹头或轧头,用于固定钢丝绳的夹接。按结构形式分为马鞍式、抱合式、骑马式,规格见表 15-17 和表 15-18。钢丝绳卡数量和间距可按表 15-19 参考使用	n_1——马鞍式、抱合式绳卡需用数量,个; P——钢丝绳上所受综合计算荷载,kN; T——拴紧绳卡螺母时,螺栓所受的力,N,可从表 15-20 查得; f_1——钢丝绳与钢丝绳的摩擦系数,$f_1=0.4$; f_2——钢丝绳与绳卡夹箍的摩擦系数,$f_2=0.2$; n_2——骑马式绳卡需用数量; K——折减系数,取 $K=3$
计算法	1. 马鞍式、抱合式绳卡数量,可按下式计算: $n_1=\dfrac{P}{2T(f_1-f_2)K}=1.667\dfrac{P}{2T}$　(15-11) 2. 骑马式绳卡数量,设钢丝绳与钢丝绳间的摩擦系数近似为零,则其可按下式计算: $n_2=\dfrac{P}{2Tf_2}=2.5\dfrac{P}{T}$　(15-12)	

骑马式钢丝绳卡子规格　　表 15-17

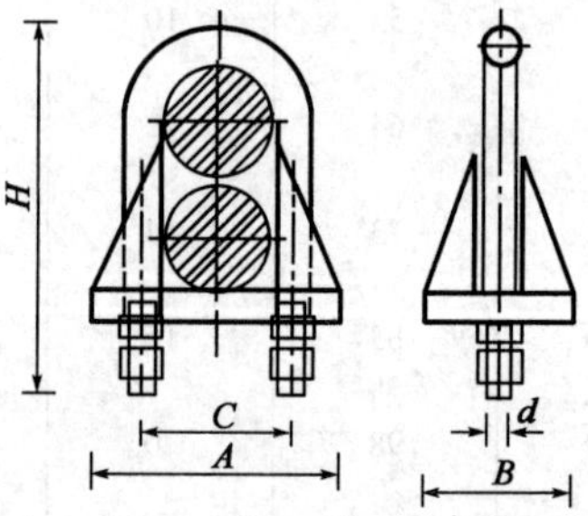

型号	钢丝绳直径 D (mm)	主要尺寸 (mm)					质量 (kg)
		A	B	C	H	d	
Y1-6	6.5	28	21	14	35	M6	0.022
Y2-8	8.8	36	27	18	44	M8	0.050
Y3-10	11	43	33	22	55	M10	0.092
Y4-12	13	53	40	28	69	M12	0.0156
Y5-15	15.0、17.5	61	48	33	83	M14	0.310
Y6-20	20	71	55.5	39	96	M16	0.50
Y7-22	21.5、23.5	80	63	44	108	M18	0.68
Y8-25	26	87	70.5	49	122	M20	0.92
Y9-28	28.5、31.0	97	78.5	55	137	M22	1.37
Y10-32	32.5、34.5	105	85.5	60	149	M24	1.68
Y11-40	37.0、39.5	112	94	67	164	M25	2.52
Y12-45	43.5、47.5	128	107	78	188	M27	3.65
Y13-50	52	143	119	88	210	M30	5.0

注:骑马式绳夹,又称臼齿式夹头。

马鞍式绳夹(轧头)规格　　表 15-18

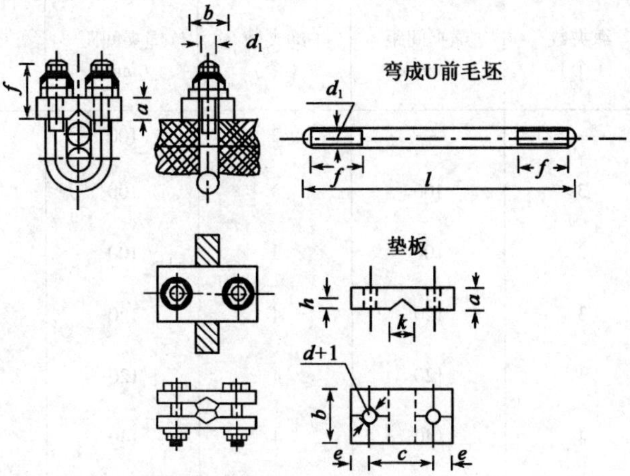

马鞍式绳夹主要规格

钢丝绳直径 (mm)	各部尺寸(mm)								
	a	*b*	*c*	d_1	*e*	*f*	*k*	*l*	*h*
12.5	12	34	24	10	15	25	8	122	2
15.5	14	40	31	13	17.5	30	10	157	2
17.5	16	45	35	16	20	38	10	185	3
19.5	16	52	37	16	21.5	38	10	198	3
21.5	16	52	40	16	22	38	12	203	3
24	20	60	44	20	24	42	12	229	4
28	22	60	49	20	25.5	44	15	249	5
34.5	24	70	58	22	26	46	20	291	6
37	24	80	63	27	28.5	50	23	310	8

注:马鞍式绳夹又称 U 形绳夹。

绳夹的使用和间距　　表 15-19

项目	简　图	说　明
绳夹安装	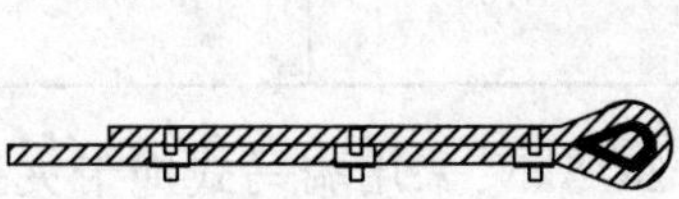	绳夹要一顺排列并旋紧,一般旋紧到绳被压扁 1/4 ~ 1/3 直径时止,受力后再旋紧一次。
留安全弯	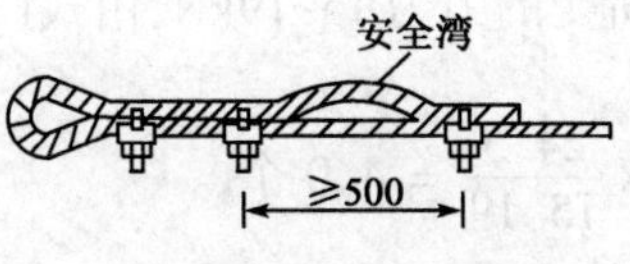 (当绳夹有松动,安全弯将被首先拉直)	规定夹头之外,加一个保安绳夹,并留"安全弯",以利检查

续上表

钢丝绳直径(mm)	常用绳夹数量和间距					
	马鞍式		抱合式		骑马式	
	绳夹数(个)	绳夹间距(mm)	绳夹数(个)	绳夹间距(mm)	绳夹数(个)	绳夹间距(mm)
8	—	—	2	100	—	—
13	3	100	3	100	3	120
15	3	100	3	100	3	120
17.5	3	120	4	120	3	150
19.5	4	120	4	120	4	150
21.5	4	140	4	140	4	150
24	5	150	5	150	4	200
28	5	180	5	180	4	200
34.5	7	230	—	—	5	250
37	8	250	—	—	5	300
39	—	—	—	—	5	300
42	—	—	—	—	6	300

注：卡子的间距不得小于钢丝绳直径的 6 倍，绳卡压头应在钢丝绳长头的一边。

拴紧绳卡螺母时，螺栓受的力 表 15-20

螺栓直径(mm)	螺纹外的断面计算面积(cm^2)	螺栓上所受的力(N)	螺栓直径(mm)	螺纹外的断面计算面积(cm^2)	螺栓上所受的力(N)
9.5	0.44	3920	22.2	2.72	34300
12.7	0.78	7350	25.4	3.57	45080
15.8	1.31	15190	28.4	4.49	56840
19.0	1.96	24500	31.8	5.77	73500

例 15-5 已知钢丝绳所受综合计算荷载为 24.5kN，采用骑马式绳卡夹接，用 Φ15.8mm 螺栓紧固，试求需用绳卡数量。

解 由表 15-20 知拴紧绳卡螺母时，螺栓上所受的力为 15.19kN，由式(15-12)得：

$$n_2 = 2.5\frac{P}{T} = 2.5 \times \frac{24.5}{15.19} = 4.0 \text{ 个}$$

故知需用绳卡 4 个。

1.3 滑车与滑车组计算

1.3.1 滑车计算

滑车安全起重力计算　表 15-21

项目	计算方法及公式	符号意义
查表法	滑车是吊装作业中一种简易起重工具。滑车安全起重力,根据滑轮和轴的直径确定,一般标在滑车夹套的铭牌上。常用起重滑车规格及安全荷重性能见表 15-22,起重力按表规定使用	F——滑车安全起重力,N; D——滑车的滑轮直径,mm
近似计算方法	对起重力不明的滑车,应根据轮轴的剪应力及支承应力来估算,轮轴的容许抗剪强度按 70MPa 采用;套板支承面容许抗压强度按 110MPa 采用,取其计算最低值作为安全起重力或按下式近似计算: $F = \frac{D^2}{2}$　(15-13)	

常用起重滑车规格及安全起重力　表 15-22

起重力(kN)	轮数	滑轮直径(mm)	主要轮廓尺寸(mm)				质量(kg)	钢丝绳直径(mm)
			A	*B*	*C*	*D*		
5	1	125	425	160	245	75	6	6.2
10	1	150	535	195	355	90	12	11.0
30	1	250	855	310	565	140	50	17.5
60	1	350	1070	420	715	160	90	21.5
100	1	450	1400	530	955	182	180	26.0
20	2	150	615	195	370	140	20	11.0
60	2	250	920	310	575	190	85	17.5
100	2	350	1230	420	775	270	200	19.5
30	3	150	690	195	405	170	40	11.0
100	3	250	1080	310	645	250	160	17.5
150	3	350	1345	420	820	300	280	21.5
200	3	450	1610	530	1010	380	470	25.0
250	3	450	1740	530	1045	380	550	26.0
200	4	350	1450	420	880	370	380	21.5
250	5	450	1648	530	1045	560	660	28.0

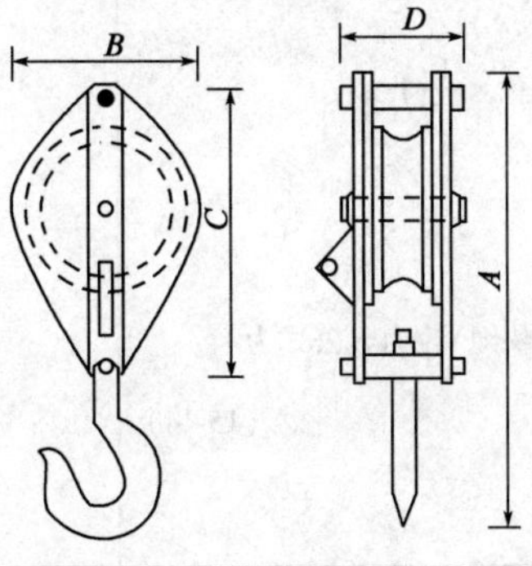

例 15-6 滑车滑轮直径为250mm，求单门滑车的安全起重力。

解 由式(15-13)得：

$$F = \frac{250^2}{2} = 31250\text{N} = 31\text{kN}$$

查表15-22知单轮滑车的安全起重力为30kN，与计算近似。

1.3.2 滑轮组计算

滑车组计算 表15-23

项目	计算方法及公式	符号意义
滑车组拉力计算法	滑车装成滑车组后，起重能力加大，并可以改变力的方向。滑车组受力如图a)所示： 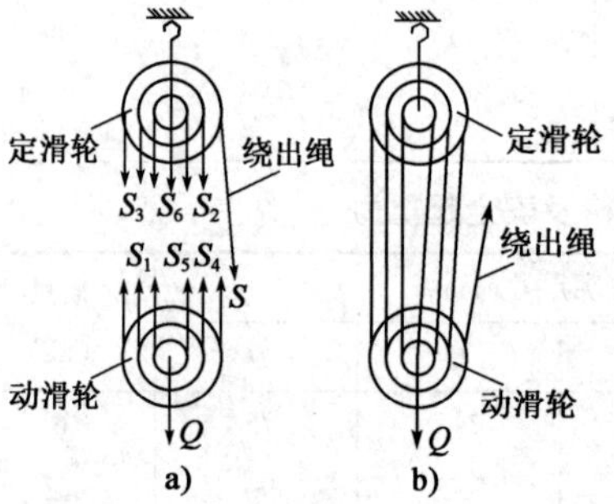 滑车组受力示意图 a)跑头从定滑车绕出的滑轮组；b)跑头从动滑车绕出的滑轮组 由图知，滑车组绕出绳拉力 S 略大于 S_1，而 S_1 又略大于 S_2…，根据试验结果有： $S_1 = \frac{S}{f}$； $S_2 = \frac{S_1}{f} = \frac{S}{f^2}$ $S_3 = \frac{S}{f^3}$ … $S_n = \frac{S}{f^n}$ 取动滑车与构件为隔离体，由静力平衡得： $Q = S_1 + S_2 + S_3 + \cdots + S_n$ $= S\left(\frac{1}{f} + \frac{1}{f^2} + \frac{1}{f^3} + \cdots + \frac{1}{f^n}\right)$ $= S(f^{n-1} + f^{n-2} + f^{n-3} + \cdots + 1)/f^n$ $= S\left[\frac{f^n - 1}{f^n(f-1)}\right]$ 于是得起重滑车组绕出绳(或称跑头、快绳)拉力 S 公式为： $S = \frac{f^n(f-1)}{f^n - 1} \cdot Q$ (15-14)	S——滑车组绕出绳头(跑头)的拉力，即滑车组拉力； S_1、S_2、S_3、…、S_n——各工作绳的拉力； f——单个滑车的转动阻力系数，对滚珠或滚柱轴承，f=1.02；对青铜衬套轴承，f=1.02；对青铜衬套轴承，f=1.04；对于无轴承的滑轮，f=1.06； Q——构件重力，kN； n——滑车组的工作绳数(即绕过动滑车上的绳索根数，亦即分支数)或叫走几，n=1～20的 f_n 值可由表15-24查得；

续上表

项目	计算方法及公式	符号意义
滑车组拉力计算法	如绳端有导向滑车,每经过一个导向滑车绳端拉力要增加一个 f 倍值,则(15-14)式变为: $$S=\frac{f^n(f-1)}{f^n-1}\cdot f^k\cdot Q \qquad (15\text{-}15)$$ 若绕出绳从动滑车绕出(图 b),则工作绳数比滑轮总数多 1,则: $$S=\frac{f^{n-1}(f-1)}{f^n-1}\cdot f^k\cdot Q \qquad (15\text{-}16)$$ 滑车组提升时,绕出绳头的拉力,也可利用表 15-25 中列出的系数 K_0 值,按下式计算: $$S=K_0\cdot Q \qquad (15\text{-}17)$$ 根据跑头拉力的大小,可以选择钢丝绳的直径和卷扬机的型号规格,反之,如果卷扬机的规格已知,也可用此表确定穿走几滑车组	k——导向滑车个数,若绕出绳由定滑轮绕出,则最后一个定滑车亦应按导向滑车计算,即实际导向滑车个数加 1;若绕出绳由动滑车绕出,则按实际导向滑车个数计算; K_0——荷载系数,由表 15-25 查得

阻力系数 f_n 数值表 表 15-24

n \ f	1.02	1.04	1.06	n \ f	1.02	1.04
0	1.00	1.000	1.000	11	1.243	1.539
1	1.020	1.040	1.060	12	1.268	1.601
2	1.040	1.082	1.124	13	1.294	1.665
3	1.061	1.125	1.191	14	1.319	1.732
4	1.082	1.170	1.262	15	1.346	1.801
5	1.104	1.217	1.338	16	1.373	1.873
6	1.126	1.265	1.419	17	1.400	1.948
7	1.149	1.316	1.504	18	1.428	2.026
8	1.172	1.369	1.594	19	1.457	2.107
9	1.195	1.423	1.689	20	1.486	2.191
10	1.219	1.480	1.791	21	1.516	2.279

计算滑车组快绳拉力的荷载系数 H_0 表 15-25

工作绳线数	滑轮个数(定、动滑轮之和)	导向滑车个数						
		0	1	2	3	4	5	6
1	0	1.000	1.040	1.082	1.125	1.170	1.217	1.265
2	1	0.507	0.527	0.549	0.571	0.594	0.617	0.642
3	2	0.346	0.360	0.375	0.390	0.405	0.421	0.438
4	3	0.265	0.276	0.287	0.298	0.310	0.323	0.335
5	4	0.215	0.225	0.234	0.243	0.253	0.263	0.274
6	5	0.187	0.191	0.199	0.207	0.215	0.224	0.330
7	6	0.160	0.165	0.173	0.180	0.184	0.195	0.203

续上表

工作绳线数	滑轮个数（定、动滑轮之和）	导向滑车个数						
		0	1	2	3	4	5	6
8	7	0.143	0.149	0.155	0.161	0.167	0.174	0.181
9	8	0.129	0.134	0.140	0.145	0.151	0.157	0.163
10	9	0.119	0.124	0.129	0.134	0.139	0.145	0.151
11	10	0.110	0.114	0.119	0.124	0.129	0.134	0.139
12	11	0.102	0.106	0.111	0.115	0.119	0.124	0.129
13	12	0.096	0.099	0.104	0.108	0.112	0.117	0.121
14	13	0.091	0.094	0.098	0.102	0.106	0.111	0.115
15	14	0.087	0.090	0.083	0.091	0.100	0.102	0.108
16	15	0.084	0.086	0.090	0.093	0.095	0.100	0.104

注：①表中数字乘构件重力，即为快绳（跑绳）的拉力，快绳的拉力除以钢丝绳的容许拉应力可得出钢丝绳所需直径；

②表中数字的倒数即为该滑车组的效率（省力倍数），以表中数字除钢丝绳的容许拉力即为该滑车组的最大起吊重力；

③表中 K_0 值是根据滑轮装置为青铜衬套条件计算的。

例 15-7 有一构件重 250kN，用走 6 滑车组起吊，滑车装在青铜套轴承上，绕出绳头由定滑车绕出，并经过 2 个导向滑车，求绕出绳的拉力 S。

解 已知 $n=6, f=1.04$，$k=2+1=3$，由式(15-15)得：

$$S = \frac{1.04^6 \times (1.04-1)}{1.04^6 - 1} \times 1.04^3 \times 250 = 52.3\text{kN}$$

或查表 15-25，$K_0=0.207$，那么有：

$$S = 0.207Q = 0.207 \times 250 = 51.75\text{kN}$$

由查表知，滑车组绕出绳的拉力为 51.75kN，与计算近似。

1.4 横吊梁（起重梁、扁担梁）计算

横吊梁计算 表 15-26

项目	计算方法及公式	符号意义
吊装梁、柱的横吊梁	重型构件吊装，为减少吊索的水平分力对构件的轴向压力，保持构件垂直平稳，常在吊索与构件之间设一工具式横吊梁。它用钢板或型钢制成（如图所示），长 0.6~1.0m，高由计算确定，多用于吊装重 10t 以下的柱子。一般按受弯构件计算，其计算方法是根据经验初步选择截面尺寸，再进行强度验算 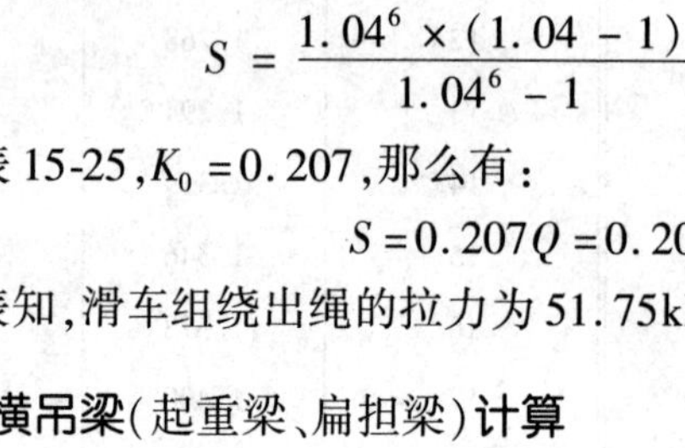 钢板横吊梁构造	M——钢板横吊梁弯矩； Q——构件重力； K——动力系数，取 $K=1.5$； l——两挂卡环孔间的距离； σ_1、σ_2——钢板横吊梁上、下部分的应力； W_1、W_2——分别为上、下两部分的截面抵抗矩，其值为： $W_1=\frac{I}{y_1}, W_2=\frac{I}{y_2}$ I——截面的惯性矩； y_1、y_2——分别为截面的重心轴到上、下边缘的距离

项目	计算方法及公式	符号意义
吊装梁、柱的横吊梁	1. 中部截面强度验算 $A-C$ 截面的弯矩 M 按下式计算： $$M=\frac{1}{4}KQl$$ 横吊梁为受弯构件，根据求出之 M，按下式验算强度： $$\sigma_1=\frac{M}{W_1}\leqslant f \qquad (15\text{-}18)$$ $$\sigma_2=\frac{M}{W_2}\leqslant f \qquad (15\text{-}19)$$ 求得 σ_1、σ_2，取其较大值作为验算值。 AB 截面剪应力按下式验算： $$\tau=\frac{KQ}{A_{AB}} \qquad (15\text{-}20)$$ 将以上计算求得的 σ、τ 值，再按强度理论公式验算强度： $$\sqrt{\sigma^2+3\tau^2}\leqslant[\sigma] \qquad (15\text{-}21)$$ 如满足，表示安全，否则应加强。 2. 吊钩孔壁局部承压验算 吊钩孔壁局部承压强度按下式计算： $$\sigma_{cd}=\frac{KQ}{b\cdot\sum d}\leqslant[\sigma_{cd}] \qquad (15\text{-}22)$$ 3. 卡环孔壁局部承压验算 $$\sigma_{cd}=\frac{KQ}{2b_i\cdot\sum d_i}\leqslant[\sigma_{cd}] \qquad (15\text{-}23)$$	f——横吊梁受弯强度设计值； A_{AB}——吊钩孔以上钢板 AB 截面面积； $[\sigma]$——钢材的容许应力，Q235 钢，取 $[\sigma]=140$MPa； σ_{cd}——吊钩孔壁局部压应力； b——吊钩的宽度； $\sum d$——孔壁钢板的总厚度； $[\sigma_{cd}]$——钢材局部承压强度容许应力，取 $0.9f$； b_i——卡环孔宽，等于卡环直径 d； $\sum d_i$——孔壁钢板总厚度； N——吊重对横吊梁的轴向压力； M_x、M_y——由横吊梁自重产生的跨中弯矩和侧向弯距； W_{lx}、W_{ly}——横吊梁、在水平和垂直方向的截面抵抗矩； Φ_x——在弯矩作用平面内的轴心受压构件稳定系数； A——横吊梁截面积； β_{mx}——弯矩作用平面内的等效弯矩系数； β_y——弯矩作用平面外的等效弯矩系数； N_{Ex}——欧拉临界力，$N_{Ex}=\frac{\pi^2EA}{\lambda_x^2}$； E——钢材的弹性模量； λ_x——横吊梁于 x 方向的长细比
吊装长大构件的横吊梁	吊装构件时，使用横吊梁可降低构件绑扎高度，减少吊绳对构件的横向压力。通常采用型钢制造，计算时除考虑由吊重及自重引起的轴向力弯矩外，还要考虑由于荷载偏心引起的弯矩，根据横吊梁受力情况可按双向受弯或双向压弯构件计算，横吊梁的整体稳定性可按下式核算： $$\frac{N}{\Phi_xA}+\frac{\beta_{mx}M_x}{W_{lx}\left(1-\Phi_x\frac{N}{N_{Ex}}\right)}+\frac{\beta_yM_y}{W_{ly}}\leqslant f \qquad (15\text{-}24)$$	

例 15-8 柱重力为 120kN，采用钢板式横吊梁绑扎吊装，横吊梁外形及主要尺寸如表图和图 15-1 所示，两挂卡环孔间的距离为 0.6m，用 Q235 号钢制成，试进行强度验算和孔壁局部承压验算。

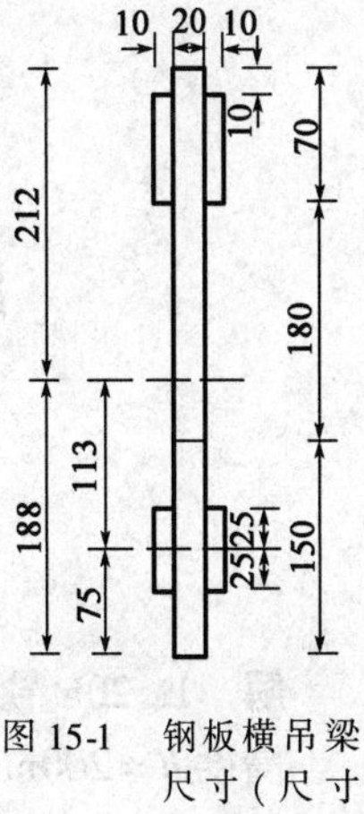

图 15-1 钢板横吊梁尺寸（尺寸单位：mm）

解 1. 对 $A-C$ 截面进行强度验算

$M=1/4KQl=0.25\times1.5\times120\times0.6=27\text{kN}\cdot\text{m}$

令主重心轴至受拉边缘的距离为 x，则有：

$$x=\frac{70\times20\times35+60\times20\times40+150\times20\times325+50\times20\times325}{70\times20+60\times20+150\times20+50\times20}=212\text{mm}$$

$$I=\left(\frac{1}{12}\times20\times150^3+20\times150\times113^2\right)+$$

$$\left(\frac{1}{12}\times20\times50^3+20\times50\times113^2\right)+$$

$$\left[\frac{1}{12}\times20\times70^3+20\times70\times(212-35)^2\right]+\left[\frac{1}{12}\times20\times60^3+20\times60\times(212-40)^2\right]$$

$$=137202400\text{mm}^4$$

$$W_1=\frac{I}{y_1}=\frac{137202400}{212}=647181.13\text{mm}^3$$

$$W_2=\frac{I}{y_2}=\frac{137202400}{188}=729800\text{mm}^3$$

$$\sigma_1=\frac{M}{W_1}=\frac{27\times10^6}{647181}=41.7\text{MPa}$$

$$\sigma_2=\frac{M}{W_2}=\frac{27\times10^6}{729800}=37\text{MPa}$$

$$\tau=\frac{KQ}{A_{AB}}=\frac{1.5\times120000}{70\times20+60\times20}=69.2\text{MPa}$$

故$\sqrt{\sigma^2+3\tau^2}=\sqrt{41.7^2+3\times69.2^2}=127\text{MPa}\leqslant[\sigma]=140\text{MPa}$　　（安全）

2.对吊钩孔壁进行局部承压验算

取吊钩宽度 $b=80\text{mm}$，则：

$$\sigma_{cd}=\frac{KQ}{b\cdot\sum d}=\frac{1.5\times120000}{80\times(20+20)}=56\text{MPa}\leqslant[\sigma_{cd}]=215\times0.9=193.5\text{MPa}$$

3.对卡环孔壁进行局部承压验算

验算方法同吊钩孔壁(略)。

例 15-9　一长构件重力为 120kN，用一根 7.5m 长横吊梁吊装，横吊梁由两根 20a 号槽钢组成，其主要尺寸如图 15-2 所示，钢材用 Q235 号，抗弯设计强度 $f=215\text{MPa}$，试核算其强度。

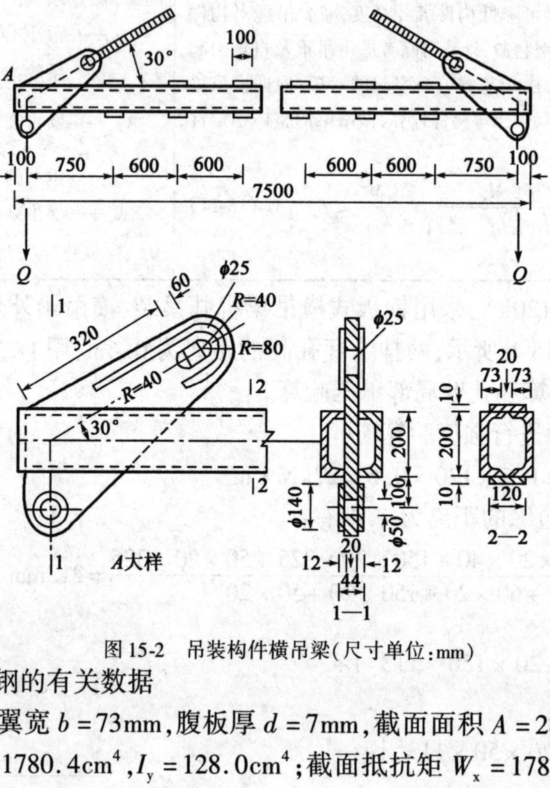

图 15-2　吊装构件横吊梁(尺寸单位:mm)

解　1. 20a 号槽钢的有关数据

高度 $h=200\text{mm}$，翼宽 $b=73\text{mm}$，腹板厚 $d=7\text{mm}$，截面面积 $A=28.83\text{cm}^2$，重力 $g=226.3\text{N/m}$；截面惯性矩 $I_x=1780.4\text{cm}^4$，$I_y=128.0\text{cm}^4$；截面抵抗矩 $W_x=178.0\text{cm}^3$，$W_y=24.2\text{cm}^3$；截

面回转半径 $i_x=7.86\text{cm}$，$i_y=2.11\text{cm}$，截面形心至腹板外侧的距离 $Z_0=2.01\text{cm}$。

横吊梁组合截面的截面面积、惯性矩及回转半径为：

$$A_{总}=2\times28.83=57.66\text{cm}^2$$

$$I_{x总}=2\times1780.4=3560.8\text{cm}^4$$

$$W_{x总}=2\times178.0=356.0\text{cm}^3$$

$$i_{x总}=\sqrt{\frac{I_{x总}}{A_{总}}}=\sqrt{\frac{3560.8}{57.66}}=7.86\text{cm}$$

$$I_{y总}=2\times\left[128+28.83\times\left(\frac{2.0}{2}+7.3-2.01\right)^2\right]=2537\text{cm}^4$$

$$W_{y总}=\frac{2537}{1.0+7.3}=306\text{cm}^3$$

$$i_{y总}=\sqrt{\frac{I_{y总}}{A_{总}}}=\sqrt{\frac{2537}{57.66}}=6.63\text{cm}$$

2. 横吊梁的长细比核算

$$\lambda_{x总}=\frac{l_0}{i_{x总}}=\frac{750}{7.86}=95.4<[\lambda]=150 \quad (满足)$$

$$\lambda_{y总}=\frac{l_0}{i_{y总}}=\frac{750}{6.63}=113$$

缀板间净距为50cm，则有：

$$\lambda_1=\frac{50}{i_y}=\frac{50}{2.11}=23.7<[\lambda]=40 \quad (满足)$$

$y-y$ 轴的核算长细比为：

$$\lambda_{hy}=\sqrt{(\lambda_{y总})^2+\lambda_1^2}=\sqrt{113^2+23.7^2}=115.5<[\lambda]=150 \quad (满足)$$

3. 横吊梁的内力计算（考虑附加动力系数1.2）

$$g_{总}=2g\times1.2=2\times226.3\times1.2=543\text{N/m}\approx0.55\text{N/mm}$$

由横吊梁自重产生的跨中弯矩为：

$$M_x=\frac{1}{8}g_{总}l_0^2=\frac{1}{8}\times0.55\times7500^2=3867187.5\text{N}\cdot\text{mm}$$

侧向弯矩：$M_y=\frac{1}{10}M_x=386718.75\text{N}\cdot\text{mm}$

吊重对横吊梁的轴向压力 N 为：

$$N=\frac{Q\times1.5}{\tan\alpha}=\frac{\frac{1}{2}\times120\times1.5}{\tan30^\circ}=156\text{kN}$$

4. 横吊梁的稳定性核算

(1)整体稳定性

因 $\lambda_{x总}=95.4$，查《钢结构设计规范》(GBJ 17—88)得 $\varphi_x=0.584$，$\beta_{ty}=1.0$，$\beta_{mx}=1.0$，

$$N_{Ex}=\frac{\pi^2\times206\times10^3\times5766}{95.4^2}=410010\text{N}$$

将上述数据带入公式(15-24)得：

$$\frac{156000}{0.584\times5766}+\frac{1\times386718.75}{356000\left(1-0.584\times\dfrac{156000}{410010}\right)}+\frac{1\times386718.75}{24200}$$

$$=46.3+14+16=76.3\text{MPa}<f=215\text{MPa}$$

(2)计算单肢稳定性

由于此横梁承受弯矩甚小,单肢肢长的长细比也很小,单肢稳定性验算从略。

5. 横吊梁端部吊环强度核算

(1)上吊环强度核算

$$N=\frac{Q}{2}=\frac{120000}{2}=60000\text{N}$$

$$\sigma=\frac{\dfrac{1.5N}{\sin\alpha}}{A}=\frac{\dfrac{60000\times1.5}{\sin30^\circ}}{2\times20\times40+4\times\dfrac{\pi\times(25)^2}{4}}=50\text{MPa}\leqslant[\sigma]=50\text{MPa}\qquad(满足)$$

(2)下环孔应力核算

承压应力:$\sigma_c=\dfrac{\frac{1}{2}\times120000\times1.5}{40\times42}=53.6\text{MPa}<f=215\text{MPa}$

剪应力:$\tau=\dfrac{\frac{1}{2}\times120000\times1.5}{2\times44\times45}=22.7\text{MPa}<f_v=125\text{MPa}$

经核算此横吊梁吊装重力为120kN的构件是安全的。

1.5 卷扬机牵引力及压重计算

卷扬机牵引力及底座固定压重计算　　　　表15-27

<table>
<tr><th>项目</th><th>计算方法及公式</th><th>符号意义</th></tr>
<tr><td>手动卷扬机(绞磨)推力</td><td>作用于绞磨推杆上需要的力 F(N)按下式计算:
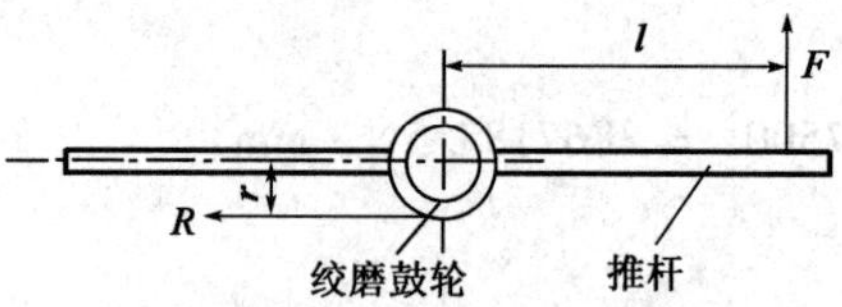

绞磨计算简图
$$F=\frac{Rr}{l}\cdot K\qquad(15\text{-}25)$$
作用于卷扬机卷筒上钢丝绳的牵引力 S(N)按下式计算:</td><td rowspan="2">R——钢丝绳的拉力,N;
r——鼓筒的半径,mm;
l——推力作用点至中心轴的距离;
K——阻力系数,取 $K=1.1\sim1.2$;
P_H——电动机的功率,kW;
η——卷扬机传动机构总效率,%,根据齿轮传动方式以及轴承类别决定,其值为:
$\eta=\eta_0\cdot\eta_1\cdot\eta_2\cdot\eta_3\cdots\eta_n$;
η_1、η_2、…、η_n——表示传动机件效率,由表15-28查出;
η_0——卷筒效率,当卷筒装在滑动轴承上时 $\eta_0=0.94$,当轴承装在滚动轴承上时,$\eta_0=0.96$;
v——钢丝绳线速度,m/s;
D——卷筒直径,m;
n_n——卷筒转速,r/s</td></tr>
<tr><td>电动卷扬机牵引力</td><td>$$S=1020\frac{P_H}{v}\cdot\eta\qquad(15\text{-}26)$$
其中:$v=\pi\cdot D\cdot n_n$
$v=\dfrac{\pi\cdot D\cdot n_h\cdot i}{60}$
其中:$n_n=\dfrac{n_h\cdot i}{60}$
$i=\dfrac{T_e}{T_p}$</td></tr>
</table>

续上表

<table>
<tr><th>项目</th><th>计算方法及公式</th><th>符号意义</th></tr>
<tr>
<td>卷扬机底座固定压重</td>
<td>

采用卷扬机起吊（或拖拉）重物时，由于钢丝绳的反力作用，会引起卷扬机倾覆或水平滑动。为了固定底座，一般采用设锚桩的办法，对拉力不大的卷扬机底座，则采用加压重的办法，较为简单而方便，其计算方法分两种情况：

1. 卷扬机仅受到钢丝绳水平拉力 S 作用时（如下图），为防止 A 点倾覆，应满足以下条件：

$$Q_1 \geqslant K_1 \frac{S \cdot h - G \cdot a}{b} \tag{15-27}$$

卷扬机底座抗水平滑动按下式计算：

$$Q_1 \mu_1 + G\mu_2 \geqslant S \tag{15-28}$$

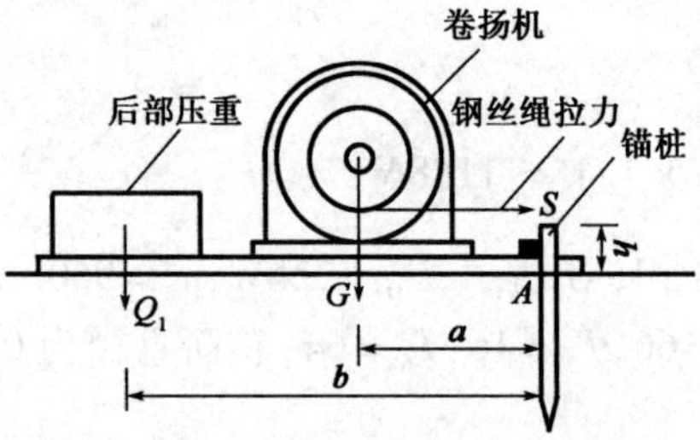

承受水平拉力的底座固定计算简图

2. 当卷扬机受到钢丝绳倾斜拉力 S_0 的作用如下图。设钢丝绳与水平倾斜角为 α，此时卷扬机底座除受到钢丝绳的水平分力 $S_0\cos\alpha$ 作用绕 A 点倾覆外，同时还受到钢丝绳的垂直分力 $S_0\sin\alpha$ 作用，也存在绕 B 点倾覆的可能性，因此必要时，应在底座前面加压重物 Q_2。

设先不考虑在底座前面加重物 Q_2，仅在后面压重物 Q_1，则防止绕 A 点倾覆应满足以下条件：

$$Q_1 \geqslant \frac{K(S_0 \cdot \cos\alpha \cdot h + S_0 \cdot \sin\alpha \cdot e - G \cdot a)}{b} \tag{15-29}$$

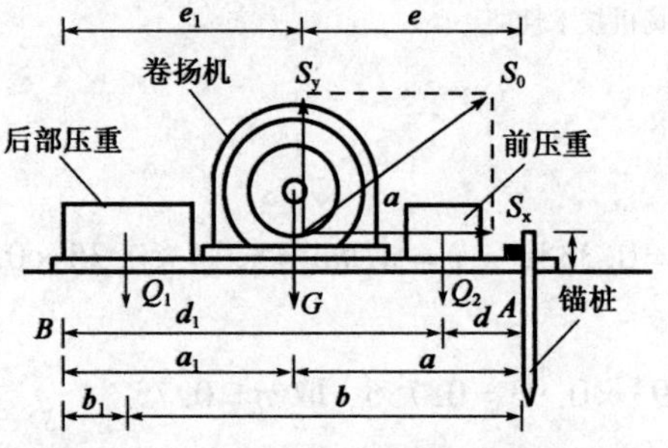

承受斜向拉力的卷扬机底座固定计算简图

如上式条件得不到满足，则需要在底座前面压上重物 Q_2，此时防止绕 B 点倾覆应满足以下条件：

$$Q_2 \geqslant \frac{K(S_0 \cdot \sin\alpha \cdot e_1 - S_0 \cdot \cos\alpha \cdot h - Ga_1 - Q_1 b_1)}{d_1} \tag{15-30}$$

卷扬机底座抗水平滑移应满足以下条件：

$$(Q_1 + Q_2)\mu_1 + (G - S \cdot \sin\alpha)\mu_2 \geqslant S_0 \cdot \cos\alpha \tag{15-31}$$

</td>
<td>

n_h——电动机转数，r/min；

i——传动比；

T_e——所有主动齿轮的乘积；

T_p——所有被动齿轮的乘积；

Q_1——防倾覆或滑移在卷扬机后的压重力；

K_1——安全系数，取 $K_1 = 1.5$；

S——钢丝绳的水平拉力；

G——卷扬机自重力；

μ_1——重物与土的摩擦系数，钢板与土，$\mu_1 = 0.4$，木板与土，$\mu_1 = 0.5$；

μ_2——卷扬机底座与土间的摩擦系数；

Q_2——卷扬机前压重力；

S_0——钢丝绳的倾斜拉力

</td>
</tr>
</table>

各种传动机件效率　　表 15-28

构件名称			效率
卷筒	滑动轴承		0.94～0.96
	滚动轴承		0.96～0.98
一对圆柱齿轮传动	开式传动	滑动轴承	0.93～0.95
		滚动轴承	0.93～0.96
	闭式传动（稀油润滑）	滑动轴承	0.95～0.97
		滚动轴承	0.96～0.98

例 15-10　有一物体重力 18000N，用 1 台绞磨由 2 人在平地牵引，已知 $l=2000\text{mm}$，$r=120\text{mm}$，$K=1.1$，问需用推力多少？

解　由公式（15-25）得：

$$F=\frac{18000\times 120}{2000}\times 1.1=1188\text{N}$$

例 15-11　有 1 台电动卷扬机，技术性能如图 15-3 所示，$P_H=22\text{kW}$，$n_h=960\text{r/min}$，有 3 对齿轮（滑动轴承），$T_1=30$，$T_2=120$，$T_3=22$，$T_4=66$，$T_5=16$，$T_6=64$，卷筒直径为 0.35m，试求其牵引力。

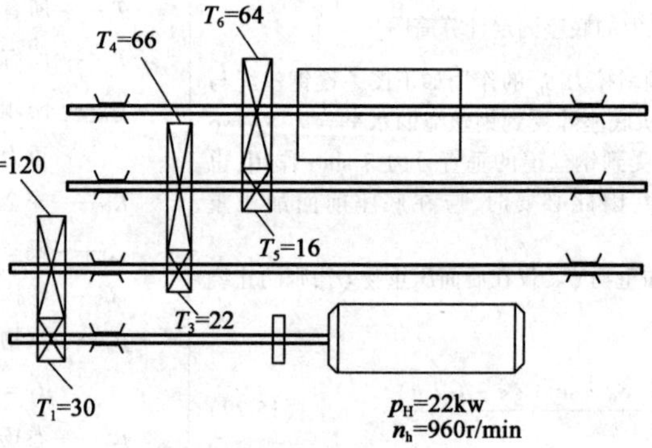

图 15-3　卷扬机技术性能

解　由已知条件可得：$i=\frac{30\times 22\times 16}{120\times 66\times 64}=\frac{1}{48}$

$$n_n=\frac{n_h\cdot i}{60}=\frac{960\times\frac{1}{48}}{60}=0.333\text{r/s},v=\pi Dhn=3.14\times 0.35\times 0.333$$

$$=0.37\text{m/s}$$

$$\eta=0.94\times 0.93\times 0.93\times 0.93=0.756,\ 取\ \eta=0.75$$

由式（15-26）知牵引力为：

$$S=1020\times\frac{22\times 0.75}{0.37}=45486\text{N}$$

例 15-12　卷扬机拉力 $S=20\text{kN}$，采用压重固定底座，已知 $a=0.6\text{m}$，$b=1.6\text{m}$，$h=0.45\text{m}$，$G=12\text{kN}$，$\mu_1=\mu_2=0.5$，试计算需要的压重力。

解　抗倾覆需要的压重力，按式（15-27）计算得：

$$Q_1=\frac{1.5(S\cdot h-G\cdot a)}{b}=\frac{1.5(20\times 0.45-12\times 0.6)}{1.6}$$

$$=1.7\text{kN}$$

抗水平滑动需要的压重力，按式(15-28)得：

$$Q_1=\frac{S-G\mu_2}{\mu_1}=\frac{20-12\times0.5}{0.5}=28\text{kN}$$

例 15-13 卷扬机拉力 $S_0=40\text{kN}$，方向与地面夹角 $\alpha=45°$，采用压重固定底座，如表 15-27 中图所示，已知 $a=1.5\text{m}$，$a_1=1.3\text{m}$，$b=2.5\text{m}$，$b_1=0.3\text{m}$，$d=0.5\text{m}$，$d_1=2.3\text{m}$，$e=1.0\text{m}$，$e_1=1.8\text{m}$，$h=0.45\text{m}$，$G=15\text{kN}$，$\mu_1=\mu_2=0.5$，试计算卷扬机底座前后需要的压重力。

解 1. 抗倾覆需要的压重力

设先考虑在卷扬机底座后面加重物，则必须满足抗绕 A 点的倾覆，由公式(15-29)得：

$$Q_1=\frac{K(S_0\cdot\cos\alpha\cdot h+S_0\cdot\sin\alpha\cdot e-G\cdot a)}{b}$$

$$=\frac{1.5(40\cos40°\times0.45+40\sin45°\times1.0-15\times1.5)}{2.5}=10.5\text{kN}$$

再考虑在卷扬机底座前面加重物，则验算抗绕 B 点的倾覆，由公式(15-30)得：

$$Q_2=\frac{K(S_0\cdot\sin\alpha\cdot e_1-S_0\cos\alpha\cdot h-Ga_1-Q_1b_1)}{d_1}$$

$$=1.5\left(\frac{40\sin45°\times1.8-40\cos45°\times0.45}{2.3}-\frac{15\times1.3+10.5\times0.3}{2.3}\right)=10.1\text{kN}$$

2. 抗水平滑移需要的压重力

按式(15-31)计算得：

$$Q_1+Q_2=\frac{S_0\cos\alpha-(G-S_0\cdot\sin\alpha)\mu_2}{\mu_1}$$

$$=\frac{40\cos45°-(15-40\sin45°)\times0.5}{0.5}$$

$$=69.84\text{kN}$$

1.6 锚碇计算

1.6.1 水平锚碇(卧龙)

水平锚碇计算 表 15-29

项目	计算方法及公式	符号意义
锚碇构造	锚碇是在桥梁吊装工作中固定主索、缆风绳、绞车、装配式拱扣索、各式扒杆、导向滑车等所采用的不可缺少的设施。水平锚碇是用一根或几根圆木或方木捆绑在一起，横着埋入土内而成，如下图所示，它可以承受较大的荷载，埋入深度应根据锚碇受力大小和土质情况决定，一般为 1.5 ~ 3.5m，受力为 30 ~ 400kN，当荷载超过 75kN 时，锚碇应用水平板栅或圆木作成木壁加强 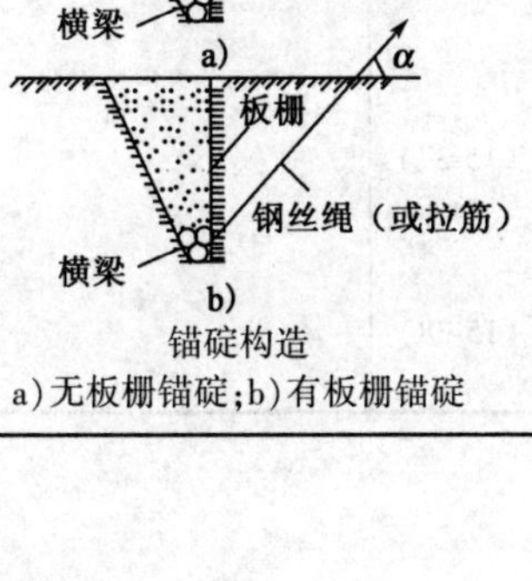 锚碇构造 a)无板栅锚碇；b)有板栅锚碇	K——安全系数，一般取 2； T_1——锚碇受张力 T 后的垂直分力，即 $T_1=T\cdot\sin\alpha$； T——缆绳所受的张力； α——缆绳的水平夹角； G——土体重； b_1——横梁宽度； b_2——土有效压力区宽度，与土的内摩擦角有关，$b_2=b_1+H\tan\varphi$； φ——土的内摩擦角，松土取 15° ~ 20°，一般土取 30° ~ 40°

续上表

<table>
<tr><th>项目</th><th>计算方法及公式</th><th>符号意义</th></tr>
<tr>
<td>水平锚碇稳定性、土所受压力及横梁截面</td>
<td>

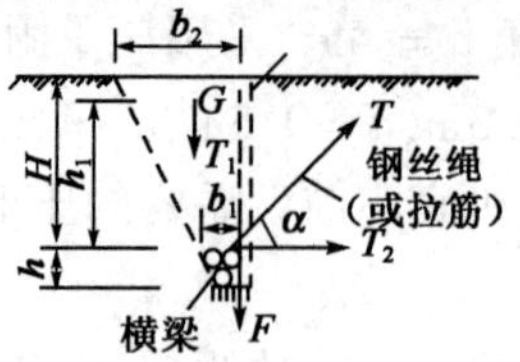

锚碇计算简图

水平锚碇的计算，主要包括以下三个方面：

1. 在垂直分力的作用下锚碇的稳定性

$$KT_1 \leqslant G + F \quad (15\text{-}32)$$

无板栅锚碇

$$G = \frac{b_1 + b_2}{2} \cdot H \cdot l \cdot \gamma \quad (15\text{-}33)$$

有板栅锚碇

$$G = H \cdot b \cdot l \cdot \gamma \quad (15\text{-}34)$$

2. 在水平分力的作用下土所受的压力

无板栅锚碇

$$[\sigma]K_1 \geqslant \frac{T_2}{h \cdot l} \quad (15\text{-}35)$$

有板栅锚碇

$$[\sigma]K_1 \geqslant \frac{T_2}{(h + h_1)l} \quad (15\text{-}36)$$

3. 锚碇横梁的截面计算

当锚碇横梁为圆形截面时，按单向受弯构件计算；当为矩形截面时，则按双向受弯构件计算。

当一根钢丝绳系在横梁上时（如下图），其最大弯矩为：

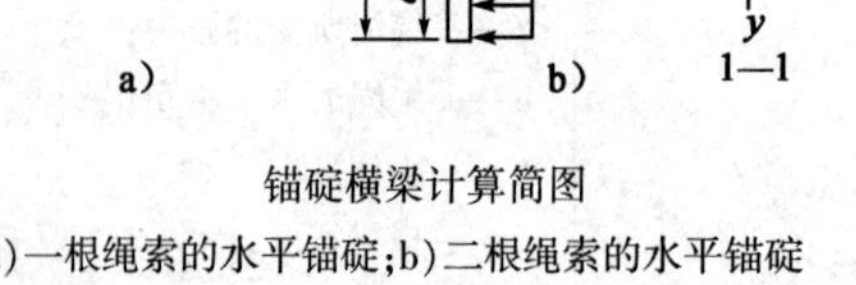

锚碇横梁计算简图

a）一根绳索的水平锚碇；b）二根绳索的水平锚碇

圆木横梁

$$M = \frac{T \cdot l}{8} \quad (15\text{-}37)$$

矩形横梁

$$M_x = \frac{T_2 \cdot l}{8}; M_y = \frac{T_1 \cdot l}{8} \quad (15\text{-}38)$$

</td>
<td>

b——有板栅时锚坑宽度；
H——横梁埋置深度；
l——横梁长度；
γ——土的重度；
F——摩擦力，$F = \mu T_2$；
μ——摩擦系数，无板栅锚碇取 0.5，有板栅锚碇取 0.4；
T_2——锚碇受 T 力后的水平分力，$T_2 = T\cos\alpha$；
$[\sigma]$——深度 H 处的土的容许压力；
K_1——土挤压不均容许应力降低系数，可取 0.5 ~ 0.7；
M、W_n——圆木横梁所受的弯矩和截面抵抗矩；
M_x、W_{nx}——矩形横梁于水平方向所受的弯矩和截面抵抗矩；
M_y、W_{ny}——矩形横梁于垂直方向所受的弯矩和截面抵抗矩；

</td>
</tr>
</table>

续上表

项目	计算方法及公式	符号意义
水平锚碇稳定性、土所受压力及横梁截面	圆木横梁应力 $$\sigma_m = \frac{M}{W_n} \leqslant f_m \quad (15\text{-}39)$$ 矩形横梁应力 $$\sigma_m = \frac{M_x}{W_{nx}} + \frac{M_y}{W_{ny}} \leqslant f_m \quad (15\text{-}40)$$ 当二根钢丝绳系在横梁上时(如上图),其最大弯矩为: 圆木横梁 $$M = \frac{T \cdot a^2}{2l} \quad (15\text{-}41)$$ 矩形横梁 $$M_x = \frac{T_2 \cdot a^2}{2l} M_y = \frac{T_1 \cdot a^2}{2l} \quad (15\text{-}42)$$ 圆形或矩形横梁的轴向力为: $$N_0 = \frac{T}{2}\tan\beta \quad (15\text{-}43)$$ 圆木横梁应力 $$\sigma = \frac{Mf_c}{W_n f_m} + \frac{N_0}{A} \leqslant f_c \quad (15\text{-}44)$$ 矩形横梁应力 $$\sigma = \frac{M_x}{W_{nx}} + \frac{M_y}{W_{ny}} + \frac{N_0}{A} \leqslant f_c \quad (15\text{-}45)$$ 水平地锚规格及允许作用荷载也可参考表15-30选用	f_m——横梁受弯强度设计值,东北落叶松一般取17MPa;对杉木可取11MPa; a——横梁端点到绳的距离; β——二绳夹角的一半; A——横梁截面积; f_c——木材顺纹抗压强度设计值

水平地锚规格及允许作用荷载参考表 表15-30

作用荷载(kN)	28	50	75	100	150	200	300	400
缆绳的水平夹角(°)	30	30	30	30	30	30	30	30
横梁:根数×长度(m)(直径24mm)	1×2.5	1×2.5	3×3.2	3×3.2	3×2.7	3×3.5	3×4.0	4×4.0
埋深H(m)	1.7	1.7	1.8	2.2	2.5	2.75	2.75	3.5
横梁上系绳点数(点)	1	1	1	1	2	2	2	2
挡木:根数×长度(m)(直径24mm)	无	无	无	无	4×2.7	4×3.5	5×4.0	5×4.0
柱木:根数×长度×直径(m)					2×1.2×0.2	1×1.2×0.2	3×1.5×0.22	3×1.5×0.22
压板:长×宽(m)(密排Φ10mm)			0.8×3.2	0.8×3.2	1.4×2.7	1.4×3.5	1.5×4.0	1.5×4.0

注:本表计算依据:夯填土重度为16kN/m^3;土内摩擦角φ=45°,木材抗弯强度设计值为11MPa。

1.6.2　立式锚碇(立龙)

立 龙 锚 碇 计 算　　　　表 15-31

<table>
<tr><th>项目</th><th>计算方法及公式</th><th>符 号 意 义</th></tr>
<tr><td>立式锚碇构造</td><td>
立龙适用于土质地层。地龙柱以枕木、圆木、方木或钢轨束制作，挖坑埋入土中，上下挡木用方木或圆木排列在地龙柱两侧，并紧贴原状土壁，坑内用土或石头，填夯实。立式地龙的地龙柱应略向后仰，不得向前倾斜。如下图所示：
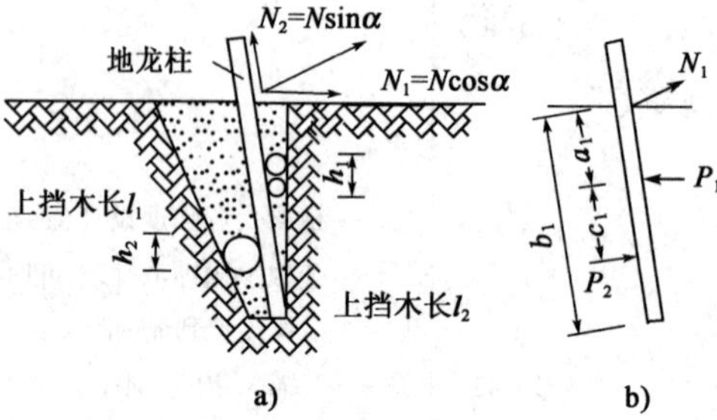

单立龙
a)布设示意；b)受力图式
荷载较大时，常在立龙的后方加设一个或两个立龙，以钢丝绳相连，共同受力，称为双立龙或三立龙，如下图。立龙各部尺寸及允许作用载荷可参考表 15-32。
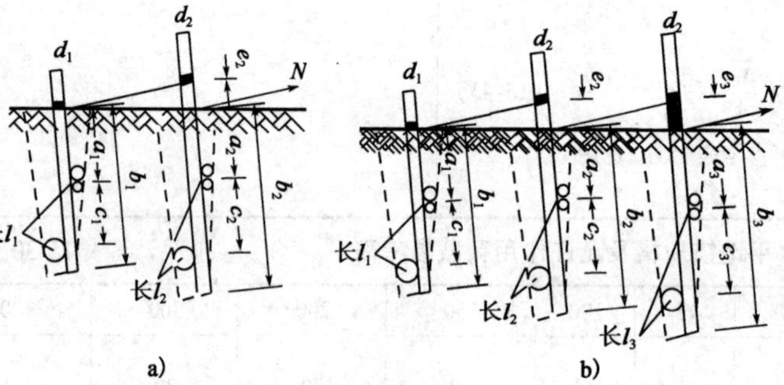

双、三立龙
a)双立龙；b)三立龙
</td><td rowspan="2">
N——地龙荷载，N_1、N_2 为其水平与垂直分力；
P_1、P_2——上下挡木处的总反力；
f——木料与木料摩擦系数，$f=0.4$；
k_1——垂直力安全系数，$k_1 \geqslant 2$；
σ_1、σ_2——分别为上挡木及下挡木处土的压应力；
h_1、h_2——横挡木直径或总宽度(二根以上时)；
η——因压力不均而采用的折减系数，其值为 0.25 ~ 0.33；
l_1、l_2——上、下横挡木长度；
γ——土的重度(kN/m^3)，见表 15-33；
a——挡木距地面深度(m)；
k——土压力系数，见表 15-33；
$\overline{K}$——安全系数，一般不小于 2
</td></tr>
<tr><td>单立龙计算</td><td>
1. 一般受力较小的立式地龙可按表 15-32 规格尺寸设置。受力较大或重要的锚碇应进行设计计算。单立龙受力情况如本表图中所示，可按下式计算：
$$P_1 = N(a_1 + c_1)/c_1 \qquad (15\text{-}46)$$
$$P_2 = N_1 a_1/c_1 \qquad (15\text{-}47)$$
$$N_2 \leqslant (p_1 + p_2)f/k_1 \qquad (15\text{-}48)$$
2. 土的压应力为：
$$\sigma_1 = P_1/(\eta h_1 l_1) \qquad (15\text{-}49)$$
$$\sigma_2 = P_2/(\eta h_2 l_2) \qquad (15\text{-}50)$$
3. 前后横挡木处土的压应力 σ 应小于土的容许压应力[σ]。如无实验数据时，[σ]可近似按下式计算：
$$[\sigma] = \frac{\gamma a k}{\overline{K}} \qquad (15\text{-}51)$$
</td></tr>
</table>

续上表

项目	计算方法及公式	符号意义
单立龙计算	4. 横挡木长度 l 应保证在土压力作用下的强度要求,可按下列公式计算: $M = q(l-d)^2$ (15-52) $\sigma = M/W \leqslant [\sigma]$ (15-53) 5. 立柱在捆扎钢丝绳处,应满足抗剪要求。按下式计算: $\tau = \frac{N_1}{2A} \leqslant [\tau]$ (15-54) 6. 立柱在捆缚点与前横挡木间距离 a_1 应满足立柱在拉力 N_1 作用下的受弯强度要求,按下式计算: $M_a = N_1 a_1$ (15-55) $\sigma_w = M_a/W_a \leqslant [\sigma_w]$ (15-56) 7. 立柱和横挡木接触面尺寸,应满足局部受压强度要求,可按下式计算: $\frac{P_1}{A_1} \leqslant [\sigma_{ah}]$ (15-57) 当横纹承压应力超过不大时,可将木周梢砍平以增加承压面积,或在立柱与横面挡木间垫以木板或钢板	M——横挡木所受弯距; q——横挡木单位长度上所受荷载 $q = P/l$,其中 P 为土压力差; d——立柱直径; W——挡木截面模量; A——立柱截面积; $[\tau]$——立柱容许剪应力; M_a——立柱捆缚点处弯矩; W_a——立柱截面模量; $[\sigma_w]$——立柱容许弯应力; A_1——立柱与横挡木接触面积; $[\sigma_{ah}]$——木料横纹承压应力

立龙尺寸及允许作用荷载参考表 表 15-32

作用荷载 (N)	土压力 (MPa)	a_1	b_1	c_1	l_1	d_1	a_2	b_2	c_2	e_2	l_2	d_2	a_3	b_3	c_3	e_3	l_3	d_3
		(cm)																
		圆木单柱立龙																
10000	0.25	50	160	90	100	18												
15000		50	160	90	100	20												
20000		50	160	90	120	22												
		圆木双立龙																
30000	0.25	50	160	90	100	18	50	150	90	90	100	22	50	150	90	90	120	28
40000		50	160	90	100	20	50	150	90	90	100	25	50	150	90	90	140	30
50000		50	160	90	120	22	50	150	90	90	100	26	50	150	90	90	160	33
		圆木三立龙																
60000	0.25	50	160	90	100	18	50	150	90	90	100	22	50	150	90	90	120	28
80000		50	160	90	100	20	50	150	90	90	100	22	50	150	90	90	140	30
100000		50	160	90	100	22	50	150	90	90	100	26	50	150	90	90	160	33

注:挡木直径与柱木直径相同。

土的重度、内摩擦角 表 15-33

土的类别	砾石砂	粗砂	中砂	细砂	粉砂	亚砂土	亚黏土	黏土
重度 γ(kN/m^3)	21	19	19	19	19	19.5	18	17.5
内摩擦角 φ(°)	40	38	36	32	28	23	16	15
土压力系数 k	4.38	3.97	3.59	2.94	2.41	1.84	1.19	1.11

注:①本表 γ 及 φ 值系按《公路桥涵地基与基础设计规范》(JTJ 024—85)附表 2 取其低值摘录;

②重度为天然含水率的原状土或夯实后的重度,若系干、松土,其重度 γ 与内摩擦角 φ 值,一般可按表值 0.8～0.9 考虑;

③土压力系数 $k=\tan^2\left(45°+\frac{\varphi}{2}\right)-\tan^2\left(45°-\frac{\varphi}{2}\right)$。

1.6.3 桩式锚碇(桩龙)

桩龙尺寸及允许作用荷载参考表 表 15-34

桩龙即桩式地龙是以打入土中一定深度的木桩或钢筋混凝土桩来作地龙,也可人工挖孔现浇钢筋混凝土桩柱。此类地龙也分单、双和三地龙几种。为加强其作用力,可在受力方向靠桩木前下方挖一定深度,设置一挡木(长约 1m),桩身宜向后仰。

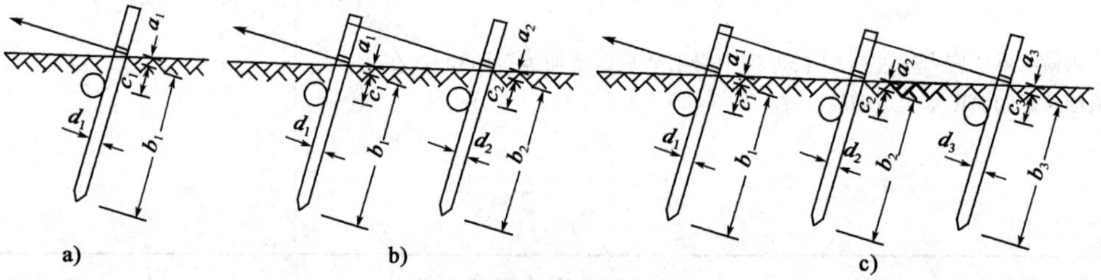

桩式地龙

a)单桩龙;b)双桩龙;c)三桩龙

作用荷载(N)	土压力(MPa)	a_1	b_1	c_1	d_1	a_2	b_2	c_2	d_2	a_3	b_3	c_3	d_3
		(cm)											
单柱地龙													
10000	0.15	30	150	40	18								
15000	0.20	30	120	40	20								
20000	0.23	30	120	40	22								
30000	0.31	30	120	40	26								
双桩地龙													
30000	0.15	30	120	90	22	30	120	40	20				
40000	0.20	30	120	90	25	30	120	40	22				
50000	0.28	30	120	90	26	30	120	40	24				
三桩立龙													
60000	0.15	30	120	90	28	30	120	90	22	30	120	40	20
80000	0.20	30	120	90	30	30	120	90	25	30	120	40	22
100000	0.28	30	120	90	33	30	120	90	26	30	120	40	24

注:直径为中径,挡木长 1m,直径同桩径。

1.6.4 混凝土锚碇

混凝土锚碇计算 表 15-35

项目	计算方法及公式	符号意义
混凝土锚碇计算	混凝土地龙一般是靠自重来平衡拉力，不考虑土压力，用下式计算： $$Gb \geqslant kQl \quad (15\text{-}58)$$ 若地龙设置处土质紧密，在设计时可考虑混凝土块与地龙坑的黏结力。埋入混凝土中的拉杆或千斤绳应系于型钢制的横梁上，混凝土的强度一般不应小于 C10，特别重大的地龙的混凝土块强度应加以计算，必要时应配以钢筋 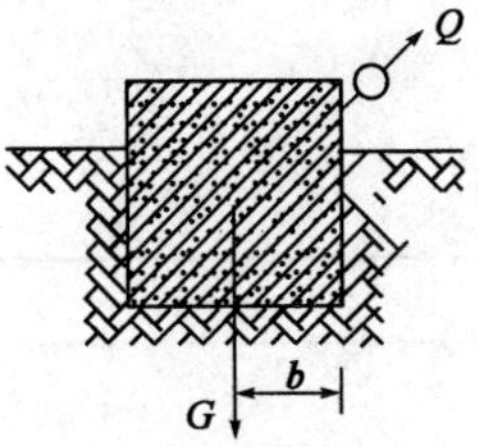 混凝土地龙	G——混凝土块自重； k——稳定系数，$k \geqslant 1.4$； Q、b、l——如图所示

例 15-14 某卷扬机，锚碇采用单根水平锚碇（图 15-4），缆绳拉力 $T = 55\text{kN}$，横梁用 4 根长 2500mm、截面 220mm×160mm 的枕木组成，埋深 1.6m，缆绳水平夹角 $\alpha = 30°$；土的重度 $\gamma = 17\text{kN/m}^3$，摩擦角 $\varphi = 25°$，试验算锚碇的稳定，土的压力和横梁的截面。

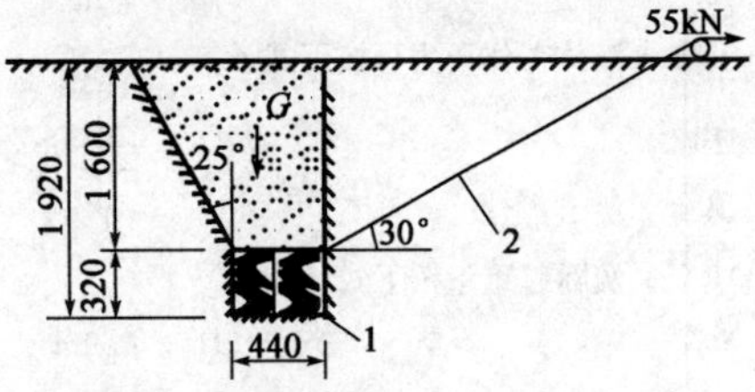

图 15-4 卷扬机水平锚碇计算简图

1-枕木 160mm×220mm×2500mm，4 根；

2-钢丝绳

解： 1. 在垂直分力作用下锚碇的稳定性

土重：
$$G = \frac{b + (b + H\tan\varphi)}{2} H \cdot l \cdot \gamma$$
$$= \frac{0.44 + (0.44 + 1.6\tan 25°)}{2} \times 1.6 \times 2.5 \times 17 = 55.3\text{kN}$$

摩擦力：
$$F = \mu T_2 = \mu T\cos\alpha = 0.5 \times 55\cos 30° = 23.8\text{kN}$$

锚碇垂直分力： $T_1 = T\sin\alpha = 55\sin 30° = 275\text{kN}$

安全系数：

$$K = \frac{G + T}{T_1} = \frac{55.3 + 23.8}{27.5} = 2.88 > 2.0 \quad \text{（满足）}$$

2. 在水平力作用下土所受的压力

$$T_2 = T\cos\alpha = 55\cos 30° = 47.6\text{kN}$$

$$\sigma = \frac{T_2}{h \cdot l} = \frac{47.6}{0.32 \times 2.5} = 59.5\text{kPa} \approx 0.06\text{kPa}$$

土的容许压力为 0.15MPa，应力降低系数取 0.6，则有

$$[\sigma] \times K_1 = 0.15 \times 0.6 = 0.09\text{MPa} > 0.06\text{MPa} \quad \text{（满足）}$$

3. 锚碇横梁截面应力验算

$$\sigma = \frac{M_x}{W_{nx}} + \frac{M_y}{W_{ny}} = \frac{\frac{T_2 l}{8}}{4 \times \frac{bh^2}{6}} + \frac{\frac{T_1 l}{8}}{4 \times \frac{hb^2}{6}}$$

$$= \frac{\frac{47.6 \times 2.5}{8}}{4 \times \frac{0.22 \times 0.16^2}{6}} + \frac{\frac{27.5 \times 2.5}{8}}{4 \times \frac{0.16 \times 0.22^2}{6}}$$

$$= 5567\text{kPa} = 5.6\text{MPa} < 11\text{MPa}$$

根据以上验算卷扬机的水平锚碇可以满足要求。

1.7 千斤顶计算

千斤顶计算 表 15-36

项目	计算方法及公式	符号意义
查表法	千斤顶适用于起落高度不大的起重，按其构造不同可分为螺旋式千斤顶、油压千斤顶和齿条式千斤顶，其技术规格分别见表 15-37 ~ 表 15-41	Q——起重量； P——作用于手柄上的力； L——手柄距固定轴距离； l——小活塞距固定轴距离； D——大活塞直径； d——小活塞直径； η——千斤顶效率系数(可采用 0.8 ~ 0.9)； P_1——液体工作压力； η_1——液压机构的效率可采用 0.9 ~ 0.92； P_b——压力表读数； A——活塞面积； m——同时工作的千斤顶台数
油压千斤顶计算	油压千斤顶起重量按下式计算： $Q = P\frac{LD^2}{ld^2}\eta$ (15-59) 液体工作压力可按下式计算： $P_1 = \frac{Q}{\frac{\pi D^2}{4}}\eta_1$ (15-60) 实际起重量按下式计算： $Q = P_b A m$ (15-61)	

LQ 型螺旋千斤顶技术规格 表 15-37

型 号	起重能力 (kN)	最低高度 (mm)	起重高度 (mm)	手柄长 (mm)	操作人数 (人)	操作力 (N)	质 量 (kg)
LQ-5	50	250	130	600	1	260	7.5
LQ-10	100	280	150	600	1	270	11
LQ-15	150	320	180	700	1	320	15
LQ-30	300	395	200	1000	2	600	27
LQ-30D	300	326	180	1000	2	600	20
LQ-50	500	700	400	1385	3	1260	109
HLQ-50	500	765	350	1900	3	1920	184

注：HLQ-50 型为横移式千斤顶，如取去底座也可作垂直升降单独使用。

Q 型螺旋千斤顶(JB 2502－79) 表 15-38

Q 型千斤顶是利用螺纹传动来顶举重物,为安装起重作业中所广泛使用的一种顶压工具							
型 号	起重能力 (kN)	起重高度 (mm)	最低高度 (mm)	手柄长度 (mm)	手柄作用力不大于 (N)	质量 (kg)	外形尺寸 长×宽×高 (mm)
Q-3	30	100	220	500	100	6	160×130×220
Q-5	50	130	250	600	160	7.5	178×149×250
Q-10	100	150	280	600	270	11	194×169×280
Q-16	160	180	320	1000	400	15	229×181×320
Q-32	320	200	395	1000	600	27	263×223×395
QD-32	320	180	320	1000	600	20	260×200×320
Q-50	500	250	452	1400	800	47	245×315×452
QJ-50	500	300	700	—	—	200	280×500×700
(QZ-50)	500	400	700	1400	800	109	465×317×700
Q-100	1000	200	452	1500	600	100	320×280×452
QJ-100	1000	400	800	—	—	250	300×600×800

注:括号内型号为不推荐产品。

普通液压千斤顶技术规格 表 15-39

起重能力 (kN)	工作压力 (MPa)	升起高度 (mm)	落下高度 (mm)	外形尺寸 (mm)	质 量 (kg)
30	31.5	190	210	127×144×210	10.3
50	36	215	240	142×154×240	11
80	34	245	300	167×180×300	16.8
100	35.5	240	315	177×200×315	29
150	32	208	257	300×220×260	36
250	32	342	348		109
350	32	342	348	400×300×350	109
500	32	342	348	440×340×350	153
1000	38.6	200	424		172
2000	38.6	250	507		280

YQ 型液压千斤顶技术规格 表 15-40

<table>
<tr><th>型号</th><th>起重
能力
(kN)</th><th>起重
高度
(mm)</th><th>最低
高度
(mm)</th><th>工作
压力
(MPa)</th><th>手柄
长度
(mm)</th><th>手柄操
作力
(N)</th><th>底座尺寸
长×宽
(或直径)
(mm)</th><th>质量
(kg)</th><th>备注</th></tr>
<tr><td>YQ-5AD</td><td rowspan="3">50</td><td rowspan="10">160</td><td rowspan="3">235</td><td rowspan="3">52</td><td rowspan="6">620</td><td rowspan="2">320</td><td>140×90</td><td rowspan="2">5.5</td><td>(1)</td></tr>
<tr><td>YQ-5A</td><td>130×90</td><td>(2)</td></tr>
<tr><td>SS-5A</td><td>350</td><td>130×115</td><td>5.8</td><td rowspan="2">(3)</td></tr>
<tr><td rowspan="3">YQ-8</td><td rowspan="3">80</td><td rowspan="3">240</td><td rowspan="3">57.8</td><td>400</td><td rowspan="2">140×110</td><td>7</td></tr>
<tr><td>360</td><td>6.9</td><td>(4)</td></tr>
<tr><td>350</td><td rowspan="3">160×130</td><td>7</td><td>(1)</td></tr>
<tr><td>YQ-10</td><td>100</td><td rowspan="2">245</td><td rowspan="2">63.7</td><td rowspan="4">850</td><td rowspan="2">300</td><td>10</td><td>(3)</td></tr>
<tr><td>YQ-125</td><td>125</td><td>9.1</td><td>(4)</td></tr>
<tr><td>YQ-15</td><td>150</td><td rowspan="2">250</td><td rowspan="2">67.4</td><td rowspan="4">280</td><td rowspan="2">170×140</td><td rowspan="2">13.8</td><td>(3)</td></tr>
<tr><td>YQ-16</td><td>160</td><td>(2)</td></tr>
<tr><td rowspan="3">YQ-20</td><td rowspan="3">200</td><td rowspan="10">180</td><td rowspan="3">285</td><td rowspan="3">70.7</td><td rowspan="13">1000</td><td>170×130</td><td rowspan="3">20</td><td rowspan="2">(1)</td></tr>
<tr><td>172×192</td></tr>
<tr><td>310</td><td>172×192</td><td rowspan="2">(3)</td></tr>
<tr><td>YQ-30</td><td>300</td><td rowspan="2">290</td><td rowspan="2">72.4</td><td>340</td><td rowspan="2">200×160</td><td rowspan="2">29</td></tr>
<tr><td>YQ-32</td><td>320</td><td>310</td><td>(1)</td></tr>
<tr><td rowspan="3">YQ-50</td><td rowspan="4">500</td><td>305</td><td rowspan="3">78.6</td><td rowspan="2">310</td><td rowspan="2">230×188</td><td rowspan="3">43</td><td>(2)</td></tr>
<tr><td>300</td><td>(1)</td></tr>
<tr><td>305</td><td>340</td><td>231×188</td><td>(4)</td></tr>
<tr><td>50-180H</td><td>330</td><td>66.3</td><td>420</td><td>428×255</td><td>74</td><td>(3)</td></tr>
<tr><td>100-180H</td><td rowspan="2">1000</td><td rowspan="2">360</td><td>66.9</td><td>450</td><td>481×308</td><td>135</td><td rowspan="4">(5)</td></tr>
<tr><td>YQ-100</td><td>200</td><td>65</td><td rowspan="3">420×2</td><td>φ222</td><td>123</td></tr>
<tr><td>YQ-200</td><td>2000</td><td rowspan="2">200</td><td>400</td><td>70.6</td><td>φ314</td><td>227</td></tr>
<tr><td>YQ-320</td><td>3200</td><td>450</td><td>70.7</td><td>φ394</td><td>435</td></tr>
<tr><td colspan="10">备注:(1)上海千斤顶厂;(2)杭州千斤顶厂;(3)沈阳液压机械厂;(4)太原东风机械厂;(5)广州重型机械厂</td></tr>
</table>

齿条千斤顶主要规格 表 15-41

<table>
<tr><th colspan="2">项 目</th><th>Y63-01</th><th>Y63-02</th></tr>
<tr><td rowspan="2">起重能力</td><td>静负荷(kN)</td><td>150</td><td>150</td></tr>
<tr><td>动负荷(kN)</td><td>100</td><td>100</td></tr>
<tr><td colspan="2">最大起重高度(mm)</td><td>280</td><td>330</td></tr>
<tr><td colspan="2">每次起重高度(mm)</td><td>12.7</td><td>15</td></tr>
<tr><td colspan="2">钩面最低高度(mm)</td><td>55</td><td>55</td></tr>
<tr><td colspan="2">机型尺寸(mm)</td><td>166×260</td><td>166×260</td></tr>
<tr><td colspan="2">外形尺寸(mm)</td><td>370×166×525</td><td>414×166×550</td></tr>
</table>

续上表

项　　目	Y63-01	Y63-02
总质量(kg)	26	25
齿条千斤顶使用时,须注意下列各点: 1. 顶重时须将千斤顶垂直放置,并不容许超负荷; 2. 使用前应先检查制动齿轮及制动装置,确保能起制动作用; 3. 齿条及齿轮无裂纹、断齿,配件必须完整无缺方可使用; 4. 经常保持清洁,防止泥沙杂物,并定期清洗涂油		

1.8 桅杆(扒杆)吊装计算

桅杆(扒杆)为钢、木结构设施,下面的计算采用了《钢结构设计规范》(GBJ 17—88)和《木结构设计规范》(GBJ 5—88)的设计方法,有关《公路桥涵钢结构及木结构设计规范》(JTJ 025—86)的设计方法,读者可参阅《公路施工手册—桥涵》(下册,1999.11)P 881 ~ P 891。

1.8.1 独脚桅杆(扒杆)吊装计算

独脚桅杆吊装计算　　表 15-42

<table>
<tr><th>项目</th><th>计算方法及公式</th><th>符号意义</th></tr>
<tr><td>桅杆构造</td><td>
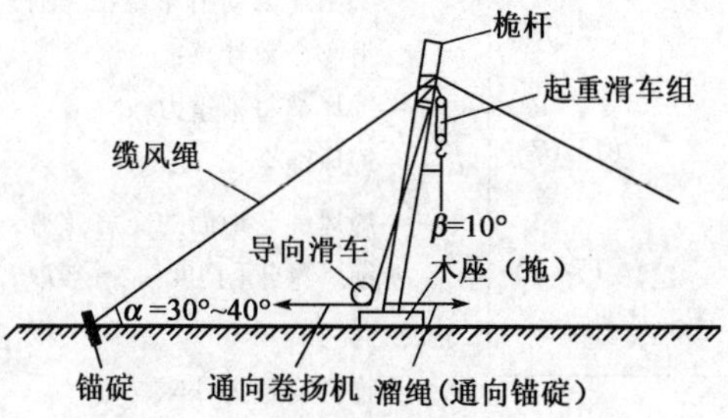

独脚桅杆构造

独脚桅杆由整根圆木(钢管或型钢格构)、缆风绳及起重滑车所组成,如上图。木制桅杆的起重高度小于25m,起重力小于200kN。金属桅杆的起重高度可达50 ~ 60m,起重力达1000kN。缆风绳常用5 ~ 6 根,其一端固定在地锚或建筑物上,与地面夹角为30° ~ 45°。常用独脚桅杆规格性能见表 15-43 和表 15-44
</td><td rowspan="2">
P——荷载重力,kN;
Q——起重滑车组的重力,kN;
K——动荷载系数,对电动卷扬机为 1.1;手摇卷扬机(绞车)为 1.0;
l——桅杆长度,m;
a——桅杆底至锚碇的距离,m;
c——桅杆的倾斜距,m;
H——桅杆高度,即桅杆顶面至地面的距离,m;其值为:
$H = \sqrt{l^2 - c^2}$
β——桅杆的倾斜角(°);
S_k——起重滑车组绕出绳端(或称跑头)的拉力,kN;
f——单个滑车的转动阻力系数,对滚珠或滚柱轴承,$f = 1.02$;对青铜衬套轴承,$f = 1.04$;对于无轴承的滑轮,$f = 1.06$。绳索跑头自滑车组引出后,每经过一个导向滑车,绳端的拉力要增加一个 f 倍值
</td></tr>
<tr><td>桅杆的总压力计算</td><td>
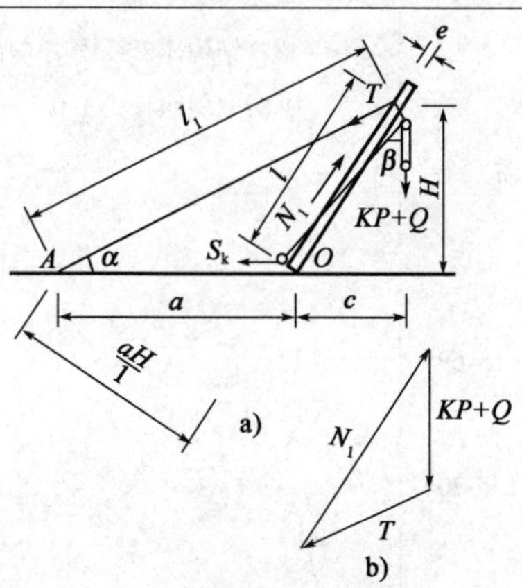

独脚桅杆内力计算简图
a)计算简图;b)求 N_1 的图解
</td></tr>
</table>

续上表

项目	计算方法及公式	符号意义
桅杆的总压力计算	1. 荷载作用于桅杆上的力 N_1 由 $\sum M_A=0$ 得： $(KP+Q)(a+c)-N_1\left(\frac{aH}{l}\right)=0$ $N_1=\frac{(KP+Q)(a+c)l}{aH}$ (15-62a) 或 $N_1=\frac{(KP+Q)(a+c)}{a\cos\beta}$ (15-62b) N_1 也可以用图解法求得，如上页图。 2. 起重滑车组绕出绳对桅杆的压力 N_2 $N_2=S_k=\frac{f^n(f-1)}{f^n-1}\cdot f^k(KP+Q)$ (15-63) 3. 缆风绳的初拉力(S_0)对桅杆的压力 N_3 $N_3=\sum(S_0\sin\alpha)$ (16-64) $S_0=\frac{ql_1^2\cos\alpha}{8w_1}$ (15-65) 4. 核算截面到顶端的桅杆自重 N_4 $N_4=G$ (15-66) 5. 作用于桅杆顶端的总压力 N_0 $N_0=N_1+N_2+N_3$ (15-67) 6. 作用于桅杆中部的总压力 N_{cp} $N_{cp}=N_1+N_2+N_3+N_4$ (15-68)	n——滑车组的工作绳数(即绕过动滑车上的绳索根数，也即分支数)或叫走几，$n=1\sim20$ 的 f^n 值可由表 15-46 查得； k——导向滑车个数，若绕出绳由定滑车绕出，则最后一个定滑车也应按导向滑车计算，即实际导向滑车个数加 1；若绕出绳由动滑车绕出，则按实际导向滑车个数计算； Q——缆风绳每米重力，kN； l_1——缆风绳全长，m； α——缆风绳与地面的交角，(°)； w_1——缆风绳自重挠度，m，一般取 l_1 的 3% ~ 5%；
桅杆所受的弯矩计算	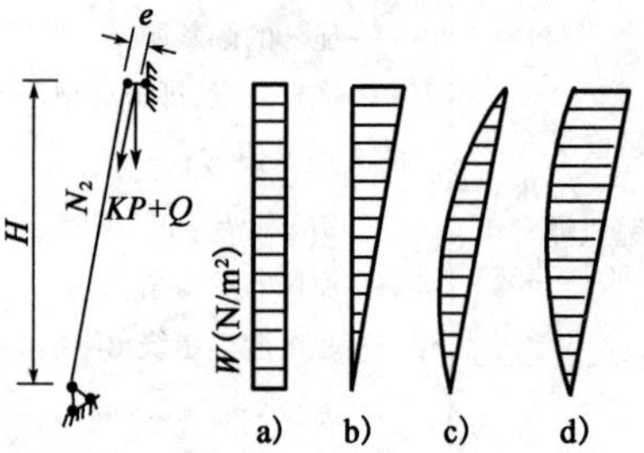 a)计算简图；b)由吊重等所引起的弯矩图；c)由风载所引起的弯矩图；d)桅杆所受的总弯矩图 1. 桅杆顶端固定连接起重滑车而受的最大弯矩 M_0 $M_0=(KP+Q+N_2)e$ (15-69) 2. 桅杆中部截面上的弯矩 M_{cp} $M_{cp}=\frac{1}{2}(KP+Q+N_2)e+M_F$ (15-70) 其中 $M_F=\frac{WA_FH}{8}$	G——桅杆自重力，kN； e——起重滑车组中定滑车至桅杆中心的偏心距，m； M_F——风载引起的弯矩，kN·m，对格构式桅杆应计入，对木桅杆可不考虑； A_F——桅杆受风面积，m^2； W——风载，$W\approx k_1w_0$； k_1——桅杆结构体形系数，单斜腹杆取 0.6 ~ 0.8；双斜腹杆为 1.0

续上表

项目	计算方法及公式	符号意义
桅杆所受的弯矩	3. 桅杆底部的水平推力 H_0 $$H_0 = (N_1 + N_2 + N_3 + N_4)\sin\beta \quad (15\text{-}71)$$ 当$\beta \leqslant 10°$时，由于桅杆重力产生的摩阻力足以克服水平推力，可不考虑水平推力的影响	
木桅杆截面的选择和计算	先根据起重量和吊装高度初步选定木桅杆直径，然后验算桅杆截面强度和稳定性： 1. 桅杆顶端的弯矩最大，应验算顶端截面的强度 $$\sigma = \frac{M_0 f_c}{W_n f_m} + \frac{N_0}{A_n} \leqslant f_c \quad (15\text{-}72)$$ 2. 桅杆中部的挠度最大，应验算其稳定性 $$\sigma = \frac{M_{cp} f_c}{W_{cp} f_m} + \frac{N_{cp}}{\varphi\varphi_m A_{cp}} \leqslant f_c \quad (15\text{-}73)$$ 其中 $$\varphi_m = \left[1 - \sigma_m/f_m\left(1 + \sqrt{\frac{\sigma_c}{f_c}}\right)\right]^2$$ 对于用多根圆木绑扎而成的桅杆，其长细比应乘以松弛系数 1.1	W_n——净截面抵抗矩，对圆截面 $W_n = 0.1d_0^3$； d_0——木桅杆直径； A_n——净截面面积； f_c——木材顺纹抗压压强度设计值，MPa； f_m——木材抗弯强度设计值，MPa； W_{cp}——计算截面的截面抵抗矩； A_{cp}——计算截面的截面积； φ——轴心受压构件稳定系数，可根据长细比 $\lambda(\lambda = l_0/i)$ 查得或按《木结构设计规范》(GBJ 5—88) 计算； φ_m——考虑轴心力和横向弯矩共同作用的折减系数； σ_c——轴心受压应力设计值； σ_m——受弯应力设计值
钢管桅杆截面的选择与验算	先根据起重量和吊装高度初步选择钢管直径，然后对顶部截面和中部截面进行验算： 1. 顶部截面验算 $$\frac{N}{A_n} + \frac{M}{\gamma W_n} < f \quad (15\text{-}74)$$ 2. 中部截面验算 验算弯矩作用平面内的稳定性： $$\frac{N}{\varphi_x A} + \frac{\beta_{mx} M_x}{\gamma_x W_{1x}\left(1 - 0.8\frac{N}{N_{Ex}}\right)} \leqslant f \quad (15\text{-}75)$$	A_n——钢管(或格构式)桅杆顶端的净截面面积，mm^2； W_n——钢管(或格构式)桅杆顶端的净截面抵抗矩； f——钢材抗拉、抗压、抗弯强度设计值，MPa γ——截面发展系数，因直接承受动力荷载，$\gamma = 1.1$； N——所计算构件范围内的轴心压力，N； φ_x——弯矩作用平面内的轴心受压构件稳定系数，根据长细比 λ_x 确定； A——桅杆中部截面的毛截面面积，mm^2； β_{mx}——等效弯矩系数， $\beta_{mx} = 1.0$

续上表

项目	计算方法及公式	符号意义
格构式钢独脚桅杆截面的选择与验算	先根据起重量和吊装高度参考表 15-45 初步确定格构式钢桅杆的截面尺寸和主肢型钢规格，然后再对顶部截面和中部截面进行验算： 1. 顶端截面，按下式验算： $\frac{N}{A_n}+\frac{W}{\gamma W_n}\leqslant f$ (15-76) 2. 中端截面，按下式验算弯矩作用平面内的整体稳定性： $\frac{N}{\varphi_x A}+\frac{\beta_{mx}M_x}{\gamma_x W_{1x}\left(1-0.8\frac{N}{N_{Ex}}\right)}\leqslant f$ (15-77) 其中 φ_x 由换算长细比 λ_h 确定。 格构式独脚钢桅杆系变截面构件，其 λ_h 可按以下步骤计算求得： (1) 求出桅杆截面对 y 轴的最大和最小毛截面惯性矩 I_{max}、I_{min} 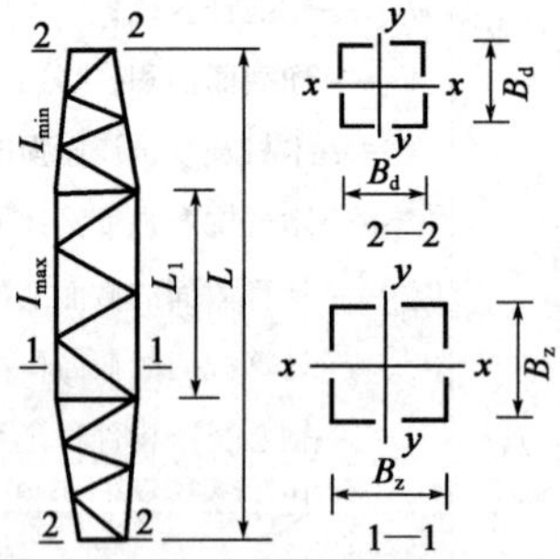 桅杆惯性矩图 $I_{max}=4\left[I+A'\left(\frac{B_z}{2}-z_0\right)^2\right]$ (15-78) $I_{min}=4\left[I+A'\left(\frac{B_d}{2}-z_0\right)^2\right]$ (15-79) (2) 求出桅杆的换算计算长度 l'_0 根据 I_{min}/I_{max} 和 L_1/C_1，从表 15-47 查出桅杆的计算长度系数 μ，然后按下式求出 l'_0 $l'_0=\mu l_0$ (15-80) (3) 求出桅杆的长细比 λ_x 此长细比系将桅杆看成实腹式构件的长细比 $\lambda_x=l'_0/\sqrt{I_{max}/4A'}$ (15-81) (4) 求出桅杆的换算长细比 λ_h 对普遍采用的由四个等肢角钢组成的正方形截面格构式桅杆，λ_h 可按下式计算： $\lambda_h=\sqrt{\lambda_x^2+40\frac{A_1}{A_{1x}}}\leqslant[\lambda]=150$ (15-82) 3. 桅杆主肢型钢单肢稳定性验算 取顶部和中部（距顶端处）两个截面按轴心受压构件进行验算： $\sigma=\frac{\frac{N'}{n_1}+\frac{N_m}{2}}{\varphi A'}\leqslant f$ (15-83) 其中 $N_m=\frac{M}{B-2z_0}$	M_x——所计算构件段范围内的最大弯矩，N·mm； γ_x——截面塑性发展系数，$\gamma_x=1$； W_{1x}——弯矩作用平面内较大受压纤维的毛截面抵抗矩，mm^3，$W_{1x}=\frac{I_x}{y_0}$； I_x——对 x 轴（虚轴）的毛截面惯性矩； y_0——由 x 轴到压力较大主肢的轴线距离或到压力较大主肢腹板边的距离，二者取较大值； N_{Ex}——欧拉临界力，$N_{Ex}=\pi^3 EA/\lambda_x^2$； λ_x——构件的长细比； I——单根主肢型钢对其本身重心轴（平行于 y 轴）的毛截面惯性矩； B_z、B_d——桅杆最大横截面（中部）、最小横截面（端部）的宽度； A'——单根主肢型钢的毛截面面积； z_0——主肢型钢重心至边缘的距离； l_0——桅杆的计算长度，两端铰接时 $l_0=L$；下端固定上端铰接时，$l_0=0.7L$； L——桅杆的设计长度（高度）； λ_h——桅杆的换算长细比； A——桅杆主肢型钢毛截面总面积； A_{1x}——单根缀条的毛截面面积； N'——所验算截面的轴向压力； n_1——主肢型钢根数； N_m——由于弯矩产生的一对主肢型钢产生的轴向压力 M——所验算截面的弯矩； B——桅杆截面宽度； φ——主肢型钢的轴心受压稳定系数，根据截面分类（格构式构件属 b 类）和长细比 λ 由《钢结构设计规范》（GBJ 17—88）查得

续上表

项目	计算方法及公式	符 号 意 义
格构式钢独脚桅杆截面的选择与验算	4. 缀条的验算 一般仅验算斜缀条的稳定性；横缀条可不验算，而采用和斜缀条同样的截面 $\sigma = \frac{N_1}{\varphi_1 A_2} \leqslant f$ (15-84) 其中 $N_1 = \frac{V}{2\cos\alpha}$ 计算剪力： $V = \frac{A_0 f}{85}\sqrt{\frac{f_x}{235}}$ (15-85) 实际剪力： $V = \frac{M_{max}}{L} + \frac{WA_F}{2}\cos\beta$ (15-86)	φ_1——斜缀条轴心受压稳定系数，由 $\lambda = l'_0/i'$ 查《钢结构设计规范》得出； l'_0——斜缀条计算长度，取其轴线长度； i'——斜缀条的最小回转半径； A_2——单根斜缀条的毛截面面积； N_1——单根斜缀条所受的轴向力； α——斜缀条的水平夹角，一般取 40°～70°； V——斜缀条所承受的剪力，其值按《钢结构设计规范》中的计算剪力和实际剪力公式进行计算，两者取用较大值； f——钢材抗拉、抗压、抗弯强度设计值； f_x——钢材屈服强度，对 Q235 号钢取 235MPa；对 16Mn、16Mng 钢取 345MPa；对 15MnV、15MnVq 钢取 390MPa； A_0——4 根主肢型钢毛截面积； M_{max}——桅杆顶端所受弯矩； W——风载，$W = \mu_s \mu_z \beta_z w_0 A_F$； μ_s——风载体型系数，与格构式桅杆的结构型式有关，当只有单斜腹杆，$\mu_s = 0.6$；当有斜腹杆和水平腹杆，$\mu_s = 0.8$；当有斜腹杆和水平腹杆，$\mu_s = 1$； μ_z——风压高度变化系数，按建筑结构荷载规范取值； β_z——z 高度处的风振系数，按上述规范采用； w_0——基本风压； A_F——桅杆受风面的轮廓面积； β——桅杆的倾角； α_1、α_2、…、α_n——各受力缆风绳与最不利位置缆风绳的交角； S_0——缆风绳的初拉力
桅杆缆风绳的计算	作用在桅杆起重平面内的缆风绳的总张力(即空间合力)： 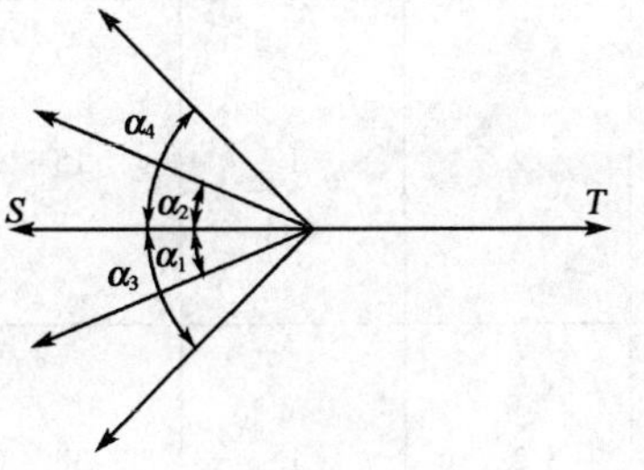 缆风绳计算简图 由 $M_A = 0$ 得： $T = \frac{(KP + Q)c}{a\sin\alpha}$ (15-87) 在多根缆风绳的情况下，其吊重总拉力应由某几根缆风绳共同承担，其中受力最大的 1 根缆风绳的拉力 S 可由下式计算： $S = \frac{1}{1 + \cos^2\alpha_1 + \cos^2\alpha_2 + \cdots + \cos^2\alpha_n}$ (15-88) 考虑初拉力的影响，计算受力最大 1 根缆风绳的总拉力 S_p： $S_p = S + S_0$ (15-89) 根据 S_p 选择缆风绳直径和锚碇，缆风绳的总拉力应满足下式： $S \leqslant \frac{S_b}{K_1}$ (15-90)	

续上表

项目	计算方法及公式	符号意义
起重滑车组钢丝绳的计算	起重钢丝绳所受的最大拉力 f_k： $f_k = S_b$ (15-91) 根据 S_b 值选择起重钢丝绳的直径，应满足： $f_k \leqslant \frac{S_b}{K_2}$ (15-92)	S_b——钢丝绳的破断拉力； K_1——缆风绳的安全系数，一般取3.5； K_2——钢丝绳安全系数，一般取5～10
卷扬机拉力计算	卷扬机起重拉力 q 按下式确定： $q \geqslant f_k \cdot f^k$ (15-93) 钢丝绳的起重速度应小于25m/min	

圆木独脚桅杆规格性能 表15-43

桅杆起重力 (kN)	桅杆高度 H(m)	桅杆梢径 d_0 (mm)	缆风直径 d_1（倾角45°）(mm)	起重滑车组 钢丝绳直径 d (mm)	滑车门数 定滑车	滑车门数 动滑车	卷扬机起重力 (kN)	桅杆连接搭接长度 L (m)
30	6.0 8.5 11.0 13.0 15.0	180 200 220 220 240	15.5	12.5	2	1	15	2.5～3.0 2.5～3.0 2.5～3.0 3.0～3.5 3.0～3.5
50	8.5 11.0 13.0 15.0	240 260 260 280	15.5 20.0 20.0 20.0	15.5	2	1	30	3.0～3.5 3.0～3.5 3.5～4.0 3.5～4.0
100	8.5 11.0 13.0	300 300 320	21.5	17.0	3	2	30	3.5～4.0 4.0～5.0 4.0～5.0

注：表中的数系按滑车组偏心距 e = 0.2m 计算而得。

钢管独脚桅杆规格性能 表15-44

桅杆起重力 (kN)	桅杆高度 (m)	钢管尺寸 直径 (mm)	钢管尺寸 臂厚 (mm)	缆风直径（倾角45°）(mm)	起重滑车组 钢丝绳直径 (mm)	滑车门数 定滑车	滑车门数 动滑车	卷扬机起重力 (kN)
100	10 15 20	250 250 300	8	21.5	17.0	3	2	30
200	10 15 20	250 300 300	8	24.5	21.5	4	3	50
300	10 15 20	300	8	28.0	24.5	5	4	50

注：缆风绳共6根，后缆风4根，前缆风2根。

格构式钢独脚桅杆规格性能 表 15-45

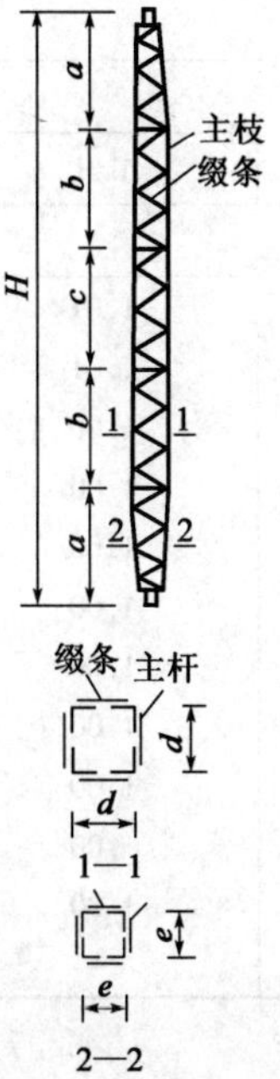

起重力 (kN)	高度 H(m)	桅杆尺寸(m) a	b	c	d	e	杆件规格(mm) 主肢	缀条	重 (t)
50	30	7.5	7.5	—	0.45	0.25	∟65×8	∟30×4	2.2
100	22.5	7.5	—	7.5	0.45	0.25			1.8
150	15	7.5	—	—	0.45	0.25			1.3
100	35	7.5	7.5	5	0.65	0.35	∟75×10	∟50×5	4.6
150	30	7.5	7.5	—	0.65	0.35			4.4
200	25	7.5	5.0	—	0.65	0.35			3.7
300	15	7.5	—	—	0.65	0.35			2.3
300	30	7.5	7.5	10	0.90	0.60	∟90×12	∟50×5	5.4
360	22.5	7.5	7.5	—	0.90	0.60			4.4
200	40	7.5	7.5	10	0.90	0.60	∟90×12	∟50×5	10.1
270	30	7.5	7.5	—	0.90	0.60			8.4
250	40	10	10	—	1.00	0.70	∟100×12	∟50×5	9.7
350	30	10	—	10	1.00	0.70			7.7
450	20	7.5	—	5	1.00	0.70			6.1
400	45	10	10	5	1.20	0.80	∟130×12	∟65×6	15.5
500	35	10	7.5	—	1.20	0.80			12.9
600	25	10	—	5	1.20	0.80			10.5
650	20	7.5	—	5	1.20	0.80			8.8
500	45	10	10	5	1.20	0.80	∟150×12	∟65×6	15.0
550	40	10	10	—	1.20	0.80	∟150×12	∟65×6	13.0
1000	40	10	10	—	1.20	0.80	∟200×16	∟100×8	21.0

注：缆风绳根数根据起重量、起重高度以及钢丝绳的强度而定，一般6～12根。

f^n 值 表 15-46

f \ n	0	1	2	3	4	5	6	7	8	9	10
1.02	1.000	1.020	1.040	1.061	1.082	1.104	1.126	1.149	1.172	1.195	1.219
1.04	1.000	1.040	1.082	1.125	1.170	1.217	1.265	1.316	1.369	1.423	1.480
1.06	1.000	1.050	1.124	1.191	1.262	1.338	1.419	1.504	1.594	1.689	1.791

f \ n	11	12	13	14	15	16	17	18	19	20	21
1.02	1.243	1.268	1.294	1.319	1.346	1.373	1.400	1.428	1.457	1.486	1.516
1.04	1.539	1.601	1.665	1.732	1.801	1.873	1.948	2.026	2.107	2.191	2.279

计 算 长 度 系 数 μ 表 15-47

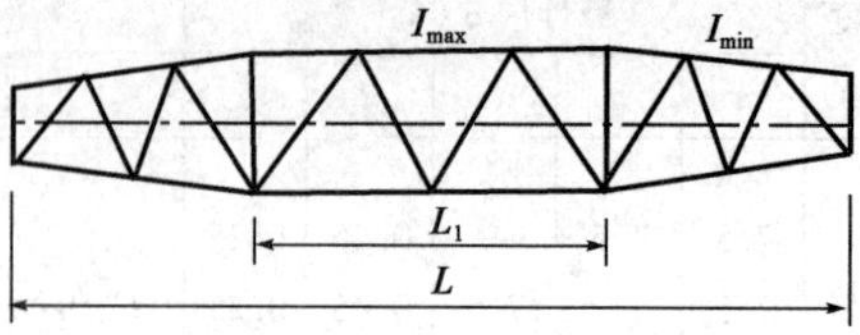

$\frac{I_{min}}{I_{max}}$	L_1/L				
	0.10	0.2	0.4	0.6	0.8
	μ				
0.001	3.14	1.82	1.44	1.14	1.01
0.01	1.69	1.45	1.23	1.07	1.01
0.1	1.35	1.22	1.11	1.03	1.00
0.2	1.25	1.15	1.07	1.02	1.00
0.3	1.18	1.11	1.05	1.02	1.00
0.4	1.14	1.08	1.04	1.01	1.00
0.5	1.10	1.06	1.03	1.01	1.00
0.6	1.08	1.05	1.02	1.01	1.00
0.7	1.05	1.03	1.01	1.00	1.00
0.8	1.03	1.02	1.01	1.00	1.00
0.9	1.02	1.01	1.00	1.00	1.00
1.0	1.00	—	—	—	—

例 15-15 某工程木独脚桅杆，高 11m，起重力为 50kN，起重滑车组及吊具重力 2kN，偏心距为 0.2m，桅杆倾斜角 $\beta = 10°$，采用 5 根缆风绳锚碇，与地面成 45°交角，$\alpha_1 = 30°$，$\alpha_2 = 60°$，采用电动卷扬机牵引，动载荷系数 $K = 1.1$，试计算和选择桅杆截面，缆风、起重钢丝绳直径和卷扬机的规格。

解： 先参考表 15-43 初步选定桅杆梢径 $d_0 = 260$mm，缆风钢丝绳直径 $d_1 = 15.5$mm，起重滑车组为“二一走三”，滑车采用铜轴承 $f = 1.04$，起重钢丝绳 $d = 15.5$mm（重力 8.5N/m），电动卷扬机牵引力为 30kN，现验算如下：

1. 桅杆强度和稳定性验算（图 15-5）

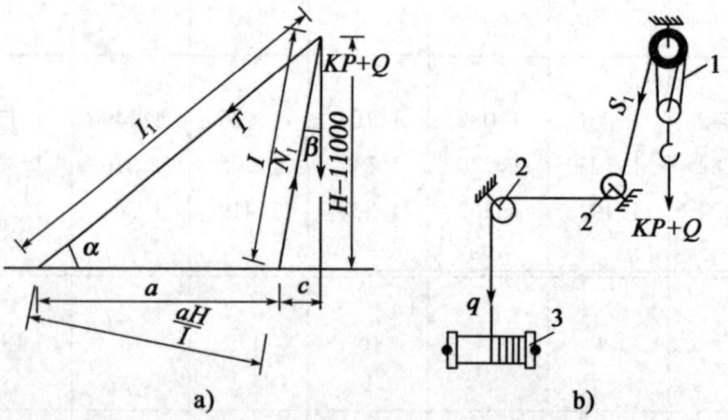

图 15-5 独脚木桅杆计算简图

a）独脚木桅杆计算简图；b）滑车组计算简图

1-起重滑车组；2-转向滑车；3-电动卷扬机

$$l = \frac{H}{\cos\beta} = \frac{H}{\cos 10°} = 11.17\text{m}$$

$$c = \sqrt{11.17^2 - 11^2} = 1.94\text{m}$$

$$a = 11 - 1.94 = 9.06\text{m}$$

$$l_1 = \sqrt{11^2 + 11^2} = 15.56\text{m}$$

桅杆上承受的轴向压力为：

$$N_1 = \frac{(KP + Q)(a + c)l}{aH}$$

$$= \frac{(1.1 \times 50 + 2)(9.06 + 1.94) \times 11.17}{9.06 \times 11} = 70.3\text{kN}$$

$$N_2 = S_k = \frac{f^n(f-1)}{f^n - 1} \cdot f^k(KP + Q)$$

$$= \frac{1.04^3(1.04 - 1)}{1.04^3 - 1} \times 1.04 \times (1.1 \times 50 + 2)$$

$$= 21.4\text{kN}$$

缆风绳的初拉力对桅杆的压力：

$$N_3 = \sum S_0 \sin\alpha = 5\frac{ql_1^2\cos\alpha}{8w_1}\sin\alpha$$

$$= 5 \times \frac{8.5 \times 15.56^2\cos 45° \cdot \sin 45°}{8 \times 0.04 \times 15.56}$$

$$= 1033\text{N} = 1.03\text{kN}$$

桅杆自重力：

$$N_4 = G_1 = \frac{6}{2} = 3\text{kN}（设桅杆自重力为6kN）$$

作用于桅杆顶端的总压力为：

$$N_0 = N_1 + N_2 + N_3 = 70.3 + 21.4 + 1.03 = 92.7\text{kN}$$

作用于桅杆中部的总压力为：

$$N_{cp} = N_1 + N_2 + N_3 + N_4 = 70.3 + 21.4 + 1.03 + 3 = 95.7\text{kN}$$

桅杆顶端承受的最大弯矩：

$$M_0 = (KP + Q + N_2)e$$

$$= (1.1 \times 50 + 2 + 21.4) \times 0.2$$

$$= 15.7\text{kN} \cdot \text{m}$$

桅杆中部承受的弯矩：

$$M_{CP} = \frac{1}{2}M_0 = \frac{1}{2} \times 15.7 = 7.85\text{kN} \cdot \text{m}$$

桅杆顶端强度验算：

桅杆梢径 $d_0 = 260\text{mm}$，中径 $d_0 = 320\text{mm}$，木材顺纹抗压强度设计值 $f_c = 15\text{MPa}$，木材抗弯强度设计值 $f_m = 17\text{MPa}$。

$$A_{HT} = \frac{\pi d_0^2}{4} = \frac{3.14 \times 260^2}{4} = 53066\text{mm}^2$$

$$W_{HT} = 0.1d_0^3 = 0.1 \times 260^3 = 1757600\text{mm}^3$$

故

$$\sigma = \frac{M_0 f_c}{W_{HT} f_c} + \frac{N_0}{A_{HT}} = \frac{15700000 \times 15}{1757600 \times 17} + \frac{92700}{53066} = 9.6\text{MPa} < f_c = 15\text{MPa}$$

桅杆中部稳定性验算：

$$A_{CP} = \frac{3.14 \times 320^2}{4} = 80384\text{mm}^2$$

$$W_{CP} = 0.1 \times 320^3 = 3276800\text{mm}^3$$

$$\lambda = \frac{11.17 \times 4}{0.32} = 139.6 > 75$$

所以

$$\varphi = \frac{3000}{\lambda^2} = \frac{3000}{139.6^2} = 0.154$$

$$\sigma_c = \frac{N_{CP}}{A_{CP}} = \frac{95700}{80384} = 1.19\text{MPa}$$

$$\sigma_m = \frac{M_{CP}}{W_{CP}} = \frac{7850000}{3276800} = 2.40\text{MPa}$$

所以

$$\varphi_m = \left[1 - \frac{2.4}{17\left(1 + \sqrt{\frac{1.19}{15}}\right)}\right]^2 = 0.79$$

$$\sigma = \frac{7850000 \times 15}{3276800 \times 17} + \frac{95700}{0.154 \times 0.79 \times 80384} = 2.11 + 9.79 = 11.9\text{MPa} < f_c = 15\text{MPa}$$

根据计算选用的桅杆截面可满足要求。

2. 缆风绳强度验算

桅杆缆风绳总拉力：

$$T = \frac{(KP + Q)c}{a \cdot \sin\alpha} = \frac{(1.1 \times 50 + 2) \times 1.94}{9.06 \times \sin 45°} = 17.3\text{kN}$$

$$S_P = \frac{T}{1 + 2\cos^2\alpha_1 + 2\cos^2\alpha_2} + S_0 = \frac{17.3}{1 + 2\cos^2 30° + 2\cos^2 60°} + 1.0 = 6.8\text{kN}$$

缆风绳的破断拉力为：

$$S_b = K_1 S_p = 3.5 \times 6.8 = 23.8\text{kN}$$

直径15.5mm钢丝强度极限为1550MPa的6×19钢丝绳，由附录三查得钢丝破断拉力为138.5kN，从表15-4中查得钢丝绳之间荷载不均匀系数$\alpha = 0.85$，则钢丝绳的破断拉力为$138.5 \times 0.85 = 117.5\text{kN} > 23.8\text{kN}$，安全。如改选用直径12.5mm钢丝绳，破断拉力为$88.7 \times 0.85 = 75.4\text{kN}$，也可满足要求。

3. 起重钢丝绳和电动卷扬机验算

起重钢丝绳所受的最大拉力：

$$f_k = S_k = 21.4\text{kN}$$

取安全系数 $K_2 = 4.5$,选用直径为15.5mm、钢丝强度极限为1550MPa的 6×19 钢丝绳,其允许拉力为:$T_b = \frac{0.85 \times 138.5}{4.5} = 26.1\text{kN} > 21.4\text{kN}$(满足)。

经过两个导向滑车后,引向卷筒时的拉力为:$q = f_k \cdot f^2 = 21.4 \times 1.04^2 = 23\text{kN} < 30\text{kN}$,选用30kN卷扬机符合要求。

例15-16 格构式独脚钢桅杆,其参数要求为:起重力300kN,起重半径5m,桅杆长度40m,分4节,每节长10m,用角钢焊接而成。中间两节截面为1m×1m,端部截面为0.7m×0.7m,采用8根缆风绳,其与地面成40°夹角,其中滑车组工作线数为10,重力为12kN,$f = 1.04$。偏心距 $e = 700$mm。试计算和选择桅杆截面、起重及缆风绳直径和电动卷扬机规格。

解 1.桅杆的受力分析(图15-6)

(1)吊装荷载作用于桅杆的压力

$$N_1 = \frac{(KP + Q)(a + c)l}{aH} = \frac{(1.1 \times 300 + 12)(42.3 + 5) \times 40}{42.3 \times 39.7} = 385.3\text{kN}$$

(2)起重滑车组绕出绳对桅杆的压力

$$N_2 = \frac{f^n(f - 1)f^k(KP + Q)}{f^n - 1} = \frac{1.04^{10}(1.04 - 1) \times 1.04 \times (1.1 \times 300 + 12)}{1.04^{10} - 1} = 43.9\text{kN}$$

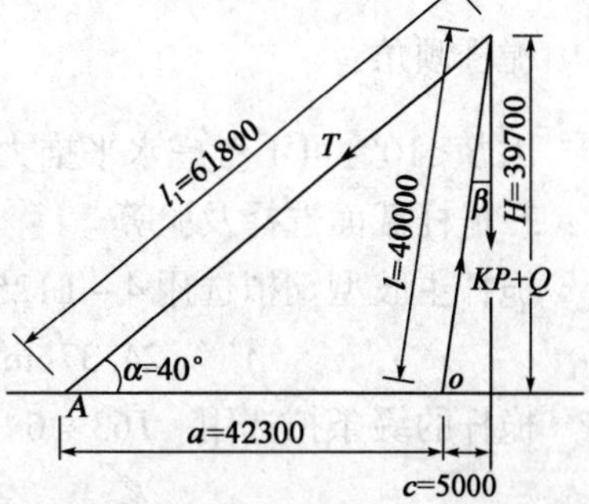

图15-6 桅杆内力计算简图
(尺寸单位:mm)

(3)缆风绳自重及初拉力对桅杆的压力

初步选用 6×19,ϕ15.5mm钢丝绳,重力为8.5N/m。

则
$$N_3 = \sum S_0 \sin\alpha = 8\left(\frac{ql_1^2\cos\alpha}{8w_1} \cdot \sin\alpha\right) = 8\left(\frac{8.5 \times 61.8^2\cos40°}{8 \times 0.03 \times 61.8} \times \sin40°\right) = 8644\text{N} \approx 8.6\text{kN}$$

(4)桅杆自重力产生的压力

桅杆自重力估计为100kN,则

$$N_4 = G = 100\text{kN}$$

作用于桅杆顶端的总压力为:

$$N_0 = N_1 + N_2 + N_3 = 385.3 + 43.9 + 8.6 = 437.8\text{kN}$$

作用于桅杆中部的总压力为:

$$N_{CP} = N_1 + N_2 + N_3 + \frac{N_4}{2} = 385.3 + 43.9 + 8.6 + \frac{100}{2} = 487.8\text{kN}$$

作用于桅杆全长中间距顶端1/3处的总压力为:

$$N_{CP} = N_1 + N_2 + N_3 + \frac{N_4}{3} = 385.3 + 43.9 + 8.6 + \frac{100}{3} = 471.1\text{kN}$$

2. 桅杆所受的弯矩

作用于桅杆顶部的弯矩：

$$M_0 = (N_1 + N_2)e = (385.3 + 43.9) \times 0.7 = 300.4\text{kN} \cdot \text{m}$$

作用于桅杆中部的弯矩：

$$M_{CP} = \frac{M_0}{2} + M_F = \frac{M_0}{2} + \frac{KW_C A_F H}{8}$$

$$= \frac{300.4}{2} + \frac{0.8 \times 0.25 \times 37 \times 39.7}{8} = 150.2 + 36.7$$

$$= 186.9\text{kN} \cdot \text{m}$$

作用于桅杆全长中间距顶端1/3处的弯矩：

$$M = \frac{2}{3}M_0 + M'_F = \frac{2 \times 300.4}{3} + 36.7 \times \left(\frac{2}{3}\right)^2 = 216.6\text{kN} \cdot \text{m}$$

桅杆底部所受的水平推力：

桅杆倾角： $\beta = \sin^{-1}\frac{5}{40} = 8°$

因$\beta < 10°$,可不考虑水平推力的影响。

3. 桅杆截面选择及验算

桅杆主肢型钢拟选用4－L125×10,其参数为：

$$A' = 24.37\text{cm}^2, I = 362\text{cm}^4, z_0 = 3.45\text{cm}, i = 2.48\text{cm}$$

桅杆的缀条拟选用 L63×6,其参数为：

$$A_1 = 7.29\text{cm}^2, i = 1.24\text{cm}$$

计算组合截面的有关参数：

$$I_{max} = 4\left[I + A'\left(\frac{B_z}{2} - z_0\right)^2\right]$$

$$= 4\left[362 + 24.7\left(\frac{100}{2} - 3.45\right)^2\right] = 212678\text{cm}^4$$

$$I_{min} = 4\left[I + A'\left(\frac{B_d}{2} - z_0\right)^2\right]$$

$$= 4\left[362 + 24.7\left(\frac{70}{2} - 3.45\right)^2\right] = 98498480\text{cm}^4$$

$$A = 4A' = 97.48\text{cm}^2; \qquad \frac{I_{min}}{I_{max}} = \frac{98480}{212680} = 0.463$$

(1)顶部截面整体验算

$$\frac{N_0}{A} + \frac{M_0}{\gamma W_n} = \frac{437800}{9748} + \frac{300400000}{1.1 \times \dfrac{984800000}{350}}$$

$$= 44.9 + 97.1 = 142\text{MPa} < f = 215\text{MPa}$$

(2)中部截面整体稳定性验算

$$\frac{L_1}{L} = \frac{20}{40} = 0.5$$

求桅杆的换算计算长度l'_0,查表15-47得(用插入法)$\mu = 1.022$,则

$$l'_0 = \mu l = 1.022 \times 40 \approx 40.88\text{m}$$

桅杆的长细比 λ_x 为：

$$\lambda_x = \frac{l'_0}{\sqrt{I_{max}/A}} = \frac{4088}{\sqrt{212680/97.48}} = 88$$

桅杆的换算长细比 λ_h 为：

$$\lambda_h = \sqrt{\lambda_x^2 + 40\frac{A}{A'}} = \sqrt{88.0^2 + 40 \times \frac{97.48}{7.29}} = 90.99 < 150 \quad （满足）$$

查《钢结构设计规范》附表 3.2，$\varphi_x = 0.625$，$\beta_{mx} = 1.0$，$\gamma_x = 1.0$，则有：

$$N_{EX} = \frac{\pi^2 EA}{\lambda_x^2} = \frac{3.14^2 \times 2.06 \times 10^5 \times 9748}{88^2} = 2556.7\text{kN}$$

$$W_{1x} = \frac{I_{max}}{y_0} = \frac{212678}{50} = 4254\text{cm}^3$$

$$\frac{N}{\varphi_x A} + \frac{\beta_{mx}M_x}{\gamma_x W_{1x}\left(1 - \varphi_x \dfrac{N}{N_{Ex}}\right)}$$

$$= \frac{487800}{0.625 \times 9748} + \frac{1 \times 186.9 \times 10^6}{1 \times 4254000 \times \left(1 - 0.625 \times \dfrac{487800}{2556700}\right)}$$

$$= 80.1 + 49.9 = 130.0\text{MPa} < f = 215\text{MPa}$$

(3)桅杆主肢型钢单肢稳定性验算(图 15-7)

①顶端截面

主肢角钢内力：

$$N'_0 = \frac{N_0}{n} + \frac{N_{0m}}{2} = \frac{N_c}{n} + \frac{M_c}{2(B - 2z_0)}$$

$$= \frac{437800}{4} + \frac{300.4 \times 10^6}{2 \times (700 - 2 \times 34.5)}$$

$$= 109450 + 238000 = 347450\text{N}$$

计算长度：

$$l_0 = 125\text{cm} \qquad i_{min} = i_y = 2.48\text{cm}$$

$$\lambda = \frac{l_0}{i_{min}} = \frac{125}{2.48} = 50$$

由《钢结构设计规范》按 b 类由附表 3.2 查得 $\varphi = 0.856$，则有：

$$\frac{\dfrac{N}{n} + \dfrac{N_m}{2}}{\varphi A'} = \frac{347450}{0.856 \times 2437} = 166.6\text{MPa} < f = 215\text{MPa}$$

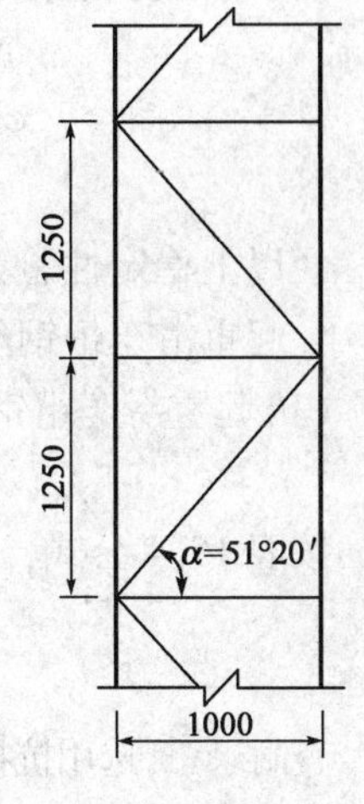

图 15-7 桅杆轴线尺寸

(尺寸单位：mm)

②中部截面

主肢角钢内力：

$$N'_{cp} = \frac{N_{cp}}{n} + \frac{N_{om}}{2} = \frac{N_{cp}}{n} + \frac{M_{cp}}{2(B - 2z_0)}$$

$$= \frac{487800}{4} + \frac{186.9 \times 10^6}{2(1000 - 2 \times 34.5)}$$

$$= 121950 + 100376 = 222326\text{N}$$

计算长度：$l_0 = 125\text{cm}$，$i_{min} = i_y = 2.48\text{m}$，$l = \dfrac{l_0}{i_{min}} = \dfrac{125}{2.48} = 50$，查表得 $\varphi = 0.856$，则有：

$$\frac{\dfrac{N}{n} + \dfrac{N_m}{2}}{\varphi A'} = \frac{222326}{0.856 \times 2437} = 107\text{MPa} < 215\text{MPa}$$

(4)斜缀条稳定性验算

实际剪力：
$$V=\frac{M_0}{L}+\frac{WA_F}{2}\cos\beta$$
$$=\frac{300.4\times10^6}{40000}+\frac{0.8\times2.5\times3700}{2}\cos8^\circ$$
$$=11174\text{N}$$

根据《钢结构设计规范》,由式(15-85)得：

$$V=\frac{Af}{85}\sqrt{\frac{f_x}{235}}=\frac{9748\times215}{85}\sqrt{\frac{235}{235}}=24657\text{N}$$

取两者中较大者进行计算,所以取24657N。

单根斜缀条的轴向力：

$$N_1=\frac{V}{2\cos\alpha}=\frac{24657}{2\cos51.3^\circ}=19892\text{N}$$

$$l_0=\frac{100}{\cos51.3^\circ}=160\text{m},i_{\min}=1.24\text{cm}$$

$$\lambda=\frac{l_0}{i_{\min}}=\frac{160}{1.24}=129$$

由《钢结构设计规范》查得 $\varphi=0.392$,那么有：

$$\frac{N_1}{\varphi A_1}=\frac{19892}{0.392\times729}=69.6\text{MPa}<f(0.6+0.0015\lambda)$$
$$=215\times0.794=171\text{MPa}$$

经以上稳定性验算,选用的桅杆截面及型钢规格均可满足要求。

4.起重滑车组钢丝绳及卷扬机的选择

(1)起重滑车组钢丝绳:钢丝绳按经过一个导向滑轮进入卷扬机卷筒,钢丝绳拉力为：

$$S=N_2f^k=43.9\times1.04=45.7\text{kN}$$

按表15-4公式,当 $K_1=5,\alpha=0.82$ 时有：

$$P_g\geqslant\frac{K_1S}{\alpha}=\frac{5\times45.7}{0.82}=278.6\text{kN}$$

查附录三,选用抗拉强度为1700MPa、6×37ϕ21.5的钢丝绳,$P_g=296\text{kN}>278.6\text{kN}$,满足要求

(2)卷扬机:选用JJM－6型卷扬机,其额定牵引力50kN>45.7kN,钢丝绳起重速度8.7m/min。

5.缆风绳的计算

缆风绳布置如图15-8所示

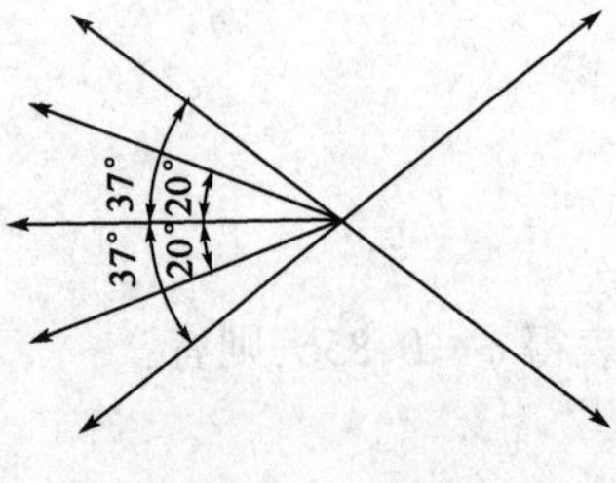

图15-8 缆风绳平面布置

(1)由于吊重而产生的缆风绳拉力

$$总拉力\ T=\frac{(KP+Q)c}{a\sin\alpha}=\frac{(1.1\times300+12)\times5}{42.3\times\sin40^\circ}=62.9\text{kN}$$

单根缆风绳拉力

$$S=\frac{T}{1+\cos^2\alpha_1+\cos^2\alpha_2+\cos^2\alpha_3+\cos^2\alpha_4}$$
$$=\frac{62.9}{1+2\cos^2 20^\circ+2\cos^2 37^\circ}=15.5\text{kN}$$

(2)单根缆风绳初拉力

$$S_0=\frac{ql_1^2\cos\alpha}{8w_1}=\frac{8.5\times61.8^2\times\cos40^\circ}{8\times0.03\times61.8}=1676.9\text{N}\approx1.7\text{kN}$$

(3)单根缆风绳总拉力

$$S_\text{P}=S+S_0=15.5+1.7=17.2\text{kN}$$

(4) 缆风绳选择

当 $K_1=3.5$,$\alpha=0.85$ 时有:

$$P=\frac{K_1S_\text{p}}{\alpha}=\frac{3.5\times17200}{0.85}=70823\text{N}\approx70.8\text{kN}$$

查附录三,选用钢丝绳极限强度为 1400MPa、6 × 19 直径 14mm 钢丝绳,$P_\text{g}=101\text{kN}>70.8\text{kN}$,满足要求。

1.8.2 人字桅杆(扒杆)吊装计算

人字桅杆吊装计算 表 15-48

项目	计算方法及公式	符号意义
桅杆构造	人字桅杆是用两根圆木、钢管或型钢格构,在顶端用钢丝绳捆扎或钢铰组成人字形,在交接处悬挂起重滑车组;桅杆下端两脚距离为高度的 1/3 ~ 1/2,在下部设防滑钢丝绳或横拉杆以承受水平推力。顶部设置不少于 5 根缆风绳,底部设木底座或木拖,用卷扬机或绞磨拖动。人字桅杆的构造如下图,规格性能见表 15-49 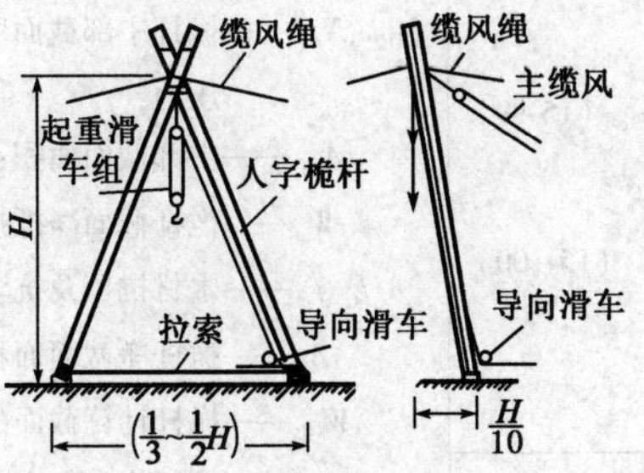 人字桅杆构造	P——荷载重量; Q——起重滑车组的重力; K——动载荷系数,对电动卷扬机为1.1,对手摇卷扬机(绞车)为1.0; l——桅杆的长度; a——桅杆底至锚碇的距离; c——桅杆的倾斜距; H——桅杆的高度,即桅杆顶面至地面的距离; $H=\sqrt{l^2-c^2}$ T——缆风绳的总张力; α——缆风绳与地面的交角
桅杆所受的总压力	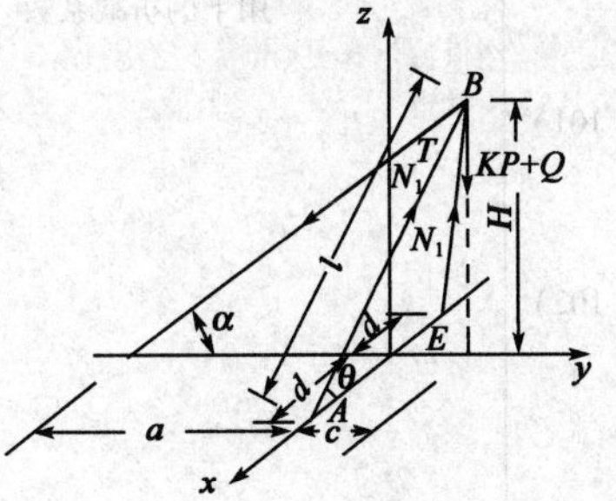 人字桅杆内力计算简图 1. 荷载作用下,每根桅杆所受的压力 N_1: 由 $\sum F_Z=0$ 得: $$N_1=\frac{(T\sin\alpha+KP+Q)l}{2H}\quad(15\text{-}94)$$	

续上表

项目	计算方法及公式	符号意义
桅杆所受的总压力	其中 $T=\dfrac{(KP+Q)c}{a\sin\alpha}$ 2. 起重滑车组绕出绳对桅杆的压力 N_2： $$N_2 = S_k \qquad (15\text{-}95)$$ 3. 桅杆自重力对其中部的压力 N_3： $$N_3 = \frac{G_2\sin\theta}{2} \qquad (15\text{-}96)$$ 4. 桅杆中部截面所受的总压力 N_{CP} $$N_{CP} = N_1 + N_2 + N_3 \qquad (15\text{-}97)$$	
桅杆中部所受的弯矩	1. 偏心影响所产生的弯矩 M'： $$M' = \frac{1}{2}\left[\frac{(KP+Q)}{2}\sin\theta + S_k\right]e \qquad (15\text{-}98)$$ 2. 桅杆自重所产生的弯矩 M''： $$M'' = \frac{G_2 l\cos\theta}{8} \qquad (15\text{-}99)$$ 3. 桅杆中部所受的总弯矩 M_{CP}： $$M_{CP} = M' + M'' \qquad (15\text{-}100)$$	S_k——起重滑车组绕出绳端的拉力，计算同独脚桅杆； G_2——桅杆的自重力； θ——桅杆与地面的交角； e——对桅杆的最大偏心距； M_{CP}、N_{CP}——桅杆中部截面所受总弯矩和总压力； A_{CP}——中部截面面积； W_n——桅杆截面净抵抗矩； f_C、f_m——木材抗压及抗弯强度设计值； A_n——桅杆净截面面积； W_{CP}——桅杆计算截面的抵抗矩； φ——轴压构件稳定系数； φ_m——考虑轴心力和横向弯矩共同作用下的折减系数
桅杆中部截面	1. 桅 4 杆截面强度按下式验算： $$\sigma = \frac{M_{CP}f_C}{W_n f_m} + \frac{N_{CP}}{A_n} \leqslant f_c \qquad (15\text{-}101)$$ 2. 桅杆稳定性按下式验算： $$\sigma = \frac{M_{CP}f_c}{W_{CP}f_m} + \frac{N_{CP}}{\varphi\varphi_m A_{CP}} < f_c \qquad (15\text{-}102)$$	
桅杆其他有关计算	桅杆缆风绳、起重滑车组、钢丝绳以及卷扬机拉力的计算与独脚桅杆相同	

木人字桅杆规格性能　　表 15-49

桅杆起重力 (kN)	桅杆高度 (m)	木料规格			缆风直径 (mm)	起重滑车组			卷扬机起重力 (kN)
		圆木直径 (mm)	方木边长 (mm)	长度 (m)		钢丝绳直径 (mm)	滑车门数		
							定滑车	动滑车	
30	6	160		7	15.5	12.5	2	1	15
45	5			6		15.5	2	1	20
100	3.2			4		17.5	3	2	30
60	7	200		8	15.5	19.5	2	1	30
110	5			6			3	2	30
190	9	300		10	19.5	24.0	3	3	50
310	7			8	24.0	24.0	5	4	50
140	13.7		300×300	15	19.5	21.5	3	2	50
210	10.8			12	21.5	24.0	3	3	50
320	9			10	24.0	24.0	5	5	50

注:①桅杆组合尺寸为:吊钩与桅杆底脚的水平距离等于 1/10 桅杆交叉中心到地面的 高度;桅杆两脚间距等于 1/2 桅杆交叉中心到地面的高度;

②后缆风 2 根,前缆风 2 根,与地面交角为 30°。

1.8.3 悬臂式桅杆(扒杆)计算

悬臂式桅杆吊装计算　　表 15-50

<table>
<tr><th>项目</th><th>计 算 方 法 及 公 式</th><th>符 号 意 义</th></tr>
<tr><td>桅杆构造</td><td>悬臂式桅杆通常用钢管、圆木或型钢等制成。是在独脚桅杆上部加一根能起伏旋转的悬臂吊杆(起重臂)。起重臂能变幅,能左右摇摆 90° ~ 180°,其回转半径(吊距)可达 8 ~ 15m,起重能力 10 ~ 80kN,起重高度 5 ~ 20m。适于吊装轻型构件及做装、卸车的起重工作。悬臂式桅杆的构造如下图。
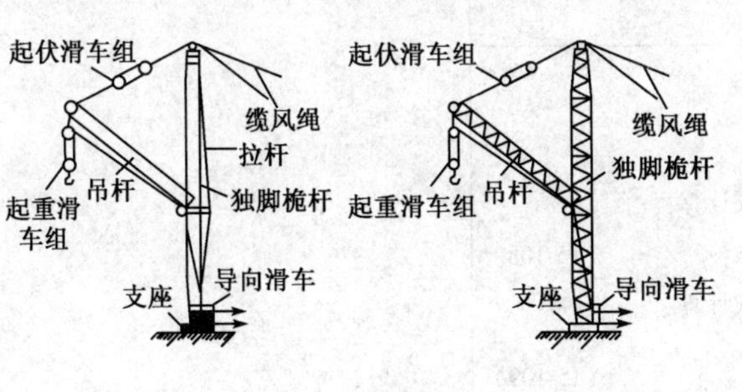

悬臂式桅杆构造</td><td></td></tr>
</table>

续上表

项目	计算方法及公式	符号意义
悬臂杆的受力	悬臂式桅杆为一空间结构，作受力分析时，可按平面力系处理，如下图。 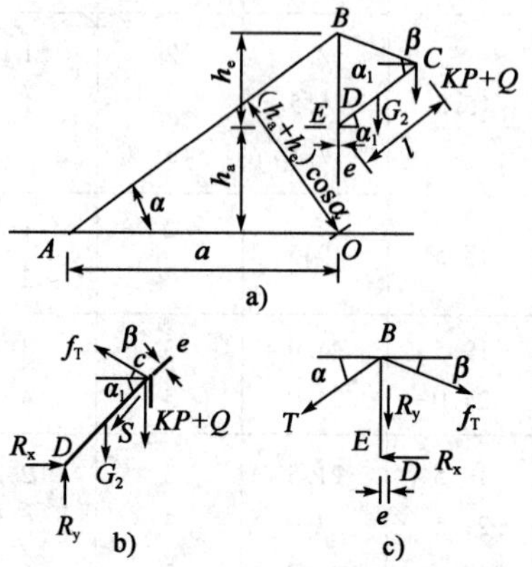 悬臂式桅杆计算简图 a)几何尺寸图；b)、c)平面力系图 1. 起伏绳的总拉力f_T由上图a)、b)按下式计算： 由$\sum M_0=0$得 $$f_T=\frac{\left(KP+Q+\frac{G_2}{2}\right)\cos\alpha_1}{\sin(\alpha_1+\beta)} \quad (15\text{-}103)$$ 2. 支座D反力，由图b)取 $\sum x=0$及$\sum y=0$得： $$R_x=f_T\cos\beta+S\cos\alpha_1 \quad (15\text{-}104)$$ $$R_y=KP+Q+G_2-f_T\sin\beta+S\sin\alpha_1 \quad (15\text{-}105)$$ 3. 悬臂杆所受的轴向力N_0、N_{cp} 从图b)中节点C的平衡条件得： $$N_0=(KP+Q)\sin\alpha_1+f_T\cos(\alpha_1+\beta)+S \quad (15\text{-}106)$$ $$N_{cp}=N_0+\frac{G_2}{2}\sin\alpha_1 \quad (15\text{-}107)$$	P——荷载重量； Q——起重滑车组的重力； K——动载荷系数，对电动卷扬机为1.1，对手摇卷扬机(绞车)为1.0； G_2——悬臂杆自重力； β——起伏绳的水平夹角； α_1——悬臂杆的水平夹角； f_T——起伏滑车组的总拉力； S——起重滑车组绕出绳的拉力，计算同独脚桅杆； N_0——悬臂杆所受的轴向力； N_{cp}——悬臂杆中部截面的轴向力； e_1——起重滑车组定滑车对悬臂杆轴线的偏心距； M_0——悬臂杆顶端截面的弯矩； M_{cp}——悬臂杆中部截面的弯矩
悬臂杆所受弯矩	1. 作用在悬臂杆顶端截面的弯矩M_0按下式计算： $$M_0=[(KP+Q)\sin\alpha_1+S]e_1 \quad (15\text{-}108)$$ 2. 作用在悬臂杆中部截面的弯矩M_{cp}按下式计算： $$M_{cp}=\frac{M_0}{2}-\frac{G_2 l\cos\alpha_1}{8} \quad (15\text{-}109)$$	

续上表

项目	计算方法及公式	符号意义
桅杆的受力	1. 桅杆后方缆风绳的总拉力,图 c)中,由 $\sum M_0=0$ 得: $$T=\frac{f_{\mathrm{T}}\cos\beta(h_{\mathrm{a}}+h_{\mathrm{c}})+R_{\mathrm{y}}e-R_{\mathrm{x}}h_{\mathrm{a}}}{(h_{\mathrm{a}}+h_{\mathrm{c}})\cos\alpha} \quad (15\text{-}110)$$ 2. 桅杆中部所受的轴向压力 K_{cp} 为 $$K_{\mathrm{cp}}=N_1+N_2+N_3 \quad (15\text{-}111)$$ 其中 $N_1=T\sin\alpha+f_{\mathrm{T}}\sin\beta+R_{\mathrm{y}}$ $$N_2=\frac{f^{n}(f-1)}{f^{n-1}}f^{k}\cdot f_{\mathrm{T}}$$ $$N_3=\sum(S_0\sin\alpha)+G_1+q''$$ 3. 悬臂杆与桅杆连接处,桅杆所受的弯矩 M_{E},如图 c) $$M_{\mathrm{E}}=(T\cos\alpha-f_{\mathrm{T}}\cos\beta)h_{\mathrm{c}}-R_{\mathrm{y}}e \quad (15\text{-}112)$$	T——桅杆后缆风绳的总拉力; h_{a}、h_{c}——分别为悬臂桅杆支点至桅杆脚部和顶部的距离; N_1——由吊装荷载、悬臂杆自重力所产生的轴向压力; N_2——起伏滑车组绕出绳对桅杆的压力; N_3——缆风绳初拉力、悬臂杆与桅杆连接点以上的桅杆自重以及起伏滑车组一半重力对桅杆的压力; α——缆风绳与地面的水平夹角; G_1——悬臂杆与桅杆连接点以上的桅杆重力; q''——起伏滑车组重力的一半; S_0——单根缆风绳的初拉力,计算同独脚桅杆
悬臂杆与桅杆的强度和稳定性验算	悬臂杆根据求出的 N_{cp} 和 M_{cp},验算中部截面的强度和稳定性,验算方法同独脚桅杆相同。 桅杆亦根据求出的 N_{cp} 和 M_{cp},验算该连接处最不利截面位置的强度和稳定性,验算方法亦与独脚桅杆相同。如 E 处截面应力过大,可在桅杆后加一撑杆(横梁)及拉杆(平衡绳),见本表图,将可减小 M_{E} 值,从而可减小截面尺寸。但是,吊杆(悬臂杆)在吊装过程中要旋转,而撑杆是固定的,因此,当吊杆与撑杆不在一个平面上时,撑杆平衡端对该截面的弯矩,不能以一个定值与吊杆所产生的弯矩相抵消,故不考虑撑杆平衡端对桅杆 E 截面所产生的弯矩影响。撑杆所受压力及弯矩,由节点平衡可求出,再进行强度和稳定性验算	

1.8.4 桅杆式起重机(摇臂扒杆、台令扒杆)吊装计算

桅杆式起重机吊装计算 表 15-51

项目	计算方法及公式	符号意义
起重机构造	桅杆式起重机是在独脚桅杆下端,装一根可起伏和回转的吊杆(起重臂)构造而成。桅杆与吊杆的连接,有的吊杆铰接在桅杆下端;有的将吊杆桅杆连接在一个转盘上,由卷扬机牵动转盘旋转,并共同支撑在止推轴承或球形支座上,顶部设 6 ~ 8 根缆风绳。起重量在 5t 以下的桅杆式起重机,多用圆木制成;起重量 10t 左右,多用无缝钢管制成;起重量在 15t 以上时,常用型钢做成格构式截面。桅杆式起重机的构造如下图所示。 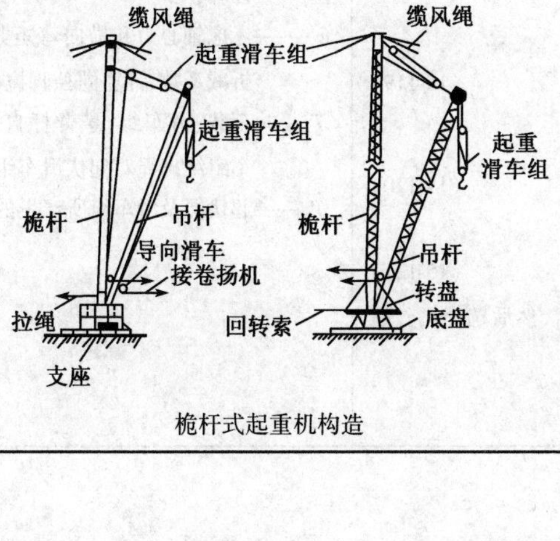 桅杆式起重机构造	

续上表

项目	计 算 方 法 及 公 式	符 号 意 义
悬臂杆的受力	桅杆式起重机受力为一空间结构，分析时可按平面力系处理。 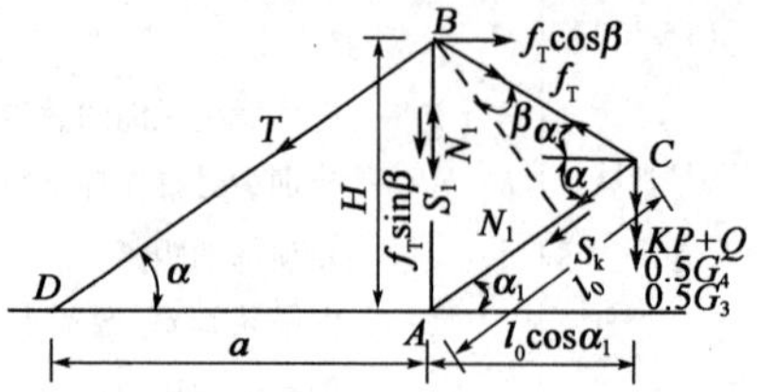 桅杆式起重机内力计算简图 1. 悬臂杆中部所受的压力 (1)荷载、滑车组、起重滑车组绕出绳对悬臂的压力 由$\sum M_B=0$，得： $N_1=\frac{(KP+Q+0.5G_4)\cos\beta}{\sin(\alpha_1+\beta)}+S_k$ (15-113) (2)悬臂上部自重力对中部所产生的压力 $N_2=\frac{1}{2}G_3\sin\alpha_1$ (15-114) (3)作用在悬臂杆中部的总轴向压力 $N_{cp}=N_1+N_2$ (15-115) 2. 悬臂杆自重力作用在悬臂杆中部的弯矩 $M_{cp}=\frac{G_3 l_0\cos\alpha_1}{8}$ (15-116) 3. 悬臂杆中部截面强度验算 $\sigma=\frac{M_{cp}f_c}{W_n f_m}+\frac{N_{cp}}{A_n}\leqslant f_c$ (15-117) 4. 悬臂杆中部稳定性验算 $\sigma=\frac{f_c M_{cp}}{f_m W_{cp}}+\frac{N_{cp}}{\varphi\varphi_m A}\leqslant f_c$ (15-118)	P——荷载重量； Q——起重滑车组的重力； K——动载荷系数，对电动卷扬机为1.1，对手摇卷扬机(绞车)为1.0； β——起伏滑车组与水平线的交角； α_1——悬臂杆与水平线的交角； G_4——起伏滑车组的自重力； S_k——起伏滑车组绕出绳端的拉力，计算同独脚桅杆； G_3——悬臂杆的自重力； l_0——悬臂杆计算长度； N_1——荷载、滑车组、起重滑车组绕出绳对悬臂杆的压力； N_2——悬臂杆上部自重对中部的压力； N_{cp}——悬臂杆中部的总压力； M_{cp}——悬臂杆自重在中部产生的弯矩； f_c——木材顺纹抗压强度设计值； f_m——木材抗弯强度设计值； W_n——净截面抵抗矩；对圆截面 $W_n=0.1d_0^3$； d_0——木桅杆直径； A_n——净截面面积； A——计算截面面积； W_{cp}——计算截面的截面抵抗矩； φ——轴心受压构件稳定系数，可根据长细比$\lambda(\lambda=l_0/i)$查得或按设计规范计算； φ_m——考虑轴心力和横向弯矩共同作用的折减系数，计算同独脚桅杆； T_1——荷载、滑车组、悬臂杆自重、起重滑车组绕出绳对起伏滑车组的张力； T_2——起伏绳及滑车组所产生的张力
起伏滑车组的受力	1. 荷载、滑车组、悬臂杆自重力、起重滑车组绕出绳对起伏滑车组的张力 由$\sum M_A=0$，得： $T_1=\frac{(KP+Q+0.5G_3)\cos\alpha_1}{\sin(\alpha_1+\beta)}$ (15-119) 2. 起伏绳及滑车组所引起的张力 $T_2=G_4$ (15-120) 3. 作用于起伏绳滑车组的总拉力 $f_T=T_1+T_2$ (15-121) 根据求出的f_T选择滑车组，并求出绳端拉力S_1，然后选择钢丝绳和卷扬机	

续上表

项目	计算方法及公式	符号意义
桅杆所受的压力	作用于桅杆的压力为： 1. 起伏滑车组受的总张力和缆风绳对桅杆产生的压力 由$\sum M_D=0$，得： $$N'_1=\frac{f_T a\sin\beta+f_T H\cos\beta}{a} \quad (15\text{-}122)$$ 2. 起伏滑车组绕出绳对桅杆的压力 $$N'_2=S_1 \quad (15\text{-}123)$$ S_1计算同独脚桅杆S_k，计算时以f_T代替$KP+Q$ 3. 缆风绳自重力对桅杆的压力 $$N'_3=\frac{G}{2} \quad (15\text{-}124)$$ 4. 核算截面到桅杆顶端的自重力 $$N'_4=G_1 \quad (15\text{-}125)$$ 5. 作用于桅杆顶端的总压力 $$N_0=N'_1+N'_2+N'_3 \quad (15\text{-}126)$$ 6. 作用于桅杆中部的总压力 $$N_c=N'_1+N'_2+N'_3+N'_4 \quad (15\text{-}127)$$	f_T——起伏滑车组的总拉力； a——桅杆底至锚碇的距离； H——桅杆的高度； S_1——起伏滑车组绕出绳端的拉力； N'_1——起伏滑车组所受总拉力和缆风绳对桅杆的压力； N'_2——起伏滑车组绕出绳对桅杆的压力； N'_3——缆风绳自重对桅杆的压力； G——缆风绳自重力； N'_4——核算截面到桅杆顶端的自重力； G_1——桅杆的自重力； N_0——桅杆顶端的总压力； N_c——桅杆中部的总压力； M_0——桅杆顶端的弯矩； M_{cp}——桅杆中部截面的弯矩； e——起伏滑车组定滑车对桅杆轴线的偏心距； σ_0——桅杆顶端的截面应力； σ_{cp}——桅杆中部的截面应力
桅杆所受的弯矩	作用于桅杆的弯矩为： 1. 作用于桅杆顶端截面的弯矩 $$M_0=N'_2 e \quad (15\text{-}128)$$ 2. 作用于桅杆中部截面的弯矩 $$M_{cp}=\frac{1}{2}N'_2 e \quad (15\text{-}129)$$	
桅杆截面应力和稳定性	1. 桅杆顶端截面应力按下式验算 $$\sigma_0=\frac{M_0 f_c}{W_n f_m}+\frac{N_0}{A_n}\leqslant f_c \quad (15\text{-}130a)$$ 2. 桅杆中部稳定性按下式验算 $$\sigma_{cp}=\frac{M_{cp} f_c}{W_{cp} f_m}+\frac{M_{cp}}{\varphi\varphi_m A}\leqslant f_c \quad (15\text{-}130b)$$	

续上表

项目	计算方法及公式	符号意义
桅杆底座上的垂直分力和水平分力	桅杆底座上的垂直分力为： $$P_V = \left(KP + Q + \frac{1}{2}G_3 + \frac{1}{2}G_4\right) \times (a + l_0\cos\alpha_1)/a \quad (15\text{-}131)$$ 桅杆底座上的水平分力为： $$P_H = \frac{\left(KP + Q + \frac{1}{2}G_3 + \frac{1}{2}G_4\right)(l_0\cos\alpha_1)}{H} \quad (15\text{-}132)$$	T——缆风绳所受的总张力； P_V——桅杆底座上的垂直分力； P_H——桅杆底座上的水平分力
缆风绳的受力	缆风绳所受的总张力按下式计算： $$T = \frac{Hf_T\cos\beta}{a\sin\alpha} \quad (15\text{-}133)$$	

1.9 走板(拖履)与滚筒计算

走板滑移牵引力计算 表 15-52

项目	计算方法及公式	符号意义
走板滑移牵引力计算	走板(拖履)与滚筒是水平移动或滚动重物的工具。常用于装卸车和桥梁构件安装架设。 利用走板移运重物时,宜在钢轨或工字钢、槽钢制成的滑道上进行,以减小摩擦力,走板可用型钢、方木组拼,底面若系木面时,应钉部分钢板(条)制成。 钢走板在滑轨上滑移时,在结构上应设有卡住滑轨的翼缘,两翼缘内宽度应较滑轨的外缘宽度略大,以免翼缘产生摩阻力,亦避免走板行走时脱轨。 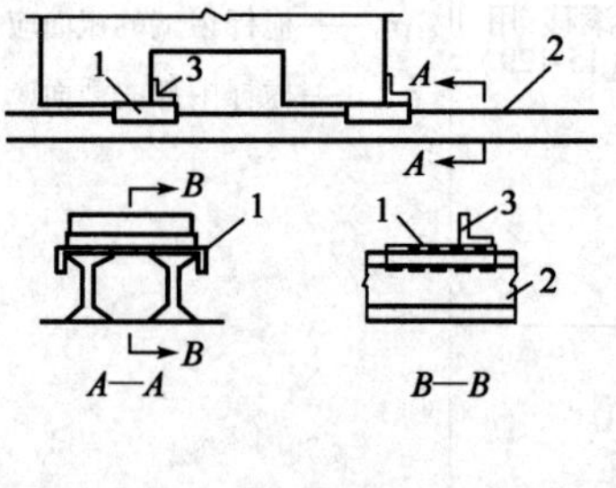 钢板拖履 1-滑板;2-滑轨 3-挡头角钢(焊在滑板上) 滑移时所需的牵引力 T_1 按下式计算： $$T_1 \geq t_1 = Q(f \pm h) \quad (15\text{-}134)$$ 据实践经验,滑动的起动牵引力约为滑动摩擦力的 2 倍。故在起动牵引时,可辅以撬动或振动滑道的办法克服静摩擦	T_1——滑动牵引力； t_1——滑动摩阻力； Q——滑移总重力； h——滑道坡度值,如 2% 即为 0.02,上坡道用 + 号,下坡道用 - 号,平坡道为 0)； f——滑动摩擦系数,见表 15-53

滑动摩擦系数 表 15-53

序号	摩擦材料		起动时表面情况			运动时表面情况		
			干燥	用水湿润	润油	干燥	用水湿润	润油
1	木材与木材	顺纹	0.62	—	0.11	0.48	—	0.08
		横纹	0.54	0.71	—	0.34	0.25	—
2	木材与木材	粗面材料	0.5~0.8	—	—	0.50	—	—
		光面材料	0.33	—	—	—	—	—
3	木材与钢		0.60	0.65	0.11	0.40	0.24	0.11
4	硬木与卵石		0.6~0.46	—	—	—	—	—
5	硬木与花岗石		—	0.50	—	0.30	0.10	0.06
6	硬木与贝壳石灰石		0.63	—	—	0.38	—	—
7	木材与麻绳	粗面材料	0.8~0.5	—	—	0.5	—	—
		光面材料	0.38	—	—	—	—	—
8	砖与砖或石与砖		—	0.5~0.75	—	—	—	—
9	钢与钢	压力小时(小于100MPa)	0.15	—	0.11	0.11	—	0.08~0.1
		压力大时*	0.15~0.25	—	0.11~0.12	0.07~0.09	—	—
10	钢与石灰石		0.42~0.49	—	—	0.24~0.29	—	—
11	青铜与生铁		0.16	—	—	—	—	—
12	兽皮带与生铁滑轮		0.28	—	—	—	—	—
13	钢与碎石路面		0.36~0.39			—		
14	钢与花岗石路面		0.27~0.35			—		
15	钢与卵石		0.42~0.49			—		

注：压力特大，在干燥表面有时可达0.4。

滚筒计算 表 15-54

项目	计算方法及公式	符号意义
滚筒计算	滚筒的构造视物件质量大小而定。一般质量大受力大的滚移，用锻(铸)钢作滚筒，质量不大受力较小的滚移则可用钢管或圆木棍作滚筒。 滚筒直径的大小与牵引力成反比，直径大，则所需牵引力小。但滚筒直径也不宜过大。一般木滚筒直径为10~15cm，钢滚筒为5~15cm，一副走板需用滚筒数按其荷载和承压计算确定。 排列的最小距离宜为2.5倍滚筒直径。滚筒长度应宽于走板30~40cm。 1.滚动摩擦力F计算 $F=\frac{Q(f_1+f_2)}{d}$ (15-135) 2.滚动牵引力T计算 $T=K\frac{Q(f_1+f_2)}{d}+nQ$ (15-136)	d——滚筒直径，cm； Q——滚筒的总荷载，N； f_1、f_2——上下走板的摩擦系数，参考表15-55； K——阻力系数，钢与钢用2.5，木与木用5.0； n——走道坡度值，上坡为正，下坡为负，平坡为0

续上表

项目	计算方法及公式	符号意义
滚筒计算	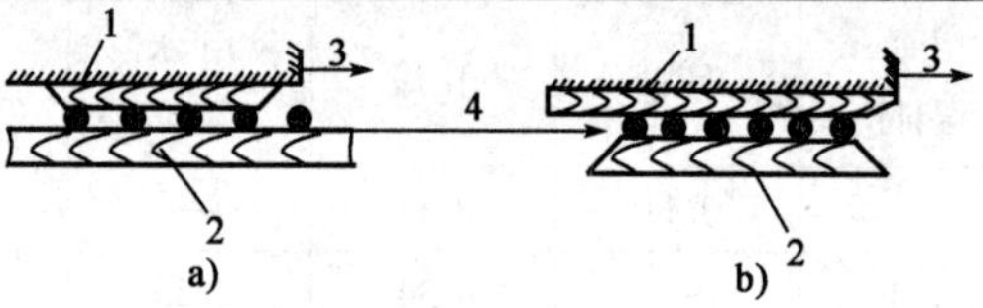 滚移装置 a)用短上走板,通长下走板的滚移;b)用通长上走板,短下走板的滚移 1-上走板;2-下走板;3-行走方向;4-填入滚轴方向 3. 每副走板需用滚筒个数计算 $$m = \frac{Q_{计}}{WL} \quad (15\text{-}137)$$ 在大跨度钢梁悬臂拖拉架设中,由于墩台滑道很短,限制了下走板铺设长度,因而可能容纳不下计算的滚筒数目,此时可采用增大走板面宽度和提高 W 值来解决	$Q_{计}$——该走板承受的荷载,N; L——滚筒与走板接触的承压长度,cm; W——滚筒的容许荷载,N/cm,参考表15-56。一般情况下硬质木滚筒 $W=(40\sim60)d$,钢滚筒 $W=\frac{1}{25}[\sigma]d$,$[\sigma]$为钢材容许压应力,N/cm^2

滚动摩擦系数 表 15-55

序号	摩擦材料		滚动摩擦系数
1	机械中钢与钢		0.005
2	生铁制轮或钢制轮与钢轨之间		0.05
3	钢板间的滚子(按表面情况)		0.02~0.07
4	小轮车与钢轨之间	有滚珠轴承	0.009
		无滚珠轴承	0.021
5	铁轮箍大车对公路	坏路(无路面)	0.15
		干实土路	0.04
		坏路面	0.04
		沥青路面	0.01
6	钢滚杠(筒)对路面	水泥路面	0.08
		土路	0.15
7	钢滚杠(筒)对木料		0.10
8	硬木轮对硬木走板		0.05~0.08

注:表列系运动中的滚动摩擦系数,起动时的滚动摩擦系数应增加 2.5~5 倍(粗估)。

滚筒容许荷载及需用根数计算 表 15-56

滚杠材料与走道条件	容许荷载 W(N/cm)	说明
松木滚筒,木导板	$(40\sim45)d$	d——滚筒(或轮子)直径,cm; W——每 1cm 长度上的容许荷载,N/cm; m——滚筒(或轮子)根数; $Q_{计}$——计算荷载,N; L——每根滚筒上有效承压长度,cm
硬木滚筒,木导板	$60d$	
厚壁无缝钢管,钢轨道	$350d$	
同上,充填混凝土,钢轨道	$400d$	
铸钢滚筒,钢轨道	$420d$	
锻钢滚筒,钢轨道	$530d$	
每副拖板上所需滚杠数	$m \geq \frac{Q_{计}}{WL}$	

1.10 起重机计算

1.10.1 起重机工作参数、数量的选择计算

起重机工作参数、数量的选择计算　　表 15-57

项目	计算方法及公式	符号意义
单机吊装起重量	单机吊装的起重量应满足下式要求： $$Q \geqslant Q_1 + Q_2 \quad (15\text{-}138)$$ 单机吊装的起重量在特殊情况下，当采取一定的有效技术措施（如按起重机实际超载试验数据、增加配重、改善现场施工条件等）后，起重量可提高10%左右	Q——起重机的起重量，t； Q_1——构件的质量，t； Q_2——索具、构件的加固及临时脚手架等的质量，t； K——起重机的降低系数，一般取0.8； $Q_{主}$——主机的起重量，t； $Q_{副}$——副机的起重量，t； H——起重机的起重高度，m； h_1——安装支座表面高度，m； h_2——安装间隙，视具体情况，一般取0.2～0.5m； h_3——绑扎点至构件吊起后底面的距离，m； h_4——吊索高度，m，自绑扎点至吊钩面的距离，视实际情况定，m； R——起重机的起重半径，m； F——起重机的回转中心至起重臂杆铰接点的水平距离，m； L——所选择起重机的臂杆长度，m； α——所选择起重机的仰角，(°)，可计算求得或图解法量得； N——吊装需用的起重机台数，台； T——要求工期，d； C——施工拟每天工作班数； K——时间利用系数，取0.8～0.9； Q_i——每种构件吊装的工作量（件或t）； P_i——起重机相应的台班产量定额，件/台班或t/台班
双机抬吊起重量	双机抬吊的起重机起重量应满足下式要求： $$(Q_{主} + Q_{副})K \geqslant Q_1 + Q_2 \quad (15\text{-}139)$$ 双机抬吊选用起重机时，应尽量选用两台同类型的起重机，并进行合理的荷载分配	
起重高度	起重机的起重高度，可由下式确定： 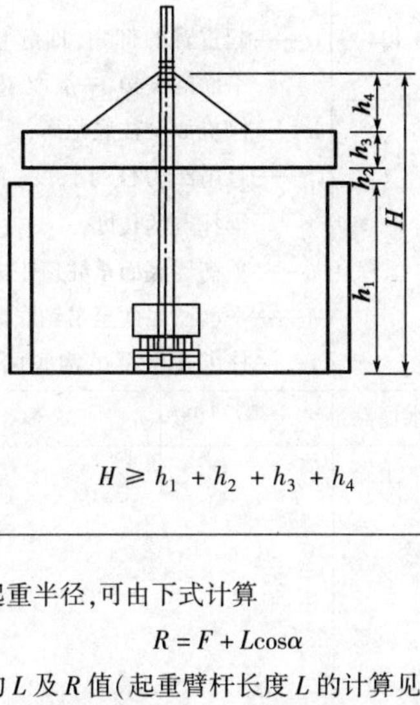 $$H \geqslant h_1 + h_2 + h_3 + h_4 \quad (15\text{-}140)$$	
起重半径	起重机的起重半径，可由下式计算 $$R = F + L\cos\alpha \quad (15\text{-}141)$$ 按计算出的 L 及 R 值（起重臂杆长度 L 的计算见下节），查起重机性能表或曲线表复核起重量 Q 及起重高度 H，如能满足构件吊装要求，即可根据 R 值确定起重机吊装构件时的停机位置	
起重机数量	起重机数量，根据工程量、工期及起重机的台班产量定额而定，可由下式计算： $$N = \frac{1}{T \cdot C \cdot K}\sum\frac{Q_i}{P_i} \quad (15\text{-}142)$$ 此外，还应考虑构件装卸、拼装和就位的需要。如 N 已定，也可以此用来计算所需工期或每天应工作的台班数	

1.10.2 柱吊装起重臂杆长度的计算

柱吊装起重臂杆长度的计算 表 15-58

<table>
<tr><th>项目</th><th>计 算 方 法 及 公 式</th><th>符 号 意 义</th></tr>
<tr><td>直吊法吊装</td><td>柱吊装采用直吊法时，起重机臂杆长度可按下式计算：
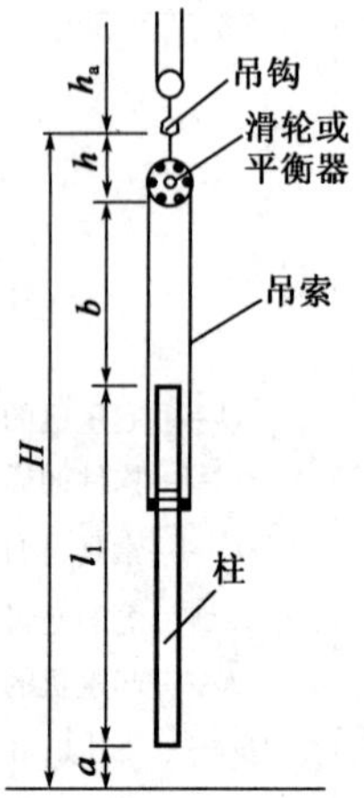
$$L \geqslant \frac{H+h_a-h_b}{\sin\alpha} \quad (15\text{-}143)$$
或 $$L \geqslant \frac{e+a+l_1+b+h+h_a-h_b}{\sin\alpha} \quad (15\text{-}144)$$</td><td rowspan="2">L——起重机的臂杆长度，m；
H——起升高度，从停机面算至钩底高度，m；
h_a——起重臂头至起升高度的距离，m；
h_b——起重臂底铰至停机面距离（高度），m；
α——起重臂的仰角，即起重臂纵轴线与水平面的夹角，一般取 70°～77°；
a——停机面至柱底距离；
l_1——直吊法为柱身长度，斜吊法从柱底到绑扎点的长度，m；
b——平衡器底面至柱顶距离，m；
h——平衡器底面至吊钩底面的距离，m；
c——柱绑扎点至吊钩底面的距离，不宜小于 1m</td></tr>
<tr><td>斜吊法吊装</td><td>柱吊装采用斜吊法时，起重机臂杆长度，可按下式计算：
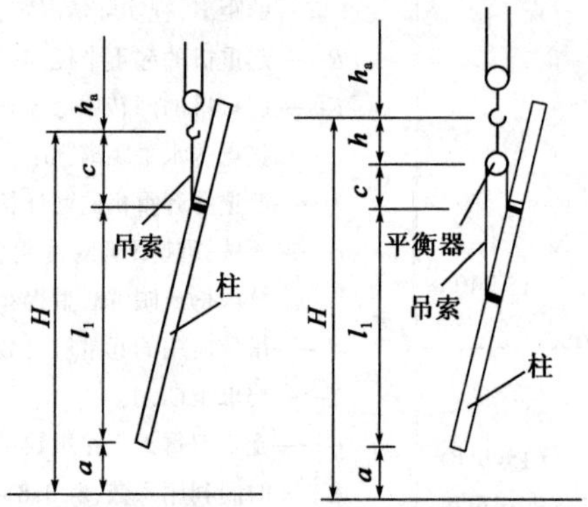
1点斜吊 2点斜吊
$$L \geqslant \frac{H+h_a-h_b}{\sin\alpha} \quad (15\text{-}145)$$
或 $L \geqslant \frac{e+a+l_1+c+h_a-h_b}{\sin\alpha}$ （对 1 点斜吊时） (15-146)
或 $L \geqslant \frac{e+a+l_1+c+h+h_a-h_b}{\sin\alpha}$ （对两点斜吊时） (15-147)</td></tr>
</table>

1.10.3 履带式起重机稳定性验算

履带式起重机稳定性验算　　表 15-59

项目	计算方法及公式	符号意义
起重机臂杆（即采用原起重臂杆）的稳定性	为保证机身稳定和吊装安全，应使履带中点 O 的稳定力矩 M_r 大于倾覆力矩 M_{OV}，并按下式条件核算。 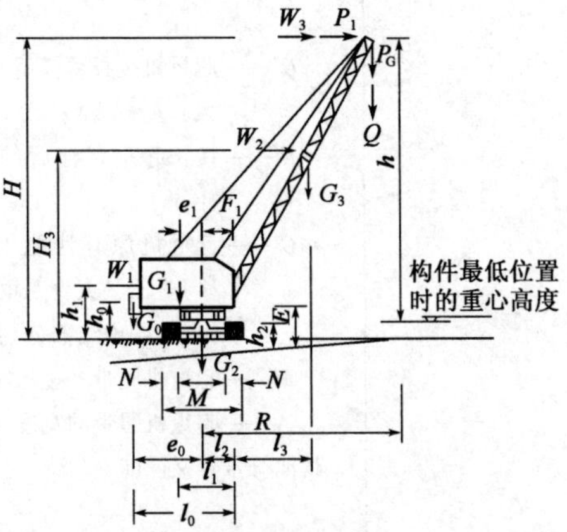 履带式起重机稳定性验算简图 1. 当考虑吊装荷载以及所有附加荷载时 $K_1=\frac{M_r}{M_{OV}}=\frac{G_1l_1+G_2l_2+G_0l_0}{(Q+q)(R-l_2)}-\frac{(G_1h_1+G_2h_2+G_0h_0+G_3h_3)\sin\beta}{(Q+q)(R-l_2)}-\frac{G_3l_3-M_F-M_G-M_L}{(Q+q)(R-l_2)}\geqslant 1.15$　(15-148) 2. 只考虑吊装荷载，不考虑附加荷载时 $K_2=\frac{M_r}{M_{OV}}=\frac{G_1l_1+G_2l_2+G_0l_0-G_3l_3}{(Q+q)(R-l_2)}\geqslant 1.4$　(15-149) 其中：$M_G=P_G(R-l_2)=\frac{(Q+q)v}{gt}(R-l_2)$ $M_L=P_LH=\frac{(Q+q)Rn^2}{900-n^2h}\cdot H$	K_1——考虑吊装荷载及附加荷载的稳定性安全系数，取1.15； K_2——考虑吊装荷载，不考虑附加荷载的稳定性安全系数，取1.4； G_1——起重机机身可转动部分的重力，kN； G_2——起重机机身不转动部分的重力，kN； G_3——起重臂重力，kN； G_0——平衡重的重力，kN； Q——吊装荷载（包括构件重力和索具重力），kN； q——起重滑车组的重力，kN； l_1、l_2、l_3、l_0——分别为 G_1、G_2、G_3、G_0 重心至 O 点的距离（地面倾斜影响忽略不计），m； h_1、h_2、h_3、h_0——分别为 G_1、G_2、G_3、G_0 重心至地面的距离，m； β——地面倾斜角度，应限制在 3°以内； R——起重半径（即工作幅度）即起重机原有最大臂长的最小起重半径； M_F——风载引起的倾覆力矩，起重臂长度小于 25m 时，可以不计； M_G——重物下降时突然刹车的惯性力所引起的倾覆力矩，kN·m； P_G——惯性力，kN； v——吊钩下降速度，m/s，取为吊钩起重速度的 1.5 倍； g——重力加速度，9.8m/s²； t——吊钩下降速度由 v 变到 0 所需的制动时间，取 1s； M_L——起重机回转时的离心力所引起的倾覆力矩，kN·m； P_L——离心力，kN； n——起重机回转速度，r/min； H——起重机顶端至地面的距离，m
起重机接长臂杆的稳定性	当起重机允许的起重高度（或起重半径）小于要求的起重高度（或起重半径）时，可接长起重臂。履带式起重机接长起重臂后，所能具有的最大起重力，可从起重机原有性能表（或性能曲线）查出最大臂杆长时的最大起重量，然后近似地按力矩等量换算原则按下图求得 Q' 值。 取 $\sum M_A=0$ 得： $Q'\left(R'-\frac{M-N}{2}\right)+G'\left(\frac{R'+R}{2}-\frac{M-N}{2}\right)\leqslant Q\left(R-\frac{M-N}{2}\right)$ 化简后得：	

续上表

项目	计算方法及公式	符号意义
起重机接长臂杆的稳定性	$Q' \leqslant \frac{1}{2R' - M + N}[Q(2R - M + N) - G'(R' + R - M + N)]$ (15-150) 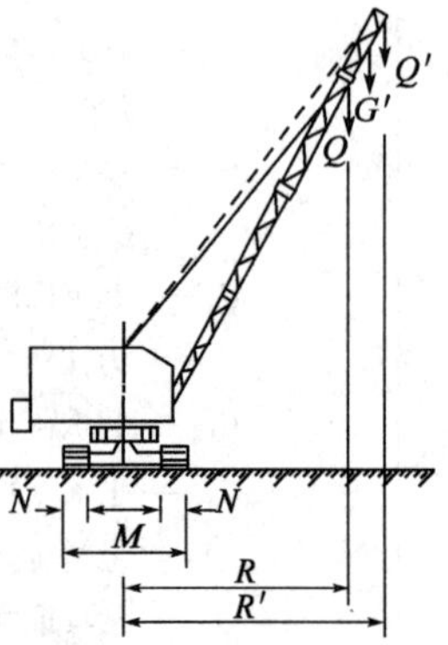 起重臂杆接长稳定性计算简图 若计算出的 Q' 大于所吊构件的重力时，即可满足吊装要求，否则应采取相应措施（如在起重臂杆顶端系缆风绳等），以保证稳定性安全	Q'——起重机接长臂杆后所能具有的最大起重力，kN； R'——接长起重臂杆后的最小起重半径，m； G'——起重机原有性能表（或性能曲线）查出最大臂长时的最大起重力（表图虚线部分），kN； M——起重机履带外边缘宽度，m； N——起重机履带的宽度，m； 其他符号意义同前

1.10.4 塔式起重机稳定性验算

塔式起重机稳定性验算 表 15-60

项目	计算方法及公式	符号意义
起重机有荷载时的稳定性	塔式起重机有荷载时的稳定性按下式验算： 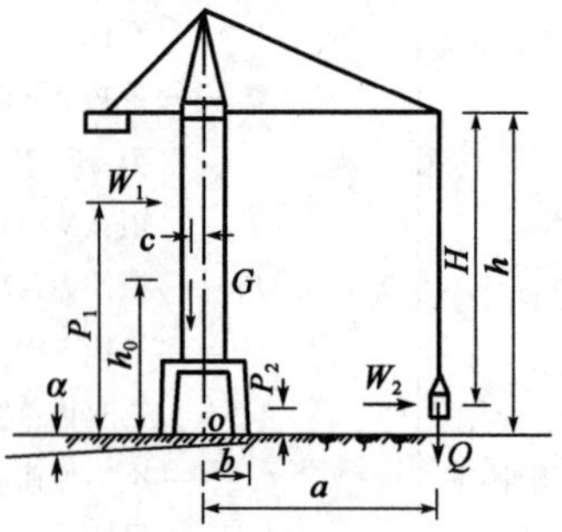 $$K_1 = \frac{G(c - h_0\sin\alpha + b) - \frac{Qv(a - b)}{gt}}{Q(a - b)} - \frac{W_1P_1 + W_2P_2 + \frac{Qn^2ah}{900 - Hn^2}}{Q(a - b)} \geqslant 1.15 \quad (15\text{-}151)$$	K_1——塔式起重机有荷载时的稳定性安全系数，取1.15； G——起重机自重力（包括配重、压重）； c——起重机重心至旋转中心距离； h_0——起重机重心至支承平面距离； b——起重机旋转中心至倾覆边缘的距离； Q——最大工作荷载； g——重力加速度，9.8m/s²； v——起升速度，当可以自由降落重物时，计算速度值取1.5； t——制动时间，s； a——起重机旋转中心至悬挂吊物重心的水平距离； W_1——作用在起重机上的风力； W_2——作用在荷载上的风力； P_1——自 W_1 作用线至倾覆点的垂直距离； P_2——自 W_2 作用线至倾覆点的垂直距离； h——吊杆端部至支承平面的垂直距离

续上表

项目	计算方法及公式	符号意义
起重机无荷载时的稳定性	塔式起重机无荷载时的稳定性按下式验算： 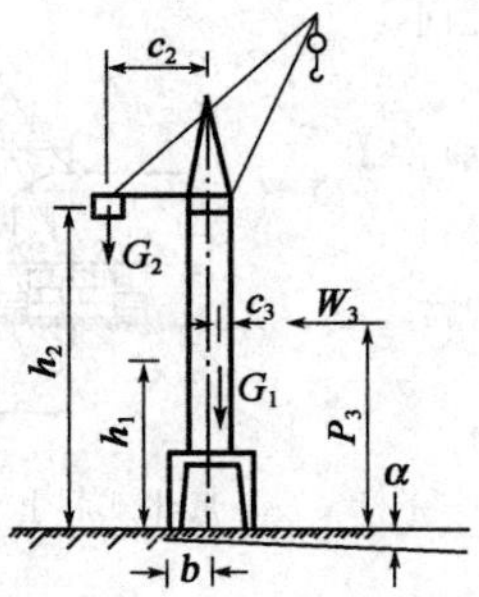 $$K_2 = \frac{G_1(b + c_1 - h_1\sin\alpha)}{G_2(c_2 - b + h_2\sin\alpha) + W_3P_3} \geqslant 1.15 \quad (15\text{-}152)$$	n——起重机的旋转速度； H——吊杆端部至重物最低位置时的重心距离； α——起重机的倾斜角(轨道或道路的坡度)，一般取 $a = 2°$； K_2——塔式起重机无荷载时的稳定性安全系数，取1.15； G_1——后倾覆点前面起重机各部分的重力，一般按吊杆仰角最大时的位置考虑； c_1——G_1 至旋转中心的距离； h_1——G_1 至支承平面的距离； G_2——使起重机倾覆部分的重力； c_2——G_2 至旋转中心的距离； h_2——G_2 至支承平面的距离； W_3——作用在起重机上的风力； P_3——W_3 至倾覆点的距离

1.10.5 起重机起重量及性能参数计算

履带式起重机最大安全起重量及性能参数计算 表 15-61

项目	计算方法及公式
起重机不同起重半径(即工作幅度)下最大安全起重量及起重量曲线	履带式起重机起重量 Q 随起重半径 R 的改变而变化。当起重机臂杆长度为一定时，不同半径下的最大安全起重量可由下式计算： $$Q_1 = [G_1l_1 + G_2l_2 + G_0l_0 - (G_1h_1 + G_2h_2 + G_0h_0 + G_3h_3)\sin\beta - G_3l_3] \div \left[\left(K_1 + \frac{v}{gt}\right)(R - l_2) + \frac{Rn^2H}{900 - n^2h}\right] - q_0 \quad (15\text{-}153a)$$ $$Q_2 = \frac{G_1l_1 + G_2l_2 + G_0l_0 - G_3l_3}{K_2(R - l_2)} - q_0 \quad (15\text{-}153b)$$ 由上式可在直角坐标中绘出以起重半径 R 为横坐标、起重量 Q 为纵坐标的 Q-R 曲线(即起重量—起重半径曲线)，称为稳定起重量曲线。 起重机的起重能力，除受倾覆稳定性控制外，还受起重机臂杆强度的限制。当起重臂杆的截面一定时，可根据臂杆已有的强度计算出在不同起重半径下，起重机的最大安全起重量，据此绘出的 Q-R 曲线称为强度起重量曲线。 起重机的技术性能由以上两种曲线所组成，一般履带式起重机的起重量，在小起重半径时，由强度条件控制，取用强度起重量曲线；从一定起重半径起，则由倾覆稳定性控制，取用稳定起重量曲线

续上表

项目	计算方法及公式
起重性能参数	绘制起重性能曲线(或性能表)时,可根据起重臂杆长度和不同的倾角,按式(15-153a)、式(15-153b)分别算出相应的起重力 Q_1,起重半径 R 和起升高度 H,然后按照一定的比例绘出性能曲线或编出性能表。 起重半径 R、起升高度 H、起重臂长度 L 以及臂杆倾角 α 相互之间的几何关系可用下式计算: $$R = F + L\cos\alpha \quad (15\text{-}154)$$ $$H = E + L\sin\alpha - h \quad (15\text{-}155)$$ 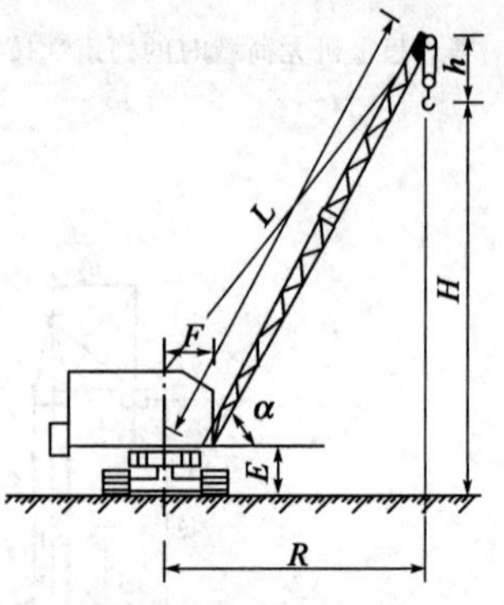 履带式起重机几何关系简图
符号意义	Q_1——考虑附加荷载时的最大安全起重量; Q_2——不考虑附加荷载时的最大安全起重量; q_0——吊钩部分所受重力; α——起重机臂杆倾角; F——起重机旋转中心至臂杆铰轴的水平距离; E——起重机臂杆铰轴至地面的垂直距离; H——起重机起升高度,即起重机顶端至地面的距离; h——吊钩钩口至起重臂顶端定滑轮中心的最小距离,取 2.5 ~ 3.5m; K_1——考虑吊装荷载及附加荷载的稳定性安全系数,取 1.15; K_2——考虑吊装荷载,不考虑附加荷载的稳定性安全系数,取 1.4; G_1——起重机机身可转动部分的重力; G_2——起重机机身不转动部分的重力; G_3——起重臂重力; G_0——平衡量的重力; Q——吊装荷载(包括构件重力和索具重力); l_1、l_2、l_3、l_0——分别为 G_1、G_2、G_3、G_0 重心至 O 点的距离(地面倾斜影响忽略不计); h_1、h_2、h_3、h_0——分别为 G_1、G_2、G_3、G_0 重心至地面的距离; β——地面倾斜角度,应限制在 3°以内; R——起重半径(即工作幅度),即起重机回转中心轴线至吊钩中心的水平距离; v——吊钩下降速度,m/s,取为吊钩起重速度的 1.5 倍; g——重力加速度,9.8m/s²; t——吊钩下降速度由 V 变到 0 所需的制动时间,取 1s; n——起重机回转速度,r/min

例 15-17 构件吊装选用 W_1-100 履带式起重机,已知 $G_1=202\text{kN}$, $G_2=144\text{kN}$, $G_3=12.6\text{kN}$(臂长 13m), $G_0=43\text{kN}$, $h_1=1.75\text{m}$, $h_2=0.55\text{m}$, $h_0=1.34\text{m}$, $e_0=3.33\text{m}$, $e_1=1.37\text{m}$, $v=15\times1.5/60=0.375\text{m/s}$, $t=1\text{s}$, $\beta=3°$,试计算起重臂在最大倾角 $\alpha=77°$时的最大安全起重力。

解 计算有关参数(见表 15-59 图):

$$H = L\sin\alpha + E = 13\sin77° + 1.7 = 14.36\text{m}$$

$$h_3 = \frac{L\sin\alpha}{2} + E = \frac{13\sin 77°}{22} + 1.7 = 8.0\text{m}$$

$$h = H - 1.0 = 14.36 - 1.0 = 13.36\text{m}$$

$$l_2 = \frac{M - N}{2} = \frac{3.2 - 0.675}{2} = 1.26\text{m}$$

$$l_1 = e_1 + l_2 = 1.37 + 1.26 = 2.63\text{m}$$

$$l_0 = e_0 + l_2 = 3.33 + 1.26 = 4.59\text{m}$$

$$R = F + L\cos\alpha = 1.3 + 13\cos 77° = 4.22\text{m}$$

$$l_3 = F + \frac{L\cos\alpha}{2} - l_2 = 1.3 + \frac{13\cos 77°}{2} - 1.26 = 1.5\text{m}$$

将以上参数代入式(15-153a)得：

$$Q_1 = \frac{202 \times 2.63 + 144 \times 1.26 + 43 \times 4.59}{\left(1.15 + \frac{0.375}{9.8 \times 1}\right)(4.22 - 1.26) + \frac{4.22 \times 4.6^2 \times 14.36}{900 - 4.6^2 \times 13.36}} - \frac{(202 \times 1.75 + 144 \times 0.55 + 43 \times 1.34 + 12.6 \times 8)\sin 3° + 12.6 \times 1.5}{\left(1.15 + \frac{0.375}{9.8 \times 1}\right)(4.22 - 1.26) + \frac{4.22 \times 4.6^2 \times 14.36}{900 - 4.6^2 \times 13.36}} - 3.7$$

$$= 149.91\text{kN}$$

由核算知，与额定的最大安全起重力(150kN)相符合。

2 安装架设方法计算

2.1 千斤顶落梁计算

千斤顶从支架或枕木垛上落梁有关参数计算　　表 15-62

项目	计算方法及公式	符号意义
千斤顶落梁参数计算	设千斤顶的有效顶程为 h_1，为使千斤顶能顶起上面的梁，要求： $h_1 \geq \delta_1 + \delta_2 + 2\text{cm}$　(15-156) 如只用一组千斤顶落梁，每次最多能将梁落低 h： $h = h_1 - (\delta_1 + \delta_2 + 2)$　(15-157) 如梁要落下的高度超过 h 时，必须将千斤顶和垫木轮替倒换，要落低总高度 H 时，所需的倒换遍数为 n，则： $n = \frac{H}{h} = \frac{H}{h_1 - (\delta_1 + \delta_2 + 2)}$　(15-158) 要提高落梁的效率，须选用较大的千斤顶，并尽量减少 δ_1 与 δ_2。并应将枕木垛搭得平整密实，最好将枕木两面刨平。在墩台帽以下，应尽量用排架或塔架代替枕木垛。 因两组千斤顶相互替换落梁，其效率比用一组的高，这时每一循环中能落低 h'： $h' = (h_1 + h_2) - (\delta_1 + \delta_2 + 2)$　(15-159) 这时设落低 H 高度所需倒换遍数为 n'，则： $n' = \frac{H}{h'} = \frac{H}{(h_1 + h_2) - (\delta_1 + \delta_2 + 2)}$　(15-160) 若两端交替下落，梁两端的最大高差，一般不宜超过 2 层枕木，即约 30cm 左右	δ_1——千斤顶下面垫木的弹性沉降量； δ_2——垫木下面枕木垛或支架的弹性沉降量； 2cm——为了放入千斤顶和移去垫木所需的必要空间的间距，各约 1cm； h_2——另一组千斤顶有效顶程

2.2 扒杆纵向“钓鱼”架设梁、板计算

扒杆纵向“钓鱼”架设梁、板计算 表 15-63

<table>
<tr><th>项目</th><th>计 算 方 法 及 公 式</th><th>符 号 意 义</th></tr>
<tr><td>纵向“钓鱼”法概况</td><td>用设在安装孔墩台上的两副人字扒杆，配合运梁设备，以绞车相互牵吊，在梁下无支架，无导梁支托的情况下，把梁悬空吊过桥孔，再横移、落梁，就位安装。
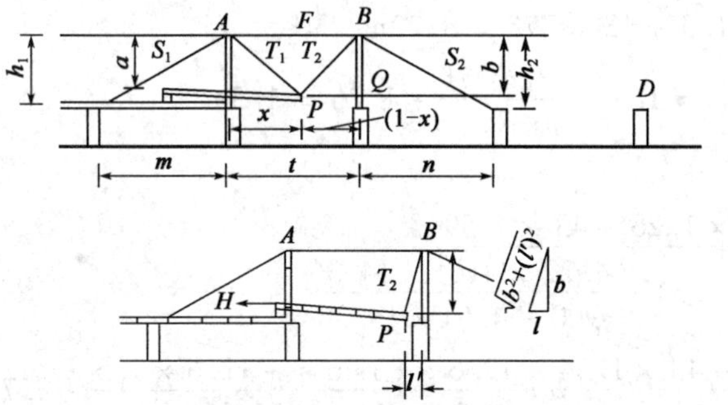

纵向“钓鱼”架设法示意
一般主扒杆高度不宜小于梁长的 1/2，其有效高度不宜小于梁长的 30%。辅助扒杆高度不小于主扒杆高度的 1/2。“钓鱼”架设法机具设备参考表 15-64</td><td>P——预制梁重力的 1/2 + 吊具重力 + 冲击荷载；</td></tr>
<tr><td>纵向“钓鱼”法计算</td><td>1. 牵吊绳张拉力
$$T_1=\frac{(l-x)\ \sqrt{a^2+x^2}}{al-(a-b)x}P \qquad (15\text{-}161)$$
$$T_2=\frac{x\ \sqrt{(l-x)^2+b^2}}{al-(a-b)x}P \qquad (15\text{-}162)$$
如 $a \geqslant l/3$，$b \geqslant l/3$，则
当 $x=0$ 时，$T_1=P$ (15-163)
当 $x=l$ 时，$T_2=P$ (15-164)
当预制梁前端接近 B 墩，T_1 牵吊绳解下改系到梁的后端，T_2 牵吊绳全部承受梁的荷载时：
$$T_2=\frac{\sqrt{(l')^2+b^2}}{b}P \qquad (15\text{-}165)$$
$$H=\frac{l'}{b}P \qquad (15\text{-}166)$$
2. 风缆的拉力
$$S_1=\frac{(l-x)x\ \sqrt{h_1^2+m^2}}{m\mid al-(a-b)x\mid}P \qquad (15\text{-}167)$$
$$S_2=\frac{(l-x)x\ \sqrt{h_2^2+n^2}}{n\mid al-(a-b)x\mid}P \qquad (15\text{-}168)$$
当 $a=b$ 时，则 S_1、S_2 在 $x=l/2$ 时为最大；
当 $a \neq b$ 时，则 S_1、S_2 在 $x=\frac{\sqrt{al}}{\sqrt{a}+\sqrt{b}}$ 以及 $x=\frac{\sqrt{bl}}{\sqrt{a}+\sqrt{b}}$ 时成为最大。
3. 扒杆竖直轴向力
$$N_1=\frac{a(x+m)(l-x)}{m[al-x(a-b)]}P \qquad (15\text{-}169)$$
$$N_2=\frac{bx(n+l-x)}{n[al-x(a-b)]}P \qquad (15\text{-}170)$$
如 m、n 值均大于 l，则
当 $x=0$ 时，$N_1=P$
当 $x=l$ 时，$N_2=P$
扒杆的其他计算，可参考本章第一节的扒杆计算</td><td>T_1、T_2——扒杆 A、B 牵吊绳拉力；
h_1、h_2——扒杆 A、B 的高度；
a、b——扒杆 A、B 的有效高度；
S_1、S_2——扒杆风缆拉力；
l——A、B 两扒杆间距离；
m、n——风缆锚锭点至扒杆的水平距离；
N_1、N_2——扒杆 A、B 的轴向力；
H——预制梁后控制绳拉力；
F——扒杆 A、B 间的拉绳；
l'——T_2 牵吊绳系在梁上的吊点距扒杆中心的水平距离；
Q——B 扒杆旁设立的辅助扒杆</td></tr>
</table>

纵向"钓鱼"法架设主要机具　　表 15-64

名　称	单位	规　格	数量	附　注
主扒杆	副	吊装能力 800kN，高 20m	2	
人字辅助扒杆	副	高 10m	1	竖立主扒杆用
卷扬机	台	牵引能力 70kN、15kN 的特殊减速卷扬机	2	起吊预制梁用
卷扬机	台	25 马力双筒	2	移动扒杆、拖引预制梁用
油压千斤顶	台	1000kN	4	顶升用
螺旋千斤顶	台		4	其他工序用
链滑车	个	50kN	8	横移及其他用
轨道平车	台	载重 800kN、带转盘	2	运输预制梁用
滑车	组	(55 +45)cm ×4 轮	4	吊预制梁用
滑车	组	30cm ×4 轮	16	移动扒杆、控制平车及其他用
滑车	组	35cm ×1 轮	8	
滑车	组	25cm ×3 轮	24	预制梁制动、拖引及其他用
滑车	组	25cm ×2 轮	20	其他工序用
滑车	组	25cm ×1 轮	20	导向及其他用
卡环(卸扣)	个	以直径 2.5 ~ 10cm		吊梁、移动扒杆、拖引预制梁用
钢丝绳	m	Φ12.5mm 6(19)	400	
钢丝绳	m	Φ17.0mm 6(19)	1200	
钢丝绳	m	Φ18.5mm 6(19)	100	预制梁拖移、制动用
钢丝绳	m	Φ22mm 6(61)	2600	吊梁用
钢丝绳	m	Φ25mm 6(61)	400	前风缆
钢丝绳	m	Φ33mm 6(61)	800	后风缆
钢丝绳	m	Φ38.5mm 6(61)	200	
横移用梁	组	载重 800kN	2	
横移用滚轮	个	Φ50mm ×500	40	
顶梁座架	组	载重 800kN	4	顶预制梁用
横移用铁板	块	9mm ×45mm ×1800mm	12	
钢丝绳夹子	个	Φ12mm ~ 36mm	300	
各种木料	根		100	包括支撑预制梁、垫千斤顶及脚手架圆木
锚锭材料	套		1	
其他材料	套		1	防止梁倾倒及其他
其他工具	套		1	

注：①本表机具按架设长 40m，重力 800kN 的预制梁考虑。

②运输预制梁的轨道材料为钢轨、枕木等未包括在内。

2.3 跨墩门式吊机计算

贝雷桁片组拼的跨墩门式吊机计算 表 15-65

项目	计算方法及公式	符号意义
贝雷桁片组拼的跨墩门式吊机计算	跨墩门式吊机分别用四排贝雷桁片，拼装成两组门架，两组门架的中距等于 *T* 型梁吊点之间的距离。两组门架之间的连系是采用顺桥向的平撑和行车轮车架的底纵梁，用斜撑使支腿与车架底梁连系起来，以保持门架的稳定。 用贝雷桁架拼装门式吊机时，横梁和支腿的桁片节数，分别按下式计算： $m_1 = B \div l$ (15-171) $m_2 = H \div l$ (15-172) $H = 2h_1 + h_2 + h_3 + h_4 + h_5 - h_6 - h_7$ (15-173) 用贝雷组拼的跨墩门式吊机，可简化为静定梁型刚架计算。整个跨墩门吊由两组门架构成，现单独计算其中的一组门架。 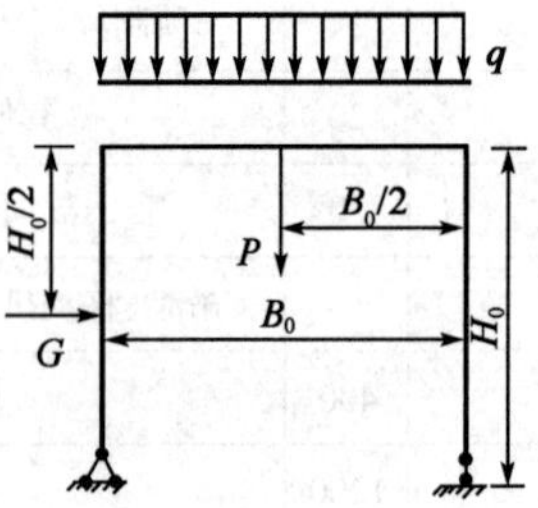 桁片、支撑及横梁上轨道等的自重 $q = 3kN/m$。 T 型梁及吊具的重力（考虑门架由四排贝雷桁片组成，每排贝雷桁片负担的 T 型梁及吊具的重力按总重的 1/4 计算）： $P = \frac{1}{4}(P_1 + P_2)$ (15-174) 风荷载： $G = \frac{1}{4}(W \times A)$ (15-175) 由于门架由三排以上的贝雷桁片组装拼成，故应考虑荷载分布的不均匀系数 0.9，所以应有： $0.9M_{容许} = M_{跨中}$ (15-176) 门架剪力、吊梁平车对贝雷桁架上弦的压弯应力、支腿压力等，均按一般结构力学方法验算	m_1——门式吊机横梁的桁片节数，取大于计算值的整数； m_2——门式吊机支腿的桁片节数，取大于计算值的整数； l——桁片节长，英制贝雷桁片 $l = 3.048m$，国产钢构桁片 $l = 3m$； B——吊机的净跨； H——吊机的净高（不包括行走轮车架的高度）； h_1——T 型梁的高度； h_2——T 型梁上预埋件的高度； h_3——地面至底模顶面的高度，一般可取0.6m。 h_4——吊具的高度，一般可取 3m； h_5——安全距离，取 0.2m； h_6——地面至行走轮轨顶的高度，一般可取 0.85m； h_7——行走轮车架的高度，用 *E* 型火车轮对时为 1.3 ~ 1.5m； B_0——两支腿的中心距； H_0——横梁中心至轨顶距离； P_1——吊梁平车及吊具的重力，即 P_1 = 车架重力 + 轮对重力 + 轴承箱重力 + 6 门滑车重力 + 卷扬机重力 + 吊架重力； P_2——T 型梁重力，即 $P_2 = \frac{1}{2}$ × 一根 T 型梁重力 × 超载系数 × 冲击系数； W——横向风压，见《公路桥涵设计通用规范》(JTJ 021—89)； A——迎风面积，见《公路桥涵设计通用规范》(JTJ 021—89)

2.4 门式浮吊计算

门式浮吊计算　表 15-66

项目	计算方法及公式	符号意义
门式浮吊计算	门式浮吊上门架的构造，与一般岸上门架基本上相同。由于门式浮吊是安装在驳船（或浮箱）上，因此，要对驳船（或浮箱）稳定性进行校核。 1. 驳船（或浮箱）最大排水量的计算 $\sum V > K \cdot \sum Q$　(15-177) 2. 驳船（或浮箱）的稳定性计算 由于组成门式浮吊的驳船（或浮箱）的纵向惯性矩较大，所以吊重偏心较小而稳定性较好。因此，一般只验算浮吊的横向稳定。浮吊横向稳定的要求为式(15-178)所示，计算图式见下图。 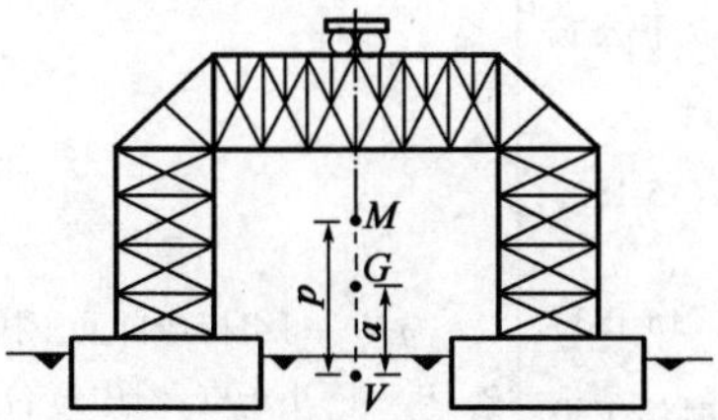 浮吊的横向稳定计算图式 $\rho - a > 0$　(15-178) $\rho = I / \sum V_0$　(15-179) 3. 风力及偏心吊重作用下的干弦高度验算见下式，计算图式见下图。 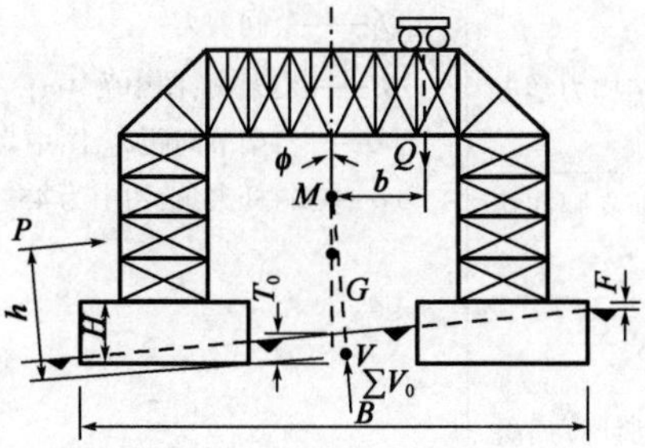 干弦高度的计算图式 $F \leqslant H - T_0 - \frac{B}{2} \cdot \tan\phi$　(15-180) 当 $\phi \leqslant 10°$ 时，可由下式求得： $\tan\phi = \frac{P \cdot h + Q \cdot b}{\sum V_0 \cdot (\rho - a)}$　(15-181)	$\sum V$——组成浮吊驳船（或浮箱）的排水量总和，kN； $\sum Q$——浮吊自重、吊重及其他各种荷载最大情况组合，kN； K——安全系数，一般取 1.2； a——浮吊重心 G 与浮心 V 之间的距离，m； ρ——定倾半径，即稳心 M 与浮心 V 之间的距离，m； I——为组成浮吊驳船（或浮箱）吃水线面积对浮吊纵向（顺船长方向）中心轴的惯性矩，m^4； $\sum V_0$——验算横向稳定时最不利荷载作用下全部驳船（或浮箱）的排水体积，m^3； F——最小干弦高度，一般为 0.3 ~ 0.5m； H——船舱全高，m； T_0——验算干弦高度时，最不利荷载作用下的驳船（或浮箱）平均吃水深度，m； B——组成浮吊驳船（或浮箱）的总宽度，m； ϕ——在风力及吊重偏心作用下，驳船（或浮箱）的倾斜角度； P——风力，kN，作用点及其大小，参见《公路桥涵设计通用规范》（JTJ 021—89）； h——风力作用点与浮心 V 之间的距离，m； Q——偏心的垂直吊重，kN； b——Q 与浮吊中轴的距离，m

2.5 窄穿巷吊机计算

N型万能杆件组拼窄穿巷吊机计算 表15-67

<table>
<tr><th>项目</th><th>计 算 方 法 及 公 式</th><th>符 号 意 义</th></tr>
<tr><td>穿巷吊机杆件内力计算</td><td>

窄穿巷吊机导梁主桁架用N型万能杆件组拼，简化为菱形桁架计算，杆件控制应力在穿巷吊机纵移时发生。此时，前支腿悬空，吊机由前后轮组支承。运梁平车及横梁移置于吊机尾部作平衡重，如图为某一窄穿巷吊机计算图式示意，它由四组桁架组成。

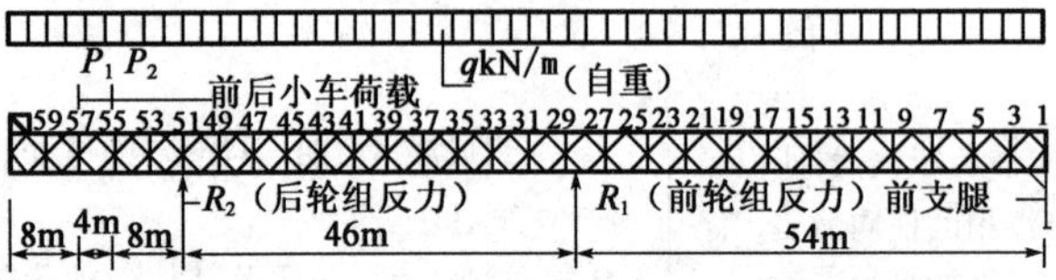

运梁平车及横梁移置于吊机尾部作平衡量计算简图

假设荷重作用在桁架的上弦节点上，杆件内力可按以下公式计算：

$$S_{弦}=\frac{L}{H}\cdot\Sigma Q_{i} \quad (15\text{-}182)$$

$$S_{斜}=\frac{1}{2}\times\frac{Q_{i}}{\cos\alpha} \quad (15\text{-}183)$$

万能杆件的构件断面积及力学性质见附录三，作为临时施工设施，可考虑1.3的应力增加系数。

如图的穿巷吊机也可简化为静定梁估算其杆件的最大拉、压力。设上、下弦均采用4根杆件构成，此时，R_1 支点处悬臂端作用的力矩最大：

$$M=12.5\times54+5\times54\times\frac{54}{2}=7965\text{kN}\cdot\text{m}$$

$$S_{弦}=\pm\frac{M}{H}=\pm\frac{7965}{4}=\pm1991.3\text{kN}$$

前后轮组的最大反力与其他杆件的内力，均可按一般结构力学方法计算

</td><td>

q——每组桁架自重，图中为5kN/m；

P_1、P_2——小车重，图中每台小车重250kN，由四组桁架共同承受，则 $P_1=P_2=250\div4=62.5$kN；

P_3——前支腿及前端吊具的重力，图中 $P_3=50\div4=12.5$kN；

$S_{弦}$——弦杆内力；

$S_{斜}$——斜杆内力；

Q_i——节间剪力；

H——桁架高，图中为4m；

L——桁架节间距离，图中为2m；

α——斜杆夹角，图中为45

</td></tr>
<tr><td>穿巷吊机挠度计算</td><td>

穿巷式吊机要计算行走时前支腿的下挠度，以便确定前支腿在接近墩顶时的预留高度和前支腿的分节高度。

前支腿的下挠度可分为弹性挠度和非弹性挠度两个部分。

1. 弹性挠度的计算

计算图式如图所示。悬臂端的下挠度按六组荷载分别计算后叠加，见表15-68，悬臂端的总弹性下挠度：

$$\Sigma y=y_1+y_2+y_3+y_4+y_5+y_6 \quad (15\text{-}184)$$

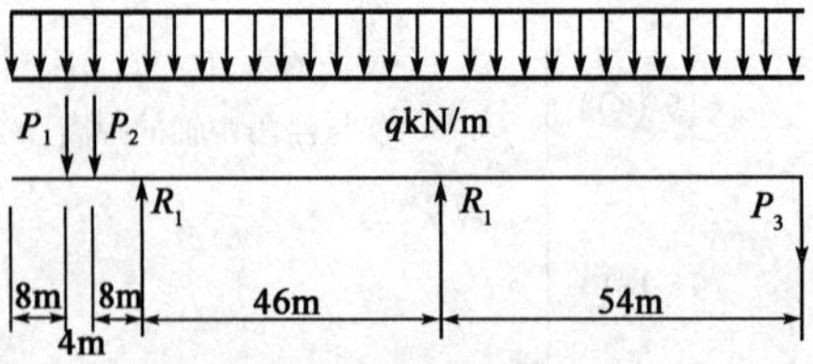

穿巷吊机的弹性挠度计算图

</td><td></td></tr>
</table>

续上表

<table>
<tr><th>项目</th><th>计 算 方 法 及 公 式</th><th>符 号 意 义</th></tr>
<tr><td>穿巷吊机挠度计算</td><td>
2. 非弹性挠度的计算
主要考虑因节点螺栓孔错动而引起的下挠度，一般均按经验公式估算，也可以根据桁片上下节点相对错动产生的转角来计算，如图。
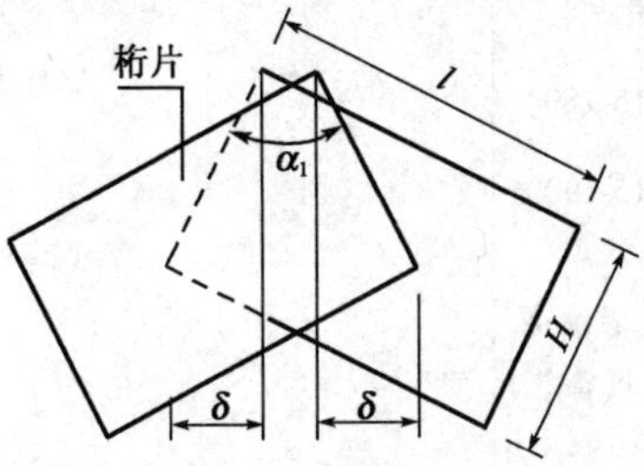

非弹性挠度转角的计算图式
$$\alpha_1 = 2\delta/H(\text{弧度}) \qquad (15\text{-}185)$$
穿巷吊机的非弹性下挠度按双悬臂梁计算，其计算图式如图所示。
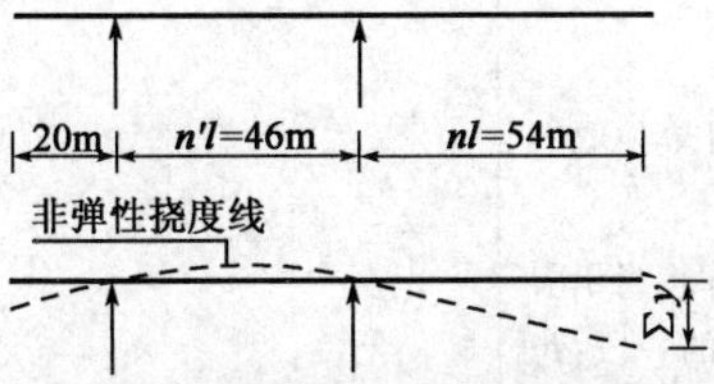

穿巷吊机的非弹性挠度计算图式
$$\sum y' = \frac{1}{2}\cdot\alpha_1\cdot n\cdot L\cdot(n'+n) \qquad (15\text{-}186)$$
$$\text{总下挠度} = \sum y + \sum y'$$
3. 用贝雷桁片拼装的吊机非弹性下挠度
(1)用贝雷桁片拼装的穿巷吊机非弹性挠度
可用式(15-186)的方法估算。此时，节点的相对位移由下式计算，如图。
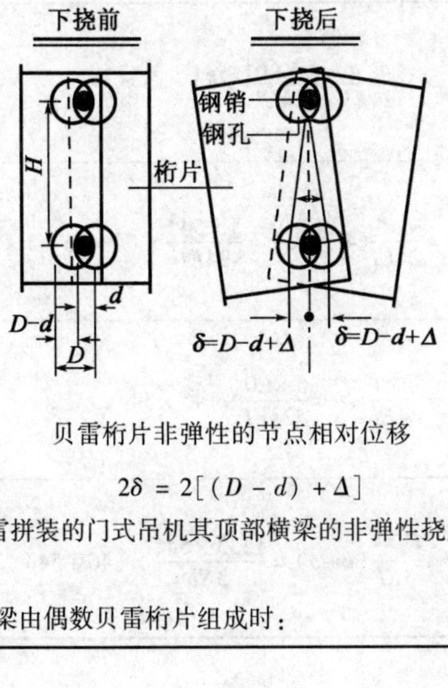

贝雷桁片非弹性的节点相对位移
$$2\delta = 2[(D-d)+\Delta] \qquad (15\text{-}187)$$
(2)用贝雷拼装的门式吊机其顶部横梁的非弹性挠度可按以下公式估算：
当顶部横梁由偶数贝雷桁片组成时：
</td><td>
α_1——因桁架节点错动而产生的转角；
δ——两片桁架之间的相对位移，即节间相对位移为 2δ；
n——前悬臂节间数；
n'——简支跨节间数；
D——销孔直径；
d——钢销直径；
Δ——销孔与销子受力后的压缩变形
</td></tr>
</table>

续上表

项目	计算方法及公式	符号意义
穿巷吊机挠度计算	$$\sum y' = K \cdot \frac{N^2}{8} \quad (15\text{-}188)$$ 当顶部横梁由奇数贝雷桁片组成时： $$\sum y' = K \cdot \frac{N^2 - 1}{8} \quad (15\text{-}189)$$ $$K = \beta \cdot B \quad (15\text{-}190)$$ 按英国经验公式，英制贝雷桁片的 K 值为 0.285 厘米。 用贝雷桁片拼装的穿巷导梁总下挠度，也可参考贝雷桁片架设挠度表 15-69 作个粗略的估计，以便决定前支腿的分节高度，贝雷桁片架设挠度图示如图。 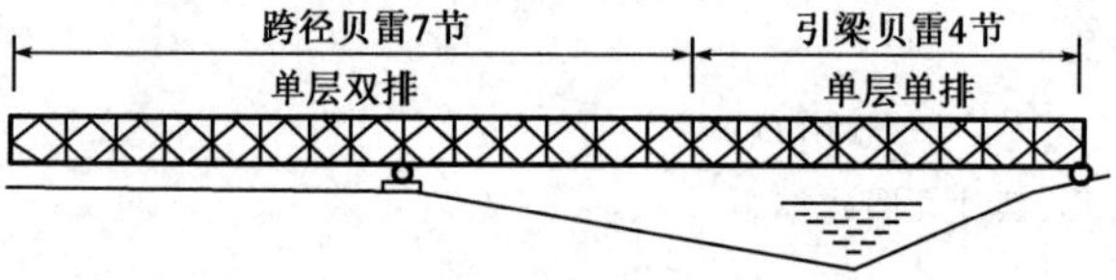 贝雷桁片架设挠度示意图 吊机每组导梁如由四排贝雷桁片组成，估算挠度时，可单独取一排参考。 从图可得出：以上吊机靠近前支腿的单层七节贝雷桁片相当于引梁；靠近前行走轮的双层四节贝雷桁片可视为跨径节数的一段；跨径节数为 11 节。由于贝雷桁片组拼的桁架按叠和桁计算，双层与双排的受力特性基本相同，因此，双层的跨径节数也可作为单层双排来考虑。查表 15-69，单层双排跨径 11 节，单排引梁 7 节的英制贝雷桁片下挠度为 78.74cm，此结构吊机在现场实测的下挠度为 65cm，比表中数值略小。这是由于双层四排贝雷桁片并联，因而刚度较大的缘故	N——贝雷桁片节数； β——贝雷桁片因钢销错动产生的转角（弧度）； B——每节贝雷桁片的长度

穿巷吊机悬臂端的弹性下挠度计算表 表 15-68

荷载图式	悬臂端的下挠度
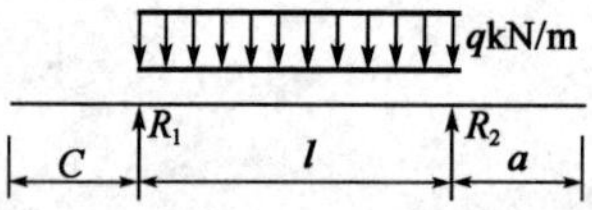	$y_1 = -\frac{ql^3 a}{24EI} = \frac{5 \times 46^3}{24EI} \times 54$
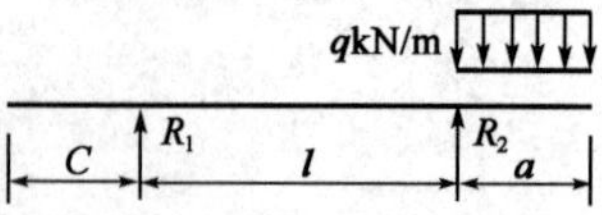	$y_2 = \frac{qa^3}{24EI}(4l + 3a) = \frac{5 \times 54^3}{24EI} \times (4 \times 46 + 3 \times 54)$
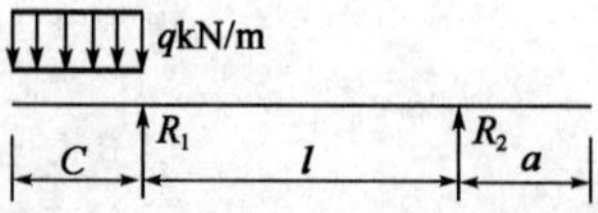	$y_3 = \frac{qC^2 l}{24EI} \times a = \frac{5 \times 20^2}{24EI} \times 46 \times 54$
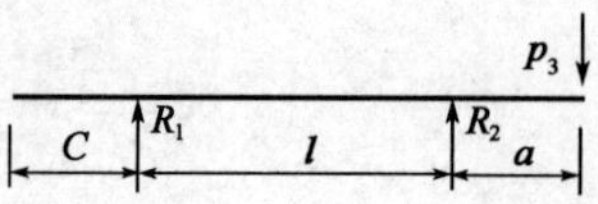	$y_4 = \frac{P_3 a^2}{3EI}(l + a) = \frac{12.5 \times 54^2}{3EI} \times (46 + 54)$

续上表

荷载图式	悬臂端的下挠度
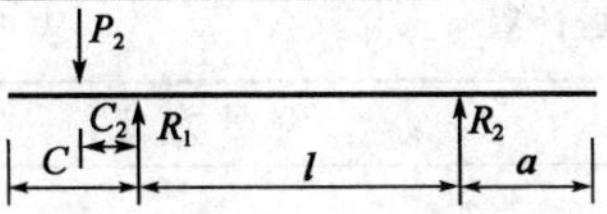	$y_5 = \frac{P_2 C_2 l}{6EI} \times a = \frac{62.5 \times 8}{6EI} \times 46 \times 54$
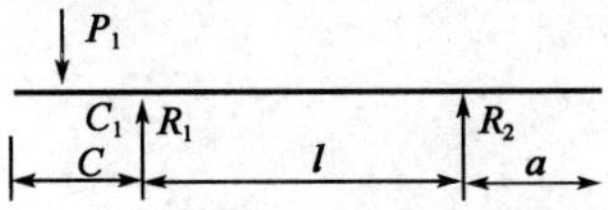	$y_6 = \frac{P_1 C_1 l}{6EI} \times a = \frac{62.5 \times 2}{6EI} \times 46 \times 54$

贝雷桁片架设的挠度表 表 15-69

型式	跨径节数（节）	引梁节数（节）		引梁端下挠度（cm）
		单排	双排	英制贝雷桁片
单层单排	3	2		7.62
	4	3		10.16
	5	3		13.97
	6	4		20.32
	7	5		27.94
	8	5		40.64
	9	6		60.96
单层双排	4	2		6.35
	5	3		11.43
	6	4		19.05
	7	4		27.94
	8	5		38.10
	9	6		50.80
	10	6		63.50
	11	7		78.74
	12	7		96.52
	13	8		119.38
	14	8		147.32
	15	9		177.80
单层三排	5	3		8.89
	6	3		13.97
	7	4		21.59
	8	5		30.48
	9	5		43.18
	10	6		55.88
	11	7		68.58
	12	7		86.36
	13	8		101.60
	14	8		119.38
	15	9		137.16
	16	9		160.02
	17	9		187.96
双层双排	8	5		30.48
	9	6		35.56
	10	6		43.18
	11	7		53.34
	12	7		63.50
	13	8		76.20
	14	8	1	93.98
	15	7	2	109.22
	16	8	2	127.00
	17	8	2	147.32
	18	8	3	167.64

2.6 架梁设备的行走轮和轨道的选择计算

架梁设备的行走轮和轨道的选择计算　　表 15-70

项目	计算方法及公式	符号意义
架梁设备的行走轮和轨道的选择	行走轮可按实际轴荷重自制平车轮架，或选用铁路施工用的起重轮箱组（三轮箱组、双轮箱组等），也可用火车轮对（E 型轮对、D 型轮对等）。由于架桥设备行走速度很慢，因此，部分报废的火车轮对，经检查轮轴上无裂纹损伤，轮径上无较大缺损的也可以使用。 架梁设备行走轨道的选择，可参考以下的近似公式： $$g = 2P + \frac{v}{8} \quad (15\text{-}191)$$ 由于架梁设备的运行速度很小，一般均在每小时 1km 以下，所以可以略去不计，此时： $$g = 2P \quad (15\text{-}192)$$ 如轴荷重为 200kN，则 $g = 2\times200 = 400$N，可选用每米重 430N 的钢轨	g——轨道每米的重力，N； P——行走轮轴荷重，kN； v——运行最高速度，km/h

2.7 柱、梁、板绑扎吊装位置计算

2.7.1 等截面柱绑扎吊点位置计算

等截面柱绑扎吊点位置计算　　表 15-71

项目	计算方法及公式
等截面柱一点起吊吊点位置	等截面柱一点起吊可视为一端带有悬臂的简支梁，受均布荷载 q，合理吊点位置是使吊点处最大负弯矩与跨内最大正弯矩绝对值相等。 设 M_c 为跨内最大正弯矩，则 C 处剪力 V 为 0，根据 $V_c = 0$ 条件，则有： $$qx = \frac{q(l-a)}{2} - \frac{qa^2}{2}\left(\frac{1}{l-a}\right) \quad (15\text{-}193)$$ 则 $x = \frac{l(l-2a)}{2(l-a)}$；根据 $M_B = M_C$ 条件，则有： $$\frac{qa^2}{2} = \frac{q(l-a)x}{2} - \frac{qx^2}{2} - \left(\frac{qa^2}{2}\right)\frac{x}{l-a}$$ 将 x 代入化简得：$a = \left(1 - \frac{\sqrt{2}}{2}\right)l = 0.2929l$ 将 a 代入(15-193)式得：$x = \left(1 - \frac{\sqrt{2}}{2}\right)l = 0.2929l$ 则 $x = a = 0.2929l \approx 0.3l$　　(15-194) 故吊点位置在离柱一端 $0.3l$ 处 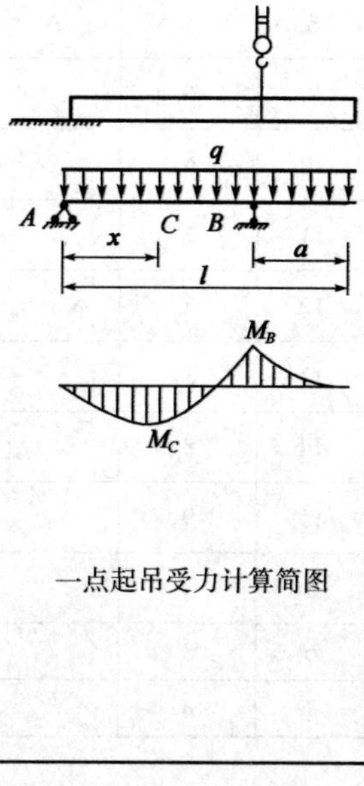 一点起吊受力计算简图

续上表

项目	计 算 方 法 及 公 式
等截面柱二点起吊吊点位置	见下文

吊装配筋少且细长的等截面柱，往往采用两点绑扎吊装，其吊点位置的确定，一般是使其自重产生的跨间最大正弯矩和柱顶悬挑支座处负弯矩相等，这时产生的吊装弯矩最小。

设柱水平搁置，吊点（支点）为 A、B，两端为悬挑端。令 A 支点到跨间最大弯矩 1－1 截面的长度为 x，由静力平衡 $\sum M_B=0$ 得：

$$R_A=\frac{l(l-2l_1)q_0}{2(l-l_1-l_3)} \qquad (15\text{-}195)$$

令最大正弯矩 1-1 截面处剪力为零，得：

$$R_A-(x+l_3)q_0=0 \qquad (15\text{-}196)$$

将式（15-195）代入式（15-196）并解之得：

$$x=\frac{l(l-2l_1)}{2(l-l_1-l_3)}-l_3 \qquad (15\text{-}197)$$

按：$M_{1-1}=R_Ax-\frac{(l_3+x)^2}{2}\cdot q_0$，并令：$M_{1-1}=M_{con}$，$M_{con}$ 为同时满足吊装抗弯强度、裂缝宽度条件的柱截面控制弯矩值，可由下式计算：（15-198）

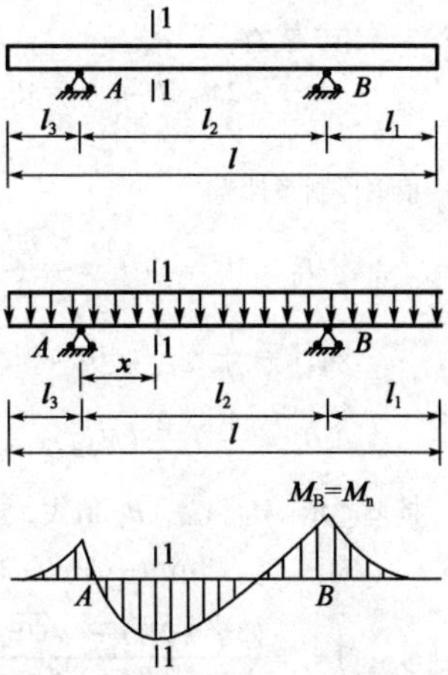

二点起吊受力计算简图

$$M_{抗弯}=\frac{f_yA_s(h_0-a'_g)}{K_1\cdot K} \qquad (15\text{-}199a)$$

$$M_{抗裂}=\frac{0.87A_sh_0\sigma_s}{K} \qquad (15\text{-}199b)$$

式中：f_y——受拉钢筋强度设计值，MPa；

A_s——受拉钢筋截面面积，mm^2；

h_0——截面计算有效高度，mm；

a'_g——受压钢筋合力点至受压边缘距离，mm；

K_1——安全系数，取 1.26；

K——动力系数，取 1.2～1.5；

σ_s——钢筋计算应力，MPa，光面钢筋取 $\sigma_s=160$MPa，螺纹钢筋取 $\sigma_s=200$MPa；

M——吊装截面弯矩

式（15-199a）、式（15-199b）代入构件实际数值后，取二者的最小值作为构件截面的控制弯矩 M_{con} 值。

将 $M_{con}=\frac{q_0l_1^2}{2}$，式（15-195）、式（15-197）式代入式（15-198）并化简：

令 $m=l(l-2l_1)$；$n=l-l_1$

解得：$l_3=\frac{n(m-2l_1^2)-\sqrt{2}ml_1}{2(m-l_1^2)}$ （15-200）

l_3 即为计算最佳吊点 A 的位置。

当按式（15-200）求出的 $l_3\leqslant0$ 时，可用一点 B 起吊；当 $0\leqslant l_3\leqslant l_1$ 时，可用两点起吊；当 $l_3>l_1$ 时，说明 A 点处的负弯矩大于 M_{con}，两点起吊不能满足要求，而应改用其他方法

续上表

项目	计算方法及公式

等截面柱三点起吊吊点位置

当柱长度在25m以上，且柱截面较小时，常需采用三点绑扎（其中一点着地方法吊装）。

设长柱为等截面等配筋，控制弯矩 M_{con}、l_1 经计算为已知，采用三点平吊如图所示。

令需确定的 B 吊点距 A 点距离为 x，C 点距右端悬臂端为 l_1，根据连续梁三弯矩方程有：

$$M_A x + 2M_B(l - l_1) + M_C(l - l_1 - x) = -6(\bar{A}_{n+1} + \bar{B}_n) \tag{15-201}$$

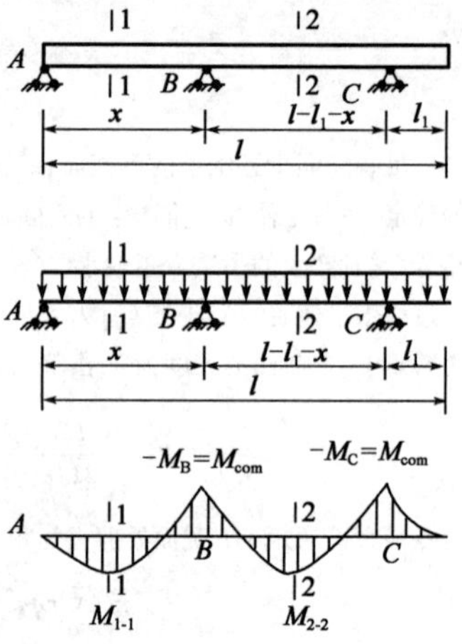

水平搁置柱三点吊装计算简图

根据控制条件为：

$$M_B = M_C = M_{con} = -\frac{ql_1^2}{2};M_A = 0$$

$$\bar{A}_{n+1} = \frac{1}{2}\cdot\frac{2}{3}(M_{BC})(l - l_1 - x) = \frac{1}{24}q(l - l_1 - x)^3$$

$$\bar{B}_n = \frac{1}{2}\cdot\frac{2}{3}(M_{AB})x = \frac{1}{24}qx^3$$

将 M_A、M_B、M_C、$\bar{A}_{n+1}$、$\bar{B}_n$ 值代入式(15-201)，并令 $\eta = l - l_1$，化简得：

$$3\eta x^2 - (3\eta^2 - 2l_1^2)x + (\eta^3 - 6\eta l_1^2) = 0 \tag{15-202}$$

解之得：

$$\left.\begin{cases} x_1 = \dfrac{(3\eta^2 - 2l_1) \mp \sqrt{60\eta^2 l_1^2 + 4l_1^4 - 3\eta^4}}{6\eta} \\ x_2 \end{cases}\right\} \tag{15-203}$$

x_1、x_2 为吊点 B 的两个位置，令 $K_1 = \frac{x_1}{l_1}$；$K_2 = \frac{x_2}{l_1}$；$K = \frac{l - l_1}{l_1}$，代入式(15-203)化为：

$$\begin{cases} K_1 = \dfrac{(3K^2 - 2) \mp \sqrt{60K^2 + 4 - 3K^4}}{6K} \\ K_2 \end{cases} \tag{15-204}$$

当式(15-203)右边根号内为零时，如式得重根为：

$$x = \frac{3\eta^2 - 2l_1^2}{6\eta} \tag{15-205}$$

此时只有一个吊点位置满足三点吊装，柱长达到三点吊位置的极限长度。令式(15-203)右边根号为零，则：

$$3\eta^4 - 60\eta^2 l_1^2 - 4l_1^4 = 0 \tag{15-206}$$

解之得：$l = 5.4796l_1$ (15-207)

当 $l \leqslant 5.4796l_1$ 不等式成立时，表明长柱可采用三点吊装。而长柱 $l = 5.4796l_1$ 时为三点吊装的上限值。

同时由两点吊装极限状态可求得 $l = 4.8284l_1$ 为三点吊装柱长 l 的下限值。即当 $4.8284l_1 \leqslant l \leqslant 5.4796l_1$ 时，可判断长柱宜采用三点吊装方法。再取上图中 AB 跨分析如左图：

令 $M_{1-1} = M_{con}$，M_{Bi} 为 B 点的任意弯矩。M_{1-1} 到 A 点的距离为 x_0。将 $M_A = 0$、$M_C = M_{con}$、M_{Bi}、$\bar{A}_{n+1}$、B_n 代入式(15-201)，并令 $\eta = l - l_1$，化简为：

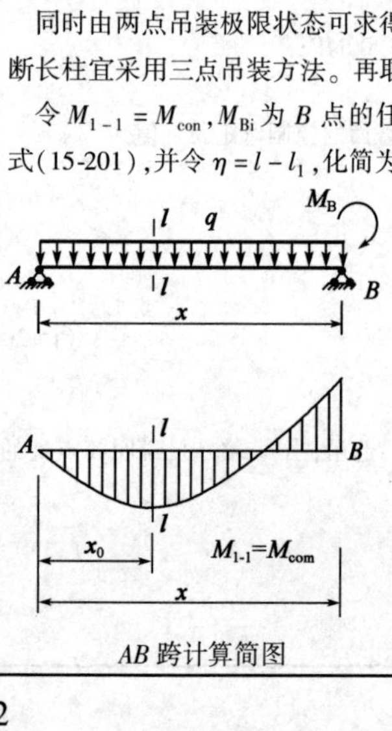

AB 跨计算简图

$$M_{Bi} = \left[\frac{3}{8}x^2 - \left(\frac{3\eta}{8} - \frac{l_1^2}{4\eta}\right)x + \left(\frac{\eta^2}{8} - \frac{l_1^2}{4}\right)\right]q \tag{15-208}$$

求 A 点反力 R_A：$R = \frac{qx}{2} - \frac{M_{Bi}}{x}$

取最大弯矩处剪力为零得：$R_A - qx_0 = 0$

则
$$x_0 = \frac{R_A}{q} = \frac{x}{2} - \frac{M_{Bi}}{xq} = \frac{x}{8} + \left(\frac{3\eta}{8} - \frac{l_1^2}{4\eta}\right) - \left(\frac{\eta}{8x} - \frac{l_1^2}{4x}\right) \tag{15-209}$$

又
$$M_{1-1} = R_A x_0 - \frac{qx_0^2}{2} = \frac{qx_0^2}{2} \tag{15-210}$$

续上表

<table>
<tr><th>项目</th><th>计 算 方 法 及 公 式</th></tr>
<tr><td>等截面长柱三点起吊吊点位置</td><td>
令 $M_{1-1}=\frac{ql_1^2}{2}$，则 $\frac{1}{2}ql_1^2=\frac{qx_0^2}{2}$。
解之得：
$$x_0=l_1 \tag{15-211}$$
比较式(15-209)和式(15-211)有：
$$\frac{x}{8}+\left(\frac{3\eta}{8}-\frac{l_1^2}{4\eta}\right)-\left(\frac{\eta}{8x}-\frac{l_1^2}{4x}\right)=l_1 \tag{15-212}$$
令 $$K=\frac{l-l_1}{l_1}=\frac{\eta}{l_1};K_3=\frac{x}{l_1}$$
解式(15-212)得：
$$K_3=\frac{1}{K}-1.5K+4+\sqrt{3.25K^2+\frac{1}{K^2}-12K+\frac{8}{K}+11} \tag{15-213}$$
对于已知的长柱，在已知 K 的条件下，便可利用式(15-213)求 B 吊点位置 x：
$$x=K_3l_1 \tag{15-214}$$
利用式(15-204)和式(15-214)可绘出 $K_1=f_1(K)$，$K_2=f_2(K)$ 和 $K_3=f_3(K)$ 三条曲线如图。
这三条曲线所包围的区间便是 K_i 的取值范围，则 $x_i=K_il_i$。当吊点 B 位置取 x_i 时，则长柱由自重力产生的 M_B、M_{1-1} 和 M_C 各点的弯矩均小于或等于 M_{con}
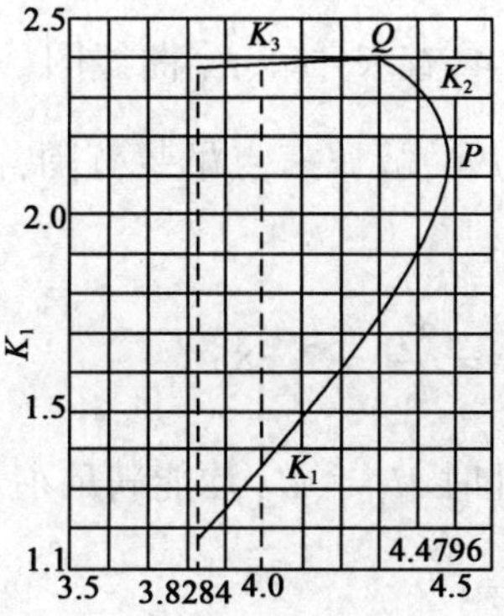

K_1、K_2、K_3 曲线图
M_B、$M_{1\text{-}1}$ 和 M_C 各点的弯矩均小于或等于 M_{con}
</td></tr>
</table>

例 15-18 某等截面柱，长 8.5m，截面 450mm×700mm，采用 1 点绑扎、起吊，试计算吊点位置。

解 由式(15-194)得：

$$x=0.3l=0.3\times8.5=2.55\text{m}$$

故吊点位置在离柱一端 2.55m 处。

例 15-19 某等截面长柱，几何尺寸如图 15-9，已知 $f_y=340\text{MPa}$，$A_s=1520.4\text{mm}^2$，$h_0=565\text{mm}$，$a'_s=35\text{mm}$，$\sigma_S=200\text{MPa}$，$q_0=6.43\text{kN/m}$，采取两点绑扎吊装，试求吊点位置。

解 由式(15-199a)、式(15-199b)得：

$$M_{抗弯}=\frac{340\times1520.4(565-35)}{1.5\times1.26}=144960900\text{kN}\cdot\text{m}$$

$$M_{抗裂}=\frac{0.87\times1520.4\times565\times200}{1.5}=99647000\text{N}\cdot\text{mm}$$

$$=99.6\text{kN}\cdot\text{m}$$

比较可知取小值 $M_{抗裂}=99.6\text{kN}\cdot\text{m}$ 作为截面的控制弯矩，即

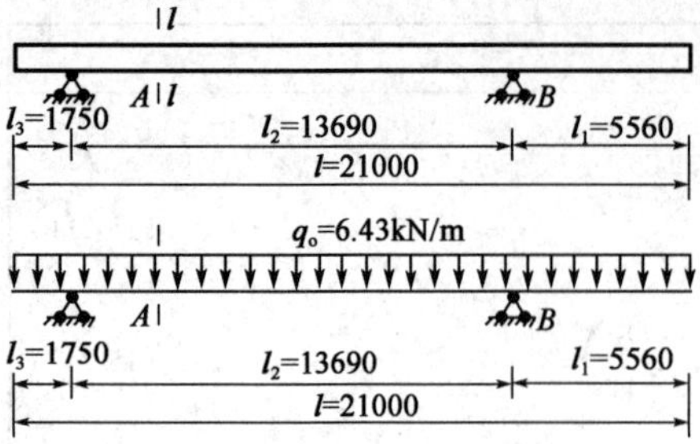

图 15-9　长柱几何尺寸及受力简图（尺寸单位：mm）

$$M_{抗裂} = M_{con} = 99.6\text{kN}\cdot\text{m}$$

由 $M_{con} = \dfrac{1}{2}q_0 l_1^2$ 得：

$$l_1 = \sqrt{\frac{2M_{con}}{q_0}} = \sqrt{\frac{2\times 99.6}{6.43}} = 5.56\text{m}$$

又 $m = l(l-2l_1) = 21(21.0-2\times 5.56) = 207.48\text{m}^2$

$n = l - l_1 = 21.0 - 5.56 = 15.44\text{m}$

将 m、n、l_1 值代入式(15-200)中，得：

$$l_3 = \frac{15.44(207.48-2\times 5.56^2) - 1.414\times 207.48\times 5.56}{2(207.48-5.56^2)} = 1.75\text{m}$$

故两点绑扎吊装吊点位置分别离柱端 5.56m 和 1.75m 处。

例 15-20　某柱长 30m，已知 $q = 7\text{kN/m}$，$M_{con} = 126\text{kN}\cdot\text{m}$，$l_1 = 6\text{m}$，如图 15-10 所示，拟采取三点绑扎吊装，试求吊点位置。

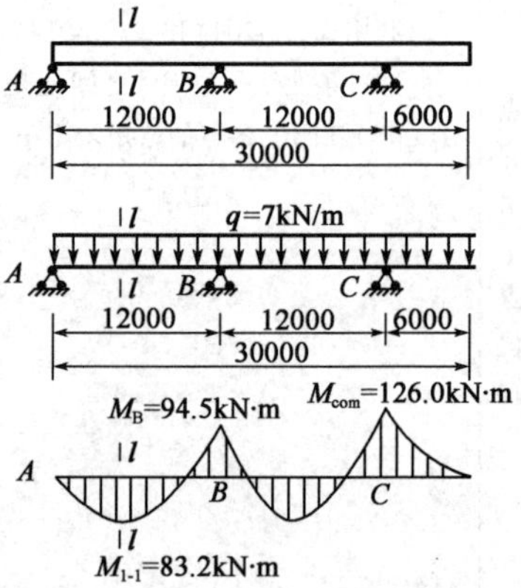

图 15-10　柱尺寸及吊装弯矩（尺寸单位：mm）

解　已知 $K = \dfrac{l-l_1}{l_1} = \dfrac{30-6}{6} = 4$，查 K_1、K_2、K_3 曲线图（表 15-71 中图），因 $3.8284 < 4 < 4.4796$，故属三点吊装范围，由曲线图查得：

$$K_1 = \frac{x_1}{l_1} = 1.333; K_3 = \frac{x_3}{l_1} = 2.385$$

任选 $x_i = K_i l_1 = 2\times 6 = 12\text{m}$，此时 M_{1-1}、M_B 均能满足小于或等于 M_{con} 的控制条件。

2.7.2　变截面柱绑扎吊点位置计算

变截面柱绑扎吊点位置计算　　表 15-72

项目	计算方法及公式
变截面柱采用一点起吊时的吊点位置	变截面柱采用一点起吊，当柱子不太长时，吊点的位置通常设在柱牛腿根部，一般不需计算，但需复核抗弯强度或抗裂度，计算内力可按一端带有悬臂的简支梁进行分析。验算时，荷载一般应将构件自重力乘以动力系数 1.5，根据构件受力实际情况，动力系数可适当增减。 柱子一般均为平卧预制，根据实践，中等长度的柱子，均可采取 1 点不翻身平吊，吊点位置确定后，据此复核产生最大弯矩处的抗弯强度。当满足抗弯强度计算要求时，即认为满足不翻身平吊要求。对有特殊要求的柱，还应进行抗裂度计算，要求其满足抗裂度条件或裂缝宽度限制。可近似地用控制钢筋应力的方法按下式计算： $\sigma_s = \dfrac{KM_K}{0.87h_0A_s}$　　(15-215) 式中：σ_s——钢筋计算应力，MPa； A_s——受拉钢筋截面面积，mm^2； h_0——吊装时构件截面计算有效高度，mm； K——动力系数，视吊装受力情况取 1.2～1.5； M_K——验算截面的吊装弯矩 MPa。 当计算所得钢筋应力 $\sigma_s \leqslant 160\text{MPa}$（光面钢筋）或 $\sigma_s \leqslant 200\text{MPa}$（螺纹钢筋）时，可以认为满足抗裂缝宽度（抗裂度）要求。 对很长的柱，如抗弯强度或抗裂度不能满足平吊要求时，应考虑将四角的钢筋加粗或局部增加配筋或将柱子翻转 90°，侧立起吊；或采用两点平吊等措施，采取措施后，再进行验算

续上表

<table>
<tr><th>项目</th><th>计 算 方 法 及 公 式</th></tr>
<tr><td>变截面柱采用二点起吊时的吊点位置</td><td>

变截面柱采用两点起吊，吊点位置通常一点设在牛腿处，另一合理的吊点位置应使吊点的负弯矩与跨中正弯矩的绝对值相等。

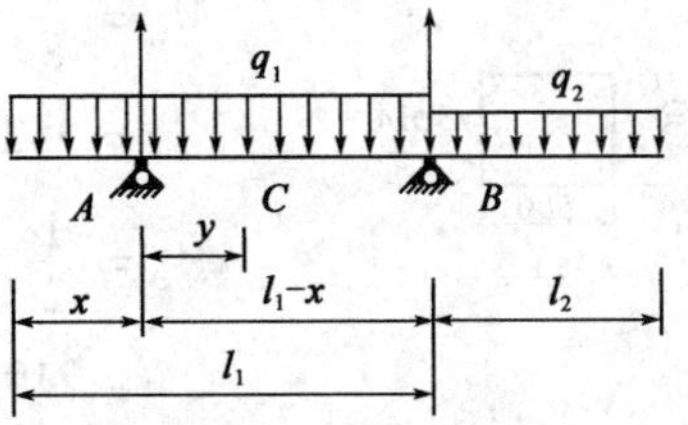

变截面柱二点起吊位置计算简图

由假设条件 $$M_A = M_{AB(\max)}$$

取 $$\sum M_B = 0, R_A = \frac{q_1 l_1^2 - q_2 l_2^2}{2(l_1 - x)}, M_A = \frac{q_1 x^2}{2}$$

则 $M_C = M_{AB(\max)} = R_A y - \frac{q_1(x+y)^2}{2} = \frac{q_1 l_1^2 - q_2 l_2^2}{2(l_1 - x)} \cdot y - \frac{q_1(x+y)^2}{2}$

令 $\frac{dM_C}{dy} = 0$ 有 $\frac{q_1 l_1^2 - q_2 l_2^2}{2(l_1 - x)} - q_1(x+y) = 0$ 则：$y = \frac{q_1 l_1^2 - q_2 l_2^2}{2(l_1 - x)q_1} - x$

设 $\frac{q_1 l_1^2 - q_2 l_2^2}{2} = \alpha, \frac{\alpha}{q_1} = \beta$

故 $M_{AB(\max)} = \frac{\alpha}{l_1 - x}\left[\frac{\beta}{l_1 - x} - x\right] - \frac{q_1}{2}\left[\frac{\beta}{l_1 - x}\right]^2$

使 $M_A = M_{AB(\max)}$ 得：

$$\frac{q_1 x}{2} = \frac{\alpha}{l_1 - x}\left[\frac{\beta}{l_1 - x} - x\right] - \frac{q_1}{2}\left[\frac{\beta}{l_1 - x}\right]^2$$

整理后得：

$$q_1 x^4 - 2l_1 q_1 x^3 + (q_1 l_1^2 - 2\alpha) \cdot x^2 + 2\alpha l_1 x + \beta(q_1 \beta - 2\alpha) = 0 \quad (15\text{-}216)$$

当吊点 A 的位置满足(15-216)式时，则其位置为合理的吊点。

式(15-216)为 x 的一元四次方程式，可用近似根法求解：

设近似根 $$x_0 = 0.26 l_1 \quad (15\text{-}217)$$

更近似根 $$x = x_0 + h_1 \quad (15\text{-}218)$$

而 $$h_1 = \frac{f(x_0)}{f'(x_0)}$$

又 $$f'(x_0) = 4q_1 x^3 - 6l_1 q_1 x^2 + 2(q_1 l_1^2 - 2\alpha)x + 2\alpha l_1 \quad (15\text{-}219)$$

</td></tr>
</table>

例 15-21 某变截面柱，几何尺寸、配筋如图 15-11 所示，采用一点平卧起吊，吊点设在距柱顶 3.7m 处，混凝土强度等级为 C20，钢筋用 20Mn，试验算吊装强度和抗裂度。

解 大柱截面面积为 1375cm²，小柱截面面积为 2000cm²，自重力的动力系数取 1.3。

大柱均布荷载： $q_1 = \frac{1375}{10000} \times 25000 \times 1.3 = 4470\text{N/m}$

小柱均布荷载： $q_2 = \frac{2000}{10000} \times 25000 \times 1.3 = 6500\text{N/m}$

起吊时应对最危险的截面进行验算，各截面弯矩值为：

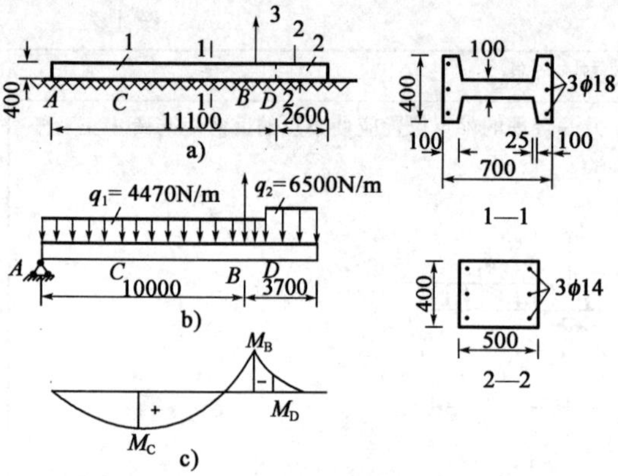

图 15-11　柱子平放 1 点起吊验算简图
(尺寸单位:mm)
a)柱几何尺寸;b)验算简图;c)弯矩图
1-大柱;2-小柱;3-吊点

$$M_B = 6500 \times 2.6\left(3.7 - \frac{2.6}{2}\right) + 4470 \times \frac{(3.7-2.6)^2}{2} = 43264\text{N}\cdot\text{m}$$

$$M_C = \frac{1}{8} \times 4470 \times 10^2 - \frac{1}{2} \times 43264 = 34243\text{N}\cdot\text{m} < M_B$$

$$M_D = \frac{1}{2} \times 6500 \times 2.6^2 = 21970\text{N}\cdot\text{m}$$

1. 抗弯强度验算

(1)截面 B:采用平卧起吊,$h = 400$mm,仅考虑四角钢筋,$A_s = A'_s = 5.09 \times 10^2\text{mm}^2$(2Φ18),

$$h_0 = 400 - 35 = 365\text{mm}$$

吊装时的强度验算按受弯构件考虑。按双筋梁计算截面强度。该截面能承担的弯矩:

$$M' = A'_s f_y(h_0 - a'_s) = 5.09 \times 10^2 \times 310(365 - 35) = 52.0 \times 10^6\text{N}\cdot\text{mm} = 52000\text{N}\cdot\text{m} > M_B = 43264\text{N}\cdot\text{m}$$

强度满足要求。由于 $M_B > M_C$,B 和 C 的截面尺寸和配筋均相同,故截面 C 可不必验算。

(2)截面 D:采用平卧起吊,$h = 400$mm 与大柱相同,$A_s = A'_s = 3.08 \times 10^2\text{mm}^2$(2Φ14),则有:

$$M' = A'_s f_y(h_0 - a'_s) = 3.08 \times 10^2 \times 310(365 - 35) = 31.5 \times 10^6\text{N}\cdot\text{mm} = 31500\text{N}\cdot\text{m} > M_D = 21970\text{N}\cdot\text{m}$$

强度能满足要求。

2. 裂缝宽度(抗裂度)验算

截面 B: $\sigma_s = \frac{43264000}{0.87 \times 509 \times 365} = 267\text{MPa}$

截面 C: $\sigma_s = \frac{34243000}{0.87 \times 509 \times 365} = 212\text{MPa}$

截面 D: $\sigma_s = \frac{21970000}{0.87 \times 308 \times 365} = 225\text{MPa}$

由上验算和各截面钢筋计算应力 σ_s 均大于 200MPa,抗裂能力不能满足吊装要求。因此,需将大柱截面四角 4Φ18 钢筋改为 4Φ22 钢筋,$A_s = 760.3\text{mm}^2$,再验算如下:

截面 B: $\sigma_s = \frac{43264000}{0.87 \times 760.3 \times 365} = 180\text{MPa} < 200\text{MPa}$

截面 D: $\sigma_s = \frac{21970000}{0.87 \times 760.3 \times 365} = 90\text{MPa} < 200\text{MPa}$

经以上验算,平卧一点绑扎起吊改进配筋后,各截面的抗弯强度及抗裂能力均可满足吊装要求。

例 15-22　某柱长 15.0m,下柱长 11.5m,截面为 400mm×600mm,配筋为 4Φ25 + 2Φ20;上柱长 3.5m,截面为 400mm×400mm,配筋 4Φ18mm,混凝土为 C20,吊装强度为 100%,采用两点起吊,动力系数取 1.5,试确定吊点位置。

解　吊点 B 取牛腿处,吊点 A 的位置按表 15-72 计算选定如下:

计算荷载：

$$q_1 = 0.4 \times 0.6 \times 1 \times 25 = 6.0\text{kN/m}$$

$$q_2 = 0.4 \times 0.4 \times 1 \times 25 = 4.0\text{kN/m}$$

按式(15-216)求解 x 值。

设第一次近似根：

$$x_0 = 0.26l_1 = 0.26 \times 11.5 = 2.99\text{m}$$

因为 $$\alpha = \frac{q_1 l_1^2 - q_2 l_2^2}{2} = \frac{6 \times 11.5^2 - 4 \times 3.5^2}{2} = 372.3$$

$$\beta = \frac{\alpha}{q_1} = \frac{372.3}{6} = 62.1$$

则 $$f(x_0) = 6 \times 2.99^4 - 2 \times 11.5 \times 6 \times 2.99^3 + (6 \times 11.5^2 - 2 \times 372.3) \times 2.99^2 + 2 \times 372.3 \times 11.5 \times 2.99 + 62.1(6 \times 62.1 - 2 \times 372.3) = -270.27$$

$$f'(x_0) = 4 \times 6 \times 2.99^3 - 6 \times 11.5 \times 6 \times 2.99^2 + 2(6 \times 11.5^2 - 2 \times 372.3) \times 2.99 + 2 \times 372.3 \times 11.5 = 5795.66$$

所以 $$h_1 = \frac{f(x_0)}{-f'(x_0)} = \frac{-(-270.27)}{5795.66} = 0.047 \approx 0.05\text{m}$$

$$x = x_0 + h_1 = 2.99 + 0.05 = 3.04\text{m}$$

$$M_A = \frac{q_1 x^2}{2} = \frac{6 \times 3.04^2}{2} = 27.72\text{kN} \cdot \text{m}$$

$$M_B = \frac{q_2 l_2^2}{2} = \frac{4 \times 3.5^2}{2} = 24.50\text{kN} \cdot \text{m}$$

$$R_A = \frac{\left(\frac{1}{2} \times 6 \times 11.5^2 - \frac{1}{2} \times 4 \times 3.5^2\right)}{11.5 - 3.04} = 44.0\text{kN}$$

$$y = \frac{\beta}{l_1 - x} - x = \frac{62.1}{11.5 - 3.04} - 3.04 = 4.30\text{m}$$

所以 $$M_{AB(\max)} = R_A \times y - \left[\frac{q_1}{2}(x + y)^2\right] = 44 \times 4.3 - \left(\frac{1}{2} \times 6 \times 7.34^2\right) = 27.6\text{kN} \cdot \text{m}$$

满足 $M_A \approx M_{AB(\max)}$，故选用吊点 A 离柱脚端 $x = 3.04\text{m}$ 处。

裂缝宽度(抗裂度)验算：

由于下柱截面较大，配筋较密，可不进行裂缝宽度验算，主要对 B 点进行验算如下：

$$\sigma_S = \frac{1.5M_B}{0.87 \times h_0 \cdot A_S} = \frac{1.5 \times 24.5 \times 10^6}{0.87 \times 365 \times 508.65} = 227\text{MPa} > 200\text{MPa}$$

(由以上计算可知，吊装时可能出现裂缝)

在 B 点处上、下方各加 2Φ16($l = 1300\text{mm}$)，那么有

$$\sigma_S = \frac{1.5 \times 24.5 \times 10^6}{0.87 \times 365 \times 910.6} = 127\text{MPa} < 200\text{MPa}\text{(可满足裂缝宽度要求)}$$

2.7.3 变截面柱吊点位置的近似计算

变截面柱吊点位置的近似计算　　表 15-73

项目	计算方法及公式
计算方法及步骤	变截面柱一点、两点绑扎吊点位置的计算较等截面柱复杂，为简化计算，一般常用换算长度近似方法，即将变截面柱换算成等截面柱，按表 15-71 等截面柱方法来确定吊点位置(即一点起吊吊点离柱顶为 $0.293l$，两点起吊吊点离柱顶和柱脚距离各为 $0.207l$)，再求该位置及中间最大弯矩，进行截面强度和裂缝宽度的验算
柱子长度换算及吊点位置	柱子换算截面的换算长度 l'_2 按下式计算： $l'_2 = \frac{b}{B}l_2 \cdot K$ 或 $l'_2 = \frac{c}{C}l_2 \cdot K$　　(15-220) 式中：l'_2——柱子换算截面的长度，m； b 或 c——柱子换算截面的宽度，m，或截面的面积，m^2； B 或 C——柱子标准截面(即截面)的宽度，m，或截面面积，m^2； K——换算后弯距变化系数，取 1.1～1.3 则　一吊点的位置为：$a = 0.293l'$； 两吊点的位置为：$a = 0.207l'$　　(15-221) 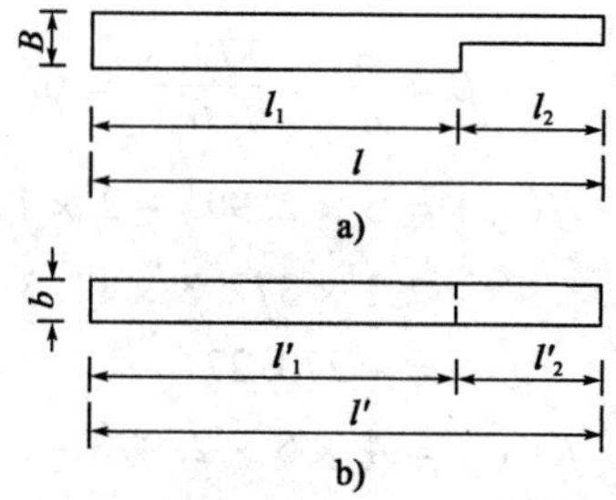 变截面柱的长度换算 a)柱子原有长度；b)柱子换算后长度
柱截面强度验算	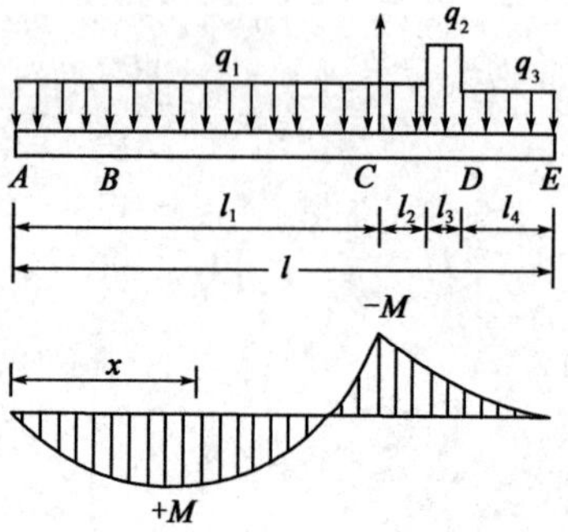 变截面柱一点起吊位置计算简图 柱换算后的长度，以等截面柱子计算在自重力作用下的弯矩(各重力应再乘以动力系数 1.5)。 一点起吊时，柱子一端落地，另一端悬臂(C 点为吊点)，按简支计算，由 $\sum M_c = 0$，可求出反力 R_A，则跨中最大弯矩为： $M_{max} = R_A x - \frac{1}{2}q_1 x^2$ 令 $\frac{dM}{dx} = 0$ 得 $x = \frac{R_A}{q_1}$，代入上式得：$M_B = \frac{R_A^2}{2q_1}$ 起吊点 C 处的负弯矩为： $M_C = \frac{1}{2}q_1 l_2^2 + q_2 l_3\left(l_2 + \frac{l_3}{2}\right) + q_3 l_4\left(l_2 + l_3 + \frac{l_4}{2}\right)$ 上、下柱分界处 D 点的弯矩：$M_D = \frac{1}{2}q_3 l_4^2$ 对于上柱验算 D 点截面，对于下柱取 B、C 两处弯矩值较大的截面进行验算。两点起吊时，其 A、C 点的弯矩分别为： $M_A = \frac{1}{2}q_1 l_1^2$ $M_C = q_3 l_5\left(l_3 + l_4 + \frac{l_5}{2}\right) + q_2 l_4\left(l_3 + \frac{l_4}{2}\right) + \frac{1}{2}q_1 l_3^2$ 其跨中最大弯矩为：　$M_B = \frac{1}{8}q_1 l_2^2 - \frac{M_A + M_C}{2}$　　(15-222) 对于上柱验算 D 点截面，对于下柱取 A、B、C 三点中的弯矩最大值截面进行验算，若柱两肢配筋不同，还应对另一侧最大弯矩截面进行验算。验算时，将计算得到的弯矩值，按一般钢筋混凝土结构计算方法，计算出截面所需要配置的钢筋面积 A'_S，与原来使用阶段柱子截面所配置的钢筋截面 A_S 比较。如 $A'_S \leqslant A_S$，则表示安全；$A'_S > A_S$，则需要采取加固措施之后才能起吊

项目	计算方法及公式
柱截面裂缝宽度验算	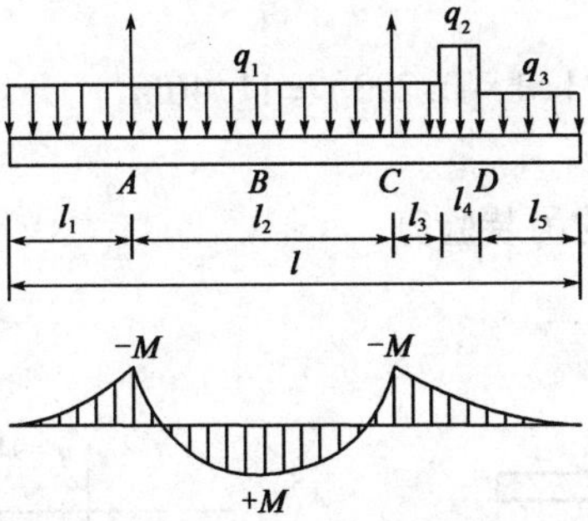 变截面柱两点起吊位置计算简图 取上、下柱的危险截面分别用以下公式验算： $\sigma_S = \dfrac{KM_K}{0.87h_0A_S} \leqslant [\sigma]$　　(15-223) 式中：M_K——验算截面的弯矩值； K——动力系数，视吊装受力情况取1.2～1.5； A_S——使用阶段柱截面配置的钢筋截面面积； h_0——验算截面的有效高度； $[\sigma]$——验算裂缝宽度时的容许应力，对于光面钢筋：$[\sigma]$ = 160MPa；对于螺纹钢筋：$[\sigma]$ = 200MPa

例 15-23　试验算图 15-12 所示柱在平移和吊装时强度和裂缝宽度是否满足要求。平移和吊装时，柱子混凝土强度为设计强度的 70%。

解　1. 确定柱子吊点位置

(1)柱子两个吊点平移时

下柱工字形截面的截面积：

$$A = 0.10 \times 0.35 + 0.20 \times 0.50 \times 2 + \frac{1}{2} \times 0.20 \times 0.025 \times 4 = 0.25\text{m}^2$$

下柱矩形截面的截面积：$c_1 = 0.50 \times 0.80 = 0.40\text{m}^2$

上柱矩形截面的截面积：$c_2 = 0.50 \times 0.30 = 0.15\text{m}^2$

换算长度：$l'_2 = \dfrac{c_1}{C} \cdot l_2 \cdot \dfrac{1}{K} + \dfrac{c_2}{C} \cdot l_3 \cdot K$

$$= \frac{0.40}{0.25} \times 0.70 \times \frac{1}{1.1} + \frac{0.15}{0.25} \times 3.2 \times 1.1 = 3.11\text{m}$$

换算后的柱身全长：$l' = l_1 + l'_2 = 13.1 + 3.11 = 16.21\text{m}$

故下吊点至柱脚的距离为 $0.207 \times 16.21 = 3.36\text{m}$

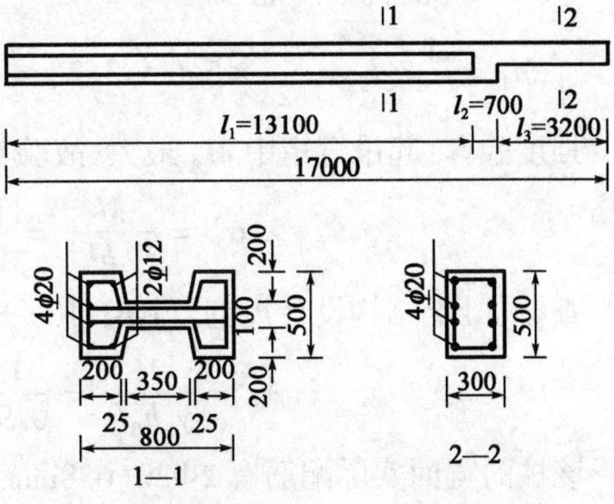

图 15-12　柱子尺寸和截面配筋
(尺寸单位：mm)

上吊点至柱顶的距离为3.36+(3.2+0.7-3.13)=4.13m

吊点位置如图15-13a)所示。

(2)柱子一个吊点起吊时

吊点至柱脚的距离为:16.21(1-0.293)=11.46m

2. 柱子吊装验算

(1)柱子两个吊点平移时的吊装验算

①强度验算

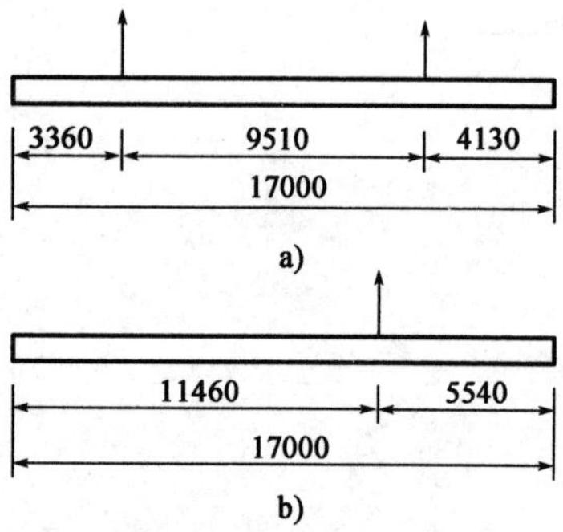

图15-13 柱子的吊点位置(尺寸单位:mm)

a)两个吊点平移时;b)1个吊点起吊时

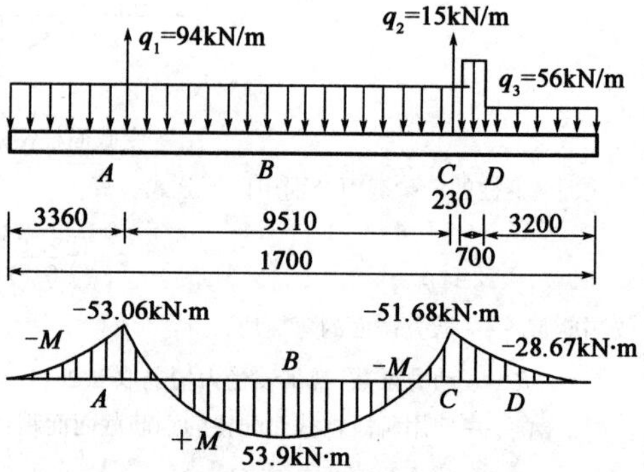

图15-14 柱身自重荷载与两个吊点平移时的吊装弯矩(尺寸单位:mm)

$$M_A = \frac{1}{2}q_1 l_1^2 = \frac{1}{2} \times 9.4 \times 3.36^2 = 53.06\text{kN} \cdot \text{m}$$

$$M_C = q_3 l_5\left(l_3 + l_4 + \frac{l_5}{2}\right) + q_2 l_4\left(l_3 + \frac{l_4}{2}\right) + \frac{q_1 l_3^2}{2}$$

$$= 5.6 \times 3.2\left(0.23 + 0.70 + \frac{3.2}{2}\right) + 15 \times 0.70\left(0.23 + \frac{0.70}{2}\right) + \frac{9.4 \times 0.23^2}{2}$$

$$= 51.68\text{kN} \cdot \text{m}$$

$$M_B = \frac{1}{8}q_1 l_2^2 - \frac{M_A + M_C}{2} = \frac{1}{8} \times 9.4 \times 9.51^2 - \frac{53.06 + 51.68}{2}$$

$$= 53.90\text{kN} \cdot \text{m}$$

$$M_D = \frac{1}{2}q_3 l_5^2 = \frac{1}{2} \times 5.6 \times 3.2^2 = 28.67\text{kN} \cdot \text{m}$$

强度验算:起吊弯矩中M_B最大,故验算平卧的B截面

$$\alpha_S = \frac{M}{f_{cm} b h_0^2} = \frac{1.2 \times 53900000}{11 \times 800 \times 465^2} = 0.034$$

查《混凝土结构设计规范》(GBJ 10—89)附表3得$\gamma_S = 0.983$,则有:

$$A_S = \frac{M}{\gamma_S h_0 f_y} = \frac{1.2 \times 53900000}{0.983 \times 465 \times 310} = 456\text{mm}^2$$

该柱的宽面实际配筋有2Φ20(628mm²)+2Φ12(226mm²)>A_s=456mm²,可以满足要求。

②裂缝宽度验算

由式(15-223)得:

$$\sigma_S = \frac{1.2M_k}{0.87h_0A_S} = \frac{1.2\times 53900000}{0.87\times 465\times 854} = 187\text{MPa} < 200\text{MPa}$$

满足要求。

(2)柱子一个吊点起吊时的吊装验算

①强度验算

吊装弯矩：由 $\sum M_C = 0$ 得：

$$R_A = \frac{\frac{q_1l_1^2}{2} - \frac{q_1l_2^2}{2} - q_2l_3\left(l_2 + \frac{l_3}{2}\right) - q_3l_4\left(l_2 + l_3 + \frac{l_4}{2}\right)}{l_1}$$

$$= \frac{\frac{9.4\times 11.47^2}{2} - \frac{9.4\times 1.63^2}{2} - 15\times 0.70\times\left(1.63 + \frac{0.7}{2}\right) - 5.6\times 3.2\times\left(1.63 + 0.70 + \frac{3.2}{2}\right)}{11.47}$$

$$= 44.87\text{kN}$$

$$x = \frac{R_A}{q_1} = \frac{44.87}{9.4} = 4.77\text{m}$$

$$M_B = R_Ax - \frac{1}{2}q_1x^2 = 44.87\times 4.77 - \frac{9.4\times 4.77^2}{2}$$

$$= 107.09\text{kN}\cdot\text{m}$$

$$M_C = \frac{1}{2}q_1l_2^2 + q_2l_3\left(l_2 + \frac{l_3}{2}\right) + q_3l_4\left(l_2 + l_3 + \frac{l_4}{2}\right)$$

$$= \frac{1}{2}\times 9.4\times 1.63^2 + 15\times 0.70\left(1.63 + \frac{0.70}{2}\right) + 5.6\times 3.2\left(1.63 + 0.70 + \frac{3.2}{2}\right)$$

$$= 103.70\text{kN}\cdot\text{m}$$

$$M_D = \frac{q_3l_4^2}{2} = \frac{5.6\times 3.2^2}{2} = 28.67\text{kN}\cdot\text{m}$$

在下柱中，$M_B > M_C$，下柱只验算 B 截面即可，上柱验算 D 截面。

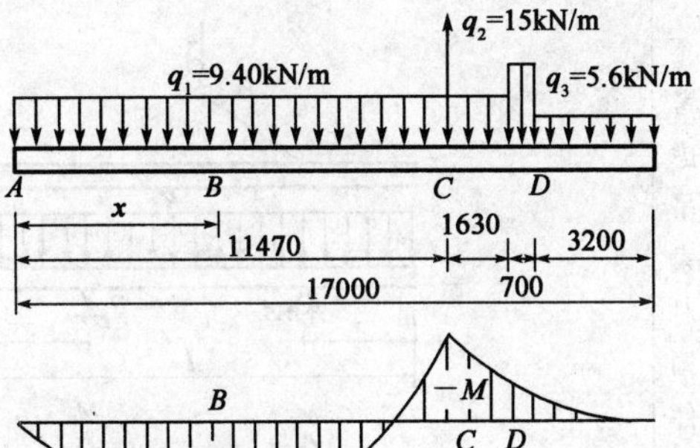

图 15-15　柱子自重荷载与 1 个吊点起吊时的吊装弯矩(尺寸单位：mm)

柱子从平卧状态起吊时，B 截面的强度验算：

$$\alpha_S = \frac{M_B}{bh_0^2f_{cm}} = \frac{1.2\times 107090000}{800\times 465^2\times 11} = 0.067$$

查得：　　　$\gamma_S = 0.965$

故 $A_S = \frac{KM_B}{\gamma_Sh_0f_y} = \frac{1.2\times 107090000}{0.965\times 465\times 310} = 923\text{mm}^2$

根据吊装弯矩计算，需要 II 级钢筋 923mm^2 才能满足吊装要求，而柱子宽面实际配筋有 2Φ20 (628mm^2) + 2Φ12(226mm^2) < 923mm^2(II 级钢)，所以柱子从平卧状态直接起吊强度不够。

柱子翻身后起吊的 B 截面的强度验算：

$$\alpha_S = \frac{1.2M_B}{bh_0^2f_{cm}} = \frac{1.2\times 107090000}{500\times 765^2\times 11} = 0.040$$

查得：　　　$\gamma_S = 0.979$

所以 $$A_S = \frac{1.2M_B}{\gamma_S h_0 f_y} = \frac{1.2 \times 107090000}{0.979 \times 765 \times 310} = 556\text{mm}^2$$

柱子翻身后窄面实际配筋有 4Φ20（1256mm^2）$>556\text{mm}^2$，所以，柱子翻身后一点起吊是安全的。

柱子翻身后起吊时 D 截面的强度验算：

$$a_S = \frac{1.2M_D}{bh_0^2 f_{cm}} = \frac{1.32 \times 28670000}{500 \times 265^2 \times 11} = 0.089$$

查得：

$$\gamma_S = 0.952$$

$$A_S = \frac{1.2M_D}{\gamma_S h_0 f_y} = \frac{1.2 \times 28670000}{0.952 \times 265 \times 310} = 440\text{mm}^2$$

上柱翻身后实际配筋有 4Φ20（1256mm^2）$>440\text{mm}^2$，可满足吊装要求。

②裂缝宽度验算

B 截面： $$\sigma_S = \frac{1.2M_{BK}}{0.87h_0A_S} = \frac{1.2 \times 107090000}{0.87 \times 765 \times 1256} = 154\text{MPa} < 200\text{MPa}$$

D 截面： $$\sigma_S = \frac{1.2M_{DK}}{0.87h_0A_S} = \frac{1.2 \times 28670000}{0.87 \times 265 \times 1256} = 119\text{MPa} < 200\text{MPa}$$

所以该柱在翻身起吊时，裂缝宽度方面也可满足吊装要求。

2.7.4 梁、板绑扎起吊位置计算

梁、板绑扎起吊位置计算 表 15-74

项目	计算方法及公式	符号意义
不考虑吊索对构件的影响	等截面梁、板两点起吊，可化简为双悬臂简支梁计算，受均布荷载 q，最合理吊点位置是使吊点处负弯矩与跨中正弯矩绝对值相等。即： $M_A = M_B = M_C$ 而 $M_A = M_B = \frac{qx^2}{2}$ 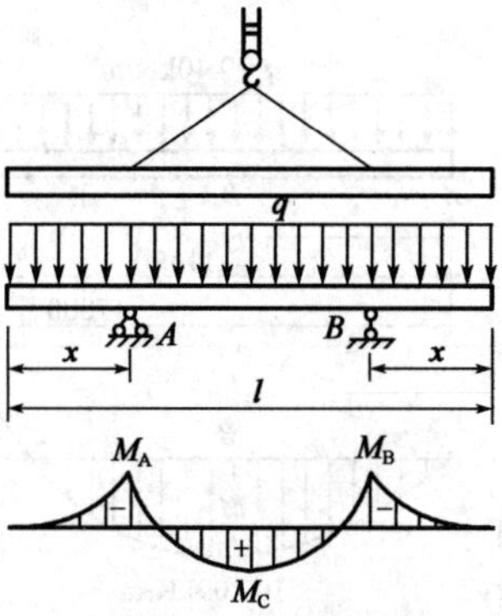 二点起吊受力计算简图 二点起吊受力计算简图 $M_C = \frac{q(l-2x)^2}{2} - \frac{qx^2}{2}$ 代入化简得：$x = 0.207l$ (15-224) 即吊点位置在离构件一端 $0.207l$ 处	q——构件每米重力，N/m； M_A、M_B——吊点处弯矩，N·m； x——吊点离构件一端的距离，m； l——梁、板的长度，m

续上表

<table>
<tr><th>项目</th><th>计算方法及公式</th><th>符号意义</th></tr>
<tr><td>考虑吊索对构件的影响</td><td>

式(15-224)计算是忽略吊索水平分力对构件的影响，实际吊装构件，除采用吊架起吊外，一般起吊吊索均与构件表面成一角度，在吊环或绑扎点处，存在水平力，造成两点间产生附加弯矩，两点起吊考虑吊索水平力的影响如图：

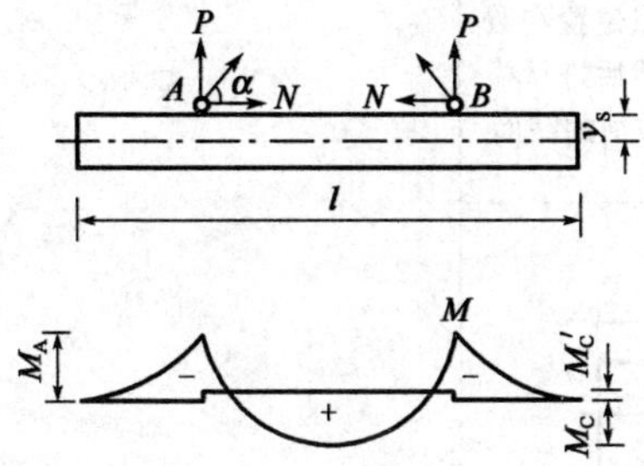

两点起吊考虑吊绳水平力影响计算简图

设叠加后跨中增加弯矩值为 M'_C，则考虑到偏心力产生的弯矩，减去轴向压力引起的相应弯矩，则有：

$$M'_C = N\cdot y_S - \frac{NW_0}{A_0} = P\cot\alpha\left(y_S - \frac{W_0}{A_0}\right)$$

考虑水平力的影响，则应使 $M_C + M'_C = M_A = M_B$，即

$$\frac{q(l-2x)^2}{8} - \frac{qx^2}{2} + \frac{ql^2}{2}\cot\alpha\left(y_S - \frac{W_0}{A_0}\right) = \frac{qx^2}{2}$$

整理得 $x^2 - lx - l\left[\cot\alpha\left(y_S - \frac{W_0}{A_0}\right) + \frac{1}{4}\right] = 0$ (15-225)

据此可以求得 x 值。

对于矩形截面：$y_S = \frac{h}{2}$；$\frac{W_0}{A_0} = \frac{h}{6}$；（略去配筋影响）；若 $\alpha = 60°$，$\frac{h}{l} = \frac{1}{20}$，则式(15-225)常数项应为 $-0.26l$，解得：

$$x = 0.214l \quad (15\text{-}226)$$

在实际应用时，可按式(15-224)求得的 x 值稍加大，使 $x \approx 0.21l$ 或稍大一点的整数值，使吊索斜角加大，改善起吊条件

</td><td>

W_0——换算截面受拉边缘(下缘)的弹性抵抗矩；
A_0——换算截面面积；
N——吊索对构件产生的水平力；
M'_C——考虑吊索水平力影响在跨中产生的附加弯矩；
M_C——构件跨中弯矩

</td></tr>
</table>

例 15-24 某等截面矩形梁，截面为 600mm × 300mm（高 × 宽），长 9200mm，采用两点起吊，吊索与梁身成 45°角，忽略配筋影响，试计算确定吊点位置。

解 1. 不考虑吊索对构件的影响时

$$x = 0.207l = 0.207 \times 9.2 = 1.904\text{m} \approx 1.9\text{m}$$

2. 考虑吊索水平力对构件的影响时

由式(15-225)得：

$$x^2 - 9.2x - 9.2\left[\cot45°\left(\frac{0.6}{2} - \frac{0.6}{6}\right) + \frac{9.2}{4}\right] = 0$$

$$x^2 - 9.2x - 23 = 0$$

解得：

$$x = 2.05\text{m}$$

2.8 塔类构件整体吊装计算

2.8.1 人字桅杆整体吊装塔桅结构计算

人字桅杆整体吊装塔桅结构计算 表 15-75

<table>
<tr><th>项目</th><th>计算方法及公式</th><th>符号意义</th></tr>
<tr><td>原理和步骤</td><td>塔架(柱、下同)施工采用旋转垂直整体吊装方法，起吊人字桅杆、吊绳和拉绳的内力以起吊“瞬时”的静力平衡进行分析和计算，此时其吊索和桅杆受力最大。计算时，根据塔高拟定吊点位置和数量，先计算出塔体的重心位置，以选定使用的桅杆高度，然后进行桅杆吊绳、拉绳的内力计算，最后根据内力选定桅杆吊绳、拉绳的截面</td><td></td></tr>
<tr><td>塔架(柱、下同)重心位置和桅杆高度的选择</td><td>塔架(柱、下同)重心位置按下式计算：
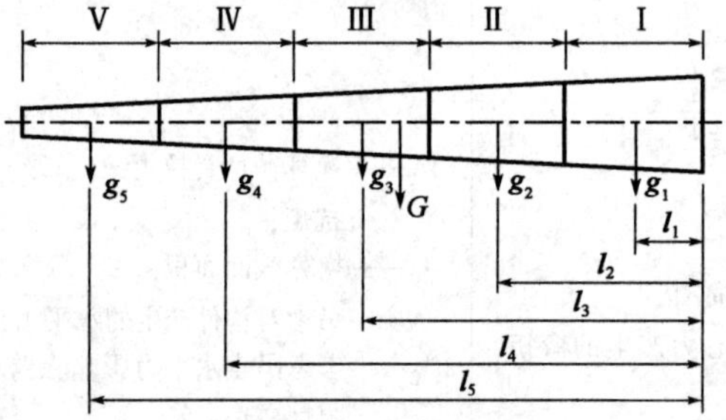

塔架分段及重心计算
I、II、III、IV、V—分段号
取 $M_0=0$，则有：
$$L=\frac{g_1 l_1+g_2 l_2+\cdots+g_n l_n}{G}=\frac{\sum gl}{G} \quad (15\text{-}227)$$</td><td rowspan="2">L——塔架(柱、下同)重心至塔脚的距离，m；
G——塔架重力，kN；
g_1、g_2、g_3、…、g_n——塔架各段重力，kN；
l_1、l_2、l_3、…、l_n——塔架各段重心至塔脚的距离，m；
F_x——在 x 点垂直塔身的力，kN；
F——斜吊绳内力，kN；
F_0、F_1、F_2——短斜拉绳内力，kN；
Q_1——1 点绑扎起吊桅杆的总内力，kN；
T_1——1 点绑扎起吊卷扬机牵引的斜拉绳内力，kN；
θ_1——斜吊绳 F 与塔架的夹角，(°)；
θ_2——卷扬机牵引的斜拉绳 T 与地面的夹角，(°)</td></tr>
<tr><td>塔架一点绑扎起吊桅杆内力和斜拉绳的内力</td><td>一点绑扎起吊桅杆内力和斜拉绳内力按以下计算(图 15-16a)：
x 点的力 $$F_x=\frac{GL}{L_x} \quad (15\text{-}228)$$
斜吊绳内力 $$F=\frac{F_x}{\sin\theta_1} \quad (15\text{-}229)$$
桅杆总内力 Q_1 和卷扬机牵引的斜拉绳内力 T_1，根据瞬时起吊时在 D 点力的平衡条件可得：
$$Q_1=\frac{\sin(\theta_1+\theta_2)}{\sin(60°-\theta_2)}\cdot F \quad (15\text{-}230)$$
$$T_1=\frac{\sin(60°+\theta_1)}{\sin(60°-\theta_2)}\cdot F \quad (15\text{-}231)$$
其中 θ_1、θ_2 可用作图法量得或计算求得</td></tr>
</table>

续上表

项目	计算方法及公式	符号意义
塔架二点绑扎起吊桅杆内力和斜拉绳内力	两点绑扎起吊桅杆内力和斜拉绳内力按以下计算(图15-16b): 斜吊绳内力 F,由 $\sum M_0=0$ 得: $F=\dfrac{LG}{L_x\sin\theta_1+L_1\sin(\theta_1+\theta_3)}$ (15-232) 同样桅杆总内力 Q_2 和斜拉绳总内力 T_2 为: $Q_2=\dfrac{\sin(\theta_1+\theta_2)+\sin(\theta_1+\theta_2+\theta_3)}{\sin(60^\circ-\theta_2)}\cdot F$ (15-233) $T_2=\dfrac{\sin(60^\circ+\theta_1)+\sin(60^\circ+\theta_1+\theta_3)}{\sin(60^\circ-\theta_2)}\cdot F$ (15-234) 式中 θ_1、θ_2、θ_3 可用作图法量得或计算求得	
塔架三点绑扎起吊桅杆内力和斜拉绳的内力	3点绑扎起吊桅杆内力和斜拉绳内力按以下计算(图15-16c): 长斜绳内力 F,由 $\sum M_0=0$ 得: $F=\dfrac{LG}{L_x\sin\theta_1+\dfrac{L_1\sin\theta_4}{2\cos\dfrac{\alpha}{2}}+\dfrac{L_2\sin\theta_5}{2\cos\dfrac{\alpha}{2}}}$ (15-235) 短斜绳内力:$F_0=\dfrac{F}{2\cos\dfrac{\alpha}{2}}$ (15-236) 同样桅杆总内力 Q_3 和斜拉绳内力 T_3 为: $Q_3=\dfrac{\sin(\theta_1+\theta_2)+\sin(\theta_1+\theta_2+\theta_3)}{\sin(60^\circ-\theta_2)}\cdot F$ (15-237) $T_3=\dfrac{\sin(60^\circ+\theta_1)+\sin(60^\circ+\theta_1+\theta_3)}{\sin(60^\circ-\theta_2)}\cdot F$ (15-238)	θ_3——2点绑扎起吊斜拉绳 F 间的夹角,(°); θ_4、θ_5——分别为3点、4点绑扎起吊短斜吊绳 F_0、F_2 与塔架间的夹角,(°); θ_6——4点绑扎起吊短吊绳 F_1 与塔架间的外角,(°); α——3点绑扎起吊短斜绳 F_0 间的夹角,(°); α_1、α_2——分别为4点绑扎起吊短斜吊绳 F_1、F_2 间的夹角,(°); Q_2、Q_3、Q_4——分别为2点、3点、4点绑扎起吊桅杆的总内力,kN T_2、T_3、T_4——分别为二点、三点、四点绑扎起吊卷扬机牵引的斜拉绳的总内力,kN
塔架四点绑扎起吊桅杆内力和斜拉绳内力	四点绑扎起吊桅杆内力和斜拉绳内力按以下计算(图15-16d): 长斜绳内力 F,由 $\sum M_0=0$ 得: $F=2GL/\left[\dfrac{L_x\sin\theta_1+L_1\sin(\theta_1+\alpha_1)}{\cos(\alpha_1/2)}+\dfrac{L_2\sin\theta_4+L_3\sin(\theta_4+\alpha_2)}{\cos(\alpha_1/2)}\right]$ (15-239) 短斜吊绳内力 F_1、F_2 为: $F_1=\dfrac{F}{2\cos(\alpha_1/2)}$ (15-240a)	

续上表

项目	计算方法及公式	符号意义
塔杆架内四力点和绑斜扎拉起绳吊内桅力	$$F_2 = \frac{F}{2\cos(\alpha_2/2)} \quad (15\text{-}240b)$$ 桅杆总内力 Q_4 和斜拉绳内力 T_4 的计算公式同三点绑扎起吊计算公式。 其中 $\theta_1 \sim \theta_6$、α_1、α_2 角度可用作图法量得或计算求得	
人字桅杆的内力与塔脚支撑及锚拉绳内力	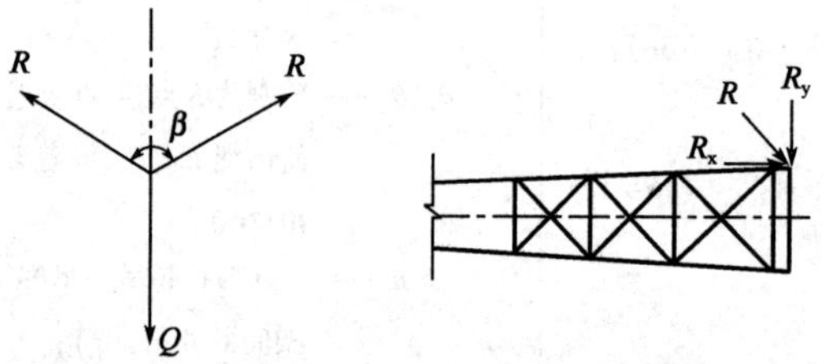 a)　　　　　　　b) a)人字桅杆计算简图;b)支撑计算简图 人字桅杆的每杆内力 R 按下述方法计算:取 $\sum r=0$,得: $$R = \frac{Q_0}{2\cos(\beta/2)} \quad (15\text{-}241)$$ 当桅杆设在塔脚上时,应在塔脚支撑木杆,以加固塔脚杆件,同时设置拉绳以抵抗、平衡起吊时人字桅杆根部产生的水平推力,其垂直和水平分力分别为: $$R_y = R\cos30° \quad (15\text{-}242)$$ $$R_x = R\sin30° \quad (15\text{-}243)$$	R——每根人字桅杆的内力,kN; Q_0——分别按一、二、三、四点起吊计算的总内力,kN; β——人字桅杆两脚的夹角,(°); R_y——人字桅杆在塔根产生的垂直分力,kN; R_x——人字桅杆在塔根产生的水平分力,kN; T——卷扬机(或绞磨)需要的锚着力,kN; T_0——分别按一、二、三、四点起吊计算的卷扬机牵引的斜拉绳内力,kN
卷扬机(绞磨)的锚着力	卷扬机(绞磨)的锚着力为: $$T = T_0\cos\theta_2 \quad (15\text{-}244)$$	

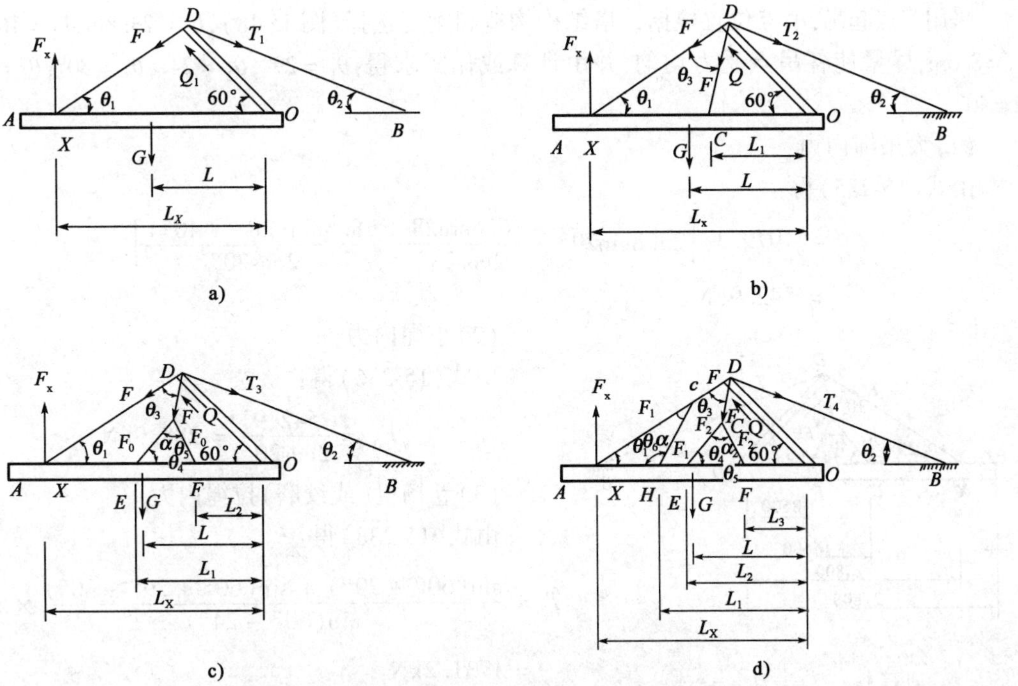

图 15-16 塔架(柱)人字桅杆整体吊装计算简图

a)1 点绑扎起吊;b)2 点绑扎起吊;c)3 点绑扎起吊;d)4 点绑扎起吊

OA—塔架(柱)长度;*OD*—桅杆长度;*O*—塔跟支点;

DX、*DC*、*CE*、*CF*、*CX*、*CH*、*DB*—斜吊绳

例 15-25 某铁塔高 27.8m,重力为 84.2kN,计分 5 段,各段长度及重力如图 15-17 所示,开跟宽 5.5m,底脚重力 5.3kN,用人字桅杆进行三点绑扎整体吊装,试计算各吊绳内力及桅杆内力和根部制动力。

解 1.重心位置计算及桅杆选用

由图 15-17 知

$$\sum gL = 18.9 \times 3 + 14.2 \times 8.5 + 18.2 \times 13 + 22.5 \times 18.2 + 10.4 \times 24.6$$

$$= 1079.3\text{kN}\cdot\text{m}$$

不计底脚在内塔的重力:

$$G = 18.9 + 14.2 + 18.2 + 22.5 + 10.4$$

$$= 84.2\text{kN}$$

则全塔重心至塔脚距离:$L = \dfrac{1079.3}{84.2} = 12.82\text{m}$

考虑根部重力:$G' = 84.2 + 5.3 = 89.5\text{kN}$

$$L' = \frac{1079.3}{89.5} = 12.06\text{m}$$

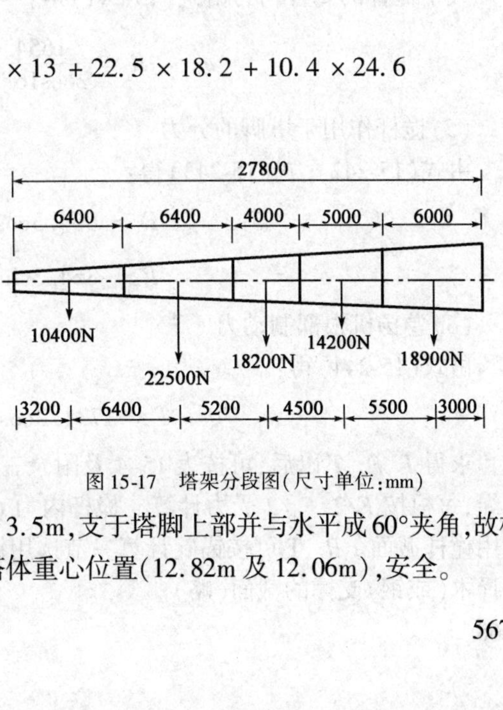

图 15-17 塔架分段图(尺寸单位:mm)

选用 9.5m 高人字桅杆,因开跟为 5.5m,大于 3.5m,支于塔脚上部并与水平成 60°夹角,故桅杆顶点到塔下脚之距离为 9.5 + 5.5 = 15m,高于塔体重心位置(12.82m 及 12.06m),安全。

2. 各吊绳及桅杆内力计算

采用三点起吊，吊点位置根据铁塔结构构造和刚度选择(图 15-18)，$L_x=23.8\text{m}$，$L_1=16.6\text{m}$，$L_2=8.5\text{m}$，尽量使各吊点受力均匀，并由计算或作图求得：$\theta_1=29°$，$\theta_2=24°$，$\theta_3=30°$，$\theta_4=28°$，$\alpha=40°$。

(1)大吊绳内力

由式(15-235)得：

$$F=1079.3\Big/\left[23.8\sin29°+\frac{16.6\sin28°}{2\cos28°}+\frac{8.5\sin(28°+40°)}{2\cos20°}\right]$$

$$=542.9\text{kN}$$

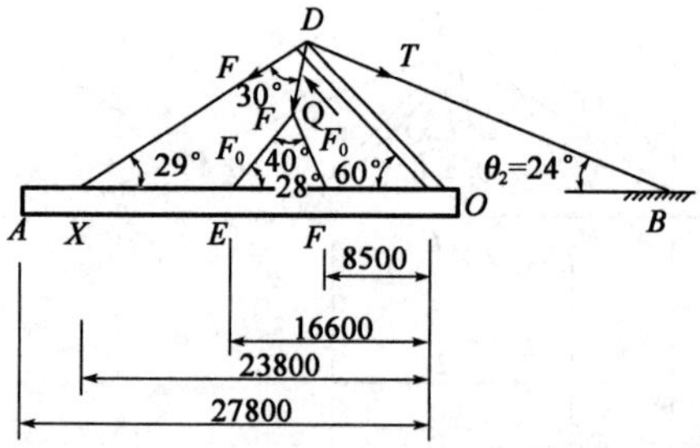

图 15-18　三点起吊吊点位置
(尺寸单位:mm)

(2)小绳内力

由式(15-236)得：

$$F_0=\frac{542.9}{2\cos20°}=288.9\text{kN}$$

(3)卷扬机(或绞磨)拉绳内力

由式(15-238)得：

$$T_3=\frac{\sin(60°+29°)+\sin(60°+29°+30°)}{\sin(60°-24°)}\times542.9$$

$$=1731.2\text{kN}$$

(4)作用于人字桅杆的内力

由式(15-237)得：

$$Q=\frac{\sin(29°+24°)+\sin(29°+24°+30°)}{\sin(60°-24°)}\times542.9$$

$$=1654.6\text{kN}$$

$$\sin\frac{\beta}{2}=\frac{2.75}{9.5}=0.2895;\frac{\beta}{2}=16°50'$$

人字桅杆的每杆内力由式(15-241)得：

$$R=\frac{1654.6}{2\cos16°50'}=864.3\text{kN}$$

(5)桅杆作用于塔脚的分力

由式(15-242)、式(15-243)得：

$$R_y=864.3\cos30°=748.5\text{kN}$$

$$R_x=864.3\sin30°=432.2\text{kN}$$

(6)卷扬机根部制动力

由式(15-244)得：

$$T=1731.2\cos24°=1581.5\text{kN}$$

求得 F、F_0、T 以后，可按表 15-4 及附录三，选用钢丝绳直径，长拉吊绳和短斜吊绳均用两根绳，每根按 $F/2$、$F_0/2$ 受力计算。桅杆内力 Q_3 可按表 15-48 人字桅杆吊装计算一节的方法选用桅杆截面。R_x、T 可按锚碇计算一节选用锚碇。由 R_x 可复核塔脚竖向杆件强度或由计算选择木(或钢)支撑的截面(略)。

2.8.2 独脚桅杆整体吊装塔桅结构计算

独脚桅杆整体吊装塔桅结构计算 表 15-76

项目	计算方法及公式	符号意义
塔架（柱）验算和起重力	用独脚桅杆起吊塔架（柱、下同），是利用塔身作假想悬臂杆，吊点位置应使塔架杆体内力 $\lvert\sigma_{CA_{max}}\rvert=\lvert\sigma_{AE_{max}}\rvert$ 或近似使 $\lvert M_{CA_{max}}\rvert=\lvert M_{AE_{max}}\rvert$。当吊点多于一个时，A 点应为合力作用点，此时塔架受力近似按多跨连续梁验算，或简化为合力作用下，部分悬臂的单跨梁结构。 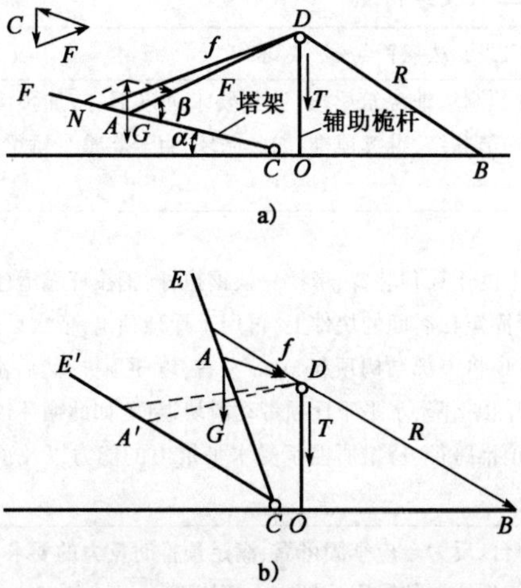 独脚桅杆整体吊装塔桅受力计算简图 a）起吊前受力；b）起扳后受力 当塔体 $\alpha=0$ 时，则有： $$F=F_{min}=\frac{G}{\sin\beta} \quad (15\text{-}245)$$ 架设起重力按下式计算： $$F=KF_{min} \quad (15\text{-}246)$$	T——主牵引力，kN； R——辅助牵引力，kN； G——塔架（柱、下同）重力，kN； N——作用于塔身的内力，kN； F——塔架架设主起重力，kN； F_{min}——塔架架设最小主起重力，kN； f——塔架架设辅助起重力，kN； $\sigma_{CA_{max}}$、$\sigma_{AE_{max}}$——分别为塔架杆件 CA、AE 的最大内应力，MPa； $M_{CA_{max}}$、$M_{AE_{max}}$——分别为塔架中杆件 CA、AE 的最大弯矩，kN·m； α——塔架与地面的夹角，(°)； β——塔体与拉索的夹角，(°)； K——安全系数，一般取 2.5~3.0
滑车组、钢丝绳 牵引力 T 和 R	可按一般结构吊装方法选择滑车组、钢丝绳，计算通向绞车上的主牵引力 T，当塔架吊点 A 的高度大于桅杆高度时，改用辅助牵引绳 R，R 计算方法同 T 值，一般近似取 T/2 即可	

第16章 预应力混凝土连续梁的顶推施工计算

1 施工方法及其特点

顶推施工法及其特点 表16-1

项　目	施工方法、特点及要求
顶推法施工的基本过程	顶推法施工是在桥台背后或引桥上设置预制场地浇筑梁段，达到要求强度后，施加预应力，向前顶推，空出底座继续浇筑，随后施加预应力与先一节联结，继续顶推，如此循环，直至将整个桥梁浇筑完毕，顶推到设计位置就位或合龙
顶推方式的选择	顶推施工方法有两种： 1.用拉杆顶推法：用安放在桥墩或桥台上的千斤顶装置，牵拉一根钢拉杆，钢拉杆靠滑座连接到梁段块件上，用千斤顶顶出一个块件后，把钢拉杆固定在后面的块件上，再用千斤顶顶出，依次反复顶推出梁。 2.用水平-竖直千斤顶顶推法：竖直千斤顶将上部结构顶起5mm左右，以便顶推，然后水平千斤顶带着上部结构纵向移动一个行程之后，竖直千斤顶下降，水平千斤顶带动滑块退回，如此循环顶推。 顶推方式选择主要依据主梁长度、设计顶推跨径、桥梁所能承受水平推力的能力以及顶推设备和滑动装置条件确定
拉杆顶推的顶推要求	1.设置拉杆千斤顶的墩台顶应设置反力台，反力台应牢固可靠，满足顶推时反力的要求。 2.主梁底部成侧面按一定距离设拉锚器，拉锚器的锚固放松应方便快捷。 3.钢拉杆可采用钢绞线或预应力粗钢筋，其截面积和根数应满足顶推力的要求，并有足够的安全系数，应尽量选用低松弛材料
水平——竖直千斤顶方式顶推时的要求	1.水平千斤顶的实际总顶力不应小于计算顶推的2倍。 2.墩台顶上水平千斤顶的后背必须坚固，应验算能够承受顶推时的总应力，顶推过程中各桥墩的纵向位移值不超过设计规定。 3.水平千斤顶顶推时，左右两条顶推线应横向同步运行，多点顶推时各墩台的水平千斤顶应纵向同步运行，保证主梁纵向轴线在设计容许偏差值范围内

2 导梁的设计计算

导梁的设计方法 表16-2

项　目	理论、方法及计算公式	符号意义
导梁设置的目的及方法	安装导梁的目的在于减小顶推时混凝土的施工内力，并起到导向作用，一般导梁采用钢板梁或钢桁架	E_s、E_c——钢和混凝土的弹性模量； I_s、I_c——导梁和混凝土梁的惯性矩
导梁长度	导梁长度一般为顶推跨径的2/3左右	
导梁刚度	导梁和混凝土梁的刚度比 $K=E_sI_s/E_cI_c$。取$\frac{1}{7}\sim\frac{1}{6}$，大致可取0.15以上。因导梁的作用在减小混凝土梁的施工内力，所以在选用导梁刚度时应充分考虑导梁的这一作用，以达到最佳效果	

3 顶推力的控制

顶推力的控制 表16-3

项目		理论、方法及计算公式	符号意义
单点顶推		单点顶推水平力的施加位置集中于某个桥台或桥墩上，其他墩台顶只设滑道支承。 施加水平顶推力的墩台承受的水平力为： $H_i = F - R_i(\mu_i + k_i)$ (16-1) 仅设滑道支承的墩台承受的水平力为： $H_i = R_i(\mu_i + k_i)$ (16-2) 由于单点顶推的水平力较集中，所以要求墩台刚度大，梁体重力轻。如果墩台承受水平力的能力不足，且梁体重力较轻时，可以适当考虑采用钢绞线或型钢串连各墩，使之共同承受水平力	H_i——该墩台上承受的水平力； F——千斤顶发出的水平力； R_i——该墩台上承受梁体荷载的反力； μ_i——该墩台上滑板与滑道间的摩擦系数； k_i——上坡阻力系数
多点顶推	顶推方式	在每个桥墩上均设有两道滑道和安装一台或两台水平千斤顶，使用于要求顶推力较大、桥墩较高且柔性的施工条件。要求多点顶推同步运行	F_i——各墩上的水平千斤顶所施的力； μ_i——摩擦系数； k_i——上坡阻力系数； R_i——由主梁自重及施工荷载引起的桥墩上的反力； $[H_{i许}]$——各墩允许承受的水平力； $[H_{许}]$——允许承受的水平力的总限定值； F'——该墩上的水平千斤顶发生故障或减小时所施的力
	多点顶推水平力的的控制	同步包括每个墩上两个顶推设备的同步运行，保证盖梁不受扭，也包括各个墩顶推设备的纵向同步运行。 1. 要求每个墩上水平千斤顶施力的大小应根据桥墩所受滑动摩擦力大小而确定，也就是说千斤顶施力与摩擦阻力基本平衡，柔性桥墩基本不受水平力或水平力尽可能小。其数学表达式为： $\lvert F_i - (\mu_i + k_i)R_i \rvert \leq [H_{i许}]$ (16-3) 2. 要求限定总顶推力和总阻力之间的差值，即限定： $0 \leq \sum F_i - \sum(\mu_i + k_i)R_i \leq [H_{许}]$ (16-4) 以减小对桥墩的反复冲击。 3. 任一墩上的水平千斤顶发生故障或顶推力变小，该桥墩将受到梁运行的水平推力 H 按下式计算： $H = R_i(\mu_i + k_i) - F'$ (16-5)	

4 滑动装置及落梁就位

滑动装置及落梁就位 表16-4

项目	装置组成及落梁有关技术要求
水平—竖直千斤顶顶推方式的滑动装置	一般由摩擦垫、滑块（支承块）、滑板和滑道所组成。 摩擦垫用氯丁橡胶与钢板夹层制成后，粘附于滑块顶面，其尺寸应根据墩顶反力和橡胶板容许承载力计算决定。 滑块系用铸钢或高标号钢筋混凝土块制成，其高度不宜小于正式支座的高度，其尺寸不宜小于摩擦垫及其下面滑板的尺寸。 滑板有多种构造，一般可用硬木板、钢板夹橡胶板等粘聚四氟乙烯板（四氟板）组成。四氟板面积按最大反力计算决定，对无侧限的容许应力可按5MPa计算，有侧限的可按15MPa计算。 滑道一般可用不锈钢或镀铬钢带包卷在铸钢底层上，铸钢底层应用螺栓固定在支座垫石上。滑道顺桥向长度应大于水平千斤顶行程加滑块顺桥向长度；其宽度应为滑板宽度的1.2～1.5倍。按（JTJ 041—89）规范要求：相邻墩（包括主墩与临时墩）滑道顶面标高的容许偏差为±2mm；同墩两滑道标高的容许偏差为±1mm

续上表

项　目	装置组成及落梁有关技术要求
拉杆顶推方式的滑动装置	其滑板与滑道的组成、构造、技术要求以及滑道宽度均与水平—竖直顶推相同，但拉杆顶推方式的滑道长度应大于3块滑板的长度
滑动装置的摩擦系数	对于滑动装置的摩擦系数，取决于滑板和滑道所用材料而定，宜经试验确定。在一般选用千斤顶顶力时对四氟滑板与不锈钢或镀铬钢板的滑道面的摩擦系数：启动时可按0.07～0.08（静摩擦系数）；滑动后可按0.04～0.05（动摩擦系数）考虑，启动时可在四氟板与钢板间涂以中性润滑剂，以降低摩擦阻力
顶推过程中滑板的陆续补充	随着梁段的顶推前进，滑道上的滑板从前方滑出后，必须立即从后面插入补充，补充的滑块应涂以润滑剂，并端正插入，任何情况下，每条顶推线各墩顶滑道上的滑板不应少于2块。滑板（四氟板）磨损较大，须按顶推长度和滑板损耗率作足够准备，以利及时更换
落梁就位的有关要求	1. 全梁顶推到设计位置后，须将梁落到正式支座，并按照设计文件要求的张拉顺序，对补充的预应力钢材进行张拉、锚固、压浆。将供顶推用的临时预应力钢材按设计规定顺序拆除。 2. 落梁前应拆除墩、台上的滑动装置。拆除时，各支点宜均匀顶起，其顶力应按设计支点反力控制，相邻墩各顶点的高差不应大于5mm；同墩两侧梁底顶起高差不得大于1mm。 3. 落梁时应按设计要求顺序和每次下落量进行，并注意同一墩、台的千斤顶应同步运行。 4. 安装活动支座时，要按落梁时的气温调整其具体位置（注意落梁时气温按设计规定）

5　梁段预制台座及顶推安装容许偏差

梁段预制台座及顶推安装容许偏差　　表16-5

<table>
<tr><th>项　目</th><th colspan="2">容　许　偏　差</th></tr>
<tr><td rowspan="5">梁段预制台座施工的容许偏差</td><td colspan="2">根据（JTJ 041—89）规范规定：台座的轴线应与桥梁轴线的延长线重合，台座的纵坡应与桥梁的纵坡一致。台座施工的容许偏差值按下表确定</td></tr>
<tr><td>轴线偏差</td><td>5mm</td></tr>
<tr><td>相邻两支承点上台座中滑移装置的纵向顶面标高差</td><td>2mm</td></tr>
<tr><td>同一支承点上滑移装置的横向顶面标高差</td><td>1mm</td></tr>
<tr><td>台座（包括滑移装置）和梁段底模板顶面标高差</td><td>1mm</td></tr>
<tr><td rowspan="3">顶推施工容许偏差（根据JTJ 041—89规范规定）</td><td>桥轴线偏差</td><td>10mm</td></tr>
<tr><td>拼装挠度</td><td>±10mm</td></tr>
<tr><td>梁顶面纵向高程</td><td>±10mm</td></tr>
</table>

第17章　转体施工计算

1　有平衡重平面转体施工计算

1.1　转体装置计算

1.1.1　环道平面承重转体装置

环道平面承重转体装置计算公式　　表17-1

项　目	计算图式及公式	符号意义
转动体系重心计算	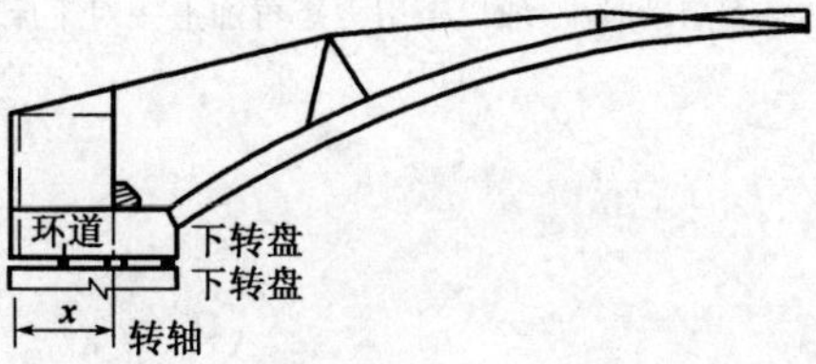 $x_{尾}=\dfrac{\sum M_{尾}}{\sum P}$　(17-1)	$x_{尾}$——转动体系重心至上转盘尾端的距离； $\sum M_{尾}$——转动体系各竖向力对上转盘尾端的力矩之和； $\sum P$——转动体系各竖向力之和
转体重心与转动中心之偏心距	$e=\lvert x_{尾}-x_{转}\rvert$　(17-2)	$x_{转}$——转动中心至上转盘尾端的距离
环道强度验算	$\sigma=\dfrac{\sum P}{A}\pm\dfrac{M}{W}$　(17-3)	$\sum P$——转动体系各竖向力之和； M——环道水平截面上承受的偏心弯矩，$M=e\times\sum P$； A——环道水平截面面积； W——环道水平截面模量

1.1.2　轴心承重转体装置

轴心承重转体装置要求转动体系重心尽量落于转动中心，转动体系重心的调整仍用表17-1中的重心计算式(17-1)，轴心最大的压应力、拉应力和剪应力按接触应力考虑；每个滚轮及其支架、轮轴、轮片在设计计算中考虑承受5%的转体竖向力($\sum P$)。

1.2　转体牵引设计计算

转体牵引设计计算公式　　　　表 17-2

<table>
<tr><th colspan="2">项　目</th><th colspan="2">计算图式及公式</th><th>符号意义</th></tr>
<tr><td colspan="2">转动牵引力偶</td><td>$M_{转}=2R_1P$　（17-4）</td><td rowspan="3">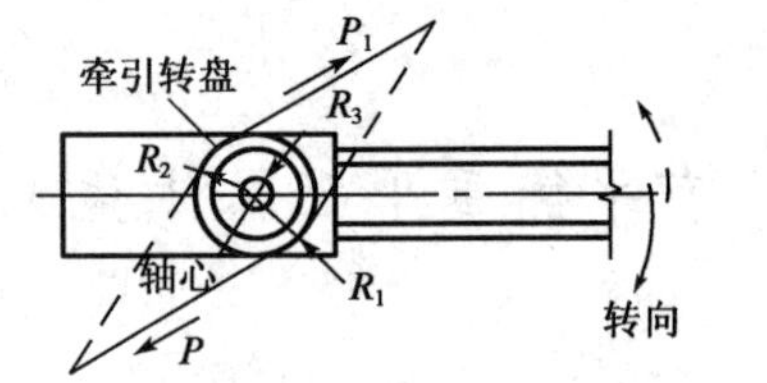
</td><td rowspan="5">G——转动体系总重；
f_1——摩心顶面静（动）摩擦系数，在无资料时可取 0.12；
P——牵引力；
T——滚轮上的摩阻力，取 $T=0.05Gf_2$；
f_2——滚轮滚动摩擦系数，可参考取用 0.1；
R_1——牵引转盘半径；
R_2——滚轮轨道半径或环道轴线半径；
R_3——磨心顶球面的半径；
f——环道静（动）摩擦系数</td></tr>
<tr><td rowspan="2">摩阻力偶</td><td>轴心承重转体装置</td><td>$M_{阻}=2TR_2+M_{阻}'$
$M_{阻}=0.9Gf_1\times\frac{4R_3}{3}$
（17-5）</td></tr>
<tr><td>环道承重转体装置</td><td>$M_{阻}=GfR_2$　（17-6）</td></tr>
<tr><td colspan="2">转动牵引力</td><td colspan="2">$P\geqslant\frac{M_{摩}}{2R}$　（17-7）</td></tr>
<tr><td colspan="2">千斤顶启动力</td><td colspan="2">$P_{顶}=\frac{M_{摩max}}{2R}-P$　（17-8）</td></tr>
</table>

注：①求转动牵引力时，f_1、f 取动摩擦系数；求千斤顶启动力时，f_1、f 取静摩擦系数；

②牵引力 P、P_1 应互相平行且相等；当转体装置启动时，一般以牵引力矩再加上一对千斤顶的辅助力矩（两台千斤顶）。

1.3　示例

一、设计资料

设计荷载：汽车—20 级，挂—100 级

桥面净宽：净—7 附 2×0.2m 护轮带

跨径布置：30m+70m+30m（图 17-1）

桥面纵坡：双向 3%

施工方法：中孔 70m 钢筋混凝土箱形拱，采用转体施工；两个 30m 边孔为石板拱，采用拱架砌筑施工。

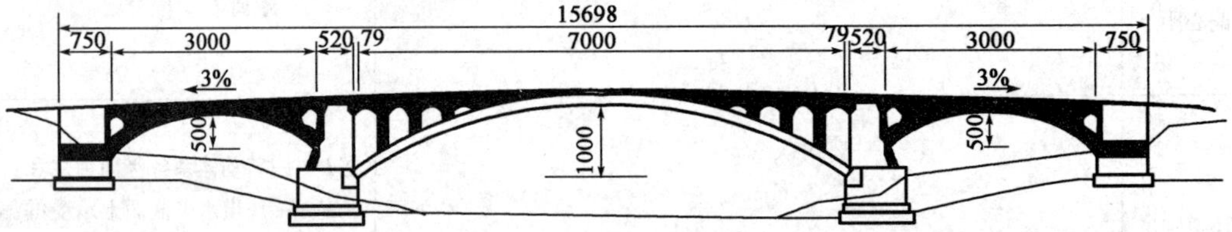

图 17-1　拱桥立面布置图（尺寸单位：cm）

中孔箱拱有关资料如下：

矢跨比：$\frac{f}{l}=\frac{1}{7}$

拱圈类型：等截面悬链线拱，拱轴系数 $m=2.514$。

拱圈断面：两条分离式箱肋，每条肋宽 2.5m，肋高 1.4m；肋间净距 2.5m，用横隔板连成整体。

材料重度：钢筋混凝土 $25kN/m^3$；浆砌料石 $25kN/m^3$；浆砌片石 $23kN/m^3$。

转体方式：将 70m 拱肋分为两个半跨，利用两岸地形作简单支架，预制两条钢筋混凝土箱肋（全宽 7.5m），用钢索自拱顶经肋上支架，直至墩尾，将钢索锚于交接墩尾部，用普通千斤顶收紧钢索，使箱肋脱架。借助墩身预设的环形钢滑道与聚四氟乙烯滑块（两者之间的滑动摩阻力极低），用卷扬机牵引，转动 140°就位。封盘、合龙、拱上建筑施工。

二、转动体系及尺寸

采用轴心承重转体装置，由下转盘、上转盘、轴心、中心支承和环道组成。

圆形环道内径 5.8m，宽 0.4m，聚四氟乙烯滑块宽度 7.4cm；轴心直径 0.1m，中心支承直径0.6m。

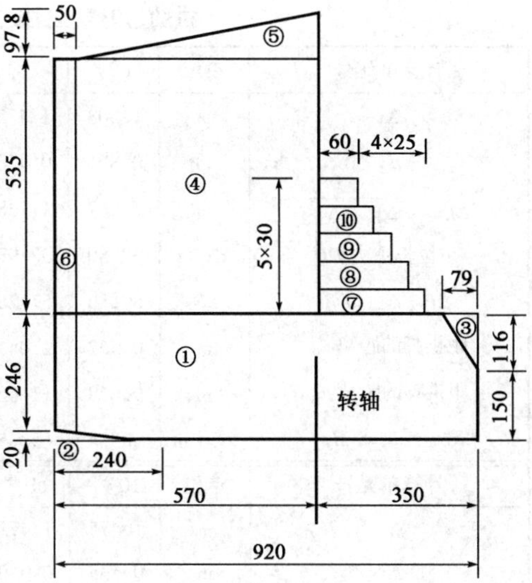

图 17-2 墩身上部（上转盘及平衡重）（尺寸单位：cm）

三、转动体系重心计算及环道强度验算

1. 计算平衡重及上转盘的重力对盘尾之力矩

根据图 17-2 的尺寸列表计算如下：

平衡重及上转盘的重力对盘尾力矩计算表　　表 17-3

编号	重　力　(kN)	距盘尾距离(m)	力矩(kN·m)
P_1	2.66×9.2×7.5×25=4588.50	9.2/2=4.6	21107.10
P_2	−2.4×0.2×7.5×25/2=−45.00	2.4/3=0.8	−36.00
P_3	−0.79×1.16×7.5×25/2=−85.88	9.2−0.79/3=8.94	−767.77
P_4	5.7×5.35×7.5×23=5260.39	5.7/2=2.85	14992.10
P_5	5.2×0.978×7.5×25/2=438.60	0.5+5.2×2/3=3.96	1736.90
P_6	−0.5×(5.35+2.46)×0.15×23=−53.89	0.25	−13.47
P_7	0.3×1.6×1.5×3×23=49.68	5.7+0.8=6.5	322.90
P_8	0.3×1.35×1.5×3×23=41.92	6.375	267.20
P_9	0.3×1.1×1.5×3×23=34.16	6.25	213.50
P_{10}	0.3×0.85×1.5×3×23=26.39	6.125	161.60
P_{11}	0.3×0.6×1.5×3×23=18.63	6.00	111.80
合计	10273.52		38095.86

2. 计算拱肋、扣索、立柱、支架的重力对盘尾之力矩

将半跨拱肋及悬扣体系划分成 34 个计算单元（图 17-3），分别计算各单元的重力及对盘尾之力矩，见表 17-4。

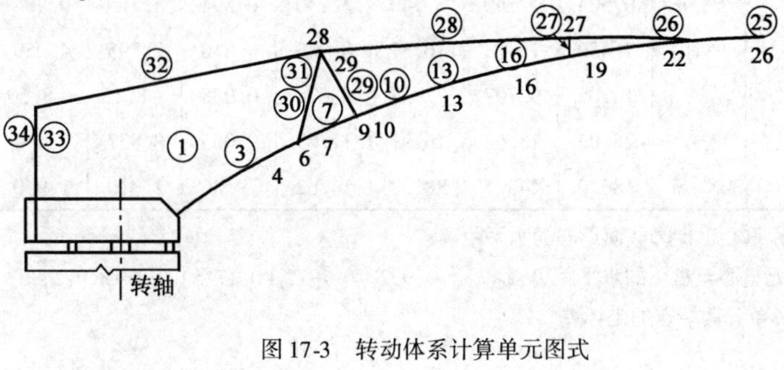

图 17-3 转动体系计算单元图式

拱肋、扣索、立柱、支架的重力对盘尾力矩计算表　　表 17-4

计算单元号	单位	1 号	2 号	3 号	4 号	5 号	6 号	7 号	8 号	9 号
Δx	m	1.303	1.475	1.475	1.475	1.475	1.475	1.475	0.601	0.874
Δy	m	0.871	0.920	0.845	0.795	0.736	0.681	0.631	0.250	0.331
$\Delta L=\sqrt{\Delta x^2+\Delta y^2}$	m	1.567	1.738	1.703	1.676	1.649	1.625	1.604	0.651	0.934
单位长重力 DL	kN/m	38.80	32.93	26.55	26.55	26.55	30.03	30.03	30.03	30.03
$\Delta P=\Delta L\cdot DL$	kN	60.80	57.23	45.21	44.50	43.78	48.80	48.17	19.55	28.05
距拱脚的距离 x_0	m	0.562	2.041	3.515	4.990	6.465	7.940	9.414	10.45	11.19
距拱脚的距离 x_B	m	9.628	11.02	12.49	13.87	15.44	16.92	18.39	19.43	20.17
对盘尾力矩 M_B'	kN · m	585.4	630.5	564.8	617.1	676.1	825.5	885.9	379.8	565.6
计算单元号	单位	10 号	11 号	12 号	13 号	14 号	15 号	16 号	17 号	18 号
Δx	m	1.475	1.475	1.475	1.475	1.475	1.475	1.475	1.475	1.475
Δy	m	0.535	0.920	0.845	0.795	0.736	0.681	0.631	0.250	0.331
$\Delta L=\sqrt{\Delta x^2+\Delta y^2}$	m	1.569	1.554	1.540	1.530	1.527	1.512	1.504	1.497	1.492
单位长重力 DL	kN/m	26.55	26.55	26.55	26.55	26.55	26.55	26.55	26.55	26.55
$\Delta P=\Delta L\cdot DL$	kN	41.66	41.26	40.89	40.62	40.54	40.14	39.93	39.75	39.61
距拱脚的距离 x_0	m	12.36	13.84	15.31	16.79	18.26	19.74	21.21	22.69	24.16
距拱脚的距离 x_B	m	21.34	22.82	24.29	25.76	27.24	28.71	30.19	31.66	33.14
对盘尾力矩 M_B'	kN · m	889.0	941.3	993.2	1046	1104	1153	1205	1259	1313
计算单元号	单位	19 号	20 号	21 号	22 号	23 号	24 号	25 号	26 号	27 号
Δx	m	1.475	1.475	1.475	1.475	1.475	1.475	1.325		
Δy	m	0.196	0.165	0.133	0.104	0.074	0.044	0.014		
$\Delta L=\sqrt{\Delta x^2+\Delta y^2}$	m	1.488	1.485	1.480	1.478	1.477	1.476	1.325	8.849	0.850
单位长重量 DL	kN/m	26.55	26.55	26.55	26.55	51.98	26.55	26.55	0.504	20.30
$\Delta P=\Delta L\cdot DL$	kN	39.51	39.43	39.29	39.24	76.77	39.19	35.15	4.460	17.26
距拱脚的距离 x_0	m	25.64	27.11	28.59	30.06	31.54	33.01	34.41	27.85	23.43
距拱脚的距离 x_B	m	34.61	36.09	37.56	39.04	40.51	41.99	43.39	36.83	32.40
对盘尾力矩 M_B'	kN · m	1367	1423	1476	1532	3110	1645	1525	16.42	559.1
计算单元号	单位	28 号	29 号	30 号	31 号	32 号	33 号	34 号		
Δx	m									
Δy	m									
$\Delta L=\sqrt{\Delta x^2+\Delta y^2}$	m	14.75	4.150	5.340	0.300	17.48	0.890	8.032		
单位长重力 DL	kN/m	0.504	3.140	3.140	3.140	0.504	3.140	0.504		
$\Delta P=\Delta L\cdot DL$	kN	7.430	13.03	16.37	0.940	8.810	2.795	4.050		
距拱脚的距离 x_0	m	16.05	9.707	7.937	8.670	0.088	−8.15	−8.50		
距拱脚的距离 x_B	m	25.03	18.68	16.91	17.65	9.065	0.827	0.477		
对盘尾力矩 M_B'	kN · m	186.0	243.5	283.7	16.62	79.86	2.310	1.930		

注:①x_0 为各计算单元重心至拱脚截面形心的水平距离;

②x_B 为各计算单元重心至盘尾的水平距离,$x_B=x_0+(9.2-0.79/2+0.1715)=x_0+8.977$;

③Δx、Δy 为各计算单元两端点的坐标差。

所以：　$\sum\Delta P = 1144.36\text{kN}$　　$\sum M_B' = 29104.92\text{kN}\cdot\text{m}$

3. 转动体系重心位置的确定及环道强度验算

全部重力：　$\sum P = 10273.52 + 1144.355 = 11417.875\text{kN}$

合力矩：　$\sum M_{尾}\ 38095.86 + 29104.924 = 67200.784\text{kN}\cdot\text{m}$

由表 17-1 可确定转动体系重心距盘尾的距离：

$$x_{尾} = \frac{\sum M_{尾}}{\sum P} = \frac{67200.784}{11417.875} = 5.89\text{m}$$

因为 $x_{转} = 5.7\text{m}$，所以：　$e = 5.89 - 5.7 = 0.19\text{m}$

环道水平截面上承受的偏心弯矩：

$$M = 11417.875 \times 0.19 = 2169.40\text{kN}\cdot\text{m} = 2169400\text{N}\cdot\text{m}$$

环道及中心支承的承压面积：

$$A = \frac{\pi}{4}(0.6^2 - 0.1^2) + \pi \times 6.2 \times 0.074 = 0.275 + 1.438 = 1.713\text{m}^2$$

环道截面模量（忽略中心支承部分的影响）：

$$W = \frac{\pi}{32 \times 6.274}(6.274^4 - 6.126^4) = 2.22\text{m}^3$$

聚四氟乙烯环道的应力由式(17-3)求得：

$$\sigma = \frac{\sum P}{A} \pm \frac{M}{W} = \frac{11417.875 \times 1000}{1.713} \pm \frac{2169400}{2.22} = 6.66 \pm 0.98\text{MPa}$$

故环道前缘：　$\sigma = 7.64\text{MPa}$

环道后缘：　$\sigma = 5.68\text{MPa}$

聚四氟乙烯的抗压容许应力可取 8MPa，可见环道是安全的。

四、转体牵引设计计算（图 17-4）

$$G = 11417.875\text{kN}\qquad R_2 = 3.1\text{m}\qquad f_{静} = 0.05\qquad f_{动} = 0.03$$

转动体系的启动一般用卷扬机牵引并辅以一对水平千斤顶，然后卸掉千斤顶，由卷扬机牵引转体。

1. 卷扬机牵引力计算

$$M_{牵} = 2P_{牵}\,R_2\qquad M_{动} = Gf_{动}\,R_2$$

$$M_{牵} \geqslant M_{动}$$

所以 $P_{牵} \geqslant Gf_{静动}/2 = 11417.875 \times 0.03/2 = 171.268\text{kN}$

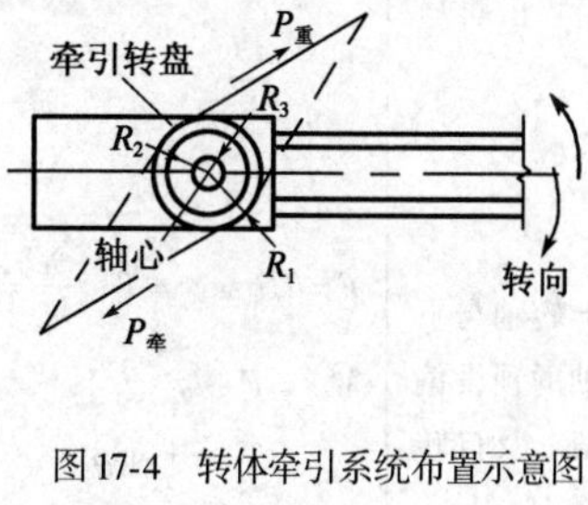

图 17-4　转体牵引系统布置示意图

2. 水平千斤顶启动力的确定（用两台千斤顶）

$$M_{启} = 2T_{启}\,R_2\qquad M_{静} = Gf_{静}\,R_2$$

$$M_{启} \geqslant M_{静}$$

所以 $T_{启} \geqslant Gf_{静}/2 = 11417.875 \times 0.05/2 = 285.447\text{kN}$，则水平千斤顶启动力为：

$$P_{顶} = T_{启} - P_{牵} = 285.447 - 171.268 = 114.179\text{kN}$$

千斤顶的顶力应分级施加，且不断观测，直至启动；牵引力的施加应适时调整，控制悬臂端的线速度。

转动体系的摩擦系数可从有关资料查取，或现场试验测定。

2 无平衡重转体施工计算

2.1 平面转体施工计算

2.1.1 计算公式

平面转体施工计算公式　　　　表 17-5

<table>
<tr><th>项　目</th><th>计算图式及公式</th><th>符 号 意 义</th></tr>
<tr><td>扣索张力 T</td><td>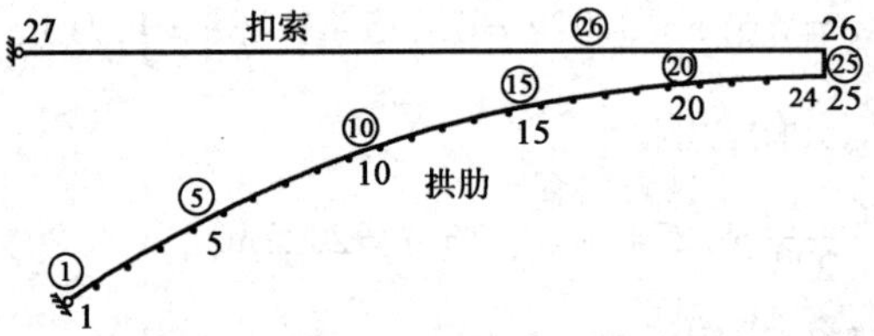
</td><td>根据拱脚设铰的半跨拱箱(半跨拱肋)在自重及扣索张力作用下的平衡(左图),可求得最小的张力 T_{min},这个张力不足以使拱箱(拱肋)从拱架上脱开,此时的扣索张力 T 应大于 T_{min},或采取 T_{min} 加千斤顶辅助的方式进行等。拱箱(拱肋)从架上脱开以后,$T = T_{min}$。计算时,可取左边的图式,得到 T_{min}、各拱箱(拱肋)截面的内力、拱脚处的水平反力 H 和竖向反力 V</td></tr>
<tr><td>上、下转轴处的摩阻力矩 $M_{摩}$</td><td>$$M_{摩} = Pf_1R_1 + Hf_2R_2 + Tf_3R_3 \tag{17-9}$$
$$P = V + G_{盘} \tag{17-10}$$
$M_{摩max}$ 中的 f_1、f_2、f_3 均取静摩擦系数</td><td>$G_{盘}$——下转盘的自重;
f_1——下转盘与下环道之间的静(动)摩擦系数;
f_2——下转盘与下转轴之间的静(动)摩擦系数;
f_3——上转轴与扣索连接板环套之间的静(动)摩擦系数;
R_1——下转盘关于下转轴中心的平均半径;
R_2、R_3——下转轴半径、上转轴半径</td></tr>
<tr><td>上转轴与下转轴的预设偏心值 e 及自转力矩 $M_{转}$</td><td colspan="2">$$F = T \cdot \sin\gamma = T \cdot \frac{e_0}{l_0} = T \cdot \frac{e \cdot \sin\beta}{l_0} \tag{17-11}$$
$$M_{转} = F \cdot l_0 = T \cdot e \cdot \sin\beta \tag{17-12}$$
$$e = \frac{M_{摩max}}{T \cdot \sin\beta} \tag{17-13}$$
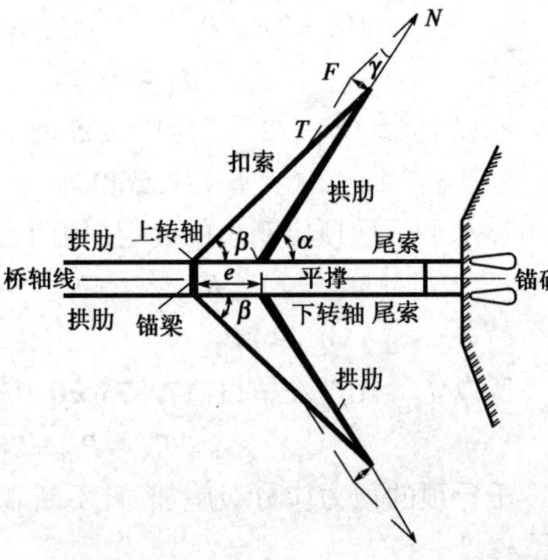
</td></tr>
</table>

2.1.2 平撑的轴向力

平撑的轴向力是由扣索张力 T 引起的，随着转动角度的变化，T 的方向在变化，平撑轴向力的大小和方向也在变化。而轴平撑一般是利用了引桥的上构，从构造上讲，它不能承受轴向拉力，可以通过张拉尾索使轴平撑在任何情况下都不会出现拉应力。对于对称同步转体，当转体到位时，轴平撑的轴向拉力最大，可由此确定尾索的张拉力及进行尾索锚碇的设计；当转体刚启动时，轴平撑的轴向压力最大，应验算轴平撑构件的强度及稳定性。若非对称同步转体，轴平撑和斜平撑也应作相应的考虑。

2.2 竖向转体施工计算

竖向转体过程中，扣索的最大张力的确定：如果采用墩顶塔架作扣架，一般情况下，将拱箱(拱肋)张拉脱架时的扣索张力即为最大张力。若用千斤顶张拉扣索实现竖向转体，可用它确定千斤顶的吨位；若以扒杆滑轮组实现竖向转体，则以此设计滑轮组和选择卷扬机；与最大扣索张力对应的锚固用背索的张力也最大，可用它设计背索和锚碇；通过扣索与背索的张力，可确定墩顶塔架的最不利荷载，从而进行塔架的设计。

竖向转体过程中，拱箱(拱肋)的受力状态及内力也是变化的，应保证拱箱(拱肋)的强度及稳定性。

第18章 劲性骨架拱桥施工计算

1 千斤顶斜拉扣挂扣索索力与预抬高量计算

1.1 静力平衡法

桁架钢管拱架设过程中，为消去拱脚处的附加弯矩，便于调整拱肋标高，常在拱脚安装有辊轴铰，在其余各节段接头处用临时螺栓联结，故视为铰接，接头弯矩为零，可用静力平衡法递推计算。

静力平衡法计算扣索索力时，因钢骨架刚度相对于扣索刚度为无穷大，视为刚体，按简支斜梁模式（用节段弦长近似代替弧长）计算，节段中心一律认为作用在梁杆中心。扣索索力计算如表18-1所列。

例18-1 某钢管混凝土拱桥，计算跨径 $l=312\text{m}$，计算矢高 $f=52\text{m}$，设计预拱度（拱顶）$\delta=0.72\text{m}$，按二次抛物线分配，拱轴系数 $m=1.347$，每条主拱钢管拱桁架分9个大段制作，各节段长度、重力如表18-2，扣点位置、扣索与塔轴之间的夹角见图18-1。

节段架设期间的联结视为铰接，考虑到施工人员和其他小型机具等，在各节段骨架自重基础上再加20kN施工荷载，第5段（合龙段）吊装时，按其自重的25%作用在第4段端头上，不考虑肋间系梁等荷载，试计算吊装过程中各扣索索力值。

解 1. 计算各节段斜梁与扣索的夹角 α_1、α_2、α_3、α_4 和 l_{1i}、l_{2i}、h_{1i}、h_{2i}

各节段的 l_{1i}、l_{2i} 值可以直接从图18-1中确定，结果列在表18-3中。

静力平衡法计算扣索索力计算公式 表18-1

计算图式	计算公式	符号意义
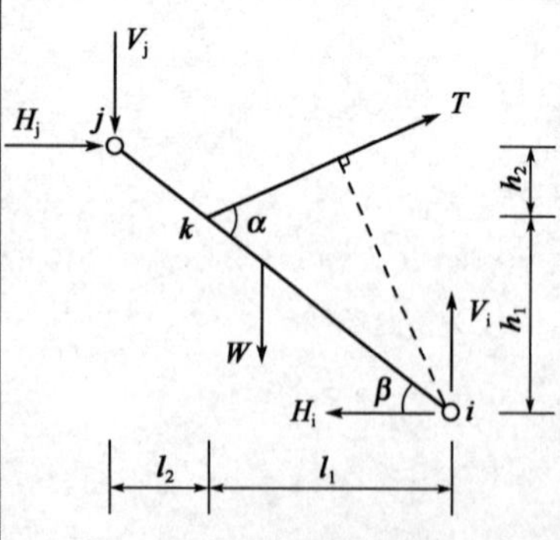	$T=\dfrac{V_j(l_1+l_2)+\dfrac{l_1+l_2}{2}W-H_j(h_1+h_2)}{\sqrt{l_1^2+h_1^2}\cdot\sin\alpha}$ (18-1) $\beta=\arctan\left(\dfrac{h_1}{l_1}\right)$ (18-2) $V_i=W+V_j-T\sin(\alpha-\beta)$ (18-3) $H_i=H_j+T\cos(\alpha-\beta)$ (18-4)	W——节段自重，作用在斜梁中心； α——节段斜梁与扣索的夹角； T——扣索索力； H_j、V_j——接头 j 处的水平和竖向力，由上一节段传递而来； H_i、V_i——接头 i 处产生的水平力和竖向力； l_2、l_1——分别为接头 j 到扣点 k、扣点 k 到接头 i 在水平方向的投影值； h_1、h_2——分别为接头 j 到扣点 k、扣点 k 到接头 i 在竖直方向的投影值

注：①第一次计算由本节段扣挂所产生的扣索索力时，$H_j=0$，$V_j=0$；

②计算合龙段产生的各节段扣索索力时，按合龙段重的25%～40%作用在上一节段端头上，即：$H_j=0$，$V_j=(0.25\sim0.4)W_{合龙段量}$，然后依次递推计算各索力值。

钢管拱桁架节段长度、重力表　　表 18-2

节段 / 项目	1	2	3	4	5(合龙段)
重力 W_i(kN)	590.0	463.0	440.0	424.0	420.0
弧　长(m)	35.458	39.783	37.677	36.442	36.034

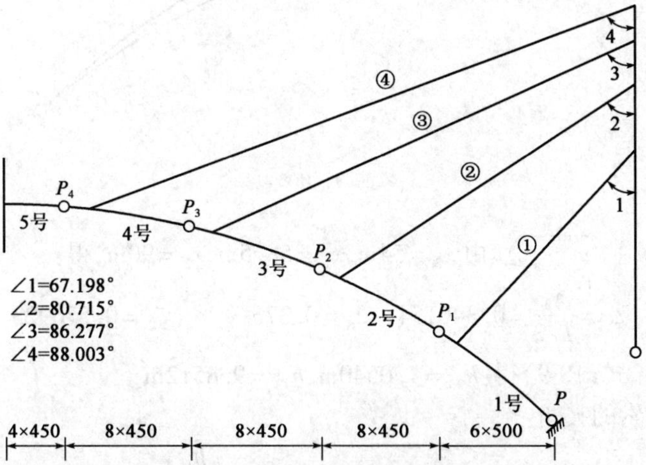

图 18-1　扣点位置图(尺寸单位:cm)

节段几何参数表　　表 18-3

项目 / 节段	l_{1i}(m)	l_{2i}(m)	h_{1i}(m)	h_{2i}(m)	α_i(°)
1	25.0	5.0	16.1255	2.8358	55.6248
2	31.5	4.5	15.0583	1.7697	34.8347
3	31.5	4.5	9.8512	1.0540	21.0893
4	31.5	4.5	4.9850	0.3749	10.9898

h_{1i}和h_{2i}的计算应考虑预拱度值的影响。下面以 3 号节段为例来计算,其余节段的计算相同。为计算各点坐标值,建立如图 18-2 的坐标系,从图中可知:

$$y_3 = \frac{f}{m-1}(\text{ch}k\zeta_3 - 1) - \delta(1-\zeta_3^2) \tag{18-5}$$

$$y_B = \frac{f}{m-1}(\text{ch}k\zeta_B - 1) - \delta(1-\zeta_B^2) \tag{18-6}$$

$$y_2 = \frac{f}{m-1}(\text{ch}k\zeta_2 - 1) - \delta(1-\zeta_2^2) \tag{18-7}$$

$$h_{23} = y_B - y_3 = \frac{f}{m-1}(\text{ch}k\zeta_B - \text{ch}k\zeta_3) + \delta(\zeta_B^2 - \zeta_3^2) \tag{18-8}$$

$$h_{13} = y_2 - y_B = \frac{f}{m-1}(\text{ch}k\zeta_2 - \text{ch}k\zeta_B) + \delta(\zeta_2^2 - \zeta_B^2) \tag{18-9}$$

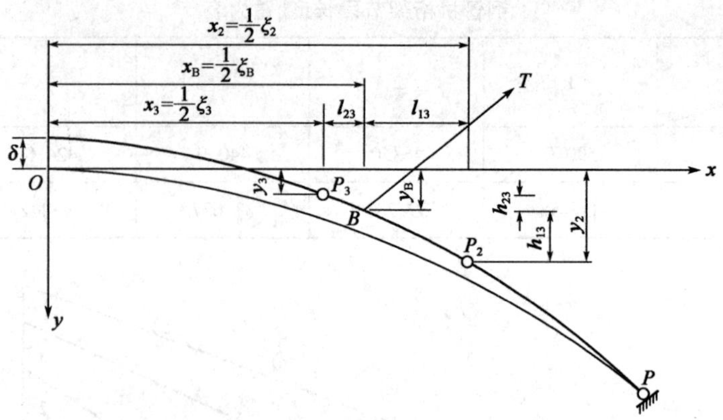

图 18-2

式中：$k=\mathrm{Ln}(m+\sqrt{m^2-1})$，由 $x_3=54\mathrm{m}$，$x_B=58.5\mathrm{m}$，$x_2=90\mathrm{m}$，得：

$$\zeta_3=\frac{x_3}{L/2}=0.346154 \quad \zeta_B=0.375 \quad\quad \zeta_2=0.576923$$

代入式(18-8)、式(18-9)得：$h_{23}=1.0540\mathrm{m}$，$h_{13}=9.8512\mathrm{m}$

节段斜梁与扣索的夹角：

$$\alpha_i=90°-\angle i+\arctan\left(\frac{h_{1i}}{l_{1i}}\right) \tag{18-10}$$

对 3 号节段：$\alpha_3=90°-86.277°+\arctan\left(\frac{9.8512}{31.5}\right)=21.0893°$

同理可计算出其他各节段的投影长和倾角，列于表 18-3 中。

2. 计算扣索索力

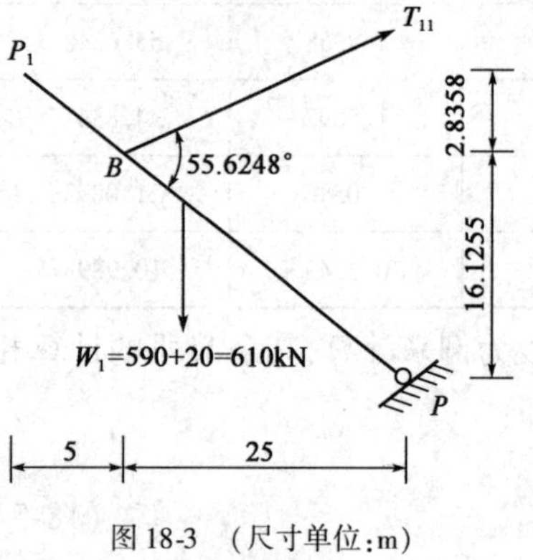

图 18-3 （尺寸单位：m）

(1)吊装第 1 节段(图 18-3)

由于吊装自身段，无其他节段扣挂，因此 $H_1=0$，$V_1=0$，代入式(18-1)得：

$$T_{11}=\frac{V_j(l_{11}+l_{21})+\frac{l_{11}+l_{21}}{2}W_1-H_j(h_{11}+h_{21})}{\sqrt{l_{11}^2+h_{11}^2}\sin\alpha_1}$$

$$=\frac{\frac{25+5}{2}\times 610}{\sqrt{25^2+16.1255^2}\sin 55.6248°}$$

$$=372.6484\mathrm{kN}$$

(2)吊装第 2 节段

①计算②扣索(图 18-4a)

由 $H_2=0$，$V_2=0$，得：

$$T_{22}=\frac{W_2\times\frac{l_{12}+l_{22}}{2}}{\sqrt{31.5^2+15.0583^2}\sin 34.8347°}=435.935\mathrm{kN}$$

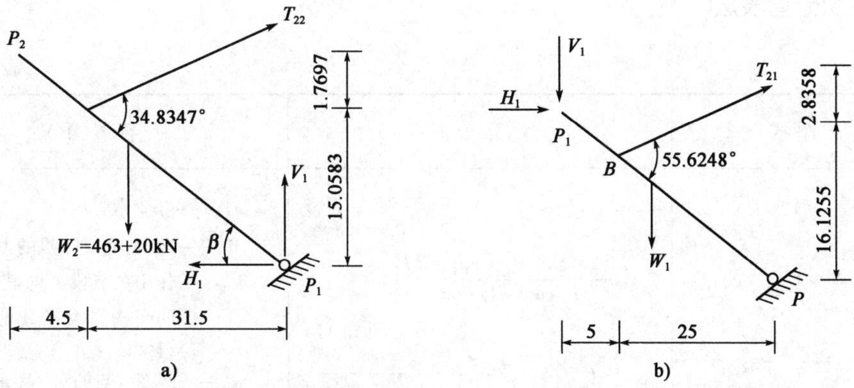

图 18-4 (尺寸单位:m)

$$\beta=\arctan\left(\frac{15.0583}{31.5}\right)=25.5497°$$

利用式(18-3),计算作用在 P_1 上的反力:

$H_1=T_{22}\cdot\cos(\alpha_2-\beta)=430.2199\text{kN}$

$V_1=W_2-T_{22}\cdot\sin(\alpha_2-\beta)=412.6638\text{kN}$

②计算①扣索

2 号节段扣挂后,在 1 号节段端头 P_1 处产生反力,将其作为外荷载,代入式(18-1),得扣挂 2 号节段后①扣索的索力:

$$T_{12}=\frac{V_1\times30+\frac{30}{2}W_1-H_1\times18.9613}{\sqrt{25^2+16.1255^2}\sin55.6248°}=544.6098\text{kN}$$

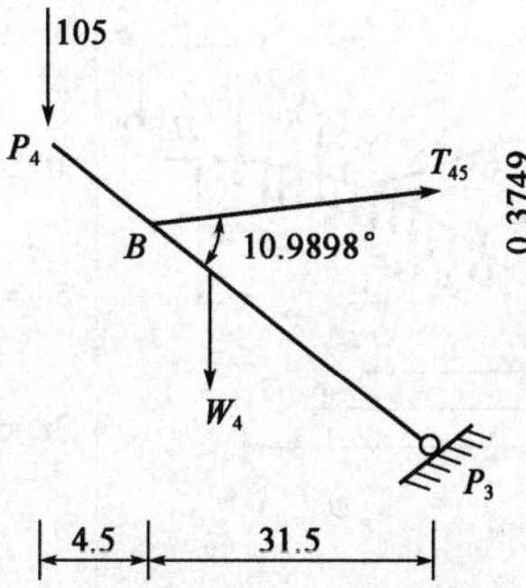

图 18-5 (尺寸单位:m)

(3)吊装第 3、4 节段

吊装第 3、4 节段的计算步骤与(2)相同,这里从略。

(4)吊装第 5 段(合龙段)

吊装第 5 段时,按合龙段 25% 的结构重力作用在第 4 段端头 P_4 上,即

$$V_4=0.25W_5=0.25\times420=105\text{kN}$$

利用公式(18-1),可计算得 $T_{45}=1936.285\text{kN}$

再代入式(18-3),得 $H_3=1935.109\text{kN}$,$V_3=481.5259\text{kN}$

其余 3 根扣索的计算同(2)。

将各根扣索的索力值列在表 18-4 中。

扣索索力值 表 18-4

节段 \ 索号	①	②	③	④
1	372.648			
2	544.6098	435.935		
3	359.063	597.5034	697.2182	
4	204.9363	207.0974	697.9146	1314.542
5	163.2612	138.2233	379.9487	1936.285

1.2 积分查表法

表 18-5

计 算 图 式	计 算 公 式	符 号 意 义
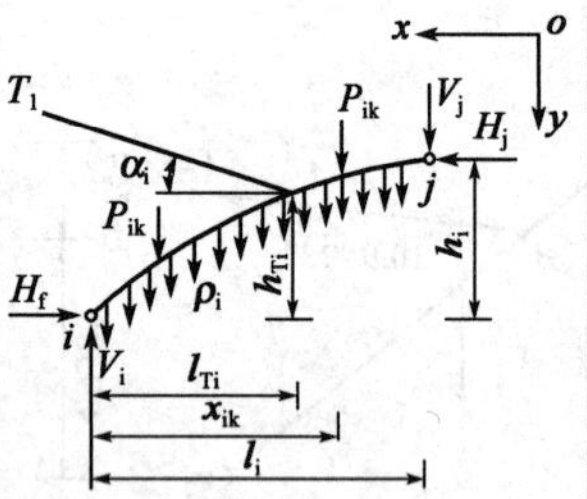	$T_i=\frac{M_i^S+\sum P_{ik}x_{ik}+V_jl_i-H_jh_i}{h_{Ti}\cos\alpha+l_{Ti}\sin\alpha_i}$ (18-11) $M_i^S=\frac{l^2}{4}\gamma\int_{\zeta j}^{\zeta i}A(\zeta_i-\zeta)\sqrt{1+\eta^2\mathrm{sh}^2k\zeta}\mathrm{d}\zeta$ (18-12) 对等截面拱: $M_i^S=\frac{l}{4}A\gamma(\zeta_iS_1-S_2)$ (18-13) $S_1=\int_{\zeta j}^{\zeta i}\sqrt{1+\eta^2\mathrm{sh}^2k\zeta}\mathrm{d}\zeta$ (18-14) $S_2=\int_{\zeta j}^{\zeta i}\zeta\sqrt{1+\eta^2\mathrm{sh}^2k\zeta}\mathrm{d}\zeta$ (18-15) $\eta=\frac{2kf}{l(m-1)},k=\ln(m+\sqrt{m^2-1})$ $H_i=T_i\cos\alpha_i+H_j$ (18-16) $V_i=\sum_{k=1}^{m}P_{ik}+V_j+Q_i^S-T_i\sin\alpha_i$ (18-17) Q_i^S = 节段自重 (18-18)	T_i——扣索索力; M_i^S——节段自重对 i 点的力矩; P_{ik}——作用在节段上的其他荷载,如肋间横系梁或其他施工荷载(k≤m); x_{ik}——P_{ik} 距 i 点的水平距离; H_j、V_j——作用在 j 点上的水平和竖向力,它由上一节段传递而来; α_i——斜拉扣索水平倾角; l_i、h_i——节段水平投影长和竖直投影长; l_{Ti}、h_{Ti}——扣索扣点到 i 点间节段水平投影长和竖直投影长; H_i、V_i——作用在 i 点上的水平反力和竖向反力; ρ_i——节段线重,$\rho_i=\frac{W_i}{S_i}$; W_i——第 i 节段的重力; S_i——第 i 节段的弧长; A、A_X——等截面或变截面拱肋截面积; ζ_i、ζ_j——分别为 i、j 点距拱顶截面的水平距离系数; γ——拱肋材料重度; S_1、S_2——系数,查表 18-10

注:①表中公式是针对悬链线拱推导的。对抛物线拱,只需将 $\eta=\frac{4f}{l}$ 和 $\sqrt{1+\eta^2\zeta^2}$ 代替表中的 $\eta=\frac{2kf}{l(m-1)}$ 和 $\sqrt{1+\eta^2\mathrm{sh}^2k\zeta}$,其他都不变;

②系数 S_1、S_2 中,拱轴系数 $m=1$ 表示抛物线拱。

例 18-2 用积分查表法计算例 18-1 中各扣索索力值。

解 1. 计算各分段点位置 ζ_i

拱肋计入预拱度值后,各节段分段点的位置有所改变,利用积分查表法可以精确地求解。

对悬链线拱,弧长 $S=l\cdot\int_0^{\zeta}\sqrt{1+\eta^2\mathrm{sh}^2k\zeta}\mathrm{d}\zeta$,$\int_0^{\zeta}\sqrt{1+\eta^2\mathrm{sh}^2k\zeta}\mathrm{d}\zeta=\frac{S}{l}$。

以第 2 节段为例,有:

$$\int_0^{\zeta_2}\sqrt{1+\eta^2\mathrm{sh}^2k\zeta}\mathrm{d}\zeta=\frac{2(39.783+37.677+36.442)+36.034}{312}=0.845635$$

查表 18-10,得 $\zeta_2=0.8080$。

如直接采用分段点的水平距离计算,则 $\zeta_2=\frac{126.0}{\frac{l}{2}}=0.8077$,可见两者有所不同。类似地,

可计算其他节段的 ζ_i 值,结果列在表 18-6 中。

计 算 结 果 表 18-6

项目 \ 节段	1(拱段)	2	3	4	5(拱顶)
弧长(m)	35.458	39.783	37.677	36.442	36.034
重力 W_i(kN)	590 + 20	463 + 20	440 + 20	424 + 20	420
ρ_i(kN/m)	17.2034	12.1409	12.2090	12.1837	
ζ_i	1.0000	0.8080	0.5772	0.3462	0.1154
l_i(m)	29.9548	36.0074	36.0259	36.0115	18.0003
h_i(m)	18.9363	16.8385	10.9170	5.3625	0.6657
l_{Ti}(m)	25.000	31.5452	31.5378	31.5119	
h_{Ti}(m)	16.1254	15.0833	9.8656	4.9877	
α_i(°)	90 - 67.198 = 22.802	8.285	3.723	1.997	

2. 计算各节段水平、竖直投影长 l_i、h_i、l_{Ti}、h_{Ti}

$$l_i = \frac{l}{2}(\zeta_i - \zeta_{i-1}) \tag{18-19}$$

$$h_i = \frac{f}{m-1}(\mathrm{ch}k\zeta_i - \mathrm{ch}k\zeta_{i-1}) + \delta(\zeta_i^2 - \zeta_{i-1}^2) \tag{18-20}$$

将 ζ_i 代入上述两式,即可计算出 l_i 和 h_i,计算结果列于表 18-6。

l_{Ti}、h_{Ti}的计算仍归结为计算 ζ_i^T,设扣索扣点距拱脚截面中心的距离为 X_i^T,ζ_i^T 与 X_i^T 之间的关系表达式:

$$\zeta_i^T = 1 - \frac{2X_i^T}{l} \tag{18-21}$$

$$l_{Ti} = \frac{L}{2}(\zeta_i - \zeta_i^T) \tag{18-22}$$

$$l_{Ti} = \frac{f}{m-1}(\mathrm{ch}k\zeta_i - \mathrm{ch}k\zeta_i^T) + \delta[\zeta_i^2 - (\zeta_i^2)^2] \tag{18-23}$$

同样将计算结果列在表 18-6 中。

3. 计算各节段自重力矩 M_i^S

对等截面拱,$M_i^S = \frac{l^2}{4}\rho_i(\zeta_i S_1 - S_2)$;对悬链线拱,$S_1 = \int_{\zeta j}^{\zeta i}\sqrt{1 + \eta^2 \mathrm{sh}^2 k\zeta}\,\mathrm{d}\zeta$,$S_2 = \int_{\zeta j}^{\zeta i}\zeta\sqrt{1 + \eta^2 \mathrm{sh}^2 k\zeta}\,\mathrm{d}\zeta$,查表 18-10、表 18-11,计算结果列在表 18-7 中。

计 算 结 果　　　　表 18-7

项目 \ 节段	1	2	3	4
ζ_i	1.0000	0.8080	0.5772	0.3462
ζ_j	0.8080	0.5772	0.3462	0.1154
S_1	0.2264	0.2544	0.2413	0.2335
S_2	0.2049	0.1765	0.1116	0.0540
$\zeta_i S_1 - S_2$	0.0215	0.0290	0.0277	0.0268
M_i^S	8994.2031	8580.2236	8221.5176	7960.4121
$\cos\alpha_i$	0.92185	0.98690	0.99789	0.99940
$\sin\alpha_i$	0.38755	0.16135	0.06493	0.03485
$l_{Ti}\sin\alpha_i + h_{Ti}\cos\alpha_i$	24.5539	19.9774	11.8951	6.0815

4. 计算各吊装阶段扣索索力

(1) 吊装第1节段，因不考虑肋间横梁等荷载，因此 $P_{ik}=0$，由 $V_2=H_2=0$，代入式(18-11)得：

$$T_{11}=\frac{M_1^S+\sum P_{ik}X_{ik}+V_2l_1-H_2h_1}{l_{T1}\sin\alpha_1+h_{T1}\cos\alpha_1}=\frac{M_1^S}{l_{T1}\sin\alpha_1+h_{T1}\cos\alpha_1}=\frac{8994.2031}{24.5539}=366.3041\text{kN}$$

(2) 吊装第2节段

①分两步计算，先计算第2节段的②扣索索力，此时，$P_{ik}=0$，$V_3=H_3=0$，则有：

$$T_{22}=\frac{M_2^S}{l_{T2}\sin\alpha_1+h_{T2}\cos\alpha_1}=\frac{8580.2236}{19.9774}=429.4971\text{kN}$$

由2号节段作用在接头 P_1 处的反力：

$H_2=T_{2X}+H_3=T_2\cos\alpha_2=423.8707\text{kN}$，$V_2=\sum P_{ik}+V_3+Q_2^S-T_2\text{Y}=Q_2^S-T_2\sin\alpha_2=413.7006\text{kN}$

②计算①扣索索力

$$T_{12}=\frac{M_1^S+V_2l_1-H_2h_1}{l_{T1}\sin\alpha_1+h_{T1}\cos\alpha_1}=542.6093\text{kN}$$

(3) 吊装第3、4节段

吊装第3、4节段产生的扣索索力计算与(2)相同，读者可仿照计算。

(4) 吊装第5节段(合龙段)

$$T_{45}=\frac{M_4^S+105\times l_1}{l_{T4}\sin\alpha_4+h_{T4}\cos\alpha_4}=1930.581\text{kN}$$

这样依次计算就可求出其余3根扣索的索力。所有扣索索力值列于表18-8。

扣 索 索 力 值　　　　表 18-8

节段 \ 索号	①	②	③	④
1	366.3041			
2	542.6093	429.4971		
3	357.5327	595.5679	691.1688	
4	203.5802	205.5300	696.421	1308.9450
5	161.9208	136.648	378.5533	1930.5810

对照表18-8和表18-4，两者结果是吻合的。引起差异的原因主要在于后者不需要假定节段重心位置，直接利用积分求解，因而是精确计算，前者为近似计算。

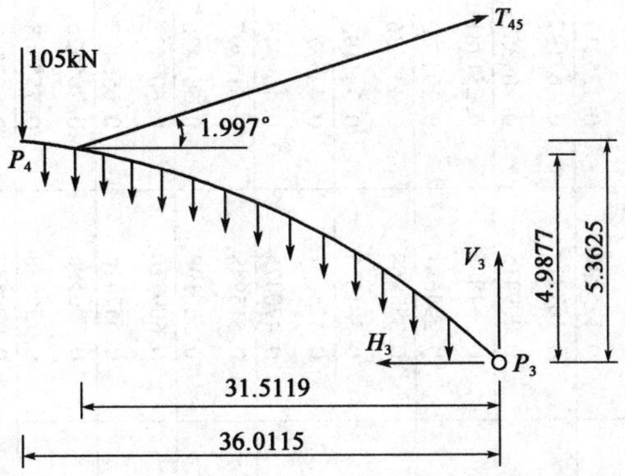

图 18-6 （尺寸单位：m）

1.3 预抬高量计算

表 18-9

<table>
<tr><th>计算图式</th><th>计算公式</th><th>符号意义</th></tr>
<tr><td>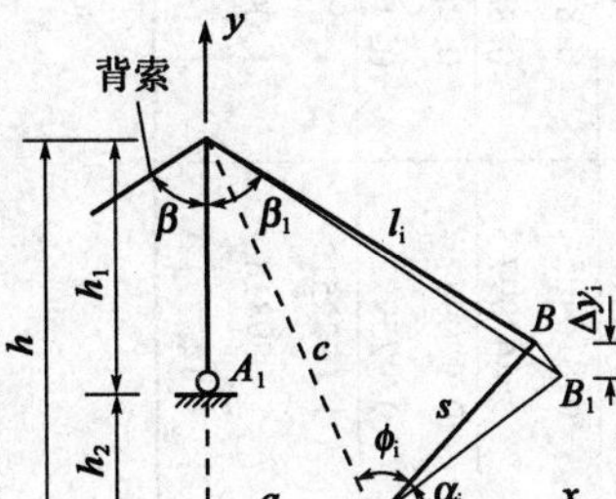</td><td>$\Delta y_i = \frac{\Delta l_i \cdot l_i \cos\alpha_i}{c \cdot \sin\varphi_i}$ （18-24）
$c = \sqrt{h^2 + a_2}$
$= \sqrt{(h_1 + h_2)^2 + a^2}$ （18-25）
$s = \sqrt{x_B^2 + y_B^2}$ （18-26）
$\cos\varphi_i = \frac{c^2 + s^2 - l_i^2}{2sc}$ （18-27）
$\Delta l_i = \frac{T_i}{E_\varphi A_i}\left(\frac{\sin\beta_i}{\sin\beta} + l_{ik} + l_i\right)$ （18-28）
$\tan\alpha_i = \frac{y_B}{x_B}$ （18-29）</td><td>Δl_i——第 i 根扣索张拉端千斤顶理论行程；
l_i——扣索索长；
l_{ik}——背索索长；
A_i——扣索截面面积；
E_φ——扣索弹性模量；
T_i——扣索索力；
β——背索与塔轴的夹角；
β_i——扣索与塔轴的夹角；
a——塔轴中心到拱脚中心的水平距离；
h——名义塔高，指塔顶到拱脚中心的垂直距离，$h = h_1 + h_2$；
h_1——实际塔高；
h_2——塔底到拱脚截面中心的垂直距离；
s——节段弦长；
Δy_i——预抬高量；
x_B、y_B——节段在 x、y 方向上的投影长</td></tr>
</table>

$$S_1 = \int_{\zeta_j}^{\zeta_i}\sqrt{1+\eta^2 \mathrm{sh}^2 k\zeta}\,\mathrm{d}\zeta \quad 或 \quad S_1 = \int_{\zeta_j}^{\zeta_i}\sqrt{1+\eta^2\zeta^2}\,\mathrm{d}\zeta$$

表 18-10

x/l_1	$f/l=1/4$							
	m							
	1.000	1.137	1.347	1.543	1.756	1.988	2.24	2.514
0.000000	0.000000	0.000000	0.000000	0.000000	0.000000	0.000000	0.000000	0.000000
0.041667	0.041679	0.041678	0.041677	0.041677	0.041676	0.041676	0.041675	0.041675
0.083333	0.083430	0.083426	0.083420	0.083415	0.083411	0.083406	0.083402	0.083398
0.125000	0.125325	0.125311	0.125292	0.125276	0.125261	0.125246	0.125232	0.125219
0.166667	0.167435	0.167403	0.167359	0.167322	0.167287	0.167252	0.167219	0.167187
0.208333	0.209831	0.209769	0.209685	0.209615	0.209547	0.209481	0.209418	0.209357
0.250000	0.252580	0.252477	0.252335	0.252218	0.252103	0.251992	0.251885	0.251781
0.291667	0.295751	0.295593	0.295375	0.295194	0.295018	0.294847	0.294681	0.294520
0.333333	0.339408	0.339181	0.338868	0.338608	0.338355	0.338108	0.337868	0.337636
0.375000	0.383613	0.383305	0.382880	0.382526	0.382181	0.381843	0.381515	0.381195
0.416667	0.428427	0.428029	0.427476	0.427015	0.426564	0.426122	0.425691	0.425272
0.458333	0.473910	0.473412	0.472721	0.472143	0.471576	0.471019	0.470475	0.469943
0.500000	0.520115	0.519515	0.518679	0.517979	0.517290	0.516612	0.515948	0.515297
0.541667	0.567097	0.566395	0.565418	0.564595	0.563784	0.562984	0.562198	0.561426
0.583333	0.614905	0.614111	0.613000	0.612064	0.611138	0.610222	0.609320	0.608431
0.625000	0.663588	0.662716	0.661494	0.660460	0.659436	0.658420	0.657416	0.656425
0.666667	0.713191	0.712265	0.710965	0.709862	0.708767	0.707677	0.706596	0.705526
0.708333	0.763757	0.762811	0.761480	0.760348	0.759220	0.758095	0.756978	0.755868
0.750000	0.815327	0.814405	0.813106	0.811999	0.810893	0.809788	0.808688	0.807592
0.791667	0.867937	0.867097	0.865911	0.864899	0.863887	0.862873	0.861861	0.860851
0.833333	0.921625	0.920937	0.919965	0.919136	0.918305	0.917473	0.916643	0.915812
0.875000	0.976425	0.975972	0.975337	0.974797	0.974259	0.973722	0.973187	0.972654
0.916667	1.032367	1.032251	1.032097	1.031975	1.031862	1.031757	1.031660	1.031571
0.958333	1.089483	1.089818	1.090317	1.090766	1.091235	1.091727	1.092237	1.092768
1.000000	1.147799	1.148721	1.150070	1.151266	1.152504	1.153786	1.155107	1.156466

注：表中拱轴系数 $m=1$ 代表一抛物线。

续上表

x/l_1	$f/l=1/5$							
	m							
	1.000	1.137	1.347	1.543	1.756	1.988	2.24	2.514
0.000000	0.000000	0.000000	0.000000	0.000000	0.000000	0.000000	0.000000	0.000000
0.041667	0.041674	0.041674	0.041674	0.041673	0.041673	0.041672	0.041672	0.041672
0.083333	0.083395	0.083392	0.083389	0.083386	0.083383	0.083380	0.083377	0.083375
0.125000	0.125208	0.125199	0.125187	0.125177	0.125167	0.125158	0.125149	0.125140
0.166667	0.167159	0.167139	0.167110	0.167087	0.167064	0.167042	0.167021	0.167000
0.208333	0.209294	0.209254	0.209200	0.209155	0.209112	0.209069	0.209029	0.208989
0.250000	0.251657	0.251590	0.251499	0.251423	0.251350	0.251278	0.251209	0.251143
0.291667	0.294292	0.294190	0.294049	0.293933	0.293819	0.293709	0.293602	0.293499
0.333333	0.337243	0.337096	0.336894	0.336726	0.336563	0.336403	0.336249	0.336098
0.375000	0.380552	0.380352	0.380077	0.379848	0.379624	0.379405	0.379193	0.378986
0.416667	0.424259	0.424000	0.423641	0.423341	0.423049	0.422762	0.422483	0.422211
0.458333	0.468406	0.468081	0.467631	0.467255	0.466886	0.466524	0.466170	0.465825
0.500000	0.513031	0.512638	0.512093	0.511635	0.511185	0.510743	0.510310	0.509887
0.541667	0.558172	0.557712	0.557071	0.556532	0.556002	0.555479	0.554965	0.554460
0.583333	0.603864	0.603342	0.602613	0.601998	0.601391	0.600790	0.600199	0.599617
0.625000	0.650144	0.649570	0.648765	0.648085	0.647412	0.646744	0.646085	0.645433
0.666667	0.697045	0.696434	0.695577	0.694850	0.694128	0.693411	0.692700	0.691996
0.708333	0.744600	0.743975	0.743097	0.742350	0.741607	0.740866	0.740129	0.739398
0.750000	0.792839	0.792231	0.791375	0.790645	0.789917	0.789190	0.788465	0.787743
0.791667	0.841793	0.841241	0.840463	0.839799	0.839135	0.838470	0.837806	0.837144
0.833333	0.891489	0.891043	0.890413	0.889875	0.889337	0.888798	0.888261	0.887724
0.875000	0.941956	0.941674	0.941278	0.940942	0.940608	0.940276	0.939945	0.939617
0.916667	0.993220	0.993172	0.993114	0.993071	0.993036	0.993008	0.992986	0.992970
0.958333	1.045305	1.045574	1.045975	1.046336	1.046713	1.047107	1.047517	1.047942
1.000000	1.098234	1.098918	1.099920	1.100812	1.101735	1.102694	1.103683	1.104704

续上表

x/l_1	$f/l=1/6$							
	m							
	1.000	1.137	1.347	1.543	1.756	1.988	2.24	2.514
0.000000	0.000000	0.000000	0.000000	0.000000	0.000000	0.000000	0.000000	0.000000
0.041667	0.041672	0.041672	0.041671	0.041671	0.041671	0.041671	0.041670	0.041670
0.083333	0.083376	0.083374	0.083372	0.083370	0.083368	0.083366	0.083364	0.083362
0.125000	0.125145	0.125138	0.125130	0.125123	0.125116	0.125110	0.125103	0.125097
0.166667	0.167009	0.166995	0.166975	0.166959	0.166943	0.166927	0.166913	0.166898
0.208333	0.209001	0.208974	0.208936	0.208905	0.208874	0.208845	0.208817	0.208789
0.250000	0.251153	0.251106	0.251043	0.250990	0.250939	0.250889	0.250841	0.250795
0.291667	0.293494	0.293423	0.293325	0.293244	0.293165	0.293088	0.293013	0.292941
0.333333	0.336057	0.335955	0.335813	0.335696	0.335582	0.335471	0.335363	0.335258
0.375000	0.378871	0.378731	0.378538	0.378378	0.378222	0.378069	0.377921	0.377776
0.416667	0.421965	0.421783	0.421532	0.421322	0.421117	0.420916	0.420721	0.420531
0.458333	0.465369	0.465141	0.464825	0.464561	0.464303	0.464049	0.463801	0.463559
0.500000	0.509111	0.508835	0.508452	0.508130	0.507815	0.507505	0.507201	0.506903
0.541667	0.553219	0.552896	0.552445	0.552066	0.551693	0.551325	0.550964	0.550609
0.583333	0.597721	0.597352	0.596838	0.596405	0.595977	0.595555	0.595138	0.594729
0.625000	0.642641	0.642236	0.641668	0.641188	0.640713	0.640242	0.639778	0.639319
0.666667	0.688007	0.687575	0.686970	0.686456	0.685947	0.685440	0.684938	0.684442
0.708333	0.733843	0.733401	0.732781	0.732253	0.731728	0.731204	0.730684	0.730168
0.750000	0.780173	0.779744	0.779139	0.778624	0.778109	0.777595	0.777084	0.776574
0.791667	0.827020	0.826632	0.826084	0.825616	0.825149	0.824680	0.824213	0.823747
0.833333	0.874408	0.874096	0.873656	0.873280	0.872905	0.872529	0.872154	0.871779
0.875000	0.922358	0.922166	0.921897	0.921670	0.921444	0.921219	0.920997	0.920775
0.916667	0.970891	0.970871	0.970850	0.970839	0.970833	0.970833	0.970838	0.970848
0.958333	1.020028	1.020242	1.020560	1.020846	1.021145	1.021458	1.021784	1.022122
1.000000	1.069787	1.070307	1.071071	1.071751	1.072458	1.073191	1.073950	1.074734

续上表

x/l_1	$f/l=1/7$							
	m							
	1.000	1.137	1.347	1.543	1.756	1.988	2.24	2.514
0.000000	0.000000	0.000000	0.000000	0.000000	0.000000	0.000000	0.000000	0.000000
0.041667	0.041671	0.041670	0.041670	0.041670	0.041670	0.041670	0.041669	0.041669
0.083333	0.083365	0.083363	0.083362	0.083360	0.083359	0.083357	0.083356	0.083354
0.125000	0.125106	0.125102	0.125095	0.125090	0.125085	0.125081	0.125076	0.125071
0.166667	0.166918	0.166908	0.166893	0.166881	0.166870	0.166858	0.166847	0.166837
0.208333	0.208824	0.208804	0.208776	0.208753	0.208731	0.208709	0.208689	0.208668
0.250000	0.250848	0.250814	0.250767	0.250728	0.250690	0.250654	0.250618	0.250584
0.291667	0.293011	0.292959	0.292887	0.292827	0.292769	0.292712	0.292657	0.292604
0.333333	0.335338	0.335263	0.335159	0.335072	0.334988	0.334906	0.334826	0.334749
0.375000	0.377851	0.377748	0.377605	0.377487	0.377372	0.377259	0.377150	0.377043
0.416667	0.420571	0.420436	0.420251	0.420096	0.419945	0.419797	0.419652	0.419512
0.458333	0.463521	0.463352	0.463119	0.462924	0.462732	0.462545	0.462362	0.462183
0.500000	0.506722	0.506518	0.506234	0.505996	0.505763	0.505533	0.505309	0.505089
0.541667	0.550196	0.549956	0.549622	0.549341	0.549065	0.548793	0.548525	0.548263
0.583333	0.593963	0.593690	0.593309	0.592988	0.592671	0.592357	0.592049	0.591746
0.625000	0.638044	0.637743	0.637321	0.636965	0.636613	0.636264	0.635919	0.635579
0.666667	0.682458	0.682138	0.681688	0.681307	0.680928	0.680552	0.680180	0.679811
0.708333	0.727226	0.726898	0.726437	0.726045	0.725655	0.725266	0.724880	0.724496
0.750000	0.772365	0.772047	0.771598	0.771215	0.770833	0.770452	0.770072	0.769694
0.791667	0.817897	0.817609	0.817202	0.816855	0.816509	0.816162	0.815816	0.815471
0.833333	0.863836	0.863606	0.863281	0.863005	0.862728	0.862451	0.862175	0.861899
0.875000	0.910202	0.910063	0.909869	0.909705	0.909542	0.909381	0.909221	0.909062
0.916667	0.957012	0.957004	0.956999	0.957000	0.957005	0.957015	0.957030	0.957049
0.958333	1.004282	1.004453	1.004707	1.004936	1.005175	1.005426	1.005687	1.005959
1.000000	1.052028	1.052433	1.053030	1.053562	1.054115	1.054689	1.055285	1.055901

$$S_2 = \int_{\zeta_j}^{\zeta_i} \sqrt{1 + \eta^2 \mathrm{sh}^2 k\zeta} \mathrm{d}\zeta \quad 或 \quad S_2 = \int_{\zeta_j}^{\zeta_i} \sqrt{1 + \eta^2 \zeta^2} \mathrm{d}\zeta$$

表 18-11

x/l_1	$f/l = 1/4$							
	m							
	1.000	1.137	1.347	1.543	1.756	1.988	2.24	2.514
0.000000	0.000000	0.000000	0.000000	0.000000	0.000000	0.000000	0.000000	0.000000
0.041667	0.000868	0.000868	0.000868	0.000868	0.000868	0.000868	0.000868	0.000868
0.083333	0.003478	0.003478	0.003478	0.003477	0.003477	0.003477	0.003477	0.003476
0.125000	0.007843	0.007842	0.007840	0.007838	0.007837	0.007836	0.007834	0.007833
0.166667	0.013985	0.013981	0.013975	0.013971	0.013966	0.013962	0.013958	0.013954
0.208333	0.021935	0.021926	0.021913	0.021902	0.021891	0.021881	0.021871	0.021862
0.250000	0.031733	0.031714	0.031688	0.031666	0.031645	0.031624	0.031604	0.031585
0.291667	0.043427	0.043393	0.043346	0.043307	0.043269	0.043232	0.043196	0.043161
0.333333	0.057071	0.057016	0.056939	0.056876	0.056813	0.056753	0.056694	0.056636
0.375000	0.072730	0.072645	0.072529	0.072432	0.072337	0.072244	0.072153	0.072065
0.416667	0.090471	0.090351	0.090184	0.090044	0.089907	0.089773	0.089642	0.089514
0.458333	0.110372	0.110208	0.109981	0.109790	0.109602	0.109418	0.109237	0.109060
0.500000	0.132515	0.132302	0.132005	0.131756	0.131510	0.131267	0.131029	0.130795
0.541667	0.156987	0.156722	0.156351	0.156038	0.155728	0.155422	0.155120	0.154823
0.583333	0.183883	0.183565	0.183119	0.182742	0.182368	0.181997	0.181630	0.181267
0.625000	0.213299	0.212934	0.212421	0.211986	0.211552	0.211120	0.210692	0.210267
0.666667	0.245338	0.244938	0.244375	0.243895	0.243415	0.242936	0.242458	0.241983
0.708333	0.280105	0.279692	0.279108	0.278608	0.278106	0.277603	0.277101	0.276598
0.750000	0.317712	0.317317	0.316756	0.316274	0.315790	0.315301	0.314811	0.314318
0.791667	0.358270	0.357938	0.357465	0.357057	0.356644	0.356226	0.355804	0.355379
0.833333	0.401896	0.401688	0.401389	0.401129	0.400865	0.400595	0.400321	0.400041
0.875000	0.448708	0.448702	0.448691	0.448679	0.448665	0.448647	0.448626	0.448602
0.916667	0.498828	0.499123	0.499544	0.499907	0.500274	0.500644	0.501016	0.501389
0.958333	0.552378	0.553097	0.554131	0.555030	0.555944	0.556874	0.557816	0.558771
1.000000	0.609485	0.610778	0.612645	0.614277	0.615944	0.617649	0.619385	0.621153

注：表中拱轴系数 $m=1$ 代表一抛物线。

续上表

x/l_1	$f/l=1/5$							
	m							
	1.000	1.137	1.347	1.543	1.756	1.988	2.24	2.514
0.000000	0.000000	0.000000	0.000000	0.000000	0.000000	0.000000	0.000000	0.000000
0.041667	0.000868	0.000868	0.000868	0.000868	0.000868	0.000868	0.000868	0.000868
0.083333	0.003476	0.003476	0.003476	0.003475	0.003475	0.003475	0.003475	0.003475
0.125000	0.007832	0.007831	0.007830	0.007829	0.007828	0.007827	0.007826	0.007826
0.166667	0.013950	0.013948	0.013944	0.013941	0.013939	0.013936	0.013933	0.013931
0.208333	0.021851	0.021845	0.021837	0.021830	0.021823	0.021817	0.021810	0.021804
0.250000	0.031560	0.031548	0.031531	0.031517	0.031503	0.031490	0.031477	0.031465
0.291667	0.043109	0.043087	0.043056	0.043031	0.043007	0.042983	0.042960	0.042937
0.333333	0.056532	0.056496	0.056446	0.056405	0.056365	0.056326	0.056287	0.056250
0.375000	0.071872	0.071817	0.071741	0.071678	0.071617	0.071557	0.071498	0.071441
0.416667	0.089174	0.089096	0.088987	0.088896	0.088807	0.088720	0.088635	0.088552
0.458333	0.108490	0.108383	0.108234	0.108110	0.107987	0.107867	0.107750	0.107634
0.500000	0.129875	0.129735	0.129541	0.129377	0.129216	0.129058	0.128902	0.128749
0.541667	0.153387	0.153213	0.152969	0.152763	0.152560	0.152359	0.152161	0.151967
0.583333	0.179091	0.178882	0.178588	0.178340	0.178094	0.177849	0.177608	0.177370
0.625000	0.207054	0.206813	0.206474	0.206187	0.205900	0.205616	0.205333	0.205053
0.666667	0.237347	0.237083	0.236709	0.236392	0.236074	0.235757	0.235442	0.235128
0.708333	0.270043	0.269770	0.269382	0.269051	0.268718	0.268385	0.268053	0.267720
0.750000	0.305220	0.304959	0.304588	0.304269	0.303948	0.303625	0.303301	0.302975
0.791667	0.342958	0.342740	0.342430	0.342161	0.341890	0.341616	0.341339	0.341059
0.833333	0.383340	0.383207	0.383017	0.382852	0.382684	0.382512	0.382338	0.382160
0.875000	0.426450	0.426458	0.426468	0.426476	0.426482	0.426487	0.426490	0.426491
0.916667	0.472377	0.472595	0.472908	0.473179	0.473453	0.473731	0.474011	0.474293
0.958333	0.521210	0.521726	0.522470	0.523119	0.523780	0.524455	0.525140	0.525836
1.000000	0.573040	0.573962	0.575296	0.576465	0.577662	0.578890	0.580143	0.581422

续上表

x/l_1	$f/l=1/6$							
	m							
	1.000	1.137	1.347	1.543	1.756	1.988	2.24	2.514
0.000000	0.000000	0.000000	0.000000	0.000000	0.000000	0.000000	0.000000	0.000000
0.041667	0.000868	0.000868	0.000868	0.000868	0.000868	0.000868	0.000868	0.000868
0.083333	0.003475	0.003475	0.003475	0.003474	0.003474	0.003474	0.003474	0.003474
0.125000	0.007826	0.007825	0.007825	0.007824	0.007823	0.007823	0.007822	0.007822
0.166667	0.013932	0.013930	0.013927	0.013925	0.013923	0.013922	0.013920	0.013918
0.208333	0.021806	0.021801	0.021796	0.021791	0.021786	0.021781	0.021777	0.021773
0.250000	0.031466	0.031457	0.031446	0.031436	0.031426	0.031417	0.031408	0.031399
0.291667	0.042934	0.042919	0.042898	0.042880	0.042863	0.042846	0.042830	0.042815
0.333333	0.056236	0.056211	0.056176	0.056147	0.056119	0.056092	0.056065	0.056039
0.375000	0.071400	0.071362	0.071309	0.071265	0.071222	0.071180	0.071139	0.071099
0.416667	0.088459	0.088404	0.088328	0.088264	0.088202	0.088141	0.088081	0.088023
0.458333	0.107450	0.107375	0.107270	0.107183	0.107097	0.107012	0.106930	0.106849
0.500000	0.128411	0.128313	0.128176	0.128061	0.127948	0.127836	0.127727	0.127619
0.541667	0.151385	0.151262	0.151090	0.150945	0.150802	0.150661	0.150522	0.150384
0.583333	0.176419	0.176270	0.176063	0.175888	0.175714	0.175542	0.175371	0.175203
0.625000	0.203560	0.203389	0.203149	0.202946	0.202744	0.202542	0.202343	0.202145
0.666667	0.232860	0.232673	0.232408	0.232183	0.231959	0.231734	0.231511	0.231289
0.708333	0.264374	0.264180	0.263905	0.263670	0.263435	0.263199	0.262964	0.262728
0.750000	0.298158	0.297973	0.297710	0.297485	0.297258	0.297029	0.296799	0.296569
0.791667	0.334272	0.334119	0.333900	0.333711	0.333519	0.333326	0.333131	0.332934
0.833333	0.372777	0.372686	0.372554	0.372441	0.372325	0.372207	0.372086	0.371964
0.875000	0.413736	0.413748	0.413763	0.413776	0.413788	0.413799	0.413810	0.413818
0.916667	0.457216	0.457382	0.457620	0.457827	0.458036	0.458249	0.458463	0.458680
0.958333	0.503284	0.503669	0.504226	0.504711	0.505207	0.505714	0.506230	0.506755
1.000000	0.552009	0.552694	0.553688	0.554560	0.555455	0.556374	0.557314	0.558276

续上表

x/l_1	$f/l=1/7$							
	m							
	1.000	1.137	1.347	1.543	1.756	1.988	2.24	2.514
0.000000	0.000000	0.000000	0.000000	0.000000	0.000000	0.000000	0.000000	0.000000
0.041667	0.000868	0.000868	0.000868	0.000868	0.000868	0.000868	0.000868	0.000868
0.083333	0.003474	0.003474	0.003474	0.003474	0.003474	0.003474	0.003474	0.003474
0.125000	0.007822	0.007822	0.007821	0.007821	0.007821	0.007820	0.007820	0.007819
0.166667	0.013920	0.013919	0.013917	0.013916	0.013914	0.013913	0.013912	0.013910
0.208333	0.021778	0.021775	0.021771	0.021767	0.021764	0.021760	0.021757	0.021754
0.250000	0.031409	0.031403	0.031394	0.031387	0.031380	0.031373	0.031366	0.031360
0.291667	0.042829	0.042817	0.042802	0.042789	0.042776	0.042764	0.042752	0.042741
0.333333	0.056057	0.056038	0.056012	0.055991	0.055970	0.055950	0.055931	0.055912
0.375000	0.071114	0.071085	0.071046	0.071014	0.070982	0.070951	0.070921	0.070891
0.416667	0.088025	0.087984	0.087928	0.087880	0.087834	0.087789	0.087745	0.087702
0.458333	0.106816	0.106760	0.106683	0.106618	0.106555	0.106493	0.106432	0.106372
0.500000	0.127518	0.127445	0.127343	0.127258	0.127175	0.127092	0.127011	0.126932
0.541667	0.150161	0.150070	0.149942	0.149835	0.149729	0.149624	0.149521	0.149419
0.583333	0.174781	0.174671	0.174517	0.174387	0.174258	0.174130	0.174004	0.173879
0.625000	0.201415	0.201288	0.201110	0.200958	0.200808	0.200658	0.200510	0.200363
0.666667	0.230100	0.229961	0.229764	0.229597	0.229430	0.229263	0.229097	0.228932
0.708333	0.260879	0.260735	0.260531	0.260356	0.260181	0.260005	0.259830	0.259655
0.750000	0.293795	0.293658	0.293462	0.293294	0.293125	0.292955	0.292785	0.292613
0.791667	0.328893	0.328780	0.328617	0.328477	0.328335	0.328192	0.328048	0.327902
0.833333	0.366221	0.366154	0.366058	0.365975	0.365891	0.365805	0.365717	0.365628
0.875000	0.405827	0.405838	0.405854	0.405867	0.405880	0.405893	0.405905	0.405915
0.916667	0.447762	0.447892	0.448077	0.448238	0.448402	0.448568	0.448737	0.448907
0.958333	0.492080	0.492376	0.492806	0.493181	0.493564	0.493957	0.494356	0.494764
1.000000	0.538833	0.539360	0.540124	0.540796	0.541487	0.542197	0.542925	0.543670

2 程序设计与计算

2.1 静力平衡法

静力平衡法计算精度高、算法简便，考虑到读者使用算法语言的方便，给出了用 QuickBASIC和 PowerSTATION4.0 编写的源程序，供选用。

一、程序功能

1. 计算各节段水平、竖直投影长，扣索与斜直梁的夹角；

2. 计算各接头处的竖直和水平反力；

3. 计算各扣索索力值。

二、使用说明

1. 输入扣索数 N；

2. 输入计算跨径 l、计算矢高 f、拱轴系数 m、预拱度值 Prevalue、预拱度设置方法 NSET。NSET 值如表 18-12 所列。

预拱度设置方法 NSET 表 18-12

设置方法	降一级拱轴系数	降半级拱轴系数	二次抛物线
NSET	1	2	3

3. 输入各节段水平投影长 XSEG(i)，(i = 1，N)。

注意：输入时按吊装先后顺序进行，下同。

4. 输入各节段扣点到下接头间的水平投影长 l_1(i)，(i = 1，N)。

5. 输入各扣索与塔轴的夹角 TowerAngle(i)，(i = 1，N)。

6. 输入(N + 1)个节段的重力 Weight(i)，(i = 1，N)。

7. 输入合龙段作用在其上一节段接头处的重力权重系数 WNET。

三、程序计算示例

例 18-3 计算例 1 中各扣索索力值。

数据文件如下：

```
4
312,52.0,1.347,0.72,3
30.0,36.0,36.0,36.0
67.198,80.715,86.277,88.003
610.0,483.0,460.0,444.0,420.0
0.25
```

结果输出：

```
l1      l2      h1          h2          alfa
25      5       16.12546    2.835858    55.62476
31.5    4.5     15.05825    1.769683    34.83466
31.5    4.5     9.85117     1.054032    21.08932
31.5    4.5     4.98503     0.374860    10.98975
i       j       Hi          Vi
```

1	1	343.5263	465.5807
2	2	430.2234	412.6638
2	1	932.2717	811.6016
3	3	695.7468	414.7276
3	2	1285.422	801.3231
3	1	1616.424	1272.169
4	4	1313.744	398.1919
4	3	2010.185	812.8743
4	2	2214.569	1262.460
4	1	2403.515	1793.027
5	4	1935.109	481.5259
5	3	2314.256	916.8547
5	2	2450.668	1377.553
5	1	2601.17	1924.281

T(i,j)

372.6490			
544.6098	435.9350		
359.0630	597.5034	697.2182	
204.9636	207.0974	697.9146	1314.5419
163.2612	138.2233	379.9487	1936.2847

四、源程序

Sopel. bas

```
DECLARE FUNCTION ANGLE! (L!,f!,m!,x!)
DECLARE FUNCTION SINH! (x!)
DECLARE FUNCTION Yx! (L!,f!,m!,x!)
DECLARE FUNCTION COSH! (x!)
CLS

INPUT "DataFileName:",DataFile$
OPEN DataFile$ + ".DAT"FOR INPUT AS#1
OPEN DataFile$ + ".OUT"FOR OUTPUT AS#2
INPUT #1,N
DIM xseg(N),TowerAngle(N),alfa(N)
DIM h1(N),h2(N),L1(N),l2(N)
DIM Weight(N+1),T(N+1,N+1)

INPUT #1,L,f,m,PreValue,NSet
FOR i=1 TO N
  INPUT #1,xseg(i)
NEXT i
FOR i=1 TO N
  INPUT #1,L1(i)
```

```
    NEXT i
    FOR i = 1 TO N
      INPUT #1, TowerAngle(i)
NEXT i

FOR i = 1 TO N + 1
  INPUT #1, Weight(i)
NEXT i

  INPUT #1, WNET
FOR i = 1 TO N
  l2(i) = xseg(i) - L1(i)
NEXT i

  x0 = 0!
FOR i = 1 TO N
  x0 = x0 + xseg(i)
NEXT i
x0 = L/2 - x0

SELECT CASE NSet
CASE 1
  y14f = 1! /(SQR(2 * (m + 1)) + 2)
  y14f = y14f + .005
  m1 = (1/y14f - 2)^2/2 - 1!
CASE 2
  y14f = 1! /(SQR(2 * (m + 1)) + 2)
  y14f = y14f + .0025
  m1 = (1/y14f - 2)^2/2 - 1!
CASE 3
  m1 = m
END SELECT
FOR i = N TO 1 STEP - 1
  x3 = x0 : xb = x0 + l2(i) : x2 = x0 + xseg(i)
  SELECT CASE NSet
  CASE 1,2
    h2(i) = Yx(L, f + PreValue, m1, xb) - Yx(L, f + PreValue, m1, x3)
    h1(i) = Yx(L, f + PreValue, m1, x2) - Yx(L, f + PreValue, m1, xb)
    CASE 3
    h2(i) = Yx(L, f, m, xb) - Yx(L, f, m, x3) + PreValue * (xb^2 - x3^2)/(L/2)^2
    h1(i) = Yx(L, f, m, x2) - Yx(L, f, m, xb) + PreValue * (x2^2 - xb^2)/(L/2)^2
    END SELECT
    x0 = x2
```

```
    NEXT i

PI = 3.1415926#
FOR i = 1 TO N
  alfa(i) = 90 - TowerAngle(i) + ATN(h1(i)/L1(i)) * 180/PI
NEXT i
PRINT #2,"l1              l2              h1              h2              alfa"
FOR i = 1 TO N
  PRINT #2,L1(i),l2(i),h1(i),h2(i),alfa(i)
NEXT i
PRINT #2,
PRINT #2,"i               j               Hi              Vi"
FOR i = 1 TO N + 1
  ii = i
  Vj = 0!:Hj = 0!
  IF(ii = N + 1)THEN
    ii = N
    Vj = Weight(N + 1) * WNET
END IF

FOR j = ii TO 1 STEP - 1
  S = SQR(L1(j)^2 + h1(j)^2) * SIN(alfa(j) * PI/180)
  l12 = L1(j) + l2(j)
  h12 = h1(j) + h2(j)
  qj = alfa(j) * PI/180 - ATN(h1(j)/L1(j))

IF (j = ii) THEN
  T(i,j) = (Vj * l12 + l12 * Weight(j)/2 - Hj * h12)/S
  Vi = Weight(j) + Vj - T(i,j) * SIN(qj)
  Hi = Hj + T(i,j) * COS(qj)
  PRINT#2,i,j,Hi,Vi
ELSE
  Vj = Vi:Hj = Hi
      S = SQR(L1(j)^2 + h1(j)^2) * SIN(alfa(j) * PI/180)
      T(i,j) = (Vj * l12 + l12 * Weight(j)/2 - Hj * h12)/S
      Vi = Weight(j) + Vj - T(i,j) * SIN(qj)
      Hi = Hj + T(i,j) * COS(qj)
      PRINT#2,i,j,Hi,Vi
    END IF
  NEXT j
```

```
NEXT i

PRINT #2,
PRINT #2,"                    T(i,j)           "
FOR i = 1 TO N + 1
  FOR j = 1 TO i
    PRINT #2, USING"######.####";T(i,j);
  NEXT j
  PRINT #2,
NEXT i

END

FUNCTION ANGLE(L,f,m,x)
  IF(m > 1)THEN
    k = LOG(m + SQR(m * m - 1))
    ANGLE = ATN(2 * f * k/L/(m - 1) * SINH(2 * k * x/L))
  ELSE
    ANGLE = ATN(8 * f * x/L^2)
  END IF
END FUNCTION

FUNCTION COSH(x)
  COSH = (EXP(x) + EXP(-x))/2
END FUNCTION

FUNCTION SINH(x)
  SINH = (EXP(x) - EXP(-x))/2!
END FUNCTION

FUNCTION Yx(L,f,m,x)
  L1 = L/2
  IF(m > 1!)THEN
    k = LOG(m + SQR(m * m - 1))
    Yx = f/(m - 1) * (COSH(k * x/L1) - 1)
  ELSE
    Yx = f * (x/L1)^2
  END IF
END FUNCTION
```

Sope2. F90

```
DIMENSION HED(20)
REAL(8),DIMENSION(:),ALLOCATABLE::xseg,TowerAngle,alfa,h1,h2,l1,l2
REAL(8),DIMENSION(:),ALLOCATABLE::Weight
REAL(8),DIMENSION(:,:),ALLOCATABLE::T
REAL(8)::YX,L,M,F,PREVALUE
REAL(8)::X0,X2,X3,XB,WNET,M1

CALL FILES

WRITE(*,'(A\)')'INPUT BRIDGE NAME:'
READ(*,'(20A4)')HED
WRITE(11,*)'******************************'
WRITE(11,'(1X,A13,1X,20A4)')'BRIDGENAME:',HED
WRITE(11,*)'******************************'
WRITE(11,*)

READ(10,*)N
ALLOCATE(xseg(N),TowerAngle(N),alfa(N),h1(N),h2(N),l1(N),l2(N))
ALLOCATE(Weight(N+1),T(N+1,N+1))

READ(10,*)l,f,m,prevalue,NSET
READ(10,*)xseg
READ(10,*)l1
READ(10,*)TowerAngle
READ(10,*)Weight(1:N+1)
READ(10,*)WNET

DO I=N,1,-1
  l2(i)=xseg(i)-l1(i)
END DO

X0=0.0
DO I=N,1,-1
  X0=X0+XSEG(I)
END DO
X0=L/2-X0

SELECT CASE (NSET)
```

```
      CASE(1)
        y14f = 1.0/(sqrt(2 * (M + 1)) + 2)
        y14f = y14f + 0.005
        m1 = (1/y14f - 2) * * 2/2 - 1.0
     CASE(2)
        y14f = 1.0/(sqrt(2 * (M + 1)) + 2)
        y14f = y14f + 0.0025
        m1 = (1/y14f - 2) * * 2/2 - 1.0
     CASE(3)
        M1 = M
END SELECT

DO I = N,1, -1
     X3 = X0;XB = X0 + L2(I);X2 = X0 + XSEG(I)
     SELECT CASE(NSET)
     CASE(1,2)
         h2(I) = YX(L,F + PREVALUE,M1,XB) - YX(L,F + PREVALUE,M1,X3)
         h1(I) = YX(L,F + PREVALUE,M1,X2) - YX(L,F + PREVALUE,M1,XB)
     CASE(3)
         h2(I) = YX(L,F,M1,XB) - YX(L,F,M1,X3) + PREVALUE * (XB * * 2 - X3 * *
2)/(L/2) * * 2
         h1(I) = YX(L,F,M1,X2) - YX(L,F,M1,XB) + PREVALUE * (X2 * * 2 - XB * *
2)/(L/2) * * 2
         END SELECT
         X0 = X2
     END DO

     PI = 3.1415926
     DO I = 1,N
        alfa(i) = 90 - TowerAngle(i) + ATAN(h1(i)/l1(i)) * 180.0/PI
     END DO
     WRITE(11, * )
     WRITE(11, * )'  l1(i)        l2(i)      h1(i)          h2(i)   alfa(i)'
     WRITE(11,'(1X,5F10.4)')(l1(i),l2(i),h1(i),h2(i),alfa(i),I = 1,N)
     WRITE(11, * )
     WRITE(11, * )
     WRITE(11, * )'      I      J            Hi              Vi'
     DO I = 1,N + 1
        ii = i
        Vj = 0.0;Hj = 0.0
```

```
      IF(ii = N + 1)THEN
        ii = N
        Vj = Weight(N + 1) * WNET
    END IF
    DO j = ii,1, -1
      S = SQRT(l1(j) * *2 + h1(j) * *2) * SIN(alfa(j) * PI/180)
      l12 = l1(j) + l2(j)
      h12 = h1(j) + h2(j)
      qj = alfa(j) * PI/180 - ATAN(h1(j)/l1(j))

      IF (j = ii) THEN
        T(i,j) = (Vj * l12 + l12 * Weight(j)/2 - Hj * h12)/S
        Vi = Weight(j) + Vj - T(i,j) * SIN(qj)
        Hi = Hj + T(i,j) * COS(qj)
        WRITE(11,'(1X,2I5,2F15.4)')i,j,Hi,Vi
      ELSE
        Vj = Vi
        Hj = Hi
        S = SQRT(l1(j) * *2 + h1(j) * *2) * SIN(alfa(j) * PI/180)
        T(i,j) = (Vj * l12 + l12 * Weight(j)/2 - Hj * h12)/S
        Vi = Weight(j) + Vj - T(i,j) * SIN(qj)
        Hi = Hj + T(i,j) * COS(qj)
        WRITE(11,'(1X,2I5,2F15.4)')i,j,Hi,Vi
      END IF
    END DO
  END DO

  DO I = 1,N + 1
      WRITE(11,'(1X,I4,8F15.4)')I,T(i,1:I)
  END DO
END

REAL(8) FUNCTION ANGLE(l,f,m,x)
  REAL(8)::L,F,M,X,K
  IF (m > 1.0) THEN
  k = LOG(m + SQRT(m * m - 1))
  ANGLE = SQRT(2 * f * k/l/(m - 1) * SINH(2 * k * x/l))
ELSE
    ANGLE = SQRT(8 * f * x/l * *2)
  END IF
```

```
END FUNCTION

REAL(8) FUNCTION Yx(l,f,m,x)
  REAL(8)::L,F,M,X,K
  IF (m>1.0) THEN
    k=LOG(m+SQRT(m*m-1))
    Yx=f/(m-1)*(COSH(2*k*x/l)-1)
  ELSE
    Yx=f*(2*x/l)**2
  END IF
END FUNCTION

SUBROUTINE FILES
    integer(4)::k
    CHARACTER*20 NAME
    CHARACTER*24Dat,Out
    WRITE(*,'(A\)')'Please type your data NAME(extension not allowed:):'
    READ(*,'(A)')NAME
    K=LEN_TRIM(NAME)
    Dat=NAME(1:K)//'.Dat'
    Out=NAME(1:K)//'.Out'
    OPEN(UNIT=10,FILE=Dat,STATUS='OLD')
    OPEN(UNIT=11,FILE=Out)
END SUBROUTINEFILES
```

2.2 积分查表法

一、程序功能

1. 利用给定的弧段长、弧段重计算分段点位置；

2. 计算各扣索索力值；

3. 程序采用 POWERSTATION4.0 编写，在 WINDOWS 状态下运行。

二、程序使用说明

1. READ(10,*)L,f,Mc,PREVALUE,NSET

L——计算跨径；

f——计算矢高；

Mc——拱轴系数，对抛物线拱 Mc=1.0；

PREVALUE——预拱度值；

NSET——预拱度设置方法，设置方法同表 18-12。

2. READ(10,*)NSEG,(SEGLENG(I),SEGWT(I),I=1,NSEG)

NSEG——半跨拱肋节段数；

SEGLENG(I),SEGWT(I)——第I个节段弧长和重力,输入时按节段吊装先后顺序进行,下同。

3. READ(10, *)NSOP,WNET

NSOP——半跨扣索数,NSOP = NSEG - 1;

WNET——权重系数,同静力平衡法程序说明。

4. READ(10, *)(SOPIS(I),SOPANG(I),I = 1,NSOP)

SOPIS(I)——第I根扣索距拱脚截面中心的距离;

SOPANG(I)——第I根扣索水平倾角。

5. READ(10, *)NXL

NXL——半跨拱肋横系梁或其他临时荷载数目。

6. READ(10, *)(XLPOS(I),XLWT(I),I = 1,NXL)

XLPOS(I)——第I个横系梁或其他临时荷载距拱脚截面中心的距离;

XLWT(I)——第I个横系梁或其他临时荷载的荷载大小。

三、程序计算示例

例 18-4 计算例 18-1 中各扣索索力值。

用文本编辑软件建立如下数据文件:

```
312.0,52.0,1.347,0.72,3
5
35.458,610.0
39.783,483.0
37.677,460.0
36.442,444.0
18.017,210.0
4,0.25
25.0,22.802
61.5,9.285
97.5,3.723
133.5,1.997
0
```

结果输出:

```
* * * * * * * * * * * * * * * * * * * * * * * * * * * * * * * * * * * *
BRIDGE NAME:
* * * * * * * * * * * * * * * * * * * * * * * * * * * * * * * * * * * *
```

计入预拱度后的拱轴弧长(半跨) = 167.3736

序号	XI(ξ)
0	1.0000
1	.8080
2	.5772
3	.3462
4	.1154

5	.0000

序号	节段水平投影长	竖直投影长
1	29.9548	18.9363
2	36.0074	16.8385
3	36.0259	10.9170
4	36.0115	5.3625
5	18.003	.6657

序号	扣点到左节点的水平距离	扣点到左节点的竖直距离
1	25.0000	16.1254
2	31.5452	15.0833
3	31.5378	9.8656
4	31.5119	4.9877

扣索号		扣索索力值		
1	366.3727	.0000	.0000	.0000
2	542.6375	429.5984	.0000	.0000
3	357.5482	595.7252	690.9248	.0000
4	203.5810	205.5816	696.2034	1309.1800
5	161.9230	136.6710	378.3712	1930.8080

四、源程序

```
MODULE CABLE_MESSAGE
    INTEGER(4)::NSEG,NXL
    INTEGER(4) NSOP
    REAL(8),DIMENSION(0:30)::SEGLENG,SEGWT,SEGXI,LI,HI
    REAL(8),DIMENSION(30)::XLPOS,XLWT
    REAL(8),DIMENSION(30)::SOPANG,SOPIS
    REAL(8),DIMENSION(30)::XTI,YTI
    REAL(8),DIMENSION(:,:),ALLOCATABLE::SOPFC
    REAL(8),DIMENSION(0:48)::SEPTX,SEPTY
END MODULE CABLE_MESSAGE

! MAIN(HOST)PROGRAM
!
PROGRAM CABLE_STAYED

    USE CABLE_MESSAGE
    IMPLICIT REAL*8(A-H,O-Z)
    REAL(8) ::L,F,MC,M1,PREVALUE
    INTEGER(4) ::NSET
    REAL(8) ::ARCLENG
    DIMENSION ::HED(20)
```

```
    CALL FILES

    WRITE( * ,'(A\)')'INPUT BRIDGE NAME:'
    READ( * ,'(20A4)') HED
    WRITE(11, * )'*****************************'
    WRITE(11,'(1X,A13,1X,20A4)')'BRIDGENAME:',HED
    WRITE(11, * )'*****************************'
    WRITE(11, * )

    READ(10, * )L,F,MC,PREVALUE,NSET
    READ(10, * )NSEG,(SEGLENG(I),SEGWT(I),I=1,NSEG)

    ALLOCATE (SOPFC (NSEG,NSEG))

    READ(10, * )NSOP,WNET
! WNET—权重系数,主要用于中段拱肋搁置端段拱肋时对端段支承点的荷载大小
    READ(10, * )(SOPIS(I),SOPANG(I),I=1,NSOP)
    READ(10, * )NXL
    IF (NXL>0) THEN
    READ(10, * )(XLPOS(I),XLWT(I),I=1,NXL)
    END IF

! find new arch coefficient according to Nset.

    SELECT CASE (NSET)
      CASE (1)
        y14f=1.0/(sqrt(2*(MC+1))+2)
        y14f=y14f+0.005
        m1=(1/y14f-2)**2/2-1.0
      CASE (2)
        y14f=1.0/(sqrt(2*(MC+1))+2)
        y14f=y14f+0.0025
        m1=(1/y14f-2)**2/2-1.0
      CASE (3)
        M1=MC
      CASE DEFAULT
        PRINT *,'无效的预拱度设置方法'
    END SELECT

! 计算计入预拱度后的拱轴弧长。
```

```
        CALL SEPTCORD(L,F,M1,PREVALUE,NSET,ARCLENG)

! 计算各节段的分段横坐标 SEGXI(§)。
      CALL POSITION(L,ARCLENG)
! 计算各拱肋节段的水平和竖直分量高(LI,HI)。
      CALL CALCOOR (L,F,M1,PREVALUE,NSET)

! 计算扣索索力。
      CALL SOPFORCE(L,F,M1,PREVALUE,NSET,WNET)! 计算索力。

END PROGRAM CABLE_STAYED

REAL(8) FUNCTION ANGLE(L,F,M,X)
      REAL(8)::L,M,K,L1,X,TG,f
      L1 = L/2
      IF (M >1.0) THEN
        K = LOG(M + SQRT(M * M - 1))
        TG = 2 * F * K * SINH(K * X/L1)/L/(M - 1.0D0)
      ELSE
      TG = 8 * F * X/L * * 2
      END IF
      ANGLE = ATAN(TG)
END FUNCTION ANGLE

!%%%%%%%%%%%%%%%%%%%%%%%%%%%%%%%%%%%%%%%%%%%%%%%
! 注意:对悬链线拱,预拱度可以按降低拱轴系数或二次抛物线法设置;
!        但对抛物线拱,只能按二次抛物线法设置。
!%%%%%%%%%%%%%%%%%%%%%%%%%%%%%%%%%%%%%%%%%%%%%%%

REAL(8) FUNCTION YX(L,F,M,X)
      REAL(8)::L,F,M,X
      REAL(8) K,L1
      L1 = L/2

      IF (M >1.0) THEN
          K = LOG(M + SQRT(M * M - 1.0))
          YX = F * (COSH(K * X/L1) - 1.0)/(M - 1.0)
      ELSE
          YX = F * (X/L1) * * 2
      END IF
```

```
END FUNCTION YX

SUBROUTINE FILES
    integer(4)::k
    CHARACTER*20 NAME
    CHARACTER*24 Dat,Out
    WRITE(*,'(A\)')'Please type your data NAME(extension not allowed:):'
    READ(*,'(A)')NAME
    K=LEN_TRIM(NAME)
    Dat=NAME(1:K)//'.Dat'
    Out=NAME(1:K)//'.Out'
    OPEN(UNIT=10,FILE=Dat,STATUS='OLD')
    OPEN(UNIT=11,FILE=Out)
END SUBROUTINE FILES

! 求弧长积分表(III)-8
real(8) FUNCTION JF1(L,F,M,A,B)
    REAL(8)::L,M,K,f,a,b
    real(8)::h,s,f1,f2,si,tg

    IF (M>1.0) THEN
        K=LOG(M+SQRT(M*M-1))
        TG=2*F*K/L/(M-1)
    ELSE
        TG=4*F/L
    END IF

    N=100
    H=(B-A)/N
    S=0.0

    IF (M<=1.0) THEN ! 抛物线拱桥
        F1=SQRT(1+TG*TG*A*A)
        DO I=1,N
           F2=SQRT(1+TG*TG*(A+I*H)*(A+I*H))
           SI=(F1+F2)*H/2
           S=S+SI
           F1=F2
        END DO
    ELSE     ! 悬链线拱桥
```

```
        F1 = SQRT(1 + TG * TG * SINH(K * A) * SINH(K * A))
      DO I = 1,N
        F2 = SQRT(1 + TG * TG * SINH(K * (A + I * H)) * SINH(K * (A + I * H)))
        SI = (F1 + F2) * H/2
         S = S + SI
        F1 = F2
        END DO
      END IF
      JF1 = S
END FUNCTION JF1
real(8) FUNCTION JF2(L,F,M,A,B)
    IMPLICIT REAL(8) (A - H,O - Z)

    REAL(8)::L,M,K

    IF (M > 1.0) THEN
        K = LOG(M + SQRT(M * M - 1))
        TG = 2 * F * K/L/(M - 1)
    ELSE
        TG = 4 * F/L
    END IF

    N = 100
    H = (B - A)/N
    S = 0.0

    IF (M < = 1.0) THEN ! 抛物线拱桥
        F1 = A * SQRT(1 + TG * TG * A * A)
      DO I = 1,N
        F2 = (A + I * H) * SQRT(1 + TG * TG * (A + I * H) * (A + I * H))
        SI = (F1 + F2) * H/2
         S = S + SI
        F1 = F2
    END DO
ELSE ! 悬链线拱桥
        F1 = A * SQRT(1 + TG * TG * SINH(K * A) * SINH(K * A))
      DO I = 1,N
        F2 = (A + I * H) * SQRT(1 + TG * TG * SINH(K * (A + I * H)) * SINH(K * (A + I *
H)))
        SI = (F1 + F2) * H/2
```

```
          S = S + SI
          F1 = F2
       END DO
    END IF
    JF2 = S
END FUNCTION JF2

!%%%%%%%%%%%%%%%%%%%%%%%%%%%%%%%%%%%%%%%%%%%%%%%%%%%%%%%%%%%%%
!                          相应各子程序代码
!%%%%%%%%%%%%%%%%%%%%%%%%%%%%%%%%%%%%%%%%%%%%%%%%%%%%%%%%%%%%%
SUBROUTINE POSITION(L,ARCLENG)

    USE CABLE_MESSAGE

    REAL(8) ::L,ARCLENG
    real(8) ,DIMENSION(0:48)::SEG
    real(8) ::L1,sx

    L1 = L/2
        SEG(0) =0.0
        DO I =1,48
          DO J =1,I
             SEG(I) =SEG(I) +SQRT((SEPTX(J) -SEPTX(J -1)) * *2 + (SEPTY(J) -
SEPTY(J -1)) * *2)/L1
        END DO
    END DO

    SX =0.0
    DO I =1,NSEG
    SX =SX +SEGLENG(I)
    END DO

    IF (ABS(ARCLENG -SX) >1.0E -2) THEN
      PRINT *,"输入节段弧长有错",'ARCLENG =',ARCLENG,'SX =',SX
      STOP
    END IF

    SEGXI(0) =1.0

    do i =1,nseg -1
```

```
   SX = SX - SEGLENG(I)

  SEG1 = SX/L1
  DO II = 0,47
   IF ((SEG1.GE.SEG(II)).AND.(SEG1.LT.SEG(II+1)))THEN
       SEGXI(I) = (SEG1 - SEG(II))/(SEG(II+1) - SEG(II))/48 + FLOAT(II)/48
       EXIT ! EXIT INTERNAL LOOP
     END IF
   END DO

  END DO

  WRITE(11,*)
  WRITE(11,*)'          序号          XI(§)'
  WRITE(11,*)
  DO I = 0,NSEG
   WRITE(11,'(5X,I5,7X,F12.4)')I,SEGXI(I)
  END DO
END SUBROUTINE POSITION
SUBROUTINE CALCOOR(L,F,M,PREVALUE,NSET)
!%%%%%%%%%%%%%%%%%%%%%%%%%%%%%%%%%%%%%%%%%%%%%%%%%
!          本子程序计算拱肋各阶段在总体坐标中的水平、竖直投影长。
!%%%%%%%%%%%%%%%%%%%%%%%%%%%%%%%%%%%%%%%%%%%%%%%%%
  USE CABLE_MESSAGE

  REAL(8)::L,F,M,PREVALUE
  real(8)::xleng,yhigh,x1,y1,x2,y2
  real(8)::yx,L1

  L1 = L/2

  LI(0) = 0.0
  HI(0) = 0.0

  XLENG = 0.0     ! 存放 X 方向的节段投影长。
  YHIGH = 0.0     ! 存放 Y 方向的节段投影长。
  WRITE(11,*)
  WRITE(11,*)'      序号        节段水平投影长    竖直投影长'
  DO I = 1,NSEG
     X1 = SEGXI(I-1) * L1
```

```
        X2 = SEGXI(I) * L1
        SELECT CASE (NSET)
        CASE (1,2)
          Y1 = YX(L,F + PREVALUE,M,X1)
          Y2 = YX(L,F + PREVALUE,M,X2)
        CASE (3)
          Y1 = YX(L,F,M,X1) - PREVALUE * (1.0 - 4 * X1 * * 2/L * * 2)
          Y2 = YX(L,F,M,X2) - PREVALUE * (1.0 - 4 * X2 * * 2/L * * 2)
        END SELECT
        LI(I) = X1 - X2
        HI(I) = Y1 - Y2
        XLENG = XLENG + LI(I)
        YHIGH = YHIGH + HI(I)
        WRITE(11,'(5X,I5,5X,F12.4,5X,F12.4)')I,LI(I),HI(I)
    END DO

    IF (ABS(XLENG - L1) > 1.0E - 2) THEN
        PRINT *,"节段水平分量计算有错,或输入弧长数据有错"
        STOP
    END IF
    IF (ABS(YHIGH - F - PREVALUE) > 1.0E - 2) THEN
        PRINT *,"节段竖直分量计算有错,或输入弧长数据有错"
          STOP
    END IF

END SUBROUTINE CALCOOR


SUBROUTINE SOPFORCE(L,F,M,PREVALUE,NSET,WNET)
!%%%%%%%%%%%%%%%%%%%%%%%%%%%%%%%%%%%%%%%%
!                                   计算扣索张拉力
!%%%%%%%%%%%%%%%%%%%%%%%%%%%%%%%%%%%%%%%%
    USE CABLE_MESSAGE
    IMPLICIT REAL * 8(A - H,O - Z)
    REAL * 8 L,F,M,JF1,JF2,L1,MSI
    REAL(8),DIMENSION(2)::PQJ,PQI
    REAL(8),DIMENSION(20)::XLXII


! + + + + + + + + + + + + + + + + + + + + + + + + + + + + + + + + + + + + + + +
!    计算扣索到该节段下节点的水平距离 XTI 和竖直距离 YTI。
```

```
! + + + + + + + + + + + + + + + + + + + + + + + + + + + + + + + + + + + + + + + + + +
    PI =3.1415926
    L1 = L/2

    DO I =1,NSEG
        DO J =1,NSEG
          SOPFC(I,J) =0.0
        END DO
    END DO
        XLXII(1) =0.0
    DOI =2,NSEG
    XLXII(I) = XLXII(I -1) + LI(I -1)
    END DO
! + + + + + + + + + + + + + + + + + + + + + + + + + + + + + + + + + + + + + + + + +
!     计算各节段扣点到该节段左节点的水平距离和竖直距离。
! + + + + + + + + + + + + + + + + + + + + + + + + + + + + + + + + + + + + + + + + +
    NSEG1 = NSEG -1

    DO I =1,NSEG1
        XTI(I) =SOPIS(I) +L1 *(SEGXI(I -1) -1.0)
        SELECT CASE (NSET)
        CASE(1,2)
           YTI(I) = YX(L,F + PREVALUE,M,L1 * SEGXI(I -1)) -
    YX(L,F + PREVALUE,M,L1 - SOPIS(I))
    CASE(3)
           YTI(I) = YX(L,F,M,L1 * SEGXI(I -1)) - YX(L,F,M,L1 - SOPIS(I)) +
PREVALUE *(SEGXI(I -1) * *2 -(1.0 - SOPIS(I)/L1) * *2)
        END SELECT
    END DO
    WRITE(11, * )
    WRITE(11, * )'        序号          扣点到其左节点的水平距离        扣点到其左节点的竖
直距离'
    DO I =1,NSEG1
        WRITE(11,'(3X,I5,5X,F12.4,15X,F12.4)')I,XTI(I),YTI(I)
    END DO


! + + + + + + + + + + + + + + + + + + + + + + + + + + + + + + + + + + + + + + + + + +
!     计算扣索拉力值。
! + + + + + + + + + + + + + + + + + + + + + + + + + + + + + + + + + + + + + + + + + +
```

```
WRITE(11,*)
    WRITE(11,*)'          节段号                  扣索拉力值'
    DO K=1, NSEG
        PQJ(1)=0.0
        PQJ(2)=0.0
        IF (K=NSEG)PQJ(2)=WNET*SEGWT(K)*2.0

        KK=K
        IF (K=NSEG) KK=K-1

        DO I=KK,1,-1
          A1=SEGXI(I)
          A2=SEGXI(I-1)

    ! 计算节段自重和力矩。

        Q0=SEGWT(I)/SEGLENG(I)
        S1=JF1(L,F,M,A1,A2)
        S2=JF2(L,F,M,A1,A2)

        MSI=Q0*L*L*(A2*S1-S2)/4.0
        QSI=Q0*L*S1/2.0

        ANG=PI*SOPANG(I)/180.0

    ! 计算横系梁对所求节段的力矩值。
    PIK=0.0
    DO II=1,NXL
        D1=1.0-XLPOS(II)/L1
        IF (D1>=A1.AND.D1<A2)THEN
          XLX=XLPOS(II)—XLXII(I)
          MSI=MSI+XLWT(II)*XLX
          PIK=PIK+XLWT(II)
        END IF
        END DO

    MSI=MSI+PQJ(2)*LI(I)-PQJ(1)*HI(I)
    TI=MSI/(XTI(I)*SIN(ANG)+YTI(I)*COS(ANG))
    SOPFC(K,I)=TI
```

```
    PQI(1) = TI * COS(ANG) + PQJ(1)
    PQI(2) = - TI * SIN(ANG) + PIK + QSI + PQJ(2)

    PQJ(1) = PQI(1)
    PQJ(2) = PQI(2)
      END DO
    END DO

    DO K = 1,NSEG
        WRITE(11,'(1X,I5,8F14.4)')K,(SOPFC(K,I),I = 1,NSEG1)
    END DO

END SUBROUTINE SOPFORCE


SUBROUTINE SEPTCORD(L,F,M,PREVALUE,NSET,ARCLENG)
!%%%%%%%%%%%%%%%%%%%%%%%%%%%%%%%%%%%%%%%%%%%%%%%%%%%%%%%%%%%%%%%%%%%%%%%%%%
!                    本子程序计算计入预拱度后的拱轴线弧长。
!%%%%%%%%%%%%%%%%%%%%%%%%%%%%%%%%%%%%%%%%%%%%%%%%%%%%%%%%%%%%%%%%%%%%%%%%%%
    USE CABLE_MESSAGE
    REAL(8)::L,F,M,PREVALUE,ARCLENG
    REAL(8)::DX,DY,YX,L1

! 计算各点坐标

    L1 = L/2
    N = 48
    DO I = 0,N
        SEPTX(I) = DFLOAT(I)/DFLOAT(N) * L1
        SELECT CASE (NSET)
    CASE (1,2)
        SEPTY(I) = YX(L,F + PREVALUE,M,SEPTX(I))
    CASE (3)
        SEPTY(I) = YX(L,F,M,SEPTX(I)) - PREVALUE * (1.0 - 4 * SEPTX(I) * *
    2/L * * 2)
    END SELECT

END DO

ARCLENG = 0.0
```

```
DO I = 0,N - 1
    DX = SEPTX(I + 1) - SEPTX(I)
    DY = SEPTY(I + 1) - SEPTY(I)
    ARCLENG = ARCLENG + SQRT(DX * DX + DY * DY)
END DO

    WRITE(11, * )
    WRITE(11,'(1X,A,F12.4)')"计入预拱度后的拱轴弧长(半跨) =",ARCLENG
END SUBROUTINE SEPTCORD
```

第19章 悬索桥施工计算

1 锚碇施工计算

锚碇施工计算　　　　表 19-1

项目	计算方法及公式	符号意义
重力式锚碇抗拔抗滑验算	对重力式锚碇从整体上来看，主要是对它进行抗滑、抗拔验算。如图所示。 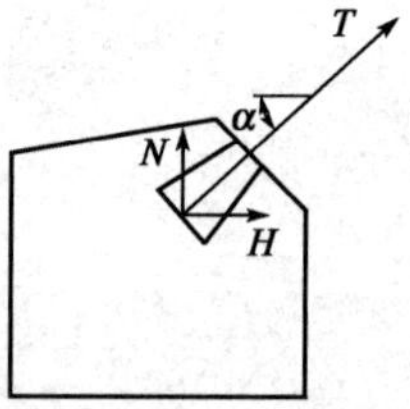 $H = T \cdot \cos\alpha$　(19-1) $N = T \cdot \sin\alpha$　(19-2) $H_d = G \cdot \mu$　(19-3) $H_d \geqslant K_1 \cdot H \quad G \geqslant K_2 \cdot N$　(19-4)	T——锚跨主缆最大轴力； μ——锚碇与岩层间的摩擦系数； G——锚碇竖向合力，包括自重、浮力、周围土体自重等； K_1、K_2——安全系数

例 19-1　某悬索桥锚跨最大轴向力 $T = 400000\text{kN}$，锚跨主缆中心线的水平倾角 $\alpha = 23.5°$，取抗滑系数 $\mu = 0.3$，抗滑安全系数 $K_1 = 1.3$，抗拔安全系数 $K_2 = 5$。求锚碇所需最小混凝土（假定锚碇均为混凝土填充）。

解　由表 19-1 中公式可知：

$N = 400000 \times \sin 23.5° = 159499.7\text{kN}$

$H = 400000 \times \cos 23.5° = 366824\text{kN}$

由式(19-4)得：$H_d = G \cdot \mu = 0.3G \geqslant H \cdot K_1$

$$G \geqslant \frac{366824}{0.3} \times 1.3 = 1589571\text{kN}$$

取 $G = 1589571\text{kN}$，则：

$$K_2' = G/N = 1589571/159499.7 = 9.96 \geqslant K_2 \quad \text{（满足要求）}$$

锚碇所需混凝土：$V = G/r = 1589671/24 = 66233\text{m}^3$

2　猫道架设施工计算

2.1　等高支点的自由索分析

猫道架设施工计算　　表 19-2

项目	计算方法及公式	符号意义
等高支点的自由索分析	等高支点的自由索分析，如图所示。 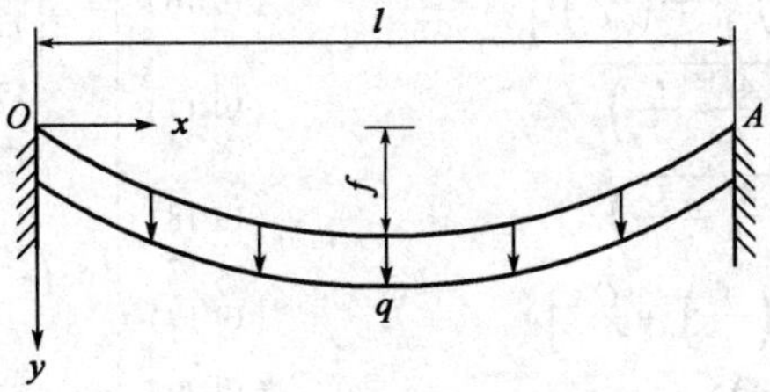 等高支点自由索受力示意图 在图示坐标系下，索的方程为： $y_x=\frac{2H}{q}\mathrm{sh}\left(\frac{x}{l}\alpha\right)\mathrm{sh}\left(\alpha-\frac{x}{l}\right)$　(19-5) $\alpha=\frac{ql}{2H}$　(19-6) $H=\frac{ql^2}{8f}$　(19-7) 索长：$S=l\left[1+\frac{8}{3}\left(\frac{f}{l}^2\right)\right]$　(19-8) O、A 点切角：$\alpha_o=\arctan(\mathrm{sh}\alpha)$　(19-9) $T_{max}=H/\cos\alpha_o$　(19-10) 索弹性伸长量：$\Delta S=\frac{HL}{EA}\left[1+\frac{16}{3}\left(\frac{f}{l}\right)^2\right]$　(19-11) 无应力索长：$S_o=S-\Delta S$　(19-12)	H——索的水平力； q——索沿弧长方向的集度（包括自重及其他均布荷载）； f——矢高； E——索的弹性模量； l——跨径； A——索的有效面积； α_o——O 点的水平倾角； S——索长

2.2　不等高支点的自由索分析

猫道架设施工计算　　表 19-3

项目	计算方法及公式	符号意义
不等高支点的自由索分析	不等高支点的自由索分析，如图所示。 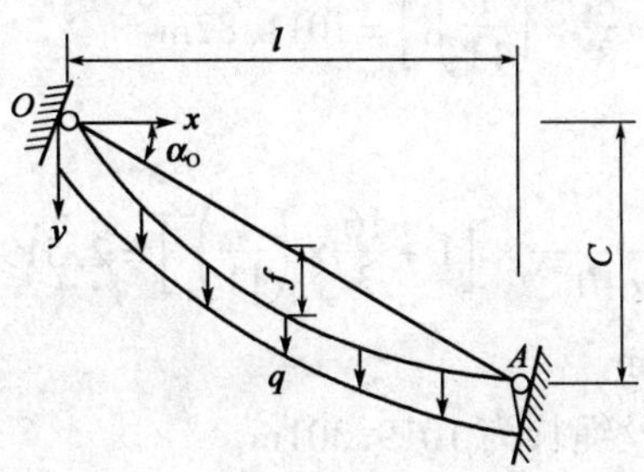 	

续上表

项目	计算方法及公式	符号意义
不等高支点的自由索分析	$y_x = \frac{4f + C}{l}x - \frac{4f}{l^2}x^2$ (19-13) $H = \frac{ql^2}{8f\cos\beta}$ (19-14) $\beta = \arctan\left(\frac{C}{l}\right)$ (19-15) 索长：$S = l\left[1 + \frac{8}{3}\left(\frac{f}{l}\right)^2 + \frac{1}{2}\left(\frac{C}{l}\right)^2\right]$ (19-16) $T_O = H\sqrt{1 + \left(\frac{4f}{l} + \frac{C}{l}\right)^2}$ (19-17) $T_A = H\sqrt{1 + \left(\frac{4f}{l} - \frac{C}{l}\right)^2}$ (19-18) 索弹性伸长：$\Delta S = \frac{Hl}{EA}\left[1 + \frac{16}{3}\left(\frac{f}{l}\right)^2 + \frac{C^2}{l}\right]$ (19-19) $S_0 = S - \Delta S$ (19-20)	H——索的水平力； q——索沿弧长方向的集度(包括自重及其他均布荷载)； f——矢高； E——索的弹性模量； l——跨径； A——索的有效面积； α_0——O点的水平倾角； C——两支点高差； T_O、T_A——分别为O、A点处轴向力； S——索长

例19-2 某悬索桥初步拟定施工猫道中跨跨径$l_z = 990\text{m}$，边跨跨径$l_b = 300\text{m}$。中跨支点等高，边跨支点高差$C = 140\text{m}$。猫道承重索拟采用8Φ28钢丝绳(单侧)，钢丝绳自重及猫道的铁丝网、横联、扶手等荷载总计为0.675kN/m(沿弧长方向)。猫道要求低于主索1.5m，基本上平行于主缆，架设后主塔塔偏不超限(小于设计要求的某一小值)。试确定猫道的各跨索长。

解 1.假定猫道中跨的矢跨比与空缆时主缆矢跨比相同，且$f_z/l_z = \frac{1}{11}$，则：

$$E = 1.6 \times 10^8\text{kN/m}^2, A = 8 \times 2.9452 \times 10^{-4} = 2.356 \times 10^{-3}\text{m}^2$$

对中跨，由式(19-7)得：$H_z = \frac{0.675}{8} \times 990 \times 11 = 918.8\text{kN}$

对边跨，由式(19-15)得：$\beta = \arctan\left(\frac{140}{300}\right) = 25.017°$

$$H_b = \frac{0.675 \times 300^2}{8f_b\cos\beta} = \frac{8380}{f_b}$$

由$H_z = H_b$得：$f_b = \frac{8380}{918.8} = 9.121\text{m}$

2.计算索长

(1)中跨

由式(19-8)得：

$$S_z = 990 \times \left[1 + \frac{8}{3} \times \left(\frac{1}{11}\right)^2\right] = 1011.82\text{m}$$

由式(19-11)得：

$$\Delta S_z = \frac{918.8 \times 990}{1.6 \times 10^8 \times 2.356 \times 10^{-3}} \times \left[1 + \frac{16}{3} \times \left(\frac{1}{11}\right)^2\right] = 2.519\text{m}$$

无应力索长：$S_0 = S_z - \Delta S_z = 1009.301\text{m}$

取工作长度$S_w = 10\text{m}$，则中跨下斜钢丝绳长为1019.301m。

(2)边跨

由式(19-16)得：

$$S_b = 300 \times \left[1 + \frac{8}{3} \times \left(\frac{9.121}{300}\right)^2 + \frac{1}{2} \times \left(\frac{140}{300}\right)^2\right] = 333.406\text{m}$$

由式(19-19)得：

$$\Delta S = \frac{918.8 \times 300}{1.6 \times 10^8 \times 2.356 \times 10^{-3}} \times \left[1 + \frac{16}{3}\left(\frac{9.121}{300}\right)^2 + \left(\frac{140}{300}\right)^2\right] = 0.894\text{m}$$

无应力索长：$S_0 = S_b - \Delta S_b = 332.514\text{m}$

取工作长度为：$S_w = 10\text{m}$，则边跨下斜长度为342.514m。

3. 猫道承重绳应力验算

中跨最大倾角：

由式(19-9)得：$\alpha_0 = \arctan\left(\text{sh}\,\dfrac{0.675 \times 990}{2 \times 918.8}\right) = 20.398°$

$$T_{max} = \frac{H}{\cos\alpha_0} = \frac{918.8}{\cos 20.398°} = 980\text{kN}$$

边跨：

由式(19-17)得：

$$T_0 = 918.8\sqrt{1 + \left(\frac{4 \times 9.121}{300} + \frac{140}{300}\right)^2} = 1066\text{kN}$$

故最大应力发生在边跨靠近塔顶处，其值为：

$$T_0/A = 1066 \times 10^3 / 2.356 \times 10^{-3} = 453\text{MPa}$$

在自重作用下钢丝绳的应力远小于它的极限值，但这没有计入施工荷载。计入施工荷载的验算方法与上述计算相同。

3　主缆架设中的施工计算

3.1　温度对主缆线形的影响

温度对主缆线形的影响　　表19-4

项目	计算方法及公式	符号意义
温度对主缆线形的影响	在主缆丝股架设的过程中索温的变化将引起丝股长度的伸缩从而影响丝股线形，但不改变丝股为悬链线这一本质特征。 1. 中跨 $\Delta S_t^z = S_0^z \cdot \alpha_t \cdot \Delta t$　(19-21) $\Delta f_z = \dfrac{3}{16} \times \dfrac{l_z}{f_z} \times \Delta S_t^z$　(19-22) 2. 边跨 $\Delta S_t^b = S_0^b \cdot \alpha_t \cdot \Delta t$　(19-23) $\Delta f_b = \dfrac{3}{16} \times \dfrac{l_b}{f_b} \times \Delta S_t^b$　(19-24)	ΔS_t^z——温度的变化引起主缆丝股的伸缩量； S_0^z——主缆丝股在中跨的无应力长度； α_t——主缆丝股热膨胀系数； Δt——主缆丝股温度的变化； Δf_z——跨中点矢高的变化量； l_z——空缆状态中跨跨径； f_z——空缆状态中跨的矢高； ΔS_t^b——温度的变化引起边跨丝股的伸缩量； Δf_b——边跨中点矢高的变化量； l_b——空缆状态边跨跨径； f_b——空缆状态边跨的矢高； S_0^b——主缆丝股在边跨的无应力长度

注：以上公式均忽略丝股弹性伸长及猫道的影响。

例 19-3 有一悬索桥空缆时中跨跨径 $l_z = 900\text{m}$，边跨跨径 $l_b = 260\text{m}$；中跨无应力索长 $l_b = 260\text{m}$，边跨无应力索长 $S_0^z = 918\text{m}$；中跨矢跨比 $\frac{f_z}{l_z} = \frac{1}{11.5}$，边跨比 $\frac{f_b}{l_b} = \frac{1}{32}$。温度改变 ±1℃时，求中、边跨中点的变化。主缆丝股热膨胀系数 $\alpha_t = 0.000012$。

解 1. 中跨

由式(19-21)得：

$$\Delta S_t^z = 918 \times 0.000012 \times (\pm 1℃) = \pm 0.011\text{m}$$

$$= \pm 11\text{mm} \quad (\text{“}+\text{”为伸长，“}-\text{”为缩短})$$

由式(19-22)得：

$$\Delta f_z = \frac{3}{16} \times 11.5 \times (\pm 11) = \pm 23.7\text{mm}(\text{“}+\text{”为降低，“}-\text{”为抬高})$$

2. 边跨

由式(19-23)得：

$$\Delta S_t^b = 283 \times 0.000012 \times (\pm 1℃) = \pm 3.4\text{mm}$$

由式(19-24)得：

$$\Delta f_b = \frac{3}{16} \times 32 \times (\pm 3.4) = \pm 20.4\text{mm}$$

温度对中点高度的变化可以近似认为是线性的。

3.2 跨径的变化对各跨中点高度的影响

跨径的变化对各跨中点高度的影响　　表 19-5

项目	计算方法及公式	符号意义
跨径的变化对各跨中点高度的影响	在施工中温度的变化将使猫道在塔顶处产生不平衡水平力，引起塔偏；塔自身在不均匀温度作用下塔顶也会产生偏位；交叉施工时，施工吊装索道不可避免引起塔偏。因此，找出塔偏（即跨径的改变）对各跨中点高度的变化之关系，就能正确安排施工顺序、时间，保证施工精度。 1. 中跨 $\Delta f_z = \frac{1}{2}\frac{f_z}{l_z} - \frac{3}{16} \times \frac{l_z}{f_z}$　(19-25) 2. 边跨 $\Delta f_b = \frac{3}{16} \times \left(\frac{S_b}{f_b} - 2\frac{l_b}{f_b}\right) \times \Delta l_b$　(19-26)	Δf_z——跨中点矢高的变化量； l_z——空缆状态中跨跨径； f_z——空缆状态中跨的矢高； Δf_b——边跨中点矢高的变化量； l_b——空缆状态边跨跨径； f_b——空缆状态边跨的矢高； S_b——主缆丝股在边跨的长度； Δl_b——边跨跨径的改变量

例 19-4 该桥的参数同例 19-3。当跨径改变 1mm 时，求各跨中点高度的改变。

解 由式(19-25)、式(19-26)得：

$$\Delta f_z=\left(\frac{1}{2}\times\frac{1}{11.5}-\frac{3}{16}\times 11.5\right)\times(\pm 1\text{mm})=\mp 2.156\text{mm}$$

$$\Delta f_b=\frac{3}{16}\times\left(\frac{283}{8.125}-2\times 32\right)\times(\pm 1\text{mm})=\mp 5.47\text{mm}\qquad(“+、-”意义同前)$$

3.3 锚跨张拉力计算

锚 跨 张 拉 力 计 算　　表19-6

项目	计算方法及公式	符号意义
锚跨张拉力计算	为了精确控制空缆丝股的线形以及各丝股均匀受力，必须对锚跨丝股的张拉予以控制。各丝股的张力由设计单位或施工控制人员给出，但随温度的变化，张力将会波动。在散索鞍两侧，某一温度下（如设计温度）边跨与锚跨轴向力相等，但温度的变化是不均匀的，这必将引起散索鞍两侧的不平衡力。 $\Delta N=\alpha_t\cdot\Delta t\cdot EA$　(19-27) $N=T+\Delta N$　(19-28)	ΔN——温度的改变引起锚跨张力的变化量； Δt——温度的变化量； α_t——主缆丝股热膨胀系数； E——索的弹性模量； A——索的有效面积； T——设计温度下锚跨张拉力； N——施工温度下锚跨张拉力

例19-5　某桥边跨布置如图19-1。设计温度为20℃，一束丝股由91Φ5.1镀锌铜丝组成。当边跨索温为18℃，锚跨索温为25℃时，问散索鞍处丝股不平衡张力有多大？

解　架设主缆时，丝股在设计温度下散索鞍边跨与锚跨轴向张力相等。求算如下：

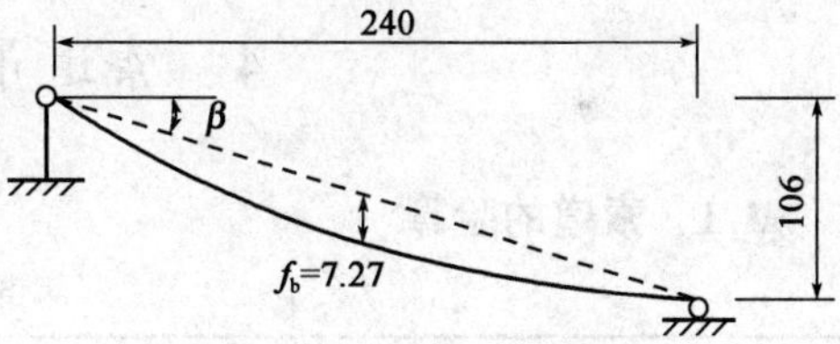

图19-1　边跨布置示意图（单位：m）

$$\beta=\arctan\frac{106}{240}=23.829°$$

丝股面积：$A=91\times 5.1^2\times\pi/4=1.859\times 10^{-3}\text{m}^2$

丝股每延米集度：$q=A\times 78.5=0.14593\text{kN/m}$

取弹性模量：$E=1.6\times 10^8\text{kN/m}^2$

(1)在20℃时：$f_{20}=7.27\text{m}$，则有：

由式(19-14)得：$H=\dfrac{0.14593\times 240^2}{8\times 7.27\times\cos 23.829°}=158\text{kN}$

散索鞍处边跨与锚跨丝股张力，由式(19-18)得：

$$T_A=158\sqrt{1+\left(\frac{4\times 7.27}{240}-\frac{106}{240}\right)^2}=166\text{kN}$$

又由式(19-16)～式(19-20)得：

$$S=240\times\left[1+\frac{8}{3}\left(\frac{4\times 7.27}{240}\right)^2+\frac{1}{2}\left(\frac{106}{240}\right)^2\right]=272.804\text{m}$$

$$\Delta S=\frac{158\times 240}{1.6\times 10^8\times 1.859\times 10^{-3}}\left[1+\frac{16}{3}\left(\frac{7.27}{240}\right)^2+\left(\frac{106}{240}\right)^2\right]=0.153\text{m}$$

无应力索长：$S_0 = S_b - \Delta S_b = 272.651\text{m}$

当18℃时，由式(19-23)、式(19-24)得：

$$\Delta S_t^b = 272.651 \times 0.000012 \times (18 - 20) = -0.0065\text{m}$$

$$\Delta f_b = \frac{3}{16} \times \frac{240}{7.27} \times (-0.0065) = -0.041\text{m}$$

所以 $f_{18} = f_{20} + \Delta f_b = 7.27 - 0.041 = 7.229\text{m}$

边跨轴向力：$H = \dfrac{0.14593 \times 240^2}{8 \times 7.229 \times \cos 23.829°} = 159\text{kN}$

$$T_{18} = 159\sqrt{1 + \left(\frac{4 \times 7.229}{240} - \frac{106}{240}\right)^2} = 167\text{kN}$$

轴向力变化量：$\Delta T_b = T_{18} - T_{20} = 167 - 166 = 1\text{kN}$

(2)锚跨：由式(19-27)得：

$$\Delta N = 0.000012 \times (25 - 20) \times 1.6 \times 10^8 \times 1.859 \times 10^{-3} = 17.8\text{kN}$$

即25℃时锚跨张力为：$T_{25} = T_A - \Delta N = 166 - 17.8 = 148\text{kN}$

(3)散索鞍处不平衡轴向力：

$$T_{25} - T_{18} = 148 - 167 = -19\text{kN}(\text{指向边跨})$$

4　索道吊装的验算与设计

4.1　索道的验算

索道的验算　　表19-7

项目	计算方法及公式	符号意义
锚跨张拉力计算	悬索桥主梁的吊装主要有两种方法：其一是以主缆作为承重索运用缆载吊机吊装的方法；其二是以索道作为承重索由简易的吊车来吊装的方法。这里对索道吊装系统作一分析，如图所示。 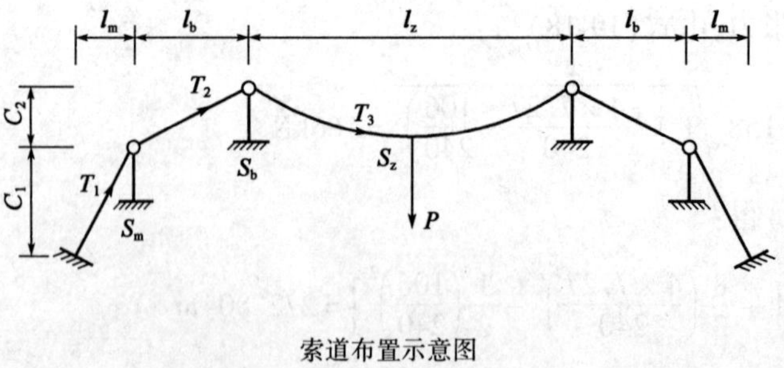 索道布置示意图	

续上表

项目	计算方法及公式	符号意义
锚跨张拉力计算	$T_1=\frac{\Delta S_m}{S_m}\cdot EA$ (19-29) $T_2=\frac{\Delta S_b}{S_b}\cdot EA$ (19-30) $T_3=\frac{\Delta S_z}{S_z}\cdot EA$ (19-31) $S=2(S_m+S_b)+S_z$ (19-32) 若不计定向滑轮组的摩擦力,则: 总伸长量为: $T_1=T_2=T_3=T$ (19-33) $\Delta S=2(\Delta S_m+\Delta S_b+\frac{1}{2}\Delta S_t)=2\left(S_m+S_b+\frac{1}{2}S_z\right)\cdot\frac{T}{EA}$ (19-34) 对中跨如图所示 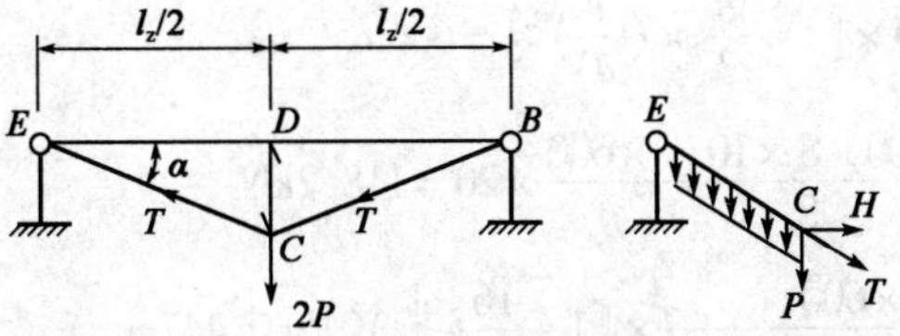 中跨索道示意图 $EC=\frac{1}{2}S_z+\frac{1}{2}\Delta S$ (19-35) $\alpha=\cos^{-1}\left(\frac{l_z}{2EC}\right)$ (19-36) $H=\frac{Pl_z}{2EC\cdot\sin\alpha}+\frac{q\cdot l_z}{4\sin\alpha}$ (19-37) $T=H/\cos\alpha$ (19-38) $\sigma=T/A$ (19-39)	T_1、T_2、T_3——分别为锚跨、边跨、中跨索道之轴力; EA——索道之轴向刚度; S_m——锚跨索道的无应力长; S_b——边跨索道的无应力长; S_z——中跨索道的无应力长; ΔS_m、ΔS_b、ΔS_z——为各跨索道的伸长量; $2P$——作用在跨中的集中力; q——索道自重集度; A——索道承重面积

4.2 索道设计

索道设计计算 表 19-8

项目	计算方法及公式	符号意义
索道设计计算	在进行索道设计时,已知整个索道的各跨布置,各跨索道的跨径、支点的高差、中跨的矢跨比,要求出各跨索道的无应力长,即 S_m、S_b、S_z。索道布置参见表 19-7 图,S_z 可由式(19-8)~式(19-12)求出。 $S_b=\frac{\sqrt{l_b^2+C_2^2}}{1+\frac{T}{EA}}$ (19-40) $S_m=\frac{\sqrt{l_m^2+C_1^2}}{1+EA}$ (19-41)	同表 19-7

例 19-6 某桥索道布置如图 19-2,索道承重索采用 Φ52 的钢丝绳,其面积 $A=1003.8\text{mm}$。中跨矢跨比 $f_z/l_z=1/20$,求各跨承重索无应力索长。

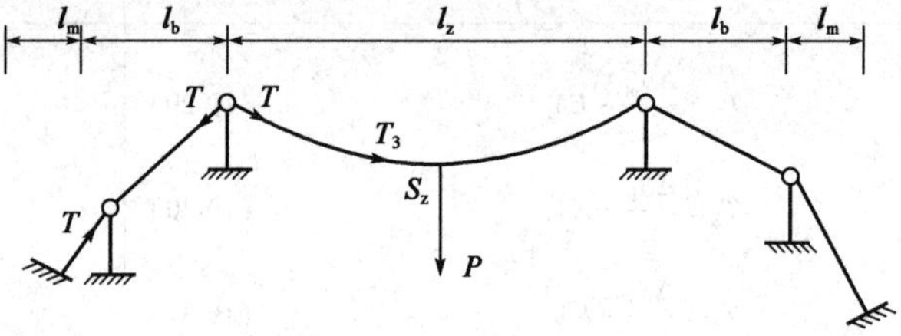

图 19-2 索道布置示意图

解 已知:$E=1.6\times10^8\text{kPa}$,则有:

1. 中跨

由式(19-7)~式(19-12)得:

$$S=600\times[1+\frac{8}{3}\times(\frac{1}{20})^2]=604\text{m}$$

$$H=\frac{78.5\times1003.8\times10^{-6}\times600}{8}\times20=118.2\text{kN}$$

$$\Delta S=\frac{118.2\times600}{1.6\times10^8\times1003.8\times10^{-6}}\times[1+\frac{16}{3}(\frac{1}{20})^2]=0.447\text{m}$$

无应力索长:$S_z=604-0.447=603.553\text{m}$

由式(19-6)得:$\alpha=\dfrac{78.5\times1003.8\times10^{-6}\times600}{2\times118.2}=0.2$

$$\alpha_0=\arctan(\text{sh}0.2)=11.3835°$$

$$T=118.2/\cos\alpha_0=120.6\text{kN}$$

2. 边跨

由式(19-40)知:$S_b=\dfrac{\sqrt{250^2+116^2}}{1+\dfrac{120.6}{EA}}=\dfrac{275.601}{1.00075}=275.395\text{m}$

3. 锚跨

由式(19-41)知:$S_m=\dfrac{\sqrt{100^2+57^2}}{1+\dfrac{120.6}{EA}}=\dfrac{115.104}{1.00075}=115.018\text{m}$

设工作长度为 20m,则:

索道单根总下料长度为:$2(S_b+S_m)+S_z+20=1404.379\text{m}$

例 19-7 某桥最大吊装质量为 260t,其布置同例 19-6,承重索为 8Φ52,试验算其可靠性。

解 由式(19-34)得:

$$\begin{aligned}\Delta S&=2(115.018+275.395+\frac{1}{2}\times603.553)\times\frac{T}{1.6\times10^8\times8\times1003.8\times10^{-6}}\\&=2\times0.000538T\end{aligned}$$

由式(19-35)~式(19-39)知:

$$\begin{cases} EC = \frac{1}{2} \times 603.553 + 0.000538T = 301.7765 + 0.0005387T \\ \cos\alpha = \frac{600}{2EC} = \frac{300}{EC} \\ H = \frac{1\,300 \times 300}{EC \cdot \sin\alpha} + \frac{(8 \times 78.5 \times 1\,003.8 \times 10^{-6}) \times 300}{2\sin\alpha} = 189.11512 \\ T = H/\cos\alpha \end{cases}$$

以上构成一个超越方程,它的解可用迭代法的求出。这里我们用程序 suo. f 90 算出,源程序及输入、输出说明附后。

解得: $T = 7269.451\text{kN}$

$$\sigma = \frac{T}{A} = \frac{7269.451}{8 \times 1003.8 \times 10^{-6}} = 905.3\text{MPa}$$

$$K = \frac{[\sigma]}{\sigma} = \frac{1600}{905.3} = 1.76$$

索轴向力计算程序(suo. f 90)

```
IMPLICIT REAL * 8(A-H,O-Z)
OPEN(5,FILE = 'suo. DAT',STATUS = 'UNKNOWN')
OPEN(6,FIL. E = 'suo. OUT',STATUS = 'UNKNOWN')
READ(5, * )LZ,P,Q. ,EA,FO
READ(5, * )LM,C1,LB,C2
T = SQRT(LZ * LZ/4 + F0 * F0)/F0 * P
H0 = Q * LZ * LZ/8/F0
SZ = LZ * (1 + 8 * F0 * F0/LZ/LZ/3)
SZ = SZ - H0 * LZ/EA * (1 + 16 * (F0/LZ) * * 2/3)
A = Q * LZ/2/H0
A0 = ARAN(SINH(A))
T0 = HO/COS(A0)
SB = SQRT(LB * LB = C2 * C2)/(1 + T0/EA)
200  CONTINUE
DS = (SM + SB + SZ/2) * T/EA
EC = SZ/2 + DS
ALFA = ACOS(LZ/EC/2)
H = P * LZ/2/EC/SIN(ALFA) + Q * LZ/4/SIN(ALFA)
F = T * COS(ALFA) - H
IF(ABS(F). LT. 0. 01)GOTO1
DAT = 0. 1614/SIN(ALFA)/EC/EC
DHT = 390000 * (SIN(ALFA) * 0. 000538 + EC * COS(ALFA) * DAT)/EC/EC/SIN(ALFA)/SIN
(ALFA)
DHT = DHT - 94. 358/TAN(ALFA)/SIN(ALFA) * DAT
DFT = COS(ALFA) - T * SIN(ALFA) * DAT - DHT
T = T - DFT * F
```

```
GOTO  200
1  CONTINUE
WRITE(6,100)SZ,SB,SM,T
100  FORMAT(2X,4(F10.3))
END
```

输入文件:suo. dat

主跨径(m),作用在主跨集中力(kN),索道自重集度(kN/m),EA(kN/m²),中跨空缆时矢高(m)

600,1300,0.6304,1.28486E+6,30

锚跨径(m),锚跨高差(m),边跨径(m),边跨高差(m)

100,57,250,116

输出文件:suo. out

主跨无应力索长(m),边跨无应力索长(m),锚跨无应力索长(m),索轴向力(kN)

603.553 275.394 115.018 7269.451

5 主塔的施工计算

塔顶偏位的计算 表 19-9

项目	计算方法及公式	符号意义
塔顶偏位的计算	主塔在施工过程中要承受不平衡水平推力,从而引起塔偏。 $$\delta=\frac{\Delta H\cdot L^3}{3EI} \quad (19\text{-}42)$$ $$\Delta H_{max}=\frac{3\delta_{max}\cdot EI}{L^3} \quad (19\text{-}43)$$ 在梁段吊装的某一阶段,塔顶的不平衡推力等于主鞍与塔顶间的剪力,主鞍左右的临时固定措施应能抵抗这种最大的不平衡推力。 如果塔设有前后缆风索,它们将减小塔偏,但不能减小主鞍与塔顶间的剪力	ΔH——塔顶的不平衡推力; L——塔高; EI——塔的抗弯刚度; δ——塔顶偏位(相对于塔轴线)

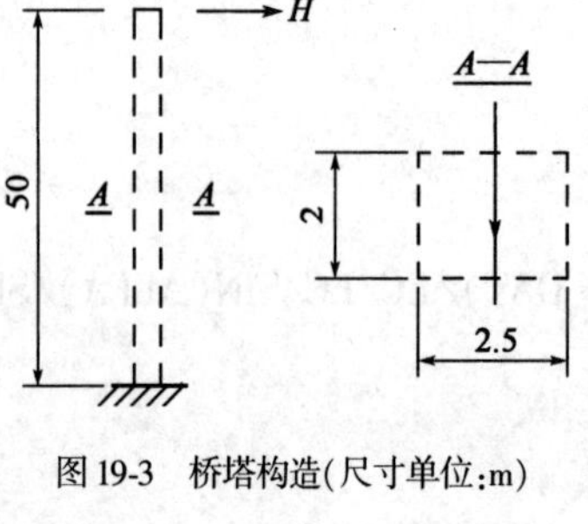

图 19-3 桥塔构造(尺寸单位:m)

例 19-8 如图 19-3 某桥主塔高 50m,不平衡推力 300kN,求此时塔偏。若已知最大塔偏为 10cm,求主鞍左右的临时固定措施应能抵抗的最大不平衡推力。

解 $E=3.5\times10^7$kPa,$I=2.5\times5^3/12=26.04167\text{m}^4$

由式(19-42)得:

$$\delta=\frac{300\times50^3}{3\times3.5\times10^7\times26.04167}=1.37\text{cm}$$

若 $\delta_{max}=15$cm,由式(19-43)得:

$$\Delta H_{max}=\frac{3\times3.5\times10^7\times26.04167\times0.1}{50^3}=2187.5\text{kN}$$

第20章　涵洞工程

1　涵洞长度计算

涵洞长度计算　　表20-1

序号	涵洞结构形式与位置	计算公式	符号意义
1	涵洞与路线正交 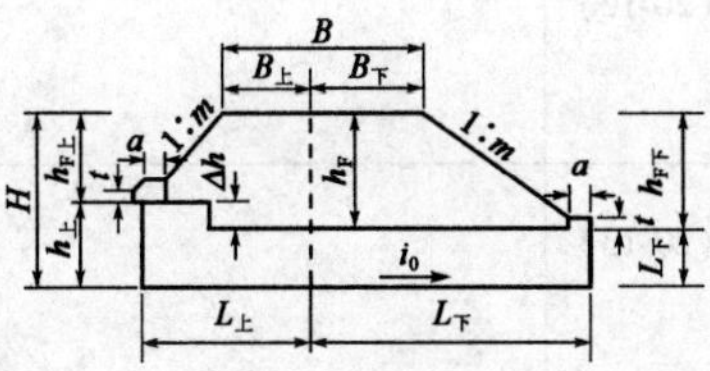	当涵洞端墙帽石底与端墙外缘交点位于路基边坡延长线上时，按下面公式计算： $L_上=\frac{B_上+m(H-h_上)}{1+mi_0}$　(20-1) $L_下=\frac{B_下+m(H-h_下)}{1-mi_0}$　(20-2) $L=L_上+L_下$　(20-3) 当帽石底端外缘不位于路基边缘延长线时，按下式计算： $L_上=\frac{B_上+m(H-h_上-t)+a}{1+mi_0}$　(20-4) $L_下=\frac{B_下+m(H-h_下-t)+a}{1-mi_0}$　(20-5)	$L_上$、$L_下$、L——涵洞上、下游长度及总长度，m； B——路基宽度，m； $B_上$、$B_下$——由路基中心到上、下游路基边缘的宽度，当路基无加宽时为0.5B，m； H——路基填土总高度，即由涵底中心至路基边缘的高度，m； $h_上$、$h_下$——涵洞上、下游洞口建筑高度，m； m——路基边坡率，按1∶m表示； i_0——涵底纵坡，以小数表示； t——涵洞端墙帽石厚度，m； a——涵洞端墙帽石宽度，m
2	涵洞与路线斜交，洞口端墙斜做(与路线平行) 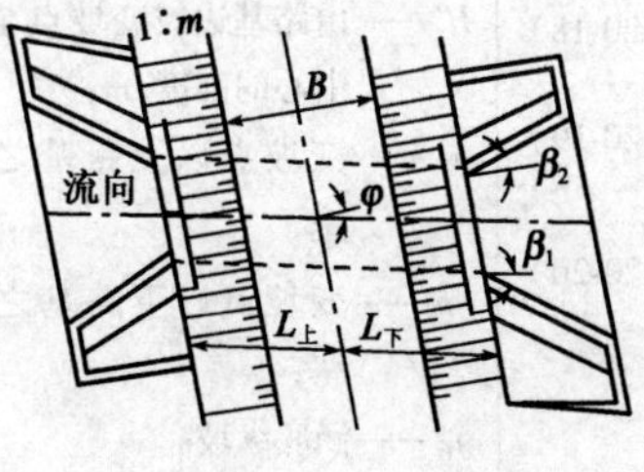	$L_上=\frac{B_上+m(H-h_上)}{\cos\varphi+mi_0}$　(20-6) $L_下=\frac{B_下+m(H-h_下)}{\cos\varphi-mi_0}$　(20-7)	φ——涵洞轴线与路线中线的垂线的夹角，即涵洞斜度； 其余符号同上

续上表

序号	涵洞结构形式与位置	计算公式	符号意义
3	涵洞与路线斜交，洞口正做（洞口端墙与墙身垂直） 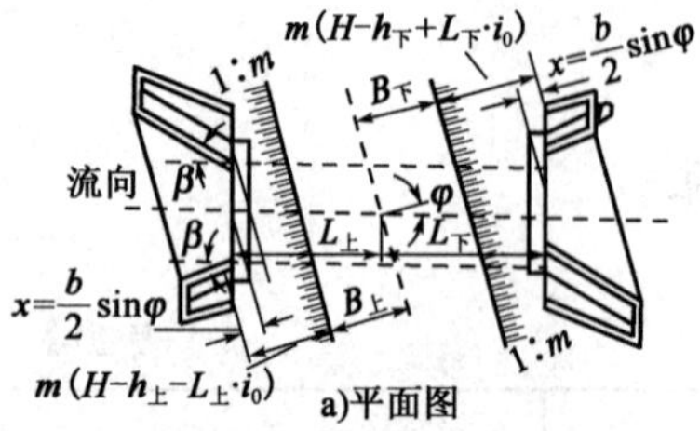 a)平面图 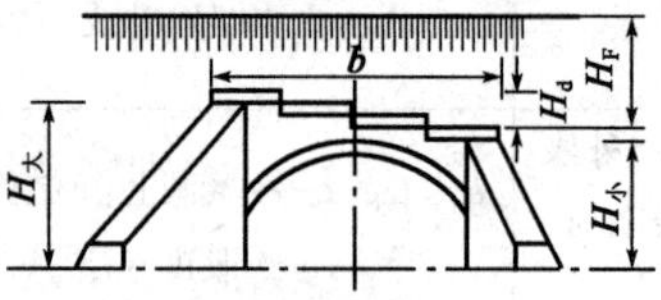 b)台阶式端墙 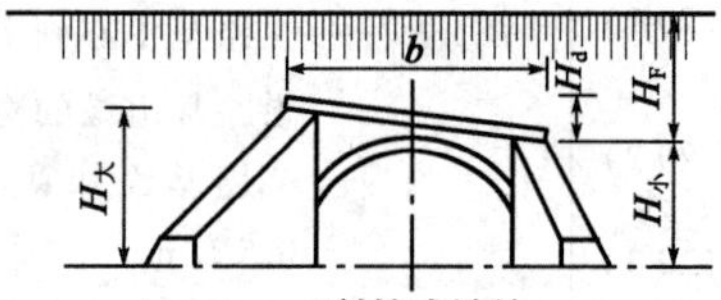 c)斜坡式端墙	计算方法：一般先确定小翼墙高度，并使 $H_{小}=h_F$，然后按 $H_{小}+H_d$ 算出 $H_{大}$，且 $H_{大}$ 不高出路肩。如高出路肩，则路基与翼墙边坡的衔接不好处理，往往需要重新调整 $H_{小}$（最大限度是帽石高出路肩）。 $L_{上}=\dfrac{B_{上}+m(H-h_{上})-0.5b\sin\varphi}{\cos\varphi+mi_0}$ (20-8) $L_{下}=\dfrac{B_{下}+m(H-h_{下})-0.5b\sin\varphi}{\cos\varphi-mi_0}$ (20-9) $H_d=\dfrac{b\sin\varphi}{m}$ (20-10) $H_{小}=h_{F下}$ (20-11) $H_{大}=H_{小}+H_d$ (20-12)	$H_{大}$、$H_{小}$——大小翼墙的高度； H_d——大小翼墙的高差； b——帽石长度； $h_{F上}$、$h_{F下}$——分别为上、下游路肩边缘高程至帽石底面高程之差，m
4	大纵坡路堤上的斜交涵洞	$\Delta H=L_{上、下}\sin\varphi\cdot i_2$ (20-13) 近路基纵坡低点一侧： $L_{上、下}=\dfrac{B_{上、下}+m(H-h_{上、下})}{(\cos\varphi\pm mi_0)+\sin\varphi i_2 m}$ (20-14) 近路基纵坡高点一侧： $L_{上、下}=\dfrac{B_{上、下}+m(H-h_{上、下})}{(\cos\varphi\pm mi_0)-\sin\varphi i_2 m}$ (20-15)	ΔH——填土高差； i_2——路基纵坡，以小数表示； 其余符号同上
5	路基有两种边坡率时的涵洞 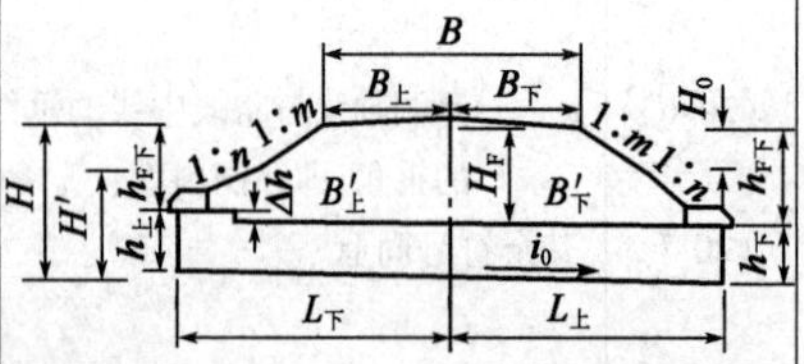	$B'_{上}=B_{上}+m_1H_0$ (20-16) $B'_{下}=B_{下}+m_1H_0$ (20-17) $H'=H-H_0$ (20-18) $L_{上}=\dfrac{B'_{上}+n(H'-h_{上})}{1+ni_0}$ (20-19) $L_{下}=\dfrac{B'_{下}+n(H'-h_{下})}{1-ni_0}$ (20-20)	B'——路基边坡变坡点的上、下游宽度，m； H_0——由路缘至路基边坡变坡点的高度，m； H'——由路基边坡变坡点至涵底中心的高度，m； m_1——变坡点以上路基之边坡率； n——变坡点以下路基之边坡率； i_0——涵底纵坡

续上表

<table>
<tr><th>序号</th><th>涵洞结构形式与位置</th><th>计 算 公 式</th><th>符 号 意 义</th></tr>
<tr><td>6</td><td>

涵洞设在平曲线内，路基有超高加宽时的涵洞。

(1)涵底纵坡与路基超高横坡方向一致的涵洞

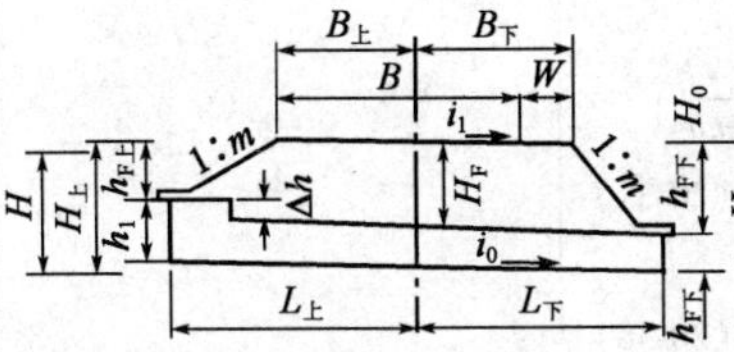

(2)涵底纵坡与路基超高横坡方向相反的涵洞

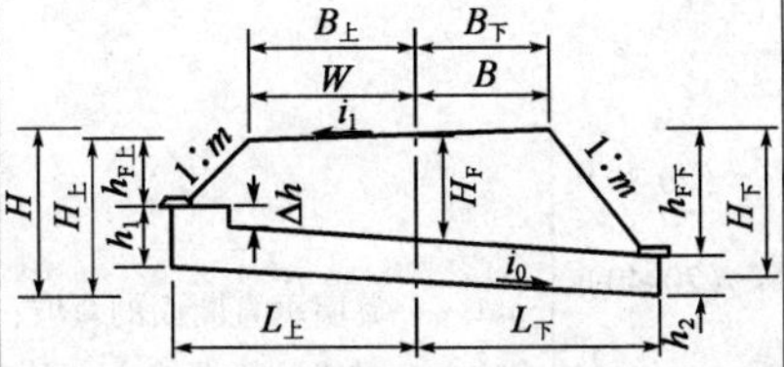

</td><td>

1. 涵洞底坡 i_0 与路基超高横坡 i_1 方向一致时

$B_上=0.5B$ (20-21)

$B_下=0.5B+W$ (20-22)

$H_上=H+Bi_1$ (20-23)

$H_下=H-Wi_1$ (20-24)

2. 涵洞底坡 i_0 与路基超高横坡 i_1 方向相反时

$B_上=0.5B+W$ (20-25)

$B_下=0.5B$ (20-26)

$H_上=H-Wi_1$ (20-27)

$H_下=H+Bi_1$ (20-28)

将以上各式值代入 1 ~ 5 项各公式中，即可计算出超高、加宽、正交、斜交的涵洞长度

</td><td>

W——路基加宽值，m；

i_1——路基超高横坡坡度，小数表示；

$H_上$、$H_下$——上下游路基边缘至涵底中心高度，m

</td></tr>
</table>

2 常用涵洞工程数量计算

常用涵洞工程量计算 表 20-2

<table>
<tr><th>项目</th><th>计 算 图 式</th><th>计 算 公 式</th><th>符 号 意 义</th></tr>
<tr><td>圆弧拱涵</td><td>

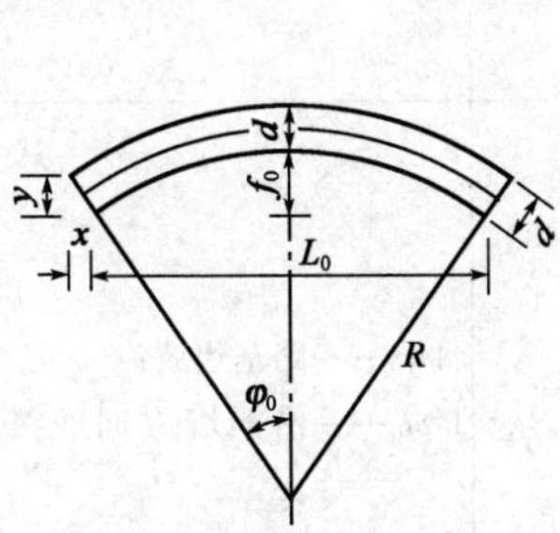

</td><td>

$R=\frac{L_0}{2}\left(\frac{L_0}{4f_0}+\frac{f_0}{L_0}\right)$ (20-29)

$\varphi_0=\arcsin\frac{L_0}{2R}$ (20-30)

$x=\frac{L_0}{2R}d, y=\left(1-\frac{f_0}{R}\right)d$ (20-31)

对不同矢跨比的圆弧拱涵，各几何量

关系可查表 20-3。

拱轴弧长：$S=2\varphi_0\left(R+\frac{d}{2}\right)$ (20-32)

单孔每米体积：$V=\varphi_0(2Rd+d^2)$ (20-33)

</td><td>

L_0——净跨径；

f_0——净矢高；

R——圆弧半径；

φ_0——圆弧圆心角之半

</td></tr>
</table>

续上表

项目	计算图式	计算公式	符号意义
圆弧拱涵侧墙	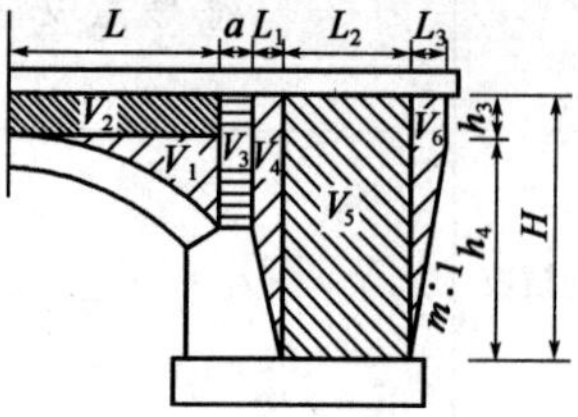 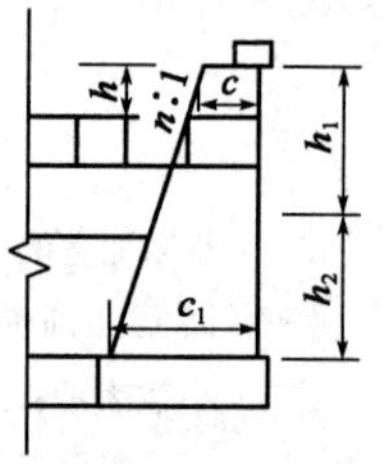	1. 一字墙单孔全涵体积 $V_{侧}=4(V_1+V_2+V_3+V_4+V_5+V_6)$ (20-34) V_1 按表 20-4 公式计算 $V_2=\left(c+\frac{h}{2n}\right)h\cdot L$ (20-35) $V_3=\left(c+\frac{h}{2n}\right)h_1\cdot a$ (20-36) $V_4=\left(h_1+\frac{h}{n}\right)\cdot c\cdot L_1+\frac{H^3-h^3}{6mn}$ (20-37) 2. 八字墙单孔全涵体积 $V_{侧}=4(V_1+V_2+V_3+V_4)$ (20-38)	
八字翼墙	1. 正翼墙、反翼墙： 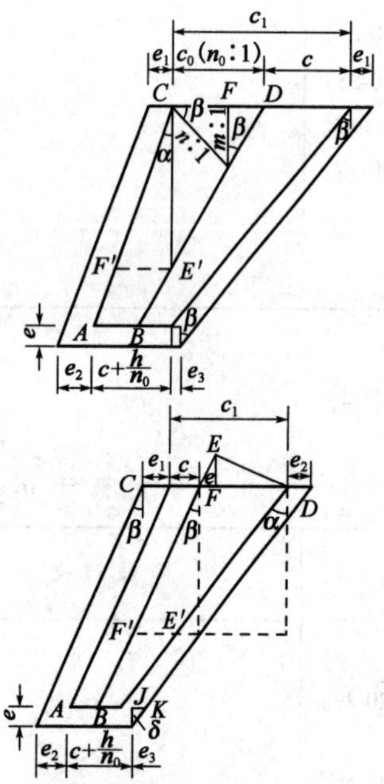 正反八字翼墙大样	$m_0=m$ (20-39) $n_{0反}^{正}=\left(n\pm\frac{\sin\beta}{m}\right)\cos\beta$ (20-40) $\delta_{反}^{正}=\arctan\left(\tan\beta\pm\frac{1}{mn_{0反}^{正}}\right)$ (20-41) $c=\frac{a}{\cos\beta},c_0=\frac{1}{n_0}H,c_1=c+c_0$ $e_1=\frac{e}{\cos\beta},e_3=\frac{e}{\cos\delta}$ $e_3^{(正)}=e\left(\frac{1-\sin\beta}{\cos\beta}\right)$ (20-42) $e_3^{(反)}=e\left(\frac{1-\sin\delta_{反}}{\cos\delta_{反}}\right)$ (20-43) $G=m(H-h),S=G\cdot\tan\beta$ (20-44)	$n:1$——翼墙垂直断面的背坡； $n_0:1$——翼墙平行端墙方向的背坡； a——翼墙垂直顶宽； c——翼墙平行于端墙方向的顶宽； c_1——翼墙平行于端墙方向的底宽； e——基础襟边垂直宽度
	2. 大翼墙、小翼墙 (1)斜交涵洞正做洞口，八字翼墙均由大、小翼墙组成 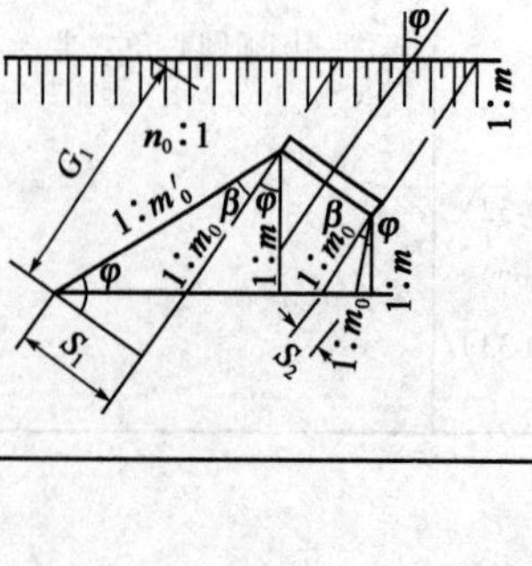	$m_{0小}^{大}=\frac{m\cos\beta}{\cos(\beta\pm\varphi)}$ (20-45) $n_{0小}^{大}=n\cos\beta+\frac{1}{m}\sin\beta\cos(\beta\pm\varphi)$ (20-46) $\delta_{小}^{大}=\arctan\left[\tan\beta-\frac{\cos(\beta\pm\varphi)}{mn_{0小}^{大}\cos\beta}\right]$ (20-47) 其余 c、c_0、c_1、e_1、e_2、e_3 计算同上	$1:m$——路基边坡； $1:m_0$——沿洞墙方向的翼墙坡度；

续上表

项目	计算图式	计算公式	符号意义
	(2)斜交涵洞正做翼墙洞口，其端墙建筑有台阶式和斜坡式两种 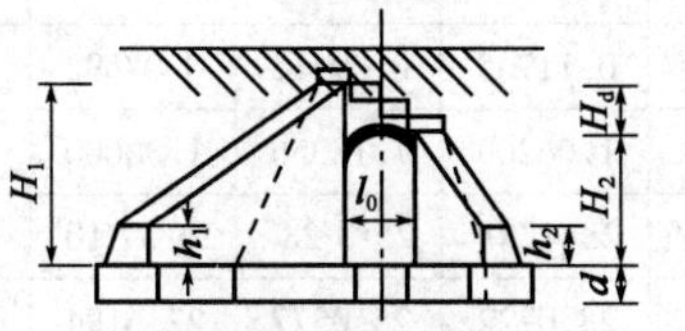 a) 正面图(台阶式端墙) 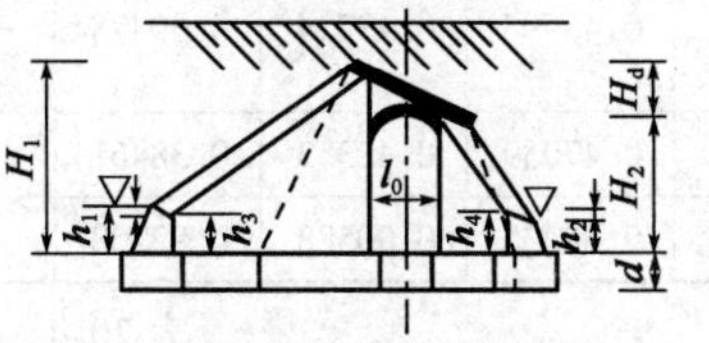 b) 正面图(斜坡式端墙)	$H_1=H_2+H_d$　(20-48) $H_d=\frac{\sin\varphi}{m}(l_0+2c)$　(20-49) 或　$H_d=\frac{\sin\varphi b}{m}$　(20-50) 当为斜坡形洞口时，其帽石倾斜率 $i=\frac{\sin\varphi}{m}$，则有： $h_3=h_1-\Delta$　(20-51) $h_4=h_2+\Delta$（一般 $h_2=h_3$）　(20-52) $\Delta=i\cdot c$　(20-53)	b——帽石长，通常稍长于 l_0+2c； l_0——涵洞净跨
八字翼墙	3. 八字翼墙工程数量计算 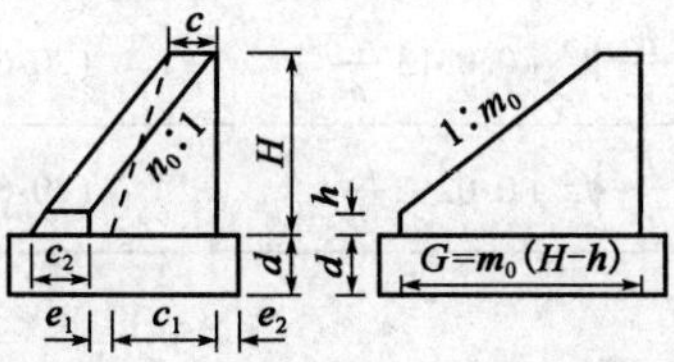	(1) 墙身体积(一个翼墙) $V_{身}=\frac{H+h}{2}\cdot G\cdot c+m_0\left(\frac{H^3-h^3}{6n_0}\right)$　(20-54) (2)基础体积(一个基础) $V_{基}=\left(\frac{c_1+c_2}{2}+e_1+e_2\right)G\cdot d$　(20-55)	d——八字翼墙基础深度
	4. 翼墙顶面面积	$A_{顶}=c\sqrt{1+m_0^2}(H-h)$　(20-56)	
	5. 锥形护坡(一个锥坡体积) 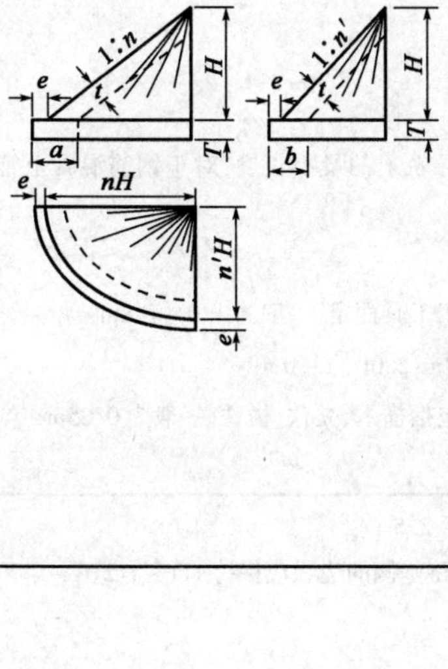	$V_{锥坡}=\frac{\pi}{12}n\cdot n'\cdot$ $H^3\left[c\cdot\frac{t}{H}-D\left(\frac{t}{H}\right)^2+E\left(\frac{t}{H}\right)^3\right]$　(20-57) $c=1.5(A+B)$，$D=AB+\frac{1}{2}(A+B)^2$ $E=\frac{1}{2}(A^2B+AB^2)$，$A=\frac{\sqrt{1+n^2}}{n}$ $B=\frac{\sqrt{1+n'^2}}{n'}$ $V_{基}=\frac{\pi}{4}[H(nb+n'a)+e(a+b)-a\cdot b]\times T$　(20-58) 当 $n=1.5$，$n'=1.0$ 时，有： $V_{锥坡}=H\cdot t(1.54H-2.0t)$　(20-59)	

圆弧拱各几何量关系 表 20-3

项目 \ f_0/L_0	$\frac{1}{2}$	$\frac{1}{3}$	$\frac{1}{4}$	$\frac{1}{5}$	$\frac{1}{6}$	$\frac{1}{7}$	$\frac{1}{8}$	$\frac{1}{9}$	$\frac{1}{10}$	乘数
S	3.14159	2.35202	1.85461	1.52202	1.28698	1.11323	0.97991	0.87468	0.78957	R
L_0	2.00000	1.84616	1.60000	1.37930	1.20000	1.05660	0.94118	0.84706	0.76922	R
f_0	1.00000	0.61538	0.40000	0.27586	0.20000	0.15094	0.11765	0.09412	0.07692	R
R	0.50000	0.54167	0.62500	0.72500	0.83333	0.94643	1.06200	1.18056	1.30000	L_0
φ_0(° ′ ″)	90°	67°22′50″	53°7′50″	43°36′8″	36°52′10″	31°53′30″	28°4′20″	25°3′28″	22°37′10″	—
φ_0(°)	90.0000	67.3806	53.1306	43.6028	36.8694	31.8917	28.0722	25.0577	22.6194	—
φ_0(弧度)	1.57080	1.17601	0.92730	0.76101	0.64349	0.55662	0.48995	0.43734	0.39478	—
$\sin\varphi_0$	1.00000	0.92308	0.80000	0.68965	0.60000	0.52830	0.47059	0.42353	0.38461	—
$\cos\varphi_0$	0	0.38462	0.60000	0.72414	0.80000	0.84906	0.88235	0.90588	0.92308	—

V_1 工程量计算 表 20-4

$\frac{f_0}{L_0}$	V_1
$\frac{1}{2}$	$0.2146\left(c+\frac{h}{n}\right)L^2+0.0479\frac{L^3}{n}$ (20-60)
$\frac{1}{3}$	$0.1828\left(c+\frac{h}{n}\right)L^2+0.0313\frac{L^3}{n}$ (20-61)
$\frac{1}{4}$	$0.1503\left(c+\frac{h}{n}\right)L^2+0.0212\frac{L^3}{n}$ (20-62)

3 涵管顶入法顶力计算

3.1 工作坑基底尺寸计算

工作坑基底尺寸计算 表 20-5

计算公式	符号意义
$B=D+2.4\sim3.2\text{m}$ (20-63) $L=L_1+L_2+L_3+L_4+L_5$ (20-64)	B——基底底宽； L——基底底长； D——圆管外径； L_1——圆管顶进后，尾端压在导轨上的最小长度，对于钢筋混凝土管，一般可采用0.3～0.5m； L_2——管节长度； L_3——出工工作间长度，依出工工具而定，一般为1.0～1.8m； L_4——千斤顶长度，100t长0.9m，200t长1.0m； L_5——后背所占工作坑长度，包括横木、立铁、横铁，一般为0.85m

注：①工作坑靠近铁路、公路时，应与铁路外侧铁轨或公路路面边缘不小于2.5 m；

②工作坑两侧边坡视土质情况而定，一般为1:0.75～1:1.5，靠近铁路路基侧的边缘应保持1:1～1:2。

3.2 顶力计算

顶力计算　　表20-6

公　式	符号意义
经验公式一： $P = f \cdot G$　(20-65)	P——顶力； G——管重； f——阻力系数，可查表20-7
经验公式二： $P = \eta \cdot G$　(20-66) 该公式适用于上部荷载及两侧土压力较小时的顶力计算	P——设计最大顶力； η——顶力系数
理论公式： $P = k[G_1 \cdot f_1 + (G_1 + G_2)f_2 + 2Ef_3 + RA]$(20-67) 该公式计算出的顶力往往偏大，只能做选择千斤顶吨位的参考	P——最大顶力； G_1——涵管顶上荷重，(包括涵管以上垂直土重)，当圆管孔径小、土质好且顶上覆土较厚时，可仅计算卸力拱以内的土体重量；当土质坚硬(f_{kp}>0.8)及覆土较厚时，涵管上垂直压力应按卸力拱计算，详见表20-8； f_1——涵管顶面上荷重与涵管顶面的摩擦系数，视顶面润滑处理情况经试验而定。无资料时，可采用以下数值：涂石蜡为0.17～0.34；涂滑石粉浆为0.3；涂机油调剂的滑石粉为0.20； G_2——涵管自重； f_2——涵管洞底板与基底土的摩擦系数，视基底土质经试验而定。无试验资料时可采用0.7～0.8； E——涵管两侧土压力，见表20-10； f_3——侧摩擦系数，视土质经验确定。无试验资料时可采用0.7～0.8； R——钢刃脚正面阻力，视刃脚构造，挖土方法，土质经试验确定。无资料时可采用：亚黏土为500～550 kN/m²，卵石土为1500～1700kN/m²； A——钢刃脚正面积，m²； k——系数，一般采用1.2

阻力系数f值表　　表20-7

序号	顶进全长(m)	管径(cm)	土质情况	f
1	70	96	坚实红壤土	0.95
2	62	96	坚硬黏性红土	0.82
3	112	96	破碎风化砂岩	0.90
4	112	96	(原方涵内)	1.08
5	62	96	赤珠黄泥	1.25

续上表

序号	顶进全长(m)	管径(cm)	土 质 情 况	f
6	56	96	砂砾土(无塌土)	1.26
7	60	100	花岗岩风化土	1.70
8	56	180	细黏石类砂及绢云母千枚岩	2.80
9	72	120	砂质黏土,少量地下水	3.86
10	52(逆顶)	100	砂质黏土	4.20
11	28	150	重壤土	4.62
12	30(顺顶)	100	砂质黏土	5.20

3.3 卸力拱内部分土压力计算

卸力拱内部分土压力计算 表 20-8

<table>
<tr><th>普氏坚固系数
f_{kp}</th><th>计算图式及计算公式</th><th>符 号 意 义</th></tr>
<tr><td>$f_{kp}<2.0$</td><td>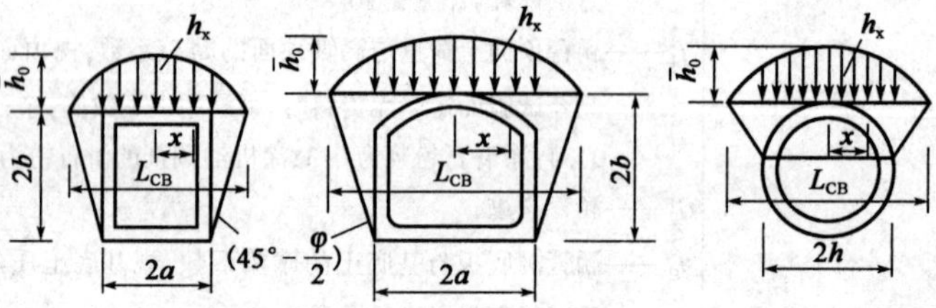

$f_{kp}<2.0$ 时,隧洞式涵洞垂直压力分布示意图
$$\bar{h}_0=\frac{L_{CB}}{2f_{kp}} \quad (20\text{-}68)$$
$$h_x=\bar{h}_0\left(1-\frac{4\alpha^2}{L_{CB}^2}\right),\sigma_z=rh_a \quad (20\text{-}69)$$
$$q_B=[\sigma_z]_{x=0}=\gamma\,\bar{h}_0=\frac{\gamma L_{CB}}{2f_{kp}} \quad (20\text{-}70)$$
矩形和拱形涵洞: $$L_{CB}=2a+4b\tan\left(45°-\frac{\varphi}{2}\right) \quad (20\text{-}71)$$
圆形涵洞: $$L_{CB}=2r_1+2r_1\tan\left(45-\frac{\varphi}{2}\right) \quad (20\text{-}72)$$</td><td>$\bar{h}_0$——拱圈矢高;
h_x——横坐标,等于 x 处的拱圈高度;
γ——土重度;
L_{CB}——卸力拱圈跨长;
σ_z——对应于不同 α 角的垂直土压力;
q_B——作用于涵洞顶点处($\alpha=0$)的 σ_z 值;
f_{kp}——普氏坚固系数,见表 20-9;
r_1——涵管外半径</td></tr>
<tr><td>$f_{kp}>2.0$</td><td>由于涵洞边墙不产生主动土压力,因此卸力拱的跨长等于涵洞跨径:
$$\bar{h}_0=\frac{a}{f_{kp}} \quad (20\text{-}73)$$
$$q_B=\gamma\,\bar{h}_0 \quad (20\text{-}74)$$
垂直土压力合力: $$G_B=\frac{4\gamma}{3f_{kp}}a^2 \quad (20\text{-}75)$$</td><td>a——涵洞跨径之半;
其余符号同上</td></tr>
</table>

普 氏 坚 固 系 数　　　　表 20-9

土 壤 种 类		f_{kp}	$\gamma(kN/m^3)$	$\varphi(°)$
普通土壤	软板岩、软石灰石、冻结的土壤、普通泥灰石、破坏的砂岩、灰质卵石及粗卵石、多石的土壤	2.0	24	65
	碎石土壤破坏的板岩、变坏的卵石及碎石，变硬的黏土	1.5	18 ~ 20	60
	密实的土壤(f_{kp} = 1.0 ~ 1.4)，密实黏土、含有石块的土壤	1.0	18	45
	轻质黏土、黄土	0.8	16	40
松软土壤	密实的砂、净小卵石	0.7	15	35
	有机土、轻质砂质垆姆、湿砂	0.6	15	30
不稳定土壤	砂、小卵石、新堆积土	0.5	17	27
	流砂、泥泞的土壤	0.3	15 ~ 18	9

3.4 涵洞两侧土压力计算

涵洞两侧土压力计算　　　　表 20-10

<table>
<tr><th>项目</th><th>计算图式与计算公式</th><th>符 号 意 义</th></tr>
<tr><td>隧洞式圆形涵洞侧向土压力</td><td>

隧洞式圆形涵洞的侧向土压力一般不单独计算，而将土壤的垂直压力和侧压力合并考虑，并采用卸力拱理论。

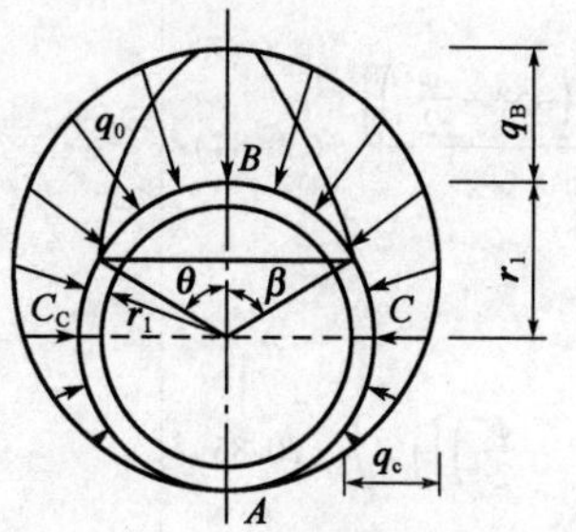

隧洞式圆涵洞土压力计算图式

$$\bar{h}_0 = \frac{D}{2}\left(\frac{\sin\beta}{f_{KP}} - 1 + \cos\beta\right) \qquad (20\text{-}76)$$

$$\cos\beta = \frac{3f_{KP}}{4} \qquad (20\text{-}77)$$

作用于圆涵洞上各点的土压力 q_θ，可按 θ 值的不同按下式计算：

$$q_\theta = \gamma[\bar{h}_0 + r_1(1-\cos\theta)]\cos n\frac{\theta}{2} \qquad (20\text{-}78)$$

当 $\theta = 0$，即涵管顶点 B 处：

$$q_B = [q_\theta]_{\theta=0} = \gamma\bar{h}_0 \qquad (20\text{-}79)$$

当 $\theta = \frac{\pi}{2}$，即在涵管腹 C 点处：

$$q_c = [q_\theta]_{\theta=\frac{\pi}{2}} = \gamma(h_0 + r_1)\tan^2(45° - \frac{\varphi}{2}) \qquad (20\text{-}80)$$

当 $\theta = \pi$，即在涵管底部 A 点处：

$$q_A = [q_\theta]_{\theta=\pi} = 0 \qquad (20\text{-}81)$$

</td><td>

β——为卸力拱跨径中心含角之半；
D——圆涵的外径；
$\bar{h}_0$——卸力拱矢高；
θ——自垂直直径上端算起的极角；
r_1——涵洞外半径；
n——参变数，为土内摩擦角的函数，其值可由图 20-1 求得

</td></tr>
</table>

续上表

项目	计算图式与计算公式	符号意义
具有垂直边墙的涵洞侧向土压力计算	应按卸力拱理论计算。 在下面图示中,抛物线 $M'O'N'$ 以内土体积(单位长度)按破棱体理论计算: 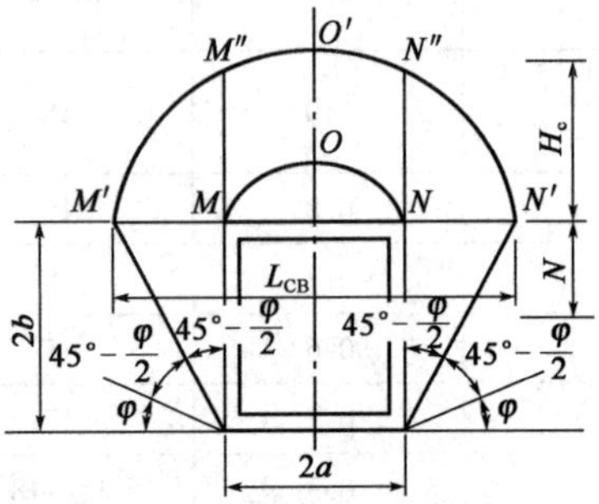 按卸力拱计算侧压力图 $V'=\frac{2}{3}L_{CB}\cdot H_C=\frac{1}{3}\frac{L_{CB}^2}{f_{KP}}=\frac{1}{3f_{KP}}\left[2a+4b\times\tan\left(45°-\frac{\varphi}{2}\right)\right]^2$ (20-82) 在抛物线 MON 及 $M'O'N'$ 之间的土体积按破棱体理论计算: $V=V'-\frac{(2a)^2}{3f_{KP}}=\frac{8b}{3f_{KP}}\tan\left(45°-\frac{\varphi}{2}\right)\times\left[2a+2b\tan\left(45°-\frac{\varphi}{2}\right)\right]$ (20-83) 假设体积 V 的土壤压力作用在破棱体顶面 MM' 及 NN' 的宽度上,而成为均布超载的形式。单位宽度上的超载 q_s 为: $q_s=\frac{\gamma V}{4b\tan\left(45°-\frac{\varphi}{2}\right)}=\frac{2\gamma\left[2a+2b\tan\left(45°-\frac{\varphi}{2}\right)\right]}{3f_{KP}}$ (20-84) 距涵洞顶点为 Z 处的土侧压力 q_σ 为: $q_\sigma=q_s\tan^2\left(45°-\frac{\varphi}{2}\right)+\gamma Z\tan^2\left(45°-\frac{\varphi}{2}\right)$ $=\gamma\tan^2\left(45°-\frac{\varphi}{2}\right)\left\{\frac{2}{3f_{KP}}\left[2a+2b\tan\left(45°-\frac{\varphi}{2}\right)\right]+Z\right\}$ (20-85) 作用于涵洞垂直边墙上的总压力 E_σ 为: $E_\sigma=2\gamma b\tan^2\left(45°-\frac{\varphi}{2}\right)\left\{\frac{2}{3f_{KP}}\left[2a+2b\tan\left(45°-\frac{\varphi}{2}\right)\right]+b\right\}$ (20-86)	f_{KP}——普氏土壤坚固系数,见表20-9; φ——土的内摩擦角; b——涵洞高度之半; a——涵洞高度之半; γ——土壤重度

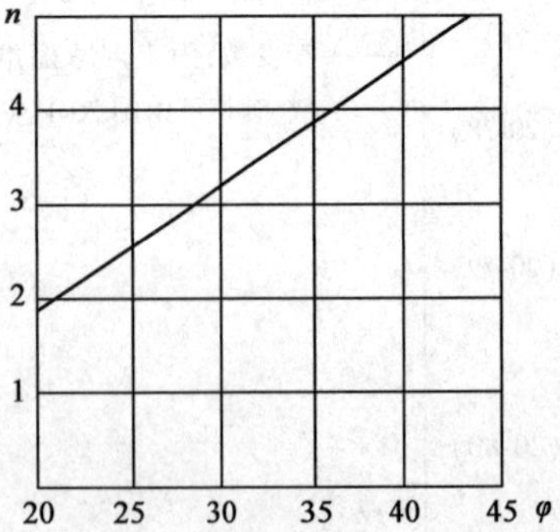

图 20-1　参变数 n-φ 关系曲线

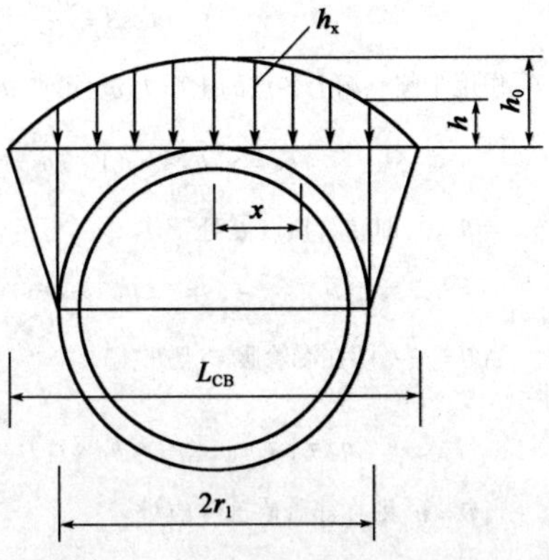

图 20-2　顶管施工圆涵垂直土压力

例 20-1 某一圆涵采用顶管法施工,圆涵洞外径 $D_1=2r_1=1.0\text{m}$(图 20-2),圆涵所通过路堤为密实粘土,试计算作用于圆涵上的垂直土压力。

解 根据圆涵通过路堤的土质,查表 20-9 得普氏坚固系数 $f_{KP}=1.0, \varphi=45°, \gamma=18\text{kN/m}^3$,卸力拱跨长为:

$$L_{CB}=2r_1+2r_1\tan\left(45°-\frac{\varphi}{2}\right)=1.0+1.0\tan\left(45°-\frac{45°}{2}\right)=1.41\text{m}$$

卸力拱矢高为:

$$\bar{h}_0=\frac{L_{CB}}{2f_{KP}}=\frac{1.41}{2\times1}=0.71\text{m}$$

$a=\gamma_1$ 处卸力拱高为:

$$h'=\bar{h}_0\left(1-\frac{4r_1^2}{L_{CB}^2}\right)=0.71\left(1-\frac{4\times0.5^2}{1.41^2}\right)=0.35\text{m}$$

圆涵顶点的垂直土压力强度:

$$q_B=\gamma\bar{h}_0=18\times0.71=12.8\text{kN/m}$$

作用于圆涵上的全部垂直土压力 G_B 为:

$$G_B=\frac{2}{3}\gamma\bar{h}_0D_1\left[1+\tan\left(45°-\frac{\varphi}{2}\right)\right]-\frac{2}{3}\gamma h'D_1\tan\left(45°-\frac{\varphi}{2}\right)$$

$$=\frac{2}{3}\gamma D_1[\bar{h}_0+(\bar{h}_0-h')\tan22.5°]=\frac{2}{3}\times18\times1.0[0.71+(0.71-0.35)\times0.41]=10.3\text{kN}$$

例 20-2 某一涵洞采用顶管法施工,涵洞为圆形,外径 $D_1=1.2\text{m}$,涵洞通过一渠堤,渠堤为密实黏土 $\varphi=45°, \gamma=18\text{kN/m}^3$,普氏坚固系数 $f_{KP}=1.0$,试计算作用在圆涵顶部和侧向的土压力。

解 由已知条件知:

$$\cos\beta=\frac{3f_{KP}}{4}=\frac{3\times1}{4}=0.75 \qquad \beta=41°24'$$

$$\sin\beta=\sin41°24'=0.661$$

拱的矢高为:

$$\bar{h}_0=\frac{D_1}{2}\left(\frac{\sin\beta}{f_{KP}}-1+\cos\beta\right)=\frac{1.2}{2}\left(\frac{0.661}{1.0}-1+0.75\right)=0.60\times0.41=0.25\text{m}$$

管顶 B 点($\theta=0$)的压力为:

$$q_B=[q_\theta]_{\theta=0}=\gamma\bar{h}_0=18\times0.25=4.5\text{kN/m}$$

管腹 C 点$\left(\theta=\frac{\pi}{2}\right)$的压力为:

$$q_C=[q_\theta]_{\theta=\frac{\pi}{2}}=\gamma(\bar{h}_0+r_1)$$

$$m^2=\tan^2\left(45°-\frac{\varphi}{2}\right)=\tan^2\left(45^2-\frac{45°}{2}\right)=0.17$$

$$q_C=18(0.25+0.6)\times0.17=18\times0.85\times0.17=2.6\text{kN/m}$$

管底 A 点($\theta=\pi$)的压力为:

$$q_A=0$$

不同 θ 角的 q_θ 值计算:$\varphi=45°$,由图 20-1 查得 $n=5.0$, 计算结果列于表 20-11,圆涵土压力的分布如图 20-3 所示。

圆涵土压力分布　　表20-11

θ	30°	60°	120°	150°
$\cos\theta$	0.866	0.50	−0.50	0.866
$\cos\frac{\theta}{2}$	0.966	0.866	0.50	0.259
q_θ	5	4.8	0.6	0.3

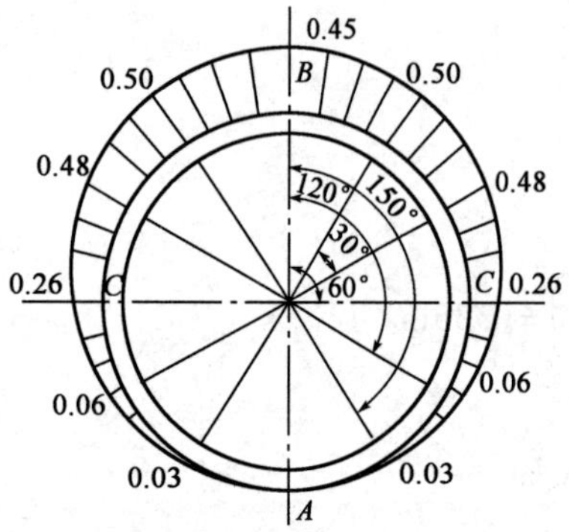

图20-3　圆涵土压力分布

例20-3　一渠下箱形(图20-4)排水涵,高 $2b=1.4\text{m}$,外宽 $2a=1.3\text{m}$。采用顶管法施工,箱涵通过渠堤的土质为轻质黏土,试用卸力拱理论计算作用于箱涵的土垂直压力和侧压力。

解　1.垂直土压力的计算

查表20-9,$f_{KP}=0.8$,$\gamma=16\text{kN/m}^3$,$\varphi=40°$,$f_{KP}<2.0$

卸力拱跨长:$L_{CB}=2a+2b\tan\left(45°-\dfrac{\varphi}{2}\right)$

$$=1.3+1.4\times0.47$$

$$=1.96(\text{m})$$

卸力拱矢高:$\bar{h}_0=\dfrac{L_{CB}}{2f_{KP}}=\dfrac{1.96}{2\times0.8}=1.23\text{m}$

$$h_\alpha=\bar{h}_0\left(1-\frac{4a^2}{L_{CB}^2}\right)=1.23\left(1-\frac{4a^2}{1.96^2}\right)=1.23-1.28a^2$$

当 $a=0$,即涵洞顶中点垂直土压力:

$$q_B=[\sigma_z]_{x=0}=\bar{h}_0\gamma=1.23\times16=19.7\text{kN/m}$$

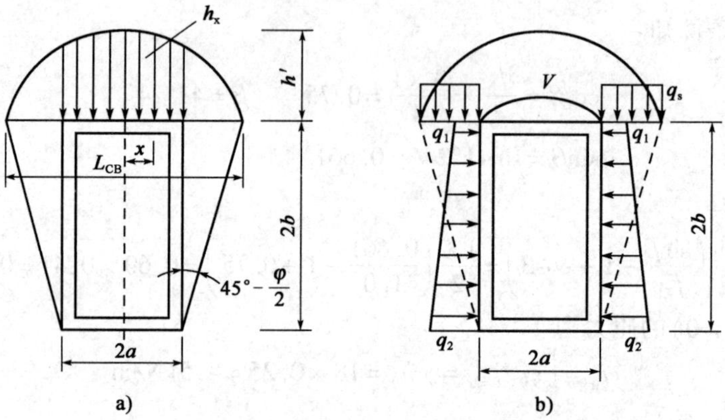

图20-4　作用于箱涵的垂直土压力和侧向土压力

a)箱涵垂直土压力;b)箱涵侧向土压力

当 $a=a$,$h'=\bar{h}_0\left(1-\dfrac{4\alpha^2}{L_{CB}^2}\right)=1.23\left(1-\dfrac{4\times0.65^2}{1.96^2}\right)=0.69\text{m}$

作用于涵洞上的垂直土压力合力为:

$$G_B=\frac{2}{3}\gamma\bar{h}_0 2a\left[1+\tan\left(45°-\frac{\varphi}{2}\right)\right]-\frac{2}{3}\gamma h'2a\tan\left(45°-\frac{\varphi}{2}\right)$$

$$=\frac{2}{3}\gamma2a[\bar{h}_0+(\bar{h}_0-h')\tan25°]=\frac{2}{3}\times16\times1.3\times[1.23+(1.23-0.69)\times0.47]=20.6\text{kN}$$

2.侧向土压力的计算

$$V' = \frac{1}{3f_{KP}}\left[2a + 4b\tan\left(45° - \frac{\varphi}{2}\right)\right]^2 = \frac{1}{3 \times 0.8}(1.3 + 2.8 \times 0.47)^2 = 2.85\text{m}^3$$

$$V = V' - \frac{(2a)^2}{3f_{KP}} = 2.85 - \frac{1.3^2}{3 \times 0.8} = 2.15\text{m}^3$$

$$q_s = \frac{2\gamma\left[2a + 2b\tan\left(45° - \frac{\varphi}{2}\right)\right]}{3f_{KP}} = \frac{2 \times 16(1.3 + 1.4 \times 0.47)}{3 \times 0.8} = 26.1\text{kN/m}$$

侧墙顶端侧压力：

$$q_1 = q_s\tan^2\left(45° - \frac{\varphi}{2}\right) = 26.1 \times 0.47^2 = 5.8\text{kN/m}$$

侧墙底部侧压力：

$$\begin{aligned} q_2 &= q_s\tan^2\left(45° - \frac{\varphi}{2}\right) + \gamma 2b\tan^2\left(45° - \frac{\varphi}{2}\right) \\ &= \gamma\tan^2\left(45° - \frac{\varphi}{2}\right)\left\{\frac{2}{3f_{KP}}\left[2a + 2b\tan\left(45° - \frac{40°}{2}\right)\right] + 2b\right\} \\ &= 16\tan^2\left(45° - \frac{40°}{2}\right)\left\{\frac{2}{3 \times 0.8}\left[1.3 + 1.4\tan\left(45° - \frac{40°}{2}\right)\right] + 1.4\right\} \\ &= 16 \times 0.47^2\left[\frac{2}{3 \times 0.8}(1.3 + 1.4 \times 0.47) + 1.4\right] = 10.7\text{kN/m} \end{aligned}$$

作用于涵洞垂直边墙的总侧压力：

$$\begin{aligned} E_\sigma &= \gamma 2b\tan^2\left(45° - \frac{\varphi}{2}\right)\left\{\frac{2}{3f_{KP}}\left[2a + 2b\tan\left(45° - \frac{\varphi}{2}\right)\right] + b\right\} \\ &= 16 \times 1.4\tan^2\left(45° - \frac{40°}{2}\right)\left\{\frac{2}{3 \times 0.8}\left[1.3 + 1.4\tan\left(45° - \frac{40°}{2}\right)\right] + 0.7\right\} \\ &= 16 \times 1.4 \times 0.47^2[0.83(1.3 + 1.4 \times 0.47) + 0.7] = 11.6\text{kN} \end{aligned}$$

3.5 后背(梁)计算

表 20-12

项目			计算说明
受力方式	顶进前		后背承受其后填土主动土压力作用(水平推力)
	顶进时	板桩式后背	桩后背水平抗力(被动土压力)承受全部千斤顶的顶力
		重力式后背	由结构自重与土的摩阻力及部分土的抗力承受千斤顶的顶力
后背梁设计	重力式后背		重力式后背按一般挡土墙设计,同时应考虑涵管顶进时的反力,并应使被动土压力线与顶力作用线相一致
	板桩式后背		板桩式后背按顶端锚系板桩设计,注意应使千斤顶的着力点与墙后被动土压力的合力作用点一致。 板桩设计时应先计算土压力,后计算板桩的入土深度,拉锚及板桩的强度和板桩墙在各施工阶段的稳定性。 后背梁以按弹性地基有限长梁受局部对称荷载计算为宜

第21章 隧道工程

1 隧道风、水、电作业及通风

1.1 压缩空气供应

压缩空气计算 表21-1

项目	计算步骤、方法及公式	符号意义
空压机站的生产能力	空压机站的生产能力(或供风能力)Q用下式计算: $$Q=(1+K_{备})(\sum qK+q_{漏})k_m \quad (21\text{-}1)$$ 其中: $$q_{漏}=\alpha\sum L \quad (21\text{-}2)$$	$K_{备}$——空压机的备用系数,一般取75%~90%; $\sum q$——风动机具所需风量,m^3/min; $q_{漏}$——管路及附件的漏耗损失; α——每公里漏风量,平均为1.5~2.0m^3/min; L——管路总长,km; K——同时工作系数,见表21-2; k_m——空压机所处海拔高度对空压机生产能力的影响系数,见表21-3
管径选择	空压机生产的压缩空气压力一般在0.7~0.8MPa。 为保证工作风压不小于0.5MPa,则钢管终端的风压不得小于0.6MPa,即钢管风压损失Δp不得超过0.1~0.2MPa,据此选用钢管直径。 钢管的风压损失Δp为: $$\Delta p=\lambda\frac{L}{d}\cdot\frac{V^2}{2g}\gamma\times10^{-6} \quad (21\text{-}3)$$ 其中: $$\gamma=\frac{\gamma_t(P+0.1)}{0.1} \quad (21\text{-}4)$$ $$r_t=12.9\times\frac{273}{273+t} \quad (21\text{-}5)$$ 胶皮管是连接钢管与风动机具的,其压力损失较大,宜缩短长度,以保证工作风压大于等于0.5MPa,胶皮风管压力损失值见表21-6	λ——摩阻系数,见表21-4; L——钢管长度,包括配件当量长度,见表21-5,m; g——重力加速度,采用9.81m/s^2; γ——压缩空气的重度,N/m; γ_t——温度为t°C时压缩空气的重度,N/m^3; Δp——钢管的风压损失,MPa; P——空压机生产的压缩空气的压力,MPa; V——压缩空气在风管中的速度,m/s

同时工作系数 表21-2

机具类型	凿岩机		装渣机		锻钎机	
同时工作台数	1~10	11~30	1~2	3~4	1~2	3~4
K	1.0~0.85	0.85~0.75	1.0~0.75	0.7~0.50	1.0~0.75	0.65~0.5

海拔高度影响系数 k_m 表21-3

海拔高度(m)	0	305	610	914	1 219	1 524	1 829
k_m	1.00	1.03	1.07	1.10	1.14	1.17	1.20
海拔高度(m)	2 134	2 438	2 743	3 048	3 658	4 572	
k_m	1.23	1.26	1.29	1.32	1.37	1.43	

风管摩阻系数 λ 值 表 21-4

风管内径(mm)	λ	风管内径(mm)	λ	风管内径(mm)	λ	风管内径(mm)	λ
50	0.0371	100	0.0298	150	0.0264	250	0.0234
75	0.0324	125	0.0282	200	0.0245	300	0.0221

配件折合成管路长度表 表 21-5

折合长度(m) 钢管内径(mm) 配件名称	25	50	75	100	150	200	300
球心阀	6.0	15.0	25.00	35.0	60.0	85.0	
闸门阀	0.3	0.7	1.1	1.5	2.5	3.5	6.0
丁字管	2.0	4.0	7.0	10.0	17.0	24.0	40.0
异径管	0.5	1.0	1.7	2.5	4.0	6.0	10.0
45°弯头	0.2	0.4	0.7	1.0	1.7	2.4	4.0
90°弯头	0.9	1.8	3.2	4.5	7.7	10.8	18.0
135°弯头	1.4	2.8	4.9	7.0	12.0	16.8	28.0
逆止阀		3.2		7.5	12.5	18.0	30.0

压缩空气通过胶皮风管的压力损失(MPa) 表 21-6

通风风量(m^3/min)	胶管内径(mm)	胶管长度(m)					
		5	10	15	20	25	30
2.5	19	0.008	0.018	0.020	0.035	0.040	0.055
	25	0.004	0.008	0.013	0.017	0.021	0.030
3	19	0.010	0.020	0.030	0.050	0.060	0.075
	25	0.006	0.012	0.018	0.024	0.040	0.045
4	19	0.020	0.040	0.055	0.080	0.100	0.110
	25	0.010	0.025	0.040	0.050	0.060	0.075
10	50	0.002	0.004	0.006	0.007	0.010	0.015
20		0.010	0.020	0.035	0.050	0.055	0.065

1.2 施工供水

施 工 供 水 计 算 表 21-7

项　目	计算步骤、方法及公式	符号意义
水池位置	水池位置至配水点的高差 H 可按下式计算： $H \geqslant 1.2h + ah_f$　　(21-6)	H——水池位置至配水点的高差,m

续上表

项　　目	计算步骤、方法及公式	符 号 意 义
水池容积	利用高山自流供水,且水源流量大于用水高峰流量时,水池容量为 20～30m^3。 水源流量小于用水量时,则水池容积为: $$V=24\alpha_1 C(Q_c+Q_s) \quad (21\text{-}7)$$	h——配水点要求水头 m,如湿式凿岩需要水压为 0.3MPa,则 $h=30$m; a——水头损失系数,a=1.05～1.10; h_f——管道内水头损失,m,见表 21-8、21-9; V——水池容积 m^3; α_1——调节系数,一般为 1.10～1.20; C——储水系数(为水池容量/昼夜用水量),昼夜用水量小于 1000m^3 时,采用 1/4～1/6;昼夜用水量在 1000～2000m^3 时,采用 1/6～1/8; Q_c——生产用水量,按经验估计,m^3/h; Q_s——生活用水量,m^3/h。按以下指标估算,生产工人平均 0.1～0.15m^3/d,非生产工人平均 0.08～0.12m^3/d; H——水泵扬程; h'——水池与水源之间的高差 m
水泵扬程	水泵的扬程 H 可用下式计算: $$H=h'+\alpha h_f \quad (21\text{-}8)$$	

给水铸铁管计算表　　表 21-8

流量(L/S)	管径(mm)									
	75		100		150		200		250	
	i	v	i	v	i	v	i	v	i	v
2	7.98	0.46	1.94	0.26						
4	28.4	0.93	6.69	0.52						
6	61.5	1.39	14.0	0.73	1.87	0.34				
8	109.0	1.86	23.9	1.04	3.14	0.46	0.765	0.26		
10	171.0	2.33	36.5	1.30	4.69	0.57	1.13	0.32		
12	246.0	2.76	52.6	1.56	6.55	0.69	1.58	0.39	0.529	0.25
14			71.6	1.82	8.71	0.80	2.08	0.45	0.695	0.29
16			93.5	2.08	11.1	0.92	2.64	0.51	0.886	0.33
18			118.0	2.34	13.9	1.03	3.28	0.58	1.09	0.37
20			146.0	2.60	16.9	1.15	3.97	0.64	1.32	0.41
22			177.0	2.86	20.2	1.26	4.73	0.71	1.57	0.45
24					24.1	1.38	5.56	0.77	1.83	0.49
26					28.3	1.49	6.64	0.84	2.12	0.53
28					32.8	1.61	7.38	0.90	2.42	0.57
30					37.7	1.72	8.4	0.96	2.75	0.62
32					42.8	1.84	9.46	1.03	3.09	0.66
34					84.4	1.95	10.6	1.09	3.45	0.70
36					54.2	2.06	11.8	1.16	3.83	0.74
38					60.4	2.18	13.0	1.22	4.23	0.78

注:v 为流量(m/s);i 为压力损失(mm/m)。

给水钢管计算表 表 21-9

流量(L/S)	管径(mm) 25		40		50		70		80	
	i	v	i	v	i	v	i	v	i	v
0.2	21.3	0.38								
0.4	74.8	0.75	8.96	0.32						
0.6	159	1.13	18.4	0.48						
0.8	279	1.51	31.4	0.64						
1.0	437	1.88	47.3	0.80	12.9	0.47	3.76	0.28	1.61	0.20
1.2	629	2.26	66.3	0.95	18	0.56	5.18	0.34	2.27	0.24
1.4	856	2.64	88.4	1.11	23.7	0.66	6.83	0.40	2.97	0.28
1.6	1118	3.01	114	1.27	30.4	0.75	8.7	0.45	3.76	0.32
1.8			114	1.43	37.8	0.85	10.7	0.51	4.66	0.36
2.0			178	1.59	46	0.94	13	0.57	5.62	0.40
2.6			301	2.07	74.9	1.22	21	0.74	9.03	0.52
3.0			400	2.39	99.8	1.41	27.4	0.85	11.7	0.60
3.6			577	2.86	144	1.69	38.4	1.02	16.3	0.72
4.0					177	1.88	46.8	1.13	19.8	0.81
4.6					235	2.17	61.2	1.30	25.7	0.93
5.0					277	2.35	72.3	1.42	30	1.01
5.6					348	2.64	90.7	1.59	37	1.13
6.0					399	2.82	104	1.70	42.1	1.21

注：v 为流量(m/s)；i 为压力损失(mm/m)。

1.3 供电及照明

1.3.1 供电计算

供电计算表 表 21-10

项目	计算步骤、方法及公式	符号意义
施工总用电量估算	按同时考虑施工现场的动力和照明时，施工总用电量可按下式估算： $$S_{总}=K\left(\frac{\sum p_1 \cdot k_1}{\eta \cdot \cos\phi}k_2+\sum p_2 \cdot k_3\right) \quad (21\text{-}9)$$ 按只考虑动力负荷时，总用电量可按下式估算： $$S_{动}=\frac{\sum p_i}{\eta \cdot \cos\phi} \cdot k_1 \cdot k_2 \quad (21\text{-}10)$$ $$S_{总}=(1.1\sim1.2)S_{动} \quad (21\text{-}11)$$ 当使用大型用电设备（如掘进机）时，k_1 可取 1.0 进行计算	$S_{总}$——施工总用电量，kVA； K——备用系数，一般取 1.05～1.10； $\sum p_1$——整个工地动力设备的额定输出功率的总和，kW； $\sum p_2$——整个工地照明用电量总和，kW； η——动力设备的平均功率，采用 0.83～0.88，常取 0.85 进行计算； $\cos\phi$——平均功率因数，采用 0.5～0.7； k_1——动力设备同时使用系数，见表 21-11； k_2——动力负荷系数，主要考虑不同类型设备带负荷工作时的情况，取 0.75～1.0

续上表

项　目	计算步骤、方法及公式	符 号 意 义
变压器最大容量的计算	选择变压器，其容量应等于或略大于施工总用电量，且在使用过程中，一般使变压器承受的用电负荷达到额定容量的60%左右为佳。 配属电动机械的单台最大容量占总用电量的1/5及以下时，变压器最大容量 S_e 为： $S_e=\frac{\sum p_1\cdot k_1}{\eta\cdot\cos\phi}$　　(21-12) 配属电动机械的单台最大容量占总用电量的1/5以上时，变压器最大容量 S_e 为： $S_e=5\frac{\sum p_1\cdot k_1\cdot\mu}{\eta\cdot\cos\phi}$　　(21-13) 根据以上计算，查表21-13可得配电变压器型号	k_3——照明设备同时使用系数，一般可取0.6-0.9； $S_{动}$——现场动力设备所需的用电量； μ——配属机械中最大一台的容量与总用电量的比值； ΔU_1——按单相电路计算的电压降，V； ΔU_3——按三相电路计算的电压降，V； l——送电距离，m； I——线路通过电流的强度，A； I_i——经济电流密度，A/mm^2； S——导线截面面积
导线选择计算	选用的导线断面应使末端电压降不超过额定电压的10%及国家对经济电流密度的规定（表21-12）。线路电压降可按以下公式计算： $\Delta U_1=\frac{54lI}{1000I_iS}$　　(21-14) $\Delta U_3=\frac{934lI}{1000I_iS}$　　(21-15) 根据计算出的导线截面，选择各种不同规格的导线	

同时用电系数表 k_1　　表21-11

通风机的同时用电系数	0.8～0.9	施工电动机械同时用电系数	0.65～0.75

注：根据同时用电机械的台数选取，一般10台以下取低限，10台以上取高限。

导线的经济电流密度 I_i（A/mm^2）　　表21-12

铜　导　线	铝　导　线
1.40	0.9

常用电力变压器性能表　　表21-13

型　号	额定容量（kVA）	额定电压（kV）		损耗（W）		质量（kg）
		高压	低压	空载	短路	
SL_7－30/10	30	6;6.3;10	0.4	150	800	317
SL_7－50/10	50	6;6.3;10	0.4	190	1150	480
SL_7－63/10	63	6;6.3;10	0.4	220	1400	525
SL_7－80/10	80	6;6.3;10	0.4	270	1650	590
SL_7－100/10	100	6;6.3;10	0.4	320	2000	685
SL_7－125/10	125	6;6.3;10	0.4	370	2450	790

续上表

型号	额定容量(kVA)	额定电压(kV)		损耗(W)		质量(kg)
		高压	低压	空载	短路	
SL_7 -160/10	160	6;6.3;10	0.4	460	2850	945
SL_7 -200/10	200	6;6.3;10	0.4	540	3400	1070
SL_7 -250/10	250	6;6.3;10	0.4	640	4000	1235
SL_7 -315/10	315	6;6.3;10	0.4	760	4800	1470
SL_7 -400/10	400	6;6.3;10	0.4	920	5800	1790
SL_7 -500/10	500	6;6.3;10	0.4	1080	6900	2050
SL_7 -630/10	630	6;6.3;10	0.4	1300	8100	2760
SL_7 -50/35	50	35	0.4	265	1250	830
SL_7 -100/35	100	35	0.4	370	2250	1090
SL_7 -125/35	125	35	0.4	420	2650	1300
SL_7 -160/35	160	35	0.4	470	3150	1465
SL_7 -200/35	200	35	0.4	550	3700	1695
SL_7 -280/35	280	35	0.4	640	4400	1890
SL_7 -315/35	315	35	0.4	760	5300	2185
SL_7 -400/35	400	35	0.4	920	6400	2510
SL_7 -500/35	500	35	0.4	1080	7700	2810
SL_7 -630/35	630	35	0.4	1300	9200	3225
SZL_7 -200/10	200	10	0.4	540	3400	1260
SZL_7 -250/10	250	10	0.4	640	4000	1450
SZL_7 -315/10	315	10	0.4	760	4800	1695
SZL_7 -400/10	400	10	0.4	920	5800	1975
SZL_7 -500/10	500	10	0.4	1080	6900	2200
SZL_7 -630/10	630	10	0.4	1400	8500	3140
S_6 -10/10	10	11	0.433	60	270	245
S_6 -30/10	30	11	0.4	125	600	140
S_6 -50/10	50	11	0.433	175	870	540
S_6 -80/10	80	6~10	0.4	250	1240	685
S_6 -100/10	100	6~10	0.4	300	1470	740
S_6 -125/10	125	6~10	0.4	360	1720	855
S_6 -160/10	160	6~10	0.4	430	2100	600
S_6 -200/10	200	6~11	0.4	500	2500	1240
S_6 -250/10	250	6~10	0.4	600	2900	1330
S_6 -315/10	315	6~10	0.4	720	3450	1495
S_6 -400/10	400	6~10	0.4	870	4200	1750
S_6 -500/10	500	6~10.5	0.4	1030	4950	2330
S_6 -630/10	630	6~10	0.4	1250	5800	3080

1.3.2 照明

普通光源施工照明布置 表21-14

工作地段	灯头距离(m)	悬挂高度(m)	灯泡容量(W)
施工作业面	不少于15W/m^2(断面较大可适当采用投光灯)		
开挖地段和作业地段	4	2~2.5	60
运输巷道	5	2.5~3	60
特殊作业地段或不安全因素较多地段	2~3	3~5	100
成洞地段 用白炽灯时 用日光灯时	 8~10 20~30	 4~5 4~5	 60 40
竖井内	3		60

注:1. 在直线段灯头距离采用表中大数,曲线段采用较小数;

2. 在有水地段应用胶皮电线,工作面附近应用防水灯头。

新光源洞内外照明布置 表21-15

工作地段	照明布置
开挖面后40m以内作业段	两侧用36V500W卤钨灯各2盏(或300V卤钨灯7盏,以不少于2000W为准),灯泡距离隧道底面高4m
开挖面后40~100m区段	安设2盏400W高压钠灯和2盏400W钠铊铟灯,间距约15m,灯泡距隧道底面5m
开挖面后的100m至成洞末端	每隔40m,左右侧各设计400W高压钠灯1盏
模板台车衬砌作业段	台车前台10~15m,增设400W高压钠灯各1盏,台车上亮度不足时,增设36V300W或500W卤钨灯
成洞地段	每隔40m安装400W高压钠灯1盏
斜井、竖井井身掌子面及喷混凝土作业面	使用36V500W或36V300W卤钨灯,已施工井身部分选用小功率为110V高压钠灯,间距:混合井30m安装1盏,主副井每25m安装1盏
洞外场地	每隔200m安装高压钠灯1盏

1.4 通风

1.4.1 通风方式

机械通风方式分类、优缺点及适用条件 表21-16

名称		布置图式	优缺点及适用条件
管道通风	压入式	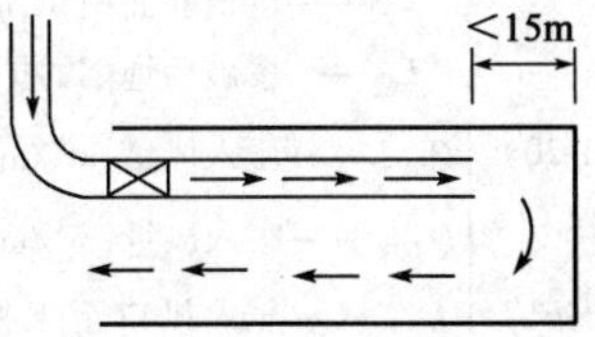	能将新鲜空气直接输送至工作面，有利于工作面施工，但污浊空气将流经整个坑道，若采用大功率、大管径，其适用范围较广
	吸入式	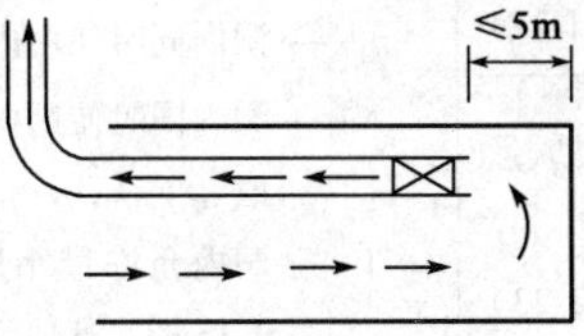	新鲜风流沿巷道流入，污风由管道排出，其排烟速度慢，且易在工作面形成炮烟停滞区，故很少单独使用
	混合式	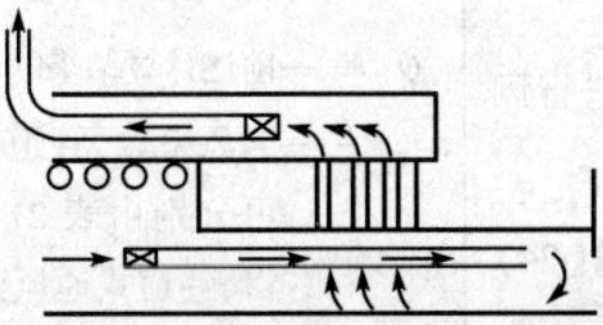	集压入式、吸入式优点于一身，但管路、风路等设施增多，在管径较小时可采用，若有大管径、大功率风机时，其经济性不如压入式
巷道通风		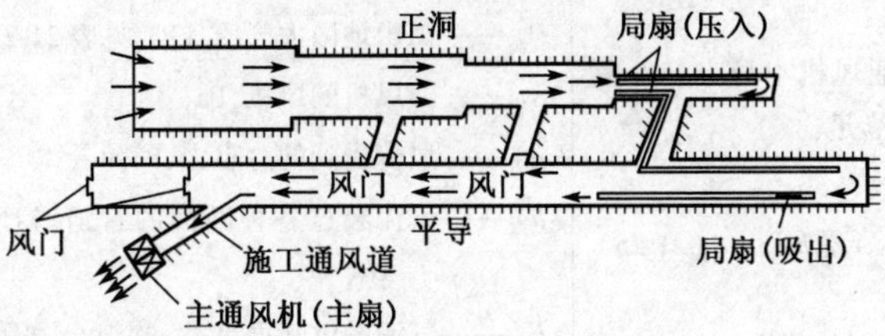	利用隧道本身和辅助坑道组成主风流和局部风流两个系统互相配合而达到目的，是解决长隧道施工通风的方案之一，其通风效果主要取决于通风管理的好坏

1.4.2 通风计算

通风计算 表21-17

项目	计算方法及公式	符号意义
风量计算	1. 按洞内同时工作的最多人数计算风量： $Q = k \cdot m \cdot q$ (21-16) 2. 按同时爆破的最多炸药计算风量： (1)巷道式通风： $Q = 5Ab/t$ (21-17) (2)管道通风 ①压入式通风 $Q = 7.8\sqrt[3]{A \cdot S^2 \cdot L^2/t}$ (21-18) ②吸入式通风	Q——所需风量，m^3/min； k——风量备用系数，常取 $k = 1.1 \sim 1.2$； m——洞内同时工作的最多人数； q——洞内每人每分钟需要新鲜空气量，通常按 m^3/min 计算； A——同时爆破的炸药量，kg； b——1kg 炸药折合成 CO 的体积，一般采用 b = 40L/kg

续上表

<table>
<tr><th>项　目</th><th>计算方法及公式</th><th>符 号 意 义</th></tr>
<tr><td>风量计算</td><td>$$Q=15\sqrt{A\cdot S\cdot L_{散}/t} \quad (21\text{-}19)$$
非电起爆：$L_{散}=15+A$
电雷管起爆：$L_{散}=15+A/5$
③混合式通风：
$$Q_{混压}=7.8\sqrt[3]{A\cdot S^2\cdot L_{入口}^2/t}$$
$$Q_{混吸}=1.3Q_{混压} \quad (21\text{-}20)$$
3. 按内燃机作业废气稀释的需要计算风量：
$$Q=n_iN \quad (21\text{-}21)$$
4. 按洞内允许最小风速计算：
$$Q=60VS \quad (21\text{-}22)$$</td><td rowspan="4">t——爆破后的通风时间，min；
S——坑道断面面积，m^2；
$L_{散}$——爆破后炮烟的扩散长度，m；
$Q_{混压}$——压入风量，m^3/mm；
$Q_{混吸}$——吸入风量；m^3/mm；
$L_{入口}$——压入风口至工作面的距离，一般采用25m计算；
n_i——洞内同时使用内燃机作业的总千瓦数；
N——洞内同时使用内燃每kW所需的风量，一般取m^3/min；
V——洞内允许最小风速，m/s；全断面开挖时为0.15m/s，其他为0.25m/s；
$Q_{供}$——通风机的供风量，m^3/min
$Q_{计}$——前述计算结果的最大值称计算风量，m^3/min；
P——漏风系数，管道通风时，根据风管材料不同可分别由表21-18、表21-19、表21-20中查得，巷道式通风则常采用1.2～1.3；
$Q_{高}$——高山修正后的供风量，m^3/min；
$P_{高}$——高山地区大气压，kPa，见表21-21；
$h_{机}$——通风机的风压，Pa；
$h_{总阻}$——风流受到的总阻力，Pa；
$h_{摩}$——气流经过各种断面的管道时产生的摩擦阻力，Pa；
$h_{局}$——气流经过断面变化，拐弯分岔等处分别产生的阻力，Pa；
$h_{正}$——巷道通风时受运输车辆阻塞而产生阻力Pa；
λ——达西系数；
L——风管长度，m；
g——重力加速度，m/s^2；
γ——空气重度，N/m^3；
α——摩擦阻力系数，$N\cdot s^2/m^4$见表21-22、表21-23；
ζ——局部阻力系数，见表21-24；
φ——正面阻力系数。当列车行走时，$\varphi=1.5$；斗车停放时，$\varphi=0.5$，斗车停放间距超过1m时则逐辆相加；
S_m——阻塞物最大迎风面积，m^2</td></tr>
<tr><td>漏风计算</td><td>通风机的供风量$Q_{供}$除满足上述计算的需要风量外，还应考虑漏风系数来计算：
$$Q_{供}=P\cdot Q_{计} \quad (21\text{-}23)$$
对于长距离大风量供风，一般采用PVC塑料胶管，管径大于1m。
高山地区，由于大气压强降低，供风量必须进行风量修正：
$$Q_{高}=\frac{100}{P_{高}}Q_{供} \quad (21\text{-}24)$$</td></tr>
<tr><td>风压计算</td><td>风压计算的目的就是要确定通风机本身应具备多大的压力才能满足通风需要，即满足：
$$h_{机}\geqslant h_{总阻}$$
$$h_{总阻}=\sum h_{摩}+\sum h_{局}+\sum h_{正} \quad (21\text{-}25)$$
1. 摩擦阻力
$$h_{摩}=aLUQ^2/S^3 \quad (21\text{-}26)$$
$$\alpha=\gamma\lambda/8g$$
2. 局部阻力
$$h_{局}=0.612\zeta\frac{Q^2}{S^2} \quad (21\text{-}27)$$
3. 正面阻力
$$h_{正}=0.612\varphi\frac{S_m\cdot Q^2}{(S-S_m)^3} \quad (21\text{-}28)$$</td></tr>
<tr><td>通风机选择</td><td>通风机有轴流式和离心式两类，隧道施工通风中主要采用轴流式通风机。选择时，按$Q_{机}\geqslant1.1Q_{供}$（1.1为风量储备系数）及$h_{机}\geqslant p\sum h(\sum h=\sum h_{摩}+\sum h_{局}+\sum h_{正})$。
在通风机性能表中选择风机</td></tr>
</table>

胶皮风管漏风系数 表 21-18

风管延长(m)	50	100	150	200	250	300	400	500
漏风系数 *P*	1.04	1.08	1.11	1.14	1.16	1.19	1.25	1.30

聚氯乙烯塑料风管漏风系数 表 21-19

风管延长(m) / 风管直径(m)	100	200	300	400	500	600	700	800	900	1000
0.5	1.019	1.045	1.091	1.145	1.157	1.230	1.280			
0.6	1.014	1.036	1.071	1.112	1.130	1.180	1.201	1.330		
0.7	1.010	1.028	1.053	1.080	1.108	1.145	1.188	1.237	1.288	1.345
0.8	1.008	1.022	1.040	1.067	1.090	1.126	1.153	1.195	1.229	1.251

金属风管漏风系数 表 21-20

风管长(m)	风管每节为3m及下列直径(m)时的漏风系数			风管每节为4m及下列直径(m)时的漏风系数		
	0.5	0.7	0.8	0.5	0.7	0.8
100	1.02 1.09	1.01 1.04	1.01 1.03	1.02 1.06	1.01 1.03	1.008 1.02
200	1.08 1.27	1.05 1.16	1.03 1.16	1.06 1.19	1.02 1.11	1.02 1.06
300	1.16 1.51	1.09 1.29	1.06 1.18	1.10 1.37	1.06 1.22	1.04 1.12
400	1.25 1.82	1.15 1.46	1.10 1.32	1.16 1.61	1.10 1.34	1.06 1.23
500	1.36 2.25	1.21 1.62	1.14 1.45	1.25 1.88	1.14 1.51	1.08 1.32
600	1.49 2.76	1.28 1.93	1.19 1.57	1.27 2.22	1.18 1.66	1.12 1.45
700	1.63 3.44	1.36 2.20	1.27 1.79	1.48 2.60	1.28 1.85	1.16 1.56
800		1.45 2.63	1.33 2.05		1.30 2.13	1.22 1.74
900		1.54 2.89	1.36 2.25		1.39 2.28	1.25 1.87
1000		1.65 3.42	1.50 2.52		1.46 2.62	1.28 2.07

注:表中同格内上行值为风管接头用橡皮或油封垫密封,螺栓完全拧紧。下行值为风管接头用马粪纸或麻绳密封,螺栓完全拧紧。

海拔高度与大气压 $P_{高}$ 的关系 表 21-21

海拔高度(m)	1500	2000	2500	3000	3500	4000	4500	5000
大气压强(kPa)	82.9	77.9	73.2	68.8	64.6	60.8	57.0	53.6

管道摩擦阻力系数表 表 21-22

风管	直径(mm)	α	浸胶风管			
			雷诺数 R_e	α	雷诺数 R_e	α
金属管	500	0.0035	1×10^5	0.0096	6×10^5	0.0035
	600	0.0032	2×10^5	0.0063	7×10^5	0.0032
	700	0.0030	3×10^5	0.0051	8×10^5	0.0030
	800	0.0025	4×10^5	0.0042	9×10^5	0.0029
塑料管	500	0.0016	5×10^5	0.0038	10×10^5	0.0029
	600	0.0015	注:$R_e=\dfrac{Q}{1.201}\times10^5$ Q——风量,m^3/s; D——风管直径,m			
	700	0.0013				
	800	0.0013				

巷道摩擦阻力系数表 表 21-23

巷道特征	α 值	巷道特征	α 值
混凝土衬砌成洞地段	0.004~0.005	拱部扩大已完成,无支撑地段	0.012~0.016
块石砌筑成洞地段	0.006~0.008	导坑,无支撑地段	0.016~0.020
砌拱已完成马口开挖地段	0.01~0.012	导坑,有支撑无中间立柱地段	0.020~0.025
拱部扩大已完成,有扇形支撑地段	0.02~0.03	导坑,有支撑,有中间立柱地段	0.030~0.040

局部阻力系数表

表 21-24

<table>
<tr><th>管(巷)道形成</th><th colspan="6">阻力系数 ζ</th></tr>
<tr><td rowspan="3">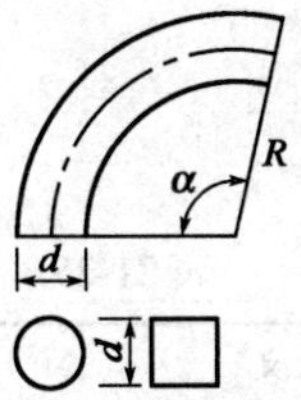</td><td>α \ R/d</td><td>30°</td><td>45°</td><td>60°</td><td>90°</td><td>120°</td></tr>
<tr><td>1.5</td><td>0.08</td><td>0.11</td><td>0.14</td><td>0.175</td><td>0.20</td></tr>
<tr><td>2.0</td><td>0.07</td><td>0.10</td><td>0.12</td><td>0.15</td><td>0.17</td></tr>
<tr><td rowspan="7">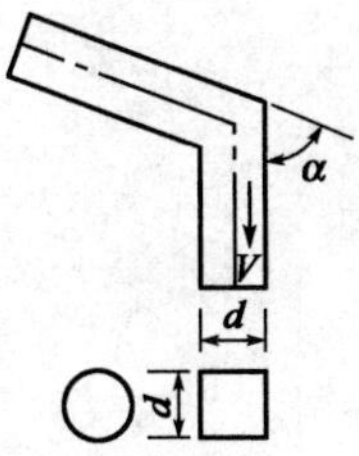</td><td>α</td><td>10°</td><td>20°</td><td>30°</td><td>40°</td><td>50°</td></tr>
<tr><td>ζ</td><td>0.018</td><td>0.070</td><td>0.164</td><td>0.359</td><td>0.494</td></tr>
<tr><td>α</td><td>60°</td><td>70°</td><td>80°</td><td>90°</td><td>100°</td></tr>
<tr><td>ζ</td><td>0.654</td><td>0.818</td><td>1.145</td><td>1.471</td><td>1.800</td></tr>
<tr><td>α</td><td>110°</td><td>120°</td><td>130°</td><td>150°</td><td>170°</td></tr>
<tr><td>ζ</td><td>2.130</td><td>2.620</td><td>2.845</td><td>3.600</td><td>5.070</td></tr>
<tr><td colspan="6">如果为圆形则需除以 1.22</td></tr>
<tr><td>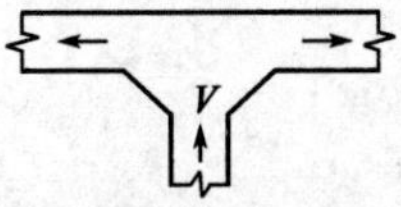</td><td colspan="6">$\zeta = 1.5$</td></tr>
<tr><td>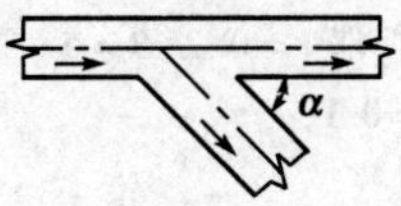</td><td colspan="6">$\alpha = 45° \sim 60°$
$\zeta = 1.5$</td></tr>
<tr><td>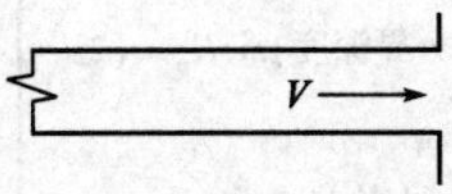</td><td colspan="6">$\zeta = 1.0$</td></tr>
<tr><td rowspan="2">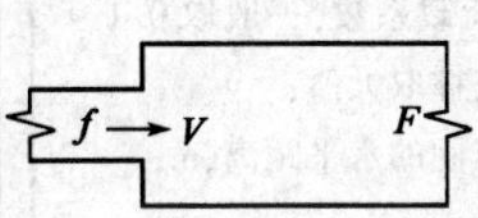</td><td colspan="2">f/F 面积比</td><td>0.2</td><td>0.4</td><td>0.5</td><td>0.8</td></tr>
<tr><td colspan="2">ζ</td><td>0.64</td><td>0.36</td><td>0.25</td><td>0.04</td></tr>
<tr><td colspan="4">断面变化地点</td><td colspan="3">ζ</td></tr>
<tr><td colspan="4">由洞口进入成洞
由成洞进入扩大及下导坑,扩大至上导坑
由上导坑进入漏斗孔
由漏斗孔进入导坑
导坑单道断面进入双道断面
导坑双道断面进入单道断面
由平导进入通风洞</td><td colspan="3">0.6
0.46
0.77
2.00
1.70
1.00
0.50</td></tr>
</table>

2 隧道衬砌

2.1 临时支撑

钢支撑计算 表 21-25

项目	计算方法及公式	符号意义
早期松弛荷载	早期松弛荷载可采用折算荷载计算,按下式计算: $q' = \mu q$ (21-29) 深埋隧道: $q = 0.45 \times 2^{6-S} \cdot \gamma \cdot \omega$ $\omega = 1 + i(B-5)$ 浅埋隧道: 埋深 $H \leqslant h_q$ 时 $q = \gamma H$ 埋深 $h_q < H < H_p$ 时 $q = \gamma H\left(1 - \frac{H}{B}\lambda\tan\theta\right)$ 除以上方法计算早期松弛荷载外,以往多采用泰沙基松弛荷载进行计算,见表 21-27	q'——钢拱承受的早期松弛荷载; q——围岩松弛荷载; S——围岩类别; γ——围岩重度,kN/m^3; B——坑道宽度,m; ω——宽度影响系数; i——B 每增减 1m 时围岩压力增减率。当 $B < 5m$ 时,取 $i = 0.2$;$B = 5 \sim 15m$ 时,取 $i = 0.1$; H——埋深,m; h_q——等效荷载高度,m; H_p——深浅埋隧道分界深度,m;$H_p = (2 \sim 2.5)h_q$; λ——侧压力系数,见表 21-26; μ——钢拱架的荷载系数,一般取 0.1 ~ 0.4,临时支撑取大值; Δx_i——各楔块中点间的水平距离,m; H_p——松弛荷载高度,m; G_i——各楔点间的土柱重力
轴力计算	一般认为支撑上的荷载是通过支撑与围岩间的楔块来传递,楔点间距为 0.8 ~ 1.2m,各楔点间的土柱重力为: $G_i = \Delta x_i \cdot \gamma \cdot H_p$ (21-30) 将各楔点的 G_i 分解为楔点轴线方向的分力 T_i 和垂直于支撑轴线的分力 F_i。此时若切线方向的角度 θ 大于 25°,都以 25°计算,用图解法求最大轴力 T 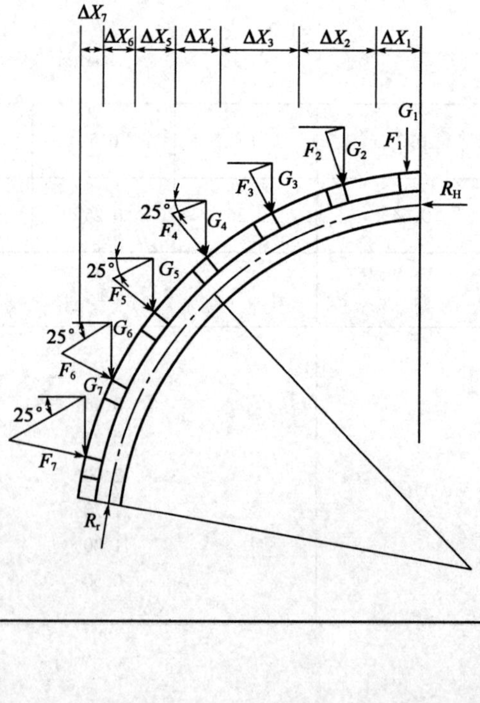	

续上表

项目	计算方法及公式	符号意义
应力计算	考虑各楔点间由于支撑轴力与推力线偏移而产生弯矩，其最大弯矩由下式求得： $M_{max}=0.86Th$ (21-31) $h=R-\sqrt{R^2-\left(\frac{l}{2}\right)^2}$ (21-32) 支撑的合力σ为： $\sigma=\frac{T}{A}\pm\frac{M_{max}}{W}$ (21-33)	M_{max}——最大弯矩； T——最大轴力； h——推力线与支撑轴线的最大偏心距离，m； R——支撑中心线的半径，m； l——楔点间的长度，m； σ——支撑的应力； A——支撑断面积，cm^2； W——支撑的抗弯载面模量，cm^3； a——支撑间距； σ_s——支撑的容许应力
支撑间距及断面尺寸	支撑间距可用下式计算： $a=\frac{\sigma_s}{\sigma}$ 支撑间距从安全出发应小于120cm，最大不超过150cm，表21-28列出了H型钢拱架的支撑断面尺寸和间距	

侧压力系数 λ 表21-26

围岩类别	VI ~ V	IV	III	II	I
λ	0	0 ~ 1/6	1/6 ~ 1/3	1/3 ~ 1/2	1/2 ~ 1

泰沙基松弛荷载高度 H_g 表21-27

类别	围岩的状态	H_g(m)	建议的支撑形式
一	坚硬未受侵蚀的岩体	0	有掉石及岩爆时需简易支撑
二	坚硬层状或片状岩体	$0\sim0.5B$	荷载随地点的不同而做不规则变化，采用简易支撑
三	大块状岩体，节理一般	$0\sim0.25B$	
四	一般块状岩体，有裂隙	$(0.25\sim0.35)(B+H)$	无侧压，简易支撑
五	碎块状岩体，裂隙较多	$(0.35\sim1.10)(B+H)$	无侧压或侧压很少，普通支撑
六	破碎严重，但未受化学侵蚀的岩体	$1.10(B+H)$	有相当侧压，建议采用圆形支撑，当漏水使隧道下部软化时，须在支撑下面设全面的基础
七	有缓慢挤出现象，中等埋深的岩体	$(1.10\sim2.10)(B+H)$	有较大侧压，及相当底压，宜采用圆形支撑，建议设底撑封闭
八	有缓慢挤出现象，埋深很大的岩体	$(2.10\sim4.50)(B+H)$	
九	膨胀性地质条件	与$(B+H)$无关，超过80m	膨胀压力大，须采用封闭圆形支撑；膨胀显著，宜采用可缩式圆形支撑

注：①此表适用于在埋深大于$1.5(B+H)$时计算作用在钢支撑拱上松弛荷载高度，其中B、H分别为隧道开挖断面的跨度和高度；

②此表各值均在隧道顶部处于地下水位以下时适用，但当隧道顶部永久处于地下水位以上时，表中四~六可减50%；

③荷载大小可按式$g=rH_g$计算，r为岩体重度。

钢支撑的规格及架设间距

表 21-28

坑道断面宽度(m) \ 土压大小	岩质特别良好的情况(VI ~ V 类)		预料多少有点土压的情况(V ~ IV 类)	
	形状、规格	间距(m)	形状、规格	间距(m)
3	H-100 × 100(17kg/m)	1.5	H-125 × 125(24kg/m)	1.5
5	H-100 × 100(17kg/m)	1.5	H-125 × 125(24kg/m)	1.5
10	H-150 × 150(32kg/m)	1.5	H-175 × 175(24kg/m)	1.2

坑道断面宽度(m) \ 土压大小	预料有一定土压的情况(IV ~ III 类)		预料有很大土压的情况(III ~ IV 类)	
	形状、规格	间距(m)	形状、规格	间距(m)
3	H-125 × 125(24kg/m)	1.2	H-125 × 125(24kg/m)	1.0
5	H-125 × 125(24kg/m)	1.2	H-150 × 150(32kg/m)	1.0
10	H-200 × 200(50kg/m)	1.0	H-250 × 250(72kg/m)	1.0

2.2 喷射混凝土配合比设计

喷射混凝土配合比设计

表 21-29

<table>
<tr><th>项目</th><th>计算方法及公式</th><th>符号意义</th></tr>
<tr><td>胶骨比</td><td>喷射混凝土的胶骨比常为 1:4 ~ 1:4.5，水泥过少回弹量大，初期强度增长慢；水泥过多，不仅粉尘量增多，且收缩量增大，混凝土收缩与其配合比之间关系如下：

$$\frac{S_P}{S_C} = 1 + \beta \frac{V_g}{V_P} \quad (21\text{-}34)$$

当水泥用量超过 400kg/m³，喷射混凝土强度并不随水泥用量增大而提高，见表 21-30</td><td rowspan="3">S_P、S_C——水泥石及混凝土的收缩变形；
V_g——骨料的体积；
V_P——水泥的体积；
β——与水灰比、骨料粒径及其他因素有关的材料常数，$\beta = 1.5 \sim 3.1$</td></tr>
<tr><td>砂率</td><td>砂率对喷射混凝土施工性能及力学性能的影响，见表 21-31，权衡利弊，拌和料的砂率以 45% ~ 55% 为好</td></tr>
<tr><td>水灰比</td><td>水灰比为 0.2 时，水泥不能获得足够的水分与其水化，硬化后有一部分未水化的水泥质点。

水灰比为 0.4 时，水泥有适宜的水分与其水化，硬化后形成致密的水泥石结构。

水泥比为 0.6 时，过量的多余水蒸发后，在水泥石中形成毛细孔。

经测定，适宜的水灰比值为 0.4 ~ 0.5。若偏离此范围，不仅降低喷射混凝土强度，也要增加回弹损失，如图

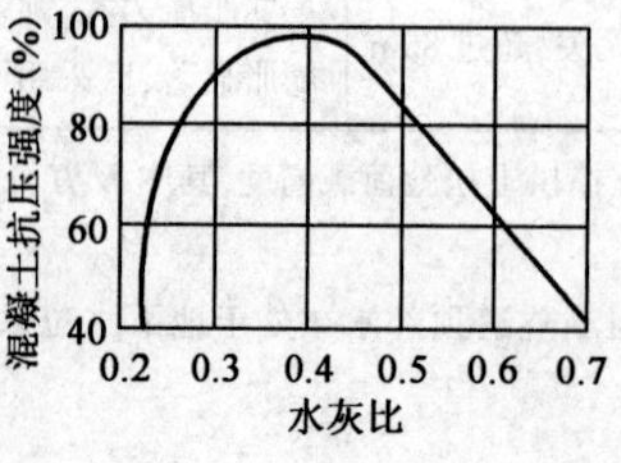
</td></tr>
</table>

续上表

项目	计算方法及公式	符号意义
水灰比	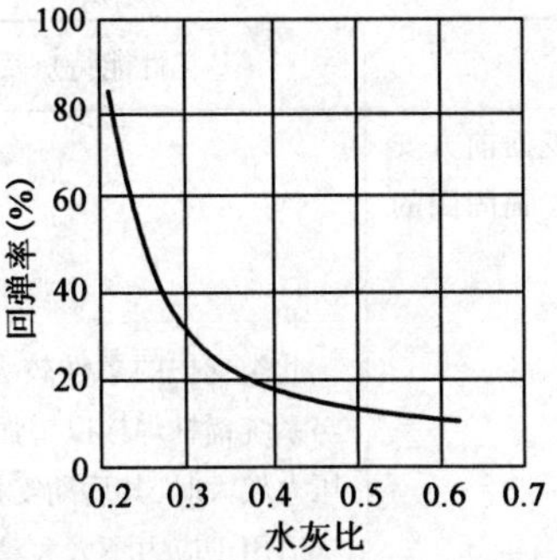	
速凝剂掺量	混凝土掺速凝剂后可增快早期强度，但会降低后期强度，掺量愈多，早期强度增长愈快，而后期强度损失也愈大(掺量为2%~4%时，则R_{28}降低达30%~40%)，故需根据结构对混凝土早期强度和后期强度的要求，通过试验确定掺量。红星一型及711型速凝剂的掺量不应大于水泥质量的4%；782号速凝剂的掺量不应大于水泥质量的8%。 喷射混凝土一般配合比的选用可参见21-32	

水泥用量对喷射混凝土抗压强度的影响 表21-30

单位体积混凝土的材料用量(kg/m^3)						混凝土抗压强度(MPa)	表观密度(kg/m^3)
水泥		砂		石			
设计	实例	设计	实例	设计	实例		
380	526	950	883	950	810	31.4	2450
542	689	812	698	812	730	22.6	2370
692	708	692	716	692	644	19.0	2360

砂率对喷射混凝土性能的影响 表21-31

性能	砂率		
	<45%	>55%	45%~55%
回弹损失	大	较小	较小
骨路堵塞	易	不易	不易
湿喷时的可泵性	不好	好	较好
水泥用量	少	多	较少
混凝土强度	高	低	较高
混凝土收缩	较小	大	较小

喷射混凝土的配合比 表21-32

喷射部位	配合比	
	水泥:中砂(粗中混合砂):石子	水泥:细砂:石子
侧壁	1:(2.0~2.5):(2.0~2.5)	1:2.0:(2.0~2.5)
拱顶	1:2.0:(1.5~2.0)	1:(1.5~2.0):(1.5~2.0)

2.3 开挖面的辅助稳定措施

辅助稳定措施形式、设计参数及适用条件　　表 21-33

项目	构造组成、设计参数	性能特点及适用条件
超前锚杆	超前锚杆沿开挖轮廓线，以稍大的外插角，向开挖面前方安装锚杆，形成对前方围岩的预锚固，在提前形成围岩锚固圈的保护下进行开挖工作。 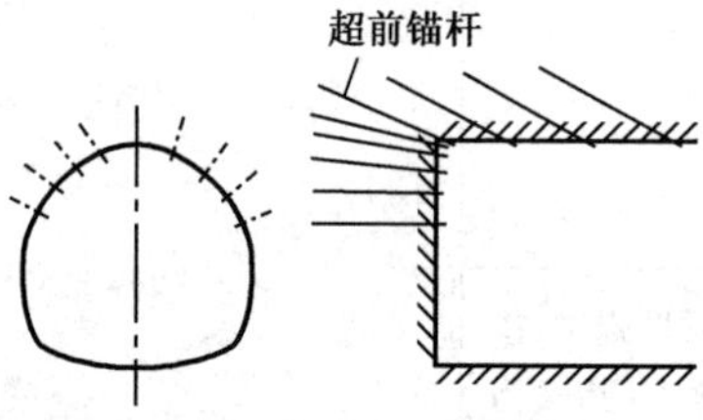 超前锚杆预锚固围岩 超前长度为循环进尺的 3 ~ 5 倍，为 3 ~ 5m，环向间距为 0.3 ~ 1.0m；外插角宜用 10° ~ 30°，搭接长度为超前长度的 40% ~ 60%，形成双层或双排锚杆，锚杆为大于等于 Φ22 全粘结式锚杆，尾端与系统钢筋网焊连	此类支护的柔性较大，整体刚度较小，虽与系统锚杆焊接以增强其整体性，但对围岩压力较大时，其后期支护刚度就有些不足。 适用于应力不太大，地下水较少的软弱破碎围岩的隧道工程中。如土砂质地层、弱膨胀性地层、流变性较小的地层、裂隙发育的岩体、断层破碎带以及浅埋无显著偏压的隧道
管棚	利用钢拱架与沿开挖轮廓线，以较小的外插角、向开挖面前方打入钢管或钢插板构成的棚架来形成对开挖面前方围岩的预支护。 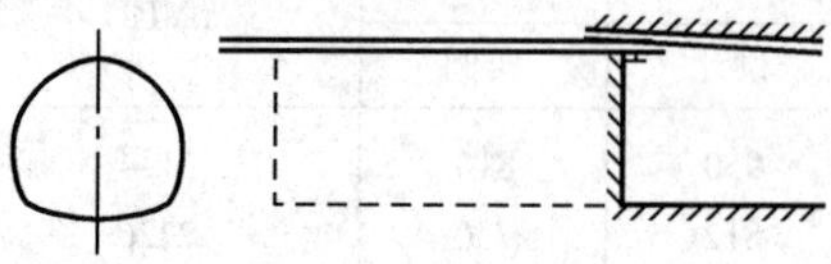 棚管的环向布置 长棚管长度不宜小于 10m，一般为 10 ~ 45m，管径 70 ~ 180mm，孔径比管径大 20 ~ 30mm，环向间距 0.2 ~ 0.8m，外插角 1° ~ 2°；两组管棚间的纵向搭接长度不小于是 1.5m，钢拱架常采用工字钢拱架或格栅钢架（设计第 21 章 2.1），钢管接头纵向错开，每节长 4 ~ 6m 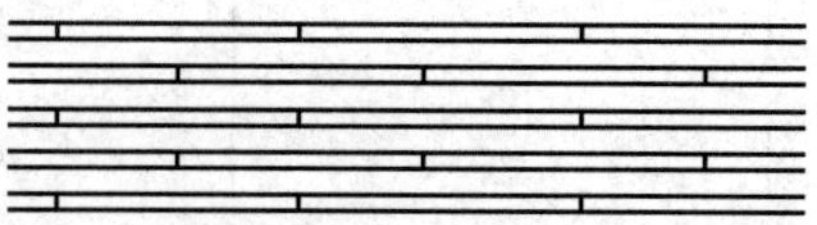 管棚钢管纵向错接	管棚因采用钢管或钢插板作纵向预支撑，又采用钢拱架作环向支撑，其整体刚度加大，对围岩变形的限制能力较强，且能提前承受早期围岩压力。 主要适用于围岩压力来得快来得大、对围岩变形及地表下沉有较严格限制要求的软弱破碎围岩隧道工程中。此外，在一般无胶结的土及砂质围岩中，可采用插板封闭较为有效；在地下水较多时，则可利用钢管注浆堵水和加固围岩
超前小导管注浆	开挖前，先用喷射混凝土将开挖面和 5m 范围内的坑道封闭，然后沿坑道周边向前方围岩内打入带孔小导管，并通过小导管向围岩压注起胶结作用浆液，待浆液硬化后，坑道周围岩体就形成了有一定厚度的加固圈	浆液被压注到岩体裂隙中并硬化后，不仅将岩块或颗粒胶结为整体起到了加固作用，而且填塞了裂隙，阻隔了地上水向坑道渗流

续上表

项目	构造组成、设计参数	性能特点及适用条件
超前小导管注浆	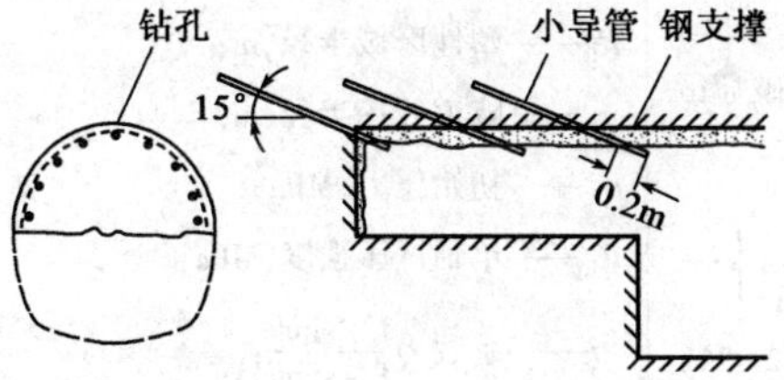 超前小导管布置 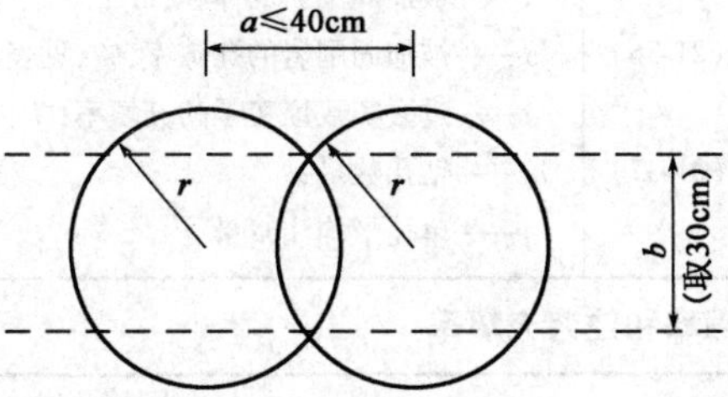 注浆半径及孔距选择 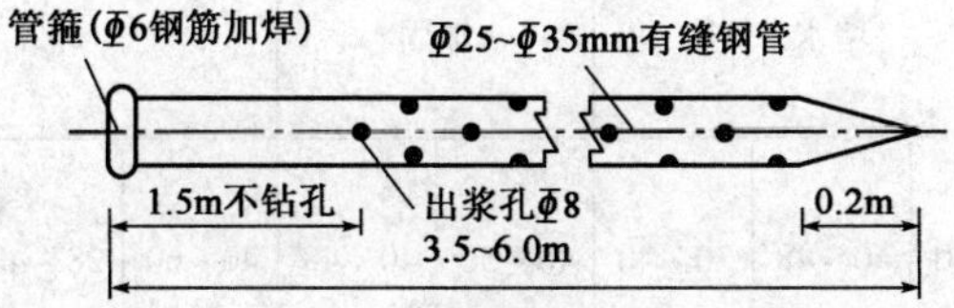 小导管全图 开挖面及5m范围内的坑道喷射5~10cm厚混凝土封闭。小导管直径为Φ32或Φ40无缝钢管，长为3~6m，前端做成尖锥形，前端管壁上每隔10~20cm交叉钻孔，眼孔直径宜为6~8mm；钻孔直径较管径大20mm以上，环向间距为20~50cm，外插角为10°~30°，一般取15°。 II类围岩劈裂、压密注浆时采用单排管；I类围岩或处理坍方时可采用双排管；地下水丰富的松软层可采用双排以上的多排管	的通道，起到了堵水作用。 适用于一般软弱破碎围岩，也适用于地下水丰富的软弱破碎围岩
超前深孔围幕注浆	可超前开挖面30~50m，形成有相当厚度和较长区段的筒状加固区，增强围岩的整体稳定性和产生较好的堵水效果。 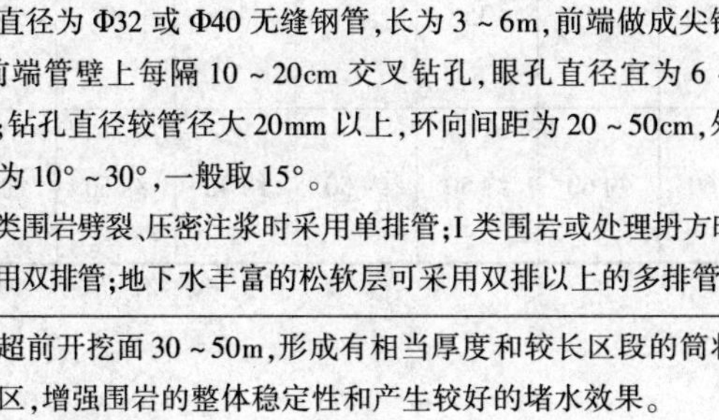 洞内超前注浆 设计参数见表21-34	渗透注浆：对于破碎岩层、砂卵石层、中、细、粉砂层等有一定渗透性的地层，采用中低压力将浆液压注到地层中的空穴、裂缝、孔隙里，凝固后将岩土或土颗粒胶结为整体。 劈裂注浆：对于颗粒更细的粘土质不透水(浆)地层，采用高压浆液强行挤压孔周，使黏土层劈裂成缝，并充塞凝结于其中，从而对黏土层起到挤压加固和增加高强夹层加固作用。 适用于所有软弱破碎围岩的加固，更适用于有压地下水及地下水丰富的地层中，也更适用于采用大中型机械化施工

注浆计算 表21-34

项目	计算方法及公式	符号意义
注浆范围	注浆范围即加固区的大小，也就是围岩塑性破坏区的大小，可用弹塑性理论计算式确定： $$R_0 - r_0 = r_0\left\{\left[\frac{2}{\xi+1}\cdot\frac{\sigma_y(\xi-1)+R_b}{R_b}\right]^{\frac{1}{\xi-1}} - 1\right\} \quad (21\text{-}35)$$	R_0——塑性区域半径，m； r_0——隧道开挖半径，m； σ_y——初始压力，MPa； R_b——单轴抗压强度，MPa； ξ——系数为$\frac{1+\sin\phi}{1-\sin\phi}$； ϕ——内摩擦角，(°)；
注浆数量	注浆数量可用下式计算： $$Q = n\cdot a\cdot A \quad (21\text{-}36)$$ 每孔注浆量可用下式计算： $$q = Q/m \quad (21\text{-}37)$$	Q——注浆总数量，m^3； A——被加固围岩的体积，m^3； n——被加固围岩的孔隙率，%，见表21-35； a——过去实践证实了的充填率，%，见表21-35； m——钻孔数量； q——单孔平均注浆量

围岩孔隙率和注浆充填率 表21-35

项目 \ 数值 \ 注浆目的 \ 土质		垆坶	黏土	粉砂	砂					砂砾		
注浆目的		堵水加固			堵水			加固		堵水		
孔隙率（%）	范围值	65~75	50~70	40~60	46~50	40~48	30~40	46~50	40~48	40~60	28~40	22~40
	标准值	70	60	50	48	44	35	48	44	50	34	31
充填率 a（%）		约30	约30	约20	约60	约60	约50	约50	约40	约60	约60	约60

2.4 模筑衬砌混凝土配合比计算

2.4.1 普通混凝土配合比计算

普通混凝土配合比设计步骤方法及计算 表21-36

项目	计算步骤方法及公式	符号意义
计算要求的试配强度	混凝土试配强度根据设计的混凝土强度等级，按下式计算： $$f_{cu,0} \geqslant f_{cu,k} + 1.645\sigma \quad (21\text{-}38)$$ σ的取值，如有近期混凝土强度的统计资料时，可按下式求得：	$f_{cu,0}$——混凝土的试配强度，MPa； $f_{cu,k}$——设计的混凝土立方体抗压强度标准值，MPa； σ——施工单位的混凝土强度标准差，MPa

续上表

<table>
<tr><th>项目</th><th>计算步骤、方法及公式</th><th>符号意义</th></tr>
<tr><td>计算要求的试配强度</td><td>$$\sigma = \sqrt{\frac{\sum_{i=1}^{n} f_{cu,i}^{2} - N\mu_{fcu}^{2}}{N-1}} \qquad (21\text{-}39)$$
当混凝土强度等级为C20、C25时，如计算得到的$\sigma < 2.5$MPa，取$\sigma = 2.5$MPa；当混凝土强度等级为C30及以上时，计算$\sigma < 3.0$MPa，取$\sigma = 3$MPa；如果施工单位无近期统计资料时，可按表21-37取值，计算试配强度用的标准差应取3.0MPa</td><td rowspan="4">$f_{cu,i}$——第i组混凝土试件强度，MPa；
μ_{fcu}——N组混凝土试件强度的平均值，MPa；
N——统计周期内相同混凝土强度等级的试件组数；
$\frac{w}{c}$——混凝土所要求的水灰比；
w——每立方米的用水量，kg；
c——每立方米混凝土的水泥用量，kg；
f_{ce}——水泥实际强度；
$f_{ce,k}$——水泥标号的标准值；
γ_c——水泥标号值的富余系数，一般取$\gamma_c = 1.13$；
m_{c0}——每立方米混凝土的水泥用量，kg/m^3；
m_{w0}——每立方米混凝土的用水量，kg/m^3；</td></tr>
<tr><td>计算要求的水灰比</td><td>根据试配强度，水泥标号及骨料种类按下式计算混凝土所需水灰比：
对碎石混凝土：
$$\frac{w}{c} = \frac{0.48 f_{ce}}{f_{cu,0} + 0.250 f_{ce}} \qquad (21\text{-}40)$$
对卵石混凝土：
$$\frac{w}{c} = \frac{0.50 f_{ce}}{f_{cu,0} + 0.305 f_{ce}} \qquad (21\text{-}41)$$
无水泥实际强度数据时，f_{ce}值可按下式确定：
$$f_{ce} = \gamma_c f_{ce,k} \qquad (21\text{-}42)$$
计算所得的混凝土水灰比应与规范所规定的范围（表21-38）进行核对，如大于表中所规定的最大水灰比值时，应按表21-38取用</td></tr>
<tr><td>选用单位用水量</td><td>根据施工要求，按表21-39选取混凝土浇筑时的坍落度，然后再根据坍落度及骨料的品种、粒径选取单位体积混凝土的用水量m_{w0}，用水量一般可根据施工单位所用材料按经验选用或参照表21-40选用</td></tr>
<tr><td>计算水泥用量</td><td>水泥用量可根据用水量和水灰比按下式计算：
$$m_{c0} = \frac{m_{w0}}{\frac{w}{c}} \qquad (21\text{-}43)$$
计算所得的水泥用量如小于表21-38所规定的最小水泥用量时，则应按表21-38取用，混凝土的最大水泥用量不宜大于550kg/m^3</td></tr>
</table>

续上表

项目	计算步骤、方法及公式	符号意义
选取砂率	砂率为砂子的质量与砂石总量的百分比率。一般根据施工单位对所有材料的使用经验选用合理的数值。如无使用经验,可按骨料品种、规格及混凝土的水灰比在表 21-41 的范围内选用	
计算细粗骨料用量	有体积法和质量法两种计算方法: 1. 体积法 系假定混凝土组成材料绝对体积的总和等于混凝土的体积,由下列方程来求得: $$\frac{m_{c0}}{\rho_c}+\frac{m_{s0}}{\rho_s}+\frac{m_{g0}}{\rho_g}+\frac{m_{w0}}{\rho_w}+0.01\alpha=1 \quad (21\text{-}44)$$ $$\beta_s=\frac{m_{s0}}{m_{s0}+m_{g0}}\times 100\% \quad (21\text{-}45)$$ 2. 质量法 系先假定一个混凝土拌和物密度值,再根据各材料之间的质量关系,由下列方程求得: $$m_{c0}+m_{s0}+m_{g0}+m_{w0}=m_{cp} \quad (21\text{-}46)$$ $$\beta_s=\frac{m_{s0}}{m_{s0}+m_{g0}}\times 100\% \quad (21\text{-}47)$$ 细、粗骨料用量按下式计算: $$m_{s0}=(m_{s0}+m_{g0})\times\beta_s \quad (21\text{-}48)$$ $$m_{g0}=(m_{s0}+m_{g0})-m_{s0} \quad (21\text{-}49)$$	m_{s0}——每立方米混凝土的细骨料用量,kg/m³; m_{g0}——每立方米混凝土的粗骨料用量,kg/m³; ρ_c——水泥的密度,kg/m³;一般取 ρ_c = 2900 ~ 3100; ρ_s——细骨料的表观密度,kg/m³; ρ_g——粗骨料的表观密度,kg/m³; ρ_w——水的密度,kg/m³,一般取 ρ_w = 1000; α——混凝土含气量百分数,%,当不使用含气型外加剂时,取 α = 1 β_s——砂率,%; m_{cp}——混凝土拌和物的假定密度,kg/m³。可根据施工单位累积的试验资料确定,如无资料时,可根据骨料的密度、粒径以及混凝土强度等级,在 2400 ~ 2450kg/m³ 的范围内选取
确定配合比	混凝土质量配合比为: $$m_{c0}:m_{s0}:m_{g0}:m_{w0}$$ 或 $$1:\frac{m_{s0}}{m_{c0}}:\frac{m_{g0}}{m_{c0}}:\frac{m_{w0}}{m_{c0}}$$ $$\beta_s=\frac{m_{s0}}{m_{s0}+m_{g0}}\times 100\% \quad (21\text{-}50)$$	
试配调整并最后确定施工配合比	1. 试配 根据计算的配合比,用施工所用的原材料进行试配,检验其和易性、坍落度、密度和强度,对计算结果作适当的调整。如坍落度不符合要求,或粘聚性和保水性不好,可保持水灰比不变,增减水泥浆量(水及水泥用量)或调整砂率;或保持砂率不变,同时增加砂及石子用量;然后提出供混凝土强度试验用的基准配合比。混凝土强度试验时应至少采用三个不同的配合比,一个是基准配合比,另外两个配合比的水灰比宜较基准配合比分别增、减 0.05,用水量相同,砂率分别增、减 1%。每种配合比应至少制作一组(3 块)试件,并应标准养护到 28d 时试压	

续上表

项目	计算步骤、方法及公式	符号意义
试配、调整并最后确定施工配合比	2. 配合比的确定 由试验得出的各灰水比及其相对应的混凝土强度关系，用作图法或计算法求出与混凝土配制强度 $f_{cu,0}$ 相对应的灰水比，并按下列原则确定每立方米混凝土的材料用量： (1)用水量 m_{w0}，取基准配合比中的用水量，并根据制作强度试件时测得的坍落度进行调整。 (2)水泥用量 m_{c0}，以用水量乘以选定出的灰水比计算确定。 (3)粗骨料和细骨料用量(m_{g0} 和 m_{s0})，应取基准配合比中的粗、细骨料用量，并按选定的灰水比进行调整。 当配合比经试配确定后，应按下列步骤校正： (1)根据上面确定的材料用量，按下式计算混凝土的表观密度计算值 $\rho_{c,c}$： $\rho_{c,c}=m_{w0}+m_{c0}+m_{s0}+m_{g0}$ (21-51) (2)按下式计算混凝土配合比校正系数 δ： $\delta=\rho_{c,t}/\rho_{c,c}$ (21-52) 当混凝土表观密度实测值与计算值之差的绝对值不超过计算值的2%时，则上述确定的配合比应为确定的设计配合比；当二者之差超过2%时，应将配合比中每项材料用量均乘以校正系数 δ 值，即为确定的混凝土设计配合比。 施工时再根据细、粗骨料含水率按下列公式计算确定配合比： 水泥： $m'_{c0}=m_{c0}$ (21-53) 细骨料： $m'_{s0}=m_{s0}(1+w_a\%)$ (21-54) 粗骨料： $m'_{g0}=m_{g0}(1+w_b\%)$ (21-55) 水：$m'_{w0}=m_{w0}-(m_{s0}\times w_a\%+m_{g0}\times w_b\%)$ (21-56)	δ——校正系数； $\rho_{c,t}$——混凝土表观密度实测值； $\rho_{c,c}$——混凝土表观密度计算值； m_{c0}——每立方米混凝土的水泥实用量，kg/m;³ m'_{s0}——每立方米混凝土的细骨料实用量，kg/m^3； m'_{g0}——每立方米混凝土的粗骨料实用量； m'_{w0}——每立方米混凝土的水实用量，kg/m^3； $w_a\%$——细骨料的含水率； $w_b\%$——粗骨料的含水率； 其他符号意义同前

σ 取值表 表 21-37

混凝土强度等级	≤C15	C20～C35	≥C40
σ (MPa)	4	5	6

混凝土的最大水灰比和最小水泥用量 表 21-38

环境条件	结构物类别	最大水灰比值			最小水泥用量(kg)		
		素混凝土	钢筋混凝土	预应力混凝土	素混凝土	钢筋混凝土	预应力混凝土
环境干燥	正常的居住或办公用房屋内	不作规定	0.65	0.6	200	260	300

续上表

环境条件		结构物类别	最大水灰比值			最小水泥用量(kg)		
			素混凝土	钢筋混凝土	预应力混凝土	素混凝土	钢筋混凝土	预应力混凝土
潮湿环境	无冻害	高湿度的室内;室外部件;在非侵蚀性土和(或)水中的部件	0.70	0.60	0.60	225	280	300
	有冻害	经受冻害的室外部件;在非侵蚀性土和(或)水中且经受冻害的部件;高湿度且经受冻害中的室内部件	0.55	0.55	0.55	250	280	300
有冻害和除冰剂的潮湿环境		经受冻害和除冰剂作用的室内和室外部件	0.50	0.50	0.50	300	300	300

注:当用活性掺和料取代部分水泥时,表中的最大水灰比及最小水泥用量即为替代前的水灰比和水泥用量。

混凝土浇筑时的坍落度 表 21-39

项目	结构种类	坍落度(mm)
1	基础或地面等的垫层,无配筋的厚大结构(端墙、翼墙基础、厚大的块体、衬砌的封底等)或配筋稀疏的结构	10~30
2	路面、衬砌、板、大型及中型截面的柱子等	30~50
3	配筋密列结构(衬砌环、薄壁、细柱等)	50~70
4	配筋特密的结构	70~90

注:①本表系指采用机械振捣的坍落度,采用人工捣实时可适当增大;

②需要配制大坍落度混凝土时,应掺用外加剂。

每立方米混凝土用水量参考表 表 21-40

粗细骨料种类	石子最大粒径(mm)	坍落度(cm)				
		0~1	1~3	3~5	5~7	7~9
碎石中砂	20	185	190	195	200	205
	40	175	180	185	190	195
	80	165	170	175	180	185
卵石中砂	20	175	180	185	190	195
	40	165	170	175	180	185
	80	155	160	165	170	175

注:①使用细砂时用水量约需增 10L;用粗砂时约减 10L;

②使用级配较差的粗骨料或火山灰水泥时需增加用水量;

③使用塑化剂时,用水量可酌减 10L。

混凝土砂率选用表(%)　　表 21-41

水灰比 (w/c)	卵石最大粒径(mm)			碎石最大粒径(mm)		
	10	20	40	16	20	40
0.40	26~32	25~31	24~30	30~35	29~34	27~32
0.50	30~35	29~34	28~33	33~38	32~37	30~35
0.60	33~38	32~37	31~36	36~41	35~40	33~38
0.70	36~41	35~40	34~39	39~44	38~43	36~41

注:①表中数值系中砂的选用砂率,对细砂或粗砂可相应地减少或增加砂率;

②本表适用于坍落度为 1~6cm 的混凝土,坍落度如大于 6cm 或小于 1cm 时,应相应地增加或减少砂率;

③只用一个单粒级粗骨料配制混凝土时,砂率值应适当增加;

④掺有各种外加剂或外掺混合料时,其合理砂率值经试验或参照其他有关规定选用;

⑤配制大流动性泵送混凝土时,砂率宜提高至 40%~43%(中砂)为佳;对薄壁构件砂率取大值。

例 21-1　隧道路面混凝土,设计混凝土强度等级为 C20,使用材料为 425 矿渣水泥,中砂(表观密度 2.62t/m^3),碎石最大粒径 40mm(表观密度 2.65t/m^3),自来水。混凝土用机械搅拌,振动器振捣,混凝土坍落度要求 3~5cm,试用体积法计算混凝土配合比。

解　1. 选定混凝土试配强度

查表 21-37,取 $\sigma = 5\text{MPa}$,由式(21-38)得:

混凝土试配强度:$f_{\text{cu,o}} = 20 + 1.645 \times 5 = 28.2\text{MPa}$

2. 计算水灰比

由式(21-42)先求水泥实际强度值,则有:

$$f_{\text{ce}} = 1.13 \times 42.5 = 48\text{MPa}$$

采用骨料为碎石,由式(21-40)求混凝土所需水灰比为:

$$w/c = 0.48 \times 48/(28.2 + 0.25 \times 48) = 0.57$$

3. 选取单位用水量

已知选定的混凝土的坍落度为 3~5cm,骨料采用碎石,最大粒径为 40mm,查表 21-40 得每立方米混凝土用水量为:

$$m_{\text{v0}} = 185\text{kg/m}^3$$

4. 按式(21-43)计算每立方米混凝土的水泥用量:

$$m_{\text{c0}} = \frac{m_{\text{w0}}}{\frac{w}{c}} = \frac{185}{0.57} \approx 325\text{kg/m}^3$$

查表 21-38 其计算值大于最小水泥用量,故取 $m_{\text{c0}} = 325\text{kg/m}^3$

5. 选取砂率

根据水灰比、骨料品种和最大粒径,由表 21-41 得合理砂率 $\beta_{\text{s}} = 34\%$。

6. 计算细、粗骨料用量

采用体积法,根据已知条件按式(21-44)及式(21-45)列出方程式为:

$$\begin{cases} \dfrac{325}{3100} + \dfrac{m_{\text{s0}}}{2620} + \dfrac{m_{\text{g0}}}{2650} + \dfrac{185}{1000} + 0.01 \times 1 = 1 \\ \dfrac{m_{\text{s0}}}{m_{\text{s0}} + m_{\text{g0}}} \times 100\% = 34\% \end{cases}$$

解得:$m_{\text{s0}} = 626\text{kg}$

$m_{g0} = 1216\text{kg}$

7. 确定配合比

混凝土的基准配合比为：

$$\text{水泥:砂:碎石:水} = 325:626:1216:185$$

或质量比为：

$$\text{水泥:砂:碎石:水} = 1:1.93:3.74:0.57$$

2.4.2 掺粉煤灰混凝土配合比计算

掺粉煤灰混凝土配合比设计步骤、方法与计算 表 21-42

<table>
<tr><th>项目</th><th>计算步骤、方法与公式</th><th>符号意义</th></tr>
<tr><td>计算试配强度</td><td>根据式(21-38)计算混凝土的试配强度：
$f_{cu,0} \geqslant f_{cu,k} + 1.645\sigma$
计算方法同表 21-36,普通混凝土配合比计算</td><td rowspan="4">$f_{cu,0}$——混凝土的试配强度,MPa；
$f_{cu,k}$——设计的混凝土立方体抗压强度标准值,MPa；
σ——施工单位的混凝土强度标准差,MPa；
m_c——每立方米粉煤灰混凝土的水泥用量,kg；
m_{c0}——每立方米基准混凝土的水泥用量,kg；
β_c——粉煤灰取代水泥百分率,%</td></tr>
<tr><td>进行普通混凝土基准配合比计算</td><td>按设计要求进行普通混凝土基准配合比的设计按式(21-40)、式(21-41)、式(21-42)计算水灰比；
查表 21-40 选取用水量；
由式(21-43)计算水泥用量；
查表 21-41 选取砂率；
由式(21-44)~式(21-49)计算粗、细骨料用量；
由式(21-50)确定基准混凝土配合比；
计算方法同表 21-36 普通混凝土配合比计算</td></tr>
<tr><td>选用粉煤灰取代水泥百分率</td><td>按混凝土强度等级及水泥品种由表 21-43 选用粉煤灰取代水泥百分率β_c,再按所选用的β_c由下式计算每立方米粉煤灰混凝土的水泥用量：
$m_c = m_{c0}(1 - \beta_c)$ (21-57)</td></tr>
<tr><td>选取粉煤灰超量系数</td><td>按表 21-44 选择粉煤灰超量系数δ_c</td></tr>
</table>

续上表

项目	计算步骤、方法与公式	符号意义
计算粉煤灰掺入量	按超量系数 δ_c 由下式求出每立方米混凝土粉煤灰掺量 m_f: $$m_f = \delta_c(m_{c0} - m_c) \quad (21\text{-}58)$$	m_f——每立方米混凝土的粉煤灰掺入量,kg; δ_c——超量系数; m_s——每立方米混凝土中细骨料用量,kg/m^3; m_{s0}——每立方米基准混凝土的细骨料用量,kg/m^3; ρ_c——水泥的密度,kg/m^3,一般取 $\rho_c = (2.9 \sim 3.1) \times 10^3 kg/m^3$; ρ_f——粉煤灰密度,kg/m^3; ρ_s——细骨料的表观密度,kg/m^3; m_{w0}——每立方米基准混凝土的用水量,kg/m^3; m_w——每立方米粉煤灰混凝土的用水量,kg/m^3; m_{g0}——每立方米基准混凝土的粗骨料用量,kg/m^3; m_g——每立方米粉煤灰混凝土的粗骨料用量,kg/m^3
计算细骨料用量	计算出每立方米粉煤灰混凝土中水泥、粉煤灰和细骨料的绝对体积,求出粉煤灰超出水泥的体积,按粉煤灰超出的体积,并扣除同体积的细骨料用量,则有: $$m_s = m_{s0} - \left(\frac{m_c}{\rho_c} + \frac{m_f}{\rho_f} + \frac{m_{c0}}{\rho_c}\right)\rho_s \quad (21\text{-}59)$$	
确定粉煤灰混凝土用水量	粉煤灰混凝土的用水量,按基准配合比的用水量取用,粗骨料也同样按基准配合比取用,即: $$m_w = m_{w0} \quad (21\text{-}60)$$ $$m_g = m_{g0} \quad (21\text{-}61)$$	
试配和调整并确定施工配合比	根据计算的粉煤灰混凝土配合比,按普通混凝土相同方法,通过试配,在保证设计所需和易性的基础上,进行混凝土配合比的调整,根据调整后的配合比,提出现场施工用粉煤灰混凝土配合比	

粉煤灰取代水泥百分率 ρ_c 　　表 21-43

混凝土等级	普通硅酸盐水泥(%)	矿渣硅酸盐水泥(%)
C15 以下	15~25	10~20
C20	10~15	10
C25~C30	15~20	10~15

注:①以 425 号水泥配制成的混凝土取表中下限值;以 525 号水泥配制的混凝土取上限值。

②C20 以上的混凝土宜采用 I、II 级粉煤灰;C15 以下的素混凝土可采用 III 级粉煤灰。

超量系数表 　　表 21-44

项次	粉煤灰级别	超量系数 δ_c
1	I	1.0~1.4
2	II	1.2~1.7
3	III	1.5~2.0

注:C25 以上混凝土取下限,其他强度等级混凝土取上限。

例 21-2 端墙式洞门混凝土设计强度等级为 C30,其标准差 $\sigma = 5\text{MPa}$,混凝土拌和物坍落度为 30 ~ 50mm;水泥采用 425 号普通硅酸盐水泥,粗骨料为碎石,其最大粒径为 20mm,细骨料采用中砂,试设计粉煤灰混凝土配合比。

解 1. 根据式(21-38)计算混凝土试配强度为:

$$f_{cu,0} = f_{cu,k} + 1.645\sigma = 30 + 1.645 \times 5 = 38.2\text{MPa}$$

2. 计算基准混凝土的材料用量

(1)由式(21-40)水灰比为:

$$\frac{w}{c} = \frac{0.48 f_{ce}}{f_{cu,0} + 0.250 f_{ce}} = \frac{0.48 \times 1.13 \times 42.5}{38.2 + 0.250 \times 11.3 \times 42.5} = 0.46$$

(2)查表 21-40 得用水量为:

$$m_{w0} = 195\text{kg/m}^3$$

由式(21-43)得水泥用量为:

$$m_{c0} = \frac{195}{0.46} = 424\text{kg/m}^3$$

(3)查表 21-41 取砂率为 33%。

(4)按体积法计算得:

砂子用量: $m_{s0} = 591\text{kg/m}^3$

石子用量: $m_{g0} = 1260\text{kg/m}^3$

(5)基准混凝土材料用量为:

$$m_{c0} = 424\text{kg/m}^3 \qquad m_{s0} = 591\text{kg/m}^3$$

$$m_{g0} = 1260\text{kg/m}^3 \qquad m_{w0} = 195\text{kg/m}^3$$

3. 粉煤灰混凝土配合比设计以基准混凝土为基础,用粉煤灰超量取代法进行计算调整

(1)按表 21-43 选取粉煤灰取代水泥率 $\beta_c = 0.15$;

(2)按取代水泥率由式(21-57)算出每立方米混凝土的水泥用量为:

$$m_c = 424 \times (1 - 0.15) = 360\text{kg/m}^3$$

(3)查表 21-44 选取粉煤灰超是系数 $\delta_c = 1.5$;

(4)按超量系数由式(21-58)算出每立方米混凝土的粉煤灰掺量为:

$$m_f = 1.59(424 - 360) = 96\text{kg}$$

(5)计算水泥、粉煤灰和砂的绝对体积,求出粉煤灰超出水泥部分的体积,并扣除同体积砂的用量。取水泥密度 $\rho_c = 3100\text{kg/m}^3$;粉煤灰密度 $\rho_f = 2200\text{kg/m}^3$,砂子密度 $\rho_s = 2650\text{kg/m}^3$,由式(21-59)得:

$$m_s = m_{s0} - \left(\frac{m_c}{\rho_c} + \frac{m_f}{\rho_f} + \frac{m_{c0}}{\rho_c}\right)\rho_s$$

$$= 591 - \left(\frac{360}{3100} + \frac{96}{2200} + \frac{424}{3100}\right)2650 = 530\text{kg}$$

(6)取 $m_g = m_{g0}$,$m_w = m_{w0}$,得立方米粉煤灰混凝土材料计算用量

$$m_c = 360\text{kg}; \qquad m_s = 530\text{kg}; \qquad m_g = 1206\text{kg}$$

$$m_f = 96\text{kg}; \qquad m_w = 165\text{kg}$$

4. 经试配调整得出设计配合比

因试配得粉煤灰混凝土的实测密度为2410kg/m^3,计算密度为2387kg/m^3,故得校正系数为：

$$\delta=\frac{2410}{2387}=1.01$$

由此得每立方米粉煤灰混凝土的材料用量为：

$$m_c=364\text{kg}\qquad m_s=535\text{kg}\qquad m_g=1218\text{kg}$$

$$m_f=97\text{kg}\qquad m_w=197\text{kg}$$

2.4.3 掺外加剂混凝土配合比计算

掺外加剂混凝土配合比计算 表21-45

项次	项目	计算步骤、方法及公式
1	掺加引气剂的普通混凝土	掺引气剂的普通混凝土配合比的计算方法与不掺引气剂的普通混凝土基本相同,所不同的是要考虑掺入引气剂后混凝土强度的降低和用水量的减少。不掺引气剂的普通混凝土的含气量一般为1%～2%,混凝土中含气量每增加1%,混凝土的抗压强度相应下降4%～6%,坍落度和单位水泥用量不变时,水灰比可减少2%～4%,即单位用水量减少3～6kg。 计算时可采用体积法或质量法进行
2	掺加减水剂的普通混凝土	掺减水剂的普通混凝土,其配合比设计原则和计算方法与不掺减水剂的普通混凝土基本相同,所不同处是掺入减水剂后混凝土性能显著改善,在保持混凝土强度和坍落度不变的情况下,可节约水泥5%～10%,降低用水量10%～15%。 计算时也可采用体积法或质量法进行

例21-3 配制C30引气混凝土,机械搅拌,机械振捣,坍落度50～70mm,原材料为水泥为425号普通水泥,$\rho_c=3.1\text{t/m}^3$;砂为中砂,$\rho_s=2.65\text{t/m}^3$;石子为卵石,最大粒径40mm,$\rho_g=2.73\text{t/m}^3$;水为自来水,$\rho_w=1\text{t/m}^3$;引气剂为水泥用量的0.02%,含气量为混凝土体积5%,试用体积法计算初步配合比。

解 1.确定试配强度

由公式可知：

$$f_{cu,0}=f_{cu.k}+1.645\sigma$$
$$=30+8.2=38.2\text{MPa}$$

引气混凝土的含气量在普通混凝土含气量1.5%的基础上还应增加(5～1.5)%=3.5%,则强度降低为5×3.5%=17.5%,因此需将试配强度$f_{cu,o}$作修正,则有：

$$f_{修}=\frac{38.2}{1-0.175}=46.3\text{MPa}$$

2.计算水灰比

按式(21-41)计算水灰比为：

$$\frac{w}{c}=\frac{0.5f_{ce}}{f_{cu,o}+0.305f_{ce}}$$
$$=\frac{0.50\times1.13\times42.5}{38.2+0.305\times1.13\times42.5}$$
$$=0.45$$

对照表21-38,小于最大水灰比0.7,满足要求。

3.计算用水量

查表21-40,$m_{wo}=180$kg,因掺引气剂,达到同样坍落度,可减水3×3.5%=10.5%,故经过修正后用水量为：

$$180-180\times10.5\%=161\text{kg}$$

4. 计算水泥用量

按公式(21-43)得：

$$m_{c0}=\frac{m_{w0}}{\frac{w}{c}}=\frac{161}{0.45}=358\text{kg}$$

对照表 21-38，水泥用量符合耐久性要求。

5. 确定砂率。查表 21-41 选用，$\beta_s=30\%$。

6. 计算砂石用量(用体积法)

用水量(体积)：$V_w=161\text{L}$

水泥用量(体积)：$V_c=\frac{358}{3.1}=115\text{L}$

空气含量：$V_{空气}=50\text{L}$

砂石体积：$1000-(161+115+50)=674\text{L}$

解下列联立方程：

$$\begin{cases}\frac{m_{s0}}{2.65}+\frac{m_{g0}}{2.73}=674\\ \frac{m_{s0}}{m_{s0}+m_{g0}}=0.3\end{cases}$$

得

$$\begin{cases}m_{s0}=547\text{kg}\\ m_{g0}=1276\text{kg}\end{cases}$$

引气剂用量 $0.02\%\times358=0.072\text{kg}$

7. 计算得初步配合比，如表 21-46 所示。

混凝土初步配合比 表 21-46

混凝土材料用量(kg/m^3)					砂率(%)	水灰比(w/c)	坍落度(mm)	含气量(%)
水泥(425 号)	水	中砂	卵石(40mm)	引气剂				
358	161	547	1 276	0.072	30	0.45	50 ~ 70	5

例 21-4 配制强度等级为 C30 掺 5% 复合早强减水剂 MS－F 的混凝土，坍落度为 30 ~ 50mm，原材料条件同例 21-3，机械振捣，试用体积法计算配合比。

解 1. 先根据给定的条件，按体积法计算出不掺减水剂时的初步配合比为：

水泥：360kg 砂子：619kg 石子：1147kg

水：180kg 砂率：35% 水灰比：0.50

2. 由于掺入 MS－F 减水剂(密度 $2.25t/m^3$)后，在保持混凝土强度和坍落度不变的情况下，可减水 10%，节约水泥 10%，拌和物含气量达 4%。故需在原初步配合比的基础上进行调整，调整方法如下：

(1)调整用水量

$$m'_{wo}=m_{wo}(1-0.1)=180\times0.9=162\text{kg}$$

(2)调整水泥用量

$$m'_{co}=m_{co}(1-0.1)=360\times0.9=324\text{kg}$$

(3)调整砂率

因加入5%复合早强减水剂MS－F后，含气量为4%，为提高混凝土质量，其砂率可减少2%，则：

$$\beta_s = 35\% - 2\% = 33\%$$

(4)砂石用量

$$\frac{m_{s0}}{\rho_s} + \frac{m_{g0}}{\rho_g} = 1000 - \left(162 + \frac{324}{3.1} + \frac{16.2}{2.2} + 40\right) \approx 686\text{L}$$

解下列联立方程：

$$\begin{cases} \dfrac{m_{s0}}{2.56} = \dfrac{m_{g0}}{2.65} = 686 \\ \dfrac{m_{s0}}{m_{s0} + m_{g0}} = 0.33 \end{cases}$$

得

$$\begin{cases} m_{s0} = 589\text{kg} \\ m_{g0} = 1203\text{kg} \end{cases}$$

所以，调整后配合比如表21-47所示。

表21-47

混凝土材料用量(kg/m³)					砂率(%)	水灰比(w/c)	坍落度(mm)	含气量(%)
水泥(矿425号)	水	砂	碎石(40mm)	MS－F				
324	162	589	1203	16.2	33	0.50	30～50	4

2.4.4 抗掺混凝土配合比计算

抗掺混凝土配合比计算　　表21-48

项目	计算步骤、方法及公式	符号意义
设计原则	1.设计必须满足抗压强度、抗渗性、适宜的施工和易性和经济性等基本条件。 2.根据工程要求选择水泥品种及标号；水泥品种应满足混凝土抗渗性、耐久性及使用条件要求；水泥标号不宜小于425号，应满足强度要求。 3.抗渗混凝土粗细骨料应优先采用当地砂、石材料，质量要求符合国家标准，满足工程要求	
确定水灰比	水灰比主要依据抗渗要求和施工和易性，其次考虑强度要求。防水混凝土的水灰比参照表21-49选用	
选择用水量	用水量应根据结构条件(如结构截面大小、钢筋布置的稀密等)和施工方法(运输、浇捣方法等)综合考虑决定，一般拱圈坍落度为3～4cm，边墙为2～3cm，也可按表21-50选用	

续上表

<table>
<tr><th>项目</th><th>计算步骤、方法及公式</th><th>符号意义</th></tr>
<tr><td>计算水泥用量</td><td>水泥用量可根据用水量和水灰比按下式计算：
$$m_{c0}=\frac{m_{w0}}{\frac{w}{c}} \quad (21\text{-}62)$$
计算所得的水泥用量应满足表 21-38 和抗渗混凝土水泥用量不小于 320 kg/m^3 的要求</td><td rowspan="5">$\frac{w}{c}$——混凝土所要求的水灰比；
w——每立方米混凝土的用水量，kg；
c——每立方米混凝土的水泥用量，kg；
m_{c0}——每立方米混凝土的水泥用量，kg/m^3；
m_{s0}——每立方米混凝土的细骨料（砂）用量，kg/m^3；
m_{g0}——每立方米混凝土的粗骨料（石子）的用量，kg/m^3；
m_{sg}——每立方米细、粗骨料（砂、石）混合质量，kg/m^3；
m_{w0}——每立方米水的质量，kg/m^3；
ρ_c——水泥的密度，t/m^3，一般取 2.9～3.1；
ρ_s——细骨料（砂）的表观密度，t/m^3；
ρ_g——粗骨料（石子）的表观密度，t/m^3；
ρ_{sg}——细、粗骨料（砂石）的混合密度，t/m^3；
ρ_w——水的密度，t/m^3；
β_s——砂率；
n_g——石子的空隙率，%；
ρ_{gm}——石子的质量密度，t/m^3；
P_1——6 个试件中 4 个未出现渗水时的最大水压值 MPa；
P——设计要求的抗渗等级</td></tr>
<tr><td>选取砂率</td><td>抗渗混凝土的砂率除满足填充石子空隙并包裹石子外，还必须具有一定厚度的砂浆层，一般要求不小于 35%，具体数值可根据砂的平均粒径和石子空隙率参考表 21-51 选用。
石子空隙率按下式计算：
$$n_g=\left(1-\frac{\rho_{gm}}{\rho_g}\right)\times 100\% \quad (21\text{-}63)$$</td></tr>
<tr><td>计算细粗骨料用量</td><td>抗渗混凝土一般用绝对体积法计算混凝土配合比。即假设混凝土组成材料绝对体积的总和等于混凝土的体积，从而得到以下方程式：
$$\frac{m_{c0}}{\rho_c}+\frac{m_{w0}}{\rho_w}+\frac{m_{sg}}{\rho_{sg}}=1000 \quad (21\text{-}64)$$
砂石混合密度：
$$\rho_{sg}=\rho_s\times\beta_s+\rho_g(1-\beta_s) \quad (21\text{-}65)$$
砂石混合用量：
$$m_{sg}=\rho_{sg}\left(1000-\frac{m_{w0}}{\rho_w}-\frac{m_{c0}}{\rho_c}\right) \quad (21\text{-}66)$$
则砂石用量为：
$$m_{so}=m_{sg}\times\beta_s \quad (21\text{-}67)$$
$$m_{g0}=m_{sg}-m_s \quad (21\text{-}68)$$</td></tr>
<tr><td>确定配合比</td><td>混凝土质量配合比为：
$$水泥:砂:石子=m_{c0}:m_{s0}:m_{g0} \quad (21\text{-}69)$$
或
$$1:\frac{m_{s0}}{m_{c0}}:\frac{m_{g0}}{m_{c0}} \quad (21\text{-}70)$$
$$水灰比=\frac{w}{c}$$</td></tr>
<tr><td>试配与校正</td><td>按照初步配合比进行试拌，试拌结果若与工程要求不符，应按实际情况进行校正，调整比例，使达到工程的要求。
试配要求的抗渗水压值应比设计值提高 0.2MPa。
试配时，应采用水灰比最大的配合比作抗渗试验，其试验结果应符合下式要求：
$$P_1\geqslant\frac{P}{10}+0.2 \quad (21\text{-}71)$$</td></tr>
</table>

注：掺外加剂的抗渗混凝土配合比计算可按表 21-36 或表 21-42 计算确定基准配合比，再按表 21-45 进行调整，最后确定施工配合比。

抗渗混凝土最大水灰比选择值 表 21-49

混凝土抗渗等级（MPa）	混凝土强度等级	
	C20 ~ C30	C30 以上
P_6	0.60	0.55
$P8 \sim P12$	0.55	0.50
$P12$ 以上	0.50	0.45

注：①混凝土抗渗等级是表示混凝土试块在渗透仪上作抗渗实验时，试块未发现渗水现象的最大水压值。例如 $P8$ 表示该试块能在 0.8MPa 的水压力下不出现渗水现象。

②试块 P 值应比实际提高 0.2MPa。

混凝土拌和用水量参考表（kg/m^3） 表 21-50

坍落度（mm）	砂率（%）		
	35	40	45
10 ~ 30	175 ~ 185	185 ~ 195	195 ~ 205
30 ~ 50	180 ~ 190	190 ~ 200	200 ~ 210

注：①表中石子粒径为 5 ~ 20mm，若石子最大粒径为 40mm，用水量应减少 5 ~ 10kg/m^3。表中石子按卵石考虑，若为碎石应增加 5 ~ 10kg/m^3。

②表中采用火山灰质水泥，若用普通水泥用水量可减少 5 ~ 10 。

砂率选择参考数值 表 21-51

砂子平均粒径（mm）	石子空隙率（%）				
	30	35	40	45	50
0.30	35	35	35	35	36
0.35	35	35	35	36	37
0.40	35	35	36	37	38
0.45	35	36	37	38	39
0.50	36	37	38	39	40

注：本表是按石子粒径为 3 ~ 30mm 计算，若用 5 ~ 20mm 石子时，砂率可增加 2%。

例 21-5 隧道模筑衬砌工程，采用 C30，P12 抗渗混凝土；水泥用 425 号普通硅酸盐水泥，$\rho_c = 3.1t/m^3$；细骨料用中砂，平均粒径 0.35mm，$\rho_s = 2.6t/m^3$，粗骨料采用碎石，用二级级配，(5 ~ 10)mm∶(10 ~ 30)mm = 30∶70，石子空隙率为 45%；要求混凝土坍落度为 30 ~ 50mm，用振动器振实，试计算确定配合比。

解 1. 选取水灰比、用水量和砂率

根据所要求的强度等级、抗渗等级、坍落度及材料情况，由表 21-49 初步确定水灰比 0.55，查表 21-51，砂率为 36%，查表 21-50，用水量为 185kg/m^3。

2. 计算水泥用量

由式(21-62)得：

$$m_{c0} = \frac{m_{w0}}{\frac{w}{c}} = \frac{185}{0.55} = 336kg/m^3$$

符合普通防水混凝土水泥用量不小于 320kg/m^3 的要求。

3. 计算砂石混合密度

由式(21-65)得：

$$\rho_{sg}=\rho_s\times\beta_s+\rho_g(1-\beta_s)$$
$$=2.6\times0.36+2.7(1-0.36)$$
$$=0.935+1.728=2.66t/m^3$$

4.计算砂石混合质量

由式(21-66)得:

$$m_{sg}=\rho_{sg}\left(1000-\frac{m_{wo}}{\rho_w}-\frac{m_{co}}{\rho_c}\right)$$
$$=2.66\left(1000-\frac{185}{1}-\frac{336}{3.1}\right)$$
$$=1881kg/m^3$$

5.分别计算砂石用量

由式(21-67)、式(21-68)得:

$$m_{s0}=m_{sg}\times\beta_s=1881\times0.36$$
$$=677kg/m^3$$
$$m_{g0}=m_{sg}-m_{s0}=1881-677=1204kg/m^3$$

6.初步确定配合比

水泥:砂:碎石:水 = 336:677:1204:185 = 1:2.01:3.58:0.55

试拌后坍落度为3~4cm,符合工程要求。

3 隧道围岩分类

隧道围岩分类(一) 表21-52

类别	围岩主要工程地质条件		围岩开挖后的稳定状态
	主要工程地质条件	结构特征和完整状态	
VI	硬质岩石(饱和抗压极限强度 $R_b>60MPa$),受地质构造影响轻微,节理不发育,无软弱面(或夹层);层状岩层为厚层,层间结合良好	呈巨块状整体结构	围岩稳定、无坍塌,可能产生岩爆
V	硬质岩石($R_b>30MPa$),受地质构造影响较重,节理较发育,有少量软弱面(或夹层)和贯通微张节理,但其产状及组合关系不致产生滑动;层状岩层为中层或厚层,层间结合一般,很少有分离现象,或为硬质岩石偶夹软质岩石	呈大块状砌体结构	暴露时间长,可能会出现局部小坍塌;侧壁稳定;层间结合差的平缓岩层,顶板易塌落
	软质岩石($R_b\approx30MPa$),受地质构造影响轻微,节理不发育;层状岩层为厚层,层间结合良好	呈巨块状整体结构	

续上表

类别	围岩主要工程地质条件		围岩开挖后的稳定状态
	主要工程地质条件	结构特征和完整状态	
Ⅳ	硬质岩石($R_b > 30MPa$),受地质构造影响严重,节理发育,有层状软弱面(或夹层),但其产状及组合关系尚不致产生滑动;层状岩层为薄层或中层,层间结合差,多有分离现象;或为硬、软质岩石互层	呈块(石)碎(石)状镶嵌结构	拱部无支护时可产生小坍塌,侧壁基本稳定,爆破震动过大易塌
	软质岩石($R_b = 5 \sim 30MPa$),受地质构造影响严重,节理较发育;层状岩层为薄层、中层或厚层,层间结合一般	呈大块状砌体结构	
Ⅲ	硬质岩石($R_b > 30MPa$),受地质构造影响很严重,节理很发育,层状软弱面(或夹层)已基本被破坏	呈碎石状压碎结构	拱部无支护时,可产生较大的坍塌;侧壁有时失去稳定
	软质岩石($R_b = 5 \sim 30MPa$),受地质构造影响严重,节理发育	呈块(石)碎(石)状镶嵌结构	
	(1)略具压密或成岩作用的黏性土及砂性土 (2)一般钙质、铁质胶结的碎、卵石土、大块石土 (3)黄土(Q_1、Q_2)	(1)呈大块状压密结构 (2)呈巨块状整体结构 (3)呈巨块状整体结构	
Ⅱ	石质围岩位于挤压强烈的断裂带内,裂隙杂乱,呈石夹土或土夹石状	呈角(砾)碎(石)状松散结构	围岩易坍塌,处理不当会出现大坍塌,侧壁经常小坍塌;浅埋时易出现地表下沉(陷)或坍至地表
	一般第四系的半干硬~硬塑的黏性土及稍湿至潮湿的一般碎、卵石土,圆砾、角砾土及黄土(Q_3、Q_4)	非黏性土呈松散结构、黏性土及黄土呈松软结构	
Ⅰ	石质围岩位于挤压极强烈的断裂带内,呈角砾、砂、泥松软体	呈松软结构	围岩极易坍塌变形,有水时土砂常与水一齐涌出;浅埋时易坍至地表
	软塑状黏性土及潮湿的粉细砂等	黏性土呈易蠕动的松软结构砂性土呈潮湿松散结构	

注:表中"类别"和"围岩主要工程地质条件"栏,不包括特殊地质条件的围岩,如膨胀性盐岩、多年冻土等。

1. 岩石等级划分

将岩浆岩、沉积岩和变质岩依岩性、物理力学指标、耐风化能力划分为硬质岩石及软质岩石二级,又按饱和抗压极限强度 R_b 与工程的关系分为四种,其标准及代表性岩石见表21-53。

2. 围岩受地质构造影响程度的等级划分见表21-54。

3. 围岩节理(裂隙)发育程度的划分见附表21-55。

4. 层状岩层的层厚划分为:厚层,大于0.5m;中层,0.1~0.5m; 薄层,小于0.1m。

岩 石 等 级 划 分　　表 21-53

岩石等级		饱和抗压极限强度 R_b(MPa)	耐风化能力		代表性岩石
			程度	现　象	
硬质岩石	极硬岩	>60	强	暴露后 1~2 年尚不易风化	(1)花岗岩、闪长岩、玄武岩等岩浆岩类 (2)硅质、铁质胶结的砾岩及砂岩、石灰岩、白云岩等沉积岩类 (3)片麻岩、石英岩、大理岩,板岩、片岩等变质岩类
	硬质岩	>30			
软质岩石	软质岩	5~30	弱	暴露后数日到数月即出现风化壳	(1)凝灰岩等喷出岩类 (2)泥砾岩、泥质砂岩、泥质页岩、灰质页岩、泥灰岩、泥岩、劣煤等沉积岩类 (3)云母片岩和千枚岩等变质岩类
	极软岩	≤5			

围岩受地质构造影响程度等级划分　　表 21-54

等级	地 质 构 造 作 用 特 征
轻微	围岩地质构造变动小,无断裂(层);层状岩一般呈单斜构造;节理不发育
较重	围岩地质构造变动较大,位于断裂(层)或褶曲轴的邻近地段,可有小断层;节理较发育
严重	围岩地质构造变动强烈,位于褶曲轴部或断裂影响带内;软岩多见扭曲及拖拉现象;节理发育
很严重	位于断裂破碎带内,节理很发育;岩体破碎呈碎石、角砾状,有的甚至呈粉末、土状

围岩节理(裂隙)发育程度划分　　表 21-55

等级	基　本　特　征
节理不发育	节理或裂隙(1~2 组)规则,为原生型构造型,或多数间距 1m 以上,多为密闭;岩体呈巨块状
节理较发育	节理或裂隙(2~3 组)呈 X 型,较规则,以构造型为主,多数间距大于 0.4m,多为密闭,部分微张,少有充填物;岩体呈大块状
节理发育	节理或裂隙(3 组以上)不规则,呈 X 形或米字形,以构造型或风化型为主,多数间距小于 0.4m,大部分微张,部分张开,部分为黏性土充填;岩体呈块(石)碎(石)状
节理很发育	节理或裂隙(3 组以上)杂乱,以风化型和构造型为主,多数间距小于 0.2m,微张或张开,部分为黏性土充填;岩体呈碎石状

5. 风化作用对围岩分类的影响

(1)结构完整状态方面　当风化作用使岩体结构松散、破碎、软硬不一时,应结合因风化作用造成的各种状况,结合考虑确定围岩的结构完整状态。

(2)岩石等级方面　当风化作用使岩石成分改变、强度降低时,应按风化后之强度确定岩石等级。

6. 遇有地下水时,可按下列原则调整围岩类别:

(1)在 VI 类围岩或属于 V 类的硬质岩石中,一般地下水对其稳定性影响不大,可不考虑降低。

(2)在 IV 类围岩或属于 V 类的软质岩石,应根据地下水的性质、水量大小和危害程度调整围岩类别,当地下水影响围岩稳定产生局部坍塌或软化软弱面时,可酌情降低 1 级。

(3)III 类、II 类围岩已成碎石状松散结构,裂隙中有黏性土充填物,地下水对围岩稳定性影响较大,可根据地下水的性质、水量大小、渗流条件、动水和静水压力等情况,判断其对围岩的危害程度,可降低 1 ~ 2 级。

(4)在 I 类围岩中,分类中已考虑了一般含水地质情况的影响,但在特殊含水地层(如处于饱水状态或具有较大承压水流时),需另作处理。

隧道围岩分类(二)　　表 21-56

测试参数指标 \ 围岩类别	VI	V	IV	III	II	I
RQD(%)	>95	85 ~ 75	75 ~ 85	50 ~ 75	25 ~ 50	<25
V_p(km/s)	>4.5	3.5 ~ 4.5	2.5 ~ 4.0	1.5 ~ 3.0	1.0 ~ 2.0	<1.0 <1.5(饱和状态的土)
I	0.8 ~ 1.0		0.6 ~ 0.8	0.4 ~ 0.6	0.2 ~ 0.4	<0.2

注:锤击法采用低值 *I* 划分。

各类围岩的物理力学指标　　表 21-57

围岩类别	密度 ρ (t/m³)	弹性抗力系数 *K* (MPa/m)	弹性模量(静态)*E* (GPa)	泊松比 μ	计算摩擦角 ϕ (°)	摩擦系数(圬工与围岩)*f*
VI	2.6 ~ 2.8	1800 ~ 2800	>50	0.10 ~ 0.15	>78	0.6 ~ 0.7(表面不光滑时)
V	2.5 ~ 2.7	1200 ~ 1800	20 ~ 50	0.12 ~ 0.20	67 ~ 78	0.6(表面不光滑时)
IV	2.3 ~ 2.5	500 ~ 1200	5 ~ 25	0.15 ~ 0.30	55 ~ 66	0.5(表面不光滑时)
III	1.9 ~ 2.2	200 ~ 500	2 ~ 10	0.20 ~ 0.35	43 ~ 54	0.3 ~ 0.5
II	1.7 ~ 2.0	100 ~ 200	<2	0.30 ~ 0.45	31 ~ 42	0.3 ~ 0.5

续上表

围岩类别	密度 ρ (t/m^3)	弹性抗力系数 K (MPa/m)	弹性模量(静态) E (GPa)	泊松比 μ	计算摩擦角 ϕ (°)	摩擦系数(圬工与围岩) f
I	1.5～1.7	<100	<1	0.35～0.50	≤30	≤0.25

注：①表中密度 ρ，对 III 类围岩的老黄土采用 1.7～1.8，II 类围岩的新黄土采用 1.5。

②表中弹性抗力系数 K，一般可参考下列情况取值：

(i)洞径在 10m 及以上的取较低值，在 10m 以下的取较高值；

(ii)裂隙发育的取较低值；

(iii)对受地下水作用强度降低的围岩和可能继续风化的围岩取较低值；

(iv)洞口、浅埋傍山隧道地段取低值。

③表列数值适用于洞径在 15m 及以下的隧道，不适用于黄土、冻土及其他特殊土(膨胀土等)隧道。

④表中摩擦系数 f，对 III 类围岩光滑的黏性土取用 0.3，砂类土取用 0.4，块、卵石取用 0.5；II 类围岩光滑的黏性土取用 0.3，砂性土取用 0.4，卵、砾石取用 0.5。

第四篇　施工组织设计

第22章　施工组织设计的基本内容与方法

1　基本内容

施工组织设计的基本内容　　表22-1

项次	项目	原理和方法要点
1	作用及分类	一个公路工程项目的施工可采用不同的施工方案、施工方法、机械设备和不同的施工顺序；工程材料的运输可采用不同的方式和工具进行；工程施工所需的机械设备、仓储、加工场、办公及其他生活等临时设施、水电线路等可采用不同的方式布置；开工前的各项准备工作可采用不同的方法解决。施工组织的作用，就是根据设计文件、招投标文件的技术要求，从工程全局出发，考虑影响施工的各种客观条件，遵循公路工程施工的客观规律，拟定工程施工方案，确定施工顺序，制订各工程的施工技术和方法，制订保证工程质量及施工安全的措施，安排工程进度，组织劳动力、机械设备、材料、构件及半成品的供应，对工程施工所需的道路、运输、水电供应、仓储、生产及生活设施做出规划和安排，使施工活动能有组织、有计划地进行，实施连续、均衡而紧凑的施工，按期完成施工任务。 施工组织设计要根据工程设计阶段及施工阶段进行编制，按设计阶段的不同，施工组织设计分为以下几种：在公路工程项目的初步设计阶段编制施工方案，通常是概略的施工条件分析；在技术设计阶段编制修正施工方案；在施工图设计阶段编制施工组织计划；在施工阶段，由施工单位编制实施性施工组织设计
2	施工方案基本内容	1. 说明 (1)施工组织、施工力量的设想和工期安排，关键工程项目的施工方案比较、论证、决策情况； (2)主要工程、控制工期工程和特殊工程采用的施工方案； (3)主要材料的供应、施工机械、设备的配置及临时工程设施的安排； (4)下一阶段应解决的问题及注意事项； (5)劳动力、机械设备、材料及构件等供应计划，列出主要材料、机械设备的名称、单位、总数量及人工数量。 2. 工程概略进度图 根据劳动力、施工工期、施工条件及施工方案按年度和季度进行施工进度概略安排。图中列出工程项目名称、单位、数量，按年度和季度标示出各项工程施工的起止时间、机动时间、衔接时间等。 3. 临时工程一览表 列出临时工程名称，如施工便道、便桥、施工场地、水电供应设施、通讯设施等。文件中应列出临时工程的地点及桩号、工程项目及数量。 4. 公路临时用地表 列出临时用地的位置及桩号、工程名称、隶属(县、乡、村、个人)关系、面积、土地类别等。 施工方案说明列入设计文件第一篇(即总说明书)，其余构成设计文件的第十篇(即施工方案文件)

续上表

项次	项目	原理和方法要点
3	修正施工方案基本内容	工程项目采用三阶段设计时,在技术设计阶段编制修正施工方案。编制时要根据初步设计审查意见和施工方案说明中提出应进一步解决的问题及注意事项进行编制,其深度及内容介于施工方案和施工组织计划之间
4	施工组织计划基本内容	在施工图设计阶段要编制施工组织计划,其内容由以下文件组成: 1. 说明 (1)初步设计批复意见的执行情况; (2)施工组织、施工期限、主要工程的施工方法、工期、进度及采取的措施; (3)劳动力计划及主要机具使用安排; (4)主要材料供应、运输方案及临时工程的安排; (5)对缺水、风沙、高原、严寒等地区及雨季、冬季施工所采取的措施; (6)对高速公路、一级公路的交通工程及沿线设施施工的协调及分期实施等有关问题的说明; (7)施工准备的意见,如拆迁、用地、修建临时便道、便桥、临时房屋、架设临时供电供水设施等。 2. 工程进度图 图中应列出工程项目名称、单位、数量、劳动力等,按年、月分别绘出各工程项目工期并标出其计划工日数,绘出劳动力安排示意图。 3. 主要材料计划表 文件中列出主要材料的名称、规格、单位、数量、来源、运输方式,按年、季的计划用量等。 4. 主要施工机具、材料计划表 文件中列出机具、设备的名称、规格、数量(台班数、台数)、使用期限(开始和结束时间),按年、季的计划用量。 5. 临时工程数量表 列出各临时工程的地点或桩号、工程名称、工程说明、工程数量等。 6. 工程临时用地表 列出临时用地的位置及桩号、工程名称,土地的隶属关系,长度、宽度,土地类别及数量等。 施工组织计划列为施工图设计文件的第十二篇
5	实施性施工组织计划的基本内容	在公路工程项目施工阶段,在工程开工之前,由施工单位编制的施工组织设计文件称为实施性施工组织设计。编制的前提是施工图设计已获批准、施工单位已经确定、所有施工原则和施工方案已定,施工条件明确。所编制的施工组织设计十分具体,用于指导、控制工程的实际实施,因此必须对工程各分部、分项、各工序和施工队都进行具体的施工进度日程安排和具体的操作设计。 实施性施工组织设计的内容与施工组织计划基本接近,但更具体、更详细,工程进度图按月、旬安排,当以分部工程为施工对象时,应列出各工序的施工延续时间,并编制相应的人工、材料、机具、设备计划等。 从施工方案到实施性施工组织设计,后一阶段比前一阶段要求更高、更具体,内容更详细,彼此既独立又相互联系,前一阶段施工组织设计是后一阶段施工组织设计的基础,后一阶段施工组织设计是前一阶段施工组织设计的深化

续上表

项次	项目	原理和方法要点
6	原始资料调查与分析——自然条件调查	1. 地形、地貌 地形、地貌对公路施工的场地建设、场内运输、临时设施等影响很大。通常重点调查公路沿线大桥、隧道、附属加工场、工程困难地段。用于选择施工用地、布置施工平面图、规划临时设施、掌握障碍物及其数量等。 2. 地质 用以选择路基土石方施工方法、确定特殊路基处理措施、复核地基基础设计及其施工方案,选择自采材料加工料场等。 3. 水文地质 判断地下水水质及其侵蚀性质和施工注意事项,研究降低地下水的措施、选择基础施工方案、复核地下排水设计。 制定水下工程施工方案、复核地面排水设计、确定临时供水设施等。 4. 气候条件 (1)气温 确定冬季施工及夏季防暑降温措施,估计混凝土、水泥砂浆的强度增情况,选择水泥混凝土工程、路面工程及砌筑工程的施工季节。 (2)降雨 确定雨季施工措施、工地排水和防洪方案,确定全年施工的有效作业天数及桥涵下部构造的施工季节。 (3)风力及风向 用于布置临时设施、确定高空作业及吊装的方案与安全措施。 5. 其他自然条件 公路工程施工常遇见特殊的施工条件,如地震、泥石流、滑坡等,必要时进行有针对性的调查,研究其对基础及路基的影响,制定专项施工方案
7	原始资料调查与分析——施工资源调查	1. 筑路材料调查 (1)外购材料 外购材料的供应及发货地点,规格、单价、可供应数量,运输方式及运输成本。 (2)地方材料 地方可供材料产地、质量、单价,运输方式、运输距离及运输成本。 (3)自采加工材料 自采加工材料料场位置、可开采数量、运距等。 2. 交通运输条件 工地沿线及邻近地区的铁路、公路、河流的位置,车场、码头到工地的运输距离及卸货、储存能力;费用标准、公路桥梁的最大承载能力,航道的封冻、洪水及枯水期等。 3. 供电、供水、通讯条件 当地水厂供应施工用水的可能性,供水量、水压、水质、水费、输水管道长度。工地自选水源的可能性,其水质、水量、引水方式、投资等。 当地电源供电的容量、电压、电费、停电情况等,如需自行发电,则应了解水及枯水期等。 4. 劳动力及生活设施 (1)当地可动用的劳动力数量、技术水平等; (2)可用作施工的房屋数量、面积、地点等; (3)工地所在地的文化教育、生活、医疗、治安、消防及资源情况; (4)环境条件。 5. 地方施工能力 如当地钢筋混凝土预制构件厂、木材加工厂、采石场、混凝土搅拌厂等建筑施工附属企业的生产能力,这些企业满足公路施工需求的可能性和数量

续上表

项次	项目	原　理　和　方　法　要　点
8	原始资料调查与分析——施工单位能力调查	在公路项目设计阶段,如工程可行性研究报告中未明确施工单位,应向建设单位调查落实施工单位,确定是由专业队伍施工还是由地方队伍承建。对施工单位,主要调查其施工能力,如员工数量及技术素质、技术人员数量及类别、施工机械设备装备水平、单位资质等级及今年来施工业绩等。对于实行招、投标的工程,在设计阶段不可能明确施工单位,但编制施工组织设计时,应从工程设计角度出发,提出最优化的、最合理的意见作为选择施工单位的依据。 在施工阶段,施工单位应考察可调动的施工力量,包括本单位自身的施工能力和按合同规定允许分包的其他施工能力,作为编制实施性施工组织设计的依据

2　基本组织方法

2.1　顺序作业法

2.1.1　基本原理

表 22-2

项目	原　理　和　方　法　要　点
基本原理	顺序作业法是将拟建项目划分成若干段,每段又分成若干个施工过程,按照一定的施工顺序,前一个施工过程完成后,后一个施工过程才开始进行,或前一施工段结束后,后一施工段才开始施工。如桥墩一个一个地修建或路面一段一段的铺筑,都属于顺序作业法,是最基本的、最原始的施工组织方法

2.1.2　施工期限计算

表 22-3

项目	计　算　公　式	符号意义
计算组织范围内全部工程项目施工期限	由于按顺序进行,因而只能有一个施工队进行施工。若一项工程有几道工序,各工序的作业持续时间为 t_i,则该项工程的施工期限 t 可用下式计算: $t = t_1 + t_2 + \cdots + t_n = \sum_{t=1}^{n} t_n$　(22-1) $T = \Sigma t_{i,1} + \Sigma t_{i,2} + \Sigma t_{i,j}$　(22-2) 当 m 项工程都完全相同,每项工程的几道工序的作业持续时间 t_i 都相等时,上式可以写成: $T = mnt_i$　(22-3)	$t_{i,j}$——第 j 项工程的第 i 道工序的作业持续时间; T——完成 m 项全部工程任务的总工期

2.1.3 顺序作业法组织特点

表 22-4

项目	基本内容
组织特点	(1)不能充分利用工作面去争取,所以工期较长; (2)不能实现专业队伍施工,机具、设备不能充分利用,不利于提高施工质量和劳动生产率; (3)施工队和工人不能连续作业,劳动力需要量波动性大; (4)单位时间内投入的资源数量较少,有利于资源供应的组织; (5)由于只有一个施工队,施工现场的管理工作比较简单。 由此可见,在大规模的现代化施工条件下,顺序作业法只能作为辅助的施工组织方法。对于工程规模小,技术单一,或工期要求相对宽松的小型工程,可考虑采用顺序作业法组织施工

2.2 平行作业法

2.2.1 基本原理

表 22-5

项目	原理和方法要点
基本原理	将拟建工程项目分段或分施工项目,分别组织几个相同的专业施工队,在同一时间的不同空间上同时进行作业,即组织平行作业法。工程项目被划分成多少施工段(或施工项目),就相应地组织多少个专业施工队

2.2.2 施工期限计算

表 22-6

项目	计算公式	符号意义
计算组织范围内全部工程项目施工期限	由于各施工队同时作业,因此完成整个工程项目的总工期 T 由工期最长的那个施工项目决定,即: $T = \max\{t_j\}$ (22-4) 当 m 段工程内容完全相同,每项工程的即道工序的作业持续时间 t_i 都相等时,上式可写成: $T = nt_j$ (22-5)	t_j——各施工段或施工项目的施工期限,$j = 1, 2, \cdots, m$; m——划分的施工段(施工项目)数; T——完成 m 项全部工程任务的总工期

2.2.3 顺序作业法组织特点

表 22-7

项目	基本内容
组织特点	(1)充分利用了工作面,争取了施工时间,缩短了施工工期。 (2)不能实现专业队伍施工,机具、设备不能充分利用,不利于提高施工质量和劳动生产率; (3)施工队和工人不能连续作业,劳动力需要量出现高峰; (4)单位时间内需要投入的资源成倍增长,现场临时设施相应增加; (5)现场施工的组织、管理工作复杂。 由此可见,只有当施工任务十分紧迫、需突击施工以缩短工期、工作面允许及资源供应有充分保障的条件下,可考虑采用平行作业法组织施工

2.3 流水作业法

2.3.1 基本原理

表 22-8

项目	原理和方法要点
基本原理	公路工程的流水作业法，是将拟建工程项目划分为若干个施工段，按工序或相同的施工过程分别组建专业施工队，各专业施工队按照一定的施工顺序依次在各施工段上完成各自的施工任务，使拟建项目的的施工全过程在时间上和空间上实现有节奏、连续、均衡的进行。与其他采用流水作业法组织生产的行业不同，公路工程流水作业法的表现形式为产品(工程)固定、生产者流动

2.3.2 施工期限计算

表 22-9

项目	计算公式	符号意义
计算组织范围内全部工程项目施工期限	$T=(m+n-1)t_j$ (22-6)	t_j——各施工段或施工项目的施工期限，$j=1,2,\cdots,m$； m——划分的施工段(施工项目)数； n——施工队数； T——完成 m 项全部工程任务的总工期

2.3.3 顺序作业法组织特点

表 22-10

项目	基本内容
组织特点	(1)科学、合理地利用工作面，争取了施工时间，工期相对比较合理； (2)施工队和工人可实现专业化施工，可使工人的操作水平提高，更好地保证工程质量，获得更高的劳动生产率； (3)专业施工队及工人实现连续作业，相邻施工队之间的搭接紧凑； (4)单位时间投入施工的资源均衡，有利于资源供应的组织工作； (5)施工有节奏，为文明施工和进行现场施工的科学管理创造了条件

2.3.4 流水作业法的分级

表 22-11

项目	基本内容
分项工程流水作业	分项工程流水作业也称细部流水作业，是在一个专业工种内部按工序组织的流水作业形式。如路基土石方施工的开挖、运土、卸土、空回；水泥混凝土路面施工的清基、支模、制备混凝土拌和物、运输、摊铺、成型等，都属于分项工程流水的组织范围

续上表

项目	基本内容
分部工程流水作业	分部工程流水作业也称专业流水作业,是在一个分部工程内部、各分项工程之间组织起来的流水作业。如桥梁桩基施工的挖孔、清孔、制作及安装钢筋、灌注混凝土
单位工程流水作业	单位工程流水作业也称综合流水作业,是在一个单位工程内部、各分部工程之间组织的流水作业。如路面工程的施工按路基处理、垫层、基层、面层的流程进行;桥梁工程的施工按基础、下部构造、上部构造及桥面系的流程进行等
工程项目流水作业	工程项目流水作业也称大流水作业或群体工程流水作业。是在若干个相互关联的单位工程之间组织起来的流水作业,最终完成一个项目的施工任务。如将路基工程、桥梁工程、路面工程及其它相关设施施工组织成流水作业,该流水作业计划完成即是整个工程项目施工阶段结束

2.3.5 基本组织形式

表 22-12

项目	原理和方法要点
流水段法	将施工对象在平面上划分成若干段,各段的施工过程相同、主要工程数量和所需劳动力资源基本相等。组织若干个在工艺上密切联系的专业施工队相继投入施工,各专业队依次从一个施工段转移到下一施工段,以相同的时间重复完成同样的施工作业任务,这样的流水作业法称为流水段法
流水线法	根据施工对象的工程特点及施工技术方案,组织在工艺上密切联系的专业施工队按工序搭接关系相继投入施工,各专业队都以某一固定的速度向前推进,即在单位时间内完成同样长度的施工作业任务,这种流水作业法称为流水线法。 流水线法适用于线性工程,尤其是线性均匀分布的工程,如路面工程、平原地区的路基工程、地质条件较好的隧道工程、线性交通工程设施、绿化工程等
分别流水法	若施工对象包含若干个不同的施工过程,或施工过程相同但施工方法、施工期限彼此不同时,首先将各施工过程按流水段法或流水线法分别组织成独立的流水,按后再将这些独立流水按其施工顺序的逻辑关系依次搭接,从而形成整个施工对象的流水。这种流水组织形式称为分别流水法。 由于公路施工项目常常包括路基工程、桥梁工程、涵洞工程、支挡结构、路面工程等,其中既有集中工程,又有线性工程,工程量分布很不均匀,因此,一般公路工程的施工进度常常是按分别流水法组织制定的

2.3.6 工艺参数计算

施工过程　　表22-13

公路项目的施工,都由若干个不同种类和特性的施工过程组成,每一施工过程都有特定的施工工艺。在组织流水作业时,用施工过程和流水强度来表达流水业法组织施工的开展顺序及特征,这些参数称为工艺参数。 施工过程根据施工方法和工艺性质的不同进行划分,它所包括的范围可以是分项工程、分部工程,也可以是单项工程、单位工程,随流水作业的等级而定。根据在工程施工中的作用,施工过程分为制备类、运输类和砌筑安装类三种,由于砌筑安装类施工过程要占用施工对象的空间,因此必须列入流水作业的施工进度计划。制备类施工过程和运输类施工过程为砌筑安装类施工过程创造作业条件,不占用施工对象的空间,一般不列入施工进度计划。划分施工过程时,应注意以下问题: (1)施工过程划分的粗细程度,应以流水作业进度计划的性质为依据。对于实施性的流水作业进度计划,可划到分项工程、工序。对于控制性的进度计划,应划分得粗一些,可划分到单位工程,甚至是工程项目。 (2)结合所拟定的施工方案划分施工过程。如钢筋混凝土结构的现浇与预制吊装、路基土石方爆破施工与机械化施工、沥青路面的摊铺机施工与人工施工等,两者划分施工过程的差异是很大的。 (3)划分施工过程应重点突出,不宜太细,使流水作业进度计划简明扼要。如路面工程划分到每一结构层即可,各层施工的操作如混合料拌和、摊铺、压实等不必再分。 (4)一个流水作业进度计划内的所有施工过程应大致按施工先后顺序排列,所采用的施工过程名称应与现行定额的名称一致。 (5)过程的数目,若施工过程为工序,施工过程的数目用 n 表示。通常情况下,流水作业所需组建的专业施工队数目等于施工工序数目

流水强度计算　　表22-14

项　目	计算公式	符　号　意　义
机械作业流水强度	$v_i = \sum_{j=1}^{x} R_j^i S_j^i$　　(22-7)	v_i——施工过程 i 的机械作业流水强度; R_j^i——投入施工过程 i 的第 j 种同类型号机械的台数; S_j^i——该种型号机械的台班产量定额; x——投入施工过程 i 的施工机械种类
人工作业流水强度	$v_i = R_i S_i$　　(22-8)	v_i——施工过程 i 的人工作业流水强度; R_i——投入施工过程 i 的专业施工队的人数; S_i——专业对工人的平均产量定额

2.3.7 空间参数

表22-15

项　目	内　　容
空间参数概念	完成任何一项施工任务,都要占用一定范围的空间。在组织流水作业时,用工作面、流水段和施工层这三个流水作业参数表达流水作业在空间布置上所处的状态,这些参数称为空间参数
工作面	某一专业工种的工人或某种型号的机械在进行施工操作时所必须具备的活动空间称为工作面。一个专业施工队的工作面就是全部工人和机械进行施工操作所必需的活动空间。 工作面的大小直接影响到施工操作的效率和施工安全。确定工作面时,应考虑人工和机械的产量定额,并遵守施工机械操作规程和有关安全规程的具体规定

续上表

项　目	内　　容
施工段	为了合理组织流水作业，把施工对象在平面上划分成若干个段落，在一定时间内，只有一个专业施工队在一个段落上完成一定的施工过程，这些段落称为施工段。施工段也即是专业施工队在平面上的施工作业空间范围，它保证了各专业施工队在不同的施工范围同时施工而不相互干扰。施工段的数目用 m 表示。 施工段是流水作业的基础条件，划分施工段应遵循以下原则： (1)各施工段的劳动量应基本相等，相差以不超过15%为宜； (2)每个施工段要有足够的工作面，施工机械操作方便，并满足合理的劳动组合要求，既有利于提高工效，又有利于保证施工安全； (3)应考虑施工对象的结构整体完整性。大型人工构造物以伸缩缝、沉降缝为分段界，一般的工程构造物应在受力最小又不影响结构外观的位置分段； (4)划分施工段的多少，应考虑施工规模、资源供应、充分发挥主导施工机械的效能等因素，从合理组织流水作业的角度出发，施工段数目 m 宜大于或等于施工过的数目 n，也即 $m > n$
施工层	路基工程的高填方或深挖路段、高墩桥等施工项目，为了满足操作高度和施工工艺要求，还要将施工段在竖向划分为若干操作层，这些操作层称为施工层。施工层数目用 r 表示。 施工层的划分要根据施工对象的具体情况和施工方法而定

2.3.8　时间参数

流水节拍　　表22-16

一个专业施工队在一个施工段上完成相应的施工任务所需要的作业持续时间叫流水节拍，常用 t_i 表示。流水节拍的大小，直接关系到劳动力、材料、机具等资源消耗量的多少，决定着施工进度和施工节奏。 影响流水节拍数值大小的因素有：施工方案、施工段的工程数量、专业施工队的人数或机械台数及每天的作业班次等。为避免专业队转移时浪费工时且有利于施工管理，流水节拍在数值上应是工日的整数倍，特殊情况下为半个工日的整数倍

流水节拍计算　　表22-17

项　目	计算公式	符　号　意　义
定额计算法	能够投入施工的资源数量已定，定额或专业队的实际生产能力已知时，用下式计算： $$t_i = \frac{Q}{SRn} = \frac{P}{Rn} \quad (22\text{-}9)$$	Q——一个施工段上某施工过程应完成的工程数量； S——产量定额或每工日、每台班的实际产量； R——专业施工队的人数或机械台数； P——完成该施工过程的任务所需劳动量(工日)或机械量(台班)； n——作业班数，可以是单班、双班或三班
经验估计法	当施工采用新工艺、新材料、新技术、新方法时，常常无定额可循，只能根据以往的施工经验估算一个期望时间 D，作为某施工过程在某施工段上的流水节拍，计算公式为： $$D = \frac{a + 4c + b}{6} \quad (22\text{-}10)$$	D——完成某施工过程在某施工段上的作业持续时间的期望值，即流水节拍； a、b、c——按经验估计的最短时间、最长时间和正常时间

续上表

项目	计算公式	符号意义
工期反算法	若施工任务紧迫,必须在规定工期内完成施工任务,可采用倒排进度的方法求流水节拍。首先根据要求的总工期 T 倒排进度,确定某一工程的施工作业总持续时间 T_i,再根据施工段数 m 反求流水节拍 t_i: $$t_i=\frac{T_i}{m} \quad (22\text{-}11)$$ 然后检查反算的流水节拍 t_i 是否大于最小流水节拍 t_{min},t_{min} 计算公式为: $$t_{min}=\frac{A_{min}\mu}{S} \quad (22\text{-}12)$$	A_{min}——专业施工队或机械所需的最小工作面; μ——单位工作面上所含的工程量含量; S——产量定额或每工日、每台班的实际产量

其他流水参数 表22-18

项目	内容
流水步距	相邻两个专业施工队依次投入流水作业施工,其开始作业时刻的时间间隔称为流水步距,用 k 表示。 当施工段确定后,流水步距的大小直接影响工期,流水步距越小,则工期越短,反之亦然。确定流水步距时,应考虑正确的施工顺序、合理的技术间歇、适当的工作面和施工的均衡性,一般应遵循以下原则: (1)流水步距要能满足相邻两个专业队在施工顺序上相互制约的关系; (2)保证各专业施工队都能连续作业; (3)确保相邻两个专业施工队在开工时间上最大限度地、合理的搭接; (4)确定流水步距要保证工程质量,满足安全施工的要求
流水展开期	从第一个专业施工队开始作业起,到最后一个专业施工队开始作业止,其时间间隔称为流水展开期,用 t' 表示。流水展开期过后,全部专业队都进入流水作业(当 $m>n$ 时),每天的各种资源需要量保持不变,各专业队每天完成相应的工作量,开始了连续、均衡而紧凑的流水作业阶段。流水展开期 t' 的数值等于各流水步距 k 之和
平行搭接时间	为缩短总工期,在工作面允许的条件下,在专业队完成部分施工任务后,能够提前为后一个专业施工队提供工作面,使后者提前进入该施工队段,两支专业施工队在同一个施工段上平行搭接施工,这段搭接施工的时间称为平行搭接时间,用 $C_{j,j+1}$ 表示。例如路基深挖路堑边坡开挖后立即支护,地质条件较差的隧道衬砌提前介入等,都可按平行搭接考虑
技术间歇时间	在组织流水作业时,不仅要考虑专业队之间的协调配合、施工质量和施工安全等,有时应根据材料特点和工艺要求,考虑合理的工艺等待时间,然后下一专业队才能允许进入施工,这种等待时间称为技术间歇时间,常用 $Z_{j,j+1}$ 表示。如水泥混凝土的养生、砂浆抹面和油漆待干需用的时间都是技术间歇时间
组织间歇时间	在流水作业中,由于施工技术或施工组织的原因,造成流水步距以外增加的间歇时间称为组织间歇时间,用 $G_{j,j+1}$ 表示。如施工进行中的检查、校正,施工人员和机械的转移等需用的时间都是组织间歇时间。

2.4 全等节拍流水

2.4.1 全等节拍流水特点

表 22-19

根据施工对象的构造复杂程度和具体施工条件，以及工作性质等因素，组织流水作业时，各流水作业参数之间的关系会呈现不同的特点。针对流水作业参数之间不同的关系，可分别采用全等节拍流水、成倍节拍流水、分别流水和无节拍流水等四种方法组织施工。 在组织流水作业时，如果所有施工过程在各施工段上的流水节拍彼此相等，这种流水作业的组织方式称为全等节拍流水。 基本特点如下： (1)流水节拍彼此相等，流水步距彼此相等，而且两者数值相等，即 $t_i = k =$ 常数，这是组织全等节拍流水的条件。 (2)每个施工过程组织一个专业施工队，即专业队的数目等于施工过程数 n。 (3)每个专业施工队都能连续作业，施工段没有空闲，实现了连续、均衡而紧凑地施工。 全等节拍流水是最理想的流水作业组织形式

2.4.2 施工组织步骤

表 22-20

项　目	计　算　公　式	符　号　意　义
确定施工过程 n	首先确定流水作业的起点及流向，然后分解施工过程，专业施工队数即为施工过程数。施工过程确定后，排出它们的先后顺序	
确定流水段数 m	无施工层、无技术间歇、无组织间歇时， $m = n$　(22-13) 有施工层，同时又有组织间歇或技术间歇时，应取 $m > n$，此时施工段的数目可按下面的方法确定。 $(m-n)k = \Sigma Z_1 + Z_2$　(22-14) $m = n + \frac{\Sigma Z_1}{k} + \frac{Z_2}{k}$　(22-15) 若每施工层的 ΣZ_1 都不相同，施工层之间的 Z_2 也不相同，则取其最大值代入下式 $m = n + \frac{\max(\Sigma Z_1)}{k} + \frac{\max(Z_2)}{k}$　(22-16)	ΣZ_1——若同一施工层内各施工过程之间的所有间歇时间之和； Z_2——施工层之间的间歇时间； 其他符号意义同前
计算流水节拍 t_i 并确定流水步距 k	$t_i = \frac{Q}{SRn} = \frac{P}{Rn}$　(22-17) $D = \frac{a+4c+b}{6}$　(22-18) $t_i = \frac{T_i}{m}$　(22-19)	

续上表

项目	计算公式	符号意义
计算流水作业总工期 T	无施工层时，用下式计算： $T=(m+n-1)k+\Sigma Z_{j,j+1}+\Sigma G_{j,j+1}+\Sigma C_{j,j+1}$ (22-20) 划分施工层时，按下式计算总工期： $T=(mr+n-1)k+\Sigma Z_1-\Sigma C_{j,j+1}$ (22-21)	j——施工过程编号，$1\leqslant j\leqslant n$； $Z_{j,j+1}$——两施工过程之间的技术间歇时间； $G_{j,j+1}$——两施工过程之间的组织间歇时间； $C_{j,j+1}$——两施工过程之间的平行搭接时间； r——施工层数； ΣZ_1——第一个施工层中各施工过程之间的技术间歇与组织间歇时间之和。 其余符号意义同前
绘制施工进度图	绘制全等节拍流水作业施工进度图	

例 22-1 某桥梁桩基工程的施工由 A、B、C、D 等四道工序组成，划分为两个施工层组织全等节拍流水施工，工序 B 需等待凝期并进行超声波检测，4d 后 C 工序才能进行，施工层之间的技术间歇时间为 2d，各工序的流水节拍均为 2d，试确定施工段数、计算总工期，绘制施工进度图。

解 已知 $n=4, t_i=2, r=2, \sum Z_1=4, \sum Z_2=2$，那么有：

1. 确定流水步距 k

因各工序 $t_i=2$，则 $k=2$

2. 确定施工段数 m

因分施工层施工，各层间歇时间不变，用式(22-15)计算，则：

$$m=n+\frac{\Sigma Z_1}{k}+\frac{Z_2}{k}=4+\frac{4}{2}+\frac{2}{2}=7$$

3. 计算总工期 T

分层施工，用式(22-21)计算，其中平行搭接时间 $C_{j,j+1}=0$，则：

$$T=(mr+n-1)k+\Sigma Z_1-\Sigma C_{j,j+1}=(7\times2+4-1)\times2+4-0=38\text{d}$$

4. 绘制施工进度图

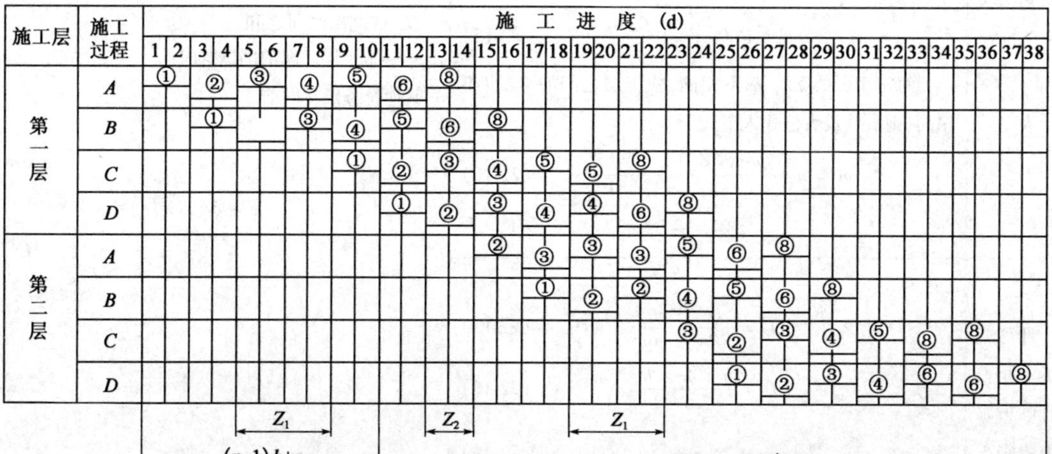

图 22-1 有施工层、技术间歇、组织间歇的施工进度图

2.5 成倍节拍流水

2.5.1 成倍节拍流水特点

表 22-21

全等节拍流水在施工的连续性、均衡性和节奏性方面具有十分明显的优点。但实际工程施工的性质和复杂程度不同，有时会出现某些施工过程所需的人数和机械台数超出了施工段上所能容纳的最大数量，从而使施工无法进行。此时，只能减少施工人数和机械台数，这就必然使这些施工过程的流水节拍增长，其结果是无法按全等节拍流水组织施工。如果这些施工过程的流水节拍为其他施工过程流水节拍的整数倍，则可按成倍节拍流水组织施工。 基本特点如下： (1)同一施工过程在各施工段上的流水节拍彼此相等，不同施工过程在同一施工段上的流水节拍彼此不等，但互为整数倍关系，这是组织成倍节拍流水作业的基本条件。 (2)专业段的数目 n_1 大于施工过程数 n，即 $n_1 > n$。 (3)各专业队能保持连续施工，施工段没有空闲，整个施工是连续、均衡的，各专业队按自己的节奏施工

2.5.2 施工组织步骤

表 22-22

项　目	计　算　公　式	符　号　意　义
确定施工过程	首先确定流水作业的起点及流向，然后分解施工过程，专业施工队数即为施工过程数。施工过程确定后，排出它们的先后顺序	
确定流水段数 m	划分施工段如下： (1)不分施工层时，按前述划分施工段的原则确定施工段数 m； (2)划分施工层数，每层的施工段数按下式计算： $m = n_1 + \frac{\max(\Sigma Z_1)}{k} + \frac{\max(Z_2)}{k}$　(22-22)	n_1——专业队的总数； k——成倍节拍流水的流水步距； 其余符号同前
计算流水节拍 t_i	注意使各流水节拍之间形成整数倍的关系： $t_i = \frac{Q}{SRn} = \frac{P}{Rn}; t_i = \frac{T_i}{m}$　(22-23)	符号意义同前
确定流水步距 k	流水步距 k 为施工过程流水节拍数值之间的最大公约数	
计算各施工过程的专业队数 b_j 和专业施工队总数 n_1	$b_j = \frac{t_{i,j}}{k}$　(22-24) $n_1 = \sum_{j=1}^{n} b_j$　(22-25)	$t_{i,j}$——专业队的总数； b_j——成倍节拍流水的流水步距； j——施工过程编号，$1 < j < n$； 其余符号意义同前

续上表

项　目	计　算　公　式	符　号　意　义
计算流水作业总工期 T	$T = (mr + n_1 - 1)k + \Sigma Z_1 - \Sigma C_{j,j+1}$　　(22-26)	r——施工层数，不分层时 $r=1$； 其余符号意义同前
绘制施工进度图	绘制成倍节拍流水作业施工进度图	

例 22-2　钢筋混凝土盖板涵的施工由挖槽、砌基础、砌洞身及安盖板四道工序组成，分别用 A、B、C、D 等表示四道工序，各工序计划工时分别为 8、16、24、8。工作面上最多只能容纳 4 名工人同时作业。此种规格的涵洞共有 12 座，无技术间歇和组织间歇时间，试组织流水施工。

解　每座涵洞划分为一个施工段，即 $m=12$，施工过程 $n=4$。

1. 求各道工序的流水节拍

挖槽 $8 \div 4 = 2$d，砌基础 $16 \div 4 = 4$d，洞身 $24 \div 4 = 6$d，安盖板 $8 \div 4 = 2$d。

2. 求流水步距

2、4、6、2 的最大公约数为 2，即 $k = 2$d

3. 求专业队数目

由式(22-24)计算，b_j 依次为 1、2、3、1。专业队施工队总数 n_1 由式(22-25)计算如下：

$$n_1 = \sum_{j=1}^{n} b_j = 1 + 2 + 3 + 1 = 7 \text{ 个}$$

4. 计算总工期

将各流水参数代入式(22-26)有：

$$T = (mr + n_1 - 1) + \sum Z_1 - \sum C_{j,j+1} = (12 \times 1 + 7) \times 2 + 0 = 36\text{d}$$

5. 绘制施工进度图

施工进度度如下图所示。

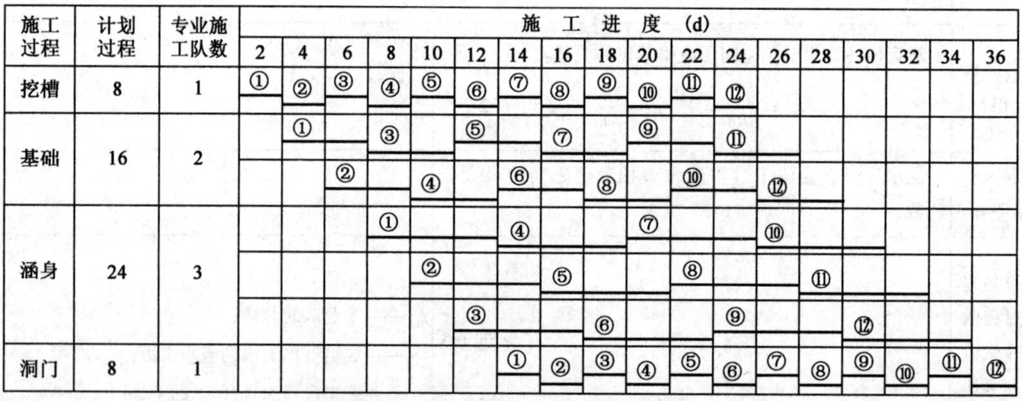

图 22-2　成倍节拍流水施工进度图

2.6 分别流水与无节拍流水

2.6.1 分别流水

分别流水基本特点 表 22-23

为了便于公路施工的组织管理,施工过程的流水节拍一般要求是整天数。任何一个施工项目的各施工过程的流水节拍都能找到一个最大公约数1。当流水步距 $k=1$ 时,虽然也能按前述方法组织成倍节拍流水作业,但大多数情况下是无法实施的。例如,施工段数太少(m 远小于 n_1 时),使过多的专业队不能尽快进入流水作业,造成窝工;又如,当没有流水节拍为1的施工过程时,需要组织更多的专业施工队,必然造成人工、机具的投入数量的增加。由此可见,只有当成倍节拍流水的流水步距 $k>1$ 时,才能充分发挥作用。当 $k=1$ 时,从技术、经济方面综合考虑,一般采用分别流水法组织施工。 基本特点如下: (1)同一施工过程在各施工段上的流水节拍彼此相等。不同的施工过程在同一施工段上的流水节拍彼此不等,各流水节拍之间不存在大于1的整数倍关系,这是组织分别流水作业的前提条件; (2)专业队的数目等于施工过程的数目 n,即每一施工过程值组织一个专业施工队; (3)各专业队始终能保持连续有节奏地施工; (4)施工队有发生空闲的情况

施工组织步骤 表 22-24

项目	计算公式	符号意义
确定施工过程	首先确定流水作业的起点及流向,然后分解施工过程,专业施工队数即为施工过程数。施工过程确定后,排出它们的先后顺序	
确定流水段数 m	按前述划分施工段的原则和方法确定	
计算流水节拍 t_i	根据值判断是否为分别流水	
确定流水步距 k	(1)当后一施工过程的流水节拍 t_i+1 较小时,即 $t_{i+1}<t_i$ 时,流水步距 $k_{j,j+1}$ 用下式计算: $$k_{j,j+1}=m(t_i-t_{i+1})+t_{i+1} \quad (22\text{-}27)$$ (2)当 $t_{i+1}\geqslant t_i$ 时,用下式计算: $$k_{j,j+1}=t_i \quad (22\text{-}28)$$	$k_{j,j+1}$——第 j 专业队与地 $j+1$ 专业队之间的流水步距; 其余符号意义同前
计算流水作业总工期 T	$$T=\sum_{j=1}^{n-1}k_{j,j+1}+mt_i^E+\sum Z_1-\sum C_{j,j+1} \quad (22\text{-}29)$$	t_i^E——最后一道施工过程的流水节拍; 其余符号意义同前
绘制施工进度图	绘制分别流水作业施工进度图	

例 22-3 某路面工程划分为五个施工段,每个施工段含四道工序,即清理路基与挖路槽、铺筑垫层、基层和面层。已知各道工序的流水节拍分别为:$t_{槽}=2\text{d}$, $t_{垫}=3\text{d}$,$t_{基}=3\text{d}$, $t_{面}=1\text{d}$。在保证各专业段连续作业的情况下,试组织流水作业。

解 已知 $m=5$, $n=4$ 及各 t_i 值。

1. 计算流水步距 k

因 $t_{垫} > t_{槽}$、$t_{基} = t_{垫}$，由式(22-28)得：

$k_{1,2} = t_{槽} = 2d$，$k_{2,3} = t_{垫} = 2d$，因 $t_{面} < t_{基}$，由式(22-27)得：

$$k_{3,4} = m(t_{基} - t_{面}) + t_{面} = 5 \times (3-1) + 1 = 11d$$

2. 计算总工期 T

将 $t_i^E = t_{面} = 1$、$\Sigma Z_1 = 0$、$C_{j,j+1} = 0$ 代入式(22-29)得：

$$T = \sum_{j=1}^{n-1} k_{j,j+1} + mt_i^E + \sum Z_1 - \sum C_{j,j+1}$$
$$= (2+3+11) + 5 \times 1 + 0 - 0 = 21d$$

3. 绘制流水作业施工进度图

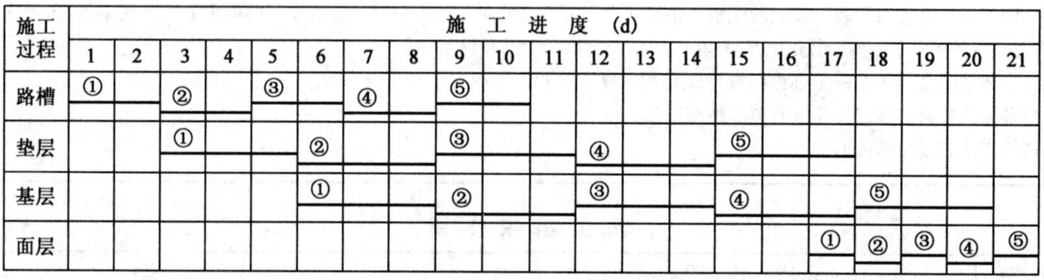

图 22-3 分别流水作业进度图

2.6.2 无节拍流水

无节拍流水基本特点 表 22-25

(1)同一施工过程在各施工段上的流水节拍彼此不等，不同施工过程在同一施工段上的流水节拍也彼此不等，这是组织无节拍流水作业的条件； (2)各专业队数目等于施工过程数目 n，即按施工过程组织专业施工队； (3)各专业队能保持连续施工，但没有固定的节奏； (4)施工段有发生空闲的时候，如不允许发生空闲，专业施工队就不能实现连续施工，两者不能兼顾

施工组织步骤 表 22-26

项　目	计　算　公　式	符　号　意　义
确定施工过程	首先确定流水作业的起点及流向，然后分解施工过程，专业施工队数即为施工过程数。施工过程确定后，排出它们的先后顺序	
确定流水段数 m	按前述划分施工段的原则和方法确定	

续上表

项　目	计　算　公　式	符　号　意　义
计算流水节拍 t_i	按前述划分施工段的原则和方法确定	
确定流水步距 k	用累加数列法(也称最大差法)计算,步骤如下: (1)根据专业队在各施工段上完成某施工过程的流水节拍,求累加数列; (2)根据施工顺序,相邻两施工过程的累加数列错位相减; 相减结果中的最大差值即为所求的流水节拍 k	
计算流水作业总工期 T	$T=\sum_{j=1}^{n-1}k_{j,j+1}+\sum_{i=1}^{m}t_i^E+\Sigma Z_1+\Sigma G-\Sigma C_{j,j+1}$　(22-30)	$k_{j,j+1}$——第 j 专业队与第 $j+1$ 专业队之间的流水步距; t_i^E——最后一道施工过程的流水节拍; 其余符号意义同前
绘制施工进度图	绘制无节拍流水作业施工进度图	

例 22-4　某工程施工划分 A、B、C、D、E 等五道工序,平面上划分为五个施工段。每道工序在各施工段上的流水节拍见表 22-27,按施工工艺要求,工序 B 完成后,该施工段上应至少养护 2d,工序 D 完成后,该施工段需要 1d 的准备时间。为尽早完工,允许在工序 A 与 B 之间搭接施工 1d,试组织流水作业。

解　按无节拍流水组织施工,每到工序组织一个专业施工队,即 $m=5$,$n=5$。

1. 求各工序在每个施工段上的流水节拍的累加数列。

工序 A:3,5,7,11,14

工序 B:1,4,9,12,16

工序 C:2,3,6,11,13

工序 D:4,6,9,11,13

工序 E:3,7,9,10,12

流水节拍 t_i 值　表 22-27

工序 \ t_i(d) \ 施工段	①	②	③	④	⑤
A	3	2	2	4	3
B	1	3	5	3	4
C	2	1	3	5	2
D	4	2	3	3	1
E	3	4	2	1	2

2. 相邻两累加数列错位相减

(1)$k_{A,B}$

$$\begin{array}{r} 3,\ 5,\ 7,11,14 \\ -)\quad 1,\ 4,\ 9,12,\ 16 \\ \hline 3,\ 4,\ 3,\ 2,2,\ -16 \end{array}$$

则 $k_{A,B}=\max\{3,4,3,2,2,-16\}=4d$

(2)$k_{B,C}$

1,　4,　9,12,　16

−）　　2，3，6，11，13

　　　1，2，6，6，5，−13

则 $k_{B,C} = \max\{1,2,6,6,5,-13\} = 6d$

(3) $k_{C,D}$

　　2，3，6，11，13

−）　4，6，9，12，13

　　2，−1，0，2，1，−13

则 $k_{C.D} = \max\{2,-1,0,2,1,-13\} = 2d$

(4) $k_{D,E}$

　　4，6，9，12，13

−）　3，7，9，10，12

　　4，3，2，3，3，−12

则 $k_{D,E} = \max\{4,3,2,3,3,-12\} = 4d$

3. 计算总工期 T

已知工艺间歇时间 $Z_{B,C} = 2d$，组织间歇时间 $G_{B,C} = 1d$，则 $\sum Z_1 = 2 + 1 = 3d$，$C_{j,j+1} = 1d$，代入计算式得总工期为：

$$T = \sum_{j=1}^{n-1} k_{j,j+1} + \sum_{i=1}^{m} t_i^E + \Sigma Z_1 + \Sigma G - \Sigma G_{j,j+1}$$
$$= (4+6+2+4) + (3+4+2+1+2) + 3 - 1 = 30d$$

4. 绘制流水作业施工进度图，如图 22-4 所示。

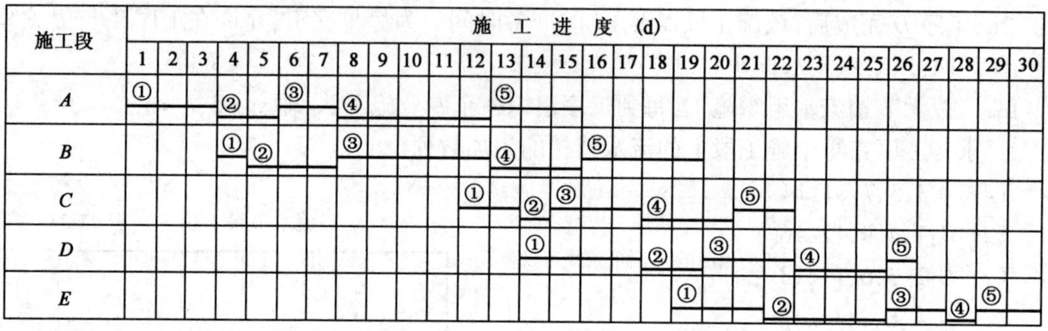

图 22-4　无节拍流水进度图

安排施工进度图时，应注意以下几点：

(1) 因工序 A、B 平行搭接 1d，即 $C_{A,B} = 1$，则在第①施工段上，A、B 工序进入施工的实际间隔时间为 $k_{A,B} - C_{A,B} = 4 - 1 = 3d$；

(2) 因工序 B 完成后应至少养护 2d，即 $C_{B,C} = 2$，则在第①施工段上，B、C 工序进入施工的实际间隔时间为 $k_{B,C} + C_{BC}, = 6 + 2 = 8d$；

(3) 因工序 D 完成后有组织间歇时间，$C_{D,E} = 1$，则在第①施工段上，D、E 工序进入施工的实际间隔时间为 $k_{D,E} + C_{D,E} = 4 + 1 = 5d$。

第23章　网络计划技术

1　网络基本知识

表23-1

一、基本概念

1. 网络图

公路工程项目的施工包含许多工作,各工作之间相互联系、制约和影响。根据工程项目内各施工过程的施工顺序和相互关系用箭线和节点表示绘制而成的有向网状图形称为施工网络图,简称为网络图。

网络图时网络计划法的表现形式,网络计划法是统筹法的主要工具,它既是一种科学的计划方法,又是一种科学的施工管理方法。因此,网络图的应用是十分广泛的,在工程、管理及科技领域都发挥重要作用。网络图用于公路施工的组织管理,极大地提高了现代化大规模施工的管理水平。

公路施工网络计划是指标注有各工序(或施工项目)的作业持续时间和所计算的时间参数的网络图(也即施工流程图),是表现公路工程施工进度的一种较好形式。公路施工网络计划不仅各工序(或施工项目)的施工日期,而且还能表示出各工序(或工程项目)之间的逻辑关系,把施工计划变成一个有机的整体,成为公路施工组织与管理的中心文件。

2. 网络图的表示方法

在网络图中,工作用箭线来表示,工作名称写在箭线上方,完成该项工作所需的时间写在箭线下方。箭尾表示一项工作的开始,箭头表示一项工作的结束。箭头和箭尾各与一个圆圈(节点)衔接,圆圈编号,若箭尾为i,箭头为j,则$i—j$即表示该项工作的代号。这种用箭线表示工作,节点表示各工作之间相互关系的方法,称为双代号表示法,相应的网络图称为双代号网络图。若用节点表示工作、工作的名称、所需时间及代号在节点内注明,箭线表示各项工作之间的关系,则称为单代号表示法,相应的网络图称为单代号网络图。但代号网络图容易绘制,但各项工作之间的相互关系必须专门说明才能用电子计算机进行计算。双代号网络图的绘制有一定难度,但各工作之间的相互关系一目了然,适合用电子计算机进行计算,特别是与流水作业法的施工进度图有相应的对应关系。因此,目前公路工程的施工大都采用双代号网络图。

双代号网络图中,根据施工组织的编制范围不同,箭线可以表示一道工序、一项工作、一个施工过程,也可以表示一个单位工程,甚至是一个工程项目,它们在网络图中都统称为"工作"。工作都要占用时间和消耗资源,有因施工工艺要求而出现的技术间歇时间,只占用时间而不消耗资源,也应视为一项工作看待。因此,凡是占用时间的过程都是一项工作,在网络图中都应有一条相应的箭线。

为了正确表达各工作之间的逻辑关系,常应用所谓"虚工作",它既不占用时间,更不消耗资源,为区别真正的工作,规定用箭线表示。

箭线的方向表示工作进行的方向,因而网络图也就是工程施工的流程图。箭线的长短与曲折对网络图无影响(时标网络图除外)。

3. 双代号网络图的名词定义

网络图中的圆圈称为节点,它表示工作的开始、结束或连接关系,因此,节点也称为事件。网络图中的第一个节点称为网络始节点,最后一个节点称为网络终节点,它们分别表示网络计划的开始与结束,其他节点称为中间节点。

一条箭线与它两端的节点共同表示一项工作,与箭尾衔接的节点叫工作始节点,与箭头衔节的节点称为工作终节点。其他工作的箭头与某项工作的工作始节点衔接时,这些工作就是该项工作的紧前工作,同样,箭尾与工作终节点衔接的那些其他工作称为紧后工作网络图中任意两个节点之间的通路称为线段。从网络始节点到网络终节点之间的通路称为线路。从网络始节点到工作终节点之间所有线段上的工作,称为这项工作的先行工作。从工作终节点到网络终节点之间所有线段上的工作称为这项工作的后续工作。工作、节点和线路是网络图的三要素。

4. 网络计划法的特点

网络计划法是采用施工网络图的形式表达各项工作的先后顺序和相互关系,又称为网络分析法。网络计划法把施工过程中的各项工作有机地组成整体,能全面地反映出整个工序之间相互制约又相依赖的关系,逻辑性强;通过计算,能在工序繁多、错综复杂的计划中找出影响施工进度的关键工作,便于在施工中抓住主要矛盾,避免盲目性,确保按期竣工;能发现施工潜力,可以更合理地调配人力和资源,达到优质低耗的目的;在计划的执行过程中如出现意外情况,可以随时调整,及时消除不利因素的影响;还能用电子计算机进行计算、调整、优化。网络计划法的最大优点在于它能提供施工组织与管理所需的众多信息,有助于施工管理人员合理地组织施工,做到心中有数,知道管理工作的重点所在,在哪里挖掘潜力,怎样缩短工期,如何降低成本等。网络计划法比水平图表更能适应复杂多变的施工管理工作。

二、绘 制 规 则

1. 基本规则

(1)在一个网络图中只允许有一个网络始节点和一个网络终节点。只有在多目标网络图中存在多个网络终节点;

(2)不允许存在闭合的循环回路;

(3)不允许存在代号相同的两条或多条箭线;

(4)一项工作不能用两条或多条箭线来表示;

(5)不允许存在双向箭线或无箭头的线段;

(6)两项工作的箭线发生交叉时,用“过桥”方式表示;

(7)箭线只能在节点处交接。

2. 合理使用虚箭线

网络图中必须正确表达各项工作的先后、平行、衔接、无关等逻辑关系。由于施工的复杂性,双代号网络图中使用了大量的虚箭线(即虚工作)。另外,为了遵循基本绘图规则,也要引入虚箭线。

网络图中的各种逻辑关系的表示方法见下表

序 号	工作之间的逻辑关系	在网络图中的表示方法	说　　明
1	A 的紧后工作是 B B 的紧后工作是 C	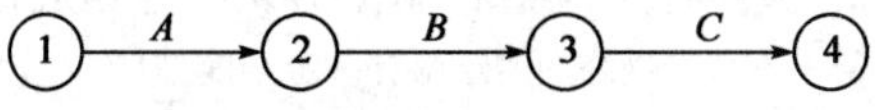	A、B、C 顺序作业
2	A 的紧后工作是 B、C、D E 的紧前工作是 B、C、D	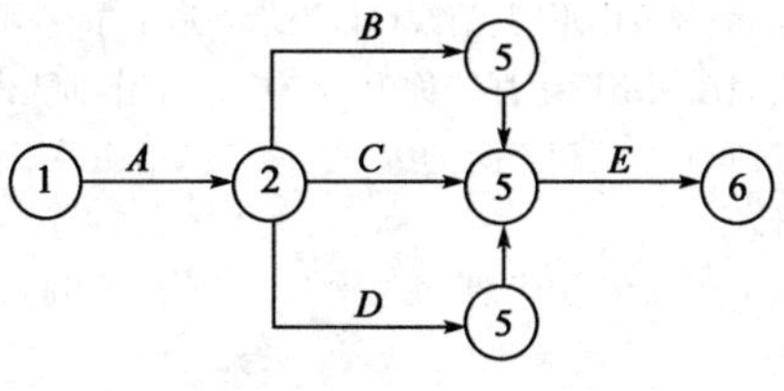	B、C、D 平行作业
3	A、B 都是 C、D 的紧前工作	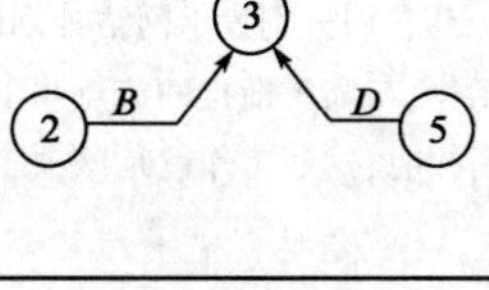	节点③正确表达了 A、B、C、D 之间的线后关系

续上表

序 号	工作之间的逻辑关系	在网络图中的表示方法	说　　明
4	A、B 都是 C 的紧前工作 D 只是 B 的紧后工作	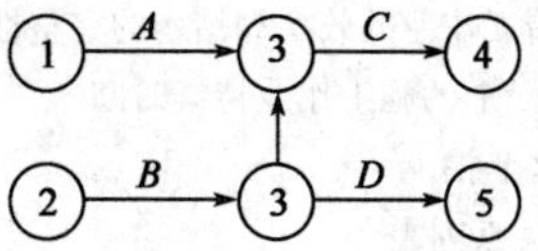	虚箭线③┈→④"割断"了 A 与 D 的衔接关系，即 A 与 D 无关
5	A 进行的途中 B 开始 B 最后完成	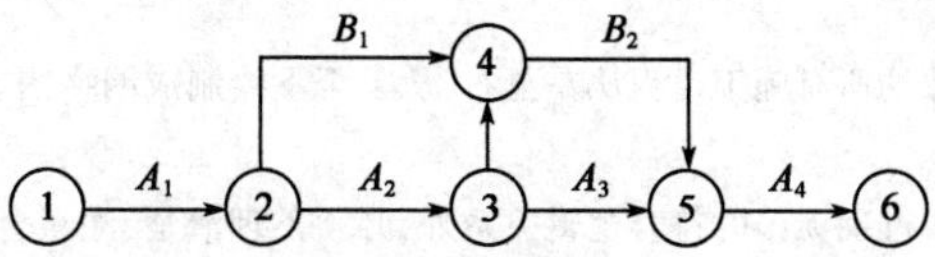	B 平行搭接
6	A、B 都是 C 的紧前工作 B、D 是 E 的紧前工作	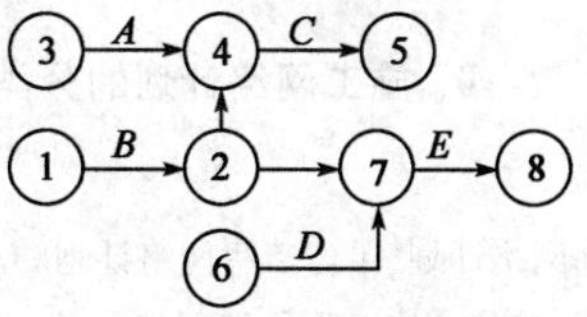	虚工序②┈→④使 C 受 B 的约束 虚工序②┈→⑦使 B、E"连接"
7	A 的紧后工作 B、C B 的紧后工作 D、E C 的紧后工作是 E D、E 的紧后工作是 F	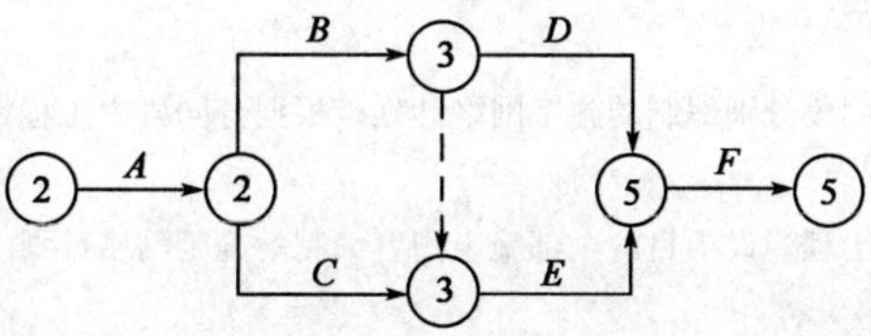	虚工作①┈→④"连接"B、E，同时又"割断"C、D，实现 B、C 和 D、E 各自平行作业
8	A、B、C 都是 D、E、F 的紧前工作	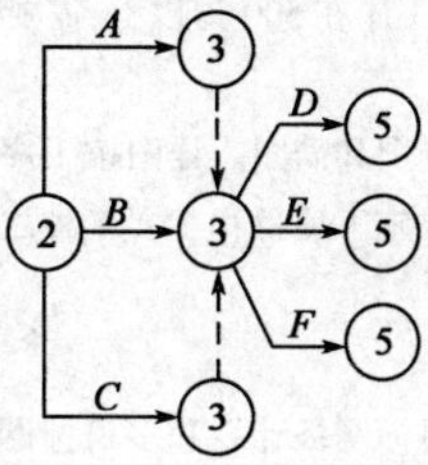	虚箭线避免节点①、④两个节点之间出现多条箭线，满足绘图规则

3. 节点编号

网络图的每个节点都应编号。编号时，工作始节点编号 i 应小于工作终节点编号 j，即 $i > j$。在一个网络图中，节点号码不得重复。为便于网络图的调整及修改，节点不必连续编号。

三、绘 制 步 骤

网络图与流水作业法的施工进度图在施工组织即管理中的作用是相同的，两者的编制步骤有若干相同之处。

1. 选择施工方案，确定施工方法

根据施工特点、施工条件、工期要求，选择恰当的施工方案和确保该方案实施的施工方法。为使所选择的施工方案切实可行、效果可靠，必须事先做好调查研究和收集资料的工作，认真研究设计文件，充分考虑各种有利和不利的影响因素。具体的实施过程，与流水作业法相同。

2. 划分施工过程或工序

不同施工方法的施工过程是有一定差别的，如土方工程的机械化施工可用推土机、铲运机、挖掘机配合自卸汽车等，各自的施工过程不尽相同。划分施工过程所考虑的因素与流水作业法相同

3. 划分施工段或施工层

如条件允许,划分施工段和施工层应尽可能按流水作业法的要求进行,因为这样做将可得到最佳的网络计划。条件不具备时,主要考虑足够的施工作业面、始工作业的效率和结构的完整性等因素划分施工段和施工层。

4. 计算各施工过程(或工序)在各施工段上的施工作业持续时间

作业持续时间相当于流水作业法的流水节拍。

5. 将各施工过程在各施工段上的逻辑关系列表

这种逻辑关系是由施工的客观规律、施工方案、具体施工条件等因素确定的,要认真分析、比较。

6. 绘制网络图

采用规定的符号,把施工对象的所有施工过程从左至右、从上至下绘制成网络图。网络图应按施工过程之间的逻辑关系绘制,并遵守绘图规则。

网络图用来指导施工,除了要准确无误的符合逻辑关系外,必须条理清楚,注意合理布局,保持图面清晰。一般是现绘制草图,检查逻辑关系无误后再补充完善。对于规模较大、内容复杂的网络图,可先规划,然后再分块绘制,在拼接起来,最后统一检查。所绘制的网络图应尽量避免箭线交叉的情况。

四、施工网络计划的分类

1. 按应用范围分

按应用范围的大小,网络计划分为局部网络计划、单位工程网络计划和总网络计划。

局部网络计划指按公路的某一组成部分或某一施工阶段编制的分部工程或分项工程网络计划。例如分别按一段公路、一座桥梁或按排水、路基、路面、桥涵等不同组专业编制网络计划,每一道工序都有一条相应的箭线。因此,局部网络计划可以直接用于现场施工。

单位工程网络计划是指按合同段分别编制的施工网络计划。根据合同段内工程量的大小和施工内容的多少,所编制的网络计划有简有繁。

总网络计划是针对一个公路工程建设项目的全部施工内容编制的施工网络计划。

2. 按复杂程度分

按复杂程度不同,网络计划分为简单网络计划和复杂网络计划。工序数量不超过500道、可借助一般计算工具进行计算时称为简单网络计划。复杂网络计划的工序在500道以上,需要借助电算程序计算。

3. 按详略程度分

按内容的详略程度不同,网络计划分为详图和简图。详图按工序绘制,可直接用于指导工地现场的施工。简图绘制时把一般工序组合成较大的项目,突出主要施工项目和主要工种之间的逻辑关系,主要用于施工方案论证或报上级审批。

4. 按最终目标数目的多少分

按网络计划最终目标数目的多少,分为单目标网络计划和多目标网络计划。单目标网络计划只有一个最终目标,整个网络图只有一个网络终节点。多目标网络计划具有多个独立的最终目标,在相应的网络图中,每个独立的最终目标都有自己的关键线路,但各个目标之间又是相互联系的。例如,一条公路建设项目中有规定竣工日期的特大桥、隧道或一个施工单位承担多个合同段的施工任务等。

5. 按时间表示方法分

按网络图中时间的表示方法,网络计划分为一般网络计划和时标网络计划。网络图的箭线长短及方向与工序的作业持续时间无关时,称为一般网络计划。若网络图中箭线在横坐标上的投影长度表示工序的作业持续时间长短时,称为时标网络计划。

五、绘制示例

1. 两段流水作业网络图

以两座盖板涵施工为例。每个盖板涵为一个施工段,在各施工段中,施工顺序按挖槽、砌基础、砌洞口、安盖板的顺序进行。显然,两座管涵流水作业的网络图如图所示。为正确表达工序之间的逻辑关系,图中使用了虚箭线。图中各工序后的数字1、2为施工段编号,箭线下的数字为施工作业天数

续上表

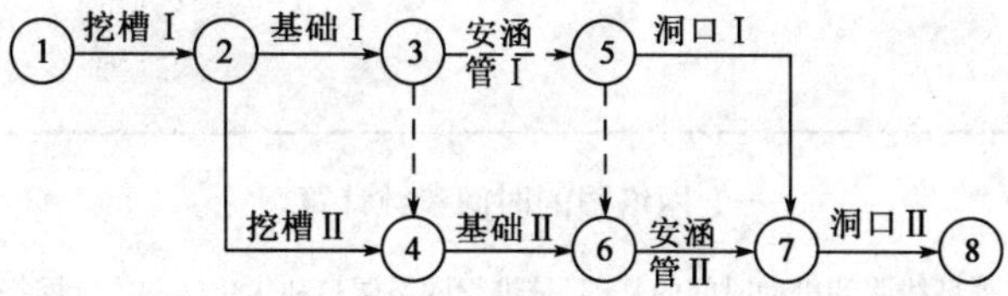

两段流水作业网络图

2. 三段流水作业网络图

若上述盖板涵有三座，由于施工段的增加，相互之间的制约因素也相应增加，流水作业的网络图就要复杂些，如图所示。

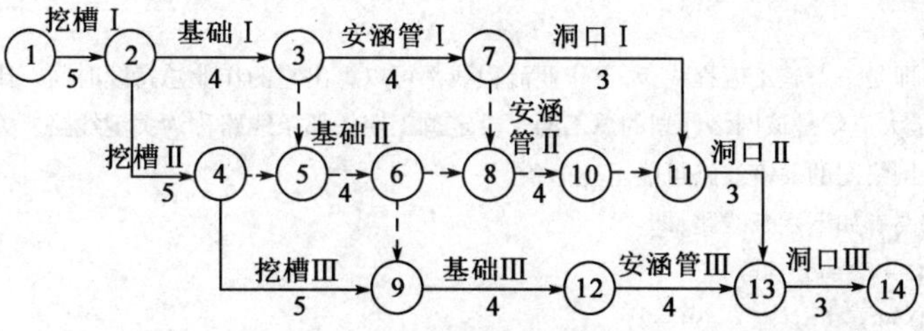

三段流水作业网络图

3. 综合施工网络图

一个工程项目常由若干单项工程组成，各单项工程的施工方案不尽相同，施工方法和施工组织方式各异。如果用一个网络图表示一个工程项目的施工，该网络图称为综合施工网络图。如表示独立大桥的施工、一个合同段的公路工程或一条隧道的施工等都属于综合施工网络图。如图是一座两孔钢筋混凝土梁桥的综合施工网络图，该图主要说明各项工作之间的逻辑关系，因工序划分较粗，忽略了若干辅助性的工作。

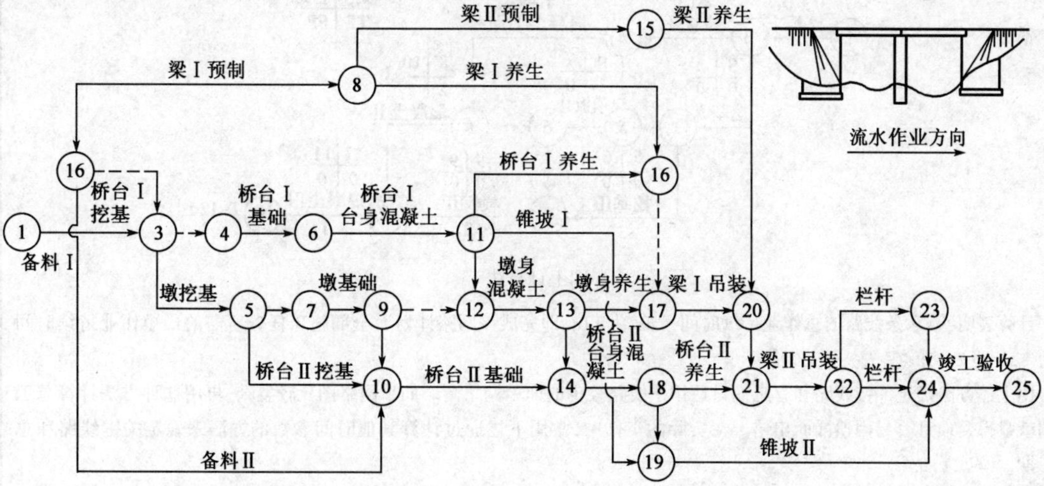

综合施工网络图

从图可看出，梁桥采用的施工方案包括：

(1)桥梁下部机上部分别组织专业队进行流水作业；

(2)上部位预制安装；

(3)桥台两端场地均备料，备料Ⅱ仅拱桥台Ⅱ使用；

(4)未考虑预制场及其他辅助性工作。

另外，为使网络图重点突出，图中未绘制每一条梁的流水作业网络图，只用每孔表示，下部按每个墩、台的主要工序绘制

2　网络计划及计算

表 23-2

一、网络图的时间参数计算

网络图的时间参数是确定关键线路和机动时间的基础,是进行网络调整和优化的前提。网络图时间参数计算的内容包括:工序时间参数计算、节点时间参数计算和总工期计算。计算的方法有手算法(图上计算法和列表计算法)和电算法。图上计算法是其他计算方法的基础。

1. 各施工过程或工序作业持续时间

施工过程或工序作业持续时间的计算方法与流水作业法相同。

2. 总工期及关键线路

网络图的每一条线路即是一条施工流程线,每条作业流程线都可以算出它的作业总持续时间。比较所有线路的计算结果,其总持续时间的最大值就是该网络计划的总工期。决定总工期的那条线路称为关键线路。关键线路上的所有工序称为关键工序。一个网络图的关键线路可能不止一条。

如下图所示的网络图有如下六条线路,即:

第一条 ①→②→④→⑧→⑨→⑩

第二条 ①→②→④→⑤→⑥→⑦→⑨→⑩

第三条 ①→②→③→④→⑥→⑧→⑨→⑩

第四条 ①→②→③→⑤→⑥→⑧→⑨→⑩

第五条 ①→②→③→⑤→⑥→⑦→⑨→⑩

第六条 ①→②→③→⑦→⑨→⑩

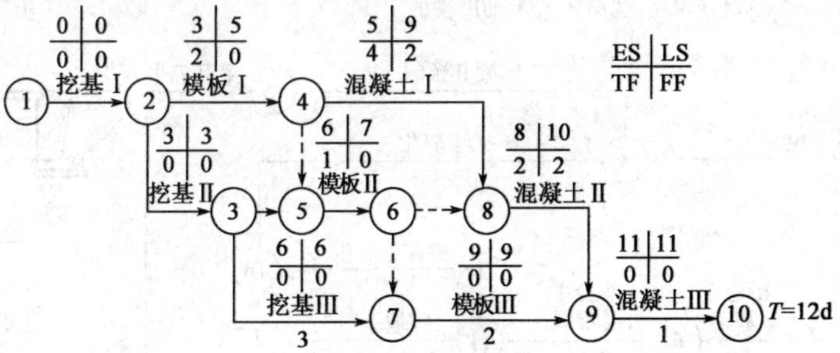

图上计算法

计算表明,第六条线路的总作业持续时间最长,为 12d,即完成该网路计划上全部施工任务所需的最短作业持续时间为 12d,即 $T=12\text{d}$。

用上述方法确定关键线路和总工期只适用于线路较少的简单网络图。如果网络图比较复杂,再用这种方法计算总工期就显得繁琐且容易因遗漏而出错。在实际的工作中,常用下述通过计算其他时间参数的方法来确定关键线路和总工期。

3. 工序时间参数

(1)工序最早可能开工时间和最早可能完成时间

工序最早可能开工时间是指一道工序具备了自身的作业条件(如工作面、准备工作)和资源条件(人工、材料、机具等)后可以开始工作的最早时间,从施工流程上看,它必须等到所有紧前工作完成后才能开始。用 ES 表示个工序的最早可能开工时间。

计算各工序的最早可能开工时间是从网络始节点开始,顺箭线方向计算,直到网络终节点。先计算紧前工序,然后计算本工序,整个计算过程用加法进行。各道工序的最早可能开工时间 ES 应填写在相应箭线上方"+"字形符号的左上方

续上表

由于与网络始节点衔接的工序应是整个网络计划最先施工的工序,将它们的最早可能开工时间规定为零。网络图中所有工序的最早可能开工时间 $E_{si,j}$ 的计算方法为:将它的所有紧前工序的最早可能开工时间 $ES_{h,i}$ 分别与各该工序的作业持续时间 $t_{h,i}$ 相加,其中的最大值就是这道工序(本工序)的最早可能开工时间,计算公式为:

$$ES_{i,j} = \max\{ES_{h,i} + t_{h,i}\} \tag{23-1}$$

例如:图中的工序④→⑧只有一道紧前工序②→④,因为 $ES_{h,i} = ES_{2,4} = 3, t_{h,i} = t_{2,4} = 2$,所以 $ES_{i,j} = ES_{2,4} + t_{2,4} = 3 + 2 = 5$。又如工序⑦→⑨的紧前工序包括③→⑦和⑤→⑥(注意⑥→⑦为虚工序,作业持续时间为零),由两道紧前工序计算得:$ES_{i,j} = ES_{3,7} + t_{3,7} = 6 + 3 = 9, ES_{i,j} = ES_{5,6} + t_{5,6} = 6 + 2 = 8$,二者取最大值得 $ES_{7,9} = \max\{9,8\} = 9$。

各工序的最早可能完成时间用 EF 表示。其值为该工序的最早可能开工时间与它的作业持续时间之和,计算公式为:

$$EF_{i,j} = ES_{i,j} + t_{i,j} \tag{23-2}$$

式中:$EF_{i,j}$——本工序的最早可完成时间;

$ES_{i,j}$——本工序的最早可开工时间;

$t_{i,j}$——本工序的作业持续时间。

根据式(23-2),可以写出紧前工序的最早可能完成时间 $EF_{h,i} = ES_{h,i} + t_{h,i}$,式(23-1)可写成如下形式:

$$ES_{i,j} = \max\{EF_{h,i}\} \tag{23-3}$$

式中:$EF_{h,i}$——紧前工序的最早可完成时间;

其余符号意义同前。

由式(23-2)也可以计算网络计划的总工期,因为总工期即为与网络终节点衔接的所有工序的最早可能完成时间的最大值,即:

$$T = \max\{ES_{y,z} + t_{y,z}\} = \max\{EF_{y,z}\} \tag{23-4}$$

式中:下标 y,z——与网络终节点衔接的所有工序的代号。

其余符号意义同前。

(2)工序最迟必须开工时间和最迟必须完成时间

工序最迟必须开工时间是指一道工序在不影响总工期的条件下,可以允许的最晚开工时间。它必须保证该工序在紧后工序开工之前完成,用 LS 表示最迟必须开工时间。

计算各工序的最迟必须开工时间是从网络终节点开始,逆箭线方向计算,直到网络始节点。先计算紧后工序,然后计算本工序,整个计算过程用减法进行。各道工序的最迟必须开工时间 LS 应填写在相应箭线上方"+"字形符号的右上方。具体计算为:将各紧后工序的最迟必须开工时间 $LS_{i,j}$ 的最小值减去本工序的作业持续时间 $t_{i,j}$,其差值就是本工序的最迟必须开工时间。计算公式为:

$$LS_{i,j} = \min\{LS_{j,k}\} - t_{i,j} \tag{23-5}$$

例如:在上图中,工序⑧→⑨的紧后工序是⑨→⑩,由于 $LS_{j,k} = LS_{9,10} = 11\text{d}, t_{i,j} = t_{8,9} = 1\text{d}$,于是由式(23-5)得到工序⑧→⑨的最迟必须开工时间为 $LS_{8,9} = LS_{9,10} - t_{8,9} = 11 - 1 = 10\text{d}$,工序②→④的紧后工序是④→⑧和⑤→⑥(注意虚箭线的作业持续时间为零),由于 $LS_{48} = 9, LS_{5,6} = 7, t_{24} = 2$,由式(23-5)计算工序②→④的最迟必须开工时间为:

$$LS_{2,4} = \min\{LS_{4,8}, LS_{5,6}\} - t_{2,4} = \min\{9,7\} - 2 = 5\text{d}$$

由于网络计划的总工期是唯一的,总工期实质上也是由与网络终节点衔接的所有工序的最迟完成时间决定的。通常情况下,总工期是一个规定植(即工程项目有工期要求),若无规定工期,则按前述方法进行计算。

各工序的最迟必须完成时间用 LF 表示,其值为该工序的最迟必须开工时间 LS 与它的作业持续时间之和,计算公式为:

$$LF_{i,j} = LS_{i,j} + t_{i,j} \tag{23-6}$$

(3)总时差

从上图可看出,当总工期一定时,有些工序的最早可能开工时间与最迟必须开工时间并不相等,两者之间有一个差值,表明这些工序的实际开工时间可以有一个机动范围。将各工序在不影响计划总工期的条件下拥有的机动时间的极限值称为该工序的总时差,用 TF 表示,其计算公式为:

$$TF_{i,j} = LS_{i,j} - ES_{i,j} \tag{23-7}$$

式中:$TF_{i,j}$——工序 $i \to j$ 的总时差

其余符号意义同前。

网络图中的各工序总时差计算结果应填写在相应箭线上方的“ + ”字形符号的左下方。

通常情况下，总时差越大的工序，其开工时间的机动余地越大，表明该工序存在施工潜力。在组织施工时，可以在总时差范围内调整开工时间，或者在保证最小劳动组织的前提下，抽调人力、物资等加强其他工序的作业。只要保证本工序的完成时间不影响紧后工序的施工即可。

总时差为零的工序，说明其只有一个确定的开工时间，没有任何机动的余地。这些工序就是关键工序，由关键工序组成的线路为关键线路，这是确定关键线路和关键工序的又一种方法。

(4)自由时差

若一道工序将总时差全部利用，即按最迟必须开工时间开工，则其紧后工序也必须按它本身的最迟必须开工时间开工，这在某些情况下是不允许的。因此，将一道工序在不影响其紧后工序的最早可能开工时间的条件下可以机动使用的时间称为自由时差，用 FF 表示。自由时差是总时差的一部分，工序能自由活动的时间范围被限制在本身的最早可能开工时间 $ES_{i,j}$ 和其紧后工序的最早可能开工时间 $ES_{j,k}$ 之间，从这段时间扣除本工序的作业持续时间 $t_{i,j}$ 之后，剩余的时间即为该工序的自由时差 $FF_{i,j}$。网络图中的各工序自由时差计算结果应填写在相应箭线上方的“ + ”字形符号的右下方。自由时差的计算公式为：

$$FF_{i,j} = \min\{ES_{j,k}\} - ES_{i,j} - t_{i,j} \tag{23-8}$$

由式(23-2)可将上式写成：

$$FF_{i,j} = \min\{ES_{j,k}\} - (ES_{i,j} + t_{i,j}) = \min ES_{j,k} - EF_{i,j} \tag{23-9}$$

例如：在上图中，工序⑤→⑥的紧后工序是⑦→⑨和⑧→⑨，由于 $ES_{i,j} = ES_{5,6} = 6\text{d}$，$t_{i,j} = t_{5,6} = 2\text{d}$，$ES_{j,k} = ES_{7,9} = 9\text{d}$ 和 $ES_{j,k} = ES_{8,9} = 8\text{d}$，由式(23-8)得：$FF_{5,6} = \min\{9,8\} - 6 - 2 = 0$

自由时差是总时差的一部分，也即总时差为零的工序，自由时差也为零。

以上是工序时间参数的图上计算法，对于复杂的网络计划，可根据前述计算公式编制电算程序进行计算。

4. 节点时间参数

(1)节点最早时间

节点是工序的连接点，节点时间表示节点前各工序的完成时刻和节点后各道工序的作业持续时间的开始。节点之前各工序全部完工的最早时间称为节点最早时间，用 ET 表示。网络始节点表示网络计划的开始，它的节点最早时间应为零。

假设前一节点的节点最早时间为 ET_h，节点 h 到节点 i 的箭线作业持续时间为 $t_{h,i}$，则节点 i 的最早时间 ET_i 用下式计算：

$$ET_i = \max\{ET_i + t_{h,i}\} \tag{23-10}$$

节点最早时间也可以用节点 i 的紧前工序 $h \to i$ 的最早可能开工时间 ES_{hi} 表示：

$$ET_i = \max\{ES_{hi} + t_{h,i}\} \tag{23-11}$$

上图所示网络图中各节点的时间参数用下图表示，节点最早时间填写在相应节点上方的“┴”形符号的左上边。例如节点4，因 $ET_h = ET_2 = 3$，$t_{h,i} = t_{2,4} = 2$，由式(23-10)得节点4的最早时间 $ET_4 = ET_2 + t_{2,4} = 3 + 2 = 5$

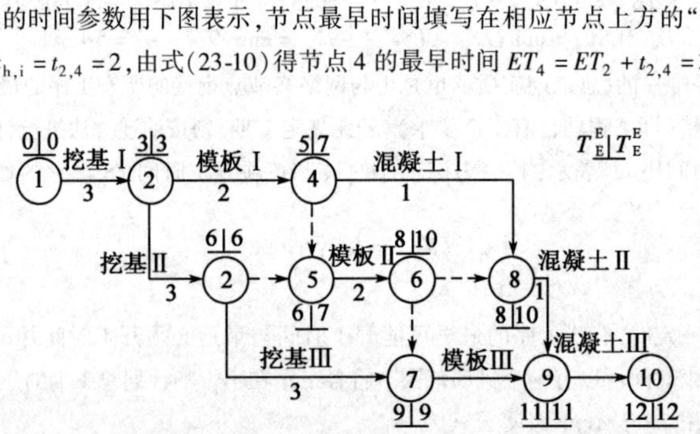

节点时间计算

(2)节点最迟时间

节点最迟时间是该节点前各工序全部完成的最迟时间,用 LT 表示。节点最迟时间是从网络终节点逆箭线方向计算,计算结果填写在相应节点上方的"┴"形符号右上边。网络终节点表示网络计划的完成,它的最迟时间就是总工期,也即是该节点的最早时间。如果总工期另有规定,则应取规定值。其他节点的最迟时间 LT_i 为后一节点 j 的最迟时间 LT_j 与紧后工序作业持续时间 t_{ij} 之差的最小值:

$$LT_i = \min\{LT_j - t_{ij}\} \tag{23-12}$$

也可以用紧后工序 $i \to j$ 的最迟必须完成时间 LF_{ij} 表示:

$$LT_i = \min\{LF_{ij} - t_{ij}\} \tag{23-13}$$

例如上图中的节点 8,因 $LT_i = LT_9 = 11$,$t_{ij} = t_{8,9} = 1$,由式(23-12)得最迟时间 $LT_8 = 1 - 1 = 10$。

二、时标网络计划

1. 时标网络计划的特点

时标网络计划是现今公路施工组织管理的主要形式,它具有水平图表直观、易于理解的优点,同时能够准确地反映各工序或施工过程之间的逻辑关系。利用当今已面世的各种施工管理软件,可方便地绘制和调整网络计划。

绘制时标网络图时,应先绘制一般网络图,并计算各工序的时间参数,作为绘图的依据。然后在图纸的水平方向画出时间坐标(时标),坐标可根据网络计划的用途按日、周、旬为单位绘制。

2. 按最早可能开工时间绘制的时标网络计划

(1)在有横向时间坐标的表格上根据每道工序的最早可能开工时间确定节点位置;

(2)将各工序的作业持续时间从节点开始用实线沿水平方向绘制,实线的水平投影长度应与该工序的作业持续时间相等;

(3)用水平波形线把实线部分与其紧后工序的始节点连接起来,两线连接处加一圆点,波形线的水平投影长度就是该工序的自由时差;

(4)虚工序在图上的垂直部分用虚线连接,水平部分因占用时间用波形线表示;

(5)把时差为零的工序的箭线加粗,这条线路就是关键线路。

网络终节点所在位置的时间就是工程的竣工时间,即总工期。

3. 按最迟必须开工时间绘制的时标网络计划

(1)在有横向时间坐标的表格上根据每道工序的最迟必须开工时间确定节点位置,若节点后有几道工序,则采用各紧后工序最迟开工时间的最小值作为节点位置;

(2)按各工序的作业持续时间长短沿水平方向绘制相应工序的实线部分,但箭头必须与该工序的节点相连,即从工序中节点开始反向绘出与作业持续时间相等的实线长度;

(3)用水平波形线把实线(箭尾)部分与其该工序的始节点连接起来,两线连接处加一圆点;

(4)虚工序的连接与关键线路的确定方法与按最早可能开工时间绘制时标网络图相同。

注意两种绘制时标网络图的区别在于按最迟必须开工时间绘制的网络图中,波形线的长度不是工序的自由时差。

续上表

4. 时标网络计划绘制示例

下图是时标网络计划的例子，从图中可直接读出各工序的自由时差。

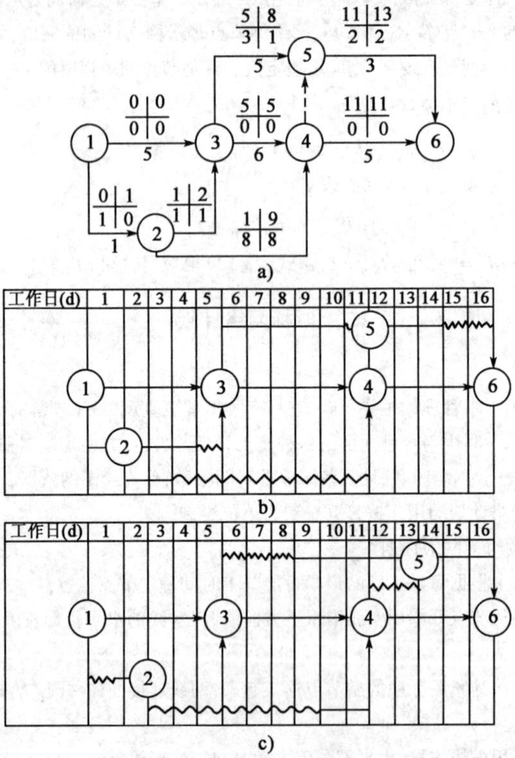

时标网络计划绘制示例

a)网络图；b)最早时间时标网络图；c)最迟时间时标网络图

列 表 计 算 法

表23-3

工序名称	工序编号 ($i \to j$)	本工序作业持续时间 (t_{ij})	紧前工序 ($h \to i$)	最早可能开工时间 (ES_{ij})	紧后工序 ($j \to k$)	最迟必须开工时间 (LS)	总时差 (TF)	自由时差 (FF)
挖基1	①→②	3		0	②→③ ②→④	0	0	0
挖基2	②→③	3	①→②	3	③┈→⑤ ③→⑦	3	0	0
立模板	②→④	2	①→②	3	④┈→⑤ ④→⑧	5	2	0
虚工序	④┈→⑤	0	②→④	5	⑤→⑥	7	2	1
混凝土1	④→⑧	1	②→④	5	⑧→⑨	9	4	2

续上表

工序名称	工序编号（$i \to j$）	本工序作业持续时间（t_{ij}）	紧前工序（$h \to i$）	最早可能开工时间（ES_{ij}）	紧后工序（$j \to k$）	最迟必须开工时间（LS）	总时差（TF）	自由时差（FF）
虚工序	③┈→⑤	0	②→③	6	⑤→⑥	7	1	0
立模板2	⑤→⑥	2	③┈→⑤ ④┈→⑤	6	⑥┈→⑦ ⑥┈→⑧	7	1	0
挖基3	③→⑦	3	②→③	6	⑦→⑨	6	0	0
虚工序	⑥┈→⑦	0	⑤→⑥	8	⑦→⑨	9	1	1
虚工序	⑥┈→⑧	0	⑤→⑥	8	⑧→⑨	10	2	0
混凝土2	⑧→⑨	1	④→⑧ ⑥┈→⑧	8	⑨→⑩	10	2	2
立模板3	⑦→⑨	2	③→⑦ ⑥┈→⑦	8	⑨→⑩	9	0	0
混凝土3	⑨→⑩	1	⑦→⑨ ⑧→⑨	11		11	0	0

3 公路施工组织设计文件编制

3.1 编制依据、程序及注意事项

表23-4

项次	项目	基本原理及方法
1	编制依据	(1)设计文件即合同文件； (2)工程设计文件； (3)自然条件调查资料； (4)各种定额及技术规范； (5)施工时可能调用的资源； (6)类型相似或相近项目的经验资料； (7)其他资料

续上表

项次	项目	基本原理及方法
2	编制程序	(1)分析设计资料,了解工程概况,进行调查研究; (2)提出施工整体部署,选择施工方案和施工方法; (3)编制施工进度图,即安排各项工程的施工进度; (4)计算人工、材料、机械设备需要量,编制人工、材料、机械设备供应计划; (5)编制临时工程计划; (6)工地运输组织; (7)布置施工平面图; (8)计算技术经济指标; (9)编写施工组织设计说明书
3	注意事项	(1)根据工程特点,重点解决施工中存在的主要矛盾; (2)认真、细致做好工程排队工作,理顺各项工程施工的先后顺序; (3)施工展开的进行方向应注意技术、物质和生活资料的补给,为工地运输创造条件; (4)留有余地,便于调整

3.2 工程进度图的作用、内容及编制步骤

表 23-5

项次	项目	基本原理及方法
1	作用	在已定施工方案的基础上,对各项工程的施工时间和施工顺序作出具体安排,力求以最少的人工、材料等技术物资投入,保证在规定工期内完成质量合格的单位工程的施工任务。工程进度图的作用主要是控制单位工程的施工进度、确定单位工程的各个施工过程的施工顺序、施工作业持续时间及相互衔接、穿插的配合关系。是编制季度、月份施工计划和各种资源需要量计划的依据
2	内容	(1)主要工程的工程数量及分布情况; (2)各施工项目的施工期限,即项目开始和结束的时间; (3)各施工项目的施工顺序及衔接情况,专业施工队之间的相互配合、调动安排; (4)施工平面布置图; (5)劳动力的动态需要量图
3	编制步骤	(1)确定施工方案和施工组织方法; (2)划分施工项目; (3)计算工程量及劳动力需要量; (4)计算各施工项目的作业持续时间; (5)初步拟定工程进度; (6)检查和调整工程进度
4	编制注意事项	(1)安排工程进度时,应注意扣除法定节假日,并充分估计因气候或其他原因造成的停工时间; (2)注意施工的季节性; (3)由于影响公路施工的因素很多,安排进度时应保证重点、留有余地、方便调整; (4)注意各种施工间歇时间; (5)对初步方案进行优化时,注意外购材料和各种设备分批到达工地的合同日期

3.3 资源需要量计算

表 23-6

项次	项 目	计 算 原 理
1	劳动力需要量	根据施工进度图,将每天所有施工项目所需的人工数全部累加起来即得到当天的劳动力需要量。制定劳动力计划时以每个月或季度为单位统计,作为组织施工工人进场和准备临时生产、生活设施的依据。 劳动力需要量的高峰值与施工期间的平均值之比为劳动力不均匀系数,该系数应大于或接近于1
2	材料需要量	主要材料计划的编制与劳动力需要量计算相同。以月份或季度为单位编制
3	设备需要量	主要机械设备计划的编制与劳动力需要量计算相同。以月份或季度为单位编制

3.4 临时设施组织

表 23-7

项次	项 目	计 算 公 式	符 号 意 义
1	加工场地面积	预制构件、钢筋、木工的加工场地面积为: $A = \frac{KQ}{TS\alpha}$ (23-14) $A_r = NA'$ (23-15) $N = \frac{Q_C K_C}{T_C R}$ (23-16)	A——所需建筑面积; Q——加工总量,m^3、t 等; K——生产不均匀系数; T——加工总工期,月; S——每 m^2 场地的月平均产量; α——场地或建筑面积利用系数; A_r——混凝土搅拌站面积,m^2; N——搅拌机台数,台; A'——每台搅拌机所需面积,m^2; Q_C——混凝土总需要量,m^3; K_C——不均匀系数,取1.5; T_C——混凝土工程施工总工作日; R——混凝土搅拌机台班产量,m^3/台班
2	临时仓库组织	确定建筑材料储备量: $P = T_e \frac{KQ_i}{T}$ (23-17) 确定仓库面积: $A = \frac{P}{qK_1}$ (23-18)	P——材料储备量,m^3、t 等; T_e——储备期,$T_e \geqslant 10d$; Q_i——材料、半成品总需要量; T——有关项目施工的总工作日; K——生产不均匀系数;$K = 1.2 \sim 1.5$; K_1——仓库利用系数;$K_1 = 0.5 \sim 0.8$; q——每 $1m^2$ 仓库存放的材料数量

续上表

项次	项目	计算公式	符号意义
3	临时房屋	$A = NP$　(23-19)	A——所需建筑面积； N——工地人数； P——建筑面积指标
4	临时供电	工地用电量为： $P = (1.05 \sim 1.10)\left(K_1 \frac{\sum P_1}{\cos\varphi} + K_2 \sum P_2 + K_3 \sum P_3 + K_4 \sum P_4\right)$　(23-20)	P——用电总量，kV·A； P_1、K_1——电动机额定功率，kW，需要系数，$K_1 = 0.5 \sim 0.7$； P_2、K_2——电焊机额定功率，kW，需要系数，$K_2 = 0.5 \sim 0.6$； P_3、K_3——室内照明容量kW，需要系数，$K_3 = 0.8$； P_4、K_4——室外照明容量kW，需要系数，$K_4 = 1.0$

4　施工平面布置图

4.1　施工总平面图

表23-8

项次	项目	基本内容
1	作用	解决整个工地在施工期间所需的各项设施、管理机构、永久设施在空间上的关系，是整个拟建项目施工场地的总体规划布置图
2	主要内容	(1)拟建公路工程项目的主要工程内容； (2)为工程施工服务的临时设施及具体位置； (3)施工管理机构驻地位置； (4)重要地形地物； (5)其他与施工有关的内容
3	表现形式	(1) 根据公路路线的实际走向按比例绘制，具有直观、位置准确等特点； (2) 将公路路线绘制成水平直线，各绘制要点平面位置以路中线为基准做相对位移，只能表示图中各要点与路线的相对位置，但可以采用不同的纵横向比例关系

4.2　施工场地布置图

表23-9

项次	项目	基本内容
1	作用	公路工程中的大型或技术复杂的施工项目，由于施工环节多，需要组织较多的人力、机械设备等，施工过程中需要采用施工场地布置图形式表明施工作业现场、辅助生产设施、办公和生活等区域的布置情况

续上表

项次	项目	基本内容
2	注意事项	(1)在满足施工要求的前提下,尽可能紧凑布置,充分利用场地; (2)施工区、辅助生产区、生活区应合理划分和布局,既要有利于施工和管理,又要避免相互干扰; (3)作业场地的布置要符合工艺流程,最大限度缩短工地内运输距离,在保证工程顺利进行的前提下尽量减少临时设施; (4)必须符合劳动保护、安全生产的要求,有利于防洪、消防、防盗等

4.3 其他局部平面图

表 23-10

项次	项目	基本内容
1	作用	高速公路、特大桥、长大隧道等大型工程项目,施工期限通常都较长,施工管理工作量大,与主体工程施工配合的单位较多,为使施工在整体上协调配合,应制定与主体工程施工场地布置图配套的其他局部平面图
2	种类	(1)沿线砂石料场平面布置图; (2)大型附属企业平面布置图; (3)主要施工管理机构平面布置图; (4)临时供水、供电、供热基地及管线平面布置图; (5)大型仓储基地主要设施及物资平面布置图

附录一　常用数学基本公式

一、常用数学公式及用表

(一)代数公式

附表 1-1

项目	基本公式
恒等式及因式分解	1. $(a \pm b)^2 = a^2 \pm 2ab + b^2$ 2. $(a \pm b)^3 = a^3 \pm 3a^2b + 3ab^2 \pm b^3$ 3. $(a+b)^n = a^n + na^{n-1}b + \frac{n(n-1)}{2!}a^{n-2}b^2 + \cdots + \frac{n(n-1)\cdots(n-r+1)}{r!}a^{n-r}b^r + \cdots + nab^{n-1} + b^n$ 4. $(a+b+c)^2 = a^2 + b^2 + c^2 + 2ab + 2bc + 2ca$ 5. $a^2 - b^2 = (a+b)(a-b)$ 6. $a^3 \mp b^3 = (a \mp b)(a^2 \pm ab + b^2)$ 7. $a^n - b^n = (a-b)(a^{n-1} + a^{n-2}b + a^{n-3}b^2 + \cdots + ab^{n-2} + b^{n-1})$　(n 为正整数) 8. $a^n - b^n = (a+b)(a^{n-1} - a^{n-2}b + a^{n-3}b^2 - \cdots + ab^{n-2} - b^{n-1})$　(n 为偶数时) 9. $a^n + b^n = (a+b)(a^{n-1} - a^{n-2}b + a^{n-3}b^2 - \cdots - ab^{n-2} + b^{n-1})$　(n 为奇数时)
指数	1. $a^m \times a^n = a^{m+n}$ 2. $a^m \div a^n = a^{m-n}$ 3. $(a^m)^n = a^{mn}$ 4. $(ab)^m = a^m b^m$ 5. $\left(\frac{a}{b}\right)^m = \frac{a^m}{b^m}$ 6. $a^{\frac{m}{n}} = \sqrt[n]{a^m} = (\sqrt[n]{a})^m$ 7. $a^0 = 1(a \neq 0)$ 8. $a^{-m} = \frac{1}{a^m}$
对数	1. $\lg 1 = 0$ 2. $\lg(N_1 N_2) = \lg N_1 + \lg N_2$ 3. $\lg \frac{N_1}{N_2} = \lg N_1 - \lg N_2$ 4. $\lg(N^n) = n\lg N$ 5. $\lg \sqrt[n]{N} = \frac{1}{n}\lg N$ 以 e 为底的自然对数或以任何数为底的对数,均符合上述公式的规律。 以 e 为底的自然对数(即 $\ln N$)与以 10 为底的普通对数(及 $\lg N$)间的关系: $\ln N = \ln 10 \log N = 2.30258509 \lg N$ $\ln N = \log e \ln N = 0.434294482 \ln N$

续上表

项目	基本公式
方程求解	1. 二次方程 $$ax^2+bx+c=0$$ $$x_{1,2}=\frac{-b\pm\sqrt{b^2-4ac}}{2a}\qquad(b^2-4ac\geqslant 0)$$ 2. 三次方程的近似解(牛顿法) $$ax^3+bx^2+cx+d=0$$ 设 $f(x)=ax^3+bx^2+cx+d$ 则 $f(x)=3ax^2+2bx+c$　　(上式的导数) $$x_{k+1}=x_k-\frac{f(x_k)}{f'(x_k)}$$ 其中:x_k 为该方程的根的第 k 次迭代值。 若 $\lvert x_{k+1}-x_k\rvert\leqslant\varepsilon$,$\varepsilon$ 为任意小的值(计算精度),则 x_{k+1} 即为所求方程的根,否则以 x_{k+1} 作为上式右边的 x_k 重新迭代,直到满足精度为止。这种方法可适用于更高阶的方程求解

(二)平面三角计算公式

附表 1-12

项目	基本公式
三角函数基本公式	1. $\sin^2\alpha+\cos^2\alpha=1$ 2. $\sec^2\alpha-\tan^2\alpha=1$ 3. $\csc^2\alpha-\cot^2\alpha=1$ 4. $\tan\alpha=\frac{\sin\alpha}{\cos\alpha}$
两角和(差)三角函数	1. $\sin(\alpha\pm\beta)=\sin\alpha\cos\beta\pm\cos\alpha\sin\beta$ 2. $\cos(\alpha\pm\beta)=\cos\alpha\cos\beta\mp\sin\alpha\sin\beta$ 3. $\tan(\alpha\pm\beta)=\frac{\tan\alpha\pm\tan\beta}{1\mp\tan\alpha\tan\beta}$ 4. $\cot(\alpha\pm\beta)=\frac{\cot\alpha\cot\beta\mp 1}{\cot\beta\pm\cot\alpha}$
半角及倍角三角函数	1. $\sin\frac{\alpha}{2}=\sqrt{\frac{1-\cos\alpha}{2}}$ 2. $\cos\frac{\alpha}{2}=\sqrt{\frac{1+\cos\alpha}{2}}$ 3. $\tan\frac{\alpha}{2}=\sqrt{\frac{1-\cos\alpha}{1+\cos\alpha}}=\frac{1-\cos\alpha}{\sin\alpha}=\csc\alpha-\cot\alpha$ 4. $\sin2\alpha=2\sin\alpha\cos\alpha$ 5. $\cos2\alpha=\cos^2\alpha-\sin^2\alpha=1-2\sin^2\alpha=2\cos^2\alpha-1$ 6. $\tan2\alpha=\frac{2\tan\alpha}{1-\tan^2\alpha}$ 7. $\sin3\alpha=3\sin\alpha-4\sin^3\alpha$ 8. $\cos3\alpha=4\cos^3\alpha-3\cos\alpha$ 9. $\tan3\alpha=\frac{3\tan\alpha-\tan^3\alpha}{1-3\tan^2\alpha}$ 10. $\sin4\alpha=2\sin2\alpha\cos2\alpha$ 11. $\cos4\alpha=1-8\cos^2\alpha+8\cos^4\alpha$

项目	基 本 公 式
三角函数的和及差	1. $\sin\alpha\pm\sin\beta=2\sin\dfrac{\alpha\pm\beta}{2}\cos\dfrac{\alpha\mp\beta}{2}$ 2. $\cos\alpha+\cos\beta=2\cos\dfrac{\alpha\pm\beta}{2}\cos\dfrac{\alpha-\beta}{2}$ 3. $\cos\alpha-\cos\beta=-2\sin\dfrac{\alpha+\beta}{2}\sin\dfrac{\alpha-\beta}{2}$ 4. $\tan\alpha\pm\tan\beta=\dfrac{\sin(\alpha\pm\beta)}{\cos\alpha\cos\beta}$ 5. $\cot\alpha\pm\cot\beta=\dfrac{\sin(\beta\pm\alpha)}{\sin\alpha\sin\beta}$
三角函数的乘积	1. $\sin\alpha\sin\beta=\dfrac{1}{2}[\cos(\alpha-\beta)-\cos(\alpha+\beta)]$ 2. $\cos\alpha\cos\beta=\dfrac{1}{2}[\cos(\alpha-\beta)+\cos(\alpha+\beta)]$ 3. $\sin\alpha\cos\beta=\dfrac{1}{2}[\sin(\alpha-\beta)+\sin(\alpha+\beta)]$
三角形的边角关系	1. 正弦定理 $$\frac{a}{\sin A}=\frac{b}{\sin B}=\frac{c}{\sin C}=2R$$ 其中，R 为外接圆半径。 2. 余弦定理 $a^2=b^2+c^2-2bc\cos A$ $b^2=c^2+a^2-2ca\cos B$ $c^2=a^2+b^2-2ab\cos C$ 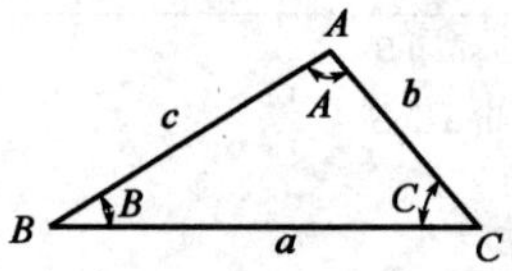 3. 正切定理 $$\tan\frac{A-B}{2}=\frac{a-b}{a+b}\cot\frac{c}{2}\text{或}\frac{a-b}{a+b}=\frac{\tan\dfrac{A-B}{2}}{\tan\dfrac{A+B}{2}}$$
双曲函数	1. $\mathrm{sh}x=\dfrac{e^x-e^{-x}}{2}$ 2. $\mathrm{ch}x=\dfrac{e^x+e^{-x}}{2}$ 3. $\tanh x=\dfrac{e^x-e^{-x}}{e^x+e^{-x}}$ 4. $\coth x=\dfrac{e^x+e^{-x}}{e^x-e^{-x}}$ 5. $\mathrm{sech}x=\dfrac{2}{e^x+e^{-x}}$ 6. $\mathrm{csch}x=\dfrac{2}{e^x-e^{-x}}$ 7. $\mathrm{ch}x+\mathrm{sh}x=e^x$ 8. $\mathrm{ch}x-\mathrm{sh}x=e^{-x}$ 9. $\mathrm{ch}x^2-\mathrm{sh}x^2=1$

续上表

项目	基本公式
双曲函数	10. $\tanh^2 x + \text{sech}^2 x = 1$ 11. $\coth^2 x - \text{csch}^2 x = 1$ 12. $\text{sh}(\alpha \pm \beta) = \text{sh}\alpha\text{ch}\beta \pm \text{ch}\alpha\text{sh}\beta$ 13. $\text{ch}(\alpha \pm \beta) = \text{ch}\alpha\text{ch}\beta \pm \text{sh}\alpha\text{sh}\beta$ 14. $\tanh(\alpha \pm \beta) = \dfrac{\tanh\alpha \pm \tanh\beta}{1 \pm \tanh\alpha\tanh\beta}$ 15. $\coth(\alpha \pm \beta) = \dfrac{1 \pm \coth\alpha\coth\beta}{\coth\alpha \pm \coth\beta}$

(三)级数及函数的展开公式

附表 1-3

项目	基本公式
级数	1. $a + (a+d) + (a+2d) + \cdots + (a+nd) = \dfrac{n+1}{2}(2a+nd)$ 2. $a + ar + ar^2 + \cdots + ar^n = a\dfrac{r^{n+1}-1}{r-1}$ 3. $1+2+3+\cdots+n = \dfrac{1}{2}n(n+1)$ 4. $1^2+2^2+3^2+\cdots+n^2 = \dfrac{1}{6}n(n+1)(2n+1)$ 5. $1+2x+3x^2+4x^3+\cdots+nx^{n-1} = \dfrac{1-x^n}{(1-x)^2} - \dfrac{nx^n}{1-x}$
函数展开式	1. $(a+x)^m = a^m + ma^{m-1}x + \cdots + \dfrac{m(n-1\cdots)(m-n+1)}{n!}a^{m-n}x^n + \cdots (-\lvert a\rvert < x < \lvert a\rvert)$ 2. $a^x = 1 + \dfrac{x\ln a}{1!} + \dfrac{(x\ln a)^2}{2!} + \cdots + \dfrac{(x\ln a)^n}{n!} + \cdots (-\infty < x < +\infty)$ 3. $e^x = 1 + \dfrac{x}{1!} + \dfrac{x^2}{2!} + \cdots + \dfrac{x^n}{n!} + \cdots \quad (-\infty < x < +\infty)$ 4. $\sin x = \dfrac{x}{1!} - \dfrac{x^3}{3!} + \cdots + (-1)^n \dfrac{x^{2n+1}}{(2n+1)!} + \cdots \quad (-\infty < x < +\infty)$ 5. $\cos x = 1 - \dfrac{x^2}{2!} + \dfrac{x^4}{4!} - \cdots + (-1)^n \dfrac{x^{2n}}{(2n)!} + \cdots \quad (-\infty < x < +\infty)$ 6. $\tan x = x + \dfrac{x^3}{3} + \dfrac{2x^5}{15} + \dfrac{17x^7}{315} + \dfrac{62x^9}{2835} + \cdots \quad \left(-\dfrac{\pi}{2} < x < \dfrac{\pi}{2}\right)$ 7. $\cot x = \dfrac{1}{x} - \left\{\dfrac{x}{3} + \dfrac{x^3}{45} + \dfrac{2x^5}{945} + \dfrac{x^7}{4725} + \cdots\right\} \quad (-\pi < x < \pi)$ 8. $\sin^{-1} x = x + \dfrac{x^3}{2\cdot 3} + \dfrac{1\cdot 3}{2\cdot 4\cdot 5}x^5 + \dfrac{1\cdot 3\cdot 5}{2\cdot 4\cdot 6\cdot 7}x^7 + \cdots + \dfrac{1\cdot 3\cdot 5\cdots(2n-1)x^{2n+1}}{2\cdot 4\cdot 6\cdots(2n)(2n+1)} + \cdots \quad (-1 < x < 1)$ 9. $\tan^{-1} x = x - \dfrac{x^3}{3} + \dfrac{x^5}{5} - \cdots + (-1)^n \dfrac{x^{2n+1}}{(2n+1)} + \cdots \quad (-1 \leqslant x \leqslant 1)$ 10. $\sinh x = \dfrac{x}{1!} + \dfrac{x^3}{3!} + \cdots + \dfrac{x^{2n+1}}{(2n+1)!} + \cdots \quad (-\infty < x < \infty)$ 11. $\cosh x = 1 + \dfrac{x^2}{2!} + \dfrac{x^4}{4!} + \cdots + \dfrac{x^{2n}}{(2n)!} + \cdots \quad (-\infty < x < \infty)$ 12. $\tanh x = x - \dfrac{x^3}{3} + \dfrac{2x^5}{15} - \dfrac{17x^7}{315} + \cdots \quad \left(-\dfrac{\pi}{2} < x < \dfrac{\pi}{2}\right)$ 13. $\coth x = \dfrac{1}{x} + \dfrac{x}{3} - \dfrac{x^3}{45} + \dfrac{2x^5}{945} - \dfrac{x^7}{4725} + \cdots \quad (-\pi < x < \pi)$

续上表

项目	基本公式
函数展开式	14. $\ln(1+x)=x-\frac{x^2}{2}+\frac{x^3}{2}-\cdots+(-1)^{n-1}\frac{x^n}{n}+\cdots(-1<x\leqslant1)$ 15. $\ln x=2\left[\frac{x-1}{x+1}+\frac{1}{3}\left(\frac{x-1}{x+1}\right)^3+\frac{1}{5}\left(\frac{x-1}{x+1}\right)^5+\cdots+\frac{1}{2n+1}\left(\frac{x-1}{x+1}\right)^{2n+1}+\cdots\right]\quad(x>0)$ 16. $\ln\frac{1+x}{1-x}=2\left[x+\frac{x^3}{3}+\frac{x^5}{5}+\cdots+\frac{x^{2n+1}}{2n+1}+\cdots\right]\quad(-1<x<1)$ 17. $\ln\frac{x+1}{x-1}=2\left[\frac{1}{x}+\frac{1}{3x^3}+\frac{1}{5x^5}+\cdots+\frac{1}{(2n+1)x^{2n+1}}+\cdots\right]\quad(x<-1,x>1)$ 18. $\sqrt{1\pm x}=1\pm\frac{1}{2}x-\frac{1\cdot1}{2\cdot4}x^2\pm\frac{1\cdot1\cdot3}{2\cdot4\cdot6}x^3-\frac{1\cdot1\cdot3\cdot5}{2\cdot4\cdot6\cdot8}x^4\pm\cdots\quad(\lvert x\rvert\leqslant1)$ 19. $\frac{1}{\sqrt{1\pm x}}=1\mp\frac{1}{2}x+\frac{1\cdot3}{2\cdot4}x^2\mp\frac{1\cdot3\cdot5}{2\cdot4\cdot6}x^3+\frac{1\cdot3\cdot5\cdot7}{2\cdot4\cdot6\cdot8}x^4\mp\cdots\quad(\lvert x\rvert\leqslant1)$

(四)微积分基本公式

1. 微分基本公式

附表 1-4

项目	基本公式
微分的一般定理	设 y、u、v 等均为 x 的函数,n 为常数。 1. $y=f(x),y'=f'(x)=\frac{dy}{dx},\frac{d^2y}{dx^2}=\frac{df'(x)}{dx}$ 2. $y=c,y'=0$ 3. $y=cf(x),y'=cf'(x)$ 4. $y=u+v-w,y'=u'+v'-w'$ 5. $y=uv,y'=u'v+v'u$ 6. $y=\frac{u}{v},y'=\frac{vu'-uv'}{v^2}$ 7. $y=\ln u,y'=\frac{u'}{u}$ 8. $y=u^n,y'=nu^{n-1}u'$ 9. $y=u^v,y'=vu^{v-1}u'+u^v v'\ln u$ 10. $y=f(u),u=\phi(x)$, $y'=f'(u)u'=f'(u)\phi'(x)$ 11. $y=f(u),u=\phi(v),v=\phi(x)$ $y'=\frac{dy}{du}\times\frac{du}{dv}\times\frac{dv}{dx}$ 12. $f(x,y)=0,y'=\frac{dy}{dx}=-\frac{\frac{\partial f}{\partial x}}{\frac{\partial f}{\partial y}}$

续上表

项目	基　本　公　式
导数的几何意义	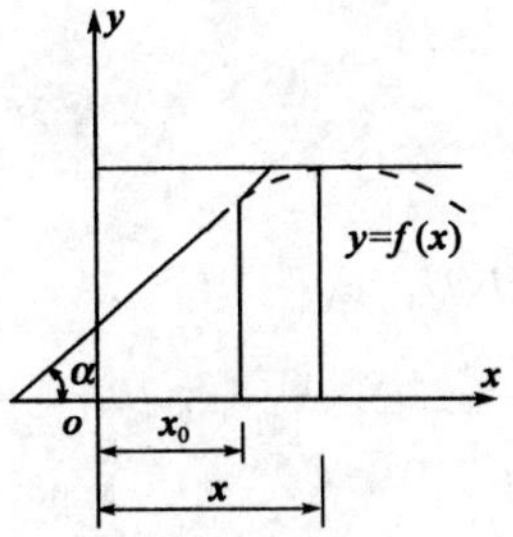 $y=f(x),f'(x_0)=\tan\alpha$
函数的极大值与极小值	在函数曲线极值点所作的切线必与 x 轴平行。当求 $y=f(x)$ 的极大值或极小值时，令 $\frac{dy}{dx}=0$，解出 x，然后将 x 值代入 $y=f(x)$ 式就可得到极大值或极小值
基本函数的导数	1. $y=x^n,y'=n\cdot x^{n-1}$ 2. $y=e^x,y'=e^x$ 3. $y=a^x,y'=a^x\ln\alpha$ 4. $y=\ln x,y'=\frac{1}{x}$ 5. $y=\sin x,y'=\cos x$ 6. $y=\cos x,y'=-\sin x$ 7. $y=\tan x,y'=\frac{1}{\cos^2 x}$ 8. $y=\cot x,y'=-\frac{1}{\sin^2 x}$ 9. $y=\mathrm{sh}x,y'=\mathrm{ch}x$ 10. $y=\mathrm{ch}x,y'=\mathrm{sh}x$

2. 积分的基本公式

附表 1-5

项目	基　本　公　式
积分的一般定理	不定积分： 1. $\int F(x)\,dx=f(x)+c$ 2. $\int aF(x)\,dx=a\int F(x)\,dx$ 3. $\int(u+v-w)\,dx=\int u\,dx+\int v\,dx-\int w\,dx$ 4. $\int F(x)\,dx,x=\phi(t),dx=\phi'(t)\,dt,\int F(x)\,dx=\int F[\phi(t)]\phi(t)\,dt$

续上表

项目	基本公式
积分的一般定理	5. $\int u\mathrm{d}v = uv - \int v\mathrm{d}u$ 定积分： $\int_a^b F(x)\mathrm{d}x = [f(x)]_a^b = f(b) - f(a)$
基本函数的积分	1. $\int x^n \mathrm{d}x = \frac{x^{n+1}}{n+1} + c$ 2. $\int \frac{\mathrm{d}x}{x} = \ln x + c$ 3. $\int \sin x\mathrm{d}x = -\cos x + c$ 4. $\int \cos x\mathrm{d}x = \sin x + c$ 5. $\int \tan x\mathrm{d}x = -\ln\cos x + c$ 6. $\int \cot x\mathrm{d}x = \ln\sin x + c$ 7. $\int \frac{\mathrm{d}x}{\cos^2 x} = \tan x + c$ 8. $\int \frac{\mathrm{d}x}{\sin^2 x} = -\cot x + c$ 9. $\int \frac{\mathrm{d}x}{1+x^2} = \arctan x + c$ 10. $\int \frac{\mathrm{d}x}{\sqrt{1-x^2}} = \arcsin x + c$ 11. $\int e^x \mathrm{d}x = e^x + c$ 12. $\int a^x \mathrm{d}x = \frac{a^x}{\ln a} + c$

二、几何图形计算公式

(一)平面图形计算公式

表中各符号意义如下：

A——面积；

R——半径,外接圆半径；

r——内切圆半径；

S——边长；

n——边数；

α——角度；

l——弧长,圆周长；

p——椭圆周长；

l_b——摆线长。

附表 1-6

图形	公式	图形	公式
直角三角形 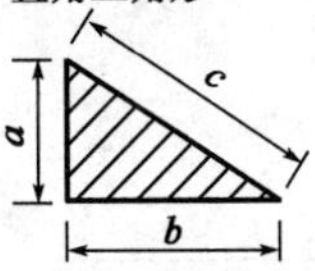	$A=\frac{ab}{2}$ $c=\sqrt{a^2+b^2}$ $a=\sqrt{c^2-b^2}, b=\sqrt{c^2-a^2}$	等边三角形 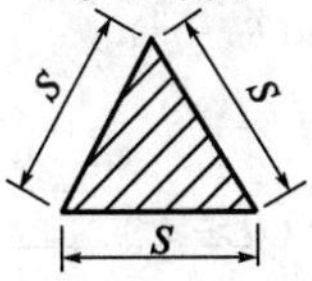	$A=\frac{\sqrt{3}}{4}S^2=0.433S^2$
锐角三角形 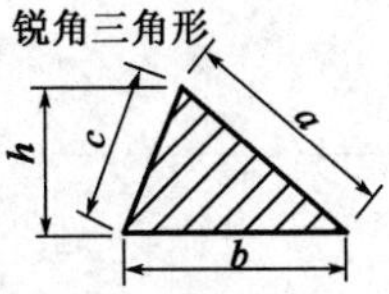	$A=\frac{bh}{2}=$ $\frac{b}{2}\sqrt{a^2-\left(\frac{a^2+b^2-c^2}{2b}\right)^2}$ 设 $S=\frac{1}{2}(a+b+c)$，则 $A=\sqrt{S(S-a)(S-b)(S-c)}$	正方形 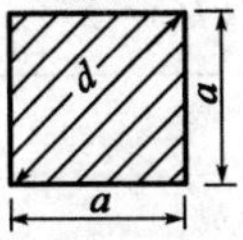	$A=\frac{1}{2}d^2$ $a=0.707d$ $d=1.414a$
钝角三角形 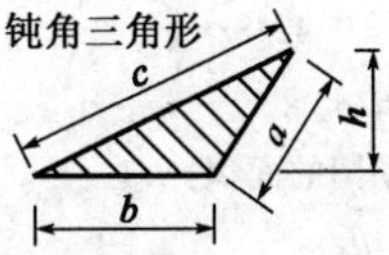	$A=\frac{bh}{2}=\frac{b}{2}$ $\sqrt{a^2-\left(\frac{c^2-a^2-b^2}{2b}\right)^2}$ 设 $S=\frac{1}{2}(a+b+c)$，则 $A=\sqrt{S(S-a)(S-b)(S-c)}$	矩形 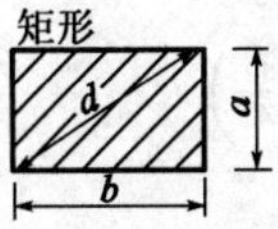	$A=ab$ $A=a\sqrt{d^2-a^2}=b\sqrt{d^2-b^2}$ $d=\sqrt{a^2+b^2}$ $a=\sqrt{d^2-b^2}=A/b$ $b=\sqrt{d^2-a^2}=A/a$
平行四边形 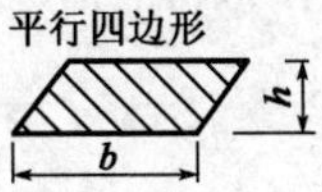	$A=bh$	正多边形 	$\alpha=360°/n, \beta=180°-\alpha$ $A=\frac{nSr}{2}=\frac{nS}{2}\sqrt{R^2-\frac{S^2}{4}}$ $R=\sqrt{r^2+\frac{S^2}{4}}, r=\sqrt{R^2-\frac{S^2}{4}}$ $S=2\sqrt{R^2-r^2}$
梯形 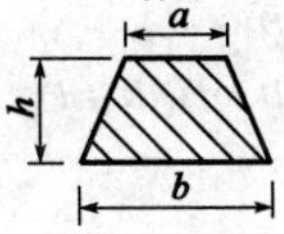	$A=\frac{(a+b)h}{2}, h=\frac{2A}{a+b}$ $a=\frac{2A}{h}-b, b=\frac{2A}{h}-a$	圆形 	$A=\pi r^2=3.1416r^2=0.7854d^2$ $C=2\pi r=6.2832r=3.1416d$ $r=C/6.2832=\sqrt{A/3.1416}$ $=0.564\sqrt{A}$ $d=C/3.1416=\sqrt{A/0.7854}$ $=1.128\sqrt{A}$
任意四边形 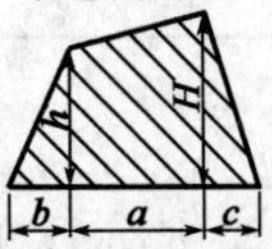	$A=\frac{(H+h)a+bh+cH}{2}$ 也可分割成两个三角形将其面积相加求得	分圆 	$l=\frac{r\times\alpha\times\pi}{180°}=0.01745r\alpha$ $=\frac{2A}{r}$ $A=\frac{rl}{2}0.008727a^2r^2$ $\alpha=\frac{57.296}{r}, r=\frac{2A}{l}=\frac{57.296l}{r}$

续上表

图　　形	公　　式	图　　形	公　　式
扇形 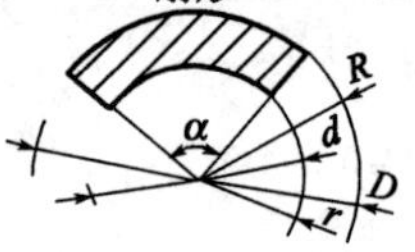	$A=\frac{\alpha\pi}{360}(R^2-r^2)$ $=0.00873\alpha(R^2-r^2)$ $=\frac{\alpha\pi}{4\times360}(D^2-d^2)$ $=0.00218\alpha(D^2-d^2)$	抛物线 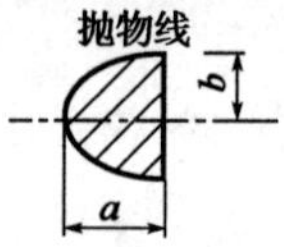	$A=\frac{4}{3}ab$
椭圆 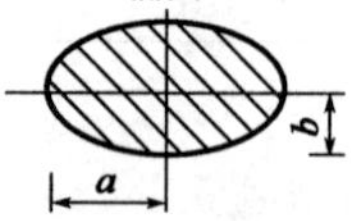	p 为椭圆周长 $A=\pi ab=3.1416ab$ p 的近似值：$p=\pi\sqrt{2(a^2+b^2)}$ $p=\pi\sqrt{2(a^2+b^2)-\frac{(a-b)^2}{22}}$	抛物线 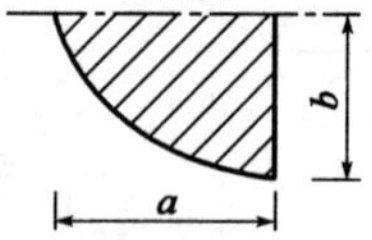	$A=\frac{2}{3}ab$
中空椭圆 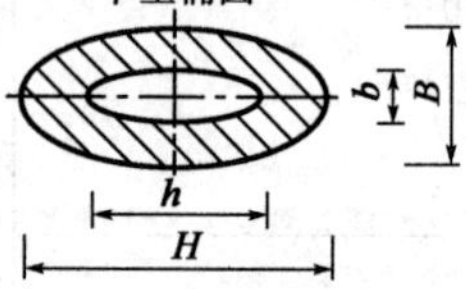	$A=\frac{\pi}{4}(HB-hb)$ $=0.7854(HB-hb)$	抛物线 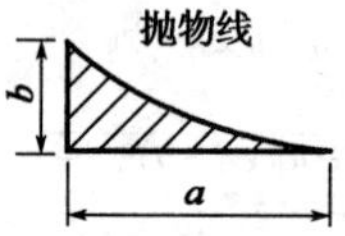	$A=\frac{1}{3}ab$
椭圆角缘面积 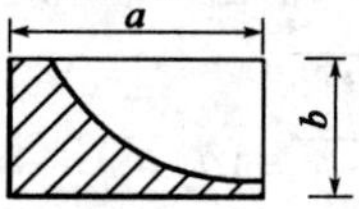	$A=ab\left(1-\frac{\pi}{4}\right)$	摆线 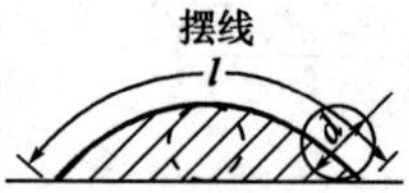	l 为摆线长 $A=3\pi r^2=9.4248r^2$ $=2.3562d^2$ $=$（转动圆的面积）$\times3$ $l_b=8r=4d$
正五边形 	$A=2.3777R^2=3.6327r^2$ $S=1.1756R$	割圆（弓形） 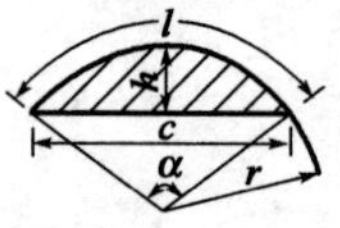	$A=\frac{1}{2}[rl-(r-h)]$ $c=2\sqrt{h(2r-h)}$ $r=\frac{c^2+4h^2}{8h}$, $l=0.01745\alpha$ $h=r-\frac{1}{2}\sqrt{4r^2-c^2}$, $\alpha=\frac{57.296l}{r}$
正六边形 	$A=\frac{3\sqrt{3}}{2}S^2=2.5981S^2$ $=2.5981R^2=2\sqrt{3}r^2$ $=3.4641r^2$ $R=S=1.155r$ $r=0.866S=0.866R$	圆环 	$A=r(R^2-r^2)$ $=3.1416(R^2-r^2)$ $=3.1416(R+r)(R-r)$ $=0.7854(D^2-d^2)$ $=0.7854(D+d)(D-d)$
正七边形 	$A=2.7365R^2=3.3714r^2$ $=0.8678R$	直角边缘面积 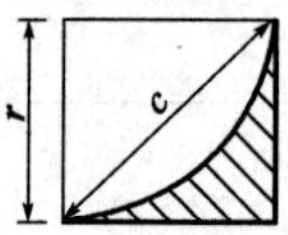	$A=r^2-\frac{\pi r^2}{4}=0.2146r^2$ $=0.1075c^2$
正八边形 	$A=4.828S^2=2.828R^2$ $=3.314r^2$ $R=1.307S=1.082r$ $r=1.207S=0.924R$ $S=0.765R=0.828r$	不定角边缘面积 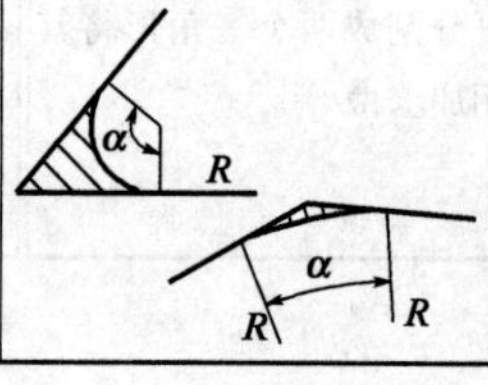	$A=R^2\left(\tan\frac{\alpha}{2}-0.00873\alpha\right)$

(二)立体图形计算公式

附表 1-7

序号	图形	公式	
1	圆柱体　中空圆柱体 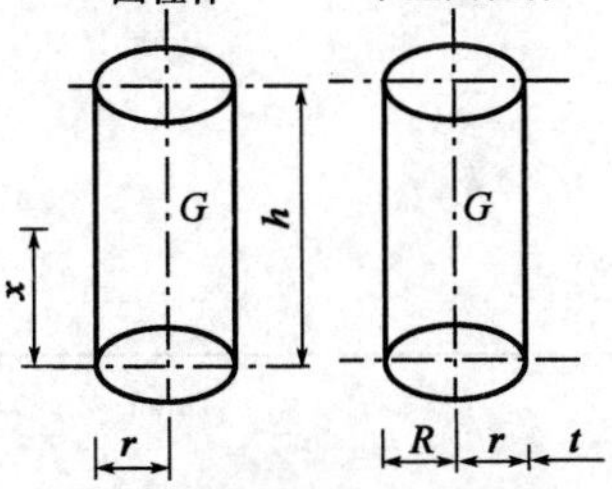 	圆柱体： $V = r^2 \pi h$ $x = \frac{h}{2}$	中空圆柱体： $V = \pi h(R^2 - r^2)$ $= \pi ht(2r + t)$ $x = \frac{h}{2}$
2	斜截圆柱体 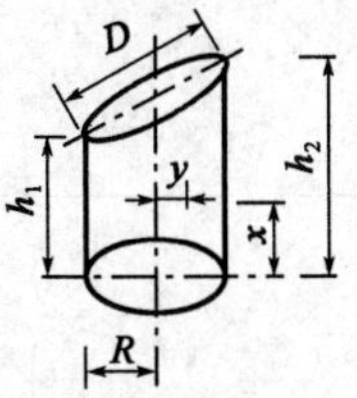 	$V = R^2 \pi \frac{h_1 + h_2}{2}$ $D = \sqrt{4R^2 + (h_2 - h_1)^2}$ $x = \frac{h_1 + h_2}{4} + \frac{(h_2 - h_1)^2}{16(h_2 + h_1)}$ $y = \frac{R}{4} \times \frac{h_2 - h_1}{h_2 + h_1}$	
3	正圆锥体 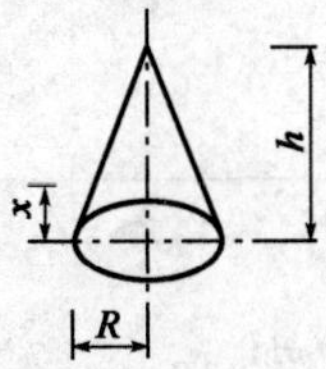 	$V = \frac{1}{3} \pi R^2 h$ $x = \frac{1}{4} h$	
4	平截头正圆锥体 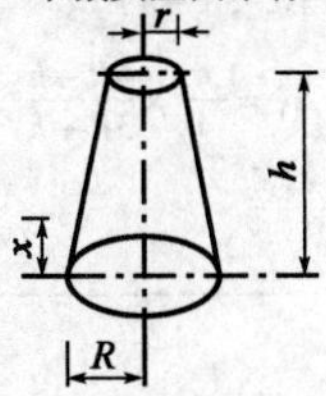 	$V = \frac{1}{3} \pi h(R^2 + Rr + r^2)$ $x = \frac{h}{4} \times \frac{R^2 + 2Rr + 3r^2}{R^2 + Rr + r^2}$	
5	长方椎台体 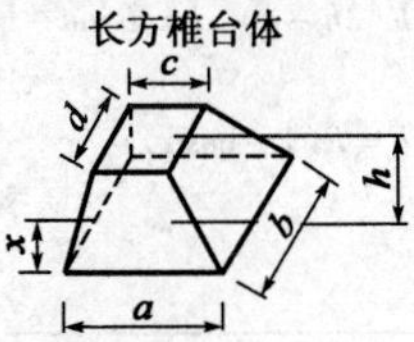 	$V = \frac{h}{6}[(2a + c)b + (2c + a)d]$ $= \frac{h}{6}[ab + (a + c)(b + d) + cd]$ $x = \frac{h}{2} \times \frac{ab + ad + cb + 3cd}{2ab + ad + cb + 2cd}$ F_0 为底面积	
6	角椎体 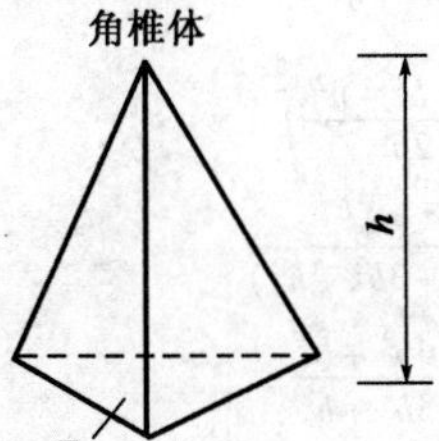 	$V = \frac{F_0 h}{3}$ F_0 为底面积	

续上表

序号	图形	公式
7	楔形 I 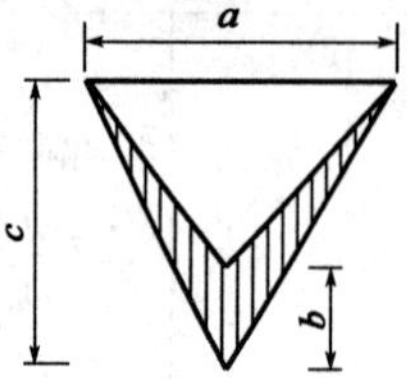	$V=\frac{1}{6}abc$
8	楔形 II 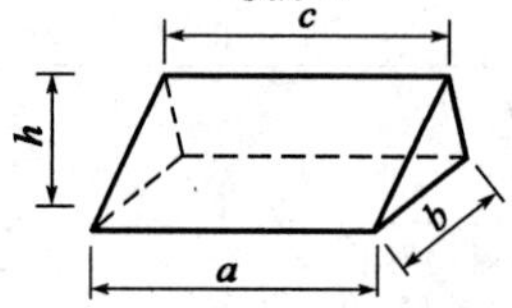	$V=\frac{(2a+c)bh}{6}$
9	圆球体 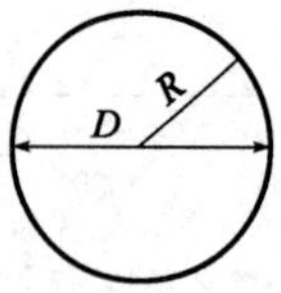	$V=\frac{4\pi R^3}{3}=\frac{\pi D^3}{6}$ $S=4\pi R^2=\pi D^2$ S 为表面积
10	削球体 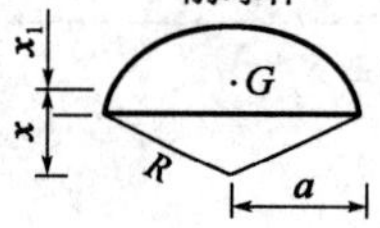	$V=\frac{\pi h}{6}(3a^2+h^2)=\frac{\pi h^2}{3}(3R-h)$ $S=\pi h(4R-h),a^2=h(2R-h)$ $x=\frac{3}{4}\times\frac{(2R-h)^2}{(3R-h)},x_1=\frac{h}{4}\times\frac{4R-h}{3R-h}$
11	球体楔 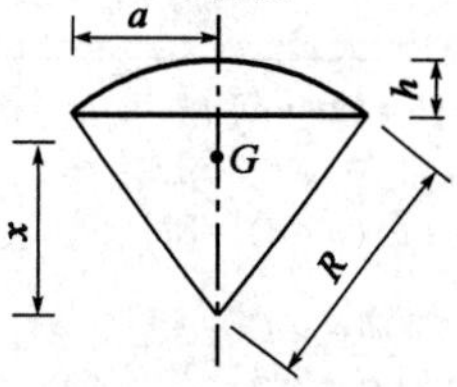	$V=\frac{2\pi R^2h}{3},S=\pi R(2h+a),a=R\sin a$ $x=\frac{3}{8}(2R-h),h=R(1-\cos\alpha)$
12	球台 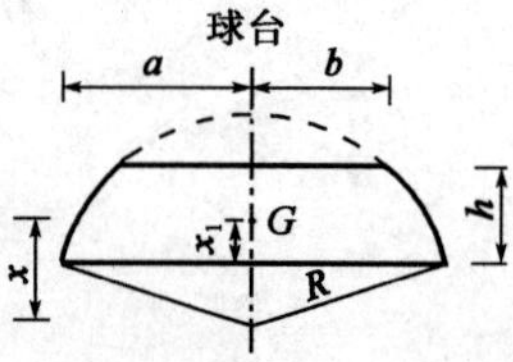	$V=\frac{\pi h}{6}(3a^2+3b^2+h^2)$ $R^2=a^2+\left(\frac{a^2-b^2-h^2}{2h}\right)^2$ $x=\frac{3}{2}\times\frac{a^4-b^4}{h(3a^2+3b^2+h^2)}$ $x_1=\frac{h}{2}\times\frac{2a^2+4b^2+h^2}{3a^2+3b^2+h^2}$

续上表

序号	图形	公式
13	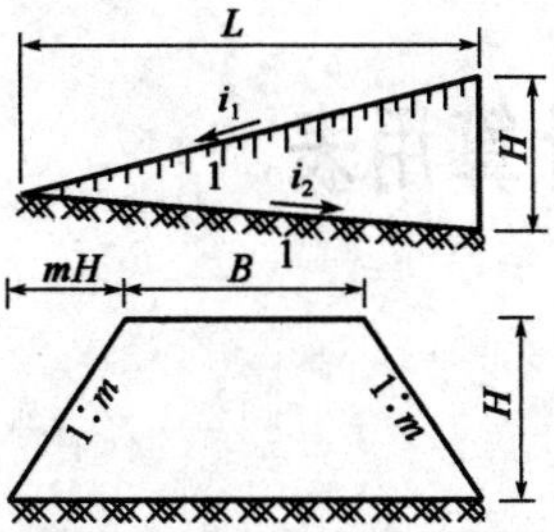	$V=\frac{(3B+2mH)H^2}{6(i_1+i_2)}$ i_1 为路堤坡度； i_2 为原地面坡度
14	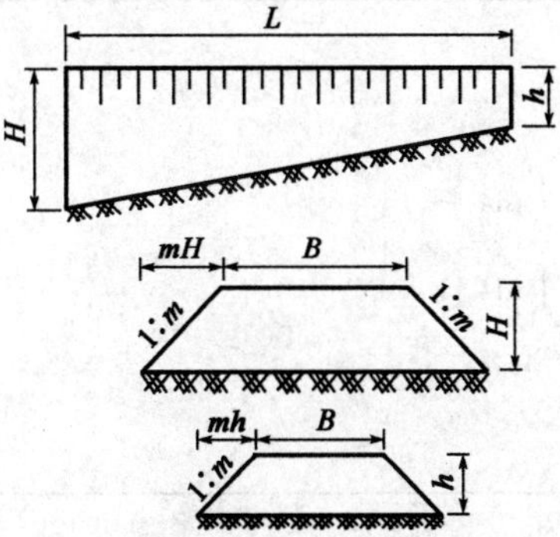	$V=L\left[\frac{1}{2}B(H+h)+\frac{1}{3}m(H^2+Hh+h^2)\right]$
15	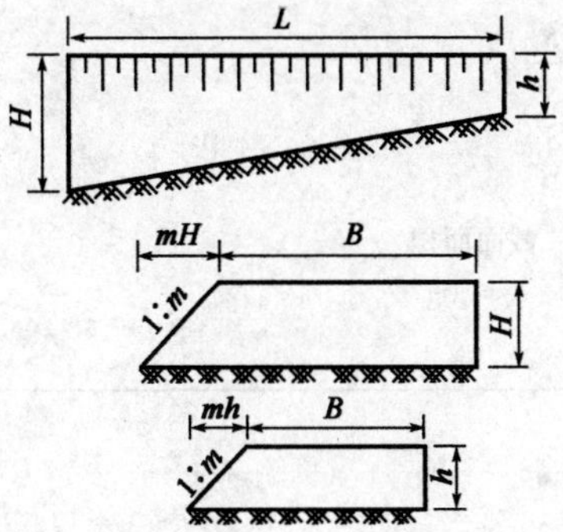	$V=\frac{L}{6}[3B(H+h)+m(H^2+Hh+h^2)]$

附录二　结构静力计算用表

一、一 般 公 式

惯性矩的基本公式　　　　附表 2-1

名　称	图　示	公　式
截面静矩	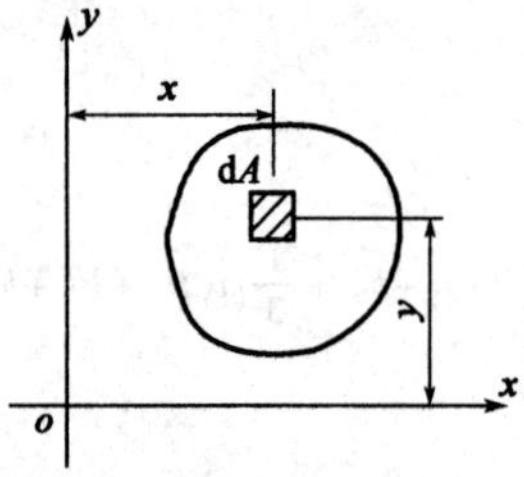	$S_x = \int_A y\mathrm{d}A$ $S_y = \int_A x\mathrm{d}A$
截面重心轴	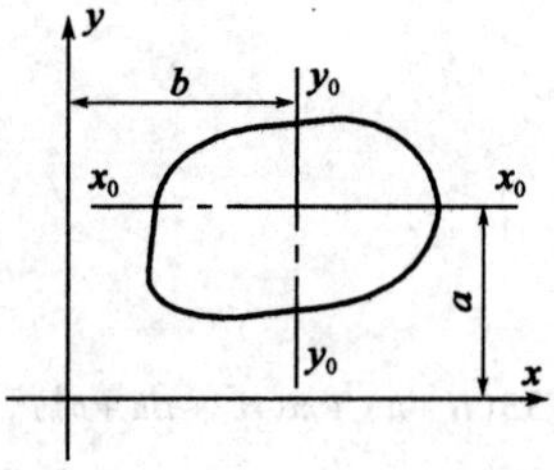	$a = \frac{S_x}{A}$ $b = \frac{S_y}{A}$ A—— 截面面积
对 x_0-x_0 轴的截面惯矩	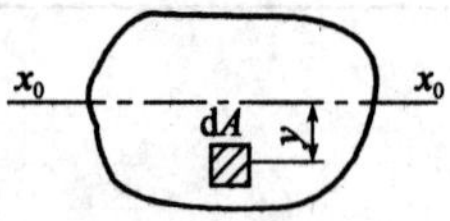	$I_{x0} = \int_A y^2\mathrm{d}A$
对 x 和 y 轴的截面惯矩	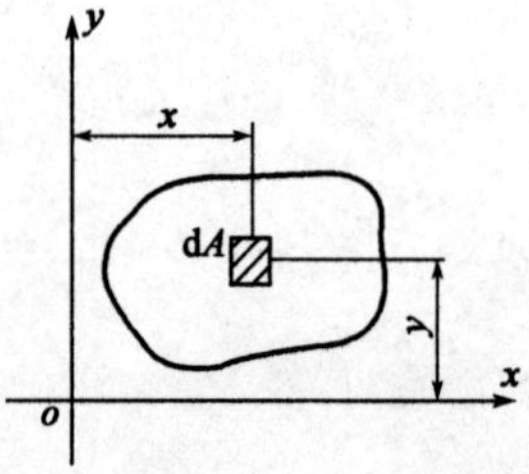	$I_{xy} = \int_A xy\mathrm{d}A$

续上表

名　　称	图　　示	公　　式
复杂截面对 *x* 轴的惯矩	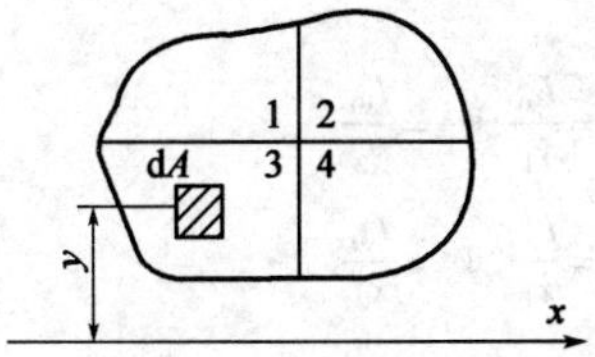	$I_x = I_{x1} + I_{x2} + I_{x3} + I_{x4} = \sum_{i=1}^{4} I_{xi}$
对任一轴的截面惯矩	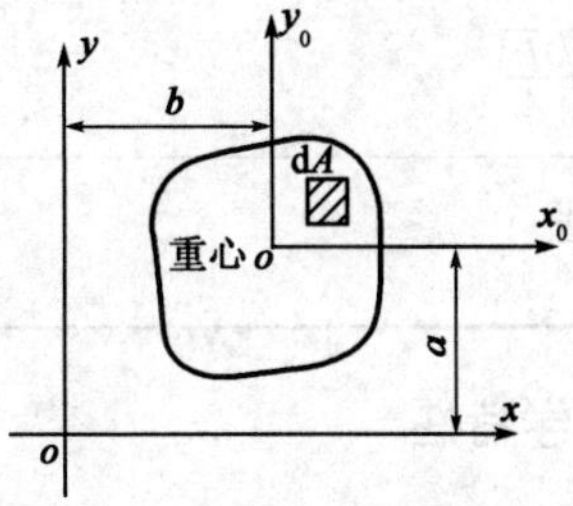	$I_x = I_{x0} + a^2A$ $I_y = I_{y0} + b^2A$ $I_{xy} = I_{x0y0} + abA$
旋转轴时惯性矩之间的关系	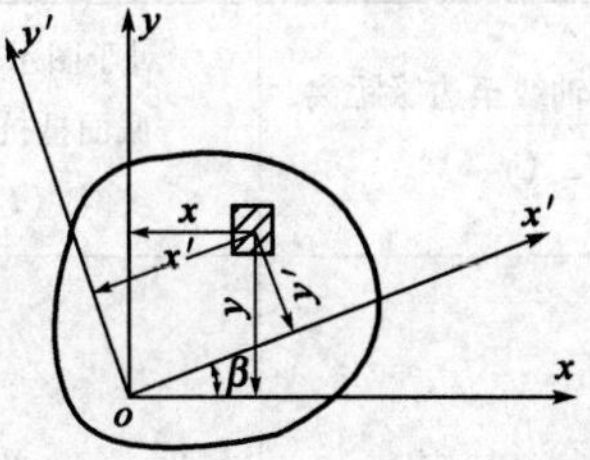	$I'_x = I_x\cos^2\beta + I_y\sin^2\beta - I_{xy}\sin2\beta$ $I'_y = I_x\sin^2\beta + I_y\cos^2\beta + I_{xy}\sin2\beta$ $I'_{xy} = \frac{1}{2}(I_x - I_y)\sin2\beta + I_{xy}\cos2\beta$
对任一点 *O* 的截面惯性极矩	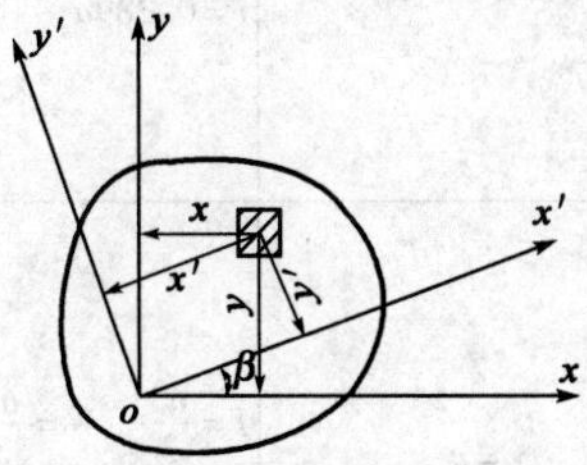	$I_\rho = \int_A \rho^2 dA = I_x + I_y = I'_x + I'_y =$ 常数 $\rho = \sqrt{x^2 + y^2}$
对主重心轴的截面惯矩	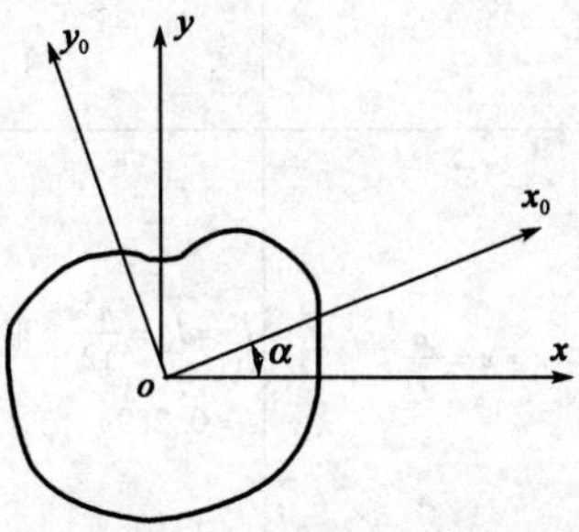	$I_{x0} = I_x\cos^2\alpha + I_y\sin^2\alpha - I_{xy}\sin2\alpha$ $I_{y0} = I_x\sin^2\alpha + I_y\cos^2\alpha + I_{xy}\sin2\alpha$ $I_{x0y0} = 0$ $\tan2\alpha = \frac{2I_{xy}}{I_y - I_y}$

续上表

名　称	图　示	公　式
截面抵抗矩	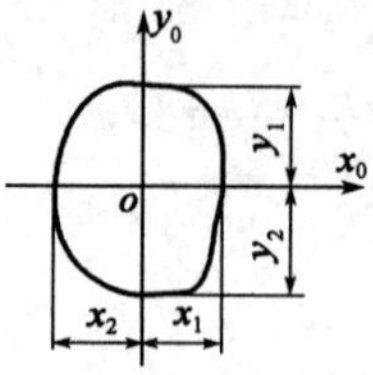	$W_x^1=\frac{I_{x0}}{y_1},W_x^2=\frac{I_{x0}}{y_2}$ $W_y^1=\frac{I_{y0}}{x_1},W_x^2=\frac{I_{y0}}{x_2}$
截面回转半径		$i=\sqrt{\frac{I}{A}}$
截面核心半径		$\rho=\frac{W}{A}$

二、各种截面的力学特性

截面力学特性表　　附表 2-2

截　面　简　图	截　面　积 （A）	图示轴线至边缘距离 （y、x）	对于图示轴线的惯性矩、截面抵抗矩及回转半径 （I、W及i）
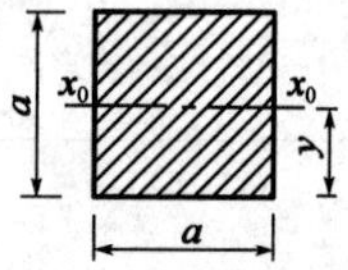	a^2	$y=\frac{a}{2}$	$I=\frac{a^4}{12}$　$W=\frac{a^3}{6}$ $i=0.289a$
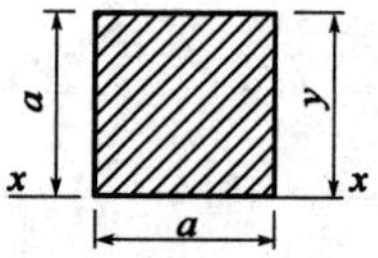	a^2	$y=a$	$I=\frac{a^4}{3}$　$W=\frac{a^3}{3}$ $i=0.577a$
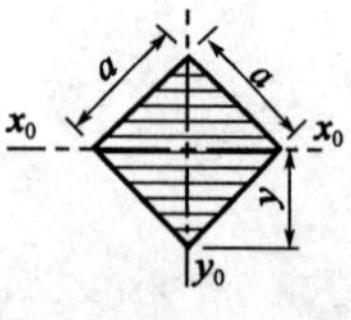	a^2	$y=x=\frac{a}{\sqrt{2}}$	$I_x=I_y=\frac{a^4}{12}$　$W=0.118a^3$ $i=0.289a$

续上表

截 面 简 图	截 面 积 (A)	图示轴线至边缘距离 (y、x)	对于图示轴线的惯性矩、截面抵抗矩及回转半径 (I、W 及 i)
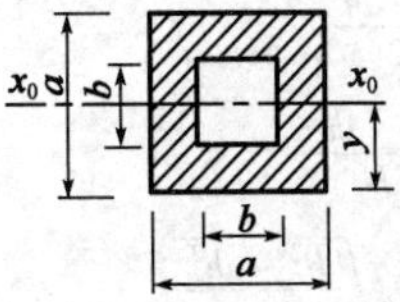	a^2-b^2	$y=\frac{a}{2}$	$I=\frac{a^4-b^4}{12}$　$W=\frac{a^4-b^4}{6a}$ $i=0.289\ \sqrt{a^2+b^2}$
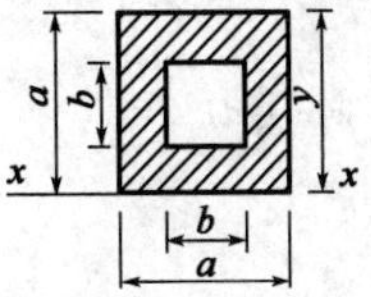	a^2-b^2	$y=a$	$I=\frac{1}{12}(4a^2+b^2)(a^2-b^2)$ $W=\frac{1}{12a}(4a^2+b^2)(a^2-b^2)$ $i=0.289\ \sqrt{4a^2+b^2}$
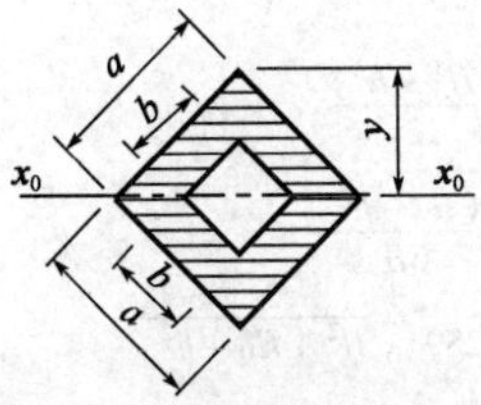	a^2-b^2	$y=\frac{a}{\sqrt{2}}$	$I=\frac{a^4-b^4}{12}$ $W=0.118\ \frac{a^4-b^4}{a}$ $i=0.289\ \sqrt{a^2+b^2}$
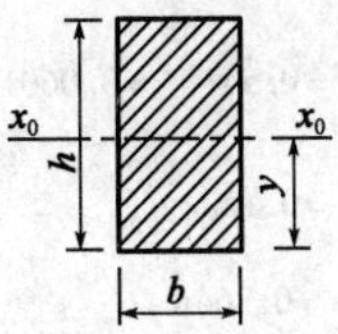	bh	$y=\frac{h}{2}$	$I=\frac{bh^3}{12}$　$W=\frac{bh^2}{6}$ $i=0.289h$
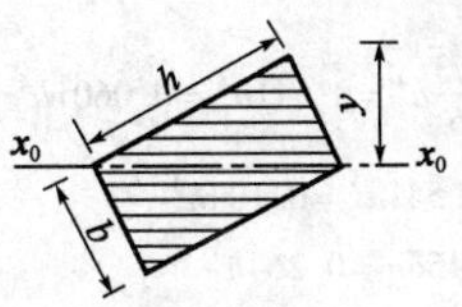	bh	$y=\frac{bh}{\sqrt{b^2+h^2}}$	$I=\frac{b^3h^3}{6(b^2+h^2)}$ $W=\frac{b^2h^2}{6\ \sqrt{b^2+h^2}}$ $i=\frac{bh}{\sqrt{6(b^2+h^2)}}$
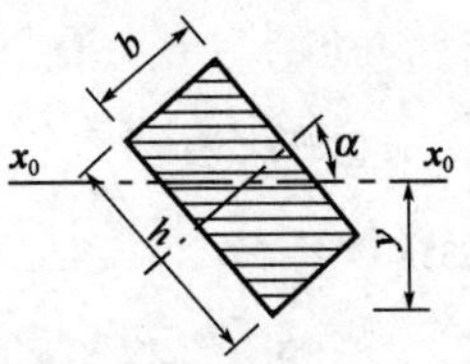	bh	$y=\frac{1}{2}(b\sin\alpha+h\cos\alpha)$	$I=\frac{bh}{12}(h^2\cos^2\alpha+b^2\sin^2\alpha)$ $W=\frac{bh}{6}\cdot\frac{h^2\cos^2\alpha+b^2\sin^2\alpha}{b\sin\alpha+h\cos\alpha}$ $i=0.289\ \sqrt{h^2\cos^2a+b^2\sin^2a}$

续上表

截 面 简 图	截 面 积 (A)	图示轴线至边缘距离 (y、x)	对于图示轴线的惯性矩、截面抵抗矩及回转半径 (I、W 及 i)
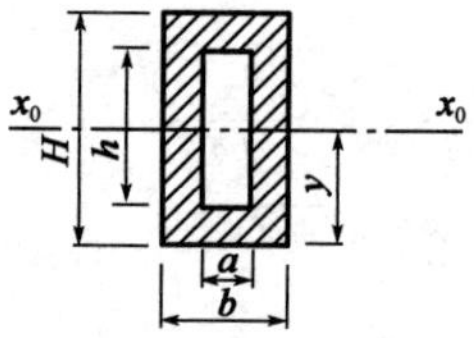	$bH-ah$	$y=\frac{H}{2}$	$I=\frac{bH^3-ah^3}{12}$ $W=\frac{bH^3-ah^3}{6H}$ $i=0.289\sqrt{\frac{bH^3-ah^3}{bH-ah}}$
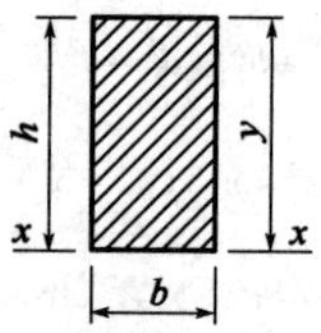	bh	$y=h$	$I=\frac{bh^3}{3}$　$W=\frac{1}{3}bh^2$ $i=0.577h$
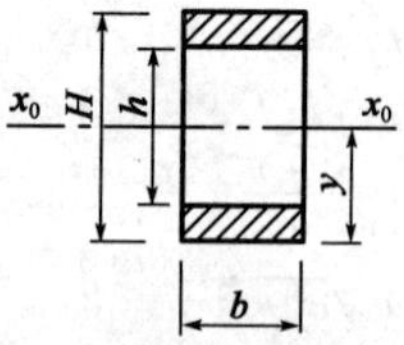	$b(H-h)$	$y=\frac{H}{2}$	$I=\frac{b(H^3-h^3)}{12}$ $W=\frac{b(H^3-h^3)}{6H}$ $i=0.289\ \sqrt{H^2+Hh+h^2}$
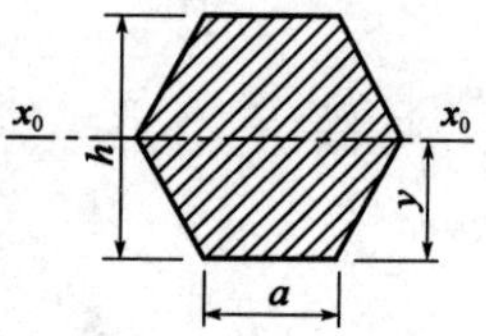	$\frac{3\sqrt{3}}{2}a^2=2.598a^2$ $\frac{\sqrt{3}}{2}h^2=0.866h^2$	$y=\frac{\sqrt{3}}{2}a=0.866a=0.5h$	$I=\frac{5\sqrt{3}}{16}a^4=0.541a^4=0.0601h^4$ $W=\frac{5}{8}a^3=0.120h^3$ $i=0.456a=0.264h$
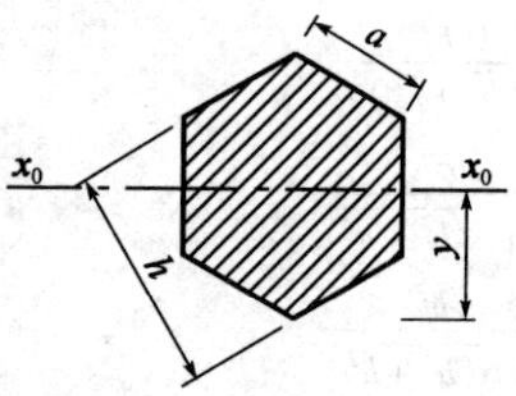	$\frac{3\sqrt{3}}{2}a^2=2.598a^2$ $\frac{\sqrt{3}}{2}h^2=0.866h^2$	$y=a=\frac{h}{\sqrt{3}}=0.577h$	$I=\frac{5\sqrt{3}}{16}a^4=0.541a^4=0.0601h^4$ $W=0.541a^3=0.104h^3$ $i=0.456a=0.264h$
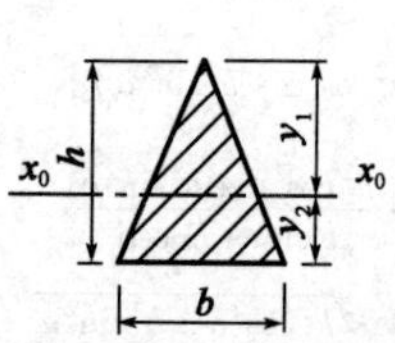	$\frac{bh}{2}$	$y_1=\frac{2}{3}h$ $y_2=\frac{1}{3}h$	$I=\frac{bh^3}{36}$　$W_2=\frac{bh^2}{12}$　$W_1=\frac{bh^2}{24}$ $i=0.235h$

续上表

截面简图	截面积 (A)	图示轴线至边缘距离 $(y、x)$	对于图示轴线的惯性矩、截面抵抗矩及回转半径 $(I、W$ 及 $i)$
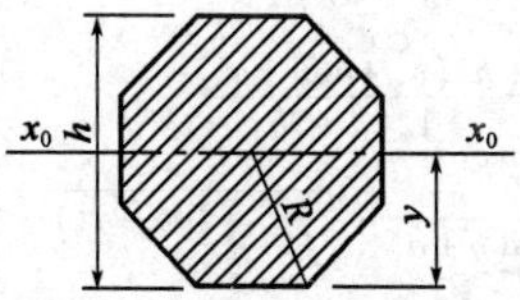	$2\sqrt{2}R^2 = 2.828R^2$ $\frac{2\sqrt{2}}{2+\sqrt{2}}h^2 = 0.828h^2$	$y = \frac{\sqrt{2+\sqrt{2}}R}{2} = 0.924R$ $= 0.5h$	$I = \frac{1+2\sqrt{2}}{6}R^4 = 0.638R^4$ $= 0.0574h^4$ $W = 0.691R^3 = 0.109h^3$ $i = 0.475R = 0.257h$
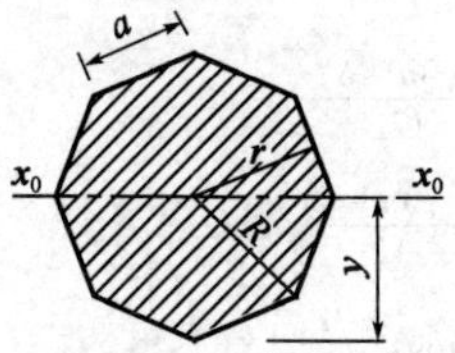	$2.828R^2$ $3.314r^2$ $4.828a^2$	$y = R = 1.082r = 1.307a$	$I = 0.638R^4 = 0.876r^4 = 1.860a^4$ $W = 0.638R^3 = 0.809r^3 = 1.423a^3$ $i = 0.475R = 0.514r = 0.621a$
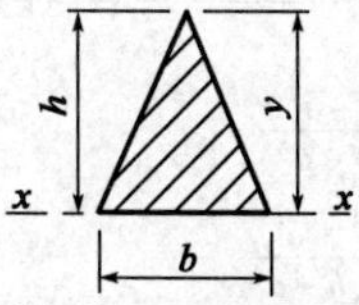	$\frac{bh}{2}$	$y = h$	$I = \frac{bh^3}{12}$ $W = \frac{bh^2}{12}$ $i = 0.408h$
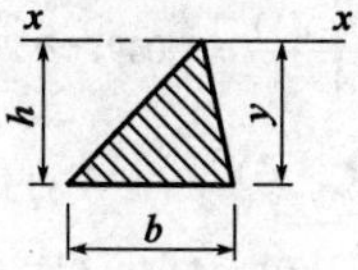	$\frac{bh}{2}$	$y = h$	$I = \frac{bh^3}{4}$; $W = \frac{bh^2}{4}$ $i = 0.707h$
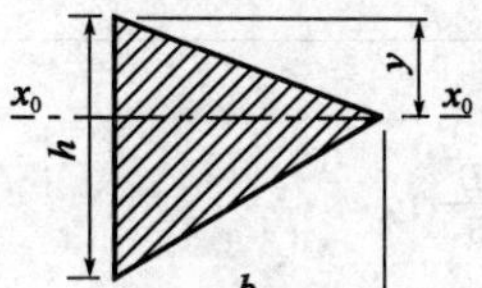	$\frac{bh}{2}$	$y = \frac{h}{2}$	$I = \frac{bh^3}{48}$ $W = \frac{bh^2}{24}$ $i = 0.204h$
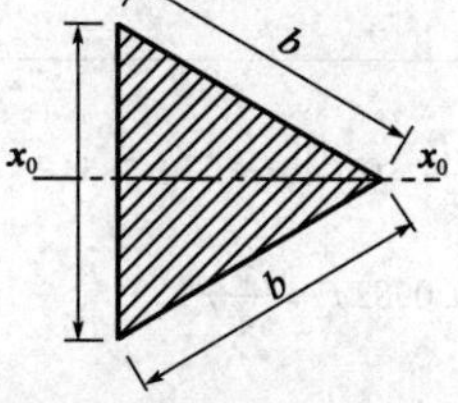	$\frac{\sqrt{3}b^2}{4} = 0.433b^2$	$y = \frac{b}{2}$	$I = \frac{b^4}{32\sqrt{3}} = 0.018b^4$ $W = 0.0361b^3$ $i = 0.204b$

续上表

截 面 简 图	截 面 积 (A)	图示轴线至边缘距离 (y、x)	对于图示轴线的惯性矩、截面抵抗矩及回转半径 (I、W及i)
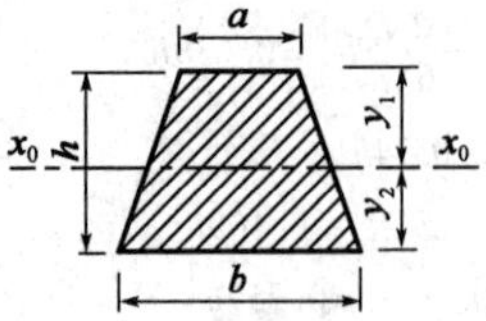	$\frac{h(b+a)}{2}$	$y_1=\frac{h(a+2b)}{3(a+b)}$ $y_2=\frac{h(b+2a)}{3(b+a)}$	$I=\frac{h^3(b^3+4ba+a^2)}{36(b+a)}$ $W_1=\frac{h^2(b^2+4ab+a^2)}{12(a+2b)}$ $i=\frac{h}{6(b+a)}\sqrt{2(b^2+4ab+a^2)}$ $W_2=\frac{h^2(b^2+4ab+a^2)}{12(2a+b)}$
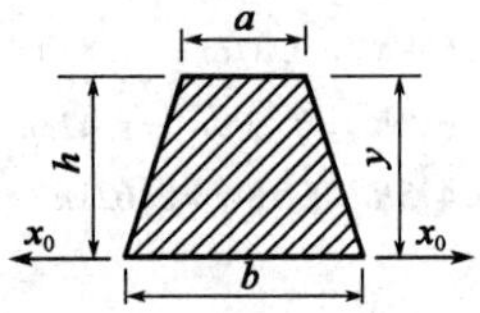	$\frac{h(b+a)}{2}$	$y=h$	$I=\frac{h^3(3a+b)}{12}$; $W=\frac{h^2(3a+b)}{12}$ $i=0.408h\sqrt{\frac{3a+b}{a+b}}$
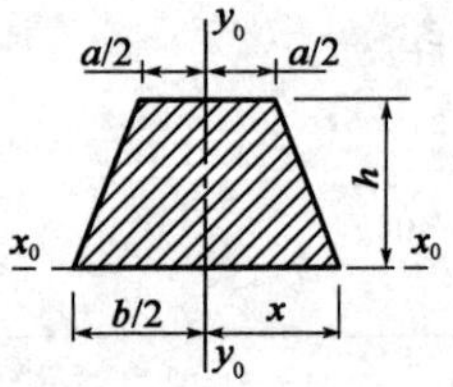	$\frac{h(a+b)}{2}$	$x=\frac{b}{2}$	$I=\frac{h(b^4-a^4)}{48(b-a)}$ $W=\frac{h(b^4-a^4)}{24b(b-a)}$ $i=0.204\sqrt{b^2+a^2}$
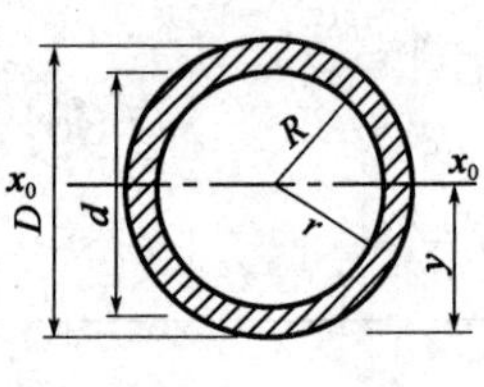	$\frac{\pi(D^2-d^2)}{4}$ $=0.785(D^2-d^2)$ $=\pi(R^2-r^2)$ $(D=2R;d=2r)$	$y=\frac{D}{2}$	$I=\frac{\pi(D^4-d^4)}{64}=0.0491(D^4-d^4)$ $=\frac{\pi}{4}(R^4-r^4)$ $W=0.0982\frac{D^4-d^4}{D}=\pi\frac{R^4-r^4}{4R}$ $i=\frac{\sqrt{D^2+d^2}}{4}$
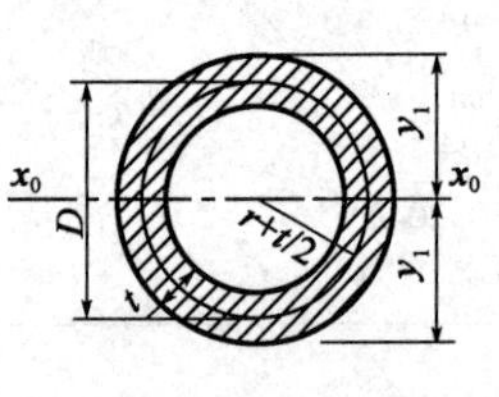	πDt $\pi(D-t)t$	$y=\frac{D}{2}$	$I\approx\frac{\pi D^3}{8}t$; $W\approx0.7854D^2t$ $i\approx0.354D$
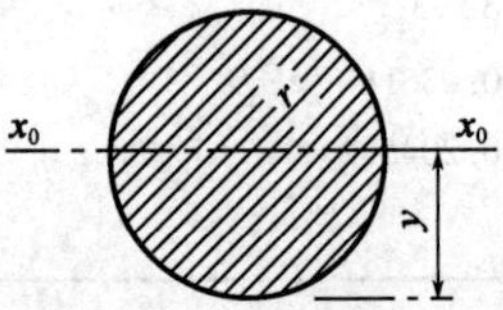	$\frac{\pi d^2}{4}=0.7854d^2$ $\pi r^2=3.1416r^2$	$y=r=\frac{d}{2}$	$I=\frac{\pi d^4}{64}=0.0491d^4=0.7854r^4$ $W=0.0982d^3=\frac{\pi}{4}r^3$ $i=\frac{1}{4}d$

续上表

截面简图	截面积 (A)	图示轴线至边缘距离 (y、x)	对于图示轴线的惯性矩、截面抵抗矩及回转半径 (I、W及i)
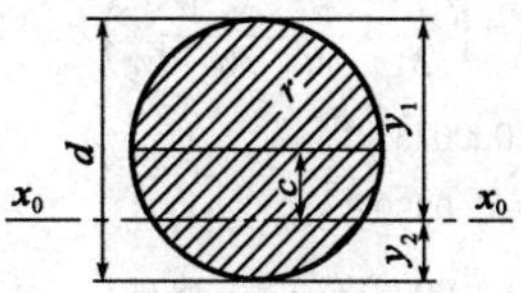	$\frac{\pi d^2}{4}=0.7854d^2$ $=\pi r^2$	$y_1=\frac{d}{2}+c$ $y_2=\frac{d}{2}-c$	$I=\frac{\pi d^2}{64}(d^2+16c^2)$ $W_1=\frac{\pi d^2(d^2+16c^2)}{32(d+2c)}$ $i=0.25\ \sqrt{a^2+16c^2}$ $w_2=\frac{\pi d^2(d^2+16c^2)}{32(d-2c)}$
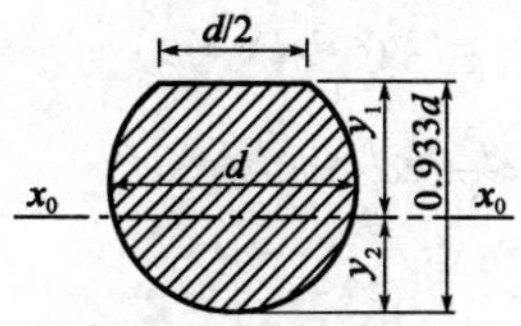	$0.763d^2$	$y_1=0.477d$ $y_2=0.486d$	$I=0.0442d^4$ $W_1=0.0988d^3$ $i=0.241d$ $W_2=0.0908d^3$
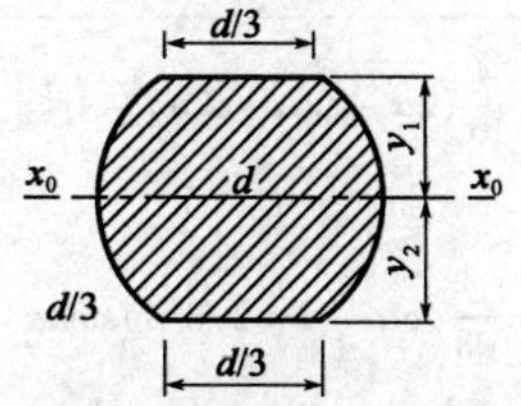	$0.773d^2$	$y=0.471d$	$I=0.0461d^4$ $W=0.0978d^3$ $i=0.244d$
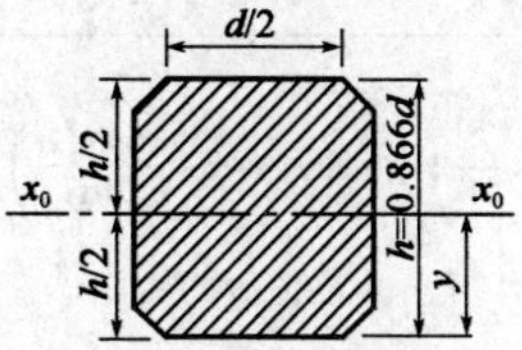	$0.695d^2$	$y=\frac{h}{2}=0.433d$	$I=0.0389d^4$ $W=0.0898d^3$ $i=0.237d$
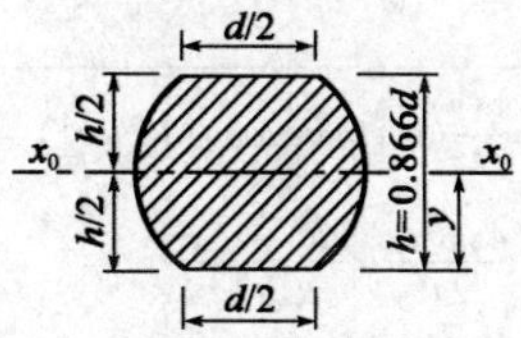	$0.740d^2$	$y=\frac{h}{2}=0.433d$	$I=0.0395d^4$ $W=0.0912d^3$ $i=0.231d$
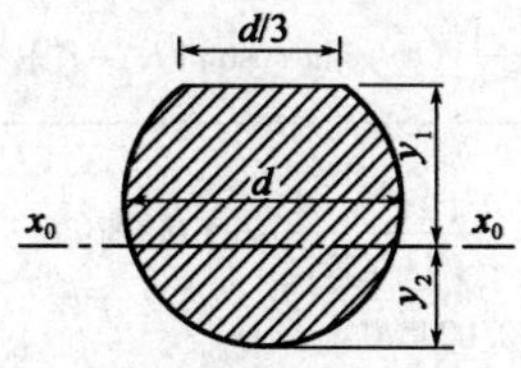	$0.779d^2$	$y_2=0.496d$ $y_1=0.475d$	$I=0.0476d^4$ $W=0.0959d^3$ $i=0.247d$

续上表

截面简图	截面积 (A)	图示轴线至边缘距离 (y、x)	对于图示轴线的惯性矩、截面抵抗矩及回转半径 (I、W 及 i)
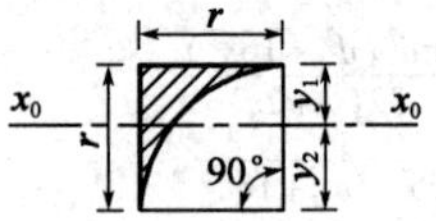	$r^2\left(1-\frac{\pi}{4}\right)=0.2146r^2$	$y_1=0.223r$ $y_2=\frac{r}{6\left(1-\frac{\pi}{4}\right)}=0.777r$	$I_x=r^4\left(\frac{1}{3}-\frac{\pi}{16}-\frac{1}{36-9\pi}\right)$ $=0.00755r^4$ $W_1=0.0339r^3$ $W_2=0.00966r^3$;$i=0.187r$
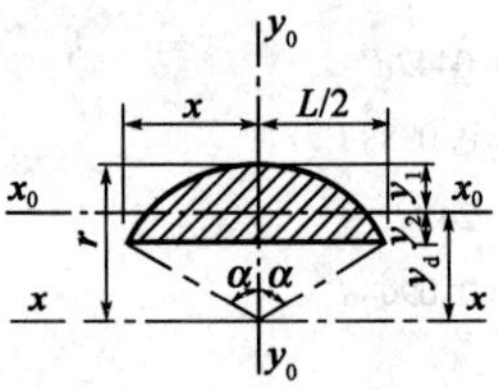	$\frac{r^2}{2}(2\alpha-\sin2\alpha)$ (α 为弧度)	$y_d=\frac{4r}{3}\cdot\frac{\sin^3\alpha}{2\alpha-\sin2\alpha}=\frac{L^3}{12A}$ $y_1=r-y_d$ $y_2=r(1-\cos\alpha)-r_1$ $x=\frac{L}{2}=r\sin\alpha$	$I_{x0}=\frac{r^4}{8}(2\alpha-\sin2\alpha\cos2\alpha)-Ay_d^2$ $I_x=\frac{r^4}{8}(2\alpha-\sin2\alpha\cos2\alpha)$ $I_{y0}=\frac{r^4}{16}[6a-(3+2\sin^2 a)\sin2\alpha]$
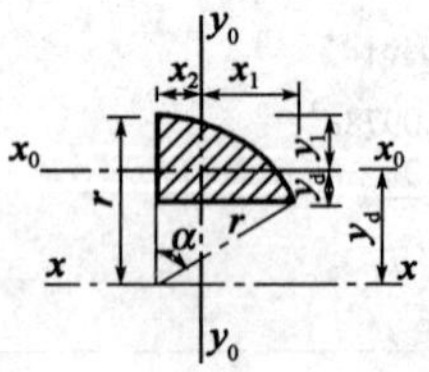	$\frac{r^2}{4}(2\alpha-\sin2\alpha)$ (α 为弧度)	$y_d=\frac{4r}{3}\cdot\frac{\sin^3\alpha}{2\alpha-\sin2\alpha}$ $x_2=\frac{2r(\cos^3\alpha-3\cos\alpha+2)}{3(2\alpha-\sin\alpha)}$ $x_1=r\sin\alpha-$ $\frac{2r(\cos^3\alpha-3\cos\alpha+2)}{3(2\alpha-\sin\alpha)}$	$I_x=\frac{r^4}{16}(2\alpha-\sin2\alpha\cos2\alpha)-Ay_d^2$ $I_{y0}=\frac{r^4}{48}[6\alpha-(3+2\sin^2\alpha)\sin2\alpha]$ $-Ax_2^2$
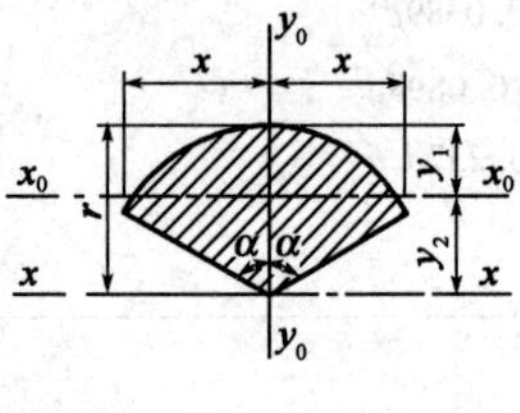	$0.017453\alpha^\circ$	$y_1=r-y_2$ $y_2=\frac{2r\sin\alpha}{3a}$ $x=r\sin\alpha$	$I_{x0}=\frac{r^4}{4}\left(\alpha+\sin\alpha\cos\alpha-\frac{16\sin^2\alpha}{9\alpha}\right)$ $I_x=\frac{r^4}{4}(\alpha+\sin\alpha\cos\alpha)$ $I_{y0}=\frac{r^4}{4}(\alpha-\sin\alpha\cos\alpha)$
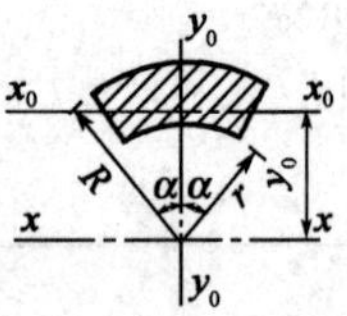	$\alpha(R^2-r^2)$	$y_d=\frac{2\sin\alpha}{3\alpha}\cdot\frac{R^3-r^3}{R^2-r^2}$	$I_{x0}=\frac{1}{4}(\alpha+\sin\alpha\cos\alpha)(R^4-r^4)-$ $\frac{4\sin^2\alpha}{9a}\cdot\frac{(R^3-r^3)^2}{R^2-r^2}$ $I_x=\frac{1}{4}(\alpha+\sin\alpha\cos\alpha)(R^4-r^4)$ $I_{y0}=\frac{1}{4}(\alpha-\sin\alpha\cos\alpha)(R^4-r^4)$
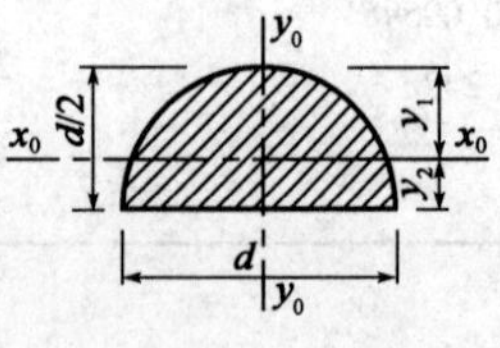	$\frac{\pi d^2}{8}=0.393d^2$	$y_1=\frac{d(3\pi-4)}{6\pi}=0.288d$ $y_2=\frac{2d}{3\pi}=0.212d$ $x=0.50d$	$I_{x0}=\frac{d^4(9\pi^2-64)}{1152\pi}=0.00686d^4$ $I_x=0.0245d^4$ $I_{y0}=\frac{\pi d^4}{128}=0.0245d^4$

续上表

截 面 简 图	截 面 积 (*A*)	图示轴线至边缘距离 (*y*、*x*)	对于图示轴线的惯性矩、截面抵抗矩及回转半径 (*I*、*W* 及 *i*)
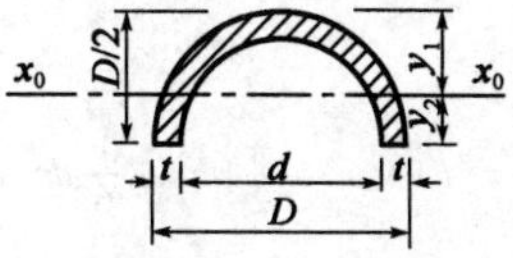	$\frac{\pi}{8}(D^2-d^2)$ $=0.393(D^2-d^2)$	$y_1=\frac{d}{2}=y_2$ $y_2=\frac{2}{3\pi}\cdot\frac{D^3-d^3}{D^2-d^2}$	$I_{x0}=0.00686(D^4-d^4)-\frac{0.0177D^2d^2(D-d)}{D+d}$ $W_1=\frac{I_{x0}}{y_1};W_2=\frac{I_{x0}}{y_2};i=\sqrt{\frac{I_0}{A}}$
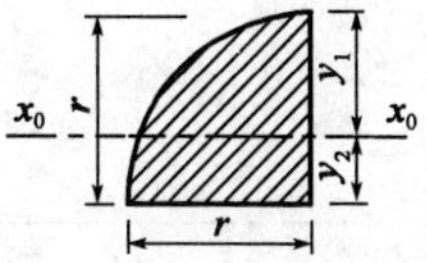	$\frac{\pi}{4}r^2=0.7854r^2$ $(d=2r)$	$y_1=\left(1-\frac{4}{3\pi}\right)r=0.576r$ $y_2=\frac{4}{3\pi}r=0.424r$	$I=\frac{9\pi^2-64}{144\pi}r^4=0.0549r^4$ $W_1=0.0956r^3$ $W_2=0.1296r^3$ $i=0.264r$
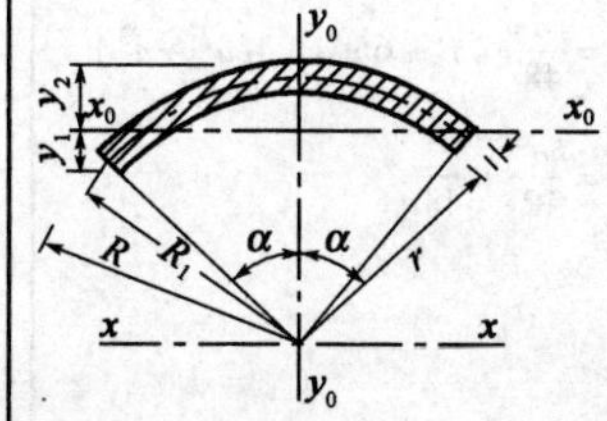	$\alpha(2R-t)t=2\alpha R_1t$ $\left(R_1=R-\frac{t}{2}\right)$	$y_1\approx r\left(\frac{\sin\alpha}{\alpha}-\cos\alpha\right)+\frac{t\sin\alpha}{2\alpha}$ $\approx R_1\left(\frac{\sin\alpha}{\alpha}-\cos\alpha\right)+\frac{t}{2}\cos\alpha$ $y_1\approx R_1\frac{\sin\alpha}{\alpha}$ $y_2\approx R_1\left(1-\frac{\sin\alpha}{\alpha}\right)+\frac{t}{2}$	$I_{x0}=R_1^3t\left(\alpha+\sin\alpha\cos\alpha-\frac{2\sin^2\alpha}{\alpha}\right)$ $I_{y0}\approx R_1^3t(\alpha-\sin\alpha\cos\alpha)$
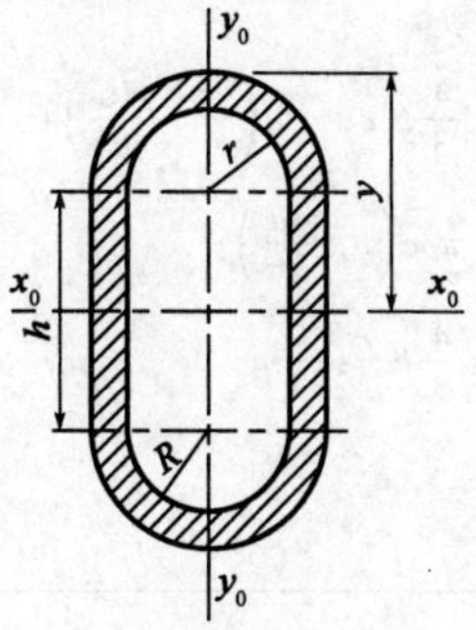	$\pi(R^2-r^2)+$ $2h(R-r)$	$y=R+\frac{h}{2}$ $x=R$	$I_x=\frac{\pi}{4}(R^4-r^4)+\frac{4}{3}h(R^3-r^3)+\frac{\pi}{4}h^2(R^2-r^2)+\frac{h^3}{6}(R-r)$ $I_y=\frac{\pi}{4}(R^4-r^4)+\frac{2}{3}h(R^3-r^3)$
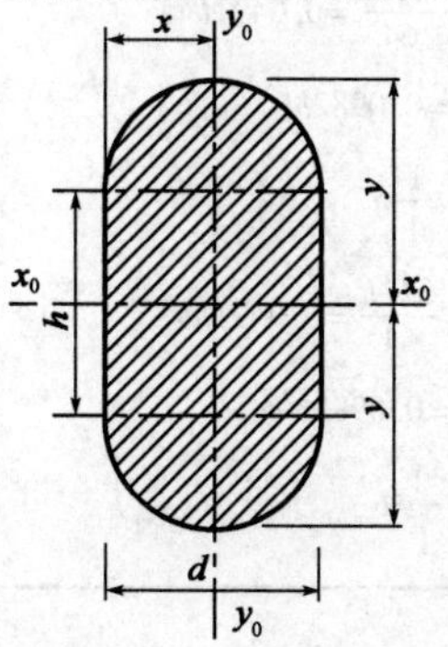	$\frac{\pi}{4}d^2+hd$	$y=\frac{1}{2}(h+d)$ $x=\frac{1}{2}d$	$I_{x0}=\frac{\pi d^4}{64}+\frac{hd^3}{6}+\frac{\pi h^2d^2}{16}+\frac{dh^3}{12}$ $I_{y0}=\frac{\pi d^4}{64}+\frac{d^3h}{12}$

续上表

截 面 简 图	截 面 积 (A)	图示轴线至边缘距离 (y、x)	对于图示轴线的惯性矩、截面抵抗矩及回转半径 (I、W及i)
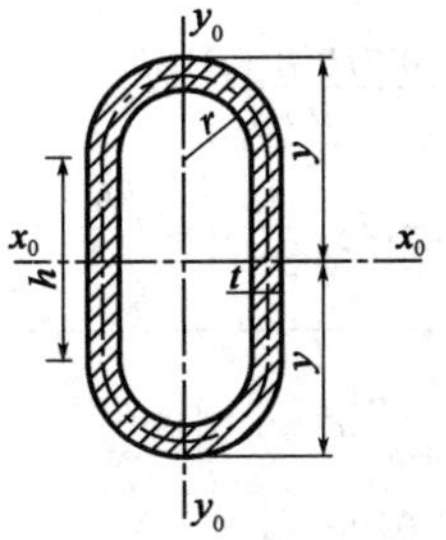	$2(\pi r+h)t$	$y=r+\frac{h+t}{2}$ $x=r+\frac{t}{2}$	$I_x\approx\pi r^3t+4thr^2+\frac{\pi}{2}rth^2+\frac{1}{6}th^3+\left(\frac{\pi r}{4}+\frac{h}{3}\right)t^3$ $I_y\approx\pi r^3t+2r^2ht$
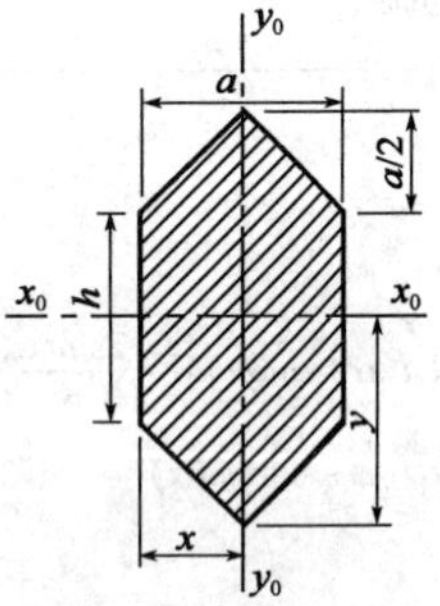	$ab+\frac{1}{2}a^2$	$y=\frac{a+b}{2}$ $x=\frac{a}{2}$	$I_x=\frac{a}{48}(4b^3+6b^2a+4ba^2+a^3)$ $I_y=\frac{ba^3}{12}+\frac{a^4}{48}$
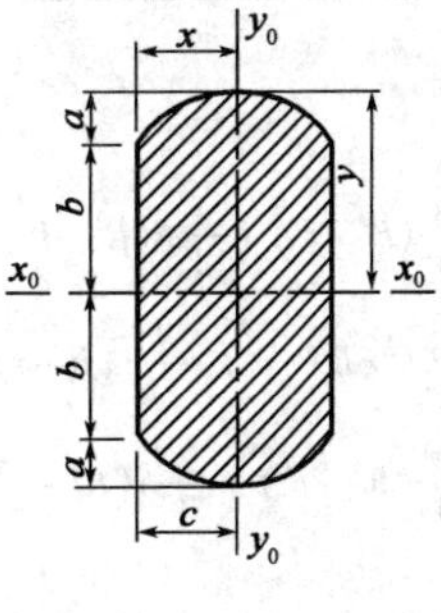	$4bc+\pi ac$	$y=b+a$ $x=c$	$I_{x0}=\frac{4}{3}b^3c+a^3c\left(\frac{\pi}{4}-\frac{16}{9\pi}\right)+\pi ac\left(b+\frac{4a}{3\pi}\right)^2$ $I_{y0}=\frac{4}{3}bc^3+\frac{\pi}{4}ac^3$
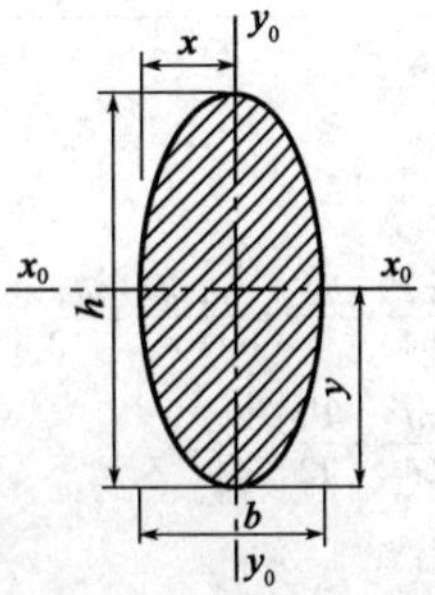	$\frac{\pi bh}{4}=0.7854bh$	$y=\frac{1}{2}h$ $x=\frac{1}{2}b$	$I_{x0}=\frac{\pi bh^3}{64}=0.0491bh^3$ $W_{x0}=0.0982bh^2$ $i_{x0}=\frac{1}{4}h$ $I_{y0}=\frac{\pi b^3h}{64}=0.0491hb^3$ $W_{y0}=0.0982b^2h$ $i_{y0}=\frac{1}{4}b$

续上表

截面简图	截面积 (A)	图示轴线至边缘距离 $(y、x)$	对于图示轴线的惯性矩、截面抵抗矩及回转半径 $(I、W 及 i)$
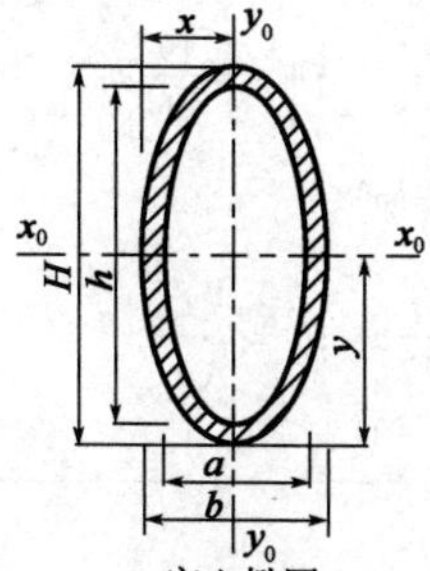 空心椭圆	$\dfrac{\pi(bH-ab)}{4}=$ $0.7854(bH-ah)$	$y=\dfrac{1}{2}H$ $x=\dfrac{1}{2}b$	$I_{x0}=\dfrac{\pi(bH^3-ah^3)}{64}$ $=0.0491(bH^3-ah^3)$ $I_{y0}=\dfrac{\pi(Hb^3-ha^3)}{64}$ $=0.0491(Hb^3-ha^3)$
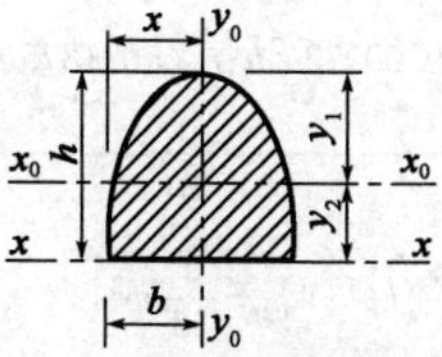	$\dfrac{\pi bh}{2}=1.5708bh$	$y_1=h\left(1-\dfrac{4}{3\pi}\right)=0.576h$ $y_2=\dfrac{4}{3\pi}h=0.424h$ $x=b$	$I_{x0}=\dfrac{9\pi^2-64}{72\pi}bh^3=0.1097bh^3$ $W_{02}=0.259bh^2;i_{x0}=0.264h$ $I_x=\dfrac{\pi}{8}h^3b;W_x=0.393h^2b$ $i_x=\dfrac{h}{2}$ $I_{y0}=\dfrac{\pi}{8}hb^3;W_{y0}=0.393hb^2$ $i_{y0}=\dfrac{b}{2}$
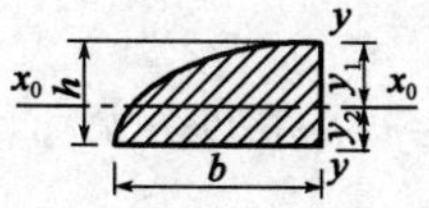 1/4 椭圆	$\dfrac{\pi bh}{4}=0.7854bh$	$y_1=h\left(1-\dfrac{4}{3\pi}\right)=0.576h$ $y_2=\dfrac{4}{3\pi}h=0.424h$	$I_x=\dfrac{\pi}{16}bh^3=0.1964bh^3$ $W_x=0.1964bh^2;$ $i_x=\dfrac{h}{2}$ $I_{x0}=\dfrac{9\pi^2-64}{144\pi}hb^3=0.0549bh^3$ $W_{02}=0.1293bh^2;$ $i_{x0}=0.264h$
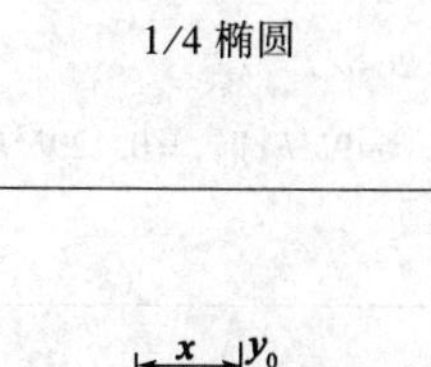 $y=px^2$ 二次抛物线	$\dfrac{4}{3}bh$	$y_1=\dfrac{3}{5}h$ $y_2=\dfrac{2}{5}h$ $x=b$	$I_{x0}=\dfrac{16}{175}bh^3;W_{02}=\dfrac{8}{35}bh^2$ $i_{x0}=0.262h;I_x=\dfrac{32}{105}bh^3$ $W_x=\dfrac{32}{105}bh^2;i_x=0.478h$ $I_{y0}=\dfrac{4}{15}hb^3;W_{y0}=\dfrac{4}{15}hb^2$ $i_{y0}=0.447b$

续上表

截面简图	截面积 (A)	图示轴线至边缘距离 $(y、x)$	对于图示轴线的惯性矩、截面抵抗矩及回转半径 $(I、W及i)$
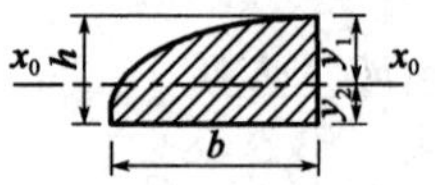 $x=py^2$二次抛物线	$\frac{2}{3}bh$	$y_1=\frac{5}{8}h$ $y_2=\frac{3}{8}h$	$I_{x0}=\frac{19}{480}bh^3$；$W_{01}=\frac{19}{300}bh^2$ $I_x=\frac{2}{15}bh^3$ $W_x=\frac{2}{15}bh^2$；$i_x=\sqrt{\frac{I_x}{A}}$
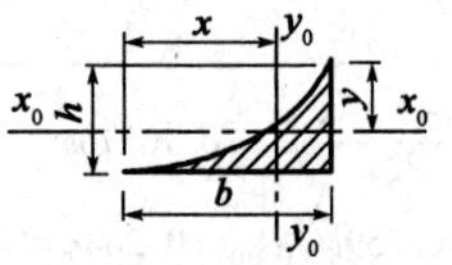 椭圆角缘	$bh\left(1-\frac{\pi}{4}\right)=0.2146bh$	$y=\frac{h}{6\left(1-\frac{\pi}{4}\right)}=0.777h$ $x=\frac{b}{6\left(1-\frac{\pi}{4}\right)}=0.777b$	$I_{x0}=\left(\frac{1}{3}-\frac{\pi}{16}-\frac{1}{36-9\pi}\right)bh^3$ $=0.00755bh^3$ $W_{x0}=0.00972bh^2$；$i_{x0}=0.1875h$ $I_{y0}=0.00755b^3h$ $W_{y0}=0.00972b^2h$；$i_{y0}=0.1875b$
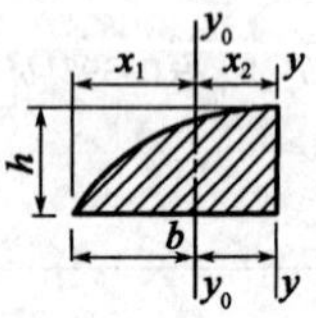 $x=py^2$ 二次抛物线	$\frac{2}{3}bh$	$x_2=\frac{2}{5}b$ $x_1=\frac{3}{5}b$	$I_{y0}=\frac{8}{175}hb^3$；$W_{02}=\frac{4}{35}hb^2$ $I_y=\frac{16}{105}hb^3$；$W_y=\frac{16}{105}hb^2$ $i_y=\sqrt{\frac{I_y}{A}}$
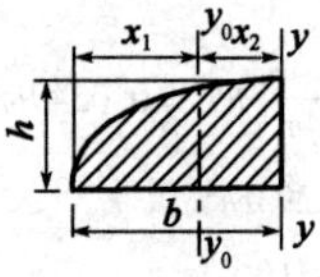 1/4椭圆	$0.7854bh$	$x_1=0.576b$ $x_2=0.424b$	$I_y=\frac{1}{16}\pi b^3h=0.1964b^3h$ $W_y=0.196b^2h$；$i_y=\frac{b}{2}$ $i_{y0}=0.264b$ $I_{y0}=0.0549b^3h$；$W_{02}=0.129b^2h$
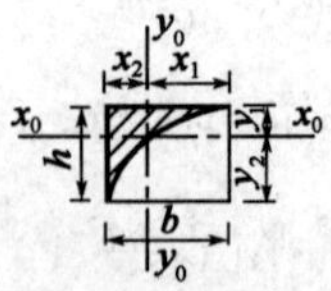 $x=py^2$二次抛物线角缘	$\frac{1}{3}bh$	$y_1=\frac{1}{4}h$；$y_2=\frac{3}{4}h$ $x_1=\frac{7}{10}b$；$x_2=\frac{3}{10}b$	$I_{x0}=\frac{1}{80}bh^3$；$W_{02}=\frac{1}{60}bh^2$ $i_{x0}=0.194h$ $I_{y0}=\frac{37}{2100}hb^3$；$W_{01}=\frac{37}{1470}hb^2$ $i_{y0}=0.229b$

续上表

截面简图	截面积 (A)	图示轴线至边缘距离 $(y、x)$	对于图示轴线的惯性矩、截面抵抗矩及回转半径 $(I、W及i)$
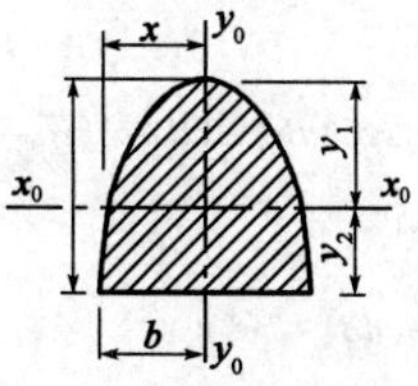 $y=px^n$ n次抛物线	$\frac{2n}{n+1}bh$	$y_1=\frac{n+1}{2n+1}h$ $y_2=\frac{n}{2n+1}h$ $x=b$	$I_{x0}=\frac{2n^3bh^3}{(3n+1)(2n+1)^2}$ $I_x=\frac{4n^3bh^3}{(n+1)(2n+1)(3n+1)}$ $I_{y0}=\frac{2n}{3(n+3)}hb^3$
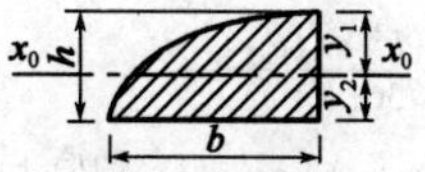 $x=py^n$ $\frac{1}{2}$ n次抛物线	$\frac{n}{n+1}bh$	$y_1=\frac{n+3}{2(n+2)}h$ $y_2=\frac{n}{2(n+2)}h$	$I_{x0}=\frac{n(n^2+4n+7)bh^3}{12(n+3)(n+2)^2}$ $I_x=\frac{n}{3(n+3)}bh^3$
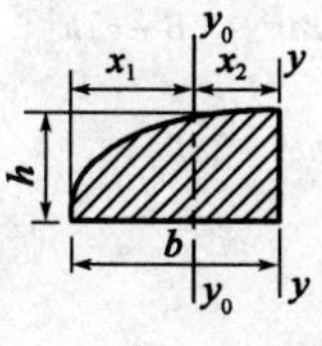 $x=py^n$ $\frac{1}{2}$ n次抛物线	$\frac{n}{n+1}bh$	$x_1=\frac{n+1}{2n+1}b$ $x_2=\frac{n+1}{2n+1}b$	$I_{y0}=\frac{n^3b^3h}{(3n+1)(2n+1)^2}$ $I_y=\frac{2n^3hb^3}{(n+1)(2n+1)(3n+1)}$
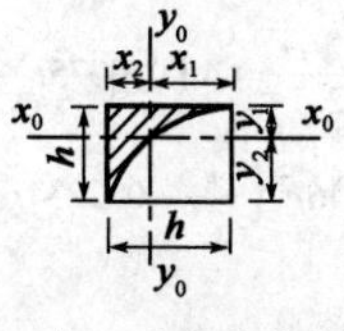 $x=py^n$ n次抛物线角缘	$\frac{1}{n+1}bh$	$y_1=\frac{1}{n+2}h$ $y_2=\frac{n+1}{n+2}h$ $x_1=\frac{3n+1}{2(2n+1)}b$ $x_2=\frac{n+1}{2(2n+1)}b$	$I_{x0}=\frac{bh^3}{(n+3)(n+2)^2}$ $I_{y0}=\frac{yn^2+4n+1}{12(3n+1)(2n+1)^2}hb^3$

续上表

截 面 简 图	截 面 积 (A)	图示轴线至边缘距离 (y、x)	对于图示轴线的惯性矩、截面抵抗矩及回转半径 (I、W及i)
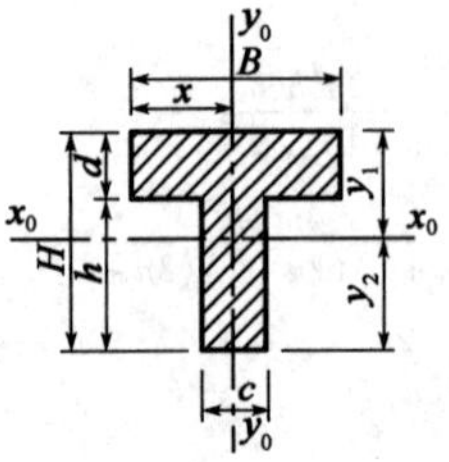	$Bd+hc$	$y_1=\frac{1}{2}\cdot\frac{cH^2+d^2(B-c)}{Bd+hc}$ $y_2=H-y_1$ $x=\frac{B}{2}$	$I_{x0}=\frac{1}{3}[cy_2^3+By_1^3-(B-c)(y_1-d)^3]$ $I_{y0}=\frac{1}{12}(dB^3+hc^3)$
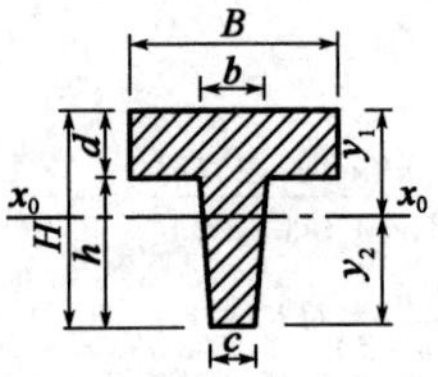	$Bd+\frac{h}{2}(b+c)$	$y_1=\frac{3d(Bd+bh+ch)}{6Bd+3h(b+c)}+\frac{h^2(b+2c)}{6Bd+3h(b+c)}$ $y^2=H-y_1$	$I_{x0}=\frac{1}{12}Bd^3+Bd\left(y_1-\frac{d}{2}\right)^2+\frac{h^3(b^2+4bc+c^2)}{36(b+c)}+\frac{h(b+c)}{2}\left[y_2-\frac{h(c+2b)}{3(b+c)}\right]^2$
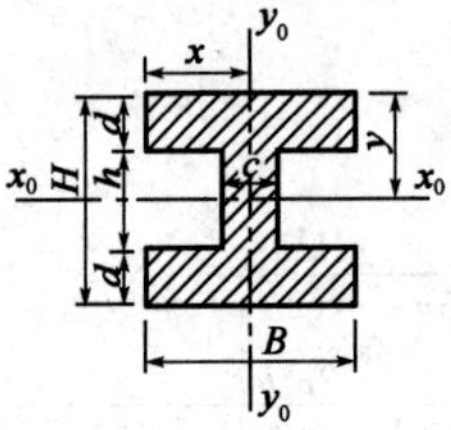	$ch+2Bd$	$y=\frac{1}{2}H$ $x=\frac{1}{2}B$	$I_{x0}=\frac{1}{12}[BH^3-(B-c)h^3]$ $I_{y0}=\frac{1}{12}(hc^3+2dB^3)$
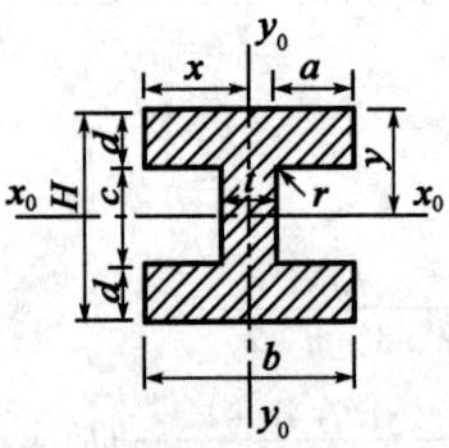	$Ht+4ad+4\left(1-\frac{\pi}{4}\right)r$	$y=\frac{1}{2}H$ $x=\frac{1}{2}b$	$I_{x0}=\frac{bH^3-2ac^3}{12}+4\left[0.0075r^4+0.2146r^2\left(\frac{2}{c}-0.2234r\right)^2\right]$ $I_{y0}=\frac{2db^3+ct^3}{12}+4\left[0.0075r^4+0.2146r^2\left(\frac{t}{2}+0.2234r^2\right)\right]$

续上表

截面简图	截面积 (A)	图示轴线至边缘距离 (y、x)	对于图示轴线的惯性矩、截面抵抗矩及回转半径 (I、W及i)
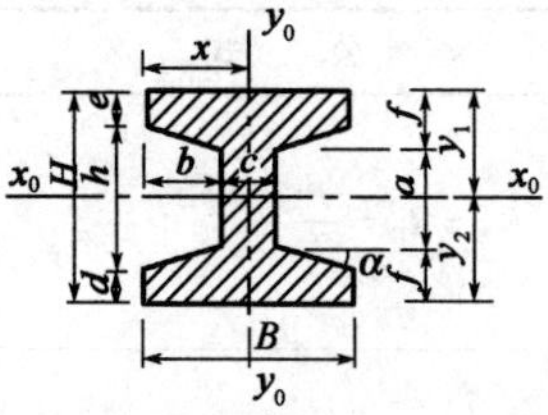	$cH+2b(e+f)$	$y=\frac{1}{2}H$	$I_{x0}=\frac{1}{12}\left[BH^3-\frac{h^4-a^4}{4\tan\alpha}\right]$ 其中：$\tan\alpha=\frac{h-a}{B-c}$
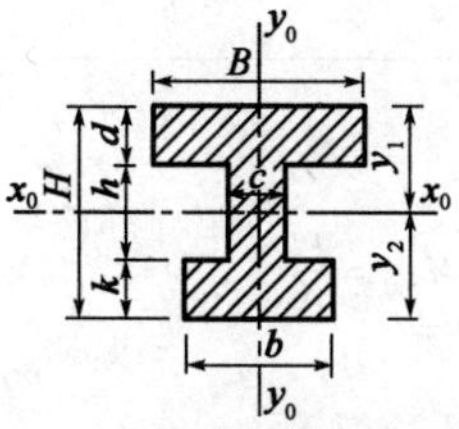		$x=\frac{1}{2}B$	$I_{y0}=\frac{1}{12}[B^3(H-h)+ac^3+\frac{\tan\alpha}{4}(B^4-c^4)]$ 其中 $\tan\alpha=\frac{h-a}{B-c}$
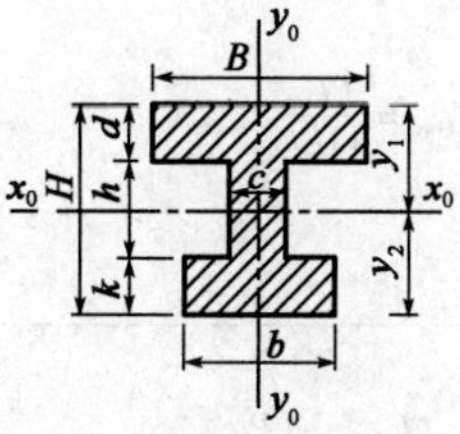	$Bd+ch+bK$	$y_2=\frac{1}{2}\left[\frac{cH^2+K^2(b-c)}{Bd+hc+bK}+\frac{(B-c)(2H-d)d}{Bd+hc+bK}\right]$ $y_1=H-y_2$	$I_{x0}=\frac{1}{3}[by_2^3+By_1^3-(b-c)(y_2-K)^3-(B-c)(y_1-d)^3]$
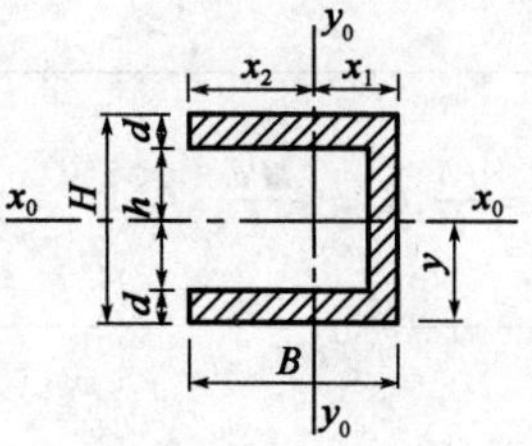	$BH-h(B-c)$	$y=\frac{1}{2}H$ $x_1=B-x_2$ $x_2=\frac{1}{2}\left[\frac{B^2H-h(B-c)^2}{BH-h(B-c)}\right]$	$I_{x0}=\frac{1}{12}[BH^3-(B-C)h^3]$ $I_{y0}=\frac{1}{3}[Hx_1^3-h(x_1-c)^3]+\frac{2}{3}dx_2^3$
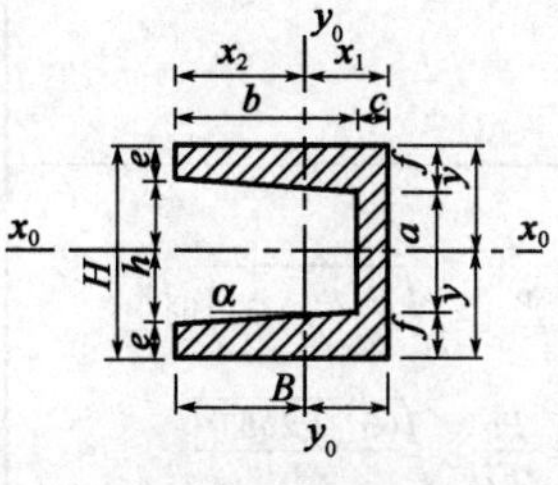	$cH+b(e+f)$	$y=\frac{1}{2}H$ $x_2=B-x_1$ $x_1=\frac{6B^2e+3hc^2}{6[cH+b(e+f)]}+\frac{2b(b+3c)(f-e)}{6[cH+b(e+f)]}$	$I_{x0}=\frac{1}{12}[BH^3-\frac{h^4-a^4}{8\tan\alpha}]$ $I_{y0}=\frac{2}{3}B^3e+\frac{1}{3}hc^3+\frac{1}{18}(f-e)b^3+\frac{b}{9}(f-e)(b+3c)^2-[cH+b(e+f)]x_1^2$ 其中 $\tan\alpha=\frac{h-a}{2(B-C)}$

注：①轴线 x_0-x_0 及 y_0-y_0 为通过截面重心的主轴。

②角度 α 按弧度计算，α°按角度计算。

三、静力计算公式及用表

(一)单跨梁内力及变形

1. 简支梁的反力、剪力、弯矩、挠度

附表 2-3

序号	荷载、内力	图　　示	项　　目	计　算　公　式
1	荷载	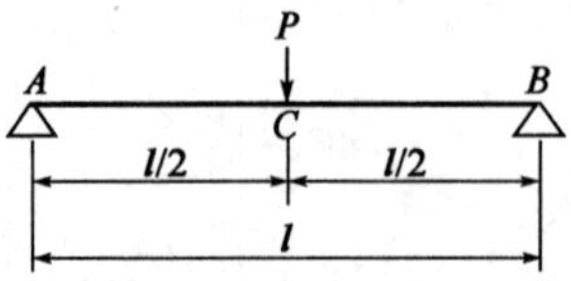	反力	$R_A = R_B = \frac{P}{2}$
			剪力	$Q_A = \frac{P}{2}, Q_B = -\frac{P}{2}$
	弯矩	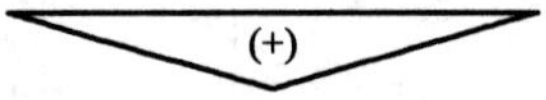	弯矩	$M_{max} = \frac{Pl}{4}$
	剪力	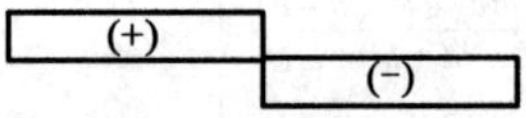	挠度	$f_{max} = \frac{Pl^3}{48EI}$
2	荷载	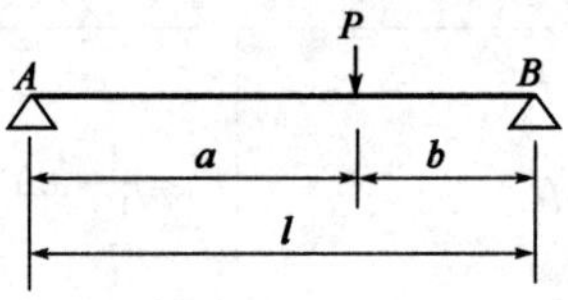	反力	$R_A = \frac{Pb}{l}, R_B = \frac{Pa}{l}$
			剪力	$Q_A = \frac{Pb}{l}, Q_B = -\frac{Pa}{l}$
	弯矩	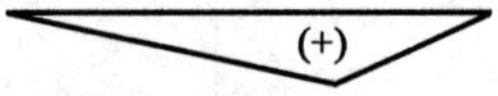	弯矩	$M_{max} = \frac{Pab}{l}$
	剪力	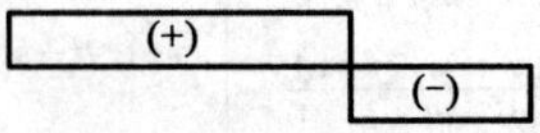	挠度	若 $a > b$,当 $x = \sqrt{\frac{a}{3}(a+2b)}$ 时, $f_{max} = \frac{Pb}{9EIl}\sqrt{\frac{(a^2+2ab)^3}{3}}$

续上表

序号	荷载、内力	图示	项目	计算公式
3	荷载	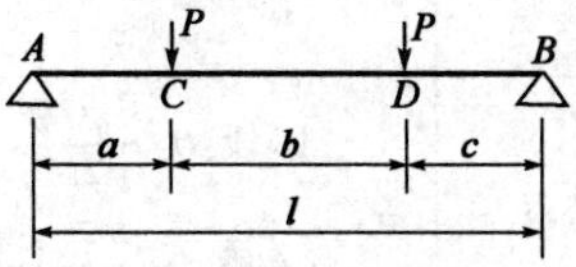	反力	$R_A=\frac{P(2c+b)}{l},R_B=\frac{P(2a+b)}{l}$
			剪力	AC 段:$Q=\frac{P}{l}(2c+b)$ CD 段:$Q=\frac{P}{l}(c-a)$ DB 段:$Q=-\frac{P}{l}(2a+b)$
	弯矩	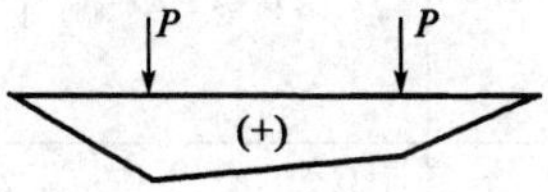	弯矩	AC 段:$M=\frac{P}{l}(2c+b)x$ CD 段:$M=\frac{P}{l}(c-a)x+al$ DB 段:$M=\frac{P}{l}(2a+b)(l-x)$
	剪力	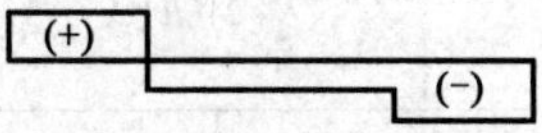	挠度	$f_c=\frac{Pa}{6EIl}[(2a+c)l^2-4a^2l+2a^3-a^2b-c^2]$ $f_D=\frac{Pc}{6EIl}[(2c+a)l^2-4a^2l+2c^3-ac^2-{}^2]$
4	荷载	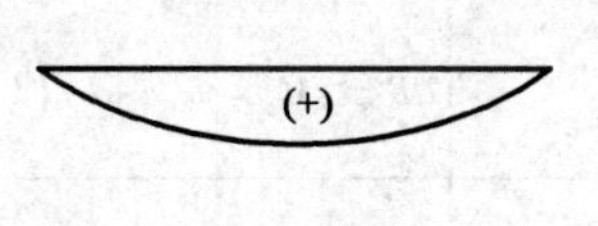	反力	$R_A=R_B=\frac{ql}{2}$
			剪力	$Q_A=\frac{ql}{2}\left(1-\frac{2x}{l}\right)$
	弯矩		弯矩	$M_x=\frac{qlx}{2}\left(1-\frac{x}{l}\right),M_{max}=\frac{ql^2}{8}$
	剪力		挠度	$f_x=\frac{ql^3x}{24EIl}\left(1-2\frac{x^2}{l^2}+\frac{x^3}{l^3}\right),f_{max}=\frac{5ql^4}{384EI}$

续上表

序号	荷载、内力	图示	项目	计算公式
5	荷载	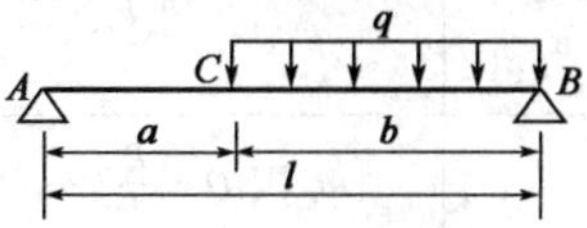	反力	$R_A=\frac{qb^2}{2l},R_B=\frac{qb}{2}\left(2-\frac{b}{l}\right)$
			剪力	AC 段:$Q_x=\frac{qb^2}{2l}$ CB 段:$Q_x=\frac{qb}{2}\left[\frac{b}{l}-\frac{2(x-a)}{b}\right]$
	弯矩	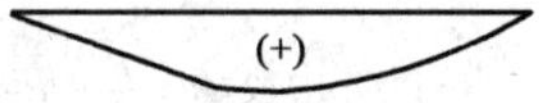	弯矩	AC 段:$M_x=\frac{qb^2x}{2l}$ CB 段:$M_x=\frac{qb^2}{2}\left[\frac{x}{l}-\frac{(x-a)^2}{b^2}\right]$
	剪力	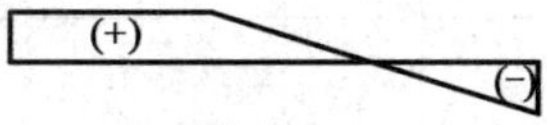	挠度	当 $x=a+\frac{b^2}{2l}$ 时:$M_{max}=\frac{qb^2}{8}\left(2-\frac{b}{l}\right)^2$ AC 段:$f_x=\frac{qb^2lx}{24EIl}\left(2-\frac{b^2}{l^2}-2\frac{x^2}{l^2}\right)$ CB 段:$f_x=\frac{qb^2l^2}{24EIl}\left[\left(2-\frac{b^2}{l^2}-2\frac{x^2}{l^2}\right)\frac{x}{l}+\frac{(x-a)^4}{b^2l^2}\right]$
6	荷载	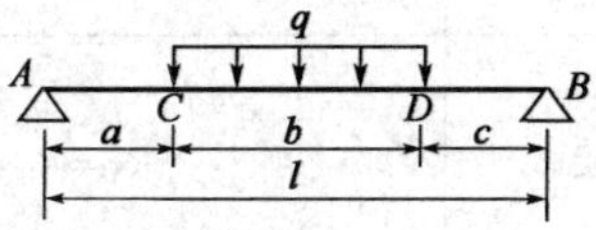	反力	$R_A=\frac{qcb}{l},R_B=\frac{qb(a+b)}{l}$
			剪力	AC 段:$Q_x=\frac{qcb}{l}$, CD 段:$Q_x=qb\left(\frac{c}{l}-\frac{x-a}{b}\right)$ DB 段:$Q_x=-\frac{qb(a+b)}{l}$
	弯矩	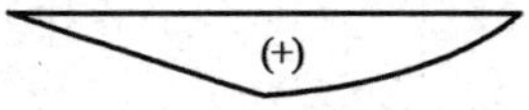	弯矩	AC 段:$M_x=\frac{qcb}{l}x$ CD 段:$M_x=qb\left[\frac{cx}{l}-\frac{(x-a)^2}{2b}\right]$ DB 段:$M_x=qb(a+b)\left(1-\frac{x}{l}\right)$
	剪力		挠度	AC 段:$f_x=\frac{qcb}{24EI}\left[(4l-4\frac{c^2}{l}-\frac{b^2}{l})x-4\frac{x^3}{l}\right]$ CD 段:$f_x=\frac{qcb}{24EI}\left[\left(4l-4-\frac{c^2}{l}-\frac{b^2}{l}\right)x-\right.$ $\left.4\frac{x^2}{l}+\frac{(x-a)^4}{bc}\right]$ DB 段:$f_x=\frac{qb}{24EI}\left[4c\left(l-\frac{c^2}{l}\right)x-4\frac{cx^3}{l}+4\right.$ $\left.(x-a-b)^2-(a+b)b^2\left(1-\frac{x}{l}\right)\right]$

续上表

<table>
<tr><th>序号</th><th>荷载、内力</th><th>图　　示</th><th>项　目</th><th>计 算 公 式</th></tr>
<tr><td rowspan="4">7</td><td rowspan="2">荷载</td><td rowspan="2">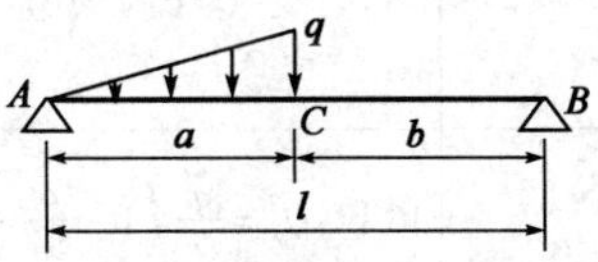</td><td>反力</td><td>$R_A=\frac{qa}{6}\left(3-\frac{2a}{l}\right),R_B=\frac{qa^2}{3l}$</td></tr>
<tr><td>剪力</td><td>AC 段：$Q_x=\frac{qa}{6}\left(3-\frac{2a}{l}-3\frac{x^2}{a^2}\right)$
CB 段：$Q_x=-\frac{qa^2}{3l}$</td></tr>
<tr><td>弯矩</td><td>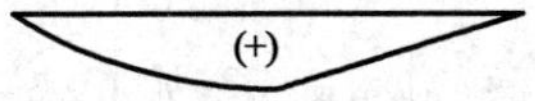</td><td>弯矩</td><td>AC 段：$M_x=\frac{qax}{6}\left(3-\frac{2a}{l}-\frac{x^2}{a^2}\right)$
CB 段：$M_x=\frac{qa^2}{3}\left[1-\frac{x}{l}\right]$</td></tr>
<tr><td>剪力</td><td>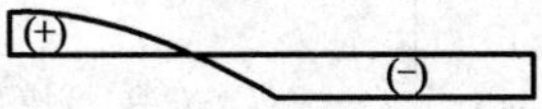</td><td>挠度</td><td>当 $x=a\sqrt{1-\frac{2a}{3l}}$ 时
$f_{max}=\frac{qa^2}{3}\sqrt{\left(1-\frac{2a}{3}\right)^3}$</td></tr>
<tr><td rowspan="4">8</td><td rowspan="2">荷载</td><td rowspan="2">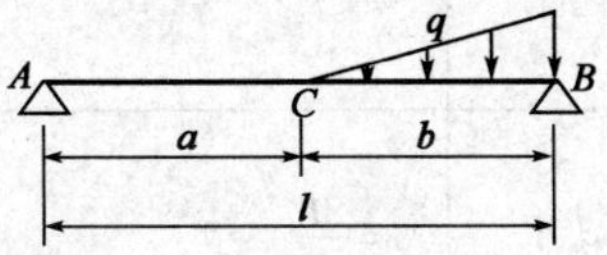</td><td>反力</td><td>$R_A=\frac{qb^2}{6l},R_B=\frac{qb}{6}\left(3-\frac{b}{l}\right)$</td></tr>
<tr><td>剪力</td><td>AC 段：$Q_x=\frac{qb^2}{6l}$
CD 段：$Q_x=\frac{qb}{6}\left[\frac{c}{l}-\frac{3(x-a)^2}{b^2}\right]$</td></tr>
<tr><td>弯矩</td><td>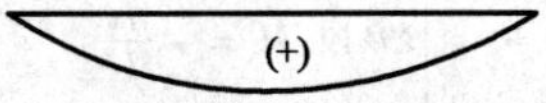</td><td>弯矩</td><td>AC 段：$M_x=\frac{qb^2}{6l}x$
CB 段：$M_x=\frac{qb^2}{6}\left[\frac{x}{l}-\frac{(x-a)^2}{b^2}\right]$</td></tr>
<tr><td>剪力</td><td>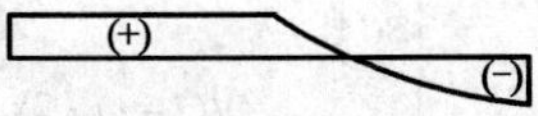</td><td>挠度</td><td>当 $x=a+b\sqrt{\frac{b}{3l}}$ 时，
$f_{max}=\frac{qb^2}{6}\left[\frac{a}{l}+\frac{2b}{3l}\sqrt{\frac{b}{3l}}\right]$</td></tr>
</table>

序号	荷载、内力	图示	项目	计算公式
9	荷载	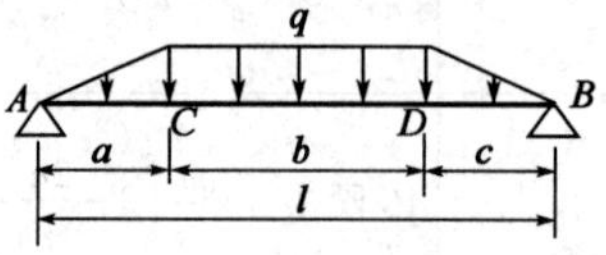	反力	$R_A = R_B = \frac{ql}{2}\left(1 - \frac{a}{l}\right)$
			剪力	AC 段：$Q_x = \frac{ql}{2}\left(1 - \frac{a}{l} - \frac{x^2}{al}\right)$ CD 段：$Q_x = \frac{ql}{2}\left(1 - \frac{2x}{l}\right)$
	弯矩	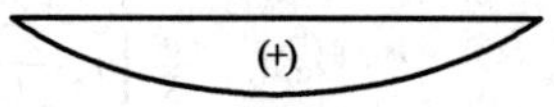	弯矩	AC 段：$M_x = \frac{qlx}{6}\left(3 - 3\frac{a}{l} - \frac{x^2}{al}\right)$ CD 段：$M_x = \frac{ql^2}{6}\left(-\frac{a^2}{l^2} + \frac{3x}{l} - \frac{3x^2}{l^2}\right)$ $M_{max} = \frac{ql^2}{24}\left(3 - 4\frac{a^2}{l^2}\right)$
	剪力		挠度	$f_{max} = \frac{ql^4}{240EI}\left(\frac{25}{8} - 5\frac{a^2}{l^2} + 2\frac{a^4}{l^4}\right)$
10	荷载	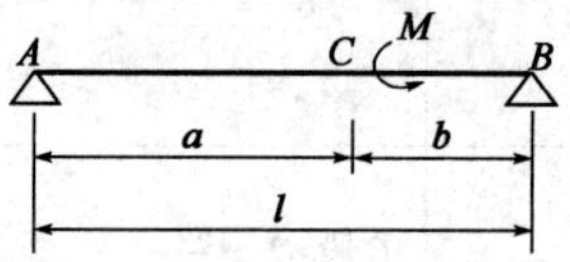	反力	$R_A = \frac{M}{l}, R_B = -\frac{M}{l}$
			剪力	$Q_x = \frac{M}{l}$
	弯矩	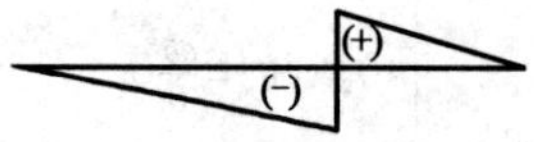	弯矩	AC 段：$M_x = \frac{Mx}{l}$ CB 段：$M_x = -\frac{Mx}{l}$
	剪力	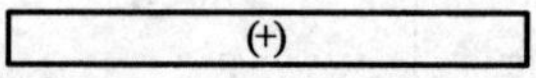	挠度	AC 段： $f_x = \frac{Mlx}{6EI}\left(1 - 3\frac{b^2}{l^2} - \frac{x^2}{l^2}\right)$ BC 段： $f_x = \frac{Ml(l-x)}{6EI}\left(\frac{2x}{l} - \frac{3a^2}{l^2} - \frac{x^2}{l^2}\right)$

续上表

<table>
<tr><th>序号</th><th>荷载、内力</th><th>图示</th><th>项目</th><th>计算公式</th></tr>
<tr><td rowspan="4">11</td><td rowspan="2">荷载</td><td rowspan="2">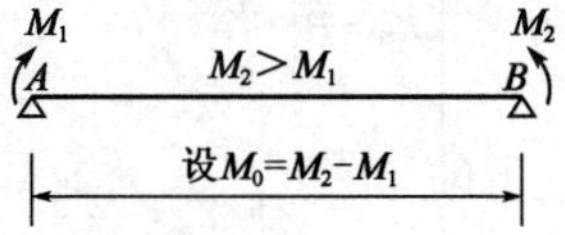
</td><td>反力</td><td>$M_0 = M_2 - M_1$
$R_A = \frac{M_0}{l}, R_B = -\frac{M_0}{l}$</td></tr>
<tr><td>剪力</td><td>$Q_x = \frac{M_0}{l}$</td></tr>
<tr><td>弯矩</td><td>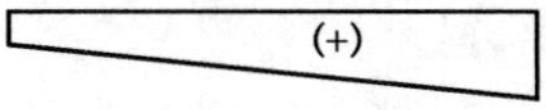
</td><td>弯矩</td><td>$M_x = M_1 + M_0 \frac{x}{l}$
$M_{max} = M_2$</td></tr>
<tr><td>剪力</td><td>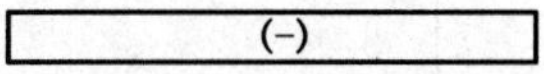
</td><td>挠度</td><td>$f_x = \frac{M_1 lx}{6EI}\left[2 + \frac{M_2}{M_1} - 3\frac{x}{l} - \left(\frac{M_2}{M_1} - 1\right)\frac{x^2}{l^2}\right]$</td></tr>
</table>

2. 悬臂梁的反力、剪力、弯矩和挠度

附表 2-4

<table>
<tr><th>序号</th><th>荷载、内力</th><th>图示</th><th>项目</th><th>计算公式</th></tr>
<tr><td rowspan="4">1</td><td rowspan="2">荷载</td><td rowspan="2">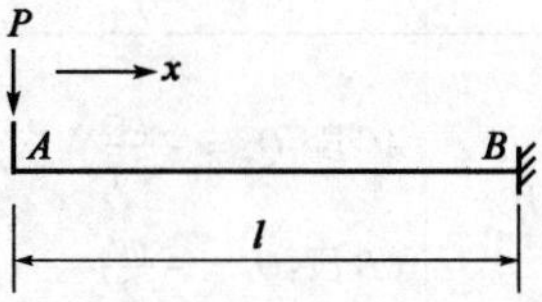
</td><td>反力</td><td>$R_B = P$</td></tr>
<tr><td>剪力</td><td>$Q_A = -P$</td></tr>
<tr><td>弯矩</td><td>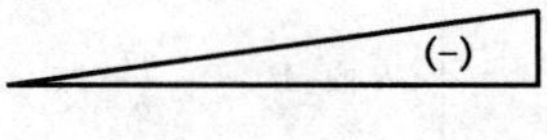
</td><td>弯矩</td><td>$M_x = -Px$</td></tr>
<tr><td>剪力</td><td>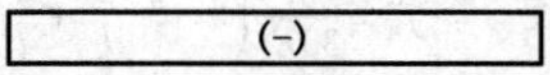
</td><td>挠度</td><td>$f_x = \frac{Pl^3}{6EI}\left(2 - 3\frac{x}{l} + \frac{x^3}{l^3}\right), f_A = \frac{Pl^3}{3EI}$</td></tr>
</table>

续上表

序号	荷载、内力	图示	项目	计算公式
2	荷载	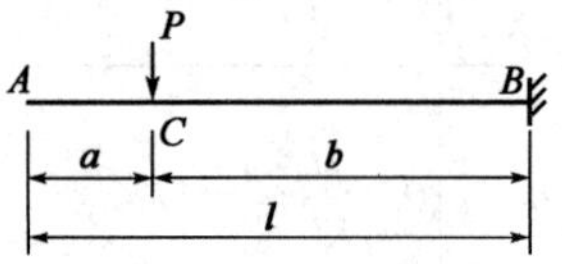	反力	$R_B = P$
			剪力	AC 段:$Q_x = 0$ CB 段:$Q_x = -P$
	弯矩		弯矩	AC 段:$M_x = 0$ CB 段:$M_x = -P(x-a)$,$M_{max} = -Pb$
	剪力	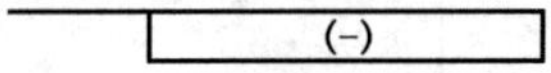	挠度	$f_{max} = f_A = \frac{Pb^2 l}{6EI}\left(3 - \frac{b}{l}\right)$
3	荷载	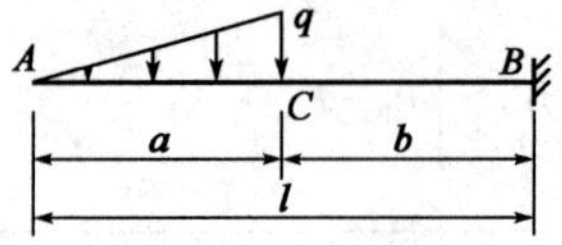	反力	$R_B = \frac{qa}{2}$
			剪力	AC 段:$Q_x = -\frac{qx^2}{2a}$ CB 段:$Q_x = -\frac{qa}{2}$
	弯矩	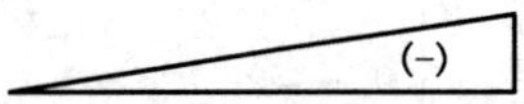	弯矩	AC 段:$M_x = -\frac{qx^3}{6a}$ CB 段:$M_x = -\frac{qa}{6}(3x-2a)$
	剪力		挠度	$f_A = \frac{qal^3}{30EI}\left(5 - 5\frac{a}{l} + \frac{a^3}{l^3}\right)$

续上表

序号	荷载、内力	图　示	项　目	计　算　公　式
4	荷载	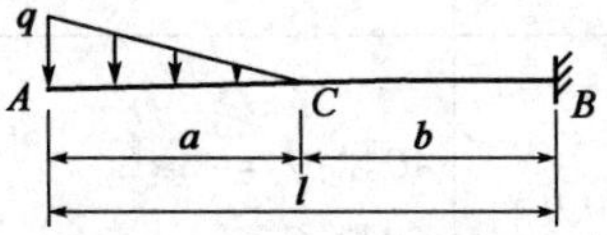	反力	$R_B = \frac{qa}{2}$
			剪力	AC 段：$Q_x = -\frac{qx}{2a}(2a - x)$ CB 段：$Q_x = -\frac{qa}{2}$
	弯矩	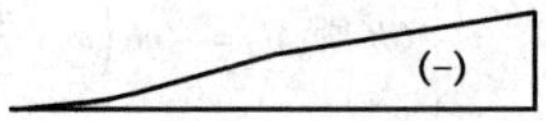	弯矩	AC 段：$M_x = -\frac{qx^2}{6a}(3a - x)$ CB 段：$M_x = -\frac{qa}{6}(3x - a)$
	剪力		挠度	$f_A = \frac{qal^3}{120EI}\left(20 - 10\frac{a}{l} + \frac{a^3}{l^3}\right)$
5	荷载	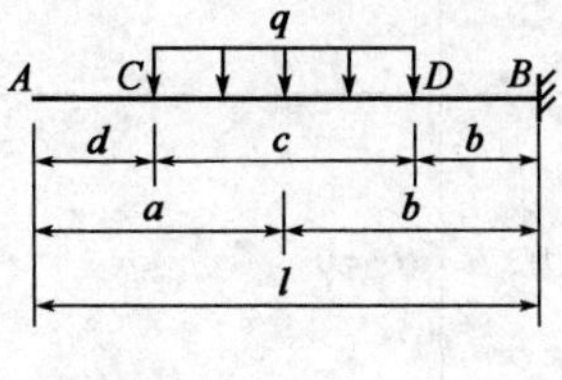	反力	$R_B = qc$
			剪力	AC 段：$Q_x = 0$ CD 段：$Q_x = -q(x - d)$ DB 段：$Q_x = -qc$
	弯矩	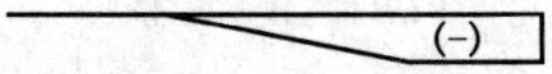	弯矩	AC 段：$M_x = 0$ CD 段：$M_x = -\frac{q}{2}(x - d)^2$ DB 段：$M_{max} = -qc(x - a)$
	剪力	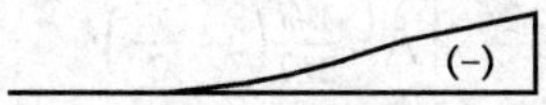	挠度	$f_A = \frac{qc}{24EI}(12b^2 l - 4b^3 + ac^2)$

续上表

序号	荷载、内力	图　　示	项　目	计　算　公　式
6	荷载	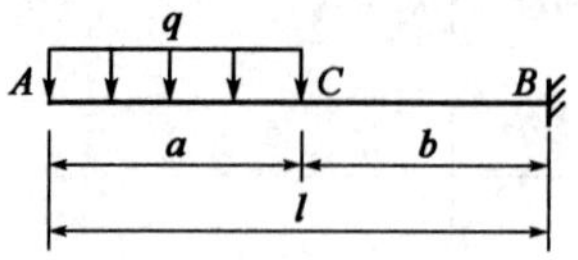	反力	$R_B = qa$
			剪力	AC 段：$Q_x = -qx$ CB 段：$Q_x = -qa$
	弯矩	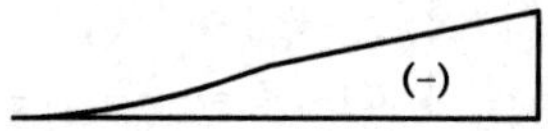	弯矩	AC 段：$M_x = -\frac{1}{2}qx^2$ CB 段：$M_x = -qa\left(x - \frac{a}{2}\right)$
	剪力		挠度	$f_A = \frac{ql^4}{24EI}\left(3 - 4\frac{b^3}{l^3} + \frac{b^4}{l^4}\right)$
7	荷载	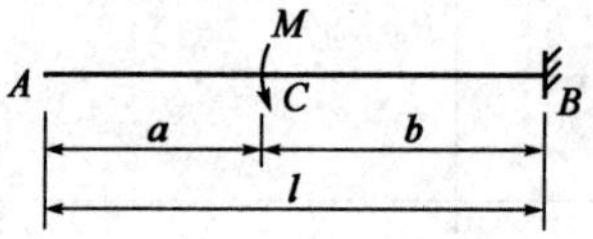	反力	$R_B = 0$
			剪力	$Q_x = 0$
	弯矩	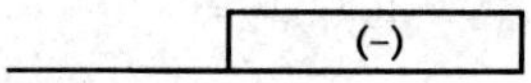	弯矩	AC 段：$M_x = 0$ CB 段：$M_x = -M$
	剪力	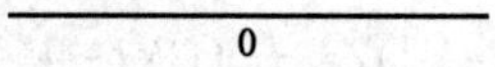	挠度	$f_A = \frac{Mbl}{2EI}\left(2 - \frac{b}{2}\right)$

3. 一端固定另一端简支的梁的反力、剪力、弯矩和挠度

附表 2-5

序号	荷载、内力	图示	项目	计算公式
1	荷载	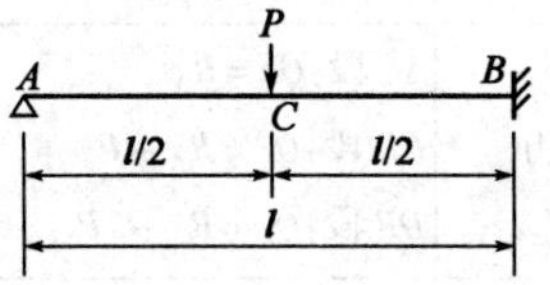	反力	$R_A = \frac{5P}{16}, R_B = \frac{11P}{16}, M_B = -\frac{3Pl}{16}$
			剪力	AC 段: $Q_x = \frac{5P}{16}$ CB 段: $Q_x = -\frac{11P}{16}$
	弯矩	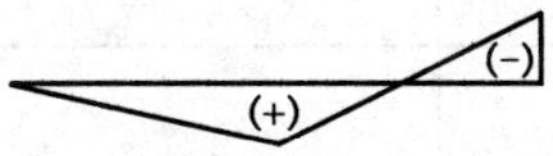	弯矩	AC 段: $M_x = \frac{5Px}{16}$ CB 段: $M_x = \frac{Pl}{16}\left(8 - \frac{4x}{l}\right)$ $M_C = M_{max} = \frac{5Pl}{32}$
	剪力	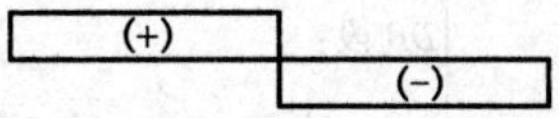	挠度	当 $x = 0.447l, f_{max} = 0.00932\frac{Pl^3}{EI}$
2	荷载	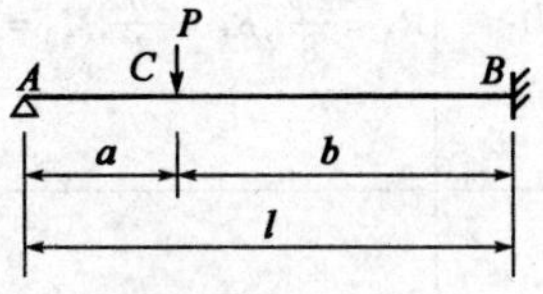	反力	$R_A = \frac{Pb^2}{2l^2}\left(3 - \frac{b}{l}\right), R_B = \frac{Pa}{2l} = \left(3 - \frac{a^2}{l^2}\right)$ $M_B = -\frac{Pab}{2l}\left(1 + \frac{a}{l}\right)$
			剪力	AC 段: $Q_x = R_A$ CB 段: $Q_x = -R_A - P$
	弯矩		弯矩	AC 段: $M_x = R_A$ CB 段: $M_x = R_A x - P(x - a)$
	剪力	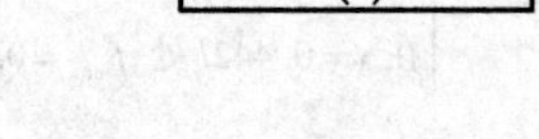	挠度	AC 段: $f_x = \frac{1}{6EI}[R_A(3l^2 - x - x^3) - 3Pb^2x]$ CB 段: $f_x = \frac{1}{6EI}[R_A(3l^2x - x^3) - 3Pb^2x + P(x - a)^3]$

续上表

序号	荷载、内力	图示	项目	计算公式
3	荷载	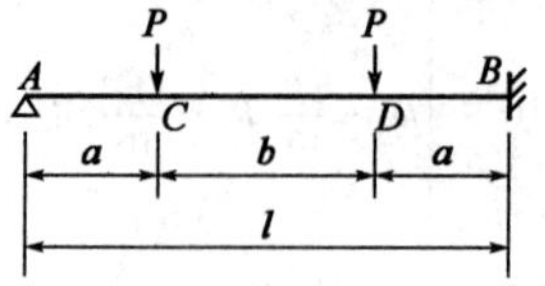	反力	$R_A = \frac{P}{2}\left(2 - 3\frac{ab}{l^2}\right), R_B = \frac{P}{2}\left(2 + 3\frac{ab}{l^2}\right)$ $M_B = -\frac{3Pa}{2}\left(1 - \frac{a}{l}\right)$
			剪力	AC 段：$Q_x = R_A$ CD 段：$Q_x = R_A - P$ DB 段：$Q_x = R_A - 2P$
	弯矩	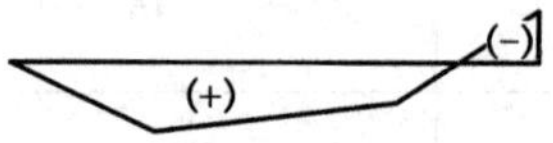	弯矩	AC 段：$M_x = R_A x$ CD 段：$M_x = R_A x - p(x - a)$ DB 段：$M_x = R_A - p(2x - l)$
	剪力	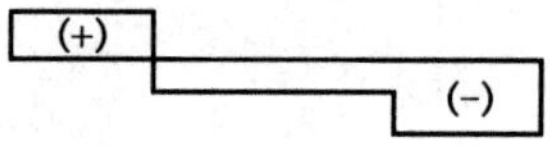	挠度	AC 段：$f_x = \frac{1}{6EI}[R_A(3l^2x - x^3) - 3P(a^2 + b^2)x]$ CD 段： $f_x = \frac{1}{6EI}[R_A(3l^2x - x^3) - 3P(a^2 + b^2)x + P(x - a)^3]$ DB 段： $f_x = \frac{1}{6EI}[R_A(3l^2x - x^3 - 2l^3) + P(l^3 - 3lx^2 + 2x^3)]$
4	荷载	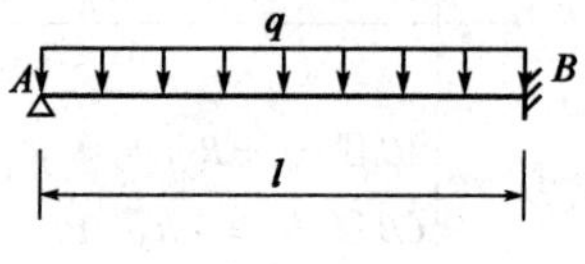	反力	$R_A = \frac{3ql}{8}, R_B = \frac{5ql}{8}, M_B = -\frac{ql^2}{8}$
			剪力	$Q_x = \frac{ql}{8}\left(3 - 8\frac{x}{l}\right)$
	弯矩	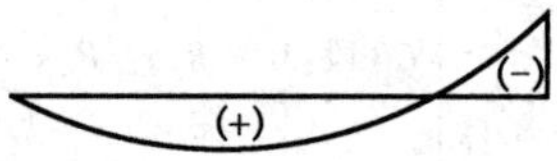	弯矩	$M_x = \frac{qlx}{8}\left(3 - 4\frac{x}{l}\right), M_{max} = \frac{9ql^2}{128}$ （在 $x = \frac{3l}{8}$ 处）
	剪力		挠度	$f_x = \frac{ql^3x}{48EI}\left(1 - 3\frac{x^2}{l^2} + 2\frac{x^3}{l^3}\right)$ 在 $x = 0.442l$ 处，$f_{max} = 0.00542\frac{ql^4}{EI}$

续上表

序号	荷载、内力	图　　示	项　目	计　算　公　式
5	荷载	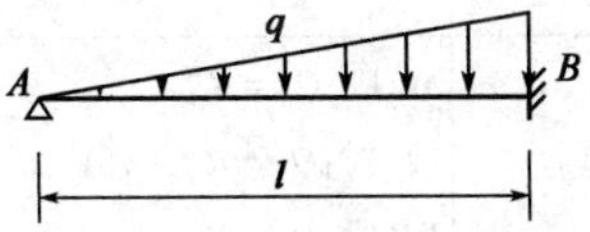	反力	$R_A = \frac{ql}{10}, R_B = \frac{2ql}{5}, M_B = -\frac{ql^2}{15}$
			剪力	$Q_x = \frac{ql}{10}\left(1 - 5\frac{x^2}{l^2}\right)$
	弯矩	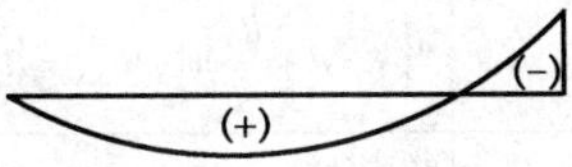	弯矩	$M_x = \frac{qlx}{30}\left(3 - 5\frac{x^2}{l^2}\right)$ 在 $x = 0.447l$ 时，$M_{max} = 0.02989l^2$
	剪力	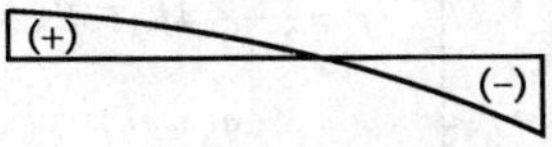	挠度	$f_x = \frac{ql^3x}{120EI}\left(1 - 2\frac{x^2}{l^2} + \frac{x^4}{l^4}\right)$ 在 $x = 0.447l$ 处，$f_{max} = 0.00239\frac{ql^4}{EI}$
6	荷载	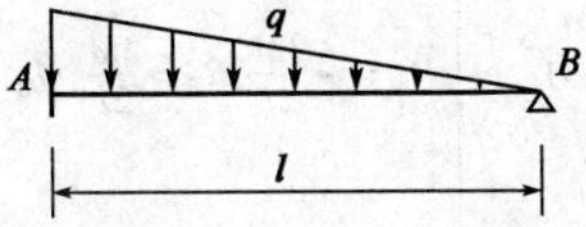	反力	$R_A = \frac{11ql}{40}, R_B = \frac{9ql}{40}, M_B = -\frac{7ql^2}{120}$
			剪力	$Q_x = \frac{ql}{2}\left(\frac{11}{20} - 2\frac{x}{l} + \frac{x^2}{l^2}\right)$
	弯矩	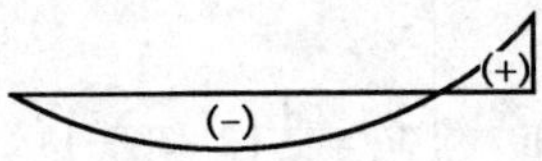	弯矩	$M_x = \frac{qlx}{6}\left(\frac{33}{20} - 3\frac{x}{l} + \frac{x^2}{l^2}\right)$ 当 $x = 0.329l$ 时，$M_{max} = 0.0423ql^2$
	剪力	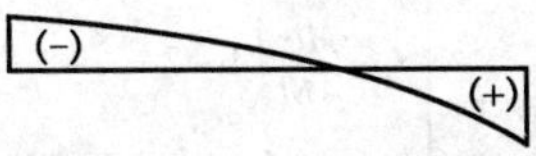	挠度	$f_x = \frac{ql^2x}{240EI}\left(3 - 11\frac{x^2}{l^2} + 10\frac{x^3}{l^3} - 2\frac{x^4}{l^4}\right)$ 在 $x = 0.402l$ 处，$f_{max} = 0.00305\frac{ql^4}{EI}$

续上表

序号	荷载、内力	图示	项目	计算公式
7	荷载	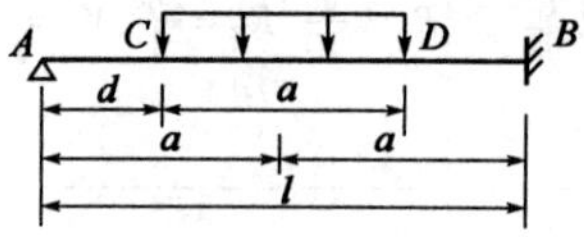	反力	$R_A = \frac{qc}{8l^3}(12b^2 l - 4b^3 + ac^2)$，$R_B = qc - R_A$ $M_B = R_A l - qcb$
			剪力	AC 段：$Q_x = R_A$ CD 段：$Q_x = R_A - q(x-d)$ DB 段：$Q_x = R_A - qc$
	弯矩	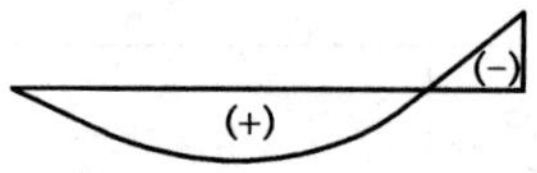	弯矩	AC 段：$M_x = R_A x$ CD 段：$M_x = R_A x - \frac{q}{2}(x-d)^2$ DB 段：$M_x = R_A x - qc(x-a)$ 当 $x = d + \frac{R_A}{q}$ 时，$M_{max} = R_A\left(d + \frac{R_A}{2q}\right)$
	剪力	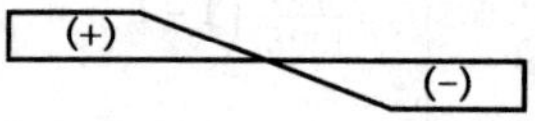	挠度	AC 段： $f_x = \frac{1}{24EI}[4R_A(3l^2x - x^3) - qc(12b^2 + c^2)x]$ CB 段： $f_x = \frac{1}{24EI}[4R_A(3l^2x - x^3) - qc(12b^2 + c^2)$ $x + q(x-q)^2]$ DB 段： $f_x = \frac{1}{24EI}[4R_A(3l^2x - x^3) + 4qc(x-a)^3 -$ $12cb^2x - qac^3]$
8	荷载	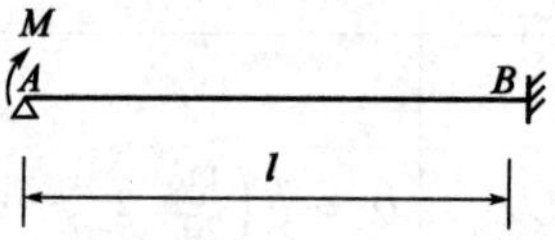	反力	$R_A = -\frac{3M}{2l}$，$R_B = \frac{3M}{2l}$，$M_B = -\frac{M}{2}$
			剪力	$Q_x = -\frac{3M}{2l}$
	弯矩	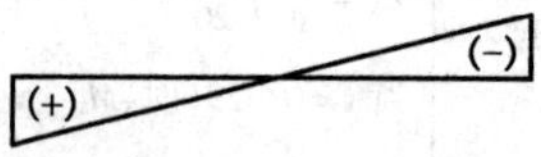	弯矩	$M_x = \frac{M}{2}\left(2 - 3\frac{x}{l}\right)$
	剪力	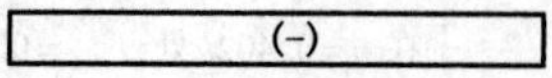	挠度	$f_x = \frac{Mlx}{4EI}\left(1 - 2\frac{x}{l} + \frac{x^2}{l^2}\right)$ 当 $x = \frac{l}{3}$ 时，$f_{max} = \frac{Ml^2}{27EI}$

续上表

序号	荷载、内力	图示	项目	计算公式
9	荷载	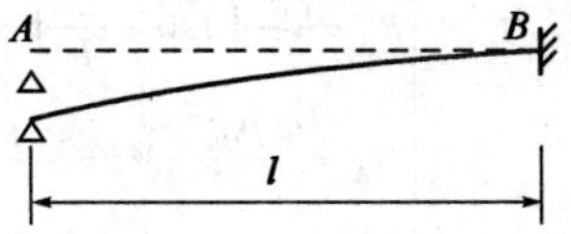	反力	$R_A=-\frac{3EI\Delta}{l^3},R_B=\frac{3EI\Delta}{l^3},M_B=-\frac{3EI\Delta}{l^2}$
			剪力	$Q_x=-\frac{3EI\Delta}{l^3}$
	弯矩		弯矩	$M_x=-\frac{3EI\Delta}{l^3}x$
	剪力	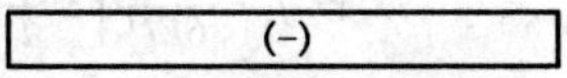	挠度	$f_x=\frac{\Delta}{2}\left(2-3\frac{x}{l}+\frac{x^3}{l^3}\right)$ $f_{max}=f_A=\Delta$

4. 两端固定梁的反力、剪力、弯矩和挠度

附表 2-6

序号	荷载、内力	图示	项目	计算公式
1	荷载	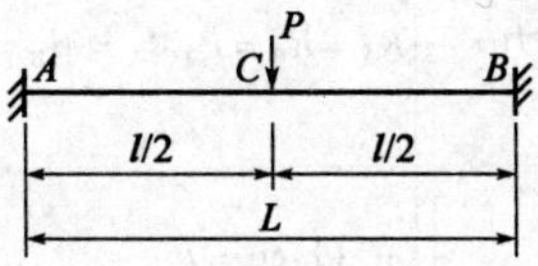	反力	$R_A=R_B=\frac{P}{2},M_A=M_B=-\frac{Pl}{8},M_C=\frac{Pl}{8}$
			剪力	AC 段：$Q_x=\frac{P}{2}$ CB 段：$Q_x=-\frac{P}{2}$
	弯矩	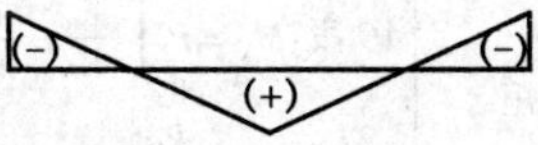	弯矩	$M_x=-\frac{Pl}{8}\left(1-4\frac{x}{l}\right)$
	剪力	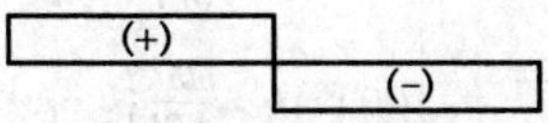	挠度	$f_x=\frac{Plx^2}{48EI}\left(3-4\frac{x}{l}\right),f_C=\frac{Pl^3}{192EI}$

续上表

序号	荷载、内力	图示	项目	计算公式
2	荷载	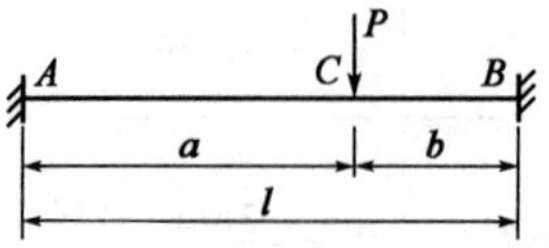	反力	$R_A=\frac{Pb^2}{l^2}\left(1+2\frac{a}{l}\right)$ $R_B=\frac{Pa^2}{l^2}\left(1.0+\frac{2b}{l}\right)$ $M_A=-\frac{Pab^2}{l^2}, M_B=-\frac{Pa^2b}{l^2}, M_C=\frac{2Pa^2b^2}{l^3}$
			剪力	AC 段:$Q_x=R_A$ CB 段:$Q_x=R_A-P$
	弯矩	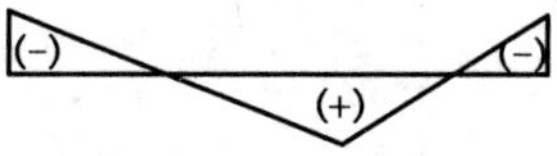	弯矩	AC 段:$M_x=-\frac{Pab^2}{l^2}+R_Ax$ CB 段:$M_x=-\frac{Pab^2}{l^2}+R_Ax-P(x-a)$
	剪力	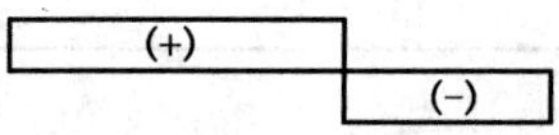	挠度	AC 段:$f_x=\frac{Pb^2x^2}{6EIl}\left[3\frac{a}{l}-\left(1+\frac{2a}{l}\right)\frac{x}{l}\right]$ CB 段: $f_x=-\frac{Pa^2(1-x)^2}{6EIl}\left[\frac{a}{l}-\left(1+\frac{2b}{l}\right)\frac{x}{l}\right]$ 当 $a>b, x=\frac{2al}{3a+b}$ 时,$f_{max}=\frac{2Pa^3b^2}{3EI(3a+b)^2}$ $f_C=\frac{Pa^3b^3}{3EIl^3}$
3	荷载	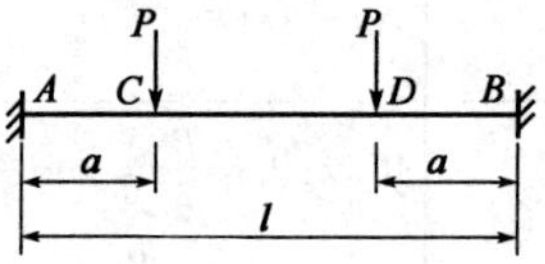	反力	$R_A=R_B=P, M_A=M_B=-Pa\left(1-\frac{a}{l}\right)$
			剪力	AC 段:$Q_x=P$ CD 段:$Q_x=0$
	弯矩	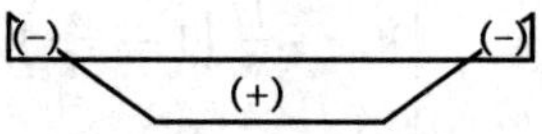	弯矩	AC 段:$M_x=Pl\left[\frac{x}{l}-\frac{a}{l}\left(1.0-\frac{a}{l}\right)\right]$ CD 段:$M_x=\frac{Pa^2}{l}$
	剪力	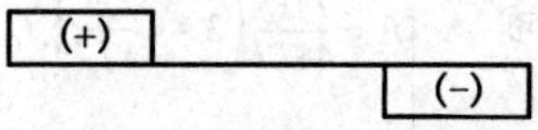	挠度	AC 段:$f_x=\frac{Plx^2}{6EI}\left(3\frac{a}{l}-3\frac{a^2}{l^2}-\frac{x}{l}\right)$ CD 段:$f_x=\frac{pla^3}{6EI}\left(3\frac{x}{l}-3\frac{x^2}{l^2}-\frac{a}{l}\right)$ $f_{max}=\frac{Pa^2l}{24EI}\left(3-\frac{4a}{l}\right)$

续上表

序号	荷载、内力	图示	项目	计算公式
4	荷载	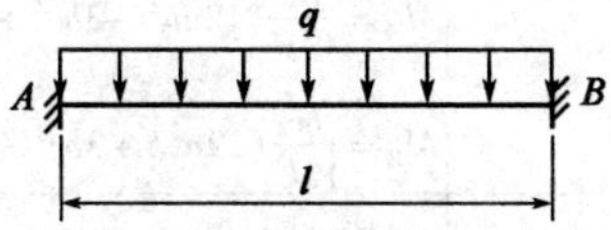	反力	$R_A=R_B=\frac{ql}{2}, M_A=M_B=-\frac{ql^2}{12}, M_C=\frac{ql^2}{24}$
			剪力	$Q_x=\frac{ql}{2}\left(1-\frac{2x}{l}\right)$
	弯矩	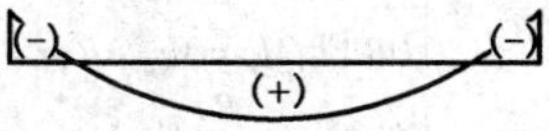	弯矩	$M_x=\frac{qlx}{2}-\frac{ql^2}{12}-\frac{qx^2}{2}$
	剪力		挠度	$f_x=\frac{ql^2x^2}{24EI}\left(1-\frac{x}{l}\right)^2$ $f_{max}=\frac{ql^4}{384EI}$
5	荷载	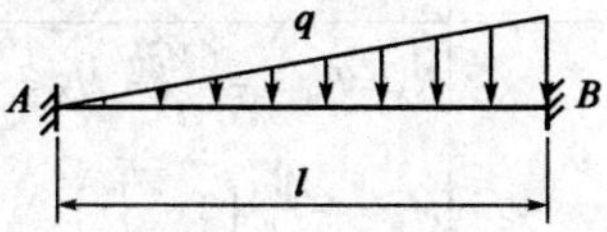	反力	$R_A=\frac{3ql}{20}, R_B=\frac{7ql}{20}, M_A=-\frac{ql^2}{30}, M_B=-\frac{ql^2}{20}$
			剪力	$Q_x=\frac{ql}{20}\left(3-10\frac{x^2}{l^2}\right)$
	弯矩	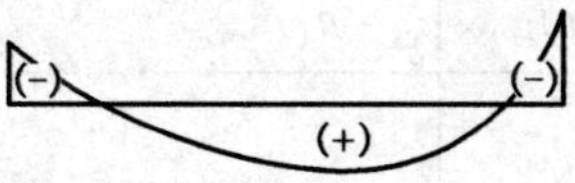	弯矩	$M_x=\frac{ql^2}{60}\left(-2+9\frac{x}{l}-10\frac{x^3}{l^3}\right)$ 当 $x=0.548q$ 时，$M_{max}=0.0214ql^2$
	剪力	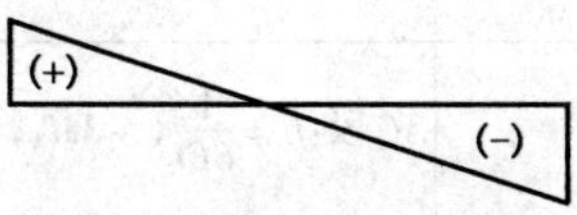	挠度	$f_x=\frac{ql^2x^2}{120EI}\left(2-3\frac{x}{l}+\frac{x^3}{l^3}\right)$ 当 $x=0.525l$ 时，$f_{max}=0.00131\frac{ql^4}{EI}$

续上表

序号	荷载、内力	图示	项目	计算公式
6	荷载	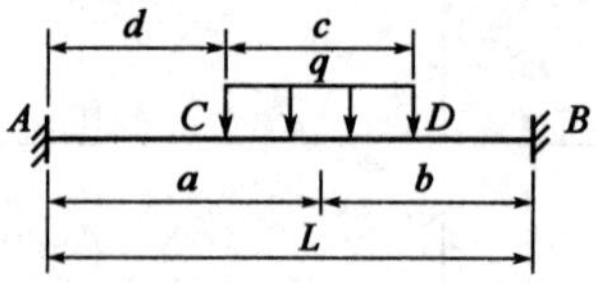	反力	$R_A=\frac{qc}{4l^2}(12b^2l-8b^3+c^2l-2bc^2)$ $R_B=qc-R_A$ $M_A=\frac{qc}{12l^2}(12ab^2-3bc^2+c^2l)$ $M_B=\frac{qc}{12l^2}(12a^2b+3bc^2-2c^2l)$
			剪力	AC 段:$Q_x=R_A$ CD 段:$Q_x=R_A-q(x-d)$ DB 段:$Q_x=R_A-qc$
	弯矩	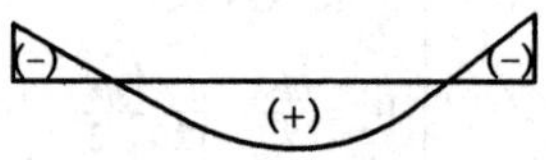	弯矩	AC 段:$M_x=M_A+R_Ax$ CD 段:$M_x=M_A+R_Ax-\frac{q(x-d)^2}{2}$ DB 段:$M_x=M_A+R_Ax-qc(x-a)$ 在 $x=d+\frac{R_A}{q}$ 处,$M_{max}=M_A+R_A\left(d+\frac{R_A}{2q}\right)$
	剪力	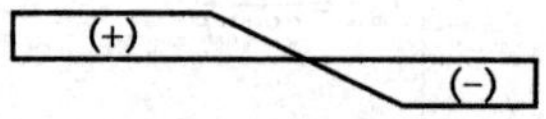	挠度	AC 段:$f_x=\frac{1}{6EI}(-R_xx^3-3M_Ax^2)$ CD 段:$f_x=\frac{1}{6EI}\left[-R_Ax^3-3M_Ax^2+\frac{q(x-d)^4}{4}\right]$ DB 段:$f_x=\frac{1}{6EI}\left[-R_Ax^3-3M_Ax^2+qc(x-a)^2+\frac{qc^3(x-a)}{4}\right]$
7	荷载	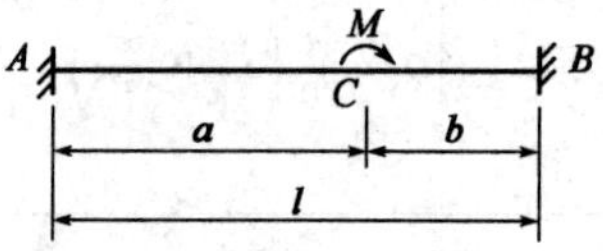	反力	$R_A=R_B=-\frac{6Mab}{l^3},M_A=\frac{Mb}{l}\left(2-\frac{3b}{l}\right)$ $M_B=-\frac{Ma}{l}\left(2-\frac{3a}{l}\right)$ C 左:$M_x=-M\left(1-4\frac{a}{l}+9\frac{a^2}{l^2}-6\frac{a^3}{l^3}\right)$ C 右:$M_x=\frac{Ma}{l}\left(4-9\frac{a}{l}+6\frac{a^2}{l^2}\right)$
			剪力	$Q_x=R_A$
	弯矩	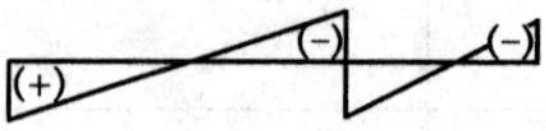	弯矩	AC 段:$M_x=M_A+R_Ax$ CB 段:$M_x=M_A+R_Ax+M$
	剪力	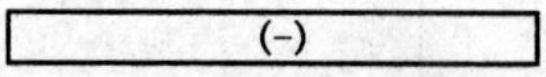	挠度	AC 段:$f_x=\frac{1}{6EI}(-3M_Ax^2-R_Ax^3)$ CB 段:$f_x=\frac{1}{6EI}[(M_A+M)(6lx-3x^2-3l^2)-R_A(2l^3-3l^2x+x^3)]$

续上表

序号	荷载、内力	图示	项目	计算公式
8	荷载	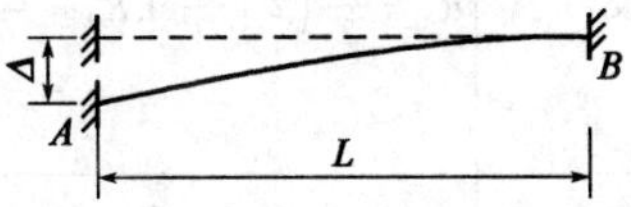	反力	$R_A = -R_B = -\frac{12EI\Delta}{l^3}, M_A = -M_B = \frac{6EI\Delta}{l^2}$
			剪力	$Q_x = -\frac{12EI\Delta}{l^3}$
	弯矩		弯矩	$M_x = \frac{6EI\Delta}{l^2}\left(1.0 - \frac{2x}{l}\right)$
	剪力	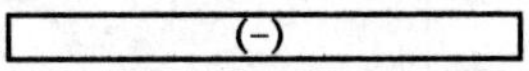	挠度	$f_x = \Delta\left(1 - 3\frac{x^2}{l^2} + 2\frac{x^3}{l^3}\right)$

5. 外伸臂梁的反力、剪力、弯矩和挠度

附表 2-7

序号	荷载、内力	图示	项目	计算公式
1	荷载	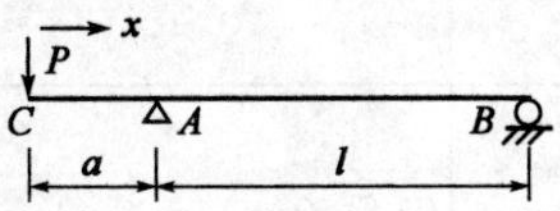	反力	$R_A = P\left(1 + \frac{a}{l}\right), R_B = -P\frac{a}{l}$
			剪力	CA 段：$Q_x = -P$ AB 段：$Q_x = R_A - P$
	弯矩		弯矩	CA 段：$M_x = -Px$ AB 段：$M_x = R_A(x - a) - Px$
	剪力	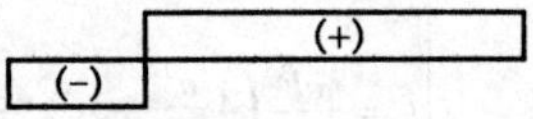	挠度	$f_x = \frac{Pa^2 l}{3EI}\left(1 + \frac{a}{l}\right)$ 当 $x = a + 0.423l$ 时， $f_{min} = -0.0642\frac{Pal^2}{EI}$

续上表

序号	荷载、内力	图　示	项　目	计 算 公 式
2	荷载	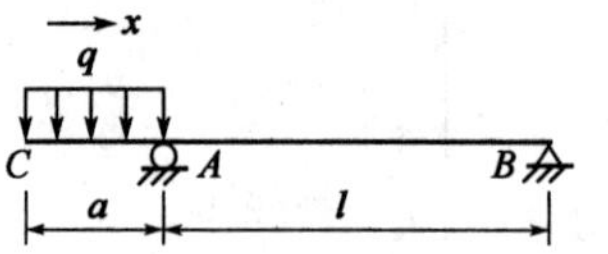	反力	$R_A = \frac{qa}{2}\left(2 + \frac{a}{l}\right), R_B = -\frac{qa^2}{2l}$
			剪力	CA 段：$Q_x = -qx$ AB 段：$Q_x = R_A - qa$
	弯矩	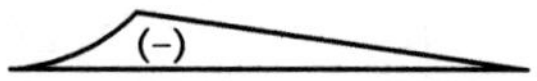	弯矩	CA 段：$M_x = -\frac{1}{2}qx^2$ AB 段：$M_x = \frac{qa^2}{2}\left(\frac{x}{l} - \frac{a}{l} - 1\right)$
	剪力	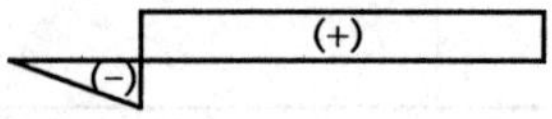	挠度	$f_c = \frac{qa^3 l}{24EI}\left(4 + \frac{3a}{l}\right)$ 当 $x = a + 0.423l$ 时，$f_{min} = -0.0321\frac{qa^2 l^2}{EI}$
3	荷载	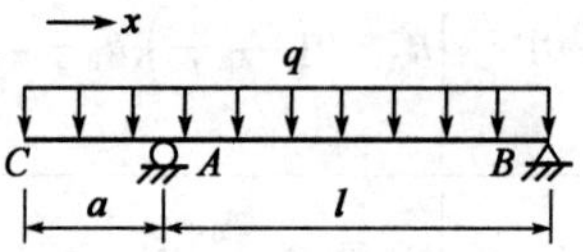	反力	$R_A = \frac{ql}{2}\left(1 + \frac{a}{l}\right)^2, R_B = \frac{ql}{2}\left(1 - \frac{a^2}{l^2}\right)$
			剪力	CA 段：$Q_x = -qx$ AB 段：$Q_x = R_A - qx$
	弯矩		弯矩	CA 段：$M_x = -\frac{1}{2}qx^2$ AB 段：$M_x = R_A(x-a) - \frac{1}{2}qx^2$ 当 $x = \frac{l}{2}\left(1 + \frac{a}{l}\right)^2$ 时，$M_{max} = \frac{ql^2}{8}\left(1 - \frac{a^2}{l^2}\right)^2$
	剪力	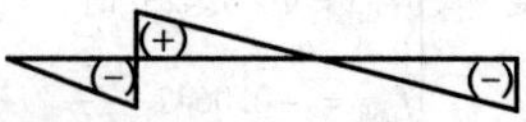	挠度	$f_c = \frac{ql^3}{24EI}\left(4\frac{a^2}{l^2} + 3\frac{a^3}{l^3} - 1\right)$

序号	荷载、内力	图示	项目	计算公式
4	荷载	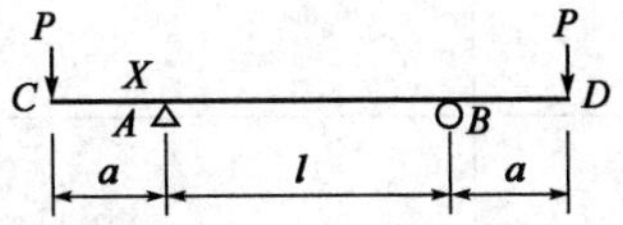	反力 剪力	$R_A = R_B = P$ CA 段：$Q_x = -P$ AB 段：$Q_x = 0$
	弯矩	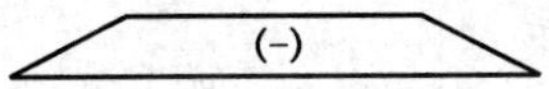	弯矩	CA 段：$M_x = -Px$ AB 段：$M_x = -Pa$
	剪力	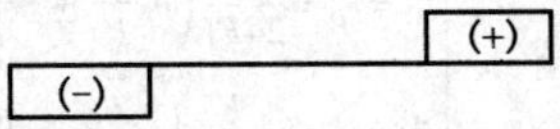	挠度	$f_c = f_d = \frac{Pa^2 l}{3EI}\left(a + \frac{3l}{2}\right)$ 当 $x = a + \frac{l}{2}$ 时，$f_{min} = -\frac{Pal^2}{8EI}$
5	荷载	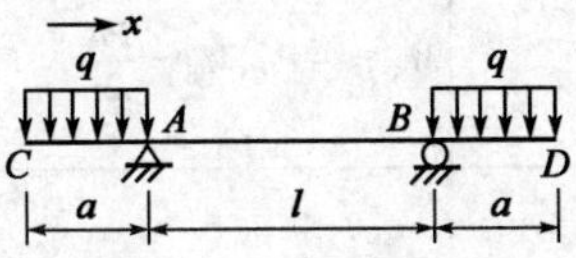	反力 剪力	$R_A = R_B = qa$ CA 段：$Q_x = -qx$ AB 段：$Q_x = 0$ DB 段：$Q_x = q(2a + l - x)$
	弯矩	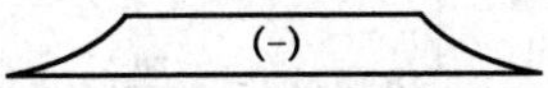	弯矩	CA 段：$M_x = -\frac{1}{2}qx^2$ AB 段：$M_x = -\frac{1}{2}qa^2$ BD 段：$M_x = -\frac{1}{2}q(2a + l - x)^2$
	剪力		挠度	$f_c = f_D = \frac{qa^3 l}{8EI}\left(2 + \frac{a}{l}\right)$ 当 $x = a + \frac{l}{2}$ 时，$f_{min} = -\frac{qa^2 l^2}{16EI}$

续上表

序号	荷载、内力	图示	项目	计算公式
6	荷载	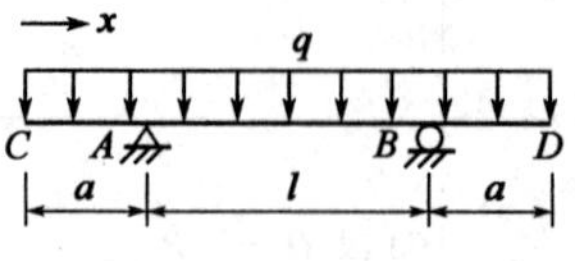	反力	$R_A = R_B = q\left(a + \frac{l}{2}\right)$
			剪力	CA 段：$Q_x = -qx$ AB 段：$Q_x = -qx + R_A$
	弯矩	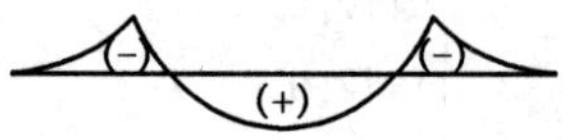	弯矩	CA 段：$M_x = -\frac{1}{2}qx^2$ AB 段：$M_x = \frac{qlx}{2}\left[\left(1-\frac{a}{x}\right)\left(1+\frac{2a}{l}\right)-\frac{x}{l}\right]$
	剪力	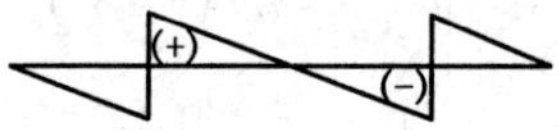	挠度	$f_C = f_D = \frac{qal^3}{24EI}\left(6\frac{a^2}{l^2}+3\frac{a^3}{l^3}-1\right)$， 当 $x = a + \frac{l}{2}$ 时，$f_{min} = \frac{ql^4}{384EI}\left(5-24\frac{a^2}{l^2}\right)$
7	荷载	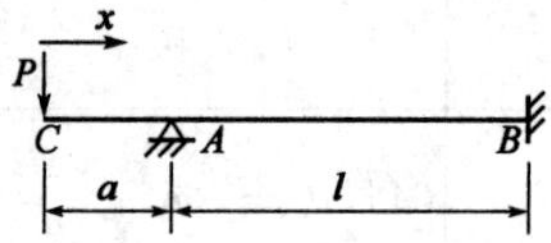	反力	$R_A = \frac{P}{2}\left(2+3\frac{a}{l}\right)$，$R_B = -\frac{3Pa}{2l}$ $M_A = -Pa$，$M_B = \frac{Pa}{2}$
			剪力	CA 段：$Q_x = -P$ AB 段：$Q_x = \frac{3a}{2l}P$
	弯矩	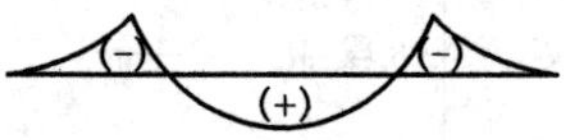	弯矩	CA 段：$M_x = -Px$ AB 段：$M_x = -\frac{pa}{2l}(2l+3a-3x)$
	剪力	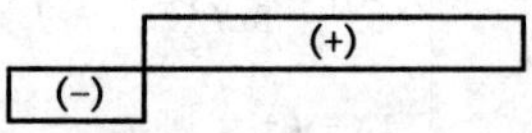	挠度	$f_C = \frac{pa^2l}{12EI}\left(3+4\frac{a}{l}\right)$

续上表

序号	荷载、内力	图示	项目	计算公式
8	荷载	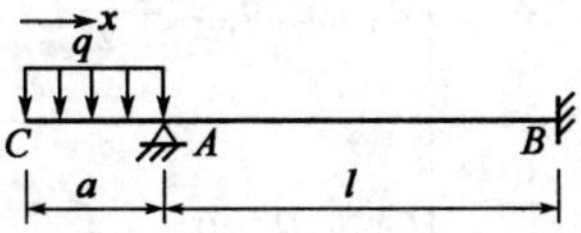	反力	$R_A=\frac{qa}{4}\left(4+3\frac{a}{l}\right),R_B=-\frac{3qa^2}{4l}$ $M_A=-\frac{qa^2}{2},M_B=\frac{qa^2}{4}$
			剪力	CA 段：$Q_x=-qx$ AB 段：$Q_x=\frac{3qa^2}{4l}$
	弯矩	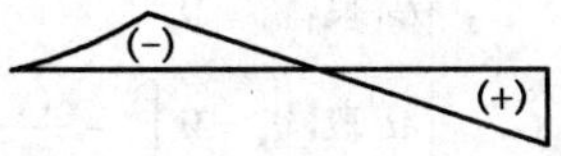	弯矩	CA 段：$M_x=-\frac{1}{2}qx^2$ AB 段：$M_x=R_A(x-a)-\frac{qx^2}{2}$
	剪力		挠度	$f_C=\frac{qa^3l}{8EI}\left(1+\frac{a}{l}\right)$
9	荷载	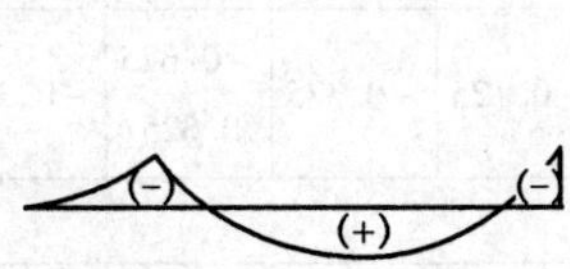	反力	$R_A=\frac{ql}{8}\left(3+\frac{a}{l}+6\frac{a^2}{l^2}\right)$ $R_B=\frac{ql}{8}\left(5-6\frac{a^2}{l^2}\right)$ $M_A=-\frac{qa^2}{2},M_B=-\frac{ql^2}{8}\left(1-2\frac{a^2}{l^2}\right)$
			剪力	CA 段：$Q_x=-qx$ AB 段：$Q_x=R_A-qx$
	弯矩		弯矩	CA 段：$M_x=-\frac{1}{2}qx^2$ AB 段：$M_x=R_A(x-a)-\frac{qx^2}{2}$
	剪力		挠度	$f_C=\frac{qal^3}{48EI}\left(6\frac{a^2}{l^2}+6\frac{a^3}{l^3}-1\right)$

续上表

序号	荷载、内力	图示	项目	计算公式
10	荷载	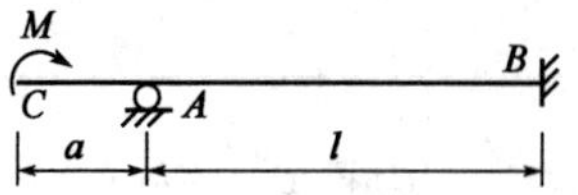	反力	$R_A=-\frac{3M}{2l},R_B=\frac{3M}{2l}$ $M_A=M,M_B=-\frac{M}{2}$
			剪力	CA 段：$Q_x=0$ AB 段：$Q_x=-\frac{3M}{2l}$
	弯矩	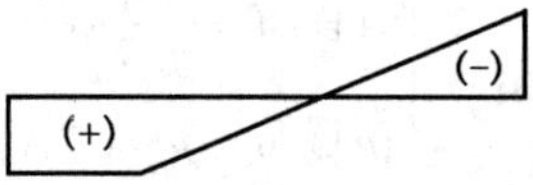	弯矩	CA 段：$M_x=M$ AB 段：$M_x=M\left[1-\frac{3(x-a)}{2l}\right]$
	剪力		挠度	$f_C=-\frac{Mal}{4EI}\left(1+2\frac{a}{l}\right)$

（二）等截面连续梁的内力与变形

表中正负号规定：

M——使截面下缘受拉为正；

Q——对邻近截面所产生的力矩沿顺时针方向者为正。

1. 两等跨连续梁的内力和挠度系数

附表 2-8

序号	荷载图	跨内最大弯矩		支座弯矩	剪力			跨度中点挠度	
		M_1	M_2	M_B	Q_A	$Q_{B左}$ $Q_{B右}$	Q_C	f_1	f_2
1	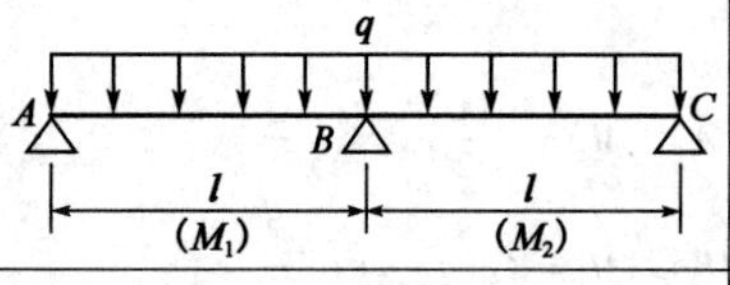	0.070	0.070	−0.125	−0.375	−0.625 0.625	−0.375	0.521	0.521
2	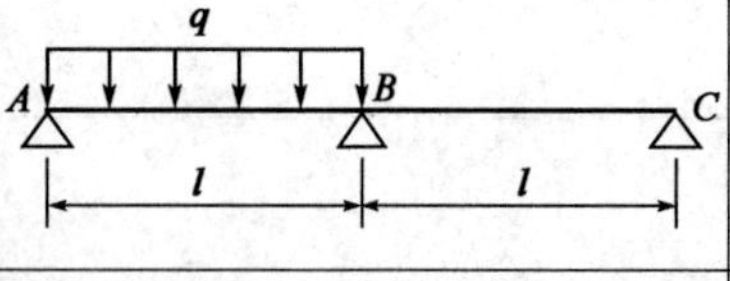	0.096	—	−0.063	0.437	−0.563 0.063	0.063	0.912	−0.391
3	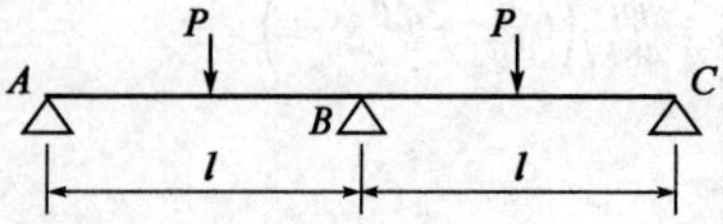	0.156	0.156	−0.188	0.312	−0.688 0.688	−0.312	0.911	0.911

续上表

序号	荷载图	跨内最大弯矩		支座弯矩	剪力			跨度中点挠度	
4	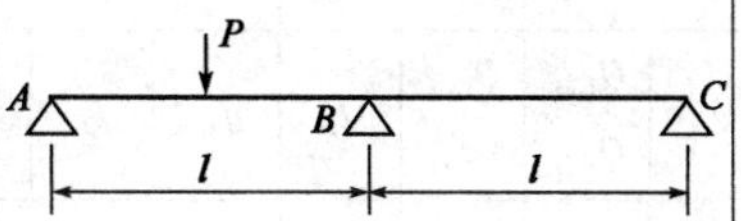	0.203	—	-0.094	0.406	-0.594 0.094	0.094	1.497	-0.586
5	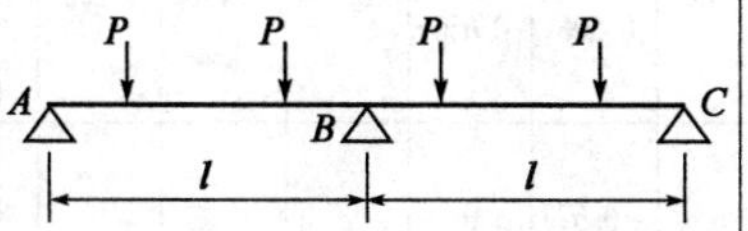	0.222	0.222	-0.333	0.667	-1.333 1.333	-0.667	1.466	1.466
6	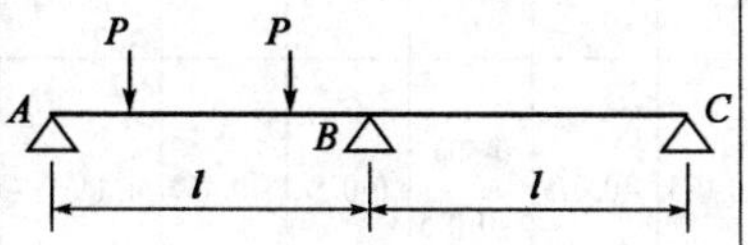	0.278	—	-0.167	0.833	-1.167 0.167	0.167	2.508	-1.042
说明	1. 在均布荷载作用下：$M=$表中系数$\times ql^2$；$Q=$表中系数$\times ql$；$f=$表中系数$\times \frac{ql^4}{100EI}$； 2. 在集中荷载作用下：$M=$表中系数$\times Pl$；$Q=$表中系数$\times P$；$f=$表中系数$\times \frac{Pl^3}{100EI}$								

2. 三等跨连续梁的内力和挠度系数

附表 2-9

序号	荷载图	跨内最大弯矩		支座弯矩		剪力				跨度中点挠度		
		M_1	M_2	M_B	M_C	Q_A	$Q_{B左}$ $Q_{B右}$	$Q_{C左}$ $Q_{C右}$	Q_D	f_1	f_2	f_3
1	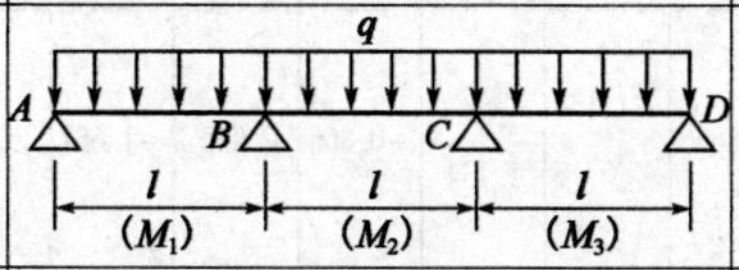	0.080	0.025	-0.100	-0.100	0.400	-0.600 0.500	-0.500 0.600	-0.400	0.677	0.052	0.677
2	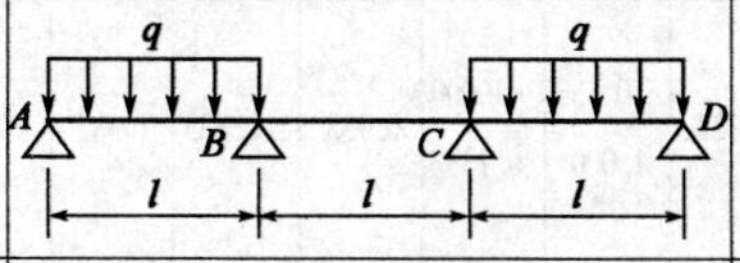	0.101	—	-0.050	-0.050	0.450	-0.550 0	0 0.550	-0.450	0.990	-0.625	0.990
3	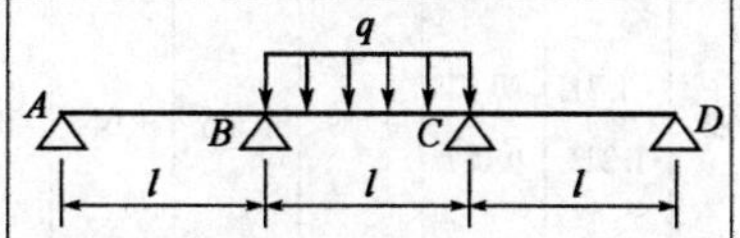	—	0.075	-0.050	-0.050	-0.050	-0.050 0.500	-0.500 0.050	0.050	-0.313	0.677	-0.313
4	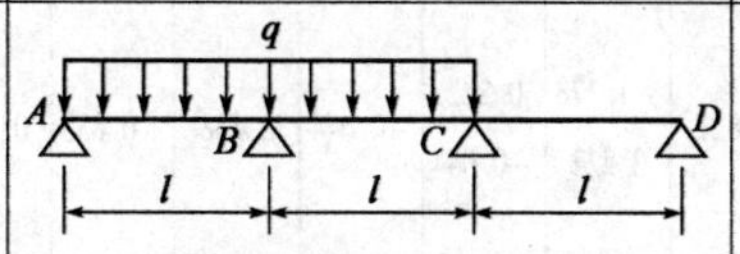	0.073	0.054	-0.117	-0.033	0.383	-0.617 0.583	-0.417 0.033	0.033	0.573	0.365	-0.208
5	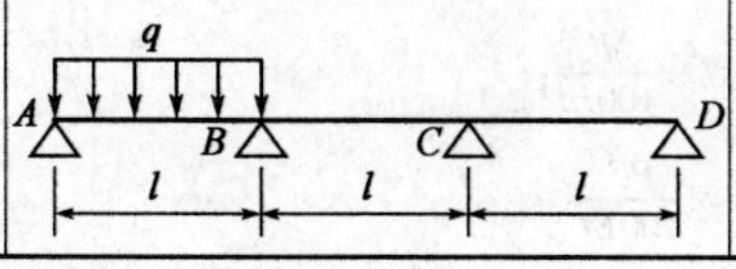	0.094	—	-0.067	0.017	0.433	-0.567 0.083	0.083 -0.017	-0.017	0.885	-0.313	0.104

续上表

序号	荷载图	跨内最大弯矩 M_1	跨内最大弯矩 M_2	支座弯矩 M_B	支座弯矩 M_C	剪力 Q_A	剪力 $Q_{B左}$ / $Q_{B右}$	剪力 $Q_{C左}$ / $Q_{C右}$	剪力 Q_D	跨度中点挠度 f_1	跨度中点挠度 f_2	跨度中点挠度 f_3
6	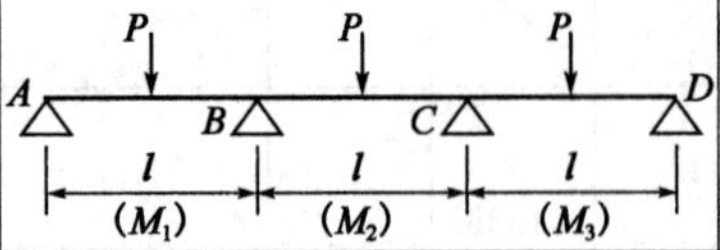	0.175	0.100	-0.150	-0.150	0.350	-0.650 0.506	-0.500 0.650	-0.350	1.146	0.208	1.146
7	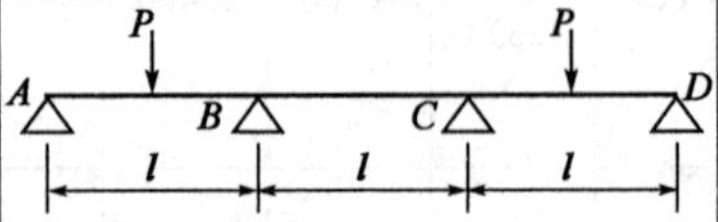	0.213	—	-0.075	-0.075	0.425	-0.575 0	0 0.575	-0.425	1.615	-0.937	1.615
8	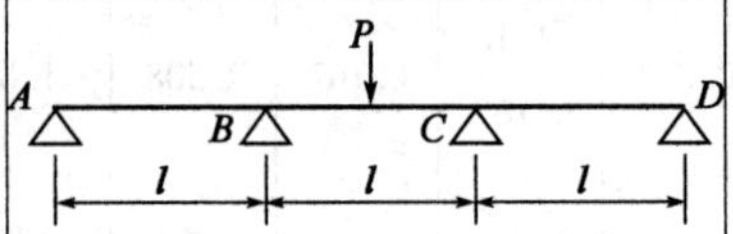	—	0.175	-0.075	-0.075	-0.075	-0.075	0.500 -0.075	0.075	-0.469	1.146	-0.469
9	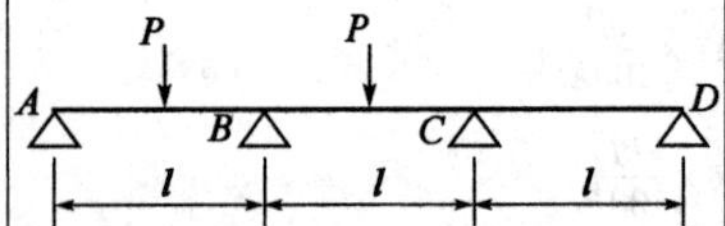	0.162	0.137	0.175	-0.050	0.325	-0.675 0.625	-0.375 0.050	0.050	0.990	0.677	-0.312
10	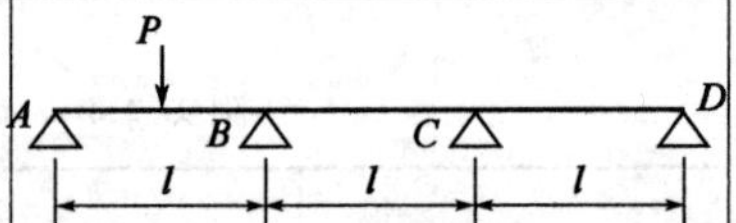	0.200	—	-0.100	0.025	0.400	-0.600 0.125	0.125 -0.025	-0.025	1.458	-0.469	0.156
11	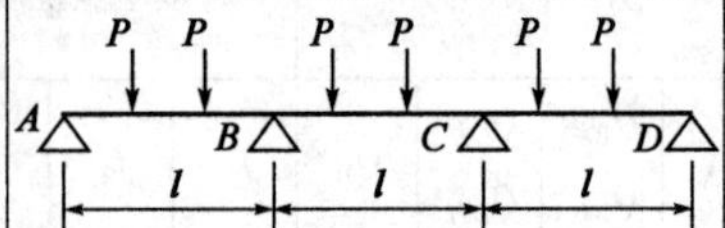	0.244	0.067	-0.267	-0.267	0.733	-1.267 1.000	-1.000 1.267	-0.733	1.883	0.216	1.883
12	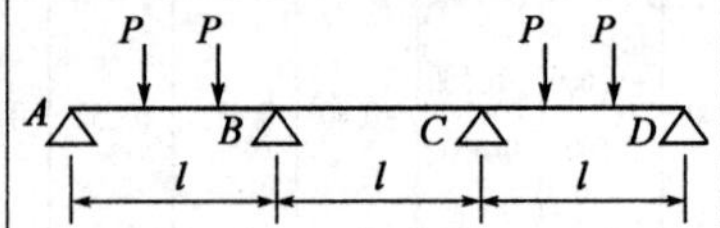	0.289	—	-0.133	-0.133	0.866	-1.134 0	0 1.134	-0.866	2.716	-1.667	2.716
13	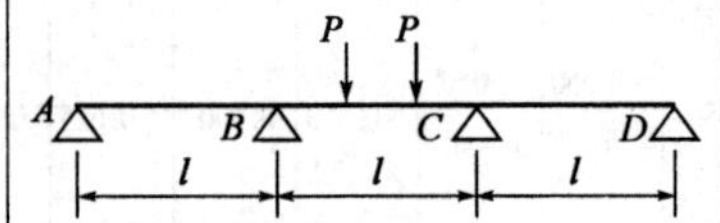	—	0.200	-0.133	-0.133	0.133	-0.133 1.000	-1.000 0.133	0.133	-0.833	1.883	-0.833
14	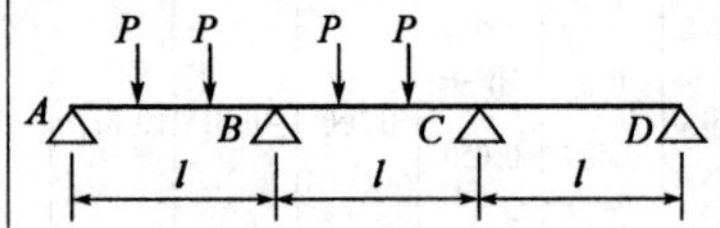	0.229	0.170	-0.311	-0.089	0.689	-1.311 1.222	-0.778 0.089	0.089	1.605	1.049	-0.556
15	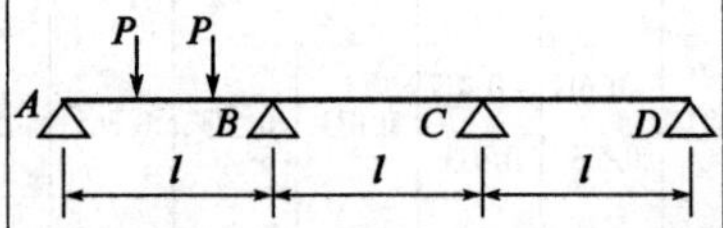	0.274	—	-0.178	0.044	0.822	-1.178 0.222	0.222 -0.044	-0.044	2.438	-0.833	0.278
说明	1. 在均布荷载作用下；$M=$表中系数$\times ql^2$；$Q=$表中系数$\times ql$；$f=$表中系数$\times\frac{ql^4}{100EI}$； 2. 在集中荷载作用下；$M=$表中系数$\times pl$；$Q=$表中系数$\times P$；$f=$表中系数$\times\frac{Pl^3}{100EI}$											

3. 四跨等跨连续梁的内力和挠度系数

附表 2-10

荷载图	弯矩				剪力			跨度中点挠度	
	$M_{1中}$	$M_{2中}$	$M_{B支}$	$M_{C支}$	Q_A	$Q_{B左中}$ $Q_{B右}$	$Q_{C左}$ $Q_{C右}$	f_1	f_2
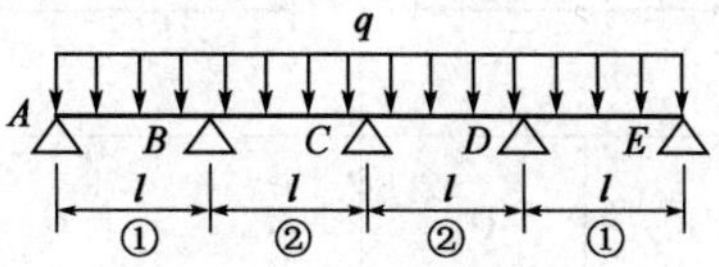	0.077	0.036	−0.107	−0.071	0.393	−0.607 0.536	−0.464 0.464	0.632	0.186
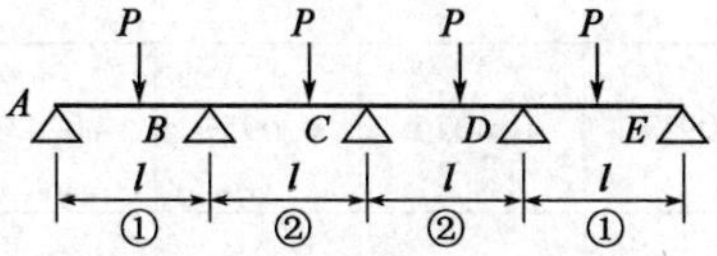	0.169	0.116	−0.161	−0.107	0.339	−0.661 0.554	−0.446 0.446	1.079	0.409
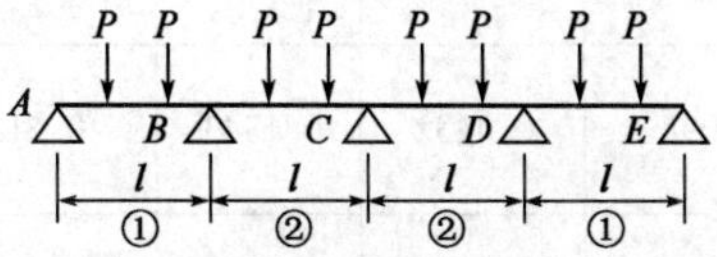	0.238	0.111	−0.286	−0.191	0.714	−1.286 1.095	−0.905 0.905	1.764	0.573

注：同三跨等跨连续梁。

4. 五跨等跨连续梁内力和挠度系数

附表 2-11

荷载图	弯矩					剪力			跨度中点挠度		
	$M_{1中}$	$M_{2中}$	$M_{3中}$	$M_{B支}$	$M_{C支}$	Q_A	$Q_{B左}$ $Q_{B右}$	$Q_{B左}$ $Q_{C右}$	f_1	f_2	f_3
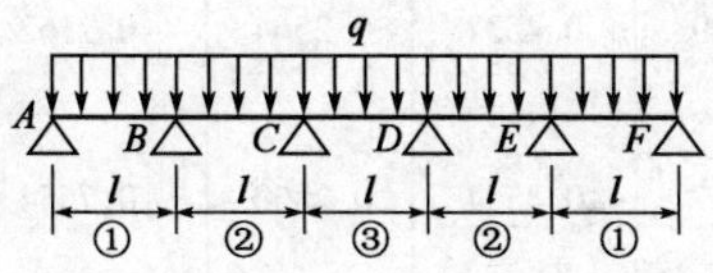	0.078	0.033	0.046	−0.105	−0.079	0.394	−0.606 0.526	−0.474 0.500	0.664	0.151	0.315
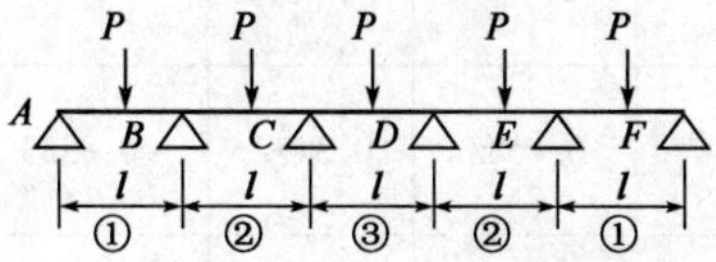	0.171	0.112	0.132	−0.158	−0.118	0.342	−0.658 0.540	−0.460 0.500	1.097	0.356	0.603
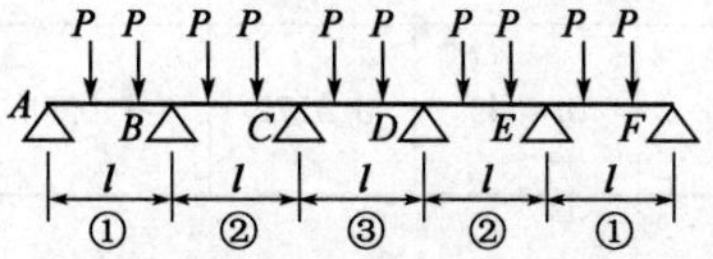	0.240	0.100	0.122	−0.281	0.211	0.719	−1.281 1.071	−0.930 1.000	1.795	0.479	0.918

注：同三等跨连续梁。

5. 两不等跨连续梁的内力系数

附表 2-12

荷载	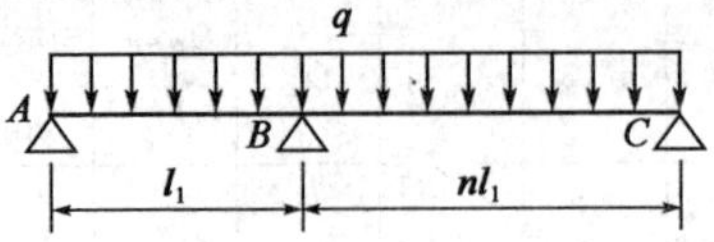							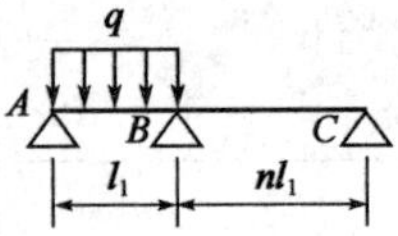		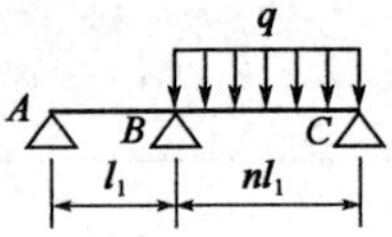	
n	M_B (M_{max})	M_{BA}	M_{BC}	Q_A	$Q_{B左}$ (Q_{max})	$Q_{B右}$ (Q_{max})	Q_C	M_{AB} (M_{max})	Q_A (Q_{max})	M_{BC} (M_{max}	Q_C (Q_{max})
1. 0	-0. 1250	0. 0703	0. 0703	0. 3750	-0. 6250	0. 6250	-0. 3750	0. 0957	0. 4375	0. 0957	-0. 4375
1. 1	-0. 1388	0. 0653	0. 0898	0. 3613	-0. 6387	0. 6761	-0. 4239	0. 0970	0. 4405	0. 1142	-0. 4780
1. 2	-0. 1550	0. 0595	0. 1108	0. 3450	-0. 6550	0. 7292	-0. 4708	0. 0982	0. 4432	0. 1343	-0. 5182
1. 3	-0. 1738	0. 0532	0. 1333	0. 3263	-0. 6737	0. 7836	-0. 5164	0. 0993	0. 4457	0. 1558	-0. 5582
1. 4	-0. 1950	0. 0465	0. 1572	0. 3050	-0. 6950	0. 8393	-0. 5607	0. 1003	0. 4479	0. 1788	-0. 5979
1. 5	-0. 2188	0. 0396	0. 1825	0. 2813	-0. 7187	0. 8958	-0. 6042	0. 1013	0. 4500	0. 2032	-0. 6375
1. 6	-0. 2450	0. 0325	0. 2092	0. 2550	-0. 7450	0. 9531	-0. 6469	0. 1021	0. 4519	0. 2291	-0. 6769
1. 7	-0. 2733	0. 0256	0. 2374	0. 2263	-0. 7737	1. 0110	-0. 6890	0. 1029	0. 4537	0. 2564	-0. 7162
1. 8	-0. 3050	0. 0190	0. 2669	0. 1950	-0. 8050	1. 0694	-0. 7306	0. 1037	0. 4554	0. 2850	-0. 7554
1. 9	-0. 3388	0. 0130	0. 2978	0. 1613	-0. 8387	1. 1283	-0. 7717	0. 1044	0. 4569	0. 3155	-0. 7944
2. 0	-0. 3750	0. 0078	0. 3301	0. 1250	-0. 8750	1. 1875	-0. 8125	0. 1050	0. 4583	0. 3472	-0. 8333
2. 25	-0. 4766	0. 0003	0. 4170	0. 0234	-0. 9766	1. 3368	-0. 9132	0. 1065	0. 4615	0. 4327	-0. 9303
2. 5	-0. 5938	负值	0. 5126	-0. 0938	-1. 0938	1. 4875	-1. 0125	0. 1078	0. 4643	0. 5272	-1. 0268

注：①M = 表中系数 × ql_1^2；Q = 表中系数 × ql_1；

②M_{max}、Q_{max} 表示荷载在最不利布置时的最大内力。

6. 三不等跨连续梁的内力系数

附表 2-13

荷载 / n	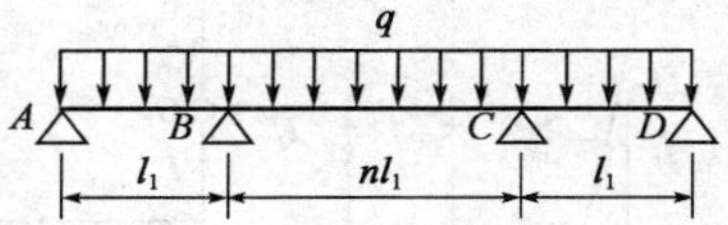						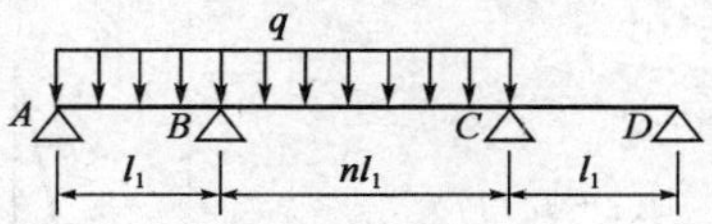			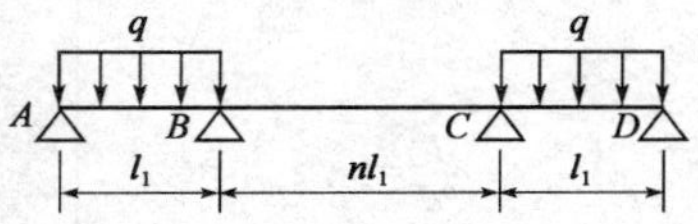		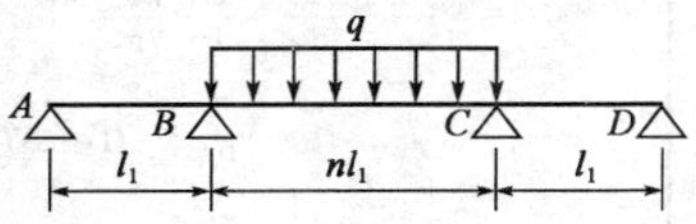
	M_B	M_{AB}	M_{BC}	Q_A	$Q_{B左}$	$Q_{B右}$	M_B (M_{max})	$M_{B左}$ (Q_{max})	$Q_{B右}$ (Q_{max})	M_{AB} (M_{max})	Q_A Q_{max}	M_{BC} (M_{max})
0. 4	-0. 0831	0. 0869	-0. 0631	0. 4169	-0. 5831	0. 2000	-0. 0962	-0. 5962	0. 4608	0. 0890	0. 4219	0. 0150
0. 5	-0. 0804	0. 0880	-0. 0491	0. 4196	-0. 5804	0. 2500	-0. 0947	-0. 5947	0. 4502	0. 0918	0. 4286	0. 0223
0. 6	-0. 0800	0. 0882	-0. 0350	0. 4200	-0. 5800	0. 3000	-0. 0952	-0. 5952	0. 4603	0. 0943	0. 4342	0. 0308
0. 7	-0. 0819	0. 0874	-0. 0206	0. 4181	-0. 5819	0. 3500	-0. 0979	-0. 5979	0. 4825	0. 0964	0. 4390	0. 0403
0. 8	-0. 0859	0. 0857	-0. 0059	0. 4141	-0. 5859	0. 4000	-0. 1021	-0. 6021	0. 5116	0. 0982	0. 4432	0. 0509
0. 9	-0. 0918	0. 0833	0. 0095	0. 4082	-0. 5918	0. 4500	-0. 1083	-0. 6083	0. 5456	0. 0998	0. 4468	0. 0625
1. 0	-0. 1000	0. 0800	0. 0250	0. 4000	-0. 6000	0. 5000	-0. 1167	-0. 6167	0. 5833	0. 1013	0. 4500	0. 0750
1. 1	-0. 1100	0. 0761	0. 0413	0. 3900	-0. 6100	0. 5500	-0. 1267	-0. 6267	0. 6233	0. 1025	0. 4528	0. 0885
1. 2	-0. 1218	0. 0715	0. 0582	0. 3782	-0. 6218	0. 6000	-0. 1385	-0. 6385	0. 6651	0. 1037	0. 4554	0. 1029
1. 3	-0. 1355	0. 0664	0. 0758	0. 3645	-0. 6355	0. 6500	-0. 1522	-0. 6522	0. 7082	0. 1047	0. 4576	0. 1182
1. 4	-0. 1510	0. 0609	0. 0940	0. 3490	-0. 6510	0. 7000	-0. 1676	-0. 6676	0. 7525	0. 1057	0. 4597	0. 1344
1. 5	-0. 1683	0. 0550	0. 1130	0. 3317	-0. 6683	0. 7500	-0. 1848	-0. 6848	0. 7976	0. 1065	0. 4615	0. 1514
1. 6	-0. 1874	0. 0489	0. 1327	0. 3127	-0. 6873	0. 8000	-0. 2037	-0. 7037	0. 8434	0. 1073	0. 4632	0. 1694
1. 7	-0. 2082	0. 0426	0. 1531	0. 2918	-0. 7082	0. 8500	-0. 2244	-0. 7244	0. 8897	0. 1080	0. 4648	0. 1883
1. 8	-0. 2308	0. 0362	0. 1742	0. 2692	-0. 7308	0. 9000	-0. 2468	-0. 7468	0. 9366	0. 1087	0. 4662	0. 2080
1. 9	-0. 2552	0. 0300	0. 1961	0. 2448	-0. 7552	0. 9500	-0. 2710	-0. 7710	0. 9846	0. 1093	0. 4675	0. 2286
2. 0	-0. 2813	0. 0239	0. 2188	0. 2188	-0. 7812	1. 0000	-0. 2969	-0. 7969	1. 0312	0. 1099	0. 4688	0. 2500
2. 25	-0. 3540	0. 0106	0. 2788	0. 1462	-0. 8538	1. 1250	-0. 3691	-0. 8691	1. 1511	0. 1111	0. 4714	0. 3074
2. 5	-0. 4375	0. 0019	0. 3437	-0. 0625	-0. 9375	1. 2500	-0. 4521	-0. 9521	1. 2722	0. 1122	0. 4737	0. 3701

注：① M = 表中系数 × ql_1^2；Q = 表中系数 × ql_1；

② M_{max}、Q_{max} 表示荷载最不利布置时最大内力。

(三)刚架内力计算公式

附表 2-14

荷载图示	弯矩图	水平力	竖向力	弯矩
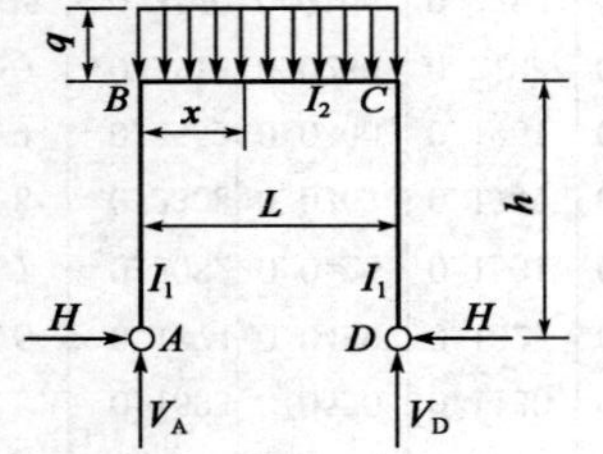	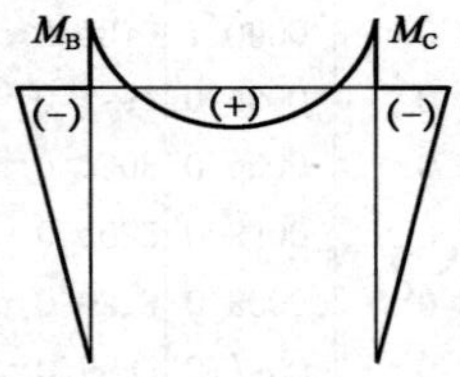	$H=\frac{qL^2}{4h(2k+3)}$	$V_A=V_D=\frac{qL}{2}$	$M_A=M_D=0$，$M_B=M_C=\frac{qL^2}{4(2k+3)}$ $M_x=\frac{qL}{2}x-\frac{q}{2}x^2+M_B$ $M_{max}=\frac{2k+1}{2k+3}\times\frac{qL^2}{8}\quad\left(x=\frac{L}{2}\right)$
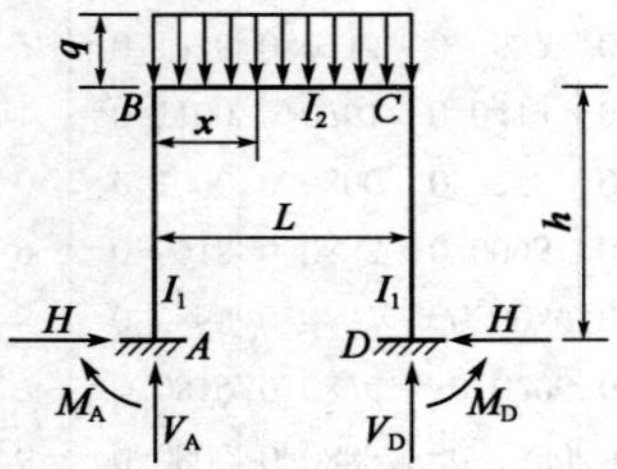	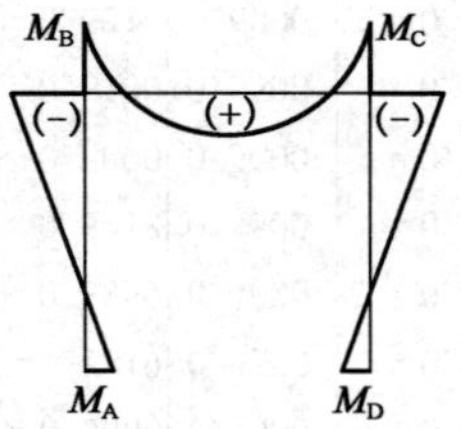	$H=\frac{qL^2}{4h(2k+2)}$	$V_A=V_D=\frac{qL}{2}$	$M_A=M_D=\frac{qL^2}{12(2+k)}$ $M_B=M_C=-\frac{qL^2}{6(2+k)}$ $M_x=\frac{qx}{2}(L-x)-\frac{qL^2}{6(2+k)}$ $M_{max}=\frac{qL^2}{24}\times\frac{2+3k}{2+k}\quad\left(x=\frac{L}{2}\right)$
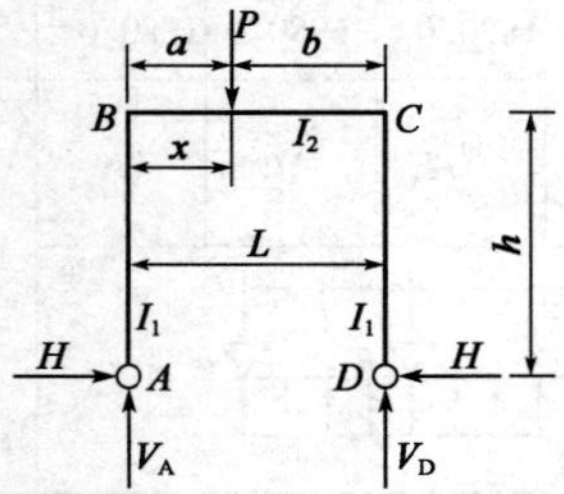	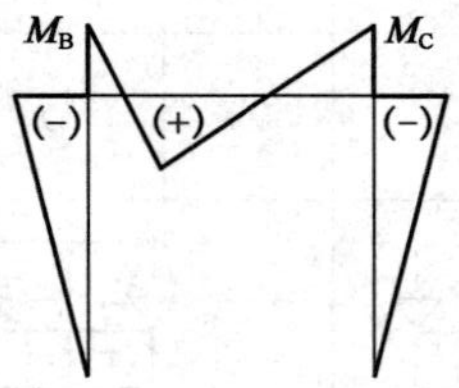	$H=\frac{3Pab}{2hL(2k+3)}$	$V_A=\frac{Pb}{L}$ $V_D=\frac{Pa}{L}$	$M_A=M_D=0$ $M_B=M_C=-\frac{3Pab}{2L(2k+3)}$ a 段：$M_x=\frac{Pb}{L}x+M_B$， b 段：$M_x=\frac{Pa}{L}x+M_C$ $M_{max}=\frac{4k+3}{2k+3}\times\frac{Pab}{2L}\quad(x=a)$

续上表

荷载图示	弯矩图	水平力	竖向力	弯矩
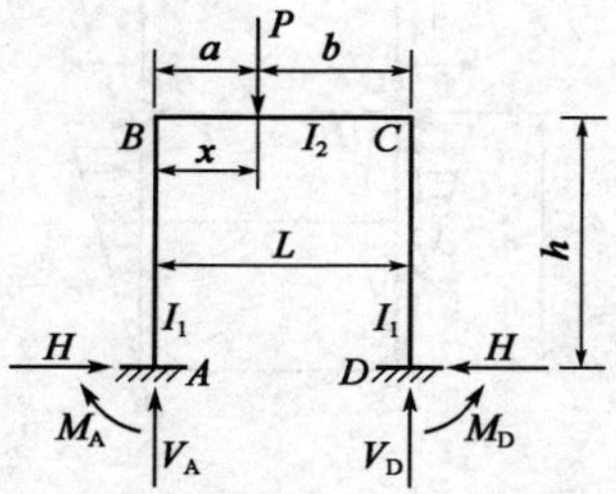	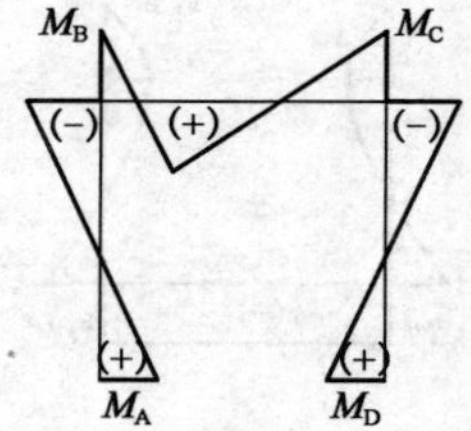	$H=\frac{3Pab}{2h(2+k)}$	$V_A=\frac{Pb}{L}\times\frac{1+\delta-2\delta^2+6k}{1+6k}$ $V_D=\frac{Pa}{L}\times\frac{3\delta-2\delta^2+6k}{1+6k}$	$M_A=\frac{Pab}{2L}\times\frac{5k-1+2\delta(2+k)}{(2+k)(1+6k)}$ $M_D=\frac{Pab}{2L}\times\frac{7k+3-2\delta(2+k)}{(2+k)(1+6k)}$ $M_B=M_A-H_Ah, M_C=M_D-H_Ah$ $M_{max}=M_A-H_Ah+V_Aa(x=a)$
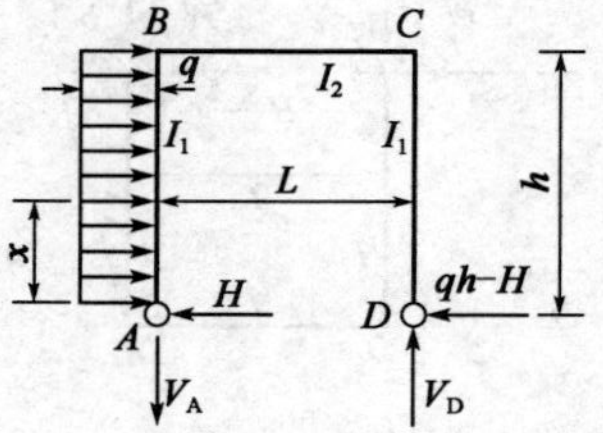	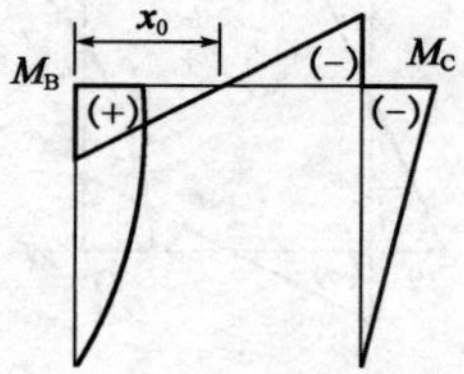	$H=\frac{11k+18}{2k+3}\cdot\frac{qh}{8}$	$V_A=-V_D=-\frac{qh^2}{2L}$	$M_B=\frac{3qh^2(k+2)}{8(2k+3)}$ $M_C=-\frac{ql^2}{8}\times\frac{5k+6}{2k+3}$ $M_x=Hx-\frac{qx^2}{2}$ 在 $x=\frac{h}{8}\times\frac{11k+18}{2k+2}$处， $M_{max}=\frac{qh^2}{128}\left(\frac{11k+18}{2k+3}\right)^2$ $x_0=\frac{3}{4}\times\frac{k+2}{2k+3}L$
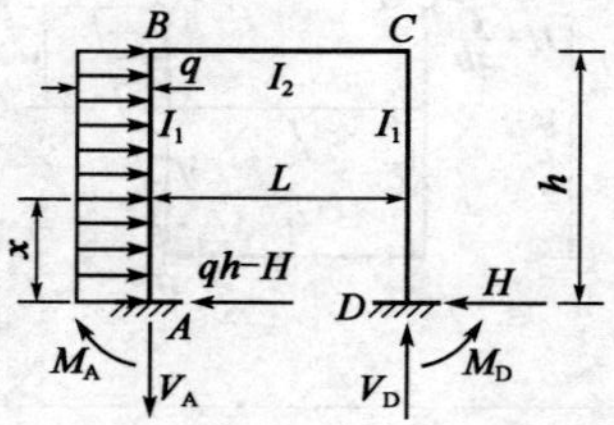	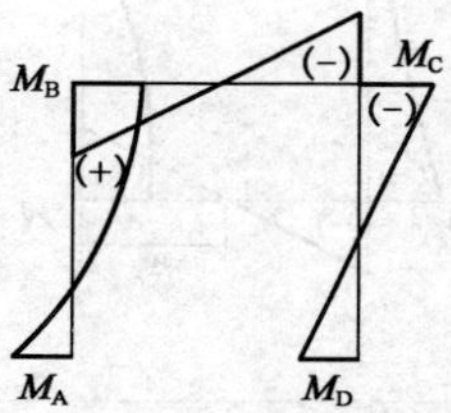	$H=\frac{qh}{8}\cdot\frac{3+2k}{k+2}$	$V_A=V_D=-\frac{qh^2k}{L(1+6k)}$	$M_A=-\frac{qh^2}{24}\left(12-\frac{9+5k}{2+k}-\frac{12k}{1+6k}\right)$ $M_D=\frac{ql^2}{24}\left(\frac{9+5k}{2+k}-\frac{12k}{1+6k}\right)$ $M_B=M_A-Hh+\frac{qh^2}{2}$ $M_C=M_D-Hh$ $M_x=M_A+(qh-H)x-\frac{qx^2}{2}$

续上表

荷载图示	弯矩图	水平力	竖向力	弯矩
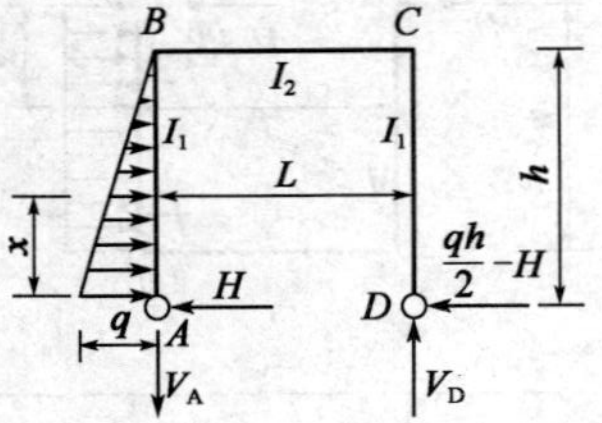	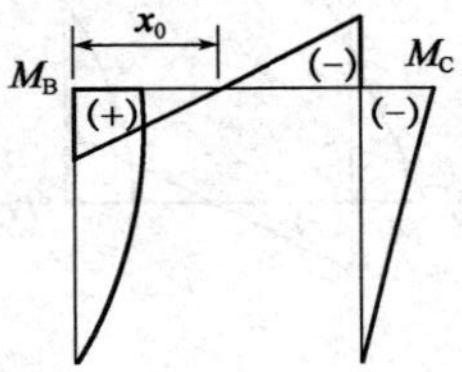	$H=\frac{31k+50}{2k+3}\cdot\frac{qh}{40}$	$V_A=-V_D=-\frac{qh^2}{6L}$	$M_B=\frac{qh^2}{120}\times\frac{13k+30}{2k+3}$ $M_C=-\frac{qh^2}{40}\times\frac{9k+10}{2k+3}$ $M_x=Hx-\frac{q}{6h}x^2(3h-x)$ $x_0=\frac{l}{20}\times\frac{3k+30}{2k+3}$
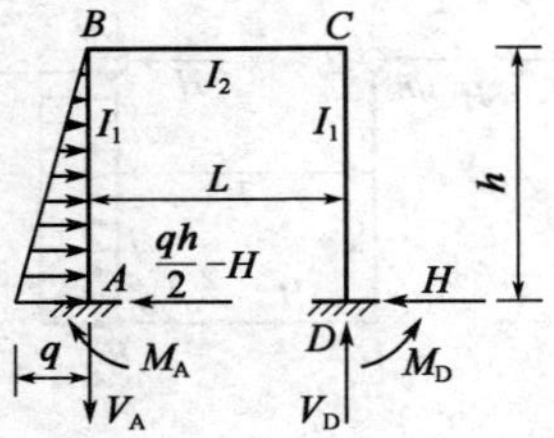	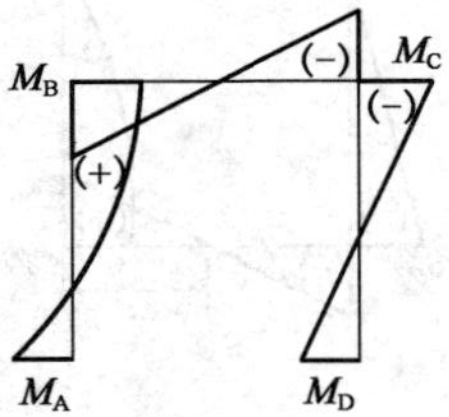	$H=\frac{3k+4}{2+k}\cdot\frac{qh}{40}$	$V_A=-V_D=-\frac{qk^2h^2}{4L(1+6k)}$	$M_A=\frac{qh^2}{120}\left(20-\frac{12+7k}{2+k}-\frac{15k}{1+6k}\right)$ $M_D=\frac{qh^2}{120}\left(\frac{12+7k}{2+k}-\frac{15k}{1+6k}\right)$ $M_B=M_A-Hh+\frac{qh^2}{2},M_C=M_D-Hh$ $M_x=M_A+\left(\frac{qh}{2}-H\right)x-\frac{qx^2}{6h}\times(3h-x)$
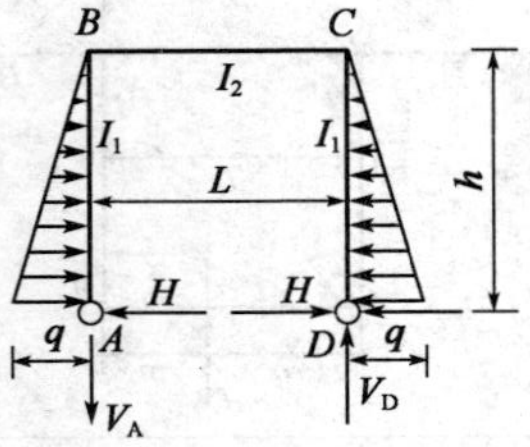	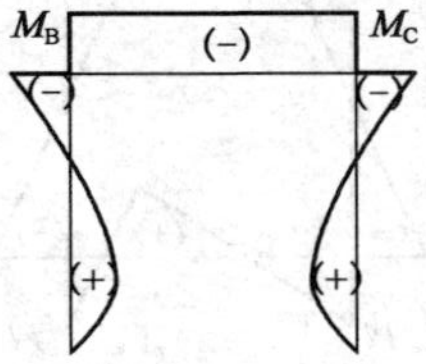	$H=\frac{qh}{20}\cdot\frac{11k+20}{2k+3}$	$V_A=V_D=0$	$M_B=M_C=-\frac{qh^2}{60}\cdot\frac{7k}{2k+3}$ $M_x=Hx-\frac{q}{6h}x^3(3h-x)$

续上表

荷载图示	弯矩图	水平力	竖向力	弯矩
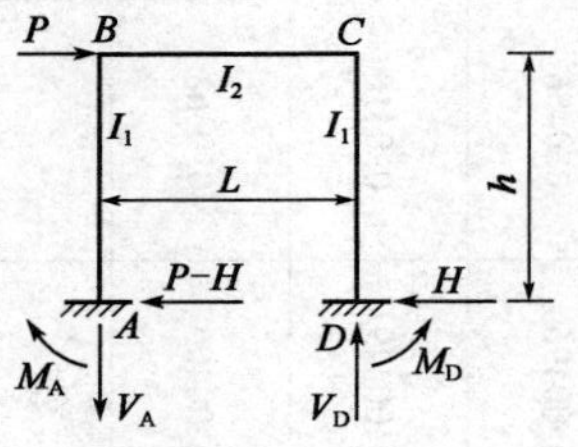	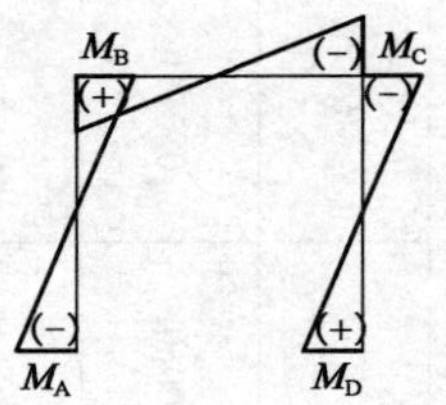	$H=\frac{P}{2}$	$-V_A=V_D=\frac{3Phk}{L(1+6k)}$	$M_A=\frac{-ph'}{2}\cdot\frac{1+3k}{1+6k}$ $M_B=\frac{ph}{2}\cdot\frac{1+3k}{1+6k}$ $M_C=-\frac{Ph}{2}\cdot\frac{3k}{1+6k}$
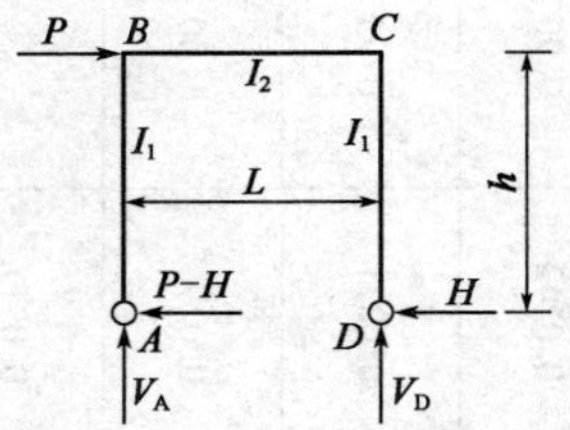	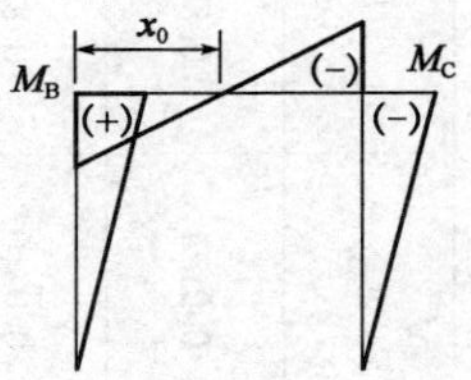	$H=\frac{P}{2}$	$-V_A=V_D=-\frac{Ph}{L}$	$M_B=\frac{ph}{2}=-M_C$

注：表中$k=\frac{I_2}{I_1}\times\frac{h}{L}$，$\delta=\frac{a}{L}$。

（四）双向板在各种荷载作用下的内力及变形系数

1. 符号说明

（1）刚度：

$$K=\frac{Eh^3}{12(1-v^2)}$$

式中：E——弹性模量；

h——板厚；

v——泊松比，对钢筋混凝土板，$v=1/6$；对于钢板，$v=0.3$；

（2）f、f_{max}——分别为板中心点的挠度和最大挠度；

M_x——平行于 l_x 方向板中心点的弯矩；

M_y——平行于 l_y 方向板中心点的弯矩；

M_X^0——固定边中点沿 l_x 方向的弯矩；

M_y^0——固定边中点沿 l_y 方向的弯矩。

（3）正负号的规定：

弯矩——使板的受荷面受压者为正；

挠度——变位方向与荷载方向相同者为正。

2. 均布荷载作用下四边简支的板计算系数表

附表 2-15

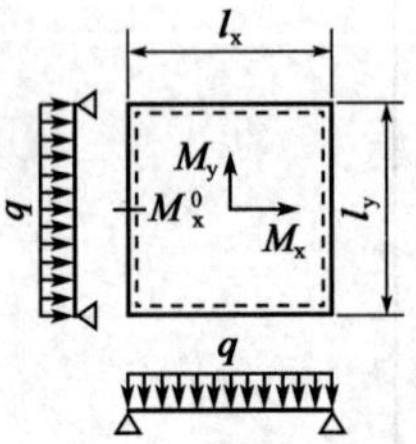

挠度 = 表中系数 × $\frac{ql^4}{K}$

弯矩 = 表中系数 × ql^2

式中 l 取 l_x 和 l_y 中的较小者

l_x/l_y	f	M_x	M_y	l_x/l_y	f	M_x	M_y
0.50	0.01013	0.0965	0.0174	0.80	0.00603	0.0561	0.0334
0.55	0.00940	0.0892	0.0210	0.85	0.00547	0.0506	0.0348
0.60	0.00867	0.0820	0.0242	0.90	0.00496	0.0456	0.0358
0.65	0.00796	0.0750	0.0271	0.95	0.00449	0.0410	0.0364
0.70	0.00727	0.0683	0.0296	1.00	0.00406	0.0368	0.0368
0.75	0.00663	0.0620	0.0317				

3. 均布荷载作用下三边简支、一边固定的板计算系数

附表 2-16

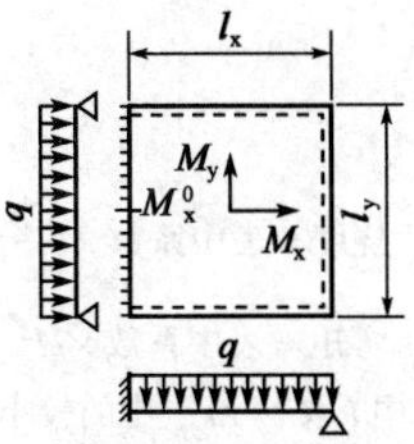

挠度 = 表中系数 × $\frac{ql^4}{K}$

弯矩 = 表中系数 × ql^2

式中 l 取 l_x 和 l_y 中的较小者

l_x/l_y	l_y/l_x	f_{max}	M_x	M_y	M_x^0	l_x/l_y	l_y/l_x	f	M_x	M_y	M_x^0
0.50		0.00504	0.0583	0.0060	−0.1212		0.95	0.00324	0.0324	0.0280	−0.0882
0.55		0.00492	0.0563	0.0081	−0.1187		0.90	0.00368	0.0328	0.0322	−0.0926
0.60		0.00472	0.0539	0.0104	−0.1158		0.85	0.00417	0.0329	0.0370	−0.0970
0.65		0.00448	0.0513	0.0126	−0.1124		0.80	0.00473	0.0326	0.0424	−0.1014
0.70		0.00422	0.0485	0.0148	−0.1087		0.75	0.00536	0.0319	0.0485	−0.1056
0.75		0.00399	0.0457	0.0168	−0.1048		0.70	0.00605	0.0308	0.0553	−0.1096
0.80		0.00376	0.0428	0.0187	−0.1007		0.65	0.00680	0.0291	0.0627	−0.1133
0.85		0.00352	0.0400	0.0204	−0.0965		0.60	0.00762	0.0268	0.0707	−0.1166
0.90		0.00329	0.0372	0.0219	−0.0922		0.55	0.00848	0.0239	0.0792	−0.1193
0.95		0.00306	0.0345	0.0232	−0.0880		0.50	0.00935	0.0205	0.0880	−0.1215
1.00	1.00	0.00285	0.0319	0.0243	−0.0839						

4. 均布荷载作用下两边简支,两边固定板的计算系数

附表 2-17

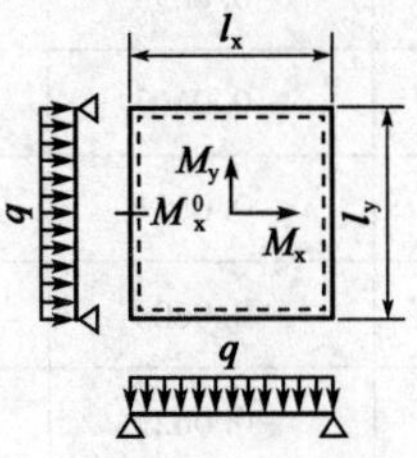

挠度 = 表中系数 × $\frac{ql^4}{K}$

弯矩 = 表中系数 × ql^2

式中 l 取 l_x 和 l_y 中的较小者

l_x/l_y	l_y/l_x	f	M_x	M_y	M_x^0	l_x/l_y	l_y/l_x	f	M_x	M_y	M_x^0
0.50		0.00261	0.0416	0.0017	−0.0842		0.95	0.00223	0.0296	0.0189	−0.0746
0.55		0.00259	0.0410	0.0028	−0.0840		0.90	0.00260	0.0306	0.0224	−0.0797
0.60		0.00255	0.0402	0.0042	−0.0834		0.85	0.00303	0.0314	0.0266	−0.0850
0.65		0.00250	0.0392	0.0057	−0.0826		0.80	0.00354	0.0319	0.0316	−0.0904
0.70		0.00243	0.0379	0.0072	−0.0814		0.75	0.00413	0.0321	0.0374	−0.0959
0.75		0.00236	0.0366	0.0088	−0.0799		0.70	0.00482	0.0318	0.0441	−0.1013
0.80		0.00228	0.0351	0.0103	−0.0782		0.65	0.00560	0.0308	0.0518	−0.1066
0.85		0.00220	0.0335	0.0118	−0.0763		0.60	0.00647	0.0292	0.0604	−0.1114
0.90		0.00211	0.0319	0.0133	−0.0743		0.55	0.00743	0.0267	0.0698	−0.1156
0.95		0.00201	0.0302	0.0146	−0.0721		0.50	0.00844	0.0234	0.0798	−0.1191
1.00	1.00	0.00192	0.0285	0.0158	−0.0698						

5. 均布荷载作用下一边简支,三边固定的板计算系数

附表 2-18

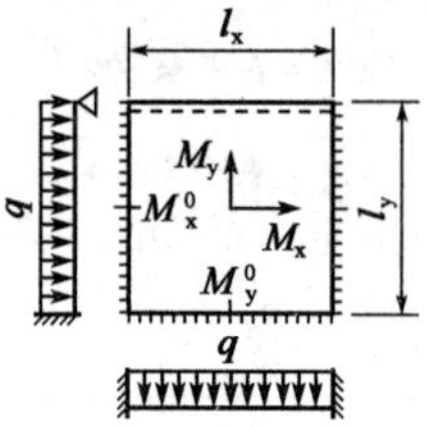

挠度 = 表中系数 × $\frac{ql^4}{K}$

弯矩 = 表中系数 × ql^2

式中 l 取 l_x 和 l_y 中的较小者

l_x/l_y	l_y/l_x	f_{max}	M_x	M_y	M_x^0	M_y^0
0.50		0.00258	0.0408	0.0028	-0.0836	-0.0569
0.55		0.00255	0.0398	0.0042	-0.0827	-0.0570
0.60		0.00249	0.0384	0.0059	-0.0814	-0.0571
0.65		0.00240	0.0368	0.0076	-0.0796	-0.0572
0.70		0.00229	0.0350	0.0093	-0.0774	-0.0572
0.75		0.00219	0.0331	0.0109	-0.0750	-0.0572
0.80		0.00208	0.0310	0.0124	-0.0722	-0.0570
0.85		0.00196	0.0289	0.0138	-0.0693	-0.0567
0.90		0.00184	0.0268	0.0159	-0.0663	-0.0563
0.95		0.00172	0.0247	0.0160	-0.0631	-0.0558
1.00	1.00	0.00160	0.0227	0.0168	-0.0600	-0.0550
	0.95	0.00182	0.0229	0.0194	-0.0629	-0.0599
	0.90	0.00206	0.0228	0.0223	-0.0656	-0.0653
	0.85	0.00233	0.0225	0.0255	-0.0683	-0.0711
	0.80	0.00262	0.0219	0.0290	-0.0707	-0.0772
	0.75	0.00294	0.0208	0.0329	-0.0729	-0.0837
	0.70	0.00327	0.0194	0.0370	-0.0748	-0.0903
	0.65	0.00365	0.0175	0.0412	-0.0762	-0.0970
	0.60	0.00403	0.0153	0.0454	-0.0773	-0.1033
	0.55	0.00437	0.0127	0.0496	-0.0780	-0.1093
	0.50	0.00463	0.0099	0.0534	-0.0784	-0.1146

6. 均布荷载作用下两边简支、两边固定的板计算系数

附表 2-19

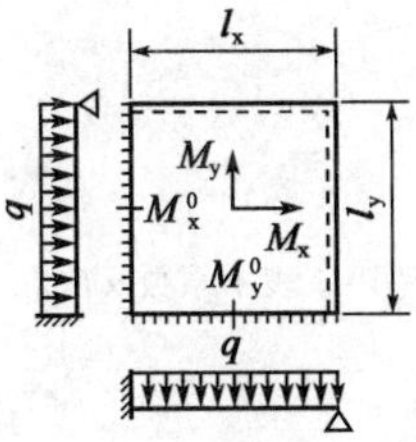

挠度 = 表中系数 × $\frac{ql^4}{K}$

弯矩 = 表中系数 × ql^2

式中 l 取 l_x 和 l_y 中的较小者

l_x/l_y	f_{max}	M_x	M_y	M_x^0	M_y^0
0.50	0.00471	0.0559	0.0079	-0.1179	-0.0786
0.55	0.00454	0.0529	0.0104	-0.1140	-0.0785
0.60	0.00429	0.0496	0.0129	-0.1095	-0.0782
0.65	0.00399	0.0461	0.0151	-0.1045	-0.0777
0.70	0.00368	0.0426	0.0172	-0.0992	-0.0770
0.75	0.00340	0.0390	0.0189	-0.0938	-0.0760
0.80	0.00313	0.0356	0.0204	-0.0883	-0.0748
0.85	0.00286	0.0322	0.0215	-0.0829	-0.0733
0.90	0.00261	0.0291	0.0224	-0.0776	-0.0716
0.95	0.00237	0.0261	0.0230	-0.0726	-0.0698
1.00	0.00215	0.0234	0.0234	-0.0677	-0.0677

7. 均布荷载作用下四边固定的板计算系数

附表 2-20

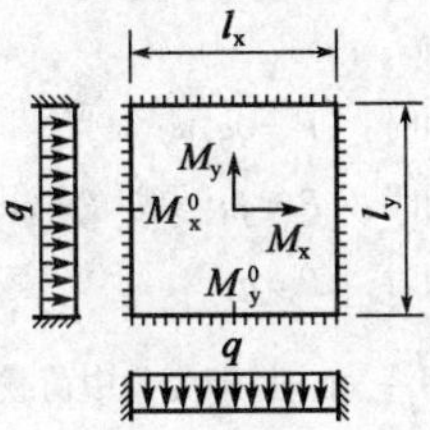

挠度 = 表中系数 × $\frac{ql^4}{K}$

弯矩 = 表中系数 × ql^2

式中 l 取 l_x 和 l_y 中的较小者

l_x/l_y	f	M_x	M_y	M_x^0	M_y^0
0.50	0.00253	0.0400	0.0038	-0.0829	-0.0570
0.55	0.00246	0.0385	0.0056	-0.0814	-0.0571
0.60	0.00236	0.0367	0.0076	-0.0793	-0.0571
0.65	0.00224	0.0345	0.0095	-0.0766	-0.0571
0.70	0.00211	0.0321	0.0113	-0.0735	-0.0569
0.75	0.00197	0.0296	0.0130	-0.0701	-0.0565
0.80	0.00182	0.0271	0.0144	-0.0664	-0.0559
0.85	0.00168	0.0246	0.0156	-0.0626	-0.0551
0.90	0.00153	0.0221	0.0165	-0.0588	-0.0541
0.95	0.00140	0.0198	0.0172	-0.0550	-0.0528
1.00	0.00127	0.0176	0.0176	-0.0513	-0.0513

8. 集中荷载作用下四边固定的板计算系数

附表 2-21

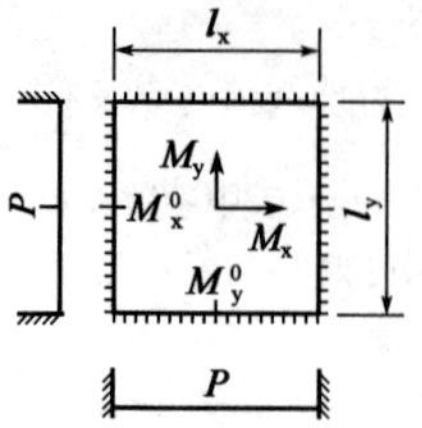

弯矩 = 表中系数 × P

l_x/l_y	M_x	M_y	M_x^0	M_y^0	l_x/l_y	M_x	M_y	M_x^0	M_y^0
1.00	0.108	0.108	-0.094	-0.094	1.60	0.156	0.086	-0.162	-0.040
1.10	0.118	0.104	-0.113	-0.083	1.70	0.160	0.083	-0.167	-0.035
1.20	0.128	0.100	-0.126	-0.074	1.80	0.162	0.080	-0.171	-0.030
1.30	0.136	0.096	-0.139	-0.063	1.90	0.165	0.078	-0.174	-0.026
1.40	0.143	0.092	-0.149	-0.055	2.00	0.168	0.076	-0.176	-0.022
1.50	0.150	0.088	-0.156	-0.047					

9. 局部均布荷载作用下四边简支板的计算系数

附表 2-22

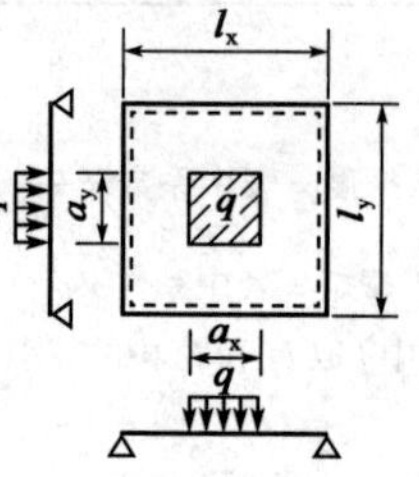

弯矩 = 表中系数 × P

式中：P——总荷载

当 q 为面作用时： $P = qa_x a_y$

当 q 为线作用时： $P = qa_x$ 或 $P = qa_y$

当 q 为点作用时： $P = q$

表中 $\frac{a_x}{l_x} = \frac{a_y}{l_y} = 0$ 时，即为集中荷载的情况

a_x/l_x	l_y/l_x	a_y/l_y											
		1.0		0.8		0.6		0.4		0.2		0.0	
		M_x	M_y	M_x	M_y	M_x	M_y	M_x	M_y	M_x	M_y	M_x	M_y
0.0	1.00	0.109	0.060	0.133	0.073	0.160	0.093	0.196	0.121	—	—	0.146	0.146
	1.20	0.112	0.046	0.154	0.067	0.180	0.086	0.216	0.114	—	—	0.179	0.141
	1.40	0.112	0.034	0.169	0.061	0.195	0.080	0.229	0.108	—	—	0.214	0.138
	1.60	0.111	0.025	0.179	0.057	0.204	0.074	0.238	0.104	—	—	0.244	0.135
	1.80	0.107	0.018	0.184	0.053	0.209	0.070	0.243	0.101	—	—	0.270	0.132
	2.00	0.103	0.013	0.188	0.048	0.212	0.068	0.246	0.097	—	—	0.290	0.130

续上表

a_x/l_x	l_y/l_x	a_y/l_y											
		1.0		0.8		0.6		0.4		0.2		0.0	
		M_x	M_y	M_x	M_y	M_x	M_y	M_x	M_y	M_x	M_y	M_x	M_y
0.2	1.00	0.088	0.058	0.105	0.072	0.124	0.090	0.144	0.117	—	—	—	—
	1.20	0.094	0.045	0.125	0.065	0.144	0.083	0.164	0.111	—	—	—	—
	1.40	0.096	0.034	0.140	0.060	0.158	0.078	0.175	0.105	—	—	—	—
	1.60	0.096	0.025	0.150	0.055	0.166	0.073	0.185	0.100	—	—	—	—
	1.80	0.094	0.019	0.155	0.051	0.172	0.069	0.190	0.097	—	—	—	—
	2.00	0.090	0.012	0.158	0.048	0.175	0.066	0.193	0.094	—	—	—	—
0.4	1.00	0.070	0.055	0.084	0.067	0.096	0.084	0.108	0.108	0.117	0.144	0.121	0.196
	1.20	0.077	0.043	0.103	0.063	0.115	0.078	0.127	0.102	0.135	0.127	0.141	0.190
	1.40	0.081	0.031	0.117	0.056	0.129	0.073	0.139	0.097	0.149	0.126	0.153	0.184
	1.60	0.082	0.024	0.126	0.052	0.137	0.068	0.147	0.092	0.154	0.125	0.160	0.180
	1.80	0.082	0.017	0.131	0.048	0.142	0.065	0.152	0.088	0.161	0.123	0.165	0.177
	2.00	0.078	0.012	0.135	0.048	0.146	0.062	0.156	0.085	0.163	0.120	0.168	0.173
0.6	1.00	0.056	0.050	0.066	0.061	0.076	0.076	0.084	0.096	0.090	0.124	0.093	0.160
	1.20	0.064	0.039	0.085	0.057	0.096	0.070	0.102	0.091	0.107	0.118	0.103	0.153
	1.40	0.069	0.029	0.097	0.051	0.105	0.065	0.113	0.085	0.118	0.111	0.119	0.147
	1.60	0.071	0.022	0.106	0.047	0.114	0.061	0.119	0.081	0.125	0.107	0.126	0.144
	1.80	0.070	0.014	0.110	0.044	0.119	0.057	0.125	0.076	0.129	0.104	0.131	0.141
	2.00	0.068	0.011	0.113	0.041	0.121	0.056	0.127	0.075	0.133	0.102	0.133	0.139
1.0	1.00	0.036	0.036	—	—	0.050	0.056	0.055	0.070	0.058	0.088	0.060	0.109
	1.20	0.043	0.030	—	—	0.063	0.051	0.068	0.065	0.070	0.083	0.072	0.105
	1.40	0.047	0.024	—	—	0.072	0.048	0.077	0.059	0.080	0.079	0.080	0.101
	1.60	0.048	0.019	—	—	0.078	0.044	0.081	0.057	0.084	0.076	0.084	0.098
	1.80	0.048	0.015	—	—	0.081	0.041	0.085	0.054	0.088	0.072	0.088	0.095
	2.00	0.047	0.012	—	—	0.082	0.040	0.087	0.053	0.090	0.071	0.091	0.093

附录三 常用施工结构计算用表

一、砌石结构

1. 砖石及混凝土预制块砌体抗压极限强度

砖石及混凝土预制块砌体抗压极限强度(MPa)　　附表 3-1

砌体种类	砖石或混凝土预制块标号	砂浆标号				
		12.5	10	7.5	5	2.5
片石砌体：厚度不小于 15cm 的石料，砌筑时敲去其尖锐凸出部分，放置平稳，用小石块填塞空隙	100	7.2	6.6	5.8	4.9	3.7
	80	6.4	5.8	5.1	4.3	3.3
	60	5.5	4.9	4.4	3.7	2.7
	50	4.5	4.5	3.9	3.3	2.5
	40	4.4	4.0	3.5	2.9	2.2
	30	3.8	3.4	3.0	2.5	1.8
	25	3.4	3.1	2.7	2.2	1.6
块石砌体：厚度 20～30cm 的石料，形状大致方正，宽度为厚度的 1～1.5 倍，长度为厚度的 1.5～3 倍，每层石料高度大致相同，并错缝砌筑	100	14.8	13.3	12.6	11.5	10.1
	80	12.3	11.3	10.5	9.5	8.3
	60	9.8	9.0	8.3	7.3	6.5
	50	8.5	7.8	7.0	6.3	5.5
	40	7.3	6.5	6.0	5.3	4.5
	30	5.8	5.3	4.8	4.3	3.5
	25	5.0	4.5	4.0	3.7	3.0
粗料石砌体：厚度为 20～30cm 的石料，宽度为厚度的 1～1.5 倍，长度为厚度的 2.5～4 倍，表面凹陷深度不大于 2cm 外形方正的六面体，错缝砌筑，缝宽不大于 2cm	100	17.3	16.5	15.8	15.0	13.8
	80	14.5	13.8	13.3	12.3	11.3
	60	11.5	11.0	10.3	9.8	8.8
	50	10.0	9.5	9.0	8.3	7.5
	40	8.3	8.0	7.5	7.0	6.3
	30	6.8	6.3	6.0	5.5	4.8
	25	5.8	5.6	5.3	4.8	4.3
混凝土预制块砌体：同粗料石砌体，但砌体表面平整，砌缝宽度不大于 1cm	30	9.5	9.0	8.5	7.8	7.0
	25	8.5	8.0	7.5	7.0	6.0
	20	7.3	6.8	6.3	5.8	5.0
	15	5.8	5.5	5.0	4.7	4.0
	10	4.5	4.0	3.8	3.8	2.8

续上表

砌体种类	砖石或混凝土预制块标号	砂浆标号				
		12.5	10	7.5	5	2.5
标准砖砌体：砖缝宽度不大于1cm	20	5.3	5.0	4.5	4.0	3.5
	15	4.5	4.3	3.8	3.5	3.0
	10	3.8	3.5	3.0	2.8	2.3
	7.5	3.3	3.0	2.8	2.5	2.0

注：①砌体龄期为28d；

②块石、粗料石或混凝土预制块厚度为30～40cm者，抗压极限强度乘以1.25；大于40cm者乘以1.45；拱波砌体抗压极限强度不提高；干砌片、块石砌体极限强度为2.5号砂浆砌体的0.5倍；

③对于具有两个大致的平行面的片石（大面片石）砌筑的砌体，其抗压极限强度按片石砌体的1.5倍采用。

2. 砖石及混凝土预制块砌体极限强度（MPa）

砖石及混凝土预制块砌体极限强度（MPa） 附表3-2

强度类别	截面	砌体种类	砂浆标号				
			12.5	10	7.5	5	2.5
直接抗剪 R_j^i	通缝	各种砌体	0.36	0.33	0.27	0.24	0.15
	齿缝	片石砌体	0.72	0.66	0.54	0.48	0.30
		规则块材砌体	见注③				
抗拉 R_j^i	齿缝	片石砌体	0.33	0.33	0.27	0.24	0.18
		规则块材砌体	0.48	0.45	0.39	0.36	0.27
弯曲抗拉 R_{wl}^i	通缝	各种砌体	0.54	0.48	0.42	0.33	0.24
	齿缝	片石砌体	0.63	0.60	0.54	0.45	0.36
		规则块材砌体	0.90	0.84	0.75	0.66	0.51

注：①砌体龄期为28d；

②规则块材砌体包括：块石砌体、粗料石砌体、混凝土预制块砌体、砖砌体；

③规则块材砌体在齿缝方向受剪时，系通过块材和灰缝剪破，此时不计灰缝抗剪作用，由块材抗剪强度承受，计算时不计入灰缝面积。块材直接抗剪极限强度按附录三中附表3-3采用。

3. 规则块材直接抗剪极限强度

规则块材直接抗剪极限强度（MPa） 附表3-3

块材标号	≥20	15	10	7.5
直接抗剪 R_j^i	2.64	2.16	1.68	1.44

4. 小石子混凝土片石、块石砌体极限强度

小石子混凝土片石、块石砌体极限强度（MPa） 附表3-4

强度类别	砌体种类	石料标号	小石子混凝土标号			
			20	15	10	5
抗压 R_a^i	片石砌体	100	14.4	12.3	10.2	7.5
		80	12.9	11.1	9.3	6.6
		60	8.1	7.5	6.3	4.2
		50	7.2	6.3	5.4	3.9
		40	6.3	5.7	4.8	3.6

续上表

强度类别	砌体种类	石料标号	小石子混凝土标号			
			20	15	10	5
抗压 R_a^j	片石砌体	30	5.4	4.8	4.2	3.3
		25	5.1	4.5	3.9	3.0
	块石砌体	100	20.5	18.5	15.3	11.0
		80	16.8	14.8	12.3	9.0
		60	12.3	10.8	9.0	6.5
		50	10.5	9.3	7.8	5.8
		40	9.3	8.5	7.3	5.0
		30	7.8	7.3	6.3	4.8
		25	7.3	6.5	5.8	4.5
直接抗剪 R_j^j	片、块石砌体通缝片石砌体齿缝		0.42	0.36	0.30	0.21
			0.72	0.60	0.48	0.42
弯曲抗拉(齿缝)R_{wl}^j			0.72	0.72	0.72	0.48

注:①砌体龄期为28d;

②小石子粒径不宜大于2cm;

③低标号小石子混凝土在配置时应加适量塑化剂或石灰,以增强和易性和保水性;

④通缝弯曲抗拉极限强度按表2内相应砂浆标号采用。对于标号大于10的小石子混凝土,按12.5号砂浆标号采用。规则块石砌体齿缝直接抗剪极限强度见附录三中附表3-3。

5. 片石混凝土砌体极限强度

片石混凝土砌体极限强度(MPa) 附表3-5

强度类别	混凝土标号		
	10	15	20
抗压 R_a^j	7.2	8.4	9.6
直接抗剪 R_j^j	0.60	0.66	0.72
弯曲抗拉 R_{wl}^j	0.54	0.60	0.66

注:①片石混凝土砌体是在混凝土中分层铺入片石,片石含量为砌体体积的50%~60%,石块净距4~6cm;

②如用振捣器振捣时,极限强度可乘以1.15;

③片石标号不得低于30号。

6. 砖石及混凝土预制块砌体弹性模量

砖石及混凝土预制块砌体弹性模量 E(MPa) 附表3-6

	砂浆标号	≥5	2.5	1
砖石及混凝土预制块砌体	砖石及混凝土预制块砌体受压弹性模量	$800R_a^j$	$700R_a^j$	$600R_a^j$
小石子混凝土	小石子混凝土片石、块石砌体受压弹性模量	$500R_a^j$		

7. 砌体中心受压构件纵向弯曲系数

砌体中心受压构件纵向弯曲系数 φ　　附表 3-7

$\frac{l_0}{h}$或$\frac{l_0}{h_w}$	$\frac{l_0}{r}$或$\frac{l_0}{r_w}$	混凝土构件	砌体砂浆标号		
			≥5	2.5	1
≤3	≤10	1.00	1.00	1.00	1.00
4	14	0.99	0.99	0.99	0.98
6	21	0.96	0.96	0.96	0.93
8	28	0.93	0.93	0.91	0.86
10	35	0.88	0.88	0.85	0.78
12	42	0.82	0.82	0.79	0.70
14	49	0.76	0.76	0.72	0.62
16	56	0.71	0.71	0.66	0.55
18	63	0.65	0.65	0.60	0.48
20	70	0.60	0.60	0.54	0.42
22	76	0.54	0.54	0.49	0.37
24	83	0.50	0.50	0.44	0.33
26	90	0.46	0.46	0.40	0.30
28	97	0.42	0.42	0.36	0.26
30	104	0.38	0.38	0.33	0.24

注：①h 为轴心受压构件矩形截面短边边长。

②r 为轴心受压构件矩形截面较小的回转半径。

二、混凝土结构

1. 混凝土的设计强度和标准强度

混凝土的设计强度和标准强度（MPa）　　附表 3-8

强度种类		符　号	混　凝　土　标　号						
			15	20	25	30	40	50	60
设计强度	轴心抗压	R_a	8.5	11.0	14.5	17.5	23.0	28.5	32.5
	抗　拉	R_l	1.05	1.30	1.55	1.75	2.15	2.45	2.65
标准强度	轴心抗压	R_a^b	10.5	14.0	17.5	21.0	28.0	35.0	42.0
	抗　拉	R_l^b	1.30	1.60	1.90	2.10	2.60	3.00	3.40

注：①计算现浇钢筋混凝土轴心受压及偏心受压构件时，如截面的长边或直径小于30cm，表中混凝土的强度应乘以系数0.8；

②混凝土标号系数指龄期为28d，尺寸为20cm×20cm×20cm的标准立方体试件测得的抗压极限强度，单位为MPa。

2. 混凝土的弹性模量

混凝土的弹性模量(MPa)　　附表 3-9

混凝土标号	10	15	20	25	30	40	50	60
弹性模量 E_h	1.85×10^4	2.3×10^4	2.6×10^4	2.85×10^4	3.0×10^4	3.3×10^4	3.5×10^4	3.65×10^4

注:①混凝土受剪时的弹性模量 G,按上表中数值的 0.43 倍采用;

②混凝土的泊松比 γ 由试验确定,当无试验资料时,可采用 $\gamma=\frac{1}{6}$。

3. 热轧钢筋的设计强度和标准强度

热轧钢筋的设计强度和标准强度(MPa)　　附表 3-10

钢筋种类	符　号	钢筋抗拉设计强度 R_g 或 R_y	钢筋抗压设计强度 R'_g 或 R'_y	钢筋标准强度 R_g^b 或 R_y^b
I 级钢筋	Φ	240	240	240
II 级钢筋	Φ	340	340	340
III 级钢筋	Φ	380	380	380
IV 级钢筋	Φ	550	400	550
V 号钢筋	Φ	280	280	280

注:①II 级钢筋当其直径等于或大于 28mm 时,其设计强度应取 320MPa;

②在钢筋混凝土桥梁中,轴心受拉和小偏心受拉构件的受拉钢筋强度大于 340MPa 时,仍应取 340MPa;其他构件的受拉钢筋强度大于 380MPa 时,仍应按 380MPa 取用;

③构件配有不同种类的钢筋时,每种钢筋根据其受力情况采用各自的设计强度。

4. 热轧钢筋的弹性模量

热轧钢筋的弹性模量(MPa)　　附表 3-11

钢　筋　种　类	弹　性　模　量　E_g
I 级钢筋	2.10×10^5
II 级钢筋、III 级钢筋、IV 级钢筋、5 号钢钢筋	2.00×10^5

5. 预应力筋设计强度和标准强度

预应力筋设计强度和标准强度(MPa)　　附表 3-12

预应力筋的种类		符　号	抗拉设计强度 R_y	抗压设计强度 R'_y	标准强度 R_y^b
冷拉 II 级钢筋	双控	Φ[l]	450	340	450
	单控		420		
冷拉 III 级钢筋	双控	Φ[l]	530	380	530
	单控		500		
冷拉 IV 级钢筋	双控	Φ[l]	750	400	750
	单控		700		

续上表

预应力筋的种类		符号	抗拉设计强度 R_y		抗压设计强度 R'_y	标准强度 R_y^b	
冷拉5号钢筋	双控	ϕ^l	450		280	450	
	单控		400				
热处理钢筋(V级钢筋)			1200		400	1500	
冷拉低碳钢丝		ϕ^b	I组	II组	360	I组	II组
	ϕ^b3		600	560		750	700
	ϕ^b4		560	520		700	650
	ϕ^b5		520	480		650	600
碳素钢丝	$\phi^s2.5$	ϕ^s	1520		400	1900	
	$\phi^s3.0$		1440			1800	
	$\phi^s4.0$		1360			1700	
	$\phi^s5.0$		1280			1600	
钢绞线	$\phi^j7.5(7\phi^s2.5)$	ϕ^j	1440		380	1800	
	$\phi^j9.0(7\phi^s3.0)$		1360			1700	
	$\phi^j12.0(7\phi^s4.0)$		1280			1600	
	$\phi^j15.0(7\phi^s5.0)$		1200			1500	

6. 预应力钢筋弹性模量

预应力钢筋弹性模量(MPa) 附表 3-13

钢筋种类	弹性模量 E_y
冷拉II级钢筋、冷拉III级钢筋、冷拉IV级钢筋、冷拉5号钢筋、热处理钢筋(V级钢筋)、碳素钢丝、刻痕钢丝	2.0×10^5
钢绞线	1.9×10^5
冷拔低碳钢丝	1.8×10^5

注:表中冷拉钢筋的弹性模量系冷拉后的数值,冷拉未经时效的弹性模量取 1.8×10^5MPa。

7. 高强预应力钢丝技术标准

高强预应力钢丝技术标准 附表 3-14

标 准	公称直径（mm）	抗拉强度 R_y^b（MPa）		屈服强度 $\sigma_{0.2}$（MPa）		弯曲实验回火（冷拉）		伸长率回火（冷拉）		松弛(1000h)		
						半径 r（mm）	不小于（次）	L_0（mm）	不小于（%）	初应力 R_y^b	不大于(%) I 级	不大于(%) II 级
GB 5223—851（中国标准）	3.0 +0.06 −0.02	1470		1255		7.5	3	100	4	70%	8	2.5
		1570		1330		7.5	3					
	4.0 +0.07 −0.03	1670		1410		10	3					
	5.0 +0.07 −0.03	1470		1255		15	4					
		1570		1330		15	4					
		1670		1410		15	4					
	6.0 +0.07 −0.03	1570		1330		15	4					
		1670		1410		15	4					
	7.0 +0.07 −0.03	1470		1255		20	4					
		1570		1410		20	4					
BS 5896—1980（英国标准）	4.0 ±0.04	1670		$\sigma_{0.1}=1390$		10	4	200	3.5	60% 70% 80%	4.5 8 12	1.0 2.5 4.5
		1770		$\sigma_{0.1}=1470$		10	4					
	4.5 ±0.05	1620		$\sigma_{0.1}=1350$		15	4					
	5.0 ±0.05	1670		$\sigma_{0.1}=1390$		15	4					
		1770		$\sigma_{0.1}=1470$		15	4					
	6.0 ±0.05	1670		$\sigma_{0.1}=1390$		15	4					
		1770		$\sigma_{0.1}=1470$		15	4					
	7.0 ±0.05	1570		$\sigma_{0.1}=1300$		20	4					
		1670		$\sigma_{0.1}=1390$		20	4					
ASTMA421—80（美国标准）		BA 型	WA 型	BA 型	WA 型			250	4	70% 80%		2.5 3.5
	4.88 ±0.05		1725		1465							
	4.98 ±0.05	1655	1725	1407	1465							
	6.35 ±0.05	1655	1655	1407	1407							
	7.01 ±0.05	1620	1620	1377	1377							

注：①现行《公路桥规》所采用的冶金部标准（YB 255—64），其标准要求较低，且对松弛未规定。

②（BS 5896—1980）的屈服强度为残余变形 0.1% 的应力值，仅供参考用，设计时可近似按伸长值为 1% 的特殊值计算。弯曲次数 4 为光面钢丝，刻痕钢丝弯曲次数为 3。

③（ASTM 421—80）中的 BA 型为应满足冷墩头锚固要求质量的钢丝。

8. 预应力钢绞线技术标准

预应力钢绞线技术标准 附表 3-15

标准	级别	公称直径（mm）	直径公差（mm）（%）	公称抗拉强度 R_y^b（MPa）	公称截面面积（mm^2）	公称质量（kg/km）	最小破断拉力（kN）	最小伸长率 标距（mm）	最小伸长率（%）	1000h 松弛值（%） 初应力（R_y^b）	1000h 松弛值（%） 普通	1000h 松弛值（%） 低松弛
GB 5224—851（中国标准）	1670	9.0	+0.4 −0.2	1670	50.3		83.89	≥600	3.5	70% 80% 70% （10h）	8 12 3.0	2.5 4.5 1.0
	1770	9.0	+0.4 −0.2	1770	50.3		88.79					
	1570	12.0	+0.4 −0.2	1570	89.45	697.08	140.24					
	1670	12.0	+0.4 −0.2	1670	89.45	697.08	149.06					
	1470	15.0	+0.4 −0.2	1470	139.98	1091.07	205.80					
	1570	15.0	+0.4 −0.2	1570	139.98	1091.07	219.52					
ASTMA 416—87a（美国标准）	250	12.70	±0.41	1725	92.90	730	160.1	≥610	3.5	70% 80%		2.5 3.5
		15.24	±0.41	1725	139.35	1094	240.2					
	270	12.70	0.33 −0.15	1860	98.71	775	183.7					
		15.24	0.66 −0.15	1860	140.00	1102	260.7					
BS 5896—1980（美国标准）	标准级	12.50	+0.4 −0.2	1770	93.0	730	164	≥500	3.5	60% 70% 80%	4.5 8 12	1.0 2.5 4.5
		15.20	+0.4 −0.2	1670	139.0	1090	232					
	高级	12.90	+0.4 −0.2	1860	100.0	785	186					
		15.70	+0.4 −0.2	1770	150.0	1180	265					

注：①（GB 5224—851）：屈服强度是整根钢绞线破断荷载的 85%，但《公路桥规》按 80% 取用（因单位换算时，按 $1kgf/mm^2 = 10MPa$ 计算），故《公路桥规》中的相应值为［本表值］$\times \frac{10 \times 0.8}{9.8065}$；弹性模量如无实测数据，可按 $E = 1.9 \times 10^5 MPa$ 采用。

②（ASTMA 416—87a）：（i）低松弛钢绞线屈服比应大于等于 90%；（ii）弹性模量未作具体规定，无实测资料时可用 $E = 1.95 \times 10^5 MPa$。

③（BS 5896—1980）：（i）条件屈服荷载为破断力的 85%；也可规定为伸长 1% 时的荷载，其值约为破断力的 88%；（ii）除非制造厂标明，弹性模量采用 $E = (1.95 \pm 0.1) \times 10^5 MPa$。

圆钢筋及螺纹钢筋截面、质量表 附表 3-16

直径(mm)	在下列钢筋根数时的截面面积(cm^2)									质量(kg/m)	螺纹钢筋	
	1	2	3	4	5	6	7	8	9		计算直径(mm)	外径(mm)
5	0.196	0.39	0.59	0.79	0.98	1.18	1.37	1.57	1.77	0.154		
6	0.283	0.57	0.85	1.13	1.41	1.70	1.98	2.26	2.54	0.222		
8	0.503	1.01	1.51	2.01	2.51	3.02	3.52	4.02	4.52	0.396		
10	0.785	1.57	2.36	3.14	3.93	4.71	5.50	6.28	7.07	0.617	10	11.3
12	1.131	2.26	3.39	4.52	5.66	6.79	7.92	9.05	10.18	0.888	12	13.5
14	1.539	3.08	4.62	6.16	7.70	9.24	10.78	12.32	13.85	1.208	14	15.5
16	2.011	4.02	6.03	8.04	10.05	12.06	14.07	16.08	18.10	1.580	16	18
18	2.545	5.09	7.63	10.18	12.72	15.27	17.81	20.36	22.90	1.998	18	20
20	3.142	6.28	9.42	12.56	15.70	18.84	22.00	25.13	28.27	2.466	20	22
22	3.801	7.60	11.40	15.20	19.00	22.81	26.61	30.41	34.21	2.980	22	24
24	4.524	9.05	13.56	18.10	22.62	27.14	31.67	36.19	40.71	3.551	24	
25	4.909	9.82	14.73	19.64	24.54	29.45	34.36	39.27	44.18	3.850	25	27
28	6.157	12.32	18.47	24.63	30.79	36.95	43.10	49.26	55.42	4.833	28	30.5
30	7.069	14.13	21.21	28.27	35.34	42.41	49.48	56.55	63.62	5.549	30	
32	8.043	16.09	24.13	32.17	40.21	48.26	56.30	64.34	72.38	6.310	32	34.5

在钢筋间距一定时板每米宽度内钢筋面积(cm^2) 附表 3-17

钢筋间距(cm)	钢 筋 直 径(mm)									
	6	8	10	12	14	16	18	20	22	24
7.0	4.04	7.18	11.22	16.16	21.99	28.73	36.36	44.87	54.30	64.63
7.5	3.77	6.70	10.47	15.08	20.52	26.81	33.93	41.88	50.81	60.32
8.0	3.53	6.28	9.82	14.14	19.24	25.14	31.81	39.26	47.51	56.55
8.5	3.33	5.91	9.24	13.31	18.11	23.66	29.94	36.95	44.72	53.22
9.0	3.14	5.59	8.73	12.57	17.11	22.34	28.28	34.90	42.23	50.27
9.5	2.98	5.29	8.27	11.90	16.20	21.17	26.79	33.06	40.01	47.62
10.0	2.83	5.03	7.85	11.31	15.39	20.11	25.45	31.41	38.01	45.24
10.5	2.69	4.79	7.48	10.77	14.66	19.15	24.24	29.91	36.20	43.09
11.0	2.57	4.57	7.14	10.28	13.99	18.28	23.14	28.55	34.55	41.13
11.5	2.46	4.37	6.83	9.84	13.39	17.49	22.13	27.31	33.05	39.34
12.0	2.36	4.19	6.54	9.42	12.83	16.76	21.21	26.17	31.67	37.70
12.5	2.26	4.02	6.28	9.05	12.32	16.09	20.36	25.13	30.41	36.19
13.0	2.17	3.87	6.04	8.70	11.84	15.47	19.58	24.16	29.24	34.80
13.5	2.09	3.72	5.82	8.38	11.40	14.90	18.85	23.27	28.16	33.51
14.0	2.02	3.59	5.61	8.08	11.00	14.36	18.18	22.44	27.15	32.31
14.5	1.95	3.47	5.42	7.80	10.62	13.87	17.55	21.66	26.21	31.20

续上表

钢筋间距(cm)	钢 筋 直 径 (mm)									
	6	8	10	12	14	16	18	20	22	24
15.0	1.89	3.35	5.24	7.54	10.26	13.41	16.97	20.84	25.34	30.16
15.5	1.82	3.24	5.07	7.30	9.93	12.97	16.42	20.27	24.52	29.19
16.0	1.77	3.14	4.91	7.07	9.62	12.57	15.90	19.64	23.76	28.28
16.5	1.71	3.05	4.76	6.85	9.33	12.19	15.42	19.04	23.04	27.41
17.0	1.66	2.96	4.62	6.65	9.05	11.83	14.97	18.48	22.36	26.61
17.5	1.62	2.87	4.49	6.46	8.76	11.49	14.54	17.95	21.72	25.85
18.0	1.57	2.79	4.36	6.28	8.55	11.17	14.14	17.46	21.12	25.13
18.5	1.53	2.72	4.25	6.11	8.32	10.87	13.76	16.94	20.35	24.45
19.0	1.49	2.65	4.13	5.95	8.10	10.58	13.39	16.54	20.01	23.81
19.5	1.45	2.58	4.03	5.80	7.89	10.31	13.05	16.11	19.49	23.20
20.0	1.41	2.51	3.93	5.65	7.69	10.05	12.72	15.72	19.01	22.60

钢筋混凝土构件的纵向弯曲系数 φ　　附表 3-18

l_0/b	≤8	10	12	14	16	18	20	22	24	26	28
l_0/d	≤7	8.5	10.5	12	14	15.5	17	19	21	22.5	24
l_0/r	≤28	35	42	48	55	65	69	76	83	90	97
φ	1.0	0.98	0.95	0.92	0.87	0.81	0.75	0.70	0.65	0.60	0.56
l_0/b	30	32	34	36	38	40	42	44	46	48	50
l_0/d	26	28	29.5	31	33	34.5	36.5	38	40	41.5	43
l_0/r	104	111	118	125	132	139	146	153	160	167	174
φ	0.52	0.48	0.44	0.40	0.36	0.32	0.29	0.26	0.23	0.21	0.19

注:①表中 l_0 为构件计算长度,b 为矩形截面短边尺寸,d 为圆形截面直径,r 为截面最小回转半径;
②构件计算长度 l_0 的确定,两端固定为 $0.5l$;一端固定,一端铰接为 $0.7l$;两端铰接为 l;一端固定,一端自由为 $2l$(l 为构件支点间长度)。

三、钢 结 构

1.钢材的物理性能

钢材的物理性能　　附表 3-19

弹性模量 E (MPa)	剪切模量 G (MPa)	泊松比 μ	线膨胀系数 α (以摄氏每度计)	密度 ρ (kg/m^3)
2.1×10^5	0.81×10^5	0.30	1.2×10^{-5}	7850

2. 钢材的容许应力

钢材的容许应力(MPa)　　附表 3-20

应力种类	钢号						
	A3	16Mn	ZG25II	ZG35II	ZG45II	45 号钢	35 号锻钢
轴向应力[σ]	140	200	130	150	170	210	—
弯曲应力[σ_W]	145	210	135	155	180	220	220
剪应力[τ]	85	120	80	90	100	125	110
端部承压应力(磨光顶紧)	210	300	—	—	—	—	—
紧密接触的承压应力(接触圆弧中心角为 2×45°)	70	100	65	75	85	105	105
自由接触的承压应力	5.5	8.0	5.0	6.0	7.0	8.5	8.5
节点销子的孔壁承压应力	210	300	195	225	225	—	180
节点销子的弯曲应力	240	340	—	—	—	360	—

注:①表中 16Mn 的容许应力与屈服点 340MPa 对应;如按国家标准(GB 1591—79)的规定,由于厚度影响,屈服点有变动时,各类容许应力可按屈服点的比例予以调整。

②验算紧密接触和自由接触的承压应力时,其面积取枢轴或辊轴的直径及其长度的乘积。其容许应力取两接触钢材中强度较低者。

③节点销子的孔壁容许承压应力系指被连接钢材的孔壁承压应力;节点销子的容许弯曲应力仅适用于被连接构件之间极小缝隙的情况。

④承压斜弯曲时,表列容许弯曲应力[σ_W]值,应乘以增大系数 C,其中

$$C = 1 + 0.3\frac{\sigma_{W1}}{\sigma_{W2}} \leqslant 1.5$$

式中:σ_{W1}、σ_{W2}——验算截面上由于作用在两相互垂直平面的弯曲所产生的较小和较大的应力。

⑤构件截面的腹板剪应力分布不均匀时,表列容许剪应力[τ]应乘以增大系数 C_T,故有:

当$\frac{\tau_{max}}{\bar{\tau}} \leqslant 1.25$时,$C_T = 1.0$

当$\frac{\tau_{max}}{\bar{\tau}} \leqslant 1.50$时,$C_T = 1.25$

当$1.25 < \frac{\tau_{max}}{\bar{\tau}} < 1.50$时,$C_T$ 用直线插值法求得。

式中:τ_{max}——截面计算最大剪应力;

$\bar{\tau}$——假定全部剪力 Q 传给腹板截面的平均剪应力,其值为:$\bar{\tau} = \frac{Q}{h_0\delta}$;

δ——腹板全高;

h_0——腹板厚度。

3. 钢铸件的容许应力

钢铸件的容许应力(MPa)　　附表 3-21

应力种类	符号	钢铸件的钢号		
		ZG15	ZG25	ZG35
抗拉、抗压和抗弯	[σ]	120	145	170
抗剪	[τ]	70	85	100
端面承压(磨面顶紧)	[σ_d]	180	220	255

4. 粗制螺栓、铆钉容许应力(MPa)

粗制螺栓、铆钉容许应力(MPa) 附表 3-22

类别	应力种类		
	剪应力	承压应力	拉应力
粗制螺栓	80	170	110
工厂铆钉	110	280	90
工地铆钉	100	250	80

注:平头铆钉的容许应力应折减 20%。

5. 普通螺栓标准直径及截面积

普通螺栓标准直径及截面积 附表 3-23

螺栓外径(mm)	10	12	14	16	18	20	22	24	27	30	36
螺栓内径(mm)	8.051	9.727	11.400	13.400	14.750	16.750	18.750	20.100	23.100	25.450	30.800
螺栓毛面积(cm^2)	0.785	1.130	1.540	2.010	2.543	3.140	3.799	4.521	5.722	7.065	10.170
螺栓净面积(cm^2)	0.509	0.744	1.020	1.408	1.708	2.182	2.740	3.165	4.180	5.060	7.440

6. 螺栓和铆钉的容许距离

螺栓和铆钉的容许距离 附表 3-24

<table>
<tr><th rowspan="2">名称</th><th rowspan="2" colspan="2">位置和方向</th><th rowspan="2">杆力种类</th><th colspan="2">容许距离</th></tr>
<tr><th>最大的</th><th>最小的</th></tr>
<tr><td rowspan="5">中心距离</td><td colspan="2">沿对角线方向</td><td rowspan="3">拉力
或
压力</td><td>—</td><td>$3.5d_0$</td></tr>
<tr><td>靠边行列</td><td>在板上或角钢上</td><td>$7d_0$ 或 $16t$ 中的较小者</td><td rowspan="4">$3d_0$</td></tr>
<tr><td rowspan="3">中间行列</td><td>垂直内力方向</td><td>$24t$</td></tr>
<tr><td rowspan="2">顺向力方向</td><td>拉力</td><td>$24t$</td></tr>
<tr><td>压力</td><td>$16t$</td></tr>
<tr><td rowspan="4">中心至杆件边缘距离</td><td>机切或焰割</td><td rowspan="2">顺内力方向或沿对角线方向</td><td rowspan="4">拉力
或
压力</td><td rowspan="4">$8t$ 或 120mm 中的较小者</td><td rowspan="2">$2d_0$</td></tr>
<tr><td>滚压边或刨边</td></tr>
<tr><td>机切或焰割</td><td rowspan="2">垂直内力方向</td><td>$1.5d_0$</td></tr>
<tr><td>滚压边或刨边</td><td>$1.3d_0$</td></tr>
</table>

注:①表中 d_0 符号为螺栓或铆钉的孔径,t 为栓(或铆)部分外层较薄钢板或型钢厚度;

②表中所列“靠边行列”系指沿板边一行的螺栓或铆钉线;对于角钢,距角钢背最近一行的螺栓或铆钉线也作为“靠边行列”;

③有角钢镶边的翼肢上交叉排列的螺栓或铆钉,其靠边行列最大间距可取 $14d_0$ 或 $35t$ 中较小者;

④由两个角钢或槽钢中间夹以垫板(或垫圈)并用螺栓或铆钉连接组成的构件,顺内力方向的螺栓(或铆钉)之间的最大中距,对于受压或受压一拉构件规定为 $40r$,但不应大于 160mm;对于受拉构件规定为 $80r$,但不应大于 240mm,其中 r 为一角钢或槽钢绕平行垫板或垫圈所在平面轴线的回转半径。

7. 钢构件容许最大长细比[λ]

钢构件容许最大长细比[λ]　　附表 3-25

类　别	杆　件	长 细 比
主桁杆件	受压弦杆 受压或受压—拉腹杆	100
	仅受拉力的弦杆 仅受拉力的腹杆	130 180
联结系杆件	纵向联结系、支点处横向联结系和制动联结系的受压或受压—接杆件	130
	中间横向联结系的受压或受压—拉杆件	150
	各种联结系的受拉构件	200

8. 轴心受压钢构件的纵向弯曲系数 ϕ_1

轴心受压钢构件的纵向变曲系数 ϕ_1　　附表 3-26

焊接 H 形(验算翼板平面内总稳定性)及焊接 T 形构件			焊接 H 形(验算腹板平面内总稳定性)及焊接箱形及铆接构件		
λ	ϕ_1		λ	ϕ_1	
	A3	16Mn		A3	16Mn
0 ~ 30	0.900	0.897	0 ~ 30	0.900	0.900
40	0.877	0.841	40	0.900	0.877
50	0.828	0.775	50	0.867	0.826
60	0.772	0.705	60	0.824	0.766
70	0.713	0.630	70	0.773	0.695
80	0.651	0.547	80	0.715	0.616
90	0.583	0.483	90	0.651	0.529
100	0.521	0.426	100	0.581	0.450
110	0.469	0.376	110	0.510	0.391
120	0.422	0.330	120	0.446	0.333
130	0.380	0.288	130	0.396	0.291
140	0.341	0.248	140	0.347	0.258
150	0.305	0.222	150	0.308	0.227

注:λ 为构件长细比。

9. 万能杆件

万能杆件有甲型(M 型)、乙型(N 型)和由西安筑路机械厂生产的乙型(简称西乙型)三种。甲型属早期产品,目前已停止使用,现常用的有 N 型和西乙型两种。

(1)西乙型万能杆件

西乙型万能杆件共有构件 24 种,其中杆件及拼装用的角钢零件 9 种,编号为①、②、③、④、⑤、⑥、⑦、⑦A、(16);节点板 9 种,编号为⑧、(11)(13)、(17)、(18)、(22)、(22)A、(23)、(28);缀片 2 种,编号为(19)、(20);填板 1 种,编号为(15);支承靴 1 种,编号为(21)A;普通螺栓 2 种,编号为(24)、(25)。各杆件、角钢、节点板等尺寸、螺栓孔的位置见五,杆件规格、尺寸、质量及截面面积与力学性质见附表 3-27 和附表 3-28。

西乙型万能杆件规格、尺寸、质量 附表 3-27

编　号	名　称	规　格(mm)	单位质量(kg)	附　　注
①	长弦杆	∟100×100×12×3994	71.49	
②	短弦杆	∟100×100×12×1994	35.69	
③	斜杆	∟100×100×12×2350	42.07	
④	立杆	∟75×75×82×1770	15.98	
⑤	斜撑	∟75×75×8×2478	22.38	
⑥	联结角钢	∟90×90×10×580	8.20	用于①或②
⑦	支承角钢	∟100×100×12×494	8.84	用于①或②
⑦A	支承靴角钢	∟100×100×12×594	10.63	用于①或②
⑧	节点板	250×280×10	9.42	①、②与④、⑤相连
(11)	节点板	860×552×10 $A=3389\text{cm}^2$	35.88	①、②与③、④相连
(13)	节点板	580×552×10、$A=2492\text{cm}^2$	19.56	①、②与④、(16)相连
(15)	弦杆填塞板	8×480×10	3.01	用于①或②
(16)	长立杆	∟75×75×8×3770	34.04	
(17)	节点板	626×350×10、$A=2005\text{cm}^2$	15.74	④、(16)与④、⑤相连
(18)	节点板	305×314×10、$A=606\text{cm}^2$	4.76	④、(16)与④、⑤水平相连
(19)	缀板	210×180×10	2.97	用于①或②
(20)	缀板	170×160×10	2.14	用于③、④、⑤、(16)
(21)*A*	支承靴		24.01	
(22)	节点板	580×392×10	17.85	①、②与④、⑤相连
(22)*A*	节点板	580×566×10	25.77	①、②与④、⑤相连
(23)	节点板	540×262×10、$A=1334\text{cm}^2$	10.47	④、(16)与④、⑤相连
(24)	普通螺栓	ϕ22×(40、50、60)		
(25)	普通螺栓	ϕ27×(40、50、60、70、80)		
(28)	大节点板	□860×886×10、$A=7042\text{cm}^2$	73.84	①、②与③、④相连

(2)N 型万能杆件

N 型万能杆件与西乙型万能杆件基本相同,只是③杆为∟100×75×10×2350,多⑨联结角钢∟75×75×8×630 和⑩横撑角钢∟75×75×8×5770,(25)螺栓直径为 ϕ28,无(28)大接点板,各种接点板与支承靴尺寸与西乙型构件稍有不同。

N 型万能构件规格、尺寸、质量见附表 3-29,构件截面面积及力学性质见附表 3-30。

附表 3-28

西乙型构件截面面积及力学性质

构件名称	截面型式	截面组成规格	全截面积 A (cm^2)	螺栓孔减少面积 A_H (cm^2)	回转半径 $r=\sqrt{I/A}$ (cm)	自由长度 l_p (cm)	长细比 $\lambda=\frac{l_p}{r}$	纵向弯曲系数 φ	容许外力(10kN) 受拉 S_P	受压 S_C	联结 S_{np}	联结控制因数
弦杆或柱	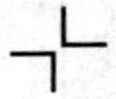	2-L 100×100×12	45.6	6.72	4.56	200 400	43.9 87.7	0.857 0.549	77.8	78.2 50.0	68.7 68.7	单剪:d_{27}, $n=10$
①或②		4-L 100×100×12	91.2	13.44	4.56	200 400	43.9 87.7	0.857 0.549	155.5	156.4 100.0	137.4 137.4	双剪:d_{27}, $n=10$ $\delta=20$
斜杆③		2-L 100×100×12 4-L 100×100×12	45.6 91.2	6.72 13.44	4.56	283	62.1	0.751	77.8 155.5	68.5 137.0	41.2 82.4	单剪:d_{27},$n=6$ 双剪:d_{27},$n=6$ $\delta=20$
横撑④⑤⑯	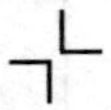	2-L 75×75×8	23.0	3.68	3.49	200 400 600	57.3 114.6 171.9	0.782 0.364	38.6	36.0 16.8	36.5	单剪:d_{22},$n=8$
		4-L 75×75×8	46.0	7.36	3.49	200 400 600	57.3 114.6 171.9	0.782 0.364	77.3	72.0 33.6	35.2	孔壁承压:d_{22} $n=8$ $\delta=10$
横撑④⑤⑯	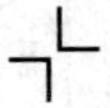	2-L 75×75×8	23.0	3.68	3.49	200 400 600	57.3 114.6 171.9	0.782 0.364	38.6	36.0 16.8	18.2	单剪:d_{22} $n=4$
撑		1-L 75×75×8	11.5	1.84	2.28	283 566 849	124.1 248.2 372.4	0.316 — —	19.3	7.3 — —	9.1	单剪:d_{22} $n=2$
⑤	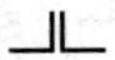	2-L 75×75×8	23.0	3.68	2.28	283 566 849	124.1 248.2 372.4	0.316 — —	38.6	14.6 — —	8.8/13.2 8.8/13.2 8.8/13.2	孔壁承压:d_{22} $n=2$ 或 $n=3$

注:①φ 值根据《公路桥涵钢结构及木结构设计规范》(JTJ 025-86)表 1.2.16-2 右表插入计算;

②16 锰钢容许受拉、受压应力为$[\sigma]=200$MPa,构件轴心受拉容许值 $S_P=2(A-A_H)$,轴心受压容许值 $S_C=2A\varphi$;

③容许外力联结 S_{np} 按下式计算:剪切控制 $S_{np}=nn_j[\tau]\frac{\pi d^2}{4}$,承压控制 $S_{nP}=n[c]d\sum t$。式中 n 为螺栓个数;n_j 为螺栓受剪数目;d 为螺栓直径;t 为钢板厚度;$[\tau]$为螺栓容许剪应力,16 锰钢板 120MPa;$[c]$为螺栓联结容许承压应力,16 锰钢板 200MPa。

N 型万能构件规格、尺寸、质量 附表 3-29

构件号数	构件名称	构件尺寸(mm)	长度(mm)或面积(m^2)	件数	质量(kg) 每件	所有各件	总计
1	弦杆或柱(长)	∟100×100×12	3994	1	71.4	71.4	71.4
2	弦杆或柱(短)	∟100×100×12	1994	1	35.7	35.7	35.7
3	斜杆(桁架腹杆)	∟100×75×10	2350	1	30.8	30.8	30.8
4	横撑(中至中 2m)	∟75×75×8	1770	1	16.0	16.0	16.0
5	斜撑	∟75×75×8	2478	1	22.4	22.4	22.4
6	拼接角铁(弦或柱)	∟90×90×10	580	1	7.8	7.8	7.8
7	柱头(接 1 或 2)	∟100×100×12	494	1	8.8	8.8	8.8
8	节点板(1、2 或 7)	250×10	480	1	9.6	9.6	9.6
9	连接角板(接 5)	∟75×75×8	630	1	5.7	5.7	5.7
10	横撑(中至中 6m)	∟75×75×8	5770	1	52.1	52.1	52.1
11	节点板(弦或柱)	$\delta=10$	$A=0.39$	1	31.2	31.2	39.2
		200×10	$A=0.05$	2	4.0	8.0	
12	节点板(弦或柱)	$\delta=10$	$A=0.17$	1	13.6	13.6	13.6
13	节点板(弦或柱)	$\delta=10$	$A=0.75$	1	20.0	20.0	20.0
14	节点板(弦或柱)	$\delta=10$	$A=0.31$	1	24.8	24.8	24.8
15	填板(弦或柱)	80×10	480	1	3.1	3.1	3.1
16	横撑(中至中 4m)	∟75×75×8	3770	1	34.0	34.0	34.0
17	节点板(横撑)	$\delta=10$	$A=0.2$	1	16.0	16.0	16.0
18	节点板(横撑)	$\delta=10$	$A=0.061$	1	4.8	4.8	4.8
19	缀板(弦柱用)	180×10	210	1	3.0	3.0	3.0
20	缀板(横撑及斜杆用)	160×10	170	1	2.2	2.2	2.2
		220×16	220	1	6.2	6.2	25.6
		200×16	220	1	5.6	5.6	
21	柱帽	90×16	220	1	2.5	2.5	
		70×16	220	1	2.0	2.0	
		195×10	220	2	3.4	6.8	
		140×10	220	1	2.5	2.5	
22	节点板(柱)	388×10	580	1	18.0	18.0	18.0
22′	节点板(柱)	566×10	580	1	26.3	26.3	26.3
23	节点板(斜杆)	$\delta=10$	$A=0.13$	1	10.4	10.4	10.4
24	普通螺栓	$\delta=22$	50	1			
			80	1			
			60	1			
			70	1			
25	普通螺栓	$\delta=28$	80	1			
			90	1			

附表 3-30

N 型万能杆件构件截面面积及力学性质

杆件名称	断面形状	断面尺寸 (mm)	全面面积 $A(cm^2)$	因螺栓孔削减面积 $A(cm^2)$	回转半径 $r(cm)$	计算屈折长度 l_P	计算屈折长度 l_{CB}	长细比 λ	折减系数 φ	承载力 单位容许应力 (σ = 170MPa) 拉应力	压应力	端连应力	单位容许应力 (σ = 200MPa) 拉应力	压应力	端连应力	连接螺栓数量
弦杆或柱 ①或②	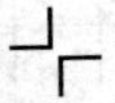	2-L 100 × 100 × 12	45.6	6.96	3.89	200	200	51.5	0.765	65.7	59.2	66.8	77.3	70.0	78.3	单剪: d = 28mm, n = 10
		2-L 100 × 100 × 12	45.6	6.96	3.89	400	400	103	0.464	65.7	36.8	66.8	77.3	42.4	78.3	
		4-L 100 × 100 × 12	91.2	13.92	4.41	200	200	45.2	0.792	131.5	122.5	135.0	154.5	144.5	158.5	孔壁压力: d = 28mm, δ = 2, n = 10
		4-L 100 × 100 × 12	91.2	13.92	4.41	400	400	90.4	0.544	131.5	84.2	135.0	154.5	99.2	166.5	
斜杆 ③	同弦杆	2-L 100 × 75 × 12	33.4	6.92	3.23	283	283	88	0.648	45.0	36.8	37.9	53.0	43.5	44.5	单剪:d = 28mm, n = 6
	同弦杆	4-L 100 × 75 × 12	66.8	13.92	3.72	283	283	79	0.648	90.0	77.5	75.6	106.0	91.5	89.0	双剪:d = 28mm, n = 6
横撑 ④⑩⑯	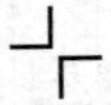	2-L 75 × 75 × 10	23	3.7	3.04	200	200	66	0.736	32.8	28.8	33.6	38.5	24.0	39.6	单剪:d = 22mm n = 8
			23	3.7	3.04	400	400	132	0.472	32.8	18.5	33.6	38.5	21.7	39.6	
			23	3.7	3.04	600	600	196	0.216	32.8	8.4	33.6	38.5	9.9	39.6	
横撑 ④⑩⑯		4-L 75 × 75 × 8	46	7.4	3.36	200	200	60	0.76	65.6	59.5	42.6	78.0	66.6	50.0	单剪:d = 22mm 孔壁压力:δ = 10, n = 8
			46	7.4	3.36	400	400	120	0.52	65.6	41.5	42.6	78.0	48.9	50.0	
			46	7.4	3.36	600	600	178	0.288	65.6	22.6	42.6	78.0	26.6	50.0	
横撑 ④⑩⑯	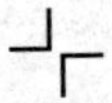	2-L 75 × 75 × 8	23	3.7	3.04	200	200	66	0.736	32.8	28.8	16.8	38.6	33.9	19.7	单剪:d = 22mm n = 4
			23	3.7	3.04	400	400	132	0.472	32.8	18.5	16.8	38.6	21.7	19.7	
			23	3.7	3.04	600	600	196	0.216	32.8	8.4	16.8	38.6	9.9	19.7	
斜撑 ⑤		1-L 75 × 75 × 8	11.5	1.84	1.43	283	283	200	0.200	12.3	3.9	8.4	14.45	4.6	9.9	单剪:d = 22mm n = 2
			11.5	1.84	1.43	566	368	—	—	12.3	—	8.4	14.45	—	9.9	
			11.5	1.84	1.43	849	466	—	—	12.3	—	8.4	14.45	—	9.9	
	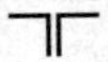	2-L 100 × 100 × 12	23	3.7	2.28	283	283	124	0.504	32.8	19.6	10.6 16.0	38.6	24.4	12.45 18.7	单剪:d = 22mm n = 2, n = 3
			23	3.7	2.28	566	368	162	0.352	32.8	13.7	10.6 16.0	38.6	17.0	12.45 18.7	
			23	3.7	2.28	849	466	200	0.200	32.8	—	10.6 16.0	38.6	—	12.45 18.7	

10. 热轧普通工字钢截面特性表

热轧普通工字钢截面特性表

附表 3-31

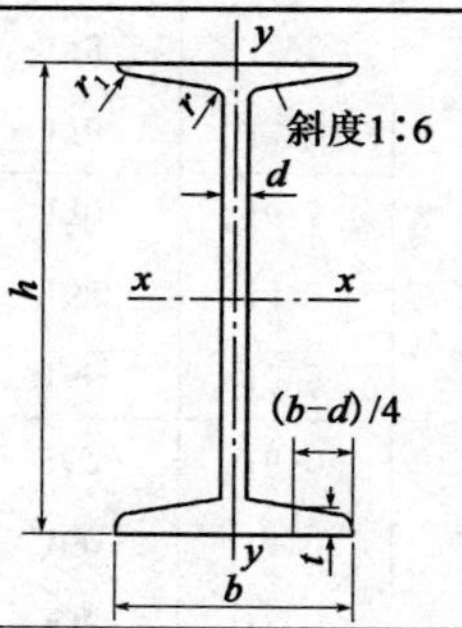

（按 GB 706—88 计算）

h——高度　　I——截面惯性矩
b——翼缘宽度　　W——截面抵抗矩
d——腹板厚度　　S——半截面面积矩
t——翼缘平均宽度　　i——回转半径
r——内圆弧半径　　r_1——翼缘圆弧半径

型号	尺寸 (mm) h	b	d	t	r	r_1	截面面积 (cm^2)	质量 (kg/m)	x-x I_x (cm^4)	W_x (cm^3)	S_x (cm^3)	i_x (cm)	y-y I_y (cm^4)	W_y (cm^3)	i_y (cm)
10	100	68	4.5	7.6	6.5	3.3	14.33	11.25	245	49.0	28.2	4.14	32.8	9.6	1.51
12.6	126	74	5.0	8.4	7.0	3.5	18.10	14.21	488	77.4	44.4	5.19	46.9	12.7	1.61
14	140	80	5.5	9.1	7.5	3.8	21.50	16.88	712	101.7	58.4	5.75	64.3	16.1	1.73
16	160	88	6.0	9.9	8.0	4.0	26.11	20.50	1127	140.9	80.8	6.57	93.1	21.1	1.89
18	180	94	6.5	10.7	8.5	4.3	30.74	24.13	1669	185.4	106.5	7.37	122.9	26.2	2.00
20a	200	100	7.0	11.4	9.0	4.5	35.55	27.91	2369	236.9	136.1	8.16	157.9	31.6	2.11
20b		102	9.0				39.55	31.05	2502	250.2	146.1	7.95	169.0	33.1	2.07
22a	220	110	7.5	12.3	9.5	4.8	42.10	33.05	3406	309.6	177.7	8.99	225.9	41.1	2.32
22b		112	9.5				46.50	36.50	3583	325.8	189.8	8.78	240.2	42.9	2.27
25a	250	116	8.0	13.0	10.0	5.0	48.51	38.08	5017	401.4	230.7	10.17	280.4	48.4	2.40
25b		118	10.0				53.51	42.01	5278	422.2	246.3	9.93	297.3	50.4	2.36
28a	280	122	8.5	13.7	10.5	5.3	55.37	43.47	7115	508.2	292.7	11.34	344.1	56.4	2.49
28b		124	10.5				60.97	47.86	7481	534.4	312.3	11.08	363.8	58.7	2.44

续上表

型号	尺寸 (mm)						截面面积 (cm^2)	质量 (kg/m)	x-x				y-y		
	h	b	d	t	r	r_1			I_x (cm^4)	W_x (cm^3)	S_x (cm^3)	i_x (cm)	I_y (cm^4)	W_y (cm^3)	i_y (cm)
a		130	9.5				67.12	52.69	11080	692.5	400.5	12.85	459.0	70.6	2.62
32b	320	132	11.5	15.0	11.5	5.8	73.52	57.71	11626	726.7	426.1	12.58	483.8	73.3	2.57
c		134	13.5				79.92	62.74	12173	760.8	451.7	12.34	510.1	76.1	2.53
a		136	10.0				76.44	60.00	15796	877.6	508.8	14.38	554.9	81.6	2.69
36b	360	138	12.0	15.8	12.0	6.0	83.64	65.66	16574	920.8	541.2	14.08	583.6	84.6	2.64
c		140	14.0				90.84	71.31	17351	964.0	573.6	13.82	614.0	87.7	2.60
a		142	10.5				86.07	67.56	21714	1085.7	631.2	15.88	659.9	92.9	2.77
40b	400	144	12.5	16.5	12.5	6.3	94.07	73.84	22781	1139.0	671.2	15.56	692.8	96.2	2.71
c		146	14.5				102.07	80.12	23847	1192.4	711.2	15.29	727.5	99.9	2.67
a		150	11.5				102.40	80.38	32241	1432.9	836.4	17.74	855.0	114.0	2.89
45b	450	152	13.5	18.0	13.5	6.8	111.40	87.45	33759	1500.4	887.1	17.41	895.4	117.8	2.84
c		154	15.5				120.40	94.51	35278	1567.9	837.7	17.12	938.0	121.8	2.79
a		158	12.0				119.25	93.61	46472	1858.9	1084.1	19.74	1121.5	142.0	3.07
50b	500	160	14.0	20.0	14.0	7.0	129.25	101.46	48556	1942.2	1146.6	19.38	1171.4	146.4	3.01
c		162	16.0				139.25	109.1	50639	2005.6	1209.1	19.07	1223.9	151.1	2.96
a		166	12.5				135.38	106.27	66576	2342.0	1368.8	22.01	1365.8	164.6	3.18
56b	560	168	14.5	21.0	14.5	7.3	146.58	115.06	68503	2446.5	1447.2	21.62	1423.8	169.5	3.12
c		170	16.5				157.78	123.85	71430	2551.1	1525.6	21.28	1484.8	174.7	3.07
a		176	13.0				154.59	121.36	94004	2984.3	1747.4	24.66	1702.4	193.5	3.32
63b	630	178	15.0	22.0	15.0	7.5	167.19	131.25	98171	3116.6	1846.6	24.23	1770.7	199.0	3.25
c		180	17.0				179.79	141.14	102339	3248.9	1945.9	23.86	1842.4	204.7	3.20

11. 热轧普通槽钢截面特性表

热轧普通槽钢钢截面特性表

附表 3-32

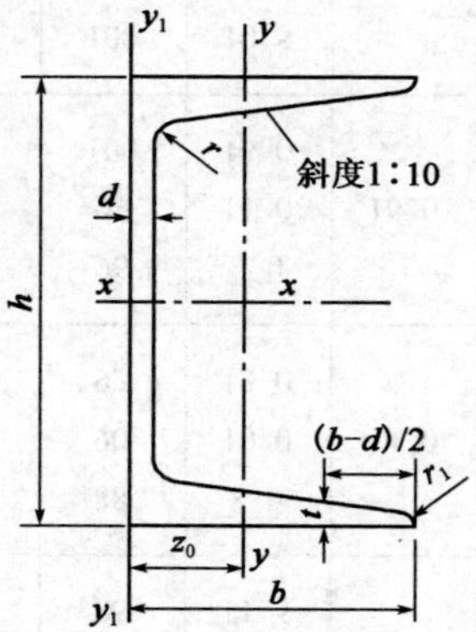

（按 GB 707—88 计算）

h——高度　　I——截面惯性矩

b——翼缘宽度　　W——截面抵抗矩

d——腹板厚度　　S——半截面面积矩

t——翼缘平均宽度　　i——回转半径

r——内圆弧半径　　r_1——翼缘圆弧半径

z_0——形心距离

号 型	尺 寸 (mm)						截面面积 (cm²)	质量 (kg/m)	x-x				x-x				y_1-y_1	z_0 (cm)
	h	b	d	t	r	r_1			I_x (cm⁴)	W_x (cm³)	S_x (cm³)	I_x (cm)	I_y (cm⁴)	W_{ymin} (cm³)	W_{ymax} (cm³)	I_y (cm)	I_{y1} (cm⁴)	
5	50	37	4.5	7.0	7.0	3.5	6.92	5.44	26.0	10.4	6.4	1.94	8.3	3.5	6.2	1.10	20.9	1.35
6.3	63	40	4.8	7.5	7.5	3.75	8.45	6.63	51.2	16.3	9.8	2.46	11.9	4.6	8.5	1.19	28.3	1.39
8	80	43	5.0	8.0	8.0	4.0	10.24	8.04	101.3	25.3	15.1	3.14	16.6	5.8	11.7	1.27	37.5	1.42
10	100	48	5.3	8.5	8.5	4.25	12.74	10.00	198.3	39.4	23.5	3.94	25.6	7.8	16.9	1.42	54.9	1.52
12.6	126	53	5.5	9.0	9.0	4.5	15.69	12.31	388.5	36.4	61.7	4.98	38.0	10.3	23.9	1.56	77.8	1.59
14^{a}_{b}	140	58	6.0	9.5	9.5	4.75	18.51	14.53	563.7	80.5	47.5	5.52	53.2	13.0	31.2	1.70	107.2	1.71
		60	8.0				21.31	16.73	609.4	87.1	52.4	5.35	61.2	14.1	36.6	1.69	120.6	1.67
16^{a}_{b}	160	63	6.5	10.0	10.0	5.0	21.95	17.23	866.2	108.3	63.9	6.28	73.4	16.3	40.9	1.83	144.1	1.79
		65	8.5				25.15	19.75	934.5	116.8	70.3	6.10	83.4	17.6	47.6	1.82	160.8	1.75
18^{a}_{b}	180	68	7.0	10.5	10.5	5.25	25.6	10.1	1272.7	141.4	83.5	7.04	98.6	20.0	52.3	1.96	189.7	1.88
		70	9.0				29.29	22.99	1369.9	152.2	91.6	6.84	111.0	21.5	60.4	1.95	210.1	1.84

续上表

号型	尺寸 (mm)						截面面积	质量	x-x				x-x				y_1-y_1	z_0
	h	b	d	t	r	r_1	(cm^2)	(kg/m)	I_x (cm^4)	W_x (cm^3)	S_x (cm^3)	I_x (cm)	I_y (cm^4)	W_{ymin} (cm^3)	W_{ymax} (cm^3)	I_y (cm)	I_{y1} (cm^4)	(cm)
20a	200	73	7.0	11.5	11.5	5.5	28.83	22.63	1780.4	178.0	104.7	7.86	128.0	24.2	63.8	2.11	244.0	2.01
20b		75	9.0				32.83	25.77	1913.7	191.4	114.7	7.64	143.6	25.9	73.7	2.09	268.4	1.95
22a	220	77	7.0	11.5	11.5	5.75	31.84	24.99	2393.9	217.6	127.6	8.67	157.8	28.2	75.1	2.23	298.2	2.10
22b		79	9.0				36.24	28.45	2571.3	233.8	139.7	8.42	176.5	30.1	86.8	2.21	326.3	2.03
25a	250	78	7.0	12.0	12.0	6.0	34.91	27.40	3359.1	268.7	157.4	9.81	175.9	30.7	85.1	2.24	324.8	2.07
25b		80	9.0				39.91	31.33	3619.5	289.6	173.5	9.52	196.4	32.7	98.5	2.22	355.1	4.99
25c		82	11.0				44.91	35.25	3880.0	310.4	189.1	9.30	215.9	34.6	110.1	2.19	388.6	4.96
28a	280	82	7.5	12.5	12.5	6.25	40.02	34.42	4752.5	339.5	200.2	10.90	217.9	35.7	104.1	2.33	393.3	2.09
28b		84	9.5				45.62	35.81	5118.4	365.6	219.8	10.59	241.5	37.9	119.3	2.30	428.5	2.02
28c		86	11.5				51.22	40.21	5484.3	391.7	239.4	10.35	264.4	40.0	132.6	2.27	467.3	1.99
32a	320	88	8.0	14.0	14.0	7.0	48.50	38.07	7510.6	469.4	276.9	12.44	304.7	46.4	136.2	2.51	547.5	2.24
32b		90	10.0				54.90	43.10	8056.8	503.5	302.5	12.11	335.6	49.1	155.0	2.47	592.2	2.16
32c		92	12.0				61.30	48.12	8602.9	537.7	328.1	11.85	365.0	51.6	171.5	2.44	642.7	2.13
36a	360	96	9.0	16.0	16.0	8.0	60.89	47.80	11874.1	659.7	389.9	13.96	455.0	63.6	186.2	2.73	818.5	2.44
36b		98	11.0				68.09	53.45	12651.7	702.9	422.3	13.63	496.7	66.9	209.2	2.70	880.5	2.37
36c		100	13.0				75.29	59.10	13429.3	746.1	454.7	13.36	536.6	70.0	229.5	2.67	948.0	2.31
40a	400	100	10.5	18.0	18.0	9.0	75.04	58.91	17577.7	878.9	524.4	15.30	592.0	78.8	237.6	2.81	1057.9	2.49
40b		102	12.5				83.04	65.19	18644.4	932.2	564.4	14.98	640.6	82.6	262.4	2.78	1135.8	2.44
40c		104	14.5				91.04	71.47	19711.0	985.6	604.4	14.71	687.8	86.2	284.4	2.75	1220.3	2.42

12. 麻绳规格

麻 绳 规 格　　附表 3-33

规格							印尼棕绳		白棕绳		混合绳		线麻绳	
直径圆周				延伸率%	黏度(每米)	股组织	质量	破断力	质量	破断力	质量	破断力	质量	破断力
(mm)	(英寸)	(mm)	(英寸)			经数(系)	(kg)	(N)	(kg)	(N)	(kg)	(N)	(kg)	(N)
10	3/8	28	$1^{1/8}$		100	3×3	15	450	15	310	16	407	20	
13	1/2	38	$1^{1/2}$		88	5×3	28	735	28	450	30	590	26	885
16	5/8	50	2		70	8×3	42	1070	42	1000	47	1040	38	1256
19	3/4	57	$2^{1/4}$	14	60	11×3	60	1520	50	1406	65		62	1660
22	1/8	70	$2^{3/4}$	22	54	14×3	77	1790	72	1500	84		80	1837
25	1	76	3	29	46	20×3	103	2500	100	2200	118	2040	109	3202
28	$1^{1/8}$	86	$3^{1/2}$	38	42	26×3	135	3920	120	2700	145		140	4155
32	$1^{1/4}$	100	$3^{15/16}$	25	40	32×3	165	4420	155		180		136	4872
58	$1^{1/2}$	120	$3^{3/4}$	22	34	42×3	235	6720	212		239			
42	$1^{5/8}$	129	5	18	27	49×3	265	6820	290		303			
45	$1^{3/4}$	140	$5^{1/2}$	13	25	59×3	316	6900			380			
50	2	153	$5^{1/6}$	13	23	70×3	383	7500			405			
57	$2^{1/4}$	180	7	13	21	87×3	549		360		500			
63	$2^{1/2}$	190	$7^{7/8}$	13	19	99×3	660				700			

13. 钢丝绳

(1)钢丝绳用途和理论质量(GB 1102—74)

钢丝绳用途与理论质量　　附表 3-34

单股钢丝绳 1×7				单股钢丝绳 1×19				钢丝绳 6×19			
股(1+6)				股(1+6+12)				股(1+6+12),绳纤维芯			
用途:悬挂电线、张拉铁塔、电线杆等								用途:各种起重、提升和牵引设备			
绳径	丝径	钢丝总断面积	参考质量	绳径	丝径	钢丝总断面积	参考质量	绳径	丝径	钢丝总断面积	参考质量
(mm)		(mm^2)	(kg/100m)	(mm)		(mm^2)	(kg/100m)	(mm)		(mm^2)	(kg/100m)
2.4	0.8	3.52	3.01	2.5	0.5	3.73	3.17	6.2	0.4	14.32	13.53
2.7	0.9	4.45	3.80	3.0	0.6	5.73	4.56	7.7	0.5	22.37	21.14
3.0	1.0	5.5	4.7	3.5	0.7	7.31	6.21	9.3	0.6	32.22	30.45
3.3	1.1	6.65	5.69	4.0	0.8	9.55	8.12	11.0	0.7	43.85	41.44
3.6	1.2	7.91	6.76	4.5	0.9	12.08	10.27	12.6	0.8	57.27	54.12
3.9	1.3	9.29	7.94	5.0	1.0	14.92	12.68	14.0	0.9	72.49	68.50
4.2	1.4	10.77	9.21	5.5	1.1	18.05	15.34	15.5	1.0	89.49	84.57
4.5	1.5	12.36	10.57	6.0	1.2	21.48	18.26	17.0	1.1	108.28	102.3
4.8	1.6	14.07	12.03	6.5	1.3	25.21	21.43	18.5	1.2	128.87	121.8
5.1	1.7	15.88	13.58	7.0	1.4	29.23	24.85	20.0	1.3	151.24	142.9

续上表

单股钢丝绳 1×7				单股钢丝绳 1×19				钢丝绳 6×19			
股(1+6)				股(1+6+12)				股(1+6+12),绳纤维芯			
用途:悬挂电线、张拉铁塔、电线杆等								用途:各种起重、提升和牵引设备			
绳径	丝径	钢丝总断面积	参考质量	绳径	丝径	钢丝总断面积	参考质量	绳径	丝径	钢丝总断面积	参考质量
(mm)		(mm^2)	(kg/100m)	(mm)		(mm^2)	(kg/100m)	(mm)		(mm^2)	(kg/100m)
5.4	1.8	17.80	15.22	7.5	1.5	33.56	28.53	21.5	1.4	175.40	165.8
6.0	2.0	21.98	18.79	8.0	1.6	38.18	32.45	23.0	1.5	201.35	190.3
6.6	2.2	26.60	22.74	8.5	1.7	43.10	36.64	24.5	1.6	229.09	216.5
7.2	2.4	31.65	27.06	9.0	1.8	48.32	41.07	26.0	1.7	258.63	244.4
7.8	2.6	37.15	31.76	10.0	2.0	59.66	50.71	28.0	1.8	289.95	274.0
8.4	2.8	43.08	36.83	11.0	2.2	72.19	61.36	31.0	2.0	357.96	338.3
9.0	3.0	49.46	42.39	12.0	2.4	85.91	73.02	34.0	2.2	433.13	409.3
9.6	3.2	56.27	48.11	13.0	2.6	100.83	85.71	37.0	2.4	515.46	487.1
10.5	3.5	67.31	57.55	14.0	2.8	116.93	99.39	40.0	2.6	604.95	571.7
11.5	3.8	79.35	67.84	15.0	3.0	134.24	141.1	43.0	2.8	701.60	663.0
12.0	4.0	87.92	75.17	16.0	3.2	152.73	129.8	46.0	3.0	805.41	761.1

钢丝绳 6×37				钢丝绳 6×61				钢丝绳 6×12			
股(1+6+12+18),绳纤维芯				股(1+6+12+18+24),绳纤维芯				股(0+12),绳和股纤维芯			
用途:各种起重、提升和牵引设备等				用途:重型起重机械等				用途:捆绑等			
绳径	丝径	钢丝总断面积	参考质量	绳径	丝径	钢丝总断面积	参考质量	绳径	丝径	钢丝总断面积	参考质量
(mm)		(mm^2)	(kg/100m)	(mm)		(mm^2)	(kg/100m)	(mm)		(mm^2)	(kg/100m)
8.7	0.4	27.88	26.21	11.0	0.4	45.97	43.21	6.2	0.4	9.04	9.58
11.0	0.5	43.57	40.96	14.0	0.5	71.83	67.52	7.7	0.5	14.13	14.98
13.0	0.6	62.74	58.98	16.5	0.6	103.43	97.22	9.3	0.6	20.35	21.57
15.0	0.7	85.39	80.27	19.5	0.7	140.78	132.3	11.0	0.7	27.69	29.35
17.5	0.8	111.53	104.8	22.0	0.8	183.88	172.8	12.5	0.8	36.17	38.34
19.5	0.9	141.16	132.7	25.0	0.9	232.72	218.8	14.0	0.9	45.78	48.53
21.5	1.0	174.27	163.8	27.5	1.0	287.31	270.1	15.5	1.0	56.52	59.91
24.0	1.1	210.87	198.2	30.5	1.1	347.65	326.8	17.0	1.1	68.39	72.49
26.0	1.2	250.95	235.9	33.0	1.2	413.73	388.9	18.5	1.2	81.39	86.27
28.0	1.3	294.52	276.8	36.0	1.3	485.55	456.4	20.0	1.3	95.52	101.3
30.0	1.4	341.57	321.1	38.5	1.4	563.13	529.3	21.5	1.4	110.78	117.4
32.5	1.5	392.11	368.6	41.5	1.5	646.45	607.7	23.0	1.5	127.17	134.8
34.5	1.6	446.13	419.4	44.0	1.6	735.51	691.4	24.5	1.6	144.69	153.4
36.5	1.7	503.64	473.4	47.0	1.7	830.33	780.5	26.0	1.7	163.34	173.1
39.0	1.8	564.63	530.8	50.0	1.8	930.88	875.0	28.0	1.8	183.12	194.1

续上表

钢丝绳 6×37				钢丝绳 6×61				钢丝绳 6×12			
股(1+6+12+18),绳纤维芯				股(1+6+12+18+24),绳纤维芯				股(0+12),绳和股纤维芯			
用途:各种起重、提升和牵引设备等				用途:重型起重机械等				用途:捆绑等			
绳径	丝径	钢丝总断面积	参考质量	绳径	丝径	钢丝总断面积	参考质量	绳径	丝径	钢丝总断面积	参考质量
(mm)		(mm^2)	(kg/100m)	(mm)		(mm^2)	(kg/100m)	(mm)		(mm^2)	(kg/100m)
43.0	2.0	697.08	655.3	55.5	2.0	1149.24	1080.3	31.0	2.0	226.08	239.6
47.5	2.2	843.47	792.9	61.0	2.2	1390.58	1307.1	34.0	2.2	273.55	290.0
52.0	2.4	1003.8	943.6	66.5	2.4	1654.91	1555.6	37.0	2.4	325.56	345.1
56.0	2.6	1178.07	1107.4	72.5	2.6	1942.22	1825.7	40.0	2.6	382.08	405.0
60.5	2.8	1366.28	1284.3	77.5	2.8	2252.51	2117.4	43.0	2.8	443.12	469.7
65.0	3.0	1568.43	1474.3	83.0	3.0	2285.79	2430.6	46.0	3.0	508.68	539.2

钢丝绳 6×24				钢丝绳 6×30				钢丝绳 8×19			
股(0+9+15),绳和股纤维芯				股(0+12+18),绳和股纤维芯				股(1+6+12),绳纤维芯			
用途:拖船、货网、浮运木材等								用途:电梯、起重机械等			
绳径	丝径	钢丝总断面积	参考质量	绳径	丝径	钢丝总断面积	参考质量	绳径	丝径	钢丝总断面积	参考质量
(mm)		(mm^2)	(kg/100m)	(mm)		(mm^2)	(kg/100m)	(mm)		(mm^2)	(kg/100m)
7.4	0.4	18.09	17.82	8.7	0.4	22.61	22.61	7.6	0.4	19.09	18.8
9.3	0.5	28.26	27.84	11.0	0.5	35.33	35.33	9.5	0.5	29.83	29.38
11.0	0.6	40.69	40.08	13.0	0.6	50.87	50.87	11.5	0.6	42.96	42.32
13.0	0.7	55.39	54.56	15.0	0.7	69.24	69.24	13.0	0.7	58.47	57.59
15.0	0.8	72.35	71.26	17.5	0.8	90.43	90.43	15.0	0.8	76.36	75.21
17.0	0.9	91.56	90.19	19.5	0.9	114.45	114.45	17.0	0.9	96.65	95.20
18.5	1.0	113.04	111.3	21.5	1.0	141.3	141.3	19.0	1.0	119.32	117.5
20.5	1.1	136.78	134.7	24.0	1.1	170.97	171.0	20.5	1.1	144.38	142.2
22.5	1.2	162.78	160.3	26.0	1.2	203.47	203.5	22.5	1.2	171.82	169.2
24.0	1.3	191.04	188.2	28.0	1.3	238.8	238.8	24.5	1.3	201.65	198.6
26.0	1.4	221.56	218.2	30.0	1.4	276.95	277.0	26.0	1.4	233.87	230.4
28.0	1.5	254.34	250.5	32.5	1.5	317.93	317.9	28.0	1.5	268.47	264.4
30.0	1.6	289.38	285.0	34.5	1.6	361.73	361.7	30.0	1.6	305.46	300.9
32.0	1.7	326.69	321.8	36.5	1.7	408.36	408.4	32.0	1.7	344.83	339.7
33.5	1.8	366.25	360.8	39.0	1.8	257.81	457.8	33.5	1.8	386.60	380.8
37.5	2.0	452.16	445.4	43.0	2.0	565.20	565.2	37.5	2.0	477.28	470.1
41.0	2.2	547.11	538.9	47.5	2.2	683.89	683.9	41.0	2.2	577.51	568.8
44.5	2.4	651.11	641.3	52.0	2.4	813.89	813.9	45.0	2.4	687.28	677.0
48.5	2.6	764.15	752.7	56.0	2.6	955.19	955.2	48.5	2.6	806.60	794.5
52.0	2.8	886.23	872.9	60.5	2.8	1107.79	1107.8	52.5	2.8	935.47	921.4
56.0	3.0	1107.36	1002.1	65.0	3.0	1271.70	1271.7	56.0	3.0	1073.88	1057.8

续上表

钢丝绳 8×37				多层股(不旋转)钢丝绳 18×19				多层股(不旋转)钢丝绳 34×7			
股(1+6+12+18),绳纤维芯				股(1+6+12),绳纤维芯				股(1+6),绳纤维芯			
用途:起重机械、打捞沉船等				用途:港口装卸起重机、建筑用塔式起重机等要求钢丝不旋转的设备上							
绳径	丝径	钢丝总断面积	参考质量	绳径	丝径	钢丝总断面积	参考质量	绳径	丝径	钢丝总断面积	参考质量
(mm)		(mm^2)	(kg/100m)	(mm)		(mm^2)	(kg/100m)	(mm)		(mm^2)	(kg/100m)
10.5	0.4	37.18	36.44	10.5	0.4	42.96	39.74	8.4	0.4	29.89	27.64
13.0	0.5	58.09	56.93	13.0	0.5	67.12	62.08	10.5	0.5	46.71	43.21
16.0	0.6	83.65	81.98	15.5	0.6	96.65	89.40	12.5	0.6	67.26	62.22
18.5	0.7	113.86	111.6	18.0	0.7	131.55	121.7	15.0	0.7	91.55	84.68
21.0	0.8	148.71	145.7	20.5	0.8	171.82	158.9	17.0	0.8	119.57	110.6
23.5	0.9	188.21	184.4	23.0	0.9	217.46	201.2	19.0	0.9	151.33	140.0
26.0	1.0	232.36	227.7	25.5	1.0	268.47	248.3	21.0	1.0	186.83	172.8
29.0	1.1	281.16	275.5	28.0	1.1	324.85	300.5	23.0	1.1	226.06	209.1
31.5	1.2	334.6	327.9	30.5	1.2	386.60	357.6	25.5	1.2	269.04	248.9
34.0	1.3	392.69	384.8	33.0	1.3	453.71	419.7	27.5	1.3	315.74	292.1
36.5	1.4	455.43	446.3	36.0	1.4	526.20	486.7	29.5	1.4	366.19	338.7
39.0	1.5	522.81	512.4	38.5	1.5	604.06	558.8	31.5	1.5	420.37	388.8
42.0	1.6	594.84	582.9	41.0	1.6	687.28	635.7	33.5	1.6	478.28	442.4
44.5	1.7	671.52	658.1	43.5	1.7	775.88	717.7	35.5	1.7	539.94	499.4
47.0	1.8	752.85	737.8	46.0	1.8	869.84	804.6	38.0	1.8	605.33	560.0
52.5	2.0	929.44	910.9	51.0	2.0	1073.88	9993.3	42.0	2.0	747.32	691.3
57.5	2.2	1124.62	1102.1					46.0	2.2	904.26	836.4
63.0	2.4	1338.39	1311.6					50.5	2.4	1076.14	995.4
68.0	2.6	1570.75	1539.3					54.5	2.6	1262.97	1168.2
73.0	2.8	1821.70	1785.3								
78.0	3.0	2091.24	2049.4								

线接触钢丝绳 6×(19)、6×(19)+7×7 金属绳芯								
股(1+9+9),绳纤维芯,股(1+9+9)								
用途:用于腐蚀不大、要求耐磨条件下的各种起重、提升和牵引设备(金属绳芯耐冲击、耐热、耐挤压)								
绳径(mm)	丝径(mm)				钢丝总断面积(mm^2)		参考质量(kg/100m)	
	中心	第一层	第二层	金属绳芯	6×(19)	6×(19)+7×7	6×(19)	6×(19)+7×7
8.8	0.8	0.4	0.7		30.57		28.43	
11.0	1.0	0.5	0.85	0.4	45.93	51.44	42.71	46.55
13.0	1.2	0.6	1.05	0.5	68.78	77.03	63.97	69.73
15.0	1.4	0.7	1.2	0.55	91.04	101.96	84.67	92.29
17.5	1.6	0.8	1.4	0.65	122.27	136.94	113.7	123.9

续上表

线接触钢丝绳 6×(19),6×(19)+7×7 金属绳芯								
股(1+9+9),绳纤维芯;股(1+9+9)								
用途:用于腐蚀不大、要求耐磨条件下的各种起重、提升和牵引设备(金属绳芯耐冲击、耐热、耐挤压)								
绳径(mm)	丝径(mm)				钢丝总断面积(mm^2)		参考质量(kg/100m)	
	中心	第一层	第二层	金属绳芯	6×(19)	6×(19)+7×7	6×(19)	6×(19)+7×7
19.5	1.8	0.9	1.6	0.75	158.11	177.08	147.0	160.2
21.5	2.0	1.0	1.75	0.8	191.05	213.98	177.7	193.7
23.5	2.2	1.1	1.9	0.9	227.12	254.37	211.2	230.2
26.0	2.4	1.2	2.1	1.0	275.11	308.12	255.9	278.9
28.5	2.6	1.3	2.3	1.1	327.72	367.05	304.8	332.2
30.5	2.8	1.4	2.5	1.15	384.95	431.14	358.0	390.2
32.5	3.0	1.5	2.6	1.25	424.32	475.24	394.6	430.1
34.5	3.2	1.6	2.8	1.3	489.09	547.78	454.9	495.8
37.0	3.5	1.7	3.0	1.4	561.71	629.12	522.4	569.4

线接触钢丝绳 6W(19),6W(19)+7×7 金属绳芯									
股(1+6+6/6),绳纤维芯;股(1+6+6/6)									
用途:用于各种起重、提升和牵引设备(金属绳芯耐冲击、耐热、耐挤压)									
绳径(mm)	丝径(mm)					钢丝总断面积(mm^2)		参考质量(kg/100m)	
	中心	第一层	第二层		金属绳芯	6W(19)	6W(19)+7×7	6W(19)	6W(19)+7×7
			大的	小的					
8.0	0.6	0.55	0.6	0.45		26.14		24.13	
9.2	0.7	0.65	0.7	0.5		35.16		32.70	
11.0	0.8	0.75	0.8	0.6	0.4	47.17	52.83	43.87	47.82
12.0	0.9	0.85	0.9	0.65	0.45	59.06	66.15	54.93	59.87
13.5	1.0	0.95	1.0	0.75	0.5	74.37	83.29	69.16	75.38
14.5	1.1	1.05	1.1	0.8	0.55	89.14	99.84	82.90	90.36
16.0	1.2	1.15	1.2	0.9	0.6	107.74	120.67	100.2	109.2
17.5	1.3	1.25	1.3	1.0	0.65	128.14	143.52	119.2	129.9
19.0	1.4	1.35	1.4	1.05	0.7	147.28	164.95	137.0	149.3
20.0	1.5	1.4	1.5	1.1	0.75	163.77	183.42	152.3	166.0
21.5	1.6	1.5	1.6	1.2	0.8	188.68	211.32	175.5	191.3
22.5	1.7	1.6	1.7	1.25	0.85	211.79	237.20	197.0	214.7
24.0	1.8	1.7	1.8	1.35	0.9	240.00	268.80	223.2	243.3
25.5	1.9	1.8	1.9	1.4	0.59	265.91	297.89	247.4	269.7
27.0	2.0	1.9	2.0	1.5	1.0	297.48	33.18	276.7	301.6

续上表

线接触钢丝绳 6W(19),6W(19) +7×7 金属绳芯									
股(1+6+6/6),绳纤维芯;股(1+6+6/6)									
用途:用于各种起重、提升和牵引设备(金属绳芯耐冲击、耐热、耐挤压)									
绳径(mm)	丝径(mm)					钢丝总断面积(mm^2)		参考质量(kg/100m)	
	中心	第一层	第二层		金属绳芯	6W(19)	6W(19) +7×7	6W(19)	6W(19) +7×7
			大的	小的					
30.0	2.2	2.1	2.2	1.65	1.1	361.14	404.48	335.9	366.1
32.5	2.4	2.3	2.4	1.8	1.25	430.97	482.69	400.8	436.9
35.0	2.6	2.5	2.6	1.9	1.3	501.52	561.70	466.4	508.4
38.0	2.8	2.7	2.8	2.1	1.45	589.13	659.83	547.9	597.2
40.0	3.0	2.8	3.0	2.2	1.5	655.07	733.68	609.2	664.0

注:①钢丝绳的用途必须在定货时注明。镀锌钢丝绳还要注明镀锌层组别,否则由制造厂选择;

②钢丝绳的长度,按用户需要或其倍尺生产,在定货单内说明。

(2)钢丝绳破断拉力计算

钢丝破断拉力总和 = 公称抗拉强度(MPa) × 钢丝总断面积(mm^2)

钢丝破断拉力 = 钢丝破断拉力总和 × 换算系数

钢丝绳的公称抗拉强度的 5 种;分别为 1400MPa、1550MPa,1700MPa,1850MPa 和 2000MPa。

换算系数 附表 3-35

钢丝绳结构	换算系数
1×7,1×19,1×(19)	0.3
6×7,6×12,7×7	0.88
1×37,6×19,7×19,6×24,6×30,6×(19),6W(19),6T(25) 6×(24),6W(24),6×(31),8×19,8×(19),8W(19),8T(25),18×7	0.85
6×37,8×37,18×19,6W(35),6W(36),6×W(36),6×(37)	0.82
6×61,34×7	0.80

注:对加 7×7 金属绳芯的钢丝绳,其换算系数相应减少 0.03。

(3)钢丝绳的安全载重系数和安全载重重力计算

$$钢丝绳安全载重力 = \frac{钢丝绳破断拉力}{安全载重系数}$$

钢丝绳的安全载重系数 附表 3-36

工作条件	安全载重系数	工作条件		安全载重系数
缆索或风缆	3.5	机动起重设备	轻型	5.0
手动起重设备	4.5		中型	5.5
千斤顶	10.0		重型	6.0
拖拉绳	3.5	载人升降机		14.0

(4)钢丝绳的弹性模量

各种类型钢丝绳的弹性模量 附表 3-37

钢丝绳的构造	E(MPa)	ξ	钢丝绳的构造	E(MPa)	ξ
6×19+1	78900	0.38	7×37	150000	0.71
6×37+1	75600	0.36	1+19	180000	0.86
6×61+1	69300	0.33	1+37	176000	0.84
7×19	180000	0.86	1+61	168000	0.80

注:ξ 为各种类型的钢丝绳弹性模量对钢丝弹性模量的比值(钢丝的弹性模量 $E=210000$MPa),与钢丝的种类、扭挠的角度及使用年限有关。

四、木 结 构

1. 木材应力等级检验指标

当需要检验木材强度时,应采用无疵木材制成小标准试件作顺纹受压强度实验,按其极限强度的最低值,对应附表 3-38 规定确定该批木材的应力等级。

确定批木材应力等级的检验指标(MPa) 附表 3-38

木 材 种 类	针 叶 林					阔 叶 林		
应力等级	A-1	A-2	A-3	A-4	A-5	B-1	B-2	B-3
顺纹受压最低极限强度	40	32	30	28	26	45	40	35

注:①表列的极限强度系木材的含水率为 15% 的数值;

②检验时,应从同批木材中随意抽取两根,每根木材各取三个试件,根据 6 个试件中的最低值确定该批木材的应力等级;

③树名不详的木材,应按检验结果降低一级使用;

④附表 3-38 及其注内的各种分类的木材,其试验得出的顺纹受压极限强度,当高于表 38 规定时,按本级使用;当低于附表 3-38 规定时,可按实际试验所得的最低极限强度减低使用。

2. 常用木材容许应力和弹性模量

木材容许应力和弹性模量(MPa) 附表 3-39

木材种类		木 材 名 称	顺纹拉应力 $[\sigma_1]$	顺纹受压力承压应力 $[\sigma_a]$	顺纹弯应力 $[\sigma_w]$	顺纹剪应力 $[\tau_1]$	弯曲剪应力 $[\tau]$	横纹承压应力 $[\sigma_{ah}]$			弹性模量 E ($\times 10^3$)
								全面积	局部表面及齿面	螺橹垫板下	
针叶林	A-1	东北落叶林、陆均松	9.0	14.5	14.5	1.5	2.3	2.3	3.5	4.6	11
	A-2	鱼鳞云杉、西南云杉、铁杉、红杉、赤杉、新疆落叶松	8.5	13.0	13.0	1.4	2.0	2.0	2.9	4.1	10
	A-3	红松、樟子松、华山松、马尾松、云南松、广东松、油松、红皮云杉	8.0	12.0	12.0	1.3	1.9	1.8	2.6	3.6	9
	A-4	杉木、华北落叶松、秦岭落叶松	7.0	11.0	11.0	1.2	1.7	1.8	2.6	3.6	9
	A-5	冷杉、西北云杉、山西云杉、山西油松	6.5	9.5	9.5	1.2	1.7	1.6	2.3	3.1	8.5

续上表

木材种类		木材名称	顺纹拉应力 $[\sigma_1]$	顺纹受压力承压应力 $[\sigma_a]$	顺纹弯应力 $[\sigma_w]$	顺纹剪应力 $[\tau_1]$	弯曲剪应力 $[\tau]$	横纹承压应力 $[\sigma_{ah}]$			弹性模量 E ($\times10^3$)
								全面积	局部表面及齿面	螺橹垫板下	
阔叶林	B-1	栎木(柞木)、青冈、椆木	12	19.0	19.0	2.6	3.8	4.1	6.1	8.2	12
	B-2	水曲柳	11	16.5	16.5	2.3	3.2	3.7	5.5	7.4	11
	B-3	锥栗(栲木)、桦木	9.5	14.5	14.5	1.9	2.8	3.0	4.4	6.0	10

注:①材性相近的树种、按下列归类:

i. 针叶材中,东北落叶松包括长白落叶松和兴安落叶松两种,西南云杉包括麦吊云杉、油麦吊云杉、丽江云杉、细叶云杉、粗云杉及紫果云杉、怒江红杉等;西北云杉包括粗云杉、新疆云杉、细叶云杉和天山云杉等四种;冷杉包括各地产的冷杉属木材,其中包括苍山冷杉、泡杉、巴山冷杉、沙松冷杉、奥冷杉(奥松等);

ii. 阔叶材中,栎木(杉木)包括大叶栎、小叶栎、辽东栎、白栎、栎、柞栎、栓皮栎、麻栎、及烁等九种;青冈包括红、白青冈两类;有竹叶青冈、青冈、细叶青冈、盘克青冈、黄栎、滇青冈及福建青冈等七型;椆木包括红白椆木两类:有长柄椆、椆木、包栎椆、红椆、果柄椆、桃叶石栎、脚板椆、猪栎及黔粤椆等九种;锥栗包括红白锥两类:有白锥、红锥、米槠、苕槠、罗浮栲、钩栗、南岭栲、高山栲、海南锥及甜槠等;

②弯曲剪应力$[\tau]$仅适用于整体梁的弯曲受剪验算;

③对于桩(柱)式墩盖梁,柱式座架墩底梁等在局部长度上的容许横纹承压应力为全面积容许承压应力的2倍。

五、万能杆件各杆件、角钢、节点板等尺寸及螺栓孔的位置图

(见807页和808页)

①L100×100×12×3994长弦杆

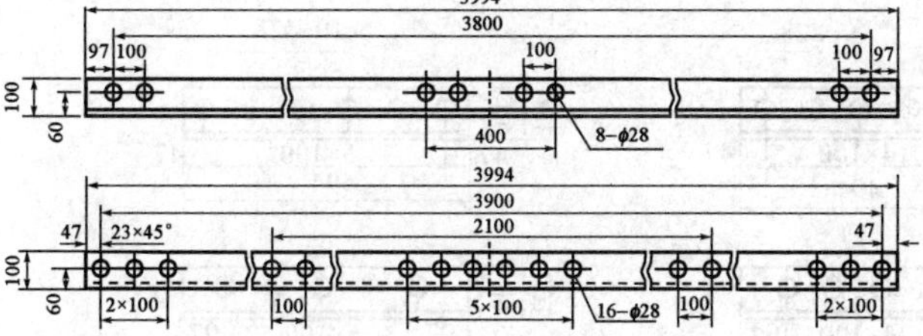

⑧δ=10联结系节点板

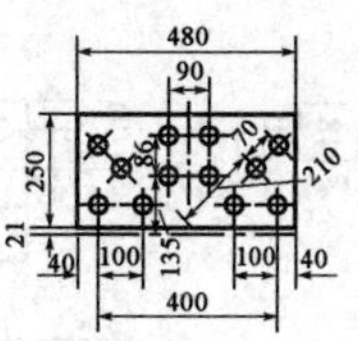

㉓δ=10节点板

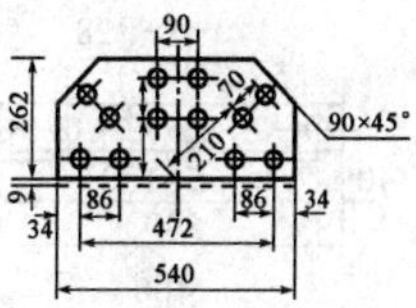

③L100×100×12×2350斜杆

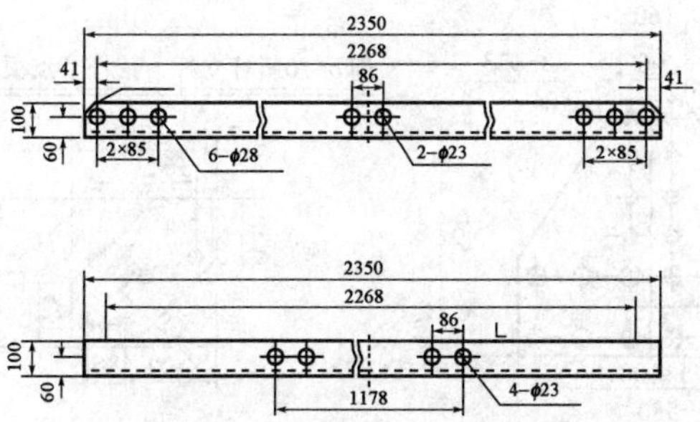

④L75×75×8×1770立杆

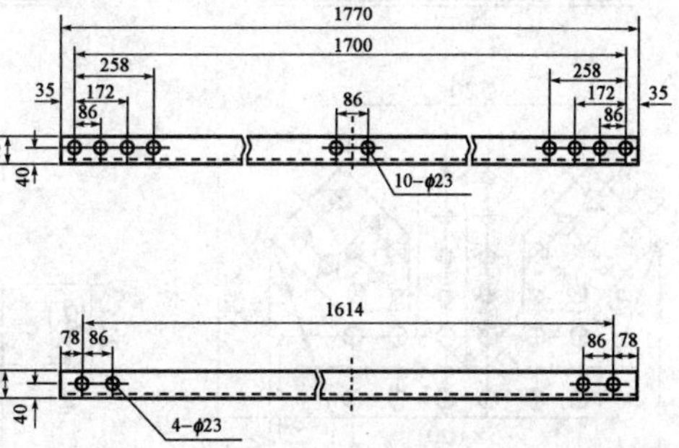

②L100×100×12×1994短弦杆

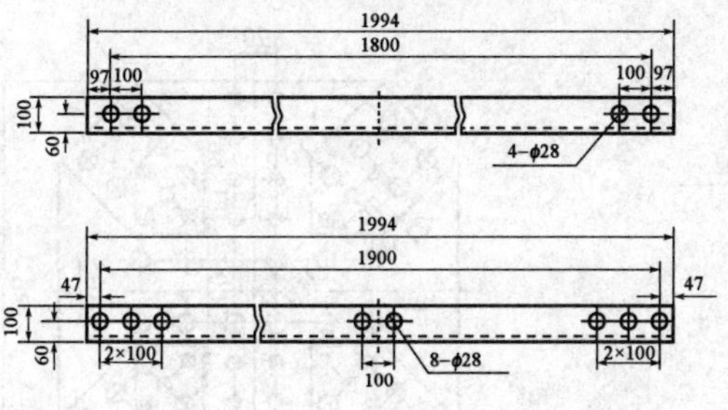

⑤L75×75×8×2478斜杆

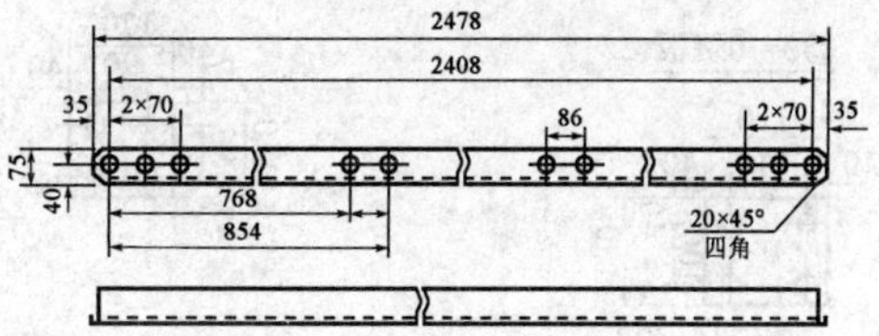

⑯L75×75×8×3770长立杆

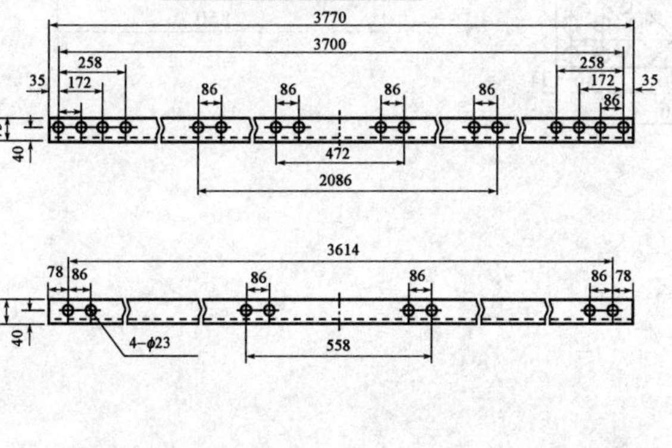

㉓立杆、斜杆、横撑节点板

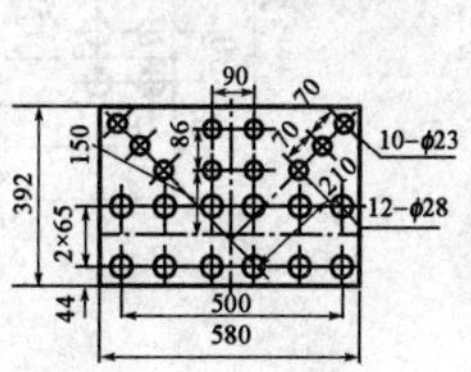

㉓A斜杆、横撑节点板

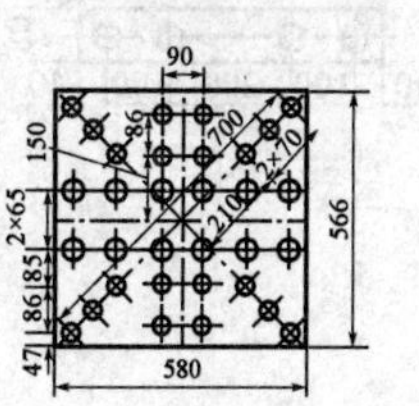

⑥∟90×90×10×580联结角钢

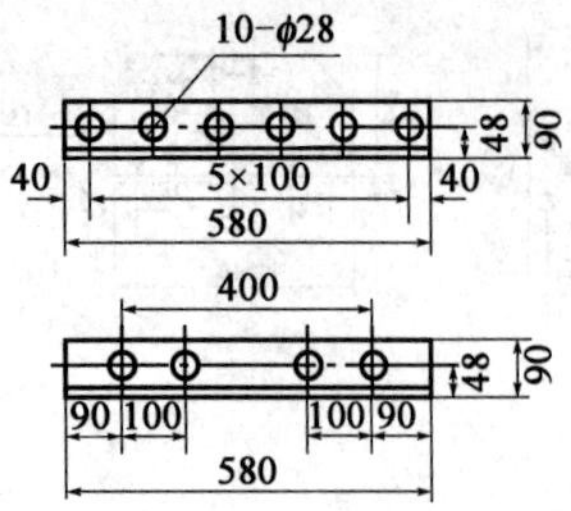

⑦∟100×1 000×12×494支承角钢

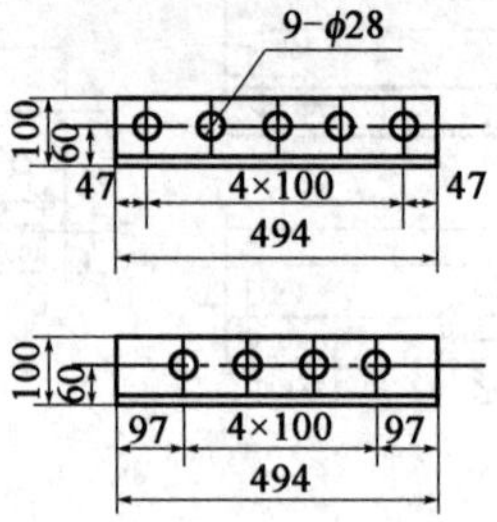

A∟100×1000×12×594支承角钢

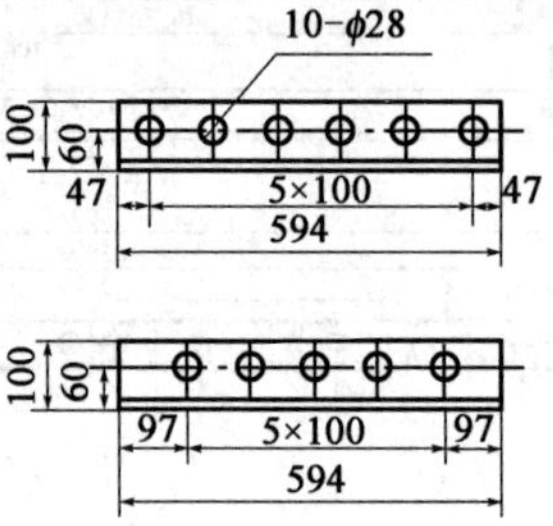

⑪δ=10斜杆立杆、弦杆节点板

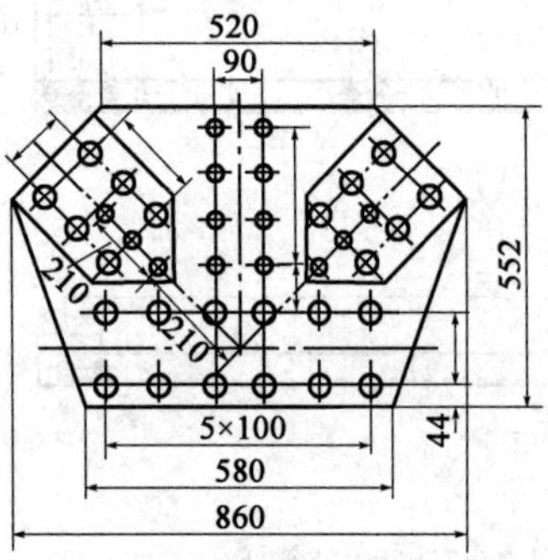

⑬δ=10斜杆立杆、弦杆节点板

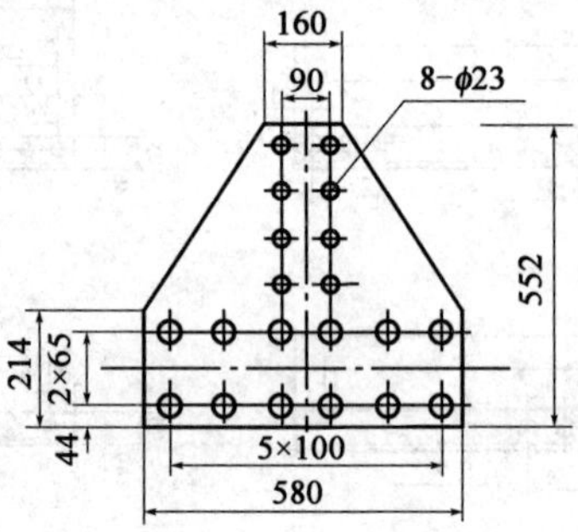

⑱δ=10斜杆立杆、弦杆节点板

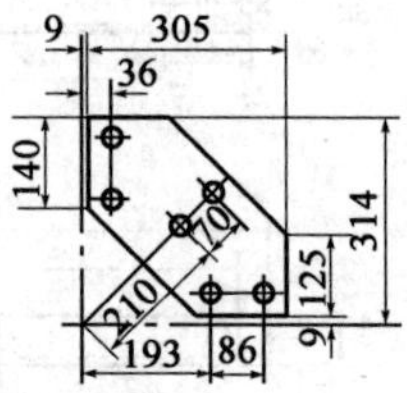

⑳δ=10缀板

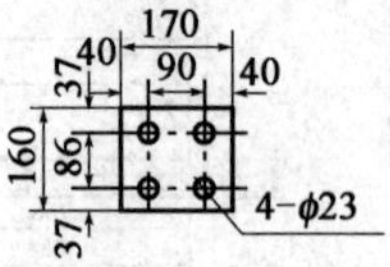

㉘大节点板

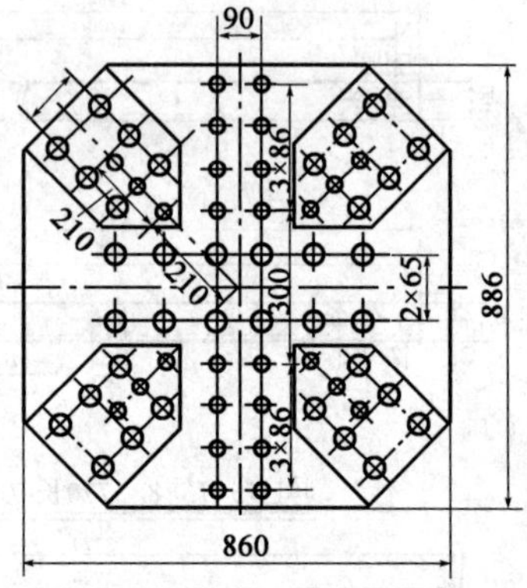

⑲δ=10缀板

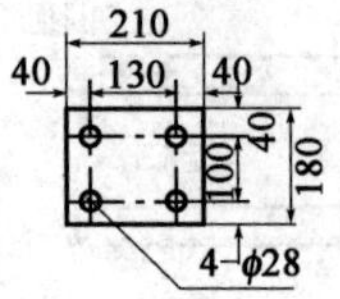

⑮□80×10×480弦杆填塞板

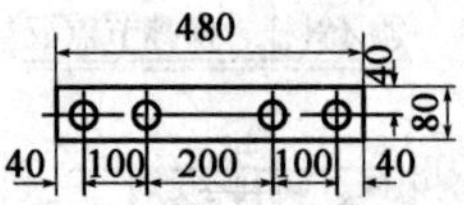

⑰δ=10节点板

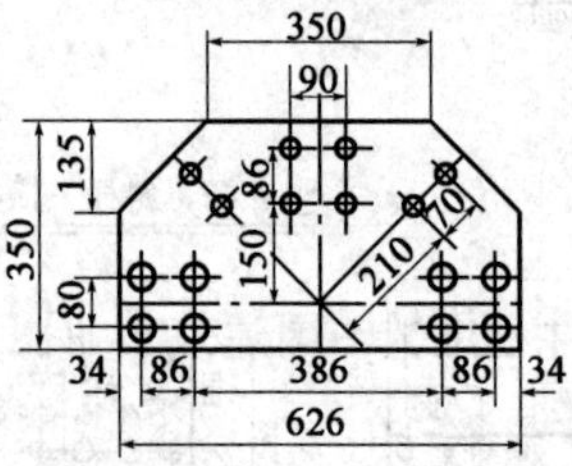

参 考 文 献

［1］ 原交通部行业标准. 公路桥涵设计通用规范(JTJ 021—89). 北京:人民交通出版社,1989.

［2］ 原交通部行业标准. 公路钢筋混凝土及预应力混凝土桥涵设计规范(JTJ 023—85). 北京:人民交通出版社,1985.

［3］ 原交通部行业标准. 公路砖石及混凝土设计规范(JTJ 022—85). 北京:人民交通出版社,1985.

［4］ 原交通部行业标准. 公路桥涵钢结构及木结构设计规范(JTJ 025—86). 北京:人民交通出版社,1986.

［5］ 原交通部行业标准. 公路桥涵地基与基础设计规范(JTJ 024—85). 北京:人民交通出版社,1985.

［6］ 原交通部行业标准. 公路桥涵施工技术规范(JTJ 041—2000). 北京:人民交通出版社,1989.

［7］ 原铁道部第三工程局. 铁路工程施工技术手册·桥涵(上册). 北京:中国铁道出版社,1987.

［8］ 原铁道部第三勘测设计院主编. 铁路工程设计技术手册·桥梁设计通用资料. 北京:人民铁道出版社,1979.

［9］ 徐伟,吕凤梧等编著. 施工结构计算方法与设计手册. 北京:中国建筑工业出版社,1999.

［10］ 汪正荣,朱国梁编著. 简明施工计算手册(第二版). 北京:中国建筑工业出版社,1999.

［11］ 公路施工手册. 桥涵(上、下). 北京:人民交通出版社,2000.

［12］ 杨文渊,徐犇编. 桥梁施工工程师手册. 北京:人民交通出版社,1997.

［13］ 公路桥涵设计手册. 基本资料. 北京:人民交通出版社,1993.

［14］ 谢尊渊主编. 建筑施工(上、下). 北京:中国建筑工业出版社,1998.

［15］ 严正庭,严立编. 简明钢结构设计手册. 北京:中国建筑工业出版社,1996.

［16］ 叶见曙主编. 结构设计原理. 北京:人民交通出版社,1989.

［17］ 曹平周,朱召泉编著. 钢结构. 北京:科学技术文献出版社,1999.

［18］ 西安冶金建筑学院等四院校. 钢结构. 北京:中国建筑工业出版社,1980.

［19］ 四川省交通厅公路规划勘察设计院编. 公路工程设计图·施工石拱桥木拱架(拱盔部分),1983.

［20］ 范立础主编. 桥梁工程(上、下). 北京:人民交通出版社,1986.

［21］ 中国公路学会桥梁和结构工程学会 1996 年桥梁学术讨论会论文集. 北京:人民交通出版社,1996.

［22］ 建筑结构静力计算手册编写组. 建筑结构静力计算手册. 北京:中国建筑工业出版社,1978.

［23］ 河北省交通规划设计院编. 公路小桥涵手册. 北京:人民交通出版社,1993.

［24］ 管枫年,洪仁济,徐尚璧等. 涵洞. 北京:水利电力出版社,1983.

［25］ 杨嗣信主编. 建筑工程模板施工手册. 北京:中国建筑工业出版社,1997.

[26] 西安公路学院公路系编. 公路测量. 北京:人民交通出版社,1979.
[27] 邹永廉主编. 测量学. 北京:人民交通出版社,1986.
[28] 黄绳武主编. 桥梁施工及组织管理(上册). 北京:人民交通出版社,1999.
[29] 四川省交通局勘察设计院等. 拱桥转体施工试验报告,1977.
[30] 张联燕. 涪陵乌江大桥同步转体施工工艺简介. 公路,1989.
[31] 钟圣斌主编. 桥梁计算示例集 · 拱桥(二)北京:人民交通出版社,1989.
[32] 马尔立. 公路桥梁墩台设计与施工. 北京:人民交通出版社,1998.
[33] 杨文渊. 路桥施工常用数据手册. 北京:人民交通出版社,1998.
[34] 杨理准,武吉中,余军编. 公路施工手册 · 基本作业,北京:人民交通出版社,1993.
[35] 郑兆毅编. 混凝土工程施工. 桥梁施工简编之二. 成都:西南交通大学出版社,1988.
[36] 吴昌期,杨家沪,韩凤华. 预应力混凝土梁桥施工. 北京:人民交通出版社,1981.
[37] 原交通部行业标准. 公路隧道施工技术规范(JTJ 042—94). 北京:人民交通出版社,1994.
[38] 施仲衡主编. 地下铁道设计与施工. 西安:陕西科学技术出版社,1997.
[39] 陶颂霖主编. 爆破工程. 北京:冶金工业出版社,1979.
[40] 程良奎,杨志银主编. 喷射混凝土与土钉墙. 北京:中国建筑工业出版社,1998.
[41] 钟桂彤主编,铁路隧道. 北京:中国铁道出版社,1987.
[42] 原交通部行业标准. 公路勘测规范(JTJ 061—99). 北京:人民交通出版社,1999.
[43] 原交通部行业标准. 公路路基设计规范(JTJ 013—95). 北京:人民交通出版社,1995.
[44] 原符锌环. 公路计算机辅助设计. 北京:人民交通出版社,1998.
[45] 原张雨化等. 道路勘测设计. 北京:人民交通出版社,1999.
[46] 原杨文渊. 道路施工工程师手册. 北京:人民交通出版社,1997.
[47] 原唐勇等. 道路工程电算. 成都科技大学出版社,1995.
[48] 孙家驷等. 公路勘测设计. 重庆大学出版社,1994.
[49] 原交通部第一勘测设计院. 公路、路线设计手册. 北京:人民交通出版社,1979.
[50] 廖正环等. 公路工程实用电算. 北京:人民交通出版社,1999.
[51] 原交通部行业标准. 公路工程技术标准(JTJ 001—97). 北京:人民交通出版社,1997.
[52] 原交通部行业标准. 公路路线设计规范(JTJ 011—94). 北京:人民交通出版社,1994.
[53] 原交通部第二勘测设计院主编. 公路设计计算手册 · 路基(第二版). 北京:人民交通出版社.
[54] 陈忠达编著. 公路挡土墙设计. 北京:人民交通出版社.
[55] 交通部行业标准. 公路软土地基路堤设计与施工技术规范(JTJ 017—96). 北京:人民交通出版社,1996.
[56] 原方左英主编. 路基工程. 北京:人民交通出版社,1987.
[57] 原铁道部第一勘测设计院主编. 铁路工程设计技术手册 · 特殊条件下的路基. 北京:人民铁道出版社.
[58] 廖正环主编. 公路施工组织与管理. 北京:人民交通出版社,1999.
[59] 原交通部行业标准. 公路工程水泥混凝土试验规程(JTJ 053—94). 北京:人民交通出版社,1994.
[60] (美)小波尔特. 波多尔尼,(法)J · M · 米勒尔著. 万国朝,黄邦本译. 预应力混凝土桥梁

分段施工和设计.北京:人民交通出版社,1986.
[61] (日)斋藤武幸,左藤浩一,五十岚恒夫著饶德宏译.预应力混凝土桥梁的临时工程.北京:人民交通出版社,1988.
[62] 刘效尧,朱亲实主编.公路桥涵设计手册.预应力技术及材料设备.北京:人民交通出版社,1998.
[63] 原交通部行业标准.公路沥青路面设计规范(JIJ 014—97).北京:人民交通出版社,1997.
[64] 原交通部行业标准.公路水泥混凝土路面设计规范(JIJ 012—94).北京:人民交通出版社,1994.
[65] 原交通部行业标准.公路路面基层施工技术计规范(JIJ 034—2000).北京:人民交通出版社,2000.
[66] 杨文渊,徐犇编.简明公路施工手册.北京:人民交通出版社,2000.
[67] 杨文渊编.实用土木工程手册.北京:人民交通出版社,2000.
[68] 梁富权,刘毓栋主编.路基路面工程.北京:人民交通出版社,1996.
[69] 江正荣,朱国梁编著.简明施工计算手册.北京:中国建筑工业出版社,1999.
[70] 王鸿梁编著.多边界石方爆破工程.北京:人民交通出版社,1994.
[71] 颜荣庆,李自光等编著.滑模式水泥混凝土摊铺机及施工技术.北京:人民交通出版社,1997.